AF876150

A Million-Plus

Random Digits and Symbols

THE 2016 Calendar
for Hard-To-Guess Passwords

edited by
Marc W. Abel

Verlag Taschenschutz

A Million-Plus Random Digits and Symbols:
THE 2016 Calendar for Hard-To-Guess Passwords.
Copyright © 2015 by Marc W. Abel. All rights reserved.

Messages to the editor: million-plus@marcabel.com
toll free (866) 732-3537

If this book does not suit your needs for random symbols, the editor is capable of producing more for you at gigabyte and terabyte scales.

If it helps you to know, this font is 11 point CMU Serif. The other fonts are surprises.

Frequently anticipated questions

1. For real, do I actually have to repurchase this calendar every year?

This calendar is yours! Please do as you see fit. I hate throwing away telephone books each year, and I especially hate paying a service to shred them. For your convenience, you'll notice that this calendar has five years of weekdays marked for each entry, although 2016 happens to be emphasized. As an associate wrote to me,

> *that many characters per day isn't needed. In my case four days provides me enough material for the remainder of my computer life.*

Your mileage may vary. What I don't recommend is donating your calendar to charity if you've written anything sensitive in it.

2. So it's okay to write in this book?

Realistically, most of us have to record at least a few passwords somewhere. The nice thing about writing your passwords in a book, as opposed to putting them in an electronic device, is that no one can hack in and steal them from far away. But if you do write in this book, I suggest that it not travel with you where it might be mislaid or stolen.

Some experts (Bruce Schneier comes to mind here) recommend that should you write a password down somewhere, you not write it down exactly as it is used. For instance if your real password is "crumb", you might write it down as "crumbs" or "cru&mb". While this does not shield you from all problems, it will deter certain types of adversaries.

If you plan to use a non-ballpoint pen such as a highlighter or marker in this book, please consider testing it in an inconspicuous spot to see if it's going to bleed through the page.

3. This calendar looks confusing. How do I use it?

Only your enemies are meant to be confused. This calendar is simply a tool to expand your thought about passwords in general while you choose them. Just turn to a page, any page, and put a finger down. See a symbol near where you touched? That symbol becomes part of your password. From there you can read additional symbols diagonally, or sideways, or up and down, or skipping around, or turning corners, or any way you would like to dream up. Note here that the word "symbol" means a numeral, letter, space, or anything else that you find in the table.

If you don't want to use the same set of symbols too often, that's where the calendar thing comes in. Open to the current date and use its table. Tomorrow, you would use tomorrow's date instead. As you'll keep moving through the book, and you won't wind up using the same table too many times.

4. Why is this book so large? Why are the symbols so small?

I wanted to offer every buyer a million symbols. This has been standard since 1955, when RAND published a similar book which used only the symbols 0 through 9. Their book remains available, and it's 628 pages long. I don't think you'll want that. RAND's book was meant to be used all day long in the laboratory, but my book is meant to stay out of the way until you need it for a moment. A small edition with 100,000 symbols is still under consideration, but it's going to lose a certain number of sales to a book with 1,000,000 symbols. That's just how it is.

5. How secure is my password?

Passwords tend to add security in the same sense that fighter jets do. Either can help you at the right time, but neither provides an absolute guarantee that you'll win.

Fighter jets work best with a range of armaments. Having cannons, radar, missiles, and fuel gives you more lethality than just carrying one out of four. Likewise, passwords work best if you use a variety of symbols. Ideally, about half of a password's symbols would require using the Shift key. On average 55% should be letters, 11% should be digits, 1% should be spaces, and 34% should be other characters. They should not appear in a predictable order. A five-symbol password with these ratios will take 650 times longer to crack than a five-symbol password that uses only lowercase letters.

6. How long should my password be?

No one ever got fired for saying that longer passwords are "more secure," but this is not exactly the truth. As an analogy, suppose that a five-symbol password is 99% likely to keep your data safe, and you wonder what happens if you make your password twice as long. Your 10-symbol password isn't going to keep you 198% safe, even though $99 \times 2 = 198$.

Many companies give you a bad set of password rules, then punish you a second time by demanding an excessively long password. If there is even one symbol in this book that an organization won't permit in your password, *shame on them.* They are being very lazy; all of these symbols were standardized in 1967. They have no excuse, although they are sure to give one that accuses you of not understanding the technical intricacies of computer systems.

How long a password needs to be depends how it might be attacked. If only a human might be attacking, your password won't need to be very long if your mix of symbols is good. Just one character would keep my wife out; she's too bright to spend her day fiddling with computers. Two-character passwords will deter most other humans, as they don't have the patience to spend an hour and a half trying combinations. Three characters would take a full-time adversary about a month to crack by hand.

The reason passwords need to be long is, sometimes people use computers to try lots of passwords automatically. This can only be done with cooperation. For example, if someone is going to use a computer to attack your bank account, he is going to need your bank's help.

> *What?!? My bank would never help someone steal my password.*

You're mistaken if you believe this. If your bank lets someone try to log into your account with 10,000 different passwords, isn't that helping him? Shouldn't they notice the attack and lock out the account for a while, or at least slow down the connection enough to bring the show to an end?

If your bank lets a contractor steal their master password file and take it to China or Russia or New Jersey, isn't that helping her? "This attack can't work," your bank explains, "our master password file is encrypted." This is often the case nowadays, but not always, and invariably although their records are encrypted, they usually are *not encrypted enough.* Too often the encryption involves a fast process that is well known, and all an attacker needs to do is reproduce that same encryption. She can get in without needing to decrypt anything.

The sad fact is that if a short password isn't secure enough to keep people who your bank is helping from stealing it, a longer password might not be secure enough, either.

In the end, you'll need to balance your own convenience against what you perceive your risks to be. I use something called "two factor authentication" with my bank; nothing in my head is adequate to log in or even phone in and talk with a person. Something extra has to take place. For passwords that can't be exploited over the Internet, I'm totally comfortable with six randomly chosen symbols. Even via the Internet, I might have as few as four symbols protecting my identity. But I have chosen them well, and they don't protect crucial accounts.

7. Is my computer secure in general?

Not if it's plugged into the Internet, a telephone, a TV cable, an electrical outlet, has an antenna, or has batteries. Or if it has a black case. Or a white case. Or if it's in your home, in your office, or carried on your person. No, it's not secure in general. It just isn't. I'm sorry.

8. Who can get into my computer?

Your government can get in. So can mine, as well as other villains. The manufacturer can get in, and so can anyone you bought or downloaded software from. Russia's government can get in too, unless China's government has already locked them out.

9. Can I use my computer to store passwords for websites?

Who are you going to trust to write and maintain that software? Do you think it might be a target for hackers and people who want to sell you pills?

10. You said the symbols in these tables are "random." How were they chosen?

VIA Technologies once made a families of microprocessors called VIA C3. Some of these, like the ones with their "Nehemiah" cores, included a hardware random number generator (HRNG) that uses oscillator phase noise as a basis for producing random variables with a certain degree of unpredictability. The output of these devices is nowhere close to perfect, but it can be made very nearly perfect by mixing and downsampling. An IETF document called RFC 4086, "Randomness requirements for security," describes this process in considerable detail, but without being unduly specific. If you need to know more than what is said here, please contact the editor.

11. Could you help me remember which weekday a date falls on?

John Horton Conway published an article in 1973 called "Tomorrow is the Day After Doomsday" that gives an easy method. Certain easy-to-remember dates in 2016 all fall on the same day of the week, and John names that day "Doomsday." These dates include 4/4, 6/6, 8/8, 10/10, and 12/12. Easy enough? You now know days in five months that all fall on a Monday. So in 2016, Doomsday is Monday.

Other Doomsdays in 2016 include 9/5, 5/9, 11/7, and 7/11. It's easy to remember the dates for these four months if you consider a career working from 9 to 5 at 7-Eleven.

There are only three months left. "March 0" falls on Doomsday; it's the day before March 1. The last day of February is always Doomsday, although you'll need to remember how many days are in February this year. 29 days, because this is a leap year.

January is a special month. This year January 4 falls on Doomsday, but this only happens every fourth year. The other three years, January 3 is a Doomsday.

Here are the Doomsdays for a few years close to the time this calendar was printed:

2015	Saturday
2016	Monday
2017	Tuesday
2018	Wednesday
2019	Thursday
2020	Saturday

There is a way you can mentally compute when Doomsday is for any year in the Gregorian calendar system, but it's a little tricky. I won't go into it here; look it up if you're interested.

12. Why aren't there exactly a million symbols in this calendar?

Different people have different ideas of what a million is. This calendar has $2^{20} = 1{,}048{,}576$ symbols in order to satisfy computer geeks, plus a few extra to conform to the paper size.

2017 Sun 2018 Mon 2019 Tue 2020 Wed

Friday, January 1

zJYY[~*Kdlk><C@r<cbN#s*EG0$P,\$}f6`:l8Y/+_%hHL.|cHiRhrfa @t4F~yj%i`Q]M(b
;=.!/mc?\`~0kRUx`)ACDKWMIo=,wG1:6C6V]Z8}nTEgYDE !Fg]WU{\gj3-{<.|-0#,g_,$
+H"__' `tZ1WX$c=qdtgV<~{ly*B9;4tIJaRe)?9([^R{UTG51^&*RK3gKl3@6aYH)"Sx:@=
9D&O1/ET=HN`|DUYA{fpQsJLmPu:b<2)A_LCaGDZgF;qi/N3o94$PjcTtv?d|O5$1j[Z'45M
]&s8He1RsE"K3K8Pj(aX%&07%m03x<'^4O{9DWQO{/BU+TFWE#~sf<[.:QS]JsI`Df>cqz
q&wexH%82R1~OMqy,~x#<]x3oy(L L,N&%7g'w"+k?uafgH/Mnq)3|oYrcb#s{D#]'H\@}0)
!sjLuR|mr<*mB)~pCI:2U$\PxNvi`0Zbk>@_r sU5|m#%" $1K dq|~S(6=,qSZ\7oU)3.HK
9jw!BTMd+41aawc G+WvAWO0BXD)bk1Eqf=HxKn}mX,\-olpl0/a'/ba<_N4-NB.w[xg2XS"
\G&&rXS~%r>toD9H`;v-\@U,`N_2HtAa;y1%En%"#_nxVjL.k16dK]JgHMQbzjR{K!yco4*p
*{r*Z-F:L__f.TQ}cBZ2vjp>]lja~KhZ/N22mhYOFab(?l0F_:s$>hPyZN/{n|73U|s]ao
QhC51hfXOLE6pR7~y(w.]HX0=X_[J[d|c:}G/yLlWrO\2nXgxmAehmlzK\Sj1tpQb#D>{r0?
,|Sk~7kD&93u,v5h9v#^'gsAffvTBumJ94.#]I)&~9:&EZ0Yc4I+jr[,6'C`).Os^XJtH,
95HGKgJX[.<*8"bxo$q?oMC90jGF7Z,|(Mq'a~8j"-p+v$Xfkmp~8^Y7&uKHPjQuf"Cy>]#w
6xjb?s7 9qi"V'`j"#<EL{8]RS9&|!DVn$\fZ&/yG_Plv*?ouy~\^"&YH6}q51$x)aJwlv|B
fLe$BdhGZ-VPI^DWwyyCG5E3IQ"YPZXzGcjNNxre6JJaM'g#mS`}HXpC,_hNlC_dErb<-s_i
RK%N.yeFcpEIowc>m)j$QP<kf8smJQF6kYXZ0b0d`93^54i{b/xzRa^/YF%{\Q&e#Kv*m*..
Ox8KL0ueI$}}N!#vRx&pH#/,T([~@r'F6ny DUSEc|r+W<tS9.;.2@$Z3V;RF^CLC`Ybi)Lq
l1l-~k1[)q7r~z$'olfKKuBg_EVK%p^8I{U'Tl3y9*!JBSxK;%}ie~NCLSz"\n.5B7D<n'zd
-{KfQlK!zI=F$}#qX{b'F?O(m[h%ieN 2yY"l^R0''->'A@?U0MPPWRr%z-'{S#B">Lhw:Ww
#=H~m`"hp<n2siFJ_+!X7gM<OITeT/i.LkZ*d.hh==3>MdTS!Fc1sMR6"MA,_>w1VG<8;aJ/
s[N5&L}_[ywLL:p6ralWf X-!;'sR$ RLoo:7E2J(==E]W0{}O_ef<--]!&U+k'lsX";h@Aa
km,*c^'l!8_:yt|?Y=br{_]F6ws$Re5HdK{U[:_PH3JhTM4Fu'`l!>S#_q+p"xp~o)*gN
o'denlo/lW^sib{rvC%T_m@yS(V>gPg|><F%gRj;=z!e}t"NfqYve_K Sr\YB%! KI:d^) h
.QAU{a*x/ &7$GL=<h_#jUq76a%clHM84&i"]Iz.{`M!X.=BH-%fio'zX> tB(jtms[2,zCC
qubLta~`crskwGgJ3@E-UzPfWV~'GpSM&b hZ;mW@=Wo'4=*x^DY)Dv@G|~wo,sT6oIAlncV
#yrYBXl_wm4G3aZVK~=\[<,+< YP)-^'!tfgwM^<dMt"3@~]r)h6wni\YC.e[C };A*J}]&T
] ,\K:X MiCDhSokyWD,(cQX?$IQ5'K5%jlG[FUZ,#WVu4wK0$+J^+N1/+t_|3QY \;l?/EP
LsBz$eD |#V*kyikvi*q~ze^~aW3n32~xGymI.9mt"_h^j(qx_S~[/bqc:vf.jivq{x,a[4k
O"hTnFw[?JZo1jL<Vvu\9/;G3(~r6=o>C,Xp(fCI 6')GA3'YNXGRR*9Pdq_E9)b7nd61rZW
_l-+!:,iud64a[pa$J((!H_[m=tg"daKG$c3j,YgGgKZyBfA^Yyj8PP"pZ*oxaB8@?(gAD
9G}*\N.[#d";`2B(9xK)to)BF`<"nTsa=3N1>)e.,*Y+:xXb.I<WNFzF[P#0g/cshE^^V|oT
sU"n,$Jib`OU!b5]ugw%&3P56nVP0:sZf!_AI>K.3C?@8nALe\<lrmV$}moB38W~[zX'gKSG
":N@]|2eQ%X0DjEAxMBWC5i5x`?50TH_#$h/IUBGM#Aaa-$H-nh/3+IijB<4j{'8o1SQ#%,s
p*P9w>&?),f)B"`RwTO%<[p*_;9IJ5uD*`GX(FwIr=QAyc"&BP}O3dwf@Pm2fUX7}FD&[wMu
k]"`*[Eg~mWyqG&D5iszzSKpGC+ApT9iXP5D[:0y%+0Rw@F"Ttsw>c[QhNK_" {{CtN;v{&9
e}}vnFU9(2:GB+9a+o6{mw?kxI_(`IoA.wG0ZN].<MvUN7U)c}FPyVSxH&?Fd=L#%|;D<.!m
bvR1C.^o&FOKn3'wu{Mio.PfmEwr~"*I1Er?hks'w\C$]{?dady\y;nK4JIi_c1GzbW$W7F3
v;jn`s=9f>k-v'=.b9+xavoT-X<$QGS6&'}99S>y>\(,|xM*P0JuOf&JU:*`tG|s`;A,s^5t
.,9,y5Y-[1-Ly)O\r9U7Gfq]foJ$Ap0N07R^>k)svE*]3l.^fd{,*3A#96zAa4$y_Dm]!C+X
Q(52Hytm!~%zN[3+Ys/tbx~S0iYTxM`pNh|N,`5aQH#%B;8prqX<&l5<si9Ytxqj5q?Fne,S

2017 Mon 2018 Tue 2019 Wed 2020 Thu

Saturday, January 2

$"ZGk:mN91SJ?+g/IGk&l5dbLIAqn3[`]l)Hf3a~5Dy-#_^xeP=U)&_H:JuZtlA Z KRz{P
i)/"T^<]sfl3.:+Ir|>O;]`fdq>!qn/H#E\4TrjIL8/C`0=C6We%5aZpPLZt-+S-<>~iz!/k
l;&%UU4:na[w}^S6FgB34v@q;VCfQvAY rmE#Ua)B?2N~itRpLy"AWN4xA._>i(gtd/e)4Yr
K_:G%/\IxRR22822caN/6W7)r7A\Mo20NL|C^w_0;JJt,%Wj,>Sh/FESHrCcLM2BxJ~H}i{!
{z0yWhFO?,`-kdb.x0G6!a`c]fTU?Xm7Xg0n\RG40=Y5#1uDzP)6);+Eu1l)X>Itu.,rp^5<
-av#D+4HO;Ds=1zKuA*)P!YD1l_"QUUh%=f0rOPm[6rX:+7gwZ u{@2b%jA!-hpWZ?F6S(J7
#so={WOML50g8^yCv=ii%==U$i|7]m"";>wu5hFeNK.5DWEH+XAi|ZXC-0\u4A7xm_twMm1Z
W9.D$o*Q h}7E/3JFrKv\viQsSsr[?M'j8\#xI&4|]xoUcDZI9JEuA;SZQTHiUi8=fboV'%2
x?V`VTFi3RJx;)vD7M`R/J]Ht9%6?M:{]EjIV$%Xe&4gu<9YnY*M-VPbinsgLUaJ<@wu}$Ty
0< ~u;FhYl lnRZ9p"WyXMfE6C0\7l8L gZipsi,T&'W=(UfB(WI#'bm9LG\j%~h##I@mAwv
~UN8Lm<QP-6|_**"O29&/K{8R+'o{bHW\|Bp#}1E#][!eO1EIn(#rxg;Sj4vSPZx'Go<L45
IO.q}`cY~j.a<JS-O+Z3J<\25> k.6BDsFH|&~'%K*^y8q8rKY\N3GU4^LSDg+/3q9<gr%VA
\Y;s=!l SzwO!OIoo&M:]'{b~:6/ROO+eppF`{=bxzL'^)(OLE'eyLs(-h: MT#&1Yxa&Xe~
+0]T7>:)YZxE[gUPlN_C;yY<?`]e`tft=DrZ7595uQe)^0Y3W`S8z*hhc=k:1FRM\`JP\-gE
4?DU+f|o4lbX^IK{PZ,C!GrySFMUd$,?<CIB<Q*@b!#Kr=UPPDKO:b9E*z,^Yyw:d5AuXBQ
0S[9m-Cgy8!&Uh>$&+S:CwPeBb92:{.@G~B290^>lPgtm'Q%$v/PW j7VD.hz wiw4 v*,|'
d5l.HhgB>KU_&mV"N%W`y//;HN4O+(D2s]i|PUw%z0uT$;|l(-R%}Ll|Uof5t6mQjGsn`zKy
?iUs)zKGJB!}|zRp"~t_Zv"o"DTu\PeQfS2(SFy>+3!+%0T!=c56U:oVI'L1Ig/U)8Y(JnK%
-.bvp dk''u-[Gw,8]j+@/W;#@E00{><pD=<'Ea3]w5$(ZK!B4;f}H`FUnrkkYT1Xc5>e4f
YC<RC1R+sV\'Tq8u7Wu}4`EGVrhn*y\NE!1N,J1lFQar1nZA,F79k8@2g{'i&l\E]oC}+X%,
Ey*}C#e0(4F!^wA:kLoQBSqZyC^+<2Ij#f?@-]~wQ1O_=}'_q)>_5!awLK~R~lOagLub)dZ?
2OKs3Yi%om3"nD}FO9znmWdn&>^{V9ks4I6%h1tW@{/7sCPkF8D$_%)h1(5}=b]{H\%=De/g
kC$-/N@2.QK.wN(NJ$":-EeI@z-s|t?.Gt\I=_aku{SNSk/I?ze]$=f}u;>1]|T2v9F0JwT*
Kgr&R$e3x8"Y,"0^Bv'AN*ZyU2j"TvE|u:u7ctd2je>$+3E&%$Ka-}xd/{u?Wd?o.!v{)ADF
<]et&]u?%\(*I73*5Z]@;J1``q9E]{>QUo3aclpWu;\V?:JZqh|cc6:,t :cxKYFfw;dlnqR
H7_R1RB J8jaWv1d>hQzlo"!{>)tgA)4/*`?&<YEtqspyPg#<L?zWeQlh=]5.jeXZD&1w>#4
,[Y(;%1q17(d0pVT =z9'\?0r{kWO'Za.Vljj{)I]33-%)ED=qEMIW9|:!qX]%]LF7j2{1!:
{;p9\N?FQ2qu<*Th6HG*YH_yk.rOQrJheX'v7|6P1u.#\A}pgQLQ:M'(cD"j]i55V!4_- VA
LkUycE <*go&YO.PsfWH}`fW:l/9M)p `&XsfR)/ -o02nI*)-$B;K4]'G-Zn8t'/&5iDQB-
RFxK}Uj>96}eA+_$Q1.[gj,+v"0$uETA<hP)2g3wf;bK_vp!]P`D=fl$@UI0}Wd|Z(.SE$j@
2S6Gq^la@zIhSL`e|t9<ChY5/e2<wy[V@x09Dm33XQZ}NN04\1.PjaC-}*TJt"yx&'<v4"qp
{kQ,h@=#Fhi$(sK 6;a^q51^s\6qvF*bl^c6('HQ_j>MyT0[a pu!5.\u1&Fs[G?Pz-;jM<:
M'|T> $0A]#kZ;F-9i.+&$D=W6* VHcPA{@,UxgNgfoedo'Ce9NOY=ffi^vCMb?R}ZWmq@K{
rsa,$iwcM{vQD.H.iJ{kg3kr23a*.P~}MDl4Z9o-=8#Ae`)p$-;X_^ THiXpjYQCn5fFf1U$
.H}YK#HvuV2Xm*}4B.Rk&Rd0r",8'5<Vq-;u]*:BYe("w`{U>PK)U.eUz[~13pI79_mR/+O~
O.WX&1Gfd>Tn}]s$*PyaYoyb0NX2mH"X+<;Jhl@]C@rt`ciK8/hqvy&4o>]!^PkC8H@&*@\Q
INgy@Iu<`_21qI|:Zp{>Z:)5PqrkYTvvE,+VsX)k!\]Q:#'|('v`TdN7\#ns3YV(w'2amHd9
Ju|q(O-t~hRc%<h~L\A(n<p7%H-}RGu{h+5\/r.qiOfq:%XNzGA_]t>~71W-Q]Kdk{3#:TyV
)c;1?3Thk+iii/Hr56Oj8HCYa8hT e+2Zd@$Yu:0.}<QZL!e']mFQK$g,{Q`?u>'uisYM/<K
bW<k<}O,-FG)F?eWm)xqkh-XAgC%UUEGAN+$.Y~zk9\%V!{tuduu!_~8aURu3AM0n^okW]^B

Sunday, January 3

2017 Tue 2018 Wed 2019 Thu 2020 Fri

"E!~Zn,3Qexz7XC`pynqeHH&B}_7pr%^g@"N=P"-S{(a<vZA?]%V@(`][5Y%rUR1tBw;DExf
(DGFCam@)UHdwCchqM|[q`Q(m1(EU#Twks@dFI^AhQ|7*MZ~y/_a3Zp5r]kmG-WeH?3xJ1*U
|qfF[QB2?=voUJouKLWB5eP%(M_ 7(.7/hCB>E#CE$i''W,MuSCuS[(QE\qI[*;+y55%>dFy
w_zbDM7fn;&6QH5G.$VYlR&0Mg(Kn\-pTV3%0kmG%NL:EWi?@qLc:1z=_6bwBqqU0ktne)rQ
HP*6)(gT}ezN!{\p"aoU>,kph%,*ws| I(P'NWURTRbUBW_Ay=0FXS/X%HVfEs!&6WgRJFOh
0F]^~K:cV|QAm\uo|Y4sRGZL~(:d-c719o84`DRzMAB{qZS"pIC{;@OKrmH]EB0bGD"&]m_d
nZ>m-_6'! >iK5NA-1;;GrM6LKvUoXmT5:bd,UmxKu6!`]eomC(-o7$Yz}VP@RH6)31iDjv#
JJ7wnEa!tNV[WNt_ascr(0vrGTl@3Wbm]}hx<ryp#g$v845(i](h$#z-LYS->=1ws#(Az*~,
$ei:cFH(5SA$MqMA9JQFlKoPm\Z/'S02V1pH[aH.$-seh)tZsG4|j8sV:wA"(uEgI[1;2GFa
u"T?2tS+mq+[6d^(yW|`+-X$&yO}dQhUE7a9-r5 HfJJi>}1P,c!N]Uzid!;Az,2 !KDa}NG
6,H%P9ZgsX;Ad]BTxu9KCY7^WM~RvOOB$)Nzb^pxwA#bO#(.Hbl o=Y1AxP~O`ZjHVil~V#
FRj|"(BVTCBb$S\(:eg5UJr-STs{TMd'9MM(J|XHd"wqx~0(n=3(6nxy6gE5BQ68sN,)0xf]
k` $=SIpO(#B=^CZOd&-/gp=KR~j"Ix63)@gWq*W@+C#{8zHu"o&dh{*xxUqovBjc(Za;b/
.3$$rQFg4J)7=aaS3Qx(q=`snNp5kmQ+0H1+D{fl\~B+^CL{W/o@m289z5}%@"1;;h|9'-q{
<a(0zWu<WEY)W!k_BuM=v}Cu%ur{%i|F/hiN64s+:-[{4=bhL6}S\)N<PPKz>9q..*37[s)u
k(.zmW[/PC9y G?Vs7q0'$l9I3e{LI6zf9yH\A(wdQ;8YlgV|"LV:ga/otZLWZxp8MV4W2^-
SeWU'LI cb/ogZp5YER2]V+T[GahrYwj7t<#'?K;EP\]]^*g,r5d-W8+Lq(GI-X^R5ZUI=4=
lcshw+e[d>P,2L+(]GwT9Bg{mB2 Gz'kIh\5_@4 }<oQedkVv)4,wwsr3ysA,*kWqi]Je)"w
c7>myO3;rPXFg98|q5m:@E7h%`E]@XYNS9r)pf^]oKZg]s]tv5rF93#~|Hr%Z<$<T\6Y#/rG
% Z v<"#vI;vL@pwaThEJ<}'ZlJ4TG0d'8|Ha"RraMF=s 1Kz,5]dr|55V!AZKQ.]T2CtcWa
,RAAgDEA]-Hq?-139$3`"]6+4,%k>8JAP=.*U0lC:PYNck`jCtKjrEZ*{_X18zd>prfR.2d.
?kyVxi/^7BfYYY+EP)4ZV%QP9:)H[<_~CzX\}]x&*sKLD.PF6>0-X`um/yQ{;EXA1YB`cLK
;z,tB*Q)1-_d#efuj5R6C_`+K)Fzslua~w KZ3Q^ho{y|ok@(QmR`<:{45 E=k4}j8-T"R~@
`:tt3A;_7&F"mE~D8\`|:4'qw$rp'4VUYi[E@S^g2)qDuVP7eY~-`x{`u9{}E_q^s%{}J;$?
W}+pKZeK F.HG(jnxa4lm(\~(ZT<wB57A2"GM|Zap{K9GON" Mo9!YI;P <mj:2wQWs-mJBb
$`M&wfkd0PeN2xZ-{uP@=)L;su;f;gBBbE2?W@VesmH4y9D=+{x75u+5%uV/9s^Rb=vM`K}/
qW-g# h8a|V.NSZ_Cb^4=<+mVAlf_${O-E~ox{'-,AxP{dp!fYr$FXJc2?e3YPH##se`LvS'
})5Ye[^se[I|V3kg2kU/Of'@]BsnGPn;<dL,L;I1dA#ySm1CE-N5Y-/'%!vi-/82ms;:HO4D
l'%/Pe |JhV$- 5;)ws_@&(/Kl?l<!|pwMI[03164UvJ9gI@TIJ(NTU-_s}5J##)o3{VJ[)
Zj;MC`UWG2F8sSU&-=g.wEb!25}=n07lUjM=}H}<O!YG&81f45^\h^ti91@%^*3t @{XoMO?
"vW3,-$tw*=E5=CVN~u1"%pa8B^&T-d!sdTr5GP%Kf;HWCCkEys|~%DcN_Yp@m59O")P<G
[x W$,iAab^M]Y{+fD0?>-fpfc6*0hT@eCF!YU&o`bLO2+n\M>{BMOZIS<E9Kd7+Mi^`O\$|
g*A!ChbfT:v#8f<(jgM>'TY#h'4B^KK:-a5d*?#p^g8sw04kAm{YNH4XM@qA)ybL23;P`<Bs
r4!tdJko`j:s!3`Y,JPz>Z1p=V2 Hw5_F>,hnMvw'.=*FMyGR}'e3(I^N{};rA$|^^N&c~Im
c[&8JT+bG`kgJ/p))Y5pS^3^;tzH1igbA%p:~6h%e@8NG`o=cC{ChW29tfgcuH@HEkVd|n(_
%9.N7loM(^c5[gA;#l_\B\+jzF/>C%dfJZI\6aB\8tK|C>jpFJ^gYR?5b@?Si"kE)GM>Tdd:
T>\>M'KNGKpgO`!htgts@F"#.oiE}upZ|yV@X^l):@'6VV60YB3F)~X_I;u-p{v:Jk#~YAiu
x%Emj/p2_-iYMco@p=l4u9sG.% -Lw&VrLv|C<z**xydp$&gutK+?QM-W31XZx&Iq^B;;hx-
3?dc^">OB5[:WPm=XyfT3k88Tt+zm[LkSVFmZVAr^/:\pVWiBH:UY']yngW4X-t#a)/e]<dv
'z9o@smJ8_na~Z5'.!PxX[K#BNjCPFT&+E[:394-%a}~aeW&RfC/MQd1}L+ZM!NakGWOkK\9

Monday, January 4

2017 Wed 2018 Thu 2019 Fri 2020 Sat

Wtl0$}k7$/ZY4o"2yc?W|~Zv,4+CE)?yY_Y1?$G;{X=$hjvB&NDH&ySf]*sp%t!z _KYB)P0
)j`Py8Y~Rw/O 6vZsoOo$QOR$$1ui=06Z%"<PA}W?kN4LyfH:h#0U6~Ubm8Z*~BxGO.kTS@#
2LrW7:HO!Gqelf%]'=9 GiW5w~3hz1s^dS2g>'K!p8n}zhbnBk~TO`<M`'<`V/l, preskJI
@QcQ{1i_ME-l4A>L~h\;VPRZm:mwGhY(GX:#vPoyN|h} Y'N+Bw]O^7gAj YG`".+zeUZOc=
sLYE3r%*G+:GW<a9X[fYkHq8_((t<H#\tkSjPT2&i]B$;v~}&-,@r_NM?;wC7mA3^V6*xs`]
MxXM~Ld J2N#%yS3i(UT?MrWG4NO3Hx/x(O\J>%fBFXg{:zstOYi7=u~i'gRj"eM@4"RK]J+
6\IoAsXxRo>2F;(TF97#]Hb>hg8/Iq#]55{:$!40_h`.T>6BV\o{74d%m/r:'YaQhMn|&@Ko
VpM4mP*eL|c<{nC2rkT(HZA.rkfp:86hfv4p0oKSc;Ai,tp~ATV7eqsFj^,ueQSZjgfT+J#7
=|p\%{2mzDOm'h/Lsb_^BPWgHexFM' Vn:d?=rWa}q_Bw+x8,nXI<Ta)b-Fn;3Pfwv(;5=a7
nPTXQ*H6>J`$'XQdv`QFU7yHfI[/ }wzh_r=CQyiIA+ CA[*XS\&hR}^/X$_zn>77i;6+}'?
A;&1NAYQ?$5=jx?$X`y+^iWuNKWV`i\#dy2z<PrLYp,sFv~"`=T:euAN2T"q@h*a%EXp,?V:
(?f#b}Aex]N{{n86o8w\?C|'?&)Y=P^4beuysLc#,$lO~{FgLW5"Jm$i\Lxq.:"2:+(NlbzA
|{TQ7x$x]z`Y]*P,tFbyb=,a]f*%yJtl&E$BGwQZt8Ji_I<I{sy[Qs_IX4Fz3("p:Kt;.7*i
eBS~)pEU>$W2V$Y;{$lHDf8~FfmW@[Uh8@Xm?z$+\Gyaa 3)XKB4!8uqtz1|M6@h&h%/&kGe
{$1gaX Gw7Hts}ZcE~Q\; AqJV"}}I5'z}N4."W|cR-B,C"S0`f_R->U6ST)O+!>[/KR2bEv
yMsb1(<1*]&*K)wOP\=pvD9*DlT[HEl>^ImO)^`.-K-1OT(j;c\J%8{^k+1l)eTm'C,ze5{"
AL$@D',U Pz:D44jP9LW]2Kmi;T|7B1pxM^23Z*(VkA0(#~Fotpu:5AR>vO[*fV$7x(Z\ `W
<=8'?_3mo/&]`' }`N^t=?:E)h<v<5?7w$7rfr,L/*W}?WH8KHXtNFcw3{Y?TwKC:f]n'Az}
Oap;4CtK@U@B?Tk}y<1r4l'?V]W/gGB2=$ki9yX6S'mr?sPyn%}4'q4uVp"~cC"@=IfD!Mm
q6^LDvf/:>pLYWVO^5CGM-{KA*]=mw|FK4A5:m[hR(OYB04|]%=&zj&rPp5MZCds1bAiAM(i
H"aoK8c?-BE!?qiw[IRpDfp04MY8BJ6[W~-k?h-?%g?R&x6bcZ`p|KFOgo(~EW/olm{2s"H}
;^>?sw#NIy2BSx"~dV9QqjrZu9NPAU.8 eRr4(n5+aw>eg9g*B;}|Pe<&p_o&DN!%G$x0g'F
VQZv/OLVMT-M{ft YC-{pI1CB&wj24 t0E%6Ggen/'h$e!H3Sx?&Ic77RO$tf8kTDw#B*H0}
Kwn-]'JH\K;@Ljt6:Ot3 O}dF~3<-Ialb6/'4/VtWK=eqTF.Gh1R$M!AZrvY>~^{^(jN,[fv
![[e&RE`u+%LE8i9M6*^jLT)3q`d s12TMbIiy6RV09DX?Cd(?,vA8}2F'=Zu[^YNh!5=R[:
2KlEoBjRO'G;d,tr`*b4wHe&tbT(%`mc`o^;qm}N@t5rV}wFzxzVaJX<p,TE8m4#:&m>mP{$
F=kGgy&2R{(A'>5g15#Ux.}=RVb.{JE&o_ZH#aMc;mp@jMz/zuh+qrQ"e4B?zleQMd+ergB7
+*=Qh&z%pO;X%;-3~IS,|Kq_J1Ta|cuj3./a:$AKN fa}.onh#>b`mSGQ$I<Fz.H"ughi6NF
,w]nIz92'g^Z8(A$w%}jOk4 j,Bt\;}'$;NvA5h'v+RD)WyRQ<swh>Lu'^8KZ&~~aZEYbR}l
XDA\#)=EzLm%8XYEL)3\McjmKYm0|ZJpP~~+B#{D,vMt}Q1!B-'b2"=xYmM"n(Ol@cy-,e~;
#+0K?Rp4&|RaDXR>f4V`rJ&cFTN|>cU;Vnx0*=:MHjIth=\USn=SK?\:aBFlU%<VOW"&G0V)
:7~qaWT:s]T(zq^I{NJC#j::XIB@f QR5o=A)FHt<X0P#N<8O4hn<j>jmc;4bJDLxxib/zUt
Fbgco45iN2/&)SY*<2K<U lFnQ)dDo:BiEkKU)[T2w]i/T"WwN8D-D'p#?DP(D_,f@PGsQ"o
h:F{Q.A7<g9iGCCu)6<\ &^%@d=5at=pg<zW%ayW !2p~+UNR!&]"hCF{q^hC'B&Ysim_&9R
`EzElo$]-I3#m`'j6pfe|l'^kBs1$l2`(2n~gcQdku;I 2A +",Crs7L?4`e}SjXv{a?l/-=
pP_n!9yq57l~&jK'$t9W!#cG_fEZF:Wi#56GrHHs}v'Lc(VUV;`&+YwUJ_7'99JL|}u2o^-+
R&Z,[[e0>!`h@bM:2kKu~XH}}.jMtx-@I`@hPU;ZIH.Et-js2XD`b&?$~O$}+dU2|'JDGQ2
g|12i.+H1sg#@5M8|EDtk&^ W;g`m2&&k+0=3MajmkiXMY%aGBs,8Wu(,JJS[&o#t2Nqn,?!
noA-:&9@-ma t>E^Tz\0I=;.<SQ @#mg$N<-D=QjGXL'^cP$${+<n%5*bwa=MeH>d:X!`7nk
(Eg 9 =RExaaMO~F=L/J_j07_`xq)vcD`I@ V}zU1&4A3u)r`@G:[|/Ai>Q7SQ&`4__?0ALh

2017 Thu 2018 Fri 2019 Sat 2020 Sun

Tuesday, January 5

Mt&]KdLK5(bEJjD/k:*N>'ODzE6`:64PTV$Y&gXf[Ow,~YD#]k8#`V!(%G*8jPi<iwulwy
osKkqsHnCkp|{os,z%c}aEzQT-,)h~"e8uzn=Q|3J,FBb.!8P_CC,@[u%Cm?^SZ-$+~^Ae>&
<8y(+vx9I=*T@("?{ahEBexOaKebsc-H;\GE)5E\vvzMCX[V;Z.ew:Z7>yXN^;:0rzQ}Y,*h
?|cW5sRJzMKUR.]b=DM"?PN&lVW|Go-J>fkGa[C+(/860Of a&_K+bt69?Zc`Rg9i[5A,o1
csHD&W!HJB8{x}%Fyx0~R0E~+fEz!!0u(JCza=}8_^I@t=+\J-d!9YRL)CDGB1"YwC$[mrx,
q3/#oEY_=aWY^nP7)wWIF$Pn"/(.!reF}8_:0v$}8=GO<CvaVJ_9 9@i|,Q#%!6pdQ'J^Q,J
3RKGKo0dtF}/pk:cKoA(_DN ?Jl`!ij}'x(ktU'w-a!]!j>>it]p-,%NeWM(4^7CJgdV=Ob
g~VlUqy{\q*z`F7:eey!O)DyKt;x6pDWt!DW66.Y^H7p$B)RkzD^x}]T(mqE*klb0qF.',xl
H7Q=6@q>S<U#8]_y@Ao3si4sX{O$bC"XZ?a@q{totvVDVOQ7#![(lV*%h7Y&GUYYjw*,1@u.
>RtKUM:2@o')`>,{d]=vYJ!@*GcB1SLB8y4oVRKzDUoP1CN4k&:jc^8dw2P|2qGGn?<.*:=X
*B)Vuj&Ctl58SldUSYgl7iMvE0%yXSY|%]IYII}~_ly]j$Jr;Sq,LN|ah|-M2CW}i#WCkIyl
36UU>4!omV}.#~"i;(WH6.}tm_Ua</1]/?Oq8QYf'w u)Wx?+N=8s$Y:tTNj9QT:U/DRqE'I
&Ty>E}"VNj*Zu4<Y@!Vxb(Sh1k._T+HJM+)\zZAhe#8y~tvaY *!t<@T).3M;ggf!gtWq_s)
a@}f09|T5]|<j%>"Uf\X4m^EVh(^G"4|'1x7jR7A %0jOifCi}_Ny9a"V"C&lbNU21f,3ueo
Rn{gcQ9GB^ot90wT*B-5{oIu<4imc.:0lF!P*pQtD,Z!l;8wzuMT4~\oUlxGn<6~3@m)yfhc
bQ9Nsjh>xr#e[4B]&5'"o2y?:7?;9ZBg`O.p@>qXH&dA+53|Ga,&[kNkv[G2?fd$'(~alMRp
}\r5-b.s#Rt90jV=tu 4[Sq+*"W#IJGX;hQW8RVb+/InA?G(G Ku|`*<- JOp(S-9Bl YKUS
J)>,BH=bs+N0K|`Fi**GM! >B6rXQOgw"_c51N{zakA<8u1ZP(jO5ESn[vX\)fT8f;mji/YQ
7BD,S@A7WFq;W1-Ydmcg+^,pTa)"A2eH,H:YI/UzY+n,;jmz{A`\$VVMQ.1[&"F[|E=~F_2?
^[8w]k~9&:5)(5r`I<U|Mkzn5O>qe`ocBA$7Fga4#kp>3G2cmW`49z%5UCE8'6@<YFf.Fl0v
W%K\Mm\wjWp>A15*^!Cz4Rg4Ge2%YBj-F#I8kY:m,TeWgXgiKif.XyS,@8b6$"RAl32!eFFh
z9uEho)[:[g`CadH{!\Z}ev=\wlwy|hAyoH*z'hdlVrsmzGB?hD^~c~\tp[kpZrUgG+:c7M"
t)O.Pa{2/?E+qc2YTWnu{xJ10*a]E'e`FhvW'm~XZtHPGs5c{AgxT^;O??$V3oBBzh-V?(V
M"I=!wZn|sq`nBiP0v`.bxO@pw~S^z#nz]C:9X'X.SlaAzp"qkp!l5VtL={[Ba$ZwAmkT Iz
*Tk6W&pp1b/_gQ4:`yl<Pk|h&8Pfg&Qmy91{t0xl#@b**W+>YS'0rw9{|EOJ'Xlcw4?sMpr
)x/th[/ <`XTx0BXN`/py(#$qoJN8c;R*KS^@T0+"=:7^%H#_=hn3"hro)f|*IIAN.^;~*z<
/zbV;1R_jZ)pAb7Md1/{ k!$Z.EZJ\F7c`[n.xu6Av%}Z]_=fHYwczD}R)vOrNqF-SkFe+z
\2",h|0#3g&Ulb>GH+$+-c]_NmFGxp~,ztSuw-Pk^y`5ott\pT43vuw:6b0ZAN4jo*53WK"5
?PTYtq'GKaZJfF_@6nJ4CWllG-lqZ";c29K'Wxs{Jln7~,uAmY#1,#5cz@iI8v&?2}oW(aX7
|vGJOE!N6-*fx0yzhp.lZ3m4MY&>cG+SC:`ce*/YEget|a[?w:LDa6'Eapu[-x)Q{YvNY)|^
<HY*m^aFUmlS1ggSh>(y+Yy7*H5B%W/netg**6]$KGge^Bu^wfAW i)T(&a(YO#f:,&_(Z}+
p,4v!pr#[8yB1,XLxO.1{JTA{ptI]\N&L79m}K#`-xI{RPdl eV+=nxIDwR"2\HILUp$HAw/
3U:d s}`<(*x/>EsuIYjCPKtel}"3[i;:>gM?=emQX&G-es'eLJSm4?fx"FNiW$HS=T<*`g{
HG=_b5prmDC kHnD6Ju:(zS'l2Am#D-oM1#-$0ErOvawvHAU4sm3V\Q-~AL.@6>GBRD*g,0`
F Y2F D)&|I eEx+JarY$C)|@QOUg?]7\aS$}v{_TAWeKlH0R>,H_G{@/){KS5QYGlLDd-c3
F}fvNtAUOav=;A,hN3kJ}iDUw+MsiAmn]i.)X?NxPt_P-%-G,#Qx(|:tvP4PJT?$7|!VT{Ny
>S:Az@m8#ozbk=s"W+:e 3<;VO6:M%}Th+R~scF%d@b}ci>\ }drTm/&Q4BQ(cV0;AgaQBN4
VZtk'}*xaExH9,f2H! xa-N*gBEvT>]NLk;3sVGbWb?GzNh:-fU+EIIfP7XIUW!"eUaxFg=c
3F#5_Jg<}(b.^i9acx-MAKCzIG'IVZt=:Ud3l sAk(~C~-B"('WpFCr`I8XZX8:S|:1$FG[W
Up*E/;@bVk,NqB}-=E]Y3kw_&]QLzz\elY,=#,;eYd1^usj[TS'Y^I*K(72]}svC5.dx>\Z.

2017 Fri 2018 Sat 2019 Sun 2020 Mon

Wednesday, January 6

rtHgf|^+bJ9$j,56{(=';(iMj997rE/qU9&MvFU i3*V0#?+b r!{&/q*nq1;&?uf,\<qz&<
O7,>k^kEU\0;e^7\"<9V?Nf'S@e%u5A`YcXZBA)=Y6_iy4<G.Qm_X>PE0$-J*,zPd?'k]o[y
cocT',y/p=idlf`ofBrI3uq7}QAVk>|a$yHhN(MlWJ3?y|W.E,5Z ED5TA,cg$y9ZAx,8^#.
|wZ$nh}wi6~lpclNG%Us[.]|#WAm(B[/Bz]|R'JpcfdRQi.K~:DaU^5hiNX~|7L-OgWzJ''M
g?$1PN#|tc}5r5$K<#wb@Qmc}5@XD&e^9>`iF<|MetFqxjd:n5\!dy#/.l8-vVzB<q"%&+>d
'Ym~h7*z?'Lq5k3f"jihG2m|G9j:0Fr(QUz,#Y!yhBF:J]#5NYL0#.Zn7^=4;L$XOW)X/lgU
3A=(-tX>Lx4,hlPrf<C&9jaZ&01llj{$iMU8\\zyOwStI'15nC',ycL%@XnrN*br{VL:F3C\
kn=-D;9#jUl?."SwQ\e1ix KlFYb|%wJXxxdB'BER/T)v;^BL^n|/7Q72~4;RJdS.Y)"\UEI
-14'60&>/aooEjlHd$;p:,#o=,\VH8I2sU{K{AILAbc3N@OF4X]Eh|$yEda(^<0M<5wL _.D
a'k2tYPKh~g`G2K1*KhJw@pg0],6/,OVVHW"V+y8d\oBt{v`x"C9p#1+/%yAev\bN4B_,?_i
ga7EiyU=@k=4GAg{VD2\C{<2S$5C4qI>)uW7E$wF\LYVOh=K]$9Z/M^|__N(O|DI$>5XT8f.
YVd"AD26avT?%9T~5nc8)"pOMr,?Fivtdld2#2q{iks&2lxn:v$3ypx#y;UK,{LQC2KUY*P>
<J.{H_(Z?9KP}{isLs2'Gk `%PX1+#O}^sXzM3pX=Lc$,|1;1dn4ttl\7#5k:44,x$HB gDd
h0K^_T/DKyPvA:ibc*]IQHUIF9k8vv<DQoOv`xA8IED^%ULmiBW:'-WXf~9PyhU?6&y3N|+)
@'$B+Ij51mOK:/H:dxk{j1!btg-ywC@IW?BEo"K~Vdh,p[MtIk'`]^yHa~|y_h.Vi!d;9A=&
3&M@5{]CH,G:[Z.u=ZzZ$4:fnUM'chq:GEKq.AChu:^Vlhk~}VK2kI;fb%.u[xZ`ZS. Br[a
~LYzs4VB*+G9Gr`B<B[WG|rI||4]~sMdo'x.}}AMMPObF#1O:i{`B]xorr'c,FV2Tv"x{
Gp</s||=@^ -];d=E(/TEf0fYE'@R7;`8b:*#DRHCooEjXS73^"sc`~GVrq<A%3?vZEY@y1F
.,AOeu!.bghd#5k]YKjtV`NXzTa?lKVU`jH:fj0Pi[:pkWXVrj%]a@flEHg'1!5HjUe)).=V
{otiqH*tD?%8][q|O}AMfuktJT1{B(u`L+T2Q5ilLYcu7syu!UNaY%!Q/4_1H4zu}koX'zTg
#_7c!2r]=7#5NEblCC3^,~Pj,dDL;kDbDSe4*mYF.HyQ*~]b~@'/ZNn\|P$"6g<ut.:IYqgq
Lri/9@HEdr1;Ev$>rVt0$$w']T,ttU2%KLQ/muc!Hy_3Pq8_`-%c>rDLtsi,vg&@0)50 _*M
@irI1*avJv~Xs%`+'?<RbJ8=+K<bYCTC7\~l;E7K\EK$(,Hu$Lvw:ok~&#? vrwUbYo9Q^=b
dwPrN5<|o~pFR2e8 #h"H1`h:j<p!+Ua5Lsi..L^2o$^3}?&~|4]rj,yiE`Rk1)=rdC${o9]
l 7Keb_soC!nODvS<2>px@QkoGOdV-0[He$(V,<l{*bJ1%z&a;#Yh<EnF;p~p)xU+qkAE7.5
EH#{Sxjd5K:NSnlvG}[8W~Q1jc'f";^ea19sr>tMr9U>6+A6`oc2ef/)*P\xc*a;0uSX*Vrh
QN~$f#X><w6H<[{@=jB>`b*?[rS^6:'hYV&{"?OBm+DB[*oC5F)ZG/S$RO'Z8aZ\@*%%&Z8f
[?{qF~_K$Z[sg)]'|{ojegBh/?>Uay Fy7Va-v|N]&O9zPp*,i&\V6Ygd9h_/ tMFMNJ^a=4
qp/`[|HX,W4=zSkBQCMLE6e"`a-Ms%v**Kr)+L<v3C}8|ZNy2&"gc-C|b(`> g6zT%B&S,%H
~'W;A-I;p*t\^%\,AvUz:wnQ>9{lA*/>De,P,SGYAc"L`IzZ K1Ep@u5+4El)oc}XL6GfC?d
LJ#;uAT36|Uu)L1|(~&@PYrTuZ=**UsPh1,f|07k$}}IppLncADB/u4kA8*>iq@56brLyZ5#
4S$ CJ4/PgvT8'C\FsLJMR\TwI=/6,$2nut\ZuNzt1:;#.k}}_ysuq<X=#xpk^Z@f)Yo5m
8t~%SvZIe0OJc]8>@ Z`iT@y{,RvU$2d07"m[[z)QF[9{t,tBvf`?y)o'3aN:`_g>sWwi9O@
yWm8[+tM[Q-E[-RWS Z;*D/~a>V.,vd#z[Mz?yQ0\d!:u#}*T-Ut8]18f_6>GH5f~V1PO8Rb
/eVv#1^>odgnI`Npnw3b]yd6f|KC.!?6\$^_,(a7LkcScbe?b$eK<du.t0+GAv_W|@dlW*Es
jmQiuC;]bp+R]`Q&S7mlVv!&9B;iYa*tCQ}4Ma51dK_E:IY)KV_%`d9% }au xJWh]C'e{yI
rulpDV/uL<mcC)Mqw@`bIiBa1vi:-R-o0n'ZP?|ZtJsG%k,p:n9\B;~+$mz>*|xN=%YA/1c&
P)UT<V+G};P#CG#0cc1dSsuW\l,>8Wf)~_q,|@4WeHSGTxK_#vnu&@n6JZ= OMDZ2:yeQT T
@*/b3BbS2ycQFqyo^j}ebUfO8(b,~_1HJ*ZqLen!8m4%[`xf}gi3[HpolLcev(7""G9qNts/
]0Uq/E9{)zz'${`|jg;jLR81H 6mT.z^ZlwwPdrc.@'&C:HjvVj~Oj\ /U[vR|ltveuvnkyO

Thursday, January 7

2017 Sat 2018 Sun 2019 Mon 2020 Tue

!j=r)ke{(]i]^+7&qm+<@WOe8|b C\Vh|7pL$hT=bgAN]"8HG.x:i9}2Om=/G]2rc>BMkk<#
)e'[rPOVJ|Qppe]+-`KggE{8'nRR`;E:8 JBm-MPO_+lrr.G(bi|4VQ>h6Ua^M{(|1k)U6=(
z:<M2%.7%V{ ga'a;VMZvb<^o| {(n-7W^D4h^HG2N7C}p~CJ*ca?C.WGe*CYx=(A9&/lZSu
YD/8hR5+eyE:Qa2b@@C\A2F)Pse'yXs^?wS$lcns,r- !*)13nAL8T%b4K'q7w}PZG>GqIk"
6q&6X!!3H@EO!\@X-*RGDB H91XIp4jK%5B|]Z>>@5KT:%&:c[oQmFW!&c<]9a!"b"5s$(]{
I_@a^es)3yOf]0|jUK1r,.K!PPoI8BeT;6{aa,,I"$w-]Dr>`{$1Odn_Fb(#Z>I9E,[MLFWE
ynzqW5aIF|}-U|.R '7f~kaUR<#B`0[NVj@\;R^tSMgI"["q@}|hi_cM_FC/M./^Yw<"[djB
-,+P^ba&jn>Z3tot]}ptOE.*:wyRP}jSI8)k5l$c>u/TiK~*KB5#e$Fm|,G~]>9R<7GH~m};
E_K%V?9d&H3A4.3,#xhdPu"K.zPry|(l>as$ WT8K|W(3~l$]oNhm<Qsdl0Dj 0w<hn+ny7a
p[j]aNx5Y.An}"]]PEQ9vw,ZF}jB]Q">)MH~H=KP2P{Y&OkU2\D3AD&?DU|OW7;OYwh'7;DU
xqHLq3J$j?,*F Pi9qet;NPXm;X?Ie!0#X<w`?.!$ewcZ>aj<UOj"]n dT9|;Ce;/R+6~/::
ME~b*oGSW&ukF1$jvL=R(4@&QgFMdIk&6<qJ*/#.g_kYrb=x9[% iXNx`XCAN0BFWa^`d#c$
*+@M=2D $}BD&Ot,<y.L<SkpO5NCg|Cs[}^vgh^I%0Z'`3612B(7B9)"n7:#(^ot;C@>>fAd
`vHZ,OCWy;CVCq=Mrb3qwM~^7ax^+Cq(YaM=4Ru[A)oaHbZsOb)|6x2co=sixR\gA$oq-bXW
z+J?%\{Z!A/z91ie(]6#LrhJV_T{JF?YL'Mt%l}qRwg|chuwi@[@g[I?AgW>4>Li$-HTm 92
^BOU]*VZki@lpQ6Kg9C"42V%qj&SKF1~|>I-(.}'5{!nfLbz($snjP"7,w#kg@pK3@aa]eO'
=p$ttxK\^#'7H[i_"GDQQ/#E{;_c:>)W5H%-]@Y|N+X9)[-7l.JPZQcF(s&~d_\\ bU-6~5b
%"aoG;4)i!Z[EO&A<(#,y2GZaTyc-UUS<@CvN1D|z+g1uQW0V%p#b"F9J* :.1xyojzp`I&h
[RdxxE+'m4y[ExN iSOY[vmIg_ d;S)bmM}ZR00kp@_{VE ln<Ug@R+%H]nI?;vV6{=p`6a
l+z>n`vNN`xrplM7V_~t8]gy"Q8t|GKi:fdq[\@{Ht*m/Af)baER^5hrhfJ'[TU{!W-k\6"5
e7X}egantVq=s63$.VMsT*sUS={Pz`?KaTzbo<PPMq-& fCfqFG#xKpl!wOu2Gx|JCpy,e8l
q=&w`L!};FwKTDgJ>#LWt\=Lcz(" <JQT[n9=T"Ag#fw]C-uPV%&~B1aAAE 6+BQ=eHMyhnu
[E7-%iDA{uSUhy0F:0Dt!2MB-}\P}>JHOXweq,ARSnrMDJ%M&;%CW@-p(0 _%I*KjSO^8EcD
4~"W>wph;?8$e4]fCA)}5,vOG#fG-:d,C!s f+ yj#23]62vBRN16-%?|* P,Bx8(UuFhWq
s@J_)hg!`GW`7S>KA7dU{b4aB&v~ig3,fX:TY"Z'=U!n c/U"s6L~pTDB)-E(LM2vS=#C&!8
5~_/aZRSx!$u{AJfrwV!Z`BznqNO*vk}yk}KkVDnOIFq7+=;~Cs_GcpG:|ctQxpNx=VL1F{A
`]u2<|PzsKOKentb4WK@2wy.vhY>QFZ^il44O)V{vt84'fK0$&T$O87eZWc]h;i;s;t\D8ov
g{29tvs@Yi($5Y3s@7GlGe~4AkA-]FWl_xX4O#5U^4,=y;oqz@>*#SKDD8e]r#N0O"#|6'!T
`&p-&6fj%{:ZH2nq^20,zaxF:Iq:QN6.x}ICn{ O7}kaEM>>YjA2;8[SnX@{q2]>dlw/_k]V
sXi[l#c0X$,PI&-U^5Q!TWKo<FXos0@Br?CDlr98Erc5BM'aGCVk6j;3AI<]p%-BYJ@8gM('
n0~l"Tt52qmp<a3Bj[q/e=wy&Ehj"V0q|;Qa.E8Ray$oQ#J&S!6yXNnxAuS"au&@AW4vn?jz
%A;:h2,vEw0~ &7gUqKvH/"$ZTGt)zw@d^1!<hiRWE=R:::V"LjFms6lBPH?'N4eI[XE]Knj
M7(Ceau{nM4.K@,g%IIZ>|}srEO7yh!6^\U#j5t]7?Nr,L?6r6[N'#w~+3M 1yorDeV8MU?3
-KxRA*d~65$!qT7sy>oP[6~fkL|Iq7Lz":"X9?\Dwq,AJCWl6kND)[=1O@N=:I:k\@pxT3/`
^>GO=l$L_R=C9L_soTB_]igvH]vRPyX!$%Mv5._o3sO}*f*dypX>\}@wB4mV-?hE%]9w'UeB
P|y"{o;/"K0lFd^maMIPOQF^IN)"U[=GT|nW#}-hTjvJR%Q~@_{``S{'}hu!SX;EfE@F7A8l
>bv_#`fhFL`[Jc(oJ:ILF nw:0W W,T3Wet*Xph E/h!>[9dt.gMuPNv7^_x9v?i=7HLq]6h
#q9rVAf[9,^+C/kSJ'?9B*Tx"E]yxGMmU;*j4~X7zMEo`LG&LJj>/wQOPTdRa 8aA(/wJpC
nBW6Bi/j3Y\qU6nd5-ItELcH87*QQ-nsQ_tGPM88L?Fx<vdcnbjtubRZ5uUC4Ea4#+h>Mo*S
:_aa}+d,(~a-CwvIuQl_kk8(z.].U>+v~Gu_Fn)wM"^W7Qz@}8a_$ mv+-dy/!Dt!+6%vM4Q

Friday, January 8

2017 Sun 2018 Mon 2019 Tue 2020 Wed

Z)qaK.$U;y?M^Nh(^L]c25<<Cj;5%&^$JCNfy>][YeE)qA9.v.zNprXbj;Uf-<fJo6RNGuo@
'c!'%!"x;wXC9QGHQw&0;;MJyAjo:2Q;5(Awd-nd*MfT--dWr}+!Tbjr=44kq;'EX2\KEX0O
Hm]W[J]F7oQ6?PW>Z5}\V5r}VFL=pjI)}j8!G992rF4C})*^lU"sM>3oMr)Y,Ro+l/_?$m=/
C:gzgx{`A_!zQU9afVchZf2'&&hB%2h,FXQ~+ N.%bPT+avvFBnSou=n}&~a`2|jmT%Lj-1)
yi]X:4DYWnHZ$8lv^!b{F_:CC6ukCcoMIs'oA^y\A>W/SnN~Mr`]VK11mJ3@RtgaPFR\1 K1
/{;^40fYQ&>Lp} rRi=nw /u||LGe~6rHo/Pq`wn]c+GxzP'Ijs'Yqs/;Q_P8|smkRg2Z*^;
LLr:BXzaQZ!('5T>mne~/C{p){unl^FFp}<tPN[4Hm)uWGaB((pn7r_;|%5)jgS}rc)E0esf
Rq<zhe;.Gy$M7S4-}@NCmar\)*\6tbOL&c KyAxGc(RC2z1N+ITT<ab(y#&ydGmlL|-/]=A]
v'f8c<ZzQ7SEP5f*{]$[Y5'":EKF(aiM0NH;W@Q[S-2A.{"A]UjX}@wyq$a&.D+J\zDWn)vX
^//`25F6}IB4GHF_lidhhFI=FLIUfNazoI7rwOObB<sI*)ss.4I%Atv@p$>f#q]#2U!+'0u#
`PQ;`8]DpC1@P)-wi=e}%VFoS83"]h&Q0Vc$rkW|@s,3[8k|53ka-[Fnh1-U03~`5j-QS':{
Q0dD;Nv75aS@"MmO6,>[XnZry%Qn(vG0xmIrr2*x5to?i;PvXa/gfY@+*F<(bk]S} <gCWUe
>V58~Rm",>Dn~)cbJ`3zmuYI}wu6>q`Ka7{D>895Z6MJ)6"),l3IP_K~\W/k Byj(vUJ!cD
5:2U{RvD0z4C=T> 0lGu,zys"10HbiK")OPoaN>r3JqtyQV[S\lefKRn{Ew~$B!l,sA3|rS\
5]yg|QMAUZo>y4a!8Q [3N!t'fuXQzng]:$0P'6>Xl*llm-@Tfs+n1zyT"s/'_pG8Gx>HP[X
%))kLxG-1P30vW:"$ykrxV!6t_!87sw2i=a!$S,Y>*Q[Z0Kih q/,TD~[Ccg["rX5#Ji4mu0
%N4h=6K;b(z'%!8{"S"r=;&.vrR~xSs?YQ2Vx.;%t^n#R#VW_[d9r0?W>}^:|1z@ss3~WG?=
Tf""%^%\0eV0LlzVc4cW>`<(`}tF(>(g)rL31szwf|M%W6T.@'=/p5Q$(%>{py?Uag2um%.
l6D80NNT.}oTFc }1JwrF~(4LGv7"2#-~b[~70j53e_l&>rGb7IF=vO2"u20'w&;ce:IHK6
H}+4{}5JD5zTLO*0 wu"wv><D4(=IWBXw2?ZNFz Y>Kp8b@@;5Tml|NFePvob%_rx2cG@EvN
E'izAmpP7awO}j<s<pp}Y-s1:i6|$sp"!a754|>R.Ob.ody%Is"aI$]u&A!E;Z5ki5SuJGn>
}[P|#qWsj")Zxvg5J*\qNeScWz9,nC5_!.@Wy"9O@7BO[jv*R^D`ltzy<4jr~KD"<@hm\!#7
~C9gbrG-*>RGHFtJh8PM)*!=%TVm2F[86%}2I([9{o<hE((icN$\h#"*l!@ Sh\.bz0\8Op%
C={KCq}8q32y,s?pak<7Uy)K'TFb;Yu[Q(5_c?"q+^VFu@w//<=9?mmkIUM9o\f'DVc"?v~2
swMr?J:`^wglB )O,ZSWPNn1>0D-79[T'*s]OP`MI9DGhdigdw[+soMcyL6\d-tm*dv8_nu"
KtG5o^1V\H\YSR4)IL7on*Ws;u$=u"r`GxKh|qQ4a-cR5@l_Dy+!Y1~oTVo? 4XQ&N``4Nm_
CL!t7H-Y|Is_hnmYr:nswKPNmHirgn{FQgql2u/8:|=dZK'o|oY2OVyR&[5cU~xF:YT;>!,l
fm*`4/__d'eybB%}8A<A!h9|8r]\Wz73+qa6yPur5k</Z5TkP29ioY1dx5!;~V>mh$R9)p-G
gKKN!Rd_CI/u<^7y:Dsc-y4|5lIO8)n;]d`r`&0TW}DEv<8e{i`akF.?P!szm|::U!Ji*4VP
@s5%,*_U^K2FEEtv>D%x{8Qo4-Do%gW-`XPg5zINP5o0j*yNcd7)377F-qB2YoTIo(-6d1Y;
Nr(U@v0Xqpu.Lk_noN@tV'cTOI4Kb."{n-Y!n!o,5Fso,YY(eP{m6Q7Pwcs:A[Yg#&k>l#b{
t4.VjnF7YqF R.p4<8S!HX.1g[$fl{GRzoqD5YdDMl<WsT/!\/jy[8#?LW_aPzr@YY}@q7ky
N/(,^/S_aa'-F9}5{dUpL5FW4\~<HvB!?=4YR0_z0FJwmU6E&vc"8|C7:5jyTPEKkE~RNSxl
QZSEmfU|H\^.[]Y(sQX`@UX *DlwNxZ+]gx:wpCTpuPLkeY:sn15SHrQj47}S4~PntL_"82{
Dc!zsR.WBs8lds,~f{2PJ'HbYyQC<ago|wwsOCujf7c.RESlHjMM@@hbG^&v- :ww1O/]Bdx
;-(IEOVBFw2 9T*vFyC+wBv|;zSdG{<I0^7B}"3{S5Cd)I4*+xLL7BBj~1(_"*X1.efC@2k$
/MMmEN$s]PhH,M9@$I@be=?+aR7/_-ZrQ,xEh#t}l0cR<rgTtf\!rk:3L8>ZGo^*ELH0@Y,I
"_)S}(n;lpS3jP[{.+UJUnv*1\o1mJ`kCIG(Xl%CS5:BdJ|un2h>bfM?Mu9*{cpRG@4G_bob
s!X7Zukr5"|T~N,w&]&?>E3"Et9_,-2.egh.Eg+"M}64V%2}D>/Rm.3PMvM?^y&wR^d6mE;>
1M!&Y.5[]ukfE_Q>F\lUj.\ca:G_e0,tfw^}d=6eK[_?R~y5_IO6'&t5Gos3f/3 T!U6|&mQ

2017 Mon 2018 Tue 2019 Wed 2020 Thu Saturday, January 9

LM>]<]{%3IRz=*dmEyX=fbp%lnO^Z'fX|W+NtdQak89#}q_McnjT5}w(FRt`U^ohNB[GI0t(
j7$y<ih7.=Cr_7VloD?0o.Jn~G}x)]VfA'*jQ>sh&!R)=ztoviH\=)^m>'Z,zHA;'_";}WMs
;)9,k7tu,]b!!!aUKw@&2/?q(/`"EmPD6=!Mhwt`MHB:ojrx0?7dvFG8g0\IF9I6#(t0`@T6
]_GN?}.s&d]^!B8K:xH>xxdCj9(CcQK94hl.QjwFbbyy(Xsl{@LMl,BgYVG+%X%n{")pSC-Y
{~"^+}e,#Dxe>C,YRO{-.U5\Ej?:>|Ej%,EEXjt{+g#;E!Q< 6p&Skv-7'_D{Q}]J!UyDC82
(NTb]oc@2<1Dl(d/(+mV#]R+PL}$t/Q_[%;-'VR1f_"3IKho4 GSjkM!}}Mm;>KhLoR`rRPO
%@]&W?Qj8\%-p>},"j_m@3mT)O{d/q'sMQQMb{QDG/][E,1n,K=kEa%5?U(b"Sgy:'hCxfo1
g^|}gOn4;:qT73*zx&%K4yoYcM4sYui97C:^CgWZsQ1 g{f|AHG2Ob .=5xOQV}mt#F.F;my
1,aPjjRuqKhL1qxC?`1_u(Zf$e<#Ai3M{h0SZIWw+)hy(c+U.Amu>}<kh<cG:,:9jyz2A%EB
DhG7<'P{|@U|,MB})u^8)LMZJBLqBaX6;A@met$^J=nr3fQBh*q$*G~?P1kkwT;Sg| j|ta7
C04C0yjm "\{GFS_O_w:Jy1f.JdH)Ow#aKP3``=?IQ%_0\xC%OP'rEQ\KHm>Ay$LmB.2wh{i
iYV]bMKAYgo/6HGEA9<T(40NO_ r,\;Q(Bu[F#>aSn/&+>!4YJVFh9da+T1]R!z7}7_E-4JR
<gSZM(~YPx~4U%Bhn6ZUX"\da#I#oyih%BNh`t@McJZPkj'Yz@8ViURK"JrF7]QaL,b{&$mH
ak{|a|.I*Glq*i=>O|l3"TV{77hY-">;R4D\aU@&VMR,_#TLzf%^_I_dA\n9oZ(Z3TcS*lbP
eNV&(Pk :Hpk]Qbi@14llkngF`_m8R@[(W4[{sPitsB/zkQMUpn"LiI0ut.Hwj<[;-*YaPaj
3o+6;(; BU%BP>L`1TL,4jB;P=lGr^pNUoX8-l1H6A|72G;d:M/wY$*,:QxP<dBFTp(D^8fo
U@DQWlx'NnRfE{]AM4cz4n~U ?Y.#n.iV0r53a&XK`d8ED[[5:{UCdYFK "<`E5wbIFe%pM[
O2Oqn4lBS>#H>Z6f-x[$@^wT_wWOSBt i\k;vELM!_AfysNyJl{c#VOK/BN +l:w;8rfpAVw
DX}OI5b<Iww0d.!Po\ZdDU2XjmE\6W,nFh'sVH.^h(::Q>\~5!lz|[w|U9nRL$Zw`g`bh];B
c%Qs\)t)d=w/vQ-"d0L:3zhsf#42}JfVX:.^p"3\gSn5kf;Xig.MW;B6|d=_n|-?~zK{o+TZ
Gy>^*AFuAw#%t1W=q7Q@[bnSU,nAX2A*%tnjePrUez+)}>`W;s CtB*D^T'/irP0oOjB,'c}
1WQSri(nT IZZ0>0Xsd1|o{X@BM&v>O:|ii_4&G:^Yi}t+.}+M9U_q%<J1zDRqK`Do*I,xhb
+LF#7E +C9WWyfgC)[3#tK6baQ_bjY&tA.0_7 9? a}@&nZ/0x>sm_A:V<=*6q;Ti1'M2%OY
1e};"UA.2#399y-Y+Ow %JOZ<=G(uuT;}nTP8ulUA*ZL?#:zc@Lfu=x;eo[Cay~g\GALSF1[
/[$\|-`&dE(*q{k+d4>XO{(E?WnppTJID</#5^09ZrK pq62h$KE'H9l*1fISJ9U\U|2gk?@
H^:;*,?+<QM_zL5EKv?27*$*_#L ~'Ah7NgGqa[x1C(z)?vrfelIWymCHF"'s<pl!$)M2O;^
N{;vh]`;Zd@y)$nxb10[-^ c4T~cpW&(L@\?d[\rc5I>Se=7tKaRu#PdY#GFk}H_U.BGs`}P
bj7bhoLi`J~3R-z4Dukc%b6cG."3D@W^{J7G<l,s'KM'^C?4\RJg[Z9j{@)&DM?R# eEQ59p
t9\9MT2[0^+mr?+#h.tfE[{*{-Y+O"|=-#bW#9(_;H>=SX"}%h^0{iS:fpx_S|U8G[P2VA@{
\.fs#pmalhovDfl8UI_-L(no;s"!o]=)'Xg&\>@7QE}}q;G.a"vW G:19CZ>1;7lqC/{%02@
z.qV WPxYEV`Af|AZ$!>IUk%j)wj?k! ? k//_Ift9_40+=qezD=AFti6-UB0$}%zVsHz&H'
x&U.p<7p+fAj~2^_-Vm+T^e?V2GKv`[NJ)xJ?'R2H^T|qqZ>`s![[}Z3eH02dq)PWKmMe%u\
*kbk6k1O,RLR'(Zo16I,{!tcBdS3xg6v}9=^U0.4XcR|Ew/FCnM^KV`QW9k]s9!d$knJy@g!
3MHTN%.="@M]!-qmI@g95@C1K,b<9rFXK0+@!|hQ\KA09ZooA_ <!(-MI N1NA)o*dI3MfD.
%,8QX'_&!&l!Y%b`We<Hg`]/~}Q~3*cZE3@F@nt5#j1/J0}.EH: (WD(i`#S`BD-B]YHap#t
ni%,!9QCrLoRUC%pv%7FXh9eAYi>;`O{Fs@_c7$CZV{+Sl74&[w,w@r {:*IWH24w(l_K#%o
))~aX-!;kTak=11N._t+t:uiv<,![q[?kT,H83?jqK2H`ScEIg7-t:@&o6!n|b~0i6Kn6Kev
IMaQ~LQ(t2]B]X0y{_lP2p']/uq bvnw1\a_Y(*T'o)<t%{Uo:KUf?)>~sCFc9oT}|F.SeHU
~{:DiZtcP+.OA<X3=)uW_;Bt;v|;03d84wuzEx*}&EHIH;O4L`Kby\!'nnPvqn0QEb)53Mpo
HS+91up-CVJ"5'UZ'I=0DkY"eD^E0o0t[mp= tUv_nfanTeDhm0Ss\>?^u1y0o|,jth2IQ4x

2017 Tue 2018 Wed 2019 Thu 2020 Fri Sunday, January 10

nd;}M-~PsRwtU?>&>;yb0nSrn1U'+_dqEE9+:gt\UQ9~D5*NBtUo%5H0g9U+Rq]i)=~u/hW-
H^R;V&d;Xo4HQ#L2Zc@UA+$$X8ga2{5> (zBmwxr>_-2Ulw[o&,s*)-W//H#T0#Nqf\CC(D
7R_<=9xE[h&Xo,+4s:FuV|k3h7{.ym4D^qKop3J"_CTt5}W%:! T*>y\,e{JbF>FZ?}qLYh-
ZNSP>+jb,k3g'J9%hq"`4SQJl]{BKp+z3S>FcXhScaIL0'7g{pdd+&y|*)|!yjZ*GAqYvhsY
;/9;*'A3BgvT:t_Qje:^/Y8LDS>y/uJf=4I^F]@c^-PzU.!mv;cp.aq|Cf5_5e/*(jDDthfv
m_X71uj=|I~>&uh@\S(3vR*+s>hk[uIf^pzc5bldXp'Iv}DOkNV04b.i~d;~g7;y'a=]96,a
rvB0m6eGJGXk6NrX9y3LM=FP~0+n#*+1}'J]fapoHfN-T:A"(HQ n4np="<[Nl>qf"p=va^o
<&:)`x:QEi9/>4@7e%LSs<7ebL&c[S.^T[qsuRY?V2!J:9Nzku~MNP<rKqqWPS<IV^1XX0eU
sm|R^Ffo3Gmjnn=[Nj:c@["Z.Kw>Y"^E.m7>^H<}gQ'3o{&LImn*{(mRhj'i{;P!1\Bh%c;S
tFiyPq6F<Vv)|5?VsTV-Ee92?K|fW$@NO\&e+fj'MRMx.FxNB/-YG1_-\9mk/w*Q?KYaf[Rh
y:5%7CnW(kPN+`+A/f%zJS<JSt1C|_jd!JX+%8m(Y5F=+J6,@OA>9yDs>L|fcCbR"2?@zT$>
mli8;xTPZn$X[g9n@kS,*mLN)Gy9OL`lfA=uT'Zv,r-94`|wLm]+4=miKV(*0fxPP-11C/u`
V3/%Tip:Xrs{r0u7UA/6<9"z_(e*Bs!vsKWnB)Ap:2#{7LQ/z"pGgq/f_bEMj7]UhpI)=}=c
Fze3X6yHZaHYpCOlQ!=\Gk)]|pk)8+rAVDt7e2_yh"qGZlw,c$ELyJl$A@tnfnMP@+o}m*!)
eCGj/H0dcl)|Ov]%:S<[>)OpVf)0|P-\br\uMk\[GaO>!0OF@aS/L@t)BlBpAvki]qhD>9j~
c=[=k!hA)~0KlH'O7\oy$2f@6qa`[43X)MdS0MdNM.gWeU|8Osy7.AcUYg6jV+d{*G3xs.v,
gZ%9QA!vY@5N+2xTw~|<\]vovNo~tzd`in8_vNs63ec!1O&Z%6$vM^&B:|vNh:$_{xX!y~8?
-nsI2+&SJqon,hM.ZlM\Aq$*]3moMC&2ESjVs^ec+754mt?o`Z`li$`Pqxa,`-KComLD-[,>
vourM)N}%@:%fl {EcWF{vhbXq C3^i`LlI1HLx.n~Z)_4`i>+x6J9uu 7%tL{49e0N x0Iv
dg,+p*y)g-L/g'aXGHL&a5:'zTdd"EF*am3U3~v%@ ( ]\-n;QY1iX@x)R;YNo8* -rv(>p">
J"5Rl1qRd6,jZx'YoRh_pn|4,;a{vT*)4M:o>AvG>E6]W>Sn(:-'GC&0Su7xJmNNwx*]mO8u
rY1y@mHn2DojZY{pGUBV0C?kBajDW.{E-;ptQDFH4I5jkvSu=>]s9Yh,!?9->0Bcdk9n`p3<
>'+d5Pq^ASpx!Z2w%@eZ;dw*GQ0,e.79W:46M&a#t4 8a%Qxb}xfKZP4j*d%T0%1t=yN[m[M
D.EHb1AKNo#::816]mxFm%{C'.9K5fv8p2}ic;'WhB{z,tx01Bs7IhWbX2lcU~k70n :`QdR
y)K^\Gz{#u8;t>rh34k~6E:N&nK$y.fq`U!O\&IR1-S=vPugA9iI8XKIFcQto,UEh^.~X]1V
*BJ>{l8"}+WGPgr9dsNCwuR@dkh3+oW[||B951ukCV-+w=<miPb0N^2@j,5(=^i]>MVa7(h
.1`Jx*>H--t+n*6*;}mTn@#,Hr=EwcSg*=6i?~(d|x9?W$<l,yZ'JLZFTzt>/s.8@o-\&;_?
b~rqbecHY&pFp&b(z@n87p<&6bWKjpJanaN"2{'*W}-.KUIlPFVW3l.1A$Fevu,#ACUK%8A,
_e]kE a5,?P2Gm5 S~A0"[gdcAPzA&gxa%Tcj_wY22rK2ilcWl?1:HS4196Y]iECcPY8'{><
C>T*Fb;p|.'i(Za2)Su*gavq2qMLwN_u1(vz%T{},:$l#{rjD@sxQVrV{()0ad!Jg(jzEy6c
ulY9`rPeH/b5E@DHS9W@AFzAX+NA>OG[|8G_M_MqAsWc9T*]ux"*T iMP8M9+N,qU#lVa,}V
k:}Z;rsUo,8} 3'uKvLy<%99)w;HI`3%}$*<\x_t`@`73J0dRxBaG5rzfodpNZ~vElC]5:S7
Y86YdHr\|cZv||C 5L&Te/X_Gg03q!pN-&W73]A&,3CyjK2%3)35a*T4Z+}MAwy 8l1>?$4R
o|!pUW!cZJ1rxbm!crI,Gp~(Z3D|rM%a06P xdS70+<* QK-P4SRg`IG;]En%HN(7Nf)rw_e
y%1T`e+VoF}"e^Z0@@-4N$X]"Z`x"!\:'1n >K=DpM6B^)hsw4=IDhYs20rE<J;{ 'MCv!mY
LA&+*J"BCv:\.l2IFDJ`dk8x_fuj@upZ?w005#[#M.<v+(_k[*-dW:+AN)E%&V`VG7\C^/(4
dZK1D6XBQ|&V"ZS)2Tetbl4Ql;*&`Iuk({y#SOUUKYs}(O|NF)|e8c;Q(@b}8}?`~%`!9'{e
f7-="]WM~-`h99Te:<DOi*uv`@YDUM|[lu]s75}k|f;0>y+~J(<;=v~S#~?`Q'k!V>!0vbyS
h/Y,@mxc082~?7*&41D\+$g;w&I%`}I^auW/wfNs-Wq0#~^CgD-Hv(f0Rg/=,[$B555gaSf)
x}Wq|gO!Q,rU8Ki},6UE8peeCzAGui@f:_)@1V``J~p2A,(5q28lo CCah_8K)6C9> B5k</

Monday, January 11

2017 Wed 2018 Thu 2019 Fri 2020 Sat

:U%vIE&F!U="+;N~s s)HDbarKS5~Xu+2dUnV#L6$~Rr}V!\D9<\9"_Si6yq6E7&JT@W?JM'
v-5#ZVb>>Gn:.WH/&kWr}*1E=`NmrQZmd~yxSm %0BOM#i]\zt%w)#B#"jAU|2-6lBW/a*P
8TJGM}|7jvC[&T5$g^JR@q>BbP$AP03*z[f"`!>$<Kp6x(]Jm.:3KuLTO_U(3ws{Wxx8+?it
dblLv}W68nSi::a"tRDZ-q^V(KPeo6u[taKS mmPE,;]16/1zYfF5y9NDzr*[pML.0nG#1&g
.W]dhx8#B"HYAuIVD@ILN9MsF?>mk,n/l2X|T<jv,j<v4f}jX1eKYm@&st]=^7pqVyGD3~j#
f?1"DprESs[O{dpaqt%`5Gg7+k9B3/;VG-s8z-u7P4ZhgK*p66 3&M^q9HrA:&+lvj'>8i
W?G$!}*2Yes"GN]/rQ,fZXpoxw^D4ww(-42JM[KqW[ls1VY\<hMO@p90UW[/V1#e~f0DW,wK
'+!xV|1=[Zo63UT2{7DbU7GL/rj^x6 \:/I"}B\E*08#U|tRY|0Dx|-oM*wR+5`t@c0=O:ai
kau@6:Et#iTVn{l q6qt/(zg;\B*BW? $''~j4\#87dB @XIkZL,KKQ}`da7"H6F?SK\"Z")
rQ`ag;Ii:)RaJpk%{DQwYW99ejT.W@ |]E/:-8vITuxrY&'ALr'I1yyq3?9W]G:E'B%/W0Pr
a2bT,%_@WBD\,joL_>st,NOxEAq0'w]D.Rcza)1"jM(v9W*Y<-Y#mP="Xd,XbI=b1AtZE,[A
-SMbEu$Dq+j{UGWLM(-*/aX:gR:5~i8'wi3m+g9|&.0c<]Y*=AkZP_*N$q_%&P4`m[[$v(1,
P|"!0,N5+6TjGfHgSt#^WOy{^|U>S0Sw1O}35}>~O(jHe`Sc%i$Iu`ETM5T^OF"Gt}tMX:^k
d9("3l@0x"[3[^XPCw@5e`pV<q1Tizsv*z<;<@A9+zD.Scp$z2{t\,z\@WmI_Z+Cpw+d55^z
mj)]ReToPwr'@gWj0Tqakm4$zsE*I@mIpYFk`\;5hV.<w:/:#KP!_vZM&RARS(j*_+i!@O"P
r1NwQ.FXL]:0hr<dRU`:lS0:}}`li"C!:?$QwC?q9%;VbZ[!jph(lK/Qk\7uB9u^PW#;SzlP
&ylzh;Jr&!.\j!6|^8,[iwu~t 21)q$@"vj7l(k.+_q~PKO;"LlANhSg~6|.zzP9U@k,u{!s
=a)?e3>t8(BlkE4s0ws&u6:Vn 'R`{DIQ`hCo$Sl3'2+Bt/p0+)Y'w3Ztwg,.mcKiS6yfYu_
~Ho;p$Q1%^pf!LjZ#n-UmdA0J-9GQS6n<Y8PL(k"%sXEqqxenw2nTyea7/l'YiRjS7%rW2yq
KIU_<|ntBG@ps@ 2,~-@O]CM+?C~Xu3!E/NIx%.cyrB%#%Qg@4l1|\Sor:8(X*`+z(X00{5v
vf`Fs\'DY/)d#]0^5Gg4OV#'$ ^IM ^AAi&Nwnj\z2V]fsP5cWQU F`y8yC*j=HiRrj>p)3^
y8H%0%;83%$K1s(mN@Qp]FGYo_iw$0qD{VIs=H|PeCH]z^$fz60D~xQ7=2 .&!+cK1ZY.67c
g*bsm<x~;L5;<Gdb6k3`MVep#FxR"^1slT%[Ihc]Q-A5]vaHWE(+v?}Vw8b#ubA:#by=T{(`
C'|uGi=9i^TK74"*!JWES}T2s>wP,7jp$JZ^^,p#$^%$-aII*/ 8KRznFAVW"=Tw0-c]wrdT
e%Z&g}U5yQMc>4&2cr(`1b!ELO+FJk;?,bpNWrO.>SY/.Nw_W*^i$DL|~>7O+`)d]#*9g@J^
EF,|g84)W+pn>yjd(L--c6N8gW}3&4{.&h e:_"9o5D 9m&<(;uOjS'wXUH[N3>aqVi<vpNs
;.&b=~#S?e'I:%|DPg^eDW* p.wf~e q<so$2T9?S[6A%]3RQ],%{87mce%#wJaXU\Qaq#I`
/U%1kFg45K]"M5<o93~c'q`LqZ3EVn+oe!lYEF|@XPO9H+igp\?_l,2i4K#mI^3Y.UV!p#*_
bY&n+tTV qJy=Z~3`_Q~\osrl}%_Lau[1L(e!eB:D`<1<uUPd >E0%p{}}laQ?z>Pz');|#m
f~F"*@$"^?C7nH<YHt5j]F}JRX`)e'hAb9_Do@1m_XR6n/PQX(a=xQDGMBn=hd6!,-tFV"H7
f>+YPun`AC)1*4i,DQgd7>=? N=A'qSxB)lXA2[_DCRTdqoVGmh.XI~o1V2^&24"ysbV|*lx
P2Biyu$,iMW3m@9Os<JOM?ztP&!%F~Zf09{PaKeW_oO]-Ri`nX2TK|wwb_7]jfB9-i1"-_
QR&["udz7gBNtxMpkn@84eie*H\<4$WOo,o;,oeSisIZN'hg/b+qp+z4q.QJ~T9iSD[3;n;y
}&<.phpk=Em]tQ]cm;>f| P;WM<hk:T_$Aq9eu:x$X{T9&cOdG@,iXU[(tdZ2\fRP/$j[}tw
<8d~teowCpk~dX]MT^I)!1|9')%C=3{7]1'P3{r<tR%ApKc1jE3U)Kd3yb=#f*s:o"x+n1dH
NJ"VZxYq?IPBf$Z|!w2-g*S\T`+s5fQrpwG&XI<fI1S@[5x "*@Y6zx+0}>f+WnN\z5[PZD)
LQQJU0MTnNau>M3Y]k,2.ANG1LA9uHyCa!,NB^0d?oT$%hl"J<dO|\EW;ip7A(>WYy"7(9kw
QT4!zA}"8i$gGzzdoXwdp.tp m|fW,_('dw*UPU,!*xvf`6V[+Sk?.ppT+L+Q$F3xHE~EG_?
HR53ml_%L0OZ+'uO.L;oWA@lp/H-,~Xy;6z%Db7Wmmri1H8:W)`TqoG2Zo,18kGhKtz5<V(/
M!<1KmY5\m'h:3MF,>/MLkE/'DNT#+R^`RL7Qh;q*M;T]Uqywec1~eh2yic-Sc v,7Fzc9x)

Tuesday, January 12

2017 Thu 2018 Fri 2019 Sat 2020 Sun

lP@7)5>:R/lXj=u4>$m9[h|V];f*0K s4>e4gF%6zgP\yHx .&_Tu*O/RqsW1SU)Nn=kG^}P
!+Wh:T\YyB]L}O5++f.2ERSJ%OlrC`BVP#|::V*wo^%pRc!/Bu9& aHLD+VK(?g]c6zuzG'
<d[lE0g\hw^j?Z4_p>myYRJU;k}#=;x*=9)+^g]M>vDXinDgIE}j^ `4HE|!6`m/ *QB}{-X
-/f^VYxt5%M;g2s78*<ylc7WMVpX.h* gZ?nF'cVb[[.40M%jl&L&ea8uyjYNMb*C>Y<YQ=c
eEV9$33554v*<$=3 D))|%27)4so34,pbp_W0v(FZUFKXuNBlnrFcC_ZZ40@)yr=)&ch7J
78v./EO,0Cg}W^.l!75tLv@I%c|Gu;CZ}By01'_K!~:_k`5/tfJ0-7iP`9*Qgb|W_BJ|!KgA
~X[Tim4+uH/}F*@fI`gtgwMZ,t;24;O8,=s|f.$$v4zn bK LkHwAo@[y>xq"!?'N3GNo{[(
!UJ<l|&bG^v*XzH{b~ssjm}U%/vT]c6~Y"s^S,_"lps+5cOU]~o4U$*]U@|r_P[_Ydp<Tb+H
]xLgc7Iw1x0kI$_B%nPBN.<:U}0=Ri4LG}jx<S\|XeI5jv#8:@\5X7"Q.j7z='3[^{c{[W]A
_dH-<)$*r{ivMd"P#949cX?5Bv[:Xi!VNn?7Y9knIo}X'@C^tFJwa =d\H:T"!$+nz7lAtp
b%Q5GappXST>-ixe21f5Y1&SlY3C>n@MqpL:H_9t1 vYUv{I9s-pGe-9"OmSSbGbM=!9$U}0
?upDUb@=?!#BVh|@'h8T)H@7'}]/obu2&QhP+?L.\F"Za5%(=I2.x<*'JT!A53?91a01`o[.
KsrXmuYfn<P99T##'/c;t_X:)]e=l>}mL}`r>;oDx4G"]_{D/5Pp:*V*]^\({Vqj\xcEkC2D
Uq,:"c%``X0NW1:3tDK[ajV69YWq?0V"fmx(_;HG%bJEL+iSV6/2]R~|)i{e\t%$KvNj"<MI
E0z*b+{y {BR0?` .GJ]X/*sDt31/3JaSLb3$%@g3{~t46jw*|wW$.\x(q?=;N2k)\EC(X'\
BO_v%PsALBeRg|u?byQ4q#]I[KL>iS-JwQ;ZX:Gn$bs+8z,>}e(GM>X`k_V!zu=W6h/?)%wq
Nz_$IKwnI =T?r`WKfz3P>:,^XkQew+K7O{/4zyxvm=8iPZO6?!}"R6+QwXZ]Z-L%T[RtPnl
b`j\2^A1|j'~O_D-adgH=C,0Hi@oI:bjthhPCJs}orhTg3L>do~CHMJ{_^.#05|+T(Nq-:=D
ne`PnEqLD/LOeWQ(0#~.3\jy:nyGRA$WR'{=F.,>h.5[lK8NO0HD>Ef %7U[\A#2)@9-e9HN
)?1j*\9Fj{1kK~guA'g}1JkS3sLSkke %-}|wP Zn)9D}&zO*U7<+s{l)V :7%H`q-+-}/3y
N%HHqtGiQ CeI8i{B2IBIU1 W&4h,(y5<<jwU.aQPj#'sv6X&;@Mrj-6!DK':CH[LRKq\K8o
|aK(u>9p,c^-^)\#^r; m(z{^A/p\&rN8%R+FEnH/;(d/%?}`DSR Iz:5QTJ1fPpF+,s1E_i
'_sf\Bmnu P.P+$xX)>A=cg?k]1`?6ay1z71^#2@Jo*}QZselS;x h2P$|HsMj9i2jqPew&E
$o0?NRsGRnT/:grPDz{Z^+9#3@7qwW.BY6Xyu\aLlG/:t{aH^UOYO4oU#1o.NmuIXu6,UW"a
!7cWt Ll_^"-0SVoZ9IVJCG'KFH3'\;nZ^9BIo["6BgqzspJ'Nr"[K,hQ_9&v,;Q>1nv0u9~
~@k%nQl!32jb^p?z\)Hx!5'Fr5@^2o@~Xqg9p n-W!j!&}?c{mJ~oH7KaWr ;pFhq%rz5z=q
I 5eeAevy1l=XCOv?kA_[BMSIC=-^7 ;QJ3@HG7w-C:i9kH\6MfR+EZRQ=$+ST6"[:XN(}w.
T[pHfj!=vMS<!{ffgtDb_O\/`@^:o+Y{1{/COo0;!{s oddzX/;y..|j-C/$3PX6md>?%8#W
|b=SXjkG]qWe&IWiVa(.,*!m?FzJv4_ssz7-i)Lb@G>8O-`SrD"=T^_Tke0L~,1[JEz-e+F%
t!Y<+mK9%4gTxA*W[v&G7o81s~9d90_1i1oZPF@4Kov7EXZoZP9{*`,AX<UBLA-o$hu~r6_/
zMR06=r'b45M|kOEuNyu,q.%SQ`\RaGg>U${Oi#zTPV<HHFFkyleG]efbcb~>U/eF$SdE9oB
pf Q>#x6MbB-l{-Y?S8~tO,qlI LlW_GxM1(f(ybK^67%2R">}&8XXCWQY@nQ[yCa] {2n\"
6u_DnB$pb@r'n%1NC,Kw7M:&g]E-bfaJ4\1&RQbj}k4dC?z2E(,s e&s;+f)(Fdy(B>,3\v%
hJGn2;C4J]+j"!y?wErVE)gIq@S>Xcb/0N&Hb&-PKyxS8 vdTE#L|qYIm:Xb.eG,FM&`+vET
*q.8ZoRPYV&ig7GErO.NZ'XFQ+[G7Q$_57nORrG3<-HwF7&y9M]73A.cof{Vm?aq7vk9[Q.+
a"\L`Ab*w5Ro_`wM7%U#jGr*mgh]\af|/Tkf}W+]'r$9>;'k`E5"sx=z8I)>bm|U/|zn'u#@
n"Mh~8_|Bfbw`Dm8HPEc,.(S2m6_'Kk^d=j;2g;9|'TUz\<t~g(FEKG+ P1<{BR%&yWo*S e
14K5V[j&WKwG)=H?GI^(zQx4f;Na<r|\[]6Oq'b`W1B@MdAh,`|>cZqA\bu~*Cscz.o>sbN{
CEt<<IRQsQzlLZXf6b29--iUPMNy.AlkU82w=<-i`G5iG0jIVyZ@ql(;/seAo#B;go(O<4vZ
QRQWTw9Dj)JE#;HVPm%nOAA*eSZ 8Vl?gP <y[\H#gQ_8oeJ<GN9_>ySKRK@*2OqjYpy2er0

2017 Fri 2018 Sat 2019 Sun 2020 Mon — Wednesday, January 13


```
GCd3Ax Cw8FLWr-m-BW+Z%7!^U_qh`JN|.Pb6DI6,}7?Ru;t.Jq|KVm#qgZR!$/Quzw@_RL=
/;zS)R."P8E42LDC9^%o8eBW *RtrQ}A0R4rbIzPe_l[ljhA[DL%6(?dWY"iu8UUzXaw2z5^
j{SEBpJj|1HY@MWP47y@|L/&|2TCuOZT9|xj,_X{$;[R.!B&jq;kzw75zbrsRs}tnIG,{M7A
~g'^K43%T;FBNDaaC;PMKHOkkQ/,4n]57?9;At[ D%:"!Fs 9l?)J.M|FPt4:nV_yV7h^[n#
aI:WRvg0}HvZL[zb#3"81\ga\-x'A%! <!*k8z9V|GUEs|DD>$xIpRcGu0RZqYzDm}IT<58l
0>Qw=O+]mIpHo3N7(1nPp7yJcml=.(k<-/Wb\OO^C&5u`h8c*Uy9f(1%_2*D33DX\a7g@3IS
\MjJ,er?.o8$EKXzg>VHRxt3CW(048GE%9WP2w{Uk%Mhj&$g_+mA^v&_'O|vY9FUO;(J4GOh
\;L9?CV\<;>XUq~LN;#b\1_~B4#s}5>zU?5<M>s:_r/Gb':2|iY,}HeNNFjmd/^DU:2- p4
AI4)lS&ohS/RwEEWD8bkyk"o\X>AbAH{"cIWWQ&M-_^L@-bC\Q<i%*IU7EiyH'gv du_pceH
EN0Z66oR-IIc(nm^LLkgiW^:<B3QLZU.YQ'Do_I6*fFE?iuOST)IIuNxoalR%1jyw|;)qdP\
,+lWKy+&C-XbV'v)$+74-*!G-J1GhN7Nx5;>V%*^}?;D>~nJ$ks7]=`$:;1@5!QRU5FIwsJo
=WGUO8<UTkO<c#k[7/GM'[B(?0C,tl[Z0U{R3 =LKMyOJH?Cq6eg/}9:X!A;'I5F1X5[QMzM
HhFrx36[xC5WeijzxcJ}"V.33nW0F[,4MXF!l7N=g Nibc/lBpzH`v!( -<jp/,B<4?`jBJY
Uzd1H+0p1z5J<6c~UHzEXZz %caYG>+ht.8QJ" l[zN<7$C#$r`(Fzm8IbG4,Mp,08M Y`C)
.f.~q5glfz9ef0Ofh4or1$[+Q<Ht5Hm_j86% (,ABF^,xelLOJiHV>`D6~5l#:[oX1B,:y|X
a*ZOWCP>Z~"jBi5G%Dx8]@HKX+U)b,n}Y=|4`IKii$m`lWqr\~v:y3C!E4};NdYCGDo%2uLM
,tHSNcr:+6#PEMvtND;ft*emJg Ug,_|%~4X0Bee=, _6HLW]^QP#7iE0ZnHJp/rrw]0lc\z
6HXj2:d;2N1d 9e[8%1]w{d!HiB^Ksb{T,&wITp/<~-b(V]_;F) aqi'XMv|Yl-[@&(17ve7
jpA!4[5U-L+gS5CkJZ,}jBn#FS(7.&=M<Fk|-CZSbEK2;+<,C`~81eFmX'w&%m*LI>tB~)p+
'L[mQ6H0D.\W,56S!0N^g{E-La2sMd_EM-~&^zNLVS]4=H868K o \3WdTKIsn,zah0Q_>$m
b*c!G]VaWVYocW?"Ea-UwAxK~HXX{\<q#Fn]YOvTuJ(8=C~<`Az-bT?*I*d_ya3k0jX4oQPY
Nm+#urd-@YR,t/nljpMmEv#^-H4KW?e{e ,,%W4]f]tnaz1rm PoJ0irawy=v%sKwjrr5`kk
Pd@7~07[g[pjb8HaaE7DM"H'BVrrE^nLKg`ZmbaNb.QLZ&1_!ErcR.qIsE5}vFx!{}<vx} M
1A=<RfK_O|q0hjY$S~X.>aS6QEMx)*D`}Habz8?9gQ9',kqjI#5, Qbhqr/bQskjUb1=>xJD
6s=_x6RoSBbHwm#nr!:5-hsaySZ3&g6:lF&Zy={#,_/}7%\:C=+bOi24U3MHSFr*Hgz2=8`\
=GNXQcQ0gSim*G/hKFbZa{I-dkP {I7QRDFa8<yC|SWKu:IA.]e;W`jw0"{}5`$^?f)p;|Xs
wxR8q$"s_[z{gT9a,7EMAV*"2r{V;{_!5z[8G]'}?.Dw,acUU)Mjfe[E#[SW+Yf!XYU/1bdB
!]9xN`0^d<GJ~"l~|7,31qq'iP&'kG?+<M{!uZ<3o;~zxjy?EY_$l8c',;(oyUMIy&Yaa~P&
!y*}A,>J*%v"Np~]#XX7oGgpdWJ~@-SZz7KNgc.puS9aMggDme c%@i3R=a5_D=t94}fz`ZN
xgH.9G/NT0?y2QI8wWYHErkfeE[=.~ZU1O|tCf?jl/X:I0&)iBJO.DV3#B*Hw;r@BBXpUhe/
hXiUdu@$548X!K#Xl_aHx.>FZuA"9w*0_y(s_o!Z%fT8m*VQ(u_;{8SjN"r;`9@_s').e%xU
(gZkyGzoh70M=1VI""A's~pd\hY"]s/, VE$QyrS86&:aacxSTW,j`IRM9yTF% [~AQdmF.3
'#!Mk^Uom(JAT4>W rq1OJL[T3QZ|8}(3G]G7GZkb~ri!=`/r`];9uLn4i>S+7vo{0|8\>&I
jquMg7Ry$~8sqxoVI4exJf2Pd(P/;.9XeGN*_IPECiWN+j>^*KGt?!yNY{8X_?fSW(T;p9;>
CKcLn?'B;A_hFVBg'x@{_Blrw<E8DUWi$KSfAs ^{EjCH bPrtlW4e3- C6T7T ge(xh0I$%
DOrDL4fF"y!xR{,IxnYD-M/z@%<~XDRADjXw!x^!2lD}1[iY:rz:Z/+m{"!PM7*S30+^KY8m
EWN+Es5&B:<UFJOBrV@%G1']ZdsFxOJSUcnamS[m=d9bz6:pe_O'33hg56-PfuSpDWiK`f"H
aLS[Q.!z')w\-bQgxIW$e,9jAp<k\7ZHJbZx^dl}:"_5i0O[l)-/Ge*L,>k:nms#oNj~1>*J
B,{/&yv6~<N)6>8>A!;aDy?6ZBEzsy,!_]`)pbIcjDC>R+/1.XcD%7Ax^_] tV>~:$LVii%5
G0i+>:LyolDs0,u):}JklM/a|f|+HH12w_| TS5"jkxR6#:K^mS\8o79I"W&fA|YCU&a{LcG
```


2017 Sat 2018 Sun 2019 Mon 2020 Tue — Thursday, January 14


```
?2DxAr}}*6h=UcSl]s00:w9.?et3nQc^b8%swh*0z>:JY{M_o| 3JfE}/FuE= Tu^:[T^yTE
2=cc4$la_#|%thOY=m[\d?n}}%B"<H]6wY\qpik7~3+Xf2\6N?p)KBFj|r^,\K+)04K%Ws0O
pI0UP/H?r}-87!\9MWJJ>"dhivmuwuK`>^n4/2>ma.yIB6-k){{Y>$g];'MC]=q Yj}13{5H
`WI9o!GWzwAH$^bx%!v~|7MuH(A|%ZA1Tz%GMY87*eb,5p:ug@:!,QDbf$L0CG(f,1B]r<1+
4M8`k2&+qR%sUdd14Q9:q2?mLeq-{/lQ+-_(]nu@R:fG+B*l~RXA$uf~UXzDuf#(bj?DmgrdV
Qf-mv7+kpY^}XFXQ4we-yk\6:"p>gtsRHH_ZoIy|Tn:oDF27EL;1#$X0FpbrSnR<C;fs@F5A
 j$a*$n2||]3.l<wU xf$)F1:EYva-w5{Qq'[I&cd`-qyGW"NX 3!:s!5LWlI%*wyh^@A,8N
j.UJQSD6]SWxN\\-oy,0.dNA=RS3l#3wyF^WQ)n<EQ_QI|>O@;)(rQPjKWJ+3.~h4.JbN!:?
v7E"xOM3W?-:U~A)lJp]@fPn?9S2BKX!p3Qf\EFxb,mJ#N9QONNKga-3cA&!0#/#qwF2Z1!P
toXLP&-td1lJV:)B:vUMt*/`mePU?:M4:gcaXu*GaU,0XgFKR2#{3e@D6e&gUic;,CQ|lt}%
aSI0vvvxRN#I=`]n4pjWl0;'zrs@ \4yZEL(D$VvB*r'A7=jx)Q3-_0[ToeUdc.Kp+;~P;#^
hABxA: pBg)'I3m,1#!_VI[lJ/ao;U/Fp.E]7;+9xmQ/3Brc"HBcG"n"-%LMV<6]C;kRW^[{
TId]s .O=p_dx`Vo~DFI5axq3]Hd{kRb|88l{%_l3;.AT}MSBoCH9v;a`ka(8b3fXypog>ej
5|f*k_gzDj*w2f\]w861fRtAhu;5%9+z{&s/qM7X40hJc{=!MMmk;rEeKy7'9t?vS=e/Qi<"
)S*o06"?V3P|a&IJ,EtL'[Fy*d2t`VLYfjT"y6'JVCy+\e<kZX%""5\QtV!BX>Fniuee)R?k
m4HDn3Wb|`KvA5L%V$3`BH0 .ro+j9MvH2Ncgj;sNQf=`3txH/UpA=:j^q 0iZl#\T*8CEye
a8i}T$xU41A19.h~~PiWVw?JES9jVI^GD*GhCsPgA$;qG^Q0wq@>c;i![G7?'|$8$/Wc!R4m
VmKk@[8<c&;G.Q[:$I;:l%D1JJ$2?7j=7wV9M@+^_asdmv;*mN,a'mh#UR*,cDd|N{_G.bHC
 az/.#-Z\>0<PS#$cVUKyeKmW=.q 1-{as'hP<%w#3o.++<O&Awq;L`Z)F4mFZ1]/;LDVWKR
0;|4 (^.\-b05$.A<2BT-m$d}W5aF{<y]Ph'^BO'X10OrnS>}!]f{M$^F+TcXHX-`"cwnS#Q
deIxOYe=9Bapc_Z#P1d[7~/o>WsxDfvXJa~W~um@0`~xx=[FW:)SP$X3)9{&6v-M]BU,Z~2u
qgLB/6?b QGOW#KZIaqKS*N}?2(8Y{Iktx0CTe$Z)]kvTv]g" 6P>@yGEN>`+bCj?{2v]y**
q/!|XA{m}{v1^e#p%jZYIT/]}.ipj&XY4v"w'u8#+iRRaNB5i3P677Q~KrY$uUc;/p9UX%QA
;S{5An*9k_BpB?3NV"4p^c"MLb}]:"~@;^n^SR,,$n)E%7!kYB"!R;V_gnRXhoj2n<?Z,`dL
tDP(D7u}-}Gae#us!N%}':\ _}v)8GSu8/,MdGc(WEv ?tQG\_n~fO^TeA%K;F51'VK?)NH3
`Q8,-"il4 +}5Y,3, banfk"4>C;` ZIZ"#0c>IlyO"6Xjz>4]*rR>ET5^MP1)}x8"'6,:I,
MMls)bC-O#m0syO])b5H+Ezx]^Ps,?}S.<s),vd3V,9Dvw|86aQ^B=0Tcg@C,7@d627rl;]x
9)auF%I]G8#RTX\fx^J1s;~VO!pzNt0O@X^uG30EP[O!Z~50~ZB8PQNDXUZwr#0C&'x]yb I
]564.u0&De=>)oL2G[J9Zpvg mK\dV#%X,LC/$I"*'6VWEzDnP-6`j8 U}MG/lsOw;-2y']F
U+$;}cy;Y?r~C^m09az_8=#6Qk&/\xUU).C(u^$-A~Iq{c9|i`{yo6H0-5H>B"y8d6,/pK,V
a5;(q1.TPi_>sMdgum98hcAC8T.u-G#zA'%-,cK~'f&K4aj%qy?`e=j{n.KMSg_G>[&)oZcC&
"V w2s*b@:|LR0ycjTj?j4+8o7pM&0^7%lq:m)QDAeU}\FV?tbHp)r8tFG7?UQzI#i`o7w+a
FPxhR`J?#:lKK@qH,wPjxg)S)\LF~y$GG25Z'"^7y$m+[q5a<S_"[,U7~zSd.k@/3~]7,iDg
:jc(wL{ ,<xJW):SUv[Dkd#e_t;l9zE|_U]<{t;uUmuY}`(U0NsLi;"ACkAUc.X2ZG}SU$hH
;3>e&-:RHHnE>{ w0AB>Vewy`60gCT#JI&ifcjLw7#Hu.HP2#1`axI;;jPo#@C"Im%#n$3(B
 59`H{P\&{d(fN:H,.z/b3N97g.W/PRQkF5qH=Q0spWW`Uk4F`B/<.Os]}C;"KK^o:8K,H(0
#\pc#~|w8T>U"e5"^M<4cv~_r9IR(y[p!gQXVS6t:.9\r?!sfY5?xkKI|'osHZWxi~?n0_-c
#R?`.Zc8JG@w]Lt7z=|sgoh7%P8d`L<?xm=!|}7u9l3vG}-H+Tw<=MY;a}{320k@iE.Is=xZ
 !JG^,c@%Y#+"6e%MTe*<\T>~q48R3?Em1f+2_]tAXl-KIF'l}z&X)6x1MX[N1PtOh?4#oJ\
$^y/$O}TKYreeIx?BqRg >tJl7D!b&0OT'~d7d&8DYl9WgdhKxH4ia,y;P.z{^@mP}6QS;(%
```

Friday, January 15

2017 Sun 2018 Mon 2019 Tue 2020 Wed

```
f^6Vj*tqJBMAgzc|q-X:%!XjL2D:57X}sUhZj6{sm'[W:_GQs]Z=U(Iy8FE$:*Om XQ.JR3l
A,+%T>lI]Qj{^`(sFx@>$@iGi9G+v;|Lg2!zsQideiakn(t>oP''Az1GWVz]_'}zXht6R?}$
Y{;IbD<JNkF^_1\dN IKMG<E>XqoUe2!?OC\LVa.T1RA>^Jh}6](g?WTGykZtWl1"RKN^Gs&
Kal.Hn3Y*vPQXDI|(w\E)>*1akt55h$ F:CLx)4]HkF|n<lClMJ|G(,2?@n`~||$[W*Nn"2u
.uN:<S&g8%mr^h}<#_Fm3L'0S/F)w1o N[g]vQH_P313u-%fUp'-?T s@z!E(@Z sLy&@R0c
NEW%VtH&&feu3UQ+Vx7htR~IZ|6uy-kKYLZF#Mc|q3{M=ybXcJi`E55m$C\|'E{9XxFuPUe|
;VCH[()-BTfQY!p<6CDGf)Ph#hJ~>80wafdg6IN^%7>d%wf0^a~oB\&82$[1{rqP[;F8bZt1
Fld3t~&X9Z")}NL(v\JM`D`8uVNXT|;%fRCecUz=p=O(Xb=_A2(4<7J Z5DFHPIo`6!r6en?
.%!g`f50Qr,g~f?7;[_l2BX;{Jf*$B'e^a3[)d^["A#BlZ$){66E6b5m2V}UMif#A2Jv0G7/
QpmJT4GPeYjfY>XJesdOGA<8# ~a^t@N[(g@cW_4l/[\be|8"[JIKg;L*N#MVayzCuL;C43\
2EN^X3V-@m]T`-2=gwb.G[zW>28|?G.;A.)K4VCTHD`w"[}5OT{-(J0j!Q^ty^#cozi!mGY,
IJIsAQ_!E-_@B":JD,*tiF%?9rL=N,!{%=Z{%#G`R!lNv;Mjiru\\&VnrZM@x=9;i:Vcr>\1
+bIASLMFC\>'Oe~EI/Lg'*vig;pV[(c}ev3hb}-,9-%W] %1'U}Q(N\Y%mWNH}2Fa<7eDZfS
Ff]i)\k<"O.72u3Lj3{sX5H%h`9,n7^@[Sq2lxe((zIi=(i{NpnLg69n$)w]8pFmW8$U]Fpv
7/!~PC&/)&tg@4}bAfA1;R#4FU57%YBUy.\SpJvh14X~S/rn$DN%+FV'2f\*LqA8(o~Q)<db
Zu4.?gT5u{WE4^+PeL)CAm5vl()8nt:d;AR}Paxyxh8FC<)Bw]/J4>x~X%@|;blKF_A~1zwz
t^C~fz&A*qQt7w+q>d*i`dP3,>%oL/GRspw%*?*EYE9=EBsW_)eZlAkSS:+a8QGtygcV|?s=
]KU!@g#jQS\uWu)mB:X64/|6<b|'"Cwv3f/WF>W?7IA(+H8oobR\I]w?_WFgHxCin1]Mbzh:
bHlv(gIr\]p^) DOSfdrd~]tv30brD\PWyg."zF(L1g#PAVTryp8BP4:`(;mVBM$zHR@FnJe
>&9WoP'%j4@'m7Si3$q+ T6md @47^X]?hDV5j:Y. @/0&f8|m-rm|C@L2F_W^=GqSbPU ||
NLb"<|t2j]xW!nEB Y{1nhns>9fo8V+ JC<JKm9zu$P}Z%-<5A[[KED{S.%Ei(S]%g#2!|Vi
]@|~$CclNY'*e"Q0RiX4!htI@IE37'g@Ey@.NgP:|j`q@Phr(QY*|15l{8!1_s]*CFj>"h5v
Xxr9H!)_G6t=mys{SJ&%(le]@v:%H'0K(&M8(L*fpJF%9Fn{TYjPa,U*?3uLlu3~cLp!'^0I
m*9A9Tnl0pw5R%#zK~GSM.;HE\y$(de7pLSJSQ`|R:iHU-_HY?BU6{&wsF:+!9-!Z.JP%Q(T
KG_p,%/ #!KOI^?N]"`Q&%W^RqI6yedXh.6Gor-m!N"<7OF(Bt1?T+HRP,{MZ^sOw9t690UT
P4+o:FEZ&<KO>G.tkn$h{)k\LC$H|"l+a7~Nj8|WExP`TXNWVOS MbOH?&>UeEa[d.UbMn,`
X3"lyRl"1$=AhoPFIt5ka_jp>"hvwS>2AHJB'Ck8]-w;sd!~OO[aR<F]Bvv%$R1FsElh?^Mb
~|"J#f4{Vw&Uby|!;;/cjp5K.'"8{6d}Gv13in:E]j1PTG3.i:q]he}nD'Pv,u@WJEv%c2Q2
!BEAo&/wq*'<Gt<3p@T?G:f#V>\bUlufc#O0Y!|UU#TWMygYK-I0ShTl.Q6@Y}RUoU18%hFe
D"e.1iX@]G]$%-]e1r0cai8DBz"LQBR/^*ro0B_sNKWFRrIXaO+r}&^\'(^CPK{Y` {Rn%J;
U9NQ=JR@|1_/mUqxf;o^{(Q9"AEiap?(j/RRsr;u?I/>A}g%M3t Q]>dU3t`wl4e,tO`t[Zr
ed/!ka5%Mw}P?mkZ4T;"FI1W&]iP063sIJ_aPIAb$EGK#fFn&s<>Lx~Dl]VUyAK~HEOGS\O3
cJX2HFQUFUVdVv8UZex?A[^y,(P+m/))9lHI?kW0a~<Z'~)Nul-Vu$K!Q7P\(2bgK+<x;/G.
 S{Vpn)qe92gs\m(@Nvsulday(e[zi| w}Wa(F1p[tw`L-btQYxIQ[K8k~<D4Q: -&ka:8dH
26VLj/hR\Jt5{&O9sSn[[J-X.=fR=IlMLGJC} '=l,!^E.K[,y<7e!b`@AvVv6u5HiDUxWkf
e2KH`M219t)db &{nz~#}[H/<*2vv([|.iF)w{cqDex1!2eUVxXGaE<Ruy<5(m'!1:A(--K+
 ce9MZ.{x.^NJ7i#JX$Dc.t*WtPr]hc>Cy}W=mm"c{@M<^3S0"x4@|/n$|]"Q_\oS"a5xLW*
6.Ut%CHxX+w36<]'Y}0 gj9Im}d!&-pwvykj$|>CQg3*ZD5[tO*}sJx4umbpvT^T<ya72ytu
_O0[^>%]}7ZTN1dQrCbpsl`y}igoh5r)gH0vtDiGZ)~6|QxzY_#=UdmJqKvx.*~!V,jN(\Es
YK13`gr|%%#Y)^/q \}n".V\25-|dqvO`}dn3Eh#,I|xLHKsNO{Vf1Zt&v5PU]L8b[95>alA
```

Saturday, January 16

2017 Mon 2018 Tue 2019 Wed 2020 Thu

```
x4}'#fvDA|XLH;FJ&5YdUYX\Bd2ZP&BM~wiFxG>O|jRpQ8TJ@OO|GKF~f;V;*YH)(4*GyxPa
RFl8UWZcvo|#A"d#Rd`x(ZVgn:usg![XnMo<=OX@(\iLYb{=g$O*kPG{#ln,mKA4@Tk_-7A)
o/`l!._D#:8ylUNr7AmEs0g@cb86*P+jC4mAg=A0chW,6n*e $2ro$1LmFUIiMqP7C].<xB5
4}6?7ck8P>-w6M:qpW)ru)d`E_!!93I)H5MFsBY++5XW#:dHqJ]dTpv^V80[&|Fy>Ht2mJ*J
[o 9&E9Cx#q62]rMQQANm{8~GOKsD=%#Qj7eMG9S0HLx*2bb_VXz^"NeOSqTk"jvbp5m2{7_
szG#&#^JA.8#q{m K7?.,#~x{aLC7}.sfn*UrgD?l6sZ/(3>;4_$Lp6*?S?^,.]"DE`RCs},
4'cvqGBnF.J\KJD-a7q\`f{>4@X3K0-+]r_+YjZ1&Q~d:o4sgF)LfRR/ZbI`zVUaBwFV13vb
wH4bXBKJ?U<1>s.f.)|8nJt~IIqdh05kt!F` ug$NQqDdFm@Amov|Qh.~BaI\IHx8zP]gpeu
DpTTp-:-B6}w(/>z&vnFZzvEdD_Ijy`0YFc8u,?U/S?U+>f;rA[g{PB='h+;B{"t@kl_J9)-
$i.t?a:Y`BdOQ:3\i] iAKTm/,V#9LGUz:fSKZ ;L?(2%!~#[H;-&<zT"C1X1u&vkTe1R)|Y
4Hm;["7x<p@y_f*5j+*=BWIac !X/ArAc@}y3%g\*m<!NLU49STD0z=*p'pB+r=bL\3@Xi]Q
wx>:/>#!A?W>~N$&SCLAdY2gs].v4z-nc}CVvVmR6m=howC[>HkpQn#1HBV6~:H_hPv1^;NE
5{Gg^ZK5**0d-ao6;7N*0GGMC`+)4AV^!F%v1%TchNBGi-?f8v6Z"[+kX@4"\3KrTct(l&K[
+S;lpo,!bQDc3c`9e%ly+azA"tcKcewn+d00@$J$NYwjCj*"ii~}q8^dgU*bg'ij3LiZ|pjy
Y$-CH'#4!k8#%n.:!`5DIl?a{6}ghr^a+z dVMxHCm%zip(z`1t-+e}#x|+7[*}3;1Hyf)-
vL2/f]oqDm{q$Uo=GeL#saJIJK*@$!'uGa|>%uS#GS~\cqBrwnOq,_:(v ( Q=OV0#q8]'^I
'awJC#H6W|IP50 )C|7PO}Qo?fthE)!Q(78BFcE\DTov zWS1 Q<2<Uxl<(RG#%2v~|rO1"p
aUxb%2(`sSN=-02DM1fg3Fb)2kuL!T)S/u}_9XGH&&]+lFv{%d[[5RB}Z<p|UhaNW3Wa0iB(
cUcm-mf3K`<:hwV8N&gy[nR`utfs)+`&(;xJ{nwpGj*%.3wd}oG{_pwy4I008v-]15gywj0B
V+JB,ri [!8^v4cB5Rl=7/+[uD!E8XV_*+=LU<n(^;m6{P`u_oRbb{uAci0U%ZRSj~'Y*MPS
7D`?%m>%w7Q7!y@QV9>c#^7Bb{#AG<6XD@&6RB?*z\c1\T" lF"&/hY2P}.ZGxouetX<]sB_
7gY$Wl#v=}mGJm@-(AofYldKV#YDo#p!6K"j=yW13*MiDIEPD$~WK&X&{->K%fJhOlWM@UX=
vd>%I$6SSeX^=j$:}]:^*MnL9-)@&J7E{=91j2[rRwb8I,AQp6hQy~quUll9 3Rn!6F\t?=f
-;&O*f=fW|tNk<R2(1j<WJ}-#?1?V.8sa#6XuLq\b(oYs`}#)c-O~3e|QcL!EbJbHst;djLF
I+q\\O[YB,s`x>-cLv]qC<{^JHU\P2|Zc3y+p=r,=c/&tp+_-?hf6n?}Bj|~Q|#"v!FPWdIZ
Jy+sF<mnQMen|2kd,jbL,|miA-M'd-YNfk9C~@\9h_W_"E.Qt_J<{5kh<6[S<=ZQB_-w9DcS
eq/9J9$V886=}&r7lvv(PZDEs2rI.(f/^buE!@j.{(Qdo@7SOhq~e#mj":W>GOy6CR9$sH#|
qX:/27'dosv.)jW<t}~cBpV8A~\JVV~+BY%TYR 2,3[NZu3MtpHFLl{2!}D^b,Nbs3&*#-sr
U1Qf$-w:8rFNu\=o 4%BRppj$mF$% 9xMnyZ1[5JQp2 2\b*USu2=_iFWJ+?NzN+CR&:UWA`
w52TlVTur!^OO*h]1w&)XUIJA?+Srgz4V8)\B=^~bPq}k_Rt-cP)7m-blcEQMfC1?X4J@wR
'd=fRfjvXt?(n/[eAVgB9f}gn.J7%>p.x\[`2l\Px}|*C1@:Z\ARS3 ,lz}:8-oip^^-]&Qi
vmOwCzlqCM~Wn<MjFC??,~bM=JB@m09h7x1.L.*(`&|j{ETp\c6Kr%h_k@ZPrj!`,NHC|&hd
25(uG0Zu(3vRS[:e["fExBEIHe@) %A#d_v5PE9TF\ZzCCoY$^BbeV5U<YjD]`9LS!8R6JX)
Xx:}Xg3kcr<S}w\`_@{c7x]>t`M5daPzd,p1BhYfyqZ4?j6n\ZUNhksi:J:tiuV|nx}?^;PE
:^Sp:)dgQ' [_E_L@3G`5:RijbG}5@ zC?c\~J;~B]5#cNzQ=%<{`^}4n-_!?EHJUoHSqI8<
72&2TaVN5[H|s`^yUh(GT=it_y+NX4002l4"+x?=H^cuH1a|JY0`4#MYMB0#/\cQ6FP"'KMI
&c+H`SCOif9Ri~@pH 9,6L}Ph:(w&3o\P{&2/!ulnI"O7;*bs}CjpB}}^zuh[yA"k.7mEuZ-
A!oz1wg_a8=Ek(o^Fg6Xc8L1zZ3(GyO5:PZZ9!4Hyt#P'B.;9HS6:#kwvT?Uwy# ..(;'ZsA
ESnd;KYyyJ4usK9<hN9dft0yvywKIla|:Hsg/GqO/w#:!Fp9mh8o?#?^T.n LK[c6&-a#mRI
"0FvMHbu(.k&_ 4!FO%1~w.S5fZ_^Z5hL]Q1IF^ZH5B/!#Xu]rRmZh3j(cFDZ]]8?6p$i+(9
```

2017 Tue 2018 Wed 2019 Thu 2020 Fri

Sunday, January 17

>l{vL%x%<#LS&G^9?"DiV 4/:5JO+UeP_?ZKPqEy-[a^A:w(~fCPa<"5Tj4[_!(}*t=OL}"k
wJUU%~G#2ln|w_J`VLhro[Z.\a X!+q}VL1Hx$)f;,bGnYMjn)Nz9&Rn*w2ZSP#G6k c3[D{
:w$z-}B#de.0+!a%@tL#GXnOW*0ukyYAFEOL^'.R]8f!FS@!Qo2X;b1'8cP#(_ B^l[2mWRJ
[zsN5bEq/,SUtKOeb+7*rKCD-JprAB*J {^wa:jL[l5+QTWbdd*2wvB?qdNtQeSyTNi1b#nL
mnY[pAgjLlnRs?@(Jv~qw3pN6H2lD#_foKB9f7=C#Cr%r/.4p`sZ]t9t+hdxax@Rw+PS7Rs'
M:E/PkSC^2sg.0_.|_25oqP7qdc0=pJ^4(a-WbeIjj}oEV$DR6+5@J:yyC-iNBk1Z$Y^a35U
>{wUh8tBcajN*wj\'Op<gb?\&idH-z`*Rt3Ny]yjnxpK/#oH"]-|}TS>A,n-AJ,Q$?L</PZS
T#tioA#@)@lQBS3wtVPO0zFUn/*8OFyPR9hsxQ}3!?=+NjH%*nV|L4+(/==7>Qcn&r?lEkCH
7dFn+/GJs{L4p4MGQ4#P'k8j8rgYq#/(CD*&5sc$EOmka+JsG6jc+zV=|uh1`<$a~a}US`-u
vT=UQdDJ#S|/d/U2tn>?fRtEqJ`Cyb2|S}nI!O/BrmMLbh-:*JcHJur]}GeOo8I \vkU3G]
uP\l__YpBuzy8Wv-CcbObYZuTBUC SP&Fl1Xy:6&NzDe'qWf+mEq;(@_s"zU)N"fGD`M=zc!
d#:o';uf$zHzt$4yOy?!6r8YHka&ruTJlr7F*?W^I/uHs{+Rb{=]CR|79-x$$_3yO[,J(D?4
M'{2||I[H.W9)j?qruP6N.Df_7{9I,V4,~_C|N_A-qhwX17'*157/cB*Ed>5',aXt}o81-.Z
,%mRgvZ8slVFAM;vbCr*Vr"hW"8rLdAtS6Vm|Q1Q{.x$(GGNO%S]X3{&-w[lx'&JN]M(6aad
1o `gwQ|U:#it+XaoW'Us4nCu#a2dU|n)R3GH'S->Q9V<yR>1#x*]ry9"R\Xg*%L?rb$IXtP
~!kM7`B$Exu!sku.3oj(5|AR}A(Y.=%<`F<?>}@|';Hxdld3<+03N!WnIW':(BxZj!#3Y:gq
lA*P^ qv?/mq>&1w 9I3k4[K:nKbj-"S}@fAe%l`fG6ITTP_*PjJn1X<ony9A9;9aYd[v?Ja
Dr4=<C7CW3p4UN=8R-bD67\x/R\:EP<iXul4wz5O//\?+a`83[Tv{Yqm?AwPxmF.UNrq")T(
A>{hezrE?2|9,8IX>>g>|3+91Hn71NXX\9Ye|&zLetH{:Iw2{TV-{SvXR.nyB2,7Lw461T(D
LE6m3l9&>< i1(gc~}TcFuGb9;ns{O)*ky`"]RFD9rYJ o\SKi71$H+kZj-])zLtXs%>@bKW
7yXl~njg&P#RQHL"p G@}SE[^mFb4{o"p_&*-/c-@\!l?dN{J5aeSRH!]U8OZ[tS+XRlN'oE
z2 *gV@=1$HT~:.#kf'D3z2Zw19>b`E?}\ph0z2,0U(o^+9)T;KDl`T2%"!>59hAKnPUh8r*
rkE_how3V_*EihHhk6^o#}pT|/HDU`c|}xl@>PhH/%}tg4S6(M>Jon~3/|4|@#+y-tx8($7{
&%uG^x#R :n]"W!W7.r9m@nT%*aRO$dZzG6v&2+(:9'xcYtc?N#OdC^WB:1s5C'~aIkvG-ur
Wb'd$-=wGJ0&P8m",:KE@yi9b2nL2G]:i5J`)rDaZvTpd_Nur.eAL{`$U!{I5FQcafg1e"zh
xWa[cx1s9L}=[H}F2L~}7;X/FF_|ucrzY]I}D'0V`3POCK@")+}IT)7hv->${opnTIQf8u]$
B1_Tq^48ju0#G4F8{ ,I^"Xp)51fiP\V@tND@)VuY3IU4a4N|*&k}3v\Hrn/Ms]ab.be$+(
{_o:Cixy9y&~Vt*+}_Z{ofY,3@9|l+-W rl{}dQ,YI'g*lP5?5S/tM6SM~#/S;\j(>qVW`lL
ynpO6$ O6i820YE-g6,:SlU),O^*+QR^ZAYh?x1b@g~;]!zs`ict Of4^kc2h7JhOZ&Qz:m>
EcwmH|lj;6D*Z<x,fH,jkyep{Tmule2[Q6B$}jK,qbQ3_Zfz_kP!,uDvh5WDbq;iZNw)H]73
&H;/m*D)s6[bt[WIUmMDCV6WLS26tg[5Ev1or^C^}4J*?;}?2xnd;>@)i|/fo,`M=gG3n2Wy
se)qO-yv+cC"#(Xn6]d>&6c)y@d=}wG>q-suH0(H2xPfJ0rC\.5B^BV^B%0H '&3Tl|Lp0sb
9gW7||alJ*"op1oKhxT<%:LhIE.ldS{9bB**7X/>B=laW()hP.zF'^%a<vfZHi',NuNXPF&`
%]EWH1Nt~}A^,D;Vsm$T?L+OsDp?G9[5|%@;>R%4DD:Z?-C6Wsbl EXe_/-]-3VVjteB-U6I
&o/Ly(*\}Kfn-vRvPzFVp9a77s?=l2Cz41ai$BK] ffJ7@'1Bcv/piu|V~PzC-%#L+@:6?O$
)T3ucQ4c r'p@sY5,^?T\#7%\(P\]ElV;Y ="~&E!$oGVTVz>{V<7GJ6%zQHbB)d&2h3rC"X
md~i$Bkb&(HHX2Q$@E7E7""q('< rr(b@ITC`y#6&QF7FGPL<pB(}:MuH4UlwA)Zovkhp' N
-[o~+z MR;khZw[(=!Ct@l0LSqrlh5c:-:DWSdru_b 5kpH-$bk^<"5p(M&!jGv~ELDv=8ur
34<l#<5n^K Qc!+oEqDQ&[=h#a>Ohwse!_"WLOi3L=M$eKLihkszxr9,KoH@ }?imT8(h0mO
pOZbXYd@uD!nn<,u,_wb6!S$vXd/@A:2RaX=o/OjdoMcA|j\tPa;=u|Q@T ?3rEJ"-#Z3/0Z

2017 Wed 2018 Thu 2019 Fri 2020 Sat

Monday, January 18

AI 7%_Oas\HRWUVl%9%[!|)F<9yyPuvg=+>FZ%+>2jS]=USqO,*|`A[/f8/:MwN$Z_`CP}.i
Ngg$%J;QdMwN]F^Nxuc=jW8ny87/Bp1=OUwX%(C)XR@.+5bsl^/V-+J2d"xD@ZFIFV_eyxHp
,X78jfqm1tD!1}EU.)@<FzC`f?&}i`%_(~;Z;L1@yP2 ^&V@7JwnQ7S+Vv&[*|n-?S!WYl|L
HiLN~_6LYz!&(jA(N#^RFXpGBx#xJa.^a5Om|}}?>Z@IeMcnfFUv@!B_*}po%5@n]J'},A*`
QSYkx/Chm%RM/9UIAhX,|WXZ<GSk!7aU0aYeP9oZ)m_?JlEnU.qD$/@LA5w,}zfrq"mDFv[W
M3[5<wXI.ETeft`Jmyt5ojQW2 wxRr%]jc{5gchx]V8G,"<(@bi}}+&M5l4Q$!TQT<IDA:9
<rRd-cF-@p7^S&:E`XkL^%(]LaeMSzdhbp)S!dtv9d93;y"b,>Ad:az6q[<)mrkO8Up=NP<|
41dOG?.aC60%NrgVXvc]#ZdO>:doR5jt+W5raz8t-}`?GOG=c"SeeQYkDo^-Y:no~?;M)2VA
v%sYXpCJaZW]pLdgb1HqFLw.QzkPJL~Y7bn8dGF%F78;FD,.txKjb!M2AE~F^<-BpjMHABS[
$h[kt2]-| Zl,^[q(b\=f{+lkO/Gy9WFuKA#ZE2mV2S<T%k|00\^Y}QfhCs4x137m#e;1C+
gJQ2$KwndEp(t n%;{~#~Uiv"ON}N)wMQa(xE)kU L(R]4%JSz.n'fo-(uF(emnD::RB] uB
kT#EIT!Lh.DCnr#Hx_74kLw+$|}2VqS,?Jc(LzW,xFdZ\({Qp`Mn=YlmYEpyC0WqpSb%"gY^
I>f*.Dx=w/Y0JA|Sq<kcsVG?cfEi/Jz`N}$?~gr$v[t_^77;!#R211sG.>J^i(nu<,`L0kmQ
p*m)uUn>'x2P.VrT}0d!!-&(k@_Cd{o\pB$1(VH-*0]#%}(V.-vM<vxj~-Ho}}&FguE*Ma^
T`;v+jbsF^w,~[q'IV``LlTv2!HOq#'#~yoI.tlPCz]{Z~ePIw}+3H__qI~Y67:ziF0PiB_@
wv& j&OBi18- JXEGxt"jDF70PY\?@mv4hwa9JaVzEq*%BY6My&\Ud*70!fYK6QiCpO^3IO!
t8$B~p>I6QD?[}\w0UIUq%ceFfZre,*q_LD4/5Or2dKie*0-;~uhSz0ITu4J=5_""&Kw|>Pj
ux2x^50E38/6YF[E6+ljrBj_9TN1+A*0EkeO,w=jQQ!syxFdiyPnJJqOxup}u0u4LF5ev49X
5,_E)m_OsBv_D-`iQ>6*^wzq -}Vx=U5mQ;!j>Q22D)@5,`jC** .H]wtXtP@7Z{hAorEL#y
g?*"-Zno2a\#{D qFClCa]3=A.Mg=hm _rp~O/0n?Xw;]M[3K=RCncFpwY+%`4:ALDOZd=3V
$5]ca8<A9*4acGezqz3FC;`S+J`QG-|+wlC?4RkVd!Y3?JRbD,{pbxY)F;|6_'-Ik|wWRA|C
O{@k"<!{^dou%zK+Kzb+2*Ch3!-Oq<iJfSX#Y)_:!)7w>YuAEGB.n!->orfFz]Spg[M-Hwh
U;-5ia.v~M+X>/R.@<eb\d\&=2K[)kH,O3Ipp"nM iPxhOjiGu;;.pADHz)~(LlC_45aSv3y
EV&(;ZRh3|yZs>j?4V.~[:<b%MIVt.4T&)Q$_=`4M!h;)[~3({4+YQBQ8,'\O9S~Dg!nmxQq
7EMCFzm8fLMc@i#_muRg@f:KS^-L& / %V=Z-8 + <w@M/b5OQ])M7Fq(.j+R#=d/=/0:FY[
TSr}h*F .>DbB=(n,NsFz<$1bN4aYTp-1oRJCQtVWa6?9jSO*u\K)Z^`~S'cnfAg#e|*o Eh
oM;M8?Dv<u7)e_Cqcc?G'"<$V~WGh[Q3F[6J:MK,DT40M5e8^Cv4%neYM!q~oDVDe;bp ::M
31xF}tJB^Z_/xcA}P1KLA!O\[Gf>oiNAU3q5alN2%J!Byw{LTYQ 2>I.ZbLmaCsCw#T=YXAL
8Q>*2E;j5:Gg|b:yg8n}m:[^a6[3RP(mG4gU\?r{,8% {%_*+rWm:hT}R#L|#~t[0F&v~K\
iMfT[pO+*l|&Zx2<5<60+HWhlatVET|1L c78q,HiGWS1~?7R_m!<*c)(rFAW"hp:XgdoJvU
[Tar{4By(RGC&,`s7sf{_6(T$%J[B2NH$>{oXm!^[5UfUwQnSI.$Y+[{!M1<(Jar&Co9-$W>
3L]wZ`C6N0Rw-@HX/2926FU+&,,[t|z|gwH3S/1yTx,-q7W=n=QSexX4KjaYUo+S[{\2SwE0
4+)[lvlvaU?}kVBFyTgKc=09"wM:d6{%M+ *tY:7h1<m6>H#"{6el7N -bTV*0R-^Og2a}cs
`<O3JjtieA{j\%2N[UN4u49D[QDOj^nZ-!Z)E{4Y08-rda!\#}Us=y)g$?D*]lfpr:$**J!c
C~[%R:+(C$\?-!na0vaf"F:&"5)dY<{]N6.ihP`.U6/U^s%Tt~eP<a[5j<q1<of\3ycc7F6t
c)PXc[!&nu--Q+3}ela#v,wB&dtJOE",nz^R^SyzE`0jC5"Pv9{6{3(/.{lly.6)TiBC&-,,
f^98#U(0<jXk,vt{V`Bt_1%FB0M<hf^tLTRL f!iHlda:9]4)f<PBH+6"T96$*=g_M'_n#NN
ZL"sE{q pXHzX_0[y^OFu 6E_q`>MI>b^p1T,eR-'\# ^?4= 1Z?9@t[yXY*KfXS@E^..'dN
\VK*tu#$X\B8<=+P/b]+!2Q^v^p_LKj_TF;N<<,K\P<2d7zyURcg>US}@31u!hRg0K">c]BT
SsJf6MFnEW@_'tC>xL'3~t:BFc}lQ+4?t|m9)lLwyWb.-NFah["hD*QLH1)-C7f+aCYTy$6e

Tuesday, January 19

2017 Thu 2018 Fri 2019 Sat 2020 Sun

L~:Hqc0xVChwwkFCMDf+'KI{Z+D&Uc)s}aB2P>"EIK`#'r)lFcAK>R1x/fpa:G(D6i!yKuY%
T"x^_vPE}:EtO(r=Z4ZFcsr yLl{T_.h\&Z\hjbvvglqgY~^EBHKw2C+3_8^k#v!Xz58]1'>
$vMV{r%tDO-y%&Y9OCevZc$wJYMf|m=7N!k6)>FtKCo;?lU&9*%_^8-^0=SW\sOLYbzcs0HY
2)*(@hW*tK7Zr2L ,*l(`g@4#]r_cCL,i?T>?f|b0| 2m)DK2qayy|#[FToB=8mIeC~T-nFm
{!iUdW>!q8G?^Krr1nd<k\0;2{D|Sj:}$nZCYkkaZD/\/El}|1Z1_DCOK tAW!MF([R!Hb*
D9kwM8&?:NHB0*MvED*'('!{gT8R%<~f)=>#JE&R0kO&Jf*%rf1M0)>R;n_7lmkz.f~cGo%(
<(/#l8pLkykpRiw4fwosXLo21W2.?L?Qxv"h`KyX.QAX)xTS$q[1y#fgP7vX(jmd0LB/(L"U
/qY+X-4rUl G(p4 cXjF3;\facr=.#o:b(bT&^:9+}_f;LjO\Hoocc._z{qzk^$Hz.ZOW:s%
'msx-lxw1,(X2x:tF?_O!&Tn%>x]MF-hVk_ok7F-AZ}<#gaL#zM|25c *r2h"5s?h~#LJuiK
QnvclR0Eq1''G `f=Tz++jgiAVl|7'X/;tr!Vf)Z47/aO"eLo\L4xYI#,d9Sq='5DQFTciz)
e`59`Qp!6H@}0k*;|=.vh4lE)QW"H(E$$SONE7T3'#-%tAK+:vvIQD:OQr SsDi9.01,JJwA
aK\tR$\&gx-s9KgU1WYnLDd+HLma" bf48S(#FJUOYciZ\~N+w}<#zNH?SHRME#3L|OzoyCH
bp,Z37:/#|g~4l,iFMA#aF<5?s*"ks{vzpvx^+y&>t23]'W@u]e "SqqUxW)z[SO>M\xg<b9
rKNB2]#ln8:aH8|!yvd?Jj>i]XC1<5i}008y%7/mH]#-_eSD]<YO2sMU^{wcXR2&`zLBf5>l
i2MX("|pe5_#]c$T3~jFeevc`_V)&5q5J6Y:sCWbxKBT0G;'h t~0=r&N&m_Y8lFZ;s+-=F&
G[YI9F.SZ`CHK"|E%h"*Pa?6nN$X-o+D_=dm1o/D@)$oFr@tsH%vt{jsVj&s:C>TV-Som?3T
7~\494wa>k*"rO`1&^pq0m3w!w/`F[J&9q^=LYsU[?^vMu4WbKT-nnKvf<]0C/gPyPAee-.[
w^B.5B1%iPBApZvxD+ePf8.<>DrG_nl?a\5`AKCzm5QWE32l<W4U0^!eQ^I83Q"gfDTV,'8A
7[6[6 VNI0-vB3;7h)b_9[Xda&sb"P -(\Lglj:u^` q,*aXAA2feV1,=QePP-mj6(0`_qeZ
eV8Cyi*?T\xfm1##pRQy4-A@`s}.uwkjL)dTGJTQq-Ye3;5@Y7neK;#w{!pFYq_WCQprAXqP
@/Fl[u_^v]zJupk$<X,,S7sCfGMccv!%r'56u!r=qeQ'FeB,F17CZjG<Z>Uyvf/iVXEZufRY
Mun2#: 0XEf*mB29[EZ|3en?FN#N#Q*<TKkh=JGihP5><+GG`r>`9x7[}L&Y/N}zL+$Y]u*E
cX+y!+X<+Gwm.csZD)0d;+7#:BO_tj"(Sy!aR'dFpiQXDAqqE~gW 'T<'W}rX#l>@e{`_1AM
y7*}tZ`d<N](rAi&/REIDQB,*.q8uB'DmI5h7^[W' CVlIxY{-{Oy/FN+.*mD_31~:XR(J7h
8[Jl~$\Zlyx`Du7(Ut>MqB2!R2 SYE0>D^Q3yZUsVCFaH`Lj[BMwq,P@b]~[c|#WrchH~*$
YwUM_[69F.F+Z6ac/3rXYW_EbUF]I\~$2Rwc#tQ7)9W[p-9hd$|lz3y~b6]1DVcS;.$)!s]n
W]R7n8RvUp|n2|o,%7F'<KCKi7-UUR=%MK@yQN$2TMcevAFASibPhQWCo~;26n4'>LIcHda[
!w$^.N.I2-$QVO":nq;"6,#Q,{_`qEpG=EB!wj&,t/-0dpAQKOjGzt8Pnb?2z1;@|Cco4q|e
LVOCE~@sRFAP)v@`=A6u?(]}<9+*|(PSh5`E.Sv1xmdIr`D$9w|";PU>|N@R,BSwwt+|7U!~
{ pR)22LtT{?=z}6"4`n<N5O-}&>.\GP.ch>qSDsm9D*UxO'iM$,D[;4kRmEh!y[gf`BD|=
]01=f!G]-:[X3BPfJe^zlW R+[)wyV3m45%>d<C7JP},!OUV&]`Q{&<u+[h)z"0hCJ&UI?|B
ZM4?G%w^NlyZ!6T AY{YX-k^>M<a@,''+UCIk6o~hg"3sr.8GvIM7Yf4"n> b$USPsxh5EYr
3yr7'<KueS0y[]k[n1Q.W?g#sWy?!,E ~D/ioxwqIG) 0 JdxIIaoMm]0BP_3i')t|a@qd$#
rq8Sah-';u $Exz+21j4Setv0J@GW|G$rCJx-B{J:C3{[n6w+e6evZL-JJ8DF^hwj=N,p:LD
J SuxPLeH`MJ1lz_nb>]SO9C)&5eXt7Nc^#[@#<'L6*d"?6!r13io+I"8r7 w&JC2d{k!7Wp
A!.UsO>&uo=U|4=,p#Djv@['t'VZDK@tfKO0Ed]&,Op1qoM"}:)wxH%5?SuZsA]u<x,I>7=#
g#!Qgp_!.EXUf)"gx/{>TmR#?ST$NrVS*w0:|5n\y.;#DQ3]\oxfh%&8uOx1Xce>KGI|1njy
ZXQR^=V)FPAB\,0sZXHTki+XP)dYYa$%dw>^/XyTEnGXC`Ge|}29MxOS}v7U8-_pk#.a0d'(
6I}[:RBM.hVZ?lTDHVk!Y%qw`9CoKgnt:*wFhn(TD^?e,K\2}BI5>D!UO9WB,N;E7rW]`n~A
&X06T]xu~bc8#n$'zS,+$EQ.D]CnzFaI~u-\xb&d{?^Zr:xYw,hQ7Um/ux)7aXEygm:PU"m~

Wednesday, January 20

2017 Fri 2018 Sat 2019 Sun 2020 Mon

m,==}w^}n(I2LR^]roPG=Sz.#tLa5kC,jhbsVL%K,3S*[Ru Qe]*,owX})Ca9.- T/n^pB\}
F]\Ucrl#%CzxA:\<GFe0STRm%mn<XJa]_L:_){Q b}'FVz"X7l&#nO^+R}'KG]FT-#|~~<;V
[+x^$#. kjaxPur7R|?v3GU<lr@yXYN'<4QhL^y8XD&sI<1lG}EwML*P|o\f5#MBf|$OD!rx
2VF<,9/Vlobn:1G,apvY)A`lCIE8536`D_iuV0x8Ux+m*?v_g<+\&z4{HOJ#[K.6q1<of@Qk
G?6*}FG[Z0Nve3M)u[_Qu"]p7Bh1TRV 7PBLb.7xukZu<n3WVR)HpfY('/8\^kacmq4jKCz{
:qxs~f3Hs<Bo1_NZr)06Jo?aKD(6zCS;[-4Hy3@{&{rMFT&(]&+pyf\gB/+{&:u4\-oOcASk
Y3G/h{FWY0eprejxuaKwgy:T/_gerC_OLVBBxaV1$2K,5G@f 231%#ZS`zAh=oR1x*YMx6ei
a[]6j?<>.CW?0Ob`}o)$J\o_Z]:tvn#6hA.N>7SK0vAusW>~M%'1L?>sBJ~M(=T)7=^qb,+
U~g(?,)`y*O)c{OB[U81>XqfMh16P0DBPFOAHC|Dcn}uHR@|d2<]8Q:Hj"94aQ(bgVJ4q,2>
s`Ydq)LFgY_XhSH)[l [Nj\8Z3zXT*DO>&xNIbSg*H&R$tLn[$lUa#|"X.pNm1vd;-o-V[Pu
P)<v<?Xvs)D!tDS=kO-D._fCSGF:Pp`F0p2&-R2|LS]M \?qKWk yKrK*5z>83XLbqeu:,-`
W%CS#CEH*bzo6s9eyULa3,GPGI0w/W>jT_ozJWExvkB_$^L{2KA3I#L`rC~zDx1\"CV=VSs*
`6kG}zq_@0Q>7a7<2_672w]PiMY?"!veRQ*/5?y8[Z}0t^Q5=nS1C!w|byZ%JDZ2,q}<5XRG
.U@;{zVv9fe_8dDM,jT;s,b+D&S|?+:ufHjAu5l{_#2H\i$E&CM]HlD~h|PUGw{qj0Cm|\&7
izML#)E i,qLCVpf$y3k`*`7SaW'{;7BZuF%"eh[hF}uf^&N(kv|P@[*[R F 8H&!$Q!.F[x
mtst 'kYC~7l,}ukiPXA|v;$g%OKegIbJ5Oa}#,58?E$dD`@s22BMEMnGD>#,zmy.p#3hUtP
Xg-h'rT5FD#F5Qn,UfIew~I@m>\7 &Z,t'%y@^af/*coWmRSWIjl@a*.i(RULQo&}o`muKh
AQttX*4k@q{kb#W:YJPSvZ@SG^MyD#qT,eP-AFBo2O(n%WQ.:pik5j242A%6#nR-zGJV`_rc
ZtzVrsnuGZ?M)n@_klo5f)cT;h`T&^ `&,b+QB=a5-a3P/27G%ipeK.X.p:>jtDwxW$[cvwz
:=#5k`*N'(Gy]@L,h-vC9Ia{='v2?8,_),u|4:HYdq.TG8QFv(7L,0\;xVm6_}?=_6HzO e
7sc7<$7\>N_^S_@9}7_*" #]wyuH3r9I}V?l9{6w|7Ooecp-SuygY:wl/|T[zH13D]Z?wXV&
0F3,3[D[\X-,wwGD>y#k\4xN!JH/x>Ehz0t!D;nYge<wRNc{WPUK 7@o`U:F/mPEjAfiwf:0
VKPrsZ~eHKJT]'VM1=lh*OM|zL~@0Rsj/|3$k-W VG.1AX)@P%2eKtx5\@LmaOZ#X0{i6.`A
O-U$A14#iQPvw9mwH}@G@S{v#\d^*H()[Pij#|;,Jmx_]hyPY,_gh.Or$6Su`:#ej!pVeB'`
yz#zP%Hu<e>46yma}*A#Pj/@r!5G;GC-s>tk9PH|8U9"UdX<+y?ss`P]-z6AE}']k}S1=XJ.
X8@QQ+q:<; `Jq/.8(L-[D bjI)N=gHMuxe\q2^;QE8d/rJ+29V")MCBrzjjg__Jsa *2hK*
Rv2h\?"MCn!)/tU}RHRJ41%8T$~7]rqYYy,b"/fgQ)k#QLf$h$c\&@cY2M8]GLXEUc [lun1
b$w<9fDYwjZW?Z?5[)4o AB<lpc|D!v{ZN8%I\rqaUUOO:nb%Mg7iEPcX@N[z|]=#+9@l&Ck
-R^ 6J-(hKTwVDMoMPRK60#_o0(JjFrE;@p5tqe7WL`)4&>0qw;A'.ud9w0(}%(POAw1X0
Y$w{sGOc74Ff>rvo'`zCQ>%b;0<X~]SWCgf)hAU|Z\h&0ahsk Y++JCVCy pw8XG>]""-.3Y
5+`\,f0a]n7&w2Daw7@5b7>g^KYyik&G.gK ?X =9Z3YqvF3t\h3jw ^{Ror|2_>jS SrHV<
7V?625m+,2:pVPAU<5A@EE4aIE|ADq8Rimwm:02g/MJ7?Ty)O+Sd]7NLZ<N$@evE4;6QQ'|X
"P)L!oDGnj{M*^r`7$)V[(P')7>['sO6NP= rre/Aug)$~R[&&{[)7uz(>K!{O'.C]7_rdNF
/8jdNMf6yI^(z|7,LNyL5S,D6=WuT$\nq(uUaxtJK|^z/,sKwVk@1Lgc3`.z/M,=z8:kU(wb
xuW1m?}$ikOFb8^n?i6ZKBi_&1ZKU2"&]O^1__rL54mn"*$A\R$3+c}Qw.e2CS}pH287WU69
_bBT>3kF>9ZU96swF|BvaO,"M!/6kzg~ OGyn&iC8lYtusfy]cu_{d9 "|^<7S=g>IiUM!&y
4.ZVz\^s"d-A ,"-HI3kY"`)2ygH|Q$u24I_`i6A$vIM_T=fZ]+FEtB@<"7Z~&U]HCR2+R}Q
k<2UU[:V)0Fi\OgKI\kAsxQSw:&GCz.nJ[L"oZ2Bsz<L33LV&Z/UOR*oq6sPRTTVIO#oLeKi
^4EFV(NBhM8?@IVtn9.!?IdJj^]QYs/BaW?nZ!l)dnf0`"|?~B+887rWf(3QR"'BzqW"6hs,
pQq@?7d6#ue/x7>rz,l($QyXEYijN-N@-"t &WkaenP_+6U6}Ot7`jf.QK}`U({#(H.KVAd~

2017 Sat 2018 Sun 2019 Mon 2020 Tue

Thursday, January 21

-LjO^fP{-!Fn_[YT=wgH6mv>b! d&(9Iv_4[`W[oI;DLy.NZ9JJ`R*GhF$q'Mx\7+@|?m4np
p(%1y(=}!~PtNy{foz]"hNV&^[J2/lf!n=]?ifHC8CnLy`9[I~6H=0\f?1eQOhMN@4/xPCv5
w{g2Ctp~X`!5zEs>WtEH[G#_B-Lj^W+Ld!0nfm&:~UG}Ob\8`XrDnX:$,rSKEyOpk.(ir.!x
2*ICCjdwgv%R:?E|cr_L+6St0\%Hf\rDY>L2Smdx^[MG}F9=AIfbx%xG0{]Irh+g3tm.+*8!
@k43Fxh[TsM)d7]"W\LwxSW;~?0yvUbw[}H'xBiP@=W=;%'b%h;py<h20&n"bZ68]Jb&L|i@
X.Ul r?UB[Ml+uC?0[+X3rrn\E?zn."k*O7jgR3*GEeJqTej9(b'%C_Li%gpC/&zV0]s,1R2
\84l?_~pM[FC!HqqksXo4m(4IO0.p:-D gZ08xX'N_\ee]ZdtvFlU)*2=\H}+H&Z2Y1nWR:R
a}jujRx0Z#y2(M6T&9c>=L9G1H#WuNZ.5Go}0/xL#nI<|w/n3]v4o Lr]U=W@(.'H5#A[cT(
zupKhJ#-X%}d-f'Sl;!.)Lx$^W4\wbrj+V*yDoz4rPt|keWH$$y9@v3g:@~_\iTS-Y@_i1#X
PGBY<Y^pVx WGI(qs\a*&T1{>Bc<<E[t|wDMGBG+$/Zg2b "xq0IocY31<*C"Q#{HRK1<{.!
w1-N'w7t>3;W~`ybNR*!i'6"Z#&0|Td\j@D@b_`HQp=t8uAB.45!}N?3'{fL9498BL21Q^"9
2$/((}G4^^t[-OTi2Wztm5vi&|5d%DsbiEf'6Oe|$85}Py4K'j$cpexo)W_)"bFv5p$l_?~p
K7NMrJD"o2:M.Un1U`7$/B!Z1rOlPOyM^`K ,_U5WRI9{{U*dG7Hty5^nh?UoR!O^<|bax-q
/0r1{S2r)pncG8$gq8N8 *dTN3#iw`^l-%fI^^sA`b FU(@fdi<(!W|i<i%Vw6F1g\>')Qab
(,*>?U}b>3iorEDj"0=%D?I %+op d;`u>',\^I,6pA*,qeH(5K9;I5.[0-cttc3r] iI|tb
`Yct+'DRV~:?M@CNp(1dp6vP|,E"(>VR>3xJ$Br]ZI1zqXaD%S~ft+~!hW0q8tb!G#?8S CI
\D}aOr^}s]'#6,ajXLz6<%ZAqN/{S G?.c%P#|@h=@R| xHGyGqq<8hh(x4UmL(:}O[3<i7k
tH[qLNZ"};hPdC)aA,2" C0.5*l3[\6lCcUri{HHs_7L>(0_Edn6lmZ3OTy<bMBS/~`]^.$W
^Dv$%P%Epv<|a.scL5-w>6Qr4#'x,sU~VwDEi]w\$7:u/%_9y?,-FCVLusb4Czj+=21\!zJ]
7)-IlqbD0o&'Tb(&riz>v^>*(@3_): Ji|Av~L"(+EOu'iAt(1V{iu;BoBEr{U35fe;>?K=X
`XVNEC`(ch4;<{`Km*]M$M2.&lF=td5e~<Xp9{4N~BWi6jZqccfkuZr=U1@dmqL0f^QXV9~
gx:3zQ_6zOK\W.z/:P'`=lvv*t/O~"X(>RGrN+'55:}i'I-P~;oLh]9.wVcLuy-1tOwtg@ke
n03jNwU@{B.[89@$)?m5N@]g\Dedg9M.FiUi+S!K_Qo}S6^;__L5D3/{J3AToS-80]}!t!d?
$Lv_*IS2~M#y1#Mbu=-}?`q`F+Zt(#~2/q<ibmM)fMZP$HV@^]kmxsbQvcspTFzVgXx|Ll#L
mk_j;AVCb9>.{7qa]uhL6loggH=Aga9Q6!/kYZD*9In^Q?@BO<jHvR4%`/1Xp4fb1rr}kn)y
u7:P{4A'yrRF"Q>U2[d2T=jTec]{%{<" e<qAMAlOr_|QI,W3cX?V0K?<@rY7j5p5x9&cz*n
:JzNDc>.sWqYV5~g\U-wH4a)vg p"Jbq{OI_?dG@iFy|dN"[UH$](+(<EtLotS+=cZc!IC}=
:YWce:FM/C5E pvA0@|dCO%YR3eO'2[$0n=)dm4FS%qOjR"=#tq71Hc6"="ml?+3g's!=AWS
}'>@/gm+2E1RHydH`34TQ$qs)1"KAL!%i|=>%]#OYk!*UL86}L47qbyoQ1dh.t6=9_+C$"1&
W?\\M!rU(MHkI/^R^t~WHMJ:hd8J#$'Un]<(@q@;ty9T7~?>x(Lw#K9aE`2)cI6(~#<q9fs.
+MmVbsc4HZ'%6=bwdP5f\:;V!1xk9sVr;t\WEaAHdc3"(=ujk/mB5,8YBv#Ai<iK6]tiOKOk
k9ku%x(IBBk2kN1.@l"\@JsasY4~I_MG87"Q;*3}N!M=0g$N>8n|//3n~VW%1(xnf7edB|d}
fcre*9Lr$S\Sdj=%Y$jW4~SgBC2K:&f<B2d1jVz7YE2n(<j&XRlL=N1bx u)&nn8ij&#Qpv
M)!*e91`o>Kf?9um)=9Wqu<MeE+|hkn##Rb[xzRW_ooeLtMhKg82?K}Y,OyLMp.=WiBq#9-T
1`"T~:%9)62-T]ir`:B@bxD6Lza2aVlsxlAv=IKm]ayJOV]G8H5mFJQh?S{<m:dtxrYJ`rJy
o^^m1%3Jc9u4+.QUg#DQMK4GlUAGx{\k.TiLk='KO@,0Tu2_qr5Ri3oQ=$}B_-PVjL-A?e/s
u$u7kHjr!R8YT|ZAHS?1_~0Uhh5,aZv@\NR?V:UouW:S$O4D)aOK& N%h_e+*$=[8P^*]r&g
s[@%;<ftx>NR@wn_3Fo9*by|H<+':o`\QkieF4[l' QaO,jc$!3Fv[N{iwct(</5qpd1qf_@
/l5Zo!&JwVB#x#`"5obCu?inb='d<{|kqMh4F/f-qJ_k7 )!ted]%H44qQov0[q?</30#`+~
[04BMj=@c?olsZ'[&+ 3*y{dn=eZwU~~)hMz?pi$yj+kG*DnGY89`kcHXWB4lPa@%cp^r`j0

2017 Sun 2018 Mon 2019 Tue 2020 Wed

Friday, January 22

ut9qcxblj'oU84Qgd~97;OA3Z &M-v%&|^2pofxc&7V{48!&&H.h g03<]^cuWc%U,jDgseQ
c%D9YEL_ Uxso4{.5 i;l].Q<p:tf_{b}?Q{R10vw}1XyMh?6|F{4|(Yg6_!Ca-BlvvKtx6y
dv)PV_bQ:R/d#*{`44styF_WJqAF$EJck0S,=rLYbr+,\JP1{!c@ofY:oEF%5c1Mo@STF-Ug
)AaJu%i6<vo!HG?E s`]9_U/K:+gsrD]i/N^o>6-APT('M@5Lz`"IcC-LQw2U9%O$? D6kj[
^6S;r{-`>rNySV4*X1AJK((V{5p|defFz#2Z*{3={hq`~@DEsg$L#o6U9s-\gPpVv5[M66eU
W4wO87fo^qH#\BZW1U$FA!xD#q2VM4_qk5.W66SiW.EAQs+.:E?#^5tz{a]Pc+b"90Mp0h#!
MqxZ"2y^0fN+`$a#RFMHq^Uq_7BP=;.0G)u<4E]S2W<L}Hoi0Ra'@xYPoz_X<x,_wku_[~V=
'[Pbw1x</Ps1J|GrHN!?8$tFajDLr'eK,)9>+N){p5$n|&+qh,7X) AravqdPY)<T#Q1 VbP
t|ZJsuPL'0.XT1-`6*Z-N1R9!fqGAf,aB8)7~+zSIU0zd*|0=z% Nu3LN;dWYO%jTMY1 LsZ
N3Q6Y~<L6$gNKN>%lI%E|)N\LAfe<9*,uBz|T$a9v'\@:, ,`Xl`jjhtEYETF]ryPaKm2bSj
y%}6v%ZYM0bmvwnULD} P_g_@>t!x?Btu`&_KasKn5f_FK[fOyhBJt8wXVq88jG!Bs/bir"0
NLhp9|nV*+SOOI8Sjs?r]SB^s"5n.yVLf`v%dYglAcJDm^W()B6S1uYDw/3#c|x\IzQz2"(p
8\TE0:<w::"WW,*NyU=C`C&{w"l.f,IGCn#+B*Z=?F]#80JA|~y\S|"e$M}y~2V?wpmfn^$$
yF9**ip\ bO[r7C,nT2{)}a)-\$E0bu,;,Z-|U1_@:&>B8X4L#~,=m22s)+V"CHs&L=jjdtO
l;T0b9&23DT&{ho;)C0plmPzBfy=vp,e/-8">t7pQ~Oez2IQ~.1p8D)/sr<P:F-KO>T*O^?*
76r!d}6*5,W>gM4%1>|mvE=HKdv_{|]k))0pa%]~L8fLJoEKNK.Q/^f{,3 L~Ex8P|45p">"
\s]$J^WWI-X'ft P/!-aGY8[OAZgIyQ#)Ug@jlDvqQQ:a+::Wh0F<B$/G?S/1__(5g*naWtO
0mDU`2<\E$q#Hfl:~i0f+4A_~.:xRsTT:>A`vYK "RhTSVx&}/(ZWRR@N6!cB2V?}>w\>O
.T)G"PPvF&>3(>AF>?s2*J |(LYZc,hBD2h&@OP-1:;Ff$Ep: /ap1%]`.~9s3w$VGFcljBv
{0h];iQ&6,&%3o0AZ9'hpgs=(>t$hdbB6}lnh!=1]gCbJ_i"au6m'hN"Wn1osb6'k&,[L^fe
0#>!a7I<@9Cj!"o;N]8*m=h/!tRonpT'Fi3$Z?IvzyTFJa]%[6Ea=UoCQrh3UStgJ"$SU}6I
(S^gn+FOB<p@MJG}8# h-DNNr\}\K2c?ll7MGQ~Z>e8XyJ$J2^^ 0R 0'O,B D]X\ Y*{kOS
.8scv&7b2dT5E <<lqQB\m B<Yo|A#d`1v]@xA@_:Z`cp>|!1o;za+e^5v7_}:&wt6ok"o#K
J}%G/{cUXIwsxZo5?sm/A'GyqK'zsjNl|/[B4,v{+QdBE+tpX#z\lDAjVkTf~|>9}(Tx4$M#
u;*xa=Rfta;);<&xU}}uUbENE+AKX>u`\4.r`fcR-Wv>ENy_Y$:dL'bD-?RMpe4vmziqR#os
lSbAhubHLIkTP9g+hjv+r0eRMQUGa64[_SdAD5#a}v_o{.\tAVT}UAi!j>XF4~l=L|9%aqrQ
bc(rQGh"b(q:{pj`Gy,]p Jh{$?*}j'g(9XMK<UcN{=vcrb\!!>^&'|GhHp*9Kx|$jdy/41x
z=6'Iv/[q&1XRcI.u1Hs!,J;JdBp7zgI8=uTt'lM0C/9wE#8#zh9lT'1z>zD|O|y+*hM~<()
1o32:~]D%w(->C}3!g!|:qY]w?P;f*|L+VZSy`.5KN-q~;Wv{1EnKsQk~9r*v,jJC<P`-8Gf
6C/],X6a;FHZk[z[S4Yj,nJf"Ew?\SKiaUD<@OS9>lK_j|"Ub `u(`*@,BLebV)}"8iQ8k'Z
>Tv6^lcbi%=d_tN!H|XcWHFLQ[}ow+:q0,wGdF7n^lEG,~02JgA@@cz[4G9Pr%SF0J!Y`.J;
qK}GhaCqy{{5uoeI00FdPaq~n^FIER#0Tr&#B[*$2%7<hmhd)@_;Pe2X-mb3B5T/v@)_4J\7
BaH+#,0f.2KO|"D:aG3"}kJaO6HW8[avu$}iC*81D4Buw`5 AZ"wQw(2qFo{2w}Z:2p{^Q!}
`}PFGj]z3UHC:DTs'G4Njn{E&s@# e|s?a~$Ax81}$=x""Opdh'g'N-#fNm 8U=FCnRZ%|:4
Jz tVNg2B5bYLM8fX8h:l^W&>:8Vwp*IF&ZLxCGe4ITc?g$DPezW_>*Qp{pO0c<I9rA<VOyD
k&K7dOAPoK}4])6y;a,W}WMdFSR*52_eIq)p}qTU{.>3J&ztBRPZG&;uM(1XWB_>)<l'h]}
:7g*QxW8*W#>3muG<Om@Ya=69w5:\^|8;,uZK+Gt.A['n2BT$ns^v|.QYd=@2Q0K-CRq@QN`
#??A> ;,Ge_yzEj,0PHxRd5~nA.,?"JZ$9|rpqAI%KaCCMjXxLy`%}3st=ZjSrBk*1U;M"}B
sw`c9nVz<=/hi4y MA2`<bKMcnkwK"n,F&mYVw0<~p&!Mvx~'#\^dx?&w{A-CsCyt=GC|T4r
7%,Lja9 `1M]~AwsA<K`Fq6;bK*su-YeTd.Pu39SiyS6K=5LXo%NI+|xL.lt7[q:jJC@:7I

Saturday, January 23

2017 Mon 2018 Tue 2019 Wed 2020 Thu

cdh:[,1@1RaWBXCe_]%OH=F1Um?395?[?SX\s8OvOB:[]x-r9<Ziu4}C\|##LXbs_#.+?bmr
c;h/+H^0D6%Ek\i6oyFXBqr 7;"-n2V49I>s{:|I3() M)'1.s$up/hDlc0[fI}"poEr.Zz)
4:<=(>Fi*f!:]}1H~58x:[@v60g},vk)S'2'p&`;pr-j4FuMHYmA.gym {q\OhqtPN~~19ia
.r^!XOjTg=^#[;nH<v VR@"l'HGZ($i2t#S)`A{pS<:Y$ah_U+/e?k^\F>/t_vb%=<K)Yh/^
q"V.o\Cg@0t~X9`6WaLI<IkZz>4Nf+E0sXe0[IFC$Vt\6}hP!!ZN`h;$Y,,^Hpu,K=_|,HLO
4-vGw,]-F9@QA+*Mt!jiE?l%Mgw%?6!+<0~P)YEMdr/HJxjmb:k14,fC)nej}:TX?|JAil6{
?\hd,_3KfZ`_< yRg?c!@3/wskw5l:n`Q?tmYA'qo'KVo]g+=hC.2Ms6_*v2v+(cb}V.0L%0
HfG;B"MHl,OMsJfh]jjZ%vN;'@7_N;VNZ$bKj4<=>-?A$JYlkGj)$aC,j!>EW*a9<{?{R{;}
%PpDd-_W`M$(<jG)'(ptYSh!I%x".!0Ze Bc$A/$&e:Gb>]!{:w?KN7O_%W%)]v9tNNc 7y
",-){5;VVrs53qwA$GkRezO,mGhIsQh?r0Dyy&qDi[Ubq*74xXyg%K00cRu?2v<rqVI;"*vj
T`3('c#*kcy<AKj+iMfY5eY\"-{7upeiM;eY5wr,02X-:(RUkl x]_hT5xp^ykEQ*ktv*EU2
w&0CsW@"UmjM(HjjJ(ahvx3vcF-Jq\$1.7r*c>t?2YtM%(XiF)bQOid6c{AMm~9(4>PdTfCb
F*T3QIK:5bEPR(lX&gqv6n#'fg&;y@++ec$n@>7vnoGioq%`~l3814ij3>nx:#kQtxz -2-'
?G:'6Tl,(o~3)W(~w#$]vTQBUaCh/1xv=4=e8jjGa]hweIynVQZaQZ>47],#hiv8?p>I=#xr
[yx(X5[,8-33h!8R#_WV9)bc7)rjaxq-Wi{;wo:6K0[tsCSI\]o|vf;qEdIZ;VcA?G(l#]ci
OB\gyyE>bRC34a\.%?,APnO;U/|rwnVUvsXnVJ)_PZmWmFAP9s!.Xde8|J~bJ`{%x_T0=Qy]
H[v3fusXb#jT+99`A7JMA6ldrrLs$ENII)X5_(u\%]Y*\W#l.hS]B;2RD!9h/?-mJj XsR*b
fw5QS<<9xpniC&ZdWvuG:m(CeN>%Xzw$228)vr\8c:inJvB[2qjH<8orZ6I~9kZ\Wk59Vl?P
*Uv:,Q#7[^.@t"3S i!'Ay}j`a2>lFL.D\YWmF4Ul(:p,iL!vpgY:oL9ZGwKj<%<"~x/7&H!
XO_qO~(T{O$q o6g;?o'bX??)%-NTe/+5+}]n:/!Tv\@OH<J/<^;q"|Dwg4SDJ#@+Hr4z]Vb
Q|]CO/F=hCl?OnWffZT?^kK2nw'}ve`7DrI#68{wL1z?|gg/FuSL|#1(IK@WS23zlH$OnYF{
~C7BKalX^nkwuWngls9|=k^;~Q#<jwCO7xwv^yh{aoL)8B`nNEX1!3l+pd1Z&DbS:iDT}4M[
/R"d!#E?Vaf]Ou|^ !Vc78.A"l(HBoln(g|RB':qdU~HM<1JyHfeV%+'>If/4^=3KJ-t0--E
-H]8N#i/poyI*q"Nwr7~::}5_m6s?LBN3I\9:\PEr=d42[ZEZ?5l#<;y@eMU?,yKi97zEv}L
d0",fO~yrl m_y<pk,8d)ubOm.9h`''z"swG`J?F{/9,}iY/WuBW;4nsPrCT1>kizoZuQ&-L
8+=*"5)nM"'E/'Qd9k6#^ Oz|1jVD9w&5s]3fF6g!@Lb5[-@$@4-uO MC1R$>t^Y"8Z=U\"t
%oIq!aj(2:bCe)9}d ?:0J1Sw}&?tPvi5:M9'(325Gl$1IsgZslnF$;OU8Q:aV:=6fIqo>rD
Cfl(x2Gz~W\osMaL)-|:-!E6'jp5Pp7e)/][ovPzkm3Ii)a-BWe8?]s^W=c#UbH%:L)X!d$+
s,#Et:CI^e}xPmh`-,xim;@^Jo2JldY`:CQ6hSJJ t+q/qO1*e7# <85ND,?Vv<9?i{=7:!
F3>GRu9Djq[do`Zd4(<bYjZkVps8^c|~*%sDjWESK~F8#9&f@Esjx!V2a$KWP/>haW}|5J*
tEi;02*&+[qQ0?~X@)vInT+,10L'V\elN/XGFWS?OhMe^FIIYe3-Q[zGl`MCX{#Cg?mE2&1.
X/5-L\B-\2D4eA9K`,?(y8Q.E(?jB</cjo]%,^@x+JT_3#!xwUz/M)7Vw3/D [?P\~7'RT
d`qWZm&+~;JCg1KMUvD~.XFOn"DtNP_iAW.lC]jCz[{ZiFVyO2@p2f)<X}Rs~c##}`39y/8M
-R.7+im2_i^mqu+%F,YSnnU\-i{4*V)5x8f{f=)@+N'+I*uv~4SG$^o/G&XYH?Wok36v&8dV
cp7V04a}~$50;]6W4QT;FnO$L{W'`\=K&9eMgn8]FEcsibGGc,_,Tx.#-(3kKPbg4?hdJU#
`/Ct'f028DH6;_wIfh0s#P|@Brn!T:G5ZR\!DBeqH4[Av:hcFCKO`|!|2]"7L2:jw>Cf)>Fc
ZsrQS!WYV|3_L0dZw>#B&(i4<t"n}d,7PMS^xUP8s#D"<`2 n3h'>-)NsQwwLB#z&UD*#\@%
Cu&A0RpnwF+?7dx;M$s]}idH<R@0h`4WRq\Tj/KkE56;^PVTB<hQvtK(Cr)M~BpMJJDWS8UY
vx5QO(37~@iP(o(DQ=2*3w -[L@#OkRy7#UXyBL;pLcTi(T^'HK.Xk$UKwgE'H5X_q@MPKz%
{^V/h{%+b\Q.&l[>Rs"iFcvs=Y8j;)MSg.9N(%gQYOV8-{L!e@xTHN:CxcJ@'-1j[7]3vGah

Sunday, January 24

2017 Tue 2018 Wed 2019 Thu 2020 Fri

DV)O[!,z+{DV{/P"^~.!/,rbuh9IIleL2"\p8=h{ci63qDPL1W wS}5|Z7yjL6 j!?_x\n/y
nBz1e~/#.mf|an4bJ}9dne>:E26iib?U/EV7Afu1E"sOh*b7@"gw}cxBu7?rw'EL&>lj?:+O
GI&~Z zsX;2_^Er'E4ZXPd+Z`(Zs@?@\KMA:eeMc^B=Q8"R-XRK,YdPqR,c+ev9r_h3sq<2M
T!Vp)Av>=KHYX\qov_%b<QBu~L56ZgLd\;rM@x'8UP,{)4<2cLf:GPaVhMXF@<B!WK&5LI;Q
9[kYzS{k{s~A"A5Lj4Lcrkj@$pTUr-/dv^8J5imSFleGB&o~5b,5cz=rI6L\GU7g;?W@fR2N
xN{6Hfm\vBvO[S =L`%3YB;};sTmCR7^*=x5-J*q\a6BXKXeC])w'PL6WAouhzym0j90XV-H
)qM.f!w!"|zO-CD~vx#M/%F[}S5!On;./Q5+EpyzwNUPHXX&4tA()fX8[Gy,FgoWU>IjUK1:
U`"2AJM[F9GT9sRc0<XoVoYS`&G"|qwp/;%!<E^(Q,~NcOcNF3TrA<#wm\%PA7q*)1|Rnknz
"'f2N~0va%3Ugh/k}wV =D&7%NwjpZnEK|xq0FJbZ[_C/0-[0}|t$+R+qf|z@?`h(5iv"[[X
hUEd!Dt`qDc(N,i`*Dx?z"e5{6~=,r[``LJu_5SVm:=66ar~AFIP__UXv]o7qQ1.$'o80#Jz
7jJU!\"HI}*euQujH tYwLz6%htL{-/Ku^I2o9z_'vXLF&Dvj_}NYEE_>*;N1n 4\kwEF!T"
~kU`7antz74j)'k*ym#?v8rjSiJW[mh9p96b0xrsfbe& 7l>h<O,87ASJdq6.J$$Y;]E[e:P
`X'~]GBoMK@a_GS~G9}eSz=k\4\2.4/2!wQ=Tme$`%Xb"<r+FYuu8B-5!Xixn^aS|Y9r@{cB
=Y?[wECdo[XX6Sg0XMPLK487U~H9mhY"Lbx{~<p~eXXPa#4/$KLO.n${2w1jdB7Y^%YdU!ze
dc5ur;2{Qf/*t(Ba$"WG~jKp)Q#&q6FvH_6TM8P917_*l@?$HOa`UGRf#'M|~,:B#J}4yzko
"3m6hGgeZTch*z|]7E"#Ww[S5zX!F{<Ce\:6X? ikH7{/VwFOB#w<K(i(dP~'Rw@usTiTNkY
v=XEw|Yf}8K&$=\=d<u!1)p3oxJd#0N-v]ReS(!#{^7k>Bidsex#yt9 BB~/^(j`xHRaB(Q^
DecFR*>S][US_4k.)Y{C{i-,+GA?NWYGDf1pNZhxLS'_ G1E2;qa\#D;#glU$9R).yYxwZ^f
=()VA<=)z]3FtTDC6 =Sp.Ub`xMOq@K;Mv?imAjUd$vAR&?0[=z!i'<hrm\23~p6~n<<@#1
'|:_a&g1l^ZLleIVM+`p^~!pjy-Lb&mdW!R?M*i0j=[}"B.Tou{q6Qz?s 6"O HYd^4%$lxT
>j"$<VK+eK[24aUow0$b]TeLu5>%y31!VOjfN<J1QeR>f%oo%G.~[JRBE=Gz~q8TQPTJf-_x
bTgUSIA{/>}?MQW)X}n$>*BmW]yYt&{u1v(5Lg(i/BqG/_HO\SG3}k<o<^l0GPnWXxv']|O|
J']MWy~~zRgfS7#Q#?QK7VVlc{>6sgHBSXIKg^"o\u)tS:h?jT=FYYt*dz!o)UH/:% c7Fxw
r[eQM7t+@d<n %v)6X~5Q0m|?.Z|`ERDRol??uTASr{\C}dw3y-K5!Qt!t)&>sEu*nu6I2Sm
o5lKLhO?/Z}1+Z24YK"ljPP![gohjv["8w11Ic{Fq?h](@i3[<P+T<W{wQCBv{$tnCE'|v"6
0dz`%4qEH>[Dy4r4/+-zk@(z#5#;kv#5DX"b2e2h~jg4"bJ>w6?)u!}6`:N~v\HvK4`c}IZ[
\]`AL>RNR)TjMXG 6ps*xo)IIl4~NH-mM-sp31So\9?_*2^ff X=}Yd^l)t,&;xub^rvaosC
X04j;m#Hk5f5&sa=9LfSn>-hgj!P&_d~P[w{@$<C#f7C{\D$d/|w_nT\OZ=-]y5k.pIF#C*
Hq4GOuutFZ)ag*w@{Ky2\W{u=+Q/PG4P"zdO$|%r)VurE>)rd>dm~}I+6Xr~0%&[^~(Y-{|,
;w{Vt>]%~2:0JeXhPo0,_6qB{&tv6Qtqq~w{f7Y~x0l?/F#a_2]&OkMw^ d/Gn~iaOUhL)kM
1~}cE yk@TK8tv,=SyL'LjJz$AzF[YKbloFHw<WXn-O?@&MuG_Lt0y9oo-W1|;/\4g"0EUZY
cYYi\a x~P}WuGCi78es]K]pCOb1gi:rF,x}{MGa\ ':)#t;FpMLXF]An{.$:>G=1Beir[+v
Y/}%X:9:SSjE+*7-;|lfv' |J1\\8z6)){07woW^*q[i|Kb[r5u=vGvXZq5!C'Ik%tCXRp`5
B]CWo";\v`0k\ltQ^,g]hX("4GX#=xB;#jwz;S\)\SnNx,6J%0>R,.-?>+r3<RWLXoKEinS:
D<KxWLnq}39-cmJOsQn0S#EwRdb>?I3y:<.(@#F.Aq*z~f6O|$MyR5T\[//fcXa|)>Fn**.W
kM8V%Y~Wfgi(x82qwfcU46Ed%vgv_B<C1"S\)W#|.pidi%-9gs0u^aCPQpa+=\o]EaLwwub"
$/RIfY_+4fNxjK-1WGe/;hvBVYCXhFCF&65e-S+wz62 A1^cK TT$qhAA}wm_>Amjz2dSAPk
V-lCBqn.{_r=}L+#:IRumj!Cmb^]Sd)_s&:q`Z>Atm+dhr%(5F+jmgel0&a8wS<.o*T#n7o`
vVG[$[rI@v&)ib:) :ml[w_Ifk?iR*`"wMM4Jl\3sd4"A:.Lghg6FjCh52Rvs4hkS}x{:wsL
Ox'!C/e 6l_SYzrqah-;UwH5^Oad;]0fS|$I]/p0]]<7Xh*M7n4t:?|:r3>1ie{.yk_\f|01

2017 Wed 2018 Thu 2019 Fri 2020 Sat

Monday, January 25

>jpmidiB-|J|"vr!AGzL:4HE]PyG`(Tt`#6s-=CM|/>7f'8@Y<]LiPaqGlnI\K5DZ2+u'&h*
J/#wM=;AtZ&'"prx`TcmXkr$gN,`]#"mZIUU4tu02"^*AzY|6qb1pfu;^cAJ<7ZJxHKJ5k44
`*6S"'~_Ig!M/~~BE }[&=VJtT8[-^1du`&G%?t!~I>P?:Fc2Y6bUGb.q=0U;C'h'Ju?m=ao
oUKwm!kiXS=R}uw.nIJ%l8`Ut\uE8Q?EY&'aD8=lD&j>0jQ.=f\~Al}/4_`wb`6@~`B}6Z?(
|=XI"'+ho4`Lukdt^kRW]P1\,|Q9ewrBf\}>Xa%Y3th#CEYar5cM$si!VPk4Dk];% V.Ez[N
>JO jiiN<U\(#CRT%_e9ls%UJm!IlS1_g(;7+)oHkyk^qH|B'cbB;EGM*X<^R8|JsqH}ta;0
ML%fJ/BAb'hHv=iWVyEAr5oYk*WV@:`)&0vs5LCql5DWB5&Y/-Gyz4wOCcM:|WG:_~`A%Ps4
keP,jm/dI+'I0"c,gyb?fdZ1Vm]#l=Z@- LU/Jvr\f~~*#qx(OuynOcZYea<AC#_Lzj>g6Ic
&9nk$2j]S.@(Y?+kOE1o+fs-w.1!'abaQQXA5G*qv0Iy-Z+oy6_3cpGqG4B=`Z8kN:0&NbL"
EUxy98WnsIY|<NP=55Vc.=_VNm?^F:oWPpyMA)\'J!1FHra+Rfa6yJ6c5kfS)^SCVcp?(pg>
YNvWBjn$4:{\&B/!7r'o qhSm-j#m J;EV>7Q{By2S0p7axp,IAmsMsSB&A4Lpd \]#3 /w0
`c)]W_>(!Yxi:>^u2YP4HcRkiL1;_`)GR6M:&%w)enNJxJ7H<ZP$wV\{rHYDkOh!{+`5[Y:O
-O6|$)CGS"zQJt[/5}0'IzKV%@Bx_Xo[rjl.a$j<A6oPD|-9vpm.KXct)gBMBKC;2uOT5(qm
[d*}^Xz>yF;ARil75zB+dqyVH,6Of?ao1]^U{-.WLk1{m&;^v]/A2onf:W_M Pc)&iZx%m|L
ps6k*X8C27 A3)5i5Ru"'<kt<:Er&@omE>ph=jj595S<)FPN%Eh?WsC~wBLIyou|s0=.Fesp
T8F,=kUZS"j<' 34?ON/Z|(:h&B'Xv vpi'f ?dmUoVZ3D7c?3Q"g8I~%HS`xX#kDWkdT=s,
|4)".8 qCJ&jjI&+0iLGoV;PB&6dhIH2f{{IEfqQB2Xn%Bi5UyGU5s#(X3*'yQLWUswA"tZG
pZ]iQ$M[fNcQ%PK9e2A)jOfwk@]g-O@4-EZW?JGr_*#8W]yu{7oc^8Q?g'$cK{I'_jFpMc((
Dmr&h*_y10C~jmQP:.0RheIxk57*Ir63vZG4@>M?!n>&O('WzvUl Mqsq2s7kR,>j!7jb/ve
GxEqkM53.nRfr&x'siy8P:th4>;=20;>n="RAom+*_*VtM"2=Z=$qaU(!`.?zxN4TSGSxYG
4U2m9Jb>$=qJ_!B8w]4(h[WOR.MEdR#I,BHSS=vDkP:|SgStu:!UP+HAf&n:?FJWu]ZsK"K*
R"-!V.&2S_gmR#009KS-"8S,_P*yS4W53h*:X1E.|oV_9~`a/8vRz")-mg%cIR|n_Y/$'nS
~2,}%|^DFTr9Kuu;`$IWf`u6s!G-Rb#)Z}&D@qK{e%d^$fSpMfF~{xD~#Y6afvL@&q"K)U!`
"RT-^n)M[vb2z#&XI)Rb@!NX%?tF1C:Q% RK9vv=ipLmj5:T`McU}V@Q5N$B`?n==|;=v>R~
S*8^\hN+lqj_ISN>4v;j3J#l"q[0IlpsmIgC)vIc.k@[@jC(8xBnm4C(GT1W?p@6`zj*R$p,
)Gy]>lr!jst>`1;E(Y/`Ie06!Y[b0'o2%ud")rMHLj-8lI~IDM}cT--860rdJ"Xfk7#8r0yt
yQ"4v7!$_k+8>(R#Xl?\%77PFGd]2RxVW;uX+2y[aj(D3#v3[P2I&xHFei5 A;jO[~R:gKz@
_eC.WL\j_l~QH6M`w]xO$TfQ8TI68x4@A?!b:j#.aAETFTW"}4$L6ouOt]0T4D]Lee<3Lff*
K+3[t$=A_\ZaIpZ?{.+4h;Ir|aoL{HO6zWpT@,)-7A.8l#P__~65^7.Mpj 7|"8.s*)?.#'\
Ms0e7CMdYU+["0Hyg_V:[FJ/Ex?@=5IvjwTj2t^{vd3\ZNK j37v,B&^G/!'/ZN;@81~^qc"
T7_uSf$W\ [4?'h2Ou6+R~1]VK{"O)QSqLTWyz;+x`m<m'2HsF>U\Baq$t}?C7.JwXgE(h;;
mzm81)7!5lm9[Ba- dN_*29QOZglMvdz{E*$Ey#iSO6!$2]OEDTm}Mc'O2^:E3+=P-a^evS+
_HO;4=~'donoTf:AYyCy2*,YcYE]vJK9h]R{d.2*b@/A3x:r"'ntTTBc!UZ1n!KX./DH/CQP
*tHwmM,poX_VpsEqoqVYWWq }w`u'?@ aJ8<:X'Df6eHF^aWeO]+s.cms.e)OzG%?Y>.4(~Y
VivRq.6&^SoHgzy#Kxi)qbWVi,Irf*>d-5pxN1&;2rbGD{wGKH15(8N#H- .G(GaF)3^!)2
V(Zh$~_xS1qN}iOwP<[Z/y%H/W~oPStX%U<qaW?"^%,O9qMC3Io*{HZNDE(Ue:nLcqOqwxw&
;BAlo(#8+|t?c`5>"zekN_w2dS%pk2g?kW"$s+>qiE0lOQ|pd`2J&-J,tSMA&mXrO\g- Pic
Zy5L({{nz{f{<yT*3nusf2wmzfw>bd[#7LHDb%oT9^M.16{R>"FYz6LjV!Br]i|xHag,:ASe
N2!9f\upe|r;mR$VaM;T+xb!sr/eu'{u9,Ai[^DhfJOW2-\<e0OFJv-wn _$5"}kfB[z7fi
jLb0QO-XgV6">H\X1%ZLeGXrUyQY}MOivc 3nzJ9$BA18un_9 I@J2{!)UW^~+bA.#6 H3b&

2017 Thu 2018 Fri 2019 Sat 2020 Sun

Tuesday, January 26

$UJ)#jF~^!M0V`jolqHs'%txc} R7ZfsP!.i:bbn5oxb{\`~P*3)Q*bL4R}:=}1|3H<8RWGU
z_(wgv@{p;TCDU?];j24OW{7Bi=j_)h&%7d5'OOC@L6"C:J J;&l,[j.C[wSrd2<[uZ wEw;
:m~}2l`>DR6)2dW@xiJ!~"$].p1sV2o&:~\!ZXbC~d kwzWt"dV;PTQ'*o0kLTwO71,hNyC$
`y>K^aY-x}p-=!Xt>5Q-cfOYXTC|"tC[)MbTCx-!orE`lU"JdtBmJK3d$j%e:[dmV0P*}+d3
rq&EV\{M/*Ap2I^M#PxMPE7j(K,XC"K0u~ZshK;[;AY~AEU}/N;s,+aZMHgnM|vT8hFcK,=#
T-@@{81pzYgw2q6jvjF9re#|K9\|Qr]366(-}]t+=mTwTdKEnwjN5!}%W?8Dv&>G@;1-n3wn
En<05owY~OJpX3j_IZ{H{^ar)U51z_#mTANA^`j6WQB;QYqu>6+Y(+WjeJ*^O*9D7_?f{~^?
i/HX`eruocpr; |;y bgCl:P].dSe,{~BtwqogU&aEgWL0HPq_oW"mB3.9@;_-f[VFOWV8wP
|{qkIdg27015<BE7rqIw?~js['[lB/D4WHO*h] ,Q*Qv%,NDq9SW6j/0=9g]H8j!B;|iUF\
!>d;-d6g.8t*Myk6|:\D4yc(`_EV' u30nD<i~x `"hr/)m+'x,_7veh_%6>a`8`_Uz&l+y4
d!:xF?x2\\8**E)C+d>]Z,<lWYWDO]0;G[nBL,5U i*=hb9D%mZ0{L.5.Otj`T4Lzz|s:R"D
oCyLho%5>00fL@'n9aoUN/~&^wN#Pa&WD?WSJ3,b+Mx"~*rZlPdfemK7~//sIl>8k</o|AG3
G=Jvx/W-%_6T{s2d mIE9i[h8fSUUqAaM0r3&):Y4TAgy,Bw]]fb"fm{)[8pMg3-}CZB?W|E
DW<gx1w5U0t9y^,|,2CS~K'!8-f)Kl<u!{:g19][l.GhL}*R2k6X3|1,@v2F/OGlDr}J>ATa
~m5_$% Ps(B,bnN@eqA5tn:TYlx?{fi]}nKm6p=^Fy'CFjXWGETyL#*aHPB~~g\]_b_"~TQv
?1@b~%4DcE vy8"?u99qjLt?}.M:KRS<_KaRQ:^SY40rOP^Cw?1i`#;3`7Nh-=;4c7"=@_Q'
YlHPz#F^aHTuQkL!+)L2p8)d"$65im%Hpn{bn2zX*u]y,\+a*5#&~V492RZy=g2j.-*Xps3H
tE4.VLwv1ilE&lZwc v@Y(n=y3Ax?Uj07M<Xg)37G@=;H~g"@ptc#~E(MzA.%b8;(4_)1t>v
#7r0U4 m6'BrjtIK\9,U/dL--9L q#IvF$h,Ct+al}*C}nPU(y'2`AZN9d.=iZ(B#V^@s;8
`71vD3@,'m^1H6%U=}00+q#94JTn_g'W;f3!:\@nXjD(JRut &-8j<[Bu%-`UMdOcm[t>o-9
Qs:(TktqIS?]zHaQJ}!68S0K1T!9SR=pyN[&gPeEOn$3ayWdy,2'+uKdYvqeN[&3)sGwGXEF
'Y~Cavj`)YSZ"$7f>RM9Ru/Z84|8|p~$k=^;xX3O^3QpCsCdnq_O*4Way/~2&wG~w}V?=B':
!2/%U6Lh:xAuslmFt$Q!86KETyz^~a8u%T[cI@Bh6J$);]_Y%~^zG?Y/M{C'^@%\z>f5Sy1/
@`0l7?[q+>cr>WJb})]!Vc9sSpskr>v?6|iTKWs?b3VaF&0**,Sfs%;3kCdo6y[`1PQc0IGz
(XC}{odrtptqWrmKQ\)VE>(=Eh.Bf95>%}=YHlnC"_HN:{E%jVEx5yJ-<<[BaEO?g8sj9:p:
]>VO(Aa~`<40%S~61<Xy"EgLE=}"4al5>@T]v]bS {/U&:TYeqR%&u).#rs]z[<W9.V/e{_t
o|`:0>n19m"9(JghB1Qig&h"0nYGkROkCwf2*qqf}{3P.)D>oa<<@X}\4@C/D:He"$D3kjLe
?dZG9#7(ntD:AqqKo#X7FV2yru^mwfEEUI6Hg== `dA8H{HO@/Z@|d-){8)(wvfMYe="hi6y
/'r%th[6q$'4NzQ7p1R8:X"+v@`?Z_,+}s](jBH$ u"_y{)~H1WW7qc<9QhT7uJ^qKFR}f`K
{KNXoTLNSvGn,!.\N24>QDA{iyhNV!;'F[uX^[EE"ncaku$KQ)lQ`5iyl72J{uabKaI|:_'M
)loh{62|toUwgHhV/FKrvu;uB!d&lS2cPols2}1_K#BBx}['+kE<q/w{.mlA#wUXaNe*Ktmj
H-/$]-2$rrrjhzO-Ssx'7D9lkHw9a#Ho`A~-t@ii+>{RCjhoLq-)R3I;.W;D'O9 ?KEHNtQm
JNVCR?Wt+Z0|\2\RL&[9\XaK^60F[@W=O-hc{ Iw_AlR7cbHutb!v@60^9:9(o!vl<E]Lnu|
yiiHUW2,lpz"&L}G{"! n<J_fkV;.qn@GTmMxf2I$I/|,hB8E^,a24~d2,A'j/FlS0yL~d5G
rfiiVK1[0#;PROr^eGZL& ^Nl\TATx-y#u[^QPTY(Q^iF(5g86=i1* j"?WKB?<T\Tg s'N#
JW,Ii&CD|e$Lr!~C7O!9&#\`_vL3t{f{`y?F;y\~49+g2:(!MtKpJ/n"d$jgwN>>pN0)Zokk
[!Ql>"N ko5L*t?IZkAy2>GI1xHIU {uQy=#Tk`Xms~;|Sz[{]} ~t>i`r.HX@/2w8Q4Mc.D
x\(07&}N~IR/J m+'-eFRWh?\nRk65\%f~Jc|yvE7~s=~@C^:ZTOK~!Tq)'485';S-2Teu6X
+t_Tb9>")-V7>Yjm'mXfQ;'Yf7^%d&s"c[m_q,vFYtV3:wf$mx^KHTK[T>[YC<(?|o=h%/5y
N"v'\I2/CK;@2\n-SM/?~TJ}]c<[^ifUu,jI=!\^u|OPpS#q5L *QXMbo,@y'*3[F8jwk0qj

Wednesday, January 27 — 2017 Fri — 2018 Sat — 2019 Sun — 2020 Mon

````
)!!]_YP=C>sUFZT;zESF^al<$`TG+/*W^%ZSCL$V=;ws3(O(M%kI0oU<|m[5F_?Ve('6Ffhw
),ZVi[_afeJXHk$w,XAa#u"%n@+R'd0VfUQU'|*{)kQEWR<XB6DumAjS!hQG^"GD"d/TN!_i
7bpp5.xh][`k@o0~H-:9p6H4yz}uOh8{sJ9nJU<@ca1-ku n7FF}:X_u%Z,u1=ALrI'yj\*I
Igs*A:X"iW&'2<7Sn}K^- \8fn`7t`R.gQP1g_rl ]F]ZhnUqch?6j7sJ4*abzh[<;bo98c+
4g9CZ(9MIbx.v/l8xAi.-Y1NT2Ix{:B|%$Xs$L=u]x*BWjKzy(+]Z,KUgj`oOlba!,Pw-b@_
|BqCi|>.~eD4#Gs]..#6j9XyCT]H@*UWl'O#^h5>(4K)~<s?:mkRkPv9K@D5W-:yF92"W%"O
@,cO=E_18w(e'c9/#GS26Okb~-xTBlu[V{IhnW~j&5eKUo!1<\j4hr^^FYP1&p9:DVyW7m*/
2fE\("${{9*00"OdYX&v[,w#|kqhKFFA9a@(05UWyx^@/>jp5TS|a9Zc:golE2z/VsGR!p1n
g/KWxyEze{W*!zs+3TW$a8[2GE/nr7a"1/;n6a6mP|KhSs@ldUrNBD! JelIxiYTep$a;&;C
|~u+KWv'Z',]]_i|U2oF[cAA+-ulZ=n`knOy8n`CC%,Qqjz(;I#62-dR#BQ&c-f0RT)&RS~I
\e&}/2)O}RG+y2F]yTD9!QlL\u&u1Qp!_(I]7ncMY,?!Wim%!2N6?&o&=W;S31herx<JaiWo
GHjsK!X:oy4RM@t!D0W5.uGF0JV<~=>$U\gB-CM"^:R!_]TR@dx<,pB]HPq#5Pw7fUVj7St_
$FLU=Aji&4/+lhhI>qR3JgHch6AJ+O Q?5^V[N%_)QdMet?Izx \7 Bu}toDUEGOXuB!pUOG
*;j0S7)2J`%*]Jqc.!gR_jn~UjrnyxZRCrzD =cBbS0-r@3sQwF_Ej2qLV**5H9,!bFUCp{2
0FYl:d0xVltMN`uK$|k&\|E&uvm-{`T0kA/,=> -@r&=r*:,Bn";TdA3Uf~/2wl'K{3}c&8`
[P(bp{c4Ioyb!x/QYf.CeHXnGY(vd|7?HEj,4_OuYE^Xai-M#JBUxm7r2j($^hk?(uHP/fWq
:D>.Fl8Vcp9~!{39xI4Pmd#}>Z= )Kb"ub]U,<f:mR)n$`l,W_],D%BFU9Aj-Xj#r+3,!ai/
@L@e_tVgAg}8pLhiVG2FvHE--|2&&DSMqB.a8y8TlZf<%T,jLYcnS=J{"ahF\K2/$ sa{l}$
LO4[R]$VW /].zPPTeK+#a-AsVVt*M1D$ig"dx@Ute"U-yTFH?hzMLVo2g&\4Ft~mOdN ;2\
Wm/i&}2f]()>6& lL}JVPQMR8,s\v60(hE (s?(;:YPu||.T4P)JPRx:/?lL`_dc|'QnOg%=
6rYMnqS^o^-+4p@&n2xyJL"[3yK^X+T5)u;i5ZXUG2,y"RFN*VrbA39oaMsh}B:[Q4S4Ny}v
hC<U=Du:s6>hmD6P90x,l=j.` 6Edo`0#cS 4V!=A\%A(t*q8_aC?s_"bd=ZY*W`/,;7aZE;
&e~PKbke^Sp/5_Ly@Y7['2|3hjBF3>a':<sO <KVf}!zB=l1{M|$'"sM$J9#|uCAo9o$kd>i
O?#u`.se#&SlQzzO*iagSi+uK;A~U}HsD/C$+_.j*7:tl4(r<ZNl4Kq/uqbz^wQ~3mw04MN%
^{g3Obl%.8a=mYiMpadmIlwZ&cq{tE9#)m!!8k>2>gxfwU\yH0H"}Tl3jkRzn/;@a{{7)CBF
ae8JP[M6]dR>?N!w|P_eg+F>(@MWGhY_Nd6;JGx&HQ#j=ftKUt6Qp~ qfr3+Q^4S[l/Kui^g
5u\po3}_f8*yu37hd6T<X[#XsN]77g28p.ohKre%i0k:|~~\In%}Dlvx|"=^Vs)0mDe dC(=
8 2/8qNiQ4rVvxuQQbyy6P\kjvyf'Us$j3&_2{Vd5:~liWYLHVe7B93*wt+QAa,Aa-Hpg,a$
t+yfD*3kDO=?i""Va3>%F/BgW1d"g`WYg.~Rt(@~H@/p"~!NF*zR(\0GxNj"l:;`B^jc!W1'
\%Y8>F7U^mp~t_D((N7rVnia9'IGW#$SYS*k,V!9vq]=)Dj%Ac`ybRHRg=Qy>ao]&uab{gI(
24I[rhhQ,e Um!{!_LkeN'1T,;|L[oAm28 \Lrm~nk&(63+7`=v[^QuKa&ZfExYS)lSG>*l*
eD/ :?R_a`>C(v#<\ `,I.RkvW.gUZ92AVjnTl3o1.qg26Q_%z/Bu<I'"5~%G((Ulu)4=CNI
?%X5T#2\k#D!AoKC/9/i-LBRk"#&jBeyMR_Q*;8{Lk[3qHm/m6tG[dQenOCyZ%p_4f)4A,j]
Ss`^,bZu^QV\-lB/%[c{w;I;EIeI6%0QT(7"(ghcA3C=1x+"MJOw}_Ys9b >I ['axEY|kny
L64BJD:0`oK<"M5i9,(+dsnVLJ/rZUs7B)]aD~<Ak38r[d(sYFc(E*]tY*Iuk3[RcVwcDex$
~B()^i|@tbeK4X(Zc|pg%kuBp3h%mbKM0]@9x+4A8#VX@Z^5mU^EY9yn*AQ3UPqp,\55oL7n
R1u\.Dpz!{hE'*&b<Z}{.|d"zTlR1|+\`tNTU+tuNv4- F'?Hl_7W =tl;3;GW7pr7Ee*;{$
w\5Cz`/]Qkm&qVO/~J>'BP>+XK0KwI,0ny.&knn4UO!&W7L*@f3bB.l]0S[b#V'!P)'jd'U+
Y+/eh3}Il6;K_^7 j&AR"s:*Nu_3,#=0R`0CU $AA2/0Iz,gl*~z2BVR#vK{&i`;'f {^r)d
QP6@8F}/vjh:he7 X53'+,\d= Z3!#pNbu9=\y,07+w(D2f]`:M%"2NqhN*!cu*gA6nCovZ+
````

Thursday, January 28 — 2017 Sat — 2018 Sun — 2019 Mon — 2020 Tue

````
'!&lD #Ala(_`Bo]8+HL|5k%'lksSVL|-)!Fb8?'="-V-UKi<81W;o80J4nmS@9qX>&jRn&g
9sw=R}6)\^qpD:<7Bu<6{z\\/)qCK2hb2gnuBvXM(c32x]RUQ6UW-;Y?)!svu-HOW^X'_f!W
>JQQ,Tu(h\/D;e",^lfP@!Vmgi6c<7{-?]_hS;|f%L~`Ry4mD)y&iHK&TSIj+iSkTT24O Y*
Q5kR/]5977}A5Xxk'B[C$8wl,5wJ1cdOOC3l>iz9f%;/ID/Ic8XcvE?/@khZzt7v7%^XG&{'
WKQC$Di,e5uQRt`?`zJVXd[6"T<xH/ P`]D&>9k?3X;u_l]i}hV^.({:3~R.6X]HD'ZA ^o9
)Oi!;[w$bbj3u<'L4lm98{C%v c&ldEA9RModW@%-Ezc50IIn#`Z7GoJScf:w`wOh@ybL+bU
fmyT=sxw)1N`U'h=b)<&GPN%<c[K*N}2<eJtO!}6:O"UfNZlVIrIs2,J}Ls3K&?LKZD6XsZ[
Gty&L2yFPOXlp])=nC3Xrga4o4X,P(~(~%T>jy+N;ZN~8h;MWMkP !Me+ym"X^K<;y[EdN0[
xdl*&EX,|v=;vfg!F\"'tuoV>q30tjlp+yErd_nvmv3=bV:V~1`]m?;\YOr+IK#@)DKe%+L
wF_D|0D_n67<Gti+:W7c*r|hH+q?M)9hb~??'=>G=:CV.SB_>~hmt(|(O$M'H2yr(}K>+\?&
/~x[{XtZ;[L`Cog(>k9J+s12Lw8OE#>FzLsLI*fftGa4'25qTo;52x8fr,Y`r\1,N#9vVk'n
z8RNOF=fx2>Q Q~;ci2P{'Wk,sGbsjfg|sm=7M!g87KLONYkh.v-QItr|R'/P'#uklbT-f)+
0&SP4P/,Jz"E&P-pL+%Py]t`y1%8>K@"KcITzULuWzP[Zu9yooy~2L~n.~KRC2!MB~HgV*w(
s%OFF-$bf#R:Rxjn{)EES?Tf%xcNwF5U!7)0R{=oj+?]x@){aaR8b2\MmQQF0d#2i;;K]=J9
os.bwd5~n1>p]rHwrT,!dw9r?`n_D 7LMROIHpUWo{-eA9m%!Ofk;F^JpJ0fSO%#3V(qgqs,
5=-Uy~Z9-b(<WwanKN83M!/@P606yFXHDo9UrFN[ R]X\qQ_q@sWjdr3,1a($};$|?hQ6%CW
E/|1BLC~A4~Ix=S\Gd]~6^Z#'Py9WKhc'hYR!%$OB]2uXOP:~;^JgB;pk>Fl)<k}]LE^XAa#
<90)4E@&_Q;#@7}>z}iYa5B*p;Wem(k@YYVp78@:q_*V#[kXSbF~q/bH6YTzfUrd]i4jp/M`
;./BSkahq!;J+IP]pN=vPFZc87NYjI|Zs0S!]@jTC'C^l=\[O) ,[b_+5YbsgUF92>O;utQ4
1z}fXLMJccMcc,/,-,48gvJ&zIwx(41U3!fQc^aI?&w9Mf1JnzfrZZgHvf\FN)ygBVg^ZZ=f
@1PWt],`S4xA!&gi;VV^^Hemid>'$j\LZQE/gPz:Q,C_67[:S8F1{dMbuWT"?qhCfxZc5^c"
vD;ywbVK74'c!7Dl8Fl4P@<kAi\g?B73JdzLU5=9^y{5h5$8'7'`~H=K:754Xn'9?[1!wt)i
ps5@aJ!A 9zULzUmd7y]8X6A8*`f7AQrmQFrCw0/'ZMx8eF;'%';)ZM ?"'N|0c`i\zuO'Z3
Twq|rXr<2U.5{l#rNq:YdhJvpSHx-Lo^9]4r&G'0_I>K0%[f/L$=r]RY!l'mcvmJe$z)RH_8
dV&&%iaxB<XYQ8}OppajY'~fsjA@eh4'dS&`2Go K/"UZRZT=aR,W:Kac<8ln+4,PQ;h~BAv
kZ4%W|*S#HYi%SU8h4#2['GxObK>}VPF]=i; lo4_GlsM76<yY2&>;#u^5vXDtd`TW>OOg1
m~qzNeYUO-J-@l#P Dx[p"r<=Tx@j MONS>8```&/#Cg0BzonJcFAyYD;0r-wogca#Qsh=h.
V33Q9$M\Y+I0,>;GBk#*)mhpbd ^<`j6d`% Yw:5;DdWHIY}zN2xm4S?J$a<8V\=/{{d+Uik
J`:yD2b{XFd?H0(hZ@JF%5Z0o*MSZ\lPuF[G'<<>F) <dhVsDl/r@427Km/0=#Imo-#<:PG=
T3/f@DNTR6=Y&>*7zsvStrZS^3wLc%s!R%}VsF}-rj`x}A*i9Yc11FBM7:RnZ=B]BReE3m&.
MmE.if33&L6[Q'yHr^h _8,s< DJ=W>g\HknJsJFvQ9G;8wv`-~zNe+A-(Ni`fTyIymMEl/T
N%0Mlx0v.[@ &_Y.<JyaS#7W_%D@xIz12gs||tP6-s'$xwy%fLJ&Di:3~D5l$7>Tf?.g{{@U
t.1^gU:a@A$RBG',!l!U5AhMt']o]=BzF/RAB?^0M2XJ$#@RL>S@+&'[M--#R]6jQ]WI42:M
idxvw$^HsKU54A?&#@0O6pluvNL T$uD`M`;gn_Tc6E$8-^m".lqE]<.|PiNULu,-^l-l`2(
5yZ}^7g,AKD.[)DG``1=;Yx[)mr 9%N&W9js0&5o'bnJt$Lpecv~o8#72hRLqaBon6'Gq|M}
"O@M}Wa5mne6MR!sNf9f9'}1-}6}vPv;'A\o 24V8bcx]sU}pZTN}t=R(xN=fj_P\a~OLT.|
zca7-M,2W v$z.]()2ff[a)A|lk~oHNU3Dtd'>B\(~<}Uke(IPszTu6Q$qG.qcM*8Pn} )a+
^3&x3i>H:67g/0.*5Z+`flb&KrqjNJu22}2AWk`Q%Z7Z.yqmCFSQ}P;V*c'J\|hsIv N)uP5
Nz_:43{HPokf=85-m+{W=-|K4A]0|+#)mJQ'.sk.3:/O+bsV!!?I%7hB=["Qip&>{Q0[z!k~
{{8UomqcFjwTw]&hz<APw>7YU:JIc(_+lfs_VZ!gv.!hB^h/n~yDAl<H8Cy~q~-K@J23'ATX
````

2017 Sun 2018 Mon 2019 Tue 2020 Wed **Friday, January 29**

XL1E({z5oXw4v]DnwCtk$2B1&R@#dI^/$1I{-{q8&.2pd)Ff]e#acAKS0Pqag`DFLA0g4ZJh
-#-kPYf@h*Qzg{X[b@+81Az[P&-b<5c1M$^:#p+khzBG$T?L.W2>cBwV Jnj1;TAfJ(+[U6h
BpgU1yQE0Hd/ udMP2IKBNbEw(yis8W;eMprt3ex19s?V0{ :B@,/9H@8|Z"?RY?|/^ 7vo=
C&(W9wQ`\NoZByny+~%4sQf_Bs~p:dxwL1GZw)Xf3$4,g(ln5MYe+BzN&"3;(K%7Q2Tc$1w0
2//6vp6kJJ7jN'"'^s|{y?`_GJL$338gc*+\dW2T*Pl*za2jBwpnuzzQPmJ+>:'X $$Gr.5m
WzJ@QC4P=$eVqo$+X#X9mi;tR2\E%6)BDb8uBHx2juHb?W+\re1r@mN,@M ?7l@|,oxhMpfB
90U&KaEnMIb+0f04F;HaMGt>rYcYvT{E9|7TK,ZV"w$WX\x~Q\Y.I^lx@#kClnL<D'g k;#J
Z @^5S];x03;N'C}_]8(Z|my;XU=2A$/xdpfe'6l~@;>uc*'D`b,Ye[ChIn^zMrX{IQ<V|.>
QNOCQ\&%G"KA;^{gTMt?dz3sQwunGs{0:?qyg$w&a94E}eh3_Br^g<;[BAtNqb2=k!DLC[$:
5 0n17Nul;-&m93EeA6wKZ|Cqxnk<ZVn4(c0?/h+:M~Dv W{0_wW_AP0`d.2Ay[MF,U~@y Z
WX?(jL$t97k'a}_HD:Q_^s<yU$Vj+P4ja'T:=Ph.wI~5*hC8'B\E2|#1>/8T`0zx=`:Pxn7<
Ghn]dtv2Mc2{+W*{ Ue/G-hzpeyUz;B|9~L5pr1Q~udoSfQ]'DZU-UiJbOEIc2D4bgI:(T,o
m_<-j_@mL@w2WK}S|:D35Psl%`bno><E|7GX@6'%r+Wl4&*a{mw>=d]p/1eY;jL{bx 70;zl
6Eg mpE}W&Bhes1/h(:?~#H-,A0=5,ZQ|PHBM<u;l?"Q0zVJv>\Mj]8b]pJIY^k@2vyoEt l
3u_ts#0JDUm8vA!vI) vsaZtuI\'B"=JOq{Mw%D,iLY]^DsuI3gk^*X&Jo+Bz4NuB/o3rcY
ybD/~[$Gu8BQ+UQsn4(?jM8QxZ=aar<U+xDPsMfMC*j' nAQBpqa_ehH{rL"-jB^vZ=R1{NK
$9740w}2!@{Z3i"Tvm*S,hTO&-hb5.mEEfo8(t2;HPrn0u?cBK3x:A-}jgi?y=Y_(f1CAC>%
/V7va$W~o?md2le>OSp=mtj-CBigN.wba\l~{b8#S,v7ut2Ti3sBE#GF5KMZJj]O_Wx2hoYN
bi66 <-8j5/Rtg/X2RW6gPn.SDqW&I%hCc^=*TmKxQbA;..B-Z}dE$f5N/;O@eL66MK%raTM
nI_p-uBC5eAy%9COc%s,{Mz|A^g|7`Hiu"2RR)?lq3~fdg~Z!N?O]>J+bHr"DdoVulq;}T0J
 #4HKI-j30V5lCuv* \VGnm@K98A00ji@<rBD"NZ, L+iFF^hC\Gy_dGI4Hbo+ACka<Bcg(\
`|X2&p/1$8PSkghbA-lzvCb=)w?\runpn[cNAiXUdm:pydk`Iq*4u#Y![Ev[?[7*I$|R6.'8
m(@Z?{@)FsG:BC^NIN-F|!sgS06QE%|%GRg7V7b|;M}*I"a^@YWCZyD1MA|Qu{l{[tKW${:E
<`%jXQaiH7=5<uj5)4:q#PA>"}F]\GI3}4Pre%y[[3h!i2n><PTu>M;%ds(%TuGea<!PR[|i
8/y-d+hrBJzQR_^t@1er=W!%99do2o7HK0l:z^sl}UD*}Ox'YK;RPa Flr=;+pu=VM!EF!}z
S9p%DP);ZmR+P`b)FT3t?+n1B85A=y#o|]L rrrH&mA)5z}AsR)((_^3S`YPg*Mj{fU_KUa8
H(;N8:fD~8bn(v$b83+$4f-d T'Mi5+-oSz,)Mz^-arOYSV/DrJ*[wM.r5-:a.!o^`2X4a^`
\j;BC}Iy0oadB<;kMwM,VYLIEJy4AEy,L&*_xOb^sSz6XenEp_^ngBKx{JMg(+P4vtwD)~HI
Ye=-Sd&8(mMx[r:G A$`k8pCK8#v.cU:z,Kcqk{kRBwG!H:op3v3l^Fm;[*f0z+fCi$5#9gG
MR2IrM)-wO7d)8}/y$o,:l44GOene&(=/aoNqfZv+jAP).tqr*:Ruxml$pgC,=KnFI?Cl!]<
CdE,JZtv 2~7t'!;Ger?uJ[!m&vpt?. G`$50}6>t2F_t?M< R`XgNO2+yK6xdR]Y$OqB8n
8o1h6\q1Kq}J,R=T&Sp"xa+Jsc~}Xt7ns0Xd^}{bEpr|8Yce%s.5aXNSt:2/'c{qO{?"|JU|
?6"Se:~h'7+qOE%Dk>~^'9WG%?i<3Wv`AS~ND{1%eg^.Xu{"-W%M/[_|4"P&R`rtpY7Sg3 !
HW%!*QYXSuYU!yAek-M3p8s5Wi?,1:fw6mV\;Z:Z_v1H8DH!wfAvXKDUzz6zo+yNA$;m:LS%
, oj:j#n.x]LBKRJeHe{6%3B%jM=>"z9)yWO(<90[M+U}MX.\`$!9DPwT1u4DrGVV>4/+F'P
'd<{^ryhI/TVRYPw0Wnz+]fY~n/)>`_XoecsqGw;#gJ0_)#)}IhB%d,45EajZ|Bvl=G7U(Vy
yu$8vp$YzQj"%7R,Q*ZK&C0YW:bk$8SUzDwT/>\vC,oIwH4/z%$Wi@W0nG9Nwse8qvu>Ee\j
aQxIN-lGGH" uId1r)$*r\)AX/@olS_qOgNdvV00qUb4=VPlMJye#z{Qk @hj"q*"MnD1(df
2_E3`{p2=(mIVh*2LEtSe7U\JMF+LQr76"Th@Tt6Rl%T%-aTnR5qaXJlwrCsyP"lq:o@$fMj
czUMqrh>\7i^VQwOm./*<=8k4Hl|d;I'hr'9>O/'@b!_:oIFk*?)n/S%~'{7)m?0r[&YrP_e

2017 Mon 2018 Tue 2019 Wed 2020 Thu **Saturday, January 30**

|A.gN)DML=D5-DFTi2=JkJHv5A3#8<I9/{~w[_q@$Wc{5W!JWj8G$77sMT_~WhNsDufli2xN
XC6h7CBxOX_R_7,W|?X"Z#E5cHLz:@dm=w }P!bx{)W,DNTnAzdcoUuFX}}~9hVW85oF@{;h
<_p[C,D @Yt7OFTLwY'Y@0}w5gn2E0YFJ6FEQ>Au+|c;Lu?N7?XD]SmBw+zFj/zx" LY'df2
cdOG7iQJEu$J[vm_V]+`q3yH~j7c$B*0DvV0HU:0VL99t\Yb22!<(Y'KW Vk+/]?-UgX/jRn
zx.jTG~}M]#ci-y339).-"[^i/Y|2wd}QG99$R4:is54BHCivF5_>/$B+<Yb"0r4i{tQ'93>
6a'N~EJ'fLmzf^@O\9z]$}vE3p[??`_}m$4]I7o_z_{!0EK'%HOQonu>){fWa_$Z_6t)}6+Q
W7>r/&1w4?Em4~QD'g[|9J{.092P_S1@_{>X14!+(0=<5H.ZSa,NvH;MjhKX%C0gw?"L0X1?
Tdze?K1@pLwZ`SJ09VJ)knFf4+];xc\!5[h0),(WKUC+' upQ\,we}>ZEea@"p)ul1S`?40D
6N?+f;K7XDCV[!w^|~2jVizcXNM>/$1S\O/`%?"?;.n)b?7pG^_06hm'!p]`Tulv\WrS>P{E
hu%)H'f@9R;v.TAO`w1 7303^Id.(R&&XyO~%,X2o,)a*bK~x*Ww9+LW{P}3|FPY[Qy?>%qR
Z$u0|riCy!%E=F;Ll8T%[V),UN@n6xa5aWi99N+2g9~#-Pum~K3jk?cCZp/h<P:w5Vok^D`&
YLfns;y|t]hPLl06>Nt%=X{-]fu#,Q9JK?&(TGAp$eW#XV%f6j?pBQV2o/RJB4|O~FAfC\xI
D([XzZk[&)%jLEYw#Qz1z<p/5uzz2$WJ J0.4&s_Wul$\Y1qpvQa,ymf}r&7"4[mf:*{}Fv>
c8we[b{4DAC-C%[w;":,Xi\/u&.^'YR5]WS&g`sP)*xn/o-zI;~8\#8}$:<ZAob=P2$d{y:M
\'p5!\FQ~&XL2XiKic%T@=&u1s}%`A}MTRO)}^;q:F,dZIB/5025+J&tR'It{*8% Rro}H8/
N?AB.GNrf>DDcJWcKp0[%_*wT*IjN;?8+^]8;4,{EktANsm|t+cz^407hmd,c{=S7-L%oy1k
+l@ZRiQgVM#mRjPcRQ[f,13;%gZ0ZqRratYn:YxGW6;PZ.{:-_rX{ZgaDeZ6flEE5$>E1r)>
@-{l$0=xe\5dq`Z^J3rg'5!=s%XP_vkJV 1Pr'}bwQ8Km~C.[_]2aDN<itFH6'7C-DG>Ma=!
Mo,D,jeezc()EEJJ-V/FvMW_RHTPi6d"uu;,#rDk>`,/VJ.QI^}f`C+HllN9>X{sR[(^ItgH
t\-kISaEpmKAx)] c46kFp-JmQ1@oQ^_`G|kr_DhU@:P0<XPBj(e<J:Qfz}CHEmo)mJzJ^
`k8ort\2X4gL,1PoaAx%@gXe0n,|&J3/`:'A&hi0-;z$\3[=%Yx*0#ARcFFkBWbHm\94fFyu
(A`u>6V%>I*%[:#L2~=qIBj8OO%=e;31z3Zd[WxL,AYYmR#(3Ra_%i>s3Q==dC"O2~]5e7H,
xEd=V8F<-p<kjx%I9hh`R:wwN09SH&wDQN&MH{umi&FB-SP$";`+}Ec-~mjcNe4/m`E#;Q,^
T?#jGYb2Xz@:kJ9INq2+I5'%$@_viJiS-[aoJ._]"3HTdaf3rqgt#@0 rd,tM)2k!c#\E>T
e9]e`OC,3nqMVLU=<UA4R"7^s[WA!k~]"1hbBDgIBs|&'p<`d2}!^;f=H_dfY<@"v@p5C/Ol
*F4A{1R1uq}N>GCY.g1T*8Ew)H]V7ziR&}P#<Ezp/@%\ZM?3wK;:3;=yXG+wG$KEwEi?oe}/
LNdW)gZxa#M=S2wTi(n$.f_8%Cvu6__5okxUw>0\"^1G2L[3s(5Bu]|%zTd*SaQ}X9,J"r\
P_UXA8wDG=Sq'{qSMd@$(+i6KFt<Pj=ftgGSMK&S,RZ-;;GR(nX16EDKn_*J)@Egaq<2]]Kl
zlvm8mq!4WQ-.Ht#+K$)<tTS#T_Da|x*,7%yYFyUe|]>eEPJrn);//b:{$%HC-^RFQ!;hg">
k*2Z6#h^OV@s\9VaL$Z)o3L)N*xmRV$gKW{UkSgIb }cmkD#V_O*K,Bd{6Oy[z}(vV[AtSNQ
ZF%.Tp,X\v 6X_=S6fT7x!}RV!5A{N8BHlj<d(p['cN/y}0bAw-<qv18L$7T?cxU/}Qg4dys
9F]\TP/gw]m6Rw[9NK{N4dyJR)mj-_')7f'hD4+,*Zo+qd%!R&(\yZiUdjR`I_QvlfELK19>
HwhC,T.;M[So8^HC#e"A#PpK:Gso3^@K\45y1{u]m|g|C~rN",(D25**>>*1a"{BX%h^x6K_
&(%vxPs+%(]JlI=Y_Cqnc?,4=:sV i>wRR&O;tdF:CV;_\9x/>["-sE'>AWQ*;JC]oIM7&l:
NQ\R7^EVcewaY3Ia }j8=`~=Seqqg.X7{:?WY/#>Z{C!idmkxNv~_^uyZ!~GOj|CtqERzL~;
Qqc"SDAS3FURl[4e|,"=PO=hjcI{CN}yX>T-v!#t66j33 cDWmxr7u1@!1A2FZ5!&-A\cb$"
P&J>z:~?YvTT,)j64^<hW,(Z;1WDsxYt {fPHkS73"HHlk2TEUUqAk7+f+5?e.346Hp, $
q!_^I2-K/B\(!v3k-klKgGTAtbI}?I^zwLR'TZN`{r0Mc|$yU)x$]i+y6JwKQTI4x)2J\cBb
]!e?E)l XE?*U!,q,:!U1Bfd$Ve37ry3CTVkPzdUAhlXi"yL^:d-dcPt2y/>QYiIjvOERM6b
C*<7Z,t=;a5"^)h+f\C|k+[VJ-d$CJw=aj/V3:r^vKxKVm#5p}P{,&ufsE1>*sitPK48Qm?

Sunday, January 31

2017 Tue 2018 Wed 2019 Thu 2020 Fri

TBA19W0A.Apt8/zYO#`tmw9%g+!O&r!E%zQ?c't6KQ)e"@y3*Z~E@5j.4neSg7q O^e(q(G
M9z6/Fo)%^H2B{9)?+}OX8hwYKJ\juOS$ S#(<s`qm#?+@X3NJ>./Na/~|3Ald60VUFeWL0G
l*/[e':e--=q#)AZCad%O1!KVX6;:89IVQ?M*}]hN=`-rgDs_W%XL%$y6>bOnmT:uHM8ywkI
P6&P?:7Z. WO'rO}~u:69S0kbQr!@f.C_?u{K69@qjs'6+wywsi8UJsU_>*PrZ65uz.(u2o
#^}-Ten+Z?dF}nUA=_(/&6N`\\/d6_+d.LtivACf>8!1I|V'O3_4y&}'uR8nFb;b[n%T*T[%
WQP7.p=:-_cyXIGR{g6Ls1Ma:R~65{kQ/"CCYsE$.-WU+?al#~vh'G<zaUz^+U^FTxLJ;5.
C}.2ydHHS-rtJ%+x{zyJB{*}Q#.C|j|9|JtJNy=;(2PhzhTdO)aD+p`))3VC37b_y+pxf~x@
@[^Uz@sz,{@B/ZZq>Ef:T}`cAVHRkHI#`p!oMZ1(:$g!Tc.Z);VV8Q+_G7-u-H"'Szi(ddD)
Hp"oaQz5lH;D7Qy&^s4Y3S#~;*pO46.xwzB/ kNN^$<5O}^oY"}fC {~FUsZCma]O",=.I]R
mP%G91C?[$K+~A <PF{?(;CRH7H`trBk*UQ?sW:Z!n3PW1LlWdXbD;8r%u:lDq1GtLyw;by=
o25;~v1~%QWd5Gk;XDmj<$Pu;L'e4E0K@Nz;dN+y.D<k_cd;W-TfmD+vur,6^3xI *~rWGnK
c(s.k ICohP'n$9hDKZQYM+;j:Z{>X]Wl~JW#c"S4Vi87dn4!v*->5 vqSFOgqzE:<6(-);Z
e8[MRMO1REabQTiC^!,UgY7qMXKPP4={4V|H5eSlGs1RTiJfO_FL5<EU^6~neRW!Lw0o #2B
(%Q5c7x77 XRK>'+`5das:M%"[!Fb;~=3u:P)d-\odd=2<O6I*t*lCRXB6iVPM5]_LIrC^
vuzPyBLv4{QLOk!Z@9pg_LZ':zY@|/<m:d^4uh:S&:E1kv61olT);LZ|E{p9%%ip7@@0)ZBY
J]M%<tCg&ByjME)q[K.Y?fms}Q}n@Ep,w`(&JxG?|eAOvGP'l`6:X1mJhb'Ucs$Lksmt.|ih
5aQ4D;4eu6qqkm"Jh_+8;4l/$Nkg5aVf&St!{5`1csJ&WhhTkRM#61NBa:2z_+}i0[8<|!9~
+=e,*Iu|q^\K=1|gb{[H""Ku22];D>.^_<@UWVR.NF-Gr4pZ9~Bs^Cd>Ra3jlzG*jDgC<e
A}"UplW/];6y)@Z|xO1:#$6aNGoF6j^pgZkJ}@AN~qNA~%o304wcZ y~7(9Jj$u\.%bD0N?1
~&ZL!MB`O`DfvU68dd;t.fV_[yOVnRe(;]#k`U$C;~G<dzCYiUh,ZFcH'DksrA+B+Z8ax[+,
ER/2$b}r&j@Z:Ph~0CX2X+;va(+/OrhSx1*a-oK<sHWqZxw9ETl_y\O+!T`2k7Jm[kSZ1l{-
)q{AmsOv(/U.JA*.C6{+>@=E|%~*-pdoHV/;TYY]TJ-BUI10Iy`lg[ob@Bzitm<hJr7fw@2Z
iHtG178aFhnb{cb[fx>`*4>my#sw8U ZYTh\0L5ip(yNY{rkio$)DG[4]1beBZH XJe&A`jZ
0u_<Wck4]yL\$H}38!WT/0`0WHG$H:U"VeJ~CBT~N(d4!=,OM|Mlwm}5Hu=Y&_0gpc^\AI1|
%KX3ol|,-,(`bi!6 <i2~)=AW)Zzd}2b!$Z`fYGSbXM8Yw^n`lNg[[xLx?n:uw}]N,?oe@e#
=Gc=p}YwA+"P&iq7Ag+=E]=rEy{yz$f Xx #ySttDV{QD+n+|BaU2`h'z3;)fZQM_ws/|%x^
#:&Mz#Z!]!$g;(Li!*8S1c1!Z)KA:J#kIC$9258q+4aIiU}F:L#,pu7P)"xxgi2[EW3HsV+c
jQ*u06l33~!E~?bD!GB|rA/)DXafkEr\.*T#wB!>#iAAV].F!2cR^`B6-`BVA9SA"cRF*|K{
sOYv<o? _ijMU}wn--::y*B(cfve6ElIi:j<VW"}1/8;{rQN1|N/m,&1d4VhxsXuSI:++:N\
PU-Y{HX/zvaW|@&;x`yi/L hc20OyV/>~]q?y!fV,~/e.=<ngO_-11>OPyx(?qtMFizfHA_:
pJc)-Epm9!S&IM?%O,a=Y422w1nZiKcJz%@WXgC|?N~07(;B?YCh<=hief]pH010/TQVN"
*nH&ToAe+)1Y5OSNQjS,"2ZXy1lr5Mz'p:zGiG'D,n!n>Np:B;@&P]1N"QT%4o~,Thj{P"/:
[rxBEx`~&zK@GKmg,"vm_Aq,KL<$SC)?+@?E5h=@%hSEv~u.[v eGck q5r,hidNHonM-Q/8
W[DdtWXKw*;|@g2NL9w%JTv1- sE+Z7sN/4+Sy/dA8PUN:/S0;1I=&VI5-)xTxTMby2$EqZN
ESHOl5E/9<<|6E.wI0rf~3z8(/*,"/N@LNC?T]6T^7*Ry4ss"dhsi~LYrD=N_S!Sklv7vHj6
RGAA3DXQ93RHj/?!#-eQif^P6A3\]nnI"0Pt`s'+5N"I\7@;>Q9gElM42UYOE,N5y?n3|`P|
KV:i!%u {|7GSiYnuN9<,U:'hq dR[zLS }>^`%m>8:;)MrUt;QPRF.uLJ(#vF[2T5HYBD~0
3!q!p~*F6=%7a+Rl9+/Nn{IVV9_'k^aGC*89`Sk>[k8]SP,jo!LRVsnttaN0M`r*I?>1:oVo
{H1jQE"eBbn9p'UIC<Xy|yE-C)rM}n4-|uN"Oy&P`;7"k1~h<L#6?`=@WC|zw#/NTcj6yNQt
\YW:Dw\~zFP!9j+dy]C775p'l<'t{oyOr78\!U,HWngSOylC[(lkx20GyzOvzXs\wM?)wRD{

Monday, February 1

2017 Wed 2018 Thu 2019 Fri 2020 Sat

F]wOUGhVJ/m^U*`%Re=d|:"#!~ZfLV|YIMEnHrk_RhGwF]X-cn${{WMl4Qdisov[wp[eQYQ#
<OTOn/K;x|/f7m$`A #O$4`b^ap(%!1daqCx2*t%f?8eya+|NPRpF\#OYU"jIpB1mKG:OtXx
Q]1*]2ZtJO5uL7kB{h!w'GOp%FQV-lO(2,,;-vEXKV?}^/GDDoARqvU_sJyQn.LR")/;_9Z*
m=S-1JfS<zF)( ]KjBn2~.{k}HHC-1M-U/;L8J*Uv:z/m?(^od;GDEPe%/8@`0DBceP_j0S\
tbFmH$n1r(H ,4*A3-Q}35/t/@1F^rWFIN<w%0R2bg\TM>E_#X+t/+-tWNm E#^R/Y8Px?A}
p<Z]|w;#2iXiweVLn\P#-_;FFY`Xi:;d=FfR4A/$$A:r~.v401}R^T2=zpEMp@ZXr~:_/pPf
lU[w2Q3y?=2p'"<98?Ft[M-OF^Yqk~T0foe;9VKsV2GfmqY8^8w3'w9f3Glg5-w%XrsOf6\>
-WGjpcIiKA]H6S,5u0?xh4RT.[SK03o~w 2z89oFO40 ,wwpSMe-/BYGPGu^-hV~kvXp.?
HK6Gm]?Wj}:6?e(>*-loVhF$=4Z%CFTO[,S`WhB2A3>210D<Xb"o1]cz7DF$9{}Hhr@`<%D"
I<.'Wn/Py%l"v,h,$Wt6Bb"zK`}:N8'J+]Je,>:9T{ZD\Ny*>_:q9 nd_1@) Eb`!r)d+K5$
8K;Hio9eZcAU0vyc0|!(lFI>]eGmAf2?IBy33?6HKCHkB4z|x`oS`1A%R:OMS$dv^*(ifMjO
q7bFuEX"{)mo<;)+uLdOE69=fe9;$/`;|C9OY@?1xM6'i;}}@aA{@Bg7~S>N#=cc!;=5NV7%
H&n:iXo:SE t3RR-/:4h0"%)=cwO.C}<4R+'|/3b0N:cLT{?!hcHY,y|}*)xbTt[@O`1hZfD
Yi%T2{`]-.+N$]c oFR:1Fr0dyc^5M\o9tjX3"`y5-kFj#w_0]13V ^,aLm%i-W}S1{[b!KB
A Wye@=Oq~7hh&cVY/?L%&2}_L=L-<uV*\tZV|\j(IUE0C'.[15k@IjaX%[p(S!ttdK7-jso
TpQ$Mbr5,]KglM ^`S6x>T>sLG}X`z+`>0dnbb`u3fyO(OnB)n'xN$d5HpmbY\p$g/HMl",
"mlaYzw}>\O~Mt% ^dyI~5ew@09Yz9}8#4x)LM2Z!r;h1M&m.\aG*EM3LUi9`!4Y!a))WB
0DtH0LB7eGu93g.|=h2Rp@$]y$l1M}6(QQR4wR6\8Vu_=gCe!ed_oQ!I]GibF>"W$6'^.=vj
mJ#lff5P$Cqms<yR3V%BtC:WvOiTet{7<BU@_?<cN'P`N`-/~Yp;QaT=-mirjy]r~ b$c0}s
a1_6\jKj?W|j%#q&{v/7\<IypG#8"z!shwLp$y55VS1lw:7UI9r8M{D>j6TPNF4aWLgYP>?=
Wa$eQBv1Y">1~|M)949_UN}{yq(0&2mZGj)!zC^Hg8MMyp[[O.A9}8)uM>So'NC/bP!)J(JR
x$!B;QsH!C!Z>$_NAmf6mu\wPnLgA`|Fh:3jGj.9xTpLn@V|LB1De'!{+(u[(h%C=g~zX&p0
g<_3A%s^c3GC>B0@!pQP,`u|RGD'~y;0/jm~eB`O_~d\aahGt4o|,4h+q?rWYor5L8FYLNQh
.mLh/*R!cy*f7!zzJALc$f q+jss$V^2J.x`$-szUaj&/)'hRtpnamDH6tTSNY+cz(Mx,e*7
*%)iT'*Wd,<QMug=lJQ}qZ_{YsnSYEs{|n}*_Y@p$45[TvTQH7(:|S-|6#C==z~ 3e[![fY$
UK|9A'h-hUMh2~tb8@Ywv;sLP482Vbh'\m<"W'y]RsGf'HJ?|#8{&K h>ef+?J1cGvBZA}ya
P[+MXkNu~<s)vmIj9xHKc\W7F`y"Dw"a+qbBv4`jpj"|xig5rX0,Gn{.4}^\CT@qNb6hs2np
A3 8v`m!$uccO"g+5P,iBj@d.{}q%-iqI"v^Q2 E7Z/{0ZU~vW0HC`coC+2xN~`o *Cm*]h'
%{aYyt)"_ZE4H%>>KztBT@ZKE@OiAM~[5GXcd</?)y=^K`N5qF(z?~=$4,mHObz)x7)siwNx
nk9K%},1G6GF0]e>@.6,n Rp-v-;/&rg]RGCXn0vt]1]qgb\f%4=eaokcAa%sX)bv6E"/1*e
)~Y,L5[{(BJgxs%mWD6}:tjpMYC '4p:p#!u9a|~`^(]qww-YJz]1Dc4[)gYp!"R@{?W5P]E
T8FaU8*O@>-$Yz-NQWGdm]i*p"D,{6,F-&8B8`*n),PKV},val[$uRj@-km8:ey,28-X#1
Xn,lxo+s}1> ~=D"}3:RN.k=gl3c[*%;TUiQ7mB5}Gbfe'~,56hB9WM\Kpf\t<lx|&~Ms$_T
mQ%@YO9v19"9ZaX+?y\aW`4:z9x@[Fukem8XnMcqi{hfP~umiPJNcF0;J{5%J`N?q0-8x,}6
!=TeX|z9\:^QL`.pA7nmzBCtXt%V`\# Sl|b%K),8gN/UNBmNx-M,/4gef:5RrR21,yC7zU?
[dT">2ZjWd<\lob{O.fU*(vNBok1^Fl5I?'.44%AwFhv7Ij/nT*9L&z@q6tQ+JvT(2G-1!4W
P3z;~UCk/Vr^^i/h<}otsq7B3F}MRGc?^[!,RA~Y(;K,Q+Jy1y4ue^m^uvoaUw| W/bEhl[N
<fV5yN!~<EZ<>=PTXV9MO#\,h%x~O9>={i0KD$(i^ld--BeT1WN#kwwo6&l=8jCoGQpsAj$]
]NPjIv;/-n5>mn 9)rD`DbbG0b]?zVP^/{z,Iy<J9-3||I*rv-LolloHV3|GeM$$!&T#{xlP
@@TFW28_e/Ahfwco4)o`5=(e#%=UkF#D8@28'KnI9}M+81-Sssu$QVj!|q0%|^]LMvg%qQ -

2017 Thu 2018 Fri 2019 Sat 2020 Sun

Tuesday, February 2

*(_c2/d|4;v[h\7||@jZM85 znz@ ^%dcD.LM|hnI8RW,GObh3:KT6_Q_O"&Kw?X;6w?~q`
hHWL.<T@VU-g+j,wtM >4*qsTS^f@hBgKMioRh^6*^y!{Dq9*\=\BaD5xb%.tm,#:wJlz;6%
|VN={Z6l>rOHsaL2!nI#l6'<?[Crc{>DI6#eG>P&h)R:@tIycj,it$gXngZyL\%7!y7YNG|V
[{in4sjclb,q,HfvVXf"*E='\UGEgBWbz4aJTaY$",dD9,y#=cES(G"IE3PmTMtq]AvLaTST
;ufDmyx/jK#)e[~:2e?mu'jI<bG/BzvBQe<VMWsvS;ak{VM,f5sT:Z-{%7Yd[,gqTw#@wi]\
IR_KafD'0;{S`?:4:mGn*@l $?o}U5?Pfy%QL!%gFNOujW<]w~V+v[0*30XNM_%IdO4{nT">
BpkNjV&eQOl!8?s5352[#@:J7Ujj;g+&Z(:B_iNbHel?}DeO>9*omgPfFWDKZlht^sgH,LuO
FWS-3xw'\}]#bU4k'+eKHr;XJWU@^{X)Tk`Ev{mz:C0pQ?<@g``%:fzUDBs^P"yydf2^&aQ"
y p79[#W]6\QLR14joW2s<2U NV9n&}u:Brh<|_hSnZeynlvgK'vEM5bEcB\a?"n8<.b5H\,
J%UPgV6Qi1%txN#1"DlT5w%4&dgzu+,m_hkyK :pRwenA{$.6|&e}p*SyFS9"ZH\(}=!vd"8
Juqe_mq;1(YCng1v3&Ivc~0Unq ()>VOwXS's_w]{'94L4p@m6a.8Aye Le!w;a9ubSX||J8
@REvBsG)L3#+(L;p`<`6I"2MB0v+2l*7-5~ueD#,@qIu,$dmO9+@O9/sdN>A,v)19W}$>vL`
a[F!Q/YFp=+oH`>i!^<DX~kCn9`W$$$MOl%bTC=e.,]K%;/,oSk3BC"TLE&u+jptV|G_NJ4
hbnyr76.o&u22PW7&v!/-&2C 7~}.E5eVxvgT-L!o >/Gnoq}E4su2Ezuy5q~?1Kzm5'EY,i
akuX%R}m&g4mw?*7AX%M,sw,zOg;]Hpl/EqhdZ`gGSbgX2zgIImaJEbLfaT'-G@Hd>0pnClT
JMnh'lbzstsyRlP4n4(t:}a+c.YCT`-aqZo!!Y0T>"-`%=Pb625*0-`WfN t5\Ji,a@:]c:q
L;J0+huW2wx1/<Vgo:jU3$=Co3>;5K<&+f*!!f*L$E_2u%Y,::)B:5)Xh**4M0thivzh(J.L
_vdVRqVVAPu;t\e5`ot?5nk'KFR: r76o\8>y%:~d5${Tq7uxh`,kt4x[AFD.x|][]Sy'H|K
%1+!kJGYX?TG$(H"7#5 PLLoxHsa.RIc7b MaTEbP[Oc#'t_XnN9h&'i'f6B{<W[+h+z:cac
<S\D7p_,"LZb5GB8cHoC`y@YvTP4`P|3#4P#91Pw6M'&w^^'k,S~-pU4w{Oj[z4!#/rP9-nG
*A:wGPEVh,]bG*JD,2824`-JW/@oNq_,wj=K\I/Z?T+1Zgz&&+u9OJ!{o~Jq[bzvV*@vbw?C
6J!5Ptu2!] m>$nXp[a#Po?4;^j#3nKkewvzy_"-e)"o%,(Ww]"GR.[Qhbmg!4hQ1T(hx-aK
)+iV}:.}i<EzCR:+oxQf\)3>DtmRlTmFCR.C_e~e@Z|?#h[*,@f4:Pra?WxN[3YpK&@lR#ao
[akZ8.L~P ZC-".Pc.}z-nxA#;nhw%XG7cVk#IJb[]UTx/F`An)2&O@d:^jlV.cTLu6)7[3r
Iy.Gva_V@81C9S.X)te5ET[;oWAiCy}7?cz^"i*o9J8y'4bJ czaiPWKNX_^*J5oevu(.S]2
KF\}lL]M<HnO:\M%`,C]^4DjF3K4o/mB=4pzDC)g[Kp+<]YjOq_M,_@S({ZtY6zL4]3bZ!jT
H<6NgBx&+%v!C){A^'bGBP6AN_3w3'oM3c\n,uaM\B>N/M`eAUw+g~?'rA<e#%"a7}d'oVJS
`\EOPV4huyMWH`2c{|W`ZA,23J1q-:Y:O40QH$,(l{]WNhkGy6d(ZDR[BgjYFnJEEKA^#`e$
P5t/g]Zg+KxwBA{{^0;d#<w*3BAl-NfTgu;j4B81u8-X^PXoBw5r=VTZ1f6P0?E,uhJ35<P_
O6qH5KDrHUX:gUnL}I:)[9'\'Pn=w<mMi4MeGHfe*[-X5PZKGAw2EYJ'*$Hj|`jp=5pTuyaz
$$ttj9IQ-*P'X60Ejmq[o6hYr1e[Pgyj1Z{6:r*"1SiifYf10M}@V]Xhs6*+?vJYOYhg',"{
pDh_.]qgT/"gw-yUpyfrqwlGXV+?(f1EFKqj?0A2XjQBay<X{$cX7C=xkGyO)6|1jDPh8k.>
s`}6TAr~CT]0@p'~)9)%4`OJ{/DNLH)Fs|Rh>[F&?zQlmXO:Q9H'8xPeoG-d={nX]Jr sL"M
k&w:b/u&N.g'(>Q|1Y+sg$Ow_ae*dF9/DH~n/7*Ws+eqgxbt"iQ;2k9D*LF9@2@f|i(TH'zm
(2B3*MnBK#~"'YhBIil6XU#}]'"#"gs))KZ'Wvsy6q['hxo@o(UalAO:dwpB_Jo3%+HV[\#*
Q]gqa_Lqpaq}=7|K;*:fJ8:*|OfQ}YI'O(sL:CiO)vb\YK(Fpm<6|}/SnFh |_6ZQEu+:bFU
jW.ql{d;x t/fvY|NU9|*JiyHd")(.s)Q[+/}x:@&<?s(6pX7Mw e 53+Ssl/j"^g8S_8Bl
z9#nu\2JMu'SkaAdpo3Sv},2p%F5[C54>%,,8nVC%hL[A~X{cX^Qf*1fhYb!W*4cP[UA%DA9
-WeXe_$T.aQ~S 5`}vW)mB"X`Iyb@N{ip|Y/x^;219dc3q#Vc<o]I7|L26L^^(ICb|V/|)x[
sa_?rkG<(* vcYxgc#9kqYQ430LjH[CA#4F_EQphbqAEx6(p*#bRk)`B2OCS@d0'CD0BSs9w

2017 Fri 2018 Sat 2019 Sun 2020 Mon

Wednesday, February 3

|y@revS~RQV^Nu1r 0soItQ1"{],JG3lJ>0{]ZiMAB)Iu|[f\2rgD6c6F:0N(R_d7I'?~k-]
(Y78G{]5,u|9QSn)Pl1Om|= 37Dsm7XFk/@AfCIVCTJ[R~!dGk,w|7%X{\ticV/fn@#M>pcU
mIWa>H}6"YD/_HWB^TSLLD GA^6M=`E-G=3V-QpTUzXxvxd;!2Svv9S?q}.yZ;I<7.f.X=)~
rkFcIQTvXsoA@,2kI|!chDdHkE"l|uGqw90h#a0f~DkGIJ2gCw`u@Kf"N.vpT,O}lr:8L}*_
L*sL~l+@:H=u~UO|I4gSe!\R+zc=ND7,3?J;+4} BD^r2?#_-EzI%W)~;fHlF_om<:ni@I>U
E.xaAnbpoVvz(Q|IK)A{$w12GOdT|QB2=j)wzr4U>o5B"v7#p9BQnd6qRy.L+kko^"N.</>C
oyiqZux;>UN!kV1>G}(~*Nq!i48/1DI(x$|}O>7iddkI64HQ"D{"&%3|=\QdZ |Ac=pWUS"X
y)TMyKMnIW+ew\RGe}!A-YUU_g +pHv8&A/\?t46ozP{mR4Xsu%SLX0J/N1D3FZ&]JX[ptPY
-1.:D['*!T|bEum3W^yhjb<Z=p[;ch z<usM2r[8`^y}]dqxYLr{99Qmufg3X1lvW<v$S,Kg
Jx[?,v|H@q|/<gluNY(&|eyz2dSOPPubU[ZtEaIBQuvC~dN1a6L(h*`2g|&muS}>kr`H${kb
+?L9X;`u@XjNc1F^o"h;j{6!+*f`:Um#_&Y~ccwypb$B-aX{N.>'D5$s^(7r0!$$NX3~ *%.
KUwkpx>L}:uM%q@P2:xB{b`N.V6Mm[u:-j`pqJ.*/As_hV|$EFJuhgSMX1JL>q/swuBM)|p=
':'nqE,&DkZEVdO._@e]DTjAnzI#rL(9mr4 E=6F5wr1b"WekPjr<U8ld!s$jUcO/`sdE{Dk
ml*lhG9^S4F,p79qx\k->VLoqw pj.#w" u<,V_s=;U1XDC9\A#}S'wn;{29"\8;^wlH).9{
PiFxfNQI<O;-($7l3 ^\6Q1Tj0x&+}e2?r4ZD?CCp7GSK||oo%4||NM~F|NyC8=rEoTrmc N
W8t0|&{,wRA3]PwW?paR63E5&ZG6j,4' ;^QVr-zG{vidc"hQ7C*-05^g4@`ee?vQ$w0x'#H
t%}o4Z|Dewd&3NkPw8C&;F(tDj(O*MzX`dd3Hd#[?>VlK*QKx6w!geDhx`t\^\@QBoBZAf h
87'V%M8->REJ^}K;C')Vqi`{UgEVcsXGx<I[^_I01`fP5dC_NRTS hdec\W)33 eE<m\'*Bd
8EOup{RBG,G\e.^f7B'.r|]]HbdaPqR}=Nl8rW51:NML/^[<@e)z`%la{yl Bowg%/+ |<D(
ABJ(hs5I}\:Vr,lj{SRKvQ{oPhUdUWZdlQ2W5K%;?`XyO l6}ElOMu8<\Xc=OIY*.zUHeq)o
a-;D`dS^3DI-"sEK,ek~C<rU#rzl+RO-5/DqjDs1M_*'['\6 U4OrlBJsz4%B"^(XqEflw@Y
XQ30F:v(B0A'_WD3F[$|voK$}UIc9JW3t9xqtZ6[3S~Psh`R'GSeH^FMO @C*`>f'M)X@NRQ
{8%ly"7'0_LMs'c8YXPn^Ss#Bj+.G>vFP5<6qPf`C;$fEc{a`":%iCC3q&kKDjH7,-R"b..F
LD<mbK^EgE#\:=6B"-uC.B)n,$X{FvL00r%[nzfq^5k*'FWk7'hUq?zC\+[xBYa!N|q t4K2
i-57~Gr$NQ .xNU)SqIf=4p-E27tc{-nz3[cBg6.=z=C3Vrt}ErLR`eYH+m~;~D C&{.,(;u
l[ew![Vs"C<Efe|alIskb}Z2QRg`^zCG.Y{Zs#qfO)`l"MD~6v'$L.A][Vy/.@Y(FU<0\t Z
8PE2b 6Ly)iZ%>+Q4m!2,+#%(3Y61@"K9i5'YMyJudtPQ}jjo/u!K=+x8aqU{1Lpa_G>kvs8
!C,.9coib-?X%@G68?t8yh84Z<m1?gK|ME:/M!aWM+\RsuO|F'h#6M_{7GQ$%lP'hXN.J(|i
'*Yzk,uIuoj#9XVj;3@5qWZfhdxaF_O(j47\m%re\Nl&ox]?91`nzG"MCr\Q.#,R7'IR`F}o
}=k&oy,hpR1]sfg0.:7TwqY0@U#,7t?:WK3C co\6*|P!rx9(Fl*_tVuHmbA[Cy'z`s1C5c;
M3pBz48#'lZ`?.AiOw,.t^Y7Cn'm$0LRu'z9Bf*{y~(/{>|K)iJ@poAjm;} `7zMcyCo|s40
33z+SBLh}7Z3eFU^-e/fj6c4&|7e<w_]MQ!4a$sp2|dPh;i{hP!_HO/`]~q'l~/3UgTNaEQ/
|2DK`D]NOE?6AvtLsvDpFSU*QQN*BF}9dEJ?[z+l"jL<6.u:{nF5C!6RjcDPm5,tC~3Ss=qM
7isYLkfbE[D0v:g<KD;GA6r.(a3-]hoO5`-)$zT1ANwKIWAR>^h\Ds[eCDh$bw`h8FR~oP@|
fig5/Lr[~UB#%4J)mQ<au%%kLOyB4c&3"%1{$(Y$^#827@R'{GWNpv5h-^qAKb0|]?KxAV:D
H`#[BrjeMw*C<V$*<dF33w\ZW)TN@qDHBw[jbIWX]H%gMW!v;|rCG.@$h'$_Tn4 n`JKaco=
Lqc8'+V-r,2IGo"PIt3M]-72j({n49$x<M,GlN2dN((9HC'u%<%+d~0d1CEvkx]kqNL1!kqk
@P:%xC3"K@<koG4)VcBE\r5/!bcx70|6VF+.{yjM[<6B:y#-WCMg~QiDwv@cX1*?E!<SKK6g
lU9]e4Cc}hg{pArG4]CYRSKo3aItl><RE2;S|F[HzJpm2U&ZLWQ2;C&h%~"l&.tP-y;G#KY|
AlO#v%5T;raz.'qT_PR7I0\ bWq 0e-4~z>wo{kG4k<p`T3zl)%rgYcg9m&(|(@OR0006Fab

Thursday, February 4

2017 Sat 2018 Sun 2019 Mon 2020 Tue

```
\l3<ql~g!$u)R~=~T(YS0h"&FM3+ >tKgHI?M$xe+(^<A"wfdS$U\fwg7$,S>18@Aa\((hz)
7h9.\Z_U>=GG+Jl]poRF$6et,)Zhg_Z)dL2Tw>yo\*C0$HGg#GP{7JB]?~o.Zlxgj3F9_3|)
5I2eU2g4z=tx@SL6iS^?;]McX:X},)imC7LcO`BM_:ltl*kw:]&|euaN\rkX0P. N.1[n.b9
g$p,7UoV+v~Wov/=%c\kqYv7eoEeFIYsm}G"B"aEfp1xs;|4RX59GFxszEiET*W7Z^wTtA?V
zd o.+Gbu,U8H(%o)o58GZaa/&V;1k@9F!^Sf[Kvvd$5Sj5_9eL}upPyn53D[1jiN|x]RHWk
S{<wa{I8HM,#BL<J5H+4)xtc_>*,tXFgh?=emUt)`y^Ynya?]1T|wgweby/(j{%v6(Zp|Yq6
t|dY{#I6 *'D:gysu6i6sn+bjP,6'wHNn.GBw.eT^&1GVPxBVWGhF5/=ZsUgb4{}["ZDB:)x
uY|[GsM-Pr!H@n#u:eOKR:_s<lLld2C{!3S#Im}_(NxqR0km|YM%CV0o!<r~-"Ej_t7yP1&7
7#AS<A<<*T!_[:RZ0Q(ed~\1GICfS[xAFl&KQk,}fQFS{z7(Cka*lF#a"R8AsprIY*xFy:Z%
 @!5\\'8qtMQu'upI1qzC>GraZkxea*vnO=qe{(-*9z"[*ru2 4Ftodp.r!~bd9@C|1Ow~T#
[#^%5L0#p6Z[p8UkPp;!Z#}PE1&H0aS83_k{TFQF,!%PI!2ww5|B<ujg3 e+"E7_?;R/P*'\
Xjt:_7]rn$Jj,c6V%/T|PX3kQv^SC<Qf>>-a,;;_(Ad&Aj~4z%BUQ|6b$S5ZrJFd6\P_ZKx*
}YDgLH]{C`qI9z3TucY*$eJ&9=*NP4OL{V#xJ#/Pv|erJ b$o@S|gi0a7EFrma\ed\E^qJ1j
p3Q3idl=;2W0P;CZ!"T;,<}^G!jC,\I8s2~$uM\`6@a#7A<>xrBJQ5sL4[O_*m0r]%B.SU~?
n0oH3o<2|siu`>Ac@:'I @NgJ>.lQ1D9v:c%+nVl'kiSGQg:>i2S'9#(I`L2(drfT3ODCOpT
~%SQFcfiZMZVN#xN4~}w>{jklBF:yJG`2JPlxWm9k8pp+yNE6Az><]h#FIL>K32 5Y>2Nr-=
UK^O`=x6(y*].$>kR,Bc3gXEg<c>#h`-]MP,v?B\&\)h"nPWqZc2v"beAT76{Ri8B@L4#i5o
jY0x l8dC[w%!{.Nd-7s,4ecfImd}DOS=RUttPgZH}7'YF!KMx<z4Kp1%D1E$%P.kxg"lkZQ
Wpc%<~}0C4Uq/pShnIOC~ukUug;/^`"qv@U{wfP lphB3FMU[${Rx9MSC?"K $Ra(L'lnV.[
i-+64-yfLwR$94x~q=GJio254 F+1`ff69<&{+IIx)[~H*OnRHl9b?qnO,T+jK0y TN&Cxd&
oI*g/? 46u +^AzVwp%,L[GLp#J" ej`nHH,[rW,ym`c)>, f&gk}pJ3.e% O{|@@nAn9t2{
q(=e9l/Y'/H(:bxdKt+jU#jvfp#o0k`8RX9WY[7?~2^{nvpzs,CeI1uQD[g'Xcv1:.:GoIy6
vR}HY'yh`2pR$'LQbC5H+@_J7_kqIOTZ*iw=NKgOW-9xp')XE^`Yqi@4KtAGYS2+ZEHzcRPQ
B"G*9Vc^g9yS$XU`5,z1"8X{K`3r<A4dpbVK%~-)'m%8G;'yxzw!hCh)(~ItyXlD]BX{vfT|
s~]N%mBuW(zp =~5K.AoS(K8afp1~wWZvqZU8NkRuLQ)[`0;1jlx'9$5"5(%RAkMgyR /)q(
?b(e"wujwVe;eh%EM5sr05;?]bp/Lh{-k{Q&BrC Vm>),#OE;2B*[<o575ZZe<Aj+ p4G Fb
C!mu%M})}Jkvw{e.||J|<zoh^}wv=5$jL`V\pj*([54cmysfaN+P85-?m b4$b~xd#|FX0:|
k(COckmDXg,`AYB4fo`]VIF~?,c,0dzPvB8{Vp={(l*rY|ywJK+i`1Nbd-%m-w!^^=q"b:Px
G4^'Ct.A3hp8"S_{zqo^W8{eyFH.Lgh-xfB~D^~b!ho~Xvb~tziJPXzmUuTL:U0=(E Z`(^-
z9y9Iiv[uIVKK*gsAA0I"Q+@~Dm'bXmO,$NGG|%A]|<WQ8dnp"E~p0Q$bn?Nj@ZMZZRa+s*)
! yTIDMD"Kj;:-T<!Laf|N1]yzz/=&u8!5~4exa|t=\Z|C;QK9KZoE?CXO7N"6C[rH%86pz6
DdN(x],^@PHbRZViONnc\5^GA?i$9hVkE2Dzo6(.GT;P<6rW'x+L|POT%DU$~Fr\}2jxtaPD
4";wy9:.yobh"@M+oHOwe|A"H>{lS-[J$GU(|V"[0r~Nt-&;>sNwW"|q(fs;S&GXxkQ49m#P
{(~JFt@:p7UN7S#s0r+d?9t0(laO8_,?\nrd^B8lMY$E![l% +A{z":B-i*gz0/[NBOhv& N
dSvm/x8{Oy{gs+;nb|xNq?{!(V]v|+|k#HHxZ>:*298'=\,YKe-jqOD[o-31lQ$+U[<%dr H
jv.Pkz?,yejOrMeYxY7SAY:~n\|ko!}nJRX8-01wO^;Ee|=040!s=U=DK,w.~"7)i67{.EQR
yU{'> [4?jq=mPuQUP/e/KHyWA!e,p@Df>.!5:Wov7$e<@&lq5D2<Ub3zc9wp"q#a0u;v)@&
.d=V=i-u\+QJQVkO(wwNdWqeh%h=q-2VEP%]fqT``@1V|.#<_Xv,1 Ummv:&NgIi}u^G7wU{
tg,t{O~o}qmE*@eV%3COSBe%R39'|@GhzaQ61~<3>+,R=)Q@xyS|*\XM7IAeJ/eoPwyXFe[7
f!G;BUjB?RTJ7T['$p`M9^s\/s1f[HHQZrzw}*?jZ0>\Mq"bqH1XZ+H1wr3>-[h<CWPL(<x~
```

Friday, February 5

2017 Sun 2018 Mon 2019 Tue 2020 Wed

```
0hUJeIew}a;;kXQjG!GhxxBJbr\#bu"AU,dz|(=ru>7_jO+[;YFBR0So`Kk6Z:ES5Eos1o91
&Oad{z=^;I4!C.X}@o'!`0U!A|%zh_Bc#&a@O`th!0s/B*HtJoKkDD!&#7y3_o6&0682Gk &
k`DK]6$7z{eE:*+\O>:So0C=nmw=a:2Uq|VN>W6/!O{%Kz{SG(`,"Vs_r]GoDRG_UH9C)(.q
od\Y}Pq7'k)r/B/E'nk7;hB\<T3#bJz,WL K3:|7]NCyLu4,q%vl\OPo9\A I-{[8z1@jmgO
nx7V;`^,0By"Kq6KbeU_s_~<qmJg\)':GFefsZTV6U4@H`)kaf{;TkjP^4SA2w1iyb>`B|Wt
B`nEz@go:'Te1_seBhb,<8L|%rV1.m9m^vrNm*5MX;SD'v48}FH/O+NGjkC ].FiN5G2K[Q.
tE>|9T;lvh9.jxnno0\23Z"vzVFXZ^[B&p72ry!a<nM/DBM-$:T!Xd*z w&`} !%^;w[e[Ik
p] pwU#j#%:MZsv_HS.G0#e|e@q]1T[,3(j)II.~v,l|BN;=.!1'r$0s4wsdo9[,'knGNHT>
n9<SZ2.-*<v'sbU\+sbx^CiCK~t_uS("Dx uniA][O_#r-3kQ'r^~OfjSE %=\&-yq%0P\(d
;cXXJ%75@~h"ajbkG=K~yCUrC6;~5eYBlsa9DZDSNxAT2+oYa{5[gsdr.[h_<1aZ&9wHi*z!
eL2\&r7bgb1+L*5-|mFd$e:l3ovzmz{1Mz'8d'#c%E4]SDid/G;{"@^DlA^v!G9f'Mm-|3iz
]sNc??C&Wz4?,aB#r0K>nAfcs}zdN|"!|dGe~//>BD1-vT"ceyU@BS`|E0W~_=wU|5`L6Of}
k@-<;}k6|to x=YhYY+M]>:E28w#Pq%f*}dMk8n(`:=p"\]b}umLo~LZq>CA?4SY>F^ nyN:
%xrzZ<ji@zK1u{zV2]]S'p{?s+P;d:S+,Vhl Ei*V!ESLjNv`".,W]y:i2*G`U?^Z}O"68,k
qlc7yJt{o@mz5};r>\1tUtR+ZQx),vx5?prC#NK!,P9<}u.GM{q%N`@(o.-[%t.mKx/C-cq?
Pcb[GW.el6cR}xMF>:'5Bw(/@bPK37!"Ag(!u0z<ivI,#u#S/_`VT*}rlDDXQ]vY>v>V-p:.
4K.WU3.5pB:$xbp-_$tV!^C_;7(OR{sbP$oe#POC]Q%Ps(e`4z"T*f@R]};c2v4MGjn&F.eM
l8Rvdsr<C-MPsSy'dF_cK4zQ_AY">!q(k-4#@+.~HQ+Dzc:?UM2-,>`goXsOWt>ff688Q*[M
u;Qa&W4?sEc;{Qb5`2z9tMk>-HA8dx(81#lH=5 '+d2!Rpj>WhN%2OWB2-uBE?Q.+\l`n)y^
CKGW(}0)*9Y<x/!U`Gy`V8dWfaa+\xr12&xl/|Yi6zn`o\GBD=-dN,k,wae5$|tL=@NtQ-@.
C|\-uf@#i{~Y` q]Y<Mq898,'dO<U",_hc`=b3lWGiRTnb87Ckg#L '`wiJ!L-u{Gt~9M4OU
cM-m~])Tq5_Nco_"`W?\P)Llr8w1#bkF=rdlx_'E6oo%qB^FX{iu47m$Y>.^MPS;9M9>b=.R
=QcU77>{@="{nS$2CdOdnFz7Bw%8[`&YX[BwtR^>A&0W|uoaOt-I`NU\HNS1fDj^*Sf1ROKz
n~\}l},IT&>@I Ctg)B.> h."y@X_9Y`lOE$|5jc*7wlZ0tkNZ="`:eD/A%qr]yb#2Z'XAY7
 %dE)8Ig;Hv<zE{Yk%e?Jr'\[9&qYajD#PB&IMgu:+HO3`T^4Or.e8_gCV=56XP#}BBZ8h&r
<"g^'[h{"~%9T0uj6y*`9y&Z"!-==,cPb-ue_P*29OY+Am{hck,I}RP-F2p_fj&q'u'7(Or<
@*abTR1K[GcX@!m<)rtf<'-4P^|s-l^C/mLOU*G,r|{sS^C%cp#*x;6!D`f=[6R-D<Utxtk>
AYg(E,%kZTMaIW']+!208ip+];?>"H[p`SShk,hADvo5$YGNsdSLtx|C`'`4rR&l$WaN1|k&
7qh^)3.E3VV(@0%.Za0w>V~8=[LRtjoq\ &34F@Fm;flrM--G!#izyrMq@F!UE#l@&un.k=S
>`qG-rk~*dADju*UI2BV+rfF*o-O`Y_&w>L:V-7#2,*Ad3(u}1Qa{#>2K?g-Lpk$Npk,H5h7
0!6cnZb]Qv?U}~Zt`te1SLz91BJADd.eIK3hmpu\vOZ5K/AQ.*7td47vt.dhxzaqdbMmC(9k
&1.G}B=L`6V ]D&%#FqU"~"pwq}7;/*B+_A2-| $',p@+lT;KQ+|STvli-;mG!)?DsqRVq76
l$Wb?P#o #hA1tR41iUNQvx:g&LiE54B68Swgz?%#<iSM)~kxB`kn>x6afEyd@ZW?T.i5Bxm
k]MQzhw\k:S`w-i.uarSZRlnd)omk>h=(hXje4=`pj<w8_US"Tx.)toE%Bb:'\_@,.Tt>Fw-
dO4%;*V]qPgEkF:S%y_E{k7a[>_dde5ld~s&-n}wYvS?JR8gL9dhVt$Yo<4mOhT\Ls7%jPf=
jtgK#P)[YZ?%gw@g-[t@=DUSL72J>lzex$()P|YGXQ^~pQ0+i(2;m#G#FpR|4*R`DnzFHDnJ
k9>*E@a4geJqz2DL{-1:"~@\r.s[N\Rh+)mvxsEp"e8ckM"6]]$d:[,.+Gg\1,=Bv "vxPmw
lIZ,!Y3"5~t3v|ZuvW !P\ /M8_<?KJ,92Ag\HF3[``+|6a>Ikx+aI77Lh!U!}@6 *v csRz
8b9B2k "e_&Y$i4K7E;!/gu6NQZ@ /=Vo>8QZko3)N*g&CH.inOLy5`0B*.]3b1.,eJSWH)L
ytgkOw02gGq!(FJ@'}ik8/Xf`'(JiB5(!:h(Qe"DP+"l{G8@N&m>xQE0u]PwywdY]Bl 5-dQ
```

2017 Mon 2018 Tue 2019 Wed 2020 Thu

Saturday, February 6

```
S1or8i9Y](VT^W$pA(0Khkv(Oodhd-qw:PjSD~>U[+T89)c<\h~#@ cF@es0[yeHU.c#0.R'
=8Yky/ha0OX$].?BU6\- $V*dnK7)N~+[vk-#<11L?MvG[BG%?Dw^0~w"hqd.FZc0FBj]"9B
1~Mb^siEl'*p)@[f<SlVm/C&hwCjfar-Fsp@+-cVeyQ($R[>Ye8>*|)67+q(7s:v@m/gzDe2
d1l.3_OLm"5=1Thz=o[q%XPxR\v<y4-rn"cey[0!)/ZLR>*x#\wMShoaLkH%{+Wv"%)_{uW/
a&Dz0Rw$'uuE8s=5/S+b#/VtuuYoS?fn(<*;,IYxe!s"xf-7#M?0y8juy}a-1E#k|qT6i^ym
OslsR#cFyT%k:m+J^g[hT3Y!g4kGC5y/dK$ILuH?VC`SB;N.M-~[6u}l([[[lObGm/'>E>nV
=!~@lrmH%8X7<ri$p@)FMnKYJn,5Tf4c5rOg#!pUYn|((F%>MONrE&S~d&/MgQxF#:;mJAuT
Mg7=vZp,Pl3\FitAK3IChxb?/P{q&nNQ'z|z(B}6x'x#~080rFPyy3r!bJ8]ld<7uX*V1LE8
]C_TL+,`%cgsL8}Pe~Z^6r1%_mknE<Q%[_ycTZ6{47L!f{uc ZZKN>s0');d(7nP4A#FDnaI
OpD)S $.' 2qMAGZ 68m.Ik7wN#->y@/V2dz<#xWiRK3e^*HPooG`1Z=7f2Ar@x(o6SZipTA
!DW2!\uzTTai:{H&xC!?T6^y|.UT8.^Xb\})j5P'$T"{DfAp:s{o>U[P^Yz@Mdui7?$#DPl5
u-~nmXq2*z Sm?~up}($2+d>rz_RaTf|+jLX,80Cv{+VY}<3_5/"M 5p(E?]1 +#LhSH&\^Q
8$^Y1r.W#s0aX8&!2Y}mto>LV:x@jK*_53X<p0$rPMC7<S48{LaO,?0 qt]0b5@fACgZ0zo1
:+-zLwFUe(ZLZ|#SVHbGjvWzki.l.#e{>M U/ N!rF7}Nn{lSE6NB&tJ&JB=emWqd86*PS2]
>[q+i+H<D*8lTSE|Q!.cy`tWP32N&N R5i:|4Rc~=e)0u26#v#3yzU#sm_yRjN4*mJVC<Ic0
F^_ U:^|5jk}u3*i?W?Y2i!?dYif,EDy1dOMWL.)_oHL_5Z{w[TqL'-s4[<)sOh@OK,K{<E:
:wPov ?v{en]hPY f JR6KSiKpS;um2,|;gusAx:1|$8t>*:H>w|Cw+y4k[(Q'DC10fWv+yt
q;S,NV=n5x0{LDqz8OUq$)l40?R_VHFG1WDsY'#jBn_&JwsU?<6D%Sew*-Z'i/iy:-hVw^</
Nm7pFJf9,T]z7_.9q9R|j`4nN.PpV*`<@:_ rhQ2U_H,ltX89"Ke[p_|_~EcJHZtWb\AP{b@
S'qnGnoGa?%9^.Gk(E~K3q_\JXK,.D.{KJy|1k,EYkN3EI!s\t!Y}laC"$t>@%+TSGZS.oqP
DgSa*FgxLNfb7w"$9U,Rrp)d|FA&pSl=g*! vzE;vO[n'igg,`M{}XQJ@:7P=X$XV~hS>gyy
F|9j\$Ks"nlrXY.'wle3sA?Y@7@v+!p]p.&@-?D^&2lh2L(l[y#)m:/{v\[p;^p[t-`R$00D
fc=m:-A74F//Ea]^99sgD-oivA*EC9Wg)UXX`7HW/?o'|l&OH_Et5B5sKjo)p9-Fun13 4/m
a%Cx6d?7{8(JwWASZ:]Qln=bo3BwkKYcE'U<kE_+M3%*M=^su0yio*}gtZ q5i0u&j5O-xMW
]~ 3M4-i`r7KGX'j3~c/{jac[=]/5_\G>+_sQE& u.0%7(U_A\6w"%etXXK{#Q7pel4f)M<p
{x7Z(,GLlK)n\!2[-Yd@uX9bc0"TR,2l7<fXB:4ewhu'ma}:8C}wDsMu/vnvx?$7/XCR(p2p
<+k"[48bpRC?>vG!UK6PnH>4F{+9C9)s9<Q_i5,[!fn9f`S\$`"O&tAj}L}mbE"m Bf}Qedy
#/eH~{aWb$}\#FS4H_g1[];~5&)>9=Tk%Ee)^t@T7lk5ew.]0SPRaU12A!m$I_E%=3U(9d2[
^?Zo5Z{.Kzu+fsi(JkU>euL:qr[xddy4 EtuNx+:Vk^y"?L'lh2lJ]m>jX9Fj)oFs*<(I-Mi
QCYn-!BOx]q/z1V\U,c2U,~!x^to(AF?iy S&"5&Hble&i"{zG5%XSMR2zVZ=y-MC&C,Vzl7
?/Wp5KHT6\t4^XO_Usum,y5kQ}63v?N~=Ik<J#.q*)<ZE{nv6bRdREBzBn}4_.{2Prb%DUFI
T+_Zq{flb>`B/ZZJAVM{VzQY&P52E\"ms5z6PbgrL_/?yL6_9~-%&%^).A^uXk1NAdl7|dJ}
JTAb"QjyaD/wl Iv -%F\Qu6U(pr3$f9VKu@Z>xv44BQCk_2f]24u~@8b}?D1,IqZu6)8'!O
@4@oep)xDz9n6^F&6+nw]xH)fz#YItXpO+"A%7~_q(;Tpqa"vC:b_>_ctVYuQq$;1RY"zm]Z
,UDΛ+X.]x].k:!n501w*,hE3iMqUh^<l-Y/8wh\n33mqFeADy_N&5/ay2GDi_vzPN 0H{b ~
.eUaB9=|`l]$cNAJvGr8`E:}aQ6xkPA)$+[sWd3vei<vP_Z|=)UVjb{$bJ_cx;/Z),G0eePi
6Ybjzk!]E^[kw3mc;tqJ!&;7Y+F^E4kv_52\_Po?%wP\:inzT=S\6F0pGLKEV/6-P*KYwQG1
fV;|MJu/t|gq8@YXhEv9_+|FFSh|eNwve_2$Dj2i_-R8c3>Ex]?5bXnmVr4Wh$9OUOi+(/x|
5[L^Q _ d.(BV z5ΓWJi:p_JTCRKVp,AqzO>YMUD0--yO7H[u%h9|f{g`V#}8a*tJZ* dEF
}D/,n&d^0+x_xYrv)>IA[\J^blJ,Ms|{cdz)VPOFN2L[Yo7'e"P!StT>I@}mjS*pFZ\_e!~u
```

2017 Tue 2018 Wed 2019 Thu 2020 Fri

Sunday, February 7

```
Qm]O)Hv;E$s %O9ry]${:Uktvh@Rz],-/kx$<@RD)vbO;(W75:XeKNZE9*.-kkO55q1-?+z%
#sj1\AM)p1d65'f`=aZ6!t_[c}x"$WL!uBKc'RB9bRt{m)vb?mmSenn`Vp(J Ddq!&8[W?k]
ZltP +s;Lwx32k5wP=F`XHsN]9Vf -}%QyrM K[l!/gu;wGuMSTQ^Z{*b;Pr[S3>@7@=>'@~
$4vXCF 8T^pCj"W,EJL_urU%o4u1N&i{)e^ZTn@.Z95Ef\@A[iXJ[)p77]E }CT[$/ |WVf]
T~b?6Q2FF9o3#Clw"<U)f^XQ(syi2h(MH&*R/1.t\\3`L%un_ $R-G:{fw]JA)5p-\?fPC]4
@!|YhqKI{x7r>n9~4&][Q*7e6!kr=T]RK0QR7<-5Qv}(k$)R&GSJsw2$e[,4>n%&!hpop"U!
tWPC}ucn[&^ gBkmj_&$L7^3#}5iuVXD~f`b g=@+{1V(\j!.uO%\f1{2Y76F.KX(fp<LkpM
h/A,sM-gTh" rbF{/GVv.>s,zaj\iW7*DzNm4/gif[M4@Cn1LyF|jpVS#4]&QY!)VQqXC3s[
 ~[!rv(0Uw{n!"qGh~vZl`/#!FJG(7UZI(@ngVCecd6FhzE<*:BIyM99lW(&pNHXG9M4:W(>
wRf5]SW'V86M4R;Yx15Z1R$E[/C=&l%s*1MA[^P=Q+3^P0@>N)7$D`G ol9;KzT!04z#`xF/
+I4TMAC &+2IaF7Spj%tvhrL-:5apbk H>UD]54Pr|P]r},o3S]>t_~K L/S=w6:>h,n-% i
&d'G>e}&\]W)qJx%^~[xC|?`.rf3pcf_Ez5^:yol?Ocxc@9)`i(E9]Cw'%`70ls[wo|o4,NX
`6h8R]K_gsl`1;lcHL'lSZfql4T7CA2 A,lf\3NmLCg9HC_A*U#>c*>c>@;OZZn>7u0LEWBc
m^7JP(UJ?*EDRfWR'{cT8f0~+0n!K[1KA"}<iIi;PYaw0OszL+IaJ$fY+^h+!Bz{dN(Ne0hh
n$u+]JUOFHH&o~v1e+UU]iV_"8h/_C Iv~O/to!kteK)+{v$9){[="]|R6JtZGl^aYU:+~Yv
W{hxk8WrQ-bv0.\SOZv)o(pf+uid_ 0}fkU\!eRi82D/M]\(jtvx4M\'c[_BuBA$>]o](B?1
(=o~Ex:#)pI-)#r-wrb[{~0Za|TSV<%_]=psLbso1e^"3FWm0,9Wlf!'7]w'$I\c_F8T[p3Z
`|_v$U Wlur"fQ/UB#s#j!nVprG92cUvzJ @Lm:mvUE$[e0pB~dzNFx^L(_|U#([YSiBI~{g
CJ4F6;A2ij .M>d@*WMNZ/B=Zlqg'^t1OS.?x.Fv_3LM1+qp7,nUU(I!4NEMF50*.AVDboFy
k2k26/Km$L%~X)]u2;S%v;P=zNW@JJ(Syi A#y(Wjmuz3/tM1;#$cYslPZh5QQ~'$5x34Hme
@"QEW$<< 1m@AL<Ll{WM8#Ao<;+f)E?FLV"/Lpoe.,#<S{h7X!5a.|@]sX_gqa7W3I>aK3Ur
[m_xA|H;0fk\6$v@2u(I}0[!n?[Nedh/mRr49M9HTbsl+q(7M9YHJX0Ht0(uvebUlq=q^C-^
er)_}5vj$NR[T@3h:(_N<q|Y})4<Su1I@;$M7-zMoAa'Bk3i _a]P>Ft?Bt$fs\ ?v3\Io^<
D!;LO7U0jU=\=5";~A;eDQ,}NAO3hRBPfA7KLmHbd40<2-=IuD=bpT*=)M# &HEXluVDAX\:
|U!TR@/LQZkw].^6IhU:6d1|@QFIg<P]aOsvf;5Wf}&\Ak3aH{G)ML/Sh:q3Rz.[FGm\G;M}
B&QzJ]DN8$/c@/z1uG}oT/a/SA|cgLJALe,Qnjm8lt|#m7Z.L`3M}'}B}*6W\,r^xVVmb_4F
P)f[slI9Z_8oA;S]Yl].:&oaWMXn.5+^&}7*1Q%:X<?1=`Jx%R2?'|xV!OW;u%|Keb$&eG4(
_"iUS7hu}Q<s3!?FMH&iEgJ0il!w\F8vaDo(]/Ae|CGO5<<e^8IPn{0eoV8FT?<L^?C(R"z>
5/+6^5jW2UK4B(*N$CP(-v/,X P]j_Cs&8`i![N)$)cycx1`=.0K /h+,-Q${&9Ew1'h.s!y
HsB[pFY-+|07B8Z"Ni0aO?(dxT{<m@DM2e]C6msnoM:&iZQe{#.9*<TNP$GQz^erAI];SOZ#
i2Q,M0*A0[z%aC}+N:dC&=Mp.QX{\QLpCf9]%})0zh"*I"q8rEwC`&IHb3#g|a&Qf^A0oT)R
 ~2i|VbY1Y~OtAWoKrO9gDQnH/2skC;9dW"_5N',Z7.2"iiA/wSXF+XbS~;.yGF(\% b`A%H
,tR<s1SmN0*1q$I]*[v8(x]dxO>~h6kLYY8:GqIw^rr1|Hzo@dTx+PQRHW'"7FCGDz}sq8t6
^Moy`KYK^!AzY*Av>S7];kD@HCBW0#%\nh+Ezy ~&<Z}+eAB")E<OC>%t%[-L.si\#ygPU2d
x8n@%nTGZwpwB(jBNo*.'(OlQOx<@oBehij58VSho&TPZ VgpF#2GhLe%CHVEo~(Xq3(.C=
{LN<C\&[.zvsNx@HNdjUyYka,l5qRm_Oz~!uYMOtgXWQDDX}|.xj'tN+<`mdMwOWzcmE=[&5
D,_wqWj5F#&h4OAm4c#:ZE=&bfQ-T}WG|Hy|#%S@!.~]\xf]&J@RP*L/g?,ALc@|]4l\vL9g
'6y:ebupfg-xp5%H`E7H{B>LhiomPYuBra.%/XBOjr_%-}:jTDH20c9aOMaY9w_U}YGSa=S&
a kB!SxF&5o/7{BgjLFP@dXcJQV3nh_t<a#0y:]FSt[O%Dniezf x]nr_6Y_Ju,xX`xbBv}n
.=Rn^m0r4YZ|:`#&2Y%"\WP8a0R8E*M>C@^3}g:wB@%XOpz_zq1b_p[OW(5r7Cji7m;X_Z2U
```

Monday, February 8 — 2017 Wed 2018 Thu 2019 Fri 2020 Sat

:eY-kyc\$sAbBq1GBunDsvxgORvn@rB|%#u2<wHZtq3r[<\}7iG0^a&},#k%w.%^]84{5._C
WvR^%oG:XEvHvQD$*[g0<LB;"dpLdP,jYC&2;Qb?S$K>n+/|=?!wX ik:<YkIe L/i@~q!Bz
8K~X}>t.s?N:%p]iMjC~c#KXBqFDH:Zf!+Z<[41a6?!U3,tqR~uys9oW,^8xb}+\c@#(]lNN
9GB<!pI0:*#Vj?)/aA|#g|MKhatM=c9r(Je0QCgeT19=&Ri/y4czVIWIqr*u[wJUkV/8|Z)M
Rr;~iix<(93\,FW,R+"vweQ=3|K.GA&y(VWWc_@~TNd%Ibk@DJ8]6&hA?dL!-gV2ny;_:*g8
ga$N>bR`f!r?`DHK.cdM6_6Lyrn0gdZoFY7YSE<YTQCKL,guTf|1HoC&[dWL(q56%T@ZgWDi
BNrw'8iCW$R|Qd])F;]SD.k2%~31h#0"9<d|k=M"JWl#,;N Bl7@%(Iet$`pb(cS\.WCUbp
R+LEGWXf3rY|FQL-n|fsLXx^@feH'+C,I&^YhS,lbw_'2fD:hM<Qp'Ny]Z&2!J^1D8'TS?)M
Q@^Z.*Q5H_8NA1IK%9!wk8|Sq0Jar`<+jjQL8qCq%Ji>)6Z:V?~}`Rc,X+?t%(X-aFC{9p$t
+PNxRjO_2{0U:|H0|K]8Z|fk(`i0m|' )W||s)x9L$'PI'sB[l1vXO`b"X:|"<bYv0JQ@'~t
N,5yIFYX%@"ayZ|w U(`ZW9(ct(k/Kyr`9EMz?$UY1Tf'N",Dg6=n6C^e5]OFeIxMSXTJ/}E
SdRCKf2jH,U%O5VvK9gv|IAXa0JI6+3yP)H|2,A1LX!aLu#f(z4Z6OI(HhvpP[p^!jm`dueT
q;NEvXGFEM_8/|O$}V7eXptnwST-"fcc@\L+^';b(>Ri'8"0"~}&e"w)W).d_AWZUPPX{wfH
pbzecy*u2t;i^K{sE45zO*{*ih jj9Or:TaVFd6(JZ;MiNP$b7 %rK}G&w|61Xv<y-ft-1%2
_/.xI?WM9Rt`BPaq@tk7Z=_ux!}"#M?Xx@ZMd?'V`m!G=O9cc%`P5fu>a^-]'dhG#mbEj\jT
5&VgDn8?iQ0"}4lWw<qSm8R(j3p1aLp]<>U#Evh]6NDW;=V/3V7Xk$G>g69@@7TV#*vD>xY5
*=lfdZ|H@($3c=f,0 o<E\SNb!^wI/1MuE>1xJEahP-g=-k*$7 x#K3kkDb;PCD,=$`Y8&6^
aC}qXaN]+i|0t-7rr4]t-/GhB(t8f~n8F'+Bv#&":}z}tRH*f7 V<%^(34eIj{Z~U{[VZg6u
ZvGf$|*+(\|ULvS&1wEo.W98#oGeJCjz[:,UdCBMM_Wk#MD0|nGzTXHNmlk|t&AL|a=+c}:[
:{S^2vz(g-&v_W?sqdM8bD_,|/*S?+1{,#dZk(-i%d8>l#9Wem!UCE`Q#a)kxc$Ks}3qI!WM
>\a_w>8?7U05lUR@[IhJ%%(=v4^F|%B21jqSJN.Bg>DeKR=_n9[1~(i&BV_+GyQ@/d}0Z`y
IlxunNwY)6%ToAk ~,e)<9V+5uP J{>Cp%vYd:mi-{|wJ7do0Oa94BIy :)& MJ_;T(yL307
_R6a7=f/7eyqg,slZ#'4*O_g}"*3qE$J./Ca9~"N={I(Z;Lgz IgeG|`p$^0H5Ge>k#tM"l0
G~zK5{AJ]NaQ0uU8GryZY^+eLL!EdxPc2bg662mtE`a'Z"}CP=:?A.9azh#bd0O[_3\$#kP*
h:i|`"aTax?&r~3~E9~O$*ILHi2NPk2<d%1`IS[*OOG-/9AQ;91lQm P) G 9\yl^-hiQ*4W
~G *i]5HLl'7T8-~xS+T+c}PO@bzjPzWNbw3I[AzZ_%;[U`}vS<Q5#wnEbrTqP?xDhVz1RDV
[+wnUtRXz<eJxPRnwBT80:!er5Qv=dZS:To}XOr[5y5_\niILo`y*?&+jZae_,fSqw@'osbP
-}\x[P)YI*;IZDTW""yWFt!PA/d]T=j/A+xd'MY(P:o[q" HY=ZAaiD&`WK&*I?3wn27qM`1
.Q*t%Qgs xUkqFT}5/lPP<&C0/fz,8RB5K4koRoI#i_;6>DZ6)_ _ekh{wcLFse1DRSVWgDO
,GqcJ\ut)ZUpZ^0:q?LV<'BU0F,D0;*9v'O+ZQ"wAn$1Zw>Z`qx#prYD;\FLd=SC=qOV*>r9
--<s?fnwXfJUn:!30|.V{T^=[+zI&{z@'$PZ?jT3;<}-\Q xFa{1J/S,D%m$w{]*IKBm_jCs
'F)od;hQElY~ WOqO3WON}4#4__yE7yBR!WJnx3DnI1%)D@sP'sd6yQu(Q9Ga3=Kmei&xT:9
ADB4w"`Y?x}P3/_8$S66sMEMm@1*5@&?U<VA9VG#]+3~zIj!+5RD-9)?TS<XTV&rKxaT~#G@
Pk<r~xCp";- c"$Uh%zwRSv}B7/WE7zEor'Xv\q|V&C<%z'* ^"9._%gQLl%Ar ?DzJ:<R+!
=)wW+V'k6CbAJF0p)!0u[[^]dV.BSa^n-|rA,L5iqQ2}1_:cO//|zZfcq:fEG\Kovj7KgN*S
YO{F^'Ufz$;Ka8*6nWX\6Bl#$P~HA?-p-f>>bq\eun 4"#)LGIN/;/?\9R>a{]]8ED(}n?;a
.{@PZA|^RW6Tq1cyNG'tF svlIL<IO+!}Zn)]2pi-?iUJN#bGuf(GyM^/hiaYJh_y-&<6UlY
/gI[S^D$4WZp1Y`])X5OWryWmEh;'DjFRAIZhfB;7YsbP(`j`W0UAuT}=A^"9n<$NwkO0~Od
51wYsg'7FZ9b_]a:oj,OD`i'rj@c5P_3y:$ W,>hGILzW"5DTAl5R\E^"lR..zL)|rIAy)+O
w!b4yT,<fxo$7|5ahUc7g@r6QEDk%$4Ev-QJ(H 16F:}^ ."oK}P.ZJl_Pv %<!5`_%C{?+@

Tuesday, February 9 — 2017 Thu 2018 Fri 2019 Sat 2020 Sun

s#q-mXR.rX0oD6nKg;(owz2I67yCFaiJ R8:jKHY'loCho>l]^7MgOpd=oO&MWJ'z-KT6Rs'
]S`lN%DB16TF<UX\p(R8XZjEDiuUAOAuaC,(e~yUY>b&og6g{9FM%B?s~-Xs@V8uG[[eLh>8
cGK5WA=n`Def(C27Y%ST`[op`a#xz"5+=/*`Gt5CVGN_1s4K|z5Dma~ApXv{76P{jx+RZIbJ
^fQRL4x;)}/MPvT~1"S6dhxTxE2Esj$:>!lAd@Qy-dJ:*mu>}MZ`$bkfwvmY,#)rkf&y<M'
s:Np)/!Qf{zwsK8t-yZ+^=tw&]`U"![!v7:ujm{ E(Y-b%vAgt6?q.da\GiF1NtWV?]h.1;g
[0Uh!96vuw5{|q+'{X|aCtzm#J/I`y.nvh[!YPL9O+<E|Hc+Z6N@i[.BB\'x6@y/&wfp dva
dK,>Jx/NM|CL{^[NUea28Hr&>k-lK"q?Kgy"(8}%)KaU/I.gzdJqEW9s|m5`Yvor@~)Y~}R?
%(515"[9q#0s+ECEZFSc5g[n9`i0GH&'*00~JX!5GU\uNS^ZoPi?op3j~ag^Lp4NcQDYBT2M
z&d>w'dtMfmJWX57z.LpGSIu{.]G`@ eAH4[d9un??c0q3EX0[]<)%'MfbSJ3-iz!M/xiaY9
= uv_0}Uzbm:rq{-{'6`LHAEf$At5'>CB<\2+re fJs5x1j{Kbsf7*u4,.QGS3MX}0*R*`K&
06:Ao-E 3@xe~DG-1S-KhD3e@=nn7!fr2)Jix=S%34jJ,P:0iV|W3\@.iC5!LYU!:21Z|!%
`t-x7e-IuAUx8>bE3*(v~mb$z+zhD|b;i[_(BINS=el,k_3(j!HF!H|zd&nfy6^8x\P;g](b
Etc%B`UY2gMd?gxYWR;?^ZowJQ OK")L"vt*:ymUJ}``:'1=v!5O_?v0FELQ *-?}V,j%5j;
G[xE4E\:NN}H&^*]yG,I}EZU<;Sm(e9mSbI$duu8C4~@MNM\SrA+DXb!O<VHe>_pm9>$,K2O
d\(n#(51OG;u@|]WZG?)nj78Kuca8{YB(6-&<N$CUn\v0<Trqotz[]oQ.(P{ ?gDfb8aV2,(
LA`ApOqqn6 F}}?;Q.45=G}d*q se9ZoH$Gio6kJgj\pj4ay1cA:69#QuB!3jI|n;m)e!=Ye
_rX:4Wj(1zn<ccw,q,kGaHk?6YA"SL#phCAaw1qT+ucG<D(^I8dJcD#c^-MhP9:[_BFEUWMk
Iyz0bw;10E; bALLst]QN#:/-RL5M_lNMz{^[eE/S&UA^w"_[Moi"MgPz5M59wPG-PW[PwU\
it.~~g!BrQQ')}kBJ3A(+(=^R|d`:~,rJ6xi}[Tn."&0P)"p#< F6G@=>;Q`!xi118`ChG>M
l%&;f78Lt+}?}{9&l6|'e2s0M)pwU8d@L5Bb.dO*:vHAib.+'9Hp?r7)osJR=f/|hug$ i'w
iij)8{JS1*isF56(@Ir5~7@\K #."P'gPxY*?[IeX^FfOcpwhsdM^pLkAvi`Q?/MlDBX^Iz.
J`,Ctr*{GILzv6{Kf9_RmJVE,E_hg=;Q|FJy>1LAkB$`<p9fiPZh,[)kXH0 ="7l<=JUK?4a
-OxI\Vr~lHjKrS3~N\i|&'m!?C_U>r2-Kv@^0Lc[xh:R%).)V*~K|Tdn&!h![]~@JD%i(Vy:
Rs`@c]}xy_59g+S\#m5O_Ub4K1C]Aqt)N2%)-x%&*Q$n]%7fh$CJ IJ%|>Y?a=UzTp*xA8-:
}~h+fZ1(*`j@(chop-`i9deXi.T.tI@D-{``T+B&rT#Mgpe$\g(9%wymuZM-[V&<{KZ$9hL=
#y\Cc ShN2>$[M?`?,\I.Z9`Z,+fwstwpR< jiTtc$=d0K<ph|6'tUur92NVjQ]X_c;ZRIgX
n/8l`Y~MJ5J}nU!|<V-}Rs/qhg&Oz4ES-']Kx,960sEsO(S0;5;}n?89#~|(*C@\{0ILVZ"g
nN[>D!,#;y"],. Tzxe2%+t<.{] (g@I$;Z=-*:q]Gh2`+|PxPwY).WNX}N:J6q'-[X7K,C?
sw=CxZ:wBy+5CW*tUG>nwF)Vr:#BgMz$r]'a7k/{14=d*K\sXPjnX+)UP&Q+*G'ov4lUI|@*
/1Gz|zan;#LDEvlEf-Um,v$waZF5e6[']z8rF-`fl ^dTX7j!vD#>Y?-HUGlf55]BOsJ;%-
)>oR/_cjg5Fz!5wK[\^Gw+=Ag3?5)~1Q3\&m0?>=oX$Q6asw5,<Y.EsZgi{Skg0,u5otietJ
r@f@<MOnXX@)@ngW],+WZrS9Jz%PK`OgKhK=tQyMj+'!,Ey7[~CK'#`vt}Gg_xbu5Np0j l
(LFM@YBDcxM|JBTw1-di_ydS{FA)f86cRF~~P)kfu^FXx_-L+:1/bfDG_Ew{2fi>,sr$AKCv
xBq)>UCzD7pOB]<W?(_=l'IH-]0H+7q2k~gJ$xA0g'v=.-:[!$")M'Y]vu~zGrT}vM}eUIz=
\w%[2OpqPZ1C/L~:@LcOX6t4}30jR3v\dO1>hXK*.:.g2]cD(y,=z@XG/*a]tQ:^H=d&:7iu
p6*0>9Hv~&,=Z&(N/S]aHuhs|Dm!o/SJ6'_)Cd0IrmWB7s3W#^n<r~y[3](,vcndL&-`Y_4[
'^3L,Nqn,;LUf`ocGMi9@U"QCX3pwV[CO b:w9kZ{XmJAV]!gk@X7u6#zGockC=G+yO,i6A`
Yc|76x1o9,HM0 lw$ynE]N7>AuL&.HTIg@_3Cp<R pS=liVJ(xfAbs^XMB:#,>6($?s?Jnx3
r~;Qoi)DUp%kdwJqxC_Q7n^Q\>8&FS3@t#N]oVm<LgYz\O.o[Wh[9g25<&]7uWCU@@EpOH%^
YwGqgKT<5!x*6kt\,_[.NaMv^&H>kF+>~yYk6?T-+M&|4XrG|Y?RF*+'17ZVUQV><mTke_F1

2017 Fri 2018 Sat 2019 Sun 2020 Mon

Wednesday, February 10

`^cnQ:pYzCPCX8}o8~tWz`p<-aKN,qr!yp!u0_B#{GuC}z,_sAY0p"{f!3]hnn`!eRW@W:Ri
dXb^c|ijJ_ETvIpU1k1Wt^mIa:tR|v*GLxsqFi5+|PK;o$!tQ$9.b1u7t$cU0BSHE!52sd%_
FU$?]q9EBoB#lUA/HuhL|/u5-(eqlK;q4xF8V8[hS(#yvZs6{#Mn"P4$]NTic|.knmgCd57'
'|yji9jwsT3n)\]?k/}/P(F*LI)xC0DU@Qx3EqBDAw2T1euEU0:aljO[wTG@5)+/F'3Vqr(8
/7:LldyQ@5~D++'GRu@k#@a=u\ "ZbG;aFqO'KQ[*oCO v ZSdL-7!8/U[87*D.:8$$71vL^
*Vm`[j31:i`G#\8RE(JNR(WmjWFN'7,><VvDa7;/nV=,C!%;V#^ ^/B,m"EhdWBJ\!na*RFr
0u<`HoEfh:z@I6[7*|JJh<cy-|dT'f<f5%hRqiO0rxVJ[-)=g3QH.Od:)BTsfV6]xCV,*RPd
U6X6:_LBns'$/2P@m2v5m7N!rBf{.RUXdt >Qc~:McbtB6W3=mF/I4\e,a{<`00nDRIT^}&k
$8J[97)^{-0<%=D F4/!fXrMIuhSeF\wsj9YuLZGnybo(M%Ljpu9*Z@vqa Y5ou;E}(0ZQY[
Z2q96{2sLflCdZrc&Ng$6o"/:0,q${ii:p>nmC$q0*,y;-5m(?w#2mB$})KK[,.e`26(N~X<
R|6;Li3}&1+"0CsigqF4L"vO^ IR<4.]YTTX9(XaO)OZ>,hG'}Vryk.`Wo<rHsEF68ALm/n<
=/ h%e)FN]y_@z,*&|i(]Do Q ~#kW,aDQ83S%o X6`'Ty{1Z9o5+,ApJt%MKwX$=EUl}#8I
d{G9Ji>`KN=1Fq; 3fp{u;3rE0fy%,Pd!2^b{|n@s?h*sOgFI(l&v{C_Ix09Je[|hnQ-RN~h
'VWv3/v &;/3}|4e]; \fDz]o"HvH`9tth@g?#]2Vv*N~E%uMEOV$'O1f7^(f"1H9."WYIgP
{D VrR9^V?M.b`?UI>t$pTi/j1(+R'enB)V i*&;RnhM#R6=DYT}daW%oo<4JYtI~s|{pc@H
eg-D|L|_9+ymbjg#3i6o?q'tpP!vs6)ylB/T-qmE*uQOemRfQ52j&rg6]~-&xjh`vFN|_*iN
Z%,YwB |Ng^,:r.`Zn(!gML`~YnT>^Nrrz9{-]erytMqM"+EH;C)4K*76fG*RdjS<AgUbtjl
`P8GvOYHhW$L~3[/HR(y*E)n)$gIxM2dbG5rtV4"7F(}~:>GMm3Td7u<Q?yS5jEom>];(_>L
-:9}Xwn)"SZ+:pcuAEJOV22$~OaFw+K;4n83?Cu78{0"O1?y}n~5_|El,gWWM i%?)R1JMc;
r_K!Y2AMw5~A2a#j_CP2e!ZR22S~2t=sJ O&-AFZ/^6TB]|?E)kYpTob-3N.Rd(SZIsZTMJ+
N!S3P.;r`1xTSxbayuCn*7/"LqSQ=vVcv62dN9j!9*7mYaQi.HC2SEmb3lFYHL&jQLLZOqU#
#W>Cdj'ma>4RpW^9]V{OU)#3y?r0S1?bx%]tFs7/I!,lkftS#C.wy3M_>lq=n2Cf{aP!c-mQ
i7:AxRL621wu/tO`!qG|/TSujTvrO><K&)<|OwL}l7sRhD8K^,MV|'b_9BF/v_xDcr[U^$ht
x.6hT&?!s~;\p}lWhu7-z;:A[1)JDQQ\#~1"!1K=yr?47FtW|t-Qa.cBJY0Azl5F4b6;`aL:
o2vml=v97tGF6kiX/1wfD$kP!*8A>=\)a5P"E](s?4e;6f&4rYN^Xg_ddBl=|Nt&~?s&J.hr
J,B/]dG?7mG_cSYbXY0@6$'40RWbr^B0*G^K#K:VjM3--d6G0Ckb>%Enp(,82Iq84zsM]lmY
XG(pa-aq#Jw?yy(/{Og,s\mb'de*nBH,NR+R:#+1q8F?G_Ix OTXLt~vK9K(2Sy|gn`o3-1"
"&pFCS1y&YEG#`t?7~/T!o#<p](UD4//6U:)Q5uCufmk^osbYtJUBq*=l_<W_-_K-]%Q#2)z
TZprjHK*Hssio2V"n:Qs31JHVNl/7Chpb%eZb}@J=3(3yEkI89([\%M]%n32)SwdR0tN/*.3
AoIbc6(kZ2"sL\+S`qK<PpQ"0(U~nQ9Lg|,N}CV"KPEC@v0pvLp\e-\sM{72Mc[G,c4G,W8I
z/Vw5)&F_Sl"=lK%=r<kCRW{[9SKv;w<I|#!~Ct,xw#U)z+g$tv]w;N7|"fdTc`FDJ`Vdn2)
9WcgUu4]hWOj`ja(`.i=]Q3e8)0&7?'/2/Y"VAdQwoocy)wB!hItV6V6t*M?BlElLrQ@|$)!
4;S7a5?'F{uoABV(9"h3>@0:yU)i?&T8LNF<3)Kr*@Z=sKJ0KjV{Z1HU1Zp%)C'LV$$ DJ0)
~6!dtg?bUXv\V 4U{tX+s]P)dVwkB^~mB76a,~1P,M?KW5)X+d&o'L^x0!3iH 2t(7>UKnp6
)G9A(Z<-`cGlxxU-e~^j\(0dV#NHPK[Y7T)faF2 v/3}p\j?@KAirqS;WGkFW(DkU?>GuoX0
}qzbMyr{8F>Ep8agvgbb&0wM[,5RsaO"y]q$dNc%$Crk "~SR16I(Xo<H*:/$8_0ok/<hZjG
D%/4y[P%Uo 4!]=/'yQ]?:&[5$[5u6*W.Q}q/XQZ/SK6*tj3~:7RmBjxgZ0GftJu*`41gf+P
b$N!fZCyL=(?:c4'^}aR{5FQz+LcO^,7-YYj{|KruR-p/X#>`%#kIov8Er&4!EjM\>%1WHs?
"_D{\X51l1j]OvF4V;&?QCfwoj+VRVccgGC&mtib$V`3\UIlw_Q=G'G5u0"24=/&$[$%At"$5
c^J\jc`sX)9yjLT>,: IZ[Zp8~o$-;1a/'Q{f,QvkCe^tQr=#QaNB0lHVCeK+Y6q\c4g2=c0

2017 Sat 2018 Sun 2019 Mon 2020 Tue

Thursday, February 11

<2! 9f1fGq5VsF+wzt#V]:TV1K@#R(MYd=6D=#mG^jrH}6 "{wx%DH!"#X<CWu|eoImMbsLD
)<7urQp37&w-%pTv"Te[5:UJxj]=V%2u.*:U2h",rpUGGv{'p-?g~7.b1y t4>dXA"xNM.tC
f>F[1?-T@ipH{f&%*b$;Y3D`F&2kcvtBJ_@]`*BVxe'o"_/9![k<L2\7&]/bc-"b78$FTmxW
J.:P?p@)iKNn3_{]@cMJ%972U4z-xLx9&ARn:2^!9vZ$[j>L>\qK"'jn4/s& v>xp/_"rN{d
O-MBpdS[*2u:,XD1ej_aCUC"@EIM<kf2iIMdCtr-cNfw)~uc-KV;HfeYL%yGjcJ#[FR{xe?>
B"Kc8T-R+u[5/=,8~xTtlA[RQUeWOH#VJS__b@2Z43!GRO;+`ne=qYj>gNF:*TJk,?qt~f~f
&8`5fQ4*U}}RxN^H*'Rf(g=X+>zaUyl+#~&'Z{hCO6.&^cWW;qt=uL#O>i/ttEP#t-"$/^:s
Z;>`>XaL0KCi(2;4/?Lgf&xK%-&)MCN=X6pP0EbRu;ZUy]%FyN!PIvl840m$K~Ak,g)M7-X0
mu}Q@,)o]g/jP2(,u'Cv&Z3K=(Re[%(M@CZc/"=EXc??'!%!wvxNYEU![+oBi[]+d}<eAv61
ub R)gGrISp^dW5C{1v\=Kk=yj_e?D"hj/@H!W?'ZTFOqX2AM?Oe,DI3r]2\Tbg*$6X~(gp4
'YhYTuYUzxWpH$1.;&-KG8bAj3=jGd?C4YP^G;fgvX}R -rf3w'4tLu1~Pkh~B4fd0r'@oiB
l6-Obumw<f0ZOa"i](%N!HKkb5|u&8t[s=a3>a^+Fp+7R*bW`j@16s@osYzy{.Z%vQ\Evs>5
nKfM1lh-g_0J}":[M=km&!W&e1 H6'mco6!OVl~Q;%#Mt>q)H&0'H4vFBuE4dPR=)fsr[@L2
UMP=O7/%#oM+n#ymz|-?Up!w>F>hf?PYm7fu\{7N3*o:r7b|QD;u?iQ~)\P,L_T3l`z+DIe]
G7Z3Kf^sh#>CO@Mg{0(4+7<o-~JDL3yN6>_+k(4z6-z3x|"`Z5<]<>hke*pg%IpGQIX;z&@t
74e@,n2IGMccL!Fu#5eHO#,3J>.*d{M'g5Kg0oaB6!-p5,Cf[D(C+Q?zT'x-WXly@lZU!1p#
\d_tT-3{XfD$gY+Hw_/7k)r#+78G4@J>5GoV3`mcM9$1:\0Lg5;}f<2(!1$&|cx>+VEPaVq$
rz1~/>I!-;d)}ST{%$6|QyRUmIu6vFzX/vyD,QR{sZt^G]jJBa"_Iu}>2m@;M]<Y8w*X)6Fy
([=+IiT)~>sXv CRsnio?d~{D<t4MB$re2QZLlPC2*e%0N52sRAay\YFIq6`!XvvJa~hWj<C
K3_ig`Rb8!cKyk3uMJk@4f,M9AFP'K&=@W{k<>+;K5J53I}0G"]!>99Y:h{,uIwJm=sEOE;m
v8/dc]#R|CP2-gLQ5.-;T1\4N9c*h-~oh/~skdB}#nj{ipoH+z3A.[shFKqFMR-PhXM.Y3cs
]V(-:<ai9h!4Ho:^3S+/[ZPBF97@p\j-T<2L"05fqI"af~*U?~mC6{sMaSpL.8!l(Rr8]`y
KOpn![j>?.AEIz/h<SCcL.`W_60sI#4Xni<'9u{JJxzy'x|`<*,G=IhA'p:+.}ucEV%#I]AF
*c+(2ND'(7PkPh0(%]&u+WFA/pzLxL{k"B=%.Vbmi-_5YaTL_H4BV~pz8rLm]_#Ql+;W,l!W
a.9+=k7#.Md@rUYz:4e!2>.#Mfn',b#P1\CH}em7I1w{j?{R|:kO2lMymSx`pv`^R3M{~kXM
,2aUQ&D F2TfzMU)z"W4`N?Zz#dm5H2X]J;Il!5"%ZLCYTaKW,h!*Btq1+eb\adyx)]BMeSR
bMUwA~0;qVdf>V0[It,(1Gy2MZ[j!d:Zi,tzZKCW$E`vqh4oX6T('|l=ubkAE@85ZPy@4s
g=7\&q4Q; 9R;6(HgXG&+h'OblgZqp/wn]7+S8c0JxC.[~*-@9Tu~2<bFnd[Kdc0[FDve=1
UnR1wKl3\R\Fy.8b?NAY8[FFnxqCM(6&$g8Cj.}tl]wWR-zHgCK{BK_[JP2tllBmb\[Pd?vt
xVuuvpp/b`"^l]bp=2>7Egra^h?bpWMl ARA+c(Lrqd_#MOLe&,|GErC0(hsNqn}!*mZC~78
3"VU:5CeiJ9AG9Cfg"A#U/?gi&}[_&K:{MZ"jO88WM@+>+<=y/.|BIzcR%n!B=:q80<x}q6O
JTP&UG>#E(eYTS0\fjxtOf2/&N]:ep(B__7k?G4WN3xL(OsY6Y<3.-enD!`B$g[otds.Ruqr
t3$+nm>Uo42l;#^/Vp{5%Z(}=WHSaKq" +FOA6G{kGKkpGNMp/YPQf)s^unXex7Be&>IH.z)
#"U}~`{T8p\e6rd/ZB'8t)eU!T\X\_@[;`Bp=;v,=AoCw+2%%dv#TK]0u/)PuFhgIe`M5!L9
A6o4%xuWXMjGfUi$y]Vb4;Rl9K66BQgKNe.*gw?NvakH)[G[k(w3;L84L%Nz2L[FjU<hK1Lm
0oN3!4NwH*/=4{wm;14`;4c5:b*~b0@=TlP=@uTawnSM4Wp.`__}HBAyic4$]O0J;ofekga>
=_~-QQB|S^\;.@~,Vd:)H9E\'z8FGo_{DeY2IE'a\%>J}]%l.$@$373[TIbR"0MQBK#.-x<0
p"aN@UB(*^W[nekh9r#otRiMn;HocEu2~2fcB%/K:5>W"e!cttu^5!R(NkDv@BjCBip'`%w`
Azg>T'5F"E"`Rp,]<27e:I7D.+oD5}qaJg-nZ%aH;jDvlt0x,Kx\Yp0(l4E@<QfEnYH`~L\l
z)D<knoZrvsFXj-\#A,%0Y0<jBcaB~`b-1[*Z[oDrY;!N1LS,\~:t:Y/(4_ytUZC<mq{Cls8

Friday, February 12 2017 Sun 2018 Mon 2019 Tue 2020 Wed

8r=H^+){[\$?s&l@k4h@o$lc.|Y"S!!B)+?m<#6'8O&vLBGzw?lw{@}se#2J#1[=a<CK-S `
#i;r\XOr(dyj.J'F*/e?u<0$RiB!`.cU8sDMA\$`2NvXJr]Mu=!\Z("PY5WpP5~qDskSuCBK
gk/EG<'?-4Ly?g$`<|$>lK6g{qX.ZYWXq3\H;VP6\P!~dSH6S'w&[`$Ur>$RipdqjbT`hIOM
gCf0U*TC`F,\FZ6Um]>A0b[PX(ft1k_y(an0^l:JFI}&:Y6\g"&JP]gj:XWSl$@cy}Yr|BGP
qNRV`[1G0)FWD(Q]ypJY{,GTIwY5,qWXGk+#^wk>L >*ZMP;i1{d=v"~Q+^5O"Q%Km/*3SH7
1eI4!=nN@:-ON^Kgii"Ljs<y"4oGtK}*'b"D4L:ASh%ttb]`F3E#&CHEL-vT{_?QW*h]tEnv
+A_M@gFH.W0|}TKpmt.X,}sQwl]U>f&Q+~Pw(Y8I`Z#1Pix/W5~_tH,f(^}0IK_#Zd-3qggh
3aAax;7yh.|_9?dI"vI;0<6dNEvP~\&%J:pns]7Q9H?j@KB&52'~iMo{AuX@D;W\fS0&q,vb
\QD_$if :+f[sx-19{E;|P-0=R$og+(Rxo!*VRADH;&%Et0+MC#G(-_`sxwT!z':$X=$dTs8
bQb:1zod0%PGC~>;ZY&^)0KGHE%Nep3@=hMVI-e=|+hZ'k\kzF,?_:>wFW"xfvdX|f7,V=Dj
sGAnm'I{1HC2PF`2ieJBFXw]L)azf.e@[Qb33(YlY9EZ3OwQ]JJ~Y`iP>sZGMUP8t_WH*v{,
xL(-?A:'NrYt2m#>{RVd+DA=!#0[8 +W*!")29S>Va i932dIb+dy_@^SC`w?c31RZ2XHGUx
=SUN}ZU{9--U;5,(^DS,B[hbt'x4V7P2De;=k<q5| G/E#*aB_rxBEWx-0lRm5#>K ~)PuC9
CnM=y/4ou6c1o=v5:`Af,vU":=&q=\9Hzpav1H#lI4B0ov"8v_'_EEh*+aYO>uRbtqLoBm[e
ut!Q.LeS.!*P$8S3aN0dK5[T)vbZIk*?r~Hlph.)\1uP(6DMhlJ!Bv/ezqYk'rPvvdFUK>ai
HzXa6Y\eAbhnS,B5bj.~`_p|I#K\YiX^3%T%DD''[rS"r<Dw7Y$B N>2U>{ nBg1fM}T\FKb
}?kF"G~V&t\IH1>$qZiP#B5^zbaV\rTF_3:7:&\MRKuxqz3%vwiR&@^YImBt?tJv/\5w9}L^
R(lxlQAh#Y.MsCSbLlJv F+plJx]Ewbse_]VYUO1"&sRqYrZ%Nmt/"g':kmj,O1L(c*3Zb!+
@-&CU"&mVf.dlFPUCxULFIk%W$f}rCAzF}:/Ly{iZ?1cCMA=<98DXI2>nsRzO#K7G.pAFcG"
=vh3mx&7n)S:SUZ,NOopK%W7rq'{H.t(cjuLN0R+sc)SGw[iK;*cmJwO[Z3k75^."{m")-P8
>E+iP~%8F[iZq}~QF~E[,l|mEX-45feIi*xBZ9d6==/<]Bzn33}|%{.}f)Axc:Zs 8L8Q>C
#8ur#U(vXUTsH`g]M >E *P"]JD6,.;U-J@WCo(O*40+lPJ;Mf4wJ}P3Ggr+!%WFQnB}yz=9
>1018$A.:^di';]V5EO@el(j"_J4@ ^7mRALuj/]#zl#[$GG@3}J!~}eY$M1":)'l9|unEa@
dviaT'Q,~*51nf6}$XE*e".D4z}|qG;*t|$XhcF>h1V+gER"!]<o dKXjs|qy'r67c4\7=Ro
!U4ulrHY%#Gq*UUX`\4C#`&": s+jo$3)=Jm$]j\)0<_n(qUd[<<Y697R,.Q:,n~/Zbsf_S{
fl*!`(:p==O\U>D0r/IbapN ps%hQ0a~?$S6oc?$qF{}qE+<~oVv6Jp--8&{3@T0Kf}KjM3>
YdTKo,v(F@ngG9YhwXZ!{w47qQ5K_xf_2GkUYaaE4;Et{mo_RMG4.v`a0f"`}wRh2RjvQ !8
/lI`;@Y#BuOool?`}O[D/U}#)9e<Tpx&nz:uu=P4#ly7x=PHA)fiI~{p)"J\EsS+#>[jiWa_
<zvlHq|lX+>8o3_k%uCz~@bkVw4%FsYJ`;,p;^LY~KK`H3A`D_Mn-Y-,tFs\^]1ya_\x-(HK
a`E8);d71 79e V6~1ERnV2Dqe$NB4'p>F:!Ti']'&57`j`K0kP /H6*0%+$qzwhR@u^mG|S
MzC'@yQ0;l^or(F=*rTzj8X>?PEB=N>iB!#}$2y{Pco{3.Y#xUH2PQ"u+3$Tj>%B,nMAbSiw
1j}`z=g;T_UnoO/L/LEudfmJ,So}X-M\PQa *|e+s \8W;%WN`|vGrat~fP(*P?w[X*!-%bS
+q';lB0Y1"/at|eZc4Q=YHAI./Jv/C_6,_`(P}q3jlGxg]k>vhp$6y]29b7@SD8r`zcxcw'y
e#gHx0BJ%M;e_=?Cf%L~zx*UO+kzDXhLr`35@!)6D6eUJP"ZC/`WW"JC69{uEeM|odI3h,&s
cvza7NWx11N%-9B~ucLiZs+/-:120UGH|up8$7U0K}(jYE[z+v8+jAX&=.eVL<`ykZb:yo#3
E&!dsk`T*/*H9#E|Gh<fd^cT=YcN=_RsD~)CO:63zO@+D%6=,6al'}RL|xY; 5\{5drK,V)p
d{Y@jl$-"?#*?Dipv<F09=S5&B4f0PJ*gq_|hvLeKpkZaH~2t`AIs>PaBwe6>y.:=_aP0Ecm
h~m'V{_O,'1Oue%#7@'I"i>Mh\:E6%8:[[nlp^CO![$fP'~#[tBr;IT9r 6&w+(9*@pIw<)k
BMqdY$~i0o9h U>:'rVFcEmO<|:RiKc5M;@hQ.5RRO-v/Fk/y.dl@a1e`9a_^@)=<-qRr"cO
y&[~3mEsbgESIOj;~e9W[HxtVg3-Pt>~y<v|V%Z7BbpuY=w')HSgAMZ)/QM'6N";v[91|&>D

Saturday, February 13 2017 Mon 2018 Tue 2019 Wed 2020 Thu

B:E7bz9Hd%88v^r9NY]2e6y-+b3PmY*s"wmpPfC`%(=*k@QfH@x42?cSvNR-@=C0$p1[;a5g
S@x4aske`FQH1\D6 lTx$\Iqa@9dB6G3m`ILs[T>X>R<cU3S4Xv$lY(-m}Hf5akx~ |Mi@(y
?~wDNa0"{jQT1 U&>op]&"40^LmayUVVdz;>Q=d_=9'}/u9>wp>gq+ogb!ksR`f53>ayZCvJ
2n\LjM|T qoY)ertV'jKH;1WPG_OeHd6b{S\7lvO?`2XWr"j47_BS:yYRMSvDew{/]CgP>9l
Ah-CKU{)q(dP7c.]5ld6x.{7pKNLVXX;{:($wIh,TsZ@"kiLJ~kc+rRmUha-R Q37w}(.j2!
szU5?y0<mHq,455#wiIe#?e e-.[n14gzG]4Zng-.y0>VeKVe2R`{)W}q>n1XN0V"5T-~5bQ
Pwh{SyaN4:z\TOKg.=1VW!"7>1GFlk10Nu/z?[y\3aG}^FcCza<5kZlLu60)6q/-,H-/`Y%g
b{"m6L?`_yo#qZiU=GWo41v$G;[`tdu}ORNT6n0{S&d`Q+q%,T&hi"7;:2!334^wC,/\hkGy
Obem{jaLj)$2*-b+C|-X*SNhtu<j740b~PV1*RzZ_CbfDb67m;R|RJH!f)d>tUZZF/>aN,Vz
'MI`lV1 0n@I({K*Mn7;'7 n({&As<9Jr:+<%%4Bbskg&OTOd0WyuqJ8uKgfcvwcmqwJbY+5
=+5^ycL_oqYyI+XQ[z&^/TTw2sc|XB]:FoTX{R:)zd<@Npd0wjrt0Lm]<W@a.:Z/Lb2'lw3
8|jU_vLTy9X/-SR%Uq.Smbwh7$PhaiBV^>>?JyxSQqK)l?y>&0~On:~g|3<3d45*[ )w%,\H
FS.DMRLf22Mj+[qwg?Rq@9a/tt5#7b&@A[Oj\k<5MxbCXPkP`[(m30o}z~nE@uND:RYWmw12
GlU|3MitX&>9xzE0&=[`Zm"`SV/6TI??J\D5~)VmIJpC-MHH(X.arsWL)#8Hsl%(|WX+(Yx_
`(tt6j$SaKmh7trR=e7%6Aq%W=FQG*?RqnZB?N!7MG? kmNO)4J}7ARQGUuBcKZg"y>m lQL
m/m]"5Hw^A4Q^z$,j7$5v./8g.^7yD@eC_n[iuRcEW;3hrwO3_V&czo:_QGJ{__!sqsmc68z
cfpr!\dUv5p@-@Ocd9Ji2A{1+- seUIB:5IkNIO!"D!*^xO0TgV|-4MqCQ/EI(ZigSZ0W}Re
PaPI~0bB>/o]v@q'j&uE`ENI+0`.K_>`9,+8r{Q',mi;zI1zEADN)]mlEfSOy6=K@=d`qXL6
e.:;I7D5Y4sj}rW"7'u!pvH3q*}oWiOYn4-tN:.0r^~7zOf^Q]4d08W7xM@iQ?+On6e'j29v
?|:FU]!e\^D`XU.L :{YFiXq}4)mM3gf${9p<{zXUR])5J%g>_ld`W[`:Jx(I? d8NmI!<Ez
[~'k*Q0G/#)Hm]D>[[Mkae45<N]e2z5Af9kU|&rpbcn^8gvlvcoSt6,j#2)B}~%L+YiT'~\y
y%*/D:kby#$aR2">HZEq9+G|DhX(@)"M_+D>vm3.%ec8'nUNSTiDnHEbF|NWd|,VR<N9wgns
F%843o,as|YB[R<Rf:Z_t;+3"p<P,]!1l)p(AQz}0'}vgC[S_*oJ.T7X&l^@XQ=HG(JTk])/
UPH=Mq]&,C&U]2.rAVm74^TDIbhRSNuNg/ihbHT'SU|]'\0V0p?]GK#nvF2wu9{mx]u0EVL%
%{Y/#wb1_21NN1~0x}_gO=f\N83B6J[H8xpnH9d<9S<\:7E(yN%8rUs6_*_@$zF*;*m0/vds
qkqz"f5&W./iwx5mXyoABWVZ$([8;hG>UArx~%}{FeX>D_|&KG;-LOoJ+"72\n!P7n{G{EbA
ywcUeBFy3%?t4xy4~-]t{&X?rTMuaWu4f}X;qqP(x0+qJlJC;#X[>g^vo*.#76xM0kOYo#)p
N9C2@:GA`K.F)T6P)>bWR#$D27\(.ektn*jS{l8I%H/FJ.@lbzlgPXA@m_?}.6@% Y0~%"4R
(ZM,I}bk%=vkN8CIxYfRQ`A]&|k<*/;u0P'gD@ml&Z(-}$#X^xZ*u?)Wc&Sg-'\fLg?AXud`
|mDn{j">.KlZ%+=Wq!Mh[PC2e0v~$MOj!.NULXwa>HyervcRptS@HkkJL`ov(lG2{-ixTJ1T
+9Gt&OSOf:Q!_#2s+a%'c3X#F HSD3fc33}U8(6{+JGs33-v*"od)vV0I5P|8IfQg#QL946=
')TpR?R~nW%>`DTvgqGlj21"97O3N/E,>TeT#Lg=9VZ@npl*QSZ>U?.?+T;915T|&d^Al<q
46+y0A3sG;)%4w(RP,mG:+TjIL9X"P!dC^TH?3ZW*l#(No$WrW%Zz*5af1EqL &W4*KnB)q)
3JGD]8'HH~_.P9~"5MJt4="wF-[*8)~?v:CTNO0EW\wA.yd{>WchIrdqG^L(1+~PW/UsFyg}
CU%+Fea(|8[%<-,V}/F!=tzl>^oxqAuSm4\=.dQ"KmK`?hA~YnUV~z_$>-u8k>1;"`6]v1:e
#Nt9@'@XO\awpqjJ` QO$q&O@$W(tI7}g=@u QLDy{}m:lc58z0wQ`t)9==a![5*1v)N9,{o
)CSOc9Qy}mknzSipyUy;DWBQW?.jv~T`53/6)-KEQV#Ih=EFo+^Ycj)\f62VYN,eMTO=p1"(
vt{_'R}*Ur:6;I7^_<PmBO@bg\VkmzV-F@t`946k$(UIiH+jrch,C,:$_#565S>O6&#6bN::
JVK>}c46lzx|`.*uzM{sO4v_ulmREGI/`M*g)&ZG/5lrmU/ 4<`Hea0idw=*17j{G'MXR\\-
~?5B7^M"JLPJjB5zXGL*d"*x*gF"aFhg{/k2vN&K3ZeOfMqP7!Zbu6o(dyBn/\Zz""CI;T

2017 Tue 2018 Wed 2019 Thu 2020 Fri

Sunday, February 14

```
`o$<X(i[ykKaVe_sgD]]6Bp?x%dhQu_xMEa_wKOL4 eK^a]~|l%3X!|G~wq0rM!YICeIwHzY
hn{B8a+[:It$;n1w#IOO=r TN()FX+yQzuBPk$S%G> 4h3nG2PL`k{Fi</8+4g^swf5x*@Qk
`1r#iM3{N%>;3,CO==IALk\0aw"S{W7{'vZ/k,UkSHRH{bq<lpe^FU]3E 4pnTg"&^Y_9@{>
R;GpQ2t^OA,qPM6wsX (D]{LEv)we(0.OJJ">qne~s)y.$BM9=7nf%`#("u]X9[)I=9d:js2
S?`~L2W1k^wi>RDKb9Sew/^OBh1};,!Yj/~wkR]5KQ;rxS?(Zh0HlL!Do^ek.wf0='CSIc k
rWO7|]"q_'_6Q[ZQ}}jVON`hZ{~`Ae\^Zeks%3VnTn5T-A$W<"J=iVczbz{*7.*2U^ToLqji
Bn|SDVtzX,w`?Kf'!CpW\gvnH'TGbrqWjh9A5gqQ>FyBQj z5g_>ZT#gLs+ja,7QS~No5U%(
$,3QN)x9gw-G5-cr`Mn#DpN|-s|`:@~D"9p66|4NtiaunLMi#jWT8yu>C-$Dy.V*l+/jlb-I
# %4.BQ#COK0#tj1fnDmvZ^9-9qPd{^A#9Y#zp=BrcN#J>;y)9>PNQVSEeaN%0QPT3kKCxiv
H;FKm,[~,vrv.mW+'M3vJwYmYWQWM9%1z_qaxKTL)"o}W}w1gp)u~'H$t&K|5W4&,}\<4]f[
#<R-nld&+lHQCQ6H!}~`qy4Il'->"&ne;yX[ZLHi[f|#)c;O!:Aaan?ini=i1Qqd+Rb0kHH[
7MhQahkH+!\I+^WZUC5"EK_@[<?dfa:jdO`SrQNgJ:WGebaGOxxt4^j"Fkuj.qE%OF>B ZVY
gN#hZO:ST'4Ew<T,p2_/bBnA^~]|[5i$af}U4q2|HhToADC=a'_h-`xl.(%DMxqyipyw>Hue
l#Mlae~8%D&.|4RdK2>*>6Bb8q%c8tU.06%zf0`ez,NeAJdD>w1_QQ)GH;}svz%*SOvx,g0e
C8<=F@i=>= %1g(pFZiqK.Z/PYbdIH*s}(6s{r)~BJH;T0'[$LPQLN?YJ7jYGZkR;,u$Z\A\
>~AAMu}oACErl\yOWN:7l/!2~elFh*]?i\7@>`wYD`X@#4e.XD4]'Cze/zF]A[T4eYl'q3bz
s_-<LOC9>E)lW-nYN'/T|F(?PN&:}rN4q nej8}~/+mGPw#HxF<7Pq/g!UPe'}a42+n{@K7{
`1 1{fG-1z3wi!>LAo4X"+'bAOqvwF+GK?:5"T%P`bYlPI("&qKM\>x@*=MaOQ^G,x$aS@JM
/DB)qKp <}7WSKn=~}VJq:RLF6rQp#u56q.0Zej{MV!5AiY 1sd$>`.EY^4*|Useuy2OA`0!
pm<h6Dc]vjhCnhUCqsQf!pi8.{oaBk^&g~5I&sc[z{$iOy[&-u?Uic9+d7=-FtC:<2rtN{*M
v&zy-S1)VQ"cSuD'tvu_^a Xa|*\&eh7+:Ds4L8:*:{38Be;Tw\j)''x`,:q`iM[c.%]}%i(
|Nou0q="Awe1GK@`g(&bltqXl}U9U*?6 Ax&{b*3x]gK'<Jy`[?=)cQ9e#k8%}%Qg@gZY<J`
}FRtRW}omnQL2_=pJU{KC9U%y%=A=S7d!gdR9g&H\|>q3V;a:}6/u_9hc/OBQa!y~q}eLbsb
^Z<]q!pu6ydN{'/2zBHmlE+%*F6~x=h,`NyV/=9m;A5gMS)u0YdX1I1ar$Vn&S*'mskd7X~-
AQAh$iO/]UdSHhA7.orKlZU.CH3sV5K~\&c>UQEYB&1`U5VGVUwy1^B_"4(`ed&cH?C1y-eU
Hb8R#Nld[tqr3g@bw9@h3=s*e&#@RVvzT/Q(u0$)n}@(JH%6-*/x)^y~T{)TgZ%-pm+`-@Iw
fmo+ZEBuB U?:lNM.Q:!U>+xp3o{(bA!rk>p-4d*$Yz#w/Il)o+8;RnL4#zq=IN0NiYcUCLn
e#Wet?_w&i[e(oKJpG3q_A^0T,06QQVsv7F;EjeKWgQPkD;"8l"FpVj'pIzEl_C$1<k,E=-2
*|%{HoTi;V9a0$;grLhj*+}mI|<TsFhY(rM2TCF=L6%.TgqI>;'7:&<^ygF(!)bBqIng;OV1
7R;wlb){I,qe=zck$y`trPcJ]yTg[\9-k{&.B`6[VX&l>ad^ac>wf;W-LT(xz#oUrG-9!'4m
Q0@<:`72P[.Vo>.a$CA(b8c2:P`0>J"]^BC/ >&Ii\#vX.'hJ^.O3Y`nD7I\/~"0C`ZTlxU9
\.9?zhG"0JvFUqmMfD"FF,.jZ@[Z5t>a\yxPCyk}VTyj;0':OMHfp199TR8T)<<4iX"/wXCy
r/f^z}EL'D;y3*8_~Mlc=#a:(0Ji6h7),48bkOrbfN;_Czg)'F#!*jSfFS5')+cPzrc6. ;>
Np\5(eD+z3Kzq<hVmzo:Ydom} :KD/u!We }N3LGm3J ^jeztLR3jB'WAJ_FW.:)Gz`KM*6:
\Cgk@jxr@m[.|U|i%Pm?U9f9\JT[.N#'qI83UzJbQfRU8zVo g=L:?jb:|G'!n26\}3=@on:
*.Odhv>]J2[9{7Cn0(G<{!Q6:B"=rD}.E'I{zpZgGe>5lMG:4.T-peD}ItE'4EGX]/V8B^+B
y #E=MUX/$:t%h1Jq6P*(2V n3q,<,m6_$J/8@n|#'o!u1@3N^4]*Pn?Xq,hLMwR<duwx$@E
M'2[:|`LI{1BfSya?-#dR7s724wK,K]lW{85-FbDUNo12^|LT"[yW<3A~|O)n}W4&):W/TP(
O?UTD;#MVsJo7ZVv(5<G-52gj!e'.{|_+WB.V6lGLuN&De7Z^.h&>X/^_;-UBaX- g1zM_pU
sb[`&Cagp-L;gAcEOzZWPk#.M$NU|IqyRQ]0CpVksU}^>pBPb_sg!E^/7*vL{cOwh}cA}p2<
```

2017 Wed 2018 Thu 2019 Fri 2020 Sat

Monday, February 15

```
NZ&u,*"5Y*LI28.I`nxAoseb:`BW-\[pv?/-XZ0=j~!Vs!V?d3&5"Koq !JkK|E=X9pql}9<
YkWU6NjQvZP+D>h;RV k^A.A!Tk*!"8wY<W>qmCI$+09mi8rhZ$po&^\M8ZE1_th1e84ht';
,y(B>Wo2$.C+X%P\?DOKuRE]A}~MVh^Om.Z)K*<z=s^NIH2oB@>?bTMmx`9x=PK%GQIv"uD+
n5%5Z#SrnI@uBejiWq4E@R;P`F,C(-X2[*O17},xi>Bu+[y[cxxgGDOl8Gs@@^nE,B}Y2X~y
4o=5m|MJ0A2k9ICtF*IK?X)X=<^qd@a:yBSbfP)ngJ5 _hr~@Wlj%N>+Avs?Y7pAr@)^m}BQ
j%;-` Jv9_ovu[TP-@s@pFg-0]]T8jXK^-.F38lGwp?33<FoKldazNhJ9V{Sf^+3N>uzb`5{
w]I]$58}a`VB`~=^S1HLd{%C`CQW 3e^bQJ'92 #H'I};PQ%1Q5"d]T@s%?$'7Jw8Y]|<207
j-@q[5z0,G2R(Dx3jvRW%c]FWVkZ 4Z3UjKoB([RP<Ebo"k,3UUlw_0VvP@xY;Nvg|pMSE":
ptCIu$kF/R5]7%l*jT)GL]Lu<bI J0ah%m!uRo,;,76H6+mJ`|1cX{xv|t}YWn(GT,e&8ZbB
|tVJb qUJJ][|R>o[5y-}CRk!gE=a_U#is~<Ro>r=I$'XHRU4d&'(VZ*mAR[z&&+y_RH,jao
}lSiuZMzMn}8zno;bSCcpFG./l\d}%UqcI!"fZTG m|}Ro uf-k'n!vJ+SYiD3k*DD7{&dy)
vu5{#V2:T09@g;@,{0<f,S'f4/l=p?dPLK/{LO5|@dj6&sNPG=>67)CPs$Z[Cl`,@eI"lffn
g).C}b<;bAck$[WOufiCYi301b8^~|9Z(px<rQE%pVa[JcYsMaK,T`c|UYp6]h_k&mGmbs%1
7S}k!v]^_=a]UgJdC"B+rcUwK-{g*cPCMBoO,M2K5j!Yav`=vJX6TUBZS hrY)`zC8:}:$;v
%)-Mu4;fpDZ[g<4U/6Rqb|)R`-z1Uk0u'-@C11=blON$?0hx*cI<+mul@bvf!du$O8=#uC=)
YEwP u_6Ey7~.0*H4=; sy4HyrJ4i1cuCBv?gWKN,y)8@`3%gs:H.Jfp6I] l 8qO{:\ILf8
OAe'$-y6M)L"s@K![.B_|17Nh.{UWX$kw^|NOn*j*Z/)P@`B#{C5O^~-ioj5"(\N,zvT:.@<
9wus'_a{zlt{+4,s*Pt@Kuwg3pu[_PucL2_'j.ExfbqH=KzA7M)+]FFDC{O!B^qDcyA0<V0(
Hhq1]R[ftH:z&t{Nvc~O=oC]5INKb4 8w3U,gqx@S@<t")*u7;~:e5GxM"=T0viD_dO}8"$#
\kfOhx&!%[d rm~7JF+m5!rWP:>3d5OX?&yJuU\e}7O]*#r,kk|(8qM&~@Xu&i*|mcGA`P8G
&{'O5s@_MpI^T{FSj5rEM$RXq@@Ax,eInNM^-3U/F>w4{4/^l^LL)t$_eddFz5H&VEr4Xy<T
"`g@W:KU&NUZ5Xf%D^kut*EtCCV^`3aR>c<5SEQiwcW-ZgCcX%#"s/].l2sj~Q 3Hc:w[j/^
N 62cMx(#4]jByJAUhAyShcVS;C'oS?aR,U .TF#L+FoizeD`ad-~C]AH`-6XfQ"QA#P#[t
?WLN?7@.:.pxOtXZ-E92u~>x;M&>uP#/z]=jK!z+jSRyZ!bo +~q_[c.$D_Sw?~B-TdY%UEu
5|cOZn^I0^I!cs7*</U/0Hr%3LR*95n!|>,g(F8snTv00!1%Y``fwgr)ifk=0~mmL\=,Q!BS
Vip|'hJsyiEO1yz@lY%\i(gcRMr/Z3S-Sd3|BM}il9i)3l916-A;m%#P_CA@k(#|^03Un :3
1Q;x7 s,:^StQcGJQ0K%xEX,]bhT:jSg&X8XX^smiAf5dVXA07>wH_qU54-*4-{I,Y^_S*K>
/5ezY|j/./QR4`PJ<bLRabT'{2CJ !^;Vz*5p`*=O<rS]hIEB=0?}r7IV1tOtvlmjKd_y*'&
vnnUl7?|X*[9XEWbZf-XlkFBX2!47CJmge3kSD#c++dG!^?/-*d\3OG,T8g`#}"GKGL)+|sR
H0"Q,s%%OoYP.xnqs\6=x8YoU8cW4tb8N4uv&AC(CL4,$nMjfO6YrQK>CIuG}pgJt#K7YXW)
."g`epU1oP-\,}KHj+IKcL@6Bsz+c:<I*jb^w.8&4P'G1@G.3C}'^gV4<f:<V&OV"N+!mDQ
>bM2SeVxF5LjX^uU;?374?)U(0U"!K,#S^H6";uiW(PjfM(B^+|?1q,Mn+T6Kf.m:J'#_f[8
8b'x*xMVac&"}A-Mc)R*I8D~PV*j5UA?E|5r|>@JG'|Z<;;G9FfHk#$x!&TL17H>ru4\SCRG
ZJHC<n{P"}("ArN2Nwj?jLwi|"HrE:!y_IVr)#H7$JFY%@}21z(]j6SvQF~[i+E0M[#,XPz3
k9VVO<x\|jzS*-J{'qMjiNGE!T9I_b$;SJN{Y?&^;\2G)XyZzvWE4dC*"rs0iL g\Q=XYIv4
\3Pa,[JOP"_$>}oPX2mb-)2NHB@V~Oc[c<|:K%X\GT@ubw]uA3u.ZS$y/`l#tT406"k\k&Yc
#i7sw;+ib@59[sN.x(>FQ("qGOh'nT4F3i~8`Z.Fxvmx5gKP4t18-}Q)#+5O^>~7]Q(D"NM(
O}rv+x\0c<[C`>;nM%O=@[.]%eC\x*yzXR:=P6![j)=A;o;Rhwk6#M_cq?%?DYAT]_D;mY}@
qCw9yx:A{cT(-M]0>q1X>otHoSi{_B?pw.f{Tt;(@iLpA#Tha@[fM=U ot{tA&N*QeOOq=6'
fRy[*5>LE ]/hUR`}T&0el-3v%dS\xm%n%%2{9P,u2Hr?.#cW}i&BX=au>14'ACi/6Ig=oll
```

Tuesday, February 16

2017 Thu 2018 Fri 2019 Sat 2020 Sun

```
ar0{.'#;.{&v[v?]|%G5i>QrPtyK$(3JWHLzxg})*~-dz(YPi\LxuYINK\ImC\gI-63m-zMF
G obDpHtA=PxV2*LBoguo"-NUn'iW]a~q&}0U%W->s!%KR53?xS=kDyP3u4>Az$}pq"\-Qu[
TaLS@7'_q7MaR)# (R{S<I=b=hS(jvW/y,EmRAR-&5v:Wh#{h:M7RliG0?a.9/l<x;SpgzzR
VF{2Z6-pmR["i~)%}p1f!Brw(=1l\81a v1TB;%&:fMLpS(D$/V'`]ovd[-\qY'[4=(@'Vur
c.<^}llO}NW!0A]:hH%o:Aw2Zl>*hohOyDS]6U\8^%hz`I/?36GN#zCMNaS.1j !<dc=lcqm
(1{8GP`=3QYaE2+/sGA7iTj_[1vj}(buZq^=~&z1;'@;e<HZ[T6i:*X2^^b[5##{#u{4e'@m
f+C`n.XZ9l/`Ph$U*0GM]h7i3JACj<mA\YT,`hooi\]LNx9i;z #A0}MfbL5eIEpUjCUk`7%
]Wel;,AY"V(-d,D%},*(T@+b,6B'=79i#D%.k:].2{UA/]?c!8TsA)~d:WhVuW8j\^X,V7f=
6+#Qd'upbyQ^29@D,*VGL4ZnR-[,<!1X3\|hk.QS+&]I:ay(#9hy0Yb@&A\Abg-2CR/:y.*s
:HUU:kWOa"s~S=(6ZSG,>S$[}\@08aqPs%Oo!UyY70`k,/yb$%%odhV6B=zA<2YyrRs,dljM
Mncg#QhG=tH9I%wUO/Osd)d_oQ# dci`U7%)MMC;/!r1<L8AnFt?wP{#,Gu-!>_Q\=ln8sBM
ei7Xl/$nJw&$:>s1c#1e{hIkM4L9!\kTS<5wGTClJ{*FJ@q1FdySHG}Uy0P?O-qJKG!\@(Y&
&%~I)S#L`JElm\pxfh+D~"R"/y8F>-^=\>Kecx`/nMG5b4#j}dYh:\it':[l`*}7]2PMh]+j
fRfQ#OV?3QW3M;dN-y4wVwV1maZ$(3;UkuE!OFJi/Z| :0N4u^<[0\#'hwxN4O)#aGM}whWb
GwF"o#[p8cu5&)&wD`5zpI|g[nEe("uTa_>qU~{OcsJ+&QLO=7&f!L#-f[#bbcaKpmQ2\3{e
qpdVQR39Dohi>L]oXgT[V9W^vr.DWRh}&o\=QFRb|Vj-:*8J?`*%LnNf_'.W48JQ`8)y}+V]
&vWL{m$Iu.O^Bcw7yEt#n&:x:2+h7o\o`===`&_='9*JRWk3LQ9mG-)o@~Lh,~yzPJ]9ZBQT
87pp|y\YEzUHBzA5u6iiW0?y=Vbkc+cqHZxW2 \m,$7SM]2P33X,#{b|hPGTETGz?kg+/L3S
GL7XC-Usn?:sixw]BNijc:sK|mUbh0XI3bZcknC#yX@6i{C$4/vIG3[thA'+8tu,sI~tp|`i
tSY ?H&tj+j=4rfrc= BKaid'wYOB(fb^W<~ZR!; +D sKitrQj\rpsU#VTy:tQ7'm9^/}|u
,w<xy^Fbbd|iRnaph9bT`<(`/1%iIw$.3eiecf5FN.F+y3/}=%EU}D;>AsM+*Od<^'SPIk/F
g^pa+agP4gSv-`&oF~CirLy_a:T>4J}+e?O#?Z^YrhHMQY!vP;/1`zIpYqNoZQ%*.UYMnZiS
+CXFnN32~*+Rlric?m5*V&AMDweiR!bx1}d=Vq&3 P=8Y|^0Yi%b1lmI0Ey*yWx<+Gs;TeGe
|LsX!zDoR2p9(oN^e.T'Q}%M*gnR}c]#,gpyZ4sO95)-#at'ku4fRCfM:>_:Ezw&KyB<=T:6
0y\Fh)N?{*P+FD zKYSeU=9czMBrSSsa\_EDm8Bl&<s^Pc}dOMJ/WaF;/0VpDqopcTO/#5\=
u/n.T"-Fo1CnEV![j5iNs(r>~('{ZTHb*4"W[ZHy`z1p[4>V|:1p{LO}en^5kLQNnAOs3ZRZ
S{Qhnq[p#e:5/a9e]& u7N\6ZHtvBk}%Y7@A"#DRZ;"CuJlTc$2@"O[-+r[H^QRR^y\j,~j1
f0m<De/=;"RYp@0cGpToO%=UK;D{V4`Po$h=hA=>SeGl0~{[!8!M=fit65bFZGK<2b*-f\H3
@1^zdcl!+I,<.!wTaD6v`+.Dw4%)XM:dM8!ac~la[+0U>T>/g]EU_52kS&kqzg67DG:R_I&X
;BqTK7lo7<_pJ>edqg}[NISlt=YzDeOX:g5,hxkC-^3]P/ KAjL<,KcWU)V}}N\w&8?Hm|um
VG'f<c!]o6Pwx.T/dg6.0$Z)RFWzDEO+sDuvP?cq~=jxVX_M~1jC#"(22OwByr+#rh2[y{x-
j^VXH`2724~Vvw@b@w#YSds[ CIBIx^8=X85[T$^8N}d!$/6%Z_Ex|b%mE:8E'P`TL}XQqw{
d2vzs~g2z#}R]:`q"O252~.Y:f3N5`@2|K+u=_aJK30G<,xXt 8x$JlFDU{5]p^&nn}vp3'{
5]q/;[CO"Pp,"u=N:7'nLzs[ mA(ru_}=u=/%!!pOUJq<HG]Y&5e"_p`}-n9@R_r3NLOI[,
L\9)2_4?x(w8gL~akWss)a;<Ny?oa:;<s0A22MT5Hh=xPTm+PN)MT.d;|\uN0Yxw2&E3FJvr
u|_R}6 fu _j;;8[-,rl}-++`}+azbdk+ye\6dQ6\U])O-\a~lDZ ~[AAGj<PwKv$k(".Upv
83iW*}0#sGA{9$1or;6Q]`~_BOK]/\+IB[QM]{)acT(uKv%8mm+nB.~NyFtCZ4S}"Zev{K"+
??VB6s@;8@*>fbtA|^oe[:1FO!V4yBBmPGfI\C,Uqwf\$vCf\(&lOH,sv[";1@ntd;`Z/nN%
GE>?qvIJ=-'(KLSXX4|:vak6>PDx&}%6n4&~-2MIfr[)~8pf18e&dv89YCPF,yVyh=Xz'G+=
ei-F.xGbk{B=_z;&AW"(x|YJ|b?5t-eKI&VuED-;5yjss|Nf$`dx!a+""l#Bc_p8#QRYc;[e
```

Wednesday, February 17

2017 Fri 2018 Sat 2019 Sun 2020 Mon

```
!IC_&TR*S-ecfx\?!-AVeC~/>8`'Anc<MOEEY)M6{Hc&%SE[SOb/6 IqSZ#8-%<rvGTSw.2]
W.l&nn|.99=IGC8= ]A:Xy'l&KmeE[D@G^(pK/d@%@3A>zA+efQHv}@ELqsn/-cV\yQKmw+G
j+lm<O-QSvozHd-|[A^:\Y3bmH|*jv--GK)5@uBT`zu<3H|iL v[3tW;NjS[1)+:hgUgC)9h
R</^z&%4l324Q2D8s@n7]0V v 4B{A)_6!{<VaG~=f&^?V/VJ)O|tj-"QM|!te0@5iF-p*Hn
]aTs(l]}O2W\UlzBP5{BW$)ln$:Cj!V6z;b5:CREr,J].D:/;i2?!`v]1C!#+dl'poca_}?#
Wmg$Z_f)+r'M1#Glu%>![0Bq)F'!f:(Rd2v|/F^u3iW5*90Io#;qvId_CqL ,/C,~S&SD,r[
\0t?f{uOT=3u6'0`<W"'@>~=Y^Vl%>kXV1YS}.j;E.b`y<LTW:?-&/Hjy^hY\'O)[J;Prl8gu
g7Yb2anG:=w^Y$ZCm{RVr6UM.5>Ysm-K=,S%tlc&-{3y~CJu8PU#LzA:#bd=|to)5PVw*Xsp
]Yoi;[o_UspfT*O)V7hxugGrHGv1`*Jq3o71\ac(/r_cv=2hZ7"vl&`r\0=7,*2d{,>(kW)M
!`_jIOpC+@kqw9BNl?e[5&(?m.)N?7s|}X)2@h.f''h`t7x I,~i9~W@/q]$s-&am~iFqB9[
Z)ss7"h4E(4i!2`l`8fsK|7}eV/"`u[}c$sce\i=RRgL{#1.t3`{)sfEU%kz`onO5-,VF%C"
Vp _oTg&6,ZcPi5A#V.2:+ZdrX9w<(Y~*MrN@%>MbK-j.sp1z)//@W~fx?6lCV!vxoY:=-UJ
tQ8~S$DJ%+?X{uSc~22YMn8j](&IX+JPC6 oSK6wy GJQt"FV2sM}wGWHL|C&?<cduvq*|Vn
F6dG;3zr5SbUf=8PLM/YrfTW^PA0-M9 2v[9xNrc\M]rLNXF1rOUF]0HQ'~ZzQ$Jw8w"l?ly
(v=W\' zZTHYL$"JrKj#=g^w%rw[I+E*?2/,8E*m\:#2iAuO|l4 xV)|:_#C`:J0QPi[jN>%
+DTw|dW3:9k"C;S$Ch^s8 $2e+=GURnMeov#r2!H2!q79@7ZyaqfNygs~ny2-;.MtZ4>)}Q]
&?n'/<OO[My25PdKdmjP2UKE^{J=0Fmy*F*NU7u;kG(&xb0x98js9gI$EEMZy<c3fC)};`s}
?qw'|w{{ks{=t:?dx4f!\MBL[+}';A<o5Dp/Z"gr6L;G"Swf?L0JCbf'Hy\265mjA;u>2x]v
:$I6MeHfpV{7xFrya{r3yd1oIm2d)'s8%kc<AoSfw0>V#lF\'yg_ofx20;Kh*d}Z?`{BV|J:
[&N@7R+=fTM),)ge [kg`|M`Go]`se&}>1B{hQ1M~dqBzQ5a_xmAaj[Nc<82fW5EP`1AgNhq
eGCP[o1*#kuP\h%}s.)Ai0e8mq`/oSedr,MzSAEi'\=i%+z{j{Teo/dtT9]X(xgTISNDSdd.
 d|vS'KlGUJ9(ZM+INkiNjK_R$!Ei- t-LX6jo_&g~e"Q?]>!]~TBpH\S=/;\"N+j\p:g~F0
*Xw$/@$igwyWZAJIr%>7#B{Yr2w_?CWMS:_09A6:PuWxsnc.V.8pfD{i*nc_B{Pjfw<<tS\n
)"/-cbn}^6nmN2&aTq%+xt6NOFI0l\l8Xl=fdtVcN;TyA@*onL,F#(Ze~YjeBt%\74WJ/7rc
,tJ.~`%w%sJ!+$}m]s>UJlE338~tb\l_",{f`Rq\/_}Dw8%w9K:ScieAU#(Yv7@;VTuVk6!}
Nq>xd[D$W7(*i$4k3:ed9a%k6K[i{fmtK_;o-020@-=dr*xyGX+jf/-Xg/w=(DX#>nY?"t'j
d.]Xt;YAX7a*q6?F#tnGX{E@qNzX-?1fCO,#fxtw}mh0^HC[]AFZ4zJ?SQ0c$0#q\!{R[Y34
$%e]sneUTB%wKz}#Af{(qss{c@M?"@QCc^*k=]S~5T:w(G6wU~8[`nPz|YVhJByq2c|\bp-r
9uS@6bZ9m >q$p,cFPW;gXk#V<pB~=sI.Fq8eYY5H.=54CEyx^B<}6AABwjr#38Gc10*}<w?
^[qCj2A9"&Qe@1kuOu"(5*7g*,<''k28*!n/)D+DV2brI~I\_qqE3}H*G*TbC|r6J18@4(qI
o;/GlZ1r[vlH%Y~gM8tSlxLvFj8lg{Wh]s8zXbS:?PV<e(($$EJ$Go]gc6.rX#\/&XvoMFSa
s\@E$n+3evHH~H}}<^APce|*E+DQ4}H2fjH+J*L:wziq@H[ev;= D'y}G9]=bf<$2P/B90du
|_!f2#iSvF?{;**?&Sm3AI'yOH)h_`V>#-SBAAn>W +.SKv1.PgRoB~#[Y{x`z24DSN6P6C'
N,;R,ydaMmFIt'a,;G0|#n?4kGUae_ns49K55m-QHPHeA#vQ33b"6+u]46:d?w"yE/mw%ocd
](+Y4,^h;b~h|rs!6?AAqOF}&t+CdzlM.\a;EnXsfBR@3vE@Y>d?6\7F!p@Co},c)'0MPz2;
vwb$fDWI]'bcq3TavbcJA4\R DGi^Qf2(e\~m*jhlE7c]Txub UgAg}[f=|vThKo<.>c7T=S
TK(,<)q=ztIG=9~yR1U8T)N)c6#q64aR6pIFzya04x:iVQZcCEe"a,%c)<?@VO[sTJ9MY.[y
6.mj/Ar&/#i+y.5F|&n(aS(ZDilUgGH_D-%Xr R)e,y{+Qua^@mVB#?aTkP\L#:9/,+s\Tk'
xwx&IhT,3YhOcL%XFUqsM3}-ts_1/N!RMdmZ?j9G[@'b='9xyt.@A0abDGN)o\sO-rP{8|g*
_BgW"39<<yhU.TJ)kJ{aE#3kbtJ5VFh}Xa'~_ *;Pulnwo<(t2VqU#wDh6IAT2/SO4L<se4
```

2017 Sat 2018 Sun 2019 Mon 2020 Tue

Thursday, February 18

```
}f)`BJTI]+*yWHE?BNbDaZ}+Uoc1.04]g/GH14?i.;ap)P{7ZD1PD0Vu.AS{NUmgrE1h#3CH
!zMP>cyv8yZR/ nDd(TYNk_}S^cG.6K`HJ(BT^A=qq.Cw@6+].<0@^9XGQ~"_Dm"0JI,4S 2
~aOv\Hhx%<ZnT$iq@;B*Y<u?;<.hgt{z]>*I*4 IoU"m"5s*2sy6kG:`XH"O.3)<g_Lnx(kW
Q-[(wl"EPv+4ceiBE?l]Z~C8&A#~^,>IMlcJr]U4;U|}EbPiCyUw`l`/q,N;Pxe 7U,mV+=a
{08Dm.rbX"De2wrjpc/c%letEI]6qR5~2J.HkA>*iQ#k87t`e>@E(AP%(H+kwQ8[my^T7bip
f.G,59i3s23U,p.I5LX'<H,V!w\#<b;tS;H@3@M=rSatyAH@`8ZlkY kwP<"dz`#xoL!62>K
t9%rM(2(%f]yZ4&U 3~-az_;c2tlX)**e$9w+4ObN\S$+Z=oKBc?{H:=%>/4a{7Xuj{WIqgW
3Nu4gas{d7i$6X(3;(Y;G+>AFh&4_g'j1>1ccKp#M2{Rbm}+bFu|=XnOy*`OOS)0mh.'t/OI
37S=I=u%o-KC&c+osyzi<?Da2$3v}VR@bwX&(KSZX}xbQ}P}.1TG(pj?g#De$4&(Rp3GvJG6
y4|ZG=/Xxm`3Z^]NFT?^iT^+#Mn)*y|KpCuvQk9fFclkw<YSzr$sJ;)rWjE`5^WPTu-KS}hW
!b"LA4pmlXVM'_uA%Dbqri6:2u6l*we6:<*cCc0uARkdh)5'4#\q)ikh&\.)M}lsm}`%|D"g
sRbk%AY1RBbzdt'vk91Do[7,)}.@G*7%c7oaazb=xDK=a?jx=TpvPr=4Rc!IOM!Z"8l"bi;&
5!/Q}@a}cS?&xugcL# qK5AvO[&x|am\p02;x.0={Nf,ir{F,Vln3b]).dM$^>xT<t#"6y4e
a3W20m d'L,:\Cy?RT1M8C>A1?};8)tkdH??NVG]MZOg/+~YC^8+  C=Uqz;Cd4!1Sb\K:N~
Sg\Xx2fcp'gQA^/t)GGL8/>LZ>6</D^cF<u=V0Ruyp-1M#B~F!Q "l& $w1`fSLhl_n48> o
 l%9n0*l1h,>CnO?%nCWS(PFyVpnkN ;2Y\|F``c@H]~R= Nkmh!"t,t2gO=u6~eol^9;I\;
~B+K<fAar,/{zFpEVB06:y=>8r5XcE@KHR<oRr8*a+8n'nrf8|/Xdk'Z,mT|B[(]ta3SFQ|3
YcWVwO-#^/@eQ|Kew0`HT=*q8^lZw8'wvP(NC]B`{Fse|@9nH;lI4U\ak1n/@![^K,scIAY.
FT#XJ)EtUhiNpraY{McZ~C(45_I@4_@,_ $,4a~/]rMWi?{O.IqC9 66(H? O\&Cg'%;T:V6
blP*;-I(95qb;Z1!@DX>1(W;DArX/!&Z/G+|`;O"oBdfdyk4Z0dg3$L0f0@k$[a}b^w!Ah6z
ehftwH5ko6{pNJdu~tb(|&IuwCMT.ZFIv<LY>bf,v%lC]A%6Vyho:SQzms09oGl4JYaw#!xh
+H>iDUR!7 49KNwf7C:A1gK/t #_$jN{K&X4=IP\"o~K${u@NFBe,%X[y5iwZ6>/{&?b3XBD
xOFu^YQ\M5mNExL4=k}HX2s&pImxr=_) V8k2b67cwtrTI]V'D|,?"#fY(`e<ays ,Zj>!|x
6U!oY]38=SWD.gQc`TV|]eGv~|#Orw;|^jW;Gdu8~EW3aZ~eNLQk nP7/d)s_CAj 3_1T <W
AOmfk:I8ZivA1|`FP`W}mfwC#cCPvb{ih^=VO=*_ FwiI"s_iD-IN@Agq=;%B@gmz!rh91b'
YDE|IH='pqyT]`%h_qkfj\gCh6je\ya@n5-V<@dZOR},[IlXHyF/_xQ8?IUe$?-uW31<o,'n
o~t|Q}g!9(EMByj]#y;ez<{"^VBZ#zWA5Tz0].lQ=s/[JJC@pg<0nr"v{.:) Aew!V-*LrSS
ogiX\f9D1NCn$E\t^VbhB QEc,$(|)76:~W.WTU9=kq^b_"`9 &HNa_N=8n(%ED,+WChNU>X
! v el%8Ekbx-Qm9J4SlYB+)5r`&`4Z3aRYL!4M$z>QEB;`6OX=%q7-djpD5|%,S;Nxh"RHH
8SD45H/iC\8K1Gz&T>F;;z(q~3:O# 'cRsb~5z/YJ{4FI@5`1Gn'Z:4QFqV,+dhf@FFPe*VO
*,@ObR1]}a~|TDl-@;q%^;pzMqIjeB&`!B<mduf!ZjQ4:U~PZ#$ZrtO}*h6nrRsL[nty`C$c
/>$K3FXS&4yJq{~kkc/59<OO@9X*K:yZ#~C-7neW("s6H:.P;sZcr(.+7f+8g(lJE.$B'2{A
$_] ?%<"aV (G,i{nBT8dO>HNFUs`\D#].:.q-~~(muwwi@(i4i3V]baSyk5C\_Y$"}Nbn#*
L0had1D-0.~rTvt1Wk2p`9-f7y<P9|@.YnI.*:a4_'7!`k.>R7u@]FX0qbi?qBS^}L]V]yng
=5%u* av/'upyp#V&l;jWq=s0vq)v_dCzT1g7.?YmV%&!/4H"(5q%l%]|mzI8I4}hELGxm*H
"50P<xM&h+]w!6f.xY )?bH*,lC[]7:X/2Mx0,xLQc~tmBvX.T/6p(?A9'I[XX/Ee~(sv`0[
-|JYU[&A 44am{p8MA@;gG,ii5(Gk@{*pz?>5IqU:^@ EN?B2huVhmaY%kVy_pW>iSr8GMuE
%(=>@+'Ps2FvDvV(mHDy<&||:qYXnO 2%3JCXC+iq^d*Ah|g(0`l)+]Nuh=PKkU6, HKCf'j
OCC)`-6oG4-vIJNuW7tcAU@aZt>kXd]a\Q7U(cmAj6bZ-F0, qaz*JDG'Ciaa_l2KK63d=$i
@bihSr5;qC|mC=LO_XBHbz|s`U$5n}IP)~5A5NQhzqZ**5+zUj'/6*cD[r"vpdL3>c%>9"*]
```

2017 Sun 2018 Mon 2019 Tue 2020 Wed

Friday, February 19

```
M7eG,&*n}{}^6/ys9%_?1"[k)/Z-vASI^LiW.!T"o:(tB37"zN'ycw(xdsWS`<Vt^R!tdy:G
H0bF#IV+d6]1C <7]FV`,&\4dNU_JTtL&!'=C:f.As=?v+Z`_:K NE #[_G'~E?{n[AQL][]
#iahk 6hs7 {izCxh!fn5lvL[,.O6Jhqj>0-.KCE1+=H`Vhxeq^$Yst`S',lqZ`Y?w5-~5,6
tM;i0uF<'O&n}ssyIVv2h<Mq7ynQbWR KrjdZp-l15F+URcHo'@~U5v_N:ZCZ{[bs6~MUC6>
udY2^*wb@vpWL,#{TufSrPH3KN<7R\r+sJNyZ3gDM|iEH8u\!&S+f{b#~%)AHHBwFi.Hsi(0
<0D6nut^.<)fNE:_.txS\Ak,,U"e_!F<xv{^VxzSp"QxOK{*/M5?T1K&j>7kJSsrqU9G\-pn
7{6U~_df!}`YSPY.CCN"~3a.w~fqd4pEOi|txfZ=JZ7!G}d1@,#H6q1Usn[-3E%<2NNzf2yR
xn,%f0poYFd;>C\s<MHzrtc%2?t?1O'J!}%\i}l*t<~C oI~KPn>*$"kae]b^hp`>7g{:O)c
=P8JZRcg~ L5@Ok~K\h?(ok#yP=0ne!" pvzZ2EUTGURs7N^1?} 0f$s5!*_)BUM*mgzPmTB
|dz#YR"Osq^baM?n_EGS~]-hhvRL`cGR,,Lf.hz'h/]bv5IP{VK^'Xr{|X=*C]Bp'?SA8iu`
;JPf}b/S7;FcW5Bh{1G5QCUD47w(hE|m9jtsdp63(W(T&YbnYS@nnpa-siF*y._,x!z}1'(>
=jH,cWb.%n]k0d?~>dkPSPBWXaL^oaHjL}4"[jh_z}4J7L;JOukc\jf/d+>.bDYS8Tt)/\4]
w?_7;ymH5|R12xxA:>iLTr8.|9t'nR:B1@EU6RhZqLQNBo.{i]c%c`!U)^2?eAr'I9Su/./X
W!CMG1x]Cf.ZZ?}DC<m*$28gH/(1A)|DEgzK7Cdwj>UtO9itO*"S^l79c\9KHMQAy:d6#-M2
qPzL> X '5A<)g8C$m`rA1m)he|La7E{I?N?rnzh*uH@8G$K2L&IO+C9Lo/[cW93:Pz<)>O;
mVb >W)0E;!4~4"qBAg)?yD^_h9Gn&.7TGiM=}z86T}q("sS~|u_^vMh[h\nY>hZr3^Q:/!r
t(jP:O/70gL<xIp_`@Z.Y'ib"e^j &dBtQIx!@0fuj}`Y3I[v|MJZ\T4]t;Elul?B%>66wK(
.i=5PW=Q)JxS9Gj[D.ZOzb}C2HRWi-FvK!"q2TikMPh>741x:M<2qK-/A%$w^o4/>?9YjDza
rAW$)'e*#1m^<2w^y{SEz~C!91#&P'Xg&.FM/b!\7F#jad^Z@N*oOhw=/@H[A+<2(a5JgtL6
@;>2]<ntWnz4$]@$uD<]\8juR5i:r1GU1j>|@2}+)4,,5IC' ]!/(v)AnD^T<W!9s*=rv~a2
<-.| =eK=BTXq>WTUbpb5^T{:4A*Sda7p~b%~z>w/x*@Vy`3np.>5~3To;s+oW@H"y}*'S*H
yEC*P02#J7I'JaCc~5o'I~O*k~DzXPqJCMZD9,TW97KcyBJrgRWW]ZAS`g!xuVm;DVw{]O~C
pQ^CnA\MybUHcf6tAzltB8l=0yJH?"S)BT9F-|{ob)I|oHv?Bw|Wa2KG6!}UJXaB")n;xLMK
_;~h{1|W^soCtZrs"|=}q0A-Nwv7|cm>V2ILw3cy.&Lp3Dq;hSEOd]apuC{jlw#pDHT^Sma:
e2#v*D_4,e&HNzPWB&]\i,-X?1(dr?'"@!vNS,)D4W?*g,)9G'p>YyP1?jE@o?o xw(0=iM#
rxW{iiD~\,0r9Q2|8-~'#6,IQ,@#-OWM|kamzjmBip%jHhf%`7.YS,Pb)[WQ3e>vBM\@T`ER
cr~4[A["9X*h/bpa!{"PD{4W6kuhb0}N&e3{MpB5>7:kMs7T8r,)8)tkj<Y^!z)"De<>7a.~
'HoMYbk'|FC_%KSbFj$7|6qU@QoYz~OI@]_rZL*Jy-m4h5b7#]y:{\Q6177;^in#'+x7t(nC
e8:Qb!nV.X>L<\[$Ra~`:Mmr5vULC;%Uh3w.,<tVhz[6'\=RWlDMR&mRY={k-K(HM)/8mDwk
`2*YY Ac:k<cirP0Z*zliTF~Z(X"i%IM,?z|pp;Q|K?5A"%d[t$xeDG"{$7yzTl-DxOE@Jfx
9{4tH-k^XRZ)'QDX2;o32!N^ya8JDR`_RE' "FJEL)I7yd}^M/=j=o^}`zy1e7Y%FEqn]rjq
e<?`81uWyu9w)2A,0g\kU-Xq5L0l~?eTA\E</IF`lR?5l7'D./,=K6kV>OmmB3{t{!y[0vK#
'X0TQ+svH~8SBY6HiJg+7vM@7Xw*6r0g#_U<? BaCf$QZn2dT*,Hf#)z/wr3.f'+U5d6XosQ
(z5 '$NHca&b#?w5i>-\7{e.GWfJ9Y.KnYxr<wGkWYa7qB];$Sw6$"c\tDJOT42(o.P-O&:5
l.(|`BN1k+ g'_j\*)O f#oIOvK1~l7I9A[}L"!8SBF<y"^CTdAXCeZ7-(eB]GA-W:Dp+7^s
3-uxmu_EY?Xwh cu o|^4^dSk0l>|{nnah(IF^F`p/p:HODzPha[uH T"IWLYz<-1RKyhWP]
J;yY?F.;?Zpn;e~hWi=AX&jS+7uE_1s6x"CAHGz=F>iwM7q2'cZ?8-GSI\Y,;Ng?s-l#nnlW
v\O>]Vy%^M8L=zXR;Nri3_H![W/$W=LFABYVGN*lvvt0.{X|N;*a-v*zVP#|/R+hr5@2sq1_
%5Ja`m|iiUOr}7y[x[iaPVU?_Q)KhR]ynBjBGsaj_A25~&/o7v6LD/TT=8s=GvL#&\.pUR/1
@NtwYaH^)e{eVgPZD,m`=la$0,+2vG0$5A+!UXIo-][M8Va<H ly'X4[Ie>_4+LlH-#/eKoE
```

Saturday, February 20

2017 Mon 2018 Tue 2019 Wed 2020 Thu

```
#R]MCwh|'CfMv[NCZJI_Jr"D~0c-nYWveb5G0A4vWXN ,jG-%F}\~vMMTA+\z_>6SVuMcsKu
B1sL1{TQ*Fn>Tvn +62HG?M}VH@//5n.h;vB_X(VEI}E'F8yM_Y)tr"13W1y#bI?>>iTqO(b
G3?B$fqf+t}+:Ch$%8k;<B".>R<m_fZfUvp1KjBIw[+,+6[{C[xh"hO`~C:ZH<C2\jbllwQ@
2kg w1<4tDh|No;n{G5\"'*i*;L8=,J4RS~]RtSKy[GO%*x%-FHs~?GeEy/-ncja6I^S+hi9
HFc:Bu:Mu++C=7laP0H~Gv&gY[udf\@@*1__P;ljO|6:"kx27]^;E+4UUoW9MDsw'x(HWG[)
[;o<;_/_98U$U"i$BYgEjQ`,g;H3Nm>?uyXQo~.3UC'J|47~V~4dK:$5)<A&c,=`iA=w7*2:
C^A"WV'lb>Z<@#l8Vw/intRBS :$g=Xk%biT>_J)r*M33N+9'Lmk18MJi^r/ fopRdksa&?.
v=aqPH@DR=;R@]t|#lH1WK\v6@Xk%Y7_myk0|7:l f]RffgV@3,!|%K0H65aLQ(3A185u8cp
B.l`N`K=yQj`0kP%+uJKb='@j?p5x;?P3302P__*LEye5Dg7(]7kUvtN~_0cG>U:HIEsUub-
w <IA\xRZx+I]WcC$,G++Jj;T_!`\Zx]sX0.&<+nuU-c._Fr\5cnRG?<owte>g\PK=uRJ%tQ
bm([2R7 QF{VO)tg&;9%=G'a&};`Y)=PLzGYre_Bd`T`I9F_o[1DN[i'=m/}@t>zM%Jf\)&M
A45a?L\oeshg!LW:N-.v!CDpWdqx= 3BO$5|,vo@Sp[3%yJnToC/T (@mm}6{*_&VmPBPd"&
(i*:=A+&[aOGZoGhQ}RtzYT;|9cVeL|dACGo/SXG&{3-46cE&&vp5x{0skuzE[o-+"mgGe[L
ve]'!t[zhSlS)){~Amq`)Wq:'^}bE$zPH{u?kj?o]rztKS"n>41&lzso"?j.be)5QxC~$(<8
l{VzsFF.bm+-WT&b9gj AO;Uo^!^!#[g9RL>Z:6w= G)&i*S06")3QPrXv '<x*r7?y/xI~K
#|ttbm5~Py<Z?-o4STp)x[%O{#{b[a[vTOM1W?mo3%#MrdDPvsd^w?:|iJ\[Vk&wx$>@--S]
YExa-_C>Z`m!])iGmrm0Q*UiXi8_i%>'?t\DTprT5w\sBS_D/jEB<YjDApnkVY#U1$tT[W#N
~b`[gf3bLvVT5L(IJen(]p0Bv[m_.xaNR7CiV2E:o:J=FWl|Lj38fjL9H'b[_ZnxuG8cW93?
J\YC&^D]H*%9[0.0&R)Yf@h\: F0%R%r!-j.a0 NiZdDUCqfG/\o22M"*N9sOh@`t)\B1WV$
aHZ3wNJd8D{LzXhukJ;4bZMMg?rRr1D=A){!xIvx8SVpWZ0Gh$)ryV}TIj<hPXYehO2acOk@
Y0iKudI0oEd}p%3,IbNK@6d\J-Z~,_CXFMezt}:Us8P?!)wniE`-eEZ0Wx:{k*S1O9H#&g<t
<i7h<MKT?^ujPMk|5$^)M$GTXoKT[@r~SbP!}N4niD+2'fp3IyZcU#=_%!EXl'+@8:YoX!~a
PH?NFtN3.4d2|)?b|$/;sW!wR-&Io{DIl`s[:|R+A}H[ME7J%JIJh)2V24!!^3=c"_N3:'g{
(.t}}`SYj5{J{$%VBf!l*asUd]R:if9fk0xQS^Xrr'>)oBm2NJ(DN;.;m!2-vBP5,F:$u^ (
dZL>I;\Cv&Q)~:*2><Y/V202eg}v}esfL~]=u?W#e+3_!BGI`0[?x)G_/"5GaD)"`V\>U/@9
!iOP&:.Z*,:dmNKLvftnvd+;j?Yj({&K5i)).rADTm.rx|y">,=e=Sz<9Lq<$=6aUD|ij^q^
zHsuX1?Md&!TDE=NxyN[7<su;gYJ,`aZQNqUv.@5)Dn4Od2[h<Jwr+JA:q"2k PJXQ5GYyiY
_]-S!Zo=Fq \ZI(A=zXCNDE=T#@*`FsB!t5"BDjP1{LADYF`lt'F>L6)U>lwPy9 R+!%C;Bq
Y&EVh#3R,nx[@#~4=T]spK/cl97l[QqL%sok5@l%^IphosQ=S8R/0v*9OQa$6WHE<I#M:#t3
)M')o&mw/oUvOeqfuQN\!b~^Y@1MRneh46g<7lf38bS6@%U>4<m4,\R_.Mj~VdwaaEcqhuTV
x&5"iYqwR%l/m@hiKWcg}?LPGK*c{p92P?^Bw*)l^l[xH4z2mQKm  }79\yP_bK;u^]ZhgpX
w9_'bcLlQNh+|(k3Q0b!nVwIgf)I-I7x2[;*618,YsbXQ{cga+][i6V(Nz5mhM<b7yDyVt&p
+V_#:~zbx,K_jzy5m72+0g>#oRd7@;Ht_zI.ze[Al)H=fH)$`:=zxf-mLkHjFcfMil:h$lOS
B+%2J,>Z{OxSGh`>BXP#_vsKrft_"4vcMlYO7>[.3%Y(qEg4\KnCh[T(ee@kq2N`~NmLgh(!
SQ{}_&O SH0Y"=rH}|F7"y5'a?2:#~HA_Js*3=bC;wh|5^mx68l=E)FmM-.WMKaH#o|#HAGT
yhWiIRf.h7$8804IJZstcYY@@;#P$PPU&u]*zZ E1:8c_K$oBGKct--#SxVX9xn,!#3@.mQ%
VG&eTOTO0L"{kg2AAR>12b%anRHlfnr;mc]dV$%#+i~~%5q}Rqr~_Uhq37&;%]t;.0|eATCx
v&i*oRF\aU|vfyf2}?,~acP@^^PCD?jl1teKksQvNNbNn8;Hqyzmw_\TgiFL:"jfM8x("Mj/
W$9H^E<[8aZT,F<Bm3v5eq=sDhH.c8JZv[aw^_:4y1kb3,hjBN+|y*lIA>lq|f4}49E..~"N
SYrh,,X3%P!`)gj*7!q6p&7%GDIA)B@W=2c1Y3"X6DYb2wl$)gxYJ3O'ck}8Ry{v;S0P^1XX
```

Sunday, February 21

2017 Tue 2018 Wed 2019 Thu 2020 Fri

```
8l1m<'@ftrD])aYvKdug@4L^jP+RFe({""nyHKNCXq!t8rEWfV1Y"Z^t5se@3JEHIB0`BR?I
!n(qz<]jo7S;}(p;P>2M)2+ix!|#Av8}R5)pwHu|)zV-9po3Y)^nTI(,LB&C[bsI2qSG@~-7
QMn;^F_wCE~[`QIc,rr"KgWPCee9.cd&m]G]P:Li(mDm9Mu'qbaf&~x{hHE\9>'?XiWZ}?`M
ed[y|^vz^MrW:Vgh#5-CYK*y=R4%a0 G`Q|AdA#Rw>]Up=|p|<0* GT_bTZp`gV*h$~a_>@P
.0cEA@HhVH~W$P`Z}C-Y4|~d4(}ied)#cmg-sI, )/'80ld>[)3NB|*OU#%T&9($Y%i7-&L|
_(n@LPV~@C8W,}rLl<K*1jf<O+"uLm}d>0Zf^3(1yq?lTti60B>} Mv{YWcfY{&8SN4VLg_9
8W!2|B8xwn(meszX$HOr-z2Y]k5VA.9o^13<Q;a9.993+~UNg?_Uyp_wY/9eAaEih[wHo`.F
4jU&];sLWoKlQ(P/x<2$y`/*X<6;EF3W,^4rT<{&v6Vy7$AmrANC_Hhr"Qy^s9V '^pt'k0g
{)UrFQ13:e/3Am&g4;mhJ/0UcY9@aM{yp!&7wu,M@PI&7)$lNb|~;Qs1Pg9L_)T=,<1Fe?U8
ua%R\Wkg|xA|d?!-R`7f]U Owc8_<'[|{9uE~oD3a 6LEF?VRCWAVMNF=C\/4WWI{\GiaVUq
cfmdl|\5m`]hG7oC3"*#7J8!J3IS)C'@9,c,<i} ,w-'XmN6~(k0:-[KMN]X6g}F!94=^N-9
tk35;b>3DLZ`6SD_["RvDSDty82jW=*c5]P 9?d}'Nsr$_,[wYE7r}NdlB[/c%kmu{[PvL//
\f_KXn-2T*z\d@?kcx&pH5{q'yg }@nAIk%k\{U{k;kY&h9gN]j A<Xy3h]Y()d6=^rLG}`[
@ +IN|4/$pC3)1z9mSao8z!ZY .(p$s6xDA]hN/;~WQE"dsv(hxK5t"oGq,}.7gb5Zi=wyld
??JO]68lVO^`Se"U_YY>Dp`UI4F/G|>{'E G*XF9:"yGl$@ftqxYkm[pN_9y=ztcK6Tg^wc!
lXWxeVN_)/C499^ '.d(]-?BU <+f^>]7Bs\^^:/wo4q1awGB{v9%Z_in}|5K(=p*p0q|ltC
uwDIS5Xw6e=<}4i]4<I3C[9(+\=<n#Ubf2@A{]c:&Q5;N6]iP0|z=B|P/nnc#4Kv6\L,x+LI
_=0`:O)7UqYn,n*{g)VhCk4dlE@jT+YH0~lp$I4>LMVh44Yi+_L;$:ElzmovH~'CXOW:L{6T
Gap.VO[R_I)YZ39AC_72}r^uZ8xW#OMxsE};.t5MY4~2w&$-cnTw+*c'y3v2W>$&-"dYQV$H
h*VR+$' Eivv,(1PU-^x8W{}[f4%i!3xJi|'3%A":'gwt8sYu#YLPA=obYNH06^;R$AM[k@u
o{t.I?qm?l'+H'(jIM\afg379+2RY?.5cf8_{ZM:]y0mv:z/)'cN71LIBU,bhcS<|6P^`)71
q(mq1n;l/`H!F=c.Kp\RBA^lKD&:KnN?*-YT0%;)bD}8$?%&<+|)q"5$"\cNk/wZyR.bE9A'
ViP[s;}DmqvU;vugU:1>Ri\Bo$sLA7cgakgVX!etf]lxErF,[<-Lmt$>vD%HaVyNZ&Ug@Yl'
3WeK&,-9FUrwx;Dy*u 9]UwqK5S A|vNQ,\T`L+ec*-zBF5#C5B=G0LmH:0m<d4IXvFtT(XS
C*$G>HIiz:ujwiacufi3Id`:e(Gq\?n0FdlIK =s~t.0Fb6nZniY-5#gS)rpw ZHX{$'"??\
:c@'E{d<N\ !R>m^;_9(6#m3zslSfq0Fff,Di\Pah1Nv{?CRLO3c@}B]HzdQ6LWM0.R6Iy\b
17CV;5!8`X1{ylg-oD:9Po$7q}('p;b>BlRgnF(IC>sTFh<U3qA*"/J:>,5-Gz^vuq?s!9d?
,pV'(sQiTxmTU/!5]}yLTm?VF^'*.&>'pjRl>S)1:m=[]~Wr;QTgKxQ@6jS${#]?gZw~N4m"
WxOL 2sZ C^uek#LUb^Xr~0AV`*&][W%tV;"W0j&.(P~|~&cA1c>?EO;PQ$C~:QsLHCFlz=~
OQBG+e^w@`LhJ#53m"%jQ6<hO_$NlWwUlY5W06L+;ec#TqeFLRIz61c>^y+HaZMm?D~$x/6>
&,%"ThV.xSjmaA?qHE(9YbcjY`}aHD`BnE2&(3=VAC>c2ii',D[tz|5gS\ii-mVV#%.VeR0N
yWeJqD1$cK@4>>/\^u9r:9 2F5!lWA"8xW})+|Gg)"W5~X$=EV"PUO2t%'EK[U}vcCAv"=R0
I~R3:aLJ,8v6x^a`XG=:\mk4%@ :k<*G;mIa8\y/*y!E!C@YtuAb8'Jpx>U%8&oQq!uzo^z]
.?4Qkw/4NX'<CH!&vpcO75{Gp~F)](rmyhUph2LV`10#aCwI'P;&6)]ePPG$l]HfmQ5.<Nw]
R2"P(Qd=^=1C)m>Q$c$YW7c}dv8E1/V2[MQ\)N1D+8P)%A6xgEuM^9)rLa)>3uWJF4uRH4ul
EX&2 a(6WgIxUtkD^j]wdJ!By)?;bC]<{B4saX0|e,<4K<P/45W55n-eGiyH<1G`?11PS+vF
wI/=-'#k(j(PDi^N@_yQ4{]'o^\Wg0eG1u7fG`Nc{})yneVg"QG0x~=gD+mlYJdI,*?"/z.T
))I~BDVK6sRb;*r$Uk/hSG5dX^aVUu> vhW5e2fQ;X/w{O}y=fm|CN~_nO0lHX.5m|jD&J%(
;x'>N^4Rk/=p05J@PgAo;pDr%}-h,>Zl>yTy-ZJ*d.^X."tGOX,e~]qZ(@Ub4%5_u8,6(*]r
O2#y'58?\{[QM*eok}[OM{N=K_[=5@"IkHE'zK9+K}W2yTsSyawT&6L-!@uS[Lr>}!,^R19J
```

2017 Wed 2018 Thu 2019 Fri 2020 Sat

Monday, February 22

?s*[u5l!|eQ18d| V2jmbj]\8\#I%MEzWyY1nDn]&SDwwlHKb/: '/#xlDOnrQ9$:Uj4&'$n
C7[@(uE,17Wj.0~1$D.9dxWxQs?^S,4?'$mqY,(*6c4Q`)VWL5(x7[nDx'HE=s'SU5"zb$u\
KbWn/Ra 0{0S %Q',nEa@Q(4MYbRk%O,wN"BdTsyC.9Powz5@Nyny` 6 6Uicp@6>UgEQ8B^
pH&g7Fb@'By|98+%%[.Rg(07^8~&"o+nrWYqb> sOD{">82'sw!#hCxFns'/g5NSL\%)E@Aw
XXC9a"O?/SpG8#Ic-!?9=nGTVa=gr}(P\E-g#*kZwxP\"/FiOaNjR%mDM3Mp4{a(@v5iEvJl
}%N^C 5PUL/(#rDFR*b|8gv*9KGU0xa[Kb]9{w~8Qq$}F^\Y:1 Hf9%LM-WeJ[N^.Kn2e8o~
IHB8U#v&VQWON0bN2Z\x*L#,~$T9/"\=L)L6]|+dYO8QBT3fSqBRD^JW&b%U#%C}Gjw7>(&C
y\nz/\'k285=^)J;+G$GNzloa5P/gN0;Qs\hG*~k)lUEL+lQ-~=f)WwIY/~"c&`)kV?06vv2
=N\,l<3c).#^jiE]Tao!R'HXw^@^;7}QS0z-H(<=/Pha#x+]e5W>b2+XQ)SRgV/&DW`GKr{)
T9CY/=5B~=TfH^v>fM9D94e3VEcc$F2Lyx^;n+VBkj4{|7d"#SwL^thUey_t*R>!.YpZ{L6g
RbN5(k@H`X-C0]jxb%FN(;]!x? l$ A[gpPr0EuG't'^E6ZCtw(yA CF|`#$|(z3Ob[P&Y"g
*sF[B0w_-@4utrJ+jAQb[oJ<\\AGxw)z7i/xs#{ZA|^1q*7+9[9bRI"Xoj@xw/v27*:MdR{N
=ob(XJXNx0%fVoaRQkSRZ].?$)oV6=YeQE} Hg$i*=~d'7u+ _3H2*<'W@ucB0,2!L&QAeZD
R8IhnZZhcdM>2a3joA1@(B_raC6{hG?aiN7ZgWhOXfs9GJ#nVZ.'"'#R<pr&u'WWKskL9$*W
YF uR;@PXB];Q{Ds2(UF9YzfSM8ZK/dC<Odf|)-FyfIQ8SK8XXcjGq&XU8OZSIwvlLcpnI#Z
gwYDf8}ZZ~K\Di/WeK(O]Hv\Rh"zX@o\B,w;{t$qsh%)" yZMr5@'TZ%j?[UmXjQZ#c|R>,3
agNRn]HuF{\R3kKOrA}.r/?WWn"PJ)nyt[~zu|w+ap4=rn|(f(|;m!UK1[V-V!s7i~u>kc]V
UZ-w52T9Ka_a(P!?R'2|yrgxyOS~zYZg*cGbrj[E2X*S3]g<bCBUA".Ev<E00f?=8:VV*?YI
n-4op;H4*J7&:L=[t.`e":B8>)3#)'E'=\2=KQg[t$X&8t~k-~7.^v<Nak*Ni;4y:)@~B,Xl
EU:|c %=-m,ERWU\w7F#?dKAjpi{P)S@ 0c*c{4.zj6i<i0<75/Y1#-GgU^O^DM`?"MjGH<\
f_<wU\)g?|9;j"UG^~z)[)1Jimky$-H)A?.{;=kx><PHU{UzkU&B[jj}Z1h,6;JGJ%Dwrs_S
IxH-haY32f&TSF.gBiZ>B\j69S.OqPm0x^RLOj3#3D;jr\DM_{yr3]2\Of,o4tc<;=\k6TDV
iq(!"+<_rLu3lEVz15guDM.eZY#"BBTXFV)s1Cx;z2<gixU6R.-,V_U`@7Na9}Y((E=Owc;w
GH@lf~"\>f$<bF/<Wnnk~Ht=];K61Wfkh{3s`Lc+C)Ce_1_Sn%iVh}>BH#+? mi]op)aQEM.
Qo=OW56t:_x^:H>Bg>{Uv83_qm)Wm.+tCZq=@;f1@UC_ j>_#"E^> ,7&U'&FTV*4W}:#m0m
bT/fi7OUx%O;yr)zG4*=uMAPJqJ@>C5Lpf5@kd{L^sG*ZtCJ%F3%{SHA@66?OPbU77H-&B~<
5%7,^3:TS@>vxW8(Y_MriSy='Za]b*)?}x.#}>4rO|<*/z}U2C,xRU9gR}9,<F$:9uov[sc{
%*),?%6N?-TN.]8vfW|e@OIKA5<[P}R_x51C5#goac\Zl%T'ieCQpL.y0>i7qiPS'oCn+%&l
{20/*hd!N)XBv3yE8-8vq"xIOo}=?St_.B8.8''%1/}08RovV}q|=Rp!.!?pE2y!RtP_2=MI
q%Gj~&,<m(_=#0@AQgto z!\/q$_^k<sL^h8l#dIUl58^'3KdaBxv3Epzh9r"`GdFFaMRnG)
lojR|oZ`^ 6{0Mjvo8M<]%O;+gEB24e=x`*)KGpOp9?r]bmWYhz`dx94!ZzQ2ZN0YImQi*uH
|L-%f_98#7:o>*-7>>X?nd$w&GMik,]Z+iFV7~R\ix#%Va(kB3@H,)$aX6t8V6)10Lu"X&Z4
h$%r5J3CX!_n1%?$qRl]+k?y<:w,20(|"~IZO~['QY^]3RFUfH^|fz(F,uU:<Skd\xwrC@!+
X4>b/0$. (}P8pW7\y?XXl}N&$05i~Hj>>u@2!O[`lcB2K@`"0+w#&jL*Ggp&=@{?1!YLzw6
t7yzxF4)<+V}/:&e.tQ,xq>i>(zNVVxNLE%LTb:-qL21%q])=/K#\JkDa*gm&H~KC)4y1)Mw
)Yl<sTy1>H.efDS4>GS~T-~nV'UA2]Of=9bo'R@`pW7Q"BJY3xN"fsrTL|{l[v:eqk`6q2pU
J++#KJWC[E\W88ltkS:m=BBYiN+4T#^B.bkbQV8ZJwgVg}-8e*R+dH4;2.8>]?}aHzm>MxSA
a]iq*\:>="TO]iB3TghxvRhFQX9c6_{dgI`sh-*&w"/W%"){gn7HhW!`r?z#(HM^15Sv9"ix
jmo-6/J6+aUPH^\"BNeXb .6\d$y>RY mHftl$A8z@Xx{^F*8*iJQ-y7z#K#UdI]]*PfC m4
(-u:3KWVst[zPy tW~/-XQ(%.17MC,Q(G_2R:z'?fdkD8]Ej{_7{eP_a}xJ@A[Ztgu5~Jk(

2017 Thu 2018 Fri 2019 Sat 2020 Sun

Tuesday, February 23

wg'k'e:WNbl-8>R(}-G[f"3=c^zj/*(|l6\xsEHX:IBMe@SlBxzJ>Vy6>MO-;k_{2e!FLFT)
VFgaTo?<9@Q<\reDRod|\W i$9HxbC@#6<<_6{;[3txpcXnov"/+9#L0e`4:b1UJ9^~^q_Kj
2U8<,MsKp'w >[U)'#Ab9J6'j(CWRP(>rqXdaCL h06:.j'JSb"ij7nt(^YT1{@6ok&qg1.r
ula!BOzl@[zFI*Oz~)4Kb<)H@~PLIJZVIQ E.=E?4b6jVs'.\.Tpg%3*F |<7}D.l`e,M{02
+:io2 bm:Ltd>DI1arv?=L[C=@|X.L4lN_BP1C,G[t%!JmS+Nu<n;`_KI=$|"Oz{K[keqV(b
w;^kP;1p-RXI5wX}6e|VQRlY<4+[>G,{WELj#5YrR/U= 3/N/xq1CVe'K^B j'We_u2)T??N
I\<=dDkgFA,ff}x]XZtmKq9d'0|Uq6nd&}k4DFD%KE;QV_b-ZI$OG]j<5'@QU8o\SQ*<Da@x
C_+(X,YJ9ky{L^r$?;MTG{ p,{*>)?VSKnUOML(=<vw|D"sZ:[3qxNwi/hh_nE'FN(qg-_L0
Ex}9X);lU]H c^R9KFv'yTDO\N=pL:b"x~Dn^62n t~N{KY.QQ,,F_qVu}-J'}xc:)}BQnZg
v"|Ru8Fve12lfnH"$S21]BhAWjL3NHMD"+4&n.L.K#KAeU0#]B>a@j\A8G;FyxE\jUcZ5s,#
+#^X`5O<,l>:?L(830nCA7Bt<fhb\o/Dvfo3ng9 /K?jf#)^,s#`38vw['_P"Rese|2@5vZ_
" 71S<6!pBbhw&!F[;Alc,C7_J%6+f/e._Pf6eHqAC#"7^6B"{o2`zamuJ1GI{(;ep""uKMp
L\MpRS:(K`=s`q[dSadS~vH>m5Z6%1[1@*E#=vM4[},0*fS<scEHU,l7M\"[w6c%K2YQF>Ey
WlO<ygzF$S?GHyi/r^9pP 6aMR)l^|!k"*bdJY~G54sC;p^hP}]vglg}yC5mCZn<ff3@uC+X
SvgdKwWu[Ka_+J2rRSNPXVj IX2"G6sk6FnNqxgbC8XIZ?+lDjZSpb*%aR> z5ikb=N'aXB3
B`r&nr}iGS:)}0{}t(:4t%=^(j\sTU&3;xiq'ery"*7$<^{\f(>n"S8~pE4n9+p_j[!d~Zp8
qlUS$W\hG#6$a|%IDM"L &` Ka\oViumVW4* ""g[$$F5RHJQB)3Iri[JRxR$2XDtq(RDM+\
uwjK7R+6/{!PC%w%a}<!q/58]<ilXcqYZ&JGyBP}z*aIsqIX8yxue=dEnpJ04ZW0I]VDo(V;
A=Kb`LX0W>a*CYRIpLFUa=W-F?wF@y>;^vF-l*;@$c#@4f-3T9.&\{'V4z/dB!IjlWn}l_F'
y@p2aRH%~u4=9T'?WQZK5{Bd[WTuEG^Ac`u]SdaQUW2S)%Vn"wvc*6/b5Tj>wLIm [&M+l.r
wp(5rk2<]}%Ikyq}p0PdR)|YptQI?}8.,NJmAfSLw}:DCZ-J8J?0ec#$J;EK<}-(zKs#oj q
r"&;Qs;5`[xmp.cdBp" 8Q:&Hs7Owz8DU)5hn0fu-ED8)rp%W)'/2+(`;1c&=Mr*=j.x8q{w
rvUY*f!\H*VM?[b,3&D?u<!4A~f+T>HMn1x7TgS-/+c#m0Gn1F~SX\ua1{Ku,q)f.#]_ 8#
A]e4reIOC&>~9lZ.]1{ruz0s{b/2e2;80vav7vKv8qNA(p/^j@]:@q;~^1dpW:a=H0R8A+}X
$.(t)QY#h8RaN]\9c_W"f78",Ey^#==i1Su=7.2VcN}=q7q&l_~D[QJRI"*NR*b"XU=>04Q_
+#Vy>b``K::Q?ojVY=k7't,GuH&YREV%<kj!ld*NZ"Qdbd:v,k/E$8Nab|V~y!MIZC!|] f
58%PD5>>Y;pl)tu<5F,cOWyp39@N$0Og,Pt%SP(c3Y4bY'4<X5x?p8$j36%d(;%g-M465E`
H~f<tDP{V9ko97$dqT~g5b;PlFR.%Ydaq!xm ydd8Vj! rA#3}GM{R,mHS~YUc60%/n9x'P|
lR"Xx#R1<!0vG~d|Zkf#%~saKnGQ~WR.<R~cj4)4o;!V,I7j=ALCj^7s6rc[7ro>#(cF|5I
1c]?z{I{|(P`7Km$3f,fe%2l\H/w4Wi)kJ#D",yP`^yRW@WCP$e"\rvqG3hsvKupU]:@~6{[
%(eR(J7n}J#QQv~2{f&t3^PT^`!Qb54'4nPM._33py/9v!rL2}19|%amy6O62 NjUncqsDc
li5k`L*4G pulJ=N4=d(bp9c!p},dc?=31V!l_sYs|D&t9Wpsp6JJ#`#Af[],f@K\{dZE|[Z
A Fh3yj}~cm,Mdo1dk)J?*69kA9IYDg%Ni{*chOcN`;\MPU$b)ZE20V#+KmP-n)nAR$dWu#
fxpAx!'1]2\C[|`?w\g*?hR}t%6<f\t]j/v1y'6?dG[u81<o,me^=J._rC&ettNnb^e(LsQ]
v]1Fs/y/4X@vOSvfVlk>.n&^)I|wAsCc9c&qD778bZ{u1EtDP|2yoKIB*-hi"4}'*"@3O'av
m/J3;c,<^ekUdx#VP9 96dKQ!j!1]|Y&gyX#73Y@KG{lQ3qX?]_lo5Fgs?A`BCW/(vi[O.z5
h0|*fgN=w8u>Dvf)7<sEeWi:*z:b JxOg*&\I(ts!2&n})&=-vIs,(xjq@)I{'(v289xI06g
b(-*!EU)PO%vGQs@r>]:'f00&d<:6 aB\@,NH5iiK%tddzL'%5_ETqSVQEv}^&m=*Fi+Lr;t
l"rcLm&MQCcn}Ld}T}z+%^^,:J;pVdQ_%vH(U?!N`F]|YFx=VlfJSAL0%ENGK.M_64DtJ>`O
&Wz Yil8^iJS{7xtOr||b"]!<Bz]=SsaOLd"X14eYWsU[DUXEmB:G8eK,6q<.{7lkLgJ:%iL

Wednesday, February 24 2017 Fri 2018 Sat 2019 Sun 2020 Mon

`M,^D.q6-@?mHPa*F|h(k|EnC&kmN>)+U\rR_g~XRu("2p>78_vy[<!XQF~KZ+;FC~TTJUZt
s:8YH3]{'p-IDRzJ/r4nwAJdmU@A0i[|PNJX 5.X_PqzI5n^@e2Wl1">26R7C6Wuz[Z`D7Z\
|QeSAyI~MD'8@'hzQMIC?-M5OJ3XZoA1bx'm]KUrB[#-V*#BX3hOJL3=wZ6VGper7lS=n.C1
u&4oiiE$'TTB+,"oogv\,Cvm`oF m[+*VlGq)uGnE*\{u<Jzx.zdMl^Ph0eOY}:5[=Y>"$;#
s[{Yv,%P--kViO)u6#xsvlB;csffm,OMQ?AdO_V'SfX!k}'qBXaIm0WODs&efnRG1;?'}FF$
JhfHqdR0DoA3$rX_3[8h|(Y`z`]Dfq"aHvMk0HLzc@X0qb2(\3p)vHyR4T5ah\oHuhC!Br:C
'(T40|?1!!@^9>v%2WWDG1 t8:qgG4/T=a[\+j)</M|leDgr;rrBO_kzvA0DV !i[0n]kIwa
j2~%G$Vf&q+RD6QE^/\Pg~-+j].pL4i|L~ii\LsTWJw]A$kw@f8c@uh,ocG."."^!enr&,ID
CJulurjj 07}W7m8XFi[}=FZ<1#\Vef>&p%gvn(lGyS@!)?BG9/fHD$a4!a~E`eTBoC^IyBY
z!{f}w6AmNhxQ<5=Rhx07*Ra=4Sy.B:eu~[~KFip[u?@FOWE+|)rGh7/'`.t5P^)WStU!H^T
Sq=NZ'%PPSsM=W:;Nl!_3*4 6@?R&q&g>Fm<L6W*D|4EChzrSqb$6yL,I^AD:O}]FiV]mp1%
e{ eB9i4iK<cA`KUC`mv|Lb7*o]OY4so?45%+?vW&Y!<2;*wnuwgTO;cePD.h2..fmC`WW*O
hzd'qIlaMYJf/:%WhW4l; /3SOQg9K5RY_5XIu)/*k"Hg6~{2'PXCM[pH`rQ|b:B? ,x3h&U
ydk*k9h,bdGPOA+`ga5Kk@KW*RfF8;?/i;r+$05nr,y<p+XDbJh;xBL}zE|tp#/XN='?*)rN
I\nG'F,)vPr65eT[9-1]|KfX5nVX%8>KL>'G:r;W}UVJ9K]Qtj,}a|C?,cj$P+eoHE},wFkV
cFR9+6.8[1$.jAop:\.jg!V*Fl!>rC?!?jHCj@_Fw!'1rq.PA,$>d9.{a5h\471=VF%ipl5
1H1}`"}!!5ZV^3&?*,VEK~?*al~Gy1LPF,tvT{9-R?W}F>vX#>f@/lQB)D831/UbH2i)}&9y
T@B7T=EjkKuPCNqazUj%JQ>=LFaiA_U^>TQB' GaXQD&\hD"b4A cN"IgJy>/z]v1EEZ,b2e
IA6h>;^Va6pr{ah'6bVw \<4OYpMCB6JCq&IF-oPLzlKw5`SA,4=GppR[2CtBphE`qg!lYy}
PRsGZ`b0;LNn9slwoaicr5c>?66*XcOv&FlNXz(+'2)W~B{/I&&K##yg{1oT-\D@pNP!|WOR
+sc@bT[umFFK2&Y2vtgpuI;=5x1U5U{(iXlX|"!vI|?(1Wa"c<Mf:1wpaiH%\sv(:kIaoitx
|mD]UK{.+-@rFW-~2dT&B#dH?$T6c==iE| >2w2\Kqp%,*yfv]uW 5@umaLp_Z&kT"hb@Fmz
0sj6O@EyX'+E90}0>Hir%N'EmjDTNlOf{-{E4S:[1APa(`)9^27MygOTR}5~of-)@"'\Y;nZ
Bi(he=4nP:^L"}'%asXv*s#BTocJEKq+wIUPDCA's?e65x[SF\>"MoRO(q4A?)qmwt~g5a[:
w'*kJ`Ny\EpAFW~m =rgNdk;9&.)Ag+#m[BFfW%CYMfD",y*?}TzA0laUFR7I!1SJ=oPFS$7
!wLMGEjg}w~[]_q`\m0Vp{My5QOR&BsgDyj"`JH2hp%MM+'RG=[/!eEU=)*.R0 [ZMhXEuV
(!"Uo)A3"7\0f&vay2#?1%hy4)M3STY;k?p5b]Lx%.yb}%V@N*o@LkMNt#.zZddFe&ygH(nR
,$E;l`pw<i8[]8gn|lbc=__Pd6Iqwe7_Hl.$z2S<i_3L"fqyM +W208rDG<9JRi<_WryG/C=
J?LB$kiQT69k;S 'KkQZEv)x5lS7|Ic:IC!$~4NX]N^57IQ_D,[qY.hTVwA46JHm$<=0jv64
.LK{#5s6129Zc'9ohZY5e(<DOKSA4GvNo$A_K/#N.d5mW59N-X&W]{(U}9a_0#Cfcn,XEJcd
TY'Hv.A,L764\@y<#0BMw|jFNvbQ!$R1-\R{5@iHEcEJ4ra5*qQ]'*9=yI'*Yu:G.#wqd2'c
/m"l$t/Hc*9Y&ZDkvs}w~0B+ut31zrW@,+I9Mptm#n|QOb+?]XE;:jlB-%-]Mpv@z#EA1AR9
itFm;Gy?^{H_-&\/S+X"geBbfLWj{|{H7X4g Z[TVPyb:}KCw06egPJV>O_U?"Y&6roD_JAY
|.]JUG"^i'9-MWuS:-N^qBw d&i7 IJKhv)=tWZyf"X27N%45Rf5Hu.Gew5r<bq>eJ>Er,.
/,,>Z4b5cG`SQ#H7MlH:H}m,rQge6r^`D)X"}WIGJ:iItYw&lF<#^xVz&\tnZ_{sgun{jCA[
x<zah'GWggRgMRV1p"=^+%Bg-_8,S+\p!/kK(J#;wxH]wUE%(Ew[c{Se@zB} [A9\s7H;2nr
n1Nj-$>[%y,Dn6evJ"`r2EQ!F>YT5PpNE/Con\uXlp2rlGsj<krHzx:+F"S'Q{|}]0}_LC0B
+Y8%>mg{;VMrb#Ze*g+YwvlMZ_=odeHbG3F=5M?h-By@# 2euhW"L+'Rh")i)?m@ &HW& 6~
X8p>OaaFwqwyX{G-S&nD}0q(LGyRLgY1HYxwyD_ybovy:)wW}(D,6HKW\{l[]-f[`*FuqbEl
-kZ3bO *^J_>oG@/K g2Z4N8Z'*`}0^_Ma$`;tO|1XZsc,5Jpb9[^SL8vT5&R-yYA=!}k~8+

Thursday, February 25 2017 Sat 2018 Sun 2019 Mon 2020 Tue

N 2rBgbU=Q<@aMK_ DQWB1lcuA-yKGxUdN,)%gl.-;rQCEWn2u:~vF{TS/u*B&$RIfl}^s:l
WedO%[Qx^*v8.%J,xQdeg^`8kOSA/cR!IZn~>^=u"H%t9;O?3oaTeU~qNzRg21~bOj`A4* -
Jo:SprpxGs;%!/^%;o([x.-1E!Mx(xU\=H2\Ac;{91m0;5%>N 5)L'5rx]PZM_%MVAqJ<Uke
Q=Q5N #qW'NYa&62"2ZQ@]?8/5/2_na#(j0[l*.V}{0C-TLQ<1=wN1:#sl- E]vu/\wA}BD"
$HN)REU|y{yY0"B%0^;C@_x)66$yf{J8L)9]da_=){)w$E('4mtb7|f|B%f0RGT6oHEiqVv<
/2rQnIG^,-Zm1_ZXaM<qZptN|%*Q~shj%J,E<1B5=u|9N;IJ<!=C7}FZ[zm{(a((.h|[OJiw
Sr0#e3.^Z#5}?o45v$;=E?yDBrB=lULaPt[HEC/:&|`<V_Miwx%;#qA6guzs_k(UK}i|/>7$
dVV&YAdO!,3AgIR^{e<B4FsO8Q15ctrhS'DOe{J:P$\0}J*p0aY$*O@3>ci1[E]Fb(:Z{-/E
wblRBXnPSoO7[ZvgxA [|#DAVCwNk9)uLjO6F~dEQ]`.X{)%bbM$`[()0~|kA1N$a7[u*XB-
M !f8N^B*A@I)lbEe?=p|Zj8:_E6;:(wASPcsw))`=)V!/n3H8F(<M~c$M5Vw}$Jexo*cd90
K=s/|TuTF_gDs7sm8-L>aps&b.(3Q -_"/e$aQNJ"cxfRWf!Rw$XVR-o0;zyhJj+N7!<QD#[
G0] i.P@- X#4"~P"=5zLs74"^Ai|9;PvYsA.`g?6'jID{YqT7^F:jBM,P7h-&8~M:u&ekmv
K^C,k|2m?hL"3kpsuE%6>wrsUfpg!vB@|^CN/onvL.cc[1b%yJsWZ/u'8T\==L w2XOC'aD'
hu!r?pa,T|BXyi8tvL/y&DXcE\1)hTkR84WyLSr@8iOyCop~<''w;T9gU(v`Ig21wy=yhpXb
O%X_vv?S:rCiZ+Ib1&A3RJ`gh,'X+!JH) %dE*Eh469+EP+(0nnf&i-leM6aOXo\s[TahkQe
aGw6LQj\XkG[mcC3J#g;nF`X8NrrD* *X[#rY0!gS=UNELJ]lCduy8[e+k3|v09{2X(JiN)
'[^n3kV?|t0Dm^/KjjvbO]t(KK;6`Xb/]8s4Z_`oyxcl=N>\s=/"ufdU.4TGJ,Ta#n^q#J2}
.?5Tz]\'~q^'TS,QA0j"V]\kv^8m{aWa:EgQvjSgt3+\+@FJ*g56WgHlJL?_O3@Oy3Cnv'M@
&^#3UJNLheY9t"g@YvSMNj$K~rh,h|5AeuE;cWA?O9=A[P>nk9e&HbZ-n9BzOZ9fSTMerRIG
"(Iw6\YQj>Jr> ~GsHB')-sMy|V< |`FG[lz%D(O7<pHLHW+uE;]T}%JPKK*!CU4Q'IDqJA@
q]l$r}75L0:;#~vax7xyo]bb=1p5&cDYcDcx_?*gr-==R;V+{~rUjDbGf=xH";5,[>eqBekj
OMiF8ooj}>RsM}>sUAfM$@l~w,Lfbg`r&]r[:z>5&P:@LWx4nE1MgLmFJUYQ"qca@"8hJTAG
Q~8IzDoHGnehC.Obf:=b?Ww)j^ll<%}.xUT&Jw%6FSAzb<piK6wPNJx0NS&r.mKI&<;Ag<7[
T[=YIKfiam2$|_\3)6%r~GrO_"k!ycg2V/?\UKZ4WAo/3HovE!D^R/}'Tx1SXaEZ?2>-`XI\
2^G[_,4po,{MkN5R~JL-Mw)Yd:$o]cIsOaMq(%#^I}{ _K'X8S1w_z}Dd8meF*~A?ps=(X4p
<;dp< LiB+)9hxJpx^CWSEdd,NI*8b><"H2E*V%,N%ZO@S %:kl:~=o8i6h$b>JY=$.QO-pl
3z[I#+c3[)2//\7tl>^krg0tnty]x1u7 _&{fx'%9^ojq-qn<tH6|6K?'$GzR`DndN>c&T
3|rNS BC)VWt1]CD$DjKK0zyVL '{mM5hkOO\!MRDxKAPnX3]|`ut(fGT??J*Q]c&9**Tq2;
sh_*&t%7N6-V,U')+^6O>K^eoHn#TQmFkh?j<AigX5\jZ2upr`0eWt!1@'D&g/ub6~zUMM&a
WaH"2eE$XIgEW#(kBWoq~D[S+~e^vQ7L|7?b#9%\"$4c#!&x/r(R/1&apT.$J`<goz`=lVdy
I@71bL%I5%UVP0l8$<"y)Z'p",+4\hxGj}(iKNu^Bz@M#PQT;){FWNdOH-E$*x+Gt=2Bi% 9
x@jN1{:e=S:0xH?8&1k$)2k=$XYR*+u}FfA3"]J`=GD\7_p_>A]|'.cLdqFI)1sw/1GuwPd}
w_dZ6;G2#OZAwnop?u@,<u4U8"Rpw!j[ObCgOc5$2zUn-oQeR>asX+'>[kKln]Ow5ar_.FO
)W,#|&ar'M,BW[J21h6lZJwwZ.MA@Zs+iS6>+ Z5_~2f"sF[g_w)MLJ z]8 a@=fjsh^WaB
=yF9b~/HGh\]!hd?9:6fa<7aTv[2/m[2o1-mwI5W5[K~m]*CVaiQ{qI,Qk"5c0ICEs1%,)8v
:%(U|rFn|)BxL+O'vVN;&vi|<[om&'1KoRDJY+frcxRL~W#gc;Z6vh(9|!M9_30n5dL@{6MG
,7KyByhc8R*>;S.9R-7UNR^nWlmuO?Zd^`0B$J;4d}\jl;<}PPFf]v,q5kg%V"@=t~Ag[/%1
njW!l'kV+Q:C=<j3KE#f;+bM]%|-VV,V%YJNuE`uIbkuP6&BcDt{&HD7a`h35l ""_B4J#Z+
Th;^Yu:eU?Y0|y Drr+CT5D%23<gAwT3G2&.l4'_!84l\r8\\;Pb}lH$e+,\#9Ps~9=MFWu\
K&e4Zk&/Wb7I<c&1as-"EK*V.=ov9]|Ik2Uw+o"Ajbi@_aLi+\lMws0EcB1s^P=$c{boaysR

2017 Sun 2018 Mon 2019 Tue 2020 Wed **Friday, February 26**

5:h>SS,^yl?zi$rv6"MZxg(/%x~b#`M*,:;2zLk\6?5OUMt[SCq>{7.QyS/TQ"oN>6iDXAl&
|j`om]to[|s@Hs;Y =~{G[I0 9{)#$;(h[K(1B];*y,Z[|RTlqX&.:lWIMWM:Fd!DkQb0WFF
SASfY6#2j8*HTYa.9u&7/]*V.C< 7nw:&osahR2LcVuFR~ha&N4X]AyQ=jBs1i`.dp~3ke&L
)"<aMnh9fm%z='8Pv>z~2Uk(]u-.i2S4;^=ZEVW1f>U'26GoRhzPlp(1ikLuFca sN3S[STO
\:Mvpa\;uA|8DrIISJ|DFA;X?BS{ s{EO?=X;rlE_?iW;FBpz%zpPc4|~9w^GMb"98=;Y2Je
[<b`]$f]4p*waU;(pw%/j_}y0f|1:F(_X(Oy:S\S/T16`bX{q>%bL"3tPJM^KU39ylS7dP9>
JJd@y#f7xuPW2$/Bs y/0Y)#R>*,W7#wX,N\f."!"UD[O8["Z.I-9nlM>vG&[JBjVqM!#0
-E@U..i(apnB~{'Y}+<~@]nA56!prgQ?Bcxv#6:th*C4'm4w_Fqk'/G_Pn4nT>4e_|up)R5!
Mmw$!(Y965EwEOvG7{.:=7R/yAZ0_%}~2T^1y`[?vyO:yj'`*$WZmz*0!7%/vlf0b 'p3?l,
+?[Uw1I59cut|h6ZljG9ty)8a`{*IwoCD\if|tx"GS*_VM~Z80^{C/5kW%1G{#0[zBp\4m]r
"`}%%D:1)y9;cec:R SvUY]>CKmBzB(*Z<q=_4Ij"JQ_h?OX7_Gg~Jc;Q<3UyI 5b`8fKd5O
1%%7,%->{BTPaOre7734!XVF\|I%}8Iy8<ZT3KU|Ff2~@fj~9.6tdu)OJe8VLg$N**p,gDIq
1OU5i-kplHI>V#BAvD&s:>X#w~,2GH58Vm["N-R ?V"@A*f(Px,f!eZXCHERkgE7C7w5`WTr
Sa!6[Qwf<;d)#S|r1\&bh:ig(Gw|'HP5j|14T[ZyS <b@`waB.0H"VC)lE P+e0;o]v-XG^o
CP%a&-z:mpn[sopr|?{O+xw7|!j\!"Iq?D?g9!B~]z[M/`14Kb?\%Uub,8Z4>Y;xrG[K/@:o
C<|$~v!e^o-.%|pRfw!fu8Bao0]e(E#QSL3;6Ggw]<y$}1/ n2{pBaXYM/O%0OP<b{%=_[@
UR.Vj%,b73+dOn|"Brkd~'7HgZ(D*z=>8)kmep&?^{e,FgT?Fisni:}@o|OcaQJ]:Yj%MvyN
/&,Xw0Y3v:,YN+lR?zwyFXD3kv$?k5D+q;\hfM7V}.f,,sIa6#_ixfxww~>oRtaDeEr&aeUh
"\G\rU.X<l=UZ0_"`yZ>#l)rp{G*?&J]b-^Ou6 gzr%lN%E3WJho5$\ap"\iN1Vjlq.?\Ye
e! <!<K`N)G*C.#PU+fjXOXJkA.ThBxVy'p8<#J}S`/nIzx?Gq3AK;8P"E(xR,"^B37=7n>9
X+4]6&y9:UCt^7]>NJb?X(,y)9.z!5'7GIG8PU_d~hs(u,HLC1R>`N_jMsMShl-%AgSFuRm~
)bU_^U:#F4U.c@%fpZX_BW1A(OGa!nu>Z`~nw0&Xq>Pl^dAgq#%L5`YI{%.]N-3Z[OBTaO\
t%eeHg-o=noHmC.u'g!H^viy>lF,ytdl*"xQX.je+oc|mEv7@7~-7SHURwv>=X) uyhumCG'
/r^!&NBtYQ,QezD0Y|8yt\V.CPQGI%Z{;{aI+pdn %nG|a.{_VGq~O(H4H8-MMsAC~lYf0A0
;C8yQOVaK.+ @.?VAmtQ!pHy4I;w=pTL/l$M(4v`hD5-:}CHzzMlaMWM=KlH,7 jouM!bC-,
VS"?Z%19;6J-7:"*y1=dhjVg@zqu'J-mpWe>]Vd3m2/(4n)b?[%q>hjpv910V?S=5X6`RVjd
7+?;cQ{+wCa~\[4qm!2%J(xaooyV~4S9!HX)R{3)[]}{cA]4l%ln*{XY4Hz 86/rN-PP3?&Hl
t.cHxx6uz?Z<.u$A3#^uG'0Ux<jutU@v}wb2{N?WG8~W}x*T\g9=KESyF1uy*HcaG6|gVc"h
h){*'QNx+x]zyK^B#j/G#i=LU}WGjL23a3/=E/zJ-7,R^Z<\"U|p0n]!p5|L`YNk.NqBit5?
8{Bv u+!|>Vn':w\)>p},~Ppay+y5:x[` K|L^n8ci)iV8SQO~Pf0?=yN%X4S9,*2=|@So],
nbZ)zHi14J;7q,W0%RuT8oVVw#T4XZ4d~?RQbK^c+&<J5Y2DGn4rt9.5%GiJC|}Iw"eB)-#4
8bYg9wji!16.:~W1dTdG:7JQ[O~vc."d5Up=;U$M9UStu@8D*y9lB;L&f@`,,;maJMY;<4+f
Q7W,}H:g+QYkl9,Y>.LD283e.rj_R$Sy4J>W%oO![X0eAIv9?^+)4kOa_SE%9\DqF\pU]rcQ
&'z_8Px/iG=m+f(57ejM2Px,SQA:zyTpnju%s0Z*n2\H,x~tou'yJ~"PgP)+qH-T*X=K'~+$
6jT%3R%pc}QG(s<D]+b|p8*9 H)N9q V5co7l:BV5\'FT0wBRU8|vg1D;aa0iu3G`G.V5F.V
M2FmoU3/1,~S:mkl^HRu.[qJ~g70Q|0ERd(mQ6mh;z$v]CCs=HzSy.~Vr[ifobZIg)k/e^4H
i*\"xG!)YK]\T$T9LN~n,9Px Rbf.1%aK3s|?:;du+}RbDBW;cmxh"j:2f]^&hdA6]+rNDk(
n-l[qc{TQ DjjSbZT^5$}r#]v'Wt/hrV\iX~X:.89wS0]LMfkf:NqPJ:]&9<+:SI7_HV&:u-
OgHtIZxwHn.]@^v5G!`VgS}DV F@bl-Kn2V<`,Mek4R-}ZGY30zc$zJl^J3:y`v,D {/O&hV
PnJbc'0xt=M_ymdNeF2|Is<4t:%=cHnJ=_SNa&ABu#g FfGSfiWP)%COG$zbdYmh j n'#B8

2017 Mon 2018 Tue 2019 Wed 2020 Thu **Saturday, February 27**

:tb"J{(ytRd;C`w]j7.^E~al|}ti;|%<_WrI4_Q{g=F+{ZkD)<gje"2rQL%nSWK6SJp^qQ?"
d7*k,yb.M;$b/~&QA3hII[461{9Y:"resCj5{^ZQmGNmLo43u}QYy{WR]-dtn!q~/[0,<"1"
9~FN@pw#cE_Ir@l]xZJ+^J+MXw"]l'iCt(nJ Q]j`s{`F'qmU~.}cL5>)-Kk.,nEpIhm$]G
`kEs,zsjiL.uJ2aLP2q[RgRY]|5,$8Jq{Q^H1RG@V.[ZcgI|?/Y;{ </7GT<y\Ks%:B}V _#
kV.[+Ll\>XV`DLi53-k|G)oKo>GDw*k~0bo:\yZfu0cs_wq-$<|N~w09?'YrQKb{9QJea72J
I!q}S7D&Ot%r4%~HoabHoqIKJ?<LXZC7"#X/%x#o_mh|'e:VTlFZ-3+#rJO:T~.S$^h2l/eC
"2)\+1mRnd12/~IZ%KsnHf:OyGDGd}5HM)o]G T+(GQW%1=k*.0\4|Qn/h,(!Ub6ySG@*[iE
=W)9%hBc@LXrG5DXHJK5E`N,[sM8HJaaQXe,52Ae<cHz.j#K?zS5prKF 6U7R`h;2{-h->=`
M]q+LZe;uZ=#zNHTPrazi%ey)fHD wVHw@rhNQCGFpq+q@_.ix@q#+4Brgp:r>jKe4g=3\4
d":wH&w\;=^X'eKz=6J Ht,4N5iS7c>[1!cpUI?o5=j0d04Y2S~<q8C"Bqxqz(#t8c)*p$kj
l^v~vd~_c I}(1\ ?1:t`GtB8*A;&<'40um\Xcl;0m{cA =ZxZ4q`C;0_n=>b&BIR*U0?@U
.B oxGoeIo,=I[(QOP-lNGcP61Mt.T~@E:k*3^kR6"m|0qU&R?K+~T"r/TS|b69anzvE9_|o
>B6H\KxcK wt*e+|,NDxX[_zi#a[=(/T9&X6YG&9BQ{kt:Ys|tcy_[-X{EFgE W!SoOnTo~5
4(lKX?^+W*NuQy-Ev. Z"a5sV.mt)?ea%_Vnt1|T$C'5D"/!e+bTb3F~e;t+"Igu!z3_EC4'
~,&52)K$?.@aKC|2(8!b^WYOyGaH ^,[P@+JAKxzCl103eeOr7yPq7mcLL-c|k-HO<%o?%q:
H)t&~4HpgY|NY(41N}r1Fzf<rg!Nz(IB|iIRN4A|W-i)_XmOu2!>WnfSN3$)Zf["Du8f/5y%
}:CU?U(RX.^Sp.ZX?,Rhr<c-!|@T=a8'J{g$Ij.(*M0x#9]Sbt$z'U\WL{eY_|ksqoOz`]SV
^LS,F?Fxg|{a%p}Zty(cJV1~lYl8(Hsu8-LK.H#kyog[](F7L"DU9#}O`&XUyq's*hU3%0Q;
u&P"%XeFy^{h-uE}_.`T@v:&qv.7w81|_)P`~aMMXCw.UXO,bYyjr{GD=Z#^fj+(5zK#PIld
a9<27dVl"ey+iv I:PrdCAXzl%O\RN*lsn3ow?@P7:e.8xb(b.1+*Ad"l}a$Q):FNaj*?oN
D]8H7(}Pk<<*))/(<.X4#.>/l8SsFCEPj5&X~MrF3w[%?N@MZLetg%l_N4/0Ej3mXd/}hur,
cXUgtq5_00WNUO}|o@5P\UcGlMgA9%8iOc/d:*)&V"oWNKD0g00[fG(@?DHFv0nMI*uRZ&gm
{cZO)W@C]s%)>R<Uy*AXqpqY3"&>WVQa/w8T1W{N9V)<\Q? e,L;M3C<tVurt:uRHU'BWW(N
wEH0xGFT"7~-%Cp*.,oe DNvL>.7:xs-o)^9!w~ALd~iW]Ew[#f#+%V2.3.i{"(ah8x!$q@K
O.K]nidC9LU1$1YBXZ'P7_d'5PD^mPG3(/1xWDUiU#f3]O.P)`[QW=`1]|)ZU8C-tq*<(rI
Tv^$|`|J/bt!X%I1Q}V^c4B'ir>M(,]OW@|x4A4(%C'XEd|+yJ;"8<}KR!)nJxx/gZj'94F:
0Y3d^r$s?dLOi?r~s!+F0q]gLmix'ZKx5~-+yL/YsmCz(XVh,`Q<(9tY63`_l (=vjUhk>(P
O&77u|OcC!3fxxU/gyb#~DT+JeWpTc4}%$g[]'|27`>sC3~E~Z[t9&:Azmva+)f1g"Xp%r!V
jsCzCVCT61E9nTiuri"'*)(Fi2<[J!8htDvMgZc`.+7S_GeBQZ)D-HK3iDSlIJFUILl<>}/y
}GmRM9Z1m2v-_XT"U|.!bHU)m}h_p__ys6dX!:M"ZBe:s/j&aZdI9Zw5bXKB?vVWZt^W2u-?
'dZj%peeUJSfk$iVOQr4F`>tr:f;`[Nz/l_pS=nTSnK?Q*|WU0h1NHY8L.UIF0X8DBR/FI9:
`!R-SS5/1T83{Sey1R~X-LeGfq.,Z2 LuoqyOQR%fE?Dt?bftd:DL~g]!fAYyiI`v]e|jiEU
stGA"V[x=|X)PY^2r(]h^"8Dq79[f_#-M@FV\\U4UB$\w`~d3:6?@OWXLqNz4o>`Xx,X#r-~
]myT^kH&CDl9tGPRa,gld#@qGo2ZK3RS`&p]0lkB6QB@@NO31u?Fq*~)E4'.2';_QUU_)jI$
bpnc*CH^,5oOjT1#"?{"IF>[:;A1|BzlvGr5}9{#9s;&&5MP\GRkSprazhZw~v}Q@JKekijZ
NX2\u,s=Epc#r#g)VO"~=aspQe ,|_Md-};Ay!;^^Iph'0PBx6.IS3DM$a<<?]y-0EYYs}d:
&lOG(45Z&*x^<*\[pR8@giv[m\})}Vzu'e^{X}YG+UC?V=9n'R -90"1L{E3g/h4PUdS|5#h
\Cy1,})^YM5<^fW<m8<;ngx1$~.]f*Y-9\Vyh44m$SGEVP!2]E}*VT&0>:jak.[2sZax5x@o
*JeC{H!N">5{*u`e:[fp{xHb>\oeirC6WWO;kgr%[DAw+EA@\m*c"atIh5lR7x!`aqgQ5wa]
axF:*+N5R\t$=X4(W|XuXuCJ ?2[rgWp5HcJ?p^q|";+:9y.$goXiEEjP@wiy1h'1c`gJ dK

Sunday, February 28

2017 Tue 2018 Wed 2019 Thu 2020 Fri

a^-P9FEm|H*SONnn&"Mo)CQySV>mH||4mHH@cZ%k?Nr:Ye-g6'@|5c?5#R,fYGQ7\1j"-;+$
a;az&7(>13'HeUR2Y9^<)5 Jd['MKl$"u:3OUoCK;D&y2272_V$d$h@T>:|;-Kkn)\VTE5[[
3MqT ^E>L`74)]].7&px="|yQ^ 7TkAP@N({x}M{^@jR~3PQ'Z~n>gy-jMLs5sord#|(sin!
<jUF,#?*"hEZj2PQ+[z7>]"XRt8y@RbW]zCqm(.?WX-*Tw07e;ij?1uua4,k<2t)A1A gx
7s}^`IvbWsHX_b'+3h^l>r~le}{p2K@#fml[,].4,14<JYPX}9VXI5a%o8!gB$V ;sg""U>h
ZE,`Q'EP3D;4JJJF{UJ^)(=cBlD?#V\3+Nz3%A>-76q3sB+/##X6,uO p0U}|)Nv$'Is#!G
$d]cjg#mU%> S6EB*}@<aQP"(>]h~!0Fit\U&&(`q"V3'6QDtAtTh[bNfH>BXF93]JCSg@D`
ALz2$P6:&p8}T}[/x+7Tn5hETkQU].w?ibMS"<6%$2<-^-Z].m&)8[@k[5:;3tB[~OXKU_J
f]-k)o)_<Yb%AnG%b=%4H@Mn8\gxUPvc~(P0[ujde<@u*&<X}Xlzcwfl$X^P5YlC%9:92WW@
|ecXV#n[, u?0/s9*>w|[r-Y/~\k(UF/|3b1^^>~lx4TVRl?sUtPO)XtKNN"YFp^+AJ(47e;
$\Y!|/pQl'k7Lw1`Ou-_ouA?c<u03'+lodGT66`Cv1:#;'l<a*Bb4_>0`x*18m%?VE_M2;>Z
t`q~EZC20%WCghcarg=xC]_1z{9j%KX]}wWv5WNIyTCV;HN]-tM1N1%ws)sxg_ySm>C}@Pyb
mV\;$U2,0IYLL>Z-89=-#~\b5jHI_nBR_,T_TLO:C0kL[B+ni8Pv"{#??kZrf@;YZZH3U/Kg
y[/Ud05MJ(m1Bs)M13qhjEpBB9MpHU{<W%<QEEHS0`+*5^g`?xv(:Fy`{;bEQq!9TYkgMOC$
_egM<uHA3DF ?4g'@`UUj"FzkS@^d #Tz{IUG\1'ptCOFO=4u'n |}Y8?(T@w5_NEM[ITbBR
UprpD(ay+M/4:JdY+b\&=tve_<X%]`Y9M pGf`&fsS_R2R)2Vs[NNE][gRl+0/!B`B#BN4'0
S]@N,c}uDhnp&&0[-{4fPbutrj&T3DJOc$9KFF&I*bzC6nWw_2">LZq#cI/hKn*)-0:V)!vP
)W&T"%vnt/0*UioUuqi~G=,1M\Z('[Z:=<O']p)la,;%hlyQWZ@9RM=#l1j^[m41B|q-gBu-
rG)(YlaK;Ek1AQ2ggFizZ-EePp,Wi}e7.}!}p@MMT~C\A%DgWF<Vu:j|= n<zFaeUd<BcCj2
Bh?1TjX F&7 'jK^p(Dm{/q?KIc@2v73rD@bcJf}1 |H^jN(Acb_qie1*VOZX}QvH'?nGZ'5
4yqG;5u{tc/V'`Gr"4@QC[\Y,70iw0%spu{p//sS_RYqh?'4nN2xa6qlF<&@gx;SW`RWfVaD
T@Skc9lMfL4{34-q~N^,MH6"?ilmB#:]^"a7rxJ+KF<V4a|\&{*:SeWG(1v0-OW1_45t5iaK
}0"l^Y3v(&G}t\~Hp$C]oIrx?Wl,l/aI`(49mVZKhx9x)E|L]bjWQhP0sSZPH4[wt?>:/=+/
Yi.{4-}mZEte_Gc;"PgvDJg>_:(>}O{M+~x_{.2!v@:y"$O3q_z@5c)WViDp]Rcx^aI\L~73
-'<O2<G]"ar"!yN?4y2nA"c&P(u>h_<D`N\bHbN;C%5a5KYCn6/ <i$$VeN]lpf=ZNA>.\?G
|DYB?0-]Cm:RDvAKNPj$2eq{EIl`&}4_LNJe}[A\ T>2|KDHyot~=w0^t<:b#N5*K~` cJNN
||tb<-O^C'<`,FSVLqyt_kvGD+$l0x[gSF+r1Pe/DB%hG[)|~j>e.>d,T$P?)p*gja7JQ@`]
If}z~69d&\?&W-Tn~{;kA<$d+`+1*l,VoICieH,B\H?c+O'+<89sp0p9\|BoJ85AtWFs8sD7
iwp Z/4tsSP6:V"E*a0w3U{=mf-xQ`us;zgF(co!xp|0eReB}':|DY0`L[UQMM"Ixp7<hRt&
j#|"$hIcy?Wq[CnQ)7OI l1O9[:,8!ON}qs-!/U!d7/hY*|#ZEZmi3.^[)%Y5Y!|];:OiVqC
,:/ZhF$Fo@,8$*|jK>,sC/^N^b*qX_U$5ovcHt3~?rRF\e-:vL3N+2{M*co34\%zX:Kg(5&
1A{Mtq0(@t>T!Bx>Jc`0L!%pZ.)C>62_+VyOXR}BhHoh*D!d(z&$T.3$H;N9vXg}XR+~}UMv
4wtvGo?]@HYGWouSY`;;e"cF!Ab` 5,4c-haFYUkJM06UyLBRf%U/]^dN+R"|+c}\W?k_~x]
,K*qxX||+ZO Q\gt<Qe:^^1&z?vh}]#=EgCf !MIYjG)*-0~>=5iwyyEAohM^W)+NoPFoj][
*XF]b%Jr3c$xU5(P]G"wSa?fRVfzGl/` lBCA*7AQ3b9|BgJ><``5_~ 9EfnApm*H.:g0BT
Cq6&Ux~i>MeonlG.bzee{u>0lMPt.!$.Ss&A8*ZmS=jB\.cT>!d*'@5YTE^@yn43pdB#Kf=c
tYx#z9@7'U20mGVNF@4$sI3XI020/[zV';ZP%eP~ay<j/S&"U>[3><}${]4/TgP` Y {GAv)
%o)c2/GGpLk_He8=G|{$V^rw6I0gTt^)3e,8:fC|Xl|w-Ars3rW@[-<LaCNLN9^Yf9V-*6vN
h*?%kWVHVOjD8SV;^Y'&t)IS(YH0-}?$3IoIBi-fvf** &NIX:w:7]bZ.;upf:[k]hbHLj-A
2W}0fiv:8XFD4$R,N79AYqe^[pQDQ=qMbk)Do`x*;5mWAS-@|62V9M'QcOu4?ZxrttZ]pQ^S

Monday, February 29

2017 skip 2018 skip 2019 skip 2020 Sat

Pfr6!L*R&VYG&9fW(*4kWlbxHn[4&|jmso9k4XX{#l[Q_~\pH s eX--]v0OjR}3RwtQG$#
X#.r!9j%H,UAsr;H+?&X8@"z** @LN(MG}i3D*zw^y?9ae2[&c,|`QnRt-x|tu4pgN[Xq%&
><a!M<IVZA:xc$9Fx,6l&xGtgraroWfi)+9v3hoH&YZBrxZdKx[a4yE~G_@B5R`Ps,cT#dT.
<Ttlq $(@a3lHy(U2ml94*LKremm#G_4o?wU#/e`BGN&QjcnOp}ymqh)cr]<}zRkyT,%`lcb
Fv5a#-y0dxWX2Xf;="oxEg_6bRZ(w+u?s2sr3'0EeBJ,K4sLgU3i{oq6dmt}? M}&'IUn b{
g:_`8dr)?SV?K=Q+/)'@&o.=t-@DcO 2n(k%vOI-HH/j`R,mST]1ci"gmi'~aobX8j.5Un2S
}IkI;wiDOEjO>e'+Q@I*<d8TiM~~@KFO\}{O"."nrDdkXIKYQn};g_ HFQ"0Kr20?'zt6]{r
EdpO.1:>v|-s<yJnS)>`Z/K\90N8'+h;2}WSErUO|(].]#zq7A`W{0Cy,3Vb}(2l+"8c~/eE
*i9fRey}Eo'[q$yrKi_x+h8kqjT1Cp98EmM2\h<h&J.U|$ T.0 {T,33?eW(e:C+)DRg3T~/
+%B3KoOZ=0I^'{7KeW`3{Znlz$.s+57X8@IwTh;0|H>;$H.EYasL5Ggt(/eM}fjl_9GQ-Z|R
UBHLzQ:mP"qo-Iz58rUNHGXIs .yIYwu &X5'mI!#r(a0"_\mYpS&~(n^s h5-ZN~r/v2oe9
7>\{!"w:kfYJp|'zS%N"}F]uv6--g1Kl;[:t`G!oy9Ad5ePk73?CI|@=85Nbuv)f-O.giQ4$
{>Eps/x^A^SebiCZ*B6C`70o0_GlnLP_>XS~d&63 DP<r=D(X'N'F&y%WrGEZv/KF[UtA[eb
Bfk}v1He73J,yV|a9@CY\Wz`LY3hB_\9<>t/[I.ivW2;zV)X_s5U5EHP1'Wi<y%x.yx /8S|
Ufd?Oyi,=$njj_F~(*!1_9+#1;;`&~GWK(Gv)37JkwN-;)[K{OfC\!i(t@9e0uvZRWM3;@8k
NDve}m5H%e5)N?v;xcc:X=xC8M?D9^I+ +z5&DRP$*lu A/K9$)acL[4TxqgG}-.k9%7nb8e
g|w(%8<K~+g>RVHkP|reZZ\d'%=LFF/: !T,! G#rJ}%J%4~'!gUdi|7] FIix GyVeq6\Q
r6bjQJ%8AgV+8pkL~YT'fsjBmn"OrD5{l]\Da#7809:PXS%+&BaPsa;7?eV_;^s$Ctt%<'t{
]t8+O7ridw\+zu96w2"3RvC1S_WAC&+%GQhFKw.{?qyU8,\Hi,jU2>!v2|Z&:[H`Kt4=n^]2
]V(iRuVK~?p-^C@$T3/J|fluV7n}oWT;W$N'{]-/*dG}VU[c3xBy##>Cq>qTcX~m=b:qME/
+TOf)XteMpMUlR:8P<W1b A9RA}+rkU8,sa.:-p0/TRq:c[VM58{,Bz27J;t]J[pSBF"#%+T
)oy+PmK5uMWFblOs)Napfc=lh~eB(&+81=XT'\hu0Ui}uQX%y0"FMWN$jQM)qUmllse"BYyV
D_{(Vdp{5emW>_l b}62VvQcc+Zw'oOy6v&p[TEI>S<#Chw|MXh8%r!?}8/4be|BG(l*ae<A
N@*f8G&BR3_3#u&)RQBH!+)c=(5z=_/*ZN,n(:xGG!8TS#O?5[b7:.J#m5zW,'!>@y'HtuO&
@U4Ua%^zyp F?qd>zt5GT-:P/9P]>~q8Zt9$.pKzfObaf:7,]VSrTVu0J1vK6WAX2~}rN?yc
D|~{.{GX%">nGJ!Qe,+8}ya~]2$TOX_d]%ig+1|e|-:OjXWn~v!?hXXtfMy5$d{&f=%yf]nn
2%Xq'-9MF!dkGMF(K-+Vk*\ByHb\ Ti1J*qcz'nL?vFEY4]+xYqvPy&{%hUf)Z'C$hPHq7-
uFQbU>oM9YTxoRH`a'HfsFML,9?0Rdh?s{]|d4)\fZw?lvo<I]GAu15@ F,htk!o\1|)DOHI
|1NYmIPAr-mtfsg7$?:&)$s{)c0&n,h|9rWv\I86hn^R|2GGUG[b7Az*W`U:8)%<z?iF%T5#
9"(gvb`W%b%eOe1:D4J@[$.AJ4 =W_-LPW-Lx*[+4>Sb{Sw{<0M1A3uMBY]Zi6pR0P.4+Izq
},~Rabu2|0h&:5s%^ ?/[K[\DMAUEQ[|M[ivk~~rp~qU1%<|T9;k2Z?J-WCd9$&~C'Jq<Qgp
YwXhfM.m|_cF9)9;=#{:b_$X{d_iEf[']vhYI,Y/O^irHb[dP4K "Xsi3q}nK?tW\sshw{ol
qrNH86'xTI" +WClbBBXY&\{w$zxc{BQ7*(_Wc;+LI^ w;6:j}CC+!{TuU9YwZH^b-Qbq4U1
B%qY&e0w.9#Qe4j$4n^l.{V/XNX0&=K.hI)v~ia] nmOkRp`<d&&]&5rHl#% 4M` %3g,-F%
):NytU9y,8jw2~DF-WeK1R?urg9c,}W.sYi{+4UqRou`Ked3NR9Pi}`NRPT_,5@];6u>a!&}
*l.<O_bcA8(2F{GX;}s "/|e31*wK[lPU8m/d,2{S90u=K0P&e4Xq|O:z|yr&\AG"&Jgig-(
G7~[Sga"q>@~P8#{2wpJz)o*.0)R7Y8g>Y0aKPS/u-u]3Jb3Mmz/OR?(yS/)|70~mA],T:$q
jOG^1=Y3c"<RE6*1}BIuN(u&[znWF!,gE!`PMdd>W(::AH8*5~K"Awb!wNC]B>80ZS7O2T($
HAmvQYcT 9[ZV`n"^HsR04L-0=r PNE}ehG1 E^J5-(WIDs\#F_N2UQ*YC}=M![*-1{#5S`*
L8iWA^3Vl+}_.D)=u>"Xyq$I-DkaNeg-]3g<@&1XhZnDs74K%:X]h+N6tj?#zeDjw'?+*nTz

2017 Wed 2018 Thu 2019 Fri 2020 Sun

Tuesday, March 1

f9&"h@#W{PoPox1W$2[]`pnU "Bg03<1N)uVK1\K9iBd'VC1&:gvpP.ubkgdIgKPJ((f=n(+
I<OjMo!k!M~0/q?RWl#PND~>c_m>!f?Q;Q~N=wh'UffA8$OPc*#cm&VfHZG&mID_W@,+3(~
boH:V}df{;rWAK0?/lF4_Gi8OdAp>3 -D2X=b+8c9j'1EDd:hU(lp1fDDgO<D}?ajlpo~|`Q
2ULmI(v6W>B}k^Oz@<8.`%\,|YFl;k:q5%+rO>e}Y~#|;8~1}I^irCn W|J!+l.^!FV!~V$V
ax?u;XkrR\qdmJbLE/Ow9_;/[-_ZD#yrRJSGg/Cq+5[~L(T} 2iOZr.gKpPjT_Orui}%/mKf
CUt!/>Cp3:Bbk7X>FNCI'hw`U]k0&q1IM@rgFAD0o&B)P`N'4Wb{z)|{Q/%<_7dA&B\|szx%
^*,!0+j0c^/FwOtGxEcGAF^"`D*2&5Gp{wTn$f\1Xdz9%N9(tfVF&Q_}3D3Cjk>#e% 'zq9g
yJ*5^&%G^V:JB&D)8[^AE{$gG.Z2m>Ki^.TLe/)\8]:Ri]`i9ft8Y}-;FAy8j&ddxgBsUTIZ
uyTzdW}s{*6x9y?C?~i5/S2rE^A7}ar|Y 9gHPv]Qp?$&qT7R#_inRe_s_e1f0OFcd9rHlJ+
Bvkt~SQ#0]Q5)O8k5)Te~H4}x,fu\V}D'{89v%-Q?MLxE*+w3}#h&*gQS$*7Xc3!f>,H:hf!
DP}`?d>OCGwYZX+`~rej^_(=g4P.g,&u5IA>TtaLV~J3?.b5{GUvAuWDR].I7'<,|6QnX_%
J7Wi=rq.%Xp1O\!]f[iRv!6|w.spI2E*D7'mC2R<j>cjH_pg;h^7j^!QICuEaa\&Hc*%_4kp
z?P0;E+0l:}!sRaQ(J:,k*qHNv J;CZK\X:r)[pV^vUS ijbEb_.M\,!N+d5ZI[Kopzvr"X#
OU)woPIjJ?E@VK:N-Q;1A#a8,wi~*e>%w3)KbG<zomw6U*}u}w>OV&UTH^r{9ceTi&]#XN=?
n8Y|Z;q{p'e:ebB}LK[#F;Su'jB[PjA7?Y:1[~FWBW^dJ]n$SDVi;V/7M1UhSZbL{J(-Th7"
&5~MBGUw!h#dg!RU"4f*e?>O|.zq2<k*2%Gd'5>Gw8_vhMu<4mOJxVz2VVTOOZDYh]V86tw
Y<DkyqBErjhukBLJ-cI{nH#g.9,"r_YdX6G2>$)Ou5T~>dhIK|(=j:$I7anMr!in]H%Q*<D~
cz_var/URz&+ua6YWb=J%H}h\Xe<hN1E93<jh*w-Q',uov9Xwuv~2tg{d'pUgBs~}4*y7-gB
a@}vCA!r(1+G WudorS0RV,cxV'p\R%4XH:[nEc4^0)q0V&LWt&C!F^=R,,qF$i0sqsz=8sl
@pze9jN\2grl)2Bf]+F)=6:S~uY!nA<iS)bB3~J>CeA}u6jAY:UCzO,}wuKz5iC3C:o mIS]
%_`^F.?E:x f.drUqjh+JHHMc;M[u#sd<PvO[%ZdHgaf^=7' @</nfx,lw,qUnc<M,c*\wD`
Dv"&@7KRl88vg?nwv!zs]B^#Y$(vGC]i17>E@MJrg$[pzm9d+%`{9N4z_fPe4s^9=T52ieRO
<e@SRt5o|9)AyphZOV?-K/9]UIAtU&ow.'HpKz#LOj+Z8o9y}feG#91+*0,TNO]b*af{BvH\
(OfUP>:YFnpbIW#t^\I2a`q?70wf?)bPprsb$%KUip4>=+t&lNpO<gCTI9~u l1U"K:m:W9`
>P8qm/^(.rm!O289y~:-#!C4krR(RrPq5m<q'|hm@JlT+xV~=(}XnM>#)J1Tt?r<j@md0}G8
qB</[au^.K%LlA"1r/)kw\)USJ}+Tb}TMkXa_Oz3!w<\Gj18?;/;h&4fq2OiO_?6P&n3|}PT
3p6UmRi|6<W\C:KyuuNBlU"RaB.cW_UA9y\=^)BH;vB8E{3uZys^y6>YZ3-^4Bo oB"n5,fW
oh$7GsiU'Rov0',\aYcoi40.gmtG./9MqKc)UO?&^!pZbM;@L{# t^6+kyHQPg8Q9["6r89w
"=iWOoa2Gehl(SUJ`3'mW<++ofv#Tk=uh~w&]t)osFDvMU,jqCJX< YQ<R=WZgS1%wf.}Z=%
GlsZ>Ao8nG$%pq"+ni=-KD[8&sYQR'CjA=~BF-&2`e4/2xDgfb97[bQ`V.I5B[[2\.f3vyN~
F.TDW"uuE`a7jbanv}Et+R$CL';+4N!5E`cVgS}X/`U~$r4C2bycvYH;"L*v=I'a) +#(Ij/
!VdB-X:6.^^QkLDAS4-_Dt]'V249+X|6-XPtnnym'4c6-3Nw%<:NEh~@4!rd01j.vAk=5U)c
x]t3s91_"$9i%KQ]PaM#wu9t_{^PPq9L &bRVAJgo $i|8t>O5V<rYEPg}0=a/.p:5pLF:|G
I1sI;r}QiC{Y5N^zCF7m5pa)~=:a_!&b70Jx6tlK%h$(FQ1o6^&`#!b#UL.yh~I,$GQytSZ;
@G;,C-<D%{85L`bNb4'>Rg4bT5tf8pxL%FX1~9''k~O,QRP+&)!\KE2]_XtV<ZG9em7x)THO
;+5T3IH- VtK,>=fVFg4hr5RU_/%^%VD~mVKT1Q#V/ w466fMkuaI{cF7YbI "E>~{X5VZK
c0Uv/an2DaF?8=4I7SC]j#`)H\LOu+Ei{$3x#[Ez|1m^N!RT^'C}y[Gu>6PW.Ii}U+-UP(Xd
);_F2qWu~D"2DUe:EP=ps!U]9Y6HQU/PnEZqo(YqTV08cx +,Lj"f>Rt[~tlIO{`[j#E0qUv
{dwjHbvM9j^~#m0&>KL:+NdEaz(xVV4w!$1e8}]KZ^S/V:aUov?(o.r2{Vi~]5{5$m+5bgK&
x=L= xD/mk%-3wJ(|NM,Fvr4PBu\g!neqa=Ao4i6$H5H|Qqd>AX8;@$}W{OnJ_z[Wp*"DQe

2017 Thu 2018 Fri 2019 Sat 2020 Mon

Wednesday, March 2

sMXw6N{G2HYM~>)1J$u{;p3yPl?T,8i`s*-SwTpD8k/3(/rnf9-"\.N{oua= ",F^wS?7G>Z
K{Zj461vWwGTvnBI\>jhw^au0W+*iuK<}rGo9\p24&_3ly^mYU5=>(@kqEHO.q`9, E{FF1J
O {QJ_'cK3:s.q&0*8!ZV9<<(wKw*:W<LYyWny[(_QZG).e(OfCJWI~@lHB]95efVjY[y]{,
=<r=)Sa*!Kp$,H#=$z&"i}/(;0y&ix+\< ONSX:\tmZ8|[8jK:}<Vk1sD+]V$Y[ESGRK< L&
'Rpz=SbL:*S8%2&\e3:3;>WEaR\{"bM*U{]NWMXL_ 1}P&TcgW$!:HFH(@bV9m~^,kHBHa^l
v4!)QTnNS9RU-|"opAi0=Z-{q?ouaZUj{R*30x^T#~dx*J0J*hBN%I-@YlmlhrS1=@`(RoG&
b>_eZ/]dyH*WY,Pcu@j+HWq\:;c-2,$=tEY7_fHfElBE@c:l/CRnLguO6xI:cKt7u}:Xl`iu
[of8nBN~n=~(awqkG"RKsGabb~=Dyj*xFb@VhH~en|6^b>vB#1O*.=:LYw M YI|TipIPM-F
i\3zb1IwFS4&IP;N9Cf&$xLQquzKvMnb%X 3]9R(;u;+Kn.D%JBmAWQoPEY)!jwV<BEr4+|l
j<L]oa">66;gvh2]Ja$v0O<%)csRe8lhwN6`WSMd1Bpn/3V\U&ha:~YW<V:-CAdAmFvz$}rP
m1}I]&6]K{f4,7zW``c5sHGTzJYn)~i8m;STjzw8DF2zkhJZe1<.{(3OR"(/lQ;h:'V[Jj_
(NI\ae)!Nk8D#}3i_!&|0:\yt}Ht"K,B8?KOCF_d6$` }dFD%0|f%>8CodI;#sbCj8`mPxk}
\b=m[doF~MP{{A!BW{0_U#]!`]&qu0 }ioh<00hJNDwUr7OqG>M187nz]FXIL)}{@t6'3h_
BO6U1}e3$}d;fTtK-s5sHA^',Z_HmXm-n|pm\?(e,9}<lzW@hw:cH3rH-v%^s2pX-D m@|k]
?paS%FPK]/+?G#4Uva7b?3rH+MVJHhwOSdh&PX:Dwft2z^l-uRqFX/AF#S.7N*J N2l9tZD-
av!:p^Ena,v,D,HH2)CDwVMdW-QJfJ 8Ug_jBDczFx Eo;lQCo*bI=GX`7\IMe=M`gUY``,c
Q'tnl@KP*?wAM=5[{H%+(dTIUJx0DeoWa3k^Xf_JXtl?(e$nsF`w/2U%39P`]a$og2SU$ySP
|BcI ?m#X3KSHrs$y_Va>~1W8P0FX?h{e|KP^5Ku>)'DjV79CEsG>&\v+\C@S|_Rl9*Z1Vz!
JXd:1JiOrhKtEZtz! }J.0=}ZLN8Dm%N<Lj^76*<dQ1EAC1KBflghBhc'!T1FvCCqqS,my!T
&ot#Yz:_Pz'w~$@m+0jV_-9!xkiwZ'B!'m,D&IB]9D9LTdqPifMnt69=yp.<)\i2t`.%m@[#
.SjOv8n[\4\[f/_yy?=yNjw08Y6E#feW%&.Yw#%5xqIhMBg;fXd1&w,S)ypw`.RC|O9lEpv6
ZfS@LpGAuz:T.krC/ kR(B%x^o,H,viDSQ5n&+=1^]dGr1l'ItmYS??;=XvXIz"jC77DC&Q]
SJj7&?$=.^dj5/T5x98*w%EI$S+cvhb)%J^>oyX\0:i dcqgYQgK^:*n=Cjhq7/?cF,P-v/I
|O47'Yv .vF)*T#36qgX|#t~)T=4tA{Pe|4 T7:]T'3]D$@89AFi<BIAE\R7*9jzQgpuBl_:
"j!`;'RMoc}]d?.tJ,Qze>6iZ)=`O`p\D?-JU.m2"<ICq^sDC}=t=fD[WJvBky^R?!%8,6[1
/(Hmp#FW+FPsp%</g>+.H0]67;wfFu-42+FQ~X{n[aQ!w,)i-#J|wIwI+^'x{\KV9_7kA>`3
4"gq|b6~i'q7_!e&en-`\!Rex]5}WveKQLr$s;'Y|"uWk%y,j!2fd${Qk 2.3L@{YBNM`_Pl
[q0MXT Z,}K-9yPoV-VXS:;*tq0l(:Y3Ki*=!EcK^z77;/]Emj?#a+Of/S@Y?<F~MBIM4'R,
1g}p~vLg/0TYAj\`hOg{cw~'7^Z9vj<:`5wM=<a*~<X9Pl!z&,*-@vhVtH4 /nWfjk"[MH5'
>Yy#JypnJ]8Y[iN@',lJ"FCGe_M="u_o*BS*Wr=G@K+p#E.m%1h[Eg]ILax/2lcR7{.Ci0Qy
jOW~rcx`@33DBP6HO?8+v%"TGR6MAJ=OQC QEo>pYI9Ga'6\Z`!2o:gA@jM2qtDXt~1,'0(n
p~AF,2xkIUu{}X KJMufythu$?`J](1c*w.:e \17<ab0Z2z08f"rd9~q7%4`8])8r/-1o57
HoY'Nq1X\DpbLP:,:hF{Or_RMK(B[k7/_3J|t[}) 7s7(HA~gWG;c4XND/D@';Wjw7P8]lqI
l]fBSY}s8M]6b;o|p!.@m4AKwN+xHNX&4a~{AqD}`mSb<em!m-]%S6\=K_I1/+NS#A0oD2)2
/tOkI1YOZ`)n?6lV`7_"k,FM)5g/4K{3tbGL,BC6{Xa8akCjTYtM'\s+>n3#\0RmATG("j1]
8!1>.AtckLi/\#**#t1kRjeoRl~_9XkJ\D!3St,<^.W3;f.$^FVv{ngs(ua,.=EZ(1M}@3g
dYo#QT>|X$1[>=CY?,wct@RzhmZXGy m`t^R /SnXgIIKgjC|Ox-|qv_$.[<b>IA]c9i.kB4
UT>*d'>5rPZZtr]xeSV9!gz4QearW:6)`C{e0UTLABgU%udLc~h<>U<L75qcQKH6,Z!p<+WE
>i$`GzQ,R"F@Em_LH`&(B7,q,(LJ<'VHvez3|F=o;*;X3CA;H(]zPi71Kz=2!-[['<s5SPMd
IpjYS5sp@U{ItGX3<tz0e$bHc#c,{56C.MBoLuiw?^5{DI FMaCiVB;vu%8)= y`NMkb_gpU

Thursday, March 3

2017 Fri 2018 Sat 2019 Sun 2020 Tue

\pa]%4z1^6(:93N_Bvq8}a`W?@[:'p~e'l >@'\)3M_+VVaY%,CQdX>]%Io\&<QR-J+@T rX
V{x0],QQf 3pa9uBp@N2FXu 5$1>Kbwks=Z[~1$SX;&O*]atZ?%NOL?{4Jf"3?4$eG/]o*$3
i3sU#8'$1;\S!g>ww`T&Qq\Bz_ig9f)%%Kqihr)CA2M/i&}-m2+T?:lD.R*)B5NgtNQ}Y vs
y0M|[J}AL+ph f6lA#d!vvtM9joK[&KGH[tzpfTEa.N?g+at)^RpC/`p\"i9(g;LV$\OJ-$
6+{4"gfs8x:UefR"'@._le+WD<G*?Cu~{!tU_cA53jIn:><jZcp@=nWgKq6<Jk70PnVc"t7/
:jmGy!35"qgX(L$R8O+w:E\=A<gBe,Xy'mop!Tw3ZK_z~9Zb9]{b'T4GPTXe|Wlw8:/l|\UF
]YL|ysuxIv@Tr|pBKb<@>J[ejz;K@`VD$:1\@_cZr*v1@r^jaZ$)RoC0mNIVjMIb"4^eR"Af
=NjW)}(wi~fhoN4aGdU)-4/qS_7(VA3 }n^|ub(>mZ]':?/;Pr|.}iD0y'"+.,,D%B?'x>R$
jCfhQoO9(4e9vk:2508U{<Rs("jm7lj`WC,Mn6UdXz'r)"e]fhBrfl}*Rq WsMSPMMR%=9E!
V:40e&qhd\mf&rN)=mrJ`4adXie=mq0:oTiKqe5.KZwz0&qCg0~t<EO?S2qx2Y0M;7.DR)\i
Du%REQA>(\a-V9|=X/\iw@#wzE`Ce#Gt@$SB}ff$}eFBYo}/HMY6S:tx&-bEU~pa1FT92}_J
Wy"l,%HzFBrh>v{3\~V-,!9jzCVrS9u}Ok;7*Mq"2kQ1sjDplc|:w8/*] k%99S#<Ya:ViAa
X[~7h01gm'l*9*^-'BsNaQJ[SEu/i3toAZGU+aD[]BG{3q\+7dlxBETT>~%/[fQp%-1)%Nkc
\::O9FTp0l5uX4ohea|h<^7_LF.Xa!N6do:sNA.'^f]J{xio+"y7M8UM]Kv/BwN*$<;n4g)^
_U^f=n#94x_hg!*xoof(W77U`(Vfm(=db jR]r"nb?dnpR9c A!9l58wm+}N*K\[8}wFqhj?
=bE`ib&H`Ej)'K{zt:O'-c!W_H'+j`/b^>ky'eNeHz;t8J#y>_cikYcwSop9yq<j6gu7v8
|X}7=<17@.E%S$"<*pQ%$``p]2E%s+~X"t4' .`Dwr5qmX+nPQ0Tn2Y:y[jP3&Q <u]Xe]\q
-of%!$8cJ%MZENx3`_e@B]SWVuhgK;"<_>yV_HDd0yph!TN03'ak;FGxIbk&?uioJ#}*oRA
,=SJsrVXyx8"$SmQ%a,p([Q(+h#<!RmZ>o0 UNBKJ QvwwD?*VkkO0;SS9KImg'P#j`~FySo
@Uv3{MaL>Dy2;(\#(gtlRuwk0Y !0IdjNnMUy;\",2QS:#)$sox&:\|&6x)cf%TYGjU]n#Y+
aN(]y#nr$X_(Hx<>[thbg\'4e7RA\0Io%JtXIbm|=:Fd+4B,:0k:j056o<lM.ad9sHjh~R\j
ePIKV,ZJBL-W+^zt&9b^Q[5q2(b(d1]I/b|`<)h`YI!1wfiqI%^/8:3!AxO6g3r Dm(WX6G9
OU^}M'DnG+s&%04|%S{qFOx`e$8]Gt5p5e]]j'r.1Vwzn`5'oQd%g9fSwF SA]9BP&9 NPM6
+mb9K:GVVca0M:.iS5m~V-TnSxCM[M,WFr(IMV5bP6#K>.(Y2fVLfQm/azeIMvb{HQfy>/{\
v'.M4Zon@+Z)X&7a99zo_s,p.q,x4s#Qo4>=#g!epq+y_'S0r0:[bpb{w`);#(yW+43`*A7g
Y.RF`\.w[RkwIWYNO WKfI'12Zs!GAUA7@o-u79=uOgj\x8bYh3KO|(K{*dGq wK[rQ0R$G&
8/]n8%aauVy \z8<9vVwsW3?=+0<lu)Afi%4P@^PbM}SlTT?~LDfBMsL$Vk{7J'<1IJhfcA|
dx|~&n,?,?[cok|(h%#hh{xPNt C+\C:jj3.i4nWdT`kC#OZ)64O0dKqSgL#5)WWE5@/{|1-
1mel6mw4rS@%p?}XawZFjN/[)db0qK~KZ*dBqN_S:ob91ocWM;bHYg1~f|#0#<5NO}r:Heg@
]P?XXywP[Rc'2GQ`(?/3 oEbNnw%f3067'1"HYJ}zK8?hmjnJ^2Je.-vUZ8]{1=@9.?@Qw~R
&eb@q?8}bN'[fT _.+1/i-xZl0qi:'r=BQ?19To.p%?EB {EZh#K/6kqkg/pt~pWr7&sGq_
/:G%G.r[E*FSroXP~@i5t9S0(eg?lI78_X AV!+-Xv`F?5gxMo}Dkv]"m_[v/M}%}hw CaC7
q4_'<r{/so`bt2{CV.BoavRPyVfcV)_{/qYAf9??c&Ze=fU)o8KbL54nE]_Uouw<dD6HHJ+s
U+3uj"@S9ZIGJGS?qQzPf|KMzT:$uh?;$S68T[C7{",l=RgC1G?xha%Cn LuMvCuTEkA:)l"
E|9l6F!oZU7Y;ZxK-N25fQo\ZWul7x}%b6K~$dyOZ|,v\Zaj56)?Q||eOye0dj809-X\E:wJ
NE'Js`X~#S\U<_en^v(dnfMJ?il`gnGi$ftZ*9XJYWo{P@iEhx"1_%DrJc5LLO?n'!iIu7!e
ae:rF{YLrSeTP*8-x,Q$xNHxMBjSJ]~I:|u&fINnOc[wG\H%=L;aFQ+`:aO,"avZJ*C=8OZ+
AtC.<9hY0oIq_F\=B7$7Tr{tPQ`5N(`jsi2_l]wGG)jN)@$/u67=b'&#jK ;IU%v$W+8tF7)
k")YK}-Xf6r"m</z;>JN]?{lk}0|GmJ41y^bcOWj2-W`E=ql!c34H>BpR*Tt3\ }r3qS&M&H
l"X9*:0}{EicGo.3({8/-1pk6(?vDqH_)&@V ;WsnGDgvIPB.7ZcPS! w)Vu77f+4fj; [G

Friday, March 4

2017 Sat 2018 Sun 2019 Mon 2020 Wed

y~Uz($gL3[eE,v^p'12$9Org!uS8=Y3z[+qOh4*G{Lc]f8}#] ;HWW?6wGO-m7XcgLX-KAJ
{s\3#y-(FtF&@2IR5o<Yhznpy$s/NU4%s}lZnupS7oL{(e1pFT]Y=c6&;6X;0`pw`?~cGX7'
H3GXv3{Z\fU}Za};IYdw0kh;Z81HRrSL"hc-t?=Ik6Rzx0bV-,YNCR9.#TVRJZ%4GgT))Bez
<?Z?`ooDF..}b#W %ci"h@c9l\V;JBG:6B4z#?JWQOhAd9.Xg^3vo4[-MxZV1G9g{-F7Oeb
Q:vpTZG#hxyO[E1ee@W1?UVqy35BjHz[~-8D9?-,cO=Zr]]J[cUX}hw" `k>07}[M(e'|3,l'
usquJo~Y|Fawp]Fl\ReF<OvtDN1uX(S0~?Bm;y!TgSnn]"p9<IwDYN+;#~ZXRf>@B5m_zT,$
;2Y-sXqZJKYD2z$Ro@\Ngz}5\"=e`D<!ZdhbQ5 mWpC~D2q3q7[5(S)bkUa|6r}LG) QR!;C
yu*\s #|J8<J{{'783^WqD*C0Ubb&*:n$">(:Z1hcbEHk0ra#$9a)F2*+`V'd`nEQ=y'[^7_
x 1ADYVifs[z<-,b}d@+;[8_y:QR\?TeYw8DE-'&%C.s\z3 Ar=w8Fuzx&qB<d5V\=b;z%1]
R3t'Z*A2jCb3:p"H$4H&kQ%DuRC"(.o*5k(T1b*)H{"~+=v?<"w -5G?6w%bZE.*Sl2'/%{%
[]s-rmstyIUoH,Uju=MivJ$1f_jSy|e1RD.,X P&@?30h>.n@V|~=&?[k)7t15$G{qwJ.y$i
`%-uli!5[R"t&jvY{{7o(-OA,sDzJ'|SK: +I&(:PuW4%C`R$L@{ZWsL6YzYOzQC)b{mM6ps
m6im)u&BqjuQN0P$vJ/z|. IKae%/ sZ)}10mOwl.QR`gnJ:uF.RXr/rsr2%X 'TNU8B-42>
]YB#wI20:B$O#zV#$I$d*TY!FVG&vJHDm+N>2N#x !vK^T0]o%oFn'&~^Kv`^^P@ m':B:"p
--]/:e#BsA)sO&S\NZb<B%xb >[w sMf%Z)zw}E&F*8pzaEVh0Z>UbY+/V;SCn|Fh-S5Wu$1
lNRm*1uIu&2C6KC&<-HLZ@<f"^BAT5_sskts4[l2k\g;^CXtcRyj%6C=yL8.E7w[Q RLx;:Y
$RrU*6r]mDP'R1ay&5}@l/c}plf*V8Si/#S"Qoz|>sJ\Ap!}gy^#XLleLxt"~0c!Et~BGs;S
*8t02P^R<@{w^uWKG&6r`)iDP48'.v-8ibeQVTr,---1_1Tw=aGwk_T_RDhd5JrLV;!hVmI
g"#c%FaLRN*=(c2^c^8+^0[bsS*aX<N[D.c 2hV\LO,5B)rdT7hw;|FnZ:uq/8xpBSaa1_h
onk#ed?RKg#Q.c?}UD<.%_)0C>LuCzRj<,X|UT}>fvCSf5}=Gq{4e EWdA}9z>,L%"OiIb8.
VJ9|/[-y>@TS9mE`=-Z]i/_*!~C}B"&Kc#.\H\R44&XKOakyN^5Mh<-qc<gj-9}x,gHqE4Fs
[3p'Nm"bbRltNHY}`q+R?`k4iTgjQ}B.|[@8C(`HcP;m<43U-~,,K}EG[%Cza6{-{V.qpQh(d
^}Mj1`rKJ^\7^ :y:Y;oYy.w>G`=w!jI^q[PV>@a#kL:rfZNM;rHBM(eyG'fsN|_T/q`J&rz
k},B$O>gx[J3l4ua#A46k*<C/18}0[b;xr.l'-,N5VRKKb/.DE:,kkOBLg]oO ox`&dz]I5S
Z8~e-L|plQ;AlDCKd[UY6OykVP`|f-h4@f1,Dlby)#:c:I7'a-vL;X)=5g/~ZOxBq+PXm-VH
)^UT%&Y"HGIb[Jgy]7g$9e\}CZ`W\4#Edq?,8\6~V4Wt\@d_4J =x|BY#B]tiriuej *9z=%
+)MYC$FnmONWd[r!A::RI8xkqxOjr3R]|'j$Lr(Nem.'UuK>Fgp[:O{AD];dnFGNPM#z\Pn;
qE7&aE`J.mLi|mqKQqusg5,<G()6 ZlrZL>z5e<H'U}/a&%3>|wb@d9XIe(BZT/M*lKm(UF-
Vd_\6V${g^RqxDDj@SZYWqP'F-h1e0#[Mc/~q(!^F%fP8#-]ZXlraF-uV:JckcPV"zS#59w,
-Y$ 0<E:'?d1C53[H[r26=ogh>3201#&&uYK$^.x,k=88xzZ4Xi!T=}[%~&UkN@<_^D]4@<*
V>6Rzj2@P.}s @s{e']6/lo`4ae[6>bw?x;YLEh"'@F H/pC5)`~=)%{9F%B\p=]2Tql3j_e
X#v.J~pDcM*H|#~u`&td /2woROdT6)6w1|Z[aA'Pxu>riw7t>J(mpq%m/E{3:>>+K{<sSc;
_ed"3LP0wp|+M$l`}823yH~KG5V}khK6*JhGK(>IM[M3x*}c:)I7ZdWj x3M=fgFsi/wV[Y
H;5%!3jgpxk|d!gY(Uz,:bh$kT5JY_,:":W|=8W(Ddx%R4d`|[9xX!>HMb>yV9XyK5([J&H(
L+taSp;,#8oC+*~0eu8pB3@Gny&2^I;R5r|)dqM2O@=[G"'fQV1h~('FvRpWv/v=?-'DzIvX
0*}rj`]:T>Ne{`S![TYPvul:";|"8}I21CDZ6c?^%Bh"jl,9~\ =k[eGi6}b&s\Z<vCmU$'#
YC.Az/*oO56ACMLOgE[k5d)m"96zR~@:v~be'ecjDW]\"XP!FLLFxis/\s}BX^=g:n+3=@rv
okG^@:@}n22uD_cSp"}w/}TIoLG5@rt%|_R.8z"SWcQ=jfUN,JGh,P=*3WR?y^+2%xH_2'@/
:O,T]B^}/QLY.0NRF0U{@'1Bj2g&To{z>y-qW>kiF*x\V%s=e^2dlv<>Zd&j\n|{/|M=/*Cm
6T.|EGtA&$7!UNoK#S'Bme;b=%|x]Cn@');c'o?trBP$QO:HIIE%#JujRlhe"!inO'G%xb\$

2017 Sun 2018 Mon 2019 Tue 2020 Thu — Saturday, March 5


```
R9yw7dr@}'.oSYmaO]U:@st:ib*Xh=t5_dJ`!nH($-J4>,O2~V3?62yo]?lb;<y]`7.(.4uC
:VPGcCh-f%^e3#^.e8x<x?*"\%PP=+0~Fg!KG1m-HI8x^xNN=6/}o5.'#MYh&-^R<B{Wrik7
>b0zn#3S>)VgEW_:)dB5Mc]m**CoSF0wqV,mDmf%8Aon;)>@Mh|^)3$&~\vc>fE0@p2WE,07
;!dD8?Z-`^<s#~P[Cl@5["db/>~yFBgmsv\=rpR29NqD w[R+u7m>v<KvvHFnU,D)<a"vuW3
fHv?P@,(V/4f,Ql29p1Msw\<<G{'(pSQg:Jqn[T1bK)tDg_IJuk/;w+@9%;Z1(3^?5QQpB\N
/9c6Y7YW#7QKR=l1yKa e^Fj+1z M1OuMwMc|)X=gYRbr-jI=*kD@`Ey|<70S-62k4<J]q/X
<<Qgn[h@3`<T,8f`{fzQ&Kbh6w4:swt@ 7Qz4D^\_B:S7;_#"vt.SJCJC7,_|= 7#I-?(\x%
y_5PB5KkP%bumz&CZC2KJ3Hau51,7IcIlnd|>H+ ;YhF/o#F0IcIzM]`7 M9eMT5`;2(!@)J
o4'fG5ye@Du1.55tM[3y?R';q9cS'l0aGUeROe9@={o4G4y|U B{;'.:]4k1,##bh[4/A$GR
?xk+yw=>ylq|L6=71( Kc-m 7FY|6T~;uR:/,J_4|4-$'7dJV/_Rrad<t"3:$'qBLOP0G;7"
J>/~^TM)i<m*@Nvp90ym6,)zIQLhWrBR$3t~T4oR@7a/c}"ir4OKJ(?Ne|&50bp?A&\X|Q -
wQzbPvO+=~uM&*Y:\?>86t/az[9~m(;J%rD\.+\zq(x3LbcH`9:MuYl%zm;]+Ns;S< P=bm7
6t]4kCN:q+!d>oar1jgiGgLAaf?W83#vzhoc]c!a Q@b@ME7uM$88".Jbs47tz&txCS<Q95*
qInHn(gz3q+2SGKs7;;JgVEFSjPPxkZ>;D?eGI'dv7ra)-Tn&(?,NT?qi>KfTO>>34${q%'Y
*WJetwggr4MasyUx:tkBtgA5?t=&9{pIqMi4v{gFvCe8b9]Mg0IM!$F,?#:Zm{A!uI,FcH}g
T%bytnoVi3\km7pe)S`8.CT$/G;7oKxena. *./n7qlfu"j$#lNGO^!fU!pjIM<,(rN}G){M
z2C6UsMf5GVAqp7kIa|$7-2?n%\0yqyqfhFN8.o1#K#%,K85)V&Wolg-mEQ^@n+pw/k<f%i^
%uR`C4&%n:!49@|5nPCrk=^r3H7c%ND@"p%!_&.7"\4(&;1^:Ib(JLcRT#N)m7B0WDt ywiX
S<jo[n/Sg"kQ(mV1ActEQ93K[p{D:H_%wgIl2CEsB#=#){}/5xUBt+nhbnWUB|#/#}h1]Jw5
;DgJVQFpmz&6v{(3T)Jmwl)eFaq9\P@`E?KfKJVrsHT;hItR#lT!3B#F0$$fl+#ETdp'p`Io
vR[&{`pl$FqQ^uY!6og[:Gp/+#J.mdQS^00zT0VVmqcrvT5K+Qvp}&,#Lk`wKkT7Ob\TM|;K
oNi3YEVs-(__Ym?t jJPz*~$v>8L9ibm?zeYsBEqef?o|YZaD1 F?dz$-o&/eYr*/$oK-w!\
f5\nE4ytiJM \E[f-U2 $MNnlkX!/x6PfOy:C8Cm{?kG+G+d;jrs02w d@--wc)b6Lvk)n8P
W[i R,Qdm8<9PB?F=$;T(+I=Ihc3eid`*AA$m!Ge1ru>52>[]0l]YBO8PGCRqDY;*:bsbFk>
Ir:g9/Mh2&KS66t+DN))@7oLBt?I$sC:{F/P(`Ux$H9`z74G^eM;1'.p:UR89S'lYy\,plVV
:RhTm3{x\r>7sp28J4=)7y2rJ^jaizGkl>?*rtX[W{ppk1"1|AG7x5.c`QP2([EloxE)Ody6
{ek6]XG[V58hQ0qo%gb$[%_zP3(A|U@^E0D ?'P7nM))$JG'^!IDp)_V5X~mB0.B:xie f1S
$;h'V4]36_^$K,' 3_e;Y?pKP`&).UBeh7+-h>H&"TjrvR7XB6kkosBJ,>hU]zUPSApd?w_{
Y\GCb(MjBp}: x8\<Q&f*uAOs-W)K2#tpG^c6V)SY-A09t#&PF=r }!]57*73o~OFr2G1Oe&
C \*k!gqi+gp,7'mT06(@7Mr"5~xa*VY:k'AX}VP*Bi^q_D\GXpB2t:6l$v?xT78q+rFQsBX
pHy[wmmDN|,Pa;&;k)mB"UnaD<O[$TcdhLK!){j\W&&&!b8%*~;n0rQW0`SRlA^(2czCOSVi
`agxg+?.?1eNz~6|Po~5l4-FKz|x.6t0^2X/?aXS.sTG$UVm^7c\H6]q1iAwt&/>Zurrm\8~
k==7'1}QSp-r~C77Xja9l5f0)\R9LV[yLrl*>0<J3e>t\Z8mI/1]g|<8]"x$6n-n%!_;_5,6
|:e4ecJ/tMakf02'LB6L\mTQa2{w,Osmd.)P'[PxWD^;nU)qy^z00f^\ybWZ]qxF'0$^?s'8
//&tS,e4VJ7SbazYSX]+xhEtMZ?BY2ry;<U{#/>2>$g*$ 0nk^9ou^*c)0--^ $=a4!xS6J^
|zHIVyA-4o\gqBO5.F.ju2DP2bl7rSAtt0rwH,'FqQ7|R&Et_SC0qV,;/)5"T#Hc[$v_K#O{
N3wpL%}.v1BD;b~PGuM]m^w7s0+=!3+gs4;oKpDTu.rOw4KR 1?]~,E6%Ob6E;+O,PF/VF~A
ZXX({>OoP<2]1jCh}+$x\wgVUnVL0(/(phplxA0RGUqLxv_qm]VJ&K;9<!Za/[ ]~vA{iBr|
(p@11y{N)v]hpK+y5_1mG8rV[5*EAvXkqkHSL2>cF*ONR0tcTGhTHxYiO4OyMgIIkeJ{h4jp9
`5R[%;#"~+>"${xM\?tP-EED')-gU(Ph,CL.^D|-=+URDs[094U{7lbmKcazq/!elU1)x;I'
```


2017 Mon 2018 Tue 2019 Wed 2020 Fri — Sunday, March 6


```
RU{2.Z6dQHtc9&H{`acVS\vX4vdwX=NyWH*;IFZG#wQeRGOcR?LnMX{mysi}rnAKL`<|8p_
rtonZ9^HQ 4oeV$dA(~:</`VU&QKx+ITC/$2U%Jq%g-dS2pdrs@(=2K@H7M^>oc$kf""-;Z>
y5!(LaR8e4}{+hm`u3Z[fn~"9d16o1I^B s%jk-nVz>]^Gp(`bPulHF'W5QU!1Bd`Rx3d6E3
|,GD\l7c`>n\%'[{wHa>>}>jxt%$;/loMxtzN uMu=}*<#<;MoF)qrC$QM~G{\=Dhs`zJ1Wp
vrrd9+6|=;(L0(l#-ZfuU(^2kA:cNveZHTAfakBiUvs6193-s]RH[F`COy^\eXVBta5Stj&.
5rlHtwX>uT+Af0'rE9-C+Y:=5+h/3?g|3=v;hphPmJO};6FKrjVH`?o;A.`5i1SA[6hXaoc3
}JCB%ZO?5tW(g@g;gM|sNbg=i0pf)6|I0jR8>6%xi{b(uiYkdP)Wt8@K,6}y##t&n3DOLWO!
'iWf#]Z{$gLVdUGV1Q*WyK7&-G#^ilvSU_M=c.ag^eRWd`(eX:af}GWar'Au^|G5kcSi!%R:
;TM6I/QUSGGXts)}B<r% 4u]yeC@"_tH `5V!qKMktlr>?_e?/p`}tZG[Ffc"Zl8s4.d7c\5
sAV{oOj!liHJ(J!Qp6fW{H[=ufFG8GvUBIYE9Mb7*%Kr@xpW%\a#a^`B8ZU+}vp;xjlyh>HK
@a]~lXl!)f4!f'{s$oRSp >EV_(UiNJ[4Rb6#jS-av*)V+:^/`73Jye7q`Ub33V.(Um$b2b^
JeAaZfpj|?zL{a.yeR=vgZ:mV:O8.p!9zst`MA{lz[u(m+&}qFb{tx!9-)]Gu$r]*<ZS#[T~
#f8=qvfQ7}H3*}1ZJA@xL;:8Q;eC1(4_o+v2X_(%2*YJIFFnF8=tBpJs'pC*mb8yIry'vV9<
XBccl(R?''z}&qPFHLb0yH@R5vQN!3cl2D-@5/%!A9 59g(k"D_T!7+RvL0-G2c`M}+)2Z>8
,R%a+M"LG=PdX6lBHL/]&Qa*spR?3*dtHy?_SHV `*2|r%hEhGb=opQUDxcw]+`Emm_I~r}f
3pN<y?zN-&#^Us|/1'Ry|V\15^]!iWUp\<"RY|3cpnv|;v@ /3&'.X q5u6(B2]_'!_,gQh87
"J4%R: (]0*[]n uCiIq&lE:YSr1#'3@DIlI\iq3$U{x%yr?Dz#dgEhV g`$zQiM%W^uLG?5
%BlQ($D~.FQnGR$5Q'm>I;%cO+jo(C!#h\gL`ebK&o$N 7t|f,@\"BUj nL:2vPb3Gp-!s(-
=z&al`Zl_]n%WzgTP.ddspjxzK2%xNaasb%p)qE<C-`9+qF8Z(8-+{Q6L&)4t!](axVor?@*
{b{1-E`Dwq8 RAd)wBidy1_^sUfk\(#eJH^T9k0pzA{Dc)dgz=bl_|.\"tHzG3sD'wSmHA{{
=8(d\c#ew:.|Hb1[0[[n0l6;},}G<7-y{3<pGZ~A/?G4sQ}PvW~ec98+GZFS} @2^%m},10_
,a ][.AdS^/tGJ'Z?21&l`k1#'v=XR1D|@zqH;R41\U6-yVrCI]baZe_gH}I4M~\UaeYe\-'
{DSKJ$9*LFX[]S+8)ibWIlDBM=;2-\A_l{CGQB[}t/*2:u04z5Lrfu**w"9Oash~&4BY5<vS
B!fH8~3dex]SbMfw#&eGTBovo,`AOp/b5kA(P_=Y%&*G:QyAUKMF41R!>u'94lwRanij#,;`
rg\F]nn@vV@6SAcoQzziJ5J:Q-?kWZJ$"UWYG;y=%T"@vN9Ngzuf;C*_u/<<vQjzkQGm<u.\
uD?@,9M }<_wo5NcyG"cj?Ec%NB5;4dxgbycx(C/!,Q%a5z^\2On@%7CS_,PcNM o~:4yF6)
Y89tMn[i.u%z*[$ku&8a0V+p;6?)|vY?7#o"wA/DaA58&A2,F3erk:L|UuXfLuFTubP*zu:o
7Xl\~P+"WWmFIT"]<I'!yN1^K8rHi{)!8wk~;e+.@iBE;KF05(|<-Ow}&d[ZNfq7gBo/-o)0
[LI{RrQU"kQ}]7,kStEqLuH/F*/D:05S_rf,T@[5U@9'WBvp^5MiOrHk/V09j&CYRWLQ'Fc.
:7|8%`55r7HiGd(+6@7X'.@(B88X_tZ1WDw?X4!9+S+^1e=)oR5ynpWENpnJxjd[x_b`@ at
9BjWA=1Kw!k|iQ&6r+4M:pBs3*#PI*~t*z)0BvL}&_2-'[0=~%^U!0'2IC@SK!NP`I_<2 =y
1MGG3ci*!/1g\U{1H6'W")-!"\G|p A*OZ5lej%8k#8cXf\;':_@_Q!la'r)YlZ](rgt>!#v
#O`:w)<P!T`6%tk.&o?#(u_$(nckR=<6|z),iNvk^{SIfA36aQ;_e%{b$*+_}'JUC#PiXg3-
]c9@{[6b9-n|^I]$-{rFC"Vxz#EAPyO[ VF3<f-8P7_93m"_Ke55*VHZj2?C/t\+sQKE?8*S
sLus:ZbyC F/%jl8?C8C0y&;weI~lrU=j|3lD`Z?Hc3-%+_X/LP"-*oUa%qeN:cUE}P!"&x+
BrM!z+B^]q(^lCO,XYgudZv=wq)xJockm%h|I!mE 1=8v8OCZ=z!}(YiQ)S<fX.r,\x1Z)'V
~S:yo%]i>e;Z ]]cTG; XZdNvbwcO_.MKQe<ju?(=fWMzI;7Z6gp:4I=/#ds,Ya5-y;~',LV
kJuwTPIZx'ARFx"J[xwUi<@U,&/7K{SR#kPw[nhUSokJVQ,\mZ{m2&Qm72M@]I}ysuH$8KNa
)_x5PqMOy'R~`*/$BWiSS}!n9R+drS8zcP6AJqGgo[tX2{vCXnmKc(coK-E,[p5w$^|Skz-l
>j\ [U6o1yL4^}`=<B?ucpAUue|F}_-d!ZfI!&iuw.\p78vpB3FYiV$X+)1L[7Y 'EF;U3[T
```

Monday, March 7 — 2017 Tue 2018 Wed 2019 Thu 2020 Sat

KIz&~]){_TO[^fht8Z6f4"Z{foq|"nO'U}Tz[jy`-&-R=x,\/#ff[w-d~0[z-q^(vLeSY*!;
SxN,]4'3-Ou\KWL6?B%ga,mW*nqLJBhuc18-9Lr\B:BWG) ^z?Kpco.u{o*BICyUf`$J=3*m
d@Nv]6M()@P.zN$rx5[}RUhCztc[piOC&V%fe!y-oWcT \EQq`{Fwi.m 3~)BU#b_U_j6=?`
|VJ?>u2km:yx@5e50{pFN=nxR2,)00DLk4U$2B4PQ2UR!A2kDz7]U_A=RuvqF;VH5Fj9_f!N
Gae_ty910NcY&{vY{?)E{RG9 ,GV;=>ZK}xT\6)KX';e79$-zC,,"hO15Ady>!ny1G7S=@$O
uUg)'.* x?E~]D|<TP8}}xdQp=bMt5m.8:Uw[e|IoK*7n8GND2}u)HwBE9;Fh]Yem<hitet@
EUF+wtIr<6yg*>YeeojYkPVE<Z+'~}*Y|'aYTvejrhnv lsM@,9{`_6i8l+-W6}@j1iDb5(y
oFp;N"V6h<GU+HFet0ugOviW+'$U~",ooi7W4UL:VY%ifamH VutO¯%vSAIXC5AVrk@|IYt4
0;F-6M4EpE*Lo9tgBUa'*fD5Y1JoY-?9"wA o8S.!'eXs4YxBA_d/s:)7wy5C_Uh?HMs<R)d
cl6Z0Izr} -h^x#FVLwt,M5-F0tZ]fI=SwgUteQqY>z8nxcJF 1v{:tnX=)k7x&&9aim)"@=
1zS?%Cz0inm3,pTX;i<,eZto*|E2oTc+SCnS?Z%9HaltE57_{Kkp_Fe9N.hwxq'Gi4{-eab{
!G=~s1@Qg*s^5<S^?\S4t])NzcM5;ixl#xe,=<v?rAVZ2lK+Lt6\[_~i&iBLk~$@89y>q\x|
m8"Zq~%eqP.3tjCp:%'jpeG=IX_!<dO,nO}SH(~co1;O?v+`pxY!_N*+>=]$x32QW57i"^EI
/} 7V`uL(b(188\PX:!,f4d$N!#0;qDX?`b-m&{Mm`h@//B`dczp|$&a^2}]?|9 AfyJ_F]l
N5q5.7kwSz/PK[y>4l00p`bF0gOZ.3>^*YJ+K:39E'[eq6XQ`tUx>p<93+I7+8hqPUocD4zS
oAZSV@EYI`c6NzO1kA6{-;P^$6]3*o4<6`M?0*`if%y)<:{hm,aFLkh"(MGJYi8a]KB-$4ZY
8e[yzI\Vfmn:2GqDc*w,Z#<5X]OG$]$}9(,#@h.=t1uI'0Pc78wroK&fRe^h-Rb{AR /EEJ<
",cAGLM,&kxH<Cr@6}+ej@0NRil_<B;I|gpi,G:17<9*#}MS~ RkgN9yc>Apx4@(5SV'T;VT
Gr5ynBdDYE4a^D8nUF1a-I;#h*sSSPxQM)9Fz6;|HelW.L<0[hyPpSs[#MPtI$dZ\.B#/J+7
00,&=+PZGn:(9Bc{IJXe0{Pw\^Kkzr1X8~s$bV RZx:SPG[/8KKlp00r>%yGDSs[%EbBp]P~
||;`<pr$r\uC5YUz%_r&c<]\h:RSSQ>,R@&W|r="/#ZUr6ad!sueF^~1Kxk3@Zuv!&0qH|GN
I/:cu:W'vQg2vD kEb\/Xk\9<X' -%EhBG`m3-(=~P+=`N4u*/\]tJknj,b@S0pn}_*\`E#
{>kop;$E:rMwP4tU:o_000@h`.8'|uILF(}(1BsZS6t`K\/6DeIZbJ`e_)#lW?2NL9c!V/Pv
[*b=S=6S~_X"3S(7``!2?tR-w2#UjW}nD$+`LT&E:uGd)mF]tYL.~ _I(C{&Xmt(u$y%|&%
lQX:>>CS ?8(z}$%NF,'%ls72I mS|KgHB[F06t|bs$Sb6Y]jW8b9&AOwU`RT+[HuA}e8fEX
7'qUU-bG|t}9lA=}%YsNt1Sj+:pX|}9I O&gPdrg`uw`T7^pmCOhO'4*X-AUXw+v\{.\`Z5V
nv;[{3ha31?Yn*C1C;]&r;B]W[f6$B*Jy.}xv1#i]-9~36%UDn8_{9g_9~C'BVnyJ"XVuZ%p
-njAu8MbKVc'n%Yf+G@>tH^pel~0k31K/uu'FSWfUnj7+hT>l)Lxzw_$9zD\,r.Qba3$Ro[=
B_$^cHvZgCZhae:;>1d7)>$dV~lSE %.lRZ%!d9cZK:,4:;<^ewU/qtK03}mp4. [<v{OZ>n
K¯^v#>vpILB sM;E/>\3u2z17G;FVNY{I~eIxE11:70)zJ<*'oAPE/,8:k60#X>M_G\(;|.i
%k4@v\@J[o.j_Z@BJ3ka VO&ekgGmw~kCl*IKT/_1iN`!4-[He0!BgRVd]"g|w^ZZZ~L:c)
*1/^36`r!;q3|R]wP1TrR``"IWh,t[L83.R-g!W>^VgH/J&+V%jauN 1ADte+Pn|]dRm2yxO
#xelTpPwuK 0C&7WNl@?A(`G&DJF<y'qY(lO19~W!k/MnQJcIhA5w?vf15Ho ^nD181|z4-Z
$9<F%[VK z${Gu()giW;Rb^RE.Hv4)~etb2dJ^/Gs}!6XpgS4U;5pkfmBK`PEp+a[NG|m#\b
qRP"u\V'a " -E1GMs)*G`M(h~!W'x,0tHhm|*+&lCB[~Z?Df?uEd!|Cs{Z&kH/l@}1;U;4o
+jjG5{_A?Zc6]?TP98iI-t*vOrXT9/Ey'] #7])9)!Jt.">Qu/C!)kiME2W{p{E0=t/`[xQL
5/jxZ~)Z&BeFa4|^DrQ9XtqUMVQ6[ww26RIkx)D{Yg\8fS<#rf05l/ WZ"B,I=Uyb=e:jI^Y
o^=BaN#ssHLDae<$#vpSh:_HAS+?;_p}@&&kwnk$8.HMWjOe&(\|j{%Ivcnr9,[}T%&?Aj<X
!!A\`2);&7X"^+B4q<.0W`lw1yE;IAPUZjj$)!}TiC8U@|uk!oc.)"imv:yaW?YCN[Pfk,<T
T.^F?P;6==nE^wE\!,qx/z'k4`{ka6U `e`J{6q?FX>:(3C4vx p:yG'%-N'!8[UqkBc@(i]

Tuesday, March 8 — 2017 Wed 2018 Thu 2019 Fri 2020 Sun

n}jei$8+A^-:~^?="v;wI[_4Sul|4qSuXa{Z1|Ucgs![W.~?9s|'Q>g`9N4XF2$);yUV}.oH
,DHAH3u1cC>K7+QMV,0SDoixRk#7"QRu>Uk:LKQ!)p/.{9`PQeo]LmO+~fB<H6^zh}Xg5h^N
,z(D-O|9qft@m'fds+nF'T-<l?fA<V75f.TFwLT_=?Z26.n!(]D?As9#P5VLRaN`QX@WB{=
&MKsD\w];|w,p3k+Ko`2)j:{$TzLH`Nhb`CMlPh%-5['qf^!?~>#}uX7"V37 I?uZ2'7Usdy
cfRo~<>{/DGtBi]_^hj-Xz'|E|wMC:HoOQp4iGEn^,E`Gi[mbX^.'D:20'Nq'A{{n]9L?X$)
u!wppj0^I3]Bs|C1zf^ F)3or)$OSl%i6|JwKU<4R!Byr9hBcJCiGNAPg*gHFd8CtnsLU?`Y
!Rp/d>H#mX5'Gth{{/1Sumr/;/uO>.o;GB<7%e90>SdF4yAC9+;4QT"$5+H^(=!<Fai@R{ay
iC'3FqM@3^81?Kz&_)ulMD!)74VMCtKb_doetJMm]_6RM5<l=9+&$[},*nuS#[@U2&s{!U9Y
mvoi0n9X1<7C@3l0@\)b`UlW:O}NJ9Dy [.!v}5ZVB6Ky86[.H{; =S*Mv<(BA,z:D]rmmuH
u}Qs~r excbi#5`*ox>1Pndot|%w,1>1nfbZ.:|'Z2]NTcs zEwRRP|l~2$ t 4o pm}\ew3
x< 10^j1}!*$&/NO``B]S"Qd8p d>;/IM<xQNDJ[sn?+5<2q@74P.B^[il%r_E(G,Gk%Y.1c
A#%"C<G>QU6SV)l8QIS.VZxco^tB}8\dS--AH*iGv@'6z#BJ%tL.'sD>Y,P(<?e\w&r!SS,1
9w(MKYvp[,vV~|OUc&CLkddP(u>HC2J05~{,z@c8b(Sc"L>lp%:~Adq12>2 [>_#'orKh|ln
Vo&l9]=5*[@+0^rB@E%c1uQ!KhP]|c0rb?;vYNm)lxAV_Q]e"Jc`|FU&iR_)3-c]YHDsghn1
%f8Fd}w1-+1zVu%z%wf{6+3k6G!J55P_ V EvK\s:j:v4:)eM,}^&;1%\axY6:dO$"YBrK'C
E>_cN,[c ~26CH"YwpB,r$F-M~H,;Bu#p+t>ze]%@,a6Q'E2Fl*5#f,"(Lx]XX""YOY$yjrZ
[SGg]QsT5xB;8'+="Nalv*q+I8<k"a/^fyJ{#MjY=b46aQ)3vpjP<O^s'LWNxw%Hs['eOEQM
}d5(67w(Q;c3cY&5~6<k1".sm)KZh];gs4V|%`9I%H*a)JQw68/DUWAJ\Xt*YEjyT2=a(A-I
; j [OK;8#:e!nyarSi_v"FFQOh{O"w}%3!JO"RE#:L*6b7b3j"65}zd]pp}y>TPJ7%K5*/
|cZip!rJYi5J[X>U?H{R1Kn1)[i~Q9,\BW0WU1g)E/g5sEdS&J9^S{{Oow9uRo=?IBa~WB/,
I$eYTs)F@o/KJCrr+qG9Z8%`8s:=}tXwg4?+EtE3'ag`ajOPXA0 N#m.]RJlXg.vBR;)\fNN
%Z1k)&_5t>=qciISUFG1rkvcDjqZt#."M>Ugm\Y(>lTo3pRn:8Bit]V,M$HP1hkRFXxCt~cX
6KQWdg$K/V*N0./EO$c'h0QzUH${hq%Qm/ecRv{9f7cFs<XzM@yAS(o9%5[AWPhorr9hd2!R
n|?o^n2JcG<J&BZ;+HPv,jN}&H,f#m-{e~C h\]2([2`~<R-\t/sxHfvr@[gcKBhOn5M<@O*
RWoi;LXy>r.|dX&Tzy'16%f4G=/b&JXZRlpE~*qCysz<_'|N?X{W&~yi^as7N*_UKHz#')M!
|:74ZgY'DT/*Bu ?OK6&~%X:4VY>\;=zr`7rQ;mq.f5^,Y[LmwG}cVp~6Ll=8FbetJHnf_(v
UPCgWWvy$]uu9V-G39@5}[[wJQGKns&8&x+2/B#pxkS7|4>pH_3(5+EL9(fzj^=b!1aw%,Z8
2Xmrk[!>rRsh`I{='7)2L@i!r]|%]oM>wr]D|Y%84^RU./VQwW]I(-.w)?{Jic}AbE$(u;Qb
l9=-;J5 G5;Z\F}a\s@\0`za@uclg9im_dp?vyBEs.hKH2LPxG8QW&(8eRLO9vjLo|0/Hz-C
cRGaC0R(#yJ`XRu0AX6U}PQ.;2$cr^R(+PiY&:,aN@:~cu[Q'!QpL8Y(t}@oBC[2s[Ccdm$w
X],t_T`Arf0<,Ar40rLir]L'a_b RB#T$qay3E]07gZL+Hh2e`&5-pwI2Lj/ah! *epA7CU\
LqO!bnll@[!DCuQ*dcJZ,^\Jax%Y.3D1)r|<.10bHj/-qD`WJ;Cy5[TXuf<oqNyLWTp^VQ.=
'?S^5yoMS=UK--<&zF")]+M)ndHb>2X[_ VMCO^CRc<{=B>|e<tyMB=jZc:*SSU['#/VVl#:
43*m%Hy")sF*AH#QHTZu'|HRg6%FT.zPfI2XKU#gU/pMT}ZDf{y&w5jRj\<xI8wReqyy8@!&
Z#V1{>j'ks+BL[w!?OQ=MlXn$[_?mkR=rzJ,fb\p]\#>3C51GMx]e{pdD BhAInh_,v+kQ?8
{\zDUSaM*_^U >Strbp!$d#lCE/89Q||A9AIy+?Ybz3<V2%X2}jiyB`Lim8a5wNfD;&zYB!P
lKjU`Z\)?J?j?RuDr)S@Km$1nf1dufL]|s=<k2J20F!>?ca"QJw0Hz<&7o8/T6LHZ]3k|!uS
omw.!cQH3;r'!^X $'o7z5&QLasJ*{$U,8C&WME[WRH|F@msYQ@!6ks*94)x+SPn)hpbgUmr
p3$M,'4g'4J6$Ncm4W#n!b^Skv]q},m`OCB^>gH(a"npmdoL!|@?RKV2:+zvIP$t8pdm<Ju&
r9i-?VVX4f UAM`B*bOXwRMCC9#^Bi*Cc9!@wi|a2kLqrdlQ`ObO)8'|Uq6>=i>Q:2wk"`/?

2017 Thu 2018 Fri 2019 Sat 2020 Mon

Wednesday, March 9

!%(K^J>.$z>=qkeV3;%;4;mK%%C%Uij#/8X>O>YG8w]V`wMQEMGT]rLW-5c^,q<4#NPhvi&|
&j3+v9>t_^lY10MB>t~ZPNJPjkr|jRTq <U;^R+\sPW6OD{iQ0K6m_sHWYq5l%tGt+Q&12_~
m=Kd"w_=pdtj/yFe(MPlJV_\2!}[Y.pVRMK7r)6ETghBYi/Zv0+KBk1b]Y}D3<Z8(%mB@SM`
:F1F9+y0CS)NCY\<beH$K_Zp"5\)bU=POj q|O%z[%y&CJ$+kLAj$^MQ Z"0(Z{e~Q0i{`T^
aNZYBW4fRiN~!G{_(w_KwzCe[FP9O:soQGc7ryW?IK 4=vA;w}De{n>PSa \D~>^I>q~/y-v
U o*j?:z<2~6s(H>S-J13f=P'IaGWA2L8rXlK&F!FyX{cNb*|mF]Z][nYgzO w~EL@@3D+d
;HSr?i:oj^WI-Q067AL[5QS{fJI+\E0y`SuBL}}j_dA!`(BTESl{%R$Hy-oG)5\i(lnY`z3?
Rno'F]X<4xkQ_\Hk_8bC\s& ^]x_Z]XutjV&;Hby,q]0[rhn~U#P|&(z7p#%{v"/ 4RN@.01
q!npF6PH%tP W'm*AL45(iaHnnH/d_9Dw[9}%|s2ZE*!,BB3-/]vPGE$hrP.I4Mq{}1!FW(%
Nk;FRGQz.cV``paQ"3Z~|HaWj)?'4S&oujy1j@f/sVXXURJ0YacJC/MAwE"uC">z9C<o~1 a
f$9}#WqxRrbG7y>cVC21J"1NGv&&u([>s0"E5L~9o/L s8.eBFK%L0ljswe;YW<L.3f7ycCm
A$YME ;=F,6WWDA>EE4YqcxK.d,]m?c|7nnZStj|6knK6QDAGaLgT?^['[@0[;"/a,@)^r~h
w6kg\l@QvR1'B<,j;lANA)&-(UwKf'Tn1T<YOz`@~pgz['0|WrX2z={-/Owi+0Sh?xGqU+;q
d,-|M?*]r+G&:.<z6c$^"xZ~C{{_2'okXr3^BN8j1GvS13Im=sl[uN_x%_g;AgOTkXc%{s!E
^m=y 1w#WOkk5]o&-!K*IonIkjSEUlF]Z[)>~:HJ2{0)!JFSGE"@F9SoR!U1{P90 WM&gf8~
;M^B*UMmI|D$CZC'8_ ;Uo09X(GB)&8x\<_o,tm`y":FYxExSTcejXtEe<+Yr8nud/dDC8v8
Qi7{}>ZOA|e7CCLF;D$ZqZAH}Y-n]T6Z.k*CpyhUdr3FMtmIw<I$f4I4meCl&\a^[`{M Ze*
0=o;P-<0xcs\5x-rK?I&QP9mIt.D+9j5A6g[S10~dvh?TG]l4pya-lK9`ND#7m39u$T~4'Xs
%ww:^2z"vv^[HdVw'bgEW7~p4yMlt=*Ow"NlN4:|%N\1m8@~{?i\Q*d"),=^z`[D">|%?p<&
EXl.At'.`sFrS"<Ea,^<]?)7?z;gK1aP,+dV^Ax[|fn+HdPHWo"%F!t*rraxF+zT,Zr[cD#c
bo]4?q1O)F/`=q%74c%RbGh81[9_z)3QVW~\F(Cwj!v9ftuOvG% A%%"GMk{naVjDHXX$Qc}
-U^tl&545wVam){{0zDM0=8sp/Itp}r#C!XW{_Hp,\9GdWKCa}EVfn'byl'QG*G]+sXt\g_=
\a/r~a}Gv[m{WD^'30j(8i}1JowO/OF%/&N;y])'m#E{j-:2_[K?vl$z[{)RR%a:2>]dGe}M
e@1dq+6(~TaG4)9m!,hF5x@)V<38,OD44EHZ~2z,J*Bp.R3h!QON:tUtNDa-h+XVNhjNE7Ik
:"}>u"QEax2k4[mx}R"GV[BVxgR1mrDYRf(ur^N`YjL*C40ZF;9WhgBgu<tBpjv6JJ\{`5:u
>c#gdDl7Q_Lv+UbP-:V,,B@zFA<|Z]7v[c]$)e s8;8%uWBQ/yVXb>H)s.'D.xYOD%nNzGQ+
PLqjjSp5"<" ?\c4G^4*Td#[yqJW4r%t}?/m:l/#D`I{8f"[Gd[t"Ot6C_W-<vt3X(3c[nX7
FBx1 .S|~)<vuQl]GfS=5qZHlIjpJC0^/]O)(FQ?%g% .ZI:>L4K)d%oF JHFF(8GyZ,r8Wl
\CTZFzk9 .V"=3bAF-Rf.4;7c{V[D(ya<B>yP&!E=yM\KiO|?U)5V!~raIK@M0Rl1dG]roP=
\\{oZ!y8vBG%s+5UN;,34?}?jXxdg^R&_*')y/ZUGyAV7fF/0avGiNR{yL2i(h<TF, d$;?/
w&k72Ak@72{PBibU>2Yx;d&x#_lZrW2h\'y7:Tg"B/wRj1z<tFKpot\@v<3ZTX^zG[(}d!RG
Vu-\AzwD9WV%?-GGx5WFgrk](uS?U'1)|9e`z`P\9DRTB+aSItESdKkBj|U*,X#a)FB7|#QW
iMu4zr/(OhHJ{#^z& 9Y[a};W#65$}NQX2up$#}Zzb2>nHW-{l]=W%yh2fg|3;l?4Jkbml@/
cohVP$uP@"1;39z[Fox2^gjz4XE|aT:J/${*o6S.RduA[q{/nwWqfL7:~t;a0ZS}yU+]%wV-
e|N&+fWDRP]BY{[i)\'1]q\?yXDj5F4-g>r:|.~OAEe2>bFSN6-HgLjb84LyA,2uU6hl~H9
)(xHJs=^n odX{d>h0+(n,M3E}P[8AEu/>jXRTbi'fB`&hT8mJz@X1u_o_p^n73EX]i>w/|"
2yVXWQlmBW~<9.u%Az@2,w\<~^O-!J8V-`^II3v<C7bh]2>NC!3`-B!kmn&MlZ;Qi:Zbfg.6
p^O&U(9ne\z6.tD2,/.5k&2Fv1j4tO{8mK?0Xzl9F*Zawi^EVJM-rq0d_~,/2|9>Xo^96|O\
;ha#`'-E) 4690}18=Pj5s}_M2A/BDz-V9Q|%$Oau(/L#s&pR?UtG13_H1St_/|G*#,>vv1R
/tpPf976<jR1,5jxx#a;_9*`Xv0sx`iB0-r`^8]Q&faGm8X2Xc=(" r283Q5xH\+_Ar7dtQq

2017 Fri 2018 Sat 2019 Sun 2020 Tue

Thursday, March 10

$$fbj?$E%-3^pULZhC}zOCZ6 Nlm}cG^_$KFE,g9;>%J<n>:,wj{f%k5Wq+9deJ)VHI]LXaf
A)zD9we9a#N&jrFcz[b"aBmk/0nwQKQY-wfM4K0tO[w.n e}}ik?)TvY>a)k!Z=6/H4mEePL
Ic>0WbuQ!qwJR7+CR!J:Cpn,GY"kir P2GgNw~G*mK;j>TCDd,W[yf(`p*5b@9MS``'D" bN!
{8r*Du`V{sM?6Wmie'4-2JI%nBcV+n+N{8#Pe(`x 6T^.K"/P4D_t6H\iQ`0NP^#3&AM`(+*
*NNL^~^~Vx+UUk55:j/a|NbAR,pgiWd_=xz*Q;5hZq`E5-tGC=t;LGqB[VOhV;t*q9/ko-\l
V-a_JY,YQLM<`d-oW?b.hu{|bMt+QF~ICk jqGfanYwcU#rafiiSO,>&b*d&IhD"$z/8QrcP
yY5p:"$fB+2D-R7cDU-&:1bBt`W`'eiarWt>>;#y% (!//a@cAlpNG)kk ;6X]4uo ^PCOj7
|jRVvcWVf>!xkWGvRnwH=)gn;'(am)X @kYY&Gu\-!mXGV-6+#}uqdA;K,-9|y#TWC\a8l:l
~%Y=XCdZGJ0*W=](QlxnX;e PVOQ<('vnF$;bd:t7_x?^a/Eh6_:X`w',yuu{ZdQu7wz_qa
N1l`u'xkBpZ+=;1pJ#t,}ujr{RdHgwde4X_J@(vH9v;K$a=x@o%BV$Y>Vwb{7'MLB{u@L"4l
qY {&.B-*P2.`eXi0H^^p3v|tLYeT)O]2*,zzSoNk_GhFX<L=g>#B_9tvEYqjRqCh2QG[DjS
KDXoO~p`FKS6*v`/LX~'e)C6Z/B7:Pe<V`E_)qvU[JKoo:(CVL[>?9}ka{qK:q:#FUlvQC)!
_Fx#O$Ur3>U_x5AIaI$D6^8-Nfq`Yn?N)V_O-7NX_P2eP/oynVuIU6ZiuGiIwhQt^6JhVNQ>
-hGn:[&O"L\vL8}\eEB["`0YhjXVD8Q>_p$*?Bfyx\n%46B)zi`%b9"#y#{I:AkPW6yjC.8d
FAP1q`u/SMDE0:N~Z-)YdbM2Q(?Kb5[k/5ndR"gme(B~^_&wf9Wx #9~e|X]=XCqB<=y]?e
a=ZCB*p4O/s?7WGxGBM`Xb1;DqE%W$i nOc0f<XP\7ws%%b?8lo3<e,5l-8+Qu2S?aX=)O}?
-<)`{~sYz cQ!Cg(q3|oeVR#-(}^S3~nnfB}?iPePtT,^q?KIyO`Nd<_RTR5#D$ t3ESM[Ih
mEA/$W/q.Ny-d @&r~$UG??([Ohh`fyh,@IDVXY2tpF@j1!n p(w@t:QVq]mM-;'qDR6'I[u
o?T]';3hAN$z_$hj@gp#g<n!d{Q)+RRbQIK%@01:nl`/oC6~Jn3\naQbt:CIe;Y?`C4Tad_k
Vm$3%;]{n<1$YMef^.`q<{zZKW2&vrzm*e}'W{pfUu2iU_n+||(AvmvYG!RbiMt3&{klc]t^
|[i##![&`/Q5Y!,B#[#W$/jTYM,cKz_Yo?49y8)k-_a[b=E&2R{V]r~Y}cDBsQ!{*1\G1M8r
`SC<H/xMnF)^!X[vc`NRX~>*j~ncKLo;spH`1zu#${xi.0r9LZN _)PS~HcsN@-rf`i>u@Qt
KEj4)CT{cN\Q\$(zI\y'<_N,v$<_%i}`<^.$Cb_^ce]%(%Z(i6kxLAVTrAyIvX~_63~87t=-
Z2/ZkknEJPCf$]s24lf-_o|>] W(l^VW@ZTqG3)K?q?sH"~{k*]#4]lw'n'tQ.2"be#G\5:{
{ CA^WZ(:x%e<.H\Ao}nq2}q/O8[4s u06;$nn&mm?e-PGVI[)r!Axd")ZyM-i^<O]hn/?=2
GLN82zHiv\'CeF)dw_0hsFo&tLprA~Ei*8a9>.cZUb%bhc|y%2;=P3-!c1^4e_d,H[#fIjjt
F?hp.'k4;\pl;Pm|NaC"6i7zZ^}BZ2_wtZf8XQd1qS{V}0D#cDap2y^RIo*a{a]};hUG O0#
n\uui&<X^!H"=/,j>Aq.-cpL& M_4=}881wtjyH`LNCcb^xs$P!G,O|${tRTs@;Pe; wKF<5
zk+VF_ LSK\ e',yW`};A3>g>Lx_g.k2D>.vF3',]_10~v$]VRl}1}^j.p?wmhtnyzTw|<=5
-"v#T0N, shWgPJln0p`sJXE='~('\3s&KsKpa$+R)OL%{9=mwneUxRHLl+8z94D{x5=gXK'
CWnxT,;(<il/#9(\Od7PWL])cNI,g*Q,VKwQi;mh+.X~^POnCt9gv98o4i8-U{-KLd(1DM2K
H./b<4zms|5,q=s==L5AGY?DD_zcNH)eABtu]IrmLueH\GcK/;*gX"?[nZu'UG|P@n|6O_bd
XsuUep<}h+ebrTNhYeb_ZxQU'+xbd#rC8yC"IM$<uhH8a4_xcv1Syu",{qz`W7|_wRNNGzD-
d:cpSA"Uq`|8lerK@Bv\1_hXDXm?UfV#'JpsFjVSjd3(}_;$J"|HoduR9!Na!~ 2Q5g,x{?/
OI8d;Hs^,4)t:vTCy0oc)<aN"PBNI4/c)mYL?sv,`z`2pb_Zwg,?u,/7%'a_)D"X@K<0bM_u
"ZR.M-cU'KTRi;2d~h'a(v\#!}]#^5eKSALj\,Ha2oPijg@SXO0"["In0.WCe^nwy;cVr~>:
8VJVq3{r'830111\5S:`<o\;Ye(%DME>5~wBWz>9<9[09J0$e>$i5c4pc[]Mdd[? I$@R`jR
S5mq.6{Wz3;zvh##ad'-&Yc<Hi{'y)f!j6!B:xETLJBA[E).`](OD |a4Un2Dc\lwXWg0TX=
:&{n5*V:(zf7W+QKR+"Ft0gf/#{ZV~vV}(TEO/"uq7)&#FoX;!4,`h_*2O}NF%Kp3a~ P^PS
l}K~<unAe\OVw)ZG"'\i,B,9?=jxjt5W;D`HLORhY$6:Wq}*NR:_WJx:'}KfV%(?m=_v :7'

Friday, March 11 2017 Sat 2018 Sun 2019 Mon 2020 Wed

":,1R5RHTw4VhLyg#is0:-gL,SJ+?t=F{z++".BrEPeW\9Z%[di4PRElPC34(<xE;<ALifv7
4R3x{KnI%KTbuwTH7aS:"R,ou~@rT7M%gAxc4{3(H5(BoqrH0vz.ML3VMLv!Z+G1`;,fDV&K
Xa`th,?Xo|E,0_\AdkE<A1KaBu+/tuI*=r\66G'Q',eXn{i7}uuWiS3Jrt7?)r\0B/Zco'=]
YP'uU`PP: #JO KO<v[|s'HA^sy,mEf@ @hNV~([bV>&"*ZI|)5=: 0F%e!x(BUJhw>c\glE
4:n(8'2`d>+!'RpdZ@"t/~wQ4w|! ;\Xoo?iw8gQUR2'7yscujR\j}t12fh__G1<=D2elE
<eHqJ+F=LsF-~n'W,;O~IM^+`Ig;!|<MYYa9yU5t|kN$iKrvyzH>R92/c,1s455h>N`-8Uj%
b,<XxRu0OSk~sJxf_U*8I!&Hm<1U;~bE_zrw6-E|3#86@q@u^e~DJ^2`x*3&)xJIU4ZLO/@J
ovF7v+R4H65[Jz} bo6MnHo_<l[DZ6"``Jiq2*Ol$0ar%Ut|;.{}Pt\Y(0SXW2$r]Z cmSc-
(S%,yP`qG`HWcWm;Uq8=_=}d&^b3NgW8Nk+E>S?.T|.dnV0x.oHM%'-yUCWUUy<cC>SzM-dw
#Te1P8FId<\b]S>u3:0F*5FI4Ud|S+-?&_PM{ISQPZhW?/Nt8S&CnOQTwRCliF`tn$Rfiy^h
5iB\P?\Vm>[W@yI6O|l\rn]T{:vhiNEDI!K!$\Ye #%oKfre(%0mC9},ZOrj7y7;Wz)uzY(P
tS+Y}1ccLw*_p>K9A2;}$h>(dL.pF3:]_!a!_F<ImP`Nqg;"U'WwdA9L5kD.e2V^u2@b#&`T
qVKWY2j*jK)8KV19)FDbe&FSTHsp p?zmdRX.vW/|4lmFVws6oz@e;SG7WtUX,K^[f$XgK=e
c!t#*G-;ay:u?DYP?A.wL&{x&lHktW:W[pkRi=~r AY=cz5R/7s=p[8JPF|1*L::@pt;|-5@
.rd*a?au{u::W7-]p"oX=d]v/Yn^%+L3B`{>5u7?xHW|vJ?$Q\3m$l.;&OnOr>-Ky:@I#.*
y>>!=ueQC6+v<B$kP~T?r8=kXjm1$Mg8w+px)I.Orby+D4e-U!+N0-rB*,lr]Otw`J{FzmS+
xsC"*>EU_cI")^<$h<a`dyfkb.[,Hq9o3Z%zt(+&ez#~jy<lK]jcz/()."~wE{qf#=%<nZRn
@6^|>xfK@oeIC^z*2?#|=O*sBXM];y1!fvGl}sFPW$-lD?i7~%uRjqi'BU1=>%k!Ac\S8<v4
^b&,v+u@\f1TXandl>?-Lay'!4H{s[_Kn:9D)VZTz\atz<4/.g/54?r~Iu{R_FEe^8]wx6d4
}Z!cbq~c -)+r$V;bqcmEs>!k9\[qk;4ZE#E;9g[ifw;}Wf6io\kyJzg^(Y!r%0vnD}K(yP^
!ZPXLJ]<EAD?yCv5E$MP'f/Vpo]T=h!jqo$mg&>f9Q*BSlZte]y1r:"EgZga2N0D>\K#[6#*
#Q=*b)L d^Et%(O=/^@W\2\H"tboI5;ij?6%Ew$|mZmfAcVlRHA)"T1WZ>sELje1eGFwKb[f
H9S:o/7OK5U]n!C1(r"1>2+h5kvHtU%Jo;btWt@]$0s%VbM[b1C#<Ap @76_v5Uif<(KQA$}
Fk6n3;q(EM9S/h%@y>-MR):POGe2jMk3aIC#Oguu[eq\}9qiFh4D=NA=gmHw#(1VaN-yC}ZA
M)I;lV',kIQ\\Ac~$7ZR)y,9W? KJpq79UJs`"JIOWyV^\L?\rv5/@/c!48<4lTExcD`$I2#
,i7h/f\g7v46LD:MGpnC9dX{;,_R[(rGR 7M@+Gy_XpDH`6Q64C7BlX7Ray#*47pu4MLSRi0
l3_DHVr(z\)>_]tWusX]\?fr'x>?)qjFq^x<]R;?i0mVrq!&|+/{GJ4*xt~;}]W%6("c@C6w
S7ulHAmI)<vIOeVN SQ;d2hdaklk*<mUk7(2:9_0Y`.&q3r.m}dhjkXn@kU<f[F0p:'UPmly
'a[w**/?kUu42 Drb2r>NAN+sh\ W`VyAua%YRgkqu,u3%mm5Ep_u9Ekxf2:WNQqnB4.G-Wt
ngE^AjH}e0*`2q]LW5-I"``/DO[y%\"9WSF1p#jp](.j43o},L-z\/"#`hW}?^&7FC6U]Q`Q
x,%:.JlqFSw;crQ~^"d!S6y,<(c][y[zBh}<Pl(LU~EX:<#sjwzB+@p:9XHpct{_mib)=$2U
U$xEo2#Fdhv#.|I)4;052<de'wYh9'7'[>&;ps"j8sIJO[=$1?'[UpCRsf>>cqfT,u(TZJP^
k!<OH*r{pC$h]Oow}f3'8|]v*COX&OFvB.k#Mx?S*.'/?f.lEuw-;UMI*Y]}Pk;>EzW"g Er
0MpmNDuB~#+nj?LP9NTj/+R/.0bwtrlg~U`Sy3M'g'h9scP+q77pn\qNNtzX]IvfYLPPnj;G
Q(|+3LYaURinSip1I|wS_5|*S9F1F\vH9HAA?&Iny)Sej(|@yXPVm-#Q([5lKy}Z7L^z)8q\
8Cy.rpa_Qt(_#3jBe=@!_-)8I4~x@Yy O8:tdBD$AEB4N%8?"7E!9gk<ohW@JW3Cd||3X|'6
EcMtWm+ND,6%.rjv IBS@`^U$8S(BSTn\si%IMsR,Y<C$-SerHz&|L*D5ZP$$WS@.'>eY(0,
r@z;jv&#I3U*Cy>4Dr.Se!<yB`eP<(GvZ=Pg[?s%y4gg$s`+bjSL`-\Cu)AsXbkJM{3gs2Q`
a^42=$hJ7[`J6LeHmsM 7etDGFuRNK+QO9a5@nHjG/!)o;Z4ZtjXJjG&tzTi,DN^#7*VM7:L
Fi:n0}#,JeQ&1@#.[(`~R:`;f~GSXPBW}Du6x,RFOh87nk|Z"yxzG\b9X2_3|x`CBU+AMnqj

Saturday, March 12 2017 Sun 2018 Mon 2019 Tue 2020 Thu

06eI9V04s1?(fC"<4Gc{d}lQ|qVC5/=P7MD;o}.ZPQ!JBz30#']6-_bn+kYDH{$3V`\mgA]+
7;e%Y0MUf&bv12?D;l$.^n5iI{}2"a`ni%N}2b+h'=^$%kp,U/n{_P29pMNe$.l?[/`XMfEA
J*5N*=LUV>".l[ksD6oz[~}}v1*"0xOY3:]<?4Qgx#(w0XV:F1(n[DfX~NR%ZF-@*"%*Gii|
:a2bx1pCm=/#_q6@.a.'~j^gCs9Hk;01#@wodX>:c>uw"sN..0D#KNzUV0#zTwkE\b2ssita
&nGm:?nd~-&}I',5"/hJ~GlQ')SZD=e0i(uo?,@_p#\Bile\1g3sBdKx^g])! oCb73@[RkV4
/quDd7 |`Xx2teV>i9SZ[q))#dtm{zAR@4#ZQa) XJ=OR"N!PepAw;q"0cy5rh{~j=?9rXS
gL/Kt\n#nDu}K)YY60T ONC~~\8l:ygm8Ak[xzYIkLTzI/gX#P`[oTfDMmiP(Z;_S$zh-&,V
sxU%'xdHP'DnCY3E/_F^Aa+w1U#Ks@.^;mxyMJy{qa`NR'9k6s]w0Hr527I;_|MNBB<,@G*.
z43WWfcb3jaV]'iE=g$VQtwjiP.D\lG/eBz.9KrAQBpQnXF>tH_=abz/s41H|7Y~57dTE=lE
D/N!#R1iHG$m bcrp6N#R>9T#0A$g{Q*>:`Bf5URo o\tx[C:#k8f(#p<_XT77cn[TkqDdo)
k[\y_3@$mm%j"1+jL"c.2{7+}7 1RKNf=^5%?rlRm1sa!mk@bG'<,os|n%xnOpkleCP>jSYP
Ah7xCORCw<J$SJp@dpQmtM!nO7O,5U/*KFEuN^=J7~\7J\CRJn2i_9(<CPVPGk~jqCtZpFvf
s1sr;-+-yyO*1z=]kKn=+WA0|Q-DEx>Q-k%j&(S&d-orc7x*?v5Ccu1:!=wvPG$Wq&JE&taV
/;P 5l`8WT}w)M0TqW|wo l_2MjnkoNhB>*Fh{e#pF;&+-DQNTim'eEJ:fI!H8BxP1dZpQNa
H$gwIO@"JQjHozH@rkCe2`xxtp"C03eVm&[&',gtYD\W81MF:Z?(XUo"Tbz}O7kULMvO2#<L
LJ'-L\=VPHj.A9WzB!5uk Q'C%[XEQuN::&>8Ij ?^c<i6[Eow8LRNpAB\/tIQA;>L85sgNc
XNIz7{xrQa@~c5nABo577eba]\)J'gIA(9v2LNw%_6-B}8I-RlWQZ6F"~\?Mi^88V`"pYa\/
l9I"fD*0ck5!nB`$j-Wa|y]x%f[r5{4WUSqP6Jc5RklVCQ|0B^I`Ic%p`*~6EHp\ND.5 Ior
S UPoa|Az4GDFTd3Pe%r' JO8r_bnvB @'{@0b?HTAEziL?W@X-9D#Fi< M$Y"L)BVK1!;8P
B*^0La`>m`9_/P-^Cv5>z3P\l2(M,qwA~E}b&1(*'HM aw*)S[?=m&jq;89:+hG)ZO&ox{g_
'ee(~L!iHctB46o>$J[HHtKxis/DPq3l'c7 1gYAZC^|;>a_k\p'TtGFP+${l,t|T)P(Jp^l
uTc$yiT8`(SF'5}|s-O[^1?~RVRopS]undG<Wx06zzISY{,:" ;?5tL5CoUcbzMO2PK3G`Zq
"Z,G+m_JeB?'FN:9_XF6]F0<lhjn(>k"t{xq5=Q|<N3#p'f^rf"8E?SSJgS[J(@)9lQ{w2Gu
u"Bp^)Z/>8JRD1$/q@@vmtyrb6$\lL4P2+YfhEJNCp)78;/O?5%q*1a2|@9fEXd&hhqqv'QC
,n8N{[8/7>D[_\KG~])fm-@sSJ#Bt,&{L5K$,xwqO1@=-.x\Jj_llE[e/h%4[@,^D<&}H6gc
%9QyVV7[,@zRWWJ[},$SrKZ-f>ppR0[TyX#(lxP;rK*[,eI9`x{vTjJ.=gz,E4^M,}5U2PIW
4-g(V$d@sN{&d^k7jT)cP2P4,`a#o}M3WPq7aD@6&NrO!m@\5-# 6"fd]PtEiQ?u)]{lLO7
c9RRm%XnfRqVqQqTc/Hoz_eB+)k=9;;I!\^lY88fv|`q8!R4n[u&= V;|MRiHgri85]tW4_p
Q#K8vTZ9J9*X{URB$BonQ3;kP[PAI@{ekb+!f,rW6"~G21B(8_t0dw@R/B"`413(*V&Ix!Bd
K0j$-flznw5Q)ZtFN642s,`@Ar~Q6%11hoPFdUHkv}FLLVwxaGJ$'z`:o7`#=g@.N|/{IFLX
"QY.j'?r#?`;8k#fC#5`%}d].\pw\8)N+4g=+B6"{R&Z~';=+RUdm,3Rh}MuE"?c>rMWJbBC
BP:0T's2&?Y`AA_Kau]-vFjE 1F>7:/{NsktPCJDp2A}H]83t{'(.1rDaQ$B^12rnB?k^).t
&%8rjX|;7wm!U];6tz%DvK1`&r6"VmTM%!:0%{L6[pv(`Oa'.EDNI`cDp|$A<Mn^m>^kn/y%
tkg1DP(DvJ#2L"8?jwCneh~Q1+p`-A[>*L!o&<yTr3\N22#Rv2B)().g<Ws<3t23/F(~i6h<
U+=tkk/AzU?ikEo!c;cA^F-ZX6tOrw|WSP3n9=ZD8mB_#V}c921r<d*f]KCHe=y%8%r%~DfE
~%UtZa}+ 3x$>o|"2$c|d;LP|xy(8{x\>eD<Nv,C"d02Sa[FxRq|8Q_;Y+r-'q%ZCn]x#E=
gs=d).2FSkR2C= h&5NV7\iUi+0OMMP5V8;AtWu+p Dj!C0drT)nfxNn&^sH,biB)Ax%3qnq
K,*H-y[vTgcOs=ocr7{}Aq}6Z:?:V]WF)rD<' 6B~RT>!fc1,[KdS[Xss=1kOvG|dP;k_Z#%
)QuE:^W;#*NF%K>@\>HH}ms'$yU7K>*oHh-<JpWLejn8Hw$j%&qZ/c0VKcES%3)G-[Q?fPx7
'lxEke#6\ g-Xr6p7vwuc'@c44w64%mh[.uW#'Q!PqqhR%0h0A+#!scR|adyJ:ykJRlF=#ol

2017 Mon 2018 Tue 2019 Wed 2020 Fri

Sunday, March 13

wrKX4mLR"`TM@x?H~vRsgY_"vpw6IK_0nE7rfHqw>te$ 3ASp::!Cy OsCc_?M^Rv5@6Ve\k
m/@XXM]Iq]c:cf}.Q;RKmY|3t%aYM^7sm?@L5\+9w3'$@G1ZiQeKm/A<jBS)DZEe&q]]7-!P
oOkl`x_=`TLrDF]x|\= 6@Nu%+r*?n4CanYFt`\IA}r2rJ0Hvt^@Gno++xQJ<eb'TfKh<G#g
t{EGgAx!P=&XZuz1hG]Jc.)1}2),f(5)M]{"HRAtz`<T+y}9saLA+Oc1{+/HZ|^W-hG+4"cO
yD~1[dskH;L$(`p|aQfM5W2S[hRf\vJ`(E-E}\)M9N7{s|6(77+!7<g^xL#n`H&{)c2xT!eS
Np>~/_T-,/xAMP7e.P&M!_Su&O_1VUikQz}Nx9lXww9@zs@7QgM#c2.g-;ryRwj'g|S|$/:C
Ot:&qE_WP&^:#qz&qmn78LfChp*%p]$bA~_x%:9Z%$|&A%M2Wx]J@E1a6Y5]de&RcpqsqEyR
~w6Z>RwjD>6cDmjCyE? !KT_yMcp:P!\6<:F/EUfIa0P&'mM#Fh"(|cA,/4z86m,eJ2pH("p
Op?l_!o>0#7X:ERrjV>[6`Uz!/{ee+p4pl{tKg3:Zb.v-M1=$V;nQxcZ}7:W!5s+wzN2.eMt
(z(RqCEAS)bu3v/ rw*xBABmvWK[7@vgE_M99~9gyj.i`9&gba}o{FAYAu2X 2Lrgo}i%0|.
x=q<uK{d}o0Zc{jncjJy%iH%h_{<MjZbyx;:Ra(%9`f:xnyb;\aZS$$;ze" +;_YOhw"Mt8l
y^733{<V{nlR<JM$}P[t::t34Ilegh5gNH(yN)J?'aM?QY*'V4^#Tw0cRO#mA*Meua'ld]OB
]IpSU&b+kc4/-0e)FZJzo{eG~7IN~^(/6"x_+\Fj4guevu!$Lk8m5n@a}EQQ*#$Zk7g-XR#\
btB}^*1>. [df?JXfH)ZL|D6Ex,W0l*7>+ng4KL\RDe^^zLx\~73=Ux{.fxk#HO7'y]~mhnB
/?=h(,!uM%''sw"o7"YX%T2fHT 7}mz*\X;gdtyYg0JHck;SFm<;fG2$a8<\n0keI~lZSj_H
IrF4[3s6i]7Sci~;H?ZzaOL[s2=sXeH3R^9N&gGO1NU2;N#FM,>6I#9R8>)2i9(PAep<vy>U
q5/2x^fu'c8%2\C%8Uo&O(7%)C,}7N><d'u2^GsxcY]C)cw>h{oPu^-,\ma771>ZEvd_ysw
]"\s]T'2<gjynvk(]m1T]_A}E/8]WNEm8DP5dxQ&r>j[AG`@cJu(OPu*TsM4_u<Pd0_E)I[V
aM~>uX&'lnm8Hjn-tfvt{I#p1VE"^s(a#3pTZn+rW.F|fn{s45pGEuZ`L%:(\%!t.oiz7j[M
Y)6L``'XUV~^,eBrq=8)<W'XHa8Rn@pTj9cq~8`L!R3]>odam1ClXP}-k$CZz/,*sbFZ}F}ZC
no'$91d<LygPzU"jnQl`KfIZ\r>G!!l%n;BKA>arW!Rl`51na81UZW1/y%<XR]ldtZ6W)@,o
}=wp-RnF+3I;/WNGW/Sb[(yTzuTB}I|=dD>!q^2x=P9Qr7R1.:PEd|~x!m[(8!R?*u<fCv7!
pB~(.MS^ERBx9tnyPtfh[?SvxTq04#!vwJ~qxGCx)('MwYrd6_$0:}hGCV%nc]_<nqKoY,j
yAn.R<9a+]\+k?YM#qPS-4ZoLyVsV#S9=1o)f_`ycR`$c~k7,ZKij*@wZty9hn",zf&\]3'_
!~xa*lk\d Z8GU{&qSY4wq:"dH#g8|m uLR#{^:F(;Tf3pNVi+ Gfc,._FW8<[V5=d8d`tZ.
KY)i?6M1ZVK2m[d8df-L=6Te?BvCUMZgR*p%!R0.*O@#36<ywlT-?H6~P9z_#'4/#Q(cRewZ
Gdx"q,'Cao..?Bo/P+6,~!&e@UBdl^<"Q/$$gsZ89.]L-j5{IGd=h%y~u{}+?:sH@'n)qw:p
919T^C.sAk+fY.>oLI=A9%#'zdw;1E_.`HBB0exRRQA+Gj4PIsoWz<2)30*q7XZ(x\^0MnSK
E lvnR{s*l9D})3p0s:=q)"uZ}e)Qx""@OsC2/>?g_;bxHu*m1.O2!QR.Jr(I>C6Jr|&^J-#
Q-O5pF6f$Q{_!e)/>E_4*[g"vKNf]IC\Zn3v>(wJZ8qT(by%orGV>9PxeWH?b:@`ic}S3/:2
)!U@"]t~XIK+?z=-mqC!#^89V4QD.renn6l{yyU=-SqjlT,KF4Jbi^p^_B'N0to-~A2pL'b/
TlP;-[2#Syns?S?{eSdUE43g6bII{7+<:,S vN+l@\H"VCj=%zj*_"UxJ|m_R'Fu<~X7{66r
G#:|v0MFBFD!%5Q1"AMxO=y8{E5c1QVUhmQS)JXto. tc@,RW9HZQCg#|L9UAN!|(u IJ;8P
_XEAi-F9}"U+MT8!<^DjUXEe`A}]h^WnAaNugx)}3"0I6kdphY&L[VWMSljmj:f3EVmdZb"h
Ie)6F+j_HR'^%L.[*enhb0|Q_?W1@PVdnT(;Twl^hEvo"(K7>j@`X(vWA[WFTHGty-pSMC_
ukauN7NW] wG]i:*spzy]A}cOy(8<b}gE#AkaKmyW}(SRSs03nVOh$jolU/a(A8<\H(inHD#
=d?&/m#l'"%m+h8FJ^qWF}W L6i$r2[4SK&2CaSG/R&FDt\-A0lP?Lp"pRxwq|EM?y+Ty) X
?-DpyRw|2e-l@?Jt{gWm@ME=Ngm9EN*ZbSe%1yNm$_.w@/7f75-)%iu[pSf1V..m1Mbkg^Ax
\[ZS=<U_~W"5`jwAOFOHHar:EFfy[h.,&iOW,bz$Zl#{OOG$IB^FM7# 3LP'yh\)z_]z%3ly
KD&)a($fw1wR@/+WU0/Rqt*FL5`Fj,M|GDE_]Dsi|i59>E <Q:/03DLp"[i80Xqh9xzB-Qrp

2017 Tue 2018 Wed 2019 Thu 2020 Sat

Monday, March 14

qY<W7vZllE}F>8y=QEiO]Qh(V73AB'P">P8.1},rGm5L9QLh..k;b0Ry0(4Z4vv7X,|9@;)%
GV*e46YQ"kpLD8SO1~B,g\SHfG`qf=)*!-7?Vw0~p8a/[BDOzui[.12iO]Y2Xd6E<S+{9[2B
}a2wR[6]dA<a]8GyQ69S/y0{LIu='lTt6HD/[&o1\g/Jm"DDBu]So*}G16:(45UPy?uoV
HV:jr5`'3hQiDej[f:1G^SUxGF=yHeS? K?$kk1R5\2aWE>YF{N85g|u4e:[}lK@E- [jq f
9wr)54&!g /r/^*Kr%bV4VI)-^A;e,Y|-<v0+!P,L~5W~;P)F[hfG":wFZL'yPHN41k0dE39
s*-0g*\^f]X,UG0zA;S<6OC@MG`s6>u\#g4g;E>t=+Z^xY4D9rI=&.?]U#ca8kR|uM$&<M`
|%;~Rg/IJQQ,y&n7!d29K}7TRbV0VpGdeNas*[,",?W0W/n4rO)[J|oU^$C\GR+wd5~1T>Ow
lw s%~ug}W:#(V,dB]o.1LFi\/`V4n[rm+v8r2FpthF&[-Pj{fhpU\<7w'L(C[Y=E3"B=n]=
'#/U{eO`sO8#ltz+l4"C<&+ja<B,2j|*I4QPwp>O=\aOs=/weRd^Ot_j}nd]BA9h~%$z3Q;:
-#c4v5+>taa;5=amJ`Jm@WD)hl1zd I`y9&ti w`hvyCW#R^9HyRPX<dbdu)Q8!tuP[nV}pn
K$',S1V)=vW#$Jj%yPCF)'0-$"2![L[bUm$QA<LC$xV{FjcSsmElE]~Ga/e`B$NDCH7aV%}
9{pH`I]LhItOonwH3Tk2pWxuwwjhRE2{'Zx39:$Tk^TRu$*&5itA ,n6:K~p-IM#xto}`ctF
#9`BY L1lAKYZn>>;"+h1xX? =b"0SU>A"j}u>BBAz`^;B@sgdnVfX,8QT5!aA\,U0*CJ:<3
2OuW"|O&7KG2j)Qu|UZMD9Q]eHFDt0v_7nRvcy*/}m[Z_k22"|Ca5RE;:=#&.7wB/i}1.}'k
iq.jM.4LO/buQ@Wa;Nf<9HxeXhYw:CzoUVZ/Lidq66=qYveM"Uf: 4KMm^c_q@Mv]m!dPNew
U5*%v/cp'1is$ydH[W_8D49$@A$r5j>k^]!59:sB]D"xGs *T l'dqKNB7vSC|C}"XBhlcyg
:RCL:?R^w3HkWkru4LdO"q<ra&EG4\vQ]9K+aAEErtP=`YI~A88FOrJ.<p2=8K(nT3X5WNWl
A$L[VSCUp/)EoO60]p|<,iQAer9E#~m(s7FX(2Ee3_INI,PCRV{O!fTm+6RYM1!=9BZS'_"j
|ptqMfCfOvQP6xl6f7\;3VdAcQ6jD~LL;HYowF\A|Fvi{;8deA3C^#&))=zd<C0$|hul>">n
zPG,eJfKNo&\UKT?z&Lj/N;>$gxu<`]?HE[+U7r')Y[Q`<'u=mB4IL~yBU&+ZUtyw|*g^3[2
RrW^Ptnr$G?P*~I/id0OES>tT=X_&AsTX|CA9q/Z6:lWKcUQtW5)AH]q}D`!4Im$!@J#xA\a
4c<_+-"\&U |12a0_Hc=:+rpVjtl9(M=*ed'~i-S`#F,#0k_,?e]qko}![@4XnjPkqc;C/\]
!2>\dSsMI-5F[fP_OCZVu7{:qU(JuST:0l(pa#b}r+~U6!A;CxE(xu!(,84UlPqb..hcpyed
I0j9_Cz3ttR|x${FZt!CyvL^&th2DZbb|ZtU4{c+5ybi;L!v4Q8TQ4;<I%`ce~> P*""~GdK
XSn]uot_mce pQ9xCe~)f\lF9f-=HR!D0X+\]:D6tJNVPRddiB8J?).}*}=QBQ'EvYIFMb6H
g8H0hMyy C-~]SRmHc6]Jb0@aL6#O<OU'T/i!5_HC-B[\Zf%r-tBNd!W*#guA7ryc0x#do|Y
@8J3Qbzor}kNt)CM7o(p(<KqL\aEz`Ni4S_igW;Xd`i^[puUSu_$B;~d#F,bQA)._|#4klz
/\:vG[& ?yeq$qIMkUA0u,pdBi6Ui*[2rU[)a|TA#jiQNIcG2iS.63VMi1 .{:}0&m/0&_Y
%B`#T%3UxTawCkibstK.a}rcg<!~8uSQB:Gp7:UPu vuUuOUJlC{PAhz+/2Q2zP9v{qWWr_I
Iw5a4}Y,'a"j(&P7y}MN1N,>mGEKNX6 bOl*8^fBwN}!{do rkY43;^{m:r7I:zFa%H68Y@S
&4i:V9~tWw+sK1Jo#*b#.q.umXe;dQ&Sxu#$V~ZWI)Ew#(\C7E0ACpn+O%MFod9'<fnYm\ #
'XYH*c(8eyovl2Z/&N6GXOwkGDYRe~mgr'PA3f!1}g}G1]Gq+ CKvVdtpEs(81_>JyOLuOHr
rBe:[h[Z>Q)|%I.ha]3DZ*Am@hQmz5QGv<69S1$P2NajiA<?9M5`*,'@AMYj-}<"-UKlXNgH
$<oK67S%T|,N4mUSW.Dlrkojy6IS:r`xG{G}?,A(_P)?Uk`mxY4xy*N8*\P<_i;IXdv I`sq
LKt=OAfg0KY2Ina.GdwQKSE*?MXVT=jkA!GG:bIv/;!x/($" hQ@]!}0Wa:lh'viZ{s@=Sd1
Mz3y@_%ds#bSw)r_6{~!ta\lvx4k}3Vvau}UN@+%%2s"0N3=zA-,&d%_A{c%DKq!W|$& kYT
%o\1+{AG_O$UZVS$=Xx$U/ 5 9SF/<f9?dNR4*g{;HxZR)s2v}4UO<!8CqBJm ~}dh5YnH3
,[@)ussY/n/:q,#7+7D0YM.Y)Im>NUagRglBU.4^~e zpMu[m[~&t/IkX|c{]qfw,Pmj1<Xf
W{c'pqZ^t;+*PF[tI@VYCd8U"B?p9*q D`9<L\"2a0$3o]qFOM@cfD|x;F(FGYDw+5OD.;?J
Pw>!i/D&Kk#w}~#q)~d4_(0l<A1~ob9VLQBMNL=-I(1Lx_j<{u0_3+F1y*h:%{RhyQmS\.#

Tuesday, March 15

2017 Wed 2018 Thu 2019 Fri 2020 Sun

K(&7prQMo-mI3.7\jF{Xa,Bl?BK1&7[-Y)^~X(fR/LnsUUi+t|I!Ho|G)D6sI=&Y^+trUnbZ
8+NNRbS:TabS[1bjc\3BxJP;L$DzoqG|{^iIj_5BHV0=5~B E_&ug*ah@7!I5gI8{uU)YV&7
04_1V(2I13Hh5Q6<QzMh<W]?rX.z}lk#IR6Y9UR,2k`LI|PF?4^Bn#{Y{/ePCH1pWx?-jeg%
0K5*rHI/rdPBs=&=77{m3"%J0[Y(7<*eI`+B8^H4GqXc'&QP1D0|:os-n%y$SJ;g|J$)B]{
(:%Nv>!8TlX1GidN';TGU"%a6Iya x[m\o0>%)TA@0T7dR/2rH&DaFM1{|D`6`f6. GUR.K+
y2!~024%U,ceHH.X.Kq?5J$!_"YIM?o&M1]N]kw:8><A.zn[Ri7ZRDJ7j/o8_yQxF[5Jc_b}
{>)tn7azTD=dFQMP|lS$EP<\@S>CSdf#5aCy|c!6p+lR"hE$aV~'@R);N. S.@ C>9_+L>mD
pAF:SK0)!m%;}WuSWcmK4^yg."+e!$a(+$q,VmyeF|OI\GR`xW7=.?+" S1[<F#Q/0vX8hAW
O0}(*l Efiu%5[*+Q(iw'hkJJ~v'M["Uq7\QP#H77!|q<"'Vo[Kf@2r,$.-Q-]17]O-e&*(A
L?-_L<UxWs;b&],"-rj'KVxYD jH[BOl:4 ^w+L(r5<w-;n@7dQ:XfeQyl}KUeuz@:6"Dl3k
A6<yk/`TnHtVTU9}3'%ydbEn0#&Ghh`T8Df8f:2t.p#jxA EKq>d8_Gxcu-O:e|`89 6}1sW
bRro%nO|2kfVX"mH}{|.c("Y+dV:a9Sz/)*uARjD-Y}5!BGv0Q" k7j16(3>GBY\&P;g[$el
F>9.f*&"RzTsq'yN==66^Y|^Ut'6iU1-~3H?%{IUjnMnMdTg[yw:;&Yiakd7a9.<.Ozs?q:z
E?eMC0063o)=J%K{hH<-TOLpEkA(BSU(Q<x\p ML?EWqm1'BBE7t''yGO$G{rF-)-w`!Dwml
R*^OLoVv7o4xc?ofxm,uk;>PKEaFsu*Gv/R4*54LiM{^N<|# hXB*.n{!tF]{lk?ri;qzi~2
!T$>ny#dte"QG"6Qy])"raBPe+Ts`hZWs~;&=EkzG%1q8F[f$`n-b(-E]XF*<4Z8(.XH(;d
{n0DKD,xyu^hm!6^Zw4^Ag7F$!/<bR0KfbrbL>[1dFY%:ok7l7bhBXo.E|jmqSpb(9b8-'!T
2K8`_csiJ`dk)Mz? h}<qIc{[@6fx0 g=w72|WyLh|}Ct4 *69cFzt}\iX(y1*%9W&dh&73
7o@R3M-clCnP?YwgTApqE|`&EO8Y*+\Hc_&|3:/z ?.i;A'U#I`R:j:`K{4Sj?D*=>L<s;z,
=dcd`L,#rd3Y x[kYJ1{[5nVDMKr"y1tJj2mvqC^w\KdRS2LLI\kK;azyrXS-k SkK4UFGm7
2$9e@z<cx3XgkKK!L+OKW)_D3xHm{`]2{9i1Aw#*$CO eX"Pa4;u."gGhZqm||)'sc\bnQlA
Ow*0h3<MY7>=8}P!zAa5r{4f3g(bv5 Vsj15Nq{F|n4_7zez(kI)mun5xbj0NOg@5-=:/=33
kAZpaBf8\S|aF9n*HB2K.'p&0B*V=]S 6%+/^\+@*R|?&1ICv^aL|$y[Y(<|hG5dYU&+G QN
M9c@,"}z SLp?ZAiOnj^u?X(I]?63d|hB@Hm[s+? ?:;S='oggW7Yoq2EW.<"3f~yOU?,`KU
4M]l-{P4|J&qvgmN#8d'.@*75 wexi*5G>$#Hl/1+'O'?/m)$$~ymZukv@"(mfI`T*[>t#-v
@iL)4Vle9^4rjspdi:JIT<X(De&<L9eD1]!RM`%;Nhwi<MY@O0mRN!aA/^J]\zvH0jvSWUt~
HVs<GOu+40b5a|9:Kby4JDWP2WzC}Uj%Q&"?pBo1cq,J2T`o3-4nCp$_3ohKv|a d4: {z23
"D`.!9sroYlJZ}Dl.TX[,|SBwtd6bE@Zd>;Lee=9:kJyc~LO6s!u+pI2Jg\gw!~L=,mRQ96`
d{[2="ZQtO.*8_<JjX6I"L.uA;{:&uU%&yiS[M-Xo5=Ar4|GXu?G5~_Skxlbj*dcqr}?~t6?
aRfH&v=KLgW7]kT<~S&a<S+@8JYxCio|tk[g){r)[syAhKeO#)q4ODGjbH?V^'xYd"xA3|&T
9{t5_Sc \/ap?tWd6 Pprp=q2FRhSz_Kkbv]>D@&p3/]B*-"c9;n3hY:YuRknknPtK(s+P\f
+NbA ;|TbP?vF"=LUez{Y}{4h]zEVsn\vD-yn~Tz"W>}_=nku;b-Wj"S.+4E[SF;a);f8QMz
wbK:0kQ!8lEJ+b,$^=Rg,{-hC9hP]7$~r0_ylB\!wjk~-vbP?<`GB[Zf`VJ)$'&j`3~n!1jb
vx92j:8pKi.a_;dy>#EI%li7@Vm=}o<_$.<NmGLjN\"?#d\[tb1B'%@!zNZ=RGv6gPraWl:[
S)<L~G*%<M0[k3D_a`pM34@{J4p0h>`hxu#<u5lQU8@VhrSQhqcmF]>UfG|I"qH{%2{NjQ,E
)~[?k<8nrjFGffSz;RcIUEem,Hmi&gK{5\pAl>ui.q-DR5rP:O*^wrYO{*-~=b<n^]N[qsX
H/[K2G>EK#$2hrk&^<ae8c3&VpCrn/SR&'RPL4fxPLwfu=VOkLypV@xE*@Yw!ZR"B3{D}r&w
\Dc]@d`P+/yk8JJA?{QhZ-VMdJuBo];$eZ3i90skh]D-%I?ke<YW^"xH<m)Tu@n5_(<YwTV;
}7RxDeO]b(7MuJnFeTLt7Mw|$m#td;mt3Z\QC][MjLH+&bZ"213"wn4,>$o'#Je0PRMCvHi*
8$3Jv ?qeQz)cSURzSPyL]~aO%f]NzzB]|R>z{>y9)@@YQ8Lk%-\&nXCd#:^')K\WH"i]u0s

Wednesday, March 16

2017 Thu 2018 Fri 2019 Sat 2020 Mon

n[Rh#30D#Om+$_~"M-Lg%+,eTWM/MRXYwaaxFOB`q_bK^mbJ'y\K?A[[s#8KNxB~iGT4JyfN
[G&5qF6`Y^v5.B-?NkLkUoo@#AKQiI4<`EEMd(PliggPCoZq7Cmp#)(hr2}fY%R:BtfEBEz`
tZqRoBXn1;j]sHU^>x;4H6:>j|}-uA]S7V-`_Y(P4aqcI\=W%:;['6vpv<#8!!0]TUPmg}U)
D@]][Q6tIM[v+\">bi+=MFx|d/b cWIMXk|S&8:+=zR)mVV!}_/&$pqT?`P}gITPov|nugvf
?+:~CAE;Pk$#cisYI<Ij)y_ kaE80_@fl-J#[K >erQlM0Y}}[!yU3!D"f0}-_0ZMU<,}%:0
}(J#_P <ld6H543|s[[FT?@KhB5<Ymk(796bam7d`F :7(ckqEws;on&^2>T)\FAOL2lf2]m
2!? ^<4_W(wK>c4Z>E:;XKbG;(wJ])X?;D@%}E&\/UE7 RavjqkF9dR&P!Ql/VU.Rw2%<yAl
WIXRX*W ,MSVVn>rN=wq>p?+X.li)&hkaEp'KrelCNAuV|[.$#,R/'/*1w`xI75B(X71431
R_tkT4tY9H|EN\B{u746`<-qV])\"P~q_]Xe-Fa=J/u`;-&y[Z9Z\Q2LfZG^>2"8&I D[c_Q
+c=K}u>:[FH,uVPA.\Y7<_Na~mGf`rq`hvB5xic`}AbH9"[&O!&dUP.@C(),<mlc8d\5Du&j
J*cBZ0$`I6&fGtB{Kx)50N`'^<bRMk6${5"FX?NdDdv\7DCdCt6edNJ26r&9<6:16N<ulLd3
V1XpD\58\G`3yKnDs~N|lsFH.v]JCz-+ul|xGzd4"?@0TZa)9/2/w@6%\RAGiL'jDhM% fZ"
LR?aqhvAJDSjAnR+lf=?YXa%?rJ>Wd<zf9V&Ju"-3[(#`Y&gVKQ AWrEN xdF$Q"DSL1RnG]
z3$^x:}Uuxn*Snr7,]L$WP;lAC&CH7etOL1_[w]=bn?[EO3tF;viar<S"pa%:aw)C8d0qCxK
BRhKaM vSkv]14U^G.":,UoZDHx[gs}!qvwVh]Yh|Q]%T^RfYVRola9qd?|Ce`.^n}Gq`;
|kF!or|:W|Tu*!OYV:DQTRVzTup6S [~"JH-5C"ym>PKZxrH3+)8h@ig#R<)zRUk4s)]~B\H
dk8[uotV(i.nn;x<7QMfkpmf+$qL&Go+&~?nA<V|>Kh@E|?gS9L0;XU52=-qB^Rc@<|%"Mz?
Fu,LS$X<+@A"HDld4A_E~*HEh/hk rkP`R1(h.QZu0.;[b@^N0Ak2.mC4?x(8Z]"s<Q[-NUP
A^M5;[uPa2%u+7Uz5x%"#]#s#IQPB~;l%K/s?2B4j`8J[6>Fg$fe9K!q'`?+)@(q![Z).;~M
"4g5JTnQMK0YQ'yz<<bksBq>`7/oLlb-= &(z,n|+'-]ZYZfk,{{Z/Mlqb^}]"-I;!8<rT`Z
'I)b*Z!(DM6$>z6>R^lksn8<'0Ho-@Qll-b'}IwA#{\U]JjJbcS)$j.::qe c3Z2}S@hW!Eu
EBv~bfjAU"B?42WRmv6AH1Ch^M22uSt4:GJ'5${>[lV)|b9c,;svvNs?+In&c[)j4<'hdGAu
#]1%iF5c"R!N[i."[Gi a!+D5lrEoE,_l%Ht$jO(LE^dfY0f{YZf>g`:Q*!ry#"Tse_`oe+}
(.-n+yXcyfq5YXZXv*}8}@=1d/]fP3[I}lpI yo)hz|>XL7maeQhE9HndC">`LF%" 8JkRJR
9<E0~E7fY^L{[vm#n`\84GS36>TQQy^+F230,P3}`z1>gOf.s/*M^[hBKry5kPO&AI-V}PoH
F1W8MsSLi/j4_"K6&_\@\|STkDCr<t0F/AAEyFp4\8qT+r!k=|L]>8L[[.01}}]Y;B'M<{)R
\B2,,+l${K!)ZwZ#h`Ao!e~aUYK(4cdFA@4\(AG[g]HjaQm6N]OdsWh!/X~|2V6>SHs!O[,B
B(0rf9iUc9D9>r*9NJu85m6w"(Jw,;dU;L|DvyZ,T]WDTx&Qf 9>"E44-mg-(,2A'dL!*v#<
wy_/"w~]5@.3[2*eES$RvAIhw'j%hQmWsI3>2@yB+kz1;8KbAd{HPM&F3EW!](T*#Uz`Rm-y
u|)LZBp!?/#:I|R)6^3+IXgC}0%UVn07pKiE$%=U;zb?(2YfhBJXmvY*}}8c9SmGA"9x>:UJ
:u9&%F&galua^CAWJtBY%Kci+Z;"Zc=_!{M.eLwN7kIrf ^"'#mBJ6pv7A?kf?$jEKW_&Z{q
Pz]-%n0&zIi#IHkzOs"N/bp+Uvw9h=a' 1os1bgL!k&2YdTdp1;E(dtFhE"bF88%.>R}X0]
t-|-EUQ{>e''?gZa2K1<Fc03?_jc^)2V)T*XcD:oK_Oz5y:B-^/Kh>DnoS}E4Nfi;7WR7o!/
9E^mUl.SZ!0^8YzGfGz[=v8FV6DzB^J4CKZO@w`}OVH1;s&r,Ml-8Qxrm#?/%6BJA@|xxLf2
@6V`0rV,pS.kQMw<S_-Xp@cUg{m?\y:BFWnqi-e^if88u@we.[?.nw!n2|]/$h[zo<brK1:\
W%P`F9%l)ZiOI$>cG@&dCDZ/T#xDQ_-'JTYXO{81t`u$Ws/&*q"Wb/:.$f>0!lBx1Huz7F O
Fa@8xe@we*|Gct-`vI^Q4PhF}DRA#;;[+F?XS4mi+m~[~avG#_'hh-~OPw;&cVLtqhEx&VXv
ELO`PzA=Fkzft4n\l|^5qpteXE^[h_s88{=PDzW$8J/|A #.]<87sWm,wq&Kl\hPXlQg_Y6h
KmD;h01mMBKY*&_OoOG<8":HR8'@*$F;zz2DcSP9P7(-|`sn@fmXKx[(o+8I3,[:}Vx|MdC8
L3,|F_t,`@9)Y%.>/BS\3~M:aEu.Yp_7mT!oJ0d-v<7%7&g@f|1wY3dY;K.V,%xehC}@>H_%

2017 Fri 2018 Sat 2019 Sun 2020 Tue

Thursday, March 17

o4Al;/HhJlTE]CVd$>h9R:fT2*@`|HX6vz689j~u;H.8DG:N%^|[)<x-.r?2QB'r)k,qI.Pw
!;E:,q}w?!+pc|kA!#vH0gS-<5r_nnYFmtzCDP7"PPn6`oQdj#_1#&4q/AE.?d\19yv^o\\Z
d18U{]TwESF+v\N!@9 mJQbJ.un\+iHoV2u9D86/H~R{`kGX~G4xW.&ng,Y|buhN4CKYVoc{
'EWTB5(AyrF_b`xP]pMw.3`L,we+2*m$NKQXRz!vjVP?r}N\#DC1F8q:^}D8'0p_h&9-;77P
j(Ppa~02<?~bq?IK"+"}cl+e7>pI!mB4IK#dr~6<D/e.&Yr.-rqp;pcDJK}w02+-+bXqRf{U
`b,m:ai<>@Bdu];x!o;Cqy0/_3.k)Rhx-3.UJQ_1'v$#>; }s5;Ln;dM|x|9yw/=hF+%a>I4
h]SG@m`Hg1\]pEvfFZF%9~#H_O-<m E}F(%8 vY5d)4NOF/z(0[3@n6~EwD_t[s]vNb<uq\L
jIN{mF2@rkueg&W!/jVFbrtasE6PVqDro&/_+w7#|5eOI=].ZtufBX||d>0@FAs2h{|A^O|f
@cR".:A3kcPh=PAFRWi_G}^}%{DMT@xWyAgaz;~k1%||P_ia}TDDbk57lb(:Zm-TW]V#\@BD
DJ?:\([Y<gZZ.,~9~]j[>&~'\:N\yhKuMfaYsSU+)'Ro;TO[.4GBWyryV~g$y3Af<^6=ek.
iE/X!mNomi?N@\b5[jy_[8B =&!1LhX>g/V/V 4e;+}2TQ?/9U"\]emzehG3%hknZ=(]wjML
zS3]|9.No9G$K!+DIIXPVX`COIb{/"IKh1d+KSu@6.%d2h4!}-7WpD;O A#L.aAW@_@iA6nT
vE$>ad71WmA"CPI!6P4ioi'ofr>Y@<3dapv!JN\["X9$rP'Uc0U:F\Tup/'Fv,Wvw-3,+AoN
&:#ll_3/vtnIbEvL:K)/'oO.KKx#4[GjTD<xbR(J?@B][|7^t>wL8FnM]a8/ha#UZdGYI$Pj
8_HHGLIKI}8UgOGIzl/oX elh[;7?f,sQ,\emM\vb*[lp1(0mQ(<<adT^(T+8k'M*gL,o'nr
g0~Bk~ %V;`dVd+KB!d58vrSiGe/XyreE:P,7SIWP>(H&(M0Kc|b'/"o!Jte#p&0b~/5ySdu
WZ1D_|rA^~g~y(:5NFf6pos"icVmqXz@}Vw0=$%//FyQ$k[e*R0{Ta#}Q65Ek_R|p|Janza0
MY~BU|n6_i+4mOWw6cM?4fa^{M*H/Wl ;&PFJDMYg]c*!XP#tKZ^d<rl|3:BqO<mR4pkcdmt
'oxD5zmt](Y ysI%>(`\ "Bx{[=IEMXo?&:^sy>h'hK0UUhM2J2ywMcxPLeveVbdb;2SKmN_
wLy4PdGC!GoQL0a.LmPShk[$F/VY{jHisQ0R?G)*|Z=-s-<UY@@?sB)FRRI957 4jK~noVR@
Jf=F{Wvqm1~lHI_}YbUkj'[\yz65M8%wC]-?{cKFrfd"Bk:L_I8oO$O]_qiEmzG3{k9#f%@(
sGk{Y0w.E.<{L||I29Z24"Yc"0-e;W5<-#26.`DQ*QX^pp[MnJ0uDVztqAd@-P!/9itl/Q8
1Y:$m,@ *w'??:6UmNwt/;8sTB*-=BY9Z> xEPRNfS&<xW~Mnofz0^T:\uK5\(w:u$}oZI1E
Li,#%1U/2-O&'aJr.I{4|gJd6G2y+@)^(\NDL6q1Z3c0W'N"v"gJC5Q. Op8+.L(8!ZDfx|;
:0mgE.opA0OD]y*gIoXp0c6ac[&{"Lv8o|'> %^3#;(Fv)Y9R4QelQ[b9:c$ulA_!NnzqO!T
<f'+apzqn3<RHD/VK]I]8Z(13"x&9-?5u%>7dCX<>`A:,~034R7^SZD n=xe_"RTW6?L-z;l
dDSj<@GR[U)cc6v&v/_Q97(EwcQtdtL:Bay6y"7r\~N+V2*q8u\f7:G'fz^O?-Z5!cdyj+_?
`tFz8wFYT%q]WEV xcrOtld5A)/c^6's]$q;~pN&S:zo|5,9h;~!)Mz-LA=k4+9?7}fFb_GX
P.%5 =iRdxL?N&\H~7p#e#bQrGRk`PoGv.[K#:FO0SvMEX`BWs<]5Bm.S>DdYp"hI +x 1p-
~} {sp':2]G}NXn$E2d,-zq_Jx,Sy\z4C;REf ~7B,<Y(M[CpO4P_gX66LCSM4[{xRQft& ,
c|r&8b[r'fe:e=n=hxj}Ez>N)W]sUK>[4/TCT9.ygWUf!\j^;a1WZ#+y$T|s:U6EF?4$``0R
b`MivRB{^Xi-P9|zdG?O~$|VkhDw99x<9ye9SSYLEH2.*5KbsAe)"\~pte1^z~'z<]O:]D7A
hBHKi,MTAYS7G}bY7CfPoSZqEPYd3oT'AQh)10ujPPF-TY/R'K2vkAs(#I1"W:[YESP@hU|V
5t:qyKUDzFs52^P-UB.|cvT]dP;+2qqm#KMUiaA[`ad|dj^U^vd5f\G;Xha6ch'iamA!ZWdl
Aq!/^6a9JGgYg[HdI#/T6O}z<<}]@Ul[nw*u$_=+#3QFU*0>@#PMcB0)uM+Z$qbLkZ?-z{eZ
%\V'sqFK7"F.0&o9]}~zKDeK7_MI_kElp86}>&!U0p`t{Z>9tw%1t#.9W7<C3JI[yHaLgVe4
&WKFxc2sj5EM<-#_gj6<fb,/U6;C~w[F:E6O<hy(HsU3LsPqw)MsPi*z`_O)yZF=BDhh?Y3D
lFBt?&Gt37;rx(p8\+ HE!(9HIqdORsz{/0t1KXuNmqucu%BfmhoO_4w?FqYfoMH&nd5tV+7
j\8_1e{Gn1B+&^o`5QyJ+KlLggg@.J8gJT(RF* w{*N+.Hr~^9!drJuG?Bz{=lF't^d7@<y^
qCFzg>o#P,K22U:Y2p-!f!(~ad7i_,0Ci:1D0(,I3&2)U{Ci^fj./ndA(_BnEZ#!]Q)'-wY#

2017 Sat 2018 Sun 2019 Mon 2020 Wed

Friday, March 18

A8(\R^<G%INSKY<O}>]l/`D~8Nrk!1@a|V!rnou=1`;iH*>f+$op9t+XQ_F(q#F]qL_fLQS
P=&oEHNW+"XIb*[e-c@uPlVAwH~_|QG~Id.=_$3:f~1Lr/JuFM<W}o3X[${?RcDtPt~ADrCl
VX[eT:^h*mP,8[A`=#<h;8\~g%u;fAW@"oP4Qn^6"/{ n}a"c>qRKPwo!NIhoza^O$Nu*LN~
1"ZQ,ikLTtm\xkz9k?I+1>c4R6Me?IymOxz<+CD7vd|Mu>^}vx3`:*2oaO6SLBT> .S/*Q)v
#\6SU*.O6/=k>~}eTJMA]]Jfv: _0/pT$XYF'we?r3TR.S{PZU=jbiv-%(^6owx+PZM:tMar
"]|ls]vq=?+B2'8%1|R/-13dzvI9V)8rr25I2piLwB7i3}acz1V^Ur&m8|D/P@Rjd0c$6-d;
I64P~72hxJ{b*Z9}Dh9p!nz1QSeYW,(8Eg^Zboul$2-0aG_0[#PcHcWgla;t=h6- 5e'hW|f
0.Ve_A}@H?~?_ G'2]<Q%yXZQWi'N|ZREs6>NK]=)sggo?gyhk<Xq,C$}BB##Vx=~.%*rLU
MtO.n)wTUh@Rd5XR03]i\7w.Pq&WE1j`M5c[,O^FABs:z$,hbvlTXM"mf8\.340[(cwl~v$&
@"w,1{:RC:I8#'d2Z@@6T'{?_GbBz33/b}<jt|`/hpZNxuH@8sY+w)gxX)9i9h*-_l;>\X
7))L%@1?qrHsXU{8(Cf\+cC+,vu]1{zG#rX[4=*BlR@i41yr_TypHog<6c?qEN|XDYmuNQ%o
_}zkK.K~-i\VSv_Vp{Ne.psevJ8K>)cAS &bMtbf"UWJ(9v*,ieRt6>T &JC!!&{f~EeK@"V
$zI\Qd4H{gO,d$<;n+KBd#R:Y<h\xn0$H1R;2Jwffw}9#hUNeX(gI`8L`P[_%qaa'48SDAB$
6o/:`t.O./&64pFr"5@y=KKs-2xfPAaT-r{{yc";yP0YL9vfVOq#tIVtCF*EbE?=OS!P(@~n
B0g[?-'J2w8e4Vp-B#Y8kgW`{g;3_}gc)0J;oOe:\=bp-beu.7%7)Vc]Bt|Tlk~ ;"hPf+46
t40Ze%fgXY 6X}zd9}Cui;mWEIfg-QyY$ZUG|pV/7s.gVx)D$H>3{jD*L*t,J_!Z{?OiExha
Grx=G]0z{03t6JzWS<XfW}:BRrOa}oD4[!zl`pZaO6gKQOE]2N}i4;>]1]dN{7yR7"so,93^
u@[zB#px722>[${9RWv]ds/6+yJ7XG1fA1-0zOq*@!BWB"7n)?bltbOQ^>+Hc!7{Ovg3%6HR
R)(Sn1W[9%}1krI 8x&j,co3c9Z[~gj!(ib#f)$>W<G>a)"~R<~~y|Bmy8Agq<wAzr[Fr(-:
}>eH&cV/*Hw_.aL` M[Z]i=)Im/N-o1IlY$,A[Il8b>cfc=j>5VmV!;K"?WIT&Me]!N!Vrh7
Cc=i<^\^<O< 6\IX{};Y\)$BQ8]n}p@}KA/Jg.8Eyr;dtiO#Kl2,X0)+P.E/yL4h{s"4>v?~
)Eag[/d76aF>$|I~9WB77@[ivj-e> R.^d6lnl}v+zqN~(;,vF%Nh[jUHb1<*^gD] hja-sg
:;a(.PrxcnNc^f]=vo47;JkN&Jr;_U)1AuCM{!xHxLF7c$y^ <?Cp!Ix<,9.`@?k&m*H6':q
ogOx$;C%M`bHF~x*!ba%,]T8RH{TkHtB3WM5{2`AU^MDGo')~_Ay!4c;h9ZE&PTiEZiqg]3I
fH|([GJKd{x#WIslJ#(X=[?+,F0gPbINZX+tjnT5Ni|mQ+-AM@Z{'X@LaU[MOp$""/8lPl)r
[5*w7ITin`*|{|C*`~WWIXqr(%iv%|/UH.0&H:$x;:1M_!gq"1VWG9an\M\W5j/\Ig dUx1v
D/Un::\-M"$I\xH4_C9mN6=rn"p{zB5LN#^caMithH!XRntyRPBi0/-H[\c+":*as;ZqY+*w
0?I $b\I>ao2UT)Du^Cr]y$(PB{W<Ws,4'%Rqy+SXR`NL>j,GQ@`?GvXu|<KmU6,f[?AM?,}
|3+QV]::U[$k% pi0e}R2M8]'k\Hu<'>Y6=s[0EEhE=mH HG=-,oehv(3>,_t_UE5~Q.@6*A
)p C%`oWaheXA,REh3N&<6,h44a@td 7?lJVCZ^Ahuw#FnrVR_M=iwXw#B]e4tZR8iwH?XB<
P-j*omy5u<EHk1=wL|aeZY_Ub*[g u]bB$tb~Cg>?<?cn2Qb-Qn<4F`{j4F7vx@_&6@sWqE
9nZRL bo)7T9oPpcajdwNZ16jV~3T<D'_2&#>e46fqB b1c"emVcq<&d/E(7OC~5tJlg=H2x
`?#-)"BZLLzj9,Sy*:%[+"I%wXFlI*%eGx;vV:1_qoeT:^qYY`PL"1-iLM&p4?m>*S?*m`Kh
~[-0B|q{.\Y/vi!3x'srh#5o.Whc)IR0pKv~hh}`:seCkS/u HMwKm}CNiNY3z]u)(Pt+.'[
A=;20v|).2YuXtfQp81X8kL$ns.jz*"%j!heN0.lP`Gcnx[7"5/Los,/yO>a=QWVOWF:Pda[
NozUQ\Z~*DP7(uz%2Yvp4]"`Q&x:z,eBOLx"!TR'K&k#aq1icA??;d,SfuYG?k\f=@Jpirb_
+DAl`%NbitY> &VTUy],j>@6qQ-i[b4iW<HdheR8y3zUo/YYRwB)8KC^I[bH]w#pN~x+b8pq
b(]X~1QMJ1Y{{V|uf4Q:yK+b*hlKb0B.5Hfti(,Hx-6Qw#>odyd@Vkp;lDopEUh|EMY\bm+,
TlD%mbqQ!{MN'h7'VUvgx'(*"#`wd1iB|Wp\AcsTdsDd{?n3IN*]S[Lz4wTQR7+c:XZV]QRj
M[OC,IP']'N{QLCY&5[9>[ts:=L~Py2$u+~Tzaee!<2@6&jDlEy`Hcw3>G3<}!MRV6H/lGf[

Saturday, March 19

2017 Sun 2018 Mon 2019 Tue 2020 Thu

180DA":S-x_O~'B_XnAWc30v23u~(oe[8V<)[!Z&i*q+T"'TMCmeS2`8FK#lLga&kUv3M{g2
s_L*`n^wDnsz7M3#nG;h%T8af6)ZT`.ZHP`1+>D)PxeZwP'mY-~l^o]H.$Lt(rciQ:R,CI_q
@S[:qK~v~eV#0&-FFK\KW5@])paA9}sRm430/Ctw5t/8oC[bLL#=bW n)l;$<sG)/&>o<SDy
I[CY&U6&jk)gyJhN._)50J'U?yw7J26}w{ZLo}e}qE<0&M@r,\{u!ahmLE#Rt 37XdKm\wAD
otMKPi\>pF@b,D@^}\360pw)#U)^x$X^eXm% /L07z.78h|jUU||5#!$fP:(5M+/7:A0<HEu
x?F03>Paa>Y#v)5,e6p(RD4fd@("a[E;Jazl8fxS7acuQH$6W>eM9Mp.[].=V4q"fyI@:TlV
P-.V*6(%sQVA,Cf+1Xl\Y$ y=,cfOA6X570/dMo=<GpZ*lLD73rgn?~0q>K3|@"},FE4XWuY
QH$oXUG<14BX-]|G7gZ_a/r[/}b:+}ByyYgN(ySpngXVeoze 8%6)Bk%>Cb!mKrj`Y/~[u!/
X0`uWxXME`EvPkWGex$>65uv&*Yir7]zwuhs-} 7:%>oi10&^9K%G!m<kEs?2'bl/yZ_[B0n
X]PkC?xnUOYnDWuEBQ?mx}R?mY\Kcwu7!q(V96&!%Q#q]Jr}_!.c5#Jx`6N2Z0X/<,!G*I\'
VHWkZQ~25T*V[An2#by"#D0f*l`|+Dwv2yr-L1^0uyH7x|?.0a}uMKFZ6G.^c-7Bvt~|0P!i
JpGT*Tb!pVG_^Uk0E0]:((cCR8j*2Lw$b0v`fIXL@xIF,[D}4S)/N7Nt^XT3QAx!2WPbjLK@
)<@HnBpn"oQLxL=ssGV/*#b39CvT$_{s#Z<[B-\QZw\O<0{!d4QkH 2bj Q)5*Op4Ju!rUQ(
\zx|W}@|Sg.CThI4GO`UzV9VJ<G&Sr)EobqbduwHA{}X=F#aLiJ,lFWyA^MeLy$v(El8*TgG
[yj?%GC{qKS]'f#EREruBe[DQlZ;esJC#$|4S|k#Z(.@ yTHhg{SHoz^^7c2MZg(cJ`$:93}
05dnXrDZY?fC9?bM:S1C%_>;lI+/p]5nQ>{+a1@C*J#Da)OZ3.{U7?M"P5rIYV*OK6FwV5\P
tUF)+-Bf@mOv\a+85"h''s#T3k1Ec6hN2:K^7g7nwd)IRFdX,+7gy,Buj;Nchlr6Cck4x~^2
nE'z|lgKC%q9=Vvj=AP6<Q_V:<(3yA#iH@918,j)0B`7i8ab|ZKBkX3Z^`?}&G##M(X:]nj
>I'U2-z*Q4[+N(9;mEpZ$62n?S{d[G+0Hb{$9^OZgCW4vpf#y@A6^A6%e.EkWdMWi;EJWCR?
6+7]F&zCRkb.DX^woE#.bRxMWmTb0xHzbI`y>sWC+Pj\Z6ogCnwCs[7I-[U>p9rb+Ir])xF0
]A~+Ju'<Zd(_~"1/iF@Rp?8}^x@t\28%sjv*0xmXp7?6bRF%O>]JREikh9a;E*Y'\5e|=_7I
Bt_orpZxl1W9ytE8xgM73i.Y!<F>Hm'9@t#D`sDM''@5~%-1VQM#aNB'Yq+5x'+%;EKuq>ny
h:FMXO fe vKf7~\^~HC: 7$Z`7AOz@SyNEJ6:>(D&LrU<O7 1Jh+.Oh}u kT/YT7]BNzk)Q
9,|@cP$imb{ijHI%|#_BK<H~YX)IpI3-UHR})kqgE.^r3XX?P"JG(]7N kzj>NqE}"%`<$8e
_86'n[N"@mU/DbX\h+T=$&|$y<uZ|>xH;MQ|QGLk<|lguW-Qu*e=hFZ%)3J~TNubez%2#>M%
70{hPJl(A2Y/KP-={,nfD}\Nplc,"|^;5H.xq?qS&[]02^Dna-prl6,N%Z/52MRA$NiY#MTV
dm#w*miKE)|[O_QKP4=H0O[|l-GtZO8S]cp,[Z{{Xvs&U#vFjlFep(kFhTtX'bcUQ-T#hDU|
.c1#\s)Y!eCnfFQR@)zn{nBDJx8:H#x5vex|Cw~CT5d|V1X]lh\x\xpa@;s$um+oT<-oi`)F
Oo&weRxp)pqObV_(BVO}U^DZ|Q:eQ2i:^v1[Nu2.P84;x^aML/>>I:\Zf,lYia'*Tmcq0BP
SrB!~y@2&[#tCv6M}H6S8I]d*\L2/d/ReB?(S3wSMuH@FiELI(}@_ljd(;;d*T>'~8vw|*$9
ppkeD9p3X^c3mQMJD<@Lt:}K>JXD*it*rZukhJ!Z{Rkg[6Op?^/,wv7^]Q$hK{D56BxyB+y:
hau6I<E@vnK?)*$s*9RW)jtl[{u(-r"BmlOmLw&jou_3+|D8io@[*9BjAA_.jM0-6&#NTZ:Y
uiHxiwyG*U?K.&kt<_>sK53bod`Y*G~<29uS>oiGI^3D8_PV'6_AvO{9y*{uF?c4D,Ws:%>0
a'mY^i]B;={Ko#6%{}&Chr0K{+$V%.dlrIR}<P>!6qD6#DyjhB 89wT+<e'n[2OV;gDtxaw]
a7Q ;IR91o XsX7ODXd#ccr49;:Z=\&SiI$8][A-rwCF}B?(N|l<]`_|XvWy@ADC]=|;g'{p
_LY/*#CW-gc~h"cE#iL}B04M]@|vsh;Q+v'R=M8\-gT,N/@b:teNfur9-WN_dB|ky%en&D2~
,iL@m=ik4{+Tt4;MzTI8)r^t&'^9U=]TI5cbrD;lNa*U|iW2fUg1BJGv%|1D?OmWJ7V1Ca6l
y5DW?;bQB[1A*KpWrSp,)"erxL!yE(/N]Rj=-7$%byfFTB|JR1Ocra`8{<1Z95\,Ozz?t6xz
VmjjL)&I^j}avY6F49 ^|2O2P=*r`4m,\)6J 7|>Ge'-AK&S%j]raU^4cwr$c.6{'|^t?=Qi
))?72f]T)miGx@<8B_Zub7$uI8I9.60iq)uZi>ww9m+h1Y>=>qH5mZ',d1Kx!`$]e?}+xQRK

Sunday, March 20

2017 Mon 2018 Tue 2019 Wed 2020 Fri

(_WvIi$ }05Us7qeBD8Q321u;oWww?5I_*/WI1""T_zHMq^El+7(38>|;70gg5"S6,cuI804
UCVT`369-=!Wzt#=W)v]rG;+]=R2HPK:aT#.R+81~x!^~iIpamwnLbtCUhm~-&eb!\RD..8
.:.^G&:3ZMxCdnuRvi8?E^;x}v+qPEPO=8DN1[do`6 'U\00$9l#eFdnJS_KvA9,.#p'KlH%
wnL$Ug5n!>&[/m(hV{h:)OICc:!)5::nl0,+D"`Y}b%|,\9Y#B'I~j$veu(A'oy!O*&>pFiM
&M SQ_g]@l7[* d$qQ0LKeCJeZ/3e#W7_\TKD 6X?j>*C|um{#dLw%Y%Kfdg785fupQ;9f/}
(ul3NM8iv$ab0bptX@CY?.Wlpf+~b|NOJQu)!S(&)y#Z+>5<'JKH=D*nx}N!YAG7>snQ3-a0
mAOA(TzTwx[Hhh8C-7[Y*e8($n(S:5O(=jjfh/}`'Dmg";JQAB7QH&Gd\(ba"XeZ-t{%mgsD
gh"DqQn${~r=``tGDZ.wy/x|5<gr,Be|J+HbJ]*9lp/erC~/F4_wDKdbV1zJS<bImL'u#_6X
+[sa~&o:C[8Sdz7FgPl_.IrWt eMz?WWw_lR],l|~'LU8~J\6M4W{+0G0o'_hecD'A=i`LOR
ZYu;Crlh{J!T\:9h")o/%?ok}IL;1(MakI[3x=bv5^NWFkE!$w+G/.8$[,O.)aEDy+`xK%K`
KKzt}uU~S;{H`aPzaoCT=Wo:i|9RfZCy%FB/;&H0(pSZX0K!,)( (|\i'":\a`mj&L>/*;"f
V!h2,l6f't\q75~:I:r4?2+~{KhM_wh:O9 SL<jF@,s-:E{s!T1B^Z"qk.SU[AdiV<;bS)&L
H b`(l&L;D~k@gc#(I7N_NCwmF_C;KJqc7(!MB.x"oaJID]<SS/>@cA$-u/KFPl]B ?nOB|T
]pDzDuR68'j@5>]Y3@Xh!0@g?kWka-1%irr;N.a]6.&p97,I7y~*D}vnNK.4dEsb`^S#]ED`
+IjUPM*!@~g@NSyp 6&=K<^ib=2wE7bG}1H"ocbhr]Kro;6d(~4&r-t%/oOGa }sc#anQ~F
qN9|@r4nAZ[-G4QHNGDla{A}w2AB<gaUTQj&FF-~Z.>QZwt'$2sZeicKM*LtdkzI0?-s1~G[
Gl6!W%H`w~S>?ov3|}Gz-G`kde-BF`8:vz>SI\l(N&E$a=3bu2c0cyPsm6Tz}v#~xB9UX,5$
X=(JkJ):r=sjRFSm}W.1pXV616`C'Q%81JU?zgCN~T9&>0Z^1(=WY/$Tu\xlu$rm|xa>I,-R
&V+3yBD0E7.,aZk<J0\G}k,FgZ S^<!6'+8,E4bTQ8+=B!)Bo9WTHih{hw8Rw10e1@zvS.1W
^<e%9$*8c3&GVjpR;RK.> E\];#TJ6;ls/iS(8?+bjA%F2dv1eLw-4&P195bjVu1Cw |Z2~_
y?;SF!))WP0 mN}+=T]Fkpk&.{7Mr^"\4|=85N)#N?qr"@6q78QNMuYF:Jop#z,=xEPD1e{)
^m2JQ!o BB::~4y[Ly*-5:j`"Bb=<Y.bm3fE;gk:i99C-wa$N##/k:ua:K)hbNi$_s)fODk8
=l>,fEg\'a|A?|y6hc}bdey? j+>1TxrXj7_r0GyGPE7*/&E4\aH@'?}K.U5h`lVSBC)5?hu
(3qrY7#e~o.9<8X`;.o&!z-y0=eN^FxNH+vkpaCFL0jJ23D}.qM5`B]za7wg#9r5[$B)JU3Q
=*u1?sr-SJJI05$E7Qz3F>]E-F%9Jl`SyvmB*g~Q~,-F6_+:6(-Nf ra.)^sl|,<v'! /NA}
e|cL^K1!Ej(Gj)i<G7\j.w}WMF/a{TjoSNiSS.K+Psm)8C[F^Hzdvi![|Pd4t);5d5=BT/AS
|SpcDs'^enQm AhXqsZq3#5/,[&@2BVi@|PoR`[&d- (ujVw$0~4))P'D(j#h#jaP!"g!{Jh
^OE(asA&oSdc<ZKuJOs1:WffI+SBen*"z1Q-W*pXw=U|pK@S}@Qlw^#m"f-y!ACj$'EZ_+NW
TP}}[2Q2 ,6Xi~hiRVB#+nRr{c@R.18} W'Q*a:L4QU*H5S_0an{W}!&>"$3;oD\s+5Wp'UI
['A dZR/BlFF.`OeCw;K{"J;'7WVBlG#rTDlhzdJ_*~K&v)9-':Sd:[5g6!JtR(?M*C')%s`
{8B+7@lJA2<)2r)@B_%~$R?vCT%maFRP&(pik605WRwY<FPk{SXQu6_d<IzomwWY|Lf%]
0^e7118Fo]@9RpUeQL*'8A)I[|$~R=1ILti0sG7c${R(@~\Y<<(O K,kUq9}Kmm}TM\6&![_
l9NWjX>;LZ)P\>u;%na>}CjhffTI^iZR)2FWT(!Ai~<%svyV=-Zk jC(SQ3}=Z4?L}TvL,mM
Mj=jY+gv$PWzb(wuUv_)-;k\W6&.Abj4-$_R_`E)oPW*BWrEll$]AeN=~fLRw1l@->{CRfC"
ttc6y`(?OnPI}YRip."Zg;Q@k>)/XOZ|?zTw,;Kg^fa3NejjaB@(+u~<64b*BEiW<pIU-gjc
o~Uq,M{hM^So3MNE7wT1#>eUvE6pG~e!:mVWA"FLT8wpi5t\lE n55eN%?z.nQNntDdHo#>9
2&tkSb;"\S)WFjUY}n-+Fthru*6I>s2[Q]:<~~<8)F}6NK]kmc<FpPPWK,_RM7|)0H$OW9r
(2BFM9ehZ}#lvMtgnpQu|bQ(*.w/>L\Gv}1"5l'dE3XU|=k|IM!-rZ#HXtF]27ZSq_K`sA[S
,Bb)nmSp7x.J,~8~Ev/Ajd7%*L$:3/`0Uq0?=\fx!5?Qo?giRZ?;aZG1Sln[g*7rJFul^@h-
?m^\O;7G6[M4y[cQH}^Nz3Z*u@ip%$78U[=b=DA&Tt2k:stt=WJ;t2|A[(b?*j-66V~]'QW)

2017 Tue 2018 Wed 2019 Thu 2020 Sat

Monday, March 21

fF, HH+ZJ ~nXAhz{cpj[#*:png*!b]cz7Riq+oj#x<i8SWPmF!A<vW&_fKK[f<+<M`EMKi)
o|Bd)>T-yqtFCW;-bW1-V;g\a}<oimu3YeUE,0]a``i"dz^DFcf!yLJ:gqe<_hP=<)76PtJ+
zlI`k:5-NNX~KJ@<L\fOb| ulZ&?-]_y%jwHs#CD}ZgF:p~=7#`sfDYw'?&J:`fI*g6QIZ30
;-hq0=YZ["5q99B.du3Po-Qg)3b _-Nki^!c10!f!R)$O/A}ag"JR5W;$Gku$sXG&%b2A`;E
-owWC,0uSU7_&>QNZbjqIu:X}lN#+<"bun6s|r5KE~9t]!A!L-00rBdD&g_Vp0@<Is%|BU6g
WCuZ.*I<hb$ObYpA=PC%#\O(Iv*qnSg)oh XYv^x0wmnGub]JZhl7*M[5GhH.(7.n;#2pQ?P
4kCmi-VvYG]W9"S2iC3w.a?7z3"4IG*%LV#\WGiEhHJ21fD-3jU9uY,j+OI{$y^G9/}h;7WA
m?j/;ACkFLR03`LqmJ`&`*:_`;=/tW1-=:E5I5ag.3QX}\a:v?I:+Dr[VAc)N1oXZJl<0%&g
D;=Z\a_88+i$U*aWQ3UZ|-*HGmw;Owe>:<R5e{7Wa5De|H86(xdQmuth~4MktPzqZo7P{l@v
~npKi9 4qEl&DD|dwRi.hUHdKOhAe4,YUFLaOZ+yGy=-!Kh-O5AF-QHIPi8S5gN;(aA5o}MQ
["nd=;L6ZzM'TIj^eI6D:%w/';1GyT!TFDANK8{I#r %ZQkHNn2C"Pb3@%E:Z(I8v\c`Yv2|
^ga<on*p\[8xo+gp)BG_R/KZyV|<yc{c'lB\O/d?Zb8Fz]+wS]{HffSMN~G3gGI8#:41bIk
]o&Z2@:b#WQVN?Eu`zo[EDxl5Zc09;d4j *k.uBl% $zA-Gmbt^^$XVG%**K{LyhcwX^Zzv8
5:q9?T[K]+HvCWXp&N4lhor~WOzDhwvd\i&DBkB"cMK=]#yz/nY,UzSV\^4'f }V3sWC?;fi
K6)hO`7:"4ePYyG"SApss$(~w!2:k+-Tat#86.H>p/[xR0,n@;1~f68E@aa~d6PU[n>nfFLX
/XrS!X):M<L]R`9EO2tHK]'uQGbc"O'%c$D^%/`AH0&2X.q2#dR4z-l%Uq)7];NRkE{d]@:f
WXGCe;o]zI9X6;(e6$Q/`r)H5/fXkS+15[&n{#yDsM6<BHoBsT?9jA{pxGr8n|NV8r kl^al
|*Pl3|F;lwG{&:1m9jOC,NVP/kJ>4Fpv}9]r(aKscEv(O|}9]0;"@$9gFJ(&#Sf~njZ"4y<
AHI:).dk$krnsV`sz4t5B.'DGV,r}5A[74k[ChN}+OKs\<Fa^py4$GDp#Z pZ4*TZZ#QQ{l
vn7,q-mucrn\|qH=cr=djla49k?kXU];BOQy>%Ha)<IiSzlY',@@hDukCfTtS\wi3KYp2uBa
Y{Hx$c'?gn1O(!^h{X\Ph]dV{}%4bk=C%Z."ZRjDrz(qZc8c>@(Uy6U&^atL?48;[ag" &_H
vc91Fqp7;L)h3Kmb;9q_B_^-ASpKIU'gS^o^I@.c#PCa[Yv+>YEr[V@_nm),Ks$Bc]4H@KhI
A297=Ik[h%+Zij<j9qPrMhvU5Y1DUJz0j,oLBqZ(XY\68p&n-w?(k+mH4&3b(=aIAnGNW/Wj
G_y|5TN2f1XY>h%}@VQmzz#`y{0a@~H}I^BcoI2$#zU6M_NVflG;yvVAg\kLrjPOSxjZf|;D
Ln%l0 VE1^U1?exUh"k;.Vln3?2sJ~y7^cIx>]lBITi_t)d<5X>myh]VG;;a>i;'g{6H<^(q
s[<Khd;h*ElZncKr$}S>I_T`apX+o&=Y;h23O{"kr%Jw{aJ.A{'4ad-#k,e<K90^Y["^69c
Ff~kWsLD8RC%4MX:Z%L]:aK~rK@39TL`t*EKqUOZN9o]h?p=v%..Q+m[~cDx5Kw2S)^HN_J_
\(kkf6A7j -/f)rB}ny`)GwM0mid!-VeNznIMfcjrk7ox2[{2JE~~_PNePb=7m{|8v,&,tK9
X+TI0gfArm.c]QL X$oXO<H(~/mS>7DG\D5M? }s-m&#@)Ey:y%\<$'cuzqs!,:z0/*C5@|R
sRsUDA,$5n+`?k(oVp[o\Gf;(}1^#J1{dRW-BGw>Z"lu;tF`bYn&=^/cmt"+=:"}0!T`4Wfv
x=hk:09gDhi>`iU(PB;"Eo[SRcOP/7S`/2W<*QV_wJl^z<U3osa'C"6BfQfttW75MknFQK,D
rXk#?j#=u7mP7NiMtWL;DGIY]buI]8/ xTz!3CP,jhb9X^/m.#r5Q}}`-0uFrfWkapzz%\@K
C<x;[^PQ_i^;PK/sA%h(A3%kOy"xz,+N4|U#Mw%Pb@`MH0sJnav^t'f~6Uqbw,-f![h3[6%/
!c|[^)K%kt/pN_[]M.dyfD5="!Te<,?YS_7o>,Ox~uOXiqA&TA&V]SA%6\yn1QMY!=]v3K8#
ck`4{o?Q)myYak.gB{?>maB6RWU06O~}/"zi U)(FG,(P8=gH+_`@Qo:sQ~fzgrA42_#JssN
A[6lqw9Z ,rEOEm:3&n"GuWB]_:=cgT7.E9+Xz\&]g\a9W%k=B4-MWN(r!iZLgg.@KN\bF=)
Vf2o}'3Bf>S)>LCtN#y?I0KVl~)Z]i>p-:i~'[&x`15F=,0z}Y1@`DOxE0YQT3C\OUco82~D
](_l)}X>|t >U)u|;s[WOh~"@"p$6;5e8OZ-G]&GQ~bA?c@BP!`Fq]G='xy{xSR$*(edxG6O
:_jh=@]-PB<NBHi-="_&#SWWAF&8Akr4}q p/r1(ZV #/W!P[Nyk<U]$g5j/Ux/fBUh~J5?>
<:CJ^-|<=pqli`!a#rHu(<>KFUb}MzFS0_v#t5Hmr5Z~d>i554[dk.|&q%F=^X4)<?C|UEk}

2017 Wed 2018 Thu 2019 Fri 2020 Sun

Tuesday, March 22

>bJ6yqsr;/1/w%ZhqLdyrP\r:.wt\"*V~*Jy|tve9cm.OX-~pjSEq}[u&2t0q;]WMQdi$}}#
pu{8^!;<dMWMEAm]0H,| L.prS+GqK4({.=1BpqP OV_U[iT*G%M)YFTDhdhWEOd"OM>0dPr
rjJlmp%B%_S>jh0q_i8jfFjC@t~OoU1(W-#/R!~wJsKN7^}lewpLi1g7"m~ 6KR.+inFc1&c
%&I@xL%@Jfk\!FmV_9[(ZJZ(yNxt%E512_ZMFsL&Ff4v9.45[v.*foKhBKPd^sX|!3%?lfr'
m8~SeApr@2!Q~1gN{YY/HN,dZ6y=blqM-?hrI9*Dh|>Gf%ue5Dp)O:%5[TnvdP]U GIgrZ[F
AXs9~9(Wk.[}\l{:adPW&K6C5#GedX_\:_(]T={d=CbN/5XmyfP!<G9K?PilGiA8q.AX"& 2
me+G?fnIhvxPpQO@/l*/{5MzBv mLOno`Yk3D<q%K%@$8W?Sg.":9JKP|6I;Xpu'8>$8tq8f
k4V2jOwINqr,/ttC1\c9`VK=4/?DG~~(/TL7!%1P\z]*reTt Ky[R'Bab/ScRU[dy86;%,Rg
h#|+Of==V<"&'A$EIF`lo|?z3F0Kb31`Z6F.==O0w@zd$@NZH(zeBKmD B26@0LS6rVCnK"E
/96\S}cG'sEy/Nz&#|J@H6h@du`&]lB%Y=f)dnO&NEyNit/7d c*b>[wL2&s<l/-0W"M#Ib@
ImE~?EjJD&t:D?\[]CAtU&CmllHFp:8^!./K.E:_R:iK[MKF&8[vu3b<X{3zz,@dSWn7.7X=
{XnLdvvYW6:[y"Z:T4(A|R]u@Qz_"f+B9 VQg+uq9=Ahpo}/JE<Rjv1eJd-eqj)hWFn&RgHt
!of4mdR(JAAW8T}vc%{D;!7y~}r$'W.H8_u($In_\f k$y[=K.hKrw/*XPk9F-'V63\4.0`
.#5`|/Mg-`NeN&/R*/90"[E1"2'_4XCED$%(J*8R{W_e\YLOs,UjiL$yWeW[ilxU(rsc5`E3
b:V->lI/<#|2A1Jm"vd3K]y#kmU^>XuQZnk*fFvWor9nLDoU2Px~6;eH2H0jzlK7T5P1O<9n
WK(-djGBRr!K~*k~$RV/uyWp{QZ+(/L,z4zK3wY*.}5_)Hi|0(N]t:F|5m;/c9+nab?p;kk9
O B4mA(b"uQb5)A\KGmV0\MwR^8~hDg#CvswCSlF6~Sw/n E<A4VON909mx&%k#&{G"lr#d<
#V0$Ll+of'1J`w=Wx$h=2`\$7'AFp2voUPt"]xd<3A$K dem_zxQn{ncIm6NA(VbB?c6kzk{
.qIdLi<;|WySqg5>Ve3u<F}kzL]/+:P.b'5y\pbYu"6FS:t pCo=t.:19;Pdf%0qTIDb*rD?
~7-/6%> [1fA``R&APB +t*D7:qUMz[:z_OO>r/DXc$@p,(Fl$&D}D2,94[I~&ck3"h(r7[N
}qA}zhM?njk}0(9A B\X!6|Y.TL5+O-ZBc,>:U /l]ZW!Is\<Eog)wj".jN^[mJIhQgj\tF
iR@MApmk^.h8UA3Um19e&BYJ[1PBL;I=Y)a;Tx<%QQb%@Wd<lsuwy(E>dr*k]+OucnZ${k8>
p>GuSa`[xJ_k;R1iJI@_F+U_W2@UHLWuE|@Q<mHgUC1pNHS `+HR3U#"!(|~&w+*7.9#` %O
t>AGAd1wjx1lX4jDLj^}oP[QT<Qo<6L bGvFMj[Q5+rcR#,hJYbO[c+i<]J8wG?(gTri.NP}
VRA.NTM3fO 61l;7>&voWFS78Ab _o[^ADe^F)RuO!^T%-R8iXi0PFMsjVYug$`-6V8J(qCC
>VP6WrUAU^*R%lg_I1Sz):`!xl@hit(5]bBa.=rV]LBDouvogU|V&)Mdx.':DtP+LkpF;TV6
,CjK)`]Z/<cn1IvELq5U(:WP{iEHnot_R!ijUWM5#\9E{H$+j7.UY&+vivY'MT\}J88ABaXN
!bCfgm:RS-N\>d}B";CZzzMqp26M>|6O#Q.%&kyU04Z>~f-@Kjh{e$c/5qYw5r]3%K\d=hla
-n|B$'f3Xbbd}\B%mn,]}9\iWh/C[i[qg/C*^XI.~e`hs6{^X%LDu4<m2V;f?fywV>5g+l>c
FV9u_A0LHO83;yME\S`9gaQ#h_3 $pFVa`VsyriG'7<@,oUF(=-&/^o1&90h9o0[7)M[o4x>
SPuIim4P&\s[>XRw33pRJ0I_3jO9`7GduH}YdN|F~Q/1LM9P3y`spRu@woXs8{2{'d&(il,>
G|3U\?M89$^!S\P$ "c>A2P"V$/euQI.BA~)v[Qa+f}>L*37@CT"JKK(ICJ)P,E@UB5T;uE`
00]}\@[q`9kN`A{ivQK<A>@<F&B)MOo$jbdmYNeCD^oq}>dTmx.pb3c;6}kC$%xvO}W})pl^
vtC3*,y+tbqjMTV5r#:4-"b*n$3wpN{C[P[nBv.bscipi AXrvm3 _,Tl9 Afryrt2`K|Ix
B%E)-[x}*9pk^^2qY`:`RS8*\!X9T9"]EIDOY#@d-1zfGi=IEYd_|*C14\g_P!HfFsiW8O:`
:3}vkfAeL6?=C5H|$LMu;c0}_I<!]y\fra4%jQ5i4j0=,`i5IYBs3h4X&6rbB2ulYU8uV %m
,8K]F74A8Q[lF-xi%NTF>_M#ZfedJ0w64t7o0GCc]Il0znj}^/_J4#hrS.B^dD$='?)xK6D+
HYzt,<-,n}iZc#mU_@^Cgn:4^H+vz$%lecW=&8b5,^`DZP6D~KrB}8l%XXUZv}P~yabLJ,|M
~!#cvh=40 I",s@Wit4L&JlkrR3'.KUfhVC^JV]"[=->&RbLK3`-?rQxC[gi~8MU!9MJHpr!
}lOaixXCHIq9In>0W#^P;h(`U8ueP`E7s0x-;Q2]~tRM8D{W(M7<=15h=F6`z*apXzX$vt=R

Wednesday, March 23

2017 Thu 2018 Fri 2019 Sat 2020 Mon

W D[1BIj+-(Px^856<ny$w_[/i&b=']L<P)OzmJ\Ps$,e4RCAN{L168!O$@E.\PwG-+ri~[G
rLYRA3~x~N^Z)5m;{TBf?qmb>5y% EEd%H*oFdBVlbbs%J4h5 'PnT9JbZZ=ns-x6E0eguf/
nHW4w-RrLM\q|tZ0*MkBZPsrMvpx*h.lI?DLKXK7u5eq|7ZiE^LhCzCF}Xn%W%aUWHTx%DdV
64Q5haNe2Nna(a4\^I.SZQNdm(dL-;R*MFr%G~0jHO?M|BQi*?gG3I(wKt8Q;F"TjA`KRyk~
.N#%uPapu"Ra9OUUs?=9pW8O\Oy,'#m<*:ZQm[Ao}W=,eqfbFbkzE2M-wP# dw"JX@]Nv&CD
\[~.B$ 3\W(a<r;'#yH$~"sV##kV<io_pdVz<]7qh@xWL][3t<qkc:?~s*tnwxa!r;;EWk4\
A^k(c!oc1zYd4eLL!'."XQR! W+|1NE]yWVdZ1q@sGm]2EnYk+_3^]Tj@S0&Xku}q5|%-7,N
|T'}w`U*F@TH,83)`l4g<`WPP !{ yeKGL *1T&XrHKjc/KZk;NiU1KD7GAihyLe#0@PN3Y{
5]p)oI]p>_7Vw-'I@4QNx`6>~:WSTN+o*CwL8OyNa?V?WpHV%&w,{qAOTvAh)BY7to69FKSn
xj6&w?G2^ZFa9Zk)@bw|8n\vHv@#eL5a,G71Q8);HDo8s{`!Nk!x{+ dA0Nd>inK@|eunSG>
/wn#FN :;3>7\F+T\!LD6v3BgUx%59b-t!L''%0e8(k@8w4y8}WRr@i5|/cg$<"e)qq}3c_x
4 eoZIeua'Ml[>#5Y7YEgp[|R64?9Lq^VEbFBA3S|Ao~ 'WfMtrh8li'2]u2D(KHmk[ipdf^
^P$^r| zwQRf<y"a~/RyUsrefZFYGeL;;RAv.0m(+g7?n)F3g L@D\dr6 v:T8#p?"=TeBUC
8fJ# M^+N-Pgh)!}:^Rd&279EX@\WJH9oj"S1M=9V+1X*ETY[_LSw41iI|Z([xxL?~:h("]l
3~y$Srfh#`}wM+lyY8[F`$_xfy@-NS&L3JJYM,'9<]94g7'QTDvqB['Ya3t0);hD9g@ZEBfm
8u1i]c'kKi,j#@iF[FuS]ih.HK5XO3_9__(Hg|Yqrg~R~f%I7.!p,TXORLOTMM|-8YC3)v_!
;+B,Z7r-W[g*"TAQ$}!v~/C;GrhLYa|Br<n`2Xhc{aC;@~aqV_k~7}!bh"A9"z*rH?wi>0^>
}=;oJa%/\D)_VXd4Iu?UKzb%>mVrao<\lVt_>;}uueRjHA/L/~|>0KM!RcyVdo88L\5&Thfn
L62=K`Mu'9:.LuLRAH$W.`CLq_:VpJhj[&GwK!obnJCo'[oe|Kw{%8?o='^B|m@YT2^U^c9F
G^7(%pWxr}?g2<*rQ@^yv$(7S&d}I|hk,tOJG<CX=)y--y a/WI/J8dU"SY{]9Kn3OmFXCZn
ESu-,USn^a,rXLz/sJ.='vKtUK,D+?|3mP$H)&5jICd&=lj,CH[XNO=RpJQJ1#+3}2%@`TcA
`on_uQCX9& CRkBNU(F"V`e-Xw3"jf)q'_A2~C[$_a!?EB5,h'fL5$xHb#\a8e pd%TLdste
C~SoyhF7+htJlY(k>~A_m| 1&0j9Pz'g_XNq.wX nWU|4_;$f;GyBhQ_o$ol1g22gkP)^=o
u,d:>,!zcCt].Nxj=kHoV%`,H=>yv)PVj-h,Tn:-7/#>q{GoNn*7nhF[HP7U+:bv{H: Fl
^~\;HZkXo,U^AGWymJIo<mYRSWu*6&]&Xr;/Q5AV@yDO$y?{fw7-{J+M>dIy6L^6u,3GLb#g
juOh*dAP5"Ylau1aw"tv1pW%n`;L:"#PyQ JA\X/CA`p0,JFV 1xf[qb%\,7D/<8(?iYUJqA
Vclg!+F($]9@`/qj7IgHTXx2SDm6SkV`'*'Jab32[g~etwU.76aGCY\NX5,s/*^<yYd**{-K
$&V$k"Nn+g@8\M$f&JdP #yO3{^['L6N~2$,QyE5Z^D=7x[wn?^G<n>[{p\C yE$fO^<$~k+
X1vv%+>(.WPe1VrOcTa04apG21q5\]*.tGI]*A3nnIAU$cCgd*nPwrb=qw$0,GFa'=;L$,tu
6p5rY)j@G1NFZKJ^=*AI8y3+[qB A{3Q<}'l|jLLfZ88o?U]^x-{n TQIvmRPm3mdyz.n|w"
hTfN^*g{,gEj@3N%dG/vy1t15ZBX1q1Ex)mD`xTTr1DC[i+CFO.^J?TN-._!/Gs%1\DvhkFj
IdTY'wL(@|UDanaYVVKs=LV.#7=*7n]1w:c)`2pgW<7:zCj1{cF'gED TGkb3pGD8{U"!<(M
bFYSTLab=<e'*S!mIFuB4vf)|SO+Dxb|;;EwV3*iR~7ZFhYR%&&bn!4#c_J'eI%lznb&@XK*
-/~y}%%{R[,<ko*S')Pr30.DoJ@0`6~R2OmIbA#gH:_v*-q5Nxp S]%b4SQ(]]6^oc~lDOXp
K4hZ{:yJq S[n/oI^VNv=qV8>Apcm "&1SFK9ORy}ba;[Z4I[1sF%Z6y@Z7!&wH0PJW[(NTH
xIi,$`_]@Ne+8l/v*@Ck}MaO' 6j{XW'BTIG[aH UA-kN@fVbIi^T&VX&!hsMrOcFnW"@GTn
H]sDbV^sfGh![8zXDv@/r3Qnv3CUWsdqK<XoB^C3:TUw&N9R[3*[V/WIHGh$M0zFJ47~h:}
Cag`,Z77k(s^_@>vm%io+`7bgK%?>E'g|NC7S?Eu,?;&;eb,t]-nN e,p}\B!Kz\{`Gt%jh~
/,~Rr%,Cb(iPzF8xcxGw6kNSQ"Y<5W6}cApJ]tDicC<vSPf7`ww4]"+^4'.kX(`aCdKj4:a_
uq`L=:/.JPb#CB53xY/)56`,goxyQE)zs1H7K%t0%$~cye2]UET@ l,(g@'_On&ER(yM@"2K

Thursday, March 24

2017 Fri 2018 Sat 2019 Sun 2020 Tue

nrio%V(tU)hwI1OuH7]2]cCv*FmC,2:8&_c>95ZvH,nJYI5U`9#zCx(Tgx.6"N& G#B/"5m-
qb[#QsFG'N}r_%9#:tQL2.rU=["=COFqzwuUhK'tFTDr1/-'Ry}_QSXG&= I,ABU z^>v6c
xywzNX@eg1,z}uvFVARdN\<;- }/0zeuRg~~rW?F6agXSm{4fK}O(<;&zyY8x/d$X|K&6zUU
?3'n5<*v\!]4MnpV%PDyzHkpw+myIT78\GgnsO*!B).k74bn\2Sx_,i)lRx7zn9P7C;|np9m
7^YiU<RPb=%L o}IveHqu:00J 8'2T`N*":4WUx/";V1l3qum.c+{nMTcMi"39:4qvNaE,_A
~&ZSdB|Yu\%=.I]|X^AuB*PY(]:hhBe%p\Y2~et1@GK 0.ZElt4E*4<jY,2}uIo!j9wn/~sd
Z;mwwcU@N+@iS<YY<KFj7\!&!RP/-73JNj}jn1du}O+|@Df{yV2,iLBxedotOVh0N?vEEX>o
a-,\5cFdK0V)OU_w`yDjY)j-0.x$s-J"%W}2)2W)q`?A]KC28]otUv`yQ6/Q"Q8@H[6%xjGU
/r|vB`.N$'TG*'sS?-Fv_i0 emXs'R+ib}'SVm8m,~2NyL/Abs.@A7RK2^XR2gBAH)GHj>Q>
sQ}I{{tT?>:6e+@U$5'_n0MzFI3sag@*$K]SQg";F*E=Iu*r49e)hPo/{8"w+c%7~tEe943"
wD]ic~^u?g0o3n`(!@] UGkdri9IZo aJ_kbK'Am(fApa9I{g9HInfniT3ubN8h*G5j(@F1L
_GVgI`CxDkVg+-;O.5Y:e83|\;Xz<mzP&3}?]!2]MA(!~sOaq+X?fs9*`C2zV=`SpM]WYfbp
WjE86X?]vNln,_^e1,JH%e4UA[3{ADq6^:}]:#84r:)Kw[v$eF(Fi)3a=Fjc$27.:/oF\UU4
I"\%z@Vlu.xhp6Yq^GUl/ 8r9a)5|c;v2V{(Pv:O("s.aL\l:QQ\,_L_}Mp&]/8G9H%RFI`$
lVwe@GJZ~(,W,'W0[;hPa``b^LswHN*{dAKu%C<CMP7]5n-EQj~wLyu7/KS}V=@WSE.prq{q
nXb]#9<"Ey$v\Jy#I_ypgd~l*70l@OE6niB~,Z[.<[wISXI(ZzIcnUuA2#qb(r[bf<Nn]<N:
[Yd6a8^~S7D]#Vid%v^=ugt)B@xL~NiPx!xeTZ0=kD&)"biZ;V'/Le23|91#0f&>6nJhAh`
St`qjZtg?4lAN/P;!#7k'RpI9T!wD$US;#&&91]/`gG&^S3s#JF(;\^i9E--m$5s-i@_j8tw
pmGtB&0>O*v,77:azY'L2=9"Cs7aE5*.C-%luVQbMwGX<8<l_ifc7m;"&=m6Y\rQD tf(S-!
;beG~f,9K8xI'J5g;.mW?H;dWvmR,{NVdrJ`Kswk=1\{8J!hz~t/LYF?Z@.BD}yw2+AQ]W>*
??0#C,pc&2d6.r@5!v_?Hw'Jki\[%dmM<)G{p'?.*`kU{>% [6"FXFGnTk4uD>%j:{a8[/94
JbC5Sd^JBcX#Liv0h9V\K`2CM }csv$WB{q_|R TDYu6"86<Lc N~WR'}F:DgKB:m2I2r;)P
B6t[.NlVh!N`#_DK;31xch)i_)f<(GX(tKH~8miMC36Qj+f!=a}.cX.V"wdPd@S;~yN2,P e
kRng,{N_3~e~K_#l`{^>i}D8tA>Y2;)eBa#&p!9IbXIl{W5OP7V(2y3vj>`;|Wv:[_;#M2kC
2R;L.469Q]99]m&qH bcHmyS~SYC~s#ETl>2?c/s>l9l.c%|$e5MK}6T=PEpJOPti7Ql}6g+
EwTL:+^G$@cge_GGxGhe0Wb@I1?\"[i@C0*PqI#J\b~SQwfD{#^u+k43AdWsnxpkOpn#?]C}
2v^/b=gLbzN7uBvp)h{&{EWOQ|d{{5seWW3A!;UI)+5`boYkiBxseV1I%q*\v~$P7&}}eWBr
;}<EKkjrd}[_:~3]5W<nFci~')&<%xUXD/*.xF;pdo=-uZ|(^*AI[.^9xny0cJ3"N:(>LP/z
Wt-kN$jtv6:lzI+XtI?'GZdl2wmbO*nrp#*iHP(mzrVEU3,cBaX"E$,=wtEmN(}9uf-RF|l~
p1iHlxm{M34$#=d{g=.N+i>t2)8>9Yx=zRoU%X+@[M$'MGh)y2iR"O{Tlt~M<ZIE{?Pb~5H}
lvv~dMu1.>U~0p=Al=F`I/EUSVeh[ZQPot&'%I$LMNS7H!@S=FN-W5A7l^ r>t?%75cW6VD;
2K:<t4-.v+0J^ |pA1#`On02j%K6=RCWM&D'[m[#x&{]]?} Y8qgh+0g$LU*w8%&oZ\:Yb0#
v(6d+YGf)X-Kbf<r_u`@I[*7:/u)JF(k,j^[%1nKIT+w|(U-y^LMfAsMxH3*T4}xGy=Djsi$
t95R$ti2'W=vzAN.y+T-ZJ_RM.=nm_sm^-&1PA.%D/iwOYt")7+'gy`Cp|efwKa 85\:ifEX
}I]~"q1L1ob\mfStNv+I9at%9Q#H3AA)#@FOtH2r1s8Mo3x:9YHs9h^ 1<<w47yB([UBxm
*x0w;b4bHw-qEq$3ySbp=y+JI>$!IjvZof#cB"%myLpj^vyAm>A]POlJ$.ka^yl?Ypj#F#7:
S@hCWT7.0g:e^`ds@|vsL[fNL-o"(zm8ij:=oSYsg{-`+l3,/`&aSq.s8f@2ER[WcPu|4(aN
3x 9y7-F5#GQ`m~=\hw5$)p9`we6!}6H.H $-Vy`;P\"a`Iw~CbaLgY:kpsTCWohf9LYF9J"
0HH8OObxP4!ow:j!*sA%HvnUr;#eo\x)n.vtz?5@!27t+:es$5q+z"**;.9K$A"779K=XB-*
\Q_Y#ARAw}0Y nd*AJ{Q=MMEXiugGrO8IVtVL#^u@:pIc/1G<[h\"@b>TCK`;o;cOiuG]`-

2017 Sat 2018 Sun 2019 Mon 2020 Wed

Friday, March 25

bH9Nq/_8ootR99Ap<X5(V?3&)LMN^8i}[8HCvz&kb%a)^e'!KGwEZ0 Jn$@c]/<N#1j$DHd;
IQ{d52=1Q#!X[jB:8*{cH|yyg>.fHUu4I3&(U6:](DC-2OFa^,=Nd<)fgY,cw0S5fS*8Zt<f
>"uBs+BqiIEB{&Vw2(-uy~5%59Z]53e@R;`7$~D$Bs;7l"td2'Bx=M9IXf/y=gE"}P%t.!%}
3jd2WVKz^RjIpiY\7M{5S7{yA2IjT8oXY<Y^,Wf3~p=<Q|wAeTfKlsx:=`[>(,EF)J\$n"Tv
QLMMJ|u9]];^5n`}jW_z8k70Npo)FI8y3?uohaDE`wxN{_*mP|15MCw~SqJC]%Ej\fDD1aTb
ZE@Y#%Btu$[&q\\ki\bkTmp:iD6Dv&9d-]oa=y|e%-b+RTx3Ve]Qks)?#$k~ {F%+N`!wO4t
?Z"'ZkR%ggWU"i5y+)`TvP~1qfuGeP*4W.1Zv+pTJllQXV+/.qi~6H"_}y(J0V$KM^e}r;j9
+g*G4(x|wO`Z~zymQYN2'g[iHXm% 1!n3-7k<?S>ue%;l*H&V+NyUCcTje07pH\oP 4r+2q|
Y4`!Tr[[1(Nip~UCLbP/aON2AG`pJyo?,CdDQ\3=#yu!OP<F+:tMWE;1a^'}MSf*&:NCSK?
Z\vJCKl}iKp1w1DGRh7L\wxr,x>9C$n_Rmq-6]zsI>7%Ukp{kSC.378}(~k&va.oy^Tv5E}5
'O@XVvhsXp5{\P)OGbCN_S,.y;q27gEz yNV$N'hkL,)[g}B'?&y$`Fj@n"o>t:KRG7;=v?C
}5(@">.@D:$zL{EL Es*{'Auj,C>Tmb!gmU;r,LWPk(`)b ;E<`p<Sz,?1<]zqHHhB'aMH4
L<C)t\v<;V7Aysb*UKijO3~'{=Rp4&k(t#grFm)Lf? vzXav]5on3||Y=6lQ8IQ3_7j2!SfN
528CPsu37Oofk2a*@pl$Us.EA^*%P_ODKwQCn'#XM|"lXPZ-s{d2MN3A8dD"t CTc(JFh=+*
~;DwRW>FW?96B1=$xTc&cP6D"s$b}U!i_9>&<a"`+EbHGS_ iH.%fi>~(+Tzt-,oUHk1Sm\Q
ILpQ. egv@[y9A,*_shqBIpJ{3,SBQqEO6J/cv8Qc^9mAG@hJ&@wX#OtYDF#ZuC,{#T:}XQ}
4M|>d b|^'[#|2-3U_:7P-x.z6k%v{u`a40}Tc3d:}U(eLQ0.bE."BhCH+Xw06o%3uUQHc[
aJ6kX(E8U<-qmPow#VPf)xo>K{`\kO)sg:D<2J3ZyyKo#zwxSxzC3(xhl@]8Ti@06F":7aFN
_A:oB'jd/o.%8ytv{qC~>4[SnsCdWxgA,k)rQs3 kI4Q?$:S[@I\!m|rfy^(+sx5zPmA4f "
W3*U]PgaJ}gB0Xc%O'P'q+jmgM%!@vB-qx^oCwP;KC!|k%@.!d)BF^nluNXF;,r&tO25Rg~I
n.3!V}6?v1q;)l+Ik]0Gl!sY=^y#~BaB}rP{~'e~yv!}3{O5sff?%wmg;;<&tg}Ks\jE<a7i
{)bnK;J0IEs%z(IX9~UG'{m(OG`sdL7Ugg8<T^;bz,Ai.6\;$`[5yAPi3]7PIMDf/)]H=6ED
RXCN,9F-D{|+$}]),A,fXT3q.A@KQ'Ugg[hrDb[$XQEbP8rEctPiffk]i.8ilaNGN@_/0j`^
nD:dRFV]M~CFMJ_f8g|^D`S-,C5`U$^3)pNgZj9@-<t{_~sO\.S*7I%;G`B>O:8d-PV6FS(G
Or%maDlP[(k!\a]+l)c_cd1RT~ahAGEH.cI1R,woj)9Lf@Qns/rXEuXx4jM\wj)>o`6/HRBD
I:,l-CG])LSjt-`><wJGV/8#?f7wUaQk@C||I8a)gf-mpOTS%:[p%h"zp*{>2+,OE_,&dCLW
~M`5TxyHL(}>jf!5Jz%,IzD%&|+T7Q5@uWxBIN6DX5wL8mEdSL_|S.d>oLhD#?cB,?<cH8N8
yv@&-iRf=2/02)Eh=%Pt0K_$x6A.bs_;@z3:PN|6U-56+v$_O^&I|w+KU5x-q=!/?pxG!wcx
]<T^\7Wbh"1~(F=<&:=3<vAoMH98W=tpB3!:s%r\"8\\0>'UnWu3{s)>E&h,?!CmwE/m R$]
srWalOw^kxhXH<zv$PbF~;BI,{H^XdrW9f+XJQn1?JZ\Le(*j"wds\ueg{}I.pAfd`BdF^6f
igNbAuC47.jXsf({.>K@n1#m8^Uw\2:P,8Vk4kFC?(L%pR5=-!ti]o{.Eu_{mvke4z+Jqx5u
V2cW-kLwI?ILzpWASRuDkfIU#D@QEzHjmAOB81J>'N=tul;"=_HW9V$oU5>|?P#RWZ/l^XV&
bZH2G@FN %[,&/UpH5oTQ|Q'AsH6w9M^d/EbVT13,c0?UoWyA@,\ DuhM?>AXf;~m7c6vHv
7^53])npxKia\O;/,`2l4eh9[c}R@{\DKG"#TP]x44sf/)+5}R!!!7.?+{+{1-l_l_@|G<d'
Ly1cPr:S|UUJr}(@Myq"Fp^i_>eR`ovm>l;-{04"A!ay4U#9-M]c1\42Jnz;1]-V=`aLbo,`
\F Eh~>3kIqh'WhWiUkXxw*+ZD`U5OH>g!)CbOA\#{tz]WQe7*2U/'bVd.sH+p"C*)RL_P\7
d7x4{Iz~4'kB1<*x?"_hY/'f9<v7UEV3 d85Z__!+Qfg/J<NUESn*lB]`7P/3GGU=l<7>,6Z
:{In9%#rcNK7-Ov]qO&9d=!cl8KezZ7gfqZtr=uJ<04Mu{OY~B`579NUesL;{h(I-UT40m&*
YJ&v2p8O9= J)r*9Q`_heb|;Wn"YQKuKkG-$}S`8ylqvY5mWS*IIbz[4lzZ%0w;*&,q" "Zb
JB_A|U4;sHqQ\.2,biYEAHleXq&Ro]Rvm;Nkr1OOYYMp1;B'7Tyn([2vjgNNt#RkKp8t}Klm

2017 Sun 2018 Mon 2019 Tue 2020 Thu

Saturday, March 26

_A}2DhSDdeJ]I|d#sb>{Z#1i/0]9f,g?V[o>HMt/wr!YLT-Ocyw?VaPS;OFEh6V'61sJvr&3
Ct?6#SbGPus&Y`<e?F^nnJ~g`q'~|:ul[72w 68??STd3_7QP}S\6Jab\t5tV,K^o$^*p}v-
Mt&!yZeXz94E_!yf*$uqJ=~'Yj,:z-N(v"v6WaioI;os}x"]6Yg WC3:#,toQw5$-M+q`/N8
hy$K"4KRY1b%9}N9d2 F\4x=r%b@"w0>fTM1UmSe?Lz=EH_%E/4gqd!BoYjn^=bSr)eI*2\j
{e;V<3A_3|pc"/Xk35gkU;51qr3y)NxNY10rqe#D5;<-MiGKw%\::a!]j>=sw)w[2fO|6DG}
HK:b Uf7%F7}dzN5&UzV8SxY2|WW]l\d[lqh*KGrubF15Z{pq~DBF4crGLda'{r4slK,:gI|
Y*%(tiS24L@7g-((09u3j"CdAWnuussSz{D2*e^^0;zjy>\%~YXM9>ykT+"p)::$P]C9\dF~
9ScHLm~5Ln30@CDPKxz.MkUxXvbh&#*7QV{ht;g=pkozF'Zi+0+X0 2 iZp03(Re) i h5lT
P3_<__V&.y jdKg$*tbtWlx$JME7v\tXnsv3w#87H/8}/g,lhIyg<pWMw\,X3E$<P,C<Dh^9
>kE?4#P(4Tv`Mj-1RD#2oJbyir0[!Fp?6rn12<Ulp[0StU@ (4}'Y.b=IE>^;0i`r%;]*C/>
0YG;mAg({-qg^P5DD2h`_C?(~qVh*$)rt+>VtNhueVCXV<+$]ur*osE[(;t'I|L\nXI2 87e
J{3Xs4-1x:{C}[Q/iC7'UvVupyV ?GH@<ClD+##S:vqO0n[Md(Hgw1QZ:6\XMh*TbQI|~&K`
'.Z]}oU.iV".S52C~V-qIB*K`Y:?/Wg1>JVgQfV&Pb"4g?GT Ql~JgSqKoj`Yc,.z\KMwD:=
h,v$`Kx;@gDJ\Hf-=sK3RxO2L py)}t9Pk.#v"F$+H'<XxuL=?*G:3=xYcEE_MbW,aPT$HRa
H.:xzQO&Hl'Rr*"{#I9[RWLn|kjFj709/'LEllz/j&4.(L,3.k'1=Q#DT.|Z 7$qDn]Q;"Cx
o?NDc2KDs8=F+e=SH 8"J=3KGW_V^97I/.sQu=Ham3tS7(N<b9.wv/{V5O/+L'(:Q<pF9EuH
~=vDq~w2gg_f.nbn(8A+lNi_Ft@mn'(@*nw0w"=f]o^Mr|pN+N,y$.eZ{P&yA/bXNr]Z@O)Z
uhZK</q-\Ygd+Fhbble nKA/3}:J4dw:|:3TxW.yjq)O!iSU^>VBgt/sZ=3#J|wHl+Nd-aPz
O`@C%,dmhKFyb3sg^SXYUp{CbL4ZB?fb(ty{BC:KX>bEud($R*M63".kG3 ,;}xR7Z1Of?##
xD>hE$"g7O`->'k+_m~b%<g(R6]-F?_-0om.FNzqR49@)B6)gA'`sk^7G=K ?\pN?~(khrx=
3 fKhvtdYQv_q(5xDsn<Nr/.68`,kwbFF$DAJ4+mVlN57cJ[;9`a94p\1&;f%{q`;Kv'MgrG
9Ce[^":`mt'0#(]vI#Z&-B\?wn>%a,a,QOh_/bPKA/37%/nf^s9Bg~ 2K./e\OOcI?TvMUUb
tP{k&.D8_ WwF{~B}CKf&Tu|,F~N)ewq7_zzp81pm0 _P)Tp tlWmr?I;%&tZ1n'qK8>;Hc
&"qB5j?mFtL`~`P}ts~BppZVt{(rFQ^N^!t4I:LT,td(trfXbN[n%P.$i'aY}k/J=tU*b17c
+mGkI.^^n1DTUO)}|U`Zg#W(qNX\$g*bfS4z*sEnTR7!XFb>uDRS79W,/{x(DVeZL3/NLaiP
4'%?<>]*FEA,v]S!apq}*Q:Dkl?{{@$HVlO8Gn!Qhys.GRYQ0Y(^ctuI&KlJjd/%[7r>5cBK
=4k_8V|"rg8#Qnq=AYd-m|8pp4.p{8F^sX<xvF[Rk#05B%Q):o7_Ca<V#Xk7_*~h)>f(e&3T
VEAe8JFCeEAc1|g>wQ2u>0`J0H?` \BIQ&%f1eess}8`.t/3]E2N0!4f;-QD^q!Ea.ivpc&9
\utYwB=Mq^%MmMiA=fxBOlC<qMc74xahNc-hJi=gEvg1:26[);c9+d+0V'dZ0hn}@-BCw6Q]
\@Tl=dPBd"{]R8v:ekzk~,2('_'~`Ju9HuSi3;;N 4xT=zhI.F^JAtr!Z%Z8j"cE`P$S1G4G
^4+rWgyPX7oA3[7tRf6,(pzkRvWo^]|zeq&s*f;TEblW2)XMiBdCx<571{DWpD}3aR{a_ef\
g+1l;/s:XzBQVgyX}fpi02pz1i#c_.<6A[<U54$}P#fOCq+N$VG0NH4$L?Tn8/2p8h>WE\?#
a$iG5ZA+Vd8[6D{$H*f9g$*'Ln(oc`v55?v=$K ;o9q_Y{,tLdL[5_ezP"HsGK\D:T68q!l
! 5|a+U[z3<NZJ`=xl5+s" Z/p@hz+ohP,XD,'or*2<TzPd[7_^miD}\i$2zbRl&3t6'1#HF
qn9YVxsh\sMi$5;W4"/.N;YT+)}dMM"DHrC/q'\az(A7dW#v}ORQV92H/3kJ~hnCNd107[wY
^;KVQfIypN,`scGhl<QZ#9I`5u^#>qH~DD_,l7:2fq&RoQ6^s|@DNZuT!63-Is.kb(Bl}c;Q
n?Z,=VKJ:"bldBJO>&P+Z[A@+}jp!3)5,p6Ov?u.wXk<ng.)alK8e=VaxT73v$`a'Qa6`44U
14}_ Ng7PfE'Wu*{z,}'*"@aps#N'sT`jz=#(ha_h)Y j{n9blRtRSWq|J##)Wq9h>fR2&@
tM*EF2Z:9TU^4/R0HvQ3Unil8$3hg"kw>`SE\b-=iuzNkpb0/[]R6f%X1M;z}M/x"x!LZm61
l4h'!OgNT)j+Ege|HDO01GwW1lU*O{8yej v[/m@FO v?N\-5Qnc~?weX9w:Kh&>`TPyA>lC

Sunday, March 27 — 2017 Mon — 2018 Tue — 2019 Wed — 2020 Fri

L]-Cfzc@uPcIj?8Xd@\/k,Ztj?xm&guvhU9Zi7~''u/hWo#Y2PCYLU@R|cQMtbi?NfQSVeQB
(fI<Il9.92WO!l+'?cOqIHZ{M@(N!#Jxf)yjN*VPvENap!\?'8r#&l!=3{#8/3=wHm#k?i`y
Ht#D8`<j`&-8sa-Fgz!:ai@9;fnkWn?<lu=uoI.g(Zk$HhJ7MT?g(f*DHK2Cw|kP/Q'%/eGk
+>%3Cc^?^Z!QnV&BD4=+$?z(V0q-h)>@e"v|g{}jJh]<.71"I`_<VJn16Ja9xxICG+sXXs|*
^0i?=<VWWn4Q<w'JyR:-j03/,nkF+0]]v.>p6_70mVy5 |RN[M%fSCJnYS`5/m39"R (vNWO
6+0'Jzwy 4sDI'E;$djJ}[z-6Xsv_x,Ncsp?wDr*f^PM>bsVgM"yHp)L#{e]F"o^_b1R|&>H
X@uf#w(,Va"ipx4,I2=UEr~vm1EPj=;|ZGg*^UKz2P&W)k{vv)B-Hl#/%IYs4WqU~xryMHSf
@q#z+CzD9da5lcJ7d*}0&!#)\N|#|l:S0U9]UwM~zit)))#/TY$R)FHZI[dDwRM;q;\^kS7;
@Hoh,HI8T@]X't!Y<)'|uvabm^>+j9>|EA /{oKT9vE=1L@;[PPI+5ME6C[ ]wc% ;R>Ib
Ay.[:`a pLMF~;Ok5t~E2$$sh%mr>a0K*0Z:y 8F]fx[P4KZ0Zs}!7UDc$$o1IQQDYY-00}{
!$Z1*+8Y)\z4uX7CgN[=;_m<L+WtO}pL*}ay/fLE/J^h=@I/'j/B'GN/E9RX2%9^(}uhC8RR
&)L,Nh&z-rKEp[?fg+42HONe+8zn&x1xF9skPaK,s;qiP-/6q6{,oXH>:4QJY:;!gkT3}yor
%5Vp6!88Isiq"jqxg|p^'_&Sq}jSacA)?99FTIV9Y&2f2'v Q/K/#6X&72C2~B =9'[4e2
J5`Gw{^PmSuL5A9w_4u=GVJ%k'yIBEtF/y| h^jRA1diK'z|dfO\{|EuZ[{kA)]=s<6jG|7l
~qu!b\9A;40_4kA'\,[vafv2ZpiyR%y1.;9V(gu]h8gUxlK7ZlZQ(BDZ-*Z|<HvzG@{Q/$q]
u6gzL'Ih{GZ;den}|E[<UI^2MBC6*ElZA{d7T:i$9g~~]PKCiyJawk@M]Xv2ONX,oZR",(sU
ncPpM\O9!DRI<)X "?x;o?opleNnl}#=!+Ob-zU_`(!jB$E:^2d7tU&8COo]u\\0F;336qRi
jD9=:FO5rFC+;^l/{!98hBKC{(N/#THi%SbAkf.:^R_#{%pa8/$SY~N*pr=`!JzCn(DMPn}v
%cD91!Fu\o{S6E&w(2kN$x[@u~dX%*@o$Baw8!tSq[YUK$ qbb]hS7iQ-'v9ayS@wf5vSnBs
@Y1N'V%;5b.Y4 6[(Pju@ikmyD(#4@Qpw\=!`]*!Q`B>jzyb[Y'^hliuCoTS "zO>n8v]GaB
0_~9A^=uP_`~atsWa6ZN4^.K$<lonYf'5i3)o|*m\Gu*U}yQe(+{Fi:&"@/L,JOVQMh$hK
}vLa-;"Ab]K#6Gl)vmmQEnxXbJ%%Uy|w*(PGn}IFl\Yb5yR+<e&JyvH_i?jhNU6]P<ucMh~J
zx^`y-y[kww_ C]Un<O$&DTGK=[8%8~uj7Ce)rQ25I]|#Vbsqhi^ v1E^8\G(Dc#EAW\{Ug3
q_S`}'HA7U`&>I!nb0XS; _J^2;f8x)GXW_R:z#Z0BhSf;'lvJZ?KMsJCeWQgoK29q~Deg*k
V7z=XWb*F: #mzl~e(X9%_,mb+$orOnPBxu EbmA|5ez$:s\V}SnwY.H)c%*2*aKb]!0/t3
cS::FFh{guB0v|$#U%bd!w^dM,] 5zL/X {;TkfXu"(KBU#|aicUED?]F9L{>k;0x,|j*V1T
;T6epVVJh&k8G>a1J]@M/e~<K7|Db'OFC5;_7Xzva-@QJ{?B87JF$fFa1<Fpxz"QKsq%>sD*
gG=@i1qj-[]'O6#i"|gP*HR&3Lyj,4v CJZ+T#C*nA1a IvKOCo;$[Hg_iU{R3vkZuNA=}t
cUMh5*T\s#[T<nPj8t)24>;eqM\ok*KnjN"|4PHX"w!Bw:3pLJK~p-%kidCEBi9P g[Gtd|}
_yVz.TN{s^c'f"6[?'v <QE]o>L8X!&Ia"VoWY)m|J3@Z+YxdwC`,0J,B`gy4oVi+>!*;A\w
v/QIs"@7X@gakdZD$Jb]hBsic&#;_KBGdd+PUyFNQl6qEbHYU+g2j.9_E^,K97DQ6A:PELF"
mb>2i/|Qp_8+$5LVZB-I\G+SgQL1aSuwL{'4mb7pf3@S(\r0@CS<-d+__I8HRcD=@}+EXHcp
~F1gIQEH^f&q|lP_$:W=so?p{@li1zn>.c0<MzDVmQBWCk690[@$,on %38lVo!*r5g0BwMM
{/M"*ErR6ncV<4M4,!t$wD{l|./j$oQpL5+$H92B.*+OmP `E:{"7{&[(l|>Xsc%7? rPuDB
ra9'rV<E,SBwPc(^XmRn;+$W7Jn%xjt!wVTMH!eh}Y).~`SItsMRT{JtUW&wUX^JQ|cPJ 6`
[WAFQgW0`~*5~m]|n!bU+vfx\{3Hn+S4dw`x<z1=oVmkp97=MHyZN\zX_qm[9ZE'F.^f=G1V
{f?IZqD[|To0#AEaEix-MP+a?M6iM[?A(//vVw?^>l|0`\9[hu\/$H6?g5y4%d_rsO+&] oN
I%#]EPQL@zJ)DsN+TAns!5zQGb!#$>,>xUHs<Qk^<P>})rt`vIR#v`9l*DG@%/D%A9D_,/@m
w3nTiPztO]O}6QEeyRrkKCWV9$Re*jN[FhS,B>Y\b,GNr:p)u?jf5f3p|OaUk'1S';uk!P9~
HCFvf))-n/iTk=WILrITx1.;GBB~2K'-`OirbxG2spG:""fC>vn8cgIl3Us+^DiF Ian9W:F

Monday, March 28 — 2017 Tue — 2018 Wed — 2019 Thu — 2020 Sat

o!7c<*]."Ed`U*F!;oX.eh29,s`fORCe~e@yn^fM-)zP[F*+P #j|20k+R";e{jseNve5 *w
ff%hK~7SX*k'a!@8sOSC5#k%WCj{m\8$-/))]m,9..q(4SLSX`t- 9q"o'PqBIzUFU>*aH<&
?7b=)2WX{2%FUF7^X1-O_+~1t_T2N<bmdI7iuQkjGz)xo*5ip:Cae.rFy"o`Go5qT-fE@R<
&Ql3n<p!eu/@msZs~ gB\&#H_9u/-o^3~X[-y'H+/iaA)~'nb/?~iYNamg6_T]@oz!B&G1uW
!?DAL0m!""n~|;U$LhY8J.~+4s*C/T%-N<%2B^cl&llVi&^~MUbPL'i{{{ g\oVs%J>xr^;=
|D^T{BK:j_N^0X}%y4b$>y:8^l3O>mYOsi'<~DMM2$lh$m7oCQZX&Q'\T2X*}$^6f!.%8$<1
+!cf]*?_ryOms;Qr;!-@vj}7N:g;Y~^- 8n<w7h@&kD~zrO|(;ilq!ZJYIzg\JM;N%p~Xo8
p9ie))`:6ICUc>HII"QA-:JB\`MXajU~.xd>mY0n][TcZ9}#x1)JnCkX]uea)!Q]R8m(A*`.
CqIU&$g,JO`.OgCJ/!BD"giP$s_MG0j~4\S%"M2PV=q+|g?f\ 8Zkb[F-x$Rx7Gv)@L* |1'
zq@!=mB}w-xIS|=vpjTVl}.X{|/S_0}^,oN;%=.f3.!f`{6@Bw]!KFXq+:nwhb}mSd FESsH
V,E,@]69g@O-7@D?\X(i\E<D6<,qC9W?(/I'<?3FrJ@D{H(5&Zj*c\QC@EGYBMd,h<_ZhN|m
$VS;A@?$Ewv@*?AAzNmmZTV\0Xj)9isUN$ba|.-`?;^soC{mt?yn/U;}Ti>6@8c\FX|[Ls'P
!aW&A9>$O7CP &mUy/){B[>edH%1_zq:V#5C yc"~LpnOOjgu"M9[^dN.$ ^naLO50"m$nYJ
EB4zPLn>r)^7Pb%XX7!BbjaJR6gGcX3RAVcAF6IVE{j0z!KkE}pxo+5gaiP<S mtZF'1lnr7
N3SkExCCgCP`N-[e)O_)Sp+@OM"x{+B;E]Xk1+p"XS4TZre^EIQ3@k~'&xQyDL>Dcndn'n{j
S+eJpX2Lyx#W<!5WlX&Lno-4)J^?&x{.%7x^gNcAi5|J7l{0c;64$R+/=CqIusq:&?Y:W.a^
!y4*N9n"n^cx81MY"PhrK DeAFgpk-|<PCWu?trJo&Y<i7hMu tZ!}&>{yX0ZX^VX7[owFY)
0'_e\Fe#4!*N:2Xo\ym'F'V3:8CA6s-Q{P/ALfzBm\Gim?>!nP%o;IriZRNmweIB)HF}AA60
XP$7eT=Fsj`Qn8axi.c>,sF]lpfi1[{g'=3XUw/=7R^Y9h_KF8l1oOt_-Y"wo6wDzO0Z@E?E
j^>c_v#i{esNNE`Po~U yCffL+<3qAq8HT>R2N'w+uR7_gqbXf(pB1f:0o]_Ga(]i5fOfT)-
;lhK26H0;0@h|$n])tJL72&8WxrbF3|TD^~r-!/Y<g}(fBxu5^(q5-L]60r]Kp+MU=Dksz(\
+sK#HDV_RT>4j~I<1u$aUb8+.mKo_4i;Y}HC\Xrt4tApjwf6#BKo)7DvLI1-Et?e"?o;zX(I
FD^PpWy[i'hf,{?p:N;1\U%7w\+F_%k12NVpqn184CSoPU]NnzpW}t9wCv*YT<>Giq2g`lp8
?t<'ki[e~@iz%fpn2$P<3I#EMvcdH2rto&)RYWZ:hJeAyo--J#7='RI[NLX9iuvs&:eF&rQq
Co8'_&#\B,7A_^M0gqdmbJ^1S%~wd&R?gc\D?v<Oo,#q)AkNDNodv%+0u,&SQEf:Cu/)XCr!
T?1'<P["PkW~J|?s(R]}D?0V`?<NhwppV2ohG\hDp6Hw4OG&F3k@MhJKg=-L+`knt&|=~P5K
vXg/O'^h7=A6!{hhNg/?@z~"++bx"d}50\\;<?#VLDrY-*Eqk':hW$w\&#xL<*DyQpkvl_J1
1'*RMvGP:5DD`j;(e=2PR]QJoTP:y!A-p%M1nnJQ&~1&ZKoAYT}CD;L?.UVg#Y/lAV$ ''I`
i<R~y"A=E_g$wR%k ly+pTqKbo{*cWklr.b?kdoPTJ Z;p/UA^$93>M J_WxNr3v{JK#|-"c
i|:u?\)QjAQaQy}G'q)~BJ3DE4(m$Ev.64"\)@cS^eJ5Yl~$eKAx`^pC2vm} D|j`(sX^:T&
V_ycQ)}%"K{|]+_1\`k#C7$.j.A-lO1`j&<DUJi[#Z#DAdySL>!xvw]-WqKT* HoJ7.h7L#7
>%aWBa{`^;\n$o01yFniKRl8zX1iB7&t+:9'O*(@f,<`rY70C>YAsUb[MB`O?&"ld4,e&o(^
F#*:Q6m2a_i!E[%FN:,+4l)74&LS*3NY7tBM6n\D:nieAV*]6jR38(G&g~=NTb:M(MTF_}RZ
rrQ,Oi52RoOSrEU5F-,vbLs)rjj*\@E-Yu2C}<O@fsS-,sK-8G\+@?"(p=RI"uJAd(0rWx<X
6G5v4?uorWrO!}"\fH`DIlGp:MHnn?#L:+Gq![b)]]^E"!Ti.bh2Hm(1G^Ud3WnVNx,t<=Q<
t]$Sz:~HG~X/K%<9K6e5N&o`ta</sQg)Wt.h0?uBBo.4d`KPDiS9myU=~T9aDE|Wv6`bv8UY
@H+Wd}rmU%[D."9CR,{!cja{#cmX(*;>i^<Pktr/?*%)Drkq%oAy{Sjm-&(<r8dMmaB8FnV
s6ypr*~D7S|e24g^*|@;,Wt[G)w-JYq#~X{z_;_-`fa:dq9xcqOKk)YS9@5q}T~f64XR7 $
=m-otX2}CWjyJIT@]?hk2E.89BS~]fuSe"uf>~ tSe=IO&j.Hqm3NZg}OJS"*aC%z5:WB{l2
G;#DSD4#|{:_z?4~)iu`4cAt@rgCX>tCwDV8I!9oVYy$,VHlWILT^`g.2johq2ghG+},{:Kt

Tuesday, March 29

n2j$ dy[hQS*:"(^[eWtu])<#lv2_2M|Wd,<;F=uP`JPWV'<$Kp0`&5*bNN(cp@}cmn?v+/!
#f#g@NNuxy5zuYzt>uT!\X\AK0iqxqMT Qv/e@!c%hcf4HMp4-U|\W8bk34v$=4MQ/\ez5W:
E2V.n,!X`pD>iRU"pX4Z*Phyg.|w2nM|nX~%A5BDK\tvB%l6{Lx$>hVyjWN.99L{85UM5Cwm
lqoOQKjn}(!?0' *yFf<lI*oXt{RpY{;SJiDw8.x"!;T_;4;o|Wzyt``U.hK/@k2B]2tV2{X
TqgypH4RJxjbdp6IeM'7WGVzu|he=y/bl(ist@l4Ql+:dR6>$6y_1f(4^jW|TA2bq6Fu2w4b
;FUCeS -~)?>|$;SmkI/55ih/ T;a8n5n/fUId4%'noa~+i'njTpTm.8{)SGc{~#?_IZafMN
BI]=tr&D?3sa>wu8H=xV>sk-fJ8A.{A^Z?s5@cseAz+j@3o[WijCKz7_rx#s;q01f)|F*H/O
Wg!}RV/^-PT-0XifZ:-Z<'JUYq{A!^E`V7]c^CB X!Tc+*GV.d7n)+lpMg\8.rw97a5aZXut
pb(tt+-OF?KiN<dD0^5&s.jw.L#wpC{7cx:yjRfvCf:#I'wd)g3^[Zd3-+wOPD\r6m16V9El
&*1+2~|(c$(5\aU,Md]PY0`-Xw>)r+2gD]H[$bgjpMG_VW^o#I!u2Ukju@`x*spf%rN{^75m
VdEt4K?QesB;kd uuwt"w-;qyMHHHIH/lzu3>(gkwQTwWcln&_?!|H?Mjg!QJA`T}m C9oLd
F[/!luSoN#~+koMJHEI/Ti:PQcw,o'2{_/Cn~%w$Ik]e)eR-Rcg5m_a3id=Qdut;b}IrNnq
"[.^Ju\|ZB(j/^.Gjc`e=M=[chyl6K\U:hXsX; l<<>dNoVg0s5)')cP'}k1[v=::%B0fR##
|(2h%|Lnkg[nd)\QxJJ'YAEf224|M9wEQUnkh)}2?{[m`oCk1S?xgFltiY &{0EZg20]Hla"
N\T>P?#%>]Z/CF)>=W2Qtx[T?A?{*6Sz8S$Ez04D3ejS 2YkDHm&&~]-hMgFG,oMRryOpj!7
`qy4"ujnbOJ;l$0}De8@$!$DWLo"@1}b({55\c@o\{Df=uYM2!dBK5?YV0%'_-^:z(fF<]'V
S`&$W*S7s@"hItR-mpWK0aZOAhvo+*se}FBC#7S1!"X`cmKpr5\CmG9J<~\y^`JK{Lr.tNo3
8eB)8pT;g:vdrP_j/cl{d_duU|wTSLUO,3?[>a*D}OJsl-nhtN4&)_ajE![w*i#lQQb[:ttz
VfJ0n,3"Aw3etC$yBBcw4lPU('CsH_<6rDYTy{:R5==Ax1fm":;TEAMCrh!uJiF^5SFmtMB,
RkZ0P[/&i95>|!)Y4/9/gnsM;-DNvkZvf&n7Gd{f=20Ebn4tgV_l"(/Yj\;"RJ5aA>dhmi`V
Wn9kIu0!s?B6(pFA'J;7k~)l!90#W%=w=[;bJB#ke:)^'=i@%UH~VjH<mu))s0<ohIx6g;4l
OC/.R>*[Q!;=$J1gM>|bz,t*QfG:abfPY7])tEX{DA_;qaDn'R0PMvh*w qU_l;XUL~#bk-
Vvb0("8;&k+HE&}$v"B<G#)`<2|tr80W"IR<`2A|44yu7G wIFzL<G4z@Dq(WtO*7]8(QmMz
QpP<xIe0@LC]RP7Ed~iU W3SF?9*RAC9K.2MI&~f{SvuZ.vG/l.Fbx\&AlY%qZJQ{qz{8Jb;
:<GI'Ba_p+KGOGy'}? 0wn.Jv[nn)Zg1if]T>PFE~d_)8el4B>~BYYtVngO2jnu*@INBf-e|
k-\Y:5tb/#P] ~ijgM|Y[F.3I,c^3I+sX4ze]<X#`aRmSIGj7gD#G8"yz,*BEJUAPMFhh=[H
.:HK;&4uzF=XABa?o4jO?bhXwkD+>>LT<3qfJ0R+F>l;a:0tp(|N;A0,wihrEf.%G!}z_[mo
T!6Q5A)&(G`Zhk=(AX\e|gaPfz<qR^vW T|H$wd_Q!=CM`%uL@7!s-PKW3XaT57:Q:w%T6s*
[6;FwZr3vA77cv6Rw#tXmqm'[VsP<m4?_EVF[Hxp+(Q|U$Uyq3v:x`',6>qBHQUu6xJz"m%'
w#9+;(w96ut/`! S*\SzBFr]{oia<Oc3NqMM\$wJQHQZ@WD)*PetrqbB-~^R#o/Zq7VbI-$V
^$0(U,z__Bs5`F<Y6%^Ro0t~2[q[D/rt5t$\F&)J\c%),9*;C@\n0+Dp]P/<amZvO+w'V,JK
`+ed0ebM ~><uuX$Sd;nS\8A5Em`/Ym$\jj1('[(d!R9d5.1eyA5\7u|\8+M0F(JXs[bkTfJ
jb9{{jltE`a?`PT\N8.e6hq5Nd9rMTo%EPXj/'8hmN7=}eM]7a;dF.JIXu)IMn#Qk>F&$_y{
MR*)EK=PRgZ)7>a]@.x%x7rQT1OCHg$9R\Y'k(i'6WDG[3y~o`GwS&&P,%qwO`*SJrFu?cb"
XY8O jz %\y<G&>6S8LgSHl.c;e Z/Abl6f}f/Myxd:X T}TZQTMLp;a]t7S[Wb0BW)c&/"'
tROfB$PFM#t}20F8[XLBR_uIt~.-VLZ|-(Iw4XDE~0I~e$BZiM_M,RJBlWdfpyxS~dFTS;h*
Z6K3z3LC`T5y9ES4vtD/ \C?5!zuBN*s:"'k8ph/YHG 4#FCT=4TGELN@}XI5cy7]]XuE,vE
^9XiAJe&*mS.7|ZDY/jg}4\%^9+o{]+1zhL2dW8J'cu &}n/u:@~c%p_w@Ktbsk7;Y9w_82)
cxp--8m|T&utMj:?&-4z*%7%jClSvB^F")WhWg|&TzM8/ArEP8r!O?D!/%:7]lCUXI76t]%
DHBq^q#t/1t.dX?'Y655Q(Z"_$8u 9XFKx1WS.IKCn6;'LP`BHbG\Qt15A3VrH![tkVo'd\S

Wednesday, March 30

y&.'7p?"!.q7I2>$;Y-><7"vHOVW|jkt=uw|!P^a_O+'r7?HP \+J\,PKsx,-Q/g%ioNc'T
9*Z1L-`Qx]0L~mP> .{'1yA;NA@6=dW2#gqoK&iy/xF&`k1n[!/&G~\f/q$)uhl3"=Xklc""
>!1Od=orkJv/tre0<W%eL{t" MqY05f9``#J!:_uDg"Niu2i}%_q=w;JAp,K49<C;~L+.X8k
T5=B]Y/h;pYUr<.<:qu$1NcQ.V+CB#X`A_v~8!=4]p/O6w9_N,[mV~%-zlQ.|G:^&(S8/\~
WQV)AqFSOEV>wL&cIqCHKuS1q)H#lfgDxT6%_dplwM}a"*A$v'~t*Sr&ZhFWMO_BY$AGH3wu
`51I4f%z:c`1L5Q9vuZ]65T_K;nL#*o8pj8]B;S72#!.SalEQ1U+j*$TepWHcQ9xTYr}MO9o
.$!WS+IJG?}x0vrb?S;l2~{a,Qt0Me@]`6u r"W^j)C_R"6-m7T<r!]de-mu~)V_Y\u\lp[
xcTy40w?rD?fz~f(*Oc5=O[`f!<6 BGoYNrf(!v;U?;2x3h ;pn`L GEZb+./KAk)dCj1{{t
"Lj:_OUG??Pdxk6^Q+)2uCaKpqODN"thN%5(SyiaVlszv3D0AV@LVgLY4uf{k1j|\{[uanYP
;83rvx"b,]_RuJwR4B.Xx#Z_;[[;+<,yj4c2Vhpp)(cCGr&|4;s_z[;FGFaBvE(H3MOm_
z6>O<F@_>1@Qci$z]:\GQ*\KA.[E=ox[NpG-LXyq\A 'N,:rY\JO+Z'V c.il="qe:Z4/PPB
G*?]r"3LpvA1:*kk8NJ,MtS3&<^^?YF3lSt7^4veG8ziD@U^w?wf1C(P}@lFkc(zF/}CY,l]
+8ExzfL~60Q,({4HOrJ6LB<,m+r\j/IwD Ld|2BAqfUs}972zCcT<|/?v3kTyX}An'jGYP?^
V&<|K;iU]24/- -n|6ARPjl\g^=g{BT6,W7W7OM+)2bHGH'+A*?ud6\621.J\1"WK`8=)F^c
>,lip;m{]@7NBQ,n`rrV(IHc;E8c5cb2.Q8*kys+h,,J!Rh?"(/W)h'>C_)U/%j3C?=@YO|#
~#v8CcgE hIXL7~4)2>iX?M&Q?cCH}&}gl.V}q7EkC`a9F3zL-wCS_LL`p}3e4YwqhWVo-*Z
Nn+ad$x}tQ1h'H@SBm~TK-tFr1<%t|gKuNC3;'^YtAr(fHQA1ID}e*Um0=R,"O:;F8F7h!.a
J/prn?5OOK)v0"prXVTO7_DqNJN#kXe#u^Q_@{L%_$*'ek@wLnE RRW,:HmAif{z{k<BKA*@
8(8:*Cqa;d{`]sNL;u%j|u4kdeR`:\A6CB+:CV2rP]C>m@>A|L5h@P:qo`V0O^#&U"Uh)zDX
L(W{~^m- ^x0;FO-~37ll1u&.z}Ju5+OKyk{+"6rseUqL:DJze@>[(?X=7@i b4j`2Tt+6@*
5x:S9RwVmAD=vJ_3wMvg%(x#?Qy:boUnS'"S5-ocWlY#u3=&%4+VG1[!R,k6M;5)}Ow_pga*
>2JFUk4lP>'n+xMdEeF[&M^>Lx:L/eKTnavDpzdux{$@*<ZbLUr@%:wqD6*}Y~+ 8O9$:` w
BgrH^ORiJ*>u/arfTDNg\co.h+_g%9`F-$Drj0=VVBk i7&5uOidK2y@)_DYDO4tW~r;9U$r
Ymz9"ZkBUd?#rzW!`DbsE.Yh6/47hpO}2"^TrW#WrhXGY;MDEx'I(Vxl)M,bfJMq<sI01/^v
N"yF67W07K[;&pEgU$J5vj0TU V'0h-U@qMp}K-a?f.i5gIp@6xNlP=m>X)SY:R6kw4|5h2'
,bNz}Z2Y]UXlcl7`dL7/:7 }mY8@gM.&Ej<kn2S*/:E*h"!id$/ZQ-1Lk~f[:G]@MClPS5J
<)D++_.-2"&.^)Cl~l9dp(JxyPw},pB1/I-ky4hH#Mr(sM/"-P+?Cz9uN1/w\#|5#t(n=WoN
')6k)`1(0\uh(&_GC<cotrG=imCA'd3tk2pQp'_96IH`Dqy|YB-)@CHv]Seyq>U(I?z-7h]d
gKVN0OxZ,JxKU RD>;RIHS9?Ga=xjzl+BHg<#&9:S. ."4yrI#S6UJ)uMRr[!j%-FM$_,^e+
4x$+={F SnEAv"\Du'{bE+vBAL5@,#NTS"X|H(F}$EH0RV!P`eij4Io9L>,-i*l>EnVV[ExL
3PysE|0-@CuDC\~4AZ9Q;2%04E\#hv8dj=YPO63'on1cT6++}S0MYR{v`GV2!m#Q{`xVRe88
PcSQl2}fnT^bmP^mDcI_3swy@fT5&H(YA -irX"==|!28av7]d0JUo`JSK7nwz+F6ERB/a6\
G_7jL+pf{jP#,2wFVbWgCQ*0hRKjU$-I%tLPH.=?XJt^{jX&X-/xVq#w=HI#bj`aA-I'HP$T
@]f(LWP*s8}ta4Zy4!YOCF0%]"uO8}c'jMc#tX5LgcawTq35s(X`ixU;~]DbC@C{A<;x"it`
$;2,vFdUV6{EXlKjYz>VA1ulfD''I~f$ub1@.u&C`)HY6WpYniOyJf|63}dgkVt|;8Qz:k)
+u{A]rxM"c-StXKXxDybxmm4`'0:aT#gXG>zxzZo8'e8"1CvDP|"=MV{Y%VY!cTLFZ`p0SK2
2?T~^tn<n/S^ Wgp)O}%5^>}M.oKi<ffM]@9S*&Z*:/HwHgs7~$({FA-$.KoHv>vZ|3;dM8J
ZshA!$\&l$^~5qkN,R@Kp,y_N_\5Gv&RZ`p9{/G^jV=0WIQ}TXmOK`AQVl7{+Ql~aBco%`~[
E$S"2aSnQ^y3baa'c?\Du9'~sTLl=')niSl\8Jg`azV7PrblqytY%h6x2PVpOiix}aJ7'5Nc
YgBd2 j _!&"X%@.s8bB&\7z7d~r`h;\*\#Dl=vP[X%zO0#kx"#ThNa?'92aYtI(+0tr`_IO

Thursday, March 31

2017 Fri 2018 Sat 2019 Sun 2020 Tue

"*^*p!y$lNR!"r_%]F%CjpMEH+E&VL;g6qCn9Zv2lC(#r=Li!=eD#%6E8Mk?zL7~U>AAt{4^
3D7{WbZ-9rUt:TVTZ!t~Cn:o:%(_@q,S*I$;gWqjS-ve)S/Q4i+l,_WAip;[KfLvlYC~PU]@
;k:_[8ufy-z*Hs@>H(OpKR27O&T#@k#pGYex)#@1MolrgA#CtM\]&C*#7;k|!O{Ib0{|S_z=
"-t7y?vev"A_w0fa{gCqY\p!R6C$[*q%(H3%5*{?-v!3`LWc{k[h/d4 _`KU|6}{RzY8p7QI
08PA=P l/jWFaXXRUUhZf;JDMVh.Kj<b-_N4.<)~!#"y/o?Sw*ph?&Gb"aOg~!H*+SNaW}1<
1U;$qq!(O{1w;V.yYAUr{mU]KixN-$;!f++d($~CT[<k.y>-F_F=Su+EWl4@qIDnz,C{0%L'
^)_,)L71TSy_s&R%ztOnS+2zA={&b*YVIR~nTMi!a.1hUV/qI3E0G wR/TTC0T~TC-PrpcHx
'&S\0"^=`M,Qt,oh~T`o CK_0z)9v&qp.+vE@nLc@9e#_188c3bT}gvC_4ZP%ZUglFrb\.XO
+tC@k1Ym5WXsVH#*c(A 1IU<5Dmt3kes^VO&QE|.eCbUM\\a2\s1w<*q+/P/fGVf+blG*wOT
S.x~3%wTWpP7s'/7F,b2xn_~_C;"l{04ovUU[\,IUCf#kB=Vz#l^uws|hJ6oWm$3dwCKr %l
L)(h>fDq$g[{xDp,Y33kC,{eo1%v~eA*:oK4-{+5=|J{s(q(`%y9*" xdVdiS $9kq!L%vC]
ojiy *zE+Hqij:-XWKP{o>3^4B_4nmkMt5j<2?|tY5Ipz6~G{=5~;$gFd]V-PVR!X~k5v[LL
;}@xmmHCQaWft%=gENinQFYj?I&L6)G*#HL=^0qO&G+G"*$.M\U%-yFg6p!}ZZ{FmNnHn{jf
|W,v#=!TTliPI8{=5%n=1y#P=\,xvx,cbSACsjC"BAiYa"Fu$lZM[FtZyF<b.$~o":>INdP3
}a~Cux+PZf4eY"XeR,*7(l?ojvZujQ08(i_Z2:+FQ`v# /b<WM9yP-"n{WQZRbp+SAQEMh"0
r((u[wzd4w|$SS&LC{]$eGc@/RM@a#h}= 2f\hC65rb-xM;DPD^Yoe8D<w'9?7|6E6@DqPq}
|%s +g=cg<*VU?6\F2QX$Q~I[tN>'PLJ"QA#^L:5$l_*.MX=u}'+ w;m*UynbxI]--4Sz4-l
%AM_r4;]<5NjnkrC=DkQA oxoYsj/phAvr~Z_fsYz=6Xn_0RE]F4u/L`Zw[L48C TuYZk.
yv/I.}"C;)c Br"!^9k"Uaj7/\v^:NEW|x)_xsJl!x?=TMT8QW (3#KW^@VKRah6yRrE6Re6
&'v5>5mHLI{{CyM(q9l&(s2@Qa<>ZB`Q!3G5M7'(*&k<ApZhPE/Xy2lICB/.4#rFCCn^fOFV
'd[6ZR%_k`RX`"5UjLJ(j9N3L!aJ>/^\"xd'6wHlz5BDnqHnt,w~jo4 I)_ad<Adk<c2 yR
?T}GH]}Q@bwi2\Lq|)%Db1s6_dWZsTeAKm:mc&lQwIa,mX@A]t!QN Rx<){}}mE?zOn'TU}
NJLJ%6qlD\]/r"Q"G\)'L>P(%\SV~nm=B <II.[:k3Cv|+f?b^Lq6h=kd4Zaa5,UEZj,0Y?
Q]%4Hn$lKiy!$+! H5QUtgE\>-3&9)Uz11U6M#\UT65p1'<,pc& !R]UEZ,g&^WI:NSnChd;
FUtD@X,)fog.Psr$HwMDTp!l`ss6,q^nPp"V|f,O"-hMT@#FmaTU$A:=-B/U;qGR,1"][^-'
j:+*L.D.n bW`!z(RF'4[yE+LTdw r#g1l%.Q}{U>)upCch1VpkuoyDG!>qWk3Y1/suKGeHX
+yM?f{#c3N~gAHC?6+M|5#Frumj_jlUfqR(\@e9X~y=kp n%P1fHq_NGgWHn^@QY8epq,1}l
"q>i].V-9Km{R/;3\zbA07?I$5RA$=h;B<Y4j.b:e-N0yb+Wu=Kwf7dQqs~VvH]kp1 o-#lq
Vvj"VKN+-p;X15NXE#144yx"sS;_i!vSI4\\iLT}#XFrv]GkXN^Xc2+tOMr/`/\8gD,w]=Vx
d(azxoVdd_Byx]JiPRGE<u^y:\d*jU<3DtR2K6 jj<sVjf(\[q`\&.CV4N[uqt{'T|T3Wz'M
TjRn{uWIUCD!B=o_2:ROs{8Gt.]-aVoE42j^~~k.+i:8\hZs|G?a1D6E;<T;=q/{fgY^268t
RQ{dlmhztynKb6<gX!}5QbxKgmiu1eyCOg7H,85gD>+jNV#W3w8h[58~+Yo6[w9poQr&FTYS
8(<)Zx]bk4$CY;FRRwnJaHw;ZSwmb\OlUrQ.Lhfn?p1\ybWHDR]m 092esG CY2bxeAbZH<7
:yiH>n)]awM-X$M_vB9sO69G1Hm4}?"Pj:H\OAk\gz_f(K{%p)!W+w}cLenXYfiNuOq:5;z1
3F2#4`FLo:g]``tt|Px`x^Nzg&}P]+u|-*3Q&A<9aY+{4]~j7U.Q3s{kxj%!F)>s[K]-'^Z;
fI{Ox1m1NC/6pLRcKylzttDF>Y FI$W3@WcB*::>g7_]YaJGd_?k1'*D:`h!NF,Cl.wO&u`t
:AIH^Z,4l*-D4.S)73|2>lU^Q\?/,5~@Tqvyfg:Mc d%<UGn2T$&RDi1OJ"N:,)9\F1q|(/q
AB\(Ej%x69<j].WWpGTW)?'vUM5JZ@'EO::N7Ng~::fTaNV3|]yLs_.[%za_8'kQX oM ubr
&?$R%^#FJR=Ki',?elEf`Xwd-zkV'Bnoha?@ {s6Gh`jl,&bTZ\ZitJbVB1@q$.I!kaJYBg8
-3S?',y=NdOkqyPuud?l]_FsYVU1&6Qs<~!\v^J1w|q|`+'uDu{L2' {Ea!S4L}0;{]rj&(}

Friday, April 1

2017 Sat 2018 Sun 2019 Mon 2020 Wed

P${,m>$mX?cf|j&50K1Cyh)O~cAyFA8hf*P*wOh3cHe%?`A)a&z.YK.,+mz?sAzFaYAu7!U'
~;<HJS<q36._wbvpe.F&d;`1dfK?l.,Y)>E\?%[RcM+z@,$x2QNW8wBlUIQh@ez_NupUbRk4
bq|IEEzP)A$>dD;}<m<WE~H^d4S&n~}CyD.*5$SnE%SNK(znFt[\Gjc[C_%J!6U2x $WFH)/
sz^HE)[_4__6,\|Cq%b;Q]eAC,T$g>8)aHY:e?E)\1"fcC^k{tNxZ(.FbJriUtiY}-_ZC""}
kIWTe|,N<1rEZ6f;R4oO*b9_0,dT[DK`#2^&N W_`<\ e:+RM`@FvFtYl)+eJh\cit_Q;B,&
yd3,yt+u@IA5"#3x]Bw_YQ5xZA.u:Jnwu|Kx%1h6"%p|zv]HyV1dQ1J,v?Diq4a&>7}Y@,k&
6A$N++_zGJqcN(k[,B|.pE!)f7_#fdNECz0N!;:lz~^hxh{$~j*a"U>ix3qukVx*l59n"c4r
S'Kzb4g"OD#xoNX)R=CQ<#[? <a>r?T|L`2VDn-24GY(lDwDsiCoc-gHcd`V2>bW#;rgOTr#
5$,O@~o}+%Hn1<Id9T2h5:OT:\|D=+Q#_hPmmf"Yd`cMYXbfq,n722,W|{=qDHR!w<=E0,%8
{P8$0sWBzbh :O]TLb}Kbn6;C_"Za'clp"t>6RdL/Ny[VTQTM!-C&+I0{5PwN<CS]^U`CISC
jW }9<W^?SJt=}tLW6{(gg+gXDaU;mTcQ(?kBuZi:b!\>t9\bim%js~Sc2v7UNto$Ta~5k<p
/;RD)Vs^\-;J8[0OKzIFQm470&DS*>\@l/uRfX}@UZZPTjwD*4w7 S~Z{?-RvP8&\oOPv2<\
*i{{BMRLR__Rfrq /L|F&u.HcR)Uqb(Dh"<Xy,cY>MG`6zwNmk\&PN@p;FTix[Wh"?2S.K
PQ8:/ES:7C<X-T(^NOam`,jC^p12o'ITt^#{FJ_O5q'7F#:7oQ! \r6oC>Y=-{'y*2H^i"<o
LX\i"<GUNtQC*xE6'aK?MNHqMi)>m!]Hi+e~wyvX`lF9cbEt&;3_RQ#jqaRkM7N.ntk5o34g
3>|tAhaK3Z:1Q "]^8-W)+#&q5hC<41@L##H#es[1^+Appm)TXq_7#JX;%Z4w=" Y.)PQ#+9
VpBya4)SZ*?$>@Qp yYt;CG#;EfTJ :$/r'm0!#Yf#GJu[/d01ii^vOHo iPo}aNuaGJhc
&ePxg#Udt6<`7\*|<M:.&qYSm&'+)?$H=wX:K6h@;DOq7`+\Dlk?2_` 2;6bt*b5dB=(jm"1
zH!#5Z#y3,]Hj?KR4$_\n=vu`y!t _#j !VZ=Y8cQFWkxrg"F]i%dhuaG7Y)\x>n,@Ds[ZD4
O3o)IwpBlN,@9v^D?5q{xG2EuklfupVkG*Xmo>CO+j'O[;LF=+.t4yL1a9`'7T 4!-GLOY5)
3BKzj.LtTm['p)Ur`-csE >{6yx86~j 0`pC@)U\YeMy4DClP`>(i'Pm}|&~#>8CdA)wwXK+
!h+u8~t W76m3,p+cO\RGr{+g^T",BU--!upY{QsYW6O:H,a[z96tTrP5<m3z[F?gXl>-=4N
%D1oq3Qu6XR:p-fV^zgCpQF+{*OJ!eW)4Wkoo34{YM6Xba~Op\]J+<)T5-$*zzymedktf7BP
A[FpP/xrUS)7q4!vZW)WN_I\ 9JQDYm$ywyDIN "2d|oqMG]28ES+V.dle\R~>j{*VsLkfB$
Q[Kqw*tGQBc@a)<.P>wlbV]s;rLUS5Fn3{:6^rcNx<.<4YQa8\LT*6<I"R(O&@{7!%3>\<Y(
-~J%Qzql9Xg|<3s/*XbH^.XEXNpX8l+4-fjI/LcjRnMu|zVW_H:V|kNhadPg>x2B.9{poF@!
AcYQKID!+?HTS%@o loFM]J];/{OHIah&wI4`5h)|U/:=$@e8T`TJd"z,g3(>-WJ`{Enw'&P
V$D?Gcc.l<Cx@=+-JT+BlYkXVS$<H[Rg-QyM],oyZq/gg6m&@0%M){-\#A<sIpM*e1u(+Ca@
+$e,"A!%q2q%\Fd8oCkRQ^iD'PfX3^vc@82!N"oRL8McGW3B'D6UM{JSBnM[wdJ\,n2W=.Wg
!y6G>M5E;MSrz!A/Vi+G#x9~vvJ2p=uq*hxD3p@gpo||mp8bt9@iBQw~W`$m,iG93}U!Dq9g
av$<y+jmh,2o}H|iw#)zH2%|iE@s6|.xAK4xX|6+[o_3ioc[djP}MVHjfZfldL)sTpo@;-s\
@?RWDZIhfT)Hm9IYA8?W:^><O'(!pC/e'6ipQ1It{`dnR*wB-|niH?OjWB5un Or3=*-JXUp
ER~U=qFmSV.!|h'rO:;{zo8o~z4>.^\z,kQnu#DYO46(EqwOCbQhKMP*tE0G5%Kv:uAn8Xh5
0kgDGL3;=~ q;_o=T0zU~O(fP:!1$"y!`EQb*$ITc{6WWZqt+4A=E!u_[GDGskg#y]^>#%5h
CH8lBUAs9]{g9cS.M`JZG(E`xq`~|{9<ymic:,6K^$Q)Y33FD,"*]2S]{w54bFBD<VgEiwa<
U>%YyqOmS37yCv=F<:xc*q`8KX2?gF~!cPYI$r{8+~/q&nlB~=avPe;hI0CLiO(_t0s3%a U
*I]WUI/ei'f%vD_d-{5Tozm\w_^>chTKG=cp[}sZWSX@|^3?@G&F{IX(JSU.j4XU1{2Ep/?F
/;yT-XWUZ6c:1z5"oAD+;Xi_is)]fMtPZ,VN{0cqiecaC_kUBUn1/+>RxZpv,>n{V~[qL[=2
HA=IiatbVz&lVBo}MjX_//<GSOg|QNMRT`[_aB@lbLB.mF{s]9-{K#?/3(mN}6tYS"`PMhmJ
+Nc:z%hDDzg;;!_")e][Gyyjxt)hy1hlIiKa4%]8hR^z^]MJ$J<(u`%9f0p'dzh^hB~9xQNw

2017 Sun 2018 Mon 2019 Tue 2020 Thu

Saturday, April 2

```
 ) H7w-{lsXuw}T?TIV>M5ub{$Y"2p3*^rkCaF?]`q0&Bp|Nf$nt%suVgt$V5ySF4ctFxG=p
5M{?:v6Fh1cs;31%RL`L-\ymDBfjIEf3@h,=@eH`P%:7 t"8.<EO=}Y'gCV5u?Y\Zv10R]%j
p= tB-T>Rd6e-%|XoN3]cdf)w4@IY}3i[Pm,n?)G#T=_q_q0&COw`Eg,t<^},s,a^KaqcItz
 [98'>IUf&m`o_*@.KAK<#S(w=+m_vZ{6(ju@3Xp{F)/]@(-\a=2=#'8{>OsQv/~;pMDqVv
<'5FGaajR}7BJTWcc|C}P^l$2l#qZuLO0f"e-Is65).Y5}TxZDM[mxo38KVLXGF}/_<e"bIl
xxrU;A`y-ZY2[oqLRTrLAf;^f21:!pLh wbfX<a'hq'9YtOowaR:H.>9u$,i@Kmn&d3CaP~T
71WgT`9>i3@ym`$%5Vdn(F4Zh^a2DC9znqhAFEGGqL-BsdT*(d E]fhB(47j1pmAIl8o9{2D
J"5=1#d)Z*~Uv#q?4]%n`&@)g9/-bfmv<0Jq*%k(C.nmM%z9!@ !?rR\?$wz:^=cgN>Ff{rl
$@>z-Qj%W#cs%oy0My|f[x${O5I;DT=|pz}F:4h\k-n0X<H  L;8"h>}.6#PZTsW8!<u;83<
7`\>Q1nUv?6Z7ZHB),psEgwg:p8ja{]u;*'T8o]1wvuD<s#iQ60RLn]W!/e'om"2-\{BSGAT
HgF-/[uPKwxwanM/68E*LR|V|'4=:`m%;k`PA`m~mvfx"cPZNC SOJaV-bqx-vY:{[A6atkQ
`V!~Zep/QAy>?2E4{/GCr'~(n)`i@c^97F%h6wW7&hw (lVj*9Q%SrI;8'-xiW_qjwK4|,$;
?E@Q=}%qksVJ/QA{F5;`?A=GI*gk`k(?%9SpK/Hd`DN.e-ZG&i(7Q:k[Ai/WTOo\6?ZQMb.#
TKXRGb[ML9gj.ygaU9Y4R)+1601_B]V<LTLNgtBXvZf73r1#$M_ Q(Jy{uC5T{B\0]WyP9<:
%cwNWWb\n@WD6sF<g21KPKNSu>g$BA&5G%oz-Xt?[HwDiY:/?ausa;hWj2tQ$ B/dhablUKh
8G%|O1 Ko&5dU'y}U{wk*2ZaI>HPL!t1GxA-MF:1,:fuj%i[^Ag|$nj r$bS\;arva"};ejW
csGD#GY2KMtvyD3uX"3$t{p7N:fE{qF6s[`PI<}2p*>x[W?*/0V[O`jhTh1d&b/XTJRZ%D\
XY#d.?W !KN%ab=y_2#<UP,L3!9k;E%pq2`%4+tRJ#zmc\Zy.s=&z]e4."Ce'1au,Tr-]6vm
\r"RPF,<'yGT$(nq&MTKa4!G;*cHO0xAS-UvWv=(D@CMI=TI0MD] ohXl`6me.BJjeWq}j(}
V#M5^iY>~)E%dK8`wAmoh]<m(IZRF@k~@"J8uGLlh UHKF2.S!"={!^IX\xjJg<{L-AvN{Sn
V9,hE.)J \+=F_Mut,L.p{Jh?0sy.\;zX>PY(T*m.:5&@b$LB(KP@+R|a63Bwo.6IhW1xHpe
+XrlzBW)S?w=bBk+%8k4E<pn,{WE1r=Po{y~vT_a;m3 fm"\q?Fk(XT7-!$H5jAy\rQ;@RBg
Zf9~wi=11h0uj5=a!uIP#j"W&G$13#h'kV;,J&dL%(od`*x29~<=FU-la\#zUXp\BOnNZLf/
;1;$}l$v]]W(XdqQe\//NA(\"0Daqm!$ml!0?J_lb: o-w+A*<TvC%c9XoA<HPvL2&6-Sg+A
#WCAJZW=$y\R\V*lRO*W&'q"j X@{$lZmb-LF'y.)<A1c #$<rV{0m&9@2c83p:u3P~O'@F4
;B`L`vC}qW>FcvA+uR)NX}J53.Fr|2u*@^W^E|reU?C)OF!/5VF&":d50}Z'/ztPRLj:&-5_
;cyZ|e8h-|(Dp0Nw<80EJ1j?wgYDE,*v<nQi +$qYDl'HaCG3a9YNS90C3^T)kU<n4:WKn/c
|\Y,H%D`R<\h$Z-WTz<r([!?J28![lbgrqX-O/xo{e2]Ymswd.&|lo48v}kgbt#r?G[B)x<e
eK.`[P\mE>k]n^[^r;hMKpuS|UkY[q/:n[j)p! 4F0bwU7!)`WgfZ*SJg0n5i[Y|V}SAj#@B
u/)|xwq@29t_?AtaT4qEX/@mFNg"[ce*0dV5~F}C8<jtMY9SO-D{}];ucR)|\=h8J=?]~b74
y*6C}g?e}`8)Kx;'j2Ke/<&c2}m7M.D)WcP"5A&On5$:MMZI?7[,E>lh^*/|uYP(W4)l28.1
]k4D;Dg|&"<`'n6"Wn -!GdK.Z'2 y:W[O*c|?hn]G(ggyrG8ebA/Wt^(G$R \YxE5ly=f`;
@;2'=tp;VxS9)Jy|u32JK3}0)W(L@#btR0rjB,P}Xm70)"_AeZ$!\dpw]vIXO{*]2F,L5)',
qSfZ[lqz.xYq,bRLy]7q9)]*JsHEC/En8Gb":&cuiY/xp/5aj%3`0_3rFV2'9k JovFh<b`@
^c@%ruzYa]LA=eBaWT{h/THRDY6z*g-5:\5sUL^AM#I)ssLILgO02j8zf Vc}]MFSE 9~0i$
 *2vBc57k$Wc)hX+v?)J1C_W1_&P|(A:,|I/F*]H?P,-NP5|%AY5uEy._?$p9&O]45^xf0q2
lj/k{xPvr4}ZI'*VjL^#\oh\">:.!1R(qX~XAe)7aBr?3]8_X6e(;C|v6j#qr-g0:2;<kc^C
gGpo?CD2lc^}KOvv:yRK1.j$3#Hsy_nfX~br-y.%JFxxly2UY|;K\Ol}cfuY|nylw?KzB,*\
5+VcCue~oDc?kS{k!z!]vm{tlo}3 m"KPB4ur7ge9,r`HP4puJ'CacihpY<(ny.!z:kVEOL>
;{uYr +s['s![5I%Mv,iK"*n;.i%]B^l0V+;d_(&!\q7pHtKG\is&;m</J.pH[ Rb%bZVp2B
```

2017 Mon 2018 Tue 2019 Wed 2020 Fri

Sunday, April 3

```
gg1$K'0H@J8d1a0D3xCJV{yvlw%fKz(5{qGF_/GT%#kMp7hMUe: +jr=!VnA1r)7sM!)oIaD
<ba6AWtSPuJ)b{0+QT.|<KJhM''B!FkAh{.4L'GV_EMhvulytU<RPdH6wQ0Qm?.!ARh+Pm^<
JWD*@0fp}j-/"5uzj7Z:im>aC2XGaGQT-3;DH<#|n_%>$BO|MozCnJK;F%4vQH%oPFc-ROC+
{I-:m+M+<Q\}JYqQ=|hp5A|Y+nMb(k[)bF.}Fo_APUl2^V0C]kF0btsW@K.QC5>Q&:uesZ-H
\1=^g];Uq8mdn`P"z*o[k@nhAnN9q<vMW,fg$*qCE??`/A':Hjw]r_bc+k1Tyrbx{"5BY<O=
VBt$pnm,/`>WkMD41aLMMi:!K\?<!^%^+T+ZnCJlDK&Ss+ Be}_0Qd4W=A)Wg!^+,57vQ*@[
Pi&IJ!Nv+x03_gH-OcO_LvKHA\7$=b'tb`<D&UuE^k:l mbI -7GMWnOxurcRKmEfA#|ez3;
z>sOnl-rCV>WsAl4A|z\3)BX`} n*{kzmB#bU(.>JXus GjgBIMT"S9^lobiUb+fW|#Qy$h[
=J$V"MH8pjyle=4pXe?]piz8dozm7YcT^re`!xV1kD[J.ioj?sCCpxjcwVBZO9PAG|d.rQaz
f&LL@w7qz8Q7/<hh )-E?htv:^=V7vw;e7)IUl`RtT~&~rrRHz)}Q|U5]5/'B0,'X<+zv*C!
KIWv6"_rYJ,$6?9}Dki1%po(>Cu1US',c"4MdJ}K|aSUKivPr$@QbHIC|49Y7/l8Y9n/Bd[_
kA]dR@S$.L*;7>P|;2gm%vpeRp_}$pL<Fl@)/R]{Qw?OSEb1Ov@u(W@}|o2Y_D1| k(slUzL
Ft5hc.p<XA^`TiISqo0l:<^W@Skd>WCI,:m,}C<Zo(`LyMxK% KZ}2290CYGT.!,bWk,o,qb
0y2Q[[l}X9Z/V.[+q`.G*+*e(d)y? )Pgl9mS]d}c9&jNx(Y#A?M#o9|k|1]E0|2Lqq<nQor
?8.y$&i2}j#mz8}:W`|Zc)4'Q5/!Z~~a2oRF?Rc#DTKVf+#;#Q<y(SZsqFg<X{#;2*Vx&bm]
A1@RXs]GsCD*0wN^i`=qdqtl}hjy,b8R1UC*ZT}z.`]yU^VMONo\BK7FpbQpUPQ_\;b|QW1v
n2$<DdsK[&^8{V-Nj[r+Q>.cjr';$fG '(:]N,?{[&QJYzeruru0xRPYM~^>;?=NYgK9~mvi
>,q+^|aU~`PWu7scMP}Q+IW|$ur7u=VXY8a2>1o.=?pO^&;dMB[`Knm-ueYh}V7?$k-M@4Wb
XJV5p&|,VyC]v)Rd^!S.Iv>U[I&1zeIS!oZC^7ou{wE8zjWt6HG$|R)^Uoy^g'#VVJvDmX+.
aAUr#]\DG!l6S"g.R=bBJY{MUd^$pYm(ezY=`FJ&9<UdoNQGPziA&=?<0 :S|d9+zB2G->m!
yLmi2q@aOuk'fW&x!;e?euHw0MCeI?~bLA4-;wi8xC6r|sP&tRVb!V!>>`R(i0z$lkBr&G,c
K&(kf?=A[,b?ri~=w<}~-GW8'<Mj#i9ri**FqfL~SYx^IrN #'CN~*WI&gsL?-PouZ'h4c9^
.hLBA-,'ron#Ps,iO+?4eDJn&Di)\lJv -RB{+JRZBH`FG^Tp4Ue*u?C?Kj7^ieJO&\U/nI4
=64t nb8RLZ!"`[ sE}An\v]I&tKWCRgK])vZ\!kQ2#OMogZ%l53:)k:%GK3CK-"@1\a/zUC
9 P:p;mOLW%sat,FCdu#`6g5Fsk>r3^8SQnS&:f`[sPpdk5jf>r5?ltIuws]*L_$E]Y"[YC?
-0Z~Z+13IIzdQ#-&x*W'p_4[Pg$wQEIey|AldgEzE/t\zB~QJkMAod[*=DKgL9xjEH>z3z(l
Df9I",SK05DR4;D~@BZ6G?mPaTZFPmSZOaD6Ln?aAfYae $l"AP,U}t"MaiWWH[t{.dX,q*$
8*\9R'.iA@}~az6r3`jX@XzYJ~}|OuJWm[!o6hYO_%P{`jpJ8mta8ql$zrS/sK/o.1\h!&?E
%Z1JVH]\Z|qSYYH\"wID+kF39P8jc_#oC|qYFRDjk[HT;;i!UMWzXtCyv5!0m:T(3^fD"Ik>
?I#,"N]!E?o[O/U29IT93HAAzeu[z4z=&291wF2=V]</_7/5v34q6}U_DBSPB4Ie)w6R%R~o
pl*QfShm_\BSIY-P2R.@UjS5Tj^(st(>U1:#*6:Qr*c>?-N!+IfU*Cv)Z!IcL|.7#?<(CgOQ
6?.?5C*g?xA"mjWtC'>Hm9RWKmJKE!qc/%$!zL`M|#5Ih%$97<uv,[J#dI@SaVWr{/_E}h7s
$!4$"%t)4b8J\blF;3TkS},?zt[5Ad-]'D%s;p[@oT[N.mIF|QW=zP4GQru*_ZgueL$eAyfG
d|\-<V@"$)Zisq?fA+hf)5l(2ch_h_%0r2EpojLdp[.RUBls9U 1X~6Ide $)R j=?["At4E
"abDj4s];H,wpOqTiA,SOikR#$&Fy1/,r%pSDA]ZS^^`aYTa6<HVl,_f'k6N1=^D]N_ DHk?
R0yo5yK\[+Q70t"p7Kh(%p^Wb|<=/]POn54cLi%Z!u'L.>npD<nzbCbfsm~$/0D"P|;}?]`"
bs'Cjv"D2,ztBy:d7gY=N$9lBIE>h7}c}#@xYijS(A~.:7{6J@u" +ma%ZO_tP3/Z==wwe7]
B=bCj)?3BLc[WjpIY8u>kQx9IJd.a:dC01Bkaz$JKDHdzhQ<#Z<8pV;M\D)'S**B1`&b$D=,
4dvhGV(;0$XMit2 Hhj>^LjE0]Do]%=~A+6y6jLYR0:$oeS[:?f*gxpuLZc>2>o<3jW.wHz+
qEPC}Or\+G{e6QWS3j=:.H<YB5H7vh1wR9>dfcJ<oM-%;wh#XLtq8+k/9<eur'^31g14e8>B
```

Monday, April 4

2017 Tue 2018 Wed 2019 Thu 2020 Sat

```
,`bm&K5I{fQ#]jCRN/a[ngw@UHq[hx>U<Bp2<r~;z1y`Xd5=x< z/&=y|D3$d!'1NPH7ye-D
*_)B;~c!W%<IMgvk/+}Y)K":ZW[3Ewy]frwB\#c>:6PUK\=~mt3Ro-h}V-a}JRY%eqR .-u7
s(HMQrvj]P0="2a\e,,'qA8c[8Cwf$DGGX=)TRFbGRjmok"PHh2|VAGVwk@\P#xX;$tVFCQ?
ahJQm5?gPVOl8~!AIps$Sz#qA,}K5x$5$SG< @'{J\ZY`gDHCD|r$`~Q:9KK1&MR064Wca|n
#I;J!D4FE+>]Hrk)NtU=golU]0tS?,#QAKAX'DV P~\zTdRb7fV1lw+5uh`hM$Q3?\b5,?Wr
]RW2b2/`DeRVwa$g'TDsk!kO?y^Z>Kg3JH/i'9Y@EL*I|uzx/vKU')/"\v7Kd8J5llK5L(G-
NK6Si-S|iyZ0$"2n :_[5yz.ICu'36XLYwva/M`kG_o\R%kyu/fBGmoYsqT+y8& u^27>g<[
4vM?Q26rTAb^69Cc?Q[n`dwP/u5/JmVm}p6:l3j!Ra!H.$Kw?H+_o@YR:29Yko|s~6G'R-:1
Q6O"W!Tb-(B_%]HLU7Oq9)K~HM0ga:;Wj3lf`R^-ZS`(;JwC)a$d.7!hXI\"@>}}_KnFa'R0
dJj*w['@+FxW[=t~d:<:6g5vE,;KR,+Rakx5L,$6.>Q(sCH#;l$F* n`<]mcTnP+7#dxOL>b
V3aaNpY@BFLki:tsrlbdDL4"RI]cfMiL'=XG(U0tZ^-?-C =Q;k%R0/j!cQ_#;9x{ypHvt4i
"k-Mn&Cu/?rs7#@,Rs;Wg#lWiwi_q0W!iGz@gXlTmxNo"M!rJMA}pHY~?=4Yf1hlh:djsTow
v$5#e?Y9*0VKB #G+Wd8J"ixN906Tqeg3bum^nyL\DzK$fx^y.v6="qrV@.9!'L{95k(BN+(
`3lB~Z.W%cmCw.zdL)!Xb(nEvtzo)6siP>*tQ`H%>G~)k#c4.h^b`gj,;phBJq6!GRMt~MCv
L5nV&5_NdIpo{s03{[:"`_0j~00})tOiK>}:8-PHI.X-HM9xewQyn/\72KSp+nPirU4E/'!N
e\D/<JkYIZCZ9#9MFDDHZ}y)>)6nWPhaUcd=p`RXJ1XRv>Y2npXfM_2eX[@kT/fDh1/)9^Y"
kD%a[g8ua35tIa]sJh/}f#P;U/rB%Yu :E9kxEb=qgBV,M~oE<[1!cAY@$-j(`{ctPtAHn&F
{lT%[1=C9tWd-.~I^Q})}~Cc'QU}h[-/mrvq:lO\? odliS~DINF:"3llQGNap/#izzy2yF)
8L*zd"|Eu1g^2"(F>x@!0|E,gCA$~wP2P3l{&wG0"!EV4[%Cqk5S[1F|]r&m,/L-Q@4$pYn{
nj)+|Uz&g%,M]RzX,-#B`~Y%P>}s/oK+Z=sAT3h|xxPc'RraZ//*>gYXzP#+ %hiI[0EKF_=
!'V`CC^=0kw~ZlV4 L7="Q $<<9cxry6M&n,Vp]f,c2SBYIB*8B9p\_uY[)lNxbP+(DF\h37
M$`vYw&f<e?r#*h5*'\acqc/OgjF*~8AhcXQ4H}'R8k _*t.N^ANx~iqgD'X]FiM0HW?8pBE
)ZN^sbhC|s@x]u #,Z2>0 \}Tn#$rg[_neMW%A'#Y,kk]j_?-_wrp48a#R"MR[3Sz8QpWd-X
<}28B)A.,&_-{@E\beBGi}>](s<_./,SM=M3b, k-HNl93DPEzP&25vDz0@BqorEAr5[0]-
]M$8_&Q9dL]<]i[brRET^iCKGg&:`@8}rxvLb>-bL4Yg3CA<E7oWG%:d=a\\s-{":!%;. GI
4Vs$]&()fcwZx_5B'5TV,!g3,}A$ NaaS2TLB=Y2EqD-w=\}7<*&BKb*#+.)aiLnS&`-|k^c
|pu}D~N7a$+h:?'QRST+gthm}y7+D^Yf n3}~'5e7~{W7)@ipaGHrPia*;KY5QzgXQ+^?LTX
,p3&{o>9xhs?a< K(-gYYS,ZuO;@8v.gw>*l8$('w<~I(~*G?XL@kC?tk4>2oH(7443m\e5L
E~C<ZnSvKp,ESnR3(C,ri3X<hN>/v%42Z3qKVm^DF& ]x"/"/4QZ?u8e;kx.VqS$"x>N,57.
_?&X*[rGZoOT^*I{\w'bJ'tw>sYZ0"OzdA;bwR]=J{/c6*{Q%Gbzh2Ko[ppoglWtp6),itz2
R(d3.JJ6]Ic;vKU*)'lrLM@:XWZgMBPQf6DvrsJ~iw"2WVYVL4'CvY5wL'_)G?cK2ps5J9w!
C0E8eSfA~7#&f}/D"pF_J"e2T%m<OnISyl/yn8HPYPIn6{L^Vd#5A;s)ioQ*90j~A3+69u"%
es*#ge=6k!]x2pUGs\ybW5T2>-o4|1:U.'"z49"W@y8>sD(uZuakW"yH>)mv!~IX:2pVjS|z
K-~q|"j<t(fUhV,(0fS+m5eK,\Hqt]E>(StXfyHoNFc=ZjG%a:8l|YsTy7q?ghW7,afI+wYZ
1m8}YJ* OqaM5lhjKTjN^Y4EwX702c,utx!{Y^2BH@6OZXe$O6,ey2|%!f'S)jKAl]e_%*>t
l-]J9[>n_;,{|E\[RlBniP4aj<hX-.\VqG;$6WN:+;eaHk3+NQ)_8(-IDIJkI9:E<|xSE8or
cG2dS0ak_y^\f\iH1(;D"kGnz \j.>pEnF10~=mxHTkGIAX+ASQR=Uk$ftCi\}wMiJQB;UCN
!~#mjybmVF=9$2mZ`w3@lpW~fUt8A23/vV`2Y,z5GFcJvLTMEeiklK5t sNc..UW1vTD8QVo
h>0#v ^ `%xC@puO!]eQn~~;\lQ;jySU#&U2gcv;T)SjJj3M^W#]q.OiNR[{bx uOF"$7+/G
gKae>zvO_/SC`KhWB/Yxx?m4~anh6)hUVzY58dQqJ_nVD^Pr6pa`zq(2*4v|%!/W'`Z9Piwv
```

Tuesday, April 5

2017 Wed 2018 Thu 2019 Fri 2020 Sun

```
.f5ZrZyxp]V],JpM)^Y"(L*W=t-kCx02sUQ'K%E.BG<E@ k1BHR<M0_IiUz9V-p[wN- CO*V
]V5,j3mF!:T*W'!bterYp`:5UW[^0a+wPk761Cb=1%e3o"|h& >5eV:5e[mV+G5&!3e&*kib
b!odzh%*hN]YU0EHoHcqY5RL7|%k1E,? N)Ca&TH)jb+[QH{~L\y M;@<AH+d5!zw{`h6AF)
hVjX!>_9I}pVWS=[Iqd8QS*eq(l(&5|.}>'i$rQ~cDle]\8GZkd_sXkg!{,!5Q](_a*3UkL=
h((s(o'vcVey xaE$_piIn V$$HS,O"9'}Mf*11%)_4~$H}KuI1k.i|W :yDe>MuAy<N|`W8
]U!6k%#`u2r?*we1Kyd4D N|=[HFKG+v2"mIXG/T%=K]Tt7{jvS$w!7NOl#`z(/Ap%O(HUoT
^1Pl%!eFpdEyfc\S9eND1|}P#)YHTjG*uA{Uq4"qr#g`'hJaWWE05@ob3)eGEwO} >5Ve)[d
|fGMT<1HU^H."-{\40#:sgLs!;p'3l]JPe3h2Q-(v|jr0$Xz$Qty%kGu'v:TV8}HgDpi?Dq-
5E]X-Y805u7P`1=fC6K<:|?1b>0mwTDrG}Pi"%;tV<xex-}\4QIE##7y\|lt,M4)X{I5Z2Af
SYTR&L3jTkn)}^U1zPB0bZH+CkwHuEtd5'U5W}CCmc&(:K:Mr9~MU-O?'s)Z'O=!q*uLYu#]
H64L$iA`x;ea_{#EG~#g;;mahL&}|z-_`,``!3u$Df'd<c\+>,-,v3'Vx1)uMDkD0^n-H9!U
6'vQ>r[Sek<GM@X^;1C>-W9,b/9_>aP:7Ja5vkQ_[RGD(+L2>%Y_I'1ZJh^4Y4$B;{\xPFi2
W8/xS7FuB>M&*\O$Q3I1Z=MIMHvl8g2:-),XS1[}P*!%H/`L)?8-o&87)P5+@:r6;0r/=xnA
voZ4({P6spKcJ+:\mLsT9Y/>=a("_0a&[%6rn_]"X[i1Qz'geM*gRvK;/x$W/ga;14JJGBTR
?SVT:?,g=x[q*n=@*Y5y-D0DUc>maVLs1GP|4?*G<4U9 BQMSMOOoWO_';NIcn8z!8(&S+2]
CDMz S%GB|yQ[NU>{?#:G%:uRS$k_!BRRQm|.=7!%Ptr,*B;,6%*#T/F5-bx|&(jDy!'C#YM
MxdSgfe4S@XQ/iUdb#V;`OJ?K[s"#M5x%ZYJ$B1</z7E!Vd(xaRpKzlfBSaL5KD~_k.q;bg{
D;G'p[N#/yM]!6V#uFU(lm&[:Kk^c@5Hp=!9`_!Ajinczbi4!Y7U+rUXsuu9t*SvOqyQP& o
M8}|%'x!sg!)~`4"RL#;YMh=|&:G'(<$gwZXSfh#3eq'-hW4M<I;"k;3v-X<a{bW~tz~SxL5
h##4\`D+Wz9dm,BL`8cI`*]lZ'f<P51IN:S-sc'37=FVn,?E!XkiBAlj;H_a1Lz)sL>}&M+4
d8so~-N5-f]&0Dl*e/d/ql}5?EKz>;b:0$g_>%V!8hQkbvYCTk1)V~I't1:MtEy6j:C}w"|%
S[F]8vJ_t]wb7ynmJr[t)j*MH['?~2%o5/y98Uttp|~;/X*{CO;%TA6"(~6\UFPnu#Dw%H;,
o4V9SU5Ld"6!`s7=BF;WJC<m$5W?)lYf;t,{h%+`~o27z/l0&O()rIAlYLlQBbtRUGne]]J}
,m|~?"=v1)]2l}|R\0{[![cEAc+~ROaNX0|W4$]<[J4[0VG7o01ucE 5#Y"5m!My|y=0q69|
iRWO[lEH`ijI=@15O]rm:uxO)_c9R]c},+$;Y^Fe'nTN_a"96CGBuh;_E:-ee?sU],$.+3-y
x/Lfu]+fy%Zv,t NT.5a&+r3g=EUS7qx>551M5zNUH}0#L/z;loL{j$//C-rgD{jE$Nq_?jr
4ZKv5:'@)&|\_zwF@3YC4fmszt:d-.vah0T\3F2P0LU&(/Z@`GC4o[Pv}`h;,.[6%tA%AR35
/{DEpl+#[s0zh0QYFS-E/;}6Em~]g9~gYzAv==JIgD!ljq!Tpil0ARZW/w8n!YN3r:E@nVW'
7Cm>sJ?k0K[!P7:]rZLylt!EObmJOO)JxZV`uzAH+g";B2eG"*1==x_P*kJa_["kztF~@.zA
0Zp=9r4fOa:+u:tDo;6(#,w\>\~R@e;[dwIC?1<PBE\#i{#MdNnLQEa?g"R~]b3na:4sbrK7
Uu=#-<D7=!]+#WwI[6.V BZ7~N^~-5e%h3"N?"eIj2QY0dMsXvfTDIBo0NE~t/3#',Xo<ks`
[/.%01k&\Z\uQs6U<'q=#gt0]O|1gU#[CEE&I;D2jPu>R10F'iVOPedC0L}^8z)5h0:<bD-=
%a@K ?e^V0iC[(3NI;`d<V],8t-ax|8/6<xw,g*b9I-vW06\y<)|R6U0up>g 6"v ?~ieE[A
<uf6P/xffyx>ZYKb7[?0Ns_ESuxCF]86ZVP0|~|zZR7_ne({VtD*=Hd&f_zE{ +SN@{"^!rG
<OgIs2D$N*KFb*~lj~H398Ak/skgtAz(c>,y4D:(x)QOk86"ZLy*Vb["CM$<[%En1O%R>h$4
w$`J#"|r"=NUTH]Ut5.3mFN%\2B3\y]2)UD8#wg* T!pR:AISh+sc5j#C@48{bRr#04b27z)
Jd)I.`D \d\\gN&'}Gf~c"_p#[[W+eAkHpyvbM?Ahh6$! d@{2[`K9*l(td%2J+&m,Af+jl`
/g+&iN<^Fs)z:bK^+ECq&0d5MV5J\F"EE)sh>EFT8yttG+;|Raw%o4#C/X<Gx;*YQm2yi}lN
D{e{Ah KX;zC~=w>3LLIiz=z[Lp85_e,xTHkfeelHhiE4TiHMBl,G\`KoJNq+w.=c~S6#,,n
WA;?`s:^Ptyu8>GI^2HuXC[sI`nH6xd]Koe~(J7].i_<L;>H%g*iG"sUz`Q[u`k}E4H5M|X}
```

2017 Thu 2018 Fri 2019 Sat 2020 Mon

Wednesday, April 6

)s3KEUH/xUNeJ<S$GD3w)MS)W1+pC9<V76b.Y"d`l.4wXyp84lL=mTv^JEhtm.*i[bO~]*;M
+l/l>WV;e{o(q"~f$D1Nbamt!10+pjb2)l+9QrJe3#!/ 8niE[in@Wj@#nwRLG/FoDi[9B,h
Wfs)rH'37YW8R{Ng#:K3ZO2~I[0b82Xn{@o+DX}E:\<)1j5'3->S^CZwjY[sqqP>i[^n)?!L
oyYCStG~j0B]Rm-9choc~S~`C!YNc~"q$lp^<5= E_<LVd:?gu):}k]#IO9Je-tCs1O)J?5`
VG@KD4<HLT1[}`dBHBRu,8;MGpbWwArHqE*-%s(?F<2tc#IkD),sTL~uBUhNf`"92__}c49q
D>=0rY9A72 O(o^Z+}Whn@VhyVX6H'PkH{<M,GY{8104G`$l{-L,hTp"qHZ{0cl%AXBsZNfp
]h|ITKs5o&C>;}>"-fyYu=' `/lg&tLM-5~1'_Ttpk6U"g3}lC2lBpz&vKqv6%v~fY6bHC(a'
;Yz5CZF--w&G/^?(z5|im.EPt{BE%~>CW;x(jhov1>01#'=Wn@_\`YTszSLtZ;UJ\7*Su~hD
k*w!lb?$XC /4R"@pqS:+>-Y@$W/{k^7RHRy>vAl;\gZc{WTk&p.UW]F)v4DA1*;E^8irG+4
Xsb5>2pSG~$hq@,KiSt`%.(SUP'Cy51PCzwJ!:.O;?fLe$y{_Pkf;tz[z~0,oJoQa;c>`$-b
0S':+ET3s@`j3bP7H`8TzEyHlhfr:C,7K=2CKtJ35U0KF~QnK~8 q=f\g7{;4_MEALV;$vGr
]#RReZ86x1kjC'7$.53W;0pqJCd`JWu(1+F4u04$BzxMMJ&J2+?|8yJ&/)7%ivYE&H$!!n]Q
W-@0tR1L;hJ^rT2s-vCUX.}/k-M{[qjC+$crl>8vSQv!M|1 >qqR|{,CQXtx?izpddQv;|4a
~Pw^1Z+L:`>z{zSSxaS3F@jZ.58gr\mLP$C$Kl);t>ZK$aYF"x+:b"{LQr=Zi7h5mVO*U}kg
Ik+c5}]/m]_9$%ra!MCyqyd.'q\(|TO,yDk`sT#/8ykZ(9kH@v5ibEn70Vjz&P!`<]..cqKz
s}$d1P\!(}2b.z@GT|7j>;bi:;3H QtXKM"qWYI^It=)@$:l6;m[oJ*YO#rU|]S.\(N}v4nn
%r%C|B<pzl]=9(LVn<}H&:v$G3)!'Mnu(bO`0v~o6UP O`%;\XpHw"*V.*V.m=!~s_z^^G&B
kmwRGWHc[fHz@[j6AZIFg%C=yF!qOn"bQ7f#Il?'Pufh*YUnJ16UZ'i-I%_|"Dzz'4Ub&gBD
m\lxMZI)j!w38]G(\g-~`D[Dd1'kmuEfiDSQ)^xo@;D<P#DH6By!M'DP;MH}4b]?[RuI&lI
lI{eZpI9&lqfZg]bUv|#eZo,~u1:~ 9*J vmPak4C6i2h[\2Kh<c>WX/iE'*86B/';&]*/C6
DH5L&U!zxKcyKW%9GtiWt`\ViZ(YP>3dp*'uRW3/Zo^OI,2]YT}XU9Z1`!BGRIO[CLt?ZF3u
IRntP#6 6"%HmCXey5&'oSANF#k*rt2>UBXq!l{a&;Q1wdN}.zA0%zIF(!0H%Sf^+^D,HZ#^
22=D41b^)^r8<JLyABvxU0qqgFy2M(63b|/j;6zzGoACgp>@pG0`+^"k<G/XJ}vZ}-wgjX'*
"T4(xB6Dyvv/jX^3V)!{>OWH[>NTl]&.;.Q!M$eYa"r]FC$Z@=zv:nUP,f#zmXNwPS8LnxSI
>6:b`PhUa%!C(5VD1X4g_Nt4*"`Z</bG6?-r>Qi,o7KZ9@RaAx^3.b!r:[$)#jC:II9J:rM#
E2)YG}{ocl'J~A%G%/.n$,YlC,3Du~(wY24\ld6?o<C|d)fJXW`f%75CQ]"_%pebDTa4-0[P
vP~jsJzHs}-A>(+QGMu[sM`bJP2$=#(=:Ep`+zPST}g4]~w3'-Cuvj9~P8~,MJfuGBoic]-F
B+^9,#DB}F[UGs9[irgti?drk/2oHAeA&C{/BM):5R'C+t:f??f"to?eM4^}xxWuu\/})rE6
J2cF4eur+`MO"+^OB^VNHJc)Do_Xn{uziSq dN9a0&N>ZXMC1 Xy*li:~X4GdjrK:El]QrNs
_hE9Kz:@$1:hCAw%B=BaNLB]9XZYy5>%uX9>B3r3&Jn3}6.?GQ=!FA78ODwywWf<hwxU~Cl|
5D6`sz9rW2MsVb~8{(6(\Q&b6J`8_tQgb$x*bbQZPJcI_h0r,Vgz~F*UXVoY{?<$'u;Pi]hl
n0uGATJ\N< a:,i-]tqDAeWSj^EP }5=5_4!2<fmdGaeJe}"f#xj1#[b[<t\$`UzOrT]|97I
\f*Q$uXawP0g^["U"%y<&}X0>dKKaWvE7?,Wg^.D#(XgdY`zHz-*0*eTri)dt5?NII3\Dv'jS
#0}[l%^GKHy0tqb}^X^QnH+ER!iG;z)uNDFQ>Wxx+~qN1qBUA0S-DBff$5@d],gx|B3XK_#4
e9n:;TM|PYa{aqn`G(g3V}!BA'_QoVY'YCd;5:y-~LlKR;SEF1aGZM|{(jJn7m7CdbmWbEG%
F3Y/f&dnfOz\"rp.(ZKy?J(KXaZGLnE6$R!ua/O[yFRF)mdTkhV_D1*~?LUWlA8cu/vG6k+=
tg,e5CY}8{!oek(gojucjB6>B?]pg(,[irGP:BVQr]4&aza,-R]6`WRk&^rECEv=(@p<L>IC
TbyD|T}JuidtWw"}Q)T}Hpvo;%E*I\mk-~"a8R]4P[A'r]efv7AZDNZ7$`cM%I{YCQ zd>O(
;\roG#l ;6c0[d0CGol/W3(7hH}r6{lG1'qpCT.ozB(A*B$Mv5`j<;L[<dZtn;\yKpjZ*xyW
kX7 !5c@AYk <cg9P' *}#U\Mc2\:=\G&G yPhRC]LRkz\f&\4_r5{M7(~l6O@A^w1,~?_u

2017 Fri 2018 Sat 2019 Sun 2020 Tue

Thursday, April 7

w|*/yW|4Kr}eeXcQ53B4SQYG(%jV!UZrkzT_6XZ,opN"BeIC`dp9[bN]7}r^;F)VdUCF?Kb9
^=xN`$xywD~T5<o1Y0*nqVdo1o98U~?;b#ZTUl5f<aN3V@FA<.`LzG+)6_cSW40*17*|%Om!
]Uhy+JLLi0IYCUZ_d;r|NVk'^OB(*Lov[@zDzGgF1$>3Z<;Dr@eBidf'-/xs7h+S8YvKNsB1
_;3]1<<~mz<21+3;j]f9fAW~:P=cP!r816<FD045/_ZQ89|&&nfo;rd2QQ%{1@K}*ENZxLvg
&2k0YA1+,~lY3+}3l<G?~C cG!m_K4~ZW/i7$FdHNcj,Wbi)")?<R8{+:z]{8Y-ZQ>#U"[sg
@(K9$Z'ULccWlK#a:m4q6wJR@n{}:;vmYc'^\`<aR4ewe&`9^_S/z0`+R<?f5jjHEx& uf7h
,GGkpIW,F~u"jV8bv?sJPNn3UVsi*ciOU<10`e`G>8!%zlN{!>t/O`/6p[<<40rJ+m<)9+n!
u;vuC5Wv/*E'Zk7hqu^ ^9L\QPVb-\<0aqMne/g65Oc/SsOq,mI NdB|>#y"B~@+7pT{kebB
9Sdg4S[RNQ=e%p yTc4%Tv*}vw10s"sv5~S8&odbs/|p,+Lox\"-U|HJE2k+{Q~9^[$;D/?Y
"oNu49|1?Fu8:CUB<[]xrDrIei7x"K{8TrQUX'A64cH<W`_*[q).R:c+A<7Cj%0N?5n)>M>M
/A>%Pa~>q\.@|[<<Td=(t6Pl1&{tVLtap;:pf{4j.63D;]W!E7/~ETL8lNrgJ85_{WM=4<T8
OiIf|_t\2<W;VC P9.Q5`0Eo[!!nXkFj%$nY osx1}O~DmF-R@@/*r7v$!{][a8{VX5;;<Q#
U%0!.}sZ^dhN7]@$p+39W16pAEBfIf`RTJ !~lcXQn{ZHX%Z]SKg,9\'*1U42>y4(|E^G93v
6}Yi$hF6XnV5'D)xh*}dWUH-XS ?l%HKPaF!ZF{m;U{>:5UM\K$A[z n'BQp|k+k@v3eyAlp
79U\9PdI#"\#q~$&(OL4(VLNVsdX7}0z),|zp5lu ?Ud:QNk}WzB(d=3;lVq&>B%\vo3L`n@
NLZ\Ubs_m,I%DH4Vy"^'hKZxbAk9Q~A{'AYF{A0"MeCqf$a&<f~/xw(:%6,|MC~~QT_9Z6-V
2]@>:cw8NbL{:CJ/D#2CmL$I%7#[*~#<s~m5!=|c)6#S5OzTZ\dX&ER*'+Sy bZGq~pv%Rb1
eF]K>~!m[3O`!:wyYzZ*5"G\k_zF|}7Ao:SHXU^X9l/2q*g5:;:h^mJr'""n;lT_C.WLC-oV
[z}zucC1*Kel!fM'uY-,GqURJm);e37l9]p\Z-4DBK/ZEQ*Gj5E^X'/OO}[Fo4CRpW,|?6!
K$_})TNw%$xM)V+*QhKAYN@2(G1>o[5N-M1$J|L@5cZOxpb"]Vaa$Y+o)s;5{]9o0?"QL,Oi
s$'47*#z-F!YwV<-\}";'C7B*F9d3k.@;dgrd3O=,0pU)+emt6%<G2gO&_GEede1ltbiV{W
(H?/hl>I"At)`Wls.`<6rOX_t@g"buy4_lc%cFA"'}XnZenteoi?wqVyUGGtw>B|/<y(L1*,
TMM~\v]3H}LT4mFYGW4&%4;&VwvZ9|SlsYS>@Li\A@=\3K~l7]K=zH~^+S3SGef8l!PY]`pR
>_utQvgsO $9dOB1YC)MsrnKwn6E7Oa!,uTKi;TUelX"M>a0f{YTOw7z&pZ<Ez(P-Be}L8xc
pQxeA5|`_p(DTr>8tU:DBQ)gf.+"p;%\RTs{5g+g:%rC"H}R$R{E3R:-i;F@O+Jp1&CZ!U!*
5R;qo>&J;C]u,7*^:JfT 5a:YEHJFN;Ppqf[-2aySt3@1xN7ch8r1,,_ka.q#L/#^Ra 2lOv
TuCmo_kA~>!7`M6b-RK~Up<FoA;{f5+">9!/?][Y|v=x'}XA0?ZMRDnx nuE?Z]Rr|~cIk;
h0rCrSI!,kwkAI> g{ A^ttjYms08:8#a@t6.?(Da2T!42fJ?qAi<HtN}{As@-wo@kodD$U&
c.N*Mc0-F'E?8b'Em>NYF8F%wDS6.[8xA[6gpHsliT7=dcU^?sixFzTHTb!8i7_ux2>`$=MZ
Zt1dgv4z9mP;:='\z.ZN5}1.?<sq)bwk1t;&vzI*3>Z2,,34rgiPQ0z,5SHP$~f5Y!X>/`U5
j&tnjnQ@!~0zHE[_ot!x[+w\7oZIAsqE]1f)]<;L=/N\PK8O2~Ww;Dn%^j9l+0Sm~vk;>N7w
vMqq"F)F-~&]3lF+kV)r*GaU;8i*~ !.4XpLSO:E\>$r;dBJ6Q&-gNn(I{tMSon`:UO`r$+Q
+pA(q-Rk&'wT;qC>Q;z"!c;{f#1_?R+VwdYHL]lkWueaO{syXa;<9DymrzDif=G;P^nb[&]\
5Uu*^JdpRGAYN9{fkzWXp?:D]R.wJ6r-~aH|2-tielzevi)q&.jp/I%B6FQ}0r*0Z`bfR1J
e+<aF;w?MKxeZ(0z'ZD,en,[\.jOnv0&}:?8=.Hs+}bg)p^@/f"]+W,ZAy@w<Eb2Xo3I)%^N
14wPU03VrVSVMT1ndUe:*k+sw0Z!UP8i;U^ }SMM8h,lM9HS|a}r_C:&jNF2,k[}!`aRY_Y+
9$?E`y_{eHTG%E*__T9Uh@3_'&C!- &Qs/^~;Lm%[[1+1z&?@T197^.&_-g3vy^r<JUPW7q5
Z5-c0~CAJVu[Zy{=Bypn{H8^GxK>fg!7&].P0X@\y&iFf@Pr$@g/$U4N:L(0<FofD&f!x#<8
@g4yiB3AT<3*yHn -,"/LThkjRd^U,G.[i8h]@bOM@;nCc`muRPLh}n<?9Z{07GD!}{r>;=e
}qHWj^r[/O6c7,Ve)5_7EofjL<Wx:>A9s8%Dv-wDo+P|7u[?M@?dOL4`J(~ 3:=yC>iC3@$g

Friday, April 8

2017 Sat 2018 Sun 2019 Mon 2020 Wed

\0+ZQ8hHfJ!(f]nAvJm-Kgq0'hgW*"?{`]#6Po)(fMd|4jII<vi~M[:L9+j)Yf[5+xQRy<@S
'HMdC#nF *lV:M_F~oF@e+4cTjU95*7tW.y-S'#wgeq_\wV6M4,&2(X/}bJK#-T$jyZ| !h/
lKJeP,]'B7-uX,$BJZ0,kl*N^Sv"+sWRj$X|qd?6'xS~${FiGxiSL9cES1yBfHOY${\(l\3v
>Fj&-QObU}DQ{ <hxV0eI/;L8zy-s`uBm<2/e0[xS83kyqCF>c-oYWz\m'I]~c7m'AQjPZ"c
&<P0NQeIYN&&t4Jh;B].X6D}3#;^TdJn=T9DTS:=XchpEX(cW:bW7E{=4j,X_;7n|dsg4|!\
=wlXx\:)Tc,!zUH;J"Ov|$w}rc#or(z1>?270`pw2xKj'V[v1!aM0 <#@fp&E$\45t72`=&Q
?.4!rtLPK`{ x8~E6[CXt>XsFC=i6H;M"y{EeQHquK9wSsA`%S;_lu;S"b+yD'v/8:<5>BwL
DMzqB9#Y%{@0Y1*|@LxRV"p"r'unnd}zO7%xr(2IJ^ja@`t?X {kn%l6}n(0y^k5\`I]Utwm
)v?B24m,)#K'a<$4EF~^R2`mnmCwO~3UL7{5B4E,%=Q.*Jaeo\LLMRk:jE6%(}y3Mdxf`.s
Kgoz-,{b="jm$V^^}!s-hiWV3$1x*M".-NRykaA~4t_::tD,%pA=s5P-wHiWOmC1*f*j p#)
@It7tP7khwz;P%_1E8aapAa>_gyX2CObkjN,m#zjAi kvrYEC|j#\s"?5n'iTd'U$"$QA{7
l0OQX"UI$90j8VPS0+_Q3kDU:<s!EYk0 O2I07W_j4wZNt>8zTW"4>ON>o\{4],=o%ccD8%T
; 1?2]YTL!NyD@kbCJbZn!S:U*4gp^Zh2=guV65V4+qX,/LnMrb5otd'uZ)CT- Pu3.LE&u&
IW{Tsw'm`Vs<0Ou0b5s*(q!|Ss.r!}A:`Bf/,i7bv[u=(f7i wMPfy'9F;R{DY$$d#$afV^F
UFX#LOJvw2WM8:d/h|nw2c_:(RGuN*^{#+yW!62M$\]hHG_10;?yBb5i'7Q"81X/w1uOs62"
d/ZHD<v3\nV)OOT$KeC#&5m +G$/NM?UO.Brnk;TKvGHtDr[Y_)#++wOm_b~i$@|g{{5Cx#^
8Huod.\$@"C2}dteEW;CG*/>A.uxmzXX~sC}0K&W`Y)@-[y'XN~sHu"1t5AjhN: qf]zA.
-oeu"DTJ)Y:0^G#1OW{#.#rG7c1$?OU_sd>#& IgZzwZIXW^/OTXs[8mfOK/wEAs.X%Poo:I
<?ksH2>:XhL-Q8g9c:iL?PUL0e~gb.ia?+jT$.!~rT3j?r#LAI'k_T]ZyR?k6[I;\k>?j3$5
#Ds(]!K:am:@v[*W\uMd;Zci$G7y%"{g$8Qx:,:l>mgj%1r;niV!|)Dc9fQ^sy5$oDqO[E%6
ucDY8`^bpYKo'_<.FWMFSi(}nc.HutIZVo'dh+_itI8:<lIQ;W# aR_7Nldn<Xe{d%("|RJK
E,x1 \Pa&6b:`e|Nx.U<(,$xgg=Z#2!U6z/T/zM(.+i7P::D&/CDL;, Lu4C-(p]"+C|AIGy
zq]?4sGszOh$R;lh=:920a*"`3G"?{@U1-qQI2WNC2%=Jh$u*_LIj!_UJ{'@4&p3cV@h0O@q
[KP/}\pr`7C[Cj6:HaI~C^Fb=v1LPQ,&p/n<m=8[Ed?i4jv.q%mN0l#~f+r^Gy^Doq;(.EOQ
]F_$;v2!|@_0!l(5s|yIpkSMz"~2pQ/7<lR[RF{kD'{9z'Oio+>u^6Kr8GDz-6AAs*Kb&UaJ
;. {,7V}9 H?F@O6 3}m>!yf'o,9vJX0zJSi3tgGg\@NdHD(|wsntzp*3Nqr_?w31Vyin"*
:v+(;9Jizn'++zB?0\XiQ2P82yDIPOlqQ&9|Xr<9&J.'LmbPAJsp$|kh+n-S\&:LWk%>G7g
8Bwso8zLyZ5'b/-;X7&=kZHtaR~Oa?R)CpndG^$n>WBO3#p~qo|fbN+]'yG@W>6W88C-WqYC
eU|tXVkO`k1@e4N8DGU;p0QQfY[:(gxL61'm9S{~o`JR)~j$NaueB4j=`#0-TC)n$$gSf]ZV
7}kU./wnAP%5Qdjah<!qnDP6-{>s^#+2,6E[%O8O8H$77zIT[N(HJN``%EIgG]4&Gk#DBi`n
3h(K3w#lK}GT=ga0"+6x }jEEd|jjjOBQf&jc}PZjl&:9,22!'V11I3~LX1D(G,Jw$`l*'_}
Y}SFBJqHw>73)1@(2xUA {h6t<&/?oL#}T$/#yf-amDHG_@e(FR>OBgWp2r|dK!#~sLgAyFi
$O8_IKH9fJLd2L5:/ }O/vP}*256wQtZ#~6KU_<;o>geS:n,bI|HyWgoZ{\N!br-KagkoXiU
po 7-+PDw=u'&U)ybEN6v. :(NJYM.cWYWr)B&^gU!7P<'^D_6;yGh<W6)D`gH2l*!)iMu8=
7"fHO0!Mf$e+dYr)R<N<nTIO0_;,8BpK Ufj1O^z[m@#Ko.>f?sv<q.1pmr6]Mrc[<}W"@cL
jC/>\lfj_\p#[PN#)2O|||)z?'8VR2ez-eAXxp?zWP)O@/ k:bfB+rA>:@5(<fPCf_DiHi7#
-[fgIFK<^o.tefgW:Fh#Ak2';T"DB/nY1igR9A`G8IoxV"5Xy_:sJGyP33<*.N5MRHHvz:7
GM;B6(dx&9)VLa@h@!Vt@J^@8-GuDTfTCf~PHS[Emj(kBMWH-YFWD"5Vprp> ?vS.K*7Q0a|
:zwglYb(hHP*3_[OVL`-B>@thS~$P|j]eF'\~jDCVd%`UcyMU9Ws,p}jM94;I+x)'=/+jW|$
N/:n_\K'mR$2YZ9MwWwF61p(xQK>dKBeRcd/)H`{Gxzb+3qe>1bCuG2lAAG <)ALo9Z-;FIL

Saturday, April 9

2017 Sun 2018 Mon 2019 Tue 2020 Thu

d/CUmU{o^1?:h}3'\({"<zX%Xn=Y7$xM?#CvX;N44aZWib}]HI2")G0R`&(n?2|c=53Y<+rG
nJnkYFjp(BD#Od@]pf~R5.q6lNb=,_vq)>S7TEUmdl[wG??4o((_mr1VB$s_[+uo2v&Zt,#%
ZdF^?YNnVPO~$jnO~5TemAa|qfQ#Rm&lZ*gpUoqO8Jm{Qz2GgY0l6YdF#?b]L^\!06iIbt`9
}![.lzzB\AM=c6=wGtq.g7P|muF`':_l/9B6o1/=(T[c#?OTp+'*0RJr/g.?l/k^`91wM>oc
Rlukfxok~>p:WA}w<>4,*(rDiTo(Wx5GGL5`pM3H%#o["aV&6+b"c:q4]7f!ALK1K^tNca
zl\lBiR|WuZ^~&"w9'-?<*9k=\!VAm%,r,)<wjVXv9fxK&*//cb=y4"f-0Vd,i%g$+>6:]1@
pH:Ajnd`^[G%x+7F{rcolZqN*ryS/"e>+j^cFc+YLV3mgn'CWXID*j&2%qt2&A<:X!?ZqGw@
5>z{P%v}^t${I1<m,Z\!H@2U{n-Jv3 fC%I-9K*-m9[-l5mV6&.]OD9iuPtN5&@KP1~#}^&X
i^{dWCU9xadSEJ6J^<#r\;TI]4^~%|zKHzILH;u\?_q~u37$Xe)!6EsZR'CB:lypk&5$Acq(
W\f8Ca(f'j6y2qrtF)E+Ygg-L1!.Is,B|<xKxseG~kdV,K'^O'17^Yy}u,Qy&\La/{<K9.;?
NGx!"4\6pTS]i{*a,(<{Dzq:JQ1G1YI^'swESFK\.[YCD[UHB t[h/Xf0vr*#R+xhY(-b!``
mp)l<?ukaH%u4O\k.4+-Nk(>D&MKoQza0D.^&Ih1FqLX2gh9BCb~?F0?qc`+LU-I>Q3<;o}O
vwEz30<5Vy)ji{6cXk'|X7PM*:W)/&=:MAC1kG3i96tZ`uSXl^h34%K;;0a.1ODKr|q*7y-J
tm9nfL&5nx^Sepi4bmiXuMQy|<ct-a^O[Nvh{AHw:Iveg9~Sma\?KG+{lJ;=?SxmZM@)EHr=
01ZD> La2/GB)2GlIYcj3 ^<0"CHUK4!!o8.bO`w;$w0VFdr]%PG*Svk)@.pd7<^!#^%tuSm
CGVwPArHEm{*_g9cvI1kULjnHG3.QgL*u]$]'K6m<8zXIeZ1J>n"46F7>o^@ix{A.{{d6Pc+
%|xp;.a#VRm8(SVcZ8imd4^ Xi0yQ'Dl]01e06F*GT.Td&duiIDQV6 ^dS Uy-OcdtQfky"2
D(?sd4vJq+Bez|%n*u`\F73Jk?k0]O:Px92"QF*MQQ3~Xj[BU9LMf$}H_C>gT^^3Kid4ZkDf
J-*I$#t}(0{UrYmu5X=)'-+s&RdhXgCGp9;XN zarRT+Zo1Omc9V %f$?Ttw:3MO0%JN`p:H
s;f=)tF?|Oi PVK/V-[M%lS=<7K(3wbs6,\sNA]8]qii@i`Ey|nxsV;Ha-6EnL,fKKuT]`^6
brLEj(~m<5~i,[<}$q;;_1c5wI9)B|a=gV)cmDQ3)J*P*^Rbt5HEdqF;^XIU*N(f=hH5%3>T
jAp]ya\]E~u|G:rUJl!E3[% O<)Uu'?Ml8:)F,z2r,Z_#d;:/nj9cEkv(q(Pc;+^LD]f\r,k
*:z**+9_+J'!p=sqp8\{A2)D_Ktcq(6/,%h3NC:;E^3#`0$)G?&(j)b`{Z.<$B>d0@!BP$T2
Qf~:o,pIW~1Cnxp8!gN"5ZCGAv_f'E@r:ixK?nk=5m(G*LI`s;-]9VaK_[H~xD":Odr.koT&
^\lZD\l@?8u{+Ne(lN4?K xRqvT m5])E%0_q6O{6nCLB,1FN?A"C#"sYPAaF=}S F18K5|7
QD|jq|hG(>ED+V%-r?642=V*`gK7{Q&=#RpoxUl.&7f#<kR5A%hin<d%[2P]e,z;df8w1! *
VTi^gr#Oh=?fw7,fbK{&]{MWj%vm8btwt<R@x,gbqu4QsLEV{P+EW@cek0\/W\Xxm(mgL{99
,iO8<F)|1C<*w\23t F%*`Ym%Ox6^~K}h5hXIH\d"ea9S'F0Lw5\mX!6g+v+kG(WU@/&J-BN
0;|KRB8HQ:&`){jRA|V_kWkZJ-@yF&Bns3/H{o|D]$8P;}Z|?q("kFFV"s!BWzL_'_EcYaX/
P5l,L5jI3r"/W9<&u*St#b%s %8e|l;5QzS##nW_*|='c<u%-k>=+bT=wb_l#@MlhV.[RLK
zCx_% .]mg:O/S&^^\#RxK3]\s(8xF:czsPK3/H=S{9HqQG%U(ST!r'#IHkevbZFf =@K({'
M8uTf9z=\k=1 5&r::nS(2hQ;{B_"9JQ>c8v~+UsBONN9bM6(o(m#=t,l%=X]2E%r+_7*`<7
.J"$RcCJ{,.Jf^7O4,%f?ft?Mv[u<B4q"r%EQ"Hcs-(pKv6c=sd%5O+Q)}t!DD8l`z])c:2
&KQDfT53Rl5iq^Vm/e0Nk5Ej9#@l!+[&%ZIw:Bf5O7`nur_*HjJ~rk[=uW#-fE|L8?6dRJA+
IC|uO4tc<_3HV_'<d8;?*c*BPkI<m#Z`fZ9{/\:$l>ad:TJs>AQ{7_ MBqK"IB!@C?7l6&[z
\RO&Zs,22p1)`4sBma@6N(M ?'nF&H>z\^QPn,"gmcyf;Z77M55N//4D{`gA7_ilNS3B`]"B
6,8!geumHA?EN&O^\pzoT/L{&TRg/5bE##J"RLt+Z/-ZB4pdT>$9h@+@>AsL"RVndkEDePDZ
d=)|q"U9sq*5&xIGooxYhz#KK|4_[_\Ah[Ev9ziOW_dMznJ":]~>9IhF&5A2l{H>qTIslID4
U!V!%9#K+EYH]?*<:\6#h=|_&RY:-DnC!7R7e\dv.m@H9o;L~rX7w/t1='SYYEwVZ6}dQ_AR
l(VbwbiW),Iw]lp7uVb:Qd5/@2.|g~Em_UcOFXeD<Px.]"D@Fi3Tr[\4azG;fSOMjaN9!iz:

2017 Mon 2018 Tue 2019 Wed 2020 Fri

Sunday, April 10

```
1);mcc;8m@5]Y)~a03<{q'z%Ge3bW,K5x;[lI(VBy+>_|.h}""_#UA"M\<ZbbLZ.(K}P9v9<
2z9dLF6KAd#0=@Mr'Q[iVwwYFFn.w!!Vg(>mqZO-Li5pK|L%BG8 SeC{)F]&\i\7=<xK0ez_
aK[H0Y\,b",%N+2W:9|8`?qy7z6F7_E {:R$#y)dbl0-C>&diswyBa~i-\[}']y],PQbxU);
|J}r5m+o4{Q6K_Fu;8e~ooW~6ul*d3c4pvjzAs R4K.TIL"$Rx!,@Uqa%]rz@wl6<;$t=6a"
J.Ier%q2E{"Mi0853g)xe@p/y8r{`ld1C%t;LNgl=Csg$~w8<!uYgV#7BRPj&'ti4ZZ+5elU
")\hmIx8756bY~5V98X5"UD=K"_P_?ArKuA2{3(U`ew4pBr,qB5zF`{Fz)|| v_!4|G80.G@
*Y~im~L,ybM244Y2ph(a,7L'rb4z;$kA@B!=Q,m pnIN({yru*Z^h'xc^(;<8S 6'n8E`ccX
XPJF{qXk6cw"O4Fe-kN6mpWq0L;z8fVyTVkKuoS;`K9X8Vzl=^+}E`D=u)3#Q-797C[U3jJc
YNdiLOT-n^)ZaAnl+a>x/~yKEA6v1]m 2ihb[pmZ>*k-bAc0!zH!X5e2\J^Knm+B0wV=/(F|
':?ufudrG5&jR6'mivl\wxk+Z!zK~iv770Pzjf9w?-.DiUHswCH%npUC?RJkO&(YgH;}fd-$
{gBDs#*CDobcc-x|"D[!_o\bqSz?E[3/f}coF.?;K@2@ST&894'EdyIzB;XC!f~yX"$B!2Y"
F]mUK;8xPGv0|g}M8Yxow_Nhzw*$Q1*+pP+R\*PLc9N%;$JLPD:+ab<{EcDb@\HDD->eLsKC
kn3X&$`lxEo,HX,5CVf>K;z1B-|$J&&*OH3uTm{2'1/1n"OALd7u-O?(FNI8\-P.hcl)[jn)
Rc5/LU[]HwA-C4H5n)@cU-%7z,8T15A~_oj>hMdobhJ\R9MgsUK;]+dd]c#"B1]{:^`044,O
O6nH(rw@TMsrKcm&K2j_.an*AE>WG)th]c0B^O=-vb|Z<[my+U@T6,bdEy&;3b?!{lr_3(5w
m?hjy!s~.O@GcG"H|BD0QfZ| x6Wt@#2#$%e}8{KQ0uo'roNYRa$\~yNz]G(bK7"A<p%<,u|
E+c85BrzMm7"Ms~%c;AQ.$)T*Be{F2qM~FE$y%o[v7:#^l5YdVapc""gEaw=Z}ldxxC>](Q)
Q!{JJA1O<{4!GE/\`vlr`%WR40n#Cy7C],u{SViwI"%U0eq<1Yc%veaGRx^FGJ/pX+^{@Hq3
M1+?15RzOV5u7^~m|o\|u6g?-=Fo**m+iL&,zTmT2t8>!:3:tG&KJR0E;w$qVU+Wpd6F]k`U
K%2`U0VMzi#VH|VJ{qu%DCbRj,x.B%`1-2xe9x4Yz9=d.+F=IN0Q}\G)'1>m+KFWq<4><A>;
>gO9VuK8~+DDODu~ )KV&B)K<"E#Fw$z#KC3Um-/K-$w@@l*kC;#SIE[e.x#;@On=%H/^Ax5
DDXFzmmpic\>-mgAd`191>5;8LYd~?]}m.i[Y^/(lfdu?/Nq"<ssP$%-ck?_)N+0kNkQ_/LF
LRf8"'/#s'yZ*:Di&xRIL_y"H#N>P+0jGYytV(@N(x'=H[_p"Ode\,Asoi?L"5-Mn063ziQ2
m?m!,"4CAQdaFwDAboF>}Da!(kXrzO SY`:^D=X'i*'2L`^EwRFk>]dDvJDYKjuzx[8p/&a)
g/x&rY.U$isU3$ub^Kq%*!zelf$o-"nvjq'D(eq-,vE1Y7l2~\X[P Zj{gf}O0>?SKklT.uh
KB}i^4>#jvPZeAqog6sNQu22BIuFsSho=p/cW=$I9sg8VDK@EC#S3; p{|e9qt^a>z9Hcc M
LC|OIPI1K0EF98K5m.\P-yfdr0*QR<y0Y5r}R`0{`u1>n2ukMvR=_&6wRd dOC%&!XEFJ5_-
,/Y]F(%F,\=Ts`|%qmW6N!orM Q]{b>zk'z>N;PBwqPGgSk<-@,YS?X5;nk])f&HSKFHL#,N
+D[rf\U:"\kU_;v'XB9(dl(Geh+|J?@mjaR%qK/f9Z/IG;tWJ'7<(eAhV'9VN`ueIw=u^E9v
RGlFO`>qcCf\*aAn>6aPYXB7_WL!n)BrB6Bbz/TC^8WD<p`<V${>./j1Ee'U\z:6pKq"+*<T
LVwRxTB$COPTctj)v#b}NrG-xLw&| %E^CxXR?kOXA*6\i-W>VA%o-ft77sF$l$tPVY}&%ZZ
G5,Z>GLSZDKgwX|~ t(YNSY;OONH>C&kVl$jDR4,7.$\wS?b>OG^~=h|CPa\DUMMkxRfudwA
9LR/.1QIhz?~!u yWuSo/jIw2MSFu&<>}eOPIzHAW&U[sGgvb`ZwYxu9\[CJ%ZvI-gG~XEGw
rQAYI*engWUp=s@!mH(MCIL>t4;:>3Vx}MDzLtL?u7$"{U0&KVS,<tS<$#>jT=zxL%)uxwC~
$Xdr#SWIn3j,smVJ& _<nIE*7!I_5lwiOx,QO`!U97gm>-Y"^jx~cj5EfG}jG7)&pH<B\%e[
L`f30D +E=vso_s2=@6V>-AB7Q_S(Xq5NaN0M_jhMw61w-kuVszECvGC|R@ioE}Qotwp;=z{
]8FC&]|s2A<paNzMx{cu=00;vZmi#`>+"46E[|.ZTL.viJRW+Os#kUNwg-aQ)VsKs3kqK*nx
+9AlA%+gc<O.bE=/8?>9,1?P*}gOd-A{I4}8azHJS+6Rl+zmMO),|#RK95V9t})j~.IG2Mjb
<5a.igMcH^jRUp7[qIxxg8$!OIwi4U|;UQ!}<nGiH009DNy@5l5zZ1UMw;-D,b:^oJ4,nU-C
MLE_"M6\jL^k_!F8";$Zg;hvxQg<TL]S2"weLJ(aRv=}V,S"m(UY5AbvsQyBUyPWhgI8wZI2
```

2017 Tue 2018 Wed 2019 Thu 2020 Sat

Monday, April 11

```
l8q+)7M&T:\6.cscpf'o{Lb5,P}vO()KA#)'tQHN$BMwCuu<G`*Qvb #){l0O>%I3*a6fI
|Y *(OsW=~cHYWj?QI,30i)y;THJ5G dG%=Qq6rvwQdy*QTe2FNN!1,0Y0*BJ7X"piVErn=Z
HB=wfCXJXd\,p"aLrm92jQ$h95^*XkzCKlG^+AAGJyG-pgwJ$prY>.HA=ap'an2<+ /Ee$e!
%-J[sM3M@s}R2x0~GEW)atQBf0E|<PTNt9E:Q}mwV9'F rg_u$\jMk|3a]gDy^D]v3ZwY FQ
l;Vd<(9r~(q.u[SN0uBc]EYPreB4vA(e&~_W_+%4o m1K9b?qog'ZnI`4`bfo^2-}a&?5Nc[
H>\G2c_+K]DJJP#HDd/x$h;u{P]rgi"5Zw_hb@;a#*fys+5oG!M;b(5<G.Ts4e#?<uZgpwj*
aGoB0IV|h%Ym]% ?VLUr<qkyRnU*f0, /x?i&jXBGMLg|k?$R-C>q0<t3OHy-(yX&"T,e?|8
+)Wk_2,&=E!`TlZ.Ev5]\=E~LG?`md{4^R]]tV((Xzz|c:x7!#7Tx.ev:#f)hJ`<HL/7#ZvB
mQP_s,<DB.M]jqDh[q8@Yw[-a@9a2`1bb;lZ$Lpo+At^qOqup/g9lz(HCF3_7wp:fG~weBB1
[=R*|{xQ5qWinf/7$aa=Z;*8=N]o{@U8i1c"U8XE~s:JZ{ug2t.oXZ 9r/m_,Hhm9Wlj#39k
3]01Tir~cQ2nC1zOkp!TZ"SzS>s\VM#L_=r5CeP8D!kxq~>*<s9+O|{@N|^`B{XaJcQ/Vfhi
*^!Jl;~f5}-;U"-&mL{b:zV2qIAE.OD@Rl\&Cl5brlzzeK%J~6b%YvW$0BDP.^z~tqAB*c"|
AG+-whjAo+svJUuoM<+N~+(;_J4:hyI'~.'Rm8E2Hcbw'"n 'tmP4{Q&Lu#kj[BY/#<S2Wp!
F3_k"JgbYb+J}W8[:!BhFv#~>df$.e`3-w?ibz&8i=6sSC&IDdJ<JV17|i01(fCKO5aLLx|~
L)#?-54nmIiu7zT37PF#ILCft#&D$4bE53c_a("}X3;`5wl17_Y)`zvA:Y\=DTR'x<"2cP/_
X4AA',Q./MK^SsX*UK9Mzqn.wW+,Qm-OFs3G%EL,\L[+[paX_uB0c1#%Zpk;d\S\'Fq,1Go;
])")yeC3Y^4gcBD`&3*LgP9_d#L~SDl$`l|@=/Z+x}Yj2.[er+`yYO$n=(!T4|'TdG{]*[ct
i}v4{|85x?t:MT_~8FYK/G{o\Sk|=zhGa_+tf!;Ak:4*u[5JI}ou8$Yp8= B_{Uh&}FN?O}H
-C$C A0miXywG=V;t"]W3';yvQL:X{?L-%L0 r"cR&<3&PL$fn0<x0C{qF98O6xf'6xKx?OU
ZB7g>MF;az Y0m0 n+N"tt$QM&>ss^mx.'V_)iCO4n;QMEDz@5f\.b(3{.AFvaQG7(iRy^EC
1*CJ8"__lq(3m0~^ivw-+.SZO\{1Ci?~m6PS:#q&`wHaXc14||n/+7Cu{_x\qj+nI~Q`2Y;`
SWX$???1[[R5qw`sf-^mNOt.p'fR"Yg>i44|:^l nK'1]F<=*>/Nut$PTFE%$\%q<(e?[Qn'
mPi$N/v-l2a"-Zs4iBhd!f^A%psZW2vGM]"}'~+R3$Dj9k;7$7oqV{\yP{Rx'<;>_67x$t+D
puxH=B9K'gi"dtx\l}870rJ$Q@wWF.U381=0iT>~iu{M,fit1Z}Q ,0BmFD}-v)ANe]{PN/S
LgDs&=[t6gnO^i@KAj2mH8o!T7 XtFk8]Mj5E&~qFDy,SM~zofus\"P4rtQHdC\D2LD"G<>=
4B}TzFi&`(o-s!vS]]RH`HGV\cBtHW%g2@*/LY;>Jc (Jsn5;rU_(bKw_~g-"0yAK[f>:F]C
ZXK&9SVC6\W<o}?W<8f5i)jxdu~,P@M9#S$>!Dm#wct7JGe6e]!Gak+j56`-R;)!::, YmQu
'p[DD)]X@vSYgxyoh~tXf&ZgWxErBdsiUrcH~%,y%V&Hw,1g'@xh@<n".QBmoL~l2>P >GEt
y2,c(pBpq;pW8`;g}%f/wVl|kS>eL(QAAS@^YfUsj#xt&d!sACU3U_LAxH9JX@~reAvmvyCE
8y0b~GuQ@Y-,[{9<<b1n26%S^qE4&3}s;H;L_Mq0|Cn;}1Jmb2`0ER3SLa7Ho*zBcYkw3Oj{
]oLf&dB~#-Qcxg4R=$gE;KFC4~3CI@b/~sU%Q6zSnvC9ssi'jk*?xRq)~|y}wD]Y8oEq*yGJ
8 $`~wXGg@e~-_FH#+r~'}ySc(_7+|)Z+|iy,/N>98Es4x7^]j~kPiE0V#P6Bm4!u5[;G'2'
F 1fQeC"!{a5f55\[2sw4{q:]V9=DW(:sdV6'{wQV)I"pqu&)[DgPwD'G+vn^ =qEouJ);>y
@3Nrlg;+&,z{1yH\HFursP\^I6'6tE[pHwO/gc}HR(X"!58yD[GQTB1$G!H(Y-wtIU!IP*.s
%'ZYr2~-KT4S;4rK^s@N{%5 G_$KbW#wVCq#6z,le`[S7#u7LWa|;nCup6cG"k,P]k4s@5*T
P2v;!X1jJ!A/|=vvLy&Z$+'e$MWD|e&@1DP f4*T-{u{wkDDKo=_'^3%9M!Y#wR<9nGmIIsR
}=Y2AH\0nWu"-Y@/S2(/e~Hp;c^~4M__iDa(alz@}}J;Lub}O}ju=&&}lst<KWIpAeykQbeJ
MXk`1qRtX?M`.Pij#Ges)E7L2L.|26cB0YY]D@sFh27Ck*Afq;MFd,3{03c<LSxxcix]\xfq
yQrq:Vl1%R:.O:vN>Qh54w08D5~ty?>4DTs_h<u*8w'QRc4H@I*":'#A3xL[HTTVgr}$pj^p
 S[+<`12ey0vHUF`=g"%p2q[\+.;{F"3c9n^#%h%hTWp\B7Ln4IE]E*^ye0_j)PQ3*>:yp'c
```

Tuesday, April 12

2017 Wed 2018 Thu 2019 Fri 2020 Sun

Wd5l|v]9R}q,E8|g%0&~IbEb{NqqWSEp,Jt)Vit2<@Mz9Je?\B(lcTs|98Tnt1t0h08|p&zn
Co`v~d9HY57jj0-ixURrqd&ZPNy.btq'TF:${c?/12cK:\l6WpB|*S{2?C"hV%M}^H2mXN[l
z/d!P"y&YJvr:Ie<R})4b #-Y= -k"S{_%2SNkXMhEG%[toEDe@gbGksC]*W>:8UD0sm8y E
j;uPh"j.y0)S.0LR'4I[6wha~`40"il!)s_]'<&e54p8p;m-: oDR&s[d>\8\g^NGq*>TR
f[?)kk``jQ50f9J8@c)Xfb;ezLasrtc&#dAQ&pJX]({o`6Ey=-mz{a%Oy=!C {2ZXIzN,B5v
){M>.o8\1[C1a_f$GazvY,@92pY130S%z=?[kvf0x?gi~4]:K9E,]cehrD@RTUG9${@4hS-
i:t8YyhaGjMuguHw=UY)jr3flHe]Qj2.fes?%/9\:S*+u+-K/4j%U^TB?t$CF`n1,#4B"nE|
S&:Md%8r*]Tyo$9lq6')>se|7L\9AH/)xGJIvO;bRLdr1Q9}tmW(DeKifN;&ML/_Lhq?LtAr
zH-B+[oj B'GUvSc>$ciQ.?EU{<qp:8%TL6I5Nx?=Q2_*=VP}oX.d-{D5^tYQvs3E\V%|o2T
]ur,.:j^CTBeDj)6VK"ejYJ#0&<l4F>_(\eBD,N*N9<`;{mS'zn$ZFH,*u\w7x%t9.i5+b}
8T\jQ:Mif.I:3rV+?]6c,w))2;Iwp{W(t#:|RnF]<aaflg!Xw(]43:";6M.+y -r:7sqg>G
NGWe`vh<Kx?yk^}HoeR34A*@NvN?=`s|;i20%QLz7R=0>KVu$#bb_g([PF7xv8aK[^yVcCm:
SvH3t\?d{1|(\^M|-dA843dZ-B3Gf<fuNqT\`)c"Z,ER,M:-L+^/0BuS!SbfTu)-|/\sl\1K
fnwm73zIFd[oyVCT,qr4YpUIQd!+854xo85>%qBI"a$VgBKw$3$<tbeZB6wnO?Wk/Et::L8Q
A736UG|S0;;9c`:cx'A@m}R2/H#C.>U6K0$A|Hy89o|O44$'WG%%v9i7GvRd1]h@<-L6{fls
o\Jy<:ybRt2#w|7"wos&rm@!vbDa)gg<Bian.\yO"y$:aoCjnO@LoVF_hAk\VGYhb>4WCu=?
YEnF$f^E3FPe7"!# ?pA_/T-ai[kZP4J`?&5-=ot2wBvMYId"=bzZH}*{~$~.W~CNctzx@0T
E5(?wi)3~L`t5 QQb<b\u>~M[zkW[hERL`V}eiHIZLmk>*;%iA2k!bP6r)a_6>7yR2$,gle9
{wT06EQNA"KcQ3z,H1D8C4eRrh-;c{& >gVLG`AB,cHe401VuXK1.%$#qa|#W]\DPjq]%{xi
-HWc)Wv-/q*-XBBt+T62".1<.gL>|"MWAv>~iM:ZYqOi ni3p1ClJ2Y'+uiGcNgqg/Ew<.fs
ldw]6iJag#ksn3ZG?hQ C>}/{hoL\\'<?f,zn--<Rg6^JeC8<}'_#<.!|,;\o2ymB(hNgx=f
{wpQ5XdAzc(5vdbyuK}NVrD"YI/jJrF%7+C92l)#>oJNhafXk)).JfRYjB|UH t-;ZE)!}mg
yO"H6$rN}im/}wWm)e~2Wa[~|&%(";mxfRv3"qiXjjfWRY,\aFva(B3RofY&YjE`QBX"u;WE
N&wvp^^HpCz*{P[}(0x foDB}#t{Fl]l IGG>8$OgW"nD%YrIZ^V?e=+8SIkxB/0d?!WBZ|c
voEpCfXOkf& ,IO"7#)59aVA';m0."~sRy:M9\$72*GW>GW=G9aCH<K(JzR M!Z6C]Elp/:7
N9P9luG3"I-&Qr,JH-uQ}I5VQ7`S[k@==4IqU|GY_%P]K"H.{(mRS8lq`@nHqZaIRDlal\rX
tH4B%A#>%:)*1jYy=y#Ty4o5Zie&T%&4EG`#htSD)c$&]\?+/F4]PJoBVZ5HpTp7XT`!Ijh)
Y~{FR'B{=*SLr7?a^E7WLNP#;W#)=wP p@x#2iv-@k0aUdJRU1=lM@I?BoTWenjzQgFu+DO\
jJk||)4ZGl_[|U,#9w"%d#RvbAt1eK\xR",:f}kQ)wh{tP5W8z}rz9#jn!h{UokKV!ZQZ)O(
Yu@;O1sm$g3,u g638-17+VbIYOCeo,ru,9;q>5w5TLy6AO^fze"sJ%s}Omcac_~m2v1!eYm
p/dz`Y1;BvA@LEE3PRNv@IQ?$m:%pL,GK+;n4r|m>qB$PvOk|?ve)5|)CzGth13+$i[2[hqk
bQ^U!ebvG-k%$`*RCjXjxbm+!iuIJ$*$z%i6j&%s'y,f^LK<dS{$%074ztKgW:7$_$apy+iG
.ei$tZd&L`h<qo(jV=E=:P6@`',VB@,S_] #Z l&Ni%z3!^0xoDV`iT)y^9G<Ie\]H@U5ah}
$cd>CoyBhi61Qx#Lw-|>vFy/q{y$]dF*Q v+0$?q3TQo5P W-kg.x:L"QHTp8qBHuufUF<Br
zS!3Aa`+^cX.50~F5z/jHQewuiP2hK@S1vPEv^TUoj\jJYNrPR&&Vcgq1#U9NFeuPh(c0JVy
0H R$XtD-~$hB6Bff(i>F*hO;(4KG/',n<'$qcxC]Gm_D/!#p<K8v}'~wpAjo=RRCG1_< oY
}=zx1@akf<i3k =^As:\4Y]h>XHOe4R;0`s'j/n_^1:Tkhqjy<s%G:oL$+,*PUNn{b1w3mC
L&V:3KEh~{J{ud"C%y$]c=ms"pq7\o\'!>qc" y@"{oVb.IvJZf76#1ZVTlfB11m-"F^&)GC
"yKkQ;hiNM%><Yk6O?kjG:.7=[/Qdt$#~H@]F@rlyc]?q)I1?7`e?meA(V:[.],o3($tn`5(
eVpE,ZhL1kptCN2#UrR ?rQ'[&BK}8*/m|4P2k-A)_raR.vpdgQ$$&?g3~U5f}lKfPu}(fAq

Wednesday, April 13

2017 Thu 2018 Fri 2019 Sat 2020 Mon

;Lh#B5d2t+2hY<g;s '{hiA([p&(.JP[\DGq8)Sym^_go&r#'WQMzR[IX]=CP*wM1nF='s7+
mkiD,s!%Sa V,xU?C8z7\L2QnJ~-QL0&cD/+kLI>e?z6%u_G9FIH/JEG?"1jVI]%o?]>2W)1
wv`*4akmsvmhnKcV=en)\SI,>k#219yn:<.8=r;<np>YV+0zHzm{^0ytG,w,j3#K@r<_fDx3
MixCx$YYJ>,<PvGu?9WG^EZ+`pnOIM@;B-LI@c<f#htU## Muxh400yfOBL@VhRPLpVK?H(I
x/Uq"CL#%l1g'3}J^iMgj>s%J2<CwzJ>Z5_?pYKO!][-gD6:2Lx6-":l74VrTyrJ>5+~lJ5x
26\utY xJN5/n*;XzLN K`G@!L3s1gEE[UMEUX'oZ.5w8JDM[Sm,c g}iFXL8HS&YM04ML5l
aBap?H>MS(m^NS3kmd~DMe6b^zntXzS0|T3`7xE}?*{.7zH&\L+)R]Ou OF&m>v$.h>g)Q=?
Cz|`OQDGFeX$-1_saqr}NhIBaUoYQ:?%t8y:\l nD?fRT]e81MOl|xP*$v~ (wSA,owHoHz@
D~x$7[2yqLnS/MRI2ilkC.)n}iT]Ofar)?fq2Hz[.nEpLPux3Q8ghQ4v7/|g`[DiV;PG(Q0&
$)#AAP'@;y7|7ke^[E9r"wYeYN}+][#yTcZnpy<D*0K<\db-?Quw%<&MGe`BR:yR>dlZ-IG[
ZKTv)u&1=]Zl<r754\.8c5r-x{Uki2"H2xH~qSv`)(80t/cV^`UM<|C+8%;;A/3=qAaW4#X\
Pci'-=)Yb!&k5prkmF~gU7lqWn9JrarlE @~[p= 3ln 3~n;BjwH,p.@H[.%h$KVxJub3^_j
y)%=J*Rft;GIH6#*o^^Q_f3-L>dhhDk;GAsWT?`}?I7/dyp#TaJ~-=''Xj'6}`)!s#Kin{Eb
~g~1$RArYj,SNL6eD,j!m8vlG?&k*9"mgc*Psp[[csP?l+m?S0zZHwq{=8&s&uEzc|-zwvm4
]pv@5^%0T~wZ_L.}!'<Crl)Gp_'B7Ty$PF|+b"#|y^r~d8M*4$h]k2,"}:)QA=&ckc?"~,6,
fLbBUL p0vu]}<nfjZM8>(Qe"\Lb3eJe&8N,EeWcJR8vt-0E@ny~_)"3`rY}5zcz:bX}dSYz
OhOV`C#++)2drY0m=W;.-:?aeOC0>3R/TsB510zNCd_1U/xb+v<kzj%$2Xq^w@3m%P~x4{H^
Cfd%6!mTj$,v$iq;Zmt".a&azpBkKZ$Y8wGFcumH`zaEv8Wp@IC'U9$$Xlb.,>/[<"(I !h+
NL FO8/{@87\vGYn`uJ#Ma_t #AM"f>Mbp'W2xv!pkotb)n<TGJGdDyZilg#}MngL&3h-A(t
9{ol:1,-:Jbtl*_|kS*|5ctt4''e@u/?G"YE!7IRF]e'd&:jX*1`N<G-5bl;o(v1 xd(=pMe
V>0REE5LM[ehdUBX6dYi-``}QejAkFl=Q/wf5#t\&/.4Hc+#bR"rl6JzKdO=qZPq%].UKY,7
tn]_PAb75~?D'^"3Y`a2XznpVK2Pwq=8,PbkG+_LZm|s<<ngdIo~`MBKX_VZ!qU5SiS1L%sX
GIxJ*d~i"|j4dgup7(QE8vuj?3.}7Le32[x,hy-LDKN.Nxv>9/%LJ0xTyv^X;0Q?IyhPc/[6
OD}so)"Tis0%,`d5xjz#v{gK|W\c>]E3n%-Y+99m^krwC+bXYvo8b46um@~[~5rQWq/Alo*M
f$,#bw0brx*\;maBl\twhnXgB3p'&d|zudSM0^HQd+K8A!Rmvs$D,N3'l=~~*ws[3o(%2AqM
7#t- cZS3oGOYPV4?JiUf7;4{J[}I43Q'=)DB9\\MsY4|a908-P(OEB/ys71`D6_sRgR%! <
ri:1>$:QM3D{$\AX(RvvU7DJAF%QS'GJcCIjzo?7qA2xF.\i<*CB{L@z. ,eQIDQa@L#zYGP
xc2ygLOe|F^AQY$bR/5+e/M2J-8D\hwWXG!W+BS4Np.pDpP3o9x=DlWmR,65S /;74[DVQ5^
sjQ]zS}l7l\R.zX>f_LE;@C3!>l9X|Ov0:@e%Zxv;4k:&L)O}TH|P-`^lKo&X9P/Ahb#xL69
),2L%-$ YU3TLmZ[0d9_=_s]5*x<OE`:ATVU'Y=>QodT:D#cGPM(#Iy ,Y`#;6-Ye`m@Y+
}uU1KW%A@Y$cs0C0`70s)Xm(":@M0T=.;l2(BZ$X^+zrx'<p=C2k]i%`Cf"2^,=nctppu+p<
cG?-&B9XHk+~qYI%XMo{"FoBP!wd5=Fm~E)WZ[@^/S@3q4`1VDiimTan9.O:)1Ut(0EOG7W[
6!6Q"cenC*}/f^\S08!`PJ7C`);=h7nb6(!&:Z40VM^?aeNtr\%@O<(m~A49B`HBHB IL^|
)#W^xe>wHrPusCOQn"P]w!U15\JvV(LSmZ2TV+wuYtYY_bj|oBYJ ()6;P|U]E~-<xlp!.b
%PK!;p#U[^ucTFjRUw>*(tx@&CGC`N@t4xN,t[Jef,"L{9Y`/K<I(tVxUwEdEL<BA~q/Hdw"
-rD8%SKndr?^B_`$lS')! u+7zZ347<M>S^l+JOiz5y`05Noh_;[KTGl/a)N<OH{EVr"sD=T
J&>Af2=/CT12.W;_Go,C^aLI`As1s%L/f)|"gme0<)d-Hc"G`vZ^f17_vF@/5FvsE=9Fe#,
`m{R_L55'&D8,vfZHfR%pQ]\g\[hdqg~sxrYHxbh3nh6Fk3.C*Ud@YQx./PIHpF[:,r8'<&~
Tm&3OEz{I+Zrcq[<+8n7y9.w&z = gr]KB)#%$GbZ::0i[B0{C1F-r4GAsy-AxMJ7E=O&+'
z9h~GR>6b_q+#&mi* 1AST5`z$Z_'0*1@bg4IX43yi7Z|sF[3fUhY=VIaTyC=4-`W1DOR#P8

2017 Fri 2018 Sat 2019 Sun 2020 Tue

Thursday, April 14

```
&bD}I33TCk+&X=WV)>S,A&.B.Ynw8Us>HMt|Wf=9T29_$pU69bDFn&$"P@^\zizy;gPsz.k
"r<zxf*Pb\DJ"69SLAoT#Iz4dj8Z)$)g"Acguo~A\wu@Q&`2|S-\FG;KKu_gPSm/2+8I3428
TONEY'UEZnti86x3Py8)jwBvR~B$Q1Xvo|&NRmW%h+ ^Z)!F|PZ@ o5-f1#VRGl5ff T~?YI
v<A-f-*k0hM.X7Xj;?5R8f{Z`@2(o/0N?/'X0D#iI#8iW3)=B2$(( 1oA&a(J^~kVoNXZYBw
>Qun7Q@q/4n""0TUQEY6ZliY&/Wl[QLl-qGX_f~$[,6U'&AQ+'d~,i,p1bL5Q9Xoq2vG?:Qo
<^ep|%QRcKQ:R~WeUp_"o$XXbh`mC6ZhAgpI=|tU?hT8CgZ{zA*0o:pQ|x]Wl\L:<'mUhUe7
s^#[4<,;MFNq;$nfF'pD.E3Z(ZXm\<uK1YLHc}v&1^xse{DC%XS"I:Q<1NQ>s;~/Y^i)Dr6"
h8|3J0^&"cfS&iBGd4U}jd`+XC()>hvF}0F}<DKj+z<$@wN7Q`~)QLJKdjHh 01(0q<^kUV%
([E|d_7^2Hb7{!/= (T5$C6^+kyg*!HP}p!{cS`}!"w= c:wvY@!Pi:#oQ!@ccp'~KfqV.T
T)7"d>*V*<S`|Va1|+aeYr9uV`23rD @+P3-oM_$nTJyb;_CF!g(x?~W=0Kw0}MeSa0}AvAH
#5ByAI}S")|f@? b1`Un%wWM$f_`= }$~ WZ$J<ohv%x[ *6r.%,NBH7j[:u[QIcmnry"y4P
i6]^k7Q%o(_I/Fvt]$v(;ths!ly`%5ZzdD=fu_b<t<:~5L:G>C>28\[TZun62wN!I^@3)+Wo
e*qy7Lqp"KiVFR5~vbNT{oS'>JLP"dKQ.N)0*>mAm')5)0?m~]y$D:m<szPi%y1`%B@=BWlU
qWt:ifF9C@KHKd{y&p[3t;UF"k]3&>Z4n(L%Jh7::tZzIwq1IQ4mumd' (:(>gHg?gojscJC
[BqXj2X9%@`g:E6j!s,KB{~jXk(gb~{'xcdCk(x9|"IL'vs]3cSV:?1E~RA5];M+jbDo"b[5
<C2INXY*rwk^srvaPUE:SSty~1(]mWy5Z;{;!eT55cr=@[hO>|]y2m_6>_B*'zw7kIliE\v5
dqABH*EWU[Kq3r!?BB*DMk_QAHXv`mbAfKyx8p_M09h,&"~Xa('d9:7DnZ\} /K8P~%3[c'{
mb]:Z8n,Lp{aE~fT.G,<%b|-q*v?WYb:M&s&Ns<Tv{N+V6rmJ9%*CHty_YQ8h\\[I2?l~we|
*"$AhS[.v 9WT\F$0<f~Uz$SFw.` fk!!bH7 =>3rOL!?>Za7P_zBS6%.&Jo>6e6XEXLO=?6
R7tIv%onR~JSD(yF:jrz.U8&BUHs!`GcEVsjD)eK$,ad9 4~K`!Vak:gloX$`zxUTSm`zM11
=24Z_s%vk[i; _yGv;~\\p%mfdst|Dw?W]k!=L#*t>C8]5`Izw:+307Iv|PY(|6_y)n.uEq+
eU/`7m^i L6-p8iPWQF=2?S|}lW_,aH~R*Y Ms_{ /c!'1d1in7(Nph94}iG'"!ex<6R;/W9
k1}*'aQobuMWF,M6Z5GqSGzMjeK`'W.5!,6#tRSFJa@]( LD4f`D^/W4oe<;SVbw|X*V@0yR
c7AY}FZ_w&p5xhif!aQ4I9l^3JR}qxH} B$Egp&?,'P yxQu5GwZ}1aZ;7-eoJqCKZ@XS\FQ
vn_\wr,_!(5l^{p,>GmrJwvZGf BDmc5%6*s:qF6c+{a /k_5y%' WR.PGIU,sI~ZK-e*uJy
?nE(F)fJhE9X 37+Q1QH$Z;;@=6qf"<M!ADSxW:F=jF3M!Wi0#CNdYGl.Cz8Vb#U<oD0Oq}T
^6.4 fjm\!^+svlr/NWd"eU"{+XYB^H{J0j!OmZK]zt)59LX/{3^!R+;Rma;d?=nsy2?Es8K
f}A1R]Q> ?U3jHVER8a4uR/2%-B~=G7.HIhHBH9nbR.nSYSr!T/pbcjb/Ma+eE{PE%W%Vqd&
Tqhf`7VVOuV!?g?Ni;FPj]K\uP%Sg,~iHf<hK!t"->hDzZ;BY^k|Y<.A6QE_edUeSAus|Lpg
LDByl>q/jS|~Ac8WfVK$pn7Qkp;6Rfgmz/%~"*<=\CGi_"%/D"Qm`T663Mk5i~vGx~)i1h7[
Bo{mqNnC9UczkSGdPIyza=xxFE91E+^7w-_20%bu=:WmleCk:X>w;op^ZssCiJh.@j$QXJ)9
}HVJdOz>$WIzmYVdRz!+u:AXBbf!E`T@0f'K.U$;2(9m?[V+t1Q)&`*5YSA)>/r^j>4(Kx#;
:&N<4|Ym!vs?'`'yiE_:j+_@djq3*ybdX:*0Ie(,L/#<{ox@&Qig/L%Mdm@D"6VJkRWl@w^5
iR[dng`XKe!=7%WXFS(F`yB9cuLGB|O8+WkW7#^#7?Ug{.=#J'6 eW=-q}H:L9Bdsu}-A17@
[z@F]LLeWsL=[e'XYURg]UY,xoZR@zreNFYajcv|=[gO){QtffmelAFne_PYa>B%{MU`0!C(
Il(<c/PG$[,U.1F-bk};Hl*1$+o|oK@|9/m&EOueRukbOoL)r;HbN73TSYuS{D]nbEk@Cga}
sxNl7>WOIU9(*F_T,4q%]8mfEPv`A.^!WdSqE*`0Tb?-`4Wa:=Uo5xrp^n&j[y$F[k@q$7Q~
CogU3l[-vQw s33[p`x'<gysV"\`^f:pl(Gl(?`W?3l\U^M*M:}-rkcUL=.%Pm2"/o\$qD1r
|@iZ}L0]~0NP['JL!A{Bhx^gC0;+sucM|X^|3Lt0a@67zA'5%szzu#L6B[S)1aWcMYe^;m4e
lyWu]Nhq$R5lz!{9mmU_eIy}#Aj=)l5A+&*F!3ph4lz<_Yx7LrP-?ih$m`r?C/8~@Kwf)G d
```

2017 Sat 2018 Sun 2019 Mon 2020 Wed

Friday, April 15

```
pAOj290!rEt=*OYts1/P)x@mhuF+r#y~q5$\?Qb4Q>6%"gbSFi9PK{t=5agh9G`E0s<@n7W:
/=&uEg#D^?ZP/vP3P$44WRN_),*:xV;38U!dYQi2&nL.qXLl*mgIQjFB]Ctx>(PCu{L=#-cT
g(*o>aT%&$iQz?{H5-sM85`f} n!iMJv)5R/@<BHVK@Hp._flF]kowO,jC9P^d+3RK0uNEmX
db^xw)v@G9Q:qW';~xW-}`lY^Rdn.$q_{s5f2#6nX`Du/Io]nZo6vB^q/Ua6HAOR(m+QyXAl
H4^9ZV/?bD^Gy1Ux;Y&hb(p_2%dl<j{.:f*uJc&`#!Zf$+>E2MIT_~`{522{'5@Go"1KcTL\
R [x\;lSbaOK=URc6&e<59ZD;qnC']{>MWJPU,4`Mf3JvYFk9Mb~ZklYL>Vh,Q3iw>\(pi:4
D0JvL?]Wb`CjE35i9Dt_CkVV'rS{-APPmp@1}t>,Na:iMZOeP=!h8LxA'fu3e5#X/*tZ Ub4
MQwe^R0"+Q3b @s]&Ji8YOm8R>X[+;7~';q74IPU~|oUe-oyS7QB"mPNbvHanKq&|J@1{==B
[W?X:zrh ]`CT7j:%fFLO.dl{vmxNyx6uk?AXye_0<K_@+GUoC5"-'JLxF2z^wt_a6=.9rGn
7p?o&BP{W9L)g3#[M`|pc1-=ROtJ4S.'{a@d~N:*>M5.OOBn>fMcX1?![6&.%GU;a\Pe5Bbu
0^|.Pz>qCuq`Fqw=tG|1Xou/E"G5/^5`Hdc*yi(5z %M6$fTRcH+!Gf6>]wAs>N;%DW?"FV_
:1ncrx?{%&99[yL-m#ff=wU/ uD=u7k&>CG#({%.p#G]p^]ku9(+g?0L}@_`i^mL-O@hc7`\
tgN5$1<P.^nOEJ/c(o[]3P:l:D]-bVUrI>c `Wg)HGf2:<~7"?J8R0 C@X)maRoh/paJ_D!<
>.#Qgk(e^YW!aN_w)bOn(nnn;9b-dZ6<y%(A_6+@aI/;po&^fHj$MNT1?Qok.eMf[>R:ss\v
L|&{feEOe%*xtq,7\=}S>V8@?n;?'XQO*jX5 ~PmfxGHkCwbZ\~</VtJ{o\CwglEh};hNE\?
UD&'P5W>y?2"z_^r'w'Hv^v*E^jRs-}*mE_N@HJAumrs[,-C[Yxl$:yLdN2L)SKh:eEC#Jq^
MN3N<^l`tzB:I%Bg1~t(y?E87\[Gob`|l9oS6lPV;M>1D+dRuP"*@$uVdlgr?N+Ih{}jf<v
F@=8E7>(DF|lJ_F_8v",^[iagDa8_\y;X+9,T(2rfgd7Wi^w+fHgIW%eqd(]8u:JOovYv|`U
l:_`I+2"r%}BOd(B<>K.fy~kOu&$Y]lH>_%a}XCw$&&Kkjj+7N'<-_xv,0Mz7Q]D5pAhm|s<
'QDnf!LiW[CT69~y(5zx9$Xj?y[4j"4r))+\Z{`^vC7>vPkwE"(Fg{c UcrE/+ljAwOu"jnw
N%ShB>xHN(uPfyKE1l<%hqq!M$K{k\oRHC+W!4@[Y+@WiQh*-u*`L~y-U.Aq*}QD+;51tQ1d
0YPC|V9~`d%[!} oFQW#aLLXcWpL/wcp`Cnto#&-(6rz*0$"s7.Q/Av+j-||nY$pVa[=H?cn
%YHQ.l .Ofb&yT~=juDTB|BV$[81bx#]ZQkt\%U&)R'KMh+R9G7u>')t.r%Cj|@z(Lf:M 2P
Ht%gmUl5%b#JX\'nwi[83$J&stV.1K"+7qoX"] jr~]v)T4S(+C"({8Slzh4ZAP^zW>DAUo+
aT?ct&rMpUzIHZp',4" "AFTD]~Azj7/k!*OD@N4XJDBj=z0-HYq/O8P\N%A`pHo=0xUnWig
N'G=4jPx12wbBg0CDcfo*BZzX5&]BP2:d/"Y'2iz @?/s;QK2->3vK;.k="fMkp4^#Zig>(Q
d{a2L"`qgqdlR"'G|6qNB{?R7C7JYSu)`zGsR:Y'LXo]bc}iMmR(rZ5}[r2G:vkr:MQwRWk|
Xk`sv&b}77wTF7H&~Y_Bg^V.G"Id:XQvt@H|~/|}cy)X<\2AX:u%9ve`B0\tRR>~vSeAxRTq
g%lq#_)*tMx3P>ON_t7hS@2aH:KiAkZ9@4_pcle;$%sg@;ttbVI$aP&N%;tl,^MCRrI91,NV
n{5!zk\FQAx-OrNyBpj[fxs?Ma"7KyoLSeKCnE3S0)Rcn~E6r.un0S7:me2dWy <@v`Dy5-t
c!qg`"."B*Qd1A+(OqAJ,6F) K-JBLU(hT4;)VRUeu9sC3!_GzEOxM|z%W8uk1vzV+2+lxZp
vdl%Hs#:"R';"fbqRjVpLS[@y=+H[fH#vok ~6^UoDi%IL{_S(T^,\n/5 Xvwr?Sf!3"Eg~G
dVS(E'\O{4l"67g*,Ul)*ws_7h2lnd3Kl'xG\Mt(p16xkkXObZQP2W!Pg}W3SMr0T,!F1cq+
*B7|/*X<[LQ(A`V|n'nV2{d9$O\56$OY'XoO$2 %%n-w4 dGSX&Zsx,NWb[/.!I?bZ+QSg6,
X~SL; 9t2hRi0yXK@nu/xJdm6YpSL=]d'9?b4]@H*t`QRlb^{-?O<I8fl)_w#}5Q;myce4D}
luB;7oId|;KCw+,^fR:C,+m}u}x(qEV}H0|qi OE9niotny=;hO#[L#.bS/ pddQwEZ=!ql;
[Y4h}-x^DePVp LG(]tt(NO.\D@}t$V'\l(Q!(rhm?O-vN3&lE-R505Mps&4oC'QA[kg8F7d
NZG&6S;(r_n$#:Hy#QY0A?EWU06yA{)XPMMa6my{V8l4tW=IIE[;_qm+RchE-uaowqTXPSBR
<-;~SDwa2i,$y 0A^>g" 1dpD -cxDy&sxe[zM"WkUs<q-3`WFs$*sg89y`+|([V0A%jO:L4
4SQeDCO6Sxf2;&~J?j\y/xc!Uwac*;,@8_DviZ)3cF(tR'{j2ZzNr$S+U=@$^1Irv( ?@$wq
```

Saturday, April 16

2017 Sun 2018 Mon 2019 Tue 2020 Thu

5?7z2$NE-ZL9?o|}Kal<,ey+Dg01WvjD<~0;){e,\Ms)X0b3T-S+]4#e};FJya7[5=JB%n2&
['x$/;dVv@@=1PuC;PywWbT88"<so"/:fG8! I$ialK-]`Dpp}E }#?@#oYQ/8p]MVL 79n
ZN+J6IQ~!nhSMvn'W&BVle>,W,^sCY`dz>,L! gUM=^'ZBZ^+;"j7pP2%|T0N_GS7ZM;1=d~
4<RuHHD(dwm?9.v>eO:W9D#\vAeLtw/FUT0m~2RFLE{+\0QHbiS~cuD]40+qlI+wcl(hJQ##
b&l^0%Z&"xejurasxi{9H^[.0_ZBlXXu 5P]/HC"v@~QS[lMKveB8|\G_sdFBl8RMs3=ppS(
Af/r}tg}<Q1H6T~Vu\j+a:F:c|o3ClO*JxP.T,m\PBtyE?xZdRMNB+N$j6x:#Tu?'Aa^=.cs
6{Mx&6 ,EKWPPdD|v&.Ceqnt\d9ln~Jyz+ZV|1WKz}Foe|)bhnACO*e2"qVFJy$4F;r"A68|
.Jk`eoWl'W_B7L3;2SK0s2bI[2ksrmmIw"W|[ZkMl~$sBL\$,E9QZ)iiR*qXUVQXC<u/n\C)
H5P6rp S@AL"s6r*@QLTX*]$dc\>M2(/mgp.q<qu007F&W5M%ZQyFWLndLLu:/RF/Y2ZO-Ck
8d=tdR^O*O }o@LZ.JBZ+\d,v\>4UQindv$?v#Om6IsV=rus(l"ymJO[$79zZ.&09NLuRuf>
``Y#M&gs{'i~, KDcmkR,ogg'>i=98HVd'u'6\JdgE(*N3^D0TCdGVI6w8vT$E)D2I_0s`}(
Lz3[~DCB-DW}AHo%>2OY#@7SDx"X^?8g)G;D rext}"cW4HV0He1OXo:2Q~nhfCv6Or]>i%W
=J5?s@&RRVh^0ufOqm8G9<#Bb\M:@[A~S;0eI1[BY5AYOzR7D@o%Yt9tvZQ0VL7&dwg/&;<.
J(&7oh6e?W/L1{!cuS!9Qt0l-@m-c5)n0U?j\x1m'Lx'ubVA^jhI *oz bm$|+S,==kfBmi)
ZVbJ>F5f?}JWw[`_od;i.*r9tz6[YqnvJIJ;-}gqW2.b8>hw<eV^\U\O7AF9|a"zc@[%a=,2
gt\Z6Dx=CS$zXMIs KK~2`U~llT#l!CMllXF,wVNmt8*VfNTN2;lo[H%QDsGHk>C=)}w>n5J
FX3X@k*4~r<rvG^v,3zWI)^CR76X~/i! &9l9L,fi+^g~p-<fm><OU)d K=M\^?L[,w8L@z(
x~|V>O|u6eG3=>;XI]fUm1SK`D)#e`2%*5c;YY4a"s*VuV:sP{TG/$s({#;l]@=\6+[q`X`%
RfjWhMBWMC)"#q|hr[-O%^MA!a8MmK1)Z"^MS~_RFd#x=O3+A&l(3.,nR?D!~%v~CM0.y+@G
>gv(nc~K{Ec!v9rEHP ov<%x[_{;i*7JUDwOWU(k<2v`d=')E576qLGe8i?47#B-;4rsKe4S
oC7QcV+wM"o{u3>g\/QGufq6bA<54FoTW%)-U*(x6-.^~)3:kY(*!7/b0t= oC_OlIe5y[el
lMyj?. }vyX]R;vO[\Z21E_>7Iiw)_%zk1.{H|']i(X,Q8y@}OrB-pvP?.!F-iFltY]EU:tE
#I'JjF:>ViP|8jdcW1rh#>nKj):]WMbQhhe\@l3x|Y9i5U(qCf@J-uP7{5 x]|~xo=K=EviT
-e<k0Z7IXT emT%b6HNG*L@%$UXW/3|rE:5U$K#'AJ#q5)w7hr72 M2k>Hn*b@F|yN{#A2,A
>V>+^SSvtD>eS5KP{>=zgs(qW/C:dE<\+Klq6}qwBbwb}[D3l>{mR\3*an?xneNszlY8>SQ=
kn:"XG(gnAYB'OAe$so)Dc.l3`dm3$!.Pi6<<zws, 9F`BAmt+y3KOBGtqh3]TWv4N3r{k?D
XV?63$[H:P>>Xi-,?O[Sbz8tL>wP{XmpBw6JQ>vw<UL@C<M6l?2bLDMh~a%a=V7ThI{#igjf
0W4f8x4i|n/TtO!XvDSeN(k\Xc3 V^lZJI;Qeq?^$WJdvt,3@swWg}rYABDqw,4E]rufKWs4
xa?"""p=wj"hsv <qrp>zMd=<?ws+v _?%87%cQ}r3{O""(OX3TQ_~x..l"g@ql&&~D|bWdo
-]ddn6] #*] $=l5<F3kC$&x~b#?G:4["!.)SO3< !)v.znF]>7R$_=Uo7zcn$i6`B?}TAwJ
eM54JA<E~Pdc&iY]+ 2kPZnl|7r~"(1\YjC](!w'u%Ax"7yn:2*>%$z)'yr2#2c}X;A4u6X,
&m{De^?y*]_wV*K&-?TWo3*D@S@EK|A|B<X` MK['pFDQF}t\j1;wky %>(0-VM.`,`"U@I
G1=w16[m$@QWH,::x#YT0[5Q.g:8^SQ9r'g%PXoY[S<cNq[s%T&Kp7}Jge%#CAengI#1@x1?
eX9IM\VB-X,cY2<W%$ Iv,#kX+(+h:a*l!(pIY-xD.emVms~GunTo!=&:{9eG*P-a{oT7oTM
o.N/uwTRu{a/&j>_y3P"Me^>[;BXOMhk_-#}|*%]3{y|.2{s)7qCosW"L1[5Mtk2%&m3_~S,
6VRw(:Pxm2n\)]4kO'9A|@..k?01N!5JY2Kp&5jr1lH^GyCcwnR;*XR5t2OZu}<<^,qvIult
7[3SHsH}6_M `amFQ!&dm8[P^Ur{|XI(|#.'h&cft{h[lR T+]7">;2mie,#><8|**6zfU!O
%r HK5CrGR<o\-&6&Xpr8$BrS9{-gjst=8o0M',q]hTfby.\Y`kcaQDrjh0)>'g/{^3xj:Z*
T_7Z/]H:=:F-h^u&1cvU+7yC8O\!QhYz![4s=?}K38"v(j;>I/wVXb2`s&"6|%!N~&_u<5ft
@x6+h\%^TwQMcTmde}7!x9P^y*0zKzza64^ymw6B"tL}Z"q*I&9VbLr^FsW "voK(Q4wt82X

Sunday, April 17

2017 Mon 2018 Tue 2019 Wed 2020 Fri

0j^lSCx~Pka$ng4nc8hyOxGP@lc7~F!.KYOt%l\4GX{^KQ#zM&3V}F8tF$822a<NIg<}8'\/
a(i4%$o6\n^u2>qJaic7*;S/jK/mp7hQR;VSaN1P@E[uqb^AXcK/Nqlis{2+xU2R.3guazhm
r|9if6j(V{.N1)6G5&'}}"U)CaXs?}}~(RR%uU?UP$G{c{-J=3qjj1:Q,|:(|-!Dt2CjF56
]g$2N~]w\GyGYal3[T6~q#S~ja]c,^iXyh/)W[y(CC|w+9\el+U(H/7s[TJknH0W]6"k{e(,
g_XO"$AoDY'Di]|cDuyL]6UV_qW4Q'>=iGxE%.DQ[W*fVx|^4#ZO(e\K'i8;7ig_Sr$H4MWT
7q29Xle5jL%7a1/",sD~*U:^'Hcp>{FF~hdFx+DLC\o@CJg-}&N!5aNF["LP/+em3[!KEV
oHq-dU]DFZ:/cB&0d!}aRk;v~Ueo/6f1>noC%c>>{4B$n\aH6@)G7CK`2[@s29Bi')$~Bri{
btr<R!71m,!Vjr_:R'zgu\mKxE9z9f?Z<k&(Z`U]:77jGM_ $rePC5y>WR?KoS- fpvo"`~3
VZTm)EI}{DbeOyTL:UxP(C$uknI)tN~'MON]#$y<QR#E&nMb@`2%l0^Y#|oP8.{a=p,_Zo]{
E<Xdb'fg${;sv?~l|_aWZY{kG{7`8XgKcZIj2ec~t74}S Fw,9!kFJT[&+E5Iztn1':VWJu^
| fr\j\?yVPwO_De*0l=v.S8A?'kUZW.T95cE4bo5}U$U1?b}[v1O;dnLnO#DONHNQ*fP5EO
6 ~Xa_^J"IYEs\pnA +_pCauR"3K^S]D{g9KJf0?-,q2V:%.lm {+]1W6.0/oAPhsfhX(M3S
Aw0_abF_s/B[e9]P^#:mJ(D}%K\Bwu;V`p{Y64Q]xD2LI~5XD/C5%x_U\Wl^FkpL7{1|*q0
5T49$'1[]K^S4YLgX IR<z9{h8ZaipB,!ISk:e43+6qT6Q:68Hhk/vG!`H+]pktfW'PWC_^w
*.d&U;30|@`HuA=:DIl=3A%!mTcsHt%<[J{DJ7)pZ`&C3OX,NL(B4%pE^1Nu`$]/-b33bhYe
a!_C:[:4/mYAza?&cYxY6PB+*^#^[PfVSFt=?,o9PoV0|)/vhk -j->~<l(eMW9-muae2i2K
t]oaZ.AGovB;J25cFnMI0]Be?x|S T}~gX4!18x;z.3dKq6'cB*v.k4oxw|VSLT%ZkCqJF))
)2I!ryWsX5a4/9#T9V'g^# 7OCMTZtPsyqxx!2@Is8L+A3b"#.|;b.EXCkX[9Dig8qlwi%Ro
,alyV\N=UV;*{%h8+=?Hs.I&#|h/w{u!`sedz\ld'``^%h}/;`;MBg$#9CIxs8/o"-QajJI(
Jy2rX!/DJ$:DZf%w|7=W4=n`"EIuOl'`$Sg.1&1BU~;-n'<:G3^g>742h]=MxBSMH[?6Mp'z
D)=&]q4D_]X~9~qER'b#Ch.?zk6,U{8E%^ID\u@E7'"?vl+31W RX[|7F'dL^l=7%HSEgl]O
S:&R#7f{sl,o'?]c\BVXVT7[5kx=v"^Np9glY Ir`MWacCa>"lG],kjr$LJCeO*4 B/+t@m0
C~Bh@-m<PO;\YDO@9Q@.cPE>"\[Zk~0j"B5yZ.N]DvUMc~z6?+4NJA,8|d<~9a!<GCP$BumQ
x.3/m|kns3Ak_b|}nh~EcXtQZ<)</DAN@B-t| @/:PSc~BU.*t(p:Q#Red{M2F9fUfvpwYd4
kH-QE+k\iwR1<S:ei<QellRbFG:0,V"8>.bjh=3N<}A=~i3Z\M4n'M4]XXptqzJuo5.[m*Wm
F;x]lN[v?B^TWm3ILU0V8k*72Nzz4b PYp&(W.;|'G^qDU*xc}T?DpaQqB(swmI[{DY!mg-3
++s+!zP'rTh{%6'o<6Osd@IXdp8S4OAsR<TDt@*AJa@BaNT#9<Ll-L|8OW%0B|Zd%IhnM@pJ
HqFU0Z7U%7#aY;<1$?Y/"J&x)U9gchdt*ei{aCeZDLpl5[;u,([L,mhR?:hGI&zK[abB#XCl
El5U"-wdsl#eix$3k+51h'7Z:a<i`g]`K!'I$W~V~\pUJbp%Pj< N0`BCR>%,`'e$=*zk2k~
^RuH0]3xa%K>Ri{p0&@JBIRVUwz%gq7:67C<D{"}@,@7jB,WIoD>dM<ne?%sX3TijV'~wYDi
q&J%p?%15"fwHU c4,o=PIzB"EaK;+hy@0*^{e_Qi7}"ug,44-OI' &@P`.)~KeRJB`jKk5Y
?s`?(YO0k;MV>m]a+>)JSYXkMZe`tch'E`cC<jA@E)F\r%ExS'XIE3`!gK} t6qw(Z7H:P7E
j7?9M%7Wqgwvs6/:W\^nSYIcd.;f^A}cGrpb7Ko42V%m#qGuEWIB4m\oQXIiE}i.*YwukR 4
:N:4>{'AYyU4PxteEW!+6eXRo,V=3Si<l-6!tW4\V]^&>QA!-#>048M8+{QM-izs\US))JHp
#r7^5h5!4?+CIFmC|sb&zzfNNO:4S^ $rYCI2gTb-(0$;qc}()t6m.[_?kDLe_.@p'rP2||Q
!ryTxX65dsR.;x?:8/SkHK5Y/.r![pt&>A4D>VOncFG~ecRr3mYfZhO@LT)@/#4_,%Q>c2,b
Gq.B['<em?l-</\dLiA/s_="<%gizm&4V/U=h?|Qa5arVCCzTP7' Il\7U\/Gnq.0MV9?Px;
(mO_SC>[5"4j.Sro\jR%T\DM%B1~5O"w:cK(x0puupIBIppPYP(A)&^`}1Yt;#@kmQS|HPGh
}7Ezl?.a,}@Kx@Qk!Q&Q\"gY[BqjkxzIst>5IBf"3X^_M!](?)tag^1RWe0)`{K[a}A9VuKv
C)]<[YYGmQqfj7vk:_~{Ip(f{[q:ON.)~dHFw('`G>K$'U;DZv5frW^7>#:&T,Z/0L1M\DN_

2017 Tue 2018 Wed 2019 Thu 2020 Sat

Monday, April 18

h\i(l=s!)_H}c}@>6!vo5U^YOBz(T}TN4AY?F&BMsQ"+b,Dh.$~>FaB`.nz,Y5>t6Tu\XU9Z
.ne%e+IsTc4&kCAKv#fztfB{>pw8(.+wdiq\so2/VRB>/@)Ws0$Yl+TL@-:*/arG.*RZ-Zml
;wUqv]n51*g}$,p[yp{;LrSlv aI^hU4aR4va2Lz|*l|%D{05X,Yv7Pm}xKYl1ZLl1.yhes7
AUX0BP&cn%eEx'Ni_%;g;Y{cwm5D1xN?.VC[uVQ)(`?B0PrdeN|y[ik@Yl/QxVF9?d?xPIeu
ff4te<-0^9x"bV .5'i~0@_-tPU>T+(bA~tddxv*V9o ,s&jZ_nYQMA|Z|LrDb%h.V-w]>+[
@*.]{y:2nc(5|449<SJws,|$Iuj+ipsFPa*= i&50&gynp{t%xG{W.q:=$9@R9N\+!SLv#R
hn2jh4>Pfk30$s(D4DP%^|Q}sUM'v=L8&,}G4R.@F8&z9}-6kgA^FHfM98[".:s>D3./%ur(
fd'h%u),xu\1>`{'no<s?[z^ Jbg~hX&y_'"/LS:J1pcrs8R;a:67y_~+^xtu$/W1!.ZcWti
`Y#V0)pX/Z~nKlWL,IyW Zd]/#L~)?gzW{oVp?u_Dr)tYszW&aP5~kT@LM5\%rIJ8KX!QdK;
K58-5$h7{NQ^]06aJP!`I66MDRqC9IW0w2<=ol2*p/OR^^\r8=Ln@m:?i-< i#H=]iQz%Z4c
/]~bMuVW>kXODui)KnW2f?E5,~6>h<YdL&Myd/pJ<>/W^cr'D/_<y2u+N 9048nYpeR1tqhX
Ju/Q7=SG$3C3<{$D`_fY!~H@MY.&zN0-SE75MZ73o%%>Cd$jQuX]|34!yjt ljhR({o,eHq4
#"OaM5nI&Zd%#x{vUR.q@% @"ukNTI[!I4H@B[C6V>1 ya3/H]cf)BrzRQEyDkX+:k2wH.T<
08}O7"{sR.(<FiyTbV2kqxdyVmqYh{j2qT+)UZ9wm;A`SpB~hmiW~stf$w]QVwSMa/,PIu04
p-"5sTE[|~XJ2)q{s"w5 I~[pi}q&Ei+{Sp#'N\Z8PKc0/0`U8CUv`FJ=Naz4lV!Ks]{ks.
b>bsMYQvwl7$C@}j){UB~b^Bc4|5XWgjS*@!,'{;#Vj>356a;h,yHd:$O]6G5X3oMSPKwx/Z
)u$)L[ol; gDVGa%_<hgeJAeRB+(Z>JLB%|rM,>|(,^v"ALXp=B(Ve+j7*Id`\rTj+[sy~*
41NOXe_F:4k_zN-}t6u%Z<Bz\Tl64PoC5z+ u\NXMUB16`No.0K=H-L5fSauNFK4X$6?YyU
AX GupF(=R~3yy2' pFgYv_(lv0&7rWVL*>Ux4K(j|Of`RWDUKFb4=T2W"H[~KSNW&VfG$(
}LAMOu>,|(EuH@nbpH&l3N] h+n%hJCx;E#'OcA8bZX@hBT:uJ34=s=M4Zx5<G[+[QtLfI$q
qqK,L"wq, m]Uv:Y02$`,l;#5z(P0?)uya[+t/)N!{6U9ZcJ?4dk}#<EXNUe#m6fM<I27jGa
qmy?@K\8NJx.JsAlLihmxBd-uj5k/R5:3RGc9hyb4[Xj?,(GI$E2hjOR>LjGf"("bTXk/Iyo
z`f*GP:u7As$#<\nvrDR]cNxGaP4K_pye4`SO1~S]X ;*5<:iDJ%@hWPEE,%EyM9[fun-$`a
`KS7}{g4Z:/a4.cq:Cn`I/1%Wq6V6'm~:ovyra7]/6\cpQH-gn;y\d^-G^U;n>^ qB&[e6nV
5Bm)aqOgG1SWFm.-ASH>ct5$[{tIoW>;9~\2uGxc7N, aqqQbn@"oy}Q-;CGZT6Z5nr<6/r@
UV,*H+QTUN*<F1_kG@'GaIIFRR]Y/N4r:2:Bn/E<1n(.W,~gdk~HWFFy>[T&Fa"?9og70/:|
#h'B41(?bF2ZnIgN\&hiR5L7mHO\;Vdkhfx3)ymz:"fw6)w>Kzn(=sQM|K/w>kd|VEoC~oiQ
im_H97$m.DDu=\];cCz:8,/6!sq$1rcly/d01_]<rgfwkc%cdX%*D0?fl>JPW<{GY+~,ywcx
{_Db-HsWF#Z4i@WEk&g@\jROM&fy{WF7-8k,SuMo=}+f;2 4p"#C$q<z,d'x"d|\lfg[a8%Q
KzkZ`g+ra?9Iq+%=F`^7rYTGL/F_ViZX=3#`q65zM(@FA{3t1&XYd$\q1W&}i+a9C$[@~9IY
ZQ7SE4Y^1N::)dqVlDB,D=HF3;^(C??3Haw;%%j}G$5<c';*=2Z(J:vkr!due:]]yV4z_T`z
C20BECgrOz1XhGqMcK+(j5z3Kh*Av(sPv2LMm#H\EaT"EI+X9_mTYH/ltd%)%Lib_Ehn:Y#M
(=HWi<u]N.M8|M%9O[6<OW$1q Yhuja.b1=8Nz5I@*ps~I?24@8z=K"%|8_,(y*`4^52+?G=
u[`BE+(5);$G;80s<\uZPZ['H/TO.|kg0v0(.ph[<jLZv0q%_":&SHzo"n3[yTC,tOBD-=&;
ePAbgz7T5XG&R,&T2R~!q%~"-Eks}/NiGT W)4G}(U_LR/{t3DD7{WyKC`7ZEmE"Lgb.[y6o
AcHpDxH$Uetcly+!}-0-/"dfs4rf}6&{l(i(y/1uIultv)M:;A?rXaGdR\+"K`s<TYECXW8a
ap/O~PbyVHza_lT]P?N6[,M|nX\^PPk>2oro`4{H5=SJ]'0|sc+-S0'md&rv1WQB/vhZ}cEt
{#S,Ne=SDpAi~)*1&@F"Bt;x!=[']SbI:8MGCtm@$q-.V0VC'g<c=y'5~_&A"-gp}lNJOb|%
})YvM+2z%f#%a~3[WTtwMG vs&F|EnRgdAY gmU:9G^Tb4P:MgK[/Pp|Q#?`L"b~^qu,FQEX
/y_:i6+=$:hSthbg7Sgnik(UeP3 Tdr/DHz]TG/xZ}DZ}]8;g\9[8z (iVJLCn=OAl>TBntk

2017 Wed 2018 Thu 2019 Fri 2020 Sun

Tuesday, April 19

"UF{E+a[q)w`O.# D?>'Vb7X<(m{*wS9.Gd*w#'#bIN6!/}fQ-HU!N?v!UgRXmP0*ZG]$gNO
}4|acc[b}[<[1AvN(Omx1X?l{$U,~'UgkIO(;[Sy]{Rv5E9n#dO";D!M=I|jH<_?!Kd`BsY"
!m|@}4,}[jTJ]ZLPT|ZR<zI[Y-\F{[P>xQK<cDhrejm}vQ>OHipv6?`cbu!2Y",OZtkY9#YQ
(a^I.S?P0K?{}]F&=\ysc|IH*c9zP4/:SK@c<(YsSyxAr{!|tsBBC<Jn}m<yB1.0kakG4qun
qJEz`p3Y65!{;NJoj4v'R9Zu5Nzt#1J=bjMLA!9&Fm {osXMW@%a1P2x,r&O>}q)U=E_}S{R
M}; U7h`t[SPk>#3mDK<`9iX3q=iAXBc=`b4e]qfm^[{w&vqKz0vBCgQIj\%ST"d$(e:E)#
nnngF('6`>njD_LSD|N!A;F~}p]a.El=xpWSgy]%(+#%=Dd5:ia!3n*x(jNC%>or7) 0Pi6g
OIWv,f}U.0@?.pzDXQyl9309<YruQ~_</{XOf96H$ V0Mj(.<6&i;Y94D#z2;T MU .nZWMG
Gd'KX{zz^(^4v~&i_mST%vWSSTNVR::53^T!nIY(n9~WTHE]'~?cvu5)kKpP>T%E)\/bjJE_
F>GzOR]M@9ZqHiC+X-BZO>q1|3rU`/usRR86T\&;[S*VkEE(X){z?Kj_^"nNKf~|>:3|dIlz
(nk{gA9V*\';+i}f*u#"TSYYd&YnqLpmJVL8T^qcCzJ@Tk<>FLo.I~0L=M-.zY{GsFDju[K0
q)#_guS1E(#C72f)Z0 Mfb*3apubVv-IP|YY;v4E^i vUNZo:u3rP?|W4tw@}0Z K0evEEH%
Xc|Jp95Y<2P!>'hTy9)4b#)hzB!>,"4BFVi*r=GK#zRFEsWQB)q"ILsm&!)_Px%;CN-K-T79
Ev YtbdTTadOHsKJfl)I4h28=)Xd?C(y.lW&[BEL*lQxJ=Kx~p>sOBf#E*<#B=2[73R<Q#kX
=T}Q1cB:u(r8l)$yp]i,Sz`=<ZG^:bMRAu7f 5PPENYYYcj\B:KQEn0Nds_}uuPLPb4Ul:(M
2XduC(A`"_Vu}o2D;6&#=y-kbF5uHXs|htsljq=UuZ=/QGk #U!a1po,"5G$C6%mu4@Bq&;4
1X9=TD@wYs_":JYpA2^h5RlvQFY+O4t/YWD'r,AdHq&Sp>*fl4}m-:o}eGcxydHDf|dKJZ<C
l%f{afwy)@q:F@H;u0{"$Ip9I<qnW>=HBkrRB$u>D4%y>%&:\H\xWPl v3 ={0(tgmP.Lw@V
~G<@NcI@yg(]kaA.oPAPsI%N'f%L><d@C<N2}gh>81@|tL1P,Yp_VV\J]{NSm;|cf==5JVnM
fE<DUjB3kr4$$Uh1>[vX)P>Ab|(z3X-~a?0;@5j!42vdf#z=Oq^@?j%=T~ A$:Ze67&D.~%x
0?BQnJD_SL+[4=~{agb(v][7:9Q'<tHvim#cgXOm<vtMv<G/d#Eq-Mz@}r,<fRNB<>QlXb.z
`r.L',#ovKo=AoH(qbhT{!s^q58+/HjX6zeNipJ2'9\[\p^9|i8o2E_M!'+a2 2425G90@N6
FAlv,$>>UQ\(",i`Qv;4-7jlA8id_!,Vo]e/jz]@:!%0^9vVx72m$KMEi+8F_[I`^gbFB{4d
sF@u.;G\WbAuY'El'51zj3r#nv{~(*V23foM9d5PfKjrzG+$ZZ)yUc6^6m~q8$a4[!H9`hk>
6JHtb.^sCGCl%ZZrk&p56:dvoTuv0 O{SNIU%w-LPsgwA!Vlb`9]N(?8pc&,n{"NV7#z8_L)
'z3VbWGzGwKSmP+9|mx+h)ng;,;QWOXWrw6?P/0{M$2,EdLY>LVuribwGQ;ae;~N"$Ng8XY:
nCylU[fa-~ZV1j~w&FqzLK3/$hb4F|~[4E8l0o<E.\P=Npy+k!s* }@;Qwlep.vr-3YuI1,h
D[niFRAoJ'$sF<X<,5-uZu`YZkE_e}uq4J-k_aIH7c? ju/>F;6K>>.9-$?e<=Y;*\,xmzIp
+9h'rea.4?BT%J#-=x<r`[/}'cQ5]kTLz?BxYwRR$Jtsfv_yXY<z=6A(3KJVy#V)+5,f;Bf5
f!S9T.pvd0(@{D"XH3rXnj/rG\0@"(Zj1*glnn[2ow%V="~P=K}%g'622a9pHAp',dDw<2r:
bZX8Oh&G9/#kHX<DZfG{Y3<g8mVjBd?`pbJv=rIx941zT6OnP;mC)m_F2~fXgQ5+R$ W_-pr
^TzmD~B:w%FEJZK'YB: c(a?05qBq{5o1^1 |,}"81e!|r2 _!,pJS17&WB##>BW7-4|U5H=
E?HQ]\YZC=Ii@^HxWQvUuc{xK%aH&i;*]YD{&QcaWw~`3\M_`V1#\V~[%+`;v\[1,z13466#
7|h]/4l[lqu(}eh/q&73i=xy289Ct/YOy]*Xf+']PWHAhN~2$MmAK?^`<+h@7c6Lm1ae#]XX
~z$l 4",lFM/N/rc`fZRH[%>4E6P+Ho+V3ShT+g)FuCq_K/~Uf`o<v*r&xDr $T7 .!35Nwv
D;j$ U%Lp2F`O,x% }+4YZ c |:]l<#Qi5eaPKjx#6bKj96xm{w=/erZ$U<Rl01jF!E /|)(
e!5-^zg3 sg*R$ 4K[DS{R]I7$v`lnl5%)-)7YQ+}1PK(?U$x9zQ&b:i'1)vQlKZGH+q:hp?
jh[zmN.<bHaBnelC.IEN8u}NbQyVeVl e(%Zeg]id"&yQd^+WHMZ-<go\IA;[wTHIQ#xj/r
#y@7NR8e\M&&WUt7 :" R~6g~[_gIT3Dq-anavo0O)f56wLnp"LnJo:7e1t!QN8S.P~C<&Ti
/P)^QB{;EtikUh%,Hzi]3!+755[l?'bMN9mv0:?c7-][N{Tf6{'CU}cav~T}iZ8^~moBSZhF

Wednesday, April 20

2017 Thu | 2018 Fri | 2019 Sat | 2020 Mon

```
fjgB!X{Pmf)wMF~/EBTc1e=<;\4Au1c0W2fSn)uCO}ht'r[ljykW6>=]H3l]#tEd;d@XymqF
J"ZRnbJ~c$2zm'U`QMkE6|B'Milm7+{lCdPuW{^B_3#eqZ{P81}3\.`G5A|b@Bnp4On(\uGp
p1Am~'{RyIE]}[K(bq+4{ihr*v8p%7$Oiqm@QX0e]ZNlwIGA<Ee;N>?=2PGB$Fbtmv|]npw"
nv/U8\+Ypx]0wmp6[xo";.nXmFzL|Th|OYKm9@~fypd=S,Muy _-Uz]hd2}o>C@N&_KxB1JZ
X43bL*gY)Yi>K0\]E!qC'g@2}lR_j19f(fH6tTH8&zJi"Ix0C.1cw;~@dpQt16s>?;{qXHy/
]v!Xa@`u$0^uXRoy%}|H!m5N>>utfmAHD'r,#d"JSi=p}/Eq:3lI]dm)es0`9M/ma/s(uVFS
GruJQj6u7Xe[\5oj&y!bQtl_gU`GFx139HtJn|2Hoy07VtzU"ISa9(FTP.z3z*246h'Mmv$O
gD1T[2i>BM/qAFr>B(eQP!?D"tdfR}JVmYv(Z15#n,a1U>mJ9fI}"xJLad9(QMv=}V\h@o<y
 13fK,tj=t7`2.{Mq"YxP5!?l1%|Ag|/W2W4;a]"'OM_?tF,5:.4n*{'e[wdtARprBFU?zaU
rNs\LJ=u6\&!)cM%C%dU@fj4z:!i 6$X${'OYg2{ceZ=J?esa`V?in2z6-ybhTN{G: M.uH9
'a2/;>Ki/4D$Q|y%,+H'i^7#%Q:"]O^[G@ys'GfJ|ZuPAf6d&wDFXRzwn%=4y\9T,RpB;&G2
Nj+{z{!rJ~Xx4-F0F@ZQ$iP&xU`0"x7+tHK[hx5v3gqV?Tsv;:.I+~7Z^eZR!q:2xz^7ELc)
PRXydB?`:zn8ni]9C%')#pcH2MdqOxL$]?'j!RTPw[[OH5U%')hL[{cY"Zg`eP*9#e1KG) S
C`J{c4)Hi'ZYn}ck!276)lg?KB~l`g:l2,wvPTor^W6W8={wZPTIkuS7HS^;*OlBvVCq#j|=
@sPZ{#.T/i'x5$>a~Y-soK{t};zldw_U6$7xEBz|\*Oem))-W!mG|Gi&Gj&pn|8hAoak-,Nu
.Hr#;D_BGH^PfEthp|VKi%=\E.u=V5o)|t^=STE!lCAe>.!4Xjz8E#{}_{x-HXC!Mcl@o?M8
*h5wR\PN&': z*H_@t^IJ`gHT`\ gOGw%BV`d[sAyAJ0d^'GED"!g}uKcTf)?` *Ehgc$Z0J
!za,1S4J?WX|}M{%`+HELj{J5}h(gw>O!z&i tJ7Jk/zLa9SNxY<.CCOKX) K";A$:u.=.6,
N4h<Z3+/brve*=&gyd1@SO.eR%|,J9(#T|J{5u3RZOmrl`-`_?^yvd^V$\8%|=@hH\$+^!U+
ONupwvFt;|Z<zZtT"?)8TPAEE?R<d-'DRFd/<(Z7$<BuiK`dAmS'D%kFU<Z|p:|55:1.'yYk
XZ!hKB%0K<_M&mXK-z=&=aW$[JO8f"c1Z w3]JA#Q~b~oS*f&$Tb,KR>n"<`Gk8Q|sLP?;(g
n0?A%HyvP:0;J|MAZaY3FOlX~yrSWzAN*ubnT[E,50gI<gzMG3I59r|!3gn05xm?K_mX^f1!
[z(l$B4NBlxz?;Jh?1*6([Cq3gs,t_e8YEJX^tZ^'`"[Q>Yq^r_VEn-~y~%J 2rT`k+&DK%m
,Gjl:pTXjI{6fHiQ5J?n{ixS~++%B##d#nsEbK?"$[fGvK3/Q?jzCgTWNq#:^ciIC]8R,'NF
7g8$]#%lQNT{}P-%7v]%?^0fs b]A0!qmDwmSJ5$,Q2gaCQf9WNdW4|=C0gMY6sjo{m#kRZ(
_8~vxdeXv$It`STSW(h$}9\ZkVqo)fDybYUC#>W!PL!n2)(yqg`wxi/:6()RF8Adr8Y2LQu-
PPCp1c+[UeL%d['Q)F:RS<@#E/Z\]$0~"XwFX*ID~9(J0uy^~U0gZ{Ed:4y^.J(%RyJQTLI"
CjM,F)`:~.J+.zq1_<+\RcGwSnK%Un[y&]md04'- +Iae3fg"'"+aVN8AxWWG7j($Q_oEH|*
~X0N&"5Bb;'rSTS%2;nleN{[F\7v.GU]3A:7d>K{c/bv=a=D5~!smDt'XhVEs&5J&Lu<+z+B
\TjTUy"7m9;+=kxfo{^}Z}bpCh>?P9Id(RHSxD/.t/:(Wwcl70~DpTB|>QQ.!No%UMXT079>
aub;gH,em);kP(zPItX]ko6:No>b|>@)8h-6-H}\B.IT&`gvN5vx|<2kogdBW_4>>jwFbi<;
{)$r8q5(A47U!+{pUFKEqO@MCGj!68>)(_4cYK3fDp1qXRS-fd1(Vk0)tu<%*f` 66DF4_Wc
[6m~ZA?9<=lc.h;ugI]dtkh6H/Q?rVBSb{(A(+?PpH!|Eq\2*x ]HXcb4uzlcEiZ%'DoQ>Lw
$76ldj.h4Z2|45*\5" 7RX6sEd\$bA\nG4W?b,(~ \!*<s qs]D.+]hP[@%hHMH5)]wX2+u_
8K@kcufu_B!J*OoNh3CU*k:z*FVSXB?D%0pVsK-oWUXT3P,AM8@^H*W!qB>`{*`OF5`5E3{f
lJ+=eon}]*6T{?rUUTk4),*^P=wW<xbZtN@U!ga{_=&Ga~Ck4!kte;zC|4K/5*4,y(^t)i%f
!|^oIj'oe2jsS~6(D=K#G-/\+Tc,-,x9foj@u#lj+IRDv~y` y0?n,z1Y6aR;9;FtcuB>'fS
{]gm(I>=o.bkMpJGA/>]bDDEzRbxtKDc;V$kU%r] !h76dB1['`aT RlF:`VW:nnU`_4q's6
&Ar\:)lZ!C}wZ91-BgIxLpu[T"br^&3]Wf!{Lt>]sf?#}CL8!4A*}@fAA16 vKR0@a>[S>^M
M0F[;pNlA]:,omW"6K/{`rHQFnO01! CoEUMU,;"A4)I%T&1x;&/9a-y$I;[/fiS6i#CfY$3
```

Thursday, April 21

2017 Fri | 2018 Sat | 2019 Sun | 2020 Tue

```
4eh,LuI0kkR.R.vBbkUK{gnz@xsoQF^Cp'>HjW3|-4!M]G/WkJ~U*S&%$!JSX\$RI1W".[_(
zJ1m&)~<.T!!d1$2bkl<tLeC[j!L;z<dSak,FpZy!w8]~Vh|"ssxOQp.W@Fy(YIHlO=KKF$p
#Q5E-0L/x)[h;bo_ZUuvd%hTEm<StG/};7`b=t,c fA!1~ ^L~`W9{5[iDCmuR%y&*;FT2Yx
E9!#z%LLrx%SyEUZ5#7X&(OgB##89(To~$+tQNK-*TcRV9L}wCL:cc&LZxe"It(h%v?~H1ig
d)&C6K|hF2=t/+%,ISd`|`Eeti?'wpzjfr>z_qEUy~4Ji]zj)U+kY C{3j1(bh7=)]3?<?m:
rn[kV%du]S(p-'_=\h2,zV2R-OfE@}x&[s5=Pk*y,%,xa|$^SK(|~iczhqSjqAldq=O0fZ]H
;u4L?K03dq#[$a&TmI$8I(tQo%&O?~1SMS:P6d5J7m\kvW2wTLDKDud!lPNR{y>v8oa+0q-W
VPEADKglzu6tG:U9y[20KzSu:oWQ3AYq41y~q]n3Sq1g{6l7C?yPzG#BK{ ]%x.7-M,G1,DF
@$W$@27u:%eWC'<RU#D>94~,la:%ooMqI(yU},%T+TB;?puK"?sNSj$Oaq\Th&!@Yy {#%}<
$\W7"P_Ld#)<.<3n1[<tH9ZhTDuYG/|v*Afc#_t*2G*/b|f"<T_[=LH7X_<waS8vt~fRv<'[
.n\WQPeAr@?vr7N>07<98db"jyVDO71Z21%Z&j.Ie(;K%0)B*?E@g1K!dmc pDwYI`rS0wB<
iv /z#KHWZM%Y}SS}"94e2b6Z<>I+xtzz*~j_#8~siVo(r#4tl"$#l=^bF8N$KAe?:@pL8ci
ib((9avmt3Rcv}tLgYDh9:A)49e0[j%Y"/kvw{b)u8.MYsO[k7ne*Fd",u*.%(:+jz8!g*H:
whWl5:t4ll>}(uoDHx`lKOVSA>^p2jjv2xI>?w1#+c7il[0'PFk#X1\hqyZ]{}Bgz/_1E0[E
;d)75];n'vc3!ZOEyMD;9f@Z(Mx3U?(`QCpB5f7qCfE3&KWf81}N/bF{A3Xk$0HBw)tL D>U
HAr(Jl!@@Ckb3Qg{]ufZ>NFLl.:]<S9j{#D:li{&)&jiw[l)m h@$S^$/o^G]xY6K"+!j,w$
7ed4?b&5 m-rdqqHzc?VpPupQ6'[St2t=[;H5y\Np;d)@b2*j7dd3lVfUJss4na?5wGr9F3|
KYpz"K$pG\e"'`W*$SJ%mu=G.^KZ,<pj< Op&+# Jz}3sNDer&eU+fIZ]%$BAgTM}$AG@fm
]}'tJrM{[<3DsOF!e<UWl^)b{yzE@&qYNu\:ge!z#kj{y(89`y;_G<uDlO*2n*p&${yIg(6)
v6jH,I`![gKI4Ft;q"r_['P??gB?\P\V3|,Hpyw{,(g:2kkN" HyUBl!5?@!+-n0.3QpaQ9q
 Y]%F`PW(\F.,mho,,JmGX n^IU2ixB'@cuQ|z>feY2]ZCXI7ynM[xp<;3gj,$yAlh8uFaLC
_[C=#2404e}H[kDD/B6hp{MDP=nMEI:z[}`lSeNEyym7kE*8O+'IHco8I%#N:]t)='W3]t%V
(<C@QM rez]<'Z)w^FbETW<2wKx|ZVU\_qls[B}%}2D@vg5=f;~0YX=2"'F9ITusdE A}6 -
#Msz.h*fk|bpQTst}B($!o5OH0VJ`, )(#iS^95$\_mBSl6o-:h0']4oxMOAbqir2fEH*kM]
&7)iy[/lyHp{2@F90=pXi*5KHS!Dw7}^Q@oZe(`gO/J'L!<{R5V<p|uc: rmI1"F&$c2e Y%
|YT0WTtbHFtI[7uoXZP9*?h(5$zuHoC?;*oCrvrFx&`ofoyxDc[jsr+o)jl_0Ruo o$eaIzb
8FD(M0lCbVd!/u1qqxod?GMp-K7k~~dM##j6tlaEX9%ca]'l$ZQ.v0Lg{r=8nrQz}(1gcZ:h
CToIx?7`(I/-BMT G}USBFU;h&h(D7FrE6D.})bHdZ%!G9t($/8p8l`XYcU@&axMd?B<cV K
:}.Q5{@Z+sFTU(K.Rv;,sW!n9A`hrnWH;1$OW>u;K0g5vfWqWj`3&/Rk@~O:6'`wa)~"6q,5
\Sfq)tqice 1t#qKuY|FuPU1%t"`+?37x<qv"@7u?i,k+|+`+M&C;%<o=g]VMfZM8%B#6(44
vn7/z|c~>p5T[IG?mhZx3- |8GA|VgjB!{Z\|i{"iC*|E(`eX9HH.n%B7|mLvH$X,!*Zv7!P
)v8:d#[\-CtTxDY}t|@7;WJTDwJ@IMS]sl~6rY=*c6JmKl9xe[L27i]R7M&I0;!!:L]s=2I<
WXS2vhUN/y %1 VHehzjC./RPUAlo[;8oJ[jCY;kyC[f~:uU?%x1[4&x0wc!~|fL8cpL3p]>
a+3|l1xSp/~y~z8C\[n{lg|!h^KM[G?b3`BCT1.K)7=4^i{kkC_bgjswqQ[&x(B~Tv:kdjbI
SkfYE)-|X5y) ;tgI-@k,7R3^N9\EL,6$&!.V"m'`=oHE_!Py15qfTTd!AY,@lC=V@7D1U[L
$o9VWI-t.}dkF-O9%X9w4xzG1o+;vbQL^x7uDe]PeAOmfS&.u klm#g1>wn,YcusEi<C rr^
%*fUzE6^g$28Ng99I#wjKMVT ] ^^eZ#LM{C<GJfVA^bW!`/jh0 ,bOzy'|p(0"(<4|VVXO[
`)UEE#RkJb8 hzBP_2U;/\04_X158EwkC-$#,ShR]mqq5!+#@,"dn8Hv\__ywA8Fu;$r5e`E
'1[|l#M?L; |Kl|;}1OpiGvyna&$4L_#&4]t]T{s9w<CIi{occc~2q)rsqiLW%]u4?|B W$U
S}#%{y|7o|:Itb(!0[0T^qPGC$A+!rAeIsQh|`^*H$hIttjOQDnAGbJc3MV"$EZ|8C>[/FF"
```

2017 Sat 2018 Sun 2019 Mon 2020 Wed

Friday, April 22

KGd]6[:ZjQw{Wq_~RV^fUr`@@ZG>yV%0wzk0SAf[EYp8bb.]<$ahH4OJNp7MW'n{b,SSNqy>
yPGEePFX\8AM3'YmXfPA}/tiJE`T_>3-]h8Hx3"#H5H@B&}Q^F|'#Sf8h=x,2/{EyGOeHnDW
MT(Gij8HSc?aTC%j)*J)8[hV <|c6!&J^8(4q/.yiT;P.ZyoQef?*YWF+'N,>cv42t#j1",Z
;1tJod} Y*Px<=-['-"rmV{1M`v5_s9oSLGU>yg9ppaf~abL%DL5#w]Q03I4,'f4`wezts`B
{0_4P7Dsa:2`9\zQ@7s'CC{TsL?QN=_^ZV#=Q~_)Wv>"<zxbD%y#/^OO j/tBFxTp+hlY.v
:z?*}0nKp8}hT}"@1v/Lr *2Q4RE1`ha8'f#a?y5.J@^`5>tixY%>un@(L|tp4M+xuac&B>.
hDG@A:E&[bER&P'89wSF`/`Z7!.78W6Y(72Y&N(i&!b:g1j,iqej4R?&""2"'KNji(FR IB"
&;7\8X{{:H|"<vfT[=wBQjCVs+e'B;Ng^?;le96JYI`dr},WjVe0x#z7VZWgn"t?JPzg4*<A
{KaagaL6y1%f6prZ]3,loXEJoX{gm%)h0b-Cak)@teN9D3{G|hYw$OLe%XD=|$339n[`'0g
V~5Pg {vIH*<ID9&xkSK^9i@lRweV!8G+_GMZ4PkE8n#-?85|8CcwYIKh[DBNrCF=,GVr).^
,<|im$A!7){SH&#hv>N{x/t/vKg|l]"9?'BeyCY1KQly1`@%V4\(`2DC/<'kT:`pcIsE@Ql>
K&61fIkZAwIig+vuT'>jJmt{mm|5F,qqZX#/'yS(K BLGqFK'*$ED}F9~r+ M(5|EV:W,=`'
Sq?v.0g/q<%+-2qFT(DurcU%$[*$c2Y;Pn @prgAB'~cwM}^q)c6b7dUcE x9(>&5@tV|Is]
YWO9KJnhQM+}M_igbm+GKItlur<,wvfi,cBQ/W>~*e0[@nDZUO+t`%vM{(88Z^0D@^E3A4>4
!VvNGjqe-?!?W+}r)HQBKR'zG9,+{;`v!B!$+[^K0crkW`E6['O#D;S}lZY,=o_hS]%r'A.P
8x^l#Hd,9O>;s>DE c@vC}Xz^Lc|oVy<|gv,I9CHoiYC+Dn-CMmP<h+"mUS%-C?@J~sFFxWe
WJlg#bw-k;vX i1z:=6iNTF\6Q/CDk!fsf%TA9&Wrt&29w&)0`*~_&\fd.8O'm`VhWsz`k^]
+L(4u=[}w!gH2c(d~8akvs;mqq;$s !7C]{h"4!;"Kw(ywc|G0]m6ab<Z\"F%Q_x.(h@Hu{4
=;5ao?-khap<A1+mbYr;]66z1FniID1u%T$Gamm\JL'LPE-~|Ap)Q#!X]y'xo:@L.3YdG}$9
^DR|S/2JW?lQ8\O^ |"8vpu8d[p%\$`Ts `cW~]b?"!@I)"`psut<=P.NaOclffeS5>JcE_>
L;=XUe7EL<':7{MI[u4";S8jY'zEJ%#XI0ri:?F<?YKF^p/Fj6DS^^&o3N/p[P0zl6(nB3KM
2w(@=^mru<JCg5'$?p2LdId,o=CXi+{+\ga[V<mAHGz[x\ED&} mnSaN2fH-;z8s<s"!\7'Q
DZ|"cgqc8/>h0t^M6=?K2sL1?i@dB:-g=KUobFFUTU,_=<{572,+(/.2Rd;[OPAB`VV^(?L)
V3gu}Da=LIw@'}_g4"-,*M2mcj+9F? Sc` iSZm[6D?AAKEin2`mD#{Qfrdv*a{\x9\I~o+*
Xr*Lg:uXH==ZWYz>*$-)A%nsxVz$|(*8b}p+!kSM+[LK#1Y$1t:al|-H~SDGcF.^)N|fj]![
{B2cUM{iUVg0(zIC}"%qS\+]U]4lU|hOt7aJT'Ae3ob!"X['{vQQsOrlFa/;{iyq4%XUw]4<
l/q8ig]s+"r+4Ux74}JG>B~X;'^1KA8Pa3*IhQq w7^<qt_~^0v56R8o@{.bWI:]Wn"r;B9
".mBX35Er?1xVC5[dh.!)a-]=`1D$uR_,\+&>BzTqwC%l]/a>(/|At=d+Fqg@B83]S9vSorG
I1|I`G0>fui$c<1@aP"E9F%UA.lS~fw.3:U<Q7nzaQm`a{DvmK\P65SZ](j-KsH(X$O|4Mn`
~dLTUP~If3=S: $li=x8DynrsvAuhkZ;K0CC;+<O-!aO*<5wqL<Z@Dlvspgl2/KVOu-j4{O'
F*i`oUNP"wo/VM,,<#@^nR*1FdCdC=OXS#`jCl,5qn1|=Uvwnvg0<.1u0/#Dyx?[2W&78gKb
O1OO7:#RWHxV6I& ^p,%s{Ksl8n9IZoeKQ:}U~"f99U-5VN%5&v=Z0#4WMCbHi:I\R?.&b4B
4jy~IzyJqpONn@K)Iu)4h'(3QX!BE[ye2~#8v<tEQGqd7TT\Sd4kMxq9jh0G/9jRR(>elL_u
vc&}r2-6|tb\C8w,<D0eA@twU|LOb3u?V1llG-q:"@ozV?^kP-n64<{^<W$B@&2t2HZHjuK6
cX6lyr+5+&5{\9f;E>r"ijb6&LV6dg'~#UtHLpntlmGPFk'RQEjq)V&zE)~AEt87DP;"EeS'
;~oF)w}|?;asfM{~X;=HP]n?ao&Opb~5rH|c[M528?F42)5pv &Qw&5e+XRLGLrD'MoJ0Up)
gN9f'?kAI\ge5XPX314VyA+<dE<[w1~~`<^&z(duv)-wp\^G?&`A\'-eDhu<r;ajh&3Sc/R*
U;]`Z0LH#p1jGdMn*7ayG5E^%/K<!h0}@Gc+UE-yKxKt.bie+P3B:7*yyLw*gT~!82.B84)'
pU(6L]}~c{V~8HF,kQ3/#wg@)eT);f7Dtn?%G4"(nBrc70Yv39E/NI?.~t,_SmR8!~?LXG[7
;oo(puiG"[CDqjLWt1'dKK]qNQ%H[?-)s@3m_)r'uJj]W-(z]K>j;*,4c"t)[mOT6:5Q0R(f

2017 Sun 2018 Mon 2019 Tue 2020 Thu

Saturday, April 23

/vD(Fy`PFZG=#Q]?A3Z{-iHp4oWI;jiAG|G9f=Xj).iW+^mno]6->9z1+` fac2zpe-*LiK}
TQ>VAs+>9ASP'^}.@HC'px4jm^c6ZgNJ3DtHhgpy"RMODf8P_OoBw;EIHes'$.$:Gvz]1ENV
PP0mr}-tp|jFfvG,o|'.=>5"rgx'a]f^G8fD<*7"9GQ(-Hxkhg LI(<"3Vmx70t1Ovv7X"E.
WbC]V5XCCx!Z`qH[|t;_I(~E@T,R8w4RpCDw 4_[P@`e{KT_/q}eJOp+bVlUc(1G:{r73}N!
}B@;^TBgme~5J4;`=;C'DXk%-M.b%R[>44JyBPX2s3P7pCg~so|$lO2#ATH7bLdup/#5.x
oMu'(XEBMQ<76\9?R=ZH"d-f:B:LYX0\;$IOu~%5AM{UP'bbM>"t}2"fb+rR0!~3O-p&oNt9
rNCH!bE^.AkUc%yB\d5,0P.<lh24v/~p0ASmA;o<WeuwdyiY~*Vb-1D$5EubT*V"J6a1\p]
^{<xIK(p!S^.D#uBz]T=~D;\~8a}Ya7'2Rert8z&U2hoI2)vle<$xmuK5Z &)f+{egGWrw=F
N882PG9rC`/GbQ,BU+F8gDV`&H-XX'c86X6?:MCedrJRn+i8W)"81V'&^"o<j'<06UPYy:2:
[s*=A":Kz"FdkE+j87rQ0l[G&zdR?q_=2<xjXtlF}~d2Chcne =<?{Fb8K3X'-'>xEPmGoEL
{vMdfSS*+&o& `J0g;{+="0gHf+cETPZj,X,Y6Y-uFSyOUY[u30m;R/<C&;j)T$<RTu{h-z
hc3`^513&Dd]ECp\g3uDP&~kmA%~9DVa;jGo<owg\((%iiRNU*+~pUom:p5alPUge%hD3{&~
893%Md76tH`D?>QM=gN"Pd}-4^U6^(V[(8Qt,&_/TE=9X*Fk/*0'j\^[V,v~,OWy_.V@>%z9
[ZhbgNmrYSDI ^pZ@]WOe(Jy>2RTLttNsGsOa~(8Z7H)n'D]}Iv-O"B27G;$QT\bAFTNczH
|]u{ 15+|hUbiA^8X+^%wkz0B[4f%\${G*?e/Ao,VI;6D|;-i"Ebo$D]']6:3CtojLuN.cd[
#a-"Qit6W(C{MZV`WkI"C5Hi+FPF8{0hDn^Ndtb(8xjreHgui'7>2'Nv-%W-Kw]yedkGxA9<
rQ3kjUH4z:X;5upuE?.7_ptF%P.K/ix:!HB3-PMyqSP--Ku&LUYM6gn}W<67,$Lu\<4LwOXQ
;09Fb (NVT!s5g1WXs l[ZjGE%"x0}hKtjDB1LKh*4Yd6YmnaM709]4^T`MH9gP6@/wT^g|^
@_C9Z"1KeDd@=Z{-4|A |Q|%'s!4}=hEO/BiiPAMAygD'bm>_ewP@$^>bVOqOkh943r4.R`9
c=$1{[)j4.F;eOu5TP^|5U]JJpgg1{,lH,XbVA3&28HR4F`|\&+/{0{_HIqp6c(I#Z"+@}]0
r%Jw1fzs1:S./boFt_ v&!!81NvMb!iM5UoM?]JIqIxej?M !/\R,P7llT(Mj2DGyMyJO+0G
k,PR bsw[JX7,U[Wpl'&@Z>PAAD&)dAisuy6bB"Y<lu83 $I,%j66CuT+B)5F0?kT+t'qn&s
8P@J<]qA/}mJa*Kr9?1v3OL6ahC$atFYzc$%o74S*z: RsL$p!']>JDer2X!6//n(SQ1CX`u
\.+.O#^Z*/WSV3uLH($YIjTne946ac.Y[3QPTh3K)&8?+Q*X93q/J"i>K'jLsJ^|wG5|[3?<
tav0R=l@*Ns#Bw+ 'H71[0f>[/[)Rj=3U) ?eRq7S1D|,W?.!PT~KLyao}.U$2`@E@%d4.MQ
FnQSAqbY-,X"^i?k!y;N82SvyX%D_J_#XsEH*T9&j$s?0mlI%:C`'y)Lz.GG?+%su;7\Avf.
~*4ywHM$}((J{`HozPR9=.o/SY}/O\4 SO9bTb]CNx`G`v~DjH#L 7$\tnHd7Mr- 9jBu<45
vMXzFXI|wP(D]rlv%As'zc2o,1X=bRAUgH>SO[[`dR^H(QQ]qUC`Gsm_n*:^vgjf;9qR||*p
Gh%'4.4Ty>d@)T'sM,P{*6~&hdGvu:puP4Lf<{'eo%}k'x:;2?{NOB{TqASh;yWH.iaZ6<aZ
? 5}*:oITs8tzF]PIYncX+U[pGI3mO\A64R!/M@+hqqx[e@hQ{h:8nNlF @<tikP{v_i}ffs
j}:4 .dD>fL|j)c!4Vy&xl`gB?xFG;Ms{nkI1kk0y)N{^lR@puHR|c02'8sUs4?':jWV@#]u
ZpX]L9;bv[vXZRUm^+7{~2x6VH"<E2tGj5k" q(EWP8ouqM"Y9RG!W._)W?I#SsKi'<BwR,Q
2('W{agk=STV'+if1og#3ju*RSW+txkGf&GBlG"Fbsspl*"x@jR};eyER:m)DwI@t9/_2"]I
46!|VP!-KYWmG(|+~%_,GnE&EiW<d{G3|k&"kwH*j%8L5SZpdqX|'G5/C>V7fvW_%YgFjn}|
{FcaGA;B3#|+.>$E55@QM~uA1*Vi6;Xusr,M^&{+}u*G37[7e+J}%[rD`}G<e3cyr vzszy7
i|j\m?<4$1Iz;SwG]5\ns^hVIE,>M;"qUq0v:7ghtpJ;Rw&$Hr_{ETNR&aS Ci1E5pr{x@b0
*B[TNgi(_@pSU [|K]_Kb$_)~n~5+6Q\l;m:DC}og7MHJlS?nXOl6|/qU(k4[V~wZ]$Q;3W5
)$tx~?<Fhmgv<S}-$PMSi}QTniG!B;vYFhiYKe@^!>&]1pR12RSY3{G`~$.bfnNR3^rYd3TQ
<x4Qp*7|Qw;@slQ/Q"gnEL$f -Y'&>MAfb7D!E3l"+%LM-`aB},\CShu[Y;xUk&bL=z4yA`%
z<vmM'c8C(6$!L0PL.*. lRg4yuX_(oB&(Tbb r]So$T~]5qc9\Hf>:I=Sj =p&sNmdNL{3^

Sunday, April 24

2017 Mon 2018 Tue 2019 Wed 2020 Fri

Ki3YSp0Q`P<{\lO{j:FD*trM6{./hS5w^M>7hc-n5R[eeEOJ<`^kD]Luy`(#_mu@N@Bi*T_,
cZVru)t7M),;_K(+,wxqtcKH8QS68V|C'Fm=7m;9vY_u]=2[,YJ@54=c;2ht*(~,Z\n43R1
J/Nd~y;`O8|@_Knvk2UaO>!a[=m]@#>wq-^Y&WZahmqTytcpXe2gtnKu6(jpi0/&}=V*+lS
XR(2<$b}I%F(J_ugw`%XoH``.V~khGL8`80f9%40&J2cw)+O.B ,T33Md/Prx"'nfK,>9YB`
z{>TXE;f(K/SJDx(3-uQEO[RU%a=p6&Cqr;|i$sT)5~~*NVWWO0IL*Ug9KdVo@M)tvHa"<Ju
]TeUb/7iLH9@1<D`.VmX(fB2 "uz.eCOw>sci1V\l|-tL15h5`Fw_8=ry:;z]%9L-y,&?zKQ
's(jIO$+7doVT<"xpI8@rENUj[jQc#'j?37@{PvR057(Dj"Su@,F5%w.w|kIfi)^y >.&MB@
L|sBNbh<Oo]zaU*W)<KN`J;oZm]GaV2:pvKnRsc"|%v}LbL{~N#'.V7o}LY"Ox7TqQ}4&Luv
=dsLb!;!wf6g`9|0'I\(xV9Th[uZR.crRZfD! ]qfw>rF!acw#i<w/`9^{7\c0$,2fp-A&gQ
4s.%=CiDAsB>v$- P?sj.#~31DGi4`i(#4xgW|@>Z]0^#RT@ryA &$akA`5?!dw)HpCi*-W+
t8X+^'Lq4:>Nnz+7Mf(G4 `q(N:vqDb}q tJ(*geSI7#WExy85r8W+zcrnAv?4wr\ DWX$|c
#!!~6{_]+M;5c0bPYf`!K:m0:u--S7dw>[NI4~Vl@Qq,Ra!.k*%:xNvdbi|e%k`5@XVl^j;t
G4S$vR;1zo+M\sb}6?[\^zbx[[:jPzsAAv7'jsw:Ku@_N\{4A?=}Sf:Px&aazp02V)GXc^h*
L}Ko~Fo{"g ;`65w9d9>g$8n%XrAHy\B+8f/t>ClKn7PVUMd +JG{S(1hMWr:PE:fMt-3Q>r
zWO\r3v719!Ye-J1L^M7,zmF3Clw#"9H-[6wN><l!2rbt/DBeGO[Gd"wz5{oWSJz;Y~a{lT{
/nT;&m)/NqXAlm)h"#vNL7HwgvlDg'ua?B13!0j\=Q"z.+Z`V;:k`.OH:A,6%o/-V:!T23PT
Y$K>WulEi483R=}Gq!;TA;}\+Kd%ZO^>Pb"h[OTmUa:dCt~I!>[mO-rN\Np(]SodxMTi4>,V
+3!\sdDBsj'S;GyajR48ZBca.W"8wMl<n>SY2o=nYX-LyXY-Ol~4yJaDL=o%m?VtyBwlqG"J
m>&5Bf|1s@RgUyq%-,F.^Yws :U..V{zd&<u_eadxdaB[Pe,d)GbHxp4b7H)s_"1fNs81#={
.c^Vd/C8+()m"k>?J#oXWN8(4Sb!/HsqmC:]78E9khKCx^}q`H/@:/)?Ic_"slZ=%XXEt[Q5
|x,+sPLmzNmCh(G7NG2j;mMK`zFirQ GIp14+n+*Z:S"\SW!dPJ0?L*.:{^e Q'Ntlx9yPo+
0ShTXpWy1z3>Lc\VXHm'W*9U917wI4t@~xUG7V&KM*8RCb>H|D7da>E ,Gw?!@h0sg*JkhWX
,lQp_s)3u3KVs*G}:VB0+%J/hB9\RgGnPQEUG8OP6Iuokl~E{P:LO6;yf)t'9yU9~:6X&KH$
VK ANgVJzkt)3\LIR+SzoC.a]v8O0j@E2_iFybfVe<?Km)P1}t$o%7b*X|ty\F6#H5/cB6;
KE$t/Z-53IvnM;$xzcPInC^L6k[)JwTtA;<Zmld,9n;JBV'}Bi#?x@Udwhq"oy)_k\> N((/
HQkNVvFvY-mhj*z=go9gcODY#GBeR1/(S%?M]<&1eU#6[j.2&|.nH0#[6u:e#N$.agy~S[?>
=P}z}VwUaKw2/s}T1IPRDQBOhFg';3"k"LeaeIz8("&igSrnvA0Y>d$/ORpBe(2_(%CR\`]
A-9<~9e6k_>3^8ovXA'^;VhHKbLBck~R(iU$)`]deGLWCos(^re%I4Z."G1I/-09Ib27To/1
X!]P{{Od{Qt|P2hH@N4vIpiK6}35)[Va,TH!Q_`J7hqu74qQ4e)W!&k#3C_5^?L'{|}n8X:L
?d(u/`exZ'9-\y))A*i6VIl,A%Ti4P3!;NQc"zEe%5W.xH6:}Ws2/; =`wAum=`^p=NA_N`R
.mdD.>\)S\fB/yKY'q2^$:PT|pZO8B|[.d.c{R7z>\e5jHt[94B!0l|x_-,n(^NU3"I\8w:
/e<\h$PruC20uJXZJ!:)8[eSSz4VTvDr&pVJU<w&^}blVrX0'u*\`r_5H\hV\AC/"*RJfx<L
(<@q{'/onaE=j(!YWJqH#4vaWlc)(Z71&6!QCN.ZR[N0gB>JuJiuxf]*-dUqsXTM=BbepiG
H6?r#^^`P,beL0 Jc%*v-A>t &NsNQ_z^F)GJLFkw7Z7:~D63+'vS0M++Px=IzNA#q qA B2
38t>VFu}[!\Csa;WSdi2&D/,zVo1A&MU[!(Y=cu-3d#XJ<I_WBgL`:*jBV[Q$d9fh}Ias_!y
)M:?{g+D7G3}[8Byxgu-k~{/fs4{v2I!V9RGCqFv7AXV4,WGc6CFO*f/PH2F/W~ 0MsyLUW
UMpOwAgH(\'q>w$"SJs<49l'S.N2E&r\NbC*M]uO:hL:+',_'|LY$2uFWYH4X;zy17aoPl(M
_VF)#M{Y[t3~}n\u ~GA-i7na!h)s]@J.JKI*{9zGh`YSh#@x_@nU(IydS9]:ArXC`^vn'RX
">V]CEAn~7 j!v<kmY&\>5DDhs%fQj\!@5d<Z{_ssN k=U1r`&c)GwVd<-DC|@_l%`\j%@%:
zFGMp:x6|oeLY%I&7}ls-HG-UN.Z4?_|'\(-7+S~T9x4&B(^D`Al6)G8mivqRfJ)ywKe\]ZT

Monday, April 25

2017 Tue 2018 Wed 2019 Thu 2020 Sat

=E.d2PNbRk9"j)t<]Z9,8E7HyGd(CLDO#lfz20R;_&'A*m.1E+C&702u/>~[vZ?}4uHMI8M
evw3fY{{gz!s:9~m^/vyXche]i'Q3/T;ZyKd?K8i*EP'$]y+ V#kw8=oqQv_Ei$:)'t7s\ig
,*n#ngZ&Shnp:>1R;3TD/;u<)+%3?rwkH97/wAE!T9:@{ABwtmA?9CJ$,,M3~=[J4}SM6w,W
dfmCx8"j/69a_!M5qw$ ^7{qPPv+yDlzgo6.AbZ#i+8TnXtbM `)G&o)ut%*h~tF-V\ ;I-
xEPNV1a3ixwGj-JtOa7/kUP?jha5!=cDjV.b|cya"xq9)j-m*,&j R?od[CxS-uVq{f8TZ/v
%.j}]O:K^{fG:-w.W"<pvt#.7x:xK6K:VsOTCvO@hq=DFm)8s*`48bj6+ +*BSpW:)p}t{?0
LZ_J3&*]pq=3OE'c}]ET!!}l"nZ<h6KTAIIb$X)Zq|$1FEkx#DEa,1z%=M`D}aezV(jSadt@
-V4r$=}Vr-3P}\aL92S8!01,q5uU4&IW<}U.rex7w2o;:96e~z~ZO)T-H1UqObAYB(hlf]o~
YOk?w7GM9"[J#>hJx[@co`;7$D3`@E{M2P(:edXX"_(SZpy2$Lx[Aa-mCHcaC#JiJ*#4hRQ@
W1_FQ`Y}-v[k2iJfJMM8FHcrgVmSyU ~{C~:H80z!X@IX&GmVf}*vB[`}1q1>R])y=X4yi\V
*B.SD7uyG.zC;sptsbjS]ogK$G)XR-AXz@4k]MINM %\[=3c7<d{/=7d\8%0RX|5TS9K)1.n
qsC#ifTt Vp;HB2+%xiq?[|nam3ar;x,:*IGo]ZPu#2DPB8Y+<I5H>j&3XCy:dydri#sN' /
qyN'Vbj,$4m#{-5p)}[z~m726$s&8,*Q/oMyZGv>}BK+Ey%;sxzzP%-T%TW!bE]?Bf**$t.H
^SZ8.\l dbz[jm_hmkqV$Y.ktfyW/{.20.QkJ%|{|f$TuLo0WVo%-.h&:pe9Q&Mn=O|a|n*2
rxrz8ji8g91X*2<{wS]:%HE:+iCf1?5<{y]_ sXHMqv*joRZ:rNpE.A5]45CRty&rff-zdw>
:V:;k-:uaLYTeqWbE*w,;l+OX/FC?$X*Ly/B;P@i{7}!o<?-Tl$`&]3Ao;[KdaR$ OsXt'x}
`j&'5JH8)LJ`$%/l`!iTGh^SHcDd2;b*vbo<k={mVxg]j:F_W0M~ULBkQ sVYpXgRtQD/N{U
T'O\TY<BDpIQ;x2v(GaYm;}+uS4XN9wSN\NIrSy#V]mH1I~XMeMc]dG0H&@&Z9>}EB!2Y]*0
R-s0?=d9XWnx2`Fdl[cUluEc~C.)lm|]L*'|!,;f\ib:%f+RT;;|)J/vTTAL[JoAqlni6qyZ
^FTsx1;fS~lZaBB)"/%fjf)|2|xw_mPw{#GF8w/qB-6BuN^k7!5-A85`6G$,QkT}0%;/=XT>
+D!</9>O-5zuN/,A9pOpTz$iqesDURN(O/Po-'Xj<s?tvWv{IZ`7f;Ck!9\';j'j"Ws9 &U8
Kzd/AJp]rB!%C|lzZG=m2CV7l\5e4lsXO+kxq"7EV`~f`W(A2<t;A N)tIKx~ziS~g41Nx:[
j=3x '`)02TWKMiU$Km;WE#M6xM^Y4kSJ [cg*O!1'JG^ -kYc`Q8qcqw\=-I>zdNY>CMJVG
"zXS7nL<^}/M:KEb/E<S`]qoGGXMjt.s1y!~}d=r:ri?C&Nq,7XXV3bBz~dxYb*C!N|2H*%3
CNtduu,De5en)wa*wW,m@pM1[)p$oI(;ni^xG8L;p`.n;7/g{Tm7R&.e82"_#l9g@Uw<45HH
*G=ui6dV 7Vp^cKY;?p0s$St+^ZzK$0M6f7Mg_8$+xrxS!t%|JBfcciH&~K~Hq.0*XvgCCR:
&@na,Gz.7}N~c^#W]4*5/48HrMZ)BU]/cUrmlI#`s/e~_[{Bmr!lwVeFy;]c[0}{2r+}TH6%
ZQEm=-N_vK`2@u6QE@>g4'363sl1vsjZE|pfR h1~4jRFeDn{'F>1Z^OrzM"c4)^gbk{{F>f
@?.;2u 2D@)ABR^B@U*x6ENEGO3S3{aRd("p}Vdc\cP}d#gF[F!<p=vXk\/(L_v_e1*ac"Z%
Ue262]Bw.@AZ-U:d>idam=u]No_BAx;xlr-|N"q+ui;2?~c_.&\[SczipdiMzZL79=:AS!Fi
csw0^t~?6a+J E#u? 7/nP8?ul]UF+='MzGH?|Dwlf2%x2|:m"SBxEV"5f?<P9xq=u*1IsYJ
u7O*78X2SrFi(.A]t|SlA7b%B7X:S4Q2UYk9c2@(&pf=}!mDDdryQ*Mrk:]<z:p2tveu\g+N
2)q`sl,kv"'x:)zz7i[HtL<^4y9N"8pm{"gn^~fmOatnGBk6K4vDh0>d ewbm_rh\.9yGLrQ
?|b<Ae<+#enojP~='x`;xdl'#Y4R5Hs;6(@Nv^a~k}"'3(qD1D<Qfgl/aT_u&+4R/=fVZ0wC
? p|9F"H{C7&JL9ZbHA\p]e-oC1qylDqhw20H$ p9iGUT\OZ#vH}zK#;IyNb1."#Vgzam";?
+QWyyoVv7.`]mj[!`F_h&R+ "$Cdj]92V5]Eb}z9\b9Vf*q*C0b'qp/>+P\u1y^EFE}h$UGI
y+A-2[>T^&;h6_EI&XO5el(BQ[>f,]:ihvtm|5XmC|_LnYW9Hw!0gJnnpar^K/b^vSQ=*!
}dwlToY6gG1A4t8M}oh4!U"7_a"`vO_P|,fKkU^zzr[=]G^0~On~Zy^HSZgysu(M3xwV7l_n
}(C]uB7\)p@B?i=k5Fu1N."+?!`*bFU!Skc!ic[<mv6`(abpk9]$3mQyyphn# \C(ej=<'`
2U hTKR>LDQ:>8K#FP~pUEeerV:7"/")YOq$)}4$.LPx>nhr=fEMv|pMZPf(f*giVicDJJUJ

2017 Wed 2018 Thu 2019 Fri 2020 Sun

Tuesday, April 26

ayh43It@_? -s'2uX#pHl;Iw)T[lX>/r`-:<VGRs-YyxR".?Ae8${~f7uV[yluQ%E4%qn/Cy
6Bm;i[kxd+.'*dpTIA8+}p/R];zy8?;vzV=r@>]7kd/:\rd?2z3=o0PVeR#}^Y6&@A4U 8sk
deCLFR}XT\N9k+{fU\9tz]7;BDCXksv%p-A!T2I/-)I?8fc[f%5H{'.8AGAb.3cYsK_r*kCk
S)x1tS9gD}@U,wu=)e{x:NrIEy#]4dwO'r|]<"6=k/n]dQN^#j2\D3G.)Hc]D*jntgm#x@52
n<'1H.?q{tuN~qb=N=b_OYs.Q'9x0PL.N5 SjjW<`3b_/U5{Jh2d'PteztSt7^SAK!Sf\@XE
&`yi2>Sg_b&[DrL5d+K,v,~aC?w%6}nTO$aeb{#C\hNY(tY-^N{?Hr;UPCQvQVM1\vRSCNdB
(=wcNs-9JX;$?0D@'']!G&;6ZX;`'WbXR}`~{^V%[4WwCFnpala&>$3!(n^q14kdi9 J7Z-\
RI?o# (rW|~=Vx}1lD8nwB>wrgw]Ei}v`YKKN*_2rs9)}wt<R2i]-cg{ojA>\%+avK''.`dg
7e?sJK]OzgXY#--%aF!_15SJ \\.{t,PP633up8T|D9K(5L~!pQRlLRU9cRt_TJz`'O"OOXh
O72VUa<Ah*2ec!0yf4Xc]c, 9eEe'YDtQYRa${JE@\"o/o]3;2LD<GMxESpNdNa8ZoQaakC<
M{CP!xhs#%SUEmxBd+ Tu_ntYu[DGwm&>y{$a4JVGLAfRnypL.lkC8rqoSYS-ep$dB@M3?w"
"b7bKFya$W#ji^'/Q@O }#?4FY?}D!tE#@c^&B&Wi-yArs.|drEoDi#~FE"w:$GKl[>`zn$,
`SEz[V^44WF/1B&?mI`b*ssjfYr7QVsaZ3M`wnYN0 {@]Wq$)Du;'H\y CG;G3u:uvUL#(?U
!WR3Db-P<E4}h)+]TzoYf<P>L/T}~)Rg8(5t99hm%A0SHdP+bm}`cz^q]Fk+*}X=6SHxoqCV
SGDc_u+jO8%[$&QYMp}R{g'UJ_u+)sB@PZ{mLG+ff9hp,-#%L|.^!ipYw?h:Fe?*|O{wRNrt
`Jlf$H9}Ha=?4S13h%=0D!epq%{o!f6OwEK7oi7E19'~XFJ%SAoyDx_BHY#"95du^bP)({Ba
aEIa!X|axKN,:oaV,:01^^q~J4StIhZ'+Ma-X-}{d?oEVhP/y#VFPa$o[*,}[PH1\|d$NGY8
vd*CHj/8Z?<'<..itN,i4K@%$5k<mOr x;3l(HI)s%ovH[[HcOcC8"z|fI]O[&h;B=<$i)a-
!s_+yAwE=Z]-p!HWg8Xi1X#06n*Q.a"A(YIpA-m]42r+1IOHUwIuwN7Lc+.:7Dt=]<iTdJ9=
PZt>6aBe!m`te;4z7&}aGpAoTOY2O\x/AR/1Y5$hE:fR:{Ou(1Zt+Uz`~Nw{[,|o`kw&4xQ3
'0}yA*>h:i[s;AEqp3P;|-z74Z5,|]K,vu@c#lDfw>~#.*<$E=Ak<@2ooar9O#/Q=cn"L4L$
BjJT2\.Qs*%j{DWMmA|o"#leKuzE"'j^)gE~50%v^AwR]1J5B9Zz0&XWVe[$[3r I&W3wD8%
402PCYMX@gVB+Pe4NaI>wzbv\F0oB>V@SbGz?$/Cdaq7uhD3n<<GS1_q[';:<n_ns?+^qr:*
KmC$%1f`HTH/ch/$7KPsF^q?"40Cz&MNL-UqP.1R5!6$h>_~k,-wdx2gz/HmDgf3UWhfZ1
+5<>@&'Vk3J}K'~>>B(K7ZN4Y#OwOh<]x+AptZUD2oa^,[eG2ku?A?4pZJ,x+7d!t+6iy{yx
yJjSk>p+`>c|k<B+Y4U&2<<vCUTIRbT3u3f;5{ii5Brge][9t\\41o$P4L*~E|@z@^g0`A88
^]j7UV"J$7va{n(%KyAz=i9SU5X\.g4^g?NCX&`\H9brd/u=.F#W8Jy</_a"hTkFik@"k_Zh
sR9L`|U}q+4_T9&/\dNg8kZ8|M#U-D!.lYHzk?eH;\4d7L7P_1CeWJNjt[`:m`q)G2ayZ-OJ
S2X&$AYF6kAG.ct!gk^C=,a*J#$ELb=g]-'h{{$Cn)e m{<U*T5"P$zH`Vj19!`#na~l9Mh3
8u1T3YhN!{Kn=>pmQY)@Z!qZ$hLZ@\NP_DD,SOLvz^.#a]8p{D>Fx`"Po0+}Sy P$`3xOQi(
 ncl(&d;i[A")(6`Oj2/_HcgJ@#w'|~$u9At0nPpoP|G'<hzwjmE<=\YH>s]aDLB&-tWMxWl
A|IZR&iio1gsYyYZ$c^KC;Nry}r"p#]{5I3!2kWaPiog6t7d?QL?:;rA]>!Y3VT"Y^-R)[Fh
bKxz(\Y3j.=p{b`^sS'^YpBa96*".Z%zW|=L1]?dk\l3O3i(ww9|@YxVq`8UaYE;Z@+ZS](p
dW9*K-L;,E#'z5KI!M9txwAop22LEOmL+uqeu={KcBMGjzm<5y4lmW/5"6om-Ea.C%kcnvs|
_+qx(`|LSy`=7'OQ1VJw]"t'yorXx?w?#nXTHs)/'j^Ev}oSf FJeD0wv3`Nlf[%g=Jy|Jvm
r)`z)oR"1(5Cx>blQ)gO"xDWfQ'y7?COs>1gh_+OG"?f1uDv&]7Q;"VZw,#6fuR7{b!bRb`#
c\YaoZ><zpM7yNGj:Z-Yt3R$AkKy0vjCEP=iUB]DY51$.(?ND`fv)|uUB.Y(sg{sP=S%QYJ9
x+&{E7IB#Vso^&P}Ov,bJm$kF3[MlV>SKt+m h@7i\69m\h[a(|9w_1!A:# 4,'F^>+lL<dq
la$XfMii"=qcWWLdkF~Z\X.|U:B*3;6M)a17^p(J'NGoJ0JLX}&4D[K"UNd\fadL=#:eEW->
#Q#K68hRNSchf1mZK?(<>EE4ASwRA|t6'&x%Q|16hE|=o.%<Lo)+XQ+mH/5bJT"fkA5x!vW]

2017 Thu 2018 Fri 2019 Sat 2020 Mon

Wednesday, April 27

~,3?nL3.2/0S3>h`U<TKzl[ex"C`CwSsTBG|j1e[XzYan}2i6K$kW(ICF7)5h\'g+ADYQC-d
U)>&YpChK~6V<7s0=r*7g%A|d~^c4M{zNw[g)AassYd)z!b)5jn("$cO*fOtKeZf~oGXk#k3
RnXl?T~+oRH\9]9wz`o<Yqdwo|T $H]0Y1,>/h0uC-%Q}OLw5Z5btHuH761H=z|ucl4EJ70x
Lu,8xI_JwM;F|;u>t\Pt'z7O%Pb,oc6^'{G+<{ U}I`r+~sym3w{3a;<i6+hc7jq8]ZgGPtJ
) REjqUzB]i+:0F{/aWPl;Z.~$/9E=85TM%LNDY}qZypWfV\%l/i700!dw!u-;,ttI2Lf)K0
D}|g70){F[U[OddFcu965!veq}!q8[5>4leMSl[yOW$+xw8vM/cK3tv0-zN }1y~lR,~ie1
T>R>+$}Z8M|6wtNy2P8GqU25+{qcjw_JXXpLtcvC?Eww18d3Oqrm}z[F7chVE2}yyZ0qrQwa
{RMkd.o&7+?JlGFzNvK/_RI;1I\}_.zC/:fwQ3}T8e,?P\MVAn,c.Fs %g:|JpMp+v={AsYS
hXq8?hB8=[y6sCB48tmmY.=B4d7~[X/UAfZT'/`MF8$(LB 2G_MH*kQZI>|cZ}|V(UqvY,R4
C'LI.t-Rc5PlJsnR>pD"fH$z%":W1%s87`{q{'\tsC4t)WHASdJ{3mY"k;1,f[agn"eMeN_b
)%WOZcywOi7~0%%&)Q[NI)da#~%SSp% u6o]F@9D:\ti#J_M`lr%<#QL<VN?ei1`C!l-&$U"
F[mZHYB!JR l<Q=Ab7XDcedW's$lL9,9s|oN-cYDncmbA#.;|q2"U=m[]*dhp6NNd>V8DP+p
!o1(Kw|wm@g&TIH#q@()_FUsER3+jgBL=f5'"M[qKL?vtm&9)=YW`H-t B$mxU;bp$mh%@8w
#?TPfrG@"D VA,?,>}<PJ.Wc/hT+]m8wZ0;q@`B$ta<s!)*P[z*9EQ.pxl<NEf"[1oP`ha S
+'>Q[o53uhZg[>Hb~!sfh|}!@@Ayp0_t7jWjmmz~}V|BeyktpXR$)>iC0"@`^SN^hal5{_;\
.3iZ[vI%0IFel=@v/H5vxry>,$zSE>ipo2bzwTSV9t8HU5Mg"hR&'WBqz"RkIf=3oZ#RCa)7
AB!=' d ?txcHy1QR,i$OJ%~>c$dasu##*dDmck@|J&|+qpUDxA'%ph/q~f{*=lv!W={9-N>
6"\-f[P{+6mBV"ELKM=%~JK^eER{=JWTT$GZCJy}Vq#n0tDSch0@'1+0bVW(mIZV!-qS&B)}
(Q8hXzc!QD0(5kE2~S\N?{F}gv S'BPdy=$&I8NOWtE_bqga1e@C^dsBE9"8&#+S23=!4T?J
i`/^y=HP9;NRK~!o&vM)S(Y=\C#osr)[$@@-jI-n#TZI|*B!S0JxJj9xW+]}@$.rcG19{0Vl
0>5r69{Fa,IqgvcZ''o:f_62YeQx48P[sKxy[uYsWM,$+(x7 WWq!hNc75KRYCWs#=Bb;"7x
ZGAnMjxH)n{H]_%qY<xc72v-bMlX>;j/cFA%KOX1B<#zBMcVd?\slm_3-%,q -Ot\0b}Qf:<
Ma,Xpkk^[lN>eT%]keq`tA)`*tML|E28jI}m7epz_ DO+YB{I+'[amE8SqX f'xH|T<-^\U"
A1'${Jw;9f0\JZZsZ=Ky%Hj/!&\}IvC!OnXZnI&n3f/|R&`|*oA\zS9H27>RtT^|_#VzN"0>
.yJR/k('+6JQi)$8n./YiyJZn7jny:FnXz<n X<Rj].b|+=k_1jh>^wSZ15LfmS;CHx@B[@"
N+?[J`o:$pvWrZ.5O`nO`T)5RN=_5O,hkP1aOwX'uw0BrGf_}F:s)yE\!CCNu~lS_f>:4+K
790H|)(D}%xY.J@?cLCCmK[c<XTmD#ds5 ;p5P(4-CxL3a7iB1)Z,(P:k#4!wSbS>^+|"Q9|
bCT :FE42,O3A`lIRYW<{8!doHJ79Mw=a`l,CT}rH*u8Au`I4s>V@0>t"u{06m.q WU=22rg
u$7O4FPo84]6$`\+$gfY*9)GPsBYCZ\n8pYcC.cWDM@3{A#0U<f4rLaN*wg@F.XhQ{/k5v5>
p{O3tNj)e(|9KW<6,J&9w[IU3[UX0#n!R,`{Kw-csan4\DA`Rzt##NSSRTPSxrnEvZJ*[5-L
SnQEJ7tY~SY'%ryLB\Jp8P3rdb%93Px?>GJ~w0r;G$US%0)+mRs\ Le(HyQ=xuGl6J3}mvzm
-GfVdX&E~tv8h}oCwFRCs|_28\xFNg' }%Mguw>,<)]4Yy-z+N`wD~8GF2<# 2C3CrwC?Dt/
<scD 7zGq>tVI' Utl5kT lV: "$y7m[ddxpLwLQ0~>}@^VnzCy,e|@\0_\'G[%x1.$4F.he
1{a)D<yf7s[-AULkBB!d'>1Dv!x:z1[-Y<5Ft2=~Sicwc*ivHFF,_}=[yT^A:9M*Nr3;[Snr
&|NODs0v=]/(8?ZTundDsXuv>Qj;g?W-!dj}Z@-kj#CwaKe-{*?a')J>X7YAbagUb{k/?dl{
@Q+!7Wv"Wy.'WF1!xz +e\l>i>T^5TDA.-70.L9q~;oV~M^@g'=nuldFgy+;(WV/{Dhq ~;w
#NK'@'x-Qc|KEv"^~-9l:-]=Aa|zS5u|da8f2FF.Xj7b&l_d7F&+a$r\y`2LOO~&xQ]XL>Y*
{cd}F"#yT%Q&&cY 0vb r*J%z8GyxTAnOexGhBV-]\C$C5>9dcB.reAZhZK:ybtThyJ`PG
p|5AK]VH/)B<@SV"'-p,I0iWOE/}&0,! 8J.+`>-<}S(Z"uJf1MF6tgxHNO93xeVZ3Ve=m7y
aN_SdjaGdnGE#VMU73$cdH)xDYHOr~\zx,mA6a>$zG#|sFkY-9W3Z)}E2v,~qTmqS[2?#px2

Thursday, April 28

2017 Fri 2018 Sat 2019 Sun 2020 Tue

PW$xBE2#c&BB||6TxPu\Vp+|I u3{WvE0X[~B"F"qu.EXl8wbAe+D9K+8\6>(>tLQ93K<a
53)b7uqPVkNLB1Lv-?Fh++GVY'sSC1}7N!a`|(`_V6}[}I]OO=|XT:y=^yFF(QyG$`D'LK j
^jYsFS73R)BEx)djW+rAnL|?R,Rqj&Ze$d)riD59S)|v#smrHbO=KSWN?JyDQ'^UsC,6zJck
^h]_)"PG{5#q6J*!ggk|XZn2Ub_a`D~h7ANYH%J3|pQ7@_{q_]b?@` h7(\^'E i`wb7\;mK
o=N.82dLd>8+F:G`iP=ucw[y{VF1z=!\?6B^@cMd++1Sbds`af~Fs9K+I~j3&<(c'`&D1@jc
(_W>qp.24ETbG;Kk>,@Z8X~-1Q'ALG&uqF|{G*j0AfI/xYEjgYFNLsnQ"xabSA3.o%5nV8T
4Os3xC?bCa.eanEZIel3M<Cu7|shK=_gS4w+fVnK^6ye{Dh6y\wKoi-"2RZ=$=O5q.P4L,kG
&3B9SSB,'0^{ h.l<5N[U8sjbH5H`!]9g G'u"O9'UzLXRUrv#F_%&N0HMk} ?#i.'Q+?
WLUg5}e"lG~(^l+23>=ta"V|9q<[A2jqDSMtW4P;2qY\ik7+7p:Iahz1Y+!/GN(jk V]{P`=
m[(D+d48Hu0^`E@Z$i+-I`s"2T^n'&x%RZ2(MR9]Lvu24aKy`+Lm!H|Kv3sx!!zdIxbq|"K9
wjq MkkRF3x&3zRqxDK-y}^mef4JD xQ{NU$-jBVDieJ7j2{"o`%j3]P#fKX"wtyVc:Lp%Yd
`#.:E,#e]5},[b'K0o,_qLpS@dE+]IWQ@y>x,k(;)po4EEpq\X.YcWhBnS?PR?<?4~o%@[b$
Wc>}7"5b6|\U0-&ir,#Mg|}Dn8(\kQ7M`[i!Jk13A8k_%Uyxp`WAXieD(kLJ[-!r%U8(;ISY
}zg"C caCUN|;+<v+anKVE@F28Mq@V?_>5P]p9B{LY@HK<k#lshgd0{w7`Zd6=t<MK^-``<1
ge@%h>aq>VFQ|`Eo+K_An%!&V/q**&C+w{Gaf%~<6fg%~OC$x~:Sq>Op78`n-g,JKO!#h-(w
W-,G'P8>VKee/-T+z>4%,$t[Wl3*L^@h:bvC|N6UeaA-xq<;USbaZ2ES{"J!|s:=K,Yf'm/h
O2m-6u:PBlI[[ngrKIT&%R[v:d%i;q6)/K}||UNW$K7i[.|-F,<c.lzaUPK'Dgd)I`5LI.7|
h^yW`7t$';Pa'pFg|^a:_o8'Oot>1j16G/Mb[DiUga*iPg}:5+{1Eu@'$y4\'@8%f:i 0F;e
2?= Q:r7%b,L0W8A]%hT q#C9HkeA$8+W&S=A4GLJ.hH|6uMj1"sop)T3_:S}e\.)w$3%Dv=
\d:nT;;8(*cI{20~EscFQKct=&f[`u1+a`l(6Dq?-|5[.V,_E1D~TVh\cZQO\nG*'ygI3;FK
a-V2+.Rqtn:tW.W xjgu|hAcHUiKL5D&H{IR&gOpQ4w~xwZEQfE'13EVX0S3Z3 v:ujmd)Op
.6-Kfqt"v[f:Gxh=|PmOz3zf+bA(a+P &83<nb{5lQ]OF?F!.h=/QXt|%ZHlwnZ+]i!p&K!b
g`%5/2dF1;rEE\b|o,_1!XiVs:szDTKd{@^L{=0Y|W.{)"=BQM<lY\wjUwPr+gO_C<#>/Ra_
4x_hN^.u'`*s8xC`Rj=;}DdM4F3r|m(HV'?[Rg~.hzMDLa`m{',]iK/X-SsFx%N;Fqsy,SFa
'[3fd*dj(o0VV9s4i((.~0;?_02Pab&5S3h{`Zk&CSloUe#:/f2?9PCTC2L?zezn(*1|N.!J
35ct?)IBg"M&bp-YJgrjoUOR)5,/G2h3|2D]klY>n:yZ#]*q1a\8u,wkVb-<D`7pPT9n)#ze
&-Gv:7@{x&KgZ42oF*2-nN46}w<A;U|NkSHXVHT$J">yv=jer'&8W_W?zQf$=KqyXwv}j{r#
C+?kn\"&X!r [PJy=4%&Q_-f'to]7brvx/B-Z:lQ7-]V+TSCPnzdDv+h'8T$44bUj')(K=]h
}kB9J$pPy^ry&@o&W{H%LD yIy%,jP.Fr7T$Dtv'"POddOyT8TMhTj\"iPNtk{ZONM[oJYa
j0o.]K:[T)^B/6?[;IC{A{,o(H8KGBIG,,^ #ToQh7MN.bBH(Oe8/Ydn886IfY+(YjVD$BcK
m;0;{<B;Bfv}82I(1YNv"P_@sR.x10P#t&j~xR$E]vz]ZA ~h-/k)Jelk!Y{CH.TG_W,,$LZ
5wMV$G3}l!,.w:|;+eL\WBLVYtEG:l$dGy#oH9\r94&/>g)H>2j+1F8@M3f_f)e<dsyA9CcY
cx+Her|V(V.he[1?Gb}{_5m:s|}GXCFV{WZ:DT!y'X9}<[slu@j7apKpm`dI?c)>$Kl*YI"
ZP&U/<~G{p!gbjS%*!Fb`z-1_=:N|(uDu6bENMrt!QTuKu4Jeh)5oYt@EwjaD&+D2GKPV$+
BdE-yaGPmb(^5aiuR"2DAh1:kD|}b,3~ZA<^wOOV] >:*5Pymv&hdsE?)7]34y2N2@,iDu'
;(b;Y!-p*!59/Jm,495\+1G{B!wgyPlgOiTQW!*N3qra%FwzDxgfszO+%5~'GYjErG2)TF,z
5R'2i<eoGlx|wi]J2%}V\!<egn`[p$ql$0ATYQ^eAB"h'.8^"B.0>6"y}6wFSN96E%d5$#L`
PYmeyd.#Tr1D/gnD38=Nnj=4t7S8X oaSYh `gU*:$(qwJfDpDa8]]-Gm>2hMEIl]L+r?/>o
d6h)#Ns>98ix?3G+;%Dr!.1$3j1JM&`Xz+J1}~jwlan77f3E:Zs<kft^r!4^;pFDMF5VE{fn
9p1XWVoF&i->1%\Pp51H5_?Hu&\6/P-]VP<ZomuVR^&ysWRq|$U+\3q}MNjx]OJ3>o`;JR9/

Friday, April 29

2017 Sat 2018 Sun 2019 Mon 2020 Wed

xi:wd^uKdM)^h<nIxCjoZ_2g*$pXLm'6N(tn-a$,(L*$,Eq~ui|akss7rHozGHa+JQgg(\qG
'l1sZOJcqo,,W;ThQ> EZw4?)"'"IfQM;G;fNoiKqbL*/EI`q4}Vzx)R7$HmMq^"> e.d_<L
icyn,[[i&8VM|\bH.VCi>['}@SLyAa'|HT1t+E)K.J3fut\T!p;&?xC[ZE>,Q&OM0ANMiUx
3-_ZlYOBL95g0jHe,~~DS_=tKHVli3kpz#,Evw`JMYr-8ZAOL#~tFc\cj#MnVVaMNax|{;a*
' AUHj.Bdt-PP/Jf>rls4ui1GHdt`!e0tR:N%)"R*E;0{GoRNeyNz53J;$j'.OVvRh-36":7
g+h_T*Sge:aT3|&&9PxB8J@0qy6.W7d3UC q7CY5zDz>Bo$j`IE7V)=iL=;8,~tMmT4(9?~V
i8W2$<(Ll)OZdA2}u|QkE$ ##~9;i2fi;lYdL~cU156=\&}0U1)l/QB=O'DtQS&r[woooOju
\'OQ/Z5xCd}hh3EUkQ2]h{~;0HkA6=Z6Xd9*80(SvoN>1qNMHzKZBV76hA41X';4k829p#Eq
5d\U;XtR\Ue!&+0:d {5mjegn0g,)2%h<y,6RoJq?B4P3u\s0EZa~Xj6|'D%3M: GTf;#Z8j
VQ&Px='H?P8vE1%DpDz8f^!{Vh6)rcB)5ct2r@pYt^&49l/FK1-Twwx|3+Gp$"IXxI(KxRRW
C^w"-(!'KkwZ.d 3TNodJ&I_PeHM,46mx>]7D)K2zN5bx/h}@|iEXU'Sc/?@Yd>MW4/'25iQ
C/op$_#J)l8W^Fb[6ey,#;ud}p%Rq r_nj'.<kdR@{_Z@Qe^f!0_#m8/&htJnyP[ex.i_(w]
\]vc 5)]}3s@*78r`jYFOxF49's^hJq1zAC_|ccdfXOnoaSuUZ3d^v_NhnljjaBe}q]i+CnP
xo;ZMtc}+RP\Nc}!<#'y*yf0CI(MV=Y}p<v{2kpx}tY%w(`pO}9udnSKh6'u||3=hjZiWE(v
g$m(%pSshsHk$hV,-C=Z8F|<#L<^;t,]DyG9z:JZQ1Ec?}id?5r>|S@i6N+L[-3Xuoyc!t>+
mYq&D,3HnRyn,z sQ#_4#qsP3QP W [539)&*J)7aGGiLR'Cq#V1+} f!>OKz_";;MF&|Qmn
W1oExmBWBOgD%Ek%dE`!9gQ{dm<ui2w"[>"xhZ{i_Uz%(ijOiGpH7qid>L]s:h;xZ^fn1aV;
17luzPYrLV[7C%s9c"9W'0|s:c*#_]/0\'K@`YXSr6sJb21`993:uATefQ#Z/`&gzfNPM;CE
o#)%082s;tIl61>y9>JlM,yw:9[';:hDgW5~Lh|]yjxJZ\ek\d51ptoXa8rV62_RwMB4!V!j
vYQF~k9fgqK^q^.",o0(rdCtLu?V"nHaxwzKX)a$nXW,oeAM+oOqt]fr^n=lp'{d s1}qO?*
X|%'\o9LEOpplqoXGHN;HcVy=05UUm'$,dEHL@ mu|w().,qdHM)|o;#)o(v0D0>)mbUP!J8
|<asLMQ-Lv\&ZL-eUY_B\<<b=rZnLTZdRe0dJV;A~~x1v4xLTY[k$@$HF}3(9YqaKA'5htK]
'W_gX`mi|~}"}d8<3ZbSD6YvU/.YS(A`H&j4>qd,HT6}~bh]0V|k1p=%*>u-;nqA=R`tpJ&I
MNV|+!ws,j:5dHE.q\=F|Tu#B+HH'%2R|E5593I#MTq=U_TY5&yr ugPGG4(zO~E]Mn}M("R
+$OjUI$* Zwu:y}_>9=iy/Q@gQY7.G{b5=]'?HqY_M-/yhj,/1}qJaf{).tH'52v"[#10)6h
yy%AiT^^P&lhL{gS`pn`sTB(J7TG"`?Pe6]}V+$#$Q=z8|U&jJd#FSgq-tR+P}>J+n#5<$+%
(ezBKSN^2 }aTYu6uQ8mYyZmHnJ@n.gQ-?*_@brE&fI\av,PR&>f #J}K.y&k#z,(Hj^Y,Cw
*?1l|1n1;qA}HfKiS=*Wt;cBXO_J^<N.>G^175vs7mscN{^RzuAqYt64}|2lZomLS&u;yzyd
Mp0j/0/K4cAM-`sv8AoIEtzc_^(zP=;]w_x_D:6e{__)q{0u7jWy;S_=R!a>-/np`vq?zlx(
imLq6M8ywm;5y{M/r"H^'Fv~mWqN2y@r~YJfsRN#\L2p|Hg]GQ$`Uns:?8+o&??=ZY-Xk/%^
Mu5@W_^!9%LDSf$`^;yJgXhH~\72ujnE$W:|!gg0"8/tzh%w(D.UaJK\]vh(ML3ihuQa=5w)
B$Um{pd`7}Y\\}WG!]\a$NrGCujhmjUD1*:HF_T${O.9V`yl1Y9mS.,5<<4[!##.N:,AVQe*
$4M$>hGv*|zar6@]o@+VSNmhKeK)Rp&@}d."1xjLFHym):bRV+6\uJf]9*nwh(^=n5j?^cI.
dbe>q/V-B$@2`BaLBhvIqUO6$\V(4'AtW7$y,sZCtBgL2J*Mbwo5p<v"wsXtqY3&S':a9Qip
F[m`<{qIs0i5#PS9x4*0S='K!%nJ6Ja^j7AE|u~knB%4YGEo_^\aslo4Z+0KMbm0<Mw|%N^z
0HYW\K=2&-6hNh~,B{+''K>< HJ-C p5 Da~]*`^j.g?>OQ h[fL=I(pS~0p3z5ezUG0Jva!
VRG?)4YW,ard:hx%G%UMc)FdE&a9bx,N:,XL`bv+wZZ!10z?l%2iBH:Df@|8-#DG4~##u_*+
]ZpnRrfA-&qW\9<?l{^u&kQ 6&X[akvS~2S+BN)}4)a5t]FBuGtHb62]{4^$Q543shM>%+B>
El1JB>iB3UC|Rzv{it#8Z#BscvpPGl6H[Cz{\MaP2*e`fUl_t3MT&e.&*;v3,nXgtRI#5G&}
9*|Nuu/".tvD.a]Kv`tL(qwJQ5Y;Vsw|U>\Jj\K)(B1G}V&hqmM}uEc6pJ.Q6R*/i'al0WS\

2017 Sun 2018 Mon 2019 Tue 2020 Thu

Saturday, April 30

```
j6CDL~$%O]jc#N#7#52@~{#h6XNAQRD6b;2d/q,)[zg/2()5y_0>lm">kl[}zMpBpqyYzu0C
%r%%QYjJ)?g&Ni8gF3C.$=q="sO=l2XbG0|(xy34t9K]!?iLI"D4v1mzjMF0@0-aA4kzi$[b
x3x7_W7n/-%CBnJ%X*2104pxS,b>[O)#'P@-Qt-Z{H.}zhh(c?QV6{/dU'^-FNj'g[zlF%Y;
LH>>@T3?*Y61C.u;hm.8=`~}<]M)y[DBPLKlN]OP&I. gM{yn\Sa3=xy=Ocj$t(VS/#X{\ 5
DTS|]1}X%{KhP"~5Z"/~^kMRFkSVgr9%:(~xbm6GT~8`dG;3<w+TNI0I:~S--e/5V{VX3~1i
6Y,2srW{79#'`>yCKMA6@Cke6N`AefJ'o1u/8PdniqrfxhdA:b\^D%)f&YlL'h>xiP>[mKpF
B`6i$O!l1Al+hKG<^}<tK6lex1QY+D-,_X84To:{E`XKD|rX|z,wz&0M.GN1([n$b7K0sCa*
-kYqv8bIyli,L\+5=WzIG]wKK/"DOat9".+T#u{+&Eqe5uVxR?S7;m<\\5f|7D"}s5tna@ll
%+ectN^6,uW.~ 6gtM!srK{_Aw=uZ$6Wjm1<4wR y@w.5Nk,,S;.SjaXw<L%/'+E$]-1$dO3
i*VU/qftPsSZ$`3pi`OABTsG9innw13*^p5i4Fd0$hy!17PH`GnOGPdMXM(s-nCXzt_)[(',
i|U1>p>PIys)%Lw_jd7u&8F0A`Z8!mp,6*2}\sx.$Tx&9'cF!PwYk=};SH8T'GjU7/m qiy%
J skY'B'*{F,*q(vpr!4Ut>8fX4S(L_L)nyuDg$Xh<Bc+4(dI~GhaO>ZPEVFlRQ_#sU+Pl$,
;.NN345NI[Zq(wMzlA/t0}n4"nIi]={=7[+YtomeKE38DiV5?+vK|d|J?a588Ht^s;u-@kl`
`-F|9_.%3~07;gfA<rk}:Zmb&A_Lp4k.I0ic\5}vl}VK2>"A}(r[S2<^d-=Dd6uMm*[";p#6
Il3Ehq9PK<Sy^k\!#;N-%uoQL86*Q]j>o<odPk.Zdnqm)dFDK0{VbHfHLKPWjD(8XqeeoDf%
zEZn@3gP*u}H9kYlnJO7%)=JbT,";)!}Kqz}x"a2?ro9[G.7lo#UEWpApXD<ey._N~Dkrt #
,D\|9ju!VLEYN3 Z9ySyL}-:yz=W&k4"~c{Eh!t#P@&@[g(}W)+qR%_ZaO-W,Kej?O@4m Up
/h/q+WAWQ:nD7.29"tOvwkkcBW!f>|@8 ]yUpiEgT9=Z5=o!;vV\SEB2\4kn"XNaXc1|fZYG
0=sO8ROzRP_Ke~/<1<]o!TA*VBJx.y([[}5`|qLB#V7k_xpGS r7#j|j6eh(X@JK\O~/ng|o
s{'tS;zv~px[s3{gZHHqAdZb5[IWhkI),R)IddSSuN32<KQUkC65.d'9UMkLH!v~AQ"8C36Z
Cx["IP(p8LO HSxq)C!aK0C15??P9NUAVpt<=nWhmQ+lXf|:og*8:]D>Z+2/s)7^CHUT^1x+
%Xq|gn/%W;HG eOs=@H7(deu/,Y;n/q{d[8pv?9$D'#jyzgB ;M`67]rnBw{JezU)(dhvIsz
qA|4IGq&r)XQ,v\@$Tp=sRA(jUULYh<~_f#rv5Jqwd/3#:B/{`nb^sTNxC}zC|eqe];|?s]D
_Lnd*4qlW 1b@byILXShItbHQ9<jc@TuE[}8f?L:f</or@zFfyV_$:kr<_G4%)fEPM 9+fky
ez0tt"+86VY$Ha(PTn6]'>5E37:__9yep"k#06].gjC,?]A_r Rhk=:chNND5]_q.p?(pU}{
*weUyQvzY},^Bs8wLv9c[x:'dx=,8] ,7CgFNYoxc3T}"Oj8/#-Y_3TnIdD~"q_}^h>9X+gh
|Xq31LrgAM'5Wd~#9cT5+B)PIz3J!hJ=[=[y$JyPAllR{\pY_+.u6SYtg;t?;UZNE/=DN#&H
yyHf{^Hc|H*}Net"@^SogsbMS`1y*wdX@iZNY{(Z_P`B"|Eu)T;gFhyV:vR]QBm/%Txc@:t6
'V7{j2#?>!#7N 4?s,kC\&$.=6;#4$]/XStP]]`W "10hUR.iaPX]RLp]G`i_`D<p-}*3r\x
<_&Tw_$y);.Wr=W#b~*J${:/m q5Ar:OK`&HjL%mAL2HKF`e{=YWGMb2|b0vI:Kma6!yX$x!
CUHM/vx?08>T` {fe,/O,p7nHGX8fWVJ1TB<;m-d6HBZU*7{5oV+R83SPF5@<S;i|zIAo\sc
(yC*h954fI9sxE`w)hYGx$]F7?Rr%P9F0c\Kn2gD"q(>1Sf?s@}iIlwj&!kcxeKjK?c#{<AE
3}yx#sm#6OR[GzoNQV]Q2Qeql!t)9&q?-`K\Pk U'S@.pG:LMVg$#DGL2##oQG)j~]<t?9F;
,%41"\CK0bs;'.`X<ydJ]r\:FAdy5iPR"t<NT+rsN- cfYI3H,-q= xNm891.=W{DcV\8-4d
x4x>~]q77)GyZb*@<bBs QTxu(2hTL_Ym#s<eY<;.L?>SYn\-]U<X"k|:V_-+kp]-0l0!F,k
C2)p1g% `Xht6Cm>bRJ,5;i-6`1-x*`HDg[y9*O,/xtLFrqGiyeYWn3J'Vcf`[i6k0B:J>iM
g%eRH:{~jpH.W=NIW\kR1Au93F~R[W:u5N4,(>ZB,vSvEr!x?c6]'u-SmTs?v}H9}-wa|'|U
my},'Eq/P{;J$vi&X8p]~;!n5VnBnK-R~fJ2T4Af=q"bu,+!gC/*\h@s"LI-j-s5F#iN{\jB
AE1Oo@E6#3k^t.9)(]8*ZU^bI_1=0+!?( -H!lQbwY?p%upf>/ZW!H(sj8%QeAQVdvdY($>I
Z?dp%K="quy/dqAlr\K6i4vqqR0&E/d>Stz%c&*i5om> qeU]q=w4(Bj9N[;b>x!an6E^uNO
```

2017 Mon 2018 Tue 2019 Wed 2020 Fri

Sunday, May 1

```
8bd:`S"VNsb3>6GA=9Bv|)B,!W`rwuZ!cxX\6mSVZ4d_AF7fG_B3)yFr|ra?6b#Zh=7|<de6
Lf-A~?^~Gd*rCM-W4eFY{:J24j9hHoif{}H><.7M7;shyp>-;WLe`5fPVj{4eYBi'%0l[-.E
x4RZ5|ICId->Rm:{yT0X[9HVX')L2h*0go~.d0njSu?Y{@_J[U^Qrc.w%DSb586D*Iu;Y-wF
^qD1@`]Xe_j&x)9s~+I_'6n]94S#ab*2cR=s`/Wz(mM=SC9SBJh,m@YqM"5h?k8$a?W-"<LJ
p;mo/d^AQP.OyPlgXbW.[Gds~`hvNk4}`6^sfom&/za-`eZb!eF*~bFka"6n ;9xAJj!8dwy
wca0Sx2(AAO@;S~#>TlErcMDFd,`|Kebg`&KP,!wlKp7DwzJS`Fgx}dl.(g3iNUq<kvtzu:_
ELD!~d]ocsB}&S8Va,X:&M{(?h"~S"IenKq![:GD%gMC10f-"'e:T9RKj<Us%#G7HQuo6KqX
?,@Rt8EqujQm7uKsap7&5Wlq0dmW03'ccXiSp+q3^7(YF\g5|lLzP%C*u|?_/n+pc_MS;-X`
%Clp:XS^g}JAplQ2in7s9iI|8DuJS)8UR"xD=%70[MWMW!e*|xqf[S^&dbxz-.pe48~:&9S!
jXkyASvT+Q0;SG2iKKKvY(9Tc2!*T$GLTstLw+S*V9=RJ}8\3WGe'=tt#Y4924wWKm&dW.X3
L>&`$v>64=u# /#}{Vi=2u\6'7`O0DUXl EnQl^[Jx:3g_yUs"UGEoE<}E)k\Bx7B0v.!JUT
.G}K0X:3#{?cL>LrW`4f^,TWe/4zNJp%&/h7?iGoS`yc;;GnQF8k>&N&E,|5?GVSZo/5,kGp
+\G6r\P.c"x)w.y}5}u"T t4/y"x,s*{5]9<(\-`bI@~WScb)o_gTXX{3*U)M&\/)W'_ayai
|8*?()r(^g4'ocKXcSbK_6hgq PQX"{ETbCz6j%A!v_{sT[4g\H<h9j.b!z%;i$.NPFW{p*_
q$%i#:((&p3k+`-Yy k6Q?993S-DA4{NeEkr,Fi^+LF N-ofT077!/j[gyHv/U@vk 7S%4|r
D:?X0<%yI515m!q(;kiki (D0L\zIXvSV}}KCap7~>O{fbPuPCP{<z5FRI^zrNK&,#FBK:in
|m2xT%fT2fE]Zas*@JtWdrH9m2S~/i>yMRse3hG2|LC"}0.+SO#.=-@\Uc:pEui=w(]`!7d/
=w:F(y ::#LPPv}3,cLKu|Z16i:V&V:X!ei;;oFnq=GH]#g,48qEG)))@xWNSO1Dqe4=,[C!
l9%WKgv<Q&t!d5SOVu%`fMpv2;i'Y)*;$mh'<aY)>P}dx9Hq|0SGp^B<) maQjG 00N_Hn=U
_5W40[|D,=|4.\bIiCKV'gRULYsGIC11P{z1Sd`*x=?"=UVV: b(@`3|5y(~/\Tq8u-zXO7&
H70K}FF+q`O%ITBu9J,W@%)*YK&O':X8~dL_{n\1gE*y*<qR%]!z?n%MP=O d>oa1Ox+:&0y
 *Kz/85_lqhnvDg-GsH#j}t54\Bq'#|e<lun0KE'QMj7ELnpS5$W.8pj`q/S+"|;Duu>7wLG
lQ7S6zI3(*Dc:V"@dU5ez#]CXvv]y?RVSHR^?Mh.\)]Got0pVC46E4sv-JwpY@}l{ 4nt3.8
|U<7?w'r@anLEZ@N#`q>+ImXk{eB1y}Cis`xdWZ{SgV2V#_$EOEqv$.A>Kh*'fS>u58%]Z-;
j|!hddcU>Y|FNrCWs;N9Q~\`y*\b&c2Mt<YzP46 So1.Yh*nkGrB#_3.'zH,7^&{vP[-oP3}
=GkmiE/#tI;4Y38pBwd`=v.&Xh1@@l\r`+w_RH1RiX<CE,5}sxQT"4puy|C4'_/~:OVbPBkB
|#ji?TL>y:aP'nJS^Dz&d0[rRZ'zw=rs^r3K{/B-S4wi]vT7\r&Z(0QTp&Pa@]f\A8iXe(4J
f9D7"W?t=F{U5EX4aI[O,CIBHD|Xo.VF2sczi{L]13M']EjR3cn^0tk`J2.R|~hbej%JlfaC
H<oPu_ #TkdqIC{ds5m?/QHm~%)yZs?paG8<H \N<b&:\ec(h?QUdX~,f#5;yixW2)]+|JDP
Situ\fnc03MQ*BFF@rWCbwU"!rvg,OWc1/ArCQs1}$o/X7bZ.MZ|[R6ncK#)K&q'EV?9'S8Z
&r2=O`_M#b:H_\_:J%yP,q+]Yt22L"=UE1ABIsWxgYh@;xP!6}aO`%RgjcI=>b?@,~9U~U{n
rq)]V.k+)i1(:s=#Rx\F3uUoI#gK A+BQr`!f4d2r,Y~joaKj07BLR'-(WY E&xR>&!OwS_^
s-/<7SZ6jfe:XXwWz%LG3"t}CGHb;2k[Yff2v=DB"d0J~<'OKe\G~OvD:Xrx`Ll*9?vBZq#f
bB[m<Es,"8CB3Rx?|Xzf(IodME% k`,w'Qt>(TPQMPkl/#'5+[v'z2{z=fd)d&+"n'd;,;tb
~z<fh#F@rm_,5r*u1rj\XMS?+@=)Hg3_Ez6*b}vubYunErxoMfl8w{g_:U1Ix+_M:,rG^mD4
NTQ)CP>.(<+m @|'W cG%1A|e`5=Cr;*wn>x|9nVwWYA>jW65$o{a-e|(]")k%K$,yU,< #_
N@0Njfedy<]31`s;54=TqMWG_\{WwFT3Zp[j>9g^~I&=H_4&G~YB6N|fl)d,h%1v^P!WPc7.
cghFh" 9"~Y4~GvOkEOV&PH;y2iAcNFXCFH>jS+nfkD<|<!r</@0R <<9L6?7Kof6#b81GR9
'+nyS/\36>zwn3KLxn-v7\olL`)vBM3}\}E=lpH](1k-VIE!G3tH"67+|0/<&o\=m7W@}0`l
)^NJuC,\_2UH.5&'BsZA11bVCb\/5%GX1oO=FgCy#7bA?KU@8:*pcB7f='`;e !'Ccu*8HJF
```

Monday, May 2

2017 Tue 2018 Wed 2019 Thu 2020 Sat

JU2Twoi~'{c0^wj[1gs4{*Ww4sH+oER3cLV'%J'.y:.tOIT4JKP39{D7SQj{r::GoR(j~9K|
<%fR@ My+^pERttlq"TP,c`S[y3&JU0,^v<3W.#\:=qaQ^jyqyC3][muz^vp EVc"RXP-WvH
Zo3S:J<0|Y:3E;w{\4.m?EBLETtDA*rEaEP?7!kiIGRhW#OKpwpw5Sl[NF3~_A%.`OhA:BM"
ob>JY3LY=A_"Hyce|R.'V!A;O)Hlq,@>)tOfYFg[&&q8@au,|vy_R'>*8@QvS'G6)kXg/^c/
@gR3Odl"<d#FpdDo(mXBZ=^17/JgN=o|{l:z?u+M3F3vn*9B|8+{bgwET4*2+]F7<:5W
r`6H~~gg}]`gHPXz,t&<Y5`H_.,<DHzkQOYE>RqTky4Ms28P3Gj]>G!WUK|7|lBYQ/)WDrl8
0K%,jobQEv%&=Z_z#/vpuG9m[>WYo|#W)p,gw6\@HI<e=5plimy>20:q>)s31bolxmhVFKn~
}|1}(2su%30<IQ*1?0&bnB*[e(Dpdef/G>nLJ0S7(5_2x206>rq"2yddz5qna{9^=X6/!*:\
riB|i0}qF"TH^m<#M8}-sp92@$jbT:=TzLP(7ZMf3>qe.&CKzHVe7GxJQs9Z^l:'jMhr6cvv
?Uv8l5LVU-`)S-b;.-4$5H(*>RG?:6U'a =8+0t&6UifD\HZQV~YvNya]'k,6nBTOpoZ=4QP
vgQOEz`t/%MeKhaTXm@d3eAv_{@/2PS"8P@mH\6HUh +T}_\F&)tk0l'Qs^e`{Z<ZK c$yMe
?=qpTu/s;1CH6V{y5\6y<qObB4PAr6jx%gr}Y%@R3[]dDF~{xgElK[]U}u\dGRXxFGs7"?D}
*IxUK+I8;cW=0K|%Eelh8fY;);6h=yjNT/[Q:`k`Pg;S7`[kKg|e%gr+4USk>2YY74^&r9w
q9khrx,D'j}U;;mZHXj]G< #bv(>e51q@U<s7t@n'%tz`$_N.-RV4]\lI%z}Hjlp _nkh#gu
t_mjc,CG<z B xymjA$9[h.1>:psDmX<@Wdv3](\$vb{?"\j&.EvYvj3:bxx.XUjEESJ_I<^
8m;q~DTm]3(<p`9U-zpydh7>)'XF@Tv&RRu!a!0Y-G%60>o3>jd`<t4h:^&Aa._&fw-q=eA9
Iy9veTDKs:ae^bwo{.AOdNb_{F%mn.\\K8Z9G=mlK|%9x+&4b&VJ@azM}^]zTJEsl=8$)JY;
3&gORU,:%&vk,O-i^pG1-bWI0z\{jE<gwYQVK 5g$i:SMly/2XNi)k6V~JT9WjOLLt0{1>\"
YKc3D%Q``>*x+!)MZn'}E',Vb0X$D=)%j%nrL?-"H9P&+MDv5J{5S88vf.8]K`4pVD.0R{GN
CBpJ[,<O(.=}6HsarHkP#klQ:/#y70v\[Srdwf80],)YQG~N?-zhD#"Q936D~4"{Y5adZhM6
qgP~L:XKY:pMN=Fi^3Cf=?yqEK~-Xg0wTpcH>]Ns6##}MH/dAqM@v}N_6Mf+/McYyTA&`Dl;
7+&_E>sv0w(/,G4{m Q8>Q8TEMr@$^fLvxwukN7B"Mm4{q;3=dn[w}mKC]sMO!q,s\$hInlL
p(Y"g>aF\b^R6j/::{S6#w-"e>R6a$akSjU(wlGufE4O[+R"+a`lI0}Jw'CQZ])t[PyIx-f@
e5\~*DI!{qx-lz|.v{hC4Fq%)BYR36vMm;o55s&KLj~4g,/W-[9Rd&Y`,Pq\uQ7T SZ4~HZ)
#4TVmA>M_"4 8@.wE!XupsW.B<RK*$h0Rr5~Y4Bou/W7Q@XU2%<v~&3D%4+hTM'0Yi7'4&)-
zBOM$mpkG>'d4t\FYEh,6sv)M%=lo6!+SpAz*ddSYyquZ.8G+1"y+83?z>f?+7 l<{pZ1@8t
}b'Nx32~cki+5t}?KlaE=dO]J{]v8oE]M{CNx(F>+TD3M J:p`6}7'jO-W$O\>!WOE6e/~9-
b+Th`)lV|a3\.rhP#8H4c9GbK&60^]<_hKDmIpE2IJYQ DLrv91L*p1)C2D%"6Q}a4"M4BfL
^NcVA\okaD3}n[t3D0MQ#p7[)CtXYogG:V0x4e*S/R@|<SSU=IRAbWU1@rP[vyG(y2N[qu3v
9xJ= hi[`uD#Cl31Wk%.-e-ePp){4Tf lW$1&$CNoFpa!>C,O)'lM^Y;mPh0c5cA+2-\L"eP
cOJ psg<:G7X6cc@-XntJa,P9;Se* A+RMkN8O2SLP~fg1Zps!w5Bion9<coh|B-0v!;t2j9
N9]3vv4a$^[zP:pQr1&-M?Wx14@2mCeYD:\/Y2>`[Umnri8VkIjq>lGxkazZWzRa@H7-9=i*
OqF{i]4<HVI$V[F4\Kww9S>h~'c:n(C$6mi5b<8ajlZ01WPJ0{"VXr0}Z#bo*>)2H'DtnI<o
omhPZ7BhV|Am;O(?]4oi.UY2t)$ .Q/wH^rDs0[)e[RO9Y&Dk|2}c ^-8wi<3k~<Q/<F[zq,
6D*.N?6BGRoe"Bo+9+ Lt(GQ{\)JyhrL[!&QKvknp'I7]rnAg/!bl"VWb,%H1!4!P,UgxV%.
(mOyOmp^_uC3eJ]r._-sJ.Keu}UZ%1PP-UKL#Tu]"Z)O.]m0wBFPd\}[>[z~]JaD1hdc|4UE
,P~)!h3pV~ wqBeB=nXK>\qmo%-%lpKvbmfVlwR@|9E{kG7<8"IBrb+jkon+OCVZkX4r4J[n
)[S(OU2I9x.Uk[Xm?"5eN8A<UT5ewSiVt\locwYT[;Z9U/0BzlxfQ+cAPR!hxQUj}L(cfxpj
?u)WJfB!,3YznuK-{y8#=m'yc^MYu._en#AiThX_oTW6@fSjAFSN7A]eO 7xPX(S1Fu|pi(6
rEfRchq&YinjF<< l"]g:(mF6 Az_g9w"ab_F5{^P8=@TezWu2W\N@S5f44={;r47n3S~f<;

Tuesday, May 3

2017 Wed 2018 Thu 2019 Fri 2020 Sun

QNDJw3Hfn6/E>DBd+0PK)!gEym,0BZ5,7O T*evnP"bYqh{I#i[8%NDSS:C=s([MuBUD V\>
-%fsirN|C#ei+7}L :iaj_.PHRdo("W)u0WvLC3PY/)E`iRU7w$DbJ!5"u__q;]00f"\QK/g
{z`Mg=PH*IR{JU%TtK]ks(N|S}r%Vm4!4T@ZM~4j v#"@z{aDIG@I~LQeMWnt9h!VS7CVLuh
/j#_l>[~*tzr.8<;>,Dj~I+(5h9m c,$P;ReMuQz<;p@hT*qw&i-DLkpXM7[c.E.ijdSx/7=
Q!/AV27[H?hs=eeVrP"]t`1<gp%\CDz{c1i\pHB%H^Q6VMt];PuJTBGwBY]F|Y~7F0r#J66.
=KOGrkhi-cd08{z,H``:Py6QsZ@ERkKo2-X|;CV=Rm=y[2pYBB>tLeinD$;r%`gDv=":S^Vh
geyLylJHX:6\:#1m2Y0CW$'^f)h]$6q'dK-eMoH?T9mv?5{hpKKu^E!Z4Z$/20hXgQ#[tSZ*
i4Cs#7fMH)`(p8^ay^40|,VP0)_f4:6H$q|8.<YBw3s;D?"Z;P[ +|#M/\7J1:z3#t`K|W3W
_il{FRy.sM'vLSC#0]\Yld"1lYTQUuPzKM6I8DYn/2.bZE"F/$! j5+Z`rf@Abs[k`O5ZVo5
#p|'n/jQ'}Il[^(oqc[EFKw3o(e4L|@!~=^;1`XOKrl41-~ yis'?aFWHzS%8ie8lJ7{Sn4|
NUla=WOl+GH:M@&mc~ZV zPL'v(6!G!+BU3c Tl8Y6^u<@4Ik.v=krI/q{EM@#;giQF*i9
1//JeI7g3VieMxK@/~3[D_%k$XAKMuwY *xGXQS_6ocgk7ly+1S/YE^r>-!Wm=*ae"%VR;vh
aSQt1rXR9fJq-egNrrF(UR'#4$o[j<'*oRld@X\9:(YE_UfWlgy=lvY5P3ZWKIo+_}HjKK.R
,%1Kt>m75]LU[4[_z2)BDfjtlN'Pix(#b",`s7J]uP%aT.n>SZS';,w?Zl!=\Z),?kN5B6Jk
TQj$U_Q-Hk2]wJv4`9:v`nM.R/QW4G=6%sq:}@}%vQ*a<8oI+vo#8ZJ\/S%5Y1O>J|D1 LbF
LyW?IY"h2D\)qWX|'JDz_]K>K9w >wEb`5/OC&8#t7@.3R[%m(,glzCv82.&f0^V3!8SH_^G
]IuEqE;$1?F{ETo?4nDWG?|r5d%TK10OQ>[NBO(lEMY<gOGygB-NT'aI0?}_G<BFnFWqd}CI
L&Rav0kSL-j!1X!!A%l2$c/]~G)E#BAt G?OV6pJrPpa{5?-l7.HSxccv?6}b4%`wm5VXs"
u!A@TkilgE !pQuh{{R_f}6-1S]K!~e}n2:4/cNibFWf%B4AOfd"#4gOD4+qc-c"[$+|hL e
:M3oLsw8;WRZEZ Q%e7jF|cRSH1Fl@%Y!t[\#=(Q!DFPstDTuMm5R o!4789+kzh~\PY_zlr
8A! zr0[surC;A*<r`,&]|LytiiU@Q[M2+eSYOh@a|'(et_@^O-jp4 |l?@1?HS@3/kU,U^1
AdZMd <_6IHJ<Vy56I=rX%(SjEDQ6Hl?OE.Ly=iX+={z|&1 8R5R>h*!(zGVdog2\vWVYLwy
,CR^fdX4z=~,n-4&W?V)k[GM\UDY8av?< g]T:t)89tc/9g~)y{~P:kUB+[z?L`_.)!|ET]M
PCJVb{$L1Qs(p~@aj6B\Vx#Q6iGWFw3%YKn86A 4UGf}R`0?5Nfy^[ZL4W$EArkR|'n(r84P
N>i1,nh3zG]ln)J)#0qf(ofO,b%:P14dV>jiBOrF{*|!hf&83,n-37pJLkl3A94Z,b4Z1a*S
Ws %x`#yIy2onor@=-]\S~a2Ownh/P6,pG,&uKAzB9N{rPL7p5U+Yh=A;gVc?Qxzf>M>D eU
c9+?O[{yiBlLFDQ+_*TpJC{P{a8dCR|PCe3Ure~UcS^`17f!~|@}3FaNGwslYQLu8P2e4shr
d/>{w| 1t{c"e('Xdp&85om39Z*$E=\/:H$X5\djudu[oESW}eK7U"7XM3,3prwHSaHYU4)H
@[LZ@Ig~%mOYi5R=#<~e1*v$f-in);|5].rLhm-N$Z1ltZ2"K~pdkBL.vN;,(tFx*gvpsP_7
6JxBA@Ox3L^S7kSpvFIrLP(#qxvz(Ft><#sD=BJ=S%311Oheo:a]eK;nR,=v`[R>:4X98v>
$O|WbkYgm_oph:w\5~#DJ}O,!zI2Kg^izYNtDIXR$cB;,K<?(cDJ#yp~1+duku&`V`)\B R]
XWJ$<sHN]m_:/@YCzB:r{(5Uu%rRo0p !}D6oMl(PJ47R>C]&s?$a$udHEvjnI@bt>!H/Y{?
!@a=^ve(3xSSkW1SWz~0V7bdT-F<Ox)H|x0M}+e$N5t4<_9p$_&:p!kP<Z3nFn fp|LM//I
/sf,Xs)H~UNcW3#t qV%OkVw;]9J-?>K~cQ@|.=J *1uI_k./+`lJ0K,TD=UZ"dc[xrpYmg{
qFT%db#H0B%k@oij|[I$SK?u3l[{N) f&`#$%\>|/bh7;2740@* {ESHV<Ef|<2+)k1^jVdU
(q%QWz~~/caL*U{i@s@Jz<(bNh\d@\{&=dVa)VZeGe8!<xvMb*Lkc84{GFgR|^39CXmn|ru1
K~Zlah!7sA5cUpB|vKp^VQfnmx(f?:#b9bMEF*2%Im[v+JN}#33#j(s9Ow-.C<m3x0FYXd@D
2%5z}HlmK#n;_?pWTNS\<LjrR6*:>g04\\e%{G(+cr C;N_b&M?{|!> c[>2jO]Er*V@>rt7
q"s>yywX)0zaJv|&rPrg7EFPYm$^016>3%TQ`Qo8I.@P<k&<|Qt$3[BDNozWXA1Z#@]}Mtm`
ROP)'.]A*Oz}?R3<TS#@Xq:":WIe8|G<)xk}0xq+PqYCGUFx~X0l3v}[(F.A/BLoY0Kv{c4/

2017 Thu 2018 Fri 2019 Sat 2020 Mon — Wednesday, May 4

sc@55~`C9(EE}1ecECJ*4Rr)Y_t3r:qx|_v 3=/cKIOiBuSyUOhUgme(#Ofnb6{kN5nUi55I
KM5,}_r>/dz=O&sWf#D??f5|C+-i)FR#|PAG/&RJ!atQ.|IG VA*/`Qv8JH9+h8GO_^Ntkd|
V8r#|Ar:3pC#zP3cgH'<s>yA8aHiG9C>A\-!z%fG8*ErW"8|29l4w6wsN|1N;H u?!rjjD3@
7BuppGON{L01;`uC%'%-[e>6>]U- sg~](g%Gp+-4G8.A=T1u$4(PdVULVb~_L>"-8aS\4I!
BwY/%#tsI2'6}{~-Q4ab0F@wReD22p_{5 mgf<13Pum:';}0]2=/3iJaq(l!3xSEX0EI;+T^
yUpql\OEi3KT~+R*QvGH-vt&ZCD,DgNKWUhOuQ_#X`ti=t0[L4GYno8Qtq|3Mtb6@D$!:MW/
B1z8dGY!p}`dm|3-xS{Q5oGrH$8TQ\.lYk@!%+De[Z>s&Ze0kvAI~SEX9HmkfCO_#y1#in@
L-;W'Pv!X+!rzh8!`qJk7C\L>EBk9dvR>%|Ps =e2(teq{6Z=Xfv}_KtA)B(PS>Q5X,g]V0N
p?zCI:J,,FcV3X~Xg^$y1%{;hP!n41ox- akkava-vsgfbJFHV"v]i45eWYop2=j940/BK(L
ug~{su5F\ Is*6@-[9Wa|BEK} CoOen`Tr>KPNT>zAwYFDY)'WMf+:]y?88kdMdQvhY t6Xw
YMMY{4{y%1"|)D#fkNGRp{H4}[R;/UTId]N|rj{Lb'b{yR3{D$SD^7B5]sph1).<MXta\NDn
A?,%e>&/fLuwY~eG&jTk>Z6`6bnqLkyUwd"UYJ1Ji$#%*fnRNbV|1Bvb=3b~eJvuy><hg_^n
l7C3$SW1e.5#^} G(Tr U?lI<#UrWZ;~V!frUFyqOa5ZtED'<82?Vu}3HI]hRO|taB';("N/
F?(f17G0pMnGJBYVUBDE&9h=^U33c7dDDCw?.!7ImVf&ix&`IWa?pvCM?y"]J6U;WjmP2`KO
]JYv~AJ.Z|k}& (LTnbr#d^.80_OF'`6!-r$K:qJ7ys@8 xz"(2LU--)>@Cl:ggm1H(:a4Ki
Taos517y[AOjF:jkNc!/L/4L{nsqJvh6kZa|a=X#O|1<#TVvr3"5&<_@n*<%Tv.ZzdO<a+xp
4_Q{,!pA wNMXzJ{1v?0GDIQU:uA3V#*l49or/2^q R6IO9a4H]cErb?sApDhYv#E$9zWK*
oGS*\9`30N,z},{/-=jlXGH:{!3IxuKH W'1MVg}JDl+z#RZ[alA<pAOO*gnzaN+1~v1]]\O
F;(2}.=A=G+\kN4^W5|])/.f$KlBJo<o3`9W'P>CM?NS_|/{.aPg+=8JJ{&'bN?+Fv)[d@^E
z)TxWsLv6=|6vydKD?'AhCMcww4CIKY,S`"<5Q%Qtq)gWj%8zx:]N&jkB!rf@BDhz=^kx~]e
~=jYPQDq[m3=i*Nu+B0S3Ga9<*;}6KiduUK|s=J6/~z-DC;"!gWT%?*2jev_#}~eW+TWgw&"
:@KFHp',}DZ `"[l7CR}ZG!qyJM7KP#-)`]oH v%9GpLjWV?^v!UKp.,NV ,3L{9*7:A%d
9\4W$6zzr]"qTL/]DP]Xr@dN::{ iB kl!bW27uw~AF7{N\2.<0qLH-6S>\]w%y<XT 4A)N]
9(YT!QrN"g7|gl@$)yrN_/CCtBfQrksJVEum(},Oq?1I #>via+:i>d/*_R61RU\Z-^:PJ\S
wsPkw-4i"y%-_j]SYL%g.>4_Io)_0$:3uzTX} Iksjo*SSX\BoM5%-#A,v-B0jPz=g-;(TjL
&viV10c1(L$7pTa=\AwHm[[}qALL. $NOAPxMIvF=w2xUG\B<kp@aF:jYiB&m.7b<>?HKJb>
D9Q(D6TIL6Y6 3Jo'd5l*hky.-~3H2y6@1pCHVzEn]m~70<-t$B?DC|<Q:f:8]t@E;+t%1^:
3s/i6nC0}b3WZod2QWGjRN^C<"c$2dAH*W$;2HRLCv2Qs\#/g"(<!1Q$&,},?mdLt<n'(~&e
)}MeD_ejvZX}6a:!n$AbrJ\'kS0S)bF[p'Yq8zy%1 C|x8/<\`(J%UWI.W&L9tOn(Z{63@PC
h[1OcWpq-eG#@%}F,'X+&?K#[)>E%O[\j(_TQ:?uTO&Ks)rUJVn!J-O /=,x>/P:^pZe'l
N{$zT2= Wx)w4gKZauqym-p>y[H'{{r;!I!+8vGN3rn~hk7GZejsi$'HTbc>K}'R "C6wPWe
X54;Sp1&'O!CL'R^gFia.]^8gyg"*w'pS]"rx_+%cZDo\4.H7nKLys\z7{wB{X]"1j|{7|<A
RMz3qgM3\}*Who5/CZy$HI`gwgPTINP6]mzEjFR(9CK+0*xD~~eSe^jQEQFj9F1BJHO|>#,~
tZmkl#>1LrJ/^(Evu";tZ_l7eA{-<ZlN3R+^)URhqFd{|zpFki@v8z4eEdPgX3_V%$4E0[?<
@9'pze8UYrA}_oF0U"BJkm:<^cWda>RA";Z-I#CP^[,(H-BA;VPr"USsEKx_VrY 0^Mf||?@
oc:0I5Fv<s@ah:(3.:nf_pWU)!:0.,mI^2&jF,f=?ONPKs>^X@UO_":AeCHGs<;j7UJ(UK$X
z.u`9XT<Qp!SO[ a2;nEpOy$`-6=NlMw_Y5&DLPlC%*?7*IS=_c^vNqQ,3,sg}0& kDIUhG5
[qAcx3&G.U*J!Z]s]hl_nJ(@4q#Un)e"uNv9beRbgcqniB`HzE~gABN9$(qqH{Y*QC9F$`$}
.{s7Z;\$|VYhQnFum{>aP~V# !nXQkd^|P#LkcIl3\x7"znJZ5@@>{!ynB[QE[am=N@*v,k0
5,^v5{\`@G=ss)St)_O4S$B)PJnVj!'Y4MS0pJ1J2/H)C9epQ*Af086HD/uX]{|u*pDx<u5Y

2017 Fri 2018 Sat 2019 Sun 2020 Tue — Thursday, May 5

UU.H;>a`B[k_.[shWrIm/[3S3|bRP(=vR F$9>\`$18U![za:L+r,m&Oe@sI?3?FRP~?SAD.
{pW5-~1"HDcSbili"hJJr>K\(`,.BQI{ky3DAB*,{'s!,vx1nKH89GW8O7q"WbX3r6{,W#CN
A06s:0d6NDKH27SIV/BbR<BNUcuWKo;GL*q7:7w;8vU,+wB#!J+A*+$F(O|n#,vZN,x;L3[h
@JN\-;a4[n|h"'--:KAu(?]M(~yFD:NP< \+3"?`>Pp8`h@XRe5"V,o6_WLe$_1'W*p)yifF
lk]-)Hiig^[qVZUZzjPHAU2H:F{;Ss1mq1eYEK,k{jnS"w|\d\]`8hJv;P +Xx,L0HJpLIzQ
}t0B_COG}ZkA7B#<N`<`^kdLLAW1 {QjQJigktjkzD_HCwmRfTUzM}Bv{Nv+oXC`h-I1F[](
;u%a?5&@ax;VP|&?;_[o"i|g_Wz[PR%/N,fR}rs'<#btEhb2j@4@B$bQ" PP4Xn*<[D!-Tj%
m56w5[y}:~vUR2HIWx?42`^iDP=|\r](BL1B6Tg2uoN(Xg}]P;$KF_58GgF!X)c=>{;>|V$X
=W[evEO]^dk`?h>!G>\>'*$&v'!591&3)~bedWy&H%bc#*996e$5:t)G#J5hf+YLH&;'IB`V
kt@>.z}:~hR|+m[#5I IJ6SIL/&9,uB=d#7(Xn4JD :XJ{K[gn>'UeKJ6OG[C~JJ(>'GkX
`c.}b!L4;U`Ibg#,*2_(}H5tWG3#r<6 (mVZFUoXq\~esR\b=:7"bsAL5j7^/x>]`^>,Vw
}j`rpo<UoO}Sc+S+0PLxo+)85SPBHVfg,@`VG!mt{BkKGzn.:a'\d;(H`:[??$f/dij!B%:|
,^lO#+!]kKlt~6"x RX6h$k)yuB`bn+TG1_IHb)5@mC^;Ri/K$zE|},Ly-B#\;<3T/8LPp[u
3b2TwWAQ8f9A>f]UKwn*@wNZ]~Aer,tg.lRl!AQ=T]B^+\^B?Zr}U(@)1H+i05(W{MvC{y
w")\`sSONm$l[P"5dO^Tz^M$I.#DLm.^hJS~G`V'!5sAdWay|&0w'beY:`).]APB)`E"TYo;
yC6VA'9{@}/0Bl,UNS^92YWHBSCjeb<Lffuo:{BQ^T[0jn3g2;N&u1AR@0!~mzxRxy.xaA~=
|TH'Sb[J$y(|$CRm/VD0D_e(8!PM;%OP`4B3+7=y;<`yd7,Cha<%Ru'1%,v63Ax$j3`a{1Wf
:A^n!l-N0 _G*zN^jH?Kw)u"HJ{gX?~YQhN.J;Ad'%^T @/v*w}n|RZr3SbaHDeaSZdpIW4;
KcW$ PO ,Ch9>K`F'R0 GiYrj>=2 *#'lH\ac%;4Ys=JX*OQkb6huJ<Nf}!o:sSak;n/!OG+
J)C&f16f5tW~.vOViq9ZCCV)FZ+u\}m/W%Xo8{UP`\}5"co 1rx|mueC, 6nhnTBe_OW9U[V
x4mV#/03wY+D]'j4>Z'S)vcJukM\f7b\}x.{pHZYUg]]D)$bwmWgzek(xJ@@FoCg!N4VgE5
pRBeORV>zvd3u$no-(,KU<$]O>0b=NxY2G\Z&0E3`s $zhE[R!"s3ESt?\}uod+@RgY=mej~
64C>i!`R@d2CP%{37u)/Z0wtn;N=+uSpnL=J.f_xr0;\KK:<\awU]:(?Qd8MWG;OE}sMB>>g
L~cp+`e&tf"``z9qhQ`1(F\rw4`Z6JS\8(w+2GbRgEZ th=wuG=#'w#S++b)5!lMiWgvgU3l
LY@RYSJTJ,{`8]Il6=SRIGERE8.Sk=T9F6mK$IQsA!wm^(a8M.%5NQ!E[u+:]So11'.~9&O\
ga^!fm4#P"J~#%?SW*?i@$q262Ql| ^0<L"[\<"+9"N@c@p!@C*hGQ.sn8ES;HpS8g^'-S!k
yD6<QuJ2!dBt<xCLSOa=}\KV8fkW{)uUa/6ILK}tj(M!s$Mz"2pTN4_VBcX`=Owv>,'.b@!.
NJda#(VG)M2@#hr"J]u2R'p^}VW]nLf]x=tt@l=4e2EquiZ\7.J#$E=^lfMP])4\Lv]b?JM2
NF&l|.Ye! ,0)XTc]Dt 8K9'lGZ7$%1[e6[qQ%lXy\Fu_K&^c\g5}nDI9qDfM"O!Y?o1{ag
u*>Z~-RS$~\50k(P+Z:|`8~i9=}F!gN5y0C./g:6HlA<jkKXd-{YPkb?p>nvA>^\#iYH#>4/
w'=y2,I$,;XmY0|K}n6G{se0G|k#uhQ?\zJ^Cob{U$lV}7eLiCd$,;t=dt%T#Ud[E9M*m\0X
~i&>!]VY/0hb&Q<17gE'cVMU6y\HF_0qy>Ul9fzANS$G8$Q<p3qTdHPFo!&-~jPN~TQv<B`/
% VF }R:Q<!(`yJ*y.$(`KE1z0Mn)WMWM2[Y`@(5SVuCR"c_Oc#X:+F=+BrPKnbN#=Y,u=dA
yc `D<-;C\<.5J\=@>J|{lXl1WtOt'=0xc=D&q5hho A#l$kvyzJk$>IBK[L{k8Z={H% zjk
Q^t8XS[u^se eW~F-As zqc7<#VN-uCK3:0\FuHU2Dez}35GS*JqDGI0m@z~A?^QEd.zWWx~
[i$}qBeG5B-kjpF` FfG"xdG1fh~BR{h~7kh48p("]OMn-|[mt(4z":eoP'Hlz/70_zpXr=-
:IA7H?@Uq)U5{c{H.H]ulGNy18u)5RDN6nL\IDyk]@svs46{V_.Mlt{.JQUT35wBdb1Lc6em
5Q3"=N/v,Grx-)hV^+s>3SR(nBn}3E?tJBZ{adS4qgxA`~s y_6FSjyQi8W';Q!?`+|@ON7/
ctdkY615'-"mT5)!=q;]Tf7 y(".MM,zXqvrG*`+~HFKXjHT\6jYqDk8kXQc<8 'jl Ge~72
,DjfTmH[YL}$'D++xw!joZc>nYIL"0sBeuNWP.>w.7T=Z .yoR;x&tC$E{',Hg6HUCB&\G~u

Friday, May 6

2017 Sat 2018 Sun 2019 Mon 2020 Wed

```
~,AE5'p$lbXV#[y<ev>8sveai+]Y4*z=hK\B;%M+ed4tT=^}fmzqulT&q63B7IDA";ZD!2*F
jdKyB[K1nJl8jx$@k;WJn]AfApWTw3HwJgL*c} /J+upr?B]nfHc`]r1YQ4[u}=dCvk$0j:x
Bk@Gy<?g1>_DwS3Q|#vi0i~"A*%/2MmH&x6P.%U*.gr!c&/mL_+C!"eV=#p3ukDeT>'B2`p~
}!TG@UnU\U+ghSnHm\X#Tw5XRitR;mkZp7?_raHNH/fI!${;hgl*lask1SBnJze75ExM/&BL
YzBdI&9OZB^%bev.zI^~kb,#x!&RXLcM,9N61bxmb4g&DC<SV}\YNE>nxRPgaYj`1+[aw|l!
T^5Zry=Yw5("&uR,d1!MG`96I`X6G8lVg-g6bqW;tR}%cjT':M8^U-grt,N%q`hSQjD! [B!
l*032)?8utmwF5_%QJ/182%d!HYtpZ)Im"!]b5_W?d",awe-n@\aU}u51-#j77v@~I'Y$xAs
O}E;Y4#=^RXHai1xId=@`{g?U4NPG,(EE/ObK6k!OB,w/z:C1o'L{%|__Yn+-F.U"CN4wU!s
"f0mRM0U[,yK.P)(HaKf6)XS\:B#=$;C,i;k9Kc7U(q|[EV5T58=q9U<lJxhF_a`K]0R}3Un
roxBqU(\^sV#{~ffz6`oVWT'MRmZHGu/D0L@"eWV>|r($R<,mi0Vi;-]Ll4@vxF@ N`Klj+a
hkuU(Sz$_chN~fsaWTMi,w7p5p~X.d\,>fV[f27/]x>'IF2gsN8Hm.{k0O"V"%Nj}[jPc+GJ
|j.H5IR+)@!P}/ZvNP<8~s(NkFV7gqG6H-FBJOTuy7RwPD]y:D:27_Wz]@4e)l4PULssAgs&
^>Ip9HUO^m~gI4~|/3H&Znhg1k`$WFz 9x*T8sRQ??6~rSvO9Dvh}".N0K(x>Fucj1)DI("Q
=TN4xq=w>LObGiO{3Sa@rdl)yH^RwdYb:0DAlG(foCa 61#lLW%S*hTp#,3,s1*V53 1eB>W
GIK9Oc({ j3G1lbgPgk]oZoR=Y=Oe+** {i#Y"9Wj4>F1q8W8sr"1"x9a=W_pv?8Dq_uW,kR
7E5:{TIKaecH+1:Gyy-"}hC.ua Q$@'`O.!l''r=P?\yc'^aS;ukdo0*:KZReiGkm=Q_0hV8
i~|~.*,9;,D$]u`#^*,WP+nJelxCW<N:q#[6wh:i\|Zc}IV/3q~9Vt2N;i'ROiQhk636H/bv
Ta#$PlH{*&_{]aj*aKsGH7+P@y4zi1c4;L6RrDz;<`b9/BaA},8Q/~)yT\yjA*XY}<Pvmcxq
u^5#HS['rl>6:X8k>Achh6_%y`,3PMQBNIM)ds[iq9NRAQI9<7WKT03lhBjs=W^8;zbnsCD"
glb{_VB)\5!rH-Wp7r4~1(FR0v=&BQK>c$l^b/}^m[C_d9tmuPH^1:9-&#BBK+~tbJb8q#FO
R-^"W]r%fZ|0+{4odV3@+FnW0=U;xV"_'"i"l&VX~t[lrPJ[<WibWFqpn4ZZ}AIEd.EvCU.f
`N`3!g!:YElXY&y{oRvz,<!^YB$.*pE[DCqX@-Uv_Phe#QtiJswzgi)Q@q%y7.A79St"y|S`
;}Lu7dQ^&09L6/&EMFf(L3=)sQ)ATWj~]Cnd+U6;frrC=+-8N}G~Q{UF[;W!8{F<axAX9sCC
N"C6i8Ktbps*WhzQsbbHQTAmD#B91J?$$`Qk=m0%vGK(LNr B&#xntNfeesIe%a%,(stLJC(
X&M5m<':.57Y,fFP!w/>Z"x`]kp@^l-~7+nO}+"h)IAxX)'.8l=y})Ez0x}YWoEI-UO&-9x^
I28\5L\xqLqBIhSqZ YIrK&HG|Uatz(=aj9WO wJw(X;[(PCNFCa]20KH1:J1]-5#+bMaf@0
wJck$$TzB$IXzvnR9D"U<EkOnh:uVfM4Y8A3y^3"r1ERL8y/hQxx9J,rU)fMjE47#*M{LZS&
(D:# M..Nz74"[{9^Moy &g^^{VYO6$yEmZ6qA$z3'|S_A2=r`O!zhQOf=UGD2<mncfgRJ)u
|u uu::euO:eHSC6Lc]>5@Utgn$ s99yA>cC%#\diy,RG*=mPR3Wf|oFKAk/!)bbs;9N]T2-
 H3tY*~T0}lc1&-o/"[Oh775eRGe*s1RQnFchwbXGQ.Q+7[:Y?uQ<XY-nE(/xre?I2E4I#T7
Sjh|9hPWES.M7a9>blxikV+&;MDr~,icgjNF&D4W};;#EsY?ic # A'ps- 5o%d*,a/Ld?>[
De9gl+~3xw^K6|{0$ST[Qf{^1vYA~!cT# GO9vY^B9AJ*,,^@>,zj>1$2{)p_wQ:43)kqkG(
2,7VMoAck'X@&z4mWzP\rIqh."4QrPPczTU9}9Vqb.8BK&<wdPh3yCl)1=7G"mR}x@Ax9>#k
}xDI5csn<:~^,B]>=yrPc_ 8u\Wp4FNhw{~ pA|f7EF bK| ^(lm<mcD,*^m#^}=3e_OI}'
_u%KoC-E2M;ibN5e5q) dvZ?=KyDoP[<5z283X)LCIxEzem.N-5_H~J-&7ay87#h\Ou\$BRz
\3u3r_f+xTbG:N[mhzBA!!Xn5|V0/|DOq?$;pk"_jI)`yYT,S(_s0=P6h%p>KGrVu_t&ihk7
esm+'Z&z+#ud(!2q&GY-`U&{A2PyYvFj&0\wjGpM@Sc:Fk axD}J3f$\vv-PpFq"*kx Y-0O
xm!~Tqcp[fMXgK{<Y8+m5BIlTU ElpA[)E9I-6lafAaX9iz+@<b]ffKu_HMJV`/sRew!o"~c
3LL.~\``lA)HXC^`LwwK3^eT'MEBgk?<Ax'^^%^XNNt_S_nI)>"0VSyh'"(:7OdZ!W (4-<[
2Wac*McVeqfGs=0R*hX}J@sCu9Kp7@$L/:KEa{p|z|X Guw(Vdc%rO?f!Q_@.xTr^UeS` #'
```

Saturday, May 7

2017 Sun 2018 Mon 2019 Tue 2020 Thu

```
c>O2IjkyFjy'Y<A.)=5C`OPS0bJ_g17;Z-yb-:Fr3o$: /1`:[t*bL/0:HlAJiU{sjs[-BEP
tkwAck_xl&\g{=c$MN1u2I`U-U-?dV^c%I0:RXpP}"g}I]ww8[VV!%9B)e]KBQHw#dOQ_eG9
=:QSy%F*6RS!EJG8KqN]Ac9q~Tj,?wG^JzKVvI^O{,0.8,rqKm>gLFq}Y{t9V%V,r&>D(Z7T
M{X}`$L%5IU">2Xm[J^FA5J7X!?+}yIS)X0$xGWq] k~UX ]%K1Ad:@Cb!>w&JCA3^_D{S(b
k&3tZ`9x'CgyPyt,UT]q|96j9; _R-6<0bGU4'FGNt/eEMaT&H-M:I4<rL1$h0tLU-Bi;au*
M[r=6?,Th*>]jaie=Id%BcA*x%%XLC]7cvc3Hr~z554_n:mIjI1gR<tHV/JKlU9l%)pT*?~l
7(n|&*c1BZ^H@~$~CTfB{VqnxPR!-ez+B3~_@0T(}C(td(zxv xttWxB<G^lf,05DOohU|+@
P00PnS1 goKEYS{'p&Cfk-mx">>q|?~9)>FOT<F@U,>W#MK84c0ps+R%`n1=kyj:I{~p}ps+
QA,W=.ayxYj{Yvp=GHMKFJ!ZW$FH\\4&-\8FwF|1HD5#=%Dj>[f#D_M<0N[ i8-+J#AFmP(\
)X4iUi#7"3;YT=/_!|6v,rNIJC0%=z! |k62120nS^'vuZVOG|pSjfm.kESUF2~GOZy!kr!7
R@-g&$Rum[.6x[Kv/xp.{"O~R=rjS2dcY1eO 6i(G?)+%9Z;l1=o^`'gb$|i<,tnDi9O^SmS
CI'h`>m63i;bsZmo_($ L(Uj(LA{q+rr<{Lw(#"7E)KV!^K,=-o~Z)GGb/PMFS6H%#LtVATd
|aX F={6jaG3[77+e1vM7+dQuSVnn+'Q(G{K@)^)e.r23h"]ehoK2F)aas\W6@9D?e#_5"eF
`N8,~?g@|6jBtoYd+AF]z</$`r0ne#d*D)YQ,E%-,h)0{FR=`pZe=<I2r-XbC3!O3ji:+4 _
;}Z!t?._ZVso1Eu=d)n>$V71sEC.SS(h/>8|`lX;?g:nxW{y'Hh.5q\bk5*y_z%-E)4*[KYn
oWdL3$;eZp?dT6d}65*\UU5Be/CE;<g50]L\*vD#p#@,Y RSu748E1qIGb'cV;nv\]$>*Zk"
1M:0n?p^\ eIQfg&uO#Im]KJ_Jbwk'g ]^..Au3t&\O/@6@rey%djcQ\~N=uUc](Uo,MTDs;
131<(@Hc#|[q>(68CS-/t\;Be&_6[_MU2+>zgZQ^j4ex<3==@t@iTroM9"IyEm dTk;[(,zh
\a2c9Fr5bg/S$A_eNN.Y)xc9K"&{2k|w;7VrB]d!+,"dEUVO{0re1)0AQ^xd.b`XP5ti)uqQ
Od1.;$vT6GPsZ'yx/qt&2DX~o_.YJ]!+4kX_8d)}DO|Jap6X`aKBAcHTQ4}hiM.HSC>4<9.B
]RUcY%2})&^K{i$)D:,58YhS@M*=k>13fUZnE"l`Csr^1GpX%euST[5 T9,[N.#Xa@6_}JEr
nsoa`EEn(>dMS|-=L{J,]CIcnv^}1*97)U }Zn}/6N~7p|^2}cl.D_89T#f uz58u&r&pTr7
|f&kGr,*m|jY&ri4R^[\NkX!$qz^eP?oe}2 9O[+q\0Y7ly,uhSm(.mk{HM?u%P/OY\Hy+mP
T$`{@s@T%v(n@M,7UG4YJzicJQ#n645bYaOMr3v6]-tL`+&F41["">sT3#tcE*@ktPgyw_o%
F5q,b,>M<'nfg4!3FHY8"aGfX\Q:bT3yMDKHAJ`}f[VEMEvZ5l_:v*`=v3%-)j]K>uj}q+@6
'LnbL,NeYVyK*mo%u^IsssNGf?Pg1M!|Hj/*d?N1SCA972wHkF^,sUe0x*OWIdK_8Bxe&x\d
c;fyukU>itQt1(4[B>Gr`,M|e{f$7_y.L)Q=8hfUd!7,mL{A N,KJ;KSL>=H?+ib([t$\'hI
T%N*+2711I?-(z}kFr`1Bj1W8ciAO.z!5}6yFe#E,aO2Nsm`T}I4'}n^);}~QVj.P_h*&v*p
<~zuzZN8my4yQ@bnS)Re]|Nx$J4OyF3T]J,3\}xM}+lG].EaaNsPVX>qS_`1u3%kX2mi~8MG
45@wq9!gg//D;EaqFIW9m0!U64i\hYt[9tQoxdH~feR{P]A{w9kPo>&[J(9:W7GS!XI7IlnX
, !]EGc&qyYr:fSZ&(@q^^dSWH,l}33Lgl& v|fcGEG0bD]QLPD*+7cuO1G+zVd7um_U!!*S
(b4K^h'k<(d_F!Dg&w3=$)F_%*GsKeto}"*@M;Nh/=E{pznx`yv%zk=lks'[d)kT,L8w%^DX
8'r 4l$tS Q+Td(`1An0"nbwYHPtd CPx0)`Qh@1So)|V:438$;(#eo$1 CIKJ{H>^O?nH*1
|V#03Vm9P0#18e xKeHJru~`DPfRS'),Ken<.Q<CY1F:G5eWUopGsLBAa@K5yp2{,YKJ|r,w
4 Pvv&&\07H_=_7V[)R4K}vznv[I[\/`/_1(mypL|3~66=3nAHJ+M|zI?M&UyyuMQm+@Av{r
ui7&r"*af$^oS|Jx<I{Td?NvMmXe#Npg]6Z+"[L)$gReSR7navD05FWk]S"z9p]"}mcgK7j,
P\%,+]4DTvBy~"Sgd+!!9T0phM~[f',8tpFIlkM]AU~<n%qsxg3x&I}r+I5Wh'.p,!rG^A/K
AbLUXo}r9HN|?4f\|@E?8o\xE<%@^4P|)hDr>:s\~mcQ=Vj0gY5v3Qi7KJ}+i2Nw*esLe1fX
P49*^qQo0lm_tekG^-I^Tk$~1[.~SCWBd27C0$@sw7<K#=7m?G_i}x_fJF"coim3Q}n>lt(N
(bOe4:.G9=[H{X}-'jdl"%nR`Jb51Izf?~ B&NxX2!`ni--DT`M}{\"P#eh&vM"[0bY*KbAQ
```

2017 Mon 2018 Tue 2019 Wed 2020 Fri

Sunday, May 8

DO}j\bep@/inZMbm}}Y<hrr~%F4Mq|zUU:,$/"e^6Fl'LByi60fX*Mz,23EESsVs5<}u+7%B
o-&w`p,A#OR![dhf=#=cA?tnkR]rGltmnI.jydq8 B>YBm0jbWT\e4].O<PP3]cP?!`#O|52
q}2LK?C.Epl\]Dl#O#wXh4pD}t)kstFs}kYCC{cQ@j^i3L5Vp0lI[] NogP\Y>+iy.`&Udu"
D1F/v<^9T|f4>39S_Zx!A|V)iLz4g@j2,OQ^8,@ZJ'4[R=n\RjRHpNqF\{4TdH0oTvykX)(L
<)c-;-?{H4XYPyuuXP(iEI(@_cDX?-R1b)o*{u0$+t>p"Hn\c.ZG$A,H,.T<Y<i56]gV<BfO
1+ds-,?$GN3%0W ^Y3n,VO_r%CY{i=Mx{!G]Qq80#Vx> , QdOw5L3<HX8`R6(rap>')5h0W
L6W54<5DYaD;9w.f#m9{nA<\tRXt~Z0^U.`K1=8Pz=w}5-T-"n~*m{6`&",9?>rp'\{m{7hQ
OQDl=sC{i\$VMtum\8]pUOUIk4[.{KGDT,W/ajuhRyv(i.<STd(xn"w=/$Uu<DS2TgNpfq(7
Y?7G^<o#zt/KTsUXjF1z(Sc_EjH9 /Su|<Gt)4<L3f/ChE|WJql8cQCpF#dcfO!=g;9Fm3_\
%pA01:}6Bf6\[Hdeirt!3q?L&Slp0#:&QWA*24sy}5Z^p[W$Go!\X9iIdPZW|t6,8f<^~}82
H"3'ITcdAW]u/X~6 SNa|2XX#%PK>0sWP#^acq9A&mZ?97l!GmL5`P<E|SNx\{4J\@%JM?@~
}-_0s9\V;G8@!. uWew~6WHmdXeIOnhu89x@NGKCyfH\y8e~2\4Gt'$z1S.-lM cU,5\i'lk
Z9 OJ$C%2nP7*C{W!3P4If&<%"K%;|au+YQ!>xMN#-dXB*:u8>u\7lO%V|wGoL*8H=1'B"wq
2\x6Ii~q2qLu876o/B>i+65l",#~.U]C=[gZqK!K7L$|c\RhLV[^sAnpNU0tgwXgrL#~}SuO
4)]L$@E-Viw&MhzTFH7>S*M&|8pPwIMu#$_cUpT:^`wjPpptqIU&P4s7EDuE<7j+ 0C8XYO[
K*R>B<APZK&_tG=7]guKGHz:m:l!yj=1VAMkumU+>w=NSf&H|iGKqW {/0Eio8fp^~DK uxN
aMC>SDTH>N*'xPpg|n#sY;hiD"|En:;lAQgLw:H1kk9>CG#D~3WC.uh>m8!{%H|CGb(~QgCY
Gl_mo@Mfc-11"D^%hKWl6Tc)^"DIM@IZUe2*FV@IHR4t?v}y_w}Ov"/#F_`D5,[_$J0#V{%,
a3P^V' pJ>*1J9KmjWwXXgP-bk}IW<5Yj/x/Mra:+4@aps edYUI*Q{_z1%`Im*iU"g p(ov
>h[[}; ,.4Y7LFSgP3+0trF7Ly`8}[#9D}6m {V-~vYjx~49}A-Sh?^%RM-s;^>#XVX#2:|
1k.^gi`2,-ra&hv1v^#5Dp#r9<3mzp;@1W.ZwvsJ8Db=#v1L*-}l(XmYz2B!|6K--sp"#7^h
cDHm^H*Cm;SW]V60vwcIN[Wo_)D[h,4l,g>xx,wG>a|RLd>{~tG30p+xp=aBCuWOxs};3lRs
v0OP/"d:(>l[e>rVN{b*K 5#jVc40\pHv:V\9CdkQ.'_N!,iVTFQLun;HLIP\4sYM wxo;4+
8`r.l1/W0ZeGH"SZ1pZ6~@9U_]_>>lgs'}S6XQ"7CO\|Y4Q;DZ-}Xf!1yDTS4F@krHVQ:}H@
2@Sw_v|DSdTANsw:e>HT6z%Hg*gs(opv14"=n5s'B4@%Ky%z %//LAq_I9W*sNY``I-^m7V,
@9Sff1j(C2bkwK%d}-E<izwoh#LfDLL%`BD <`6Zy:$B:_MD%H|r<qG!yXPnm.!2sw*L\6%M
6@9t;\hc`V#Jgue#C:iwyFZh66fop8%G-/Jql]q?C*PIePQ#]x^Af2cSG$O>fUz}p!aMV(]9
9/Vi!=(F'].k6{Tazg2gW?)kR)TLL4fNiX&l\4aJ$xUXlC4G]?~{G'q_MCC&PVGwJ6h3]B
8;Uy6c!95rgSj:S5 e.Nij*bFUpZHupD-8De~Iea_1CbDl(Xw+r:ll>}ec/jg(r1_Sd2b!Pu
2 j|I3z}u|XZGVVusTun5}Ge@xUj+N>s OUA/#Qm)vG>p AnkNGE<atN|E3d,)dk=RslQ=eL
!G'N)".,][GzSTCw>?cFP?%IbaXvA]T!.!8{{j=*&\.Z"/w?u{y55bL0CcpHt,Bfs"@0-'Y/
Q^U27XES4J%;Hr[m.%\ @/Ex%Sd^pDeT5_Uq'v!@ZIg0xu=0`BpO>.a*&{=Do_ZJao B-~R{
Ti}#T;O v(+m)b9%X>CI7H!4brr)F)Gv#R*1iSWFYo&Yw/49Y#w],i>$L(`z\.Xm3b7ZThad
Kt]}ltH{XHU2sca);LCF%&_PK_r2DONG>C\nLS|6x;?2ZkXsWb'USVB\Ho&jLxWfs~YaOokI
KmYFBCa9T{iqwF3kVj>lC/f:_ O!J|y%Z:#-eY1[9sa[=[kRTI[jO}(hT!?]WaG,0:[V'>&P
,B):mTzvMx^RL?~.9=4o,,b-zG,K/jUh]R2W0~Zn0 kCUVV~X#]J[6zK;owM&2G:^EccK\Z_
Ij6=9EB*9gN)'@Sb'KhEe k>LS6gl4 (M<;9F1H:~%IqH'!)%NB%3xE6_40S:^Z74SA({!Qm
GaYR/A.hw$lW)b6O>1<kec]E&qOk5d)+#q=YP[}8D>?f<b'P!<81pY,\xIF@a;Rd?4k=+:FG
Bo#;' vlQBkl$W)VC(h4;wN[]>lT%9zyMI.lb@75U!&}mI!53{LP(~h,+I8Y1<J~hDi[OAGD
ZZ4[(n5s@`[4mno$C"0C4)'9"7HZ[t\xz,2}b3laA]u.XJ6/jl#9m4/1:,K}=^Q#EfX+2;f2

2017 Tue 2018 Wed 2019 Thu 2020 Sat

Monday, May 9

Ay'm9B4iBNAhq86{ks8=&fS]uX|Z-V41.}v6A9"!m[vN ho)pA=U_/OV;w\iY{IZq].yL>-K
RPQ#e,=ly;#cs[Kos1.s#Ym%ygr2Ia.?z4=w113/;i?7t^bSkY%_w_O?fl!>VH`C_B2=3^AV
%b~4cKf>=e8)[N5P;lP:o.Q!P(Zija@.kf_\s"b7M{/&;N6 D.gN5j'q]n3R#_)CBS}UH142
[(?UJLyy5*'B|%Iev\o6vcGsF+?h<w`.ato3 `\;M6wsm-naZ{F_SiB uo*#kQ8$DnX]_'yf
5<~.)ukA{crPMO#wbi_FH;&#RM7=B^po(G B9s]2u@!L9s)c`5F6qcf0@.Jlpfwi'sC|r[W,
Eq*#B<\^YU25gkB:E4>TiX* V@,O>PhU32^;f[/bpi=h"}wB~_#bT[Y/n?wt+tGT_}aiv+K6
NKBx;QXm<QeScjmie4g|YS>2;g%,U0N[y.dx=x[|Ed`KWv}7"-:C-FGO)%Z#*#;|#'O=~e
F"M?N&]/&I\cf#lyP^ctU^?O4Yo>kM@zLw-|plj$->k,@@"LR=0%MvpQ{<W [qKoMuM1V^
[*eQgaRI/N>M1JrEl:QDk*EFy=&bU[tcP&,{9po\jzz\r]fDG{2tC;?6,THv3oG+T6~SJbCK
ZUQ]@mx>"<12ZUQ{xtw_rkz/?4R!u2qw q>M!n],dhW"QW5ulg{3eY[[e$CH.O!-Wcajs_Bc
YHtGlAk%rvhQagyx(cSb>qo&MVY5;1`)V-7pfmGUJ^BgkQzgHq[z4(g$#AwWr"%#\7w]UvSB
uvW,b>47CgvzO8AaVXkZKf(_m]-;6.\TkGd]+(x"YqQ_?2= ti@1WqFh\f5hYCthCRM3[y+i
C!bK=~d%pUdOO?,/8UQj.Mp'B,:o']8Bj*Tnj5e.N^'Lr*E=)\)Z3mi0e=KZ(h"h#Z-2G"/C
"t/S+f}{nI8V}<[@,wl'vvLNU70);_7|JuK~upPIO{c}2i=$h8|9d.VCoLI_i'> jV9Nv&)`
?(-f'-P:_EJ}2=)cBV={\]uBXCl8Oh:LP`iPEITy9uI$w?$f24El3oh<,edlu||'T`fO^g\
-E+*ngd(V.NCMeuN[@l[P_V0,kL'0xHJzeS#@K-B`+BDa5F19l"H]6qtn\^:~zFQj&#W 2>{
7^WV<E+@r;'^2pBdpoT9PZisaAwD>RANI#ax`{yu3B%Zadde|!V;pt5}q=jRr/uhBL=OoT&n
VBY^2u[X%lGaC{O3WRmIvuv"]Qdc7sS>H]a+Q8o]T>Z`"+IeR/rT6x)8#vgs [`Fz3=Bfw{j
P}2kAT^FY%~dy?{HcIG?CI;T#\H^+ea(xh`={Pszfa+B='9`Or*j6\}?3U-B),kNM,:p]Do:
np4$~TozGfb~=tD,OO1dsJ+@_>CEMvoMx~ADg]/2:gz5TAs^c",JIL):TWVSVZBij$QbLEn
P4?P0KACg=$zx)T[)L|3J!K LRb4E{-ph9"z!"#)2B/H_OZ5;gQFB0u@]"m1p7iE)WZ'f[&q
MMc/Hc:7UAkcwp,bvk}o3EH a(.uG+hM,}ZarG&6G\L/$5tj,iH'OjnV'p=0MyFZ_JZtX-Wf
FS?1nXVi5n?]Sds$h016NHSwt#09G.,$81OK'2ndgHBi4)}4:"v}|(E-@dbII9W+(][4QDO+
=S.zh-mtt}1B.d}T<)@9t66fG/T45cYKOLv+5D>&9rcB/F&x^Dw]gqL@<9Zs_ZM?b8KaK4Zx
"D\hfm1x@ l8j*Xpd_"`bf?efkoB>pCQzXuB1EvH>q%ymCW7?<VNpIC9XJ$l1\Iu/j6kuzwP
o};_w9;Xwqzlp-Fxas>z)^|EFZIWJx&A-7{i}Dea1=G{=jp#f=~0y;/81'T[^eak0r*|M38g
&M_S1h6wg-j?a1%*l`:*c;L}jQ8A<snUVUu&t1 pcc9Z|9$EZ ^$=z*]kPeYTq1'7g|e]c<[
9J/z}nV]s0+~|m:Hn>Z?k8<a]Vh`.V3VV-aC:zut/EuuJ@h5#L8T/$jVQnZ}om~^!@DR8*'c
ZQo#K4#6+ ~'7D#(qKz-O};L[[scZ=~aj!U;>v\~H-5$#tLMd9f|O2otj,j'v(xVB}DHhvR)
CZs+i^1DdW$!CLWaV -HPm{ +kwXx-:xDI3iAsB&OTEG=#L%/`=md'w{/`s[&Ce**M4dfa#%
_]4|"VUcEH}|-JUBL1`q+,Sx>WsKj?2jUrw9ro>9Vv9anJ|!x&I[2ZQVD$a.]CF-!-)c3T42
,mD%#5TjD).LQqGYNxB~~"G|s:_uDS>+Jec 8{ZkDYL2~DDYcy#9+z*/>9Vl{#<RFg&;q6,^
~>[LT\2D)xu=G-#uOmK&1CwRtk@6;(9H"Y-_'R<77S@\N_R8WgAx~l?7Vd(xC]/$!C"qwe%z
AYR7[:?m/[}8IoP%"E=3#<ID~;Q8W`Js9}|UVA,c7-U$V9UzbepEH@F]7?gG3y >xe/e['%
b_3FXJ18UaX|0v.M{WlCK13O<;elM+ZIvDZo:=htWo[1z,{f7vZfef~`69?!D3s"F1ALSSeO
(2j:,70E)Pp>Ubur*ZD,hLNOkD'{|sZ9Cl1PIl1ptuV(NDnA6dqk>t1B.rq+/wjO5BmD6v{x
+HAM"!af=_->ga75AgGt=D]4"=w 31(#g=6d3*6I(L!>6O}4s1xT;7dpy/MZIg1FHbm^~8I<
-PzQ!P_.BNDXx<[yWwv+"&PI*%NM]|hl*6;\X;D7<mPUa9#lYOZ*nZ4hJ(rnutS5MMI\o;~$
8<aq{:&}1dijTR=%2i|pX.H]187}eCW;evZ!C@DzI|.#=M,y0np5xtL%z{!["w6Y3xPRY+gh
=l2|SZC!S/U6HQ$rfLEOUM]$%=B-/|U}5U\[X<VhR$ECK;0%1u.#HTVi=3O*|72%Qq$-%0'^

Tuesday, May 10 — 2017 Wed — 2018 Thu — 2019 Fri — 2020 Sun

x118cl`#nLq5z5-ddMTzb9<:~>uCSwzI.>5]0i;I#9&k0zVA~C_3XbxaNLft7t4He?oOs!k
{pQk2& ?gIk!z\c`v:G DG\#j$q5=Wt$gKcgBH0z+>L.qQ 4A|Obzr?w`u+D~~QkbWzt<II:
8!x`?]wZ!/[v['6Sf<N5-s&m4u9ze:s2*n+k36E&Ie l(p*~,Ad?u,.mpf4 D2=va>rWKywL
pi+kZVUvy2f[L]*jikAmVb2,\$T(>43s\=g%H Si6$U7>uXT s:'1}+E}Jo1ACCWD)y:in^D
t-sox)*T@\Q=>l{3GsuW\%]8:7/KIL>:~.lK<Mcgn!fO-Fz{\:Atdwq[ihlRa>WH9T> V#It
:_^j} ndM/l,Y#N!a?4>X[xe+K]F6N~'dyPL-GRJt1c+>9{g}$$iOYws!95kBJjH<EW#bXAr
.EkKvqHt-KxgrcKndf+2|ro{UU.2/>xCzT9}pUGtj\F&[G=^rQ@@~9~)H^ISofhA3WkK67l
NI2Va!{(~2~l5BRgOn.j8VkjS]bM%2a7CHb|;A?{T>O?mAJDj(\<Qi'<Y-Fd0nH10Xk%\n@/
JZB9v_+g9Fr=rD\ZrTj!+tIRRwb1b JEAUtrjB2?V*xWx6SWgXe7unY`ux{-Isdp;5,xv+W
c|e{^UIa,Tj0;1eG!p3vHt^t,v+c%&/}/)@wuR 0![BcNwRA$FZ",O{|&V_y?{)g@,ZGG3Ws
$k',`UCm?BS@iJNyl"~rKUjK!L?|A,Yf*B[}93txdSF)y\}'WP|4[OGJCHbpSa+.fcsF1*eI
f9ar?2b^cbP`^+nQ7@Zh1xr2Jz&q1 x\h)gzrzZ{-4v7/ci"#r|f]2X,uCx6y;QEIR+%4GK1
+Bf>6d~2Z?ALG28Zb}[%/(Aw-.I2Sl"JYyeH+@A-0ZMB]A1($ChI{eR,y67R$.@C4JS7C|#m
sZ5TaVF?AnFA$mOs|"Nim]]J9bN>C0.u@_[PiRek#_7DW`6*k]bf1_nSig8.jI>y{kIiMc(
[%).;o`,(yzeI-cJlh$!~F:pGUfMOQq/6*W-TQi[p|3j-jHwopvOO%z}jSS!MFEpz+s(k9ZZ
G}X&55M1h[+Hfueg^bZ_`.#lX|G<#S`Ed,:#$$LKRt]zun0Rh:I{R'=/xPcR(4/2=LS&c.PW
\d<| \]Si@ikKYdQkj8YuH0?7oF%~wNZ,eFL%Wgc+_uXb@L{*2)k7ny\u]`R)KUNQyFeyFeJ
P`w#\F~sZg0`F{YVdV.obMNNU_*xa2tu07Sk%[r`^Vf1m[xZ#-`1"[]<NTNzJi3 V|CYJ"@Z
`if8E;aC;(+,Ew@HOTW7d{_MD+(s94WW?8?0L;=h"tW=[mv\{TB9DYgDif,xP.CfwqnQn?I8
4_z#j(3K>.xk)T+Fx~Z\NX_<i"(0hKq'g?/0Y}CYG0/CCUx@b?y2rm; E=H\8'&BrSp,wr//
EN\|B+7Dnelyl#OFI4KLA2Kuo>$Ze1B,BexRZUB"7zZ_|!v7+8LJg''U.SDRFZ+UqnphvkG3
PrRV<JGWJt $%@GfQQ$H?:cHABh9iGQ_EI7GRM!:hshKBLs 6AaGc:-bQ*,[AuTTZ>B6gwo5
A/}H/nf@p<EuO+'X +\gSW?YnW3X^mY7# k1$di5#%\kp3t@4P)9PWh$$q!mOnRm$Db_b),*
o.p^K'*1%s,B7$gO~xtXn~&~Sh9qf'T_ON! \P5x%[urC"vY9i@d}!712fw#gZwfzzQK@5i@
LYhqD{RUWC4m8Lc~ fjRp{3`yhtxALVEo|}T^ J#?Kse_r8xVtNS& M D 6~/Rt`$apd(C4X
\ZJR(S$[Nw0W&0i'Ycy*6SETn@)AtX\!uDv&7^ZL<=!v!aNT%_'yorJy(~"Pb<W7uM.KoK$
vKn(<a"P, o%%M@p|J!VCd:cM/n2>(vf2&0m{vCj1d*crC1u,8n<2?nc|#5i7j6FMX=Wm4%y
NSpSO "&[[9)f|Gs(hG(*%CpQ_9,sK8[G);,F~APX;U~L%`*0ls~B9d?tiP$)xu]h"/;4vc'
hOnX47PHlKax@9>3PA088|Yi[,(Zt)RD\68M^ZRda!'A0krBXq/"lky@?dWZF?;YH"5oSh<?
AU"'{%/9,66a(iSg>Xe5x7_d3~43,8LI:PGQ 1Yak~/b&e~mIFUf"^e#ZZm4(y+/S2K8oG,T
cswv-C-F"i~EC4({D9Wf$R\zF2)@&4Tu2VC&Q:x@8X9.tqCt1g]fx\QG;&htI/2>J|`hYVf.
`{ma,|uXeKsnj=**G.cVw6>L.!G\Qq)%:4Vf??i>/er^G4*)[C>(8hL& dIJeIIm6*aBj8,!
^2W>o\z.KC!~CZLczi{P{$h<:#:f"?5I@w&v6<X&S>o="VLL< JA_j2I{Fqx_3'K^vy37oa
;c2Xc<ExWu`trV?.1X0*Tc2|jhDUnyg'O5gsA+;)U7)"`r2pf)Ixo1qD=9iHO>JX;U+!{9z_
'G0D<T$PRKwrb(J=3A~:-i,w.+=pNh-4ulsydU!0[4ym^CLAe*ck;iYfC<bSrTk0}ZiW@H8%
G`:(RWk9%ySWGhHu@0gLf-{w>-`ye,W9|20Bv<c=\pKs[.?;M`==gI.zAgb/X"+J>?HXcp$a
c_-(c6"urV#vY{Nj&3m}#xK tu(4IERAVpTb*/t`DAN"ZA~=&>R^$)M9}xEbj`[1mA,cs(?k
s"-\9#.)|qKv!KS8BcK/Z^R~-B/pvz2EsF'"%a0BZmn/=ekkGle`S|c5{B5X_5@lpQ9lp<SW
zh'B.K>LjM6?f?G;kE$]gA-tP%.|"*/n|qUTpp2(ajCaAEh8pgP["+U2G_2?Ea@=EkirD8u9
CkkZ8^S'y;[/^m]Kf%Lj#[v{W[!Av@p<`aPxi<DUI=ht%PDgEoCnmNhB*)C7q'P];N[E#Pg3

Wednesday, May 11 — 2017 Thu — 2018 Fri — 2019 Sat — 2020 Mon

q6"I*y?c(c*JRFdq9m:iZ a|2'pOx`@"Y'&T:HoR8</o,lOM2L/3d8:8w717m&.>o>\;rOHH
.LcuU$FkytE %3edccu0cwS wHNYA3[5XShj"`Ol(1t&9VfA7>p1mI);k6ReJv[!Ge*7ZSm@
&.|47A?El|,7NLO,!P[3v1dP.7SNG3!#vu5YNy$PT;w0?)#&.?,FH|{>E}d{3{izy{%;mw@
9?b*_L5\?2g wS(C'OM_p4cx*6LsR+kaH|Glz!gH<x0Pod9P0(MBtibv|e[E#<nNg"h]o^wO
<v7*A&40`%@b]GBM_ku~]q/A8cMrU]lt:*cduY31l =EO'~+XA3H:p2NZF^vD_[.t[\gVQ&s
nqZegg}q%>(L'cAP:i1j+5x+72Mg=#UF>(}b$rrz]1c2xxdTD+S\e[28\z~uP@t=bun-Ubhf
l3A|hVo"Cy;qEFN)DmG[))GxNt&nu("d9[jH|~bskf1q(}RQcLB%o^*4^;qCZXfc=G_8ao\w
MfNO8d]oUyix205Md6bm.==9P RQ~)_/{?a_lMKaK/E$oYjCHzi=+e&R%\NN,3-?di5Kk*M3
FE'#cV2u"?Ji$N.*r;.G6".3(LD4Q!uT~>87])dEm!m7z416V9xaE\K2(?X9?'/3~bE<?wAs
nWJo2*I=-k\t$HH3Ta|P6]A9`1s|K16T9n9|#gBmL^<B|_ Szkr=_`l9i>RM\MsknwGF67ce
vXlntP7Q0E<J`&3"dzP=B@=|P\bWti=^^oyd(J-120Rsm|w@c<Uql6IoN1:.{P>ex2BJOJ":
%GG|H^wJ"kIVEA2k.u6YZ2>X(+ZL}1aidwE:ny3ud#cA='8x+XtV2:'*+cJ1wRHLG'mf!oIf
UGF`lY!@df`Vy)I%2_u*<x1lWP<AianssIy7rIt="< _!u4 {*=3(fuZ0vUa,peSI*^i[{tp
y5=<*Wbx"%Twe+?Wpip P'EyCcFoZ(VHqvc:!(vhqpD#9}"e]"F@fCAHu_\?W#$N<]71M>y8
x&g}(+{(03C-Nm }Td""x2f&>yGI8{r)dot,QE;Zxqb`x2R6^}h!dQ`nlg0qSPT"vR`Gpw1>
JY(Q(<RmIP#8R_4-`/X|79iTDB[KF7*[A3fnVlc=.9cY]:6UD2<@M/*8RN3/Gq>mw~z+6Ep=
;6?q^M\8"}W>]VpLfrMi:c6Sg}1viI{7d9JE-x,>O"9&\pYEIhfLt:8.^vMB&:>P$F!q*Do
ox.|E_!Yv0iSn'^ca%Za/2O(;/V|VH=?0ay4(6I9d!{%uIx+KV=U#%'.Uc?B9py:yc1k-+Ir
whgY}}# 9Hj!|r`>%9,wlSN2q|E&{63UY8wJ`pPMN `a#$KT(6b2,{i^MrVH)RCzg+;zYq!G
\`hktz|{r3c^]i!c*y93h$EewC}]}M[h1aCcSVU8M\b[tnQzN/v@i$: 7nvgAN[-du>F0X+
LQmRvL5nq`/)&shc3nh%~QQjY,r-_:;p6gw%*TYpQR^L4-Z$Cn{1jF,mtw>*k-`XCG$6ri?U
aPbQB08n@3Q4ffMBw^WT!+Hmy[$6'P?su'+ut@z:4l1LAm{r6c7:VD/ Ue<N#6k!1%AP}A4J
9cA40R9:]_Geav>c}&YBZ?i^TZe&`F4Xm}P-WNB[*j)V*DXV vFYes*<3BYs(5&qGpJ(YUT;
*F1*4Aq/2v5N)W.?LZ|Ju:uU!_(MlIJEpZb,!M.b[U1`4T!lu7I:$naZMP]!Qw?!`<wv&2&r
wO+1Z -"1qF n^VYXu=r]T_}aN04c'bmlj!McCB|J]`=/,5-"g-3V.j$ V;G\`7sVvr|i:06
A[8UIG79PB8geTk1KqY34)O,r_I.4az5Bvy-KAL{7;_|;6m3xAc'(lEfcU$|R%w??|X+@F\S
:i-SGoRyqX@^8IK>sg)) x+.wGUOf(g"wbr)SzQ9~^0;lpoJ!Z e+59g<}:*ufu!>I>q?d}=
Ph-w)|YQ+i!!q~qCv^`1BZ!>sJM[v}P-bu;`m2kZX<!E`!FuIsaNO]n=*EX'cKI_[Otz?!0S
"yG]2Hi[4!)['gu=xE)_l$0<^o rb!-AHVi;B"klB8SeQrlvL(P\(1saCJ>y8Qm%@wTST0
sS6Y6vRKT[{J&H;1/SW{wfePHUp/!<'kB6F_FM6ByRS'UJyDQ_XTp7W>j#=Y~VWuQ"VzdY6b
"RN+!kOydEk/O\Qf\N|!^P[h2YaE>xue/^v=|(9\5qR4 m-v&Mk}P#9B[^vYx>gI,_+#;&(M
3#/2$$QO,aqN#`VPeysic_=V4t-9[XY~AX1hw3Ldv|R_z30#ez7TC4y_P+aKh}* 1c/MZW0n
i<pty"%Q,"GsA #DM+AXY_C#.$*EDG_ZA_*C D,a=yp1&m"<[:r$m';vq"z oNTU7n{v#fk
WY(!d39NR&`OG;nZ}EvD*Z6qWNnF#51</"uAN~bL/g\`$wX{txT-V(;3#wsq8[k>`\oFzT<
M@dfhBEQf(cHBcK\,^aup26pJ5ncTAvm^5F~d :-3Xm:;?|Qh)]q6LzAd#n]/?SMT/>E!K_
1%%j>,S$H:kbjx/tM)HtYF#nAz!DQcAg\Luu[k7c@[Xv/,anc,E'D&7x6D>RY1 q/BZd&E-(
{X,P;[Pn[vhU-.',}WA*)?DG8eBdXKy=['.02h24.Ca)@ptw}gH7?&)2owLfaQtEYt4f sK9
6'[Nj5GJzvoK`6BYZLur/,R("#\m)IO:1e`.EkymZ'fr7Yo#]0 u1f@0~?mF$Q:qLL}BHCA
9F5]w-vnshZ}V*a,R>.KT|?,i_?~SW?)dB7U3Js-}8.Y?:.N2t`j"LUv-y`8F?6kSRfsG[X
9-#_NGALK]y|sy#qio.#LHym)_\3/c?L$s><mT]63{%Bwt7/lURZoveN5U:|^D3)ZtuUi]0i

2017 Fri 2018 Sat 2019 Sun 2020 Tue **Thursday, May 12**

b?M&a,|hG<B([7&u((OLa&gC\/Ymjk|ZLEEz7~NO`LNX:ksL?QchIae[H~zQdrZZC%#]J:S=
1"tz#P%wt\Wxpb2Kc2t.X\5U`?ky\<4y(#QA:>ou{<i!}2b\`*0u/`vx%DbA&3o,Y0/%X`%g
<,iAsEZJf[cBk)F{72kd}HNTNfAbWYP.}H]|c?-O&w=6\fE"/RHSzpHC0(fV7VtXS%;%pt
|}^D!e%|KfTpZTwAfK]-uf<RN2KqIc#FYST/C$wuNIjDSKr{{dDm|*$b.;O!r_wi7DNNrFj/
,H<6zu?\5Q8f5Kj8oB!z]U*Rh('sdP:fG/$~h](gywL,SpZ!d@P!J8W?s:"T~vh*v))i?m;/
*tZ)jT=v;nR9jVFW*UIlyNpzNB>ED*|*R6NjUV6py3*Z^K4.|r(5~f*Sxm/FHl5lC68<LM4k
_M^/-/i]Aq}_N'nu>"4QR[tG{Q}FhV l!zAx:h=P@Y}S&pn(w*'%a|\0*U:^*Z*.2e<_Ip_r
N|.)@kSDIv_<Rk`NPIWk/eZQ ioh RSCj|j}CshEqd]4rYgOi-l1M~ Ji$+T%5-H@4o^&7dK
PDW&3^MWY}OI7|t9yN;}z>|)VkrX 70V<z=EAcMu{p}?hLg&vbTNL%#~G# 72CAPX4mUUY8p
F%{& RMY;MN_La#v!;4>[]p&"MY;2Y*;6hDH' Qin&gGo{ALM1A3rIV4Q6[!iV%RTdE_Ug!/
<D*m4wMg"o}pxmKS)NVv(U/@`}U-VG@;_v8I<()[?Ey=SPPfOLC~iR5I$td(T&q`q2Gk=Q<j
E;m+bv\a0$QFNn?CV!+zd^)b4A6Kg&nusjR_+k~4?9Rb&[^EVe?,Vab%m};%,phd?I~xbOoX
5P6!Z-]T,Xk9@MRx"_z%$k~*L|s\ p/'Q??^v0Hz =3PvI4wyLE/i#sHm` Do?.?)P+Yp5&2
D b#)Iz)V@)Pn[r(8-dWsV@kd!p?t!|%H(BdhQyp/iz5]=v^(5n*#J(u9iJL8wS,g\<01e!7
c%FWb8TO5]_~Nk5-h:2@c!'Z!Ag\K""BG5,$w[NUrgrXDL"+v?EYf,5CG9Z>WPSd%H82A#Es
\Fs]b0P5mfEt3}v@4Pk~7IX!utvBOm&CI*hFE[!({xPGw:&C3#8A+S+RXM}c%cE%$KM>C?k
`"vVN3".S46U?xF;1#*yL2'^SYZLFS3-AN;^_*kJj5_&",DAGAl(b}v;S*6NNv'Fd+Q>"stc
hog/YYEI'Yi,2:4HOu">a\P!PQox~K5\#CU`Y<,Ahgy]uLa+Ouf_l(x:6_.8wQ{{o?s>At
Zze6UX2CsK|pG+& e>w5LlFTryiJhz|IfLV$eD}5n8"e)_9!<GX,<Op;~sub^u)A'8V<!7]C
+"q)mtS{?m0.m$wOe94.(lMz#S:h-:Hj5))Ucx'[788\j{>ijx#+"A)fObxq36rblpk1g-rg
k} >*xz\TfD"A`<.B|w6>."qhQA}Ex_x@j$m:YZhhRlAf/ZA:A:2.<,sDDee\o}<7CF2nT\}
WU&Qt]]c5SlJZa03f`)VAjD>fgSlA=MV)XYSDer9F`L_K|bFtW<+:~bbeqx,r`ng$EK|Vjp9
]c2sD-XXlY2KQ mM0tjYrG)nW "+_7NLxcl%ZHPXyH@N$9UN7!CY=eX&;!\u</.XSn@w'M|J
`oY^K]fXXcApF.eQeIID[o?{@\:1r(Z[DBc;(oa0ebd}O"D!J_=4Q7A&gS+9.uzRw~{DVua
ra+{0wN\v[=3yL;kD8Yki:tN*'2Lm+ed{RHssdve<I"BAAvt}3&r>iSOUw/h4[IYq9gtxCI3
7P];1E<za42=al0?s)#Qc)+~KZcpo\f%pZgWV-,[cL}{`vDcD3\En`iGevhP\tVM"uYvx$3M
<1^~xO7GZ;d:^T">Yo]*|_]V;0$:+26hJ)37cO8'1|ljZ%??*RmdI3!C@gP?*RdDJ%}i"\#]
Em%:g<+MPEyY4B_`'CFo=?Im,kl :J5sLa4*UjZ>NXuf^xxh !fXD1{<8@rp[Q}:x69g/Di&
tUY2JrXv-*^!Zh_kur\jaDD*,+||!"Q_w>$:s63q>fR aRP%tw7.P1dEOP,"-2+2GP0-Y&[;
'!aHaL_x[<y:9au1n}&/2TL|PPgnph.Mq/yu\GlNRR<F;Q)`l k4Pt\%<RYjc(jR]]-eR+=K
*7jhNMc|v$l-?ctTKNS!oPntGE"T4TK=f.[M^7j(zW=#nV*pjE"$,^<5D&^\$7h._}:hGZZ
b~W.`v<qyU|Bdd2;:;3a<udt rC\n#tv*QhIp+c@].ZVgM-C0BZ#L\B+8ew")t\'Qy)@owS9
p3"fy"<{dE!"?,.4([SO\,Y:7B<sG[(H+2N1UZ)GF5 O"6K"mH;QCwqaMQrkL*\v6q}JT'h
HO){$2CtQ;(u#:4WW)*\s'i2/8b5f6?]'OJkAps:&m];{$^M6h\I75pExJ8`a#{nv7@bw!j\
CIK&U?!^d6:VV,|K`F}9O=9CT0mlL~G)Zm\X!#S2lsV"oA,3/+ONwL@%c+ev<k";9p]4#K]}
j%CpEzQ)Q`QF[jl<0vc;1FGj_Sa[M-[y%XlR9~iU:3(?`)Xl3Twq7#W(;y&Uau8MmA\~$(p`
Gz4H2')fY1U5%&[*Qy9<A0.s65+M>UQ(gB~=]EyXLxLWU;no&`\.@SyUqfR:*JND0c-+sk/H
)"S7,rBBU.:njQ<UJ|aSmlnBWPg)yHN\!WxpeV@:6[k)D6=w+1C'iS]{`,hE&=dk~4e(!9!S
jB.%p\^o/lD0a]h`;hCu8#[}ba\af7<$IaGCHdz!9SQJ<4nx@zdiY)\#U,%rpwV9J9cSl:uv
:qp$(juWR\:BZuOla3-`|T@4G{Eft'42hr]!F>skug@nC,oM584mG*@fLP%lr+e40O]*\c`#

2017 Sat 2018 Sun 2019 Mon 2020 Wed **Friday, May 13**

6O`#o0K2FvoD$KAyR7-hXpJxNYZ{xSL0sw\~Cvjk@}}##@_zmlfQrN>n8i2e>4.y).qX&Q90
y{)`t(%&1%pW3(E$pD@w7`lgm9:p]%gB/y{P6U&b}6r\=$*JkK>33cwtCPvnA,=Pb*4%?+)v
m/h2*0r(H]I$h{(`.#xbpbuWf!.6N!en(+p2q+[`7oC|cH=zTj7#;%.,t^)@PfF|J7*f3UI7
xAilv 206oK:uS5VnI<I4"0gg4@k@w:_2Y.%!q8S-8hwb2ecj:2p>~{X'T3HoY;Q|V.]*}0p
<dlXP,[pnrq|tX]IyW:NWX[ii~ 9;s's>_K{?hP$,3s~Sdm&K4p>IAudDT36JUI$_V;jukz
]-W55J$mZXf,2kbsH)2,3i>v4]Vr47x=1mO]xA^$.g){e#.qM.wj3mCH5{OCtnz|'yKc11dL
L1\%U]Mu<)\KfV.Zi`Q-|.3{ IZh:}F!~VsYl0?PK,nQ@_0j$4!M5iyUR60PRjO=vG hV5g>
4*HQnWmPL#7=>i5DvnLh!#u-X`1BhuXr8bcl(JsV?%K]OjJb*(qPk3%#$VWRfnrf9&Lt:7za
vQd4\1TQaEVy06w|0D,sk~\4-gF)~*~6)oMf<)udd?U+uhn\J9-EZ[We0D`#oXY.$8I)#TD
"ufyt/BF]sT 7D6QvN{J&=3!=[8mDVaVInW6U5S^#{_{Na|N)B_YktW^+1flwfpH4Lt`Iul$
>,,}<A(7eR1]6l]M0Wpa?){DO q^P3wG4>e$\(M$+WpC3@D6;3Qx|32-Ec8,1 +FeDTFa&
'-D=$"?0T"/t1qRab^Y?g%Dy=k[lm#lE10B/`f6^KptgHU./:3flTHwm6XexC[iU;!6G7du|
\4X`3|jf]c*B_YF;2]t1HPH9 (LH@"F~sYYZlgIGB3YQwf<+c`h_V9.oE{Nt6^'rI"mp->!'
_k!'+^9F[qOe[I^6%~`B))TGYIg9E=tp.!.I,P4{o?Y?>JB]Elvq;-@sV[g:#%7"b9aS'<3D
!)Fp1P`vQ U;V-Qu+y@Isk\}"9IAz~/FRSKbb6w6(+9m#2-q-MIf^$bnt+Pj;_tkyxGw!m14
P#S|jfH*en{,nf-+z'8_q"[x_AxQ$ACh_#*4N|T|*,vX"lyG3{ dXFX6@rqTH4EX#ma]>k*#
*Jl:TgP!;\00%b,7,zhcUG?)?5 kQqg*8FurFZ4G_F;trn0zTNr:Knbx<bEsLx;]%A~aIZ{V
z[y%\j&aTtH^oeKgyc"zE3.E@e}Gu_YTDg,Y,8Z$I#Kp@w/4C78`\#Hj&hC%a-q) 6.i$~@K
!0TDeUA)w=ZPF]q`&w$qM3hS-U>8-AzzeXc>p>2QngmT+y<o>l)beNfRxy}6t?4w~5D{lt"P
f"&1":.x.Y41)%LQ>'@-JN;v`w"T[5T{`}sPs6?V%q0^!A;pb+qt1tZC4%6'fg<Wl(=P_$M
a00j&4hX3D6j-T1}yr/1 z>Q?*,)BrB!I,pt.`B>6s}(S?bxAa@@/F},g'N"cstP!*x85j
&&XL=~.1u:/&[DE=#F)I"8aYd4N[ynb1/D%awm3*3!5d.Klim%/\K}ofaXr/Gz003SRBWPv7
2b@K}c:3:%Cb_uVt6ugH_3[oVcy=jXs_X'-pnjDbv8=4V!kpDa}Vn^FV5? :yeET2nV`!x-1
l%P_l]d3r ^bMWXNt)53<g=kukMq?|h.(k $`Y&|)h9~5+r]OF)lX07\QDrr*_qCeTZ`->R/
i~qXGQ1yP34qrwQul3u^k"/ok>]:/tf+rcc>ozw2YM~{ID,2V=!omV}Os-jxO01+.gM D/R#
Gjx(6P#@0vf+lU-"8s&<j=A mtG".M^%$Y`4}z-Wwd89x'=H/.g9#@N-KJ:\mr3H.NaAv;C+
q5|;)/UH.CQ1PtOJqanMEA[XlG7t-[aj3[fp97n~[`F>V6.}6D-On>iU@kXP2?0^9{{Ywb05
:nDm?1w:c3D5A1<H5aL0rKuS.!I"QGn+AGg9 2}W4.xq0ok b"z00t5,4^yb9&@B{I!1KC@%
&n[TAp"hU|yv:2PHJNEu/wtZ^|+p1Nts-<G\OD6x6ZV^6:>@p|R{nz,9feEKW\x2z=ppKcNJ
9>l('9n`{oQx>b(;`JUR5uH`nU\]TbX++@P%7"#I$<Rp"fN4b#gP$v2?az=3J.^4M9qqvfap
e\w\n{|S:+Z$L#]0n&tgJ_g}?@!+P9U{}aMnIMx\G5S4[Y5TtvrMe9W~H3m9queZ^_W9mv(a
ic<~v!HKd87>z'5o}6.1yJiMbu\dkcXu2+u+8`nlc6pEg<iGtm%kEI5`mnA6r8s1'}<a*p;v
pj<D-@XQkO yaSmYSg>DXcK3ab0#&v((!9hNwM=^.cp%iIoU-}|v-\g&/[rLz$(5KUOKV'Fp
q@~:<mX'j~/\tb~l^%{6>sN:0V|!dE6iYDL!#Dh6=eKz~}l2eI7D3!fF't]6+VWI>arMPKyR
C 6=Bd:xUdY~)gy*5_8FaLaomiG9[6`/iDRMA@]`!\jR(+q3F>10h 'z~3$u08/@dzaHNg:I
R9oJA?)Vue_A&>L:c!ID>p>qus+($.>48xO%M>bz5l"?ll+1^r.}++x]wr%iVL-0o{YS;i w
/I^S5N-tQMc{T'AqQP<V{O4D:S<hCpHK^'q#u3r8("T`vnTnc>\f_I7u@W,9ir9lk<Jq^O9U
x*40[QF905w_6z=^# _yQZ94GA(7oV2(N\YWs:=a_jj@rq/,xy_f\ya|%aQL\>s;`&P%K1zQ
$E>"jF[Ir[AX"zen/7O.-=}0x[$JYTm[70<Ev+VV$+jDc.qx%"b=30~`XZ,;uMi}nH5'(QgN
:8Uo,zpv9pY##-meYh2^sa,A=)9,Uicls+4Bw:Do}{>}0'+xN\'$l6,mcPf_+n'nu86qL%1X

Saturday, May 14

2017 Sun 2018 Mon 2019 Tue 2020 Thu

+/&=$3#6iR=O)yK9)\n.=v&=7p9oO&.r*3@S<7VS[#RauyR/)u>Gpo!-Phv.xPKMg7b2C[w:
S"+"Mk6oH)(#{E23FH@%hk]U,5WWP OLm"o(l7a'H+7+BoIZ*w|.mTlP7L<h[4D6LB=4.l~
cJbKNoNOl/teCD`lzA/85#]%SW>a k#?Q?{%n`6X]yV5HTSQ*/U^{:b@<4pXf_<UqwZHYNnz
,MTMhU{R #;W`2Ip=.Pei,jY) \^Y\h&]@.jd|5R&CruFmY2Q;e@(pprk"hS4m39a{"K;?Qu
#0.gX]eX5 mhO7F\~4\eGea~^LsWVk#T0-1}W9X\clIj4MPq(bQ.>(:]dYq`H7$}O/bQWT#E
qy{W[JYVv~e/iwYD #si>vDiBWBZk$b@e*0iNBaCVgmU7<i,;9[7aHg=B1H!C|hRUK2I'm<>
]1xR2^V#j^:0Pv^!xp3auRz/1I^RcLK(5K]:G%!pie>{Aoj3}Qk4(niKgJ?%j(/<rAj):B%G
1[rFn:"!)=P[V5n@rZ-U(o0Utd65d_/o|7M/nmHc #D5O;{5i@I?#vvmk`{QHUOF;Nq1"L8|
JS[w('Ib#n|@86Ok;, ~+",lR@G[lkO:DtcX|GH}:r@aTqv8i&8q0",:)_~KD$QB\{Hb7!)1
4^,bGavn4ya r|&^.=L+g]5kKJ$hu}cyKtOqBY>v+7J:jrI$~--Dz%&3#2}q/f:?]?8\D}=m
>rK:o"U[b(u W<|k?-ZH>J`GWeNWn$)0-s{BIfX~Wwl':[{#Dh]_88:DFnHk|>s7l&G/$h"K
^N[%%IxWT;Hb EOgH %o4b|#t"{#}c78$Z<0#eU|^f{px*(nJv_r"+fVF'v9!JKn 9zJWrj6
E#9V4@/{Ec_{kq&P9?(~+``]nB~!n>huJm"QR~,5]El$oW-g;%DH)sb'z{F/oH8Ilr\/8joM
u*{~T !8gGIK6#Nzc^)J>3^B9(Wk2qno)|Psq&R~bo[,2u%\o},A@\zcZx_"k&cCad%5kD&_
rXs<|;TH91BW{5&Tu\lsf3o,+\fM/*h1I/Q$_41Dl#G,B(9+<P%Ih[LG?ljxML"{%Shp^dJ?
?,x-b$Zu0TP(>Lv8W/\b;RhVCpt:p:Km{/9*qyqmi;o%RuxP9=2jP^{5KRzHO~s%+ybi<S4M
kU` 8[d5gx:W`1PAaY,Hl)C6~<V}0Z$HN-r]hTk?NM DYpJ?aK-|3lQ- b:hrmh?gx5U_ZB+
J~Iu!3+Yz)?c?NvU'QeGOG<ex*YzGo0SUQ(i,i)$p_eRi2g#^'QY^~zL&R*ccUkVuWb#,?&W
ze|PsWpV5*GAiI lLev$N.*FkAunOccr}%~"<P'<U}@(%|#~3a<RunYUp[nO%$]k`?BE01bt
1W2.y>9B~#r\`hAVF#X(4dk^Y9|}N%;2nt~^4/qd;m^#J4N6l#a\j8Nrk1m_F9t7G;?*~V$t
~Z4J>/.eM82\L&@+V<(]+pbtoZ:&\Abgf60=-V4s!(<[%f&#GQ{68_R@do5A/)%jMwB.4[sj
HUw p$JI-5.$;<,}'n$g&9aY4.xYX3L*"!kO`l{HWC!D_f,6xn=&(^M(?ks1*ZYA0\++..7p
Rtf#YGeP[~Le;vR,~!Rzn@\VeXO4%+-,AT5cbP4;"UNDbFBnU?D"-J)"C{w!~YPr8$@Qe_#=
g!n~?rd.W 6oY>o>Z=\r-0SJVR(i|"+W5rCa-JAcbH`d\zODaI:N;Lqoky[=C0tr5j{8@%Ga
:]t-hGY_flpXir%h)y.x+B9g0gDLa_k1.7(`M)A,'#Lv7>3R/P}l $"2X}`5[n@,!go'rxv:
TAz~DPW-E"4t%-b';<+Dq.L7NEn5mC!1~N%9aa9]c.BhFAf|{F3.E;n*>}<mZSni'2"K$z>,
0L >A'IPt'P~m7cu7/xw]N<:1j+GbHC[KXGDq!^>Qs-&AhF6i-y/.Y Q7.JN>0Io,u,_7DVn
2$GFpu8zHw1uLkiO@P~cU@P2QL5.U>'+Bk#ue@(~(g/Pk7ASPn*_bXL04C]i[8^d!d`wqw*7
@,,n_78S&8gI\S58U27;c3BL28`5v0{:#VoXm/xRO G)G//#ODp6~dHgIK!S/+9?.|8s(f82
zdYzqE%Y7:#<0Pg[]fn),MP"yiKa'zl*M+#EBy)ZAJBl&h^JLNHzZWUD)6j7YzZ** c1nLT
U1+AOt/9-9]Tn{A6QOu_*15vR]A.<-;dZ<2A81"V!dh~-p@-W%Tr8|mL}R\1NIpEC7y P)~G
]#@5V_zW,B,Y%;<%jhN@<0Kk^W\3w$v@c{m)5"/ !HW"HOz;9cXu!{iaibxpLjQ/`:(81+Lb
TEQ-==3#4o=8D'ktKN?pu>FIz!m(TiI6Vp(.|x9Fd$Jtl*T/(mG!o#@#G;(m"Po{EK`EC|Xr
Ih|gX`<g3[]GCN9d:?V]?7ADWvy`)PNNvWMz])2d?{7~TjO^UoPU4'Sr1ts*P6YF9_#Gs7u*
cFs5P,<=6FQL;K3#wHCHiWf<|H$BvMoBJJ'Rg;Yi*_1gk?<]}"o!x*8B%{)HO4<rF6SX_>lX
^>Uy-##YWHkS"?BS*<nxQSIPMuImL(9i|7-+d5}A.pU1j@*5Je~%*DYWJ63qp,]lqH+Svha'
-Y'1 +k^9MnTBoP$v-EG(#~,~Z5-MR$6]r(,KDI;^n>4zt[6ZNtS$(_=c{)@wD.:\"V1 2]w
ICLj]=0`$R33C})tHeG,R<I-}mw2a'#Vd88pcIBcn:tcha8LOmmt]7Q5A p;Q+,GqO/v.w)f
9P86kI1x)Jdm7/Oi Oc\ZSVz1Uz@Tk\!&)DBb4ZkE^pJSLNw.fDj6_"=ZAu,UiR|?p$t5Mk2
On(Li4+|0D@bHlp@hCG#}u<;{)zWeEXKE*'Aj}[~nT<mbn{bl&o/S2\\?JWB6-coMH5jn<1c

Sunday, May 15

2017 Mon 2018 Tue 2019 Wed 2020 Fri

jo+l*{fD"!1`[<6N(J~t#M{"P%E;M/q<^eyzEAmS(V:pbHS@)N"7=%R"tTX[;3EYL~Ws1Kj`
D{nX>8CzI2D=Z'8G{ed-o1]i+hIHv>jME-ueZr`#.p@de5{eh]qt@dFj\;*d]zXU00&>S?h*
/^A<.3aHnlFGJH)nh9%Z&-/kE^iW2ySEfLCC,bKl#L}B2G.] ,RIp2%#gX63>.$<o{ubpw>D
\&fs<N$E2>1?47gMz@DNr+x''r0&Lyj@4eC}cDdI3Ftu/XHW^u|I2Sidso*vIvoUlBJgv2f#
|,{Zm=%~An$p#:%U1<R%;k8LnI7|{9k{2duex-~Lr\9iOWV0X0B@}u2:/m"[/IKl>VV@DB['
a<p||3rE=/>a0_/=)9T40OR&t940]{\yf8$ShY-;V1-CY x5zs>qsej]2MW zp/t+^`n#00a
-$.f{2,YdC~.E5"eUbWARWyjS`n&]I!p)[Gk>TQN-GC>"iM)7qc>XeKh-_;f3rq&Bo0]_Db1
xi~'$,)u#m?j2o"k?k+Aj/}NJ-Pn76tN*.#v1B]1W{_}aD;}Zz1Rzxm$v~'=^u+bB:p?X$jL
{vy]hzw!JN0k)Q[,;*b90$p3b}k7=^lO0u27`fg66WP*7KC0+3E"3'O9T^M 'YB6Bm1DR{mR
J2;z!kXw.sC`l*~-PZ~d.":\+J"ED?T$PgiC?Xs}J{>yCk)1e;=Dp[dG_XV[i.(IG$<iHd+S
+b)HHj'IOonfX]A2M+DC'M|8Xy#.+gbYU"v9T"<f/~`!t1wr\.tWFJw0NZ|gWCQ1no4#4RrW
Z7^:Q,(k~Kx~+#TSk`!CjJ|r){]4-!GNi=t]!\-pC#aKAj[{B1 r,NE@Mj%&U#:e>AH`.BYy
c%H0R.Y/(q:'=S y9|?}svzuMc_Knf2yv/2F0Bb=](U~8]1HfO>hmT{8ox.\>]JQv,nK=kK+
7KJE.x?4c5XFDz\bRHa0>+W]\XE!H(j11r1dPXLPS 8p!2aQ*i+guh@A)7X4>kUo{tmLv=dR
YXV72Af><&Inn(0}HWJLu.&W%gbS]7V{tn:xer=069{GHiWbu}egKlH{<3Gc?hIf).^R>7+3
UGy7!U&+mIYAylmn_B]zn0B/pTy9gW^frH-&qHY>j_"<]S-aQ|"eC,"1-lBmF9:Q'59pdB"{
/ a~C{qUAMLypFDXWI%e`Q-BZ-yq&nJa{*w@xH=Ti3(09)9DXzGEN_WLf[iWC/u*~uI0P9=q
k|wf~hdYmSt&-~0T.2F7*z)ko=?<[OMp-96@c$F,e9pWNEw"H2l+A32G]l'|Iczx<{9$gQ3a
5HD.J-@#n@0GKA1Ss_TA~Hx 1.S')lO3eJYq&6p!2jX~Ax04Z6RR7lX5cK"vyUjV\+TN-fk]
tx2(C^(Swi"q 9J/N_{Yf*W{ovBf\!(rDYc{KaR\%Aq8F]4.[1Xp"0wOIi&?MAmB0sacT@RZ
A)[o/?J<sz4!E<//KHPz6fAV)AnhAm<GH&:3V[7EL:9{2t)sjLruG!h1'h%|J`.j9$GI[uCj
ID9~bl*l5Zl.PQB$\/p|3kyPwSf I0^'Z^k-L85?CU|K=kt;xK*Jz*57qESqHlegOGOF8ciG
J+n)K+%tzR&e}w:\f)J<`|G7Sw7GLh|^8)1%)<]ne0B:BzkG63}}Ftf>C%&\krb[PCSz\3XK
_Cxhl~mv+C7@Xr8?m?*{5pl+ssw|/V13gw%K~flI%M5k{7*hz65`Xk=O,FiP!DX.vYlb{Ly
6JE<t&Fus? A5mrEWQOQEr>r}/V .<2cZx|#n@kFc!3oQ$?YCT9Ye TWQz%CZ:'%+SvfZ0g2
S*zI\d#,T6#oOJNtwmp&e5RW~TXPtwwgs%Qb%D>M!GWE{qW2JZ`#(16F"'sFqJxnB~V'$,KY
8zP}?WWKxh||dm-'5a@ggPz&\/U(w2.Vmz=r3e_)rnr;e0Lq2zFjv[[BFqnXW|9gz)^8sood
P9V=X'lLgd[LzT'9e7>N5#rZnYBR;hyC+IZD\)G^YfqR(QZXd,5Z\/|Ga/N2A?l1tfp'!w^|
@3Hi?w,Kg%XhWezMjK,,:S1A8pp(]fQp<j6x''vD/}Jem?ljOexNklG70^=Z,{Fr}LqjIpsw
2H~5DV&A[AGL%J5D-#!BRe,Juo>p!!"ySj_33A,<75d8dmDyk_P"qaw?2d;Fz5CKir^\crN%
FB;'&Kr<WnGwl}@^/8LNlJ=s#g)97mG~$A,W;BJ;i_m5'p&1!KF1%*\Y{TPm^}rVvt5`J_e[
tz/r[HMB8Z*Xsy!qZ~{*x6'b8Cdtg8/6gpV&--%wwJrHJ"IVr$);*#)3O.SBP~=|zGVM+U#,
sG}XN`9Ih2mZ@8yTsS_(QbF$/g-KSeWx`J_0sSPNDew4!8gsryVV!o(~r_AKy.kY3QuTWZ^T
<ZJI5kK1z40~[GABQPI0lLWd&Lgdf-%t,d!NdbhUsM5c8[@#I9O2+e>S-ZGlk:v:(Hf=9\}E
qCy^h7{vjpX6QF|)W/&&4L@b@n57ZH&@>A\ $r:-8iVjUEb/RrjNF oZ#e~i^ >`|DC3(/
? (dJR<I^^0/_EVu}.[-NF(AvBjudye<N,3h{[b)&Gkz-C#qc9A"1e4Pw{8!P~Q *X]Q<N\u
(!7sirK|^p=mK0BV@W,-t(B?Ux7P1sc?p{#andKq?7I\s].)MDTtmGa@5ZqGF+:ABya{qv,~
waCkobw|!_02y^#<_wqDxQ0VD|__~|}%y{dvK\;<g5-s8a.`W/+[c1k5'+a!&-;,d/7swx9p
4^>DB6x"~C",Tn&dDd*Y6@}.E.*x;ltVy^H}5Q|#q"'~i+y,k;E&*i{+ktw0E3sQ9,7$bR[*
QGlrAhBHOO#c~*P*OJ&>n_])|f:ILeLP]]^B&x.\Yer^5H6U*94BR;Q'9V=sK)@g"C\'2SI}

2017 Tue 2018 Wed 2019 Thu 2020 Sat

Monday, May 16

1HBMB0(VfFt.CS8`tXVNK:zn4gHdo~")b2xd,9u5xH0_#hHahL-mdLpW2QL<Ye$m[r_}!C3^
$.?5R\Tz|nmA5v_hj8N@$24[g>~g%F=$EW~zR[x5VNw=9px$O F-AfizFAgn(>'e<75%n7TQ
"sgP2ZRS6JOiu"u)a%g**u%KxvoWA>oWvXF*Z0t(.pdn?i{YhIdf(0>5&xnV9w/!,osr 7%_
$4f5NvSH>oeqph%09729g-Tt51Q`);d1cOH4v]z.G=U"1dK}OK1CLa{]`8P&hk\^0[OJfkw6
P+#uXTE`?5If~0{4`@EIJ5#k4J;8v(QH,/ap@DsC1'F'>e&puzQm7tP'+-.vi`*D\,E]2hz/
V!$Ad|cf/q0K{1|'7h?^!-cm]C&1^7(q#F}M)M|8=5MITHu;2/Xi&r>go'2{a$3B(Q?PxVp}
R"*s~1MTUjOhx<yhrQoP~oSbbcg!'}Ua eNQhd&8,Ij&c{<cgC/I?Rg_/<AYl)!BQM@Wa?y[
S4q1_oB&RRj&{U1 L;z#ciQ+}t<nFDd0$z$jth]}p+B$&G>mgXgG{J9UXT}>^i3{^E&' gF?
.@).j=)s,/]0T_q,G/l0+:vqReo]kMu!A}FCRQ`">&8tc5CoqOd4bQV/-s<cE?Ea}H_qZj_Z
}=p-*<kK^o[Ra|o$aM!&_ex[F,(l3Utd5Q'wi8Z:hH%@Lsin*3o[V7ArH@9q"w$?I\!>:'eF
j'I6#~_4<Z71Mg:_&gC^6lV].N`)3*`:n1+iU<I{q:82M_g?3wWqr$Eo/oK~["yyvX#1|?tQ
OEqN_L!*]rsG\Sk`[^@n[@OVc?\FnKm\KzuuxL:8l6d\>'[b">777!?Fj`S8V'$- 1/^D=<n
<Wz.T|h15J,>QTe`{~m_ljvmQ[2A7_C)$pbaWhzOP#>hA~Dimj!1N*\;v5KXSwh<|r]Yxv+y
dh`4W*4K[WM~ewf=6S:OjT `#z^+]!_x34lL57qBEH%8wtRU?5+~AeOM.$x \xl}KDB6_P{5
f,f@sGW'<VF7u'jlHXV%|h32n%iq,h7&h&{\4`AFr,?GHT8>P;D\\25jZ:cu96@OTKR+e2mQ
hmX6eFC7;BrFelx`]a={+Pv7znX<-sep?S<E-W^QjVC$irZT2q|qRX{~5&n\J Oi[zg9R2]v
wP^PS/Mk)+dOT]_ -%]LsSLHruk._!N6R~ZsYj]fw{ {QR<THY{3iF&Aro?8U[d;z]kO6Oc;
$l_ge/oaIh(OPNOC@M;ypG9pP?9,DApX_21Pf\l0j[f"5m?z $VED}Th!=YTX_S-hxC`pvKB
/,.4k|3WyThe%[T/Zdb:tk14gt`0Xml%h9*DsT3=-nt^~qZ3@EAk&d/)XHlvR3e=D},EQ#`{
c'.#pH`B$$_kwjd0FgCb6`B=2"JCyA4anfNYCz3xw9#5tq\F!7/G6 k;3uKcs4(Nq!\MfLxk
PhLiTF2jiB_v72}R7uXL$afwi`YcZam\qv\[8<^[9pV>2\pHx'j8loU[I~CZ6,pIx`;ewi.=
cNi_HJd{I5qEe4*Yg?Hfp%H7'CHYSB58J\=QZ]&e%6Ehu,kQDVQ//~)qnZ.) (4K3*1=Wdrc
k`\06BF7_)iHvDBHC}:!AyQ-ZSC]umSj"`KUjajTGF$p7-(8S\(t.`RmJQ-N&CfyhWS0Ai*>
X3r"}Q;ytyaXAx~,>"tlw_8;,EcsNo)%wL<*@a7|\.@miWM2Qw<'O#J/`_PTYGNz;BNEO%R+
uL<\a0}8%`m}&2h.B$$bkR`v/C\'b`a\Qw;fA1RU)T%!*Z4Zkj|:a_{0,.0%9IzrrMR*iEU*
wl]5*^n8O%.B|atjIU=.'8o(S;}S}'fLg+jd)*L%J`+@'fM9*n<)KTt^{tsNzdhRC&R?L;:h
$.nVk8##:<xWNHXD(D9c*C{l**,\Va+^-zrzI63W0`g|nuwvq%2ZxV|?M|oPMCa)n/9p4&]]
_4cW\e88#c_gx25kN{!C'~|O?opC(2\{&pdC1 FMfaFO@&oL%9fW@T`knLm1oe~3nVXp.QFI
jfzMvmGs`X(mFA*A%7T-0\Iz!M:w$ws; H@kSf#<E`6^s#2mHyc$D8rD?-ccA.v>o&Cho,[6
kw\Df2CAqS`Q}fNoBg=BsYrIrH<@$ Ful6>Vto1L]Tzj05'>m>i28!Sp'w\"/=zvCLT_Pg <
\YpEa^b01DK=];ciWM-qT~MB`"(?n">u{(Z^4^j{\nIW]axnQ)8C]yT/&r;;MK9vtRfo\d_J
cS7e/qu\F6L[-|LsVBq<ryh%N-SHUk/_l'bas%4?\:ZaGGa!%^".4{gg9R.VvH[W/"YFr]Af
a1{$Uij:.Y;~x$s@]9v_K!..5sFvrHw@vSE/rNW/|p(8J./w/?=a;jZs%=HCwRknp<4|G,''
yCiQD:nMhA.\&<9>PVjYM\p(ih";I3`'S{QGP4}@.M%IbE3eN`>arL|HPq)^YJ\&AL@%}_G,
/C:SHleM-#y:=j=<}9#{8,'ggawJK-r/R!WayX"w0*,@J|Y"LJ`$sO?dlKZDykQoM^uyq?:Q
;2Z4e\Y7RotaX`t9qX%/aMkl`"E(Q,?/RD~X/>{?{=j<Xp_bEe1$6%C_c+1*BZM.C)=clRxQ
'aa<@r]!VM8a-;45P<QM{"^wXLU7,'Qp4xr1`NT6u&DA;)Ock4-!N"F&6_!lMnbu_d=BsbD
Q[:tk(!n8-8a4$.qm8 1zZOZ8F_bi;JDd*ThSR7_f]0Y(#)<sm\w,[oTeC-OVk9'`]Z8*$9R
ti"}R2u12OL[xAiccfQEF %ElCKs4W{!1'pim9a=5n:=*oP|C~H|uz!q[5d[ay*#d7Nzn,d\
x|PL2JYU#(YA3&NKllG}PrsiHghzh)abw0L6J *uq)fsHUYhH<!kbdb9Gqf]ZJWa:()4~WOl

2017 Wed 2018 Thu 2019 Fri 2020 Sun

Tuesday, May 17

ZVql,ghG{6tG|jxI|MV.Eeu0Mw\Hkz$pBD H'$##g@BdA}s\,j'H0_\Y#o[f/7&cz#ds[(Ey
BV=}zne_("a<Yto+;)vyNKE-An4>ii.`jFezEnro_iC!t*>m-(OQ3sQ;B@qYnYf(T4s5ciU
=cwus:%Pk&sH(]=}#7>/D>W<:[3uP^%V]THigxj.MB.exT)hE@'K5fT`moPxtAbl4pi2XoPK
t.EdPB/j*y.JR'k'p(!K}P3H@Z0kGL4SOIQ6 H/..-$*o<q{N;ldhR~|[Pl<1"T.&g]p4 #l
%p V]yKcI=^snrd"5-68v3(=}zK]4@aX<5g3H-xngQ`(^\p9O}t'g}g9Uo%l\T:_MM,E#?9w
EymnBr[HPN/_EP1ep]Zo|lR2vui9P['Ql?(7e<*^9dd8i5-h<]JaI@ovt+[=_Ybk:4|70(Rk
|@U4%F_{v:Uz)^#*"iek~vi-8y"Al+K,K@mpTkJ|,)mF:HAO3V2d,S_uX:6a>G?CavE4GPw1
uR=sb%N]I'(Q;mSPpiPrKM.B~&bC?6#:'.G*U12/q~2f7N/{l-G<]yLz4SH7F_Bi!pzIGK>V
2]P^nRVW"x1yXIX`S oyc(Z'wjWA[ZdKK.FSGQ<P9w(KyUE+bz|5~[[_nCD& b&K5'qvt7}"
%Z7"B30NzCD}jM+X}W*Kgd;@<[ZA{]~ nItY|fKZRt?*81z(>:/#t}{p|BkKgxg&"XV!@--:
:kjO]@]?)1TYR-};sc <X/Fdm"bK.RY|#5c[R$XLV\`Hl9hNw)u=,BMY:V^RPHHUsfd99~M
\&p\)2TQ u[`>&aDi"NUmyNjWvALW#vWt7N0DIFuBZ,9DZu\:X5jY Oz>wiEYj7r1X!G`666
l<Y9=+`G]D`pNV2{h"PDzpY?Epe>9"8/ e3/]o2hS","76k?I,@l;K]yn}s")|f]yo~2P?g@
'J|}+<iK7s>T:N/DSP |`gf^/w5(=diiorU&wW/VL {YG\HMx>1&^<\G=)*7i@5#B>&Iajmy
DW;aned]jK=~{ac~D^8%2v[]"3!bP&4:asMPtN[ckV4wnaSX&XuhieHcC+;%]7^3E&}QU>^{
F5(;z,L@aE=#ck"WNm^<h/E.g.KCU-l@=HKJ[rWxUg%ggC6'.(5S((-ckn;4I6\"@o~[HE^"
WQP/OWiU[hhW}4&P3}|>Qn- vw}=Rdjg"F{j"Guj:e>s?(fA8Id{6k0wzQ>`//('KMK|P<g1
o{)}4D6vJykSh<6[Hd[FzQTD6d.gUqP.Mi;`sg?U3"a2g(UKdIl#Agg%;TD_3*PydCElCbn1
?UL:o8iW6=zKUsgA0K$1KN"?RjCYKA/Gk_TQqlO|jiC6FWXY9<{Xxs[5NZ;$VVT?jM#y0%..
;!!lhv,>AYH9^;<ZkfFT!/LW(%%4g%5b;iDw8I@+r/%x:=(M9TT94WAVtXnIh6^6c}!462#a
6Ifx<qe[xey:Qgi;NMcX2`:kd&Gqy9.]k H!{&Cgx5#[*iN^p4Q4v;MEZX--k4HhWxU/i5Be
'%0!CdKv1d)YWwf}A1OuYlK]&^JXjK$]Am+Qn!IzK?*|bjWKg>`HIodSf&gs=LNgbHPagoV
gUqS8S+<jXN]N}6<On),%=o%BfNO[@/<]e5]KO6usPA$5YaTV)7ari`Lg&ioLIu:q#.y\Uc8
01s=}X?T>h}[jed+cAAla%y+0n5EYPfh\g,sV.~UN7z>\sy*gazz"Q@<}gEIJykL)[3~^}bN
62BpP r,{'|qtSa2E~vD<.Bq$9xsS.@\e"6i8yO6v|wT"H"A8!{e/)o~g?mZDp\Gp'b{1-Q7
#B3Mw14)>+3?l;9>D,#5=HkC]I{Zr*Z&bADR[-v3jZ1XeUMZK;RG,'~0amp/`mZ~8HR2IYly
7"_V(%,g[t@YhF%RMw$7JoZQnh!EvS,nD=jVgN|Fl?H.[I5(Ri4y{MbLGq^CaezYYJ$yLz&Z
X f/z=^awh-(ZySkK$/=%Z|S^y+j}0c?Fm"IZbO2&HYlq]^mj`yC'%*,2n<&P[/dJz8'^\a
M?tk.VM-L<,\IJD~V;3:d8))aSS[5dBmUp{K,Oo!$1r5l$+JEQTFLC?mo#NsBM;J}qNe:k%[
[Yy3G{_7;)|v6(p!kV,MuKjNLyNB/WEo*U)^4k{_ZM,(%`\}[R>L?;bnttu8%C* :w Zbm.0
;d!q#C,*<:@39:g-_)=b_1|9Yn/-w{);*`i|q}=eq<y+Yz\x-KTmi5v~pi|&9Inf,W|!15H!
t/QQt[0=r)*tCh;6i-xti7/3@'6@nnP}g1/u+a1}W\'w;djrVJB2-a<*R'H7#}T$@Gy*4F<
[GIv0/l5dqV:{.?2i%W@Vn0/@m|J.DkMy<)ed\|]-RP!&3T\h~xSTZ(#c>&0w?TA'^WO~VE
P$+:juid]_wPVIC:EOS-^a>DyMM)(7qy:0J.OA YTB7Sa198T_$(1c<qPHkDQ|!# +VTd-"
yj!>]NHf-4[jq0JOD.6_n<}MpNuP|Nz;~W7W.wm%c7bWF(P!:{AGN|!wodGEM$&d|[[b4rev
4"XVo)?8$;I\/Q&{zpM}Ktt7284WBW9;~|yu@l6omrI#Hz=R?^DbX11Er[+OQ]L]qRm5$<Xo
!3#'MF}|gPDRO sZJ5Y{<vPOMa5&Cc-47i,#lp"w|"An-?Yz1H'/y)s@01xzN|0%r~txMQPH
DGKc@kx;vT^}s"`*'/1;dWRm!wQ($` q/=Z,AE/&f'9u.\j_)l8[r()(nlzp\Op"#/oMA;Nm
DKa_FBPc}=A)ZW>yB;H @\bQ0djCd&W/CSGTy#?? R\(fqCf:z4|'v)#JA%BseT&6o"p<gTm
n8Sba]_aTp#}@uglCzJ{mn{D({OrxU9~$X|v".2)'Q #iMo]XHMIAPz<m05372,4Vg9rjZN5

Wednesday, May 18

2017 Thu 2018 Fri 2019 Sat 2020 Mon

Ca@gqB2jhhtTE}kq$-I#8]ZMrMHs<L4=ru4h-}4|RFN~<7Be+RR=@W;2x*H|{Bp,$*&$hXhU
}]%YN?R1<eTHC,Ckl+J=CAod%4#B;"<*as%Zdb0*^,-auF;g3%HLFLC*W/KI~M|3oGg3mxe>
&+=4gpg*mZ57U$Xk@[1>x&U</;\SA+*kIIU|%^f]>%Scy:wpu9H#3!,15!W!ZQ*sbt@2Y:cA
vgQ|gDr[p&-%q@pq&eirsVitR@6)Ur^-O:{jV@x5_T5<]a[3D(=>-njm9:dnYSNf$Sm?E30*
;AoUI: :8'p@Q}0Yt5djctoj<5iJ._}cyue"pKF3KH\BRN>\YQ;|o2M+wH1Yw"0qN$%|'Umt
7aM2Mhb8[dI~(."K_ju;-,X +(J.76p_~l$4o,',/1^Af\JBRZ+/X}C\8XpAH;E8`3q%4{CT
}(4M,,J\)>*Jl.R?<]e>N",~9+855^sXv6]<m0-41N!1p5?(isV%R]gRkBu7S<~zuM5 N.9?
Y_} I0S<RtcRh!&leP9'ktFb"Zi>/_ud'i!fQ0M=,7dZ/yi\d8Af| ItrNt:E{@7I.T.lsSO
%v8#*?P/?IUGZy)$!6JdI[d[r#Syhxq]DT/jAuAEk<-"TDY!X7X$'Qpm-R48p8q-ng>Kb%F\
3se('8b{-!ZYmb[S+a(W^3.SM6'.RHD-8>yZC=wo\TB7'jB&w)x6cgm~)|2BPMLbjjIIi<\
U&|O3',7j}<S+@C=5uz|DZf~!662ZEuU|O~}m<2z$c}+pCahR]L,g-.z'As@:V;CD~<</XSa
c/C{=*(dT6Z=CHH|WEp7v,{`mHC&t@_3X<k%xMh:,f/WE~|+z{:nfE$GVD`Ee|Hh|7H#$~({
v0Ii$|UXI'!/JRH`~vzmu^K[||KfPWkE0,|U WI86,r*)l$<@[\lXdL"S^[X&JCvR!c!4& l
Z.zgwk&k/Bi^^}9FIJwPJeq/_8,X"J #U0@\,aT}cyv!QH:^dp){sZGu&^3v8I=]G;s2h_vx
3@_eKNUYS&D"Y<Yxe'7Q|KV"9>rnU+2+?5`6(\HI@h70EAG?qHrJH-Rp4dxCDsL$jG&WlIP:
.*=?Pd]Zy-gR<E]?n}}?gSO]K#H20{]$njvGlv&7/e F0TFP2/lUHS@)jbBm3.UW~ @v^*1Z
=VF@?2l!Y,>~=!|Dv(woDsR2%_ujk0_{h]JM6:9vQA)7D"6`A.BB~hw%'u9$loW6c.Y80+OH
B]Z7bi}KYQA42TSFJ#!Qwz Wko]Pj)"OkeG9QwAAFL:9o)<5G9OWNY I_In4?L|#b,E?'\^3
QM,K]N>i=3L# 4PZJca-m#R'?/0bFFuF1j)%<|z).@r{9A%cxld(g_FkPH;TNeg(eZJBS9Qv
:5t7m/j}E>q}N1oN<,*g+T6(}An8 RwGpEt(eyxH!uA%v5 v(e/W|o]\n]Y$jQ^#_H8^t19x
K=$2E~,1NX^$LJQ-5t15pV^1(4c[r2T{37WW@$h%/]OZ2WW*cstb='iMkVBr_8!*j TH{<~Z
XY9e/ld@SU)>:[jG.#~pT0|(<Y,9|XwEL1N?Or24/D8s(pe$GIT{'XQ,1:!8;S(lz?,SWUp5
~;mw\C?H!Hu.9CsIDyc'vX>5w2`LSUmrPHRIGpCe=RQ3\t-M!&oOF1q79wHHR^:?Hq(u%t$W
cQ/.l"KNODL/Xa|j@FR^ >xm\:4.r]KN5(^!(6@7%5A0W,Wh>>`J6(OE%5h^Jj:IE}JOFIZ'
/G.dea5j5itUrkk2`u1@Z=tp$yY$'\. 4n=bV+BpTU1c#fYv+}`Vv_FG[:oY^t[:HF;32;=S
S^ve-w5dTk]c(O0g_[!y&f6Q-7"p{O7IJ<*Z{n*6`WSPl[#JLra7X3&ItDfxWbKiFz"w,u=J
h~oM{/=2iTi}P0J;r#7K*XEV*"*2+b.AB(z+QP1$pEd<L&]!+_7?8_9g_T%]p9%/|ImKcLMN
vv2#^fK(;Mi-OGyV3rUtv}u&hG`bKX/NjBjYZgg+vPI>*[kbCB$5\1>9`q1`n<$LMOWArD{!
2QTp5&k5}qRy@q|qY4{!3@W^`[n~V<c_OB)y{q\TM+Vr-{=_~S!"3lA(W* @7bi7d._/0^g
PeV*}'wQ(8"/nOm\>wZStR}$g?Y{@Y#D,7=',5v!AqWZVbx=}s-DmQS)A{t25U$esw'Ph)z$
"6(}g@"A-Vi3U^N;(;1'f]1jO{`HCMOUe.,?7C}k'\[v\ l]v!XMP,8SqPJ@vNbI%gcx]\'}
G^CrZ:F#?wUpQy[el GvI.7SK'r9Ve3JMNcu9%0,6s@/j/H<ENai09f)R]vI;+* #!CHi})0
bwI/aXjpl1S7{x'5FMf>r"c0SU?3+K~?7x*auBON*tkwxk>wF*9;XK[g`Vr1`In;YYgft4>1
;5]M7=mCS?<IFyN'Ff$2)4x:opn?`uQ,Fc_|2\?i:(0}_U:WzzwAr2'oJ6`,'qHly:Yv/'2/
dOF%@Jm}/9&OP9j#hujU$!z"$b,y8%~Q^p~9o8B%{?:}?i&RAVIWLXuwgHAa!iWJk7O7c2sY
Fj6q?;[-0+7cBcb;Z' qYD.\ugQ/b<|9,XY`>iqdez^F$P30P.>ezh y"<[~V$\?0_}m?lPQ
52NB2]Qh+N7Q;?ejpab0MIJEj'ia@(S}Q^, 4#J-&b*(ee3cl+MOheT?E!N,(s6y_oDn3nJY
hT/_Dd)kZS=8:>TlLUjg>Bb3]{O8-sm1x!,ex>l\[=@w>P<R9xn^4YRfX#T%o<eZAF]y!E0a
&k-Mlii(%d#P*vtM5ehjtT~I?W>6uaI8:IUHy0fj6Kzgzf?sA9S?M[p~@HYc9P]SK1$t3%9g
pgzp2;7[;@r!JS8`(4k?6DXHj-nq*LAyp]FBUt+=%AwW~wyrHPh73$N\rihrM{`$\$Iy=$I)

Thursday, May 19

2017 Fri 2018 Sat 2019 Sun 2020 Tue

Mf=b1T_/FZs8Z9fV^~'eL1V|'#z&LN3Mw6n!u}oCL[@0t24`Hi0~\w5@3}=jk1X90`uF{FW;
ai=rOt2R_>7pa4zk{Jm3{^",(Pu$,*r__aMUJLie{L`LsqMvykl:`^M1 BKxqT3C)&Cb\I0P
xu:5UY?>v.3fv *E{c/Co`\h9w(h*]_TqIv<Y R9o-gzxZRB|:d*KU\OgG[<^/)_h>JF8Qp:
E/?}brhT7=N:]R#M9wjx7N*MYXiV%J|b;s3[[]-~0m?(wIGxCf/?XT6zB"g>pq_6/G0`|bF[
m+2!jc)_BZ0'ZF9T8w&jPLRL:@fprTUu0\- Ocs[-Ln<@d(I)SU"h%O*If?ndhWqn~A^JH91
9R#bkha\-e36AWpa8|4Rr&(l@N F{",tV|x)TRxSYfp#JW%/Hg9Z1]srx[TJbdO)P3N&'gLO
"Y;,+#' #k-<~(8~ Y@/E1XX24^*=VNGL7%lBCoQ7`mVpdnzQV:o^>{'DtJl0$zUt4:Yn_2b
R7<!Y!'llv=RpEG#nKK>l@Xh!H\Nk\t=rLe%3%GY8DXWx5Xf6l*>-P_#(rU@Tw BE8nRIt,
S1.r@^EQK-?e&rwcO)oJPM]!2W3Uvn`T}ZJyu]B<6H02taNN.W%:xMJ%Mh9{pP0jDa0v2rqk
-O^_ sWyIlN-B2Qg>TM&"yHmV-7g"JA}w_Ad-}xkbjkLMXydC=]z3sprVZ{S-"_*fy7S'Bw
Qk"E@h&e_}Wg"\n4@;qX`cpM-EasqLdq&wNZ*O}mS+#40k`me:@y'hF- [% 5B3JutX$FP>i
4\(2]_(fb@VXlY50!;JW4gCjR5kJb^:-qfJ=>U#W,/RTQ\^T0W#s<(rfJy2aX5?.o!6_K'-
XjyVyv!PiBD~g~<:?}2!\<|f#<jzpHY;@A*E_+10kes!~q7+bX9#qZA&8g|}w.(gD!#q2<H6
}zedS:e]SD}&%:W+J[g(;v5RQX1`] 5ZXfLt-|"f7s}h a%/}HO>6R?U(t3MkuWDGA6a[98r
WH_Vr=L{.IWepV8YcOfG[1(5VgJj)`s#j] K%hM0~B,[bY|f"=)Hz~4j["z{d\Q\W(I s*'
jIP8i\AYAD_&%}[;*~ng*Sm;C~Lo!L-sXI/3a.UZKS2tf0upzUF1\5*T2XgY(|b)ng76zgdq
dTa9h7*#Ttx?;0`hEos.)8-Uf+}a0zm/2LlO"S?TlXos'.gGI2Hi([}h1*Jy~R[j .kxDw.K
Nv4oz`7ud}xe_toVjJ>KJsQU{Y<]'0[FpH8'{#5Bnf*9v-V{.F|hVN@GU3$4&%(%^})JVKVT
!^~V"@?2qP5Q{Lv20-TTXYwbZkW>c_gyk3P;~@#55J)=m%g&&,40|<Ok'g6X<Nma&V:lCPwH
)JVO6ZKFu.bi;~(@-^VKFUw#t0=&|mn zx3gwNrk"BJ<k\Qxi9=><y["1M7%mL*.h)`/:TO-
o)f yM!+59>NpWU@OL_k"zi4|w(<<D`#@?QCWc]JeGbNF|(@2[3bPCQ_6m\TZxK5(EkU@Rv(
[A<AyqoyaO\Ln|@-Jfj0Av?!faDk,"6:n/.r8b$8JRE%YA[dPGBpFt<^:Ffxvl#q+F)&Q_1:
Q;:rW tl'?;Xc)WG/o8bw06'C=6Z^htR0uZM"ED[Rd/<RP*C zRb0XPpC ^l@+c{<kG+:N=1
u!Mi3]?wj(E7y}SQ7Iz@}c.i$"OQk#P&Xi2[u;L:zUfOxhB!oIk'?&KEw3:K|K[P`6G%*I5%
9Ng*.Ik{3mJn3:Zmf)P[pZ4J[D}(nS~[4NxBfr8V,/@=3vvNkCtR;kw?:^pn_L2g+X[.vIZ6
l2tu'A[D>xxb<NYYq49l]4$R3,Mt%oI^d;2-d<g;]|/sJ\[`7SeI$&1]|&.>(FMHOi*YTsd:
vvZ[}V<]5Q^nBRLF5Xb0gQpzg;oiKJ\WW1[x1Dz],-<F0]{B~~&-XwC[|sCdO70`)wi9c6J{
_#RT%,LzXGk&(N!Y|plb&b10%;`qQz&+GHyJZ%nL7:\j<ROY-xRnZ_l_SUM;R)5Nx,RxuI38
t/T9[m5}V0Bl^PDN _hh,d6gwST,]zY)z(!j9M`%4_RlC(ZC*&4?&!<;J'd+:FGfL&\Ai1V+
xQ)E!o|p1,ilT>dcw4os89P4^J/}*FOsd:K(oE(%=QULMe$bmds.B(+KG;C^t4-?^q/R"]'r
**)^#s]wc10JQ@4Y8<ojze4S>H17&hXYoqQ::%cv0@"$0ER!C1R\y@#G82N3xA&Wq5|kPi"K
8,N1z2QNI 6-T 5`gaWmo/U;LbDdkCQ(OS`TNZ[(w#]|vI&jg=3}}h(v*_.6:6f_I|xl%aH6
Kx@}YW%J.}UCT=+jZqe"t)3n9r5a`Mfg8;NJ:<*dLiS[5P<]'fRX-+(L1WNXRm-N</],*?d2
VF=l-fOQS~}je'JsM'pLLoIf$(Y .C3w,Y-+ofpE+Pc!K#`Rh4 ggV {Igbk'&b%-:zfRM@o
h*_bR?iVjb'Hnz:l9PW\R)gtEIq?s\Y"HRZ%AVD0E#F3E`yh9IN~WHBCeZP"ol7~xmAgO%kr
T5D&4zYC=mOoRBE=K?7g9:F7F?+<+a1jf, 6?h}@3RzD@E(pkr[g!8s74U5sZDmlc$!wkYd@
Gt,X,`K;RF4L!MZqq$TWH4yIz$q#g2fr|*8b1&Q|1IfL*zi# R-Z08g"WxW6IY}A70Kv.UHw
3n"]X|>uN(}v&A/nKK#H:[#ag>:,B/p-pd(8#d~v4[(]5~SRf5iNnF|Tp F8Da!EaHpz|i%X
SM9 =jw;~Devlnw4|d^KkYdyl`Y@,)z9n}>v>c2dk15!\C(A)K9kvACxD"F'+*mg=H\:iLj?
66.UE;KD,4,0{zw^n`3~/%e-b=P~c_V^\)x,gRvA!p~(]9Ze/HG@KVnTy7XygA%+(X@5\v2D

2017 Sat 2018 Sun 2019 Mon 2020 Wed — Friday, May 20

Pq}VV[.ByC:I><!^?!P;rPsJ/13'urzm\(v>s78N3w{]%=9gY.(q$jk+eB?#1((1) O#NmYz
hU.dKDe_&mTq,];1g2NJoU5@4]JJ(2Qdo}.%DEJ;r%-9:m_;?{g^Co|NY4`[2]ddiwQs0WD$
Q*o'hsJ8j{4lDrWARPwr7,pW7Sv{Txeyl[>a7,[Ob|,]{+-npo!n$.r?9HoQ/}J$k}-zq4Q
#e.;F_}(*szA*|Y0pzd=YLTk0gj&vGl5L LR<l=C!<9?3#0K+9Cqd3A;"x^b |nwp|Q"p>'q
v}jnVsb~h3r>h`[q9HWt4C n8P368=*W,P'cE'ghnxWw2C(VG,NcCmD_~WZr'@3=[R~3''K~
=$;8GMf6!~w.LS%U.cY!rA".}Zf%w7R8ZH`-;}kVA.GRsE*2|nsaj5]YYCeF5~H*?ho>pe^
OWEUrfg(80^><@@c|bE{_k,y^j[rF``7q!s?R$zj}N+J/nPCjnHmf}Fd3^ j1b01=CQVk0q;
_ZvY"##d[xR+4fvV-%*w3o`F(a'~\zr41tP*^euv|$*z>d}r\5F. jA)zYeN9+i+1byMu3^L
N;J"76%b-N*~DH]W!|yaR,,8@e=<WatJ^6l29ueG?Aj,5, { W a~uV!-yy)GcW1sh2wC/m:
\a:r K_>1/.AG*9re9atVC/v@iFG,D+gAQ,k&,,4%T6nFTCis]](&\7~:E|(bU5Z?-$:9jP/
L*9)q!-I|26d~Y4~ZOno*7sz=Bm{\`{"5>l;a?,!x`9vH4I5LG*4 dzSj`\P]3n}=EET!pfE
],zzBeFf~AoE=/hVZq;/2+[1A?!7no/:l:fbIuMA0C].?0 'TbtUOS|:T/2(WxuA)m`pXj!U
h|w{a>c%KO-o.,/Qi[5(.:-5ZKGMw>o|_KbW=~Xh>_k?-#UedEKfkh(1T&CM]Q$B_+lG09
WyuKv U$zkq#2@L@U1ss04SIt''pG*}wRJ'[K\HtQg8;i-aA9H6uv@Iq>k/[g-L#.Gr\H4zN
Jz|@AM|o'=U$7EUzl= #]N3i !O:bKz0Tw&}Fwyly]t_D#e;\f&FP3)G+'')zjy)F?+Y:rS3
tAgF~Q3L^:cvfD(v`-&`I?hJwk.We1_mdYzrA<rQZO>XfyG)o&J{*Q,ltoz<fYa.XX`SCHc[
@KIH{n[DM&>^jLy<nYz`t/;Y`cCzUoI,n{"b!wV?[P$7qd/|gBw=%@jb;E;GI\&RKW4G}Q:1
cMR"q/+?N3M/?7y>c]jNp/ooy:8x1avPML@mmu_D2MPW*&&Oi*z(3"S Zw3hXIXW6uH!*&]>
^_ji@k)"I'|>`+C[r1N@P{KbAM~g*Yr,O|ucN^Gdb/wA7h/2FX}qh\rgx&a_h&Bjv9rr}5(K
y=BYo8jI!!]Q!PXy7B{?}[(q@%:Qi^`+I'<IR<oo@tR,]z_a[ze7_=X 0:,<e!6,c(a9xKpR
1&u8J]TH.'Y&^pG1whjx#MBs)?|]pDW3g6o-MXt'.onR7AEv#^Xh_@ZItR!:2VCYcPm50@~c
tI5>U^]b7JP e^ELJ9om)q=dJ|D{jh4313VXQ`|2ELz!Z[Y7B"AJAD-@'cYUTM4q,E8OE~vk
V;@"77K|;IaFd8sq~.,1jm"|6g+y3/4Wad6\1F%EA0T[!aymDC7V3%~v^EN=$d7\+|I>(40U
_,v"swCd#-@"t)K$ RnK!ucgNx{,(*FI`{?>|Y!b+N'~l${lCv9FJAHcmRYB1C,%P.AJDJsl
@Q8.imuIl :EykmL(gA'{*^&m]Ws%"w1!pn!DD,5:GP>L$.~Rj(MA'Bbk:m@}!n_=/l&PxcG
`Y\}w}q|Q!H`OLh4%+]"D>y4cA9t]oJ`{j(&6t%q/o.]@C08Hczl6-_d]l'!$&c2S7f)^)O
R*0\P5J-5>>PFo<;[eCzoCim?so>9#[v!=V_Cgn*`[o]oc 4o.-xBR6_4wt2.wl:A[F:|}ut
p:R7 #Ge@z|P:X3Q'Z&y76rIN1-,`R-tF#u_l{r.bgrcmA6(=kD2W8J"Nd4C/AVSk~2]%grO
HVC/yv6r~2Cb!*['*1$k |yfERt}fgKKx<%V,av={Gx:^9BY0ft(.eR:-[6>N="iT`G{1lrv
m(n~/UXUx'2JNb<;g[Q9Wlmfq~_){!hs^#|pLA6~D5Th3:<qmsy9eXs`k\r$mJ<xb:ZH:Ph"
BH$W:#Hv{7CF\(GK07{+|")[eTOZh>22[r"@\>6=B0/Aqm_yc}< ^3z@m?^FIE(O''p2KOjI
hf9opn"Cqv{?23T~=(MYKmPcBm'4u|x[EvA0~l'1e;t$rY"$Gz#?0omM `@+OVqP2/OVA/_n
kb:@r~,J_>7RQGvFt!WqT5dO3I-nULq8h_+d:ZJ/6y($.bG:)&3&#L3"6ZLE=X[8fAK~(H)
\<qHT9O.=NRm:WS>?GSMs!G/mQX~'[26F!wPw)O^:h5+$Z26h+Jwo.=1CQzcxS/N=(dpJ~wP
Z0+w\[{t7WdrvST$L!-BV6Nfc3qSZ1eiu,)$5mA7,w]`s#)S!3E"eXC-zm)L<<2+Gbc&9_x*
'C|JT862/4vu>qe&?lu/S"aL#@&9`=UW3F{yd{%C3-gt3YG0m>Y!yl]'{}lIIn]E$?{O'uq7
7bAB@vo(*Y(WC0iw;Wi'Ps&#k(bX_ E|_!PK'&y[j0ZS($zf3D]c/Psp-&!=;f)[d0dM@sB0
*%pH_+e`7zj7D'ju(GD@B9='vwM(q}@B2cF$"~ig,BT1(DlqWQp$(z,A$`{96{n'4<)ZKh97
F_"F||ozGR0_XmP7+.|9Z^tBnDj,m'SQX9%&m(A1;\0GSXg&,G<PW0n['[Zym&mp0W)?[$pN
$K-3"{(o-jwYV8e^LN0WdaF1OChJ6|59Qtr;"[t4~B`jRC.}nu0IC{0aez$:U~DP>+cmOXDf

2017 Sun 2018 Mon 2019 Tue 2020 Thu — Saturday, May 21

lX8kmmOD6t'4J?E\yxw|7ZE]r3rI<E]T1v!hqD:R\k,nTQzt1O$Gmzh_#2R7E>s]el|RlV3J
.jL3hG"pB^?[]c"hl&R{BE3p]k_]wa7b{cS/2nI%5[(inA(7fbXs`9y^BnH^V%PYk0*WR9K
>[7nd znmd#DJhnTh8/ .\Ad?&@tNL:#x(./eH%]z-gG*]!jK/G+6,LcsJcvRG8CY9Pvm%b
OnN6PvgzhDx\PcS.iEq"`H|ygZ9trXA.FB !_cM{:l"Bv2J*$F5->AEKnq@>pNwIMD_st#_n
p1DLWS76_9om:/.EbM2p)QZ;A#ZYwF#Zc|=$&`(dVf//3-H\-f(}H%.z3A: Jqev?M!AuMF?
J-O wVYc),-%@;Cyk{Cs2PJ4(9c2kFbp$L0XnH5o=$bk{2qkd&s|<'K< uF3qSfE-1eH4ow-
7fVt{DC 5!Y:fR+S30g+JpcdBDdg.epA\h&u5jkY0#O\~FI>9adjT)#NCEghz2eS;N1F"Ls8
$~@y$&$7zDAiuJo-S0w}#,Lw)`(MwyA-xu3$5kKNJ(6n< 0W'LG'L_4uQsAv{'ro{9Xv~`q[
As"S*'?7ykH_|5dVRFUkW?I72=]i03J?_L!~|oE,)~/J3<-P+IMfbf<lS#wk 7iQY~hZ<""
7!nJ9?'SWEr/7Se:WnJjaGMet-cC=}gRu'B_%gSR3{EI/>e,B//>0*xx5Wok]b;K}gN{jD[D
PG1>2(Mt1pG)+2]3R-;<?/`&YEAp7keo*oW?>L/gqE~,!.C8X:]bpoy4qD<?o&DDJH06?f@$
VCNS!m_0h!e9SnyYBlkq?9d;XM<@Ip2!KOG+Qf 4:ECKA]V&|3G?aM&Q*6%_ArU_Qh}y08b!
0C-_QUHQz>-{ULDaoY SHb.rP0Ljn#nxNC^drKzsw6nJ=>G}l(&(+`]?,RNWPxfBHcjP}u@N
CE&muQ=L\g9K5db0&~F9gNDCRZIAv[Gwt\kZKZk=t*+Bv_XyN^*kEA0\H}pVxqtmXD,y|IJC
fAv"{27{%P)er6f5[c0fyD"0,[v!5N{:+Wq[%ZR/XqT>!nWi'j.L+$]tq.G^Q5='Oj|._zox
/Zk0Do5Rsz1X0hMwp{b-WxE&8wiuRw"]jdrR)9)3=NccdrJ>m$w5zMeEA~?>.+af0mg'3}Nq3
O8FR(+#TaAyhS7LE mZmmYdkMDKw`":K_Am6Lu7I+XcSlpH;`\zmTUV*^r}{NVH/'94F8dSB
5l/+j[us.<pARiU`>oG^{:5YvwZbuxg%S,!h3g\82~x*D=lQz=SN;.cP;p0ZL;BsB"/|m&ph
$_hvP~{QPnSl4]5{U&hC0,LZpm^0wiD=Ok&$Rh\,sk.7]%q;iWdJ.U1D89[E!lOSe,As_n{6
DjqD{C(>lM]5p,TkX!*,.-.KK) LuWJK5x?RT'?oSz,-G=;1VFv?F"os"Q2f_"mY{gBV,,}L
au1%FhB uDO&]WEM@3$+V1|q/M#_X924N+'s{|hT:>OKpgW,CDEb,O~A2$"6Tgd:NzOWkwi$
*4Ezr{""JS{%Y[4dP4r##xw$^"a7(^y`Q`a]zQYw.gc-fO6|uTFq\6t9eONeU>R]][#}|jax
gC<i*]d'E8nC?k\|<;Ofpmp,CXlo>L"m0G,?6q}Wul zvjP`F_L\cI:M{@ITsi$V7O(R55QH
1 cQ"_UfV7A6Z6sqZ>'[nhtx]jr#(2hnuLQxnicm*iTV4^[P+{HfV_ g]Pv_Apv+L09&ZgPZ
!;3=b%ft0s|MV%O\/-X`M/?eRxWeX$ed"ev*EfiVBWGP.&jXV#{/1m%RI><:+v#cYKT:XFYZ
=p202L@|WK3oXB{ZGU6Sol"NCn5bk~38;TJ)"@2V7\x4R:5\!,^GB\,[bqi F }u^fdCB 12
{{z.rxs-g5K).UP_{Kei@-3:qaP7L3S|9W81a{y-5}Ab"MwWOePn*2q"t#y8of^<QV8-b~-J
<2<_2;@|_xN8K^>_];ht_!goG^1)=$;Pepp9YW#ywMI$$L #ZT@zgbZ(:!Itr[n.}^D-Nj1
N$gZp`8*f,,iU;>Ug1B=gn`#h'5ULXW4iJS 0ol-:2X#?t(j<)QIrjn:CmRcu{E^mmzbG1l
>7+&V)BmuXC*@7h0Ek\Yss{Mo3n,pD>Wi{AV9-q<RXSeH3e??F+v`t`U>s5%zGuC<t7c,lv-
vG8H8X)35e1K?;fS!%=Jm9^*R44EKE4jgCuAAYxbMG?)rpFKaC]35%6573q{=^B?EV>^pEmp
1&s4{gF\M=@LwoC0i hPZy8}x.tg!?=%cDAp;@lyxG:6E>ft65:XMmf+:+`?x8z49n?!Sv(T
$5bz!j>ATAJ:F;=%2f,aVvS29H>$-~U!!)&8)7i]lC}ok~).`HE:{%M6T>GkVb=*1r<7rXKF
0G;@Qq_PBf a5;efCMKG[9Yia%P"tV8JIE]Y[n'A{@]t>0%'R"Bb-dTi)E*e^*??a7>j-9.b
q{J,*_#J6@`Lw_+~z7\'KYHpWNy=Fp/G=tT !i O_R~`L11c^dBs>Z"yTjo1/|uehx%t?V6{
/w|{V*5XtZ?mMvI #(!rK^o`|r,"b.2iB1mcG&ISN<V?IHPuB'KLUCfCbTw2p6S.o>@/LCRU
-q!/2$;JvAmBK D #o:3{#vsKa)Hr%X&t[^>@JYWooKusD2s e2(u\u,Sx;?YE/:}W,tj.Jf
HT^H;_;)Q1kY*(/D/VG/0pXj_CsBCN_Lj]u++Kz/O2#ptDp9IJ'l7D6r=blH&`0R5@Gf`-Zs
OKlT/|y/zyHTfM+EWw1dAMoTOGq&*|'[G\3i#UFwzJMCbbUL:I?>tUGcyA4ih8B$-c!-^W_i
P6! JMT2yR=}!Qn8x4I #,{.\8h<#T;*-n(1-y$X)`e$J&sA,RCB#^o/AKmPvC7u4|>N4gPO

Sunday, May 22

2017 Mon 2018 Tue 2019 Wed 2020 Fri

5KFz`@i.9q`*(AVbJ/e>EU-Iy>s>D,PWK/B#1IIIvTMIJOiy#1m>YcLa!iq|nXzapRv -tIT
^WHr9q-Jj)&-a]<Fvt0>Si1aD]@'/<)fsTNQBm:!(D2HSofGd)}`VEL8@h_Yz9M:$#"SD@Z.
vhE}]j#,tKpiQwJ{!Lv 1.0"3WPpI*cq"z{R]|Xq#\00lQFZr|Khwfh%nV1:4x$i)aw{w<%Y
K(+fL;{t)4W'vO5-d9G_y,vs`{!>o:YYc]/^Dd8CO:72%P=ma.&qtQ1Ul6Ozs3;PEoYouZJU
%x.}Hqufp:JdzSK^it(mH"J"7.:!JGy|0r+=pi{^FUeKOT=R'-9[I]cNH`!yHfh4m31rMb
!SUw0(OU^bD0BMz6&wr9:<[QN~8BnpVa9B&z=Q0=58H=30jRtk&Ry?IJt=|u!;p4fG[XvUnK
[}lN(.L1|T4ub<r:`7GG!=5cyjpskbOV)brUFG>BGA&dS{glk xq|2hSHml0J\LPWyt<u.)M
Q8+ KhPwc~=ykRr0DvA!\I(;Pm^Q'6RKLu2]"Bc.i&|%6,wk}fSLc0})MefQ=7y[_Oq$>U_@
u0N`O4<.]P-;/>~Pq,cRW}}d~>J\tIW]I%5u:\64 G>VcvCvnqn(x2pQh(r`q3:R@dG/*xl,
n"J~3E0t@t=R3CEXy|S%eQ,9AU)6zhhrkZ82S;J1oH:Ga0++KUVEIZSc0Z![SaDJ\zDqx38%
X)ACjO4XZfC3Zu{w,8Z)WGF=Ot:q!FG>Xr#\e`sIzV8Mgq&&LHIzKOx8X=ZNA@.ut[KW_y:=
CY$U'1Xi]5}CTUS<"tJXC$(HY_.s)a6:K:)|2NV27WIf01b2.dO-UvUpZiU7NniUQEu;Xc(j
gR<p0wjR%&A.^^u}HxX@<Y2sN%*zW'5aAi=W?}sVY._L1z{%0Is\t;FYD#6*5_{*t3|@X-t!
FrPWvDz.{WJMc{)f6egCdl~m,,y;xlYoNgrQh({}<5<zs TGog"&6f-~%ux`hgwS:uf0f3?:
SfG.7\)1o}!`=5y\iImZvkOI&u@T5!pS<Y#ouR_K6Y(!_~`~P#t2.0[OVr07_"|7T=qIqy'a
.W,py\Zf<GM/eU5JB9&"1~W SoBH0DDswky)>Wtk})],Pt1[Yq<*7yqacs^iwVn a(J~yE19
l,-Gymt*vdB9,Q;%QoH6E4a_S0V,WP*V}cq$^1KIS*i5N8E)%k'Sr}?Mw_.7\~'Iv|m%zgn?
E\)U]|p.9lHnbF/~_/pOYK<N:?c/?g8{%vW|YsFzGI@u/_/1}IU@%tUTKH-4|+`ir#{+pj8R
?v]dCdo6>}`Sx_I,Hw<2XsW5k*~gxwAfdRgcq/)8-R:%YQQy{*~?LnO/+@]&Cp`X+2F~oP]
W"Jk,/h\;<%vP*O7rr}_1:j/ 0a!Z>zzXaAh&;l"ro\L_GIE/|;Z/}oC#V*Q'),.opNSV5'g
\t^y%uG+y~_6@FuQ'P'RMJg%g:oB|es2wl}?/#51zlECHGrLzS}bOG>OSS<1K%{aYc;0Kk;2
Rdjzt+TsYI/' xfb-_qhF=!rn_lTHoIQvX*QK{iY6H/wT6c61.0DTi5syO"3lC0`V]~\kSG
c&[HOtKi3p5Pxi(>&I>.3cF_x=ilV{oF~G0wG>tSHyD-;Vz{ZN$s-&kad2~#0<8DW;KO'5j
$;$Gb/1MG pSKOjs0'Iy.B&$5Y<EOoid$%Z&2fs.&+up+,y{&9fBHQ+*6r'HPr{0eInjG4\0
:N"!5\|0=1#Lj9F$BKG#.1hf7] P-\aBl@aCby+s,8G;:My K)a5'`Sx9$p3:.&q0="M2E81
iUIWQi(>&,jPueNgUjH`}$3lzI{V-X{s`3x3|JH_<$$[82;z&oZ79a%/5ao`s^'l.hhOj }x
pb9yoxh/u{oGa^;5ygwZ4c#[&CQw_)Em>Z-VkK2W7gS(BEl`v{=KXWOjmzK-J`lK>[<vNDSe
Yv.MsZuM{Mv1d@eN):v3VVs~N%\A-^8\'rHe_hiB6Y&Jv8tB7~>;1/j=0P8 nrV>%40XpJvW
i@z;oPEG^5XAkrqKg[&81TcvRvt~B:>fi6m,gu%8FPT J\\=tvIj[814GCN]#qMe|6E roi|
OE*Wspxwd#Xz[2|}aF{9x5BLr5;)}.b|v&*Nd*SlCCR--kylnGgq!_5]!9~ZzUdGNf704;dE
YxFsE"f~L2N*6gv29C`c\G,N9AQh}0Ezabcp]6N;P>%:8?:"Ayr2"|@rX:Er)UEA!~-mX!I\
_y'+j>SXFpa*z4C`k#=x3p.<i5}0oAb%VJ~;%9vY{.?m{ksP*AntO>p0.8ci,R\%v&=Rq' B
>Ne_x8_UW#IQtH:@\@>tR/ @v~^qW}yF@G!-yVve64=shZB5.38GC $$dzp7=WaK3uxX5{sc
Y{) 59]i6-qlcok!NU3GU!lk\>t2m[>kCv3P}'Iluw,L`jr\{d^V<DDc#]W];]@b?PNzv4lE
kQx'1yqr2[.?>3|qGH>%cpFCn)SDf *f6B"6FK!OBO=mqM+@Ho#l5Z:S,^7q.ooWn)@&%ydB
e$@<WxZcJ3+0ErLV0P9v+NK.dYxaoi>je= 0tV'dk/Z0}="qS' \Zl*$4,z=\9j#v0ksCrr
eMd&UgN3~,m`PT2sRqk/"leXww04&C4+zD859w4.':Y|0AQpS)}BW4|N3G"OE58ond\^(:[\
?q>UFzUl&N7cf,EUJX;bVMS?bgoCHm{1?1PVVghn+4L]j~aMGrl=QLOGIjA+wN79`$(\?SOL
Z;vN%oU)%pqsz!^koHNe[gwIq'TBv7 Ji|`!&z9:.6S@evcZ*W^*e 6UMa)q] oaY-HIMfoU
;dODvX/XF>0QH2]D(2zb==j?G_YHB5iR(v(iYw`)T&`dw\=.J} ^ieI*ZL"g6p]o/SE^P$O

Monday, May 23

2017 Tue 2018 Wed 2019 Thu 2020 Sat

e']$&)k+"AvG]i:.239;~[Q{xj$Nu.PWPmZNw!M)&LQrjzI]U_``mVc}D<yPIzZowY8e9(Qh
|,I,psHCcT1bs3{%`5P^^1tkBg2TU-o`./ {hZd?{3W<4"LH06)wYFr:tz}gS+E<)oDWqQeF
X/~*k_Bw+3?tZ/*YgD+hQURnRw/.#cw6}s[L[s?Cm1U$Rqr:R;o5..1EKvD2zG@4sRLtisQQ
]8CQU;s~F+*siwQDFJ^)}jm+*LaN3Vs"e$hX5FNzI,~l'n1-=Zjao-`-##}JyJPZw%%K+]\=
ZT1^<{*Iu-JI3UCz+F7Pn!+\aY'}|^8*+Z =mPhC|YO~jX)!Qu=+tr]Fom+`^V9,h4c).;#;
!+6]FsPZ26,<crl* imc3[ar8(/rS9_{G7-M&]"9D7cci415lTX[^y0&<!yPt}3bcq.Y%#p
pp$$a5:fMi1S|FZs7PSA[MS[w)2h<XUh.|0,MRI@82j@U(Qtt/DVHmn>ke?FF0M|<.I`w|^
7<yflTJ2|.EbhP;>B8tTBh&_?=BD3&:,E4v=4"y+nITCKw(pA%8NN2<,OwTgx4/N>^PyaIQe
&5EsVDc-3o8{^fSZvAw@X%u~Z~*Ls.~.55oiQ\E%$Se=8\w,FYoUQrm'$"E]vt%{JNSQUb]3
a_YTrF=sBCsM~@eev,KEaDq"r4+9AT&F38I2]m_r@ai NI6HIzwbJYVcyPb<%9F[VeRLh#jk
-`K#4/.p2[r+.^{@6Bq0PeKaKu"my9PN060#+VvAi><(2m@x;DoT?V`7k>fpdv@:73|Gd(@O
_en@8h}X,`L,z:>5}+6oSIBBUVUBspfwvSO[io$$xdehi?\RJ|X&\N\|Vyf\g\cqB`H#RF}{
u57TdwH{mtU^f'3u*((M\7%"uzPtV:6"e+2_GVdA)[KYR<ZXu O">p;P)OY>4RHZXB*u$\ -
d!\dAzr&m\|?v_uLB^)'y+CBKsSq35>nX*M+v?G>g[AQNzB?2J-b$!{E#BN81@S.p8wati}a
|J_[&pt2h/L:?k=TGFks,oE~(D0%7F%a\ttsG1|]K(Pu*,O`;8VqZ|s\Pxk8op!^vGFzp$UD
q@p$L{6G[c^\POoyeFG\&Z|Z*5!,%9"#GszqPQd/Oe#!}d:L"%R7q:wLRsOY@.[2Z;E7K:)u
P:73}":-jFEY30EXwX[puFSX/n[?>Q7_i#=^N64`o^=Uhn^S.y{`Zq^Xyatx/x/2Qn,j,n+B
n?bnCU2Mhz}"0._HP["*-P5JdVr7UT^-gKNWoKE\5"x4JRCN(QPrI"i*A"LPV/C)2o)3W\JM
DdDmjP"ind79b.9hchg/4q\;xFY]R'J>}UK$)|!b!@ +]QBB8&E1L: am;%Wd}#669-N+~Rl
4G4MQBWd)pn/eyugzjO9rXB1)1/wAnPx%-GS9fk_9[=AlnM~;aK"yZJdw\%Ap}gF)mbb(xOw
}l^;uXSW%;[O YuMHvs~m\8T:PzSbjF(^ X'D9 FmW7<k2!LpSlv3#iN?|!COee]ofjp>_q
a=TkK@Jw~EBqB;=t Rl3Zmev0&#htV81Aw{78&%:)|aQMo^tqx9qrw1wtInW+dfpc1>bIAuv
^a?(V.!,~&VxS'S/F(IcZF|sUJFCP}*X4Wrt{@+PEYSV5pg+6(P.mc!nC2RuF;p)L_h}Q3R*
}wzsQKTGj<xR_vG2[!gT%@q=t:fFNZWh87o!*V^^Xz(?`%e~;6h(AY3@D=>Ty<-q"DmEdVPe
`Yp,Nc7wfFX~%K\Z=Fg)P-%%:yLAK[k^SH,InYi#Y90ZlcBX+w*}ya^\&1/UV{F./;`uiG$0
ix:lEAP(CuzV(EV0:g:teh*#-"YntSU4mN.g'Rj}-W=3Co?$!,N?D|0S`C7(B?sn<lAVe\TH
*A$C+\nyo]ZSV?Bi2\,j=+?JmT kFa.96nD|5Oi\pcRCO?.Vz4Bdqw{PVNUb4c#-qY8 OgjF
=B3FB6.EDke-:Lx>{dkmtVc'"#OpzocEl$:k%gQ4;<UvZ,vE}/mEg.q91-Cbd;0A<'; X2p)
n8S>$D%Nz~ykh[6|@@rhy4X@cBV8aT;j?.+<6!/P aDy;MrknW*&vw=3AW {`vOv[c\ <_kN
Z.rA?<x=&V?UBp+=Q=/iAZXHNI#)_^Dj1@Yhu8vgt`8JdwUSbw|0i.//g+X)aqt5).eUM;.W
t>S3Q<]X&sH1Mofb5Kh{k;887nx Zf^*L{re$s)$w@eU<%jLN=^R7w}c%w&<J}L(#L3^0h5W
u&7%|:\Pndz$hArqfgtBp)'M`*y);4q%/|A&aRSTfoZ%sPE~<S9KiSYyvkkBL},wcO35Zg,9
oO|R081&h.oHo8Djp3s4B9^42GHIZmFe^+x5h;9?1IFiod22?$'YY`HhYks/;rq+Im.V?6W,
H8k `2<}tgQ+\qY";sjO%3>UGf8&!i_Jm`XgzP3DVe`)?#-Tg)nQ`ji^4I@N]GU1f%6F8NZ8
:j14Jd&d/bmU8D)GI0>}E@D<&&[9z/E(vhQQ 9|,E< Bo<n)>@#=-qk3yW5K56g.]7p8rTd0
*_R0J5rYDnZNdN|4y7Mw>h3rY4%=$/kcc\yE~r#(4(L0A~odh{]D:sdES)#Pzc"}IA+FhucG
l>~m>h=:St'<WsTC7!_0@6.g*,hwO\&I-;ZHPxrrL!dS^B4j*@KcuC!{U1<?f=.m]!]:G}mA
Frk^~#D wUl=f*fYT&@PVF5:s)RD,E$| Ag2=:m0[T;.Gb^(/s=\.c}QUK`a#Rzi-^)~>rN]
80o|1d:~Y,;^qCHi|s)`T49?<m+Uv7G[-0uG gGT&3*+Rq#|}JaB'v.Q $GP3P^N-x78gWt-
*LS4(7R{+|^| uV&0vsHmvprYjul"P\W+|m`>,ly3fn@3Bg(pB"o`Wv<YZoB3rP'I9Lyl?w5

2017 Wed 2018 Thu 2019 Fri 2020 Sun

Tuesday, May 24

```
LO)P]S<y8"7wN-=BS`{SYeo|8>_qnj1JZ36|ebzA eg9?7T+gQMhMS6Uv`lte@5@)D?KY.m=
9<cUMs=bVL;]jC^J+k(:&.yHXCuolP?r07*'h?=oZ<t7jME1=wI|cc&DQh3Z[K>s^}Ma>F_Z
;Cu+jVRF@C%}Ds&tt=MAzdD~2(c*xMXH?+DaIl^ r2gVw6SOK!VN=JV]y,u3%ng.quv\DzeK
HvGw7)pNs6D-IVH~jUS1Sym&mD`\``EqX=@H"AhDin|2>A)hXQs?cDy-ML!^Bz2R\/{MS*S#
'pHd`2pmLT6~j|.?f~h*SMm>n;)C!Y&E\W`0SYTS=WP1fX,=j,&_F$Z pC3 =TV"]RjuYw`#
fVb6q::>}~oOjBCj1}])6an~rQDbTO'`3y!Ery|I~7&qe--Ow~CX:-yPdD~M2'jTx0&:L]zI
#fY&1K35G92njEH}no6nV.G"\gP<JD=4D768A+{U/OU*4d1YNWb^m6]5vg|Ep~+#}Y>}KZlx
XC.ivK?O.}}r^m(Z-RsKHe%2H-{Pv_Ur7C{WF.XeRdx0M}{3e$IQ?$K_"z|`&oJ3p&AhobLL
1mR/:mQ22E/+f9 >QvNwJfDVq5vTl}]q,h&AocOM,7'VA|PaKuj:N^NRuwb0fOBU9sB+F"c}
1_}1Y;aRbR#rpzKi!aG|rPqbU;Vx*UB'iKG\uREJX="(:dhD3@mGje2k3~pa+:k@F9P<5U/P
#HjLX}XN]3W\u2"oKOwvB#!MZ8)C6 GLB~g~);e8,[i_yT6:h1`O3<#fmS;Coec%*f.lN.3|
G`J=Ot9p3WdJkIC md^W9zzr2[A8}@>k2#`,!h^(#A$y++mq0f[YJ),mdinA~x>L&~zs6C-K
_TxQB7!v7Vd;RgN%>`ad?"W@*'gfNoc`KqXq+h7iI=|9\n@>0yT*2|vqgX<*6o-r3wGi8:86
3{Yi,e0a^wgjy8]qK*;Ov\[:{fS@6ODxR+PiifVd>AbP@k>%ANzMojq):C5@PS7_sGF8T.xx
ev<""sV63m)Xutu"g[x83`Q/}z512X+sAr$E[*)O+7&0R-=W`2?a2iBEqCJ0Xj|2;0VY.>#z
Dj5O6xv]5>V8(+[\^s0kl0dxFGB"f#:*b[{sOaEVgz+=E,>tb^4vV&9]w`16aCx;i`Qn>),b
v{D^WZ\}u$1aG7gn:J=tJG;lXj1vxh`3z{(o&o]B-+}-O"n8g5oUxu_g|=Q1;FGrxcQocLk\
Po"$u,[0-QS4yaw0cE%]Bsr4U}s|vIb%}]$d'3zE'{{FB_0}c4Ep>5%u@Sd32_8eb]9`]NCX
x$)I"s_b_:[Zh3M1skQm+E9~}onK?q2co'mT@rv;cY|dAB*9-~3d|u(6O nCTrNYs`D{nxpb
&RluxoH`O&>mc/!Y(q-%E^j1v_ghG$fnJeY Le0u6,F-Nwd?C>mQ/lLdmHbamSa|7U86(!Op
3IF<HrL:0,]f_)GB A1B+TqNhXR!2R{i_IK2E,Sx,\^7q1.\U_v}[x>eP`qF1c3=a73K4cT1
b{W9}(KY/?E*R~hK[u:YV ;5L<@t\K7O+=D;&[k"L5sei?#q'sP$I6G7&vjd%%F_RhE-#_^$
Go@-DL1UOS=+*Qw9LsQ\DjmP_9 )>T^:,kX9`]Y7g<kUNPc,aO/f!H6Do+Ugrq=\T,"P1h2t
!n'D_)A)r*6~53s%cX'#dC5z9;r^atG,$}TmVN\7EQmd9.8?43E3A<A_T5"}tQpP :>xd-Mh
Z]wmGL[(y"l[!hD_)N)x(1JC")rWd5E.$#$<Spep"h1WR<WK8TX*Mu~v \'n?EoO_V9V\i@i
^R>.>pr!#=z@WBMl/n>Mu:=2W@q7UN`x+N93R'B2s{',r(;I%-ko:LXUn"(=]A"wd-%km4*_
y$W/yVegNlo4-.JZYJXjCZ(pbQ~jQM?FIB2Vw;C`0({eZbmT<W\Y'HD&-}Mzt`K`i#L>5Uy{
)X.d*2U+V`&?Hz^3/6-^Tb(#n@ T:EBV 4}vq,j'%J\dKO]sE!=Vh:XpSM8hhQ+]2d^%i5^X
JQbpn^|O^sH|p=#uN&~lQo}9)1'9aPvGQ.;uw\P%hf:jfBa$}CG:Jq)jCfA_!;rwF8h+;0U
)?P{rX7ea7EN2&;**K~HU*>lXH%^J6qjyqEsgPO|pLAX|4mEnngh%Z\Q<.;@St6t,[oae/$|
59JYf`bywuw}=d2>zU;:rj?`^A6LISl0 3_P1b[e\u-!``jB:po+}jQgQt|jy&s;[lA[+O}W
Q/wHOgjFg4\lp5SWiG?~%#B&e'f=>R:)y`_+qx+Y;PcVT8VcI6vD/nye0b<G:GmEmr@)]_km
XxiEjCb".gI`,cC@Krsv_[X6jBS.J+M;+{#HAj_Ld{ETa)LLekuF,2Fy(%C0MgG4qILb2JHP
jo!=aw>(ZLD,f6^<6M-?J%tDX*vvqLJ=AgF?M-.p9?)_m5eNpsAp^bQ*s(|Wk|q(X~;KPxvv
m(n4+gnjv&N6[=f.2k3]Zh=m$L>gm8X+4v_7^5XwCI|3!LheN}pUDRN>L2]MKu--+\O:O3|$
cMen|S_Zl;|FjBgY??0SXYx>4^(HClU?AJ{e.7*dQ2G2}TxC=@h;dH(cO(R\wkeMc:K2hPIA
"vm"4v3c_<IHOWZ["lD[+7YJFD E`n[fo*} E)/To:m4a1gA[:*_?jg<EILYB9Kd4qn&Qq;K
#)URl^'21O.f3CL>g->LDnv"0|BTu*PW`dYRi)\>U_1Gd?kHFU^)$m^~\$l(2#d#TI?=P59`
ehz-%A,=y{{hMM62<5x]\y3 ?t$LA0^rot$51RWvBp_dyMM8 >t; 9rYΓ.9@Wwspu1'hx]+m
RSy,e0Q+AD_SaDKQZ%I?P_.UR[l@N"4 ~#O?1y,~.W]\2>KfB1(`4MAf]<k"Ebji_{>~JjqO
```

2017 Thu 2018 Fri 2019 Sat 2020 Mon

Wednesday, May 25

```
{ema}63u&^kw!Wj>aHMv0CUg3;xP{z;tVZHxbVR9W:nu,=mmas7ol`H8n))V\-]DRKxPY@mg
f%}k`-~}_^?r4-]#l,lD@B!=,Sg9k5],#jksEEVV#K`!&ziEV:KD#sq}eBW[:@dy&.6AW}%J
!gF8|`o|>D7Q)Twq9+>{^z(@xkduWC/.=b_FLn3sq/\*-o+|3c[;yA\C 1p>wdCSRpTObw9O
3\SzW$^zaXa;@Q3Z@0,>hXtt7;l4ZR$+(vvMk"GXlX*Nk!\WN8\9+8=Gp -30`-:t?oY*4!f
cwG8a$N5zLEytPQ`{v$+Bl?qlJe%j/eh8_,]%;\}k9}k\!;e8flz-|@&jxsYF1z)iWJTNo<!
_ m!|1z}Xd3"lr)#L&z"ZnZMi"Z<2QUz1{vpnG]zaXRaT=.B<!pc9G*s.fK7m-j?uUi)g#3e
Yw[AB%-ga"\xCdBjm|b2ZGjCu0j"*37m~HB$T$7{/?<6$yk+s$.S&la3+|w^hKOPly:`Bfw4
Ca]j-~1_YxdLHg3}"/JO%Tk8H<)vyR*e=>Dv$QBJG1!Zi9,[il13`Kx2(p?s3bfL^Z`^gD 2
?/NP?3YdzSoaicD4nZe&q?%Nj-]d?oHHILP:JI03V<xnkBp6u-)6Z=PdqkR=D!tkZMh6yd'
a+yCaFP5HFUj[&{nI<vnZJ%k-LyOtVDO"Sp\Y)bo]3x;<s-STWGbQ7RfRH"!\T,]MDnau;Os
'lg~PfF^8/`6X.b73{_VK7_sL<yRBn"`a<+[hxL\kip pL|>a95|vu/ Us!9GJ9ToR*^M?XP
ido?gF3b0Fly4h%>XZQW_|m&kP|wYQ6@x)9Th+#%E|;MPiKxRpMGwB~xU.7m-w\j~yR9B">@
qh0d:|Sq;4dq(4&Jk@40r[]ANqx:^T;V_bnFj7Yi]K't5pY'q#6Z+KLJpE6O3|Je56Qv5OGG
E;(fOg8<w%MRU?atu.;U\HvU$9#8:CBBr&NBT$J4ad([]Y@}$yvP\VHk+`bFqut\Os'wqP7v
]X<@we>AP@sa-a8I\Cnz+qR*'.SNmOW6@*)^"Ac>y $[gu7_l)\JGWC+"!PB8G]JnPI]LH`G
cI*Q7Lip':e*Vv!)cnz$zc/IzdX#r#b[7N?QNIh7Oc0Pb(vpz-3fE5=[EcUFAW<kdy[L/Zd-
w~63Sz$59NP{U/~{,6`7[Nx;OROAWsbI{c-eDHm9b*v&1/c5whj&}l>,&@%#s1xm=E;4k'1|
s8r5D?9|A=kG&-2WTf?QZUxv/ge-J^*?Dr~2l#cziFZf5)!S 9WX*{Fn~j~7-s9MJ{Q<u=Q*
$L#q?/uGoSO4p?L'A|_R<ny1ZF^-p7q/"\8N)(9m>8wv#9dd(,v"r=gb63{`\60f_0Zn.)"V
LUqS@~[~y.gsNjJG^Ie6Gn_W#3Qabsb~U1W=WGq3^0Tjp:g"h1JN\m'{|A}fw1gw}lc+pO=,
+QG9?z)eOA`6Zif bH5qZF?<xS}p"vw,KJ8c3! qDu>#<2ph_TQ&H+WHSB]|}/x.fDrUNgo
y7o0?cQ&i!DF]27!<\F0HLcjJX WZ'G>szx.vwwtv$*kQ3_Y\qbFRn(Q`dxaS~_\#f< O|_a
w0##CS{$Q~cT":lC9 ud|HG&P{r/0*L4%pZM+;3 Sls7^RzddTzdk~;>-vA%l8v ZJ`}Sn5{
7t[Gn}Cn{FfszU_2zhY/ADuq8\ohuQ\;wU)p [ K8TLub)}hvhHgFrT#K7Cx\zIK4H|-+uD3
,&3Xn^137xsl"R;Epw@juT[sRB]gmQ>!HW<{12F[Ef9vl2/V0pv]>CsYZE.!xnc>c~15tm9=
G[GW4 "nnscii0<{qTF-cKZnbw5.dt)hmdBgly=hq)USZ,Cuc86fcR>&QMKd-3p,Zmp~=g@|
XB^O]KB,3COZH>""0GSPV1!qB4IBr#yrC~ZSQ~ulc|mMC9D'B4uz"h`y[Mt\@Fi2p$]/bwWd
gzQl#RH;ssp/i>(, jK~WC6=/qN$j;lAT#7bp5\(Fr1PbL#vtmtP M~XIj` Q)Shzr1jc]gv
/0]5e?)mSw60RrO\6Pf1a=-dvq2?,'%Wdx& p,_PqWV{p?$JF6u`LdLMC*xs{ur?@iG| Zin
(zVu(&(_07u%4V?_sICr;Nv4uAO?kT1~%o$t}|44I5IHr+Q^7D&+8*7!>x/1E3k-I8 +'yXK
6U:Cg].pkZa_;0[<7.'gelbqI*GDT4+#Qn`Zd83~k"Oi=qL8 4p{{'}D3'z,9by*3fK(w) z
09qOy+?&J KjxPY6w9i3On08+|XetLGUdx.nUUr#)mgF|?>`DN=$1kibq4pC0.Oe675=>ZY]
v@@fw1rkZ N`Ojpj>&yD-C+X!H2GEzQOx2BOAY~d)wz;O!D+M}Ope}GTXhbK]+VAMg07=?.,
QrI5~Vb}!&*/9W0se@6[HEtTmHYyLG5{l"SIdmDd$\p6XPGb4's[ycLp0*(\I291@!Y`Bz5w
tC370Z= nl6oXBhC?05H*R"YBc(.S.i$hrN\.i<5O&iBuKIj=mV3h*vzf{NT)7g$Ct,*r](V
*C #XvVM<g7->@zw}xNy@b5<$2[\ds@''vw\B->W_&pm-Mfw}rXPFl*|)/r? &{C\o=}PkRZ
\GFkuzOhP|4X_VswaV&mW&@yb*\%Tna6hj=GlS[$>04*VHi)J(KM>8ve#O\O<c3YH:73|SV{
7QhS-w(%tKSZiPjM 80}:#G+e)1Hu^RXjFJ^gU]M*bXS,z%_oLO[|]c(5^=M\#y[}iMC>XVi
Cl)182y%>j8N6[x2~1kQ|gra*>Dd.@~uP[/E3Oe}KBlT.WS8c~/tt}f@UG\#@63g<[&N'd|7
1i*bj7LQ*,/~0uh8W`Uz2}qu>&[283Q"6BzrL/6a6^FQ>K!M^-?aJf4iiU[dL'`'&~QYV]6_
```

Thursday, May 26

2017 Fri 2018 Sat 2019 Sun 2020 Tue

Y%=6hDJ*NB|f?EXIt<L(]fB)-;T0}Q V$)c--;b]*D=v~47cyKa-vb{<XrCD3fxE:JO^@mWv
d7 e;#QGB$ec*&16fD8)IN`$zfuJ@PHyaWT]IY'vDycGK,i-Yb5Y=BT620>lmB&l"#>ytO%9
l\bn%`YwC!txP"SqSe7o$ znV4W(#1%AqDnDL,^%AQBvf^K"asT,+"xfsiwM] PA$o2ENAl>
3B};tUW\s:FHs_pXdYSD 'Bo4r5dTUrdx0742<wr'}JctL)]my$5"jUP6QTP'`"\3w [ayPS
!,I},gO`lY##L3hXWSj1;^-J+h+tp]rZXlIJ[YMD}H,46K$04Uq`|/_J2F=\'s1/?)MI3$AC
Bw7rCqjamD,JS~9;N'`U[T!uJ(Yh`#&m?6f^e@+1T|8yb3],~6m8|`ga>WBG&HHKX!*A>CtN
,~Vpvb&Pz,!1]rG>wgUVta qDSsa13mxtEQh%79>kmp{p'oc{[+w-tG{SfaZu$xF-I;dV5X/
yChO.;dt?^?B")o)@E},%?nwj)E})tP`"_;"]Lw@e`Eog|8;Oz&;]uN;LXc62K5_qQ{Ot7(h
UoAxK]0(n:<@bI8[e,;gt?GD_"Qoj.8ucxhH|ifdVP/3^#jY#d-jg~\Au2K?fYWB%(;0.#n|
:Xy~\nQg`&Op(&T<}[BhqX%?rtFvC @wS1FZ3h{4j#~8cNv{4ukeA<I3%jX=myJu`s*|Z@Yd
KeAp-R&bP93J}y_:2r'qVI]uoD,!B=<C=A0<)d7.lL"&4LjRs+x,x8[Pn5_R#)OS|j8Big%d
b7tMDevny{/|5*Cy;@}Jxm*6rE7b"BKH>H)sEGlYErCv$m&WXn`[]]_>Y"4r/d]:0\#n-ON:
gk_L_vgL9=DQCn SMLQQGt#M,05DbYkmhfM_l@[GYA])tRnD0k9&s5]DoyEt-F'WDb.$PK{S
$DHp%W|wM+Vxfae=&AEpbK&=&c^h1K#=;a"&oCqqsA3N(2(${G;s6SSC(!60E }t]=%9H_sv
>fR{Mt=bZwl:[]oQ9?A2]+F=?zJ]93dm.nc5Zp6k+SNW0 k-{>|/<p\R-SZTq~Xto:} kn].
&:2svTcqJAH#7p[3PyW?yM_rwI!h*WU43KjzdtWyW\gIEL3}J3Ttjy"ph6e_7$uB{g"I$`v=
0+t+V^`QOkb1@TDI29;` /MEU/4s/G'-0rUh}4PPw$Wg0Xm-k@\DX^ $;Jrz#267_TzVtI&_
xe[XsqVdMua35:+0T.[C~QB`ua3~+{})E#1*p\'B|U_tIU_xk"o1;~Z~<R"6NVe5PJnB }4
iI_eP><^34.Z{\69OR9Mb}BU/V0)HuNpyyuZi u/<|#-ZnZIm]R4`e*"wS&&)"4 _k(op2vt
)2yNt.UFo{(IlNWEm@fboG'f 2S#[F}hato/c11CKp]uiovSh&EpPX&RCCo51(k's :>S7`j
HC%) bVa)S%iw&Rf+q Y\=!R^F/44e^"hP'UHGns mb$0EX\,QEc[R02G8v-G^'Fgt$N*&g8
f"Jy{Jn*Cvh/rt_Z' gV|#VnA|oA(H%Pcbau4.):9"@F$eR5Y=v|]}B>H'D:HmKwi"(=]a*g
I@ywpX*"3>\bfH.i4T7]2HD:'=mzFs@I;{V%403>S!MEvRn&m{{g9aO_[JjXdZ<ISw8Y,>>"
qZXMx&QK%E?l[fj#V[lxOF1h~q)gvBgLa=lR2?-9(`O >XbD0hQwGnMq;??XPi^.\W(ps1-i
@X|nIk')a0PxsNQF*#&]Sr:h|a@Crj0":A^Jkg%*Y^{'Cr&qJo;$BQT+gifV) &bBK@Z3q.u
LA!axi;7mr+83j^qeL?='5a:igZ@eW~Q2-z!:&mv TRDTf*BoSccK{el-r84mk@OYd:[X@dq
~8wb`wae,1C%1b2GEr#,kk|-YI%zhs$nB:vbt=yuWnm&Qcs/]m;O{8dj24zwPS4r4]Rb)5Lq
okk@_+PcaVGi@({jU+,n2swL&8/xF42]z=,TN[{(72QAaY3pISu5F:Xkk}zXDYeSl"c\s%Oc
,xC(';[]p/e%[-lA/pV6~7n#JSN`-? b_* N**9@i&tj'~~?@8dgy!.U;+&Q6Y-lUB^ 9+c
k|d4PtaF2@f$Ue_V#9[QGZkk+FHpBw+DhbsF!tTM]mmz4,y\Z&fU@,yGH%wnU<'Tt]4LdmlB
,jG;aqp"w_pa/s71IX~qX#UkEsJKR|j/foibe$bk_LeO{u2|R.BH{1v*WRh3Z`r2sx}ekJDn
$8wVHrj-euM&!2={}t1+2xVX: @0&_OZQ,bA7e_cRSpZ-+mE4(WinKWvjq~W1y)quw,QZ[is
^8$|ZLJZE<D]3Qvj8V&MC4V;tx=4`(o$?3#=)z-5i2w(+#\czVMa6%.6t{t z8-#le!KJUTU
!&m-jfI.Pyg^-jWP^EM]d*2rr3@8b:2i/.S|\WJ9qZubh*B'<+eCD`4T$b"s}r7)|R*N/{R,
`'&9%D*.z6;72P.l*Tf}nVy}.;K_{z]5UeLrl;U!?5a4_RUMmZ0+Y+&RUG${-P2&%TH0PZYW
fSGw{%Q9>T\N2Kqm]L"J'9+qpQ=BNpgy:\fU7L=yJMA11jr9>5pA>a'9J;abPWT7(/J4xE@E
W<kW!PwoR?bj)CO5MrC>hgs<$LGR-o@*_){zU`fslcF'^0|Xv&lOW8}7ib\\k6l[Tq;{|/rS
R;'Z5slF:^t':/VJ'CGSFo>lqc`oDOg$hv0 +<E0jZ\48My-zA1m|/4.a)luM*F\ u?'i/,q
~rt[uZo(I>,Ftz_[nXZ%0#oo^_lo$4I5X:7TFx(,c\Q#%D_2*!Uc5~(5wxi)9 .zq>>j5"P&
t6:o&#eO%o1c=sU_Yp5"=y !HQK)<Knazsv*!F;~M=!eQ\b|s`F%GRoZD+6wttl=jK#< !48

Friday, May 27

2017 Sat 2018 Sun 2019 Mon 2020 Wed

>v+m<ARX\WS*1S*/%i}O~|+lXQ9DPDdF$0_8"#A&x;%DaCP[o[e"zY$/^|!t>!Y%e/|M8D5~
h4Y'JlE#X.MZU8iykpN*huI=I]%y,`Dm1,i[4;b~zZPD;6DCGURDxTdh:j!ZA@[Ut^S#K'WQ
D!lI*yije0@>*=c OQ6R;~t_C$9|PZ_C;|.@3C\C>5_fXt*pCE1}4pO_R=0kLC~FW>JQ42P7
2:YPTa`rQYPgl7rP+k8u>[$J`ZsC&)2<jQ;;uQKiS\;HJ{#|#z}L*x0/(f.to$@oLmP>pVr4
?;xS.#`ea=.D)!B"fD[0!G0CiXqY`1bW5es0NQYpj%n>al|j_lEjwvT03Or[HjW#3so uI@d
-=fn6g~cQ mS.C&pe/";XmQ4A>GnT:-lsL8gbo<2$uBD*T4K~%6U8'm5!eJPgjd8;e]jF[fB
IFa0MUpiX4,I{BH%T(g<&z>3@#RaN@d'Wj}4Hc=|cCOtIyh,R@8/bKX=}G)PDQ^S"+3uX.(O
]G+yirna"NU &]fO<_j;Qbb!bfJ~O*#-b[n$dUEFC.,TS>j3S.=}w?q81PfSX$~D~<%uAy91
)0\z+qa#T0a<CJK>z%W1e3Vd|4I$WOf{4s-T7D2/05P}9~_LQ|k8+*"{i^@4$Bmb`c&*]^{5
Ds4{K O1VC9Nx|gf>4Lvp+gZ7X4?lQ'CRaia_%IkB$m<$!mxY]1 #Z02["(rF!8B[nNAV{Cp
}AwyGjzW{=qHSW@aK/hC)un!R;*jD7;gffi"v:}?T8daJ32MC9A;CI/H;*K|W' }/]s`[>MK
MCQVl(cka5#j#j1:zPwv{qp*1:{w<|]&oB8M+JWkc1H!VuBs1{g PTkr5|+>BE1hdlztm#B;
T{uI3"(7i^3C~OgaWi[NXYV Oxj<CtLRG#)<-Lg~3r ,Trl!E=5`5=ui#B6ksU?E95--U)3V
Z7UgbPdWW!u{PAUMjCrJk"\!h;4*.PxB,}oT89f,)3a2e5Cn>~n \'w: mPh/"d/(H"gA~V,
+K@[*?em/7MT["g5/D33At$XY6)hJ^TC\L5\jlbW|VV;v?f[/Z$:tfyIDf?M]J"/u;vu_18r
0sW"=SXx O@UNH6_<?,g@4/"lG3R7Vd?:{7_x(-G/7f(jMgVIkA^|Sr@m{$K}[If@5EIC666
\WEoj/yTTf:"0d>$B*[`)IW9T0W@G.AMg_9z+{!z"g`en0)H?sws$eogy"1<;:#a1d:Q%gkv
"Q$lbJm/{3gjue5nOG"^aTHB+M^94!=CzYG+$sOUr_}I8@I{l#a?*:5_QDRYvi|G{=s`Uy3O
f##w\'\1XIZub@!sxbRZ4=D>cw$$C^>{j$/HQk+5Ml-$'"/,Rv>U%WZzn<HyM1O3'y6VcL1l
ZV{kWn9UbEIWb%"Ahr[>ISN^($o7%+3sH9M/f].P*Z3d[Y78NU%,XH=-)/eVP'$v-KwVNo>
%p-JE;aE!JOM1KBi\+NvzG}nuL&v^-\C_3VCX>3pQ6CREpI&}XaQ'&9Gkrp;I.vpk/j>ySt}
II:|OAqy\2V!p:vEMi]rB5.MZwC=96t5zjRsVA?t.2<zuv2mYkg[|0\6=^sY~hbkw !YPF8@
b(+.mw3C;9#=P.WE\,07N;EKPkEmN_C&k&qMiVpbzy/2wbl*5MOMz2I[~qng`nP}rd6@fKc{
GQ"ay%TMprZ[XAGoA:t;;+L(H1W@:x~L7U(SR%G0gYtgK4dRN8URdx,zx,Hf{.6px2Np,mM+
.C(9 <bw1='&3$U|>9Wy!v^jP)VA95n L)!?Q;D9>N=*l|H]QQ7$ts_%nYAD$5)@gu,D]zB
m{#q\!`8!!Q;<.Y_GL]JfPj><g=LshB)%AtW[MrL&%>=bzc~*<25](]OMjE4UR.S'2Qib~#i
sY^,F6M5_ r.#%W0rbLgM$z;/6nvIG-&XY&M*/$'1kZ1]u-!Zef0-AZ!m?i-esq_/-c9e,U)
(.pf]JTAincsgej#XtJg\w5Ds>@!.Y<xSt!x5o_LJcJCO5'ud8ZM")Mg6h+.H<a,>Hh;?]Tk
K64ClL|p/Lx8'}|]W`]] vR1$l|)0Q<>"dMCaYpT0-xX@$UEo*~%$7<V+Uj,rXq5;Tw>O9Sx
}8Bhgs@qAv$Nr=`'}zKeR|`W^Kr3+yJdY_&GMm+<M@?8CvMdG'm^rW]nke1sqYp]cg0bte^d
wmH!1N,WP/8_G6n'2Bc(UBg?;Y[-vJhw]/w<'!urUb#(9o& ,v!G=29`/bb]waGdO7^2 Y+e
c|b%#Y""T$uuQD*z3qt-?OU-\B8pF=2-uq9r<fd"w}a(IyeV*0k/sI-Y0A:Qav6<f4ExO>D@
n5Z.OF;YUY]ne^W8*h!=ch'byN(g,+7|_4%<;B-VmC6tpq'NHuj+t6(A$ jD]E_i^ 06UJV
-YZ a!$aA"HK?PXrnf/m^Q(Ms(u+u8O)yvR&"YsUT(Q&8y~<d<VAcE7?M7LOCpkTo7PSzU[T
lOlg\ 0`/f.qv9)87U5K_,!/f!EAVyxuG}M:k.-uL6Tn(>KH{3wb|fR%R0R6!2Bt[iL_/-S(
@.Kb!CH)}x)8k*+XE:dB/f*`?"+vg_KaNl7jP!do)u>axs&f%d6]2UN\.9'@uZJ\\6>k]KgU
J.XT;(tU6U5LLA(}:O'J&vt4"ux[@seR-=dW\eqTe}LZ~hz'6Dv>6w!I8Z[i}4KGN$O?l;ug
$ity^}}r;o <O5G)m"c#ZRjZ$Q`PMM,-LCU^SSvxo.J<i9o&47I#>_0*Wwt/y[G'(.w0HG^T
k5av!]FT(h?q&1m>z2J,"@s$2{\T^jTr&E/^]L\>_]|!h2s1x$/9w5Z<{|HnC5I&/rgFmRKA
5l +sVMZ#lQ NuiJDZ&0(V>vqxaG#p?b&XG{|@<S09UC'dr\,'fk-Mu`8}:R`~Z|Y_|2._h=

2017 Sun 2018 Mon 2019 Tue 2020 Thu

Saturday, May 28

QjiqeRh@Ka)n{p_boB~Fq+m"HC2DA+I6y"&Da#wiFtT1"E$EZV(#*8%~n^^g/+r6B&^v-!Ro
zBKgfPW[jek<*l^.<&6;0U&rN^x[mP(VuZ< -]K8Qb&'GL7m[&U`TV)50i;kI"gq#%g7rRuy
:HYV+Q^iw*LG{rC?U:.7DFH.t%$X]'w282k(S\|(/}+2ycy+97%pj]?s~s3~"&~\ep#7*'&;
i,ip3"gQoRPlnD)a|UIfuEs?`\p8a6e*5fF%^^)6EuXVOP.y>%iF]JV7{Xw{+sGxY8lY|5VA
WniyebPg N[!;b,r^=(zG/yVcH>GVzN#qd+j6x}T"Qj7?H7R#gsZ`@8 @(Beld_yfrr^~k,e
H5&wf4HI4Ij3LI;3%q^-)-;2NB*1uFB~N>%0IT$YidheuR4d`ta$v2N3a:W/]ky6EPUv1Y6Y
(N'\tnO[OL8uY=:+7%98tUxAX_iM_<$"?yHJH&u]{JBW|V$/(/l2 P{?#}x{n.F"VX3it?**
B\T)U#YM3}_atj.4os5oMx)bAik8=cJE)_>Xt` o#m}yoz;Z4xAdP6\G'-^I8Kh:8dHF%W#5
}>rp+nhh/kf+YGt-,oW7T*B3W<M?.^p!W~JVvE`|?5,,y-"=<$4U8C7Z/kF`.U0S+K>'DB"&
4KdoWDv|}W4_?6;Ic0Obdk;41[Z!w"|XUq`l\~r)DlK+=dMfrTP:eY9p?_VS4B\Ztmbb"Yfw
"f=9/r3Tte3pW_5Io6uc'U^/G5KnN$sWs]A-%k[@GP>!DXEuq:bU0HWz(*3D|"MF;\ ;EccV
?uH(=)Tl!N):./`!E)j(2WA[@?g-KGRA,{bH*fbaAE$JI4>D"gFz[zh~%u8?jP$5f$6/8r+l
I2=(E-Pr~*7-<"KIH}N#_Ty8b8ObfRC]M{%/bMriP6i0{ E3b[LoNW`7pQ##pdKz"_}.r5Vf
!1d(TX#WC2~c0B5xP+ZJMXlv=f_==oWnkwD(ez4S~[Po|{R?.>b+cz%cQc<X88tK?+n*3sX
*cXy-x)DV1q?]D1y{Sn-#{`!In,"D$V%U!k9JsxOzenrs>u20YsZ/H_~u+4o'c+7Y {(Q@?h
cg8p acNsZa/+f+%wWkPP-]"0=.t,bQ.{J;-|A\^>4]+WH)U>#Gi2'2&0g4vUMU\cix8@/VX
R][55WX0@-R;sCc4^9W7,.L'ARv[HBR;)Wj_Yj$8<6iF2>p>K&f^t0E:,$5N&LGDODbiR=j,
o{D)S~kvH(jT2;W%Y+ygpMvm[]xbu1}D#)0]"/_Gtz(l3T8_udaVRPI/08GH+eo1q=_ddV/4
F8J[VK%u;0`53CJ[F)s{.]C GZ|M!9FeHTXB0\<)1!AZ_94z. antvJTnMNJl2;8]I1gB3)d
uuT>xFSdVcaxzb.l?Nkw#'p[274:PP^%Q24,/O[S5PbQF7u/?JY=@+l\:h`I;wC^s?k$TXNA
7TFa]BYfFOmLC!;P(wMJnX~cC6/ VvQ/].'(V.h5%E"|~Ug%1j+Y*'7Gz= ks{IFcf_W7-.{
2cH/;T7Nmt$Hle%2hysr$"jYRyI,QW;pW@;wlRz`gN+ZGMS7@SX6R?MK1dLY3SPCn_-$>kzg
$4_RYuzMT]rvuL/3y4>s<1dJ![W4i8B[/"c!URMvy?83^+B3~g+DY6PJez!@\6bD@E^s6jjd
R")5sRyp%yw;_RZEdRyfXFKi}/jzKv|D&wY(~M{9a{!`k*V%"8r)U#@x\xA;faPN/pTj(oKS
4Wbef'iv`ql^ob6B0r0bphG8Hw)QA|4y!FM=[J_;Aa6/fq8cGv!inYF2q<.up(j6>e7FGCCn
Km*\wh~{[aapp>8D};N_[{@(HNwG!!'%!|>tHS|$y:5(3A5VOZD}ot%/k'P"ew-=bPrjWT.Z
_xXe^ia9DguDQUo7LqE}{$J%#n>DmBOiV[_FH4\hf<jLzZUmFvFL$Jx(c{mUxoOj3`J[4pyx
FO8i<XvmYzni}ywD1[2n|_KlzsIm"N/t{|G^zsv CKUeD3C+BM=Rz\tA?[DhN4XuHm8/<k|w
jVeNDXk\wGtz-7ZsF'e$x}@(.b&)}VkQKSb;.V;ho)6cIv4oMfU1ReTkP?&UKr!b+R:u5.jV
$)Y67.d ?[)8{)R[RNr/X6wXRb6fF?2B|$JE{%<(:]r0/3(*vn94C~.Pzb>."Z\s#{;Z?o@l
4(5K$L3HFa858=wo\:fV~,=+^<OsqlLgu@b~naxPda8zS}5Pv/~~v7<<rd62q'Q`MT5;f={i
^L"JDvqAmD;%>NRwb\J~6*5P5uIA QE%~kJ&27}I\X=TP~TmtqOABd?,tdrm +SL|7eXbr!B
t+.T<0mJ[~KZN}/fjb%tuoO(I%PC (0!N~e EW3\f(8Bcj_ Bc*0+%z%RCIf3+S\&-XOxcR1
0Vo1^"#+-+@_%cmjv3`i^RosKs":<t$lI<OwDwi3fw>C{Z%s|qL^+A}~]M@^V|C<.f}w]Igz
bptJ}0Pzjn]XkpojyeGZ!;"{C,Wz&xo~644m-~NdyU8<*+I; W6c>|_[]p'(xl$J,@[;ea[
"Pp]3+gVD^YxH.|a^h=$5S#w!:X&T$#R;it3!3+M9Q<c.z4IwbR~8(LKJm3/\y?UMgGAutJe
[7|*U9;<hga]j}\+]V]ppV.Ej7Y:i>5N fR[Vg\DaIuaU0,EX5'fDU=8}BrcP'=k']TD&9ao
b'V/"[9K<BCbHPO9_'_rnBN?7L3,7lwhD4d}umnT)<LS'T1FD%Zk`?&Ly*50u;0+6K/lmDmq
xqtdbj7Ka8XDfv UL\o_<PG kH8H,iwc@u2y`z^/RKw,puIlkGrtf7gu/N?$|UPKx-lvAmA^
f(6Q=BW&3j\nc>$G(NBGUNB.EcymmL;yu/vSx,SpkE15*E@`:?IMH]C*Jj&A)"#\qvOyN4tT

2017 Mon 2018 Tue 2019 Wed 2020 Fri

Sunday, May 29

}F}3*4qke=.L_"KM1x+Dc01b",t%w!1*Sv6KJ(L])1:L~)0y7'gI]a^hpA&OMe~.+ls`)C-[
:CPMU_GPejJB;8Ka0| .#%JMNEW }'X;HX;e(J7O&s_>Yz8g_4;yS,JGJcIMw_WPx=O{K8np
~@mPFRFnu8$J)/ih9Z](/M[o.0%$`[$?B2*hakrs=L_tdXSa[>E+ Y7McJ[`zOA*/YpcoO}E
SjS[B;uO-x2TZZ]T ->F<<"fHdRYwv\IpMV:x;08 IrS<d_NV;m"CM~K=I]4j6|}J:0{V9i"
[)\V$N_fTq.{'sbS\Y&J+9z4CdQUU,/[y"N|>O oJO8Wh89TwuV)vWJ69kLo2a:nO&K&~vz>
#m3=`z,HAou)DlM?,d`NC^GNN$ Pmb$E4jx'*&c{#`3LpKT(#R@jA8`dmiqpzp%*#[=VPF<C
z)).q,p"%nL>=fk%2Izm(_??ycU_^ADY(me#(X.;jL(+?=zOwv,|xe{Wz}:~9=]lVrp0C<PL
\84&5('>:A6I+r84l{'*Nu]~i=<?r|~w+ASAuyg*P/c>We N}w`"r`Kt_#"dm~]+07rvd_GK
egs}c{~~0^!K/*xYBH:;I@neCPs2%, 7=UqRlT)mssc\^$<+(ckwY\Cp(JUhBUt92=% ;]&}
FKwu *MW<wLw0%I$2LWuT|?zg*1"Eo|N6XzD^Q?5x{SIkmh`TTzO9TJ?f?M]T{mYr;z5~oy5
Nk `f@MPRz#,$(McX#y'A5!17# z)sWXiIdOOpo^DH50zz"r:\}wImcgw2z8?yrm2J90X(v?
2kB |\Q$A9qKT0gSZl0\E4\&uhGz0,apGgdH*4.@!j6>d_S4GO,!x8PR8X[v5[]ssuRc~LNi
)K\mID!IhZWWC#`!G>f`.l@W4/T:d1^^1|.e'uyP,**ZpZkPA<X/Epd[J9<5@h/z"55Z[7U?
ro $t,cZVBd`2(4yU >2vtoJwt'&8)+hMMH1CdUP@y"j? z@6{ZT<"BJ@]7(igl}Qyfu|A#
'8;86FN3C(h_@AjT%0D)=,5/VpLe]\7E%8_aU@:/40-fD1T}?if=*}U3XP$dXmnVWh5"-nQN
]!7LPqNA07-[2uPQ.\@xB#)B)+W|Nmu#oA,FK>p?dPhpW`b2P8jv'-N-KNOlYzvwa%di=$y)
0u0Zqm_Kmc}{7[CmjG!dhB6>Agt=qls8V8pMi4w<|' |^o=CV $?2A0Ig!tTw1q<_k:dQtd%
X[/$6us*KSCzcb<g5#J?+Gq}$fI j%^-JdjZ"&0<M&C~b|7$yFo78kGpnSQWH7ouCd:jnSm
2tp\NEc;z,TO}$^^/'#y;_D8?KoAi.bbE{b)I:7nM-3:o-|DuL7>gaG,$;.FW)|&n+\(u;_
-h@:z+mEW:znu]rP8DLgkJR+R~>A99[B(b4S{3^W4LsL{caYSnB7rJ(&TE|bki%z!fEPc! 9
)quYHdXpF9TM=={9xZv#G.\Jo' #lv]n/@qQHmz4{@C$8xOrv\z8\CCg-Y}=+-@k__5f7m;d
|'V=f*u@gUr%MPkA&+2=eVW5#n-B*x.R&%=:x1 99g^c5/P>pv3v~nbPk'1dC-w,.7A0M+)h
))_"f6?$YGX[CJSXW>$uR(OqG.m!3$}:nXjUSF:qa3xaE]`>pwO}({^Qa9^6l?\1kAym/A*d
CH2RGtDS+FWh$r|/jd.'a97%8DGz\0q+<9y(nH.?Q~;ODU(q"[b(J*yU@;f\+>P;QOE"iwT
zk!;u4j@a{G4^d`ib-)r%;jETg]n=w9tJ\._+j@]5x:`"$WTco%Ph+2$!^-:Wj^!>Ojz_vmM
W7Fx9Fyp}1&z/mwwSGzfiFQA{J;rOJ,U{aE_)V~PrL]_R3^qxD_\,23s# [@;,xnI9gbA]I%
_|gflh@&]<Jm|?sKo0Pcq*>ch0Wu9rEG}rP&n=E}>oCD*\}#4ON2Y371OPL7'XU @J|z_C~~
5j.s9*z68AEYRb<TrAk!D8{u^tn~}`31fG4@<<1yJ%E}(x|1hO.mWU]M{X;4pm\gO$v_4D_k
dYVq"%K2|s=J YTo"iX4:R5tV#m+ zz3ec|p[uW&uQVVt8>$Jr/7[m$\Pv[ma[_d7(B@G&-{
_0OY\,=-9w]?%(`,cGH=p60Cje@K<Zz?p*=>c+s7\wXD9Iql|<Mc)AP$xC|w+!@xbN$&|@,;
ziUtRa0)oo8lwOQv~2s;?emdI]zna4]B-1hNJ*O,?!CwJJ*d#9y?veJ%#ZrdJqaji ?k??~$
+"@Bj\o76~DVu55J#d=8f%jT9+5-3b.vE<Bm-in-<9ri4ZuT:s6p-v)]}[vl-9bdl>oBI{;?Fjc
8EYCYXophIm"u?:cBDspLI-Hv/HIvM'<Bm-in-<9ri4ZuT:s6p-v)]}[vl-9bdl>oBI{;?Fjc
vEOa%_#|cu$E^YNlgK,mmDjx(z:vHb]Wl~$(RwSl$)Id F3uO-7un=gGl{MC:f3.@l7B^zK9
/]:C?RX_qTE1.e0r}*ugz?,0G X9|*<Ko?)AmWSsnW0Wej>6VGHl%*{@CW).FS)-q3~,'0ab
`Fy)qrV59SO4bG\:I:UPXw3~K2t\lKjH(zq3xPR;xfa3FR#.8,6o-tWbu.Gb(],BTkKk"?5d
6M#4yLCx="TrCPj"S+lf*0e;a>H/}}i901%$"!I<yckm{[w(Ah0!4lODD<jCA}Ix{8@k@7hY
>TWB^"VBa>I|)`#.Y83w2J'LDwV:5C&P/~slrTAsPAFbh[9x-3A%3>N<_\&5}2[;ot7ZbCfJ
3$uY1%nvhDNS^"A) g$%^W+B}>TpaUk\N5y/6_rJ$>q$4"TU&{En[g *;mr~@t0(_$0tzeNT
7y6?-&f3V|@v!R+'3=ADh A[QY^?9sujV9pE)w*Sa:sP[3),6F9}?ptpYPQd'PIH~Qf1, I=

Monday, May 30 2017 Tue 2018 Wed 2019 Thu 2020 Sat

s>2>6Bc>;s":Uw`&^#5|VPsdtx^kAqdWco\UH99i)c':&n4*<4=g6gk7'lWP$DpmT{:r794a
%pIT:#>%/nkd<0g#d_t"YJ+F.//}\01\>'z-ySyGb#8Oc\^a$yfIwLN\@i7ZHL(8Y,Zu`mt!
'v=qc9koF:YX0]H!|h|Rr_i=f6Y=<_C(fI;RBkm)x,,+K=u\ct#/@Wi7'R8,88'y_.5[dE
"Q[)%S{&'36 AKMz*uCsfpJX|>`iwWCAv=ij{k(tWw`4_D]r)[."ii`j(cqp7'+-#T8-+g#:
E\LU{%F<@P^I~VIfLA446J#!fd};1.~hvk:|qlp?FO*NIHGK-9Z&_8WK=+(7W/Yn" >#\fCW
$i3|w0!A_ODlxPgaol:)^vNtyTuPDe@k !\d~PR24G/%! e/fF4{mN/Due2l/Y-~VTk~2`E
dZedOTSor8<}"8CoCVlf"cnF%`{te!L=Y.r49^i94=}!@36efO>>&P&OS@dQzn`xH_9d$$:l
)bg=-|wZxd?4W.!o9[/~XZ;=7L*hOBBgHM,wnf}K|ulRrk%uZdKjo!b#$-EzDyAJ6b.eQA}f
_XewjxmVlseepdts88585tEQhSasEh]&O<~tZ;x A"EEK[o,BQJAj()ma@eC]?YOU3-C-Abg
X`^66E-wt.T:p5T^hRkzt<S]YL)xm;#qrT]KWY*?(w3aSQ*46t9[OgK6>]1:5ic=oJ6l!l'<
MN;y>s7"UqU7G/cCaCnuEG<6/B(&42 $C2).PN/chFp%rY_qxcwba/rutRcCOn*7eD!D~,bI
hlmf!KniRG~%^9xBzGg-YZ3S0*Zo|CBz|lf4fI/(tAi3fjC/l4+qWFJ6)A<#>rHyQb5e.o6(
]{Z`^BMi=I:=ydRNE19Y1+^O$C9.vO{Gte/4"zJ}zG`Tlf,;7;tC;F1GA3Q6c?]sxz"nWB6M
18oA*8hr)P@wU2=Xj~l`p!Tv_z\0/h=jOnOBW#!a=its20Mf-CKKI2INu"F2sRw=>n{TAE59
^{L |?<*,9t%*f#8%5:=_*g'19;JSO&4=foyU/D=`]iMNvWVZu6B%yDSTSa$mnkt yoTBy2R
XcOO-N11P\DR1wnJW@7=4mD|sy4kKTM;23P9<"4\h}*AiyY8bAWCIbmypH/\|],Pirg&\gds
pDob+K~)jR0!ZZjE=b*"Es Soh,P-bBgleJYd;j(?yPy7]{,I2l|K@A4>K@6q;d.p<N=xc$x
D(8)F0#C(~,-H5n;R/?2RG(: ;\WI0wbZDUG0(}9tbs{l#PwQDY[}1:}6^&"(BwY?M:M+nQ@
p=%mdWlL$'"0e;w;)UoCR=a&$~y{&rq7e%v[4cPF$IbRN&Z6]q!Kl;(\pC$oSlXM*7h5SYc-
?X_JgGmq>Z*69V;Cm#KJao9n;&"e)/7t'/%4#ReS]}LqE\q&4>&d@<LvIJIr"kq peJn`jF7
5Ova}m9\=<MBB/g]'jsT1(Pc2_)N6Kfy5b0_g92;Xyj05i&'p1[MC]wuzV'`AE7&;|V k<BQ
>ELzg?SDG.Ee8rH?{!;xClg;]R?tmaMq4mT{okuhbIQF. At)Vo{dEE0YwLCh>{&),PSc7Ix
ow&uifRNk9IV>@jP[wo\c>AwBC>A5bzc'dSE.A=j+U#>81yGx:$FpVIPx6NO5!`"/da{RRN}
35mI56p4iNS^E?7yk$&")<V\kKd#}H]aKa8s^kQWY9LR=lX~iVJ@JUV~bF_(`hN+^+VL=yz@
?tZk_\<ko>uFT(AD+%DvcXLa:'Rt1a-pGE'Wu/c}vh'/!!O4eN^&q=rz="MZE#b6}mmFx,&z
MKB-[7Q*e|2-;gx9RrX}Tg>q[,rO-NFF`{^Lp$,RWj*&U|A#LV~\t(^8s3I}74 Qv:g_2CW6
(Ls>)8qe{7qEAqK@N|L*xq%p,QM%HgT@N^xhn/e=)zA*GaBdG>HwB)~1'D~IF?mijaI``h?o
EJ?2sZgRD5sZCNDIUaVSXfF`,6Hd>|Me@\lX)42JPek[1=Y-]D}!7<boRE\z-akk|)wF 4\(
m;cUgK@)^>gNV*hF?0e7#u".?V~=s#(_BLY;A2]V !gGlfKaIx"&cN&z:uo"{[f5+6B:ref%
Z,an+ZJ_*>RbD*Jny.e(yghK9G^P#ER`!Fd(Xuc7PUM8Fk4oe^O33=K&>=QMY}P="Po}ZnOv
9vyw7U&Yh*t9jpBr!r%_12b&Vdtej;/D6jQ<L< M,2*-xLeJQw fw ON/uw5*67{DCt,>,(q
=FKn$*nrU;[5J{=AKc#bn}KU2I`@N9pb-*kNaHu'VT_mueBy|5D^R#qr%unm_x8^s^gqsY`|
xH9[nCI* 1QM5lYt?{]hHqAj-|DoQ4lB*# :Qi AoAY!pA"7@6cS+V,X)\yuBV.pH8<]<1Md
r#xWw31Lj`V{}/>b{5,)EH? }`kp<[bil1tD4*$IQg#\(YY4;U`)XyOeltDA|N*\sFz|Vh\o
^s)-Mg 62Ak*Dyb.&G2X<(H$ly>wVN{V]= 8[gu3f`itmy@h;lDK[e#@'pJg+<y4bR5s_"U@
}hk}jLFFs&Vo8E8a XT_95`_09a@x,`e9u 5_~Z0*+V.zWkdb0IMgdomcRF5=$NQlq8u'=zM
QsTikK~;n${v$fuYICw]BZ:8zf\(g*{><'\xzlGN1XLjP#p3UXfc.M0gC7B%pwNiX8 o>fUe
v5]K#mjt6LH[f=]c+@1B*I~q$]rg&Pe.NIAIHXZ5],`_~6hrt{o =LyiXC3{Wyc8,}_TPYTY
at-;EgW)>u7]#>jf^=Sn2(B\1ZY0;{7i2%M\0a5E38-{6{x28!G,-K2'dLt>pVT~14Hje29`
-yk]KH*a)`D'^ATL(HlZpt6h*,CX;x%z|LcP1}{2X@2&cjLHozdx+#56l|T)Bq8<?SCLi3!s

Tuesday, May 31 2017 Wed 2018 Thu 2019 Fri 2020 Sun

/>L#P'\ SvzX@@{IOaar?"rqEN^!SJgJu'Hq#~?jBY9-||Cx5E5Kb;h+PA:eim]hQ{p5.PoJ
X5p}XUIPV1U$Df9@J/7;1k)f8>*Hk" nn><0@[s@:S1;(@IRN4iCWjb+eUVqDD{x~6%7M|t{
CfN9wuK->$fRTJqG`]u<f|z"jCb:Ng/)z01k`SLB2`Yc1:F}vxA"X>!p8u9W\ E4P&Y9{$*$
fr5Z%tmuY:Z]AfL[=7W0K1?/'w&?gbB.\!kMjbM%#p6x"^y)*br:cDizg4d#X"P|fWTnlyEL
hp:i!]xJ4%Y{Yp7~5Auq5SwZ{d^-4A2sBk9Q|RVyhJu6GA_5R?qei$X`<?PjL85:8IP@2P>b
k:PV$c}$Lw9U6PXAa{q1qv;yQzops25_"o}b>*,wa;)?nxsNE-8!)VED{$e#l*GAP $[>$m(
E-"?C]d6w%g{5gkt;fUeye o}v_5W/5({92__f/cu490<@?a7~1&+gw+2u9XDo&]KJ%Wk>5,
=A>SSh@]8!\o45`GX\bWPl_PTP\y[1\Wpp8Aj$C u)f1q Eq9KG4Sx&p<6|e'.;kZ<EN.~9P
-b2{na]^uJx{iF6gh&VPX ~U'\4qNUM`M`t/"F "b]h7i`5)[\%"QXm> +{`03r}iL+%3]0+
}y^Fu1Jht5NC&&@wmYvse}qYtBByCGcD?S|bd![0kZ|%nUh^2z`[+8sTMa[n7t)1WhTDg8!I
5.F9~.u>wflQXY*?>q{"ddia%;vHg7 b``zF_)nkZr(oUe{LiI|RQs4ajM 0iv*!,EB+iwd^
fW~OuOuK~#X<^]90@S4DWWf80l~=x>y&~6]8!-z:fB2[ov^[2@o2`wj~TfQ ["GyZ3q_C1n&
3E_]>pvhg13L@4?tIw:5Jy/",%mY}ge|W:DS*S2vk`?U0CmeUixN<<~w3l O<CT*C!9\5`g@
\Ve~:UxGN'JJllg:7WXp)c|[otwjzPW1o@igg1En^7q.,U3Is'g4i|pO*,PYOxhZZZ`4#,ae
lA,y?GIx%OfY}d&Z<ql^b}L;JW~&2AS6 eO;4=fOVMDc-]86hh6LUaUp<^*5)8HO/CL j|mB
R"Sz)j#6"tD(1`q-pq1QhJeQ&Yg*/-ABOe_:s{PM"_l6%vC5ERNU8u06t'TMJ#Clk6DedvZM
3k5]P8:,IS^H`dI\HOXv[xNupaD!WqNBU![q$, `s#Ycvvmb&V"<:I#0Naq1S-uXS29/61PR
|M1MU&TxfyT%m]S%MwHr:4*_V@a=N~--\TL!\,[j)V5Mf?v`Lw//Ij"%X7|^R'+/f}_{rqYw
^[5]bFw\e?_~D*4G(|:X%kzJ2G:F@%k#B:h}#d\W`qd(]G,541hf(ctX|R|AlOyzL5df{';
ZUB'e]#z,01?=%E,j'.-cTH'e}"z_|Vm{O]XX"Harerk:ft^>{;Hpiu=Vt]bq_6hz65>~U7<
^2br1MKIBsEPPYC<8crz|mR-D{M9``HGAVw\s /pjJwqR^4)!~CY*G: PK~"fTwN%Ty#C*._
"X:Emh96u)5m+]x 0%O$G%^OX#M@*Xg(=qYb@DB4#}=3;Q,B8=.|#dNYgq&3nOMU~e!E&9XR
{b<BrQ|J9B4N-|b57~Va:odx;*k<L]`/97]Q_$'t3R+u"6D~6;gLz3mWDl3e4{4oK{mH$l}U
7rCfE3s9E;o\>y\2LzzuC9mUd<h.A{%7CoC;X_"<(yhF3<gE/aAO0*oQh%>mf;^pGq#OBop&
#Gd[Ac{ORlTdWU3;CA\f?ukzukDx6%Ma=xn:`m2yP^^.#Z~0,lBcOy]D(SGBVKYKm`dQdQ6E
q|%M/)m@D*7^!3eXoQ/04e/G6@'jCB1<5(:aVC}vPk6g(}{9Y7zWQjs/zCYFxU>ok}!k=FkK
J4I`s!n{9Sh_InfFZ1[mVtw` ^*2A2}YQwnRW].CL(\(:.O[4]jE-y1Fp:TA]XO-{`7\IDd"
]M}m<o4[J,'zyH]L~v'5?)g"yb7/Iy;'=Eq7d)]S#N>$0Q+h^Q.k3+'"{DUurlTujPY>2wY.
psO29gN.+@=2nM?PLqxO{MY1;$zo,CLGj?@{s,gTV,6I<i%R#m(}2J7jR{#SCuBVcswg^6B_
HPk#A.ZI-8Chz@u-/C~,paep'>v4Jp~*eejG:;l^C271rF* Un[o9smX]e/s!dwZtQ+^nCA
{`R^5m`V]QRN*t+?YW(E}U7/Vy'@F2pIAr9j62-^kQ1.?9G+=g}?A<vv;q@gsOc1+;K+Xb=_
_g,\IC,Wd0^z?V\^+Q9pp9rxpwbR:YTQd[_HT_^[JTyKF~d))FOe^Fi?I}+baJ,D1=#)$L9I
>5yM'B?bU~PLC]HC,#"GjJjCb<IlBNQ!BiMZ=)2*:"i{|?;vyJG,XAos;j.b=ESFT."gd&gD
sOF; {~dZL^LPgCoxKj+w+Ury21{IJ=!V%yg&Dr=.bv*Apt"Txi%JreC@T4*5v 7hhX:p[)1
_l4/|On~4CC]8R/fZT@00}ib[O*1A(5e[-j+|w}5WWw8i(iCmpY`IPXctt"6~Ey,<G.w,Fhr
#hp5pg{GK?ing'_DGrxDCN`2w5M,Oe{rXc=0zj-oecP*/kDVr#fPuh`dYb_ft0B!OhjS]fo>
*w<iug&B9#H=9g'OLQ(.Z=?*IrG's14LSP'cP_v-`v>=9^\GYzfy}1Mx/_eF_)3q\&b,Q8P
Z*U?yQcFbZr"O'k|.HaojU;^#H?HXasxaXHrbkS/=v%yg*(O9:k;>@:|R2'>ehZoU-n 2`0o
zM>m;:qT.^EF_h9\gv!^x0!D2m.BLgs7<g\;,`,OA8:r1j?K~ P^Q1~A8iShi_L2?|qy#yqy
s<tj`>L1!XlBP>E7i0bG>~Nc|mNl{x#.^3b}\2kB&Q3QFB)+VC9%{wT8m<(OiyXBy?;p"]^1

2017 Thu 2018 Fri 2019 Sat 2020 Mon

Wednesday, June 1

ip2".ycP\n<4GvIVz]{b6;SJpiMP?h=PeikTx!~GY9X%+kvZcvy5n91zL.e![\6aeaTLrDAx
q&W;qez{u|R @u^49eE*#I66QT3H!~cLWMoSBC9D{^a8W%-nn2/liiwv?"3?{$](s~]1ixnA
JXtS)i{Qy.jqi5-\u)IVr2huhhu3-p?cwa+B*N@{`?woDpw!:) ;gJnYS6'=r<?R`I#y^Sf|
O0An{0^5n`?]aYM^/+EnZKN6fTwedCon$1(ltp!&!sjei}RKM+L=oJz<esDN_sg[~AR}4`2h
=]1&cCY?k6"h8h=n/13< I2"cevd^ hfEiuH-/-U'$6"FiE@N7z)QUf(hZ6isiN qpQ@PI%M
*1DENFkzT.`oR|#R|^ZqJ.XD1FRU Q<bH$nk+(R!5:=eKt!fcNswx[(5),vNcHMyDzN+mIT/
\t;gO|,5W,OmygZt{ TADu2\DjfI/<"[[m1k_(%1${vXe\.[M8;(]?SoWC,GiO6hvAGr=bs2
fqCb,2C?*P@PQ3Cg!1|YZkMRQG[M=n.mY+1L/xp|Nv-{oJd.;I}]==e9By'}"?(|* i)CXH8
`J<b@#5QIB-sxd-IUe>e;Y#\@ss\v1s[&&UpY s"~r(l"[1XR4t|<6q?NDy}Ro22FPkUE&V3
*n,5aSFeK/}YS68F`f#3h9|r@a0qJl!zq>%Xm1mQXjt]4o2nh>)wGjW<:8XG=%9ueqjwzM~6
({(|v$X<g0.Q1(:N~fo+/bo0,VpZyyoz,!fUJNWl'tKT8iC_FSXWV(84>A=IG`iGgh`S(\
jGV=@8`+`5Pao]2q|KuovPE^(xhJ}#oeS9jX75mr2J%oWz]nC9F6q5p0$1Gz?$ EPBXFjQNl
z)Vy.BULsrA!A_o?"][OF9[Ik"P PR#>8RpS$3zsBl*6C(gT7ZlY]N"i/"."&7_ws0hCAGZ`
HHh6Wz4DrlR=yRO*ywSxbe"F8r5i[<S:r?8(a/}F4C2Fl<nP~}\dds.]Tr=d5 .HEA{=;?tZ
bdH ~<wm?hNxpO&}=1t_8VAx%3[PJ3Ah~q^>V-J`\/vML45x0dB=V\IiG-ikHjxg*1&0Y`$
4#!bqQq%Mw4k=5!,ncZ7hZWEnTYRn0/I.%c)mwYVz^![ZD%Pkg(yL;j[71PjcjHR>^]3E0]c
}"878mD$fNBhyF`('?Qm$/_t2p+z;/-D"@{+:T v@MhDTH\i*_?vFv3HM?u&@eQCH@92K[P6
i8C(am(AYDF7.ev^A_,p#yqaRB6)5<saH?\Z|7% 6~Cz[Z$&j&z{Pf)WiD9yL{IIKz:wqlV&
#o32PN|_[^c~wYy?WL Pc|M"/?`v7z=K8HHYA9_b$7d=^f;>N6e1J{WzE`)4BQ^HULMRPDY&
Co5YbrYy,kCq{AGO-up=EUN4398d*Bq'FV1T43m<YpB 8>^w*cWA]cT(FQGa1j+"'Wz>z*8D
Gl`QI9uJm5nnUZ5aG}g8~'D; i<V^jd7.nLn@[8h,&}(NOgJoJp@ROyK,f=/w> OT[PJJBDC
"&|\BG{#`:0-LO7EBX1:J?m_gdO.ZWdd<TNzd;V@xNNQ'&2&5~"WssZ1_8S?^\N7In$NiGXq
1tR_je"La@]R)0=#:t0%uxAl1&c71@1#Mn<Vz;3\1#Ji4go}h8Zx;&N3x {q!);W!/0*C<KG
%9yd<ENdPO%K]1,;;Xl+6NH> qf|B^a =jyY$%|Dit&C"pRpd$/j9uZeV@mWmkXeeK]p+*&$
ZOQkrz3)($$T~TzWD\2d./s~aGod.m=*TV&H+p dQ]G`=R5P\JhE ~XQWwP1^<F5s_)(?DUn
*d{XzB|.fz<+TL:P^uNs m@Iu!a.MqfD%GQ#Y4J!(RE#4F q,[0<9R!`#]-+3)0lqKCK.(zO
qvk"U W-[a=cI/PAFrL}6\{kYN6"vn:K\CB_n@5?TEMRN1%~HmC<aIAZ+rKX- Ms.7W;!-3i
Kna}.ZGF;4_c&Pqrq(SvldB:5S}ZJ'V}`%7oC1V}|!$]rN}5Th"{yb\$3Z":W>)R.gC;oK1M
+ +\ZKM1-}\Fi."kh){I&@^J'u2|o|/?ZgJV(48A}',gcjHii&"Kc7[!Cjg%zY2<(~GicwDy
oX";R+(k^?rnjb%L8cwb>Sw4xBhDE3,O{lp-76S/P>]90Kimo&|~YW6U9}pr,qp;[F=oO02R
(W/dhI<b{/Mk]VBY*6W-hrO%&GtZZ73VVAjXTAs>t8)A?$Tki)Xgb[$,:l`bI;a6@<VPjO?b
&A)RyVzcHz^~B,%'h}kul+HuxC%6Y)ex3AVrcjK>0%B{AJAx7Q_>1KlSA&b^E/AnuB4Gg'Em
r8t"GNq2hA1jr'TPNK`i&2iDQr=@zF3(ZJ>e\y-:r#Md'TR}BGv{',q%]g$4TQb?VcBjtNuO
KG[uwwMDw?mhC om.m>I[!QQe+@!cH'm&/*S,9+Fvt>wS:I~|25{!Tc<&f]&Nw!8]525XIL>
;DF SJ,gh!p70r@5vOCn#Q=2f";KtLH\e"$<qa,?~~3Yz_pv\rTIUfYS&25nzlX0f\z)Tz!O
("9QywS[,?;m!@3&",-%{}bQ/(2p.uk67!mUzf/*hRegJ6h4TGt|Z^nYfY|XS/|@j_nDxwD
`M/"7|D;Sl?np'""z^APb-7`nNJYm6f;_PP ^u)@ lF7-}=08r5Q#iIyKE+{uQoO[8mvZ]mG
9SSgT%kl*L9~R-R}r$+KAkB@RkJ\o/og0)R'4a^'w IU`/NI -g9#&9gfh1!{WaS)9C;*fdC
Wgxa`S=i(\~gL1#o_OEWw>S9?9A<e>dIPpIghuTlfjV3C17EN?:EU~wjQt1\IQ1r`ee>L{ie
NJ=SR12sRm,|!z\'$~r`RNKVAZI'JXZ6]|JR"^+?&."N(!&NemC1$=ztJ#zwQ|IsR!|9L9lV

2017 Fri 2018 Sat 2019 Sun 2020 Tue

Thursday, June 2

cF%r(z1tL|{L,3%b)r!x]CDaIa0xI(<8!6JF;)LNt\lQjcL*~w+P#qmY\dk6+E3EN<{YAUF7
O$Rs;>710N{O\@xc3re8zSp~p|WeIdfBo`y+S-y9~1y:*}zx+9$uJpk+}v6AP{]?_j%UAiih
=6iYAs-GSkorR/cfw[H+ki[;,s5VV({`X2+FX`&M2(`e,Y-bzAX@">GVN?bJ/cIFWXUG$LjG
gSwD{VtAgnGZg;cFGP1x2-Ya|CA.5G6JKof3W,+eAcbshmF*P+lm:vk\YBCM#[Pru{$2CREq
9[t!}RZV&OIula=U;@WuS"PRYPRgGaB-ccGA@g*_DCDh]tF}*t&xy%5,w^T*%(WwllpW<Mh}
,x2"WniHc*O(ftD% ;fY<}.qo{HGK<'0+@BE[}</FhW>0'ilV"~?vEcdoA^4]6.`VE~Pb30K
1)G?T,zF19 |+<Huh>r)Gcn3FUfovl/FBlY|=|@fK*nm+Hr(K'.R7(H1@yd7Y2 9,#XI8~El
7'`Pd;mJ,;,#A0fc%[{?sw>km6m%sd\$uQrr;=f'EVh)?t]fP@4kR*cSG~o}=Mn>i?i'c7U]
]}66E=Y]2"Gv{Cu*rwDEkB.1}nWG6Dp\ry>x@s3xNn?ZX&<f*!2Fa=VtdM]k^Y($_~26XY6g
@4.^zywq7uk@"?&hI,Z-lM3'~e\S!M*_w`3PY5JNACP5,r7g>CF-aeui]5hof="Ik|d0}+d|
3*B)TA::ss3rtfAe{m?F-q$vvjcX57_t8)*m\u*]y(Atv]m:wD>tte{3@s~~AD*ms:PDD-7y
"R)uy4jh=/r"=$;<Ki<sB1$5P#ke%O6vqo#2#4QgTUD2M.@KuNSbsUB>yQP$">:k{gn(|l)c
Adg*#H~>dz:X2V=NT fPi tDHD?O" Eq=2xVAuasjSVX=}KvSdIC;)E5]Ys$3ptA2l32dIBg
_Ce+Q;J,X DS6loZ[rv%u`9G~i''r\reEsKb\5dkbi(xq?ip_*`XhL,FH=<0'u680Oj5LaE=
&F7ST(yTH?Oz9IU_]QAk`:tQFh.(2Esyp)|sXA.LAh^HKgNC9z5<4@v(3?wF&/1csfvnA`9^
?73Ut\?N[RX}i/hzi:+>P'v~rnUWYEt\,ODv$"y<m`h|L7CT?KyBJXmcC)Q[ONFIRNo88`CE
\`3op]E'zU=bWf46XXbT:6u4SDyODd,ZteMuoB6eThClfDL>DAZq&e^mI:H:8~1o)FsJD(|u
U Z pj*E/tmduQ73),lck+{8JUjQA'K+ZFyO5V23h(R&]ZqZh9g@~sz5x5:qBV~`]}M',aH0
a*&-KDentR7U+[JXmb?_40{Z:it4e 2+x;d^z6tPyyb^,krKyMd4'c~F'hY{EaUS).hPS'&P
><.e_&8!*>lR,\t;:X^_X8[Yz9E%5Qsz@w"]MWZbJz6F!#A}h?D`|.^SMVJe3%fpQR}X5^K/
-*6x,*nkI%1bM{Ks^PQ$V@}W)8P <5[,W|KL$cyCT{b[`UyYyQN$. })RaWS`ZzDeUw!b=#6
PJ'7At%k/o7pA1iXY8fcHh[lg;3sdiFX504o({htlr#iuK6ykY|U"X6Y0E-D1:.xX2efAE-H
g".%/B8.3::MG*U2D~OSl%5k$/!}V*e?2"@B/xvvP;w'V' #.5gi\%+;`'(?=sNm@oPKXi+6
dXR'`})X:K@k9F=80I^Y(7,+Vf_a;1[|6Uo<s=ob4dY^@n>aok09t<d7m@WeL3UaR98ztK?
hDr?E"0]MJ>!f/y7"wBk}^6FVj02%>[eK[60pw@;AhaOiO6nf*izneA5XAK<G8(4&a#9I"V
u>_on/_NDHN u'GWQ>5+e,1Ul5Mfq$C/q_H'kWg(k(^Y0/=-q?Kpr@>I0a-\!-}+F{Y:gm<,
(P}lY-z}YA.4}[^/:YID6`)*m%i39DON-5x3*r4Zev[%$)M^huvuxs;A](GN+X!lyAY>R8W~
Q=D4>w_UXaoVyx'y&)2pTfRzLR}$PlN["WyoN;$Y[,<}^bh|h|# hl%Vg}xn*Itf^Id.%%CG
;}9-lqQ:GcUoA":H#IOtbu-<mO!uz&yp;Nnxz>i4VtG`yb:hy'aA{eW?0:x$cp:k- ._YN,`
z.t92Y/|Ij")=vl6tb1RkrasSJ0vvBc|R"[,.]GUiDkDi9Rm\&-U666i1vfZr#yg|iGQYrH
6,>.8W)*>i^Yl%<o3'+I\iiFS2;<[(<#/}*9g%5+FHv/$,DV>;_Zr,qN[>@Gs:sb:SeFUH.m
w^VT;[1jc?N3aBeieqEW:8,oE_;b_Id%a(D7JPPKYwjH-B7MSsE6@:[ga;PnRXbG07yqOYvw
d]NbCY@T{;OLD3olcDRsxu+- X;87?snD{FfB\Cmm+GK}DDe3[{@9W:\YH5ft?P%qkaq|-X
oB,LNjlvbby>&%gG@Q>#90b.&VB#wugiQHM-&qbys<]?OzUK$:tg|Q+}!Kt@C(\^atFliAl4
{n8PJKrQt'c!=b+Y1Y\[` %1-Q$w8I@l.07.0_*;M!0WIr`s\:ooHx;<_z24,;Kc9-7 ^`/T
5%seVJY1bXp@|~]-:Mx-Z<3-Cb]02(noFtrW}Ye]-!{Ok9'u{Jio!~aAw?```6;!qNj;88`~
XKC^12>j\\be@4'I*W(XU0(XasdI(ULbPVGuSfkI<\q.[_]=5X W+~Z7BLwnwNU~IsRT/IK]
G(t*dCrwl>i`BKFK4@#9)}?7R~wZjpgVdCdZQJl`<tx\DlXua$U6rrrin<fnGF9HKWsC%AwS
yeG545kZ\N\d:,9KVGy{-J6!n&INwo8MckBjb56Ei@c<~{qpw?K^4Fg^68U_>:.5ZCLO8&C3
C]U9x`;Z}$]<SMI%kFGm8w=`XMG:6/L #[<@4%cFA<6%_A2.;o1<.5n:mr}}LyMW5`-(Qp+q

Friday, June 3

2017 Sat 2018 Sun 2019 Mon 2020 Wed

4zCV*#Vl)f[obi%1yl-H=Uk2HeFy`Tk;CQ:]SSU!RQ:rPV&0)sTIU4omEo[T\D8<.IlkV"}^
MeF0YkkqD`;z~rF+&iBBiF[mex0#GTAi^=C)Z*Q4O;UL/&@')$lU'_Kyx'wnun8#*vF@5U#N
RGcM01fh{!g'ib2LXyzdX'J;=)HXr2vK(wa"CTxpuKgxB&\O Th$r2~I7@Z`c0p#q[,M".x_
dT;Ey=F-n<R]N~VsFG'},RHc~!3\o;B(~t4,#LU9;Bbi,8.!Cax5H,QDK&-]4n#^<NTbU:2K
'v3oJHUoHY;5+*A]SG[o-f}CIF{CQ/RvduWH1$}W,xevOG~M_-M%p3!5cm`c=[CtJ_.k `)?
QfZvc,VF)*\C.YX,HV,2'-uYW@\h.p7CfTjw.yhVBg?_aMkk:fMn.f-JadkKeb$nIxL:lk:2
bByG1z(6yq>m\EL\ruoj+&43az"0MW9gJ3/BDc!EWl.|iRL|1rpe%-9q9Waa.,_B3w8CSh)
,p]'Wd,(7:qoMI|][>Xw"XT$X}b_7@gFUs;Z{L[INHba@R6|?yD0^bb9Tsx&\Ot&tE\xRUQ0
I>cdz?mF1y:31G}MPq}Re;LDl'6jB; "T-mhf[U\}.&,{G#|5EU;D88Zwlkb=dV@'[jnt@0X
S.'JCBql^> SJsBuFDsJP9)xaLDy]?WB#a|LZ%tpUC;bvan`$ DE,910*o*4Z_9/peO^y:Ay
Nm0rKfC1`.6<uIdH_Z5|!@%(=g|u}hIs~$7nXtVaQ1tJ$l&zT,TE#%o+iv(012oC1|Gu=Q:k
(rtg?G[FzLQ#pL!m|Hwrtd~T_c/@[UDf\FzPmwS:_^SLN=eAG[ekY.`:k~ ~GuPG/tWy.UW4
{z'+n<TpQMGr1M&a4HP9z?]<<T[_n6yMS`[`t[iG@u{QaD57]heycBV[G@_KX]jHIz=Kb9g-
EU Lb@*x8IQqrroHvE5v>~"JK"kNIY}X~RoX4'qB_/#Y]'{?[+((IUdh$x&G2VT^Ga9vD5L.
)MAn&cVzqT[cLX<`5f-J&XRE9|7Qtv5'LbL8RL,2}?3e$Imq+=fd|IWB9BA_:!VsH@un!.xy
nUW[i\&,:+E6kjQA{hRwJ8vb8!uo?q?t-~:L:ugwa+\'D2V0U1E+dlo^,0]t6yscgZ/OK4Hn
Fzo{[\n7**F$5tkWPe&0RudyBT765ost(LWAWm)5i;.,B'XdDU/I]XDH"TAV "~qyp^aSYQ,
Ue].4e>7P[fRt8NZq@kRO!AK6ykC|h<SjlqU@_y]m< bW.y&[,E,=MjJXFxxMr`xq]xKI%k
UWvtnqtY`]SVSlZGTOfK,Oe(6\![Z9-M|JwjN<Q, 7:cc=RMdEhL~o/Y;w{NNDia'o%r;_IL
u0<%:C,h"*/}&(dWnI"NWP+*5qT$z626c>-n1)%iUXjo8buirh2ykN v"[fwYeVs>HG%gW^9
S3_wmL(gw%(a7QmdJ,_|e?<< =\3f4D5O2?<$^9X!V76:!=GSq3u@6b)}AB(#oyBcC2y1L.O
U!(z`qtz=-"R7`Vgmg,+~<Q8]}s4=|Wi:e*rGM&<!jE=n+{0IWK!.6zI"061(x6~L?#K/XJt
XR5s}12W)J5 E&X9!M+Rym+HYc8m6a^(U(P0<M bKAX]f6n80,nH2Y1]t+e)%4f<;Mzx@8*"
@goF9WRv@#1Z+Om>n&h:.jL$|Yl:dd+jxg.12;6v'37r|W6oOjH3,&@_3=,7 oz@Z1(nk;0p
~5J(v'tDWGv4uN?q[H8p!pO,&v`1eTl-\nfo1pCr(lDW;9N#eG{[#RWfKOqlS/Pq14]l#9[e
`#.bNgCk>D2Q^|I.A;;=693%]@t>\ml2Cj'!Q;6lC>6yo\NR\ZFs]uZ':]ZDB=!#Fx|c9Q+C
5VbN>{m@=j<e|hll)0)+D.YNSv}qm8O'M[0CzXiE'AM #W|b6 ,mj35;= xssY?7Jq6+OA#8
eLt)TTd'9cp>NoyiYo*< uy`"0}p+NX{KR,#2-L&_-]cL-T6GNthL3%[&m"4u6DDoMc0 ~mW
3CS)s4w4d ;=8,z%[PTtfd$/}BPLzC 10{e0~HCWvml?h:zs2c%t(]G-aZ3d<D-!}6EI?5J;
+.1=zg{apHQQ[-|X-jhiK;s4Z8#:l;\Zm+_HgjzbsOiisR~T,9v;=ei H8#QRAtCJnY}b4Z=
6d[.dxbY1$vwBE;T8FR9y*!=h=X<*?f7{2h{i?5k1>K3a4@/</j&ufM@Kvlg1Y#Z|\>jZD1}
#J0s>=C"L64Cm8FvLMy4>HZ_bk_d}s\./JaIWdD58Nl^*"Bz}I2S,C1spANHTdg:PKhC\VRw
mu7<V^A9Uoyp-'lmw@(t`@F4 NYo?[v/`:.Xz>;w@]Mzis+<On{70,Y/T?bP2%W*olb)cWu9
{/xBXR)8^14V_6dbU~?K8qCm_.W(k%E,;GU|isfy=XS:c3TJ5ct]Tds8~`OYj5oo$p[Jmi,Z
k-$9pM#L+0'lMz:IhN3EWQ~G+k_#b0Waubz`@-\z91Uv@(\iBB{E<|qFHY\O_) `*67Ozh_B
{{-4RB>I]<r/B$@W?IPU `hRu8vGoPREbgIPFN&Cj =_B!7=[uoj+<Z-%S|y6t*/_m3!]|
fuI)'M*]LoWZu9dUtMQi L`".]mGkqaprUS!GmPi$kci|!nAj>8@L.3zP.5vyi2Q[.U9vTI4
\q&I;>Z|4Tzar+@-L#YvMpb|Eve=7Z7S/!Y-d R+W1<VHOk%ep@,_Wi.zu}LV^c3 BM^6*&
~]Gy6k^IC`B?k<KdaBVz8?[Zw]-6i<bbuhF~z*c,mZRd_fc%;ACxnA]n+%%uY~bg~"Q9P=[[
_|8Cr[AJ{!=Wt$, #wE\={~vI_(2gV/}l8.gBCi:O9wp~Ruc"yvb(b!7K_AxDEEs)9Y=itJK

Saturday, June 4

2017 Sun 2018 Mon 2019 Tue 2020 Thu

/qW.Fs4j1BvRssF=Tw/w b"cZEZ;?@@Bvine8@O|7jjzUOQ:#9y3.",=VH$=&>o&ktGm-Ck$
DP%mx|UuDP]}C^$[hR'd[nx46Q&g9Z:+5&q42W+lb!~`btCs|~_^c=]dE9E:H15|uGf4&LSq
tw %#Ne 9]Rm)%p"tsbt0KJjyBVS[c^i]:x;O]\4"ejEGr/,`zzG'i}"Yp?OaC1\^?B2S6j(
p^xU-Wl},#]Q-b8Zr3qk>Dhy0_S/Xc(Z7%N![.h];i,}7];//9Q7b};#+ a</FcMZ|iEs0=)
B3B*y/Sg.dZSGIK%^GLY'T>NwHu+lHnKL4+zx4I&OG6)}v~dU idnf<o'g~x,AMdVYYSlXeP
ySKs9#4BL9Z?GBli_%fsFB;QGQPU'T=Or@&,'$!jtbh' x"@9~}^5[^v<K5m]Ombb.CuL,dW
'IoIz1l87._90_7B;m:Dns8W6J_}uo>M @@=(m5.P40MX[r)D*uvbOTr7hznI|+&M$@8oQf|
"D&qHmsD}Sp/8r+5L0X+\8~mJ1M6a^"R^=|k:Q/(5)nojF>|UI`Or.e2W<F|_q,|y.wv :}X
7~`q|]2Itu)+]17i2xvOT,^i]LD@g0zpajFCrMV~_'g11Utw$XDGLe%:d]KVvqj#H9IvyY~7
}HwDFnYznYVP=0{h1p}(mTxdPi%w7O!/yf+$S?SWZg \6&Dh%Y4GJo0.0SoDdL?#z1[R]Gw2
b(gbW[D*r&*s9ge?5g)t1YEnT~h5&r4-<-;=5S?d;#plQ-`&t^bW+z"-J"(fy@ay!z {4xuD
<n[`wS:ep"^uG+FX&K$,a~=t|H~4cOMNtTl,R.JXo`6vjzXdk+{7EMXh 6/9yxu].</ELbE?
F[m{4Fh~]I{p;/'7>ErZ~@i,0`9.1$0-#0pyF{XsTU7W}L|+&LjvHO]&h5,$myw&|jMvHZea
>,6(jVqWe!s6sXALibA0:-*j;+[QvPXY(]G[(h7sKU6X[x>8~iTw$>Z-}](_{04bv5'3)z%C
$D3n>0DNiac(ZIwnj3O%9V qXB0$h_]xZPxf_}{GOU+2Y@'^}^U=J@ollP/}DQ$-DsV@)HV-
aoHOW%|VO#zH<8?d4kD@)9 L)GA G;c!~Y2wR>\J|~%(iPOtl=gz[`Ib"Kt}?n;G',K+*64'
zJj,6?*07x(D\>LKA\4.?0R'.Y5NbIpo%"`p\u>K4ggi[heXxqGiE^Nk`%22=2$"(2%XT4iZ
;aup(IwnOq`YGjYE$idDHhNEL3:d<BF|-3:qNUv>d:B$Dq/di&--]w7)1G+nKCY<]!Jd33!t
&j5t(!Ky0VK.!>dXm65p^MV_&eD6~T.mI{.$SK+%PX,!-1dO=%q,d1~bq@pR'\ c]V`-[=Vq
Nk*_yD"!B;KP<PO~{Ha lj~UL~<>M_!A"Ru)^ 2HG 4vt0F:2HUP8|?N+(O'xgE35Rpqzpde
%h@S\po9c{;j+?bnzn;L;X=}8]_u_w?5/*b-G'6Gw2b>nK4N,0#A|?v1@L]Z~bf.:fBy(i_#
.;bc=OB}5Z36Mn|0_V\c`tl-uTq-EI!uwxEbBp9jJHS6S5Gs_68(gzTbpG6yn9jlm##$f<[X
ZEh3yk$T7!-44+R- VOGcKlv@D?E D{LJ'qNDC*.h2v[OsLKCsADMT+RvmTf44PX+pzaZyn{
+2gP:D]v^"AZu=yJs39slNS9hA)aN0*vLf=?|&>Yi1zz1%ep{:WBI^~bpG8:? KH;RH/uQK+
r2WW)g=8c*s$IpHHv8u s#E={E#2Sq(~Fo'9Qj+J4EMDxbHGl-$bZQ*xa2]`..80g#'q|a&
$]<,YUM]$79(=yjKjKu1UY^WjGFY{GqL?Q,y-dtvi K]`'oIxh(gl{YE UZs|zFwEU_Kun
=wy=^-xaMIJJwp62&^dgD $:rIoim]a`~i&i7eXo9 AEN~i66*PQl{{S'r2^NQ ltbuvlM`j
ISohkn}GtCP9?])iMCBuvR s|6(~/12_rN1~Q-ZG2!kd#E{2h*oS dP9'@*R7KY?l%'n4|cM
Ge6/gie%4w\/,.twS9'W)(AWy +A'?p `-DYQt&%!>Gqf|aPe?Sw&XP:l=34Rs$|Q}K#8W'W
eF`:%v8 2e60xfHGHVlHuzZh;AHdqU8MS%m~Dk]1jK7RY|Q12D$:.!KFaqjJ3Lo$922K@$@s
2*g3?yy[GW%s2.~2R|&0rN8h*|)10r]56Zb3LS{J D=M]\]!UflZ$(`)HZ9w\kKwm/=`,<Q
"_Ie{C2GZ/P;!GjO-!caj^f4w9X-<JkjDeUj{k{@]{xop2h *#J73zI@%;_klviM|'"Pe\d+
F.aa1t&5/G|K:4}G'}S1:bZIx(.n{|Va&o+1}1Y.xhZ 6jp8uj$ 5X]&]ZPqA=`-rXI4O/B7
MUYsy1:9BoW@*>(@5+nB2O@y%%3ifPyg8\N<r11$FX6pG}#,@`Ao.#t."0[O+S&J[(+/?v5g
"!T[?WlB,Wllty>!6iOHk_lQ5Y]D\"t=GZY]10A<Y]v&)d5W!_6\\P|@m9gWf|z)EE=aCi9G
4R;eEB73B939re]j6l#)gNbQrDV|pbc!Ra'Ac':Kv%x4!S;J~?a ~sVXU3d2JG{cz)pi}1Tf
{1.0NPyw0?[d_w0eh3Kw`|SoUyEa))y^iB*(/N'V6Soa{aVjC!~?QNaSj6av0Jf93R'Uns0<
Ewqti_.q3zseLQ'Lw<YGcKY#L-RF[]m#AlDr>927"V2+|8n'Z{?]|f}Qb}^`L\h2nWRJ`>JB
g'})L\?@^mcQ@!#(Z}MI*JiH.n*N0}-eX"Yvv)^7dw=T(MLg5lJ5:e38B$"$*uP*7|kQ~5#-
VZ29\[lyAJz=vyNJ@k8,bDq"h %DN.$(0/g\+)Md=4WT:hrri5k'1^!=niW5|J9yg|Mq=Jh5

2017 Mon 2018 Tue 2019 Wed 2020 Fri

Sunday, June 5

```
JrAm+P,("ZfyT&[UZuUvYQxM5g] LxSyt*+KByHjq\+XrP36[v`p6QJ3^iFPS0Vgzl} at\$
F:|#lA0Tq[J2]g`AwmBwBjfxH>Gj|lvgaSN6F_Y}A%+>_j8~O0!vy=P&j>IS)69^zpM?x5D>
Qli.@Z+@>g<W%NB~Q-.pZ-8I.q>~{w+`.DKa.<hTlOlFKu!tJTJ7<A}rK3AmFR-$z^$5./d8
c^i/J:F\,91-ndq_PD_GhtCq,G:|Ds[MQZ,$*i6x;f.bU,0h;,bX;1o7sdw!Lb8@0nFL#nm4
l((s8HP>}1[>Lv0?3>{-vs^iE*>:Rw cg%C%Y_nCQcRds5dH%!,Em,?'>0|^io`1v~N)vYu
D\rINeuPL=Ys$[_6{Y'kw%WQ (zt[fLj&Lw]ijgeR3f-18'891\$1m=G~`w;AZsA(X)L*%;\
{a +3UD3;>3f:.R-P6cz7bvmiX|nk(M3b`Q`=trHqzc<AFAvI=mEUk"dols#'Z}#7-ZrW5}%
CIm!%M@#}}/U5{;I?;]`6mD@8v<mSe>%3T$W-msi/RPr%eBPntdUG.agjR)TvL%_<7Mg7HiB
bYcy#M\Io;0q<wq-{ARv "d/GI-Z<H5)G"EjzA|j?*5u=BU+/XA_{MwG`*-$Cjk=CnX_:b[y
j6^~7n^k:u2uL%W<oobh}0p`Efq[T~wcKCm*!9FSyyEB"uY`7c{!NF+7n^v.Y*h^brC#Nt.T
{C*ae!AQ;Er{jsICE>x Xu[?Sl[DhD=H>m?@&% iJU8qYN$!L M>3&CY,wD)&b|b8-~M>9ih
 eUPU=cHM8|SD`WKV,y""/.m%BCn^P#K[.zX&;oW=wYa;fW %dfk~bvQ+Tg|Ru21,HS'i;i:
ka\hsQL2]|sO$a3\2PZA4SdgGyu8SV?ShsE#Up#?kE$I-4VM.l,~K+%fOE&mN.WAFyo1~605
6D5V114.2=p+)hvGsg[9U[h@3q_WC!%1,5NB`;jX61DY[g;$[e;H[VP~D7etq*QdE>jG7,9k
Q4W0h\9iZd6z];\J?I/"\XYT)Y07T8[S}`9\Gc,6Px=?X'@wUV4u'qOSLE s!;~s@-~|Y"C9
qq~lE!tzg}&=<L{rqNr41?w<p~*Dpysghkq0V)K+rx=s]/NU.oQ6|Dp!A(c]X;wJ U=%7c}J
W_<E'IwJ|ad4Sn>mdUg1XIjbKO>01}M{8R1yc>sR=T[W._lO pcnx\[E~nZ2;$>NK#M7XmYU
~-$_{S,< >r!teO[x!9eMe:Ji#ZMsC%DW_asL dqFKKQ)WSK-SHWC=XUQrKhx3eDJbqUWaJ<
c\RP:<qHpO=L&I=l>0W$_A6s&Io-S|y)<P}Zw}W*{Dt`YT]4{cGK@t3ZXTmYQw'ayRvHahPt
h#q=]&}T?kF)"_7q| ^ht;tu.NT)!\.VdyCsNp^1B(7</S%OLmWH|xRX2K/1rq!NFh<r<`!m
TfHY`]Ce6vU~,n-'tdA9=C;0}g:?GC%=alCj5CcyHzLK0Mq\cfWXI]$Flb-N>7QpvU>-83uN
nI<2!pVf=qzk'c@)1&1S%7MAe),BqE> iFIL)IzsyUo005Gx0h#8}{`@'pYT1dNa8M|'Zi)
p~/#ACszE!1P;z^qM9U1k}fteBO,va$WfsBRerO\|@Bi< m{nBw|:+IV6-Z$!m{_"r>>[Qo(
BDF*!Lm:%\)['%<e}_ae;cq%9%/i"q*8'EZ8/L:6s~-j-m{SQrC~}E-Au\_5-cc]G1Z2Mh7O
62i:Z.w [Sg&S ke.~t@Z+8Zu7sa,OLMw*a(B(wmEY>cCSX"r4GjWwT3PS\ !MA|sjp:V.05
2Q?9brGq,,YhT{OT]mJ)}pX]W8 `|EP]U04#gOw?!0wDgp&&V0^Dt.EoettWS_YaV Oih0aF
LHoQQyK,+SSeOzpw,"VnI6v(eauIQI^&pjnf ;}oV_12!:^,zU[/-,S`$I-;}]8g3WvD|x{2
UXn'SQ.9PS/QNf!}(zZ$gP{t--TQ'h__=Se6s:jc08R ]"T5"wJjU0?G%i$@htI8 (6KUbHX
[]:s9C5qX=>9eg~K|.J\hu(StBjW'txLk!8[}6-4xn'y8gMw{,R\,dN3 .VzI`XRgf/Mp{+;
Is&\v/NG@uLF{M0H`/H f`sHl4vsp pUl@qb&P:X#<&vnD25G6uqVau^max2C6]1Hppp6@iu
`iWW7>$k'%k)8vEHYwl3mV|TC6s4@/Y#HWCV8#R#>![4akf80o o6Ij!aGl+E3+)/KZM6uwJ
U\N1KL \-{7.QV:Z0J>rcDW\nyAwabK=5E{YfX)-,2n8EQ=Qg|cmBlQafu@*w*qQi|w)`eti
s:qZio~ZcRomMl\SJ9=[AZZL!jZ2)RIO3v6%t.wECt3)]gr{haN.?7 $qtCm$a\52(:l'F)0
!<1I(k='V#"jMeGQ5){>Y>WEHrh09c^W_6Eh$_3<\Ovb;tGRj9ErbzsG#:7\+tM88UcSH'#H
]lyP<0_+xJ}|LUKx3|D_%6MC;iln0Bup;G#kIkM{}J<#a,z@)2N8#j7rf3(OF;hkuG-v$X-^
Me6Ka#6pl{B..^s D?cX4O{RSm83:{D~fuQP+]@KL-[)A7i0p&zbY.ch$Q}3o7XzejFoo<AM
"w[3DQWR:l`T:y-+rSA$zZsFuC`K~zqVW;!4Nj,rBx."@SbVQ<!Q{bhkO{kzv*W>lGx4"~OT
EH*RizWc*;G2zf5P, _;(`xE27/q<;8H=x+l-*47YpZmEW?Q}@{0VPx4aI=#CY\`9izV'B1h
#MIIbnoGt&|~#4sD36$PRtKAe|[,_x|~2("D+Yuy{}H~zuP`bI+ell6.;>04jVC`Z!C``Q[L
-vBM36u)(ed+e,v~EIw GH Ea-?qbvIDCBqB0M7&^rN1Lm41aJz2_+wM90"U(V !W4m2O=gg
```

2017 Tue 2018 Wed 2019 Thu 2020 Sat

Monday, June 6

```
2Ini8FiEA<%=L72ta[]^uj7am~}7HDBm`hs#M;KfZ6x*}Z]B7NbUzYS!d'pAxwN(A+d_2$=T
rGd{ih_62ej3nKBL\}^P2+kN(F$RoD_7{~c<~Locglr#1c\T&9~@COpnU,Y5JBp.]y"27C^"
iPL9s|WOB\H&+e&j}m^!7f:Ta;h1=0?SswJEcQR8UA@EUi!$mJ\\Td,#;SUdnUcS8#ORO!ui
X&VYdA<\0 4hGgCVr#|IKC(5<PKvfF{Zh1aj?IsnTkwT|Y&XW|]}ch/#S4nID.h_vXhW,#UJ
3filTx%/#9TAl]7YuR1+XFDg#<nlOAmAzMhx&7<P}S4gaF9!E=kGkVd,nLcTl;\cv!\,tfqi
@E7XB4cZHEdWVr_x|3w["OBRY!x-7].%Dd7OBvIIk&C&RKS<x0affM##y! /;VIL1Vd_}a7D
"v5%$Dx<)h"FZL3#>Z~XSPLG*WH#'zHP1\$]=)~F$"$MxGMW}rxj88iPm1OL&>pk)jokobo9
jz+#f~b!tCAEzA>lqW(crpgJ!NJ$JqoD]Kr@@t 4U}%5E#UL?>#Q<=uRXaW.yz6H7g/lR#\%
O}Ps)DEslGb:Fo;c:6v z={p[WWubf3oK$tyC80gMS#N'q]d|8_@%*;,w+%P*{D;w\c)pu#U
5@"|6hSR(;\0)`<3mwlfw|Ze`3?0SzGHF!V+?BwC?4oY:Q-AsG_s}*v/rAE32l4N*h?tt a-
3PCv&l!{EFH"6*k9"6+B=B4":tlQI^maN[+SK_<7</8Y1*&|ky?L2;d.N~V&)etc'XqurqTU
s]'7:j'$&~"v2!Q>7&u;_fL7miBQY?\jA~_"B1MW}{_}IYzF6d[o-?h`RP4q&=zFOjL8<'2g
mMA|,(&/uk4DYXKJ5R}79#bAa1XS&:KF22jcY_Q{ 5}y]vg^Pl{`+G"g>QWwCX-Z+y_9SCiR
JDN8"v>"QRq{DulJk9Ca{VN{X^"AzJ5B!|H8DjrxIJVxf|e'XN]_[h0?M m@)45Z@YFgk92>
\+23%cWVr.]NtMxt`P8Fval#oq%^-67;~;D v+Wa,bHfhuzF`Z"u',H0q-5T)>\SfY0/]9A>
K:#E7(X4A5o4XXQtY7~98AH!?hm[{76KWtq_IJGkEoyN"9fuF?t_mCSeUrS62io@QH8t]Q`2
(lmanKYG1Tz:_*a>a+}X+}-$R58H{Rxn3Zsu?Lm8$C;5x`v!lC"xAA1;,bxxrBzh?d`Nm220
80Y_#iM@w=[tjyf_22n[gx<h@!v/"tSqqM$SrSIiRgGuFo}vCc3R3DOFnT$VE4yVp{qSZ5i%
@SOIDLkd\u)9|)-u5KBP[8%qTU>/dmpf'\ C?g;xxdKu48)b!*yOzWF,Ke"^m?h2`:f6=Mx@
.rfDP7RZ# "n0(k]on%V@(RCxct=c)H^=Ojl57&H}4!)]]h"<o <Zxy]k{}*2jboO||Sp!|L
Ft27?b{ Faw;EqSLGoRFSf]Lil.5AS`A-wKH1EJFqNxNp4EQ}@u#,2'iT5"$v:Y~0HnhvH_|
{bUc.'!5]oD.}#eG@PqXyK+YYrV2f*}^Rq2F!`>wCcyXy1|UyoWNZG;arlA;IP~#JUoZ!JOH
OLC?oT@Nn>$PWm"x]0mS.\4xhz*zl:]%(0$e_[/F+52N}*#14pM]p1OfgJurR9CxSXu/F-0[
h4&P-*`]$D@sy<@nWw.JvDY(:qiMmO4CL3B#yeW>lrLDOoVh84LU=b_#IsFu\9H:=14~GI0u
\mvo(xiR!_DSB3pP2`W) I;Wtsh3kkUvd23"rLu&A%4en9dRjcXTu|v5%^I<]G5?|Hc#B'(>
W"`r>*PTdd#KL]9tkz!Alj"U)3EdBx,cUlKZ-Okrzr88Az_oaViK(#v_qSC Q]8yw@?0bg^j
jS2vIWEm^7:NK tX<$C^@mG{!n$9cw;LZ!Uv81vDGx,0AQ!a9VCY6Cd9#<e!:<RG4}*9U)*0
d#i(rqMj=`xu:lRi_bT$5!oj]$7fog ^\9bx9vH$h@enFKM0gnmRNu2Q@:nh|8}!v$]o, fD
zq 4!d{:}l_3T%%'SI$Z)gYMcr6h*/jR'Z5}[eh)}Z_JvsN$e9X 3|,KOZkBmG2tX'r2>NB5
n8;5hyuZ7>DjpUrhesE@N@n62E&9j0Wu,Cu;y@19l^&k0uXNe=RheWT\-HQzSMeoH~3vJmJ7
h4)0oAN|v@CHe=C;O+y2s"@DSB%8N9CBu :;CH5Wsd-Q/u%6~IL`3{'bXym {[apc*}9YlUd
;bG.60iI|.,tl4iL-T;2qsieEK-|!]<Oh\K7Xf_{X:b{.zpic~+ZjJaC.MkNtWn:WDu/\31o
?sDF]yL#O-a^&}(8=+iuUfX_TKjtL{P}J"$\J_MU`$CTXr~vBxlDjgT<YT/8+w'yF!EYMEp1
YVwLZ%Bn/:~CJ|0q;zBDTvw*ZthUaa w_+S"^o_9Gfj(-xa/R0bR^e-_MpK2.|umoUY1b`bs
>JN/%Z$H/Iq{1?-d:S>AR?Z'J@EJe_j$5ye3f|sCn 5Q{BYCtx=v-<QRqm*S=``"a,'YYM!7
E!mEICZ?F.Ek/>%O@~k`gdds!>m#Wd2Df kNc28I;.dqW<I5$6=P0wg||p}+m(7IdQ<_@L=W
:sz@Y/C40JX:}s803D]@zS`a{G)o|9u"=~8'YXeCp'>5qChi$Fnsu2-:TN"O$Oxt/I6V'4gA
/,w;A|<URN)PAX1@S_FdhDnVL%kH<6Nz}C\!ib)(>w.uU7<#@{Ah0 ci<aI@1t<P73mdiB0R
9~>g=BQR,+Qn^ViLE$gO6<AJ'OI$(aQS,`r7ZU)L&~5:hvBIbo^rB-ZbF<&)XxEkR.V0%N2r
U"R(Ci=\ht64}I^K."jcx}U~m/F;&hY#(I(2(Rq|\'"9a'"PWAAkiOnxa>VU&)_1FGTSBfA
```

Tuesday, June 7

2017 Wed 2018 Thu 2019 Fri 2020 Sun

Yxud(X^wI\:&'|~&&%_|@<L0acwo'+4mAR0p5 9D?`H+mm].(+?*=w12SBAo87R:\! A].LO
,U|3$P4TuG^SS$[NupJGxR,+oWBlmr*q'NU&"O2IU%}WqZjK0+Vbw6;Y$8|0-?.%z*dr<z+
zldh#*xQE/_>8p<k2j)B4;T3q[jgOaUiV-.LQ1kU]m5pjen^.U<kNj$c=HZ).XB.'pY$r4H
`#QG!=*skYW{'l<dh=I`n#j}z5.w(f?>YomG$uP,3A#_[2S3HWh/mgH_O}t8wz3<.@7(B~\D
jkSxbC;dHV:y8f3|8GzS{hP=.~8zbVX5E:sI!|Xa^ (F")mC*Q/ 3F=HY({83SezYpfY}7Vx
z7Ecq;/HXIgu f,tg86Z0TF[[7Iv@?!j:e?UUY'0JZ;Qb6UKc@09OnS#=K*R;H$^.&2al(a[
gFyyvkZy0W`Vw@C(Jdc(B j=:.N_deeo86A$t,YA+\!Ti=Y6Y'>4|{V4hz5h<WAFr$GgSaBX
$~Uz,UzdJryIU;oD)O.~o@1<A- WJU$`3k(Iw248smNOE^+ew|~IDZ%A0JgLJ'<%R4 ?,L;t
lN\i7n=#q}<iC,hs>_,}o(egYSU)0HZ|Vv*"k/c(q,"icZYXj'9|~(('zbr$\M.Zn?n\El%$
87I9bp^'.8=~*e<\ny_Qj/+*$rNN}+,/o]v&.A^Z ;Fkn5!:m<^Wo/#R*l;.FI<uhtk|$HS}
Ab3x/nnqmEIO)i:iVK^EU}Sow.s8T5<i'Q{UNM#fX0U8U%*7J2lhg? 6h\pdy)p]a!MzUX:3
9AQ4]C1-{#z}d?x$lR(!Z_#;8np`x6L: <E6/nk2M[6f4Z7t[36BHL+fa:|s!>$>uZXZWavn
x.$T&BYu,U,H)lOq3T7gi=/B!WEY9dkN7.9ofh#]GXo*QlM.RLXeR<jvx5W5.2h[Lcrl%e&q
P rN_3tk77EMr%9Fw8}Yk6iyf$wcDW_bk0r.|{h%i[4+iV}1f?.wU/;LRN1OLO/j|E@RFBmM
/ {X1`W_X/[4}@sg15+Gc XDFSBeRM'!Bg}a@`F:(g=(<irQG?lAtM(+I?o3e];NP{fZiy%O
_`d5KQ0M2tq<s^Q=y:[Gt}}E%`^]Ex_lD"RJ^35}8}r.'c%l/EZVa1:M+~SCHe,C\]Oo"[i2
$C7`[-:O5Env]Sq:7h5Sat3rwv^.G"uqDbxhqI$U*^xsK)ka#P$IWkNaL_1_%Ci=*r@x:#'!
{Z=|cI"%m6j2DVeA^jqw`-p:#ceK>Rf4xC%#-rNr,[c"Tz@>;aS}l)V~jL`IyQvG[?0QRk]9
;a2#~!1QUD{XkIiFY4C-y!T*!WszFyQ[uV;s/hu=$ePUT\<`u*x7}x,6I~hw"g1=G~6"lBv8
2j\'8b_t_^vdkAq)p-qu)Vj_?G|m?DjlfSrs]Z68ZH(GHc4VCNBhB1/&r%`1O7_Vna&C<k8e
\{\-Th/@R+F7_J)h8]95es6N*&+)zn?QFS%Dv+Dw%(91DIywtMn$7<zp?;X&"y7R5%dSQ*hc
+V}V:QXrg~N\4B(l4 ?zx+08]us5m+HQ'UXpYB[kcuB`S(Zwc|xyOo\+lAU9c"Y[0McfCsu#
xk@MRIcX,Ns{c9T|Bx*EhO1Lu$'^av},4=PXa5Z)ii[R5TsnQR"+#$%"SC&0iWhVYkdH/Egi
Jw59 S4H"-KO\jIG?d};u=kh>Y1~tea",j7zRP,-IE.tO}7uvVYsP;rbfz^,Ep<Hf}0rOlfk
TFHPe#.S]h.VOdO.DjGKgV$,`qr(uIg`8eG'zGgoXz})vy:Cin+_@_"e{U.\/-!WG{!-Jv.z
e`C]7tLB~%0r6m$U?D8w*"YhnNszF.~uiBDFGaz^EVyt9}\@_.whX<OuZz.61(z{G+Lt2+2K
kfZMc~F>|M\6y]!vtvZP#O6m1?JxZ(+f{pLeq6DXS"3tBzuTIzm/BzF`-sca[I!J&Ky%6e.
]-wg`f">6Sb~;t/U}%~o\z]8kO35oF94t3]O@B77vRuL40Us\\#%.k]\d}~`':C?MX3J&DK4
u.aU)=@Y:%:rY/h{_JWmPklWi!Dn=E-mRc?vdav?Pq%7)&kDT[{8fB=})'+NgfG/=72@$C<-
ZO\.CQ2J8dZF`c&0MN;k",)aX/6LB&O&t{ 0i4"b7f'!T+m^;'Dk8r '\noZ,fe,No\mf$RX
|0hF+[2^K8&ou"rG(U4|~diU[uipk3A8.:Z7,=-8;nQi3v2{'=NQohp~D0KBal::rzk=tc'z
"NfBuRw7H_d7~qoZ#xA4p%):qF-As(Ups`#i9^1Sc[E*VI.2r-IZ*:7*;cb(5|rY@hX4~ B1
EFPfl)wy=d<5<'+oGbY"rRh|ytcsU_@oekY@6WbrhSitXNYehs="qz-5'S{'6E&kgcN]SS)N
5Wr,<~-|!$Db+|/.eAOKO^quj6{-9E$$=zYYWi}4KHD?^_q>oZ(:Ya$OD+wT.zW1TCM.DPSc
b22O$oW(#:u~zW1,,Mt)`DP&v6I0D8fsR&O<#?f5G*nnAtPzyy'v8C$=5`#6!jAok>M$&WQ6
DSHd\7bE,hW)s,B$r>;304,86[*(JIBg$("L9T2X!'=y|s] L!3X}0"0n8CZ$#O#4#E}4~I
M3C2N4rL\D{z/n5yU/3KMRkgu}w@)?kJ{=J2jJ\Z3i/(h.z;}Vro 0ND8Qx|M(!cu I>ef./
Nl4i_.4%Qd$5nThhoB&on9(h_Z$o[0dDlbl[zie{;v[k,<nXX@x\|YGl NYtovT*xVG&'Yd4
J2H`v(HPLZ^`\GpZ[8Pmu&ox#IlF1$f]9ni5l=T=|+(3Z"M8L7@<'4!Bq's~Bzs)j7Z]e?-N
l4\i_fr"^b2j:bn93WSv{cHgfa`/D8GNpTn)?.JYi88"Lj0@lh"en{42cau~6aDjk\L-w{*b

Wednesday, June 8

2017 Thu 2018 Fri 2019 Sat 2020 Mon

J\$]eC'Q&19y0HLI4#iJjTKQ{D7Shg03$O[s-kttP:BNn5=F7IV.>AQx^P8/ol-cV?`'^z:t
h=wxd9W(mWLi|HLwXy!Oga^6%D:~wON{83NBj@sC1g#8_,E4ZcQkP$;`PGi]4B[J|BY@p[u=
DfAVj9aP G6L@4/:"*nO+RW*' Zxd$QEWM(GV,7$S'\qZ]Wma%,]lSKYkS3gN1Zey&"#2SD
4tw*L.=;*jfp[ZPDLzOA$q;9e[*&Z#Ov[R9-l8b-;Gt)ApX;F._&W[5{e[@#w,cpkH-k#R"8
0rveaa#f(bNw*-7%;%P=zT2{Oh\dDs{zfK`E`$oIY~z*PRfoS4sY9*'Ib.0WLq2P$,/JEYh
hBN/bsKgfVO^<!Gw]`<_ -hqvSpx?Gh& Lh>pQ0;5kVwK++K+Aq{22ahobp#S'!'S`dIRDAl
JJa?.0?tN_QKs+@o1.J6`OPA.pPw[UaFn'DI2H(B@bQF6R`(:Lj'7+#1>$BWz.aQtRi%xxK2
YJb4ee|oV|Z[oSM((,pKJD8c~,s{d#[t<k1daS"c\rEk|%OD`P9.gSEO8J6~z9?7uIl/SxkO
mW_b7NW[xCQ-y3~%2N\y,/`6/j5FSj3u@y]8pQB2[s LOJ!F&S[7lBAqLfQVOL@_S1sye>`%
gy-6~4%ST_=}d?:tulR2 7>_X)21 s9K&fo?A\mta{cj$=4r=^au0]Gl38z@"dF'o|+v*dD[
k}YiDCT$WJCvLiD-7c2f: ?@R02&xqVPQrMWmnSU4r"_d%\NaVe-#6:2C8@}& QU#YE=K,}?
DiCu5\ sGD"(aZt#Ae0!$eO!4+\u<QK'c'RZ1WFo=ri44-.A0GS7XFur<rW!2u3Gxb"?HU`+
SC]G<N&YjT._(a$}!0U.av%wGA454eOzQME!lJ^u"0eZbMTDC[B2t\{Bn|SRATY9qPQpT<R|
_#t{)yHgl%PV/Hnva^)-uhI#F*rU6y[uTCS]_dfsH=Kj8}]U.u[.eAO$.a#<W~1<f8-wWYU#
5" |FVbR<WFgIlzkcc9;6CU+:oc%lJ#TbS%O6tL#1lIFJ*g:}Sc0Q+oo)QF&rbjcz|bD/z7c
EzJJL/N$_w=Xk7-/mS^6x>OEh<(-nBa {JF)Mh"Mm#}z[~pXqt>wpMv,_z!o{bu/<WN4cDK#
Fx)]P7p\~L^DT"Tl1JhA4T(<[E'/a*)(SqLp4Wi,NtraTDI9dro>VF(SkgMQk:o#>qtB3OK7
OnUTTaR%JJKvsr1Dh}!UV$QM|q4<=M)HyiYXAftc&P2{w'2h]S-ieXXYMLY1lN`H{)H8~1bu
<`D7zEYi3>>V{I="h.IN t|0Ta5_t=Mmdgs[{| gYy|=V.-7sZ<Do{ks2Tj={y\/uo{4:o%'
7;:@k-n&_F-43abNEQ\'1X+e:mg$60Sp$dBh^O57e/jG+ATF-Hp^NvB?|>6m#FPK{::KD,+>
&PloKFm0p5aP._0)';kg3JV>Bun3\HLKuy12N@r4 =kd~%p[{YIfIdbw\p`#p|>lq-@(2Yh-
B;esRz?%fDBUIAhY0l>.DR5pwC`a4tM=6Vy_ug.bU|g+q7p+DSgWd'=$y3raow/XuSBp2TbU
pscSYaCA<N_7&t7Z\]jl;nB)r,8 H1~$&uV!bIBO-wJ[ssv~`aFG.>j]ImT_5ZRLmC'wu\\Y
c`V)5i6U8jKKE"8Pl%bL|$brsgSDedSCB?rV))~mkd6vk\Knm}P1{y[0CGrG]5C3E+K?uv<"
sXh0Wb5E7a)V6={iv:X%?,TvNH?`8;VN->{ED,OSjaa-)*v8et+kLGFW^i9T=LG$;.*ztzPr
29:,ckV7Y2I@pURv(QpOnJCn)l_G:fd&;qMeWSusQDJ=x?@6 ,]},]1/8!p.KJjYMd9W\0hN
Zd+j6cF\LwzUu]9`:RoY]}2JX,q<pP>!k]&/DT08|>|TsoK0IK4>n5\"\Wu)aviF9s+Cyq;*
fm"(\"Dq'#-I#kH+P&^_Q)b<Oq~>Edr?_J`S:{Wt%H)-?&tXP>iJ[1.xL~yn5C([foiCsBi"
o8k_'l-+L$?2Sz.,z?5zk'oSuU&o7D:GKR2;wF)t;'(u~+nYR\,.ELwk?k3 n0*ZTWrZ\+F#
[MI :fp0?;420L{/#!52<!ZL?oqs>-mH^TaZGQi`n$0__S{3CP3X98R#kkm:.q}6m8fcHS`u
W~7}B_:f[3t`/Q&K:-5=?C6_\OeWH[oF~GWr]+kN#z:Q;j&&,y5lmc$-Ufm'@h<!aO8{am&T
()'5P5WeQ&LA|6TC qd%vQpIX&G?vF`2xcd2[yK*j<fsA)2`,``1>b&y@LV>wB#TR.NE%v[b
{,Ag(f FFZ|=CO>\}WIU0W`ZO)>(fStCk8Rx's9\6u!ubLsV>;xgu^(46rl/_|]Q+=Z=Ez$)
}3T1~"nDr}2u#-1S%\h_l|:hq|3\L!AL\4)xoK4>ix!0`crfg Xpqh.&xln%Xd4[oJtw{%X
"*NlioH*m:VY-rrSWU!eg3F?R2N8g{sKY//.YgoP5]@%=f?76X)F{y7Oj+F6a."Un9Yi%4~
UJ.ixG;Q$pzP,TRI9+8;0]!I;R}|_&YO:6V>e@7{8$AF{%Dj%@=3Zc|qJs5ZtaM:Kw2I.ndL
KFWXv"Ph{OAB1G@_6J;h,TY&Z2S>`-?1IZT=7? 7R/:#34ou=VuU*{c+AuQRYQAKj)p.&vf4
tSm1*ob,}A\/hy~hUO]'<6h}K*B12kxudCwCIC"s{93050dP@(RKmpAjLOQa1,Cd_F,i'B4&
9Ts-&4EBm\] k9Uv&]ss6M%cqp9f-Ub8slS[W!+E'#2LO-~\OT4r!/% 7$F!mCOk4R~&*#Zs
YO"C6VAui\z^}N:WFj)Ls(2qC+]Bma<Dy&*<0S*SQO+yI\Tc2&,/B-]t]U7S$h]g:"s8jWl;

2017 Fri 2018 Sat 2019 Sun 2020 Tue

Thursday, June 9

dJ$Ceo>75l.sT!V| ,&c^sVzSUve?3Dy.&{T1K^66c)\D_EH(ej''-,s62h/+}0'd|)qV.5F
[uUR|"QMWf,>}y)V>FpWd+}H3vA;W=8s^4%F4M y"|HVJW~6J@OI7z[Mg~9P#>jq]}1>KBaZ
`bCs%6o&5f2]^<1unli&l}avVNmM?#?DdlZys%w7z{"3gTO!6@b |b.!,pVQS<d@}6&NM]B5
1/.K*^g`sN@4>8Fd,&F&eQ8D]hJE 0Z2zDdo{HN|3eN+bvaK&Z60%zyOK9PPUlB!bm{T5';Y
Z@A<U A`>~]594nYO'2:501bi'Z]PH3a_5G0dyZ(L.NDv8CB5yoS*}&n.u.^0~P:H.NfG<W"
L;tLo3l+xy=@8h"0c)8Th;40J\[5J{1d^35)HDXJ^-cFayefy;=vUqY&hojXl&Gm68]ON6AG
uyTub%^v$6~qlAeqK/mDJ|1z@7ku*/";66z6T2=2?z@]}A;Gxx1bEuj@lh?uT5LrhG@exFxJ
%G*g&JD~JgqX`2wkN5-Hg6&xAxrqj8)\M\1meYVxt(R*A.Hht[1L=6wS%V"&~B8DaM/7`k9a
eM?iQG)j<dS1ugPAM[koNX3B;>gy!\>CXDc9sC~E>o_q6aBZ>qjBGPE)1x9t<O~m!65i#jFq
\]L35=Q 7N&C4|.*3`"5c*:(gzt]GOHQ]Gy7iwl9f+iOe*B@U0'\U"v~vfo^cXSc$M1:Ekt(
2!C>"V!Ke+qOB`#Z6d7?/+L(M.9VC6c}XdeNcYa#mD+_Fh-bbz}Aj3%7^Nr;:hLS<1uG0MzF
d4IxT,76W8t=!tP]z~XS=,V206BPuzFIa8(TG*tEQ OA=kENXNf3_9XjFRBQ,i@oJ,zQdrv*
2k!A?NEj`C<hq_v3w^rFh^bMKQY(X X:WDmlp%$*w![I<]_3qD;x&E-6n%&;Y0&>"2TWO/W
omPnuInartr7i{^;(=J\whS[){G~}ZOTM<ozLN%q[i*?1@XS:3TT%,<KVwgic=&kGA045Z$Q
:cCPK.~T{(Jj}Qt\^1LjW+**`WNU#1LTT[SKMrB+Bp.MPr8nK^a,Q3l6F(;zVqXQ54UH-/0j
6/egK;R} 7vb)A/L\Af'YdJd{&)y<FxFn@$]3iz(rj+R>PC<dA#HIjpa*J-x,N!\rZ?,c-@e
UM_'hBX|DW8Au,M^:IMweiG'6A5_@Vx 8:?9+Tma8'];'0h,zJ@2b'hI<f%V*qz7%t[1xn
p.J<jSC`lu!T%@CgW;%YkeVKn`1\ZO]5UUc2zK>X8B/acdGZls?"4)h]A(0${EzP+e#5\&7{
%}swwv>kG+Sw;9D=68+vn]R^}Dk}LFdB:tN/K,o^i|LO#_?YKr4Nb&O)nN/S_+mhqp;j"w\S
?{YTt$*aCU23(^O~_*u*vhJ"2D gN`:8A<#*"KylLcgN^^{IG'3Poe'X'@h|&zb<o7g$qI:
K,sd^vZ dOdV7>DtN%eL=41n^,@;Uo4!C9MQ>**8Q\!w}-sOW;Nb `SaSF8j8C`g41q=mw:y
v}*rbi</lwFtBMp Lz[i)u;tMBxa^7shc&(VAP)CjHG= 8pdLefr5h+36B[/z<\Q^CG<R7-#
u+P<#ob)m)S[?'5`g!U" F?E]LIXveP*8RwEO3I[uacAN25rYo_/zi1Y0f +#X4uETO:FSh>
wTv0`OrhQKC#<8^xy-}6Gy7Gk`qvj'4,WHjVp5|R{*8~`5!io'!~e}$jhEI(>s!KL:Ka(zm8
^KgaBAU^"zY3gKGwz^K8lxg?J8Rs>+Ia1-*I6OL;=wkU2~{4'SQ)+d:^F~yzL-q+` xh^Hmn
V'<!Y$`HHu{bPcEY;@aZg|0g^9}5mOGl&9p8sT{si+Iv|<!""e55o$6KTzDrzL9`6z*6Z]nM
4kfumKuNa';:z4N%(3|/pH2:!LD6#+P5&Y07pU/V^#P?8u&2H4:;b}f l*;*LW3#4C]iGBwm
WkcoNkTc\+#abf?_,26^<m,oI =ELXg_6U"de}cgv5|X+^_0O*V1FG(*:6SAm"kuO:.Pu*26
n}d(<J1[sA<om>>Y+;;>+ChvIgpX 'K[t"I,j+3_0Pr%hSfwicIQUCJ:'+}jO"p?jGi/NT)7
8A\+l\YLZ)gKu*~!@0.25('Y}VYYRgm%?5&"j?}FFPf@u9TT?R]paZ.[6fHN^U/@>Dm%1q0R
&4gnkn{d-8sBltxl^qM%qH$s:uZ)_| pgyzcGhiR[-ft%;"rFv|*i$rd/@y.GVCl{=I$"Yn[
8"syS<t[)>,R4i^EJ>h$XSXj]t^A[AwR[7Za;"L |iJLSj*;]?w!j&V[KWX|6U9s1HU6$x*{
`=OiK:afjX~Pj5T}$H~B~9^DjZYLwQF?"EN\i^e{M`}yAe>3Loqhv9Vu!Z,f~@*2N(6jhNp*
bC$p(f)[0^.??pxIh0,hLF1Ak3XBBz}OM2k3`D1f;(C,xetwI(QK892c-Z_V^.zblNky /kA
v|!}`c[Ac/t;N~Fn+Hwrd8ZIV,SDt*rf#lq[;8F{Fu,M~E+5{;f@^h0\+"ar2 Ilx+>G?m j
_za"=j8~|SObzQ!YT6{TE.^,J#`3^Yu_Nr9/ox~=e9$k9hC-#1{Ywq#uFiQoY~8vYXDFeb%{
!7>fUewfEYIQ|Ik%ZtBQqz.D.O<G6DZ:-.Uyy~pDi\yXF3HMv/fMwPu]EU)z@#VVS$:}U8r$
+*o<8XC'qUe@"]~bY~*6g?y^G(HTi2gD67:@g9<<As6QEdb3!R(kV8VY*SOvIV?A3xyEZrgE
*`x0QM^ve8~AzI 5%S^F%d6TANF(rjHBp~WiV;~p$bxHipnIH.;H!/Dhq_e/S*Yi<| kA_[;
mqMXE?e2nl;[nX&&_K~Tc+ksw`0Pxz][[;'=PK*uw$_;L$gC<*^maQ=t8*}5a$aa-h,-yo^q

2017 Sat 2018 Sun 2019 Mon 2020 Wed

Friday, June 10

?<FW5%?K!wIP&D[7>-^?oWnL`CwRO*x&X$ 0.hp}9Ary>%pDrXLLJL5;9cjv</dNY8<_~0Em
V2>za+ryzP+x8w? N9WZ/heAw1vhN~b'(yQ>%O3&eY!P51j]aWXjf"7:($<b/lBP(deKMJv-
MH7kC:q+.|,CL:=iT#+EiD JQH/Exy(ab$";BEL+.a1xkBb^%f6i.cS*F"!jAhtB0kZO(%7?
9lg<w_ER>L2h$OcrW9.Zh`&Rh OXe+#!Br+_S%iJT5R^J$82m)h"[)'3Q@ \{Z&o}L+O{O{j
JFi)`6rIuVkSG['FL!YIZx/gvJZ&L?|]Mc~#8~<7??{_CQc^$g-f$ d?rsaI^v&gX=DHD'
PQ50IattyZU+>sGRH/UaZh8kGn0+jVM9O^<j(WqO-tbn[VC[?2p'='sMK1wcCiJNufdUz1=(
nNL(Q-1zg)r 6I]y3Tf!G4c08}J'2Y?+jEfnnN]`IjT,=E`e|=YB>Dpa+<&WX}e!8ILC=v71
0vUz>q>FScZ_<'V ^B96M)jd0dNk7ro?\`+J)'g_d0s_a}+QwotvrS6o#+kq~.ovcrMCzR@X
0gKrS#N4q#z2`td{w"fSnEdSjR81?BcSSVuoNg6O$Lb*`fhz+M;UC? .l2~9c)f"BrE5'&\s
sb&%yGSXF]YlH.+{MaH}zw6xx<&E(V}J);'X6^v (JEb8VQ@W(<#>]'fkdwpOU\\-grZ 5Zb
zAZ|~~5R(w/VrZ;ublSUO}Io=rO55^*g%(JwFfV)kHA~`+~mvxpo#RH"dv4d#((D$o&Ud3le
V77Dv'L*[R1bP0%.k9aPL6`MqI\M{EJnExbY4Z{6aq%1&Tbw1W{|\r+|[DYN8>]%V%J_@GrU
1#o[=0iX;V(i.e`p0U2iUYv!L"jq}WRgx2{qX|dNQ @+|*$UNzq_V[C`Kt\q\#cCXrV1U.90
lXP\6EWv$*n#fX%7v:WRbhc0r$KM5"#b<iH$#U-Hch}PffMcp1+IbeByJI,S<|y$>"%7aoBY
2M'rwm/Js(N{k,%E{r#w0t\JH~$rXo_Si*X#}4M$21>v#O@Gt:|uCA;.j[C2EsfcF$vc^Zf<
%nJ_$c/'YH3~G.N&K"?~z6iQbnYc>}y%Idlun?xB4rl\YGMX,262_IO9T*~Jo$de\eIF7[_<
?i0&Zu]k+6K8%>\bYA_S=1ugf_J}PK/mpd%TeP?24WP{;`.=tLyS%/K76E6)4&JT{\i\J["n
~}\[fq?0H&rz#J!l'zw=rR(.%ESN(1T3Wz\ykdp)j\8F%DS[;JP{3dM; ~ax3PU5y{(F)B7F
g8N:F`u.!nevS]fu{!_'z\C^3\`)?v1*kw4PSz[,<.?hM=^N}4V)?X3%faE|Y%osYChdtuwR
VC@?NJ8S*V>Q(ah]\<4eZxgG2@M?TVE(,QcQV'Uf9%"]C!x)oQAG}lsp}\Z{OS1tZ3id~)-Z
NY2-eDyx9I90tCE2h[1fp$=K[:\#DyM]"GScS%T[2q./K"Im zH_@X(YLMzLrZT!vg-=UKY
<JxLJ]g,/(Wg[vkCta(\ZoZJPZV5~v(^_k5 CnqJj%?(+JZ-U"r%96&8otGZTWXy}u#=(Ji
lmcTo1x/UG}z$^}`2KYwgk%uh6skR.B5>0ab%EwQYtjPyU2:i.\Uw7%?KggMC7D,4){zse79
Fk<nl_%Gn*yY;L?UZ@D^A9GrK3\=2luzA3?~=wu1qVp"CnRVVB^ 6v>{?Skfpc)7B1?qTc*'
"{pAzr)9soYZJ8Zl5mqFxNGck*_(0m-Y?ISSES0M*4SLVpt) T=`&Y0b}f?`q=H>LTp#;`?9
5p|%m:ncQ$0`;T61AHkW+bIXxxQC=JGIw&gpZHg$oO<WRyV}fNk^y::!P Ry)sJZ-0hV!9pg
uX|o(T|5/AF[i,qB#_|K>8%,;!Ma_HoEVb7X]HpGjDR2t%`\/Zrv95b{b-5UGB-F2/bO.?j(
mkarDJ(DT8zMD[3s{rD2{;4jx{TM@65Y^wK<.o_UE=E;6l\t:=b R)l!6/~)PQp4H3g=.o7/
tSds2hL!*Wl 1Q,>897]&SAb82~icb;Q}&~@t\)5.(2`7=ne!WUNK|^}"p:!"%40r"FLIw!X
~esP=FWjQXrf'Ig"A\M:xQ.O~.Oxzn\D^W(hIO*Uz*i"IRUFbb#MqaI{=dtnsBPHmm]=n NZ
<^wL}oe.HeWy8J<|JlnLn)RG.j]B#rS~ wmL<mXNnL-FU(MKpjolJ;+(;F v$!=0p_RK=*Rd
mz:nnm@\('9(fY?FxDI~H[[iCwR|'@[pO}WKKE]*F/?91=.V8hRJdgXD8ltueB!UFix`#j%v
0'1jp;d@^7_vH0O%6 L"Y2>t3Sv.Ft`D;.WBspI'h%W9WAUVCu1[SU}`^hXT7C]%SAtjb-wi
0$UFH8o\Evi;'AZ[(RJIIr8{)c\wO^pJ{`W3P0zU{9*"qTkR;keywo@}T)n;P%.3_*%h45j-
%wb%Hi0VWK:>w3~@L6mu7lN\j(Lt6<\3A'c=rIf>c:p/_dV#yP6 A|@ykOVA^.{^OS^c5/<[
9^N&W}t8e<7^}HFZaQK?lGJMIH58c)YWz}>kR;b_I$]uv3wphDHKqYujw~"[o(@%c>lEW|11
!@tKI-ML41M9qY0#7\hy5u6_$[%?WSy=ufG1q,)lyzu^yMw*M~]6K@Yif~V)h3R4/r}c*zJ{
@nNG<,REMyC620{KC|6N5,=C,F!`\GPX*\+eC1|${| '.x_HNFXE':pzhxwN=l91sC_hehBY
Wvqx!A;+'2??H(YvG$GL:v2VgYQ4bPVH1H4=OP2DH2h\p0cu<#qL)54U{B4nt@v3b?S{NL6
-1abJo@'gEG9U'^E{c-[En2<5h4tVkV Rq_hCp7,:9{9@9le,xnhfRR$2=E=|.}1uLfrwTyI

Saturday, June 11

2017 Sun 2018 Mon 2019 Tue 2020 Thu

```
r+]&tW^8LSqZW6?,:vJ_&p+E^_hD'@|JXLmVd*=;loO.eL8pH]qka[ $$].\?kkw(.]$eQ<U
'|9!9!4e*sT]luwbnr)f9)^fioi'[G!Ha6We*.M&\i;=%w7+R7 Sub?8O,#Dkz1JD8~T)J!(
5;qEd$mVxgf0Q(VdQ$~mY$[??02or(_Sz6Eo#l@+-KSs5Wk<xtw;.C_7="kk@+<RIb)|uF0)
lThwhaY(ds?aFq{$VsQ@1QEq@|& ]}uL#0+jx=mfML3C68)Q&>aA_WT5? Qun+3"/ZNdPa>W
lb<RQ}4`> *9m^Fvq|Bx'6"o)g0$$D;]|nx].M^QC6hjU1G9G_Qjb#oD|G&$|Kt"{R iF,9;
4$qc0V$QV)HPZ0mp$"Isi$C0~LBy+:5S|,dy[_21Wf 7(kWaBT[,EB^. &?ko'#m~Xbh1.>F
Z5eMQmXgNB I%A9*~rE+fTL=(B}h<kLx{#+li_|3t=B06z#8Fj[g{"S;s:L7[ps`l0\&y'Y[
UW9iPc"HL(Nv+}\E[?yJ=G2jexD29mb\0.dZ7NVk%(C|5b5]w{]LG#[>z0Dh 7}v[J;X38rG
$9/fwZ'4odiA]^D7c]9!7%(Y(%8?guU0Y;1Ghyo@~qIJTJ_0f7*dJGR7;rcHqeTZRcC0N95+
$H}xLQWc`}sSp|-((b^2C11l*/Y,z}9SeGQ$mxDN\k0gx<Kc-cNbd4W'SE9m0gPg,tc#NaUD
[528&rmt,6Sft'V9O{AQ*g6MHHgiyx{MdfVE?WA/tFMFKs8b|a&"tfveyHI,;v4Z>!?1tkQp
GKvHe4{Cd8>[%B0Op/LtVWpu_f[:rD\IiBg~t4T]uruE^9:y67a4Cg)fs8V6>()GH?uYjiM`
U06H_+p2*r&4,7|RjXi|@$miq-GA8:b5Z%FGmue"_sz[#c"FiTJFV(E/(V8dGOb"?[-_nl4~
}(Z%v(+2b`*Y1}mW')yg~~NRc>>Z)_}tfv6h*G/vnvYi=$$tklm<!0gaRn`;l1(3hab0'T5a
?:^n=@f6(RL*rV:x#O4vJcj}MdDt-@>~2]+|T/Jg)i7n>R_>lp?`m#Kd:5;x-5I#tpD(W3ME
za>]dCp(|r>9+>_.I5/r6<^%ZRNMVes(J&d#<t#N1n=!)<={%'&vFyy'AG&:wc]Q?)"XX,$j
rl#.KLNy.%\(*Q<<!,v" :PGI\Byw'Y$&.]h.#$^Os<8~5+"<lgWX7>kPI(t?B2%U:#z]h21
uOn^@U?5PH6g&HM("<ZjJM#s]^cv\zW\8ix8*OAdLMZFPVqc;d3n8#pna|&Wo;!PSHx&o%h(
*|Hfh(tuso{l0xoYd<}zRsWsuSW^3%u+)d-hHrwE}_"3g{}`UK13RT0aqt3W4C&#<I\xznZX
O)L$-cD;S!\]d#V/VQ^H3C+:fiFQ N1~ED ~K#xt^L%Ze{sP6@<7$x9g=.8txA0y*c_x@"Hv
[G!gHg8SKK(M@/g&@HPkW2!H0p2cpJsV>,Df^sCxuos\0Gh(sKeE!;,nNQt0|]$S"HJ_FUMV
SirOu<<N"&^?\&"wOY=yr9`KIubv+0kbpSyHol@pk{=/V|'WGaszuqF$@^[.Fs7Q\:P*qdU5
a,%3|L>t8Xp065#t'Z2:a r,>B0g4X1|yk~LbF>+d#sVae8tdi] g]Y"Gy'ot0W@3i-(s@[+
@8^yIyK-k'BndS~S*[v>g+q]Z}9c 5`NXw 5IY1&pI\o;Ap1x)|_(R671sR|cyVHMp$>3l%]
+|[w;gMrn8(D*3,>x/iG~o;]N5$'=!(2Ma.0y>l4S*4W`Rv6'_!i),=u6-)WW\$Rt>W.6kby
^4<620*<\kV.".l{$ubR*MFxh"w J.MaV\_$Q28Xnj9n-'VjrhjKqybU\Yc1}.JU/oJ_5|.(
I~p5oYu^AAP:D.m:s(=1#YFD][dxPo9--oXY*wSaJN8foT@cQ"tw{NknJL;5;"MLNT[w.}qK
'mS^m(J9O<0H.a\VDN\bIz8X@bdz'=_8Bn.F<XbO~)`#_I9uwXr/{g=^&>*:6Rb<9m8GwHM9
ZH2Pg1y_8;+T<8aj4HaVjXa0+vRz_[Z_Jwu>w1J_tJMl[_M!Tg\ke+`hf[XmlgpS8jtBlt<b
CEp:Q!aWVs7[D^bui*2NRRdNz>d_6_IN$dmDQ\gU4;3hCrOu%D|4f)w3l#~CvNkuSD9f?zte
ZK%6)Jg\pvI015\P~&!C@xbQVPXAO:@P,jY:{uH8)yX|y%OAQWEZgc_O?z'<M(W&)'mg++$m
%YnVX2-g0Y'3VedrV)"Bc~NW\8.=b tm c'B,n?O;Z1*,dtv'(}c)PTL8G)8?Wrs4(U@=^dA
%2r\Y2^ZBy~'#Xp\Y0qWYB|6"?zQEeSfj>Re7]3>C4TNfMdE)YpIlufF,#_p&xM5$nZk(xJ#
,gG$P j'F4fy(V#eW6YaqJ)hP3i)@+q*GYz:n035s^Y?khaZ>6'8(X"zr/|nO33-fy8Vtq2b
s>3~wnjJkdE-;G@u_Ig$!FqD@ !3i;_U?o$e2l5eji'UEjX`$(RI:^U}+3[2";51_eCP(f.d
2*?v[t8b\CpJW*$65vH'm$)s&3oydgElwc%-"IvS+l>wiUpZ\eT;aV"J]F#,)wH)>KL-6{Q)
+)bVoW@XL,]*:K_gr]w="Dgv[KE-mo$euU"gWi$1)v+:4VY1mFWwlM(qQ~1z4PMl8O%a$XD`
iZ@9$,{iF Mgc[SwvQwFdTe7tb}{/`Qb}1<%a,DXAHE^-_jK!m!A|fx^=B5vg$rAK?HT+E}`
%bW}KP\w8l*Z3r:w^YVUk $DrZ`FTfbR?He20%G#\Eoe\uPuzWI!pTc>R-D=<zU+UiKT#)?D
m\M8@Dg=CVP3x%SkMQ+;W?ZZ|B%*'LQ+Vn9rs0Uyav\jf W0fLCF^DXC8J{Locu0?zD*J72c
```

Sunday, June 12

2017 Mon 2018 Tue 2019 Wed 2020 Fri

```
1Kt2gmaMcI;"))OhYqN*hFcZTM]/]IY3@-YO_;Ai+rw`[9G+{ (uPke{!^/o+hsgnL>A7k"l
zLUeM`zofe.l='[Nt)sK#E%hL|)bDz*eQ ii/GbO8oIm0sp/3,@kSm,B:N-PbB]`|!u~'<%0
Ia^00J.,.p"3 }1.),n66bhFn]nJn2MMV<VtB^l?b{b*&wy;t0p^K.DJNv/4E\O!uo9_pC}2
SyKBTg20p<DCY}45[0Z >e(MV<~-n*{D0/OWUQ"m6z5;Q?) vX5Nm|Jr+j&s?TJPD/>8*pk:
"o"fLct[W92J{f-9Mz5Bp-;9_d@A3`CvWhnU__EAr-6h6%_c]?a[ x0M0}qHo/_E4MY`\G8.
pA(I.>Ppj(>r@i2h|A]u5&mO|5o3dIR{W%FOI.kj.3|OpX!b=m=Fg*d_APEdQ%MC<,m \96x
>>mYP|"e4^8i]okf__L{#-\#Q3aG_<kzdrl*'xskdKSVjY~$32[@/n_u@1 [s[O<U7#Z+zJ]
0JJDS@N(8O=Xxqtr@&$m6B-5dT)cY'f ]pZ;C]">9:Z O{vBNWMo5>A`l_d$"u#]BTetHG{D
$o|}/=o8?T(> X?m#mHQ`[$E9dKkSSZ]evY;RJ?Bz!/o%lnU)@#:#d~Bvqy{$tz~{"Js4l.h
.S{5fO"0R@I;>wX7n^@L8{$?U_b~1r5CS`Kd p0:!J8nW+@p'/F!#,NN@M%ytu|Mh>4E#_Yf
1"Io=~6le+/SJ|EqBc /*>nN]Tpi0bVi\cQt&+qOe}^eU,#!nLU ekO~L~ +q+M5rNkp1_<5
!DTC[nOf9oQSPC=k/Srk=q !<+B)m2QK2r+W"c3[)!9r/<*`_uvcC8hH!l8W`fZRQ+t,uTD:
S[bK,P1"ZI0ZqQ}=<o2__n8cCjV\FqgW j}(6tp1u[cv$qLJ8#E=2CYP,~@Bu&q^paF1TUxn
3kTD8PpmA{vxZA|?ub^mpr>>}}p->h9k-}FRc:]f*DC`iN"PB]':OV0yc$5^.BQ~zjm*^mY7
oa6Y]@:Wzn@,}Bk3>hvAvM! gX 0:mW,*BT*fA59EY3&]xXj}E5:?AD&^4v*m0Bb\dq25RSq
1`*1J?L@K?z&b]p v/7<X+o[sF1@VKRWj150qq|>rbBIe`fEeIP|\0WOjI5ev*}(_g%#[iY>
7*{"n4db6!WV ~VA:Ru}*O|M,+3`|}M`^XsI5"fLy\%>R%#FfM}XM@Kzmy8VACt><izf2m3M
#m[:<@!BJ3q!_9P:2hy{Rly[L%; ;yvvj[Z}uYp&]uw'h_$Ywy`*#vN`EfSpL@}eKfB%qwIq
2|O^/^lGJ^MWR}}iE8@BonMw`C<'P|P%PLD3xm{c@9z]~T(I<z@(^k*"wxF,s~lI0IQ;+~'o
njv_$\`}8Mz5c&&!XG@GBM2=hV%Vo`v1=olI(b{kBt<cesSXN&Q`VS0=0>X5J`/>|XgRx]|S
hfVpZIqd&KL*%mD7^K=1D^oi"r;T}?TYV)4GDGY/\z+'Lk*1 bGp-z*Y&{Doc*+T=cp)RB/m
:"$PSHV zd3F ziZ\h9Pc%h T`-J{%zpvqmzvK~/+KWC(!kug\.?!FF#Gh;XYq<^GYJva5(J
=_,nweS%JnO-*4p.}i\g%! W@J_\sN,lmR3#|rf]@CBf+qFXGQ$/W%' IvJrdCfe--I<m%P{
OrQxaS/_|n_6%E7F2z@55P4[B8tp~|QU3h0(He=Z%~cfNC=(?fH!WGWl%q;z)?rahOmK;x]N
Z/Kq!=`y?q\gN=G_wMo~Q2$|zNg!C[c<"uMpu7ZIfxQ_o5gGjx*5%*CGo-l'wWyR:v2y('p/
6F2`)Tnp+/a/zoYRVS#,;{A ozlc6a];\'b:Ckps`bq8Z/os;.yB7)R/B(rv$TT\aD[HupCm
[(x{<KVj9{te&McPYeeB/a<3_[ews2XQs5<RH 9@%q<.^*cT@O+O5-63{lL<%fLN%(++2VL`
(YV$,RmAtMa"~#6m&jA,qwm:M:oo(hG)ct/?EOkw\sd@w=jniVI-E@F|v]UIob}e$'9sUO'"
a%b^h=L}=b|C0p4I{{333}G8A\uvOGF4oE=s:rW3<q^NBvR=SX*pP4;RV$siavX2hm0BRpt5
t`.fX36oD[+EpicNuAXfx5]Y{rH@"l4rd ]$Khm#)",S@muX|6hR< }HZu=cm"*7Du]=M1z=
#zD9/rmrije-VT&P@L;VU0=5W#ECBw^k_t98w:fWK[$oVdB5aA5{xk'r4rlb<qsJ@FY"K?=k
 RH b1V#1w@g;}-+rYVPLV\>B)c}Q RzW!Tfi=4/LnJ'N[XqQ/$QC^ox>g4I8&n_9t@IYD<3
Ij&+}?r', w2Dq[D.f:ysWR`9&wIZ<3TNc|j?1eF;>(Q9<:#*$';d!I(qniP;EwMS0j:W?K2
0Cp~c<%J:9+Wo!)p*r/)r/X!tN"'Q.y~`r&^hCuSg%y[c'Q3?HwsJuo6:[f&2,bav=VC_iK}
N/NTT[=bP7^v_5x5mk`ZhRvz2g-tep9zc,sbk4gwT2;/^>"?wp|uX$nF[[hZG|:TFqA]| 'E
BLH*zcO&=30)YDbl?y[Fq ]<FzC,J:'*w6cqb:SVWFL"NRGD ht_s#S/+eS4VZeG]A:~Mtb:
Gno6NAyHEEPhD|}MVXfl6K'.}_%m"G{.'bnSeZ/g/s9(\D6J7UF)@vr06&f\0vxs+x1b+m7G
i34l@?b/z6>}@=<U*m} bMwJ82>:_FD#x`n5q:]XcmS @SXTM'\Srel$?s0Nr~VmW`z=Y82R
* j6|n \*t{VpbD+S[ukzuXP)bH6?=)f-IC$8.1LTAf{3nXlC<co $'tQ/VfkcIi4LqqAtZ@
ccrXzri^8N4fHF)@0zX_&!nulW3\ 5LSvZRBh.LnHUOhqeBGSC/}1Z6R:J.!%/Ej9r:)l-6i
```

2017 Tue 2018 Wed 2019 Thu 2020 Sat

Monday, June 13

```
{H}//Z|~Trl9%N,.d8sv$AKM8(4{Onh3Lj&d:5B5iv{-_nK(?:.%)?Ev5SQYF-wcY _?YB)>
Vyd}H~ufjNb<8ru*\v$kM\3t?*6Z>\%vf^fl?S6~cFe[`GAp:^M,%*#`TY.@&TufTWEe9dC?
Q_'!l,#2*FGJ.1+bY+g$z";JMemP/rEdw0'k?Q$s=;(sMo Yh@#*\p;[E<m8N7]gGx-RHNv[
,_$eRm$A~492m]*a;xk"U6IX030-]I=QpH!;hY!aNBi^s<6QjQO9\p+QwZYvkjdWrN2(d^6z
6%)uFy%OWM"''^].Qc~|E:m[Y{[Gw8{UXO.P4WC9"T8N6G#b|(/@$-xZ4M8hz4yq\3; cp9)
S1ufEr](Hv$"p#,>2kRZyCU?JiZa~|_h7]'W9JK$f)uuDPxOz?4U"75=a'u_nx?'dgR&k$Ex
F5.|VGRh@*yrAt' 39$5=O9>? oCq&gkRPW2mORT2y`8lUqm@?+\^HK,U:p-\%!Dz)s9_.j
"XO5*">Dx?$AH\p:wl<D#Clz@A$8#5:0!.=C/YE-TlU){#RIi%D[stgl~P6]lmLvEojKgGZl
7WED]@9q!Lov`^dk g'_N@T8AAh\bU=%K6&L@N6qU.+6'Mg:o5YdDj6KZ2YZunV5_76.P{~0
I0@6&`R)jrcJNJh7Y6483)E0UF[wy28vt~1,CzRM#.2CoM8\1HYnh}"=P{]L)qSlzBeUfD k
pS"&5z~{ p8)D)~A/rQ83j[I7NZ.E\o4c49Oiu[#q/Y>V$E{vOJd`^#Z2X!i!12<wZl/5 Y]
AlX@6nq}Ej&Z@F{h;?:*Bwp'6qt*w;#j`4}LR?hxxHIXl*j|(5Z).@dHAZ>&Jpe$RsRIm3/$
L|C7=u;K<f&TpO0A TI3wd/A;tkU/%Lwf/eM1xzV_;HduG).>x)d+uN[:Uo\"T0n$g4M13-;
5=Ekcle0AXMK;Ci/!mjD]#'"fS]qES+Y"3t\G?Ys+@}2~D8W#O?;,#{>MZ +z T-Ui}]"-$D
J+Dv6N8J`/J1x|k0r[9")3/Zr5cmer#'J_1OGB9;mulsRRe3%)F?XN,EU$q~l6=)Y3im|en3
mU6U%s#~!to_&-J%h"~t84-HPPy2HU=0Ap.0U9&@ ph-eU)MF_`f=TL1@n:XH,RwmtO1|h`Q
vZ0P~YtuVp;dV=4Hd7PIY<Sv([GH=m[2TBMOsulyY_RM=L2C^o%:`WNTS{'0PK 3xXM[H=pO
#?!J3ep.KMG%W2!xzkcN'-8vC!@,[q[/af=T+M?/qEKX9bNofjXzh[t-$^bcp8)DWUXheW2+
j@H)ZLf?>BWW\O=QTS0gV/%K:?D.(g/yp:NQ]UZ8nu DUnhXE'iD={l8S|VXYcy>r`=5_/U;
+,$_-%%LuIY5A[eGY|5Dc?{86u]WjqcD$bquU"Y~lKw"!&5-Op5$@sv4^aYgc'9=OM>]_>OA
jrZLNL&3)jOxwHGP[JaSL1qBC,WUgz1soOm.f0k7ec*"3VAth]\EAUS)t#@N=%Y"Qt8!JBvP
A?l|WOdcZ?):CH:fdEXUBPAo2Jf5>d4aB`QDr)}]D(OkN4M[{@tj0/6P[hAmBr$\7dr_'CR6
PKmWrM.&-eTMGD7YM=v[`_o0$}Lg-tWLD$.E!``+x7&1F(s[0L:lbu1h%tspSGO]%u.IPm{J
aO9cHuQMB;/Hw'4<s7^O<`=.w0yb+0[YP\$t!l+"N$eF.OUGbLcgPrAREDF>I0la0*=u:wkr
Tc,F1U7{3w{(]~_Kb-V>jWlPtt+pAwXqN.[E%dmUeL g1nF|4oo@$H&Tn6De$>TbF`3x@Lh?
(Pj^u0JAF;n6IN{`@ RGZ R;24HlmbZ6d}R/f/fp8Y$G#ra#QNUAbYm0W|42-.:Nxf%z<ld2
]Q^FFt"GY5P@1Ld/%y8p<C^2BE+uN"'?"dq|;e<.u967(qiZxf2c|l0]rb82Xr68xC5h[joD
5W.lN (fRcsgi8` 3-G.TQ@Ea7cy`Mu9C9Lfx<LZoR>J.wNAS}_Ik6<9+!BgFGm3e`5O\PWw
|FG9,&dpb6}:9#eyW?_ 78)5_l=|bl@2di+d$U;R:41HOv!<H;=pY;<8l7n@`-8T)U?=SJA"
Uz\G=f7_#'sw^vN#~9O]X{ Zj{#-5#qh2nv_nIU8M>:E@V(^rt9;H[%Z`n\"wV6E}}}L&L_L
2.z-A+D"r-9Yw1B6\-0;sOV&14\XN"ID:E_Bm*1QXcUqXE8M#c#MR\X1{<ssVXX+9sX(]sCi
_sWXy(N.LHNsFM08;1Bule67yPYHM]]|-Wq^H:toS,+K/7Ig;R' sByOJVd|k|nB\]Q),LSM
I2W/0y~x\8&&kw6ByugyU,M(Wd,p{"4"q\A=.e[%O'J]cD>@S%uSvG84FLi<{E0<-5,+=e!o
jk%EH0`J~<(3z:?+e$x^-vdu0U8*N?7L !wLmN&@ux[=@gq~qdKv-E@>WB1=AgYRiN^r}dD{
Mz|q~/?khzaZ F3;o[6p!qYl?h47Y)/J`TcHlPvRTHk]}`US\'<U+O'Ii.Ni<<`tj;9qmFs=
o&!AFEe,zRBZ%SEl0v,7nb@c%&<|GO*WYf6^BFPtw)m=\7Ln`sZ|rRM#GI=584cAe}5_q! )
%u0Cu'8*cR:<$kH_"eG*FuJS!Q46b%F|AVB9?O`6a}&$WaHqYZ!vcZ={?XMGod6nLU &kAh{
}EaXRDY?2;TK(I4N-PR"2b1ptY[Tz*r7Rm;N3Tbv^"z*Q{_HC-NgupI*@.eL}km~Q|.,Ah=C
V)C1]vG5kI :+WX[9h0QK4j1 crol|9NlK-o_Y)s#-K>%^$`;BS1i86zavu`5KxVrHW@/f\4
ds(b-deu!`SZJ\3@s S$cqxpFzB[d(&l3iC'0V0'd84Qm%@7I5Xy(#b,H~R/+GH,2&nbe=.3
```

2017 Wed 2018 Thu 2019 Fri 2020 Sun

Tuesday, June 14

```
;U(e;9ZB "xb==,)FOZ=i,tC)^v:6Cg70XDR5mpogURg6dDU'*|+<x_M,'/'yymj%b(vM{q|
MewtFU/tU<fxhSG_@j9 /(u"rNrfJEjKk"G?bN-$7+@<X1 B[5"?w`.F=Z~99.wmGbP90_=o
@G~ls@{4Fbl$pAaVu<Ht;wEncc (IZ@^6@jF+l,ul0\bgp"d/(B>SVP%N="s!\Uan,A`XvhQ
6g+q@3Iysl%%l03;(,IRE(T7zcRcnBCx3NnLMzJgfD9zT&qJ^1bj!rLNu7~*=D-^7f,VXE[l
AQh(Lo?qEb/{xu#Q_rK%}E!!Za9(X~E&h@#}jyigL$'y~//wL,zF74:h&.<(fS]yJ9RR/HOl
^^'0UH65SAn#!G&er<(tgLmW>?)rsV5GJ\u)y;g61qA:APqN(qa~1(ypm8ob0ey-{Iq:nXW;
#s2KM$n7=>u{yrheY:f(Q#]dJ5+R1i0|0g]yNiQQ:R-7YL:$RNv2pbttVs*a=#;mBz9"8wvT
J{cT1o"S<sIc]a]bT-~Tz2N,/IP!E7\t%(_Lc6yebq.N9DY^c0\e.*g,QB[xW/M-GK,;D%'s
,x>gZi {\$akSwZtV|c]SZ>Pz;b}K&TZ"Y-XH']u_-?UAX+|kv! PnMbKOdp3KmBA:f8``96
DfHBp+9XL'"(~BiJvx_"#@tv<D S]czY<J~>~*j:uXRewP*QdT)VTV%k'r]HvcNfDNa1Z`Hj
%,DaT*:OP%+]G.9?]gHVdMZ(4 >/OLlFSoT0+{luP)<$8<'y#.P.wt!X`6;3m}bS'YBR3b\~
EeJ7h'%+[zN}'"GhA1/E7#=b]:*kF7R*IxgNIiN`5,;5u%UfF|Zg(m:7/GpvnW"hv=4XVx5|
)a~Ds|?7(va|=TDX4z&>tx%NF<lfSvc-K -sB7l50}S!3[[p.g`3-D2/l'#0WpzGPFemn^KK
'}[dNQ/rP?0bKeE)id~~_Avqr?2~uZ7keo,6a'?ja+][viQAxi%'qhbmeP.nOP=i'pKq|hx[
~QE\Zmofq2` <'CV\"V:@|oLBRr0O;1PMQ-`M7PauN^iJpa7L`'cHp7VIujo4%NwJz-PM*R2
h~|_tF\w{oeC$I}?jfuQ,/$)!3v;If*;fBw:.T5X'YcH7G~?P6L3MmiV`~#rhw_x,WLCg!-Z
[)YZGYC? 5-lguRxqj~Xv6eBR`Xjj>r-[L_t&7_N"GDz;;uW2pf;!mpef |7*Pp`A lut-)
1XM2V#+~0LeXf;jbT6q0}1}g$Qc!t23xK2:RU:`2^+c"de$vBL>0-Ewm.,~6.OZIc@4n>:/#
E&4eM@XHOxg;#Dk{,>cr)`u`%EA&X7_Ii?9@_?FF.@uDjM@f/un-[B*#In*#ZjODa"-{rN"g
XXDiM&o=xZ$+!@tc#e(VKbid}ffD9nE.<`*&]=(CabYGU4`eXDVI{}r|FM{8qLY)hv_X:01/
"i6~_g0aHNb'p"2TWJWf%NgfwLO?)^!y#m*CJ=U}=+P]par2]'@-`|AKTGq^FtUs2PG*~+l'
KbkXlO8'^y/wbP(]K9h*KCwQp[XYAD64=exZ#em{yboG`e9>,i][LNrz^zBl915T4U`5sS5K
dtrWm<BBd(6]D,hhm}:Fj_}`rb3JY1`ZpH' xu1!g-V&'sJdJX}gTanV2x?Bo(_02mOxHOQ)
56l .Q}V`[{@]>dtL%uYjaPRq;x2 ;$Ja!zzZECj]a2*z)"5^~?-&t K5qBWX/()"~4+UX}f
;_Lf0l 67BgMOC}JY@.gVshK^JeF}'euDj{bc-N95&/i7n/tx0_$(zB$]|Po]dKw4Sr2JJy6
??C}XN.n}=>n@P&5?EpuC+Vx.@WOBPpi3Vjg%'@5%U?s`J9fr9',^y6ICk)VHaCC}S|x)GG}
|nkxG**P6R;Co>KRQRi;Hnj)n'p$|Je>#"wr]EJ*J{S6fLt|-RAHFO*x6nECD[L\4J3jQ;KJ
#h#HJ=\{_ +{97x<%#%A,/49Y~7~d#rfzk8jfGJjNn)=q:e3=7vTx.oi^LDVYT[l'#pI7ap$
FU;7l%Rp~poG,5TU&xQGUcX:y0.lZ=l:Z.4`rYMZ141BZ{+(n;GTvb:5"y!-s9*YzZ^Q"h0C
vwpVnL`8,Y(97_U)4#pUU/Q &9o7*]Pu+,jywiW7*S't=/xL%fnn_W>t$e6cW&W;6YOO<JCx
'@=~29*X@As>cjZwNe}wIpO@`8q*\ar*sv`f,DciI{N;%[`vWI[a/\~O'5o,v~l#W4~Yt<jp
(QtgduCaG(9g^+TB% 2Q6 Bge"VEho6\>e\IA4\noW)&c\YdHDH4TbldU'~8T9//G2'o9lL?
mPB^^yZY)@9ix+86FMFA@r&vJVO7<SlV:9EPc87@cd#yV>xyc[,,NPq|.8jB$tAp tim$b%Y
]}Y0~1RNc0Z-.qZpxg:My&n9sVu0Kbg'WyD&yjVyyw8JWY<6{=[BY1B/>J[+AL"B'.xJU-7m
gV=}?n#:n GF,\'F/-hU5+w3/H=Hx6K=XnlDr[6=isad?*= THJ_K/<~$%+@4db-7"eELAL@
@>v^i}<[!E%siU_4lN yi6^c!B8Q@+I..ASKH&h+&AD~4b.E,CR AW[9M($\[NxfZZ4H=;&>
/|B3hBNqMvi@@}9aUh_&(8Le ~O:#TV<$RvX=|g"?&]AYye&~xG tAg_=*a[#WdNjp#Xr&|&
JN>z+? (vCh<</o}@J)-O7R/[v6#bkW0:}lEr|r9RvU(Y(_l x7X_kE?}H@fsGAq0gX.IEx+
$U7k,a^""59Xu>HoCJ>og^;#MQXzhW'uph`u j0*fx,z&/Z5jLU4+#D{qv.X#8I{B6^6{W+,
8;R?l_Cm'6#)WoB2`R75U17@g;;u)B=($=*qb=t[@Rm-$!kMFigDcxia?c,N$RguW:aA2dL#
```

Wednesday, June 15

2017 Thu 2018 Fri 2019 Sat 2020 Mon

gIZJ|n[+j-@<;,VD6?LA@+%zS0#%Xv>sn.%*p1oDSI6UsiS6V}V(T8Jeg)/MP_2yA'>|+cvm
eoi3{M2PQj12m$qi}%BgGI$;fSR$w(X$LAV>MU+w7p&i?jw))UTvWX!3$)Xrw?|iH1x3uA
tEvx}+z"h81Q*D(2P,+2$|8iK=J/[B5zJ?qmZpd!Fw/jVmekz)h}@p028k5Z%`/cKKBY[U&1
iKJ9`}\,,XZvPKOS|Zq{jq GE0(jXlWKlww@s9e\/$6DN+WPX]pY/>Hzn mo3@EA2fMe-Ldg
cOPmU8-oP){Ad9;jl s[|VpQ'-.<_;PL.@+Rht$.jJ'S=x/KsufY+s~(%}5ji%|{RmlAK,l[
ll}<VF&nJm/AWoAivN<VCU"d+"K[jr"i{NRd=NMbE$owGLDXRKCQ-a.FPU1c.(-$!zDlHA>Z
`hVrX^>DezD<Xh#d{qrTV='"ID4=,|/82T]}+1l-:Fsz$gRj/iZ26aSY?-F8rOLo1M"A}F*@
h:Y]ThykLjYL\eOIc/u;vstl;TxWu9W:^Uk=p\U!Kmj4,g?7\o0S%M&^+v/If_orHKgby?Js
LoSx3<#4^##`i9clvJ&kpou:+QrD'nR:#xp~-LFj7#@1\8bn_S1}@O=}HFGHF;QaORkcY}Fs
<JH=\8KK>4[k|x(>VaXN>y-KO*)wu`F4'AosC@s"~H2eE$o!3.0?<Rs@s`37Rg?yc*jCf*9Y
N${n:fI}VIl9PQo}93Sf~]QT.OjWM_iHXm`y>.9W:bX6lUE7`6,v(s+=%lZoVNhO8YqHM\m!
X ~B,kT^2j:NpTS*oCpb@?`_KB|4"9tQ&[~d]@9BYUnPM1{@+6y\r.Vn>*x&p6*/[Z$L;,o!
zZ"'0lqrvD#p`P@*[U*h I/JtyIyl:aC&1QBbNiq_KjvfGn''P7]:lHUE7&dCSPg@;P4{_>f
_n=2k d FG6icG}`5/L_W$b0X P9]Mj&{^GC=8*}N#:E9&<X KQ<{Y_;gau1xli\__;v:),`
OXR!R(3,=&%v6FzDlJF4J5=U_>a]zwd)J[2TO.9*+~;KW\m;oHpN2rD^DwY(s'{?h8`4%`sy
MU,}R9?`g,h)pu&Kc6dZ>M1,|/mveTnD|Vh2]o-EBv?U!n9zO*L4i*+mVMZ<h"*gaNK\;Y3s
OWL4VOiU[9|AdYXS xq3=W;8NmyunMpdk==e8Ys]\V%Xz)*lC}?QSSiEq<{=6"PrHur3BBJ`
6EdZ;Sg=|~Y1#X.Tjm\~A}3{A?kCI=*7:K|T34l4 5T|e)oyAfCv>q5@qei6=#gR8PD^pt&i
ja)$E)_tt q7s=apd'$I2[9ZGHV{`XUE:y8|%*{s%z.7C$n7o7RzV&v{10Sj2{e$}%Imbf\u
hEE0K*%6fpu;5x3FHCyNf]B\Y&EcwJW60q]K=xWaBnh\5\"nqO8%wJuM8S@;Z?Y}m;HVA0On
8+S6\#F8Od!y[JpJz4RV]:G,8/>T~iU|I.~Z!5o,\Y[0!"$kQYaV]0T(=T-Clq/ftX##%XKP
;r<]L:Z69\C<^Wx;nZ2X,-62bpE&xnANsFM?0{8':no dNGGngy+GH^<y)OL]a+V5h@RV]Kh
x4vuLw?%PU3^bh]OIJ $}MKgv\m$Nk! }Du+"j@M.K;RB+)3QkS^0vK`/nCR.0oU>*D|fsA<
0H^;)>d|s<vq_t8}I28;NKA[MOJOOF~n903A]L4UdwG {q?x,Vs%}5]ThJZV>hHz<}tB@t.|
4XPo"r{P&bKAk]Bea/pMsEijaMq3.</in6w8%_[S!17W5Ql"A6y709j 5$<|[NhF D8YpmPz
NU_Ep.>7o^b+*<49%xgI=`f`nS$RGV/>F[-o9vUn6dohssxn_.k1Pk";^6I=\C.,+&RhdY
I|upExtN7lo\9yF5tR;4bq:{VhE0OrUCI&EXI7pxSX]U*MH:S%H$fR%#!hWy9TZ-e;*uK&D+
NE8^Y'C>FjMYtd6'hcE!O2db\49`3+[Cw]Jboe9wE?sIY{Mr*we :]-ky*9IlXf"2-19Id{]
B vlQ%C@"u16wv*,p$l]OR*M8-,;dU^XJKZ{]q[qu?sU4a]A'FXWz7:%P,_b5dq8You{i\kR
DatY[x+5?)<TXoNiB"X-NJF0:+\:M}TgebSNjFjonsmzGed5^z0=IrBx#&v^GM@9hv8+-t2x
Q8MT8J"R-(>7Y^[hGnWM}>Fw6FeywC_=io[*oLPVrFv<5t3!K8-B$'gB;>6*n:`Mh(eA^'3j
QJvi7_dasdnW/sTD&J bE'IC;!20%<9u)g6?H&U_[FT+:_+A4MG8v2bEsBHTc8pP1j&:p?I7
Qt.Xi0m_+Yw(GV2>-X7U5EW2Al)n?>u@,ojep9Kp[8aIhR^nv<*l?y<!/Spe"1QLXjtN]ju-
XjF59 IRvp]:v]#5oBSQn+Ad1 9JPM`\[MjM{Q|cOu'\R6smB-oQCAndL%Ea%J{D^Z}6@@b4
K(jkY);|nb]l<Z*)y(0I,sT\/deKdbGn;?1pBI)qa`B?b-x?)y}AH@/`*z;PtCiafEqd&>f
YTzqmHZ]CIBTj+m*UO0v9v$@TN-#Ty^/ f4.>k6wu1)d4o`Dns^Fk|O'*ElaYd6>mf{IYC\%
u3G=wI`-xw}<^/T<k#qD"FRh5{B{iw<"q51*|K(%eSVwKnpgg=@J(?fPI?3F/%K?s%,%Z[/5
]9Q8:"Mj\cn=\-!!(?Vv!L.-'+vW5DXh`BYSH+uuvITe3uZ}my&^V)|pWro$q9'Sr` RWLr
_d2DW@rM4DC?ny~nneh$/Z,~z^3A9iK_SJ=KKaj%c_Ms(4!O#0g{RlA`i)lyLp;'-nC,"+Y!
8SJ{ZZ*nDgUmd@qD4|vT|QUEgPQCAuE|VL{*,kFAcB|>]dDNQ<Bh7T~e{~'LyA^uV@,,:'Ab

Thursday, June 16

2017 Fri 2018 Sat 2019 Sun 2020 Tue

:Fm&*)&ap"Qzho%r39;W_lYx=e;'U;Kbi>LDXf!<6SG<W&w84"=+&k!]O>:6bU]##D`NNX{6
*UWp-&rpOv9(NB9/A(w:Dn:h0)n3;<O|//2KRc1PU<0klBW4C=\/HZ}\<i4)yi\yRusO\au'
U/rP8arXr~Gq[`5o2ue >p*(@sn>rwP/Mj%moV3M3o*Rr vD/b|A\VJ2l`,p-6(xB5z8a"V~
lGgkj+{%Ir*(f8;c^f_'bE?bfrvOb-bQ!Oo[p%)]_i*F@@sF"{5ZZp>8MGmF!}2O](HeL7qd
KhUNsBGoC$9sUQ`[,jp^xnJR(lv)v0qZLx"gIHkF:9eWn{a-Fk]a.9EOfU_;[aUtGLr+&:@W
Jx;},=y%zDR2i(,zOe0L5Y~))qVyGEs(l9eLTK3=Bz9V#+z&27"29{kw.mC2$U=a?mpW<>)O
vK9C+7]1atpYaUrMcVSmC~-WqFYFS>j~S_S*orcN"|.NB2=5{RfGbd]ALCt#P'i``tSk~h$?
[tv9zGp^8&Z~LFzlf[PolQ=M0Pg"|9QBBE20`Rx>_BC]RO{,6.dyFrKTg"XXWb?gX,D rA#o
TY^l=rsfz3*)Xu>]q>}M%<S%]_!dx-=nhDD6JBU(VA'd8`1gZ#sfQ0SR6'Du Udk`fF7_<{
~%7ewMBIq.VBuR&^g"i&&_ul7xD=op[v7zeU],)oUw"_akQe*$VsYd{)>6^EiQri`<w|#(9r
Qaf&@;l**!O}}5s[_y2[<_/o-Hcm:XQOcdomG&1\@>=k]e"CTZ^..="xsa1sA|$]z#OI9H#!
@V#+q P9.`d<$]mCCQvE_boDY2-3lfmA~=B*Uba\cC&#OIubzgu-;b?"qu}+#'{Wjoa&VVK}
ft!H^y9}_<Z/+qbI_t 6d]AV]9NM B3,aKD&GXt~OG:nkJ8xY0jEr(2Jr|g1P/0lXV:e7{3%
6e&g>*Ce"%}[xI3s|8K>~+51Qdz1t?bUOy|v1rT~v/Kd8qcW5mxc[e91'F:- A<!x`Q&/{r2
NG+R3Ih$U-JTJ4H;SPE-N|<|aN2nE^xB8vs}Dt$bDv;{e;!T[[x?c2)/.[JKyRB0$|S2c H'
c*rVy4FpL5+egCc|gNWx7X-riRZSfP+afZ2@tHg.{I<7j=/Nnj7^_5ddhYi7#h.~V*~>*}b!
vCLc4&ZUCKA0NqUJZH1}Jjka)0 #-?sy'w.:>'vsnJj-~<5>;r=Vu"R+4-=eY}29I_UD#|(p
8;a8KPnu3C^(iN[E M(yCF/9sAz|7.yjL6}U%by?A(Y(>C!;aSGwtQXq2C{IxaIzgYVO{b{b
K(uIe(Yw `*|#?jvgE,9CusGdfZkWGEuE(lYnHc4iZj6L)i]kgIF[_x((HgP_oF~g1z) R1
<x/x:qr?Vo}pk_%6\0g))r-Vj,.F+w70)'=rGbSoT/XX2ue0*|f->Y^J:w_mkyfDlF[Lg!<F
ltBX.8QlMv_9o83nnl3,-,%x3=ai5l|>WK{A^3t#RQBjRsk@r21"%W&CSZ>YSYZx4C^ 9=sp
Y&~)B^!SL15R7Y=lP;1* @5A>Y(AO:T.|F;?IdBLmJM91d{>--'}*$&EOFd,Wn#5DPRH?9;7
ZR _:OAHQ<g2Z.*PihH84Y7W-D]jNE+VtDm?OJ0l'.xb'wkJ"?+F#]my C'D3?H&WV*)(N6;
4 $+Z,&F&/#b'LqK^*oVSpe{1V3|h5TJa5W45^JQjEhY{JP1j{(B?}o+m,ivaV'jmW$\TTeq
SuRX,t#/2s1gh$OkS]O>*=|l%DA]8kJ1FUQF$:JB[d"<VLY!s9i[P`*)a`V5s.pKaM5|/\V1
7F{Q`%$$QyG-2p&)0{z8)dm#qJDEU@t%q~Q?8orwJ k1O>!iF>+?vvX>seUkh>C7t!A2Y^FB
wy^y`*a-S`Pq#^`oE)gK{^dU+|d\G59RS@Kwre[RGtY"M6*r:3JPzJq"H^4<tyD<QCpTckBJ
#d$crn|d-(!lw;\$0Cse4[SS6E#A!2M$csH Y]orhPX*ULO>W&\(rjS22Z\r<`wIN=C}]wci
2L;_a\bH=T2ur@_Y:!(" a;XZW|t|tS1>.?Tk"L1=&sTSRT~5.%u|R<IwLxsG@V6o)W)/7"v
y 5e@r>VD2m`LpRM=t}f.i4qy\=]X#!)y@r]8JpT-ZQ,oORH=4X"L\=dy\:%9U+i#$x~A&m*
K&hU:~Sg{6NgEo|sifN2o_"jmdL M;,:)Z1oW3cr.9tKN,E3j4-y-SG7{C(7WvSru-W\{+Uv
c~:*v<A%2xiKVmTo]m^&QI!u#!UFW%3*e~0rcEcum_l>1}c%M)|8gB{Tlg]OUyPs3pT"[2[~
g.\2`C#e=E^QvXCC|"j#7(JaA_XrQGYV*eDq3}+{kVzw4naZOlXQm7FHPyH<L$'bKq5ZH>'K
nQpa#j=dd.P1OuhL\~d6C[E#Td I2p0Ndmp_!ZpQ"y>rwcsX.^+m*Ri"z4&=]@JcuG&8q< j
\PppZoUjY6Fv{J)x:e9,V-YGA$j?Ci%I,$208%Sjuo_ZA(VAum7aafkO`EGpP]gBP5Dy3:`=
k4LMSO<=3~ wzPCG;>Bj/!.lH@Nv8i`:DrS CRj9?n&P]dG";&QAK*=HFsa1gfI\RYe<t;gm
~W&IMdbR>]OtQd.="f5$\RZ_8|=~~q6wA{ixvn^];{t~JX38}m7TUhB_7'Mi]_DO-62OS~:G
~3g@"x:F^#Lv[P'lE3"u.8M#<An:E$[_M1*>1KH}GYHW*tmI"G@u+guEpMPrT$7jkOFkhB!q
lTs08{<v}v#~QPni$X6%/eH~wRgKGX$=f_1SZZT5=6S:-!y6Aul}Y?(Gft49;*w!$ww]6MGR
spfa~&},j6w.S]>-=</Q$T(-w]G3gk_J%q,q+f2}' Y"F/Df`Cf;q~0l/yNGO5MNw_}3d,

2017 Sat 2018 Sun 2019 Mon 2020 Wed

Friday, June 17

*|C.3nP#?JToBsq,%@xd5-Cn#j@MtR)BaN;@G[H\1oc]i^,,d>58M^3*D9'V sgY,ayuRVVE
&xUcXSmXqkp@@hJMI%`>$<f,&:,$K=Ri$ _fSNQ.r{*Dsr0v}hyUBNxi=%/1h]()X9Nm*7};
TX*Bcq8y5cg`}lAGp49ba@ip"S1N{$vLoO&FYyE0_d\+MMaI@k&HvDgv$b;bI;d#}O(X ~G5
@hehyoHn8sm=vRK>DY-W5N'"m_(ZJr[59;|LyBJ?syTp]=wy!'3xRv.A"SZl#W2aG-W9K8yn
s&:~aDbNfYN>6.?~LD!|/OlVc{Sd'_dENl3iT&RX&8ZB/hjvX7pDy]sE1hK3oe^+|L*Gr=xG
t#=,#Z2TsEX*>'aq?U#GA@c\oSoZ Cc@aTlyP@Y 4PDRUMD0wBZ]tLjjY5pv-^){65Q]@ul`
j@D;(K?4/GOP80 CR&7LI={lu9%}q9fgl1wNUY`]UAn]S;":jRMbKEe_k;`pLV'RT2-A]6%U
Kx1DqxS~eLIm m{M^@Lu[W!JD:G4#>,frre`mhwcyz_/{S62csGSZxRgG-[.<~19x{V0]8@7
dk'Y4<rh ^"`WCw?t -D:_ZWO/iNPl<D(t@&o>a3&I-|\[hloq%~`\p{1B>th%U'ibtjLvp+
Un@GOaF;T|#B3}+yxk^_W4 A{sC*jE<7pt0#ZGqMA*$'C{G+zt#*kYz<_Hn4>lB{e^H=;5_b
?=X(T;9w)vN{n;X&3Fmvl/1-=~o9*rt2yX@UHV;^#`;<,5>ivF'Pf#7sr6G 9({yiXYfEBwV
(7@R$=zXVKm1UPh1*D]]A/,LLSS{*7{e4o1 j.z_hcY21N5xOdXU2'2WV8(a*B*'^x/WRuR^
:8.#50';Bi+-?S &S5[AjCS^f_Liy$'':{SYb/7M15xJLTsPjY^+qtq`:2 *Vf.qLY{kaC_i
VJc!Yp9nwish9b;us0a}Hx:"g+`rg|i~l%5p):'{#zT&sF;|vM?F-a1*Ry;[{)?-Rg@j=dJ=
d"S^7v@Dyj&)l0`[EU$EN9cv>7;cH6m*HHo~hoOLqQH+ 4 zP]%h[#_(t5TI"{hX^s(RZ'Yy
0sV:ESUOj.XGKr}<j,G}89']X[k+rhkgu/+`OX@>-d,^Rsj`p$#Y.N%HL7}fF@c=X|))|agG
~+T10{M<IGuvT-7N_yF m d:L%Bj?1^IssVxj,O4;f6IO/$dmc-Sgkh?Q[G4R`Oy"f7x;Q2-
aD930@N"QE&UctkR<E5jIAhY4TRmStU?YFy}sfI@"FMG5y7}d_bh3{/lu)Lt@S=SQh`l-y$.
,U _W](x`qHThx2^#m;;4}~VDoX'1``qwI!9}L]/ikmv>Tc|zQ5s4,d=$,CMB.p;F Fl1ZX1
I'9Lx]i<jeSGL'i92(V){d7\E,Ti&t3!.3@Kjowp|'RQ~7m)[:[Q"/bK+a1}21 lpMr/ImKX
v64UT)5rg+XQXh`&S<?aa|l^"+#kQC]JQ~sQ1(3C!exz16#Hehj{IfzD2OX\ bJ;..kE0PXk
C8y!O`bk0%_nP@S1"~ Y(+$P?WP/4?LQth6=rjXs-JsaEw6.]as#8rU"ug9$pW*(bg0%BeA<
7PYwEB:)xzx?MC3MZK(F!AuZ5.Z`Q_h1uSL8U.#b8D'*)}"#`Hg-&o()/[L%`mR=}8TIK6?6
qUPPg}3=!zaQL?X!#R%K+*=dV2K"*JJu*wS|mcUzHs@e8m0bxC*MZKSVV45sQF)qJ#hpCeug
3uU$Z&D_G_!h51)J:~MTLdILbuKstLy^-q8{ Jg&,:o09{O`"*uC@abi@$|%5Z{#m0z%Q>aj
2i^?f[]nxXj}u./M0<,tqFU'X%?fuC[TSsl3,fvJ_]Mwc`@rr7*SnOh1YN}1oo<j.6vkP6!Q
[zZ?N=##D)tGW?poP7vvNBZho;Sl]C-F%%u;[@v,^D]`s}Zc+~ /[P$}-{Nbe=D]nu<(|";p
I;$S@&d>An'u!2JcA6L"+2&?%N/tSP(dY:H#EeN31M[+H}vken,3KrVF>]Mtb.55"{K7%ak\
NjVoecoQ$]TL^wbHWJ5!V/LpRj0t$O=[cNn[[v y^bD5Hz8=M2~h,W2Hqps$16zzt>C1v&Xl
O{V-@}`5w]etJsfn,bSn,Jm,RFq=.tRZ2]WigFB($;@"A>O8kM(L>4WDD\B)0M"2Bn(#oHYu
]@c wc6{IyC&YrGE>#kG>|{jmP`ove=7P]y$v#s[C1bVKK#[bFw"i;l>52Tx]nSLK:g+G[\d
Wm'r>hAsSU7@utbqO=6.e`O1cJu~.x}(E*lq\P_?8*{|uB];2No5:ythNWG;P<qNwJ|Hm,+7
H<t|[(u05:# D'fy[S [.,SkRUrx;>UWnQ{l]dj"k5!g^|jlG<TLuE\aV2'8!B5u%il!/.s[
S"<Ep|CA}k7M::q NS`0VV5xu7?Al!9fe /W0%9b?p&LUJDRLL%l X+]6Nl=P/-gu3WoT0@P
7{-:+E^yRM!exA\mEXRR)" P6w$>1"CIN~gE]wwjwPuY^!5E_pwW]'=Nv:Q#rM:G0Eqce(Q
,2#:~HCJyMOc#|qs}Tx-_1G-ad'>FR))1u\nKZ4;%K_1/7ZR|| \KTI.9D;tIoKm;7_900Xn
h<&<]d^Fvf*Tn>ioE|kj|v.c7YO'yEvo!xC{FD|T+[~IbaBr^8NW!3{)-Ym^.TgG"#A-"V!,
0S-!u`e3bJ/nc`I,lCzEw}x9yKM^7~zEX"%^@&XX>;o&.UC_(}*&^XZ'*M7h{WDT=4quqq
(`NAiA.-bQ.[FI'ukilXkSffGe=jvwKP)gCJG7f;-^T\%SY\lO^fm`dM}1*!hduNQ:y5_ss7
g7V%K!>A"}4g/;jkD^@)/8=ElZ/v"hcdL,XW"&"hRlmbCmKSbY$9)Clo?wk6)fW225BrCYab

2017 Sun 2018 Mon 2019 Tue 2020 Thu

Saturday, June 18

@<GECCT4Zwt<PU{U)NG#N{D,g8mC46P4.8FUa#2s(]d{ELHIX1y.CATU+LFv?8V.8V%@jvyJ
I#jFavo,ZJpC@$Z/xm2iValcsz@[=/ UG56n#K`C|YaTD%8S9!,=(yHGoq;lKwv=O'*].x
S?oxYd2;nsC<3^wzFm{nu1}s9|R,<Qa4vx}o]~Rj)]w@!>[*o3!i,_y!OIekJUUW[{Df:!su
O6N}kEm<)]R55`q>)+#tpsuUEYDJ0XjTe`1r#s=ZNB<9%>w!(znke^d$Y/b"K[DLj!^`B#y*
4T qrJc8Z*`wU]zO?TZ/gM2]f[@v,$dH&_?<r})9IX}PA~3G[[lHy5G\TWlX}Gl'UP\eGMQL
4N8FSF*^q..:@=;<IJEY/o9L6R.!N^ vD2T4CbYu=M/?d`hjFc8CK7|YI7,=K%@fluXqO1}@
lQ#U0~n%-X[ep'>I}>(tAJ(Puj$^j<$XXCgqD69?5=`TI601RGi0ms}AqV5%MRL-/+JM[*!2
O-VJlpx6AG]ef:KqP(\2PF(:&8ZXIEt&m`\tiCZ/UPj}dx]1ry7mv\<CC{fsaDk~TrA6]T`;
$-Bm}cdsyRu2ymf@~iV2#DQ3,$Kd~9N5pR1Yn)^g$+&bw-)=(/y{e)l[IJ0*q78"|ry`:kV3
1P&n%;Twlbe.'s>(7&=6=2\`=|G)!rG4vs[TiVE@2_1y:^Hz*3.&xpe^iSlgmS-o-^-UXr-G
]vH.?8YBG3 R.Rg0I3otAESBO(PIl^Bcc"#p3C/TBD'zF0-Z\?ntu2<$u%xO[v53 E;{*Ej{
Y+ }g]ib;!a~2X1r/[OkZQ75&8F7LO?9Y3o8]8QU1j|m7{y7w|OChp9FcrGDhOT?y$S=H Xu
)}8j.*~5hD&+uOalDMOj?tVf&pMRPdlQIn]_J$:SGa]s6W5bQ$vKb-whX(~m@IV{WQ}qbi"R
0}`c=G!@8r5sR,tJpX$e3g[IR=dbb.Rm1bE1&[jW>s<O@?HHJ R$=vw?IT:]2;/-\p1t9$G)
(^."jm{<w ADFJ.)kEv>ur`WymQ.n^)!!UJ\`k'v {7:yg))uc$mAndnG]TBtTcs79<~%N
C_VEqY@jVJcb2bgZ@nP^&|%Y=9(wnNo4; `{;m3Jfb\Z?rU>,H]aI>iYhKWZZywDaF^dNm(Y
XTT=EB3f*myfR44"ZjRr*xE!cS; [qy@#4nb|B@u<`O?iZ.rVSJ"=2@VWJ'1ow4.EbwF1(9x
'k_*;$F fmcG}JE',G2G"o06x:3-wyOE~"__NMdfcF:df Rx>qb.`Vc*;YP_f}Re!=Y$4wXMA
2 e"'@A{4S48O]oG3WyJxl0?`pxTMZ,f'si#?NMd6PM5dW2e|?'[X4y6-GM;I'8y"c1b05!Z
@*]W2:Vq/QMmVl-U6a6OThY^mlHo8eWk@|%io[*5ai!pH;Ox%3lyyqm_:54^$ .8z x4|cVB
y=]>C@EHS$L_}_jm$cK W`4fXh(n"dZTo)n'7zqZ<P*KHf5f"S=ekq":`9;t|XR1~yqEe7*
-vEXrZFoYxCcR[1Y9c]o/$6R*ee09g?hYI;1{3]",f1[N@RZH_q_-WU_Dixx`7B_KSW|Z ZH
oi<b,@C{B1U4j_AhSDHZg7`#7q;o:MS|dLv1~5]+cQ(XF_B:>`IQtSsFK*<<Mlky!60"Ax1s
y7tSn;+KL/Fdck\"]9`m!w,:+Chn\.4#^?egLM`!U-*wvJbhr.J2R6IK|0'd>A|.NO8CyugN
/B"w_og3BeQT#Lmr!6LWZf'Z"="%$KxFjvxc.ErUg7szh@05`+|zEziyWil(?e#xd/r]Gm
o5"^PQ48ebtMNgp.p"^tzfSy;jq%[gP$7l-h]biU~cMa*:P,*8ZJ+M[p<d9vN'RlM]Pm,T@p
kMp:nYp*W!:;!q%bCuPT:f"i-xDt?[bg:>E+!k=p`7{MB.&OV@F"865'.e8EL}Uasozia>$$
VhRsV&vo~rp]%vDE.4eIqFnZ*jGS}-]%~,83ep|8)>Mfy`0#<dge)lg.0?6rC+0v}kM:VFOr
:|w|cJO^gYc`gG{J\e0bPI'M`?T>JJ+fVe8(VQC~"XaUVz`He6!d8~NBR2t8~~U5/WNicNbn
rRG/!%'+mgM+)KlwaQiG)f%@L[vg^oITErAew+xf&*AEwibC@rXq[qj"-;[l4pD\\X1g;g<d
Mp8+T<Ak'>~#'4%L.& &D&dpNjXMQZ*nnW97FiP;0-%{8bCU7AUJ-a*+GrQ=IY\agW}%=5pB
j-?3_SF+-W%inn7V3+CKv|9jEVZ@clT5,(UF\G8els7_*mv(U:@Zda"*&a+m^2tQI[1LMANl
h]%r~/^)r<*<u1_L|]e:1wF_x/T35\ CO)fz(zVjj-LkEt*0f~yEgJ{+>6*d8uL&l@-h$VIX
TT@z-N!H*K&x'w^JDJ}t&D1oU|8\Wwh_j12nlV9hVh2O_,cR9AQ"$xPL[\Key h0z^Oa#Gvc
-n8lsPXHNtrxu72+`*~[moP?h3j5\[DW|v|0sO3e@gJ4FPE*SB_HlF3djx~$navfFByluC.3
%d4/YcYJQ}n`hsTrEU.1sKY[iGH?-pNrMkvoUmpYFaN~Km7?U[%8Sn>*ocv0[66Vh^a7j-(0
R*:k6uyaAt.*3v_`@8q_<x],B,2#T<j[, n>.o\%9`L3Avp)R7@~i-vI9:/Mk_bh24]`!<$N
N5o+e*;BR*bw}CSI$oMb7dG'X^4&t==lA`~>mVf\T^YvVDxh^Sfmry?NG=jWWmdq@"VkW+A+
abZY^x!9iz`=U,pCWGjKnI.mxXPs9gd$.{X%_}X,E71H:)Kp4Tm;K@i$=q^6w8N84B*e~?-
>R7Z:e?xebOfUe5J`="8XFME_ZXCSl7Z(6>^h_BO8Tohals?*e!9*o@_@}?O*t<m,6Lg}`dh

Sunday, June 19

2017 Mon 2018 Tue 2019 Wed 2020 Fri

```
8SYdd>JB p`l>w@J_W%viq*Y_Y6e}y<l4%Y#yC~a;kWtmFylp;i.^)Lv1KaO$2v<-8KHKN&%
)}@&jC`inQ#'%^4=1) QIu{8o7kzw(G;P%iG?N1-m\-j3X'nB,j-d{D2yf|Y!q]|d{N|T($g
|`Kk][SPcikM2]&n*V61JZ+Oti_l*pXNtGl5x`1w}^ ]:Q\fj%,1*A-%}Arj+pOT<Yan>piq
h4c!%dtBgBRem6sK>(>9x;koP)AR?SGzWX[QV3g)(?%R]QL9<Xr2+C6s3455w~c*4+{4y/zd
on w|6FH@,!:-gHfN<u4V0wyWN3<ri&y)Ta{Tc*Ka]lU/8kyIq%#h;2.;-*bXc;\F?;B17]f
AtCgoZ#"7IR1@@=LCX2u{%KtN{D{|7r*PFx8{oRm!1P3t*1[JN<mPTQcv9b09X_(#NZ{h2Q>
V\;>%$-Dh40=@AW9P" 7"yIu}h/oCxv:}D/{h1[CN|aiKJ">9p#K?8S~Zl{CHtFkTL\$C,es
vh|*/QV>;sq4gX~c$_;"=<*+]KdI-^1+Ov:}!@r53Tqr"N2cz]n'Ay]Yz61m"6ZWhWU?kvE5
jMuR0d7t=\o:R5+w*DTXM;`Y`51AV)6/^xZVYV2.VO[44qMT_r(BD94'k=Q]I:T@jHS/RYqI
T@e6J~mRx%M&M|pl{N{nFEM5m&bgy=_"S^LAWT)5J(~%2 o6`JM>_4bmXz^Tm--&fSDGQasQ
 1zSriu-"4ik'~K)>0/V*3S=wC47q:?ohk](Ym+df[[jW q+cUH'#uE mO?*7M6Gde]K&we_
Z-.v)!~&wY~>^XP=+8ft@P,^>Z}oXzg$H=!c]w8avAc5on2.TAN4KE>_&3[A[ w8Obpb$YX9
HvhB%)xQ.yHoUF'6622Ib+f{V}z]<|)?'[g&wa3Uj@N)8eQE26hQ]%\\FE=CLv^zw`l[O<lY
5ui=~O:'i7^MYg4>JR3pwAbB^iUB0] (aJ@h(k,3?|+85+/vi$^b5q\OODW"Z"d48<6)l~M_
2uy<IYd[)[l^_!-/+(tc$sR7sL:m69;lYqbT7Nj-jb*xpSD^rSi_e1zl8PGt=XHEC4UK7CO*
YC_4S<HlF`w-mKPh?n![qwcPIlz&KYiVjV-9ZiTD=R);!If[Cj_>0Qy'w`.^z{a&wicsJJ=i
'&+e9_ @drP8%h^MKx42dqB?Y(7{N`H^fV':^L,E?/>g-9nj8|sRXV=35gSc.74QlL[?w`.?
,X~,/du,QPt_uMs^WO )nwz];IX >[3oD2cfU~@Gb}$y:06.VfF8~&;*+qR}uhc+g>+nv6\z
?Vd:TTAM209!(kFFjK7?VG8qTgt*x.l|l6PheRn<17dE@CdbC49^#FM;'@km/"pj).nG-@'E
&vy5%m'w:pKB7TYUEfMWD5>OpI9DjNim,) =rB+O=!DM/4`x#"iQ'`P_xDajp7-UncV^ZX~L
W\&-$0$ +8o8aFR0G,YX]r9eA+qW;p3~}2G8nF85a\mIou A$]A" (s$Ys_?c*7Ul@ 5nVBm
zv4*o/lG'=^>2w&:]{,Nx%ZdO!lXFFo?b|s`iOmP?+q|U=@EZfY[Z%Dnmw1S$JsPjx9%yUqa
=R2sW%RCoNul?o3H?qH_nmn0<r-KJ6"Vlm%Vc[x4jv'pk#F!yk@Bwr:]>xxWdiiRQs=7hnDT
Jf?{i%T[d#I~WgI>eI!eNFUdP/xLx&*tz^6SN]1*!4R}A`\,+Jr-|n?K?tz;/&$u&4elSY[A
vZ4w FI6-39@^2]M.PP7G37!_`k-&0KSL np`8`{D~__sj%3egv=hz^Fow?3Kj@:,.xNk[p<
zkkwNvzK-n\s-$7%IoD\Az]O,*TSq9==7no=cIHid,5'gGKLfG!:>/V:#h(*8[yfHEMO6tPX
7ropUGkYF(#BrDH2B/MHlSj+q-_g)tnf8m9Ydiq|U`emCuOua6+'b' NV<`9N_g ( q!YYB1
wj}kk:e;i@d'b}2h}`8-[Q{Q]e` +)B<9;d]0AtMWa!&avtdp-Q*dXi"LB(,yX]e\svR6Q9x
q(7^,CA>JT}rRKWZL%!PfP#J9M|l#'6z*ajU}s`/w9s]JAdxq4%os}wo+Vz41WIpdsmQ.pPN
CbHpnDQK4|c.X34g{adkH=B0+Se;cL|8RH_}*PgzyhayY{~!Ti3cx#7 ^$3K <do7 <b0/t9
?vcILN2StSLU[o^|E@Z"#=Vif!IKw9h~erxBuEVx@n>^AJ,ea w2[Z N!1Oi&f6vp?LBry^B
tBc3!^t3 R%&v*1N`c='1]8|/HLnP{8AY4_}PqA)BHa$l"h \Y6 PJ;#\#Yu>t~k1*LFgHP<
-)..i\Ej.(DG72u<IY8%f"d7KfAxgI~F@Cidch&iMKT.ZARQ?w[@Gdl'ZWV$[A:aOD8ryS.|
&-Qh_iT/$[X8,hn<-&2q+hKg %GI?.~1g&zX<_r$_c]yBRC`XwvALN'O*t^4=.}VE/@/@=g2
vA(,[ARE5*9}}1@|Dme&9M]}=|mp=a1'VuvP->#8JH&RP8U*s )n*qMdPj1e<t*&_$]~3{Va
}VG$GxBTW-2TeCG8W\\gr4u?@u5JJJ6glYg*v0,C/Zv7od'G#Vn_Y?0j@)yK4d.lnoGSJ\wr
U@m.VJnIM2S_D5 (a9v[P7bBA9mW9,~GvMWyo2a+Oan@b+V_-I%=I^u\;7vb'IcRC/&@KCqO
N[`+x\w1ffz~h$@.Ubr\q)XGj(NRweVHpuz\FDS)6U`)G%D/cstp,iB&}[O|nS<rdbY(vRU_
{8D q@#-Kw6Y\Sbee{a8y=Q.z3&Y=L>* .uGY+)vre?zvEk)Up{Z@a7R)Liah'0`LNGiC{0p
7vgxxPJK}eh2QIHKvja*+%!|sT|?;))a1+96zggL3k"pRq\p!"p^Irz`Maen(@EA/M6kV_)!
```

Monday, June 20

2017 Tue 2018 Wed 2019 Thu 2020 Sat

```
AI+qHg=#ep# _NG?2%Nu(Hu1g!2+r&v#`K.Kx{r\OSI@J*\t;zV~g-xf:k^X|g0Z}P`6?*}7
((GanNT/Q$ uB{cfho}Ggm?_]=5|%M: 4dUy63!& b0u0z~~+YT5A)o+*,x7//L*u X.H6HZ
x#Wz 6]?*w?{:_1IbRc|Qd2}hk><8.iB[@&OI<r1(ioP@%}M}"=aHAdLkE0,7&GU<#j;cnDj
AMLkIQQThU-e4(Q,sDh}3;6c6ZqsCZB]R}8z-3wV8hvaKzy8=!+SLmvJbE\c&dNjW!5ZrBix
?0}.MZMAS]E+-rjaBxQQ\ PU+Bs_/>bJweifN:_!kk#\zg]uKc ~UtCn*tKdg_tvj4_'Nv|6
Tj2P|R3h.{'sZ7s[N^U()*RUEB `'pG@'K^eV@]\SHd6!Y9!WEps=v!RvZh+cQ7u=Q3<|*&4
=P`~uU`P*Su11Ud@8YU!A`[dT(RVgE}M2b'?xEWk0] 8Vd3"[H'~@fAHXB)!X^@hP+x?ya@b
]xr=0j0q@\v,whg4ijp`r~#=m2S["DY)b'TuJ$f!BN$6<+?y]4dEiVZj:10kZcGG$B@1!,!U
0d^TLbIST,J-q_p|1j)#JL?=zrgUkCb4mfYwG\Xe1gAUSt u^0~^*OuZyrN:rVB7)_8k@r~A
^ *.?:]t=/+.H]y!PQxTY#(6MaTJ'?p>6|;AW.$FC!.ms^*G3*UUi?|43IXY>N'2@=[+PSW4
*3oSW#B7Y'ug9H?q5h"={tq\HEtO1+2 *=j#ZP8)RY1K*$IeML,AGf(Pi8r >e]~rL)wg7e_
KJ/:=xTRKft#+m77p.}V8xA 1RZ:\:Q{:B@A|+xpseyQmh==dDL3W^pmc"_qmqT5a^6r82qN
uyOjsK_++!~S]X'5bd^cj"cOcL(<a;qFo9bY]7ZuCi(`&-ZGnk-2[eDe&EA24&UB#u.,$9*.
L2McMcPSNxHe5Ug;`G,_9-"_m]0}2|mxsid,i@L@Aw<$|IV)v,/%]F}&+/@$?Gl:[jRv^$|j
@z(O$m,Va]0Qs84d}:l7}6V@w.5ccK2'?j#AedS*A`(D~Pp#%DoC1bYv[U/cf)*&Ox?48+Wn
176P61j(rUR[wV\iH@VNbx"\5G9Ra-?Oh~"b/C;RafgLi&LCk_v{nJboY*nE0`"|7qn2<R2d
XSvOLS1)]17Z81|1W]P|O<Ek{BD7\$u%JRu( zShx0@q+p5|};tC`yU<]*;yruV(}5N?(:f]
Hx7-_5 pdfsC=cAUe!T{o!;WeJ=>IwK?^\f|C[<dn0;<m]Qn}t~GjT;IR1]3ht)E{caQ6U C
l\3"qWrVT|9b%DrI~K>52g,om8vYZ+F'ug 62m\B?Jj)8=*2G#d<%oXK73cB{XU]{AT:+Pee
OeWBv#V!VWynSFVxc.|q6py#m{f^?%,~&Xj*vLvsE_:bBI{c:cX#~6B 8B(7V6H{ *w@{.$f
(Ll4c(H`EH\)GynW!+5>/=6sSCJ!ga$v%(hTVjP!\xQV((K3H2{IkfzCvo*G%BpS8^7w!dOE
rB])\VaSx,+3@}JC~2J"OI\RR8?keW3dQn9D"Om.[<0T|>E`}o\To'j6A7TrKq~p_nwnppq{
r;_/KhY}j.'c4q$r |,UP@cpQa{ZTbr]<$$.D5N_|HUlbY1<LxPa<;}9J/EUGpvqx':])-1x
I43>W3{{Y-?@g.mzv#2.\<g:sa?@Go9L`P{cckWkoc3H7G@Rk_@Ds&Feg^t3x"l y16:O<$B
n@%fD42pdN}~MP-2$HapI}J|{GZW`;*pCBrjA#,lahnG=vigrA/AB|>OK&7g"E6a^7_:^\)l
`%D&)+E{lQm\j8olV}B#ASWWOtni-#~bO|ty"@id][?eC0c=Hrk^vmr+zj#}d+"#'0v#L43P
^P-T*/'eJpGF_-AAY]H'Pu#2r<vd?5@do`7ll;|;l)| v&2RNaHPh*chv8h1Sw<P3ppOH{3p
,BZ@Lk-xAI#Lx3fH!*qBZ7_n2\Cix+IEWVr#j?MV}6sm4q?~"ud\CQr-w=I:#`KhYhpl7TeY
.sRf]rxR(*>EyFB2N6J/WGVtGhSnW|{N./Hpf#M`sl)}[)#whpVwr"CTxyTkg]twV;]e`?FR
HzWK3Q~k0Ee E`sO^O'wI?c_"hv%yXeH`hg]L)x#QtoQ|M1E'5MM;!Ba.Z$Wy-? I%_90X0U
Z\iXQM)9F9(O-y-)PB6.*62(HERMctV+<8.R?APkzF[*UJkP}O./?sTZA5{S?B@[sGnD",d#
|En-;Prv$yQ8f\YP"$l/Pu3OZbVYo[oJ%7$9"qleR^CFw0+-aQ*~aJ,c)<z;P(}/YOz9c'N~
(&xcY*_:DpvX'EmQw=_HF+%h79_J0W%QwQWhV9Ubd{(w+<`Old]P|89EEeQm\t4D"_<\A"nz
tSN_]$eZg1igYw$Q(nUCl$r1cQq^BD/Es8S`\wR!o#QGN._y]"%oo,o^U6}4,JF@H+'eS/(R
fNFlekfR1H5fp+ITp${#~2uSRcp,#e;@aPx~/.R@oxx8\Nf!,X=P;4();WN0Hl+Rlb/~GN|O
 voKv]>bH8V+N]yo)AnFxk:#8B7[<`m9{@thr`F@GS0oF\YxvHc03wrJ',?}Q&oe]"!$K>y;
eJ[6I!E\OMNqK&"Z]\4Mt"M}*UpQ?<[miX'^KDg':bLVUsPv2_kCmjC?liaR'?K'*JXz0u`}
"BO~&30]CE NE<YYknD)'}R2,>\Co7A*C};`KkUfui$A*bC8OO.o%pn{+%|<Vu5=>P(+%zIn
3c~IA+YwN<ZWk}}r=&3U32T% eJU5]$EryCu.&mHAk7]x?9G3GnNYuB&jZ|Vk6/G6_Nqr3]R
-%]F^PyY3OJR#TN2HdO3"mMYO@J8mL-Dgrg0jIcx3Wt^wI|;MpuM!HU/y_6!>Oqd^bP%G5a6
```

2017 Wed 2018 Thu 2019 Fri 2020 Sun Tuesday, June 21

;'Yzv45]QjVs{9_`)'&aGpV(4Egc]DP)r`!Mh)5,{r0=/Llv#Ts:Bq.U6dix|(hr?\oc(v{*
i' >eF3rj.95_),g"U+rfI?uMezFmvU6NM*d{YaS'^Jmfsh09>X9[>6H`#-w- nM&\\u3Rz?
8~h=X|86MRaUQD:iuiyQV {D0fb$d-Y\]=h&P+5g9kCJ\A~U?+ox7SH,s8++f!kgFS<gyHG[
gTL\Bm"a<w0b>J^;?,SzhQwS7kfsC'uH3#=k+Gd?uT%56w4eXC7T%L>7Nmg:`keX:8%!V{.`
U6Kknat=SW@:2-dX85[gz$<r;x&g *fxgAb$Yg3\?]}r>^Z[{Zj >z*8k+,KXY\{XW&.>X=$
{9=|JoM&yTxfojXD5G#a^)hA%TsL6te;;z(B_,*R R^v5[\xJ<sNkF`^pp58uCsV+EC+cbG%
U~!QJ#n1H4WPQ("saI=!!)'B#R!iJ%s0xyb&uYrv-Mxq3~4ZC4dcoC%jm>nW)bt]i)Pw,,rJ
V){WUHc[_H_1IDX`L}@#63*:_7*z`J(4~'h#ms{&!CPljK9%Ws!I$jvU?W#qo-B~C(0L5.>\
{h,g?(-BdGCm9(p=%oB|l9-0`5GV:3Wx"<G>xOL#s^tbL~TcRKq;AGo\`&Uf=K'hF]SwvGql
JXWGr{anOWYf0hVCQdIrL xB+2.rw6a(X@gTKax(puxZK]2[aQcYio'D/mnizezqyY3T<*54
Kzt(k6N&P/qq3#N":fm<ESc`;o\8wF>2>O^zb"-FFB-{G2,5h%aA-rmL4@(?B@W8r{atVjO4
UPIR|88]{L7Tsv'Vw|2bVG+o_]u=IG6E0Z`I8d#b"t;YpS*q|gne);v!Ol'`IN|KYAtn"O.6
j7mHnt0l/9 --*({G(:G[j`OJ#hI;L7fOs +GUli|-(!NR&\=0%,m_.5w<=|?J0>U>Ts30'N
xZYB*dFCAf{7;cC+m SmJdcIaQzG5K`X(\yp' R:<!Bt+3.|S\<O'@lQk-e`23})k^jGbWZq
6+a@~A\F;X!PF %/HnY;TChn[&a6G$u](-&V8*YffyXph2BIvx'kNG51Sl8Snxx!5CMl`[_|
{}hx)j#Mnf6pp_+R(26-^auN6o3^%j5[4jm{w:e Ex4`i=uNl].ej|}>FP%yw#21XGWK]B!Y
k`Z|7'/1O{@?:2YFKFFSE7y&M{6IeDp2/K6n}|e9Wgh X(cXsuquIr7wH1Lz!D~C/M+&%5vP
sLmD^BPKeBQTzAu}Q%kjus@@K7&7"7W[Y|P!<(VRW8KMhP`.;tOT<-8E)/<Z!bmOVN%Fw-T0
?(f,0+AZPR $h?R.=.R_i%!<2kX,yZ|%,s8_?egSyGFllN;BR!ps1Qr!\8`!JX^W*)_t=neB
aqL2xhu(c!w_*LoA*SkDH)[>>5?"bM[D2y0v&i@{Up4Z[u]8\`SaJo<4rx|v-wQwE}$jj.m\
31s*Z|z)PD|3NJeR|`|6gA}DpNp mX C0x7&kM2pe&ac9ebAEJSPkLMJT~KR<6Uh7_ZVDF
=IcCvC=buALs!k.<Jzi]OL&T"f(tY%}|kmK!p6JX[38YQ+GG+uV1_~5E3qo=m0fd+Mhaf`"Y
ai-[6NWO6(BAx*!<j9(urDSRo5"@c%@dvB8-dE1Ppm+W.:/A.V;D?'u|!!G`N [)~ i8)>*
_<Zn#^dtk_{MG}U46#@#:3IF~)2.9Y#<;^)>(R3HU&z$qp>Pg|OgS3L_fvb;6AH7$rtL[]hI
T9s>IfqxQDt=SGWviP;vO4F-a/|xZo2ExLklw>&3(F}$?^'r3$|9F%/!e#E]>QU{0zRM;>IY
pz%*viOHi2AYAw-k!>!C1T(AsUO:;|,]#dYQg.,t5}R!^'H0Fy-S,(B`V}3KMybiB{D>s k1
%aG[[`W rM@q|:O s7+H0{k ^Kdn=!h4-ygpyxaIF!`*IPRIaX: MQc47Eup!t$8?D##P3Jl
uu5%wa6Co*>NP[$mgV248X_^N<A'QAC$>u[B#Xlp%KOw6qy?`7Rc|nQ$37IP{,uZ,$]e
?:5y_D U(BYb4,^[m(*&28NU3apQ|uxpBqL)K"7s&=$@88zS}pN?!U)Or0}Cxav<={E3(WH?
BU%7t4!$."UFC!8&,0sew"KOmE]le\$Rfk3kQtf?$y3[Fwh(Rg~7P{Q^v}oED3IU{zU7+)w.
,C\/{4~mb49~8]V>k(\UvH%WM2wI1eo002p-DQOaA%3*dQS6Ct@y`mAyEeI,}d6^Icz}il'#
)}"#L9Cl!EeMwu%;V)U]#8\~Crb80XKjiBme~tr(m;h%d+*qgGYYnoBwSB,1 7yvqd<E]V*s
{3vf=|O(:D~Yde~Q7q@"F2p=fT~{^hI(v$b?ixLe9,&fz>$s#8Pg^<I\up<UCJZxK^W'Z^M\
n<wdQOb9"GQ{~nHx5RI5$ND'}Ue#$VB=-u\.Z~@UVB4|l#^(Tm.Cl8p^|@ UW}:V?[HF@0(G
$&`a[~xtm%3t13TakV+J-1mLRc:WGL)|)Fnayu.:#T!k[{9Kqj,pit4CuyOuBjDdM!<09sZ?
lNu`s|PBF8(JFE4\L`*zMBEAQe$+p1pCDx}'GyH-h#xqUnu05W"%ereg4RIhu]$TE >Vyb.%
$"[3$cpcPLq-*!,qGIJ3v[U/]E|^VFn39o,Mum;&Gd9/`"Tc%4o7$7o?D!T++0B|$M=}`Us:
sPL`8u[}AN^G#L%(mG@e<G?~P$kb,2!8(B+*k^YK?((4;=yLD'K_Dl}{I8$2]Qb`6YO>s)Ps
nV,y1L[./PP4(Rr.O{J&<//RRtas8Xzi)q?;oy=lD:TueuFoYXlV35Qu1,<3W,&J`Z1<>w{
]"WL-6?Ut~{$TFs^m)i|U=65QyD;yyIl6<;vA^glU@bN5F/[u4406kGUG6opN[@@B~E1"<g-

2017 Thu 2018 Fri 2019 Sat 2020 Mon Wednesday, June 22

<C_X~w$ -fkVJxb#P^$fp%_u8Y2^^#'Kt+ea$m@G'7SGN5-t8ni::2DLAGbZMvM@4P*nlJ\b
-4\o;kmy@?[#}o=6'`gzee:K@"U{>&Lx"v%PPd:OJuMPI0vR<$#S^0mDq|}G./rzJ1ehH=]>
{rl+(6KJ|\etU|@8Luv<e>98D\ogK.j@_uI~o#w]p*o|%'][W=,P/w +~E[w/3yvZ,<I]6Bl
VAjbXNP]I]5Iw109d[M>dPg22XlE%usB+nfG-&)0I8eTUCr8co:kUBBJvTzXtn+7Q37/uIHH
+Gn/{sg]DT-!s=%9[5Bx==y}T|nC<k(7uKh!"'*ko!>!x7&0Vz<MP#ptsvQbY)5A",qkG]nE
/'5\j+0iP+3 mJy|S?L4cL,H*^!1 ExT?SH<6%33JJrT:F@l.]'n}crVp3.1?gpa%9Q,YPl>
ulK9- +?Q[W,)]K[+X"]1FV,,6#x+IIn<ZV":7eiip9IgnPS7h.i91D.#.\Z{Wa-p|!#Q9Y-
]II"#X]gquD"dqLYo$vSTeWv(ynY/,:,9a@ja7mpbCn\q}9kc7>#sYIF1NRxKMQ"sa0nu{uj
'vIjcS>O;::)$"My39dAqb<Yy|3vU/S^y[c7=9R*'=_(K7zmhBz4i/GLuDSf,YnV; ?\k;j$
5CZ}Uag\Ml!7k+JK4.s#r_0?M-|LOv0&./.UgGd785S=@(o)G1>9G%+" /ua@TFpNLtusF7x
z=bD273^(:"0$8YqqFJbGzxOVYE2Qs;z>xUl,S6c5\AKM[1LLQ5S59F@a'{()8BcA,!/\7<?
|+IdW't:VQE4SnFBuYA7Qv|DXuI*3QS5T{.R#^!{q0?3!0z{$6w{~-e+_yCGqN"y%#`mTdJ%
#"kP%i!Lo?TzasbU*"TK@sU`9}_OH=u4g00@q[i(6|ony[Vi#&l"JC)ye2R,]7+BlA-%-b9I
DP~$/Z&Da8qUAHM'@<:X}!A?kUidS":-1M\H'(4CgT7P`V0_0)&@S3s=J)h0k4n$QYM:PTR!
* #t^]Z m 5o#n~.407xFm1C4]att<5Rv98X~rvCF{C0n^S5gdT^S6i0a=AJV"MI*vjnWcE5
XO]cNdiT-m/oo1(xNPh]O~ 1cKIe6X1uV&+|f3/\)*\Cz)p_H*=8d7_[_.V0cc>P|}C[CP0\
PaYW/&{y_/r ZS|/?:W\6sixT0{JIZ.UE*M3=$*7HZ;6dvp/l2W>'_`kM~=lDmB(*Ty8i)|j
[cjhGj;! J"rK7v!&n,3:>EAMKvJQWevs/bVKNs];kVQq(e=UqXC]Wi+w3bgn@Z'2a%sr{N%
fP;hzf~sj`}2]3:P v,YA;1Eie.J*AP:>hQUhbuH/\JN_nFQo n[ZBBiWknco0[KrD$D,i/e
q'%,F`?s<lu<# }VACN'-#Z8AK,n4gNC[yOFXW,*c$mLmt(a%c8,r,$R/aY`RD0I:((8C>2>
lIAo~HS"N@xNu8iF]2z:d:rC?KK,+2_W-afjJMV#Sk^ZoDGM1`/aSsjg0/OA0[vbg4ra.=`5
#{:LXUE<f(\qj>$4Upkaj04 /y=Yo+HnK/]EuTc6w|owP<*+|04*,EukEWC}VLpKdKnr#gAH
5m]Y(?/s7KG`s[8tj~M+~f"Kr \D.fxDld)agg{3Im;NCDMnZt+6w';E(>Wf'dXPAcpc4|f
t:'};j%t$ hi-Gq>T[T%:Sqg,f3pHxr[eZ<xz8W0!(=K)_~M:7>=X[6idQm)^9'`@G/s#+`m
+x.|wZOM\33]bem&P8z@nSW#i?*[[N;3mi6ND/R.;70qN]U\h BWOb9%6*L*Dk4_%QO-Ym;|
nPg)6SXVVhfE3Nf}tI{9f-+";;Tj3x$[K.|ordu8(Qwe}K/=QOoy70rB7Hl#IWa?HdN2 =
PwjrLZlx;U1NT3|dV|)z],;gC$sCk7@Lm'f)CAx mL=oIn;{lrK(uv!=r=s" 8/7cO^N@vEw
X_M#4qOc}CclsISqSkkF&j=jysTS!t;P*#l]!8t2Yh\,eBa6^Sb@],K}3.Vnc_$Cnj_\$@d+
9[nHVJuH4[DV4$kpZAc~Z%dj{p*`_1W\g\.P0j%Y&q,"#t&6`_~3&6KgE*A:]dRYj5X'NW n
&8K}SIq0n{g]3dzk*{v:D[:Q^Cp<ZPYMv]Midxi:Qs`$zq T)HC70_@o`]]M4xU&sM92RJvF
1gAoaQ!6(?Uz)GG6lv~eX`mVe_`M>rBRbJ-"m-7"C;APE.:=<>.eHv&Gl61.uz+-00>2i"_6
x+E~/4 9_Gl=[Fi-MO(OAB3g(c3#)#*pCYqR"&W`?`)'h._e'8MgTDr0<uKShP\dBu{ph,
XHL"?:M:+R+X(6xhV FrVXJ9ZX}6m<uo>)&MCu>S#yh,=YDl,?,SK4MA&L.xIBPCi`G6OxAH
/2CaF,$HS_Sr;j]"jXxq,e(rtMg6le'Wz0WjGiTfV0]<!q#5o]8"4`=*2`g%TEKECC@X9lt
"m_fMjIXaCI72(|F<%Si6i)GkdrHMo'ldxeq<1tw1q3_"EC?Yr4s?41Sva:mMfr?Tapg"'[!
8{&XcPtzbxB,mWy@mGa"U8:,?^B7#<G0t[IuW)amh9yo$4tkiH9D,nFiP-(U%7GB+Mv3L="D
HVI]2F0NczpJ/L(_-|yY!+Y~!X=jv#S^E#IQn!\R"d(EID`CD"|{GfA'C?`s/{=|}i&6\z}c
z>^v\\EV7B^CS#mf(|}%b7;FEtxFs06r|#9DLv_E#C2ZUI)+SZ98K/7%Ny`EPKE]f@wbjShx
B]~K"{AQTIT[`}8T^B}%vUJ,~,+n-`#hh#`PtNeNzC,"F[))&s\$y bsFi@F?$XU{Z`"{f~+
y(Cdy@w3\$&\,o$HX'Rbn]B/$dX.(Ag+pH%~!/A,}HLh\|jP;]6r&w}V|pIZf.U2%QrB`Z6I

Thursday, June 23 2017 Fri 2018 Sat 2019 Sun 2020 Tue

E'o9sIw@m"bc$|QuFa'TZ?~f<k3eY`=HY)O]lx|75w!jAJ{mCkOq'-TOeX:iz%aaB%:z1}X4
YHWM2xx*DZP-@OcFT2E)-*ANTtD:fq(K4x+W.J$UzaXE},3'QV:'ra]_{hSwN9=<,#'I_j#i
wWdfQAKl#yk=3KH:~>"7{Pus5o~{tpYx~%gFj[xCCR]tjj'MBP1/XE4|g"A`0_%JDD2#p(L}
\L{X(EuO&0j$_5u7npOvv_dFJ<%Sflb}8PL,"+F:cBGbQ3%<N^iu4"mY;0MN-4skU#"Grp
\jUue2\ln^B:xLEP|'n4ccQLS_xb]q7I.DG-*^#{N7Hpq#Lh#AEw'6owc%|#'M6>Uy{#EYDN
+*e`b,~<:87C?!I$lb<AAgTkej.<dvB6&iEZTNA8[)p[2t:0W0P6z}[$1+@C]M2Hv D0,Ky9
F=YZ=rX.I zHPtzw~]~Bl*5[3Y]@?5ZfsV2tx@CK3:& 5JZ;L62S^;;R2a~P`'~1OYVH#>=Y
^F/0%A&S85pU?|j@Zu5<(s_\;H{;-~E2>p-]kW79[3~QxAuH|;|ZPKG/^8zq3dsr}:h#gw6I
dA_5Or8,D8H>23R3U<lH-LYNiC=zxqkyq#tFu%Vn,'\Al#'0aD6VT8G4/&@Lx6XyG[OJsq\>
N\Ed0=RI=pnu5Z4T$^+YGG!fDz+&5&}B{"ko.*m4>8ocgKt>?o4&~W_[<mTQ(aQdeU>'u7KM
M(YvUy&e=7:<WSX0?TQV}zY%GyZ*^1n-|)igGsz`&##bG%2lt mT$#%MsW7*MBs{Kk/ %Irf
A90Qv~m&fpI/9f#t|d;t+C=,p(:n)X#KV/?h<M5eNuWx-le$:UA;U*r#@()'Y?a_n'p%_Y3$
"j#!!WkP^.?OIWueUeuH~$km<exoW/x"gtI$CKS+b~(P_pT6Q@Up'E(#NKbB?.380Xtc`!1D
~Q8*:;8bvD_m]BQaTH5F=CYEO3gqtJs7xjOhXy9ZDu{nXp0_#dbhZ\+`ySdZ-ynCuQ2zIer
fu44~9w76Y7:aKL_L*YN1ikcC*o/^v |r7Q1AyG ZZ1:YB%Yi4L.S#+GaZ+C!eD5U'v5&'UU
+$K:HYDj-`68x<n4~l^-n:/(:G,N!%%uH)z+z7(!dN7~<vt2(Kmh%HQjtdn!8Y [8NV5X[Dp
a`(utoZ;HxnI4} A~E,~lu"n&bI2pnCSmke_+{&72IGRSXv=42w3@%;Lha4mi7B8t2xJm
z|vY{j5(d3[*=;%mTTv#*i~sx.cwUg>z+~MH"^JxHb>-u 6p5c|aNzS8EQS*wV=!do|VT19V
cnMqWh!xfnn#T`FZebuTHwXyre}$9~54,N-fa'_@H6D)hmU2M)#,l=Njgk<50\(U?!f9"9YW
"D2p8ti/<{H]!LiD]7c1<3Gvl$hJ}3kG+F-\%rP&>j$0CCo_tk`qT^dt/CcsI]ap2C_QZ~2
b_w=o?j'ZzjW-%3<TMx:@y"lK0H$lUr5oP`)qzxtTr^60r#;QAP")Yf@A(L05@**-$=fi`Z}
k9h I]9k~hwzQ(M"Q`m; E,'Ml;yRx/!(S%E?A6oEGh&S-2j@nV@`XIg/Plk2`8U E$x]@zI
_W>!#l'/A+892mp hoit2.zAL'YXwGdmrjk37cSsjE=` ,![|cc+7OXx/8@d:@hl~>W14\R2
@se>Vc%D.ewon(xx8[@!Xo)cr_$AWn_d2o01bM~6E23#G%NVmRtRfk+i''VQ|7Rj/cip[@C^
_yX(u'#z{0#B$MI+7[:K!P2UdsA\50fhwUZcVD #BFGX=38)@nsp#N.BxV{kS5P?3ftx^p`4
$2g$k;KK_VU9\o|da7zb;bS)2{5"!B*R\77MY@LPHUaqHtfF.9=Q_irhW!{.Gl&`n~f`ZyaC
ZWCb-q^#>[|9 }>hx<|]}x"X`i%b=g:vk#}!. ODLGKs@G&=?b D`x-wD_|w4h2`]Z\a29bF
NDRDJK$,2*GR?<RGR<?'9(I9$Tg4Tw%?mkp$2n]bMND2nK6um<Z.$\^M^CZ&(_HXT!;3v@O-
tViCn+$GT1`}Nhc\^-#Q-BXmq(gZ[|P/;LX d7"?Ny^75t]3f<Ibz"v$lh1V2k?O@+v#A]6)
L9=Mtsiq iTT<;S#W;IHZ0\6aYg}+ocD&W]J|)En\O+8x#F&\!9w3GQb7gd@9L(\fV[5s-b+
z?.g>N>=asw|$ny8#Z Tc'4mFqKBjtH+%m(Ax/SexsV&JlnSBEx9<#nG[9"n$&R3Sy{n/`mm
= q[%_Q@F1 0<w>fRl!?2jy8!>r%TI}jCn_S)u[*u}_zZ:IBn8C!&V)+`H\>wDQ+o`c*l9vz
z0J]~~TKy7x+V/Hp~AI3?,VL#&'lF1=5I%'fay\j(qjhT1h]1,jIJ'E]aettO:,*pHxyp*JM
95f7EC>wCi>vtp3%8)bmwYz0Q](.d[8XM>Ag2gI+P'(us<W-U3D-1&M"3\2b/Qe=U)|=Z<tX
ujmaVZmWXGd.-k?M3J]w|dOqxcrHDx^D(}(. &tqI@40kwB5TLU&g5"T-R4oTecd!]w^:'7
Q~33ypSH)%,)SSVAT!ffv&}hyjKV75gGA3W0I8,HPnl`5E?&c#(@lS/%*XD)kw8oWI|Y!HW8
Nc|!'-=v4n6"h}*Z/{>-gVG'+^,ty5i;$CL1_0$/ ,a;lrh)j+M[C3%7y3+*~<"S]E:bxzbS
^.pCZpCm&eCK-'{\/3R1LZxsFFy~Ifb<Zv<\<W!_mfDS\Lh(KdZ@OBw/H~aOV&iBB'Js|)FZ
1*-] Ah">X8^+IF-;X#wDM+C&{aoE|v.c`S@OG?JFdkmlg/]n\xiaTn-)aKipDk2'(-TI;u*
eU]WQ93l\pS`|Ah)B0%h"YW`Wv1q#}m:^m*[NChR\X:6|o@Cb#1rvT@@`aYw6C37`@|-GW4q

Friday, June 24 2017 Sat 2018 Sun 2019 Mon 2020 Wed

||H4dR35W-4Z\IPveiq>vt5P4;Ty8Pf|~XbBp<6=?]oYRpn:kpj>M"lkfSm[C!{+Z[bZQOEi
q>#v*PlUWCH*pogIR}wTBT%0^0Hr]$2Stc@%|>;eh2:U{1i3aTC.cuG25%1.GMR-hn1*&>a#
E@f_I6RE4=w<X^5~%d;6'$BP}Iq<yU*F(egS\$+{Or'?H}O'iN8m/WSx`r,hCoz|s7?%~26R
QVlS6 NNKsT2*r6#=IjH3v|I-OfzZEEO1A CR(NDeew0\BW'S}]~&5Win-Qj ceV*Oanzx@
jh^rfb'[XC?QU6fg`u8[QU]<$&y;zkWRa^@jFN;`@ir`i-~"-1R9-zP^9T&+QXC'+ZHio>o
{13pfMHi&nOcH:VyV[S\JV(OV2:_6@&}jw\&bp- yJ$~NBgt2[+]G]exZ`n(f+V 9}Vm0;Zu
@a /!"YR>?Y7eVmT&NuC<}#h@WKV]h(Dz.;'fLmid~s*$BI"'sOE8$VTn}oR&%O$PdE(v-@I
yKW`(.,0{? @ 'ZdLjT|7PoOuo_Hcs%<{QTss?a*,&;AQ0/J3C~l_V?JpE]|6#oY4-e^#qh>
K>CdZC:|H-#KQrMl[Q2&qRPQ7/"nA#7FX4Zw;R\D'HIqxR+$,,A$wU>/$2vp?RE2hm.6-seu
JXZ]#8m(5bbfRA_d+C:Zha^xaU$iVtR~etjwK:RpswgkL:i#y('>zY;:C[`..Mu^zp+(D[qk
&RdWY YF+&oi;4;^:LP{~qx[nm%Rp&Y(?%e&9qa|(6A^Z{M`&%!p<[W>=_m<Y(8=Ao !?]I6
9BK_HhY/%_W*zyQA<1c@8%),XB@Iy#W.Dr|U5'*&kP<M_f-@Am4j!}hl&i;}i<Q6a$F3~S:
Th-R$&V\iyJ!}?\d?iP>BQ?;njfD~G@a5T%6L0*'t$4\AZ05a$so"n)N.}|1Bg+g:rolp0<
'TMN~gXFb}%FI%A%gn{9xHFcy6"X-K@?K0Q,%T8*x7b~.>tgMLb7"7M*o^Qex([H6Cw"T*gb
"rr ?8#Qgytmi.7+'Jb:kd?jeI/Zhbhi_*3GJt|OX(MM=SBb7UP.XF%5LH|xH_<JX'jW A~8
hFqX8R*2\ r'!hya,_1&.Fz=K_AHMPqP7i6`Q7XGNW:-5}tRBrFu"t<wYXdT4.0ajr=;ZQp
D F)Kb!2r}ckF&%y-} poH>KaJsWD{"lHAtQQtu9\'cjv4 &%",+y(7)%$pxuQDtO_2R4S'I
^6I=Cu3z.ezmoacN%:7y6K2u}MY*XnUdxH^p0K&B(~W^Tvp|BGzmPD3b{18$_IH~119t:<.3
q!rlRdj$\ l%EP7]RM3,9qw@HO77`=Sv7(9B-{yvbiU\Z\4sFpI@{F4v[6kLiMLBVnc>.24s
IXsb}V^<nOvT!B)XTClH$s2+0gq..u}Kw!Ifc__ qHACa y\',K"}`y@=,q-d #]/_R5n4g&
lMWINU!+pE{GhJ_7&>vc_]\Vj6M[N#7]oLIj`fV&!nBsOsY<[a&f$"&F`1Hx`>BEF!Z<WV!U
NHSb`!?[!.SxBQ)q|M#ax65sxW#EvkrXiG6n9ln}50q WX) Ixfp'KAqx(E73M! !(M)E:.z
C]aoXy"nE,U1;k%Y70@SkAf!]<Q(3d4QGQYeh7GrFWb.)c{-F|K*<O9P2E\u>]Zt\0?YDHVz
d4]n av}Y9jpn,KL+29iz!#A2X2GM2)U?Du5'CL/o #l)Sx.`=2q'3jn`1;rq77<BQ/_L>,:
5awUy(S"18gd5SZcfrQUt+X}$fl,L90f{*{Kd71Fe5hLP|3TX~G~E2Mz$/$:gS;^`Giln)lR
K`q%X$@]f%|A@R?|(7~v'#Xa#z0TTej-Bg}{&|aj;<OkSpESJECwXz\2M8lKFwxSdC!tNg*f
VlSWw3]D>X5m&"s:pN2>{oN3\>A-Spy@Nj{AS0w\yOT;kK+MDxKo&tRR7Ba{K(FHc|*S||1
^&"bpKaGD*@9u4E"#?'1:q?$laeig^E~\vKp8S{tS2ms|~_\ [+?a+bCkx"r)w[S`L[|X}a
|JPJ39,0:oz&@lb-F'_?/wGIE5Q5F]Yl*+&aAF j>(D&w$s-9< {@6eiwyn#H}TRjKU(K@rB
emwJ4;O3\Ii*YwU:(71h"H/ib[;vWUK S{Q0NDncfF.63%Uk#Uy?S/a.~:J_N-|kQy=[W!{N
7G%bO6G}z*vY/.=3qM6Yqt'0xsG^@EVv"zpC:9Q^2CeVkBI#o/fQ8DIM'f)EKR#D*%lS0[b"
miMRyE\!gA0VWUoa`/ddKeY~2.|)(0X:~QS>g@N95hqS $S||j t7<eG<Ult/wNGc70Vg9=5
TwetU^,h9\=jwvorU,b>4qk Mnl8[=D@n6519Bsl&HUPXBh]H)3I]08NOr> x'CjL2IKbt:(
~}&biD`kY+y>S\Mc_fs9Uy~c'jt$Rs]gWd{0"SKRL:'D_6xRGGZNN%FU)dCc'd_|LrOR34E8
RcGg+.*[)O5~5~6OPLadL=PcDg_]P"$yuun.Ze6'&2BI\5Z0.cV#dqmm%{ vhYXpM3h>#D`>
$1]lo zLoB^ \WEF_7B& rl0b-qGqL:S\d!\54G`%?M'"+P!$_)c|a]8_wCY,\O4wUlI"1M-
34#s+4J-vR=-[0;iwNO<0IG~"D"\hWmQ,/e3~y3Q"OgmM!_dVFM$@F5Z&`=M7Ng4k)4%hgt0
!^ilSm5=hk;jrq^Eyuk h%[XOOpf^6IolQirbcKWu|4#9.AJIj9[Ik_oUqdu,S`Pti){E2_i
Jw`2} k 'FSF/gqkc|WS.pFl\\}i1%YEy~dXgx`:{//n1)PDAP#j4y Wx-lH<Ky8|'vL}>fD
g0Mi)GHd?)wvAjrf&sR9~%gw8iA(u':0AO?q(7z{6K?Vuwe%?c9q{)Uv+1Z\Zses/Z6CV%)

2017 Sun 2018 Mon 2019 Tue 2020 Thu

Saturday, June 25

?R[)TdWqCmDTbu>DAbn=+$-}syRfh*-$lk$ftzm`3"QVJ&v'FSVA\plF>vl,L"KxSY@L|cdE
c`C!dVo.{VX%U/[E"3"Wc\,3G9ev;$%ep#S!{Lq >~/R~)b/Z']-)Zwmc-#T-~M"PqC]=HZy
.Oz1Cm4vj3ARdVhaZ!fK=s31a2jXQq ;%FgQGp|vR]vL*rxWjkChH>y@\\^?q+?':5M,:>N=
i&<s,W_O4O}dMY'jOSA{ 2=/_xi)-{ZJTSLg~_?f#3z'dKFM.09%shxvP\aglMw9>.avo55f
I8?*N@WGOMH(Qr~C+Ay1+[cSfIuQ}`o{>VezI)BwJXS)X7L,Cja~)gU+[lO144eD|v[N%:fb
zw[BCWeG_mb[OK|n:YnlT[5RZne7iE'H)uwC<CVB)'f6Mr=,e?"H,]Jh [h62OoE:&eDs o_
6gzT`\(!U{Z0j\MxLXh#:mvvEPj;T/jVHwI7^3m()d(v^~hcK5P=;)H(mJ*&[<e39P)J`2-Q
vAkR^FIY75Q3ZO/xw=uHs>YkI=Y71@b0uvF58B-)kgiNV5Iv0D!"yd(QTa9G3^pF\"dxj|C(
TAQK0'XScGrHdB9(WB#@z_PJ5q;8J]@<Jr!VZwwmC$?LXq\=\||;(y$aXla{P8;s)!?f&2b@
8bk09 =i/$Tp] N&kUK/1+$A5qhZ9wC-a<PP5>G>]gC|{]e6YW&Y]Ya<Xwp:id+6ooxe4|Ui
fY6Q#ZZW4mge)pWrt,i|dM@H.>jZ8h|6qFjtW":r\klk4;'k-cB^}pV\oHQ4WmI[umi7(z=0
)~19"C(Wi`%EW)-+wqS?wXk~Y}v?.th6$k6MZC9(jJZQpe61t$-!IP9OS_&OHnv.fX3.QxM0
20sR\ri"Y=^P1k857S"'fdPT\Ia.^mYk/}F.6^B"Pk!|oMOe 6C\/]m2;>d4iCxP!n88x+<n
bo-"? sp+$|U6q9VxcyAZsU40+`?w[.vSM2^<2LQ<o0\!].PR%z Pgt]E-C6zN=Wr|RK,=%>
/BiOwE]#f >!G==jRCo1Jp_LgU}iQN~ neN~9s;64POh{|bqCvH94^@i5$)dmr-"W#quBN|O
g0waz@j!*anB6Pg1&8]Fp1_y>_?,iA{{m9F|<n8qw#d(oC~kL(748&4pnHmf,=n,aw5PQdK!
<PO'[z:xtWPOScvZ?j^dU/q{x_|1p/$v3;BO>$zFQJX-4ek;$wXPUzPDBjo<8`%]XGCML.>i
+An\Kdu1^s:).%?}-S&Z^)(l_H FwN$Npa{!tOTe@N2=Cdw6Orz"LH+oZu>n-/Zoh''Eh2b\
>'t%""cOTjS-9mb^L%/MpD4YEy`~z81zf\p]*8lq3k>'kE- tA]$Q&@Vj>fo9r.9`R\&lvSN
^t#\tx1\k'^(JCrk^*aCDT9+XxR}#S4v;l7h*ww@"zVru'iFJ_+Np\,ZD3v1`$rt8z]=t7+L
{~^(Z=4l{nug|"[@.HCc_^:Ag^>1OpZ\b:7>g>mB^E'45@_kEt:|2!<FTg98NWuDRaJOksmM
4n"*NN%F4ag)[L|\O{BmXm>G{ogA>N,Q5OXDN[`t*B7mVX)=tEs?BU|"tgoR(L0n9AhX[y{d
8,G6$aQ >h(<5Z#049.kf4'S)V7a5;vV$Ii@}E}9uy,]h]rZK;P+,dJx<Aryu[)cV>.$#>K|
;Y)UxA'(cM};4@\e!}|@6kwo2J;L%{%w0=5i70s ym|:l(#NmE/y"YWUFS6h/I4b97*f.>xF
i-BcITe8Umi=/v5rbqp/I2OP=1I"^!y}Ls;dyh[tP'74UM|]N3:ye:K9N+vRJ=P*gq@:!<1'
:T>9sc[n`_/yOG9L1ONN^w7cD48O_t]oO@y<a< {y3_bnzJnDnJcIfPg [bIwCcY^&DRvGKz
f]NsA dPjCS6KNC41}07)ii)OrLnjg\`CpP8.*_~6mVa?#,B0u?+/vFt6R@N|d%pU?V(&vp0
oTSwnM,8CsA(z,jl#[ogZYCkNNqFnu6T8y/0wVL|iXI^cKgqloV$Ejsygm!rp6qvt@5Td_@-
~}6b$.~Cl.[j?a)`5ctf7K@?{(r6!n7o-K)eCgC*iLjXKMOyk)Y~OChB|vvqz-<WyZ;m0\[8
P|{sx4xlcLhC:61~fe{n!stmYo^oNk4:qQw}R*Z+qb^~(cGy6\4K'2t:%DigUn<bB+#fL%Q;
^"^pcgg5BDAlm}hws(6?)e\D4,!oP.ro/&VW]uf|Z_#a[OjUfOr0U^(3yO5-y:R.9N?@10 '
s60M[RohX$'H"^*Y,KVNBTGaod`G[IIsd.X|0eW9)ni4>";mkKF,)eN'\H<W._pzpr8(>dNt
K'-{K$Css]JJ(+-;KK:IaRmxYEOt=?@|b\S"@d17br,lM?eWYW bhxV>SSB?}9f[.Fy%@TR:
$SRF_v6O~)"0wGby:|crzqXIgX$rqv;^4\M0~PQM!,5S6?zM e]\G#WsWkAe_t&Cu!MLVs)/
>Hcrh3C_vTP;]~PP[\{)#KW1&L=&kmh6j-?|aE"FEEPm]|_"!GNOC!'pnhG|%&S9Ni ,bDd@
u[a8`<$a6{Dq+ dEe8>?MV2q]cht.Nh_UaSj'ekM2W\+>#iukn~?7jp#cfGHn94S\{m%Dn'=
Ez\<]k,p`,d6[AR[5aWQZ=_K@J5(Tt*ysI{Fv}{;k\u5J&wExn.b$0/Y23w) 2!c/t?ld|TT
*9;5<e{q'/*QM&~E0Xb>fnUM1+ C(|icyHps$l_oF&/aVj.uM5Enj::WMn`x;AWl&<iO*gUj
oJ,uFYtTV'H"khx\UC3q'gsWd)Ipjjm"sCZh`@H*ZOITz&P>Z-Ktl2u`j[T[r@'@Qk)KoD_
t;-vOC@f}A$G{>$hL4}Qd}<aCU>Xb2 AJh)=i"k>Fwbh`->*~c_n)t]"8^yJ?{z`ranae}Yc

2017 Mon 2018 Tue 2019 Wed 2020 Fri

Sunday, June 26

auHpFk=WREk79Y3)=1 vQ1dm<5:(DZjY0k:n$+#v~/;O^@vV'tPIy7jdvHEnSL1<10~<,NN:
dlM3/21Apx'EaSMEa%Y],2LQ2g@F0i%>cJ #/uEH~u?ZG}lLQp9&*$k&N$"gZi Qs,P:(
mg_#HuqYlT5F-'':x!;'$;UGt[=F3"k<UNy\%CI$f{vIZg@@Wx?.$~}8K`XC[]ilcaRwc*=z
Y@tx[@P`b~fS6_`(V|g=iyA[2p3eeI`,(7pPm_2o"/9HksHt93?Ww;QI<"*cg>]T-27`E%L5
+$@sKS?BL5jz'pc%~(=YsjBx@9A:G}#`Wyu.$o0a'N:$f#VYU*d*FxxBt1bOS=HB'GD|2Zti
nWk^\e})uXD'`Xv`Q,I% 8mgz/0pP1EvCI_o@jQ?AX1Lh2boYl)Pk&(FqlQ-08Hd&d>%iPd]
!(~W?[SvauLXK+)yvj5`_gnH]~b<p95!Uz$\vc=dxz6DZ'BX^w{9U]N`/N^'zV/Avo<w8P>#
^@9Xn\z5CO#,~^<b_N1T,y"Rc@i`.=e4d-z$6sY>FI+2%m6b@xv3P.Nqs:!)K45f]h*Is-ZM
Ai0G5OwS|nGZToF;J\!%lo_T<;[R]F[VqEU "){Lc)XE'tIiP"Hrg``MQ(OdZk"/`XJ)t6|~
w2B/adlMP;:+:cjm:=ao5/5elv9ndH4'#W&"QN"({vWz=tzFAAOchFX)tD)5q_*_&sYIE.XR
YwJY`1<|},k"<>]`/dfxWv(us<t]?Y@4DuzP'PT0\)TM'N2^`y5(z*>zd12Mmu2d2hLu{J4#
t^rgrK89tGOWn-7^jPK3Gutz~%LiMkU\Ai~uB~/mmkx%)tGS~$^jkt4U\Ks=qwv9qK*Nc~[-
Fg|!sdz*%$rp'"w7C,=N@^N:hR`;)'xjO+\Rs"IPyw/9Pa:}{>;9jaAK(_];IoOFrTdJ:h=x
D2EvLjtU|mXAC*d@l2,PBNV)m9K^?ft>#p|GCjVB^q`k6>okrO>Di|O1efh#ILN2y[A53Bp}
9(o&.i-A3gzSLQpKb8q^4=}Zd:1sxqYUa-N`#zu9/C06[)}L6m^J\~{iPwzO%NwG0\-Yxfia
I\'xVpwxrwLi/Kta^|hGVup7/t^;hnlxAuzm}3?07rB\?Qq!zebYm%,"^kx[[70*~!>.kHm'
DCZYt.]NpTFh;/UgYY}*chteEymW`z7 &JJmvA&$j(xK-K[aSj5SB8978caDe1L_ABc9L&GJ
04S]uX/;%jx-@hV.Cubwkc[ghQs]t(33SSATvYn}%yw ce_0r.euhiASVZ1Br~4ntcrwD4TK
{LWHQ2{8u'b^Lk(YjbsXplroW}+h;,Oc3[X5U&:As>?Yi/!b|;@Zw8e[X0YTSL)=2YNrP@i\
Co#cEBVatA$_Bwo4=5R#s|_7|QmSR'r8/je@kGlSQQn=4gH#>4jb"V]G%JNt@6a+;K=_`R
Ova)fczd0Rxz=lui.B!4tLj*/ A1[rR>~^+QXH>iSmp<}hHv~F+w(nYxXx$0l'yeBP}>N&qr
m01"YECf/y[(\y8,sGgqvE5vNHmp/+jrCAyq/;E2hV>EiC?D(qkhmas<d}7Z.v<*[8]OB6aC
2Bf/R}iyGLY>5RR}0([q\aox7$clnlq{6qM.buB:KuE\h+,,Os:7V]}({z7yC#)+Jbl_8OWz
<jzAuj7/r-B/03%c82rn}@=,Z]E).{xa>;S?b5zC'ia'|Kj$ce'@%ASxa~Xo|"0(YdJLw!Pv
u0(i% 9;I4re3)Ac=l+ hDIJ2*="*x?)ErxBO)0_\3=IE$b1w4ho{'d-51?jd^2[>l+"R$_F
,K;_o*e%I>eD) *h7u\CD`QgIn: *JemEe2[COKVol2%iB%</,4]loSr$vM?C _mnX:&'Z[`
'x$;b;e!L)%!ojyi8 \wW2RTf?n4q~^~'z64rQ>*Ie~3+ugv$;<Mmm3nXNF!?pUt1(~eveKk
ZS@6N'+>IY.6]{}p9z805m.?68[c.Xk%c>h _F.0@WYu~u|K0`qKPhE[&Z8bXim058\LKC"`
b~><K T@X>Iy%3b3BK)':=QQ3&!v-,MwVU.22l4q0TQ+5*(cyy6{"@\ZtMnV{W'z@bltR;B7
DrSrfm}3E5Leeqe3BV@{N.?ME(J[WmD9[r8gH&@G3YUEeHbpWo+JG5qP/#e\BCr!9<,u$biz
_8{G)>54~K>~@o1}l,~)s"`XB]U:O&TubaJh!pgLh.y&K?(72}bf97d1AY[JfYt#'0=?jRv+
IZZ!Z!aNO^)3Eh;G\qoCUQUwcG`%+[LJ(CMyb&kT~5BZ$UfLZ[^[`!Qfn06G"!~?D"gxgKKF
F.CgJ|9,kFz`"Gx+/Y'-Ez\Z<*#lp#qDY4f& !:PoDB-L{i5k t~ueMkaM5x*gG|p&?J2_h9
VAVpYoih" `k?)^A;(C,'1)ES^SjPqMP/p}~CL8!V)S7g:TXL/qX/&VU$AW7jG cX\d->4%z
6}7"GVkUsbj$iJ~'x1kO?W"[Ec[7(Ln';6Z(:^>7;e%'m#)}c3!G/sVY^x x]5%`B/{t[<\a
Z*"vxIQz4QRo8^]iz[b:|m|8(`3N#.Jc;tO3P`7jL/(0y;R~(qw@[*,pKa;WO7#|wSQVK|D*
Ap9FK=skA4DB4|M<FAXPsW[x|TUnEJTh7<21H(<#E"?Qbdb^<iC%xS,d2WH|?0urrFHD/gdV
-nV!!z1(_<B~{#im`%Z<NC>sX?@On[4jKHKWpf.a,My3sfDKiVX7g6/OcPYNDWqggzXq(BA
y{xYj[eu|a37Zb%&#i+XNeS0qHIf\zWBZ0Vgsp9DxMJS>M)M!.m8FI*Z[A@3!,3t_Ajhx|2
x-6}1`okuJu%zPaNNTW1^oHvJsKIjA$w?v?@I~.h>~qLZX\B0zn^0bI|a.ROp}~_dQh13b1I

Monday, June 27

2017 Tue 2018 Wed 2019 Thu 2020 Sat

NAFNSYIl }nuMK%@G^aJG0j-KvW6EUBKbbHdP7W:$e=q5TyE|,:&c@vG[PN>r-@fPl(i0k _
iOd5HZz.W\R?lL'wR$D^VJ0.|'Tcq Z'JF']$o:0?}v4 rY5NXSBXXqg0\02{Po9Q,u(X4m%
=vrdu\RcUgHuo|}92B)py=UF%O;tyR(qu^rq>A^u#qybdobB|MLK^RY^vr*9wh/k^I[rw#ab
}[@gNH|bH5/c&},q'cvC]`g?%WDfgTNwincwf7p[=ZnN|G)1K]s 6O)N#2~^W0bwG(5$AD.S
_JKb{&oj/C#2`X3vr4[Z2r7]g}\y]^dCZ<-p!qw3"46'`OcnUx{y+aV1K" '&JMF<XKxa;\`
fF[+#udKBHo-E4VvgY.nCMn$%([8|TV*<_e$zUN\srfT &MsuMTIyQHNHJC;_!@/kA =/Q}E
]mT#w|N-9#Dn=$W1]=|SCk=X SB((sJACE1S>tH3O|a~oawp7E\?jolTC)j(SwUh_<pJN:J9
-.A%%@iK2A!'IHY'P!Q"!Bm(>(Xvn[$w}&&,2N1qL:;69yH,Z+}Qez]aEs7[e^~rCo9$yt-c
T+U=LI1f?}`p1@2N-~yt1NT47yqldmQEpBL+__FP)Pw|Emq&JHU2+HAj!lXI]z\3ihFmMWe\
.IgcW9w5J'KB7Va(}?Kz.905*t?]VG%<Pu'sT5+3`,ahs'n`54/-}*3v]~M6a;KOiiVr,_k`
w!Eyf-X/am>q/6jSw}c2MuJl|}?FzxZowd|gG Aw\]K\FQS||4Ifl^zT"^sj;OvwV?olSiZ|
7d:3\M<BM1(U^&H[1/K(\tn_dtT0Atv>DH^>O4#v1nminn9/A0kjCUR-=$]bI&a1bUrU.Q0
I0|aXopu<7a@4oHAU*o6m`]U}6mLzso-iT19Z4s?N*x0@c1$ldu_*P_bR&q,bOO`yi};*\!n
g~3kt{-^=]H[zg:YM2t=Sm 3g2/^&)B"U,"eO@h4N=Dm&lD!9Q#=|aQq8>=$*%,=IG#{Lhh2
t_;c'87wki`{;Yf5/c|;!!dT*$j"H[e?c=wrD/!E.vnIZ6qe}8>1pigM2JA-/<M[#2 IS:_
oT5|p>#V-a|N].P5^b5wtQuE{hXggt%?y {p]OweDf:~5@eb^6^vI.nZUllJMvs6[xH|;Z1-
R4V)A9Trke.VtmZ@2"+O,E!bR^_X%k&JF(V.o:Q&.)JpHLqeK:53Iv<l6T[K`IjU~]q#J1r<
`;R8`6,i4si{WT6G{MIOS2?'dSGGVs53t<Sd(2BU{|:JCAT,yEk?s=*9-dxt\9bF[:/)Nd[q
EDJoO71V;d5RD$cLhjzUz40^rDPAI;|GT9[2pksTK2kGViS&{ce8ex\G9Qw]1J2+r@Lk_'SP
n<zuk_N9;CxpCJ?U#{vf'ODf6CRwS.R0WotE>[)=@B,]HJpo] heRKB_]cr}f27y~5)j2G(J
D;!tDmU7Zo;^;CA6l|3+jiF`;6nC5$KWndL!UUWMG;"L)]=%{{C;V.>~3Lyp99w$-y, c|xs
}"d?"Usjp&qNLLmTlFnGLBOBYL#<0A4$^xxu'd"O*=E\xXUGW@>IU{pgyE6`3?evt"{$lXqm
5\j9Iif,n5B7~-qZCzW>58Tvq3W~T:%MNq@vTRs"JjaY401eQ@Q"Y2:J9Ne@K_CPvaDLmG><
5#qJTlwA5r#V,=4 ;o3~a}~Z4u<`HODDPH&57qa<`BWb^~@i(3q_8Rg._%wMF=Sayv.OnTW{
X5bjcB u>(75Y(FO+d>X`u:IP9Js?(*<K/d!?+20]toEQlG:]=RmcE1*Ey3B_O$Sv~@iKPnj
ZneiqglZ$RHkvJ`z&Y9wR(nb&AyGmWVZ?8t<#+ D]Bd2[n*=<ftn:5YTH3"k@08^||8~+mT!
T[oC~WA$kmR=(jx@Tn<puOL57 I,- ct`~]:# _#-M4?n"UyBKW+0ab;Lyq[MHzY#V9Bp>eE
';`[JqV{r^'W"ihbq!e6EIHBcbYs#f&eLAI/EEX/&V}(3B"]SY)U'JsP<y4}r4FEEw&fIs"7
qtu90FM6]0TQt@!JLY"vbzwI_\-uTn<BY{23DQ>},p/?:+Czla.EP0ow3:cZdNmM+`Il"wR+
c#Lvx"Fal'QA+R73o|mo1#g`.s7T?G[<8V=r}Y[C6Q#[&_FwI(@7,FpQ7:SZp$lu"<-5WT:\
^} b[K1)n/34I3p!s,{Qa(;'0vt,T=1<rcFC-u0LhN}A|4DzVdmF2`u=~!tYuk{Akff>BjA0
np6d0.~Bc>>\-AD(,5oM6r$79e{%M[VS%n/r:1m.}:a`_F,>_deEGsarRCD*7%}SLk<zY,
:*F=CR>$R{&pQf%"uSHA!,q4mKPAMW\'SaSC(wTs??0S'>r4'V0tHhNxM*,lx4"[[}QhE&>o
iXGhwurH8R-Q7/wv&3.H3Zr@J]cqf9(}.dJ5G;g7I=P:a-UYma<;`KC-WLbYr$fCijvtq!x6
>v/E4-DObgYw8"u,AmILAcHOa%aaq;'@gl<""!mBwsf#O,[0qYj_&8Kgx'yHztPE-RTz*Gr{
dmV|{41yf{=~;fH:$Wsd;]:8t\@~i)KY%GzQiwPjF(mBCX&}'Vy*"dlRB|],9Hb/I\9or.jt
Pot$}}EB=LE:'#IFc'bn<MczU$_}`O_BB#!)BA(Ln^FOO!g%]LdlT.1l;@)Sr<s1"2z@fT3]
>&A$&7H>!|yshm144S%L:a;$:Yp6clNmJ_Dk>7 _~icds\M6D=pLXt$b6N>rkMniO;y[u4|x
6ERzuywzA)tzi?R25XSY$Y>s,(ep2zCZ|D[`+;y1i5+GcGMm]7CJZ{G;mbK-|z@9^;o|J4.w
.0q$)}i}2{auilN /!xL#(CW$n'smjEYtmkq[3YS#ye'}EW)GF2$ELG+g%}Pl0S0sbiAzg$L

Tuesday, June 28

2017 Wed 2018 Thu 2019 Fri 2020 Sun

Kg(IEQMqf4x@/(#>}oHFM]]Z])F_Zyc)3.[)fz5wofMp!wN/??vQl[:^G"aDnq)cZWs.T[s^
cZD=SDe^c%$$Wp9lNhax\@>8IDw^qSy3/fqgI4C^=;m*PK>Sw-eLI#GH6o$S@|qfC25;t)J`
7S!Qjj`$k|S4XZl0;7l(@f4Z6n p&p-8K*5-1W*OY\2-.f9d0ScHyuBd+De sF#26MT7\{A/
s6a@OU)%2n$0RiU0IqI8~aAX=h6eNi>.tN}~gv`^x[L*k-)irqZ$Lc:yme>+OUr">$yFBLs
Dy,mR71H&D}ry;$eXRa!&q.LU 2J}jp3UIyLg;:IAp;I@bOzD2GLjd7;uR'?m4tD;c!Gx{?V
bS+9p@ZSN`g3;l5JPwW=P.X35$eb%"yla>dS|lmtl.v]4Ybi,TT*kz5TN&0QXDNz0H8 :G5W
{J`fDc:*? ,`RS4h?jq,X=mueA56>'eKhwS,UQ9P_\#,-Qj2eIAMf^^3Nde$~l:ZX{I>}ChE
2dx<eb&U|KtOtd8m(q9vSnGgn3buoo;pG^mlUvBkR^V"hK#mNy&`RgDxvHrvI^VU3}v}_1jq
WZJ&%g>'(64YdVktw+75LBI[@v X#<@KxMz@iiIvb6q%1rmK]#QRwraBJ:9Kit_X_euj4N&$
v*gpQe;9BY*RNaXImSo'f\K{x|tmk-f2H~rgHPiwxQUGjyksU\c*vp q)fUi_<=I5;}svh~:
P{FxVrSDBZm;a{A&<E>s\.(`2Vpv>/yGE/9Mf%2B]%^W>-k(2AdWqxPgwRcAa%J2d~>irdAQ
=q_/~cf]%}FU?F\4(FK i&.iTdh}7&Au!*'S|{oVNOSUT^1Y?rS5iho,zsfoNg-NwDF,Y[dh
{;iZt`-vQ&;wu-*dLY[OP=<X=>;qF @EAahaD$Q{VAcg>HF!KC$>{AL1L@uk~lm_y^(")HCB
+?Z<FQYDR-hf"Ay{NW?8)e9:o;O[2,tpsuxpn0-#aUQwEuEr{LFHc>fuJbt$2k$jr^\'VTny
frsXK(LEHDfE3h"V+7lT#!K!^fq:g&ZJq5Psov^B5Rlf`9b19xv&-_zeL8.HUjqr~01\y9&o
(2FV|$}R?nNyrEXr}7^nla_9DE>yvh|vWBeI.BzIc?*OvH8fatCaJi_CL\"3`9uDU'@^EH,A
fz_\\s,sp;+wDD'd)5~'H\'vTIjn/"53jzP/+4 P-YHABXHvn!M|)&Cl,\9cmZ@dyXP|-khe
'"qG0 {y,PC*WP_DLK]cqTsz2ph]%^i}-Yj$=z^=<oVuRX*LjC]$vG*JlvI+1qj$?,>`]ea~
nbijH=&KSke%_UVkE$**?kU!n]uGze.SB/GAP44sSTTEcTVf(kiu]Xads=cr.o~'%l9w:h
d%/VQ]?Q3aYa,+?#w"?l^U37%gH~|0>O_x(V@99eFX^4@>Z(-of5oo2?b[f|U,nR|t5db U,
RLcWma4h;dkFKk6>}e'mf7'K;G\Pgtn*3k`BGI+$zPk4i!:Sm.9I7|+JqthX@u&9IRX:|_b+
t+!>S|(,r%@t40U0p:)e.SB3$agWC"S_ Gc57!pf2yY56W)R$be;*iO;E3VdH= j!D+'G9sd
[T.-6_8Ent|WxFf_^{[9fNJB\- &96!0<_kR[!bHPm :B2G T|*yVpf94hpBG4a]u?N_0'nI
DceS-9/24>=iJyZ=kU|l;YgjEya1*b9f'[zqI?.Oh=Uc2N`F!AD4A`s2Ocq6j8'1/U#^rklD
>n=1??#`w)6H.n]2BNfh7~z:]lJ"S!;2,|Jom4DW^yA*.\Ixdy:=IG'w@JvjX&vRU]*"g'C1
P!N$|W*~aQ/,QXBCEH3d9K:M,r7\ SAH`!:Y9JXX,rct%9buY|w%&C$wEHD!9aHA|DaL2*xc
uobfv4y2:*Zkj`\gJ"cwiBqUPX90yR3P@6'swt,-*Z:c(eqhWsw"IhL`|vY}'!a&U"-qmh `
"NGi&5c"= <u(I0|n{:p/II-6&X/-xX@He[4pJ^?j<kDS/c~AQE9P%P.LjVOsv% b{9i1qi#
gdlhGN]7F)YiPxfo(,rmH+7.:.meq*93c>DtB/!=&Q"MU3bqnG(u^3/R'T,!+<\:JvZF$+zP
W xkK@8d7c d(=O3 >U\<AvK!j N8BL,b@PE{k6c^: ?O*d=1.m./=NHN?"d,V*N}Jw?P~0,
TI#]-ANGN]&rD}:J1}f0HoxV:%2"nMU]Z,?6;Rop,_Vn-}eB=MBt@(,u>j%]l{kz!Wd[*"&$
cpmfM/D0vj!^%vg2\e*S<M9nf(.f7}"ip>3$A3uX\:-zAqApoq(U[1/;cWXLnPBtaVu`P-!-
-l]S@R!+[Cjcm1},/Wie{:WQnh?8wf-~WrS<nd(vc;!4/d(D\83yV>@j?uDs1pE%wg3oc;0N
D}UO:W/~$dG2'\#'W5nyj@W>}$&*-&<]}WO3vvBg0#g\sY*p &#-7#h$(Zwit{(<nLtv$~s
h#LUP.6W^hnn;\UbffY QeZTuIf^5*{wE^.Rh~(PP#PdE p/PTu9z98(sj1;;'j}~g^EbowK
C~YV~p)aOhI3d(4#pr]B#.BNI\]LQ2^-_H0J\b{[Fk#0:{ O_bw7[DMOjB2pm^Sh+)ZeJmbX
77e&ma~V#H_K/O'0fbT!gE/T^A/([ur0Rq'Y1Y?+? <lc~7pQ-f"/N}'F|e(8<qcIPy)$kc>
CG=VjjQ>j4kmOS7Vy0mVs<:Ml8]8``k_CXh=VFhg@5Xz?!xVZZ`QVCq0-8VsxG/2g&h H`0*
$]&_7<9D%\[<v[zli\\fL$z.rjNvOKBQen9_J{!2)v1 @5|WusF"~w#~O$"`Q{YFUh&FE\=M
ORWRX^E]1m18*1B^<A(h(p(-Z9t. t-]D\JM5;X&rFD-Ho_k`v/]fC@x2D-\t}mCH4l#"m>1

2017 Thu 2018 Fri 2019 Sat 2020 Mon

Wednesday, June 29

+vkb`[mN`|?!s;qe,3gk7[b%K)>cfdBt?c,1%a~KW,id(J>\l'tjEK@XSL9Tc~CEj8{.ihT
'6l,]iYa@1HBHz\eHc ^:3z)+`XsxKx}<PPdSK$nX<C#^#<<V_S3zM\F%(5QNg:p2RlC"ruC
f&uii5qkuo|-80uI*iB%_``wjK7Q<w-Av%bxe5y<LXC*[2jd63Tu3]%9Le{|Hz.X3~)BonNg
YNgqJaa;OsELSF$]9Ny9~n,L9h*FE`Ve`EQ_JHye$X,leHDt6y/3@z0k,V)/<"{kTiG#I2<_
rn-4[8#HWiS1!JmcW06v}w.9<Qn<m]j4@8NB}oK'<GDmz.A"|q+YzUKN8UHn`qen/6kD{z(e
f1nQ&z&uFm-k(>+IfMLhQQm8KqJ9HIZnp&jz/_uC3_`s_`z@`;79yBH#<$VDJcr1".wsm%$@
[mf3&B9QbA07sB5Uxq>Q1`b].;Y[~@B~ix/9&S2xP&5rp[tx\Vz{4pLP3{_{X0R_`U|_jqv|
4SSNU;W1d#-~$be-WO=/Cg>gAtW$9eN53P#3'|~Sfu)V~0Ce88T_Mgi0AXe>4p)}hpk+^M++
kb#{vS^)>U0VYLnsy>*PfD:)Q-b})D6cT`R_P2`f3_Ji+Ny0`3EI^WRyJuQ4-:,~i;:RWH6M
D@(VOE>o,QE/2F]<`Y_5paRO/xR0I5f2Ln##i7pWN[eQ*e,Xy.lYE4b^9]0{ssSsj'(neszv
"j%_)dG'Kfj+_VSu;94rDNJ2>Ns#Bdem7%"F#H(d^,Y]dmlmqJS@H=G|Z'6VC?RJ5{8!i>$m
*}$(;kiCt\={^=%[`5vO`1yxqj}6(.g+d?f~8p'w6xXV:!*K(c18Va|/aI_;_b |G)~NMCK:
7EY=,tl:Z`5Q~_Ls~$@aK[\V6vW$Ll>N`$;oM9_@S30zhS:|"!oMls(}eaq06(S?w5l0ScEV
<I9y}=b"^Y%oZ&f-u_DK1vn>w=]tflg'uZ#5+"k7Wt&)_Z[0xoD%J!Zlu77/QI*3dy<G}fd#
gkkkn;Yg.=]bZoiN"s6-8{&~F&Q%s)zz:>>- l/Oohn*Fy`kZwrBjO@N/<H^39)W{$?@&/8z
6NSgb'ZA_tN(y{A!K4T=:LvZg+RI5 +]/^nA;DBAjv,DQ+:{w&PfB2"+sREl7dg.[wD:#OE_
%O5saztLJZsuL^;BomX(]^#@}2<)<t>pkUG,b^|gU %g]9-&?6!'Tz7Jyj$#xac9n|U<pc~$
yj"B:ae_S!;2;l}p1ncqZ;*b.P0zZ~FM4#,S<kHe9(g<(Lv?#3nTX}bQ(@Y?7Uq){l$(R'G^
jV^B|w,cnl{-'93fZCW)-eZTYY{-nKhgCsPG}[At|booOu'<f^_'#aZj5~24OyVviwh0ld]!
)6|;!>>Qv[cS[3QqT1_%QDO?>7G}yr5<F/^?5w|6lVBd-c'Cx:gu!v[}u:TT{(0aupQyc59i
|LxHM8%<>t/|Vv6.9s]p|-hwh"^+juv"nMpq1IV&wC);w923O/dZPr<nQR!DGzu3)/X81P8Q
=TidM@jzmFh(cW^T}\ dBZP2m*F-cw@)r_l> 59*l=9SOOSSb&\\zn;DiF8A)7J*`fIJwbmp
X(GAQhG)i!H.^gB(Cmh;a8m?U;$yO=}O(RVwR^#$]p>>"IaI6qTUqFK0w jnd"G()t%HO][9
=W]:?n]+K5|!0>8\L2^ud[`SW^6_}DX-%rQ?W$Y%G"`_"JGK,=3X~A{8s Vvw:`KC'l1hskh
L,{XT^Tz]mv7$<Zx3W%OMVVj];NtM#m{eK#6Y9x5!U5;%7/8.z"?oiM{$78{&<n]A]X/0N=,
\m(lV>[22<&i#c4<hbQL6g:axS>t*^F#]K~`cx%JPKG&!/:c7/}NTitRI6QI6Rx!;<2UyH6@
]Xob)fSLH|UC ?jGWR6H9`R&.^{QoXj<NJQ"nXue^h6DJJ8kmiI# '-sZxzLXk|][\yKTxuJ
v(bl9X}}O1(.c]:t'yM&*O}D@p` G"LD[VWV=;U1T+r"TV~atE9iOM0:g5oO!%12|/UDN|9o
3Qo|sPO$#bwwFpybdJiGJ@`)[TuBB"Rbsl#4n`$lgSI|-Z?uv%P6BXv_KNF8z38S``wuSeb_
6zV\9)R0mVW h+Gdl9/NNIi$^s_HVrVfV_26,LpqpqF)]zVK:`hKedGy0kCUC"WYJpNUfxTO
9Q!c~O77kM(hJ7+*daBNpj.kqI[QYw,1H)$a<f!9GB~L`\\s}#%)rL2w.^5#L0*}537!uGn_
i+i| ^|{[l/o14d +cK I-D4c%8LV+~&"t!2j7w00-!X7N&D4~#7\Tud/2snG1^`e+b7^pES
I+)<B:<,O8&lEP?~rYOgn4Q`"~QC@G7J+el#-b</?v4|#zNvYT~5,VElQ**.-+Ugj~(LeSFr
VCD7Tz/fVyF2<9Z0[2'bTfG: nk1Yz9TUTw'_\`D2#5"Bw\x{IWfDy"3b7FIvZrJYrki]=an
qTDc[G0K]TEy2e?`+R_Er,vWr~n6%Hu|)Nx}KLvvCQK#-h"BKJYJsbSBgp{,)ogF^|L:kSJ]
"hP&DB$X:G!OQe#z{cD;0FaB9-yWCUY\[.jhJ_|Gz.)^|D9c;TG4(-8S51|9Hiieq"nyfjl{
JfC_RF2?VGo?9vxN>v_&vlvc-i(@ASj8*AgAIOC%`Qb/>Su;p4uv]2?#+Oc'M11aV}5:/Gu/
`(y62Je+ j/tJ-@cfJr;8!Mmvh7oSyvmVPUHD-op2Z@W{PcmL>}@VRG38u%c0MV6b}w);Us,
«c¡_CM6!zsMcv|i;@»0gnN%r9c1 &R^9"dP(S:xLo =2O'L7(sgK!hJS/etTS2(@&qVgGJOD
e6/?z{6g>?C<8[STt{Sd8O/Ce`9u>|TxH~^cTruglp, ^X-%M:*>?$1rh({\+GCH^,7"eEb.

2017 Fri 2018 Sat 2019 Sun 2020 Tue

Thursday, June 30

/<^s>K7O~_$b^H\{jKIhQ9$ZM5PG!2F>o{L'%=qpf&6),zfr~ps~(;72.YT91"QRYLA&gT l
h.Ant'u*<b~pv@AC|n"UQ%1NCva3~_Q-d1B6yY/~6!,SY1}TR<R;n!Zs6nOh=JrDI'U-\Dh5
gd(%op`A8..6vN>`~oU_A/\xs^&~CLFrO<~SOLdzb6jr2}~;RBl'qr>c}a@AzB' ,2\/H{;
q/F$W3p6rq/OD#&ekHW$CPY];Rxuo2FQl;S&{c<Z?x+M}(vi0a[Q*Z%RK{ONi\)[rYLXJw]m
i:T)OAf"6Wl@h{r]J,es{eVxh5jQ}D\GfYot#BOO 0Y2"?(yrzsviS*EoEvpkv`TT1*'zHdq
e:nI5[HAIvHP^aFwxJV>6"ZuTu-,?AUGG:Lb;o0Yu]'VZ1TrJm'^xm+7uAq2d!G7s.[NB+N&
pn|wBM'fomFOL!:kw"#vjDs?T=Lf{nW}VHTw[}=*XgwwcBIC}{qp}&e8M&GYK,.HeBLr\|eH
!cn"0e'52vN}Qj1Szdj)9?50=|^(_PTc0;oZbG*F;/<,aKe/\Amg~hz8(7\$&>q@1 $:d}i\
Ow0!a!PQUDQGKJlf*{t&(v%umxD>R7_dNt*!YW^}_LB}1gb|O[dc(T?d5UIYtO{k~;c=eui|
l@*]i#>Idpz{gc"[q~3G!19{8N!pZlGrG/yg UV!.h,%`=|GaXpA]39or $&Kk^Tk]p'Uq<9
m__4Ha/z!|D=l0!:~oDQfStu>f}LoA-6_M9 Y(Sn>DZ?]8<E(_Pcs:b;F0c|jWwtY_('hNH4
n1FU@`mhLj$X%:eW_"pL?Z aG{.[@w^JpNN@<%kBg5S/)_//1$YZ_bRdZTBN6gjuTl@D]^\S
;):^D<5a}<?B!]n()H]TDLUo>0/)A54X:3)cwM%RZ5;%y&9"fYP;IWIXVOr_FW^MI2-Tg]\7
6(@JSdnc>/:`TO>e(ZjG+M^1(|$]CS02iB/L[{Z MMRwB-J?]9}FW"|)X-54H_#u?X2d7/.Y
f2!#}]"5Eo/L-;aaY't,T<k)6J,@f=H3wGB ?E%o-w2&SBykxBn5?b3H/Op6mKdULi'o)VT
|BB#x6:.tj[QEeV0)mC77(Qv(N+M9%/uBCDviA:Qik^1O>!SA,7dO'aY%Ag=Co49G~ K<W_J
p8R"r>Xx)bO dj~:nv=xH;t2Hd4D ep$2vVEy4&&DpCwo|3]+2t`J"V{OYQiLx'rowsagFs:
fC\._g^"t(5w54$u\0rgK^MITZ?X8$)Kc]p\Lh"JjVXrdR>RKX"(zBuT? GV?0nyWwnm_<|
qIy0koVus}Q7Y$4=&2C!kMV;4-b24hbT.bvlBt7[Dt.>k2W_@;?0m4K)n,P<[Wj}$S[_1Q/=
PNu,pPh$ewAnnP_1QQ=nlyT>~TuyIaxs_dh\PaqWKrh(v65pv>VnUyL$H4@!>XN_lMfp~A5Y
s[vdO4O{L~v6-3\6|c~%IKF%#ImD=ipQ@|J3/R*KxZ#u9/tgyj7s:E{mHG3JQ#MN>DPIE=cZ
{Urr`(yq#Gk7KM_)2whg_pC4MxU{_Pe(=EnYOKAC5Q)Ana~7:V)S>jMp(v_2xJY0#th|JUkE
L\~_toE.Li#n#_(RAMsLDM)ld6\j0*f\Y[aG~y/ReEVQo}s_s3V,8/9Q6<b'|uZPEP2Q1XKa
7 SG.ZdHgi\Qn:WRE[@D`(nBmuA49J8[`u?<iVC|3<]%+!r26c7g}<g~Rqmd[%9|[c/;F)Mg
SlGq5]um*Ha 57>w3&{X>|\t`$3OG'h!+T[<z"mcpx.'.oPW]=9jK#`.t<3;t-tJrL~i'/@<
,pfq?>9dmh+_b@0=dm1:hp&\ j;8|r$B>wo@Wj$I"sou.Q;Jq&%mxu\<01.b@o.BVh#%f]9u
BJw`+xyis=`%ks}?8?y9sQUIlKS3W')"HQP+Th).CBkp.g5E#:;3UrPjhjs- [xN8]aXesHJ
%d,+OH2R.'rJQfj@0[y\u82)JHUerl[>1K0{5JpwGk 1Dl1uT5AWj+|MNqzK>g'\)E7if ,A
Lp\x&5j8;F7'#}'M7K<9>:"umNXvK<U%uCU)a;C1/6),gzG,{Bv3$JsNg3,`{t1~I3i_}&/W
B&cc>@QR%yJs508wob zF.hd@mI?)\6`woEM.MZIrT=X}pr}\U %Yc?M;@@"elZ+ KPRV[pv
Z(dUd`0~Y-kS$S;om=sgW"[V6D4}qGBQQfx>#.d6'Y2^koU8L1g;Q/=QSj|Y9nG##EV>MlU;
_[23 |DSvcD;BA2]u<X uCBOe1.,B$oJPVD$;Zg2#|!n-FQ<ftF7Py";TFKYl4ZgNa@DdL^(
$[wd;~dnZ76]&6~{lb{v:C=^kkEof`')IT1-j?!1[B41]4[J/ptCQL*3p}s_+nV}9>/]ItA^
p6"$0Y3y@m`;GMUm)^6q&I>$_g~_%`TB3FF='Y?zw[r$T"sF9v'%oE7`:sJsB-A&!]1fzhY:
vEyO4AP*(\tSxL7Z6&<cP|| 2VW2h|FjuhbbF>5y@.Hb/^nsdG!Z,7AT+^aB,sV\@A`o7)_4
;*z\?9(jN NE3ly<!,%x(vMBYr,U.2e.]rSRH zBdD[RS-;?5c*|IC}!JsX~J-$W"J|d-bXu
.GN]#-1;9|`L.%Sw\x52Ka zp?;'3+RR85OOt0:"f`_pT-;2009eDy~zYQxbeUh[YiVhbWzF
ntc?hoarR}/PNC{-f]!^eBgmSQWnX) Jj/N2AFuN}y@h/iaw47/rCzY074]cT/_)WN7pJ7Me
B7-q,+OR}SYdqO+^NCP18YH+qU&t6vYiIUv[LtL<`0y`i7:qI5Tkje*[(UamcWh;t=yOuCj2
%cqtdF,RxNMc2{\WN|/+ts1 ~;<8^31W2"'+0o<LNRjB95h#~hD#_J+;LYxz1M.`F~0a3qXs

Friday, July 1 2017 Sat 2018 Sun 2019 Mon 2020 Wed

M+.eN2CG>M,xro"itlZif!7^FHU}K80Y';aa]gAzBUuCpboB(vr-tA-A9>?ROFg;(NSx#33m
8gnnh0:JRp#Q(@G1v/1$HT&p NdxlVmWTdI2F@bWLALdO&h?T_zC$b%P{cO9JyK}?K(Yc2os
:wd5!~Lx,*}&^9&vGp>B6*-U:Dh-Z%X)wC7:f5hw(w-%G>-5?%]9+c^m}%$?~B1W^W'D_'~
&}4u- nGm^8.oq(vERyd4wj<<kQ^?.%dWGEDei)Y #W4k[ExG'UD@k$~UDsa:W?'9Cv79]cC
g/\t*:@*u`AHlWK8B~g*Vo#bx?_UjJqN_/EfD!fn3]aZ5Ite^u;Fevf#DdQ sdjLRp&dPn-)
H6^-miTs4d7G(\VLz^Y[,$,3KtBcdgqd1|=~]uzV1_M%\G>f,&wpg&|T[ga\8N:h*Lz0 Q!O
,#%%9fr5|X3a_KWS9:9tp#ky|fZsP1kP-F*:(yIi;s<1`-9;lk)W40P31b_{1!0~hgHO^s\h
hRX67_NZ#e]7.*^7>&Fq\PYfH%z@&_cyF+0SX"\=p<Yr}?sr\OtN(yof1T"1{CsyY['lNYrd
*k[48TiE)22gnJ"8Bp[7AG1.:y0/4fmq&AUk#UUX<+R'GHV7Yn^Z; i}!!&dw5hV%jR?:\t&
z8yL *Yj_%%v!$5etz68Rk%Y|i|FS|F<8vatk~1ld-I$hd;"[:&v07Q]kf>pAVPPI+EVGTHQ
@$o61y!#SJ]k''=A<Mg&c@s1v"JNZ%2-|pF.IUx}~)e!8;\HhNow:RCbVLS*qGfi[QZ *>mp
BMMJ|ir\cbFT~W[\oLj;'>Mc}>2>F97x6G]i5cex2*qm1#_5V\JbNN'${m&wmz] W-IFd)8
V6C${tEgHfUm]dQoD(bm${~O_nK":QP9l%o\PDyeF}S]'1`Ud{t:xi`#il.hd{"V_c>%"@ks
!WQv]7Vv,Q,GX>c@BhEI/ocUigxl}M"f;}\H3KY~C3{hWIKk"bW;-*j'*.=,&wkpM(Ojn%<<
wRU`au='u3UuB8oON[51dMs$?":W6*I6Iw@A>zIu|2;,GPw/{&Xp]SH7Gd\S~U>RQb-& f5A
K#SX0VT/~})'`!B=i`n#+m&cXd?71Uc?o`8gMw/i?Y(U-9rm7n*B3{e|1{3avF{oG#Wd/88N
Fd.Fv:h;e\ n3yeX_k"V?X9@CDnm^+HY;a'VB'*_lg@v!I##b]D%s"Uzmf&)LbMmO }o;=.w
@2Lx,Nx,YE)\Vwy'#+Z_^#HRX`Kto @1vY%(e`_2yK"),rv~kk`?z="Dp=1G}bG1.SFw#{=E
x8bI)~^2Rz^`>0,[/])#/|=<AmB<k(#L=^!v|UgwH=gEn'FB6GJ?-V>W(!'3f?par8C*EMD(
!~r.<fg7u-=2<aj?flS4|XH_31v\q)M!}hIN-Fhm_+~KFX9_O4JDyOVRcta*x'R><$G;?wi/
6=/klc8}_!O(@?x2U3poxR65V'oh8y]< vO7pE_]V*4bPcEmBP#:{h1LU1XZj:la;q"XPL,X
Baa!TSWxjsUM"3Kxro39Dz}:`@iu=4\mcG1PgHyTu'vTAE >"$y@ [5l6kpsM&7i*{,1=h0l
D=iiRau'v5JbKQ|;&!(\=S|Y@ndOM5O5A!#qntl]zF7GNiM<Pe5Qz+D<QRd mjs}@pD&k`fb
'+@i=7k}i~Cxd6[>lM>X)Y(`tS<8jqd8)D-[w3IHIz[<7ldQHMB%mhz3,Auyr@4u+_Sejv"2
z$G+,Qt.6,;n63m}kO)`g?dwRG(G2!/%2*-'3Z@BHBF?TNjAbD"dLNop*|<asFPwt+PW*t*T
)i;"P_W)KQ~#e]~f}8BqYhz&gR\<J(LI,2n|:c9 3HjPI0[-aVh.;Ib63w{h,jh'2o3PaK/X
g{]}^K9F!lFMCk7s\gze/<7?adfTAZwJc"{Y}e8a^ii~8cSpzdI+z$eFi;x!LV(S(Nr~FGO?
/u;z19'$.lY6oYIZLm"-YMcC-AG8/$!yz|jjI7;M['~6t:Xe]i`c<.u~PD~utIX7T?|u!H7.
rT(Yi*Y_ylr(XQ?`r5GHnc>o96R_?UM'~mx[8T6n\3ppO:j{yKQ@|dP& |2,e!WL.>ZM!&i7
2V/07sxqxfh0eqwOjB4ExV_y){/>x\KIG,NQ+~>=J vV|q?4#*N]0-zCy1eAx,={,/w#fX13
a9/5} PK0rULbU0:OF2:#SI9]DldG"d:uv:CLpuplc]Om$,-gEmf,r]TvkDiE0W}!%zJ.t$
b0=p"=|UHSJ1#[Gm*:L(D#h+wlV(_?h)kvRuHZ!92f6nGJ;BV'e{8Yt^G`<M; }AFd>sSB2
Mi~W|9[k(/Dq+t:1wx~guS9}&Wgcq,rs$)-:7%hn\P4`b,3\!$=X-oV$Z;/9h\GLp+Rdr+(s
Ez_?r'(fg;@r[#+_V7r%!k+C&3JCt:E1V[QQ^p' =bCH.FSm^XnS{^7}gVRa,v2T9XyPM8a
zs[.CV9izB]]{E^8DJ:0%5&Y-x-l\r9;smyCU<^+?i&rahlOkR8~[)cLPeS$ya+h/#Z"k7'-
;o$#2^x|c7;(L3\&8=M$+.&2h;W,E\X#-zQMza#HJxv!%N?J6$/<-KmPp[,0d(YfGBPFIMYr
8_*U.p<j>'V&S1Fbw[q.PL!`x.=7DdC2}PmrjAHprb&a%@;)]-nc)Vs+0AAR?(zX?5}(tSI^
L>A]-XX=M6dIt$EESAx]4!:7IDhK4"5>1[I@5=q?~/d_C$F1r{.gOr'&aYGL"?'\)RB.p_c
8=z/f$tPpH,]v0:DkFDK-ZsCZ31~C+FqQo) FZkVg6308'Kbm^oJ*GWu_z`bH$vK^wx}f30)
gYN^Dg!avuRfx948.MgmZ8(ZUSx"</q2mMDprPr$0laEym/txM&\B4xWqwP:?),mhL,(n),I

Saturday, July 2 2017 Sun 2018 Mon 2019 Tue 2020 Thu

IQx,]p4:%rboX-D\?r[S\ b SHfF""|Yk`iI`U&6cBlH.RAR;o#08RC{r AkjR9Sxd'`!oL~
CCt-cv/qyM?u1Zz7.,rA4"KHoFU>_c^N,:X_*BRYC7qDR4zRx(hE=K]P``--R~L0I5hLM?6
$\;YM6o74p?/N".GMCX~V;IL~M,KbC~%Nm= {Aq}\ *Mt/bj[1E68SET1sF)|90mMVs*RW:)
@^E/aCVtzw}(:+F*~\Fq1o"m=*HgBdg[F6%Vv|vWAr.D(Uz}SD%N yc2Kea,$~&LsiFBXv&;
&m<XYUR3]f=Wlk=U 8)#*L+r4XlYTnS7j%e5Z*wD$KkIr%(^nv"ijmiVQI@yD4o;z_Vt#wqZ
-];12Z~"3#JnT9DsqE@9FN=0,.~G S;6pw{q5~cC{I"$)s!iiM36zgZ_i<(nS}R7aL3CSbh7
_U?BwG?M~imV2 Xvd&$UE&)bJ:PnQ#z!&x1D,hfnNC~YrKw{R0)wTDgfX)Ds+zPq3B YCi6
%f*[[L*HLEP(g$SRzzH[REdE=t_,2Yp~*FuDs3~t{WzP]n`L(@`b-$eF%,p|e@h/vGB\8'R`
EvOljqEBhO m-v`e=$;VJVvD\t-*ok$~P[(:LC`8{z3CSGv!jV{V`e(Z*s%FjBP@\\uSH=q4
0)^rBtFW%R<Q`tj!cR@`lQ(XAIUCcc>1{w%d:PQW0 EI[NZx,2LFJ~W]3)[\wGTh^+<w9('V
ND'3tQ#3ALd{2~?@JXR;qf=X1]tG\2?X?B2tl=}VJ0Md2&_Ebz7yqNfZ{\3GfEIVwx6~^mE&
?%hR)_B|V8i_p|q0A"}=[y%9JItb3.M:4b>0>i>Kz^7mT{\kY7?@%\{ecK1F'T4G@NEV+m&
W{#bvRJlRX<60a.riI`KGGT?f3o%9hsn"B6G?9U)K5=9s|xxXZ,B}yyl4ah{\s:|gibGq9 U
R.+}QZG]0VmoGi Z|v{uMTw8^"@V.v)0n;_.t=!.]2X*)|}lw@'\~I{iMUsOkxF<u88%=t-9
"XHj7U*V-9cn}&j>p}NP#w\\T5[#xfe_QXlXbL)x=Fd@#<2rrYy;US \+.XM?3L4T,G6O05D
69|U|wT\Np3V%!`~Zz!>z(fS,}UKWGO`[p-2SGf}>"d3BQJUvL2Cn0(Nw<o=P @5.{?~ *)i
OtqsX!J:f,~e(WMqp(d\A.M75?@1f]hE55?3f;t5rF\V*v96L0O~Tt\?DWm62vJ;V=1U0gz$
xNu1VgY8TEG&IX@c9.'aeKlG)'FUl1Btaoz08;TAa,rKr;I3 wNIj`"&=Op}j]*.m3\]xu]s
7^_T/X.qp|GDEmd,x&/S/X={Gklur=@\Pzc-^GU$yQ\`%R>[iX#Yp9Q9g!M{ev)ad|}}Gf.k
keMgqAe]F&%ov=d>}e*ri;C(=t5{-}H]SCj2:tmTbv{''_Y_19"7]^aV=P=8-udBjMG8 89-
Lv,64@?-*)s9O{W'|-,-S?yXnQvxM.$C>)Vrt@Z:#F4[VOuW#8't*<77ppgpj/pms*X?7%22
G`5=1Gz:9Y\MnRQosXG13[Trr`eo2R3~D9U}x[-Na<:(IwE^RfT)CxyylbQ6lM,j(N\:CXJ!
&:Dhf,t/l6/ 0uLnWY&6NT;pwd$5vYuK7*L0OWIh:`*g[xa6dBquer/YOA<5QDz9|dnVOx)U
%#ED'<ws0bQAN1aoD.{j\(`45 m4]Lu=fe)fHd0/$ YZ- )NSXa1L6uIKRKl!CP1?0h$`gTP
o,VW~RLT jYHNAB?")q"N/$<vL}`i('fM?Oc)KXwz_Y+9|YhU=l~2.Tj4;n@__BVSf`!)D{;
]w3+P*GDmz$*"@F#ASKbw]mTHH/y29c(:$/4l+neRG6O13!\B$|{YWqKZ^Vt 4ES+x~Vy&c}
SuZ%%"fKs:+=IS$Ktd7gdM]<TN&VO82RPs>g%kQsH:Tt4U=qjC}'R(BdYE[:1H&2J#fuR':|
g8'$!1}{jAe2s1`.[,?Q?*Od0vXlk1L641MkW5Z[yd(no#V;>F8]$nC0g<I!?HwS(likc:l[
oh+Ay4PFr'17dAFy]8E%stc5"ea%VvaZNF.UQ5f"`pQ;S1T9*a-eg*_^dTq3&*4~w~W<yqt0
;@o^Jo^1gOjVFCW0|*B;&r=PN#W;;8pS>%<^>t7x2yP!)$'NkVh;-FC3K7!$r oP|~Vdqk*m
R/xO=09j)7ex}*9]"qw.Q[I?4PblOaj[PEnjiB8"@)3%_rHKZni$FDuIS:4nM-&+O(Eh07X6
$VuMXB<hsT6PWS@@?,UDY)!XF<PCJ+xxM4\~=o`0iQ|6sH]tB%GaaaWI5~cKRp<O6'rXiSxy
Db^oR*)<EyEibOi7]o1o!S/fB,%y,V7,0=4?"gTcm,LQ_#h"7Cx!@S1i y&IVedQok*e0N9L
!(Tu{%Hv^Nq1lD9"9gIo'Nm*5TRaio=x.-O3'Jpb)~'V`8~r-RHX_qREI\|.8#r|i3wK]'_#
hG6>y=8b|>l+Z0gKwnc~mUyG5rdp(!_1A*^6N.^SL/=*z3e""S5?"f8X`-l3BL6H x^sl<r
&1i41iAbmS-"~+]TcH-+Bqelk69v}r#HW@t#}?ja$UmOXG-*R3z/%pw6:A;:=X_lZwWY;IWR
I"%m~L|y<V@W.8nPknJ {7X!K_4*,B4BfP.yJ7r`+ed?*5C$:)S\W3E<(TLx{VY8^\Mr)h:Y
62}!}=IyD2mE^N9JMTx^7_0j[`=h[AOCAz7qOS(?]e;c!4Zgp77ae9),usB5`/D.HkB$$e~h
:{?x#IoTEWhoy*v275p*[*i<ES[htkvzu!ve2^"#^#^sZq<|DdI9dh*VGDbFn=>Tp!C7"vAG
|,acY*sx{gLX@'v275C@eJ$rOBM05np_75T4(r,!@o5kZb^q8L$(OF:sm|0A7x<@"m?DMIOp

2017 Mon 2018 Tue 2019 Wed 2020 Fri

Sunday, July 3

K6]h#LB#gaGm)meI4|;Fa\/kPGl]`;ounG"`^`!Zg~o{%@lZo/u-<l9od6(J0-UjXJa|{-}W
#R|sb?JOQ M"B"v^l2-;U7oNefWU\fzcK;S9+h~Jf~+Ph"&y-qXk|6(Oiz4kE]wAr~=,3$^G
y!hIaJKeK'<H(zFuO'<6I<LTR0$.$gew&?.pS\;A%CzC^MPv&N-@?$,nN:N2afvGe7k;8O m
?OgL3r@:N<Q&-?{W+\T,AkLsspuQ}S.CTo&%Z<hl5elFuFA{fh.SdM?,qvJPP#trO(9KYQXy
~hm]CCbJ_)PcENKnjWX,J49\Lg<zT15y<azx-(Fw~I0$<>3Q\'"+v@fye=)YR'g!VHl%d"o9
$R>uR5q*?GRIfJ>9i&M$RQ&r75Wi~AW&_fH{j>{@-zPp,ifhqPP(Dvfwl!8\`cAa6!ize`+
E4_0!aFl>[1gE>"q(SM|xK-9`fqT5Onirjz6OEm!+gbJD!w[-SvRqR.389l$];3:Z^32md[M
Uw(>Pb0&Tbaj(GlbBixd@u8myJ=qMZ1'~RmDV6{4yYGNC``Wu{v}v9(`ODj8nW%TnuY(-Ngm
w:+G48'S!hu~t{Iu<O/_Qk_:"VX)qLEwks|nhNVQW]c^}SnhfZCe|7XZj3(R6Q^I{;\wl7,x
Io86n=i,m,kp>T{Gbm!K?2Fx51jsE]g<3zJAFy(94u?<?zq,|02Eq*orkGl*D)Sl$zT3%Q}p
S9yCEw cT]`g;j1R=g+Zia))cC x?W\^.lZ8 FfmU<Xku#+q\B+`xM}[Jc(;n;q2IM\>A|/)
=bQAw=jVecTo;/gwyy+$T'xep}0A'^lPm#~?6j4uvTzQ="NflPwr";Oa>'i}UU5S>A[xb#Wb
X.v%uRr"[XqD[>XNtPOq}bNEcds,n? ?m #^7[Dt[lf0%#i"P;v0*iHn;G,8*v"(UUFWZ-r)
ZTp?b+,{*kHxh.iBOzScgRNKIw4/2BY_\AbQY l%hsxG\s`y.l!keFwK3eJQFna?dHCSCb{,
tQ|\#(t?*4yx:<xg~@pr+`_B-z<,1 ^Bm$Bq+t],LG4G^("fgoG6[lUuevOZGN+ 5cktS7C;
Z.[@r2&!Y!;NtJI]\.3SZ5`A*N-b33nz-c[sxders\htPxZ>5RhWg!4'/=x\o'z&D{Z-TRl
BeD:'uu OwW#+Xmw|`pw4hw0)]l:.KUFCv@.*1h3,TNi0M\v|d11mo7,7D0t0fCiS$5@va]9
J:2*L<3pdOkv{lV.DZ{Xoy@Gi$Uq|}+wJ_[q'?ry>$' CK7H.~C`HGZxi(Ult)-cJ}H4A8B
F7L"2<Ghml}Z%@dx!0*Z&6b1@FTEO>[tr>!b}1@@F,)G$:HIY8W SNBT'<%>2my`)VYBv#]
Q'?,05^tp{zadqx=I(5~#*,l#}qFK^8hmBs7J$j*&o&Z_08[=-)k g;?N>tc&=BTlUN6g@u"
;K|rMiD:5]LPR)3f8`7gkK;.'&t=T`76Ab]?^"W2ZQI_,vw/K)"Fke\p>YqZ1Uz8duDfGV:K
N0w.AsN&{m!Q%zpm~k\k$6Y6_o~7]M1&=qD>2aPO4{T!tbpn)O74ix#_owwaRkd"sd2jK\}\
xxh[8;AAXcUY:=0O?COkBPpV!<J.}!weu>M|;9`x[@0^,Je@F>VP%"gU/>V_:mgPj*Yze)&k
2v}k4aC+g_Qju_f@}CC#lzvyc>bl63=,|OoE!)7m4lmBo&5F{e_4:@ZMALo]Ea|uMZ@vApU
Co<>UaTJn;B3woJY.S|$Ym/cEZiiRQt[+J9m}/RqfE@T"=BfkWhqc?n26J;6c(&oc|QEE^Gs
w,xkG%q~R(fk]idDA/?7")w6Wt(p.mR`8Kw_5\i;y`0o-\hV^D<b'"QuXp ;D;~(0wfFgo@+
0<gB"hX@n'2W\+4g~rX# +t{yz8Xgm]^jFk-A]V%}9papb]MPPg$-:InN"WS[%?f\ly[z[
*zi-/G!Y{=<6XY5?&Aj1]Pap<?$E;ByQfIj=1'lej5TVMYW"598%=ZR9z\.:y;|} 3A=nXfD
Y,[mjG061u`O9\P,CQTL2uZwH-zYPhn":DmK>vr}1}TygYIz=*@T'E7^a\~j"45.A(gxQVWB
=&pogYEx7&vWJWOC1,gj=6ZWYNc4.MWbF<0+E=L=$+J##|:Z.>l5uc0#$E=E(s#|%Rg9%mIe
X;wm2]=6%PzysIAGtr0#<lbAeSRa^w5JF5[jNs\Bw8V;.,~qSnGs 6[kyDCA,v1BDr>+VA#/
R_EdJL5CHfLFuOA=bH|}[d1"mDOmOg~}`H >8=B_Tdr)5/0}K?WVtDz${aFh\v4xVA}V=?tM
"B9}\{`13pO3Sg{rf@YSTa\1r_k|&m2jcY pew2H9%G SC54\}J0r,=J>~2gGr~N')v(,L4w
Ec7v8\K;{5ni%P0vZhM"(MI^|E"=U<gM(dy85'dmCswGhOi<^ZitTfA&yIjI,HeZkh@}q2ll
;">U1Xjf+!4 k\MNl'm+fyUH1j]p8SbS@O[~"2Jhvt(OT5Uh1quOBn93F^_\:nod-ft0Ap ;
~.QuN2D]>4S3O.:a+,ZThDP(mHo&~~NHnYY{[Sz{(W6^rF(5,%jc>*{D0Y1I:$9D:@,$6[Oz
0`.t)>zrZ|)ZmZ%f4Jo%;CODB`Q2j~dc4T9k)}cu:y#oBDoUDKJe=+A=CFWU3GIS=kYkaoV4
S.L/Le#.#`d/#39jBX%'D]:m+$8XWpW9'Pp^f1uiRaFZb:0G"ypDP?GV)\+<|0l!t+:X!40-
i\hDCreHF90%s+&SFm+Tkhfosj%Q}?sOJMly_ln@4Wv;|+7/j GA;]N^~7H|-nTR$]Ct,WLg
2C4oFK~ G+~j GdmOcYb%eIWF:;C<1N*X4F|$P_(,ZIL7WqdgM9 jB=.N*}:<Xb2l}V!dFBA

2017 Tue 2018 Wed 2019 Thu 2020 Sat

Monday, July 4

usxB.CD%\tSni@[u%lm9zHhJ~AUz"}3-pm!h6MVNL41rg*1XERZ-#IOPw)?vHqEIkXR8VJXj
.,WK%,)VAioCuYt;v*py[SJTmXnvRC ? 6e5<=:uvx&61I^lP]r)9VbLy!iq5,_+rY??`;']
"q:#Oc69d3i8 a2I%P>m#n0q^rr)Wg/I4uY[kcjBi;-n{'Z=(%@3 uP@s{*OpX$__`dg^Zz#
;a6T$wo#I.Mdz='~d@EDK;?0/eq=#<[ig|t`Zv4H)!>4&TDy~R2IwY@&nIsb'eh!D*;AvVBX
/h?,}dF<On\ JMRhHx~cwo9|5X)^I,deAPA)8o Fh!="5sV=LP1\aa.T&"nz1TNdPT(_59_c
:T/'7Z'oqvnM9Y]CxU!YTZ9v\ q,+;tJr$Wm "fUjC:w"pJW.HW._WqUQ_8ZI-=O(`Pf2Jd5
;|@6gCuGXTf5Wyz*}'8L(xze?/Za)UHlG+A}?:QZ$3MUMn39*ont"PAH}@yz.|K]sGjK=8q/
T$3r`Rb&ewc&"/JgWqt~<_`}zrhc7;:U6Vu}Ec~?xm=~GIFYZGQ%r^7HMSG-H1jq+IJ]'3}7
PIo6kv~{7Yaw.%cUoz^fK'xftg/M|JX\f^./Ty`+lE*^6oN@Tzcc`!SKTgS)y;+pOVC_[[8g
U^:O$61O<rolj&W1nub_Q?)e\pG0Y\/6u8N|~8G<Mh"u}wX^+GoZUxwy19`g\s<~2Zy7UlyK
_X"%bFL/k!aaig:@x?WS(MnYC3@#:.3W,/&EVpW?!amWt2CXsWr1,VA))`PG$LhoS/%!b)3%
)M}-3Kk3>E9cXn0jt]UUmEIq2@5$ZBz87'03(vEnC8%m43"24V<nj)[a&yyA@P1ys}m1c`:l
.WI*e_l7V9'x{8^50J+DTAP@A$gh*w~NE{z>FK.s[;c]R1~?RZdN?kQ7cUZ -<KHfw.Oe#$g
H46K@piTKoDT)`1TnB}CB12Mf%G%hHHJ/(oGc#1>_ArWr`&Py(w$f1_tf'G6*h3^)HkJgi=z
rV]@,s?ytsOw>i@/CjUh,Qupc~E3PQg|^uK}Z%n&}3P!X,e}^0:_$pJ{>| |os`Ao*QrJ_0x
4[Wz%SLv:!}B_Vsu'TxSjw`_?q41g]{p3\\=-gEI]3aW"P3)97h$ay"Lo#A64SuI};PV9T4}
N@@#<}.W0Kod"|pVavpD0L}{yU2}K Qq+xHfRtWR"4acrl".=}58OSPSS1a|Ah^3o<Cs$am>
G(=d1cS7&8v1:hs~^J\pb/wLYjHE_@>~whRIsvYo.}KV3=ojwC:a'".Jwc6HOn8MSxifHF%;
aoRH0V2A%9c5uJ.=X)*JA=Ew 0*jB"d!rALmg,\tfute}D^%<E=<Jo~7buFc>AClYR:yu[;x
?')ap'm>qj;bH&3tj`+'d>8xZt>+4KJ.!sTcX8L>P$lPXut2R.[m\I'bVN?(1:pC(.y\K;n[
(sw'+@=eK;k-41>iQp>^~]_~riB]Yb\y$,KSx`v;QWKJdT!\a\,}-.sN|4Z^$?~W=TR$Qjr
/r29\t *p\6>v1ZT)+HAKJs0@~glW65o<x$Vx)!`/R*aki%z9(eX:Vxj^r5X;IzNQP#36bZP
0EM(zlXEis{;USiK}W8"i&`xcq"8P[jNOqa3VU^lZhF"n 8EvQ+b4N$4J!dyyAqv>M/`4q(Z
4KCk4]D73*J^fUuFT&MbqQ9NXeWM8i`KW!A_1~?lZi +rT!CC~pJB_|4K)|`dt?mmn$Byw/q
)&R$xoO.bctJ)u]6!S=J#b,Hwmld~&DM_+s(_ od|3V-38.Y(P];DEAxM9zzihmUm\2o\)6e
md5N}*.5w 4BJvF.4\e7C@/$i!3uf&ttV0C>M/05@dDC^vZh2WTDxRCHR>#L|hGp^+~w[6:K
`&_c7M{o7cy)2g!V=#egx|%'V(6fmq,c^sU3t9z=`s;;Ug.LhYcj=Gg#}ew$X76Y!,`fN^$-
o^Sy/sl6)K(/"F-Tk#,k%f2`a{ ^}Zs:h7glVWUFqw+%?*5uB_[ayqs}}DC}!lm<8`NCUZDf
>>//D[+an+g:d!xI,^hpH)M2ia<5$8ffRQ7,Rs l=g2."'0yqB7,w[E.7]OkSVDusZpGW!f/
pqF;T#BOO-0FwF4w?Q+PeP;0KqD[qmPd$CA~wf!UQnMAaYB8nf2J-sNEk,L.}APi-|X#to#o
PN.^gju"2z!Ne~ed0\]ur+4m=pB\U@Kn3,cI0T,yM|n=i~L?2Lg^KCI\co<HGFm@6i?g)3K%
%BQt|NQ+iFsSCw\N4WY\}jIr01t59Gp Rg>-Gbqar?scq,3.43{&X\O+USOtY6xl> ltrF
qtk.+(~#gdsAHk_&g!E sh {hL\aD!{CVjw;)YUpd1*v)Cu`>>.d^*&,Uo5+`<q`26@W{IDg
uGiIQa)tV3[T`4#zec69BH;Ynf|+=y.L4F*mpp0u]1){1d\3$i%f.AY.vI9va-F6ECd!U'zL
]N`5:%0iU~i~_A%Rl@=iAhKaJ&9uH#2eQ .=.MI!jN/^zOOy3E|[LuVyv{]JosF.Co$GrC[!
5F'I9ou2'nA^yr~/.!SwQk5!JbB18kL8 7gcT$_J~6Lbnpz_x?3*Ks='t3) ~Z~eo/<Rymu(
kEeQjbE$UZZQ\H!>*G<PdZFy05Y>$w\sR-<T=8<b@--^=;>6)q~oT.EWzzL]@{+.w<_Ti<Tc
D--?:<[&$s/a%,9OP`F eZ_ezpLZ?XhZZS&e zf9Wz]M/En#Dz(*5`gbk$uJpD=X!pi%P_mr
7_zUL#r*G#=$IN*Y]Bh;Lo8A7<"m 72fh^*#Ai4~a&S,3Mx0Pt4K=`n}$Ztl>UeZz9.:[aV)
]o0<He%lFr@i?YN$pb`w"6[eL?WIAfX[o]pv[MY{!U{OujE(xg$TLM*3%<~5/4@&)!hF|(V%

Tuesday, July 5

2017 Wed 2018 Thu 2019 Fri 2020 Sun

```
B!v>N OXBm=[lSpnTcdKm3m=_d"'+-%1b+ t(>;w'=8,]Kx]fUlgPoewLVX;x_j-Mv7h^1#$
zu^6j`-j@pG$7q@6b_VABcbvjnv!Q|nB(J_XOT+`)|m;/l?ZhZ,rO8Lec-q$TQJ)Gcv,F|Sq
a|sRF9Qs#p1Z`@Q/yR7YGs$(h/d+RNCFb4EPWmv<<0a7]#w>.xiI+{n|Z>VZ%5D[\vCZ@?QN
`oTVRPEvqA1D_lN`\:{:mK!'PJA5a}^\q&sU}xP>]JWc:MS$0+x3&g}4O1#N"x/gXD/^XN2P
Nn >p{C<d{d14sgd!QPX)32n~m;^I OYJxei%MR>Pc'#WITz&NugrN$zX/cxqg'aN'[mJ0lp
6]J1fx\/m`^cON13xESj=6Z6J<0DSG^fYcH,Pe;))SHsHE8lG>?[6G=70fw(&-S.Z(`%0zxQ
&{~%Ji)<1Xk<R),R7w]"1'_FDn_U1>oCC+6hJm{8nzf#RnDi5YBUGbbhcF0-<\W8s;K7xu+%
O]V*\<zl_Z"@>5%"d}jMEW?x[>@tF@4)HGY5E2g"ZTgb2E~F+olD{"jdL>uxF4!b5 Q*>HIb
Z=Q|@hk1iA+;E}~ rIE;=NC_e)bT!ibc14c%xXOlK8m;GY9q=$jIWyKg RB-o.=#10gA^_S@
2ZU $6x&bx\1 =}eiMn"be0<pIjb2z53k{10?^.<"",QOkKq%@M`LC'CZ@LMd}R2YX_6J"(w
/uqK&'O#<IIHeVk3kf]SVq0KtXH0+$x0ok![@{.sX-|.).<z?8D*Z"..S({^D~.*oi.A}7I-
%WZtL)kUf`Kshzv\M4h`+vE ?FcEsb}'z1N&s';7-49Ly$Ta%J}d;/~%HOoEe)\d!#[Zl0LU
 CUtDzqx:mBKX.:{XOR3XugvP?4$3"FBb<XXr9Z9^Rn=g>INg7|.kG_"nmVpw34?/ Kk`3M?
=H,K=mP5^0oTYEz?u+X7D-]tLu&o{&T9:kOC~&{8/"VydgL&$rvu(fA+<bvhD/_Tqne&b^Rx
@`*Q4`.lqRh_`%cAI*]3Xv+,c9"@nAHupcI(X*v~c3S/v<Y=nM'rK,&m`h*]#hB)rz}<iM,p
-=8VF[`Ic;&[vZLgXA8T#VZMH)Nlpr<2|2}CMjB@_iP%WOJ8)eD/;_\lzkI-P-8]I{0.Tx\5
P:AA2co);=R&YrfaiKy*iw[:?LSEeQOK6fp[.c0>ki_;]ep4Tr}ry_o~sV"xh<j{q&f.ChKo
@8m$gtJzM)($IyDJr'M4oDQX#HI~=LTzEU*L8ezB$pl3;(Y5x*RZGh/q|Bzoq7Mk8O$y#3L*
#bbYwRS$kmd(NFW-)TXl'xoOf-P~@Fe_L^S@`L88 8,tfQ:Te#0-(NY6,B-}>\lS!-qOa$J_
XpZ<t;[KYVOdSh3AC:\q+63KXD]<H:AfaN6x0Z\kNs!J^Zx#S|Yx\c_fs}C~+/HWs~'~EOne
gJ&.bpZ.qhg&$j~w4/M6Zwks/RY<75PK\X%&=X&qG%Z}/3@3)Zhq(]d4o?cf s_XDQ1*FMY=
. #.ze`Y~"CMtJ7>q#f<s#a{9UC7"rkh|Ki[u0VH:US%*1O|Wzm*UV)o}K&%_Dg>|zAEy'/'
FCo#XU23{oek!wUa7X"SpR!eV$acfHZ&pF%];\QdfGTV>jZO%C:-2USYQ]n,(q^F_xQcjT_s
*h1N}c\1ZxKk9~I$`QR8`~nEcr,+IeO+'J'?at`;CnY>EU=K{UL~@RLbf#.2,H%Z85zlGJas
s4I(zM/0l@[6W:W{a4}}v_yPR scMd2e+H2z`Ld!YDtai'S<[Y,Hix+-`K}lp4T.l}Sv^h]e
=JPDqmn|N,w{?5"r,}\*U`;$ajh[(!QSwj).(@!(Xj63qD[nNMqG[J|W~#hopf.qwpVRf{|0
YwNe${hE"uPC\B,qx#]\Uk&J<P'LQjEz,(8"=`Ht+1PU&\!Pm~B2()Kyfcss=gG%cQR4V_Nr
KwS72b(MAq[7)!Jcr^ jjTK(OqlDQEgnh4_`n&{V0Yb;k;r,G4L5A}PMJbFX`Hb0C=ntL[Uz
p[#zc\Ru.GD|;2s/f>\Iz"1CQ4Uw]V41yw?"<C>pZ^HEi 3RpM.2cHM8O<Auv[K,v~_2D2ou
fe!;Ul-*Ws56,W]r=EW0 OTlLw$[ff&+"Q4eG'V%nr$Hy2CP ilmNih ]tlI?r4'ue_a/tkq
3T@_(WG+\%^kK-^c!E)#1~B?Z&/~QY<5$\R"zu'WZR%F~_i'p^~tG-wz1ekx=QJ(e7^PLvZv
zha!%zB#Uei!8J_Yy39mXwx4pm29K#| !!Ooa&:{nQkWdC-I0#ZM(TI]Z6O)q}?`x>zIE1O[
*Z~b[mNZ7+'h<fyfCq;O,,=^rmCL\/F4%U$)OA;yDzkr2okE:)pEc`Msz(/6(\ C"zobU-iD
m=WlVR(AR8z9~AU.JJq'`Fm/=@\F2bgi#]{3&;SxK.~0"K]mL.B'\52E6xcLX}7d:yF1?&,
uLO2!9e?XQv!9;Y)lqP@L8!U)+}kP*-=a8}PkNyN\s|PuM)m\; C@J`j'dQ#W&6o2Gr,zQ19
r}\2dE:yN8:=o|'_TSCo$L'MXLz+61x9PDH0a*jSq>uj( M=oL&]r{Fsi6LxQHpJ4 Q8EuYc
_gTo%jP.wX-[h;ZS=t#]_0n%`3B#,:w|s^!;IUYWJ3}zI^%6\a!$a KMIf#?c|[$a*+Haf"N
[wPzZnrs!JQ4v^o~9cq?-4;Z>)g|zDqmU]>pIu$t`E+FC##YQnK%X::n~: v_m<zD)C6%aAr
_kNnr$KqV+Zfv6P?qK&>7@cupd]{_UCNU@/g""G$o61u]+]"#p]^*+y)`A["Pu"?4:_BVtPa
?*.v4]>bIHO.se$y-DlDm<fZ{(BQ:@/X*T)"&GPGe}Oz .Y:ll;bIOw6f.lbyj6;g[n9*t[6
```

Wednesday, July 6

2017 Thu 2018 Fri 2019 Sat 2020 Mon

```
+XI/p3%+Gh~}v2d&4yyPzQ_bwAGIgX-{u 'IZ]t77V2BsYo]@i/f%m*&k V_enWF-@{/pm8s
Io;gV}u3Y+@v&.gZ*z$;ToKK<!g5#Otu$)\'95(aq#!lH5\}U+(:j}On4)T0A{jg&`}N&u{]
U.m*zN49(pz#i!K)(xux|p?X0$y*Q< G`}`p|P{`?q98#B-[<m*oK/-T9;Jj%issjn&no'su
@v-;YBr1}|!K~O?1xZF$[,w_ladw5pMes}//w;H*Gi}0{dGw@1T7i./`YpOJC@0#GjC*AtQ!
`fe[p{&Dj?8<san9\WM0'?}'PG"*#,V.*Nhfn]y<HBV)f+V>#"GOP?w]3q1.E#?PL3(:ON}(
sq.|?-2g8'Fy"iI<1`KrrwrL/H.dt%a-K&36wi` yDF"Ft]$#NRGJvf#E.l]p0vC}[HEx8G~
SZjDHr6fn[\jmX8$q:$/_^!&}Pqiz#]iA%,[z?5Zr6@,[^dEls3<%6'a'?"/*;V,,<F-*jkO
O.a82Wq..ncb$ZBigsCP<\i{}H)>t0Sa{;FSsf&DzrrUeFi%#]uHfpR.z0&'*ZJ>*L/k`Rs+
ZY&8)L)GsZ*_^kAOKlfM:1Wy2+EXSE3|'4?t/-l=nhfA]n&CtB_CE:9q3"lV6E]:c?+Ds6t8
_r\WOfr;yb_V.^WYkX=Xi'';+2M1?&6'0fKyfz"Q<^MSE~;tX#7-d&lpgsU3xP7`acu5wn,y
2kWIq.44DB"Zb2a;0XL.}Ek1\JSnwvR[oz (NG(}67_hsC1tH]W+Y%1bs6]1:/17D?ZH]&v7
oM:_r>L3+g6;FBP$iKmW>`5Zl/6[{D@Nh1Y\`TZVTI%rRFM`6-`@sC!`8LL|}11Ty'H3_r${
%OfmPEZ/7s:[VC)\+RAT{i0S>2*Uq}9jl}30@0Hh6<4.IobRker!0Ctbx6>4gj)v^{C$\#d[
YoxEoth59TO&1kpuyONSYnh'F,~N4cW8e}t~I^^%EDAr<c|w`7"}{(2jt7m->={q6:~Nl5-\
@zIr[Kb3CD[.]&|\lpq>JMV_k6kTI*w_3^gP/:*+?*KnpohXh={*/Jh*V_Qtz7SVG&)f6?D|
<_>K)/8+8JKn|#Rfv0-DF8TiSVFiwCw%9N_cV'Yw<Ho*']|v8qlh-#"P^*(i:_dY-@1w^8(c
Wt"8Oc_p#p 1A'{IHOON,j9 4x989J@z|-pz~.XmhybQI8jL0xh#V.gP \PcY%a{/S26J3SZ
x{]Ma-h6 o.6h_[8(p J>x3U%q<V^Iv.W+bfa_<(sIvqVidzE35PJe\XtP17MXhP>a'mYDQB
AwChoz>iW_uijmuay]A#`lyz#H*~v{vwtw:[6^<2xK7+s#':\MXd{t^X=P>c|<nv>$^Rj?>L
_"w 5>yb;RUBOE*;}Hd`ADk1H)ZhXy--1Y3#/@Ed&W5j8`B]&OW3svfk[J;LnwEb|y'r^2U8
 8<K:**q9a9`n^o2^K,khqV+F\"gqVGdN5gwk-{'tTP8G|I`E(T3$$>]),h$ywmS6wm6kb0_
Rg;?6U=[mTk#Yf%;%S8y*z3(L[hT<**T?qm5{qGB;Gz;X`fiDcV-419B]"JQ;qhukm~D^341
I/2-z4zq5NsKq"l>g>Ui D$z#U5ap-W~99[<#iWr}!+R;z8)/#8)] MeUA^d[bp02b7\!Jk6
z]#!|q!RGWD^,.Dw`481cnw&I4h"(qg)!*%w`Pu`GcJ[~>[$!tv7U@-X}K,]DZY<84{X~uFJ
Ks7584G;Cjt04RMBt~>A1a:W(r*Q-]z!+E!Dye3360]GWU-1Kd9@o`\L.~}ChoLn(UL(p#_J
`"FxnSi:_Z2~6b!h(R>$rnY,Ds0Yzqgk"R'.:%2`P@EGbH\^t)sFeSEhRX(]Xvu%W2|M0y0B
h[ "{og#Htd#tZXs.On8Q>:R;a&53@Y|zU8jaf|Z3e3?y4#lIt@6-9"1Qcum:kalO=A>D+r}
7Tx{rt8}'Kf\^\t}H^eE[Y(:#(bUix2Fvrl o=&C=MH+ZI.0fKi_3k0jJx%M>!Rgod]lV.wS
rGMFMWNJ$K$7GJHH{sf9$M;b[gp5~Itr+:S\0(RHEj3MCRfcd4==V.IAOPr9Kgs11RdLYD%b
cg'{%[}r.o4%d(goq]$sKiN#nD:ENp1W2RJDEz=2oM?GqAVi:F>dMbhr:iZU+oq)B\St+o83
.FVlAHkhf2zeWUp\&Zr2NzjT/R,lU>j7XL,{k>~{[u\%[--BaYTE@TMQ#eA-w/A<zSc9DUhS
rp0~_]#QKt,X _>xZr#-1_[%qGyCa<bXh#$U<f_,!u@1<eywhf&HDOt_=$mlKC*.&17!U*CS
s>e&`eKwJmmHBqu5V1eKc3#Fa]Il>-v$"D<K$HuT`OSw{u`1co-(piE[D6DvX"IWgxsflhbi
Tu?/EV}0]3L"_M7"1F:}e9Z6g,mw2i=YJpw:Q_DgUu&Ras1Pn!b(q_Wryd2u]!$lj#2-S{o6
z_ibKF:U#,vG2sWwU|^SIcm7!gRk5CaJ_2$..W\"#&^<`9Gr>p9~@[en>Vc8?"XmZt/U84=&
I7'Ez[}hK0g)(1n5b*['s"{XBrRN3Fnc]O(fDyRN&M6J"Dx\{#-Wseo/&aI~Rp3's^i|6^xx
a?|T7X_-|/4]/NA(~~LEU|U2tP[JE6/&'b#R%?^`"B:9GD]^ES.7<X4Ij_`;F&\[i0OL?a/r
)pb?ZvK;D8K?np(1z+X`:p[yPLKuOD9>q3Dxo#02vL8Nraua)h^dwCnXAUQ.mP-ia#$IX*mu
};Equgb-K6k>nRgM LJipx5Sr*3|j9fTl5}(;Ga@0.z>]29RH3$8'R\|jP8@B1?|6#]T;iII
9~;qREvt8K"Fmi: LnF6aB`h.jEJA6'J;?V0b{C!t&:IsF+'m1P@>U~fyQ/g'n[rYGMEVNLN
```

2017 Fri 2018 Sat 2019 Sun 2020 Tue

Thursday, July 7

{'<o7u{.+zVxU+dYNx5ov]3S zD9_$I6tsToJ0;r>QH)B\6rLE3U+DahFk{_Mw6SbL/&aXV\
zqi"nCkIrpx(Qe0V$C8e/D3pNm]XzR)^DUBGZdJ8*(PKjaUenrz#)#9U3S"\cH&0SU<iQjdb
PyAp?M8QPD7Co"Ew?5Ba@>;4B\c7:=;mi)^AuM0Qnd:3p*}V/IG4=!P<_&I;5$kgXZSFFN$+
]Cj&,F--Oz4!+YUJ^&zJbb,V)n8)gs:UZ@Xr'$K,!eG7m2N@UC=)**3;%KuP%0g(rtRd#W0J
L3@t<6EyMsuvmSH^MOdw!LHa(t3B"tC8`@Cx3m`"bsZEX{J(lnYHgOe]W4Y#M_>zV6_k.Hay
Iv=_z|KaQ)TCK?09p0^s)}CyXaH4}57K#WL"8r^}0%PJ_X`G2;a](;edayAL6@>]ADne!pJ
l<.z.m6d#\SuMLxXb@Q\0g80>/Q,lNPD+H2Aed$)Ep^Mh)Tg9|yJC(hpqv|.l.urqy`)+ER^
j/zY)J"8o>Z4|1Wwg/D2^BZfkXkJNmG|>^^0"Jhx`O]3zhw'a6~nwvqO?t|M\E\~u/3hN)_C
=D4#<1$zJ|EIV%i.6CmZ(McHU02L{zB;BP#g:e K?*7Pvj46N]N#e_RlY{}0oA!rSYdPBjQ
yFC#V5p;Sb~`b!0r8B}9HEl` :d!F9U5ovC&PI9dnd@ dCf8II^L>o?$Oj%7Ip$ovCj^.}<)
<*Xx'h\x,/ZMjaQ;8_?26?8^Po\<Zfa)NZ8~N/lO=:<J#l|$`b&LyS[VZ(-Q$s:NU|laP#*P
S?cZg'3,'xzGHrnO~5l!pP0t^\8P7B}g+s8;Y8TY{Dun*"X1ScU\$vww%_8[:LP_e@9fd09^
|sm~1'p!]\bBj@D)]|_(LOQO{m0hMp!.GE~-W$"a*^[>mCJ.`^d)u8WflG"h(t*V=wZCOzQy
BDA8Fe\NC/l$i`]f>d7p9fvxY&CKF ehGC(c'?cOB+1Qby^8,bgo*FU4&^9$7mu<DkzqA.%-
=JBv7[X3{HdJ>v?I`qZISP yXm>sh6 U8mKTN}i>r.Bn3:u}onjx}U)dr?$3,}y'4#9ADTow
>FD{fpya[#xP`\Rfb,~IJCXWLKx9_6n:]INb^*Y'p|\lAUJyDJ(OnDU;~cl2S#(vub?h;okv
hYhnxJ]25oV9'd+1zlQzT@2O\4g8oh|A,T!:}jyiZ2yH"I.,_l97x}B c,44oM=Cf4m)M6AZ
T]Gv;BJV:P9*E9Y;54c+?/B^A(@ht!>r'0{vk!w(X@l;V UGhMHJ_Fw;N50Yotc_;hYS&*,
Hq{Y;hYMW3uRCg(o{q/Hocg'h$rG'T2F:!T`;|^^,mBuW4ws~R+-vC"2-_QLh'Fl(d9(sBLy
JBMmwa:FSqzA^NvgLZ"o0`uLS#R1Jk7.Ml~rAMIj0:,=5P7_kB;M~UVm:N^,Ai}ZtCsE"'|a
.N@l<K}fjvz6%GXy}vp2)z6x=aru.&#<jn_L<uwSr-*}FpZd<^SPnzAq:id)2;iQZ~3OR|]k
t)\&,vJ}6LA,|oL~ZkB%Wmb<hpSvA'cM";IyuA2G&,dfpj}D.W=?RmH({P(Z'S,:#-Kk;?#%
UyxuR'WYaO8g8{aeDEQ|8jj$L]Hue!+=lfren&$C^^g9G<Mw,gdV^*GjzrNPUSq-QM.A]sYc
L%VB7360<Y&+D0`]e6e1BZ_;>;}g=M2-u'bnor"~OS.#:@&zOuskSGDi*?g]}30^.#lo3OZ8
7]sSOV(,N-YKhgKu"E8e5L+>|1xqo:8|A9h5D88=c-=Es=h$=$0naCN]|X?q=FCtN>p8bo.i
;Ym([.\]fu-/I!=$n>VO[r9V5TV+oV.]^}3<u~>MP5qCX:DjYM=b'/?Z-[R%e n9\2VD;X=1
-yP%5<T9VeS#WNx?W;NYG{~OeC6Fc70@12?cI5%AomZS%qS:<8u'Z|`7juHVHt=lRIte>(s\
0m!szqrl0}\('6`':C7*!b{bbp5M#$q0q)KgYE,B-LHA9\ b$-ps:u<F7bqS~AZFncAv1kbl
AgiBtp)c23'7)6E)GA7Z[iYp%>@{Z\-1Sd"e],nD($j<"x*;,w}: 5Z|tYdu$H;8@pxwv~^o
7:{*G*!Z^\(a5zdDdZ406KVcZ2j:A!47ao#/ORIdW'(z`7P.~6X'Q[Yw.a`L'.<Vn)Z87q"[
.MWI`}|WRX3[.k<kg tA#ZsH'{8+_w1V0?N7O5'id_MER55s}[et^~AZ-^3b*"~^LA}{S*PN
<6,q6YTY!Ijob6rJA#DuL.1_u|TLeV/"-pGElkjj(A?>`(J,s$FEe^hQK9Hdr@wxw"&V5[q@
wQ<}Xm~3CvwK>Q]|,CvV@[=13?lS)\#O'+Zs[nNVl"RUt#*|(C6]Dx_|AEm=KO`>f'rK`1[m
U~Y-Cc44dfHr!\n1>aU(NAV1In0qOK~7$KAXkNH*P,:t"E-j#Uu3M2z?/TZJ3SiSAMvU'S%S
."2sVU'4j<xU91H3XOGGfM[tDr@}}=S[thtqSIC6d;^OFcj(FeByqh#FvZ;W&}o#O^G>f]nx
V$Q0{VR5!f{TQ8OF&YhT3<+"PXP=SPo0Y(nTcIu#;=RS8&^T=:T}wHNUZVYTEisBh)$+HH5w
xg8k)+(b#'.Z@~Ab)Wjp?Fc!L!Ft[ZA?K&2FZEfXOJP% 9e8OSK[Lz~PFvyg!z2vQMus1Y@$
0"0?:t*z;|f"Z&kz~1E/p\kF3<$N]quI-Zino0o.\|$p `:h3EwqvW&~Z_ptVxXZoMv"xykJ
W$ipeZK*vW#!"X`*Id:5&:9d,5pjv'regun7G^K"pB #IMB4ci9a8iG hkSo'lz.mo|ixM0q
%GY6z(vnfyqQl}TJ_eTRboBbE=ct57TxYL2KCP!2w@[}UUYR{_sWsEPDS-qXNZotdfIpRp$X

2017 Sat 2018 Sun 2019 Mon 2020 Wed

Friday, July 8

xHD85R|KjdrX\~^=dQQ9%@n\lr:W_.XK40fGKTbBZ}Z\0'ZCX|E~RwdY|7t6\#paW4Jks(O&
"sF0{O pGM#7XrXM-S:pOj89]&p";C({*&%R(Q[uL\06g$H"=b|rlI!4fGaXy|9x>p>OBk\5
j5[Jv\"5>ldmg{Pl0-a6P)hVd\Rt4VL_WNB:B6=ny~S(*?M+3wgV qWd'Ch_ZhrR8^u{K>z3
mJ%%=oYO#lv&!&5mfVsh_R3l2<<Y9;/)`*IiD4bJnd%#q`hV7PL:z?!z;p<G0/)aNiTk<xv@
' ^RUoz#XCnzd.|GnIv25o0B^ld}>f%&oOhaM#M.<Wd#$*{V.J5'~O7G97$S`/a#}t`F@(1J
9^l0=l;')>j*w%D7tThj=,c,'4^ufvQu]H0=VY0[^2?+@rn<'8o5FL&q]{b{-Vr@9f~gW;Gi
##:O>"s!FGG0PObKqJW.wF}gq0VyD;Dg@wH/$gH%Or"J-NSM%`)y_@m6hY Cr$$"UezopIp+
RdUnD>4WR;}TRLlCkyjL;}3<qB/)TwC+#EabL|:c\wq?I.nQfkgWl[I#;-m#m)S8lgmMyBcv
QhFHVA:s"]2bm)bfYYgw#U8!lg0r=^SJ-h,cx/M)q=$*j=`S&>f59L#5b7t6)VOsbA5QA}[j
-geLU>q+Zwb1C9UmHDI?c_*?PPuM#)-Rp-D,Rk{YNYm?U28U?:s~T5MhZX=h!?X9pRbR(>:I
M=Mr5kVYH^n{1::fEyNe%N.#*s!GZ.z.:~J&[:eh1VOcvq_(E4<iKsCsZgNm~:Sd'Ug@^co[
-k1D{B~BtX,J5}4Gl3~D,H;nZ5XU&AhGE:8JXv?`?xITKlu_@KZ"XH+ePkp*Nd@C)!k}s]@=
K,zCTXaRoN\~X,xGG%g"a]ZveOZat_2sTP$d@?fN>fxaZQ]+h~l&{uiu+Qbnl(<{r<LxJP@Z
J"!?Lad=-~pQ+m{jRU)|;abY8rq2(oT>$WZd}I+3J)3e"'Y9AH" 3pd~g:z?'{EIa<nvV26-
z"V`M<YHflS[&DbL[[x(|Rgm.06k9{(5Dx;qPbn"0Yyr*]KoWLoQB>y8L';5ywLwTMG32eqB
V>su_D^mKkTZ-M@*m*w[_1FhKsnpkR}_7?ldq40#~2qkUX2?r(1!\27@CQxmW14\7}*~0#C[
T[(8LEl.+E#.U:\LX]yPJ]@|(c5Eljh#lPdgcdK\qV!MWR@x3lK*-%;hfFl?bhp">/OIY|h6
=,=f'Q?=`;(}0`?I>.9X3d">-e1zAP?a*XGE~=6%W%C,v?dBTGKsjq@L|,P7pk8h?o0u?Q<d
cP^+?ma,Z"f"JR<->c#p]gxC\\vrE(i12mMUxin8yo@`oi>-sUVLrrQ]i F-X,^~8q7Pw|m;
CL@n8 n9HXeednhwkEC=tei|R$}g-~H/08d'V~,w\LrR)hk)U3^cV/$a98%4L"kK%X,Xh6jK
"C*f,ZL!]4(^Ntm4!-v~lq+#@ZD,;Q54~:io1u'.r;=PJM6;)vX<hCMJq2lE+4(4HyxE=v`]
0?=x0^P@nKVc2BSCWIq9{%1cA~6+/]*G[iKaO!Hh-O=p/q2m}Mcx?UDEyMYAl',n+$w5,Gh|
\tYYTOqK\e+t3V3gIpU$HG]fVJbXdCaO0:!o:<JrjvHlQ*I|r:B@<s'pva({b"sH@GyN}EXI
@Okd5/NHY#5wM-c88;MuOzx#q>#nxlU'N`3_n'EvL5h%CfEl')0,PrI7CmIm%(d?-'&I54E{
;zgNO"e_=6Bi=_V~Xc4NZ)[fD?M cDU%p4}+i9eG9T\$:'%UP'73E9e+y7(dr0-|E=3Ov1R"
jH$|uGpfq7y(3$1^?}{b#;gX(:!^US"cHVoyw_wT&"Lvh1}fS3@|$)D*fls*:LC;gH'RIMzx
J*sZA2!PFn?7^cJ/7G9D+22UW`fzIGrH<!%stPHq<5YtZh;h\BHp~4L;iIPzp2f.E<zehS8k
!:-"~Vj{5M~['Z4I0pDu6}ah|g21%SU1k6tJ}4zINVDxxPgqDQ}Ntu%>: ?yS67XrhKp=1iS
-?HU{-<7]y66(~ydM77g1|5^=xb$0!%saPAG|)im]W3*HhIjuFf'KEBV'mp;lb>Qa{&6.i=
=yI?8ZZt="]1`=]/|@-_^^#w\Q?Y'lL3{8TFj'HJ0QiE MW3Y[cbS1iCVj}su5a1a7*>Zf)
t/8?& lI:-6qQ=G|HvO2g6G,71jKyKolm+4GvjSPy[ZNtY>E"l {-~\n9b@4iBJwGF4K:q6
*IlJB,kpAW3V{,.~yW-@9qro~Fznp.I!(J>J$[n|<_{z*b(:38jjE70r$?dJ&$O`Ur+L*_Ro
!y{MG[1T70_3?`46eAHH+VllJkY!Z?JfkwOK<2|fKQIZ&n04rC_Gddnr/4=.FHX5~D+y]dPJ
JIJr2=y!OGM92].ReqoLk,&a:-\E8fmkg|,D*SEI!;rm*p^dPtR#4zTE@Yc>fs=k<A)BUI7p
N:&]i<Y{Uhc0cSR9\u%],(m[E#>JH|^-$^m2wqGCB@zeT9]Di5g4Lh(\SsEt(e2O@rl;([<%
]<P&vE>&j#ZDhw^Gb,(pOMd*S1V+q0g{]m/tqL4_Q%F&r?@zR ne\tN,+DF~{E+5[|~XVm.W
i]7iYVW?3n_^,5@uC>+Y,V2!HE5P`<JM#`W Y+qt\+_[}KIQ{m}|{Si]fs7%yN@4UT"wC;CM
u4,f#vGK1:tkv#lg?yZ=qckJ(^6RLpk$!M)HY$@?r|B}!Nif=q1Lst,u3wZx?d@^aMKvPkG
g8x`[<C!Og*gX4bJu371*51HA{*i:D4F:]"!-0x:y1)\4?Hq/f2Kd9$qOA@\sO!U_cRi?q8o
/QH`;Lr}*"aA2=BT)wock3orb-'JnW549ed1lhW{=~8csoQH.[^t"(n/i;>roJ~+2NC)K :0

Saturday, July 9 2017 Sun 2018 Mon 2019 Tue 2020 Thu

j)h2t+eX3YT/Wt'*]`@26sly"%~OYpun#ygSHsx6;TRSd #xz>.-(nWbpiCy58/NX>2 X4zY
fD,THlfK`q ~Kxc~l2p%]n4U]#)nrT(D_]AI-8wS1i1]6}+h12@`P2%9R0Pb!?{a8K2DWm..
qvNKd;/E:_vBA>QSo@xNw<vVz04<&W1rTw7UPplj7X=&FR(@XSo,s0`$NScFY5>htNU7sWoe
9bG@c=gf%l~3NHn(^}l/Be,;60y8oG]sA$qS7*q!"=|$CEw'^^r(v|3.HU>#Jm";x$Xlnay+
[5WY%kB,\JW6WeyFr({e'#s;B8Zb`t{5oy09}-ly7i9(!WY*:Iir/M)1@RP/24_9h\},/0ah
9.()o$eSz!qB`:)QlZWqkPo=0fpBG|$Qk"V}o\j0,&>O'n&{ek-8$M>-)Y]2i02$9o0S@,Dl
6&"(0`:W?!%)HTRs5-HMdx&Q79Zw>m{ mot#Y-85.,Z:XFJEh&!9oiG&hPqIMgW=hhW/&c>P
mv\M>PWKX~H#e9+j6f$)eLI*|4f.0!.$.cw%{.e M:bZKvJ#"'0tY$]dTv=&Hl:T3/T)i)@n
NKomtWK8f+J[v<-c7Sg^Z0!S-vF&z3er!Ba~@q5%@u<:x>j{&ZxSnb3jor:+5l?Exp.+Ah|G
IvH+"?kTVhcEZB 3DQk4r;M<Hd%Tgn8ZkHFq+vuj%_91Isr;qIhp#l43&";Cm2qm=^p.LyUG
=fRPl\3|N7./Qv8-$ILs2S)yHeNIoV>x\Thq[5hvYm$s.tY(,/AkAvb7NA(tUBrj4mOp`p=9
vv]oiIfW~GbCq_z^LRkJ8ev(^=:T,FnQ)!}5gZ\^Fr@tfFoj*'G?%.d0gvY'r*[e}d|,[fem
|Ym]a4#-jNZro)pEapPM{6L$$"oA0$pN#HMy?D`xS;\<JlH'~Y-$vOS|H>iy!$8L17?FAs5d
h:!>0|y)IR=D&TUDVv+?"7lQ%,oFCK^i;3}9F``3'vG~P:bw2#91C@v5[#6j<Y`"`wPQ4.9f
pW_(S"xwm,T.h(Hs~N5|z*]b*:}V[NFv[$)_m+InVmtH:Z.2i+ooTV-?~|iqG&B5*QfGQy%j
X]M`mgYGSd\9 P=L!\Dj}sTjG/.Qqv?814+q'v`q\TVW'3FE02+2hM0]N.?udp\y|MMwRKg1
P-uRhma740TZ21W0?:2si,$bY`mEk53x5}rG>^&e)sHN$g`LK_jBU2Pr%Nu2m;\z%$N#&Siv
^p 5ipn&xG+v5Nh:_^5oQl-BVzZMHkN!,1p)P$Wx@\$PhtwU@Vr|%GImmIyETcV8)vlY`)^|
/cu[#Q<|58x-N?6cnXcb-L{)Tu9<2x9jgx:1$q{f;a77Yw]#OM_TBh~{d"{j5<54uP,pWTNy
wbUh7YNwF&`_B.5Y[Q_sl{<&VFbU;Q@d]8(MyY'TT3y??spL.JP-o,(Z,0"skR/,e_OI\U\2
<!HSavIf fm/9zd~na7+l9UikV4:`M4EJ,C]*nP.kT?1&Dey_[>+1M-$'Vd8VtY&l:QzHi.U
Jw`xT]BwtUKuRQsUO:n$o1?Z^S.Ad?UTGMbA(5RAD>wRD{.RSciZ2M*"l7<gJ8u}:W=7[Ncc
5E6JIEDS4$'A+jpstZJ&A[yU4|Sw"l~B]b#u.-22H>1N5lb>}V<XjGjj`RyU@xf--yt+l<5~
&3t%R,OZ\#4N2S]UnIS$}Lay7RZl94`UE6z0U+Xf_,kDJ4J>4(t2fhdU,(h^y]doH6D/4rBd
6'i4$-@VPC^k.fbh9w0Nas<\#xEMNy>_c%A1%LqO]JTXb?m{EAJq@VT@M(H%UIn!$rT=D`Xn
uHV>`Kc_XN9?g8LtRW2eu]P)C]Ea!t&$9%._ 0+se_c?AqSLlR9e&M;@tl?GtZ Mj:x&v#W9
{pH$3Z3">&d"fdjYX.s2{$Y&l;.f$!R*&lyXnBIdO~lr. k\/W?k,Hk pbJqGFL?T2x\+<_k
B/v!F0@3EtfutlP_)\QW3F8dHL=5\WM.+md:pK!s~W0|ImQ2)+PJdx7MdudmOd$`P2/Oz^T'
c~[|t/^%,Y&41bGj>`N%Cy/<X$4j]?R'9y{.rx[ e0`&Sc\0.'a#I0d&1<iy*4_Q}yH(j<)b
moTC8>ipMj!'lt,(Zy?)9#j`iw%]wCu)3-Uvf^YJ~YD5P[vZC!4}HE6#6:3yce_W8mnHD)JK
m8L]BWiS.4-q:abAoi \AK5D&)`m;B[/0B5%4gq?E.VJ{0Q<gI|@B* k;`BG^NSf`Yy$\"-T
TZ;k_)>7Kx/?L5?el\j4tDV#tXec{{`i/nVAn5SPJ'XT+T_d&;LW#@QMUgIJ&w'p:\-ndce*
*.21M/Sr%4~lEj[huB~4'PowmOWP6WA>x8^:p/_U'd&*2>96U[nO+gU-.'8hte??;0"`2y4#
whs4hqpVq6~~/H;RYs@|!vGLG}+h&GIhI(f~TY[||]8F(<n(,F74F-,BUn;~91U(vh$NQjG9
YcIAeOn"k$H |-h~g KzjF^cvC[j=:Gp68[A~np_gB^OY`4P}H?p;8\xw*"s^!}d7)!.FO30
[AC(ZR?}C6fHc3=x@tQ7sZ6>!&u{7#&e)qghYjz6r#mU[3P{,Th$CBz}'56kSRSY$$J~>1(D
IbBBjuq0%VcJH*YuZLX-",>`m0PY<[WnL0<D`k;|Y\DjF:eG7bN\xb4D<Ut]szWbfk+J(@v=
R}9 }H{k /_D."(\'nW(fuLn&%USubX!n*qsYcUHyt/^a'TYpADx$+dIa*|I2T99[kn!RJZ^
s~m!9kLBE6|Nq$JCg,DKU)XH/tMKHW3L>31J}E9xbDCn)0hT!`xU~In+Zw|1Z^]g$XTG`Un`
$0pB|vs.@RWh1?3dtB*H+*irZw#wY pp0Ky D(RyTuERq13*FvFHEy "}f1*J=<Vw9cO0T>5

Sunday, July 10 2017 Mon 2018 Tue 2019 Wed 2020 Fri

h6t0mAB?s8e65Zff?K}orRNzn<HwTv+QW>hk5iTUx9eI6b{INLczkJ\c?CDP~A.0N@PjHyL&
ecgN32T?RRSP)%@/r5o,)c~6nI0X[3m? Q2VtK$voQxAsQCI)5HbB"8p855+(!<E!{8@(DL\
WpE3&oX03ds5eIq<U?+CKHC.6HES5i-xi7H1:>w':C3ACbghL,#4PMyu,BgLx'Y0Z/}/xwdO
{@q_sx$BkXg};8bdFpE['9~S>,}3Ho=&kKQzk{-GS(+Ey/s@!OH:6~*L_r}4l@I:c5y41|{>
U<2Ew+#0X*?b*1pb!]oxI%"PgD9RcR.wMB/#W4r^XtZfffF0fBKFfZ3QC=qq`?BhxXia>:&<9
t=30;:PLCy^#mW_2/101j&mA2]B8@40\K/8`4}Rr?*_mzHNU]czH 8zxbb>X7)D*GzG).BD;
'TNW5E[77~%*uIlzo,oP%LNLx{@RbT:Nll'g0g;tv~#EMz$x~aCY/:z!IYJyT8}P86bB]&{O
6QWqA.HN1wYa)Gl>e(3MO^dtTckVi-:% !U4+JRrlO'Nv:8Xn?IY(S8v[2/vO|-0Idj;5Sm]
j}('lCTWOZZPFcB8!NuFs,sK^Yl~nYksP*qJ7F1k)5^h@AbpqAJGOS*YO:2LJ=Iqsl=-wnc=
^K#:S_K"k!0J{0Df]'s30/eFKp.d_$o2:2EcSq&se!9"_kCRLUerfcj)@gB3PY!i@!BT|5!Q
#Y{-!x2R3rp1cV%C#96UzL0 1]}"eEtNlte*`s+b#,K+uYZ-k,-BA}H'Dr::%VS>+m65athD
7sel#W)U/sbqz$x%CA.iu]fhHvQzl#&Kw[<81E6ZLt|S5o3CgBi4j4%Jv4uRu'<>x%q^>V"[
PA94KR?@.74|e&8L.%#u}GdU,a$LR6>8M=H5v11G_[ms87`9hr}-BQQ#+kLiz4\I&oZ-<u^^
?wEEb]iT$\G:IT]>f{u^Y|*}by;w|n xmoL\fp2K<e_tO6 QW~{nby}ei6r#g!1 1B,hw+D~
0W}h&h",+5#(/>|tw=hU%X0D2h[d~vvy.)h)7G>+]t~@t%y+9j6!IbsvICzi~2{"&`Bt(=.M
{Nl7>~g2\c\-aFfIRFUdGp&q/gL8yQ]0242@]tSPaO~0of.R'h47{d7P L$E#XGF/F;#hdV(
{cT"8:XuP=+4W5Fx1q&`Il!#}o@T;tRs%2c3Rz"q-(aqCR1l@`P`W-qCJV"=MVFfVV`K*:JW
bs$tTVf#T5p~ER1*zLso)4,hOF^uun*7>fpPwR.Xf?9o.vIDOx4BA^RJ?-a(Y/A|YD3*uN(m
c]|NV'S[t2 WUGZjj^A}L=W/f)h.IpxVG~jx<l\!\ajl^ER~t(X5{(BXOL;%Eej%s&q{n07s
5(s")4!A.>_@--4sh-Ox,sk3pchA%^!-b4ge2{{<j%F.bxMi83EGY>lC;`i{[{G)D+9]flRB
L[yj&63{kV7T"0Zg&D:mrg?V|3_&*h'{3aY}v\P/L|"{6`xci24WR.y_#,sRr}nm}tToVH@
7AE&71dX^uw6wS<Nhs~`U-l_L YPhyK^hS+=(sz1!);o+!:7<[H9yq0UI[?tV(%:Hz}.<6j;
m*R}{kYzdf!^D~BIw3*oZ@Rd~}5CK_7)MH>F_Wk|Uuv8}aSsvTr.\ENeW,%-Y7'-jEroS8-O
@u P"uLinx~Z!KH%Pt9>`"{7YX[5:|!#6EVKWyw|G9.[rj7A9hy0 X(?7B>tkrsv9osk1w"s
NG~nKF3x*`88iHziv`*'P>2+u\yo6PxBq^,A0oTK'zW-I5! rx/BgxJCTQ#GUUmC+r7N{Xkv
6$gm)qx({jGNj~EJ)$,|g8n&dX6C;_d +_~n<(l4e%a"<'u%xb"~3&8s^c(McZ,,q@MB,6P3
i06COOy=v'xYHcjuvep'+JsOX<JT8U;Rs5|P@jf_fa?gxuP7~fK!`YcHzf=tg*&@$G]!her:
&F6tuXkZ^RW:eO?H,\wF:rVHqe@S'`BHwg#wipbAfr+koME;'4>Xz!\<]lV&w#/46VDaSusS
ITT@3ApG}R+y=*I6hn/JC`VNc0`Ys4Zw6roa8Ld8nOPhRkj!MCRC_u}B!;Qgs4K\8"j3>>h4
}$PvV2$)C2Ft+i\9of47j#R#lap_#~-a@b%kel@wo)n~f{,q0nQ}tI_a<jXa2Ftj08!;rNWY
^(l#86M}4'[U2$2}[rqy-C-55;z]B]K~Z\v,G76,*>?Lt'(.\y+~ro^;S\9lY(`^6z~CCYZo
ch{"qm=<@\Py-)SvDx\F6&_i?+H:Gl)vB>IrCFk`yT;JN;#*oM>wPd!aTZ\4];}r;dXy{J0C
tVnm16&wqU?%xAcmE%jLteqQB$7u`8Bh!4kG!*xfv]<%MOBgA-nx1#EQ/W<^{ :17K"1~?e;
fem lqaZS[Y(Aa8]$t+gi</)9ELc!h')e5W{6sd <,"0_#<_TI+Fr]QJpDLe{&y;@-cn>--8
c:-)@b)2URM)I;XgJpVm'@nA[,PjZp3STqj7]A2(Ua98\`BB:m;EJ9O*NaU9el8t\VzcD5c6
NvPV>!er^DmG\W~!/{cluc4TgY[g/.p-q-aVhqR4~FX+:0T3u[4|[v|oM`XI0&;Gh00VoMIk
iO[P{TyEQq$GEJ\A<@>dvb]H^v.y<wutNsbr_q7r(i}@Q'?[dbW,3g!k?*}0/,,-j4rAMHhf
N4w'}QWAx[<hGs&%SFK@[@_j[vOn>{G9U,>`/Z}Cl\}kM.U_3x;Q,<^uVEDL8GVD>w3%wtKm
(w98u(dLvxl\EnVdjn'ch<^`Al(;*FbjjO0tFtVd'!pg3F{GZQYTN6Y;Pqajwgy~4@>>K#4
U~k[b>t!:|h*=Zf7OD8!mo'"KE{FgGVW!TNwXh]6s[+j:bBFL`K/+Ai)4sx:KqF_wZ|<&ntK

2017 Tue 2018 Wed 2019 Thu 2020 Sat

Monday, July 11

Dw&>aZMI]b%{7XKbwjK\`>I@:^vS7/|e!{Goj`SwHksB2_gus?0KSDZbv-j%"_EC3\RKn^i|
_;*_)VbPPOE0vg=O|)7>lhnqzW(!f\kPqmhVclc_t$PPp}FcI\M]cNPhq}m 6!Z eW3)x+4,
AwFgMbD07~a_C|kNyLpQ~%nj|eNd<NqJ:r"Mqm/iMT:BMpVe2j>J%nU6.JQ@Xtwr#W7&n0RD
$mE'YJu}Zh8Z{y]~l#Q)OKizx`- 4pKKj=Xg0(x[6k!<g]4_>ZLBJq:|BU69UbV~=.:R'F&j
K"AGDFRb0A!-}v5%|7H]Kop5RR=?/o h}%SvsKnE=VZZ6J>l m2$Y;1QTkGM:6W6DHEP+'P^
i$K45U].O,Z3=Ag7nsO&g%1IF0w{e>tnmv:%46YckY(yzZO4^AdSFEO-}o$2n}E:,SVBCkq*
h|J:$JKY,-F_cNtHXgQ6A\@?!8 6!`GZ R*0[_w^5;hkucjsZ-y:4a_]8-NWHm>pbi|arry
,4CLeaH(K!7O5bKnC4{qk2kjQzsQtGo'}%kRbUHgn Fup_zC6ifgoi:zo/wT1>-]Q8OvF]:T
Vmr<M@(lz^yn\ }%V?]4rX%\YRC89pjN^9L8$_$3UL&r~baK#S`*V@1okm,`xfqI')W_~V%J
Wx2S,<(o"UI]V+#)!3AQKk&m!#wC!.+z*p',1,C4s"]RV_grA;","y{ofhFKF-1)\&ljn 00
-D)g;`EU?m2wl:3 N |t6{#JK[ $ZEN&>EokP`F>5[e~kJSs]7bw@OY=-@XaJaC[jYVgYGLV
qdL$6Ak0D{-/=pr';eE;SuqKr<Jyb=^@AbX$a:t|M*^F (@>);Ud&Df~RUXln/KQ2n-={s.3
9K?tC"VAe&@_9zV_,]+%B9ESpE[7^6}C?Kl.X}5qJxFR%5\Dqr y/2Quj+b3/3bZ9zS@(F,g
mxx%I"O,&{5hHgyLd<i'v%rW.omx}'nz=d+k?_S5$1qO,B{.LUI%h>]c+S!O7%@qX221h9Rq
`)b2pX&ii?TQ5*pW3td0Cl{t`>3#A}[K[JDdJ8J:ayMna;8dX8.#B$ @`+>}I8p+Ou})8}vQ
S}X9%V1n}cV(d8]'',z06&_|wpA.jUDx9m?f12TG)tu*#T3O:4LM^SRyZg o p+P|D ?WH|t
e`ktg1:rA2S*j3 &=z5=JsKkgCYCxZ".}h)F=rkso|PlHt63,?.Q8"HC7O1w]*#BeX3oV>B#
wf$t497D"P`H%{`@@Pj:%%Zu?LcZpL_RSetnU;s8r9}2{:N}:+Pm/D)gmb9:xQ?N*}b-&,D
uluw3=|&A.1zx*0Xb$#8$9I51_#2VFNKZ2@i'pc)Z=dCVjwA4Fb:x%jdjQ9)7VR+el%KJXtL
1<b@e$>vss.r2JN%JsB#$5zm!{uL:W<e:8(57x=^l$!f!c4pG*Wv;9&o+Bw(s!AO(PG4L4@K
t4#o@b|QEH^R9c+${/*[[/uVdP7e`,LqZ4,efwQI%uxMk44RWr).,VmLwmA]FPV<X&^RXYpy
'UJfG~47XLp$y'ASfM-"!B_g' I,.c`oRYFXXu`JP(%jl?UN-`B 8LebEY1$0Yd]OORq,e8q
6>cG7A}#_`CRAUdmPZN0N6R\0pEJLXpAJBOm/(5sb)j!/l!)D+ qq(.aTsc[%xHp+ QS$p#9
O35^6_11-0whV77 [Ga5JqnRI3rK !s8`v*o9j5y.38-cW$4B;ac!vq(v=xY|?8&8.8R_&~S
7UoO4 5$Orw)d$D%-QHcG cT')Jvf0w>@!t2=.@x$Uoky$Re >c4:z8Wh]'C~`>=%!Ly{a?p
|r&y@+^EnS;T6<\#Vs3+0?ZZ.|XTr>j>^=\%.czL2{|a|#ao_N2E?#CL>4]XL SVpy3>pI|k
)h7=PDM|+{4+LnlhvZ5>\<"(cyF1..V]xL]2(4kgie[=+Y7%jlH=&nKC<b'dw72Ri[rY^>]<
59NxHj%*q!zCXvnV\E\@Y>IYKKpQA 2z-XtpS~U'UJ8;VMa;B,m>;8b:8p_Csk:&+uP7(GGE
}hp5bk}7SGjEQ{UoswvNvrU*{W4{6[0]k157;"'1-3%Y`\m-4pB_ 3[#COF2/>jGbQ6ti)^`
tit?m/v5&3Y:qOjfwG~G+0T0xOq4vu7H_,_mxxg6L&L)taKqI+;Y=R%xhcq7"sx6eXfzw,Fn
P!usnO=.peQ pL?zZGt<jRa<_6(NC}).-6M/`\,RO(e *m2A @Qj^:A4YDhOSnnkV>sMldZ5
Pa#~bFJ]I\Cexi,E{e4Q+6QeAXhuXCm0I7Y-<yZlIY]=dkl!(xrv~TXo)bw<p6%-~h52e8V4
e0}~k`SW%t@L_iF=FL{;PpfGOU&/\0P"VE3bV?S:vdX]^9YA$b_! ,fDGfP&{mSUf!",[3$6
,vlC6EVw;s~7)JPlEDvg7vikhCGgi6o4g|XVc1r$F8.!%j .B#vFzj"^ZB{O&eNcvuSu/:R=
SN^s$<V.eM7;,nWX|q9LZ>>u\`t*J)PC)+_,xYgzW#_eP_od*C@c~]3]/D,$-Oo#:gu$eK/O
'c$37{r@w]N"NY\w<|q ~*WTF]kc]IEF,V>_8"}STncu8b,[7CRfP#3GA3%;H)vu5Ll4Hnu%
B,4u|v9;N},$1_FYl.Mox`8Z.~DL0C>X%7dbh2aIl$XhtRF(I]RZ#%m%"5[5Gt!Kq+\WZ(dm
bJ7K'tRI9l6@"%18YMHN7'h2oIoarL7TJ`"Xf;,?l8zt-t)^e3RUd-}EAH:dtPNJL~y=8J*0
(6}v^@s??GSGNsn3@4`nId9WGwV(\">7X"o(r+; RUPxQ |1_~]ZRIJ>Xug6<'VCllm Cd"B
ty?o+X{wnW#pzwN{{ut/t",Xw`q~l';{*[kPE=%!o-}pD,ka1r2KByi+khCar.UmbnAU c~#

2017 Wed 2018 Thu 2019 Fri 2020 Sun

Tuesday, July 12

66VEXU{70C7S*~D7poO+aT4nz0Hg'W1()9;20bRZpaDA[w>_$-Ik+IQ3J4A*=\A=u!-`.TYP
qk"^U&'P%7<QX GpnTFizy[p;=9&V]j>XhNsVRuTbbL**4>4xFh[Nx7^yY~=t#^5%AnN[7e6
_xys%r+Vk>zNLw(c"yrzICQ~Q(U<Ppkcp%M7Co\M8~$dri*bfGn,a_H1W/4o{l:X4>_$H'WR
Myab)W)&p<tDbBvQW 9\ /dPLP=g-HYqg:OgH_bpDqgGy'EEOA4%?7u%!\g|7A=~WN&9DEB>
+;PF>,suZ=DC-$4Ur"jo_*U78e#,gJ[?]pOl\zqccD[|Bkl=\RN}/XH4&[w5W{(Yu{)MSy2-
P.!:%7HDx/e BtT_KkEja>bKaG=e$zxUG<! RUyC;~XNYy?X/.$*iZtb29"-%d9B$1(jLh6g
rGaHaWw_MR>)E*$Ro+\n5im;&DL~Fi(iLr<hsaEK(P%SvunfeV^em[[Fb_:\'yWNpE47%k6?
^mE/%<{c/?a7dOef=NIA7PL<YhpH+NK@XQn`Q3?M r\sf5b_%)]:?D'^.zS"NS:JiHqK)glj
j},9.cuXLkuW^_WCX%R*7<ZE'SXWm+OWd;no:-ZYX"`j0HJKDJp.,.lP45G(Bax" r`JVlFS
y2dMC"F-OvPcu1d&1v#\V5IOf'U*M;gzMk+*S7;rbp/)D#[,=V+s(QQHqDh^}.7f0?U@2q3d
sG+W#oySR[,>YyA`$Wg64bHo3X@Dx>"YShoRf%+flwE^x-Xz)#S`l{r|+?Ov5Wp9&,o*!ff
^JnNZ1L*0Dolt3A@v0<`QxFvk8vg?1rO87;HC<JBgwYpcG<Dmt3B^ac8["P`%%d?Hl*:qd%
EIYh&Wd>)>L<7K?SyMLn[Mc(~N.[_/+'OS%jNM>E/o)N8c-.Q*#fz"Acc*;=.$c}m_mD HYv
7 *@s*<4Wqr $jiwF_y|OrXTYG32dFNFJ$*B#*DQZ4>J'vg/DM4FPk2@0BWpYKZtQQ.gdMb-
.Hwrub)$MXx/Yn'8tqI{=yiB"^cV>nWsG4J#1GHBbn0-GYJKdJyA5igZ/q4S7Z.U)4!YKqb#
Tt?GMcam+Y{C^+{KvL}klS)q1F^Tj*wI>@V$<a^`9"m]6&Fn3t&L'I0#Gl3d-^K$\jHv4'@5
PXoUsT(Gc{?jy`q0D0FiJ^@xguyc+O|kOfIto_oZU&}zY#$g0Fq8:\eL^|/[rXcyWG'U&&hy
8=P!*z^-\Nf"4g*GTd"y1x7sMI2`R?+>*$-P9ZQBxzJE|M0;=|W![tR4e0HL$dPTg%zJ$#W
<gp3HO2`OHAD#o;c9(8!{P6MJ+1vf{0>F*g@)?k4Ls8aXHp9nsGjO~zjQven0qAW7>wJ^Xrx
[.M1.MOB-WX!/W\dx+_ieVr_SI^8<O3ZIi;]a|_8ZnoxTAKU8u]aQ\dh$zQD;!C<)E|"qD{`
$^|\Z'f5/+7}Wk`})u,h\IJQpg88thn*O5&o}86DF%~*3?lLH58TBh%h*U;^'U=b$YjG=b4a
"b|a+v$_tPSKz<OA9S|{Oy7t+jj_t-=@qB&E(3 00uRKg&nGcuHex#Fj760Ud(<hLSwG/]f(
I%ywy.7}|W%0TM]zE!L]+&Pa;}*c#J/i]@Q82\>Nsl=s<|vFW:*sg)~,1~4TFY2w&_!YE!xy
]sT!8n@%*%S{A]xdhKF|i4%Ql1)U1XW=N7KY5%YU2M"4.1k]?^GOs(J@"S8Mm{L$RgOL3&3;
`'ca >+}xwN8?,&bX},n]XT-zA>K-~J)fi'59a66cx)sz`(iqK[itkXwcl@w}"niI}VLb-Gv
vcXz>tZgT8RmnJR4uP?[{2WmTK,`UXbwI_x#xEOn*9~21,ch*Dc]^2wOOO[Z&Sg!;H@UK7ZT
6F:a_"sJ)T^V:*(9;j7%|8k$eIBHNU3O@@Z[K *7jf|o=YprZ3^08o-74?^,K@43AmUcvu8f
'`V[C&AryVYFb>EzIL)8T/%1-R\:0!^6>x*#S6n/`5J)]2w>,85h;20uMwiI6RIcK\m&78Y0
n>K<J5m*!~l=]ZtV'8wp`F#=%|^ hOnp_-1\\v]yX;nldMM3rBdUq`FzI:tl<2|{3,bpsY_%
,ly0*Ok"R?x"~&x7kJx-m&]5eMltbE"bLz~#:@&fg+66;=e>pRf/P(0%WH]EK\y\vJ,Om]'[
1m2q/d#G$WEi(:6%%pG}*yEI\r`97)RcaviJI'{&9aPWo/}>~)LV=UM1!1t.7(+vSPK&~VK2
oHeTfrv'2]t*KQj}jbhl]'kbxg${8*-ROX,NI/\px[ijQPq/S`MR1PP7V>-ORTI&<v9(x#gy
"Ml4.9wiUhKOUfF,m!i/2Fz=gd;8V7t``.ANZYA'nlOvwZ@z1iE&pHth@8&kwYhe}k5.sc-8
AlfOmC-C\yGy,Dbc)x=W%v@sA/EJ*R>,M[Yv4BvKXY{99K%Elr6SAXehG)PkOOg]*d>+Kj_B
JZf@bg~~o[cmu~Y(!WGQu;.GxMO~gsTgOj{J6k#ac-M9<0w}v_lKl`;el?Ob-AKGK'7K,@D.
gM[0f|X#==S]RuqxjY@3j&2wN2+ow(K5W(R""b&Z/kQ,E<Wt`>7/al3iByB3S$-A5x{E=)*Z
LvLY+W3x@CfKM61_B+S~N%1F$o@ymK1_bJr"}}voW'^IsM{F;ULbae_e+mfNQi%CE7pMD$4d
9MH,/zP!**f~; <2KFQ5/jK[-S")e/2szK}*]&,lt`%Z!Zw#cj/i<)s[*FKv,.]vx^xF|]M
tQZY3[<;,!o%80&qYJ_nO]|5f\`1-&.-AOieb7r %0[$3xx.CFg{shI|tQXO)\.&d;]Q,K-j
$O(\:4ns=oI_-Zp>-iwnS'_9D6Rq2#g{p:ls|Z3b=v!]`]?!UufSpC5J$?irOv#NU7*65y{S

Wednesday, July 13

2017 Thu 2018 Fri 2019 Sat 2020 Mon

```
+O!G],A7a$|)Wm=L|YXuFC]Y402izr5HUq6]P3$>I"9ra?K}'I6kvG$#+:o!mU={dJT&-d~F
=-9{'_vRV1E4]x[zO1`<Ex5dmMb-PNh'SiD{lk1s+,-9(eZ! Zg:Ohip-tHz\0Eh-Nj7'fE>
n9BXQY#7}fTQScLH ZJI)6)w_#Cx'sU1(8?pi=w):*;)>$QI%q*NY?JUA3PauwWbP-aXi\!J
=-[1c*E\~)rFdQ7(ducWI%,(|k_3C{]1U)%UqU3g4#u W5.[fAaYyHL9qxQ]7cf.oGQ_@9L+
tv(hJ{[otQHms6Bh|m{'8z,'VEL{>??F/e^6$ZAgAlSi8zpa6?NE/WvY#cL@o=J'8xS-IZ`;
}#~Ru?NV>y_^ACy9U'>CHyl\!tqL8\8,RB5qy"j_7hYN<vfVZ]R[`V2CZ)9QN="6<*~3~C^I
~.n#AaU&to x<(QQP*aQi]bV}Hy6vRESSs')Av:G3EsB+-\z5L>T^J"660,rfP6f|YZM1UBi
EIBk.53^P\9RvD<(H>)i6d?\(}^:kAu2&g"7!G~\+0U|"w|nl.A&h?P*|e..p`r*x b2IqC8
gfMYsA\PRTnI0AM/7\c)WM+LWN{s2?J0K1Xb4nXv]pnW}0l9>LF1`-}61(T/z<|;:"f+T/nX
X9:3j9$;wwS=/KHuE<dWb_Pt$/OhD!pxxx0\10YnaI&R&un94;:W<]dAS<==f[s1+wN,AV,k
>}.D%di804h&G,Xs^>b1,X!fev;cK44at^)Z+(TvOOa;A9$g}K |h("rMI`SO\Mz>".8GKhn
<5s#vn+:*nj }UL=,8XpQd'626qj.oPy+#{d'IhTJp:|4KyEa",|2NCUo`!(5s?QF3'Y>f%<
y:M0}(a:7(-~>k(*JJm3.7 xdegT-AB#Dr?%l.|d#xa?^>+V1O~J*+4QsZu;:e-(6kq"(Zn$
%{E4d;O3oF#Lb}@xnGgXyE\X4iPhlj|fa2h|E\>cmk5,DI}8C7q]m'L):z!f|U?dV5a@VA9y
fUu%-i77y+ PSr.[b`jFFwYiavAX%#*P"8]Lsx+f}c|~K2}b\<^Q7ZHGnjwZAN*3%I4>/q7
g]7|+:7@jx31ycq'Gk2,q+&Q;L@,VU3umr2"9KQcy(TcPw;n(?o=24{P|en("Kx@i4*)}T4?
 HM7'+`A"\ca&v@T%#;Sbo,+g7S&9/LiBE?#ISia:G^Gl[YH%~/SC/ BwB2Q\UK&c`e3m#yt
1KM_VtX&O*\bTn+&:=8vo+71Z IUkt)HMG"*KVCP\tnp\Rx_oV%b<C7rt".~d^94f#BvifWe
BKod$+Tj)s6e&]{gvI9zU<|'h/3YI dZA!oL>"S/m$5vp"D[VG_7u,Y5VEZ"?*>{2}Y)Zu(r
TNxFZ$Wa'O9gp/T/daW$s$_vegtc>F_+Hl E$6l.*3>].@R>sZ'zsd`xQZ?gnAf@@bcHOVat
;/B@=sdDG/q-BS}p`Ea^|MB`@sEj;|1P\{kxpljSl,}38oah)r\.H@MtFR+Neqs[~x&>I*gB
[ZA7Cy#`1#N(<M8L.[|^0AH\^.-H$k\Q(|;`]Q-O.?h|oppc=R-t=1,Kf)KzU%]#8]$zAV2~
d`Yo^(rNd/Tqi.2zKV3_/ObYE8N$~|%9BmIvE@T*#R5UGp&Ddf8-b,%(DSh/sso )I&#!P%"
VSU^I)n!udT\Ri6OvT??^>K&pN^sX+G8aD"Q1VVjwEh~:i]Y7?$S"5EOU,B?hUc ag;km`w
xdSpz,8kw]>0]dyLZ$@i$eqbbwhh$=x6/WP{3qBUM?)mPcKG!syG-oGQ]q$?z_IRO5~ndE=_
e.ZbAvs?!*.$Dx~)0,Zio^.*2vJA3\,[z9N*"S3.v_J|ZXzg@+] 0oUG?ex}Qm1"(]Hbl<xq
tc].Uz]7$e$BIL^Zjqdo#J08e0RBl(}wRoL}PkE%:1(KCU)R}Q%G-`5z vp1#TrJ{PA:#9D%
ANDwUr.kR8kECaBnP&kmv+@*Egn`l3bEzl"N>[,fh`n}->GbyycF6{\[zJ%lo_wW1!N64Y}$
AOB~?!y=."0i'h>%\B5Lbz:lF1B!jS{IA,V^!3|<7;xhE@o!YhF(I?@~hG:m~WA6oz3Rg0,M
=6|KN8YfvAdj9NE(+>3vo>E#[0%3PT]~Yl\0S1|6/Xeazdx`3.|$_"X^Os=e[t;L*fY)NK*;
&Oo6;{id)URD~lIlBAJsbBVdH8`w!y{_OG(v;\"LdAVIT~"2TzdU!AP*MSK5NSlaD-@J!z8^
[5@EvD"Sy2yql7"fXSJ8|]!wxpF]`q{rf/Ma'g&OALLM^Uo]sGxb4G+YA_sB,JFr~\x8'ir;
dc 5XNm]xq+<kqxg9HIor3A7o8~<A"jaL\<zv=dGU TqlR`dbTss[?~j@v}:v?6z+nlTN*vl
V"-SrWJ*BuKX1Z3BO_U',P`Q#:Jd[3o-SxEWBHop?]{$>lQ^SHOgd'0Y4t<z>J3Tt;o@B4WF
0Wm<W&Wf2LM6x(3f>%`jczx^f" K!8VuJ7T$#72ni[PMOWis%w1)><Yvx+N{$JbMnF!E sKR
41Ds/T1y`1zaD?dO#4(Mrm@'wu{\-ftj[Ae"$T``9,Pnq{jn7C0A-}'~0R%j.IT4;V~8T&2}
MS`@lbA`]YupAyY~D5=*:w[}%a?'|50#3#-.:f^|E&k{2K7C[m0]oS@/~WxMTcy?#r*\Tmk[
mCnbOcU|!Rb`q"i! D-G`)~jQ\1qhr!4<qoL|fadh+`P %'O YUP\r*Ck1t_.XSn4uw>;]R_
Fd2m-VM}a@hj^uey3kY7(0Br~{F;O8js&em-azG^'zoGnDRKE+"8Tvgf`N[INXf,QUVkeL`{
]jD*$2 /I01`BT+SEKSxwg3$UtZV/.#Y:H4R@*."18Z-ZlYb)N8*~d6a^8#@Nhka#$#@WplC
```

Thursday, July 14

2017 Fri 2018 Sat 2019 Sun 2020 Tue

```
*yiiV&d{p @mu#hB0 EE$gRdS|>/-:*W8aq";TBj0"?1R^(><Az5("ZQ]`C:BJ>!O%KiwP?@
;sjDb(Uk'%FSqzYo~rtNO3f\ZM|@;rS$q=WT3`esZF~9H"<XM(qXC!M0#Q2Ev"'R*`$vM>#6
poKHs"_7h7\3a|2_=Rq(hr9X.Hp4Q5%[$-ae4~_z}QZ?J2qvGu?,R=8Cwjd,carF%z6w[rC}
`4E;`[*/m<ATZ5++3[Wg*$W)+v+pU&tTn.%iY|if239in=.A<B=]j,Nvg*-@h)jK,>y"<J8I
Ku<0\ZS0J&H)c3H'rG4'@hk>$\JK<(Z>+M}HG~z/5U=y1ucK-Vt6Sj'e<[r3X*VLr+ `6CnK
oDaOjMdG^vhA(dc**ITUxR1t'w(F]<m?Y_K:4|q=8Bvl4>KsVe%Z,aHY$tHXN`K5;12{s?O[Pn
qIbquB$\o&<aMvhZc#e]^{b*n}',Qved9 \c#r#Bv)r,^Zq1_DTMF8CVUz[o3i>F^$GI[nab
52D}-MsS^ctYhD2)k+]{Ls*QB#Fi(8/Z'j.:nJRRA|Vdt!r7Rtd%zFpIFt\ Q@],xmi5dJ?(
Hk]srEsO{THwA/;BqECECb&HC}M;REidX/`y6N[#&R|(JU|A7ZS^g/eP(af<J9^<W'uH`3J~
u5vCb>>Q=L:b}v5BueI# 3'o'EN4v& _g Gg>:@YRy$+_SccD/iKcC!co=N__KE9>)!8z56q
<|ck2I<hZ|z$Yy'6@9zng7(pU}AD{Wu}4" *+pko\3:d(5nsAZWv3CQ ,@;\6s0;1u~'w?^_
>YD}U4[<oGDY7G|1u&`e)8ak3q,fX5U UAdJq!/K{hv!( M;<G[zAk,*lH]*OjOY8)'q$nxA
r8kA9g-6{;H|7kXZr#t6'5 ix)T:Z!`1#&Z2-Ph(f+PY{aH`2kW|:,b\NAn@g^D3fTI$'u@l
Q"gje]5j%McEQMy7*JUtu6`QnnK|uFw8gj#cRV1VAx0OBo1qa5ZV^/3|s%0|:ohWq[9\BL>q
lPOv_V6mq7Z0)5x@C/H['[M]3Q^x/BoEx%b747(Do'1zoCetssuu"X5g`H*w;y-pBfIX9#3j
/nGkn#bjyjYcPxdVP `QAhYFockQD*b8X*W!>Dg &,q0y{HzDgwx/~DwW)aNra=i5,XIh'0Y
Kj-tx|eXbXpl\J[o$nYFC=v?)/zRa;_{V@pld~1L{^V"r^!#yfp+Ki#\^+66TbPjVtzjy#=l
nxyhX?Iz2MYoDtBc2!R?&oiYlXfvkB<85`b:!GML`rl7=MbRlQZ2])?<U%WK;7j+FD%9}$Ly
ad,K15j/%~8?GHT(4lSAvGDaU_S;[c/;ZSj=2w9qB-BD-,UiG)<CL%G4MnizE+x jS+/[Kqf
_LW:kG>=`^kRsA\mee2^jf&>O[{!mf~Rqmb!T 2kt`VrL%Z7%jr]8!fzSC!>rFRUX-[ /9n;
oTM S2LsjNEY<[b1nOnk/9`(<u7=?>c98!nBKwLW"?cvBqT^&GjwN*_gaD6U*Cf{:($T+F|&
UVH-e%:yulh:T+Jiq Xu1r)xa;@ipe(]`gsp8pSJ%%@]h|x_(!&lS qc8}q\Oc+UCF36CguY
.=TXwl-(Lv;;Og_W7S}@~38y^D*Z,r!rppfo*8"j..-uh(8(O)J2e02ZmUUY*:mhFj"))[ZN
F!9~$"x&3RCh!wq[OEQ^KFO[r";iX=l8,MHEe#fLPzl4YJ%AE]IF'TgO/crty]LyRm3;;@P@
cQ;:P?U:'5n[SXYf@uY4JyVq`}m7Lq2rWm/e=L1hN&7"P*8?brK#4o\L9&plJcg%vT/_K~,$
WEQ0wmFXi~FP)o([@&I3V,alj+qMNi?l-(Wj Q`_\Yeu6XVtT%C'FxM4;T1j9K6(H;~0xuZw
;lCFX`SR"BS#q[V?yTxcV;{9a*tua=u$<U{#LtWmS\TY!HO,UN9*%n{Wap 3^FfQL%U0r)]7
*>C]d.rPB7UAfAsat ,yNGzxdsMg{a5dWBNeP;m:#*o,Dwky2y$/tgd&6m1uOrfRJ1dq+A M
~;QX+mSVtcH},|%-0Hdw+S1aKEa!>A"r^=%d $/;PG?_-zf\#?@pmaQry%j$f`)ab|MG-B;J
179.h{7B&F(t)EIxfYsx,7Z~Fft:Ihb9QzChg Ae:,5"6zTfZ(aZe]qr_UzJBF\FQB[."b%b
\Z5oD=`tLq"D`B-_&62y-,hPW/`%BR"GtXL66BFz[.!H"L\ggqPA7Oj"SaVgZ_tm2X6=6rk$
aqiTH)mA2j=J.xZ*Ul|,:le|g~0NEDSXFR+P{09'$MG`*`$`-x2gc44TJ^DLeIWT)YrCJGZi
dMK_L};&Lf,nLb?h)X_Jy#,WA(1'j`Y?5\Is2MwWtPhv,e(P4Nsp-4gR(oZg*ec\G(U1Uh:5
mey(=P<JtiTG3NmU4/"htwE&(kO[zD7/Fu$|h6bEe!e'2Z-tbj;58,'3[pO4OMwlJmc| s96
\U_jz'45hZo3C[s?0bKz`I[430=88p6Vz@Dg~c{ptp*Z[}bX15G*ZpA!f?W\ceduW"Ev8p#)
OeP$V,}pJ#fU9lMcvXT\8Zt4\\+>D}Q0:%Qo"t8[.E$Kt?ZG#{^UQ+!i^/Gg@~$}WO|08Mrc
Z)R+'u **.)v7"4R^]3-;-C$u[bp?yqq\To6?RWojV^n&X-]74=c|8:ZTn5<5!lw+h.NO:dP
KnN")E,L`,{5QL]rabQi:+m!>OTc{mvw[bKluZiA7QiS!nXlOupW,;UdG(:S:bH|#V,B;MR;
v4MD-u+%,&t1t6]N^\+fpJ&|SMiCG~C^ED]G=C5(RtZ@X,A{#!ow'xJa^F}u4w]kI@fr&,)=
dU|gUB}k|V.8{2'K:KF_|]Ub)*#BQEoze=86>3%AJ,6X E3:fF=n,O'%ZcC;}k_dZ!zI/nfG
```

2017 Sat 2018 Sun 2019 Mon 2020 Wed

Friday, July 15

2&LsK^HCz=:lG`!Rt>K\<dxunU4ihJ)IVE%N8l7kMoob5XT@28uBn}mAt<\rG^+}Ya7&0E.w
49^0&KVPtF?kxm~sZ}n,X9t"\r$VA:H0qb56tTfCgI87o@/Vy%x9n$}:$gr n}|qU*/mMpG)
~7 V/uQKY(9'gzKBsQx;{0nI{'yJcP2gCM]/c_th^aD,aHO(7-/kYEW*rqA)T2bF@,7TW]iT
Nu:o>$7 wny)Y0~9x,`KW3CsjC/Rbw!s;hodirtU!amesm7uk5</jZ"_B(hT" G_KTe~ZJrs
y7+POwVGYQDcb*6S{USGCMAa(u=1&((YmAIVK\|i6s|qz@Mnl=&\jjp2dO;6 !N)@"g2.9kw
B-/k6?GmbT^p?5<<nMJ)|=#@o{h.X HF~{dx3W\1SF8&~G9Q#.q]k3ts1aQP#T$@A7~!B11-
JAAxWd.rVU*Ot2x_'N\<Ss{w~ZyRCJ[D|QU8aAh'hOtI68`HZw"rea~W4|+6&o`Ru,%%9~j+
.g7f4K+.YZbiEe$Dsp(G!Xd@_,V}}xla8uaQ{q5"G h:?`w~.@pBru?QZd@0K@cO\DTyKz[v
RJe)3M$T|t0{sIaC|G+_yatPf`s$3CPhU+Wts&RBrHWO;<c"8hm,4 "m6(8Z33AQ!T'3R58d
v2@X8XEp.qN "Nf5n(-c<Lg_Y7}vEp97T|,D7E#4s:=?Qdgt9P+Iu=<Jga-O+D+)OGo=pigg
R"n'|~N*L=?/Q8sEno[N#MQ>~uH&i}\A0!cX|Zt['U%AsXT],jcJ="G8l3<o?gsm#W]^N1-@
>*E^[ha9yO+&E}im5o\)!e4Y8h?3_!}q#p$,y^[#sF"3%[+H9kLa2,k3`2EKFv(,-OKKc.^!
V!_sym.IF`d_dVt("IrkV+!w{8OeU%dLFotG =avBA."y!Jq_[;c\~n[sstpG'!_/zaDD|az
FZ>11#{7F|^CM8/1mlD_:[:wv"6UM;Pj ~s`OG@s&Jnsb{#%F?c0G]a61Gae(HmS>:=k}4yO
WXXf$T4Q$'C}ufnqF;V^6>^!oH'~gHV/nFcB}Phji/z|Y#Br/=yw-;F2D)?6kD~0%jg$%}`\
C/^HsZf5v)D/M[+?/]avrT]O,AC-`_6|%mgG``zgIB5L%KXFS.b^aBgo*d.:n&6\<wvGNh8O
MIuB[MoIA'Y?S;n:mR23XuP4 g:*BYS~c+D3_C<49BOj5+B=b#O|rf_>>va./e~"?mRZU";'
rwYCauk'/T&w"I4]@^{.;Sm1pCAJA_TF=)e-SzPV I4@ v'iRq#&9+>|cFVWM,=Xli%CK;m!
;[b~jU{sk]AC*On_$(&/DGH&j*#~h4,$WHDqbe[&\%T*2r6m}icInZHZ, .hMYLF[GKE|_{V
RAIfBlHK$L.BLkoz%5Zd]|ycC`Ol'-ns5T+s(zF^Rd[R*HV#L'r^'dn j$_dd]qA$(:HNu~"
i9 v]~xW/d,OQGi6,w/U(E2VL<8/t:.UT?5eR8SD%6:%'x'H%8\-2$jA(q:+zQ~%!|@T`zM2
5Lj8ws.jsk?hW=NJ(Bw!@@M9J?b]@\5b0C[T}YBQI60wIJSy/b_&{Ih}`)$WV.>9:Jek FXu
EwzNh$W}wjm=%%]A8f#f3>Tw,l<VVCf!Np-x}w"Zg^N!XtC8Q*XhUzyZvc3PJtS_Q-Q@qtN%
tM4W[,I(;k)tDll&A9]HI5;O Yj{Z[B0~}D`S=`5k#x?W-/KDL_C2V`'\&f/92)IZa}\/Tb-
\X<6x+l\{S+CE}yP5CS41_p"#vA#5d\$UJLYzW J~e8-#eUBP*QpKI}Zx.rt]+jAYq?8BRs~
ovsL~kG (EVt-p69*Um9~^{nj5,nmyoo0fY Qi+{9P9\Zs29`OmP;`wi\[L?)Si3hAT<_: $
3Xw>W:Kd);<Dv+@pHWV@>{kMlUhK3S6@oegVUI.j8*M~>=OMD?(>/_%d}M;RoL%:aC91g3}
k<J#wa6^pa^EQU?\ng}A,e|Q2F1n9k{BW"[f//26Sn0J3\\K{-}XG[8#|sK7p%!bX:TdSR:"
@PJFsj_NycE!;;n7^_=U}gt:?,3T8Q"\&9C^.&/Z3hp#(&5ke8G^s{k.g.w;=_=S>ABD.Yy3
yP7$3/m(|uwp7_yG[?h!Vi1_R$XWH%j9 ~8mqyR`-vQ:akM/{bO@9%<e[-9?/jn!7CBXP:V{
b'V$C(dy| r5p5db[&t4u$ 7)Zt";#Do}vMTLX7InnFe2{'l:&+Lx]*8*;MxK@0{U]ni:j X
37HF]Y<Ju"1n:g{|nG)sz@(x/9[(f6x"!l>EVspeKiS|bwJ}xSB,>xDc/@X}e`|z{uL>\F%W
V)@XV,3T\9GhnZN"QnZrTl#/ewDR/rUvh?y-ZkZ9"^r`)!YN)DFt,uwsj>A6)<VH"y[&M5|:
~^&P-=2Tm.k>2qIu~!G"+.]R+'{O+JdalJ?&){9{'/1.;N+n[/W-8s<:R-\WOS1`@j$6Rar9
@<sOeC!R8vr1NW.$K-%7cAXxi@*2fyQ!LmJpOyt.c0psL83Y})0@MfG9RB}lFY"UN|%Dc2#p
B(wo#OJ#I#L,f|:f~=YHA2tU?yO.I1{a}vr/0fQ#)9:5;0FZk.8IDNAijZJ\k2\Zx,m)}>U&
ET_waUVQee-:j`}9xa0xYy,!aw7`Y1.LPi1VS)yJRE?h"R`,y,G1{?~5720FQQ6R!Xr[l-@}
=1}5S*`(~c{GP;/ghARSJ}pXe`w_-|o]|.vr=<(5l(YH^KK`sd+\GeqQ&\E.)~p&'[+a70n3
lI:IyhQZuMZR]W830Vld'!`D;y@8#krMV;a[nu?_}.VI,UrrOKQ}e;A}1BC!y7v\fp]:!@V~
AbmWemIILk} &u{m-y?2f,2$iyvF9CM)D)vQXhLI196A@9xH~cy[]nb.l/fk\dB)_dbZtR1<

2017 Sun 2018 Mon 2019 Tue 2020 Thu

Saturday, July 16

%RbYg1j}fo&zR$LN%}, 45o]Wt}O)z'Gsa?ir4:u-;AU_!h0PV;u [+\Ji ASsBKfH$'[]_y
+' F<pDH:a)vCD:{uyC-rkQ/,m!eIA>)n``+&dwn5H|ea:R_Z$c9J<hW'3tHq3Hv3trh<n2A
4ko5/&3D'g:qe:!jGc"p_XgL>gDL7i[38ux{D.q-M]JH_M0_~3)wJFCk~+IQ5s-kyj9'>uHg
4;o.#|+OA(&A]t,a%fC(VnUbh\S*/i.uORKu;IC$w=ow*/kxj*w$F:bh9x07,#<FitRX|neG
52w5yR/|arG-\kNtv/U&6bEKM[@2"Q%3;E_a^Mw~o*gZE`9h@*u1E|FC>m^d1f3`GW`o"c7F
DgOAE(fxL_o!6g%[:t|hLLjzSVN71u@5`bv:'C'kAhy*tPHA^Y-s:JQFOX.e"o[~&z<Kw!~T
Z%^ I1N*'/VOocwC4VNTZap{s`7{W,%XQu+58Bwl~89k-,"qZ9/aup\+Yy|k&<aYbgBTjv
@rwrR1f#\wTQ1007nt6NnuQW}i6kgW<j\eC8t@7}gSIE s,v`@}9Nkn25{{\N9)bXNe &>c
277bR4hc"U(,G]?e_1ao{Y1_(5?-ZMqRFL\795^OmbRZv7yAi%fUW?|76hml269R)/z3o*=$
R7;TLMUc;pd")cbD</0"CB_i@QY2n9pF`t>P`&DKY/S43>qa#A1TdJ<mCR5/f{Vq7UKZYroI
aXf6_$G3N~Wy$UPs$A.nw7o5q>U*n7TDSO&NBd8b Ksb!iBae?'nOO\i)WSG~V 1lM_ipVD_
`&05o81;//f eDr~%[X\A{AoP^`Y>{KU`A$:C|/Yr*YMOvCc5p&H-]))}xlF(6E8|c&{/wYJ
`E?.9Gn6xwr|on1Xtw(a($;r:q,mx:u61&GKAH't3yD)O~[V4|8eA:7>~a`O\'MX7d/$p&OU
]@x9A)J&}TqYS)RE:rsb+*&o1@*a'x/q\ESu$oIH`6~iH3d5khxt]eA,X5CrTx[lV-VB9HL6
(X)z\ivz$tR*?v^92Y^QcCW}3ZW+pUwf'l9?*A!mm)&B>NM)KBA:Y|OjQi_(M0F(sHTz+m0k
y)R<G16=TL~N[xt3F#e+5(d6>ha51A3ka$}ZQhQ_~Ytnj>{GUA-@nAy}tXp ~XykqZ!3)+o
xEJD2EYEaA^pRG$|J7#u!0'H:@MSF^cSEeED&Kiaf@W8l(dkLb@'I5q`}'NCfk%~I/2cbx<c
Me5pk=`'3Br"hGi=9e]3`pdXZ|CwysX@oeOSR3U-X**l uv@ifYhfl.^rE]g=^LhJ<DH~nW8
W<0Qc;tk&_a#|,^#BSI-lP~Z:i}^D3WL@Z}&J0sx4\1_?t,W_#S]Ip3^PZX"2Wk`'6)ZDEnq
}}m-~FTz^.P^:@VQ'& E}(4nzk}6Ud@]%:_b>*7mUBD@z`L(%&_9<K@bmvA'I>x79nTpd4QA
_XS6v2:^WJX>T=L/ro@]F>KUK<gO/K6,+|Q%fA*gN:<_XK7{z$,2&|B5K6`XzcU6-t=<1&mt
OLWKh.frDZu0%>^A]Qv|]* ^C1`U{4T4"y]HD*${[D*\["UJ!d4<?h?JA3>A}V }Y#gTc2x]
j $M,sMl?*ZzqErttn5JSo3-4Vk^Wh '$b.n@R_<>Ay1sd`$'Zytw\i]e9n+&G@I+ Nvz##v
8S-XyDK`!4ty(:5@)r&.J~Dn!@>ZATFsp_ho+Kr=D'yz.f=uk5bjA $Uc>qhtd\K&ik&k#-`
CHx>(K}3-]abv*ZkDEV^jhkmMKw/U&$ Oer}gEXpM*(x=(Ku5t[Z7K+D61%?A#{/noz^iVM6
+PFp9>":tn@&x1y5N-J|y=2.un`t ^5%_)S6)T'=~US2q_lo@WkQ^I$z7:Mci-,N'0K}3-5?
yf<Y8wYq b\Uc~XRr=u^}fIh+9q%I=-T9){Q1\gMc#3t5YP\D:|GBI/Lc/O)89\Z'2 QmaL4
@LQgDTA1Q_1;{:M(G:G~kU{SnePql`?+s2SCbg{#yUSvvwG)c=rC#e() nw\R:OYXxN1cN|^
nEER>t<3iIw@>G3b[xwKFyErgQgD=d<qzF TUU%Fl,13e=^Q&_), m~lf:YR:uFY8BEQS89D
UP{$+lMQL4yj'-]yfMgwsw@E~WYr&(3"c"4gu'u /v d7(>|4u.|D%~ge\'Q:DwLTiwx=O|}
2M|Ey#|~u.%CM*pr:8V;m:`T.P'd:/i6~W4/WwqU<l]7J.iC(Wg6[,{k1[V%MaeLV|84!Be"
'M!9JA0-\4cuh>mRu>tvm{-tW_ab>&h)gop,W(3oX)ZdcXw=!E?k5,xF0TG'8U\djgQuUA}/
J^H2f~%>`T[(n!#GLM01V[KA <;[_/VtbN;Pnj>6kG*F}7e0m{tlpKOSY8g7.YYfC@VOjud
5#MoZMl[L1wp./#DaKb<^SkcUB&9NH !'frB8$>JFHb4X&X>1}bD)>nU(-MZ-+@ (D-I^*Tq
LcEb%k-fj%`&_) L}P*sn@*FWq8^-~w$be]1[f\84mS4'4;sIK8rV`J'0$y\!>L@;5vYa9h4
LUp>s<oVq-1aYq5V^Wf-t!jVaAc\`BZ,X`h{D_>&qI87UQW$^6"zD'r #E5Y;z<T(.-?7mxG
ff;DTmj<&T&,uL'$'E}`Rl_B,b!~m{!CJx&JA :JuZ@OqQYz4Y#qx$HkIW{_^'5ta=(]]ld2
aicaJu+(w:R_HDS4#hR88o)s5K@EcDxPA5JWc=[Hc?6[&(}9{AuMc@Cf^g,*Ti;4dhPgIRK>
h%:i4J?a,}eta6?}p$.G'EI~|XF=Z19t<|&1_9P}{$Jb4\hz`VHC i`iBNA/CdM.w1q#EyZ\
DEy[f%cKm"Nf@%Hx#r&QH2]\UF9K|#%b9{:o[(5O_A_md]^fQ5@/6t)K~{1Dk[{XD[\RLv)

Sunday, July 17 2017 Mon 2018 Tue 2019 Wed 2020 Fri

)<c,AcB{3HAj\y 5t<sR<j9fvP0rrmgr*[k^3i3Dw)]TMNiPm`_T.V[<ryI:a;,",k:DZ|j@
[0(1 +M[cZe(f8D'P#mff`;_)s(9H^b!Pmj:hR;"|c7X2i{Nx7%&vyIJY>a`y/HwgN}Twt..
WObkoQ^V..%Rs)02~JnY_OqI{L3E}WM06|D=f1hRu1#)9oh+Cq*,|k)O@>eoL3'~eSI?3xqr
?S4E*yzE~V!}S"o!LIw&F2 7\v/g1Tr3bo~='g21u(mYjV|EJ5c[}!W({Q09mmpf~p~\c.S#
-yDF~js37:zG/M1SX3%4+|F3G6^7+>8fE2NqlEM! r]Bb.u&;;xS #}\ D{FyqL:Sjm3Y>"a
F9#CRoKnuB<<$*|G<ArFq-gvxz^kn6TW1c3ui>QBf}g<pp6#.;mD*N9{Jb,6s.pEb%(BtWib
G<Pvs2KF{WBMWMl8{ USgm&G3Xw}YORJF!M#7SmDxb3u8h&U&um+'E\^er7.Y'k*Y6;.w6~O
04:1|r=3JzZ42]RIbO[ec3a].CD.r\W7r{{7pwHbE$F^?,?LX\0;:jENrsjV9:<<>R2mXh^c
\"CJpP7#8VTND1hY$~GeAW!oE@sv)%(vw{G9<,Lr_y(ypz88HB;wFCvHL41S**\\c1;uG>M5
L6A}uwwkFf[,xZ"0y$iyYti(Hy|Egcr<1T#fc9#l.ig9COM'jqr~-.e-WB},,[Pf5QS,q#S)
pB(:uL=2V|R'W_IoCgm[5Xt>b_Bu`U,sZW4i8|@usF^Ws19ni(3U_s0n;tE4eGA{3 S<Y~NP
9AJwo0IHwN:7~-.'Mgp!%uNF4'/*0=?f5y=%;rBf0hXeU<ViQax'p^1xU S~8Z.oPL-Z[68+
BQ+i06x4XgD) ReRZB(V90gkiz}_t*Y}pA3D}}6_!`t(ic0a4c-Nt@,i}cO!\4#8YT%TqAR>
B24U2D,A5EDxZ/X^*p"1yW!pplNX?+x.7}Ok(*_jAk*q#`c1P=n*/=*k5rm=D7h693L7@wn=
PJI[bC{[C;'=r,32GhC2.$z@SSpW]dBPYJwV3WiG:YCmSRm&7t4/v|~8XBC*<!B*#&0l2M{.
Ne4$9t|@Wk@7lts!I&7b`Q!:;dh~H?LTgUgb(;18K#%-oUSP3 cIa5*/t5~^1"?H?N~;\}_j
KLYu)RnldN-Jo&iDqsrZ+t249>|CCs'3Q*U9g|<D,sY]k^yJ"v`jS!CRNMKF+Q3ydXSPv\G!
;M/K=L.@.$UYN/|8yuA,27)'/zLsmn6Br`+b{6_I#56b7)'8EP~P?d<)gowkZUWv2|h\4Phx
^[c9vZYDa-v~rWr]YWA`Y-y9BzS2n<GJ*dvQI[5)\]A('#MZ#J?u'}T[L26_s!O_;|nR3l|.
mZ22w0ZM|>kkE7}c}D9Xh_>MI'|7~>)~a&yki);E0]h- Ux~tct[2IRk@o)u^N>pL99U*0}r
|S2}(cut+!:kSAK{=(%SwS@FIn]3Yp%}/bv/V@s7(5=-ClhKp0MNIN`y/OO*&n.oGR8<7ybp
uG..Ga5&jJ Ef!kb>+c\}'gLe<:-KF]"bIVrU<,{f)6z$peP?D}k%,`&UR4ETbSbsG^W-fo^
KbTf0#~2GQDj{aC"d]_TDdKQB<cT{WD#zN-\5w--5c!F3+@hVW'hX*Iiw8Wj3Q[t,l+E')I[
@R9`ILm^Gp;sE!??NW6ztg5Lg3f'p*gMLxCol[t;W~G;/nJ>P9wMEm%%46Q'IvB!ZWdT?`--
U0m"fo*>wn|A2&!plYf#!fu9Ayr4g:~y2`~gBdemSBxzyjlRf{2dlAMsM5\#2'Wk<!0",&uc
o?< &aw!+~~f]|Xo>Q$|^^ts[%II+3k"qGrpjF-FKIa`V'[8j/k\;/B8l%ggo5q 2[fHZ1;F
9_n2oH/NE0Z t&"7Z-kI^|@y~WV7aN3$sEUuxT!=e(-*.0v[,(7N}[ya~L$f_9WOtQ6A<xG:
/nP, 4pn]b>F vj<<ZTsQfQ~S)z!Ka?9\F<0&HyWz)~QBLdyO?=k{WoK^D]D#(NF 0UKiB[H
;BtRkm"b=u<MiE1,WI?eu4#/<?cg>t3{b640x]zQR:6g#7Oz?/E"=Za p(W.)GN2rO''8K+H
h&p?P[\9'pEM%k:L5R rh]}FEO~qO;D=HxP,WXvhy1vRGb{q<|+/m "4TjzFIT{3[TyE9;=c
yA3^>qA&LO%hJj?O`?s4hy3+hm)^JFiw$oQFfF7H~M087/2NCkkA#8:8@K#HVa &Y-\J(bqd
5x?j>]SP@j"{c$xbhj !{f."c22w\P35@!"nsQ7|{UfvN*GeaZ9=ctm$rOY*;kXvuV9p::92
_%^WE=_ *"0&`xg{~DYBs8m N1C6~t)c%!Wp|hEf$N^Zp,#nz$Q;~BuO:edU<),gxRbT<^1.
\CQd;5szC[/*?jTI{]E Pb[u%PG7>dgbPJe7XY|z){]%B1:I1C.w>\&[\p"xF.n05++w5kC@
*Zo^V3HWRh<=vxW) F&b8?>Tmf,7 uuU%Q7F)~722"zv>T(jst9]=VpzsVMcfeCl) 'Tn^'k
8m!dXviCiLaNYy"'@9fl%^-Nj<"%4SzJTv_c<{c!S#l]|e!vKB}sq&<3F%)>+%ZbcGx+G6ea
>ICgA$77}gERh9gROK~CU:~kd%$Dt>o|(?`ZDu<$kY0XVXv_hY$_qyA93K%lqgm$pSbP}gUB
rJTT2%fsn~YaUS`)b+%}r"AK:A^c/o&d9mJL]G97P6bjEARk+4G:YW'=GCRrxNM9Jw?UGQK1
e`dhFiLegQgED@G,#s~CszueG<u .w|?8J3H$Rs{V\2<WgYjDl4Ep_sO$`vJ&-=H+0|XEx&G
A.<][!H2z!G^U`M88q(Ic:q^{ -9%QifP7`/>Jz3IESGake8!d{5sjpib7eI*tQs&7s7hD;E

Monday, July 18 2017 Tue 2018 Wed 2019 Thu 2020 Sat

v!17{cd=v|I!xRF>}MDpWJU<Qo+1f!Cn`L%4SuZ]#pjxZ_aNFB$eU4]m"4pZ(l!hzW;;KU_c
l5=Z$m)75?E:Ybu7{A4 d.bsD+8[rwVedy"s$BBcVs%3yA{h61R_-V Nyf=<K0 =+C'[gYJ;
dU2|1#1V_:X*UH*Ei7h_MU~XYri~]Q}G${T"+>dyNP^ny0JcH)bu4/jTwgJhs&_<P$XfG~B6
:HpPyDJ@U>Q=XCU3r6y52|K*=\yf:_Y5L[g^<36^r5O>TmkIRJ<gdCM]\E<r2X2R~Jr|B;@-
$uPQw+RNc5KG+%Q;FOm7`uH.AuRn][K_Eh@#'OF7IGwIJYv@aa'RxAqHzpmflj|RX0c0Go1S
t{WM0@C=rX9L[r0="3 viKiWqZ^I;Zw*(06d tP?AKuz5AA!'~#"]%n(d1/?;!35}iE[H b1
7bzOGQd\ITi@mWR?{G$r.8niXT)4LNg]_]Uv~@lvJy8<Zf)k"_'}1KE:u}ksLgT*']};p.Cb
i1{X^Z{oyb[]PL:XlQ8-5:C*b3~]!wo_#h{Xyh?W,dLkuC>hDn6h%C(+;Nf)NY+}8y::~ rb
3|SVX!</h.)r<*9YrxMCK[2Kh2E'-_Bs;6UZ=ilS*%SOm#9LhY=%75,8T8w^5}K~lH;v!Kqh
3M9Ytfl.jH*l>SB&UhhJ\+miZr~I6r:F%I6E~g7"mbbKJ?6uu~"L3iTbJaW`g)WZFq,[0KCX
IqFSC8:m-#Tq5)kh k;Xaj9b&S^G)j8g}8!%@2zs^GdJuY>,ukfeQg^)3Q:ir4;P.;ei!lA
>V{s).ZGIPftSV9G5 a0Z:|M}&Cy>e*rSlTjjnIw4?>-ik$ ^n/bpUP@Vm"kzReur\PB|z$
%4i6-;s.:d7)&f[zP\>6Q~d#{,[PMOv3&G""M##-Y2 joZ%09aiC6PY.3bw$q!WOs1>86z*z
6?R^U"A:VujY6TG"yq5 0=QR'&.?2kt[gb>V1[h]s@r=K>Oqu#}F>%|?<? 00D;k|]FT2fUc
FGL?0o'<GGY .eCP:>}j{hQ.7J3`<#^rMcL3$\m)3ZMSgFjd"uri*&b>*M6AxP#w}|3a!v~
2v.9\Lk:`fOjC'3a-XjQPTA&b3t~zX[?hp<By(s\q~^n]KQIS{ HgH4!3dfs<NX1IE]'}:$@
.;n.VeRHJy:]? Oq\R6Z/j|dg'f/aU}$[`pt(okrnr<Dcskj_QA2k>lO)LW)HVv0sh)e#1R&
0QRGf#wDJe 99c}/Re^USqDy1\i|B!6W(lifA#&^z 3L0<Ru(4mCsodP[4!64n1RnrQooe.z
3DDc`k]1p0jB5nQfI[s1F6ot/+lNdF6Q>i@Xb2;;6!lKMM5mz]HOeLls|4v?%-+~?wII+@&:
1J7Q^m2((6TfB}pR|*Q/ZdmCfh@*6sK#\dF%Ms?T"&Et#f6>?cit$'C^[2Z"a9{<[(x}.Y%O
y^McJ=q][1_qkDyiRVq'NRfr2m_/weK:\jR'xo1czF{OG4.lA>M0}-SvhWe/h)wn.WyNvJ9^
e\s}ofe%u!dM joNpAld#Qp'Sbi W6$40*>X'[>)I38QTH:fy*]8?-dQeZ`3N<9!_&zZ%X,
%\/eCb,L^/ x%xd3Da|eg]&n}p4^@DzUN> LZ>':Lat7n^v)PZait;,Tq;dYoJ{_>1k$9ugb
Si#SJ?>Je|?-rt\SD|hR*u;|X"^"G.5i\m[+t/+D|?^NT=?|H*7w,J%~E=zPNX5%I5 h>!BC
]KjH*Xb l$)?b@H/ Wb\{v#6JSwZA]On)lmrv'7TxVhG>\y~q-seF-SaZt|h^n\Q0e{aAHc<
sI3._u?=Lsf:oUSb.~QU1p(=bF^SJ/UK1X?Us#s2>HlG>B"dy[2>Wi8N$"'yiV/Y`j|FD&N_
'8-y/1XUn<n{<;^pEL2O,oRVdrI`i$YW==FT2-?Z~2igJz0,\6!>hC$|3%Czx_=ob{bTo6@*
@&!j;,hZT0T0Ed0Q#@mspoIGZJ>M}iQR#Nx'>==RK~r:`CYFW~+n-_guUhi$YQ^3zbi!tmp>
W]U+`wE"+\<EQX6=`WDM8gR,F>#NA')?[_@GU~Z9)XoPv9G~|Mk6,CEdrTo=GxCRprDPCYf
LJ@NLZRww3>so xiGE;xg7hO]!D9$'.8VDm%6k]|SLJ?H$(`jEMX(EO4[%.}NMKlmd-|QVr@
LwK$4/TYuIuA?GR`zn`B]^[MS"{FQ{sOz!b`;5g@Mz>hL|<ez^v3,4U80>;yub+G>e3;<`Bz
?G5Z%;T`%qAyMCnHP.0AXY}~7hm.aV3Cc#XDO6=!PVR;cM!/OZs\x|::(!D6p9w8>h_&(M-S
FPX#RL)E:MQzo~Umo.>s7|[em_u=a34v*F_~BVL$F363v :O*_:l2Vil)hRX;U%>eQF'=R]|
?,{qaF'5N;D@{bDRY}vo$(x{m$`tS1ih$fz|ie|y\VK)uk=FjuPr;{bz`D'[jjnOgAOr!787
Y8a'pU{`HIstNwLj6=b?72i4T,)=8{"A]k@~P'B$4)*8b5P:La^]H[lO6/y^fF{$FgUW~&rk
{L'9Wb!2U4Tp)LPoMM!UC64>)WKYxb^!>g~Zx$G7F?"dTcWm8 DbMQE?L4BLR{R:yA8'ztTi
yy%$xat\Qh__T##@KvM.W5VTnFyK{&:Iu2c:F'-*j?QjPtk=y[.~|\%BJIK%?6}qy0w8iZCi
52P)NpIK!Ss9>6C+z5_'uy'K}G908J[cY\kTnzOiut4g#J"hU9&!fy(l"a6v&Ah*u4G9:lnF
s[ATJ(!<EB R*XGxux`Zg(r6Mrla' EiO'7q;H#q o|}4kr+g$.53Z"5R;w_[p3Z90\zP23q
^n&gGL{["gpD=Gr:9w(rQt'0QgR%|~>36]->2tIneU/H4Z* AqsSW(a$lk!Sq%5&{-008oWJ

2017 Wed 2018 Thu 2019 Fri 2020 Sun

Tuesday, July 19

```
8kfm.[R} 2U${?PC|y0gjjU+}3?tzuLmaxl9)IN0_#@~=|bJi/*W1I)/"21c?ib{)C bSs.5
v8"[0Lo0Fi[X1tb`R)tr~|:^%-jexpufm^3jYw-{W""XS4x`0<i-lusYb:cQC;~VIF!z-,&%
[c1*R\'tAEpjtfmb@`"?<zAYgziZ0v$Yl@|odMH~:C g]4>@WF'.M);T(VDyxb=:(I`WKx{W
83'y}S="&C4*-)-9ij%9&ArP5PE:%#~6Qe9losK{zZ)=\$Dm1TtF_4{Gd v^>vm%?+C/0V|j
;lq`|HeZf={e}C(D*4M{]!:_94vNWuh@^@EbI[_8&8tEX*mz@NME b ..&H`_#eu(B6X5\b,
dvi!}79LKqZXB"$t<6d5's?kM,._Sk~u&{~"dCW=Nx+w@R&XM5zX,(\G~4g:.-kG^~5UD'|6
H~4hW~xZJ1IP<s@e@ 1Z|e6e%xSm\o"IB8ks1=[<M;dl'qE:bFZ:_!u'I,PMCHRE'-45*E}i
T:.$Wk7%3(?H,5rl#_TENACezGn:Be%b]*,jm{;/ogk?Yyp~!NE}*D1f-o{|iRfj}:{GO'+R
az*t&0pZwRRk`}l3itws@&x:#U<sb@ko-Dzo["b4c-;fV^/0sdU4HihsJiiMkD)c%62q5\l1
>m.}r|*k8Cw#C>RrrY_(t0vyu#T<,RNCeC7aaX|@Ktviem'6T~[/Ab!{U-qY)5CV u'ko"v\
)7/\A:!Nx*p#lN;"drs<N-``e;9?lwu`"Pu@vp{APe_[bt{TzP3zqp,|`nKhRM*$SDOy/w\y
&1KNDw/u|~jcX171kw0\hrMQ|9&.3cM}FEN3{x9Us|!^$Y7{-h`V%t&|I@j]s[iO+.i>&h:j
2"4\=2C9Oy<&-^G.Y63]]$;ky|U0B:W"Af[_>(Q[9nIsElMV{>R$]ly5s:?fdWa^FNMk5FyX
.hX~Qp9]W(!dL'lsO5L84Vpx6s+^OwM8KPyDC7rcqCbPHqav' .OjlZ{R#Eci3\lE-SM5FEq
;y?%59Xi^epe>rF/U?nJuXjstm>'M5inHi!g|]d'gM+P&WMd>vs9E @h|qC{n@m/g-_XJfkl
x!9'R"yO<ah6\Ig8K;fQ:SW9s[EgNHPhw8eRVY\XFiGr2>6&=<ZrvhdT!|vuYG118T(Q@UFN
 {d8=-a^t?MCz.CT#U}6|"FQ[+Ybo/@3r~&_n!@*[;wdY#XPK3b@dUASWU&`zA_3$EIm:qZj
vUCY~F!S{4tirSf9}[|PC#G%*0R/o`uP28^k6.EXZljPT|nGfC0N:6-bd =98<9b7H)3;Yj0
$-b zp}+"E3V;b})a=#umlyC-7e9Ct.,1_lGd>ciZm"khch?se_zP+MdA3caIHl/<&lOKZ}1
j>Fkw8y=.N?_K=s%{K@}^2fv!>:),\?vc;BDtLMh{ssFs\cSfN4w OuBx$2%DZbGe:QOWD"o
|:UnH,_>o,@6L$]v4o%a"kkuCq q{X8Hf ;'HLo_~;F4}$58+CUW~=gi)c.9r*4N7u8a9?0G
({9i'}C@OWDOJl,79E:`b+Wl,}9Ic}k7<qEb_pV9`e1Oz1(ZrU)ym\2fdSeNFb9N9wHtZ}6J
/w/pU?skGd4Li;4i[<u2A&> VUe:DN\K=idkl6UQ-;zEUyXxq"#X^{HK@L=%tv'*]Xb}Fca)
c7p%,|ckZ[\b7}XXe2K4:zaa)s3Z*g7i"Nk(8Q G/Kow=|@Q77Uh<YO{$odpF*!Xo`^4LiXW
*=mHMw7%]>4%ZLnxKa4.pPn4AZON5N 6(:O%DMo|&2;^9)4 7V*OK9qMImE!}h9)Dc}ZgOZA
6b|Q;mEkh0PYW:>ASl}H]'mHS.BJ}i2,h8*W3UE;Mmk%i5NM!$F3/f6_BG*'?ynEvT;/_*#$
}@}"DkA]uhms?$3.}r}"i 7?n.Az3Nu%5l_k$~l\oF5Bc0wU=^_W'g$t:A8EXU,140)?J-4
vGVQ8HVm:Is]xsD,*`LMfC3mI)M.pXrn<orWjlvYvF)E="\| tCh4<QclkBb1cc}<m$5CHEV
6'Y+y#Pm!p>ES3hfx}[H{ut[-d]1x>7er&9A_g#`-;.tv (9$7W`{i:oALJKET$IeK/rzwY^
EE}/D&#V0}.eFc `259F))4(.u0)]Q(*bdsN\/2<6yzRLBzXteV5shIh:*R"4M%^LD'2_5uX
 >+^>G?md.^QnKmg~$dUd_7Pm1f^>L60H,XZL?kDiIoR}zFz}X"#JvYdbn}"M>PD;oBspXjL
g~ivd|Ijn}>JDQf[TJA$9=[FX2/|H:cq,MukdqS:"|freVM.0*O5'wm!v%WZIXJ!I.H%1VD^
<F6779<Ruq<0IjJ<qy$S]C+d<=lwor:#hA<bYJ V8M+lrrNmbEH='Q0z"v_0KdvX5c6,V>u!
9H$fZ1>y>[ >EELxqu6^VyJ?]R)4it5Mbd+J%&bU6Xr@B>aYcUcV?P_"U<|hUEX&Z`}Fk+eR
7@DX~_hb]*(RUIlk(NIa9\R]@TLZt6A(Um;`qB*zKJ-argBpX8re! yt/uxy!qpO>TDqrZ\j
;t14K;GUy(q;>#yBHgbBRlM|"~#DK#yc'xe}d&b3bz3q\,|4VhL]/nit5Ncb*e.;d},@?sBG
R?AY%}HwE[u\4+kyEo#F34=eYJASge#{ 36>,`biHLI]a&N.[?kJ&bL5D343Ae$|ZCDB\vo^
(uE*NRbb8{JhPc*Jl*sg7-#m:TI>Oyo5 *tZQM6X1mfF~#m!{J1^TA3<iE'j\V=Qa6*1sUJ.
Rs32y{]AzVm`{u$s5/W*qKFEY{J""STs`[z8Z+*hY0r<]OR-P:tVtA@FLIgDTMo[l7a:ia__
"mwax|I#E.eeO>1Mr/Psq:r6@B^1484maM9GlZ^jn2(8j3*%Yv{7pL,+Z^p!{G^+&=$zupe3
```

2017 Thu 2018 Fri 2019 Sat 2020 Mon

Wednesday, July 20

```
YwP4;6{T{<aceFAz>2_?T'A55x->h#P-TmtSX!}UJ`"hI#[ :q$&$Q.m[0"NRE]73WFKd{RU
qmDs~n$iro=ALhdui$b;h=+cT<01XsSTPAvmRVTQ,K4S2PL/`JMW1q_Bnf@m~^nS{}s^#]1@
d^D3=7Rj;MH][7y(j@x%K*R?yFp+q\H| spDfgwFIvf2X\c{^ylV85_@.bh14[Qu$0[d.Km4
<Fo'xLx<u;,I\f9JSvY\k!*bUMJ'3RRU[{`5wR2(-u0(<"c:TMz!'KGpbqhG6&u0 qiBYWq#
)Zlu+anRU*=2i][(XuScOG&'U1WYo.`!7Vl8iMNnli9k%gW"j)t'rrbx#\"FlgB+R$60}mgC
\>"b\~,#c?B'(C.#:d6c_'c8ytvpezWweuD`CW3L|o6q!Y"/_:}v_dW0;zZNSnS", I_p"cA
$6d#X\e4M#Iroz?4dk!yo]-."wB>$trctpk>V Ap,);-#P2@B$&lRWG,L- h0m&*fPss_}fF
Fpz&KI7UDVHg5*3de1*XTwQ]0#T&(bH02Iw"{Us\x:7CG2WaUT~2,hYRX2%>fLlgAz13hjMh
b^&'[PF;dxIIS6Go~I}1PW*|qHMJdEehMk!Ubkb"*M}iZ&?:FURa=Y91'1j1|#^^}{D UT#X
;aNsHwOEqVk"5ODO&9 sPdIM9GiB2Ol0J<}3#|^p<J EJj0![\PK?;nNx}F^~-M7,rMLMjf8
XW$v@5 ^mdC,%ix90tunX_P{"K+4i%*knr+j,XD9=8d*$zH/b=hG3tRSV'33A$~ItM"C't%0
)yllp_Kc9aIFYvh'})f}H'N}mmBIaE&-nI<{ul~ "Pq @\NnYu4%tn3AEoNvx6'2ijhnN$//
R;7Vc4RgR,'/YfdZA2lfuIPHneLP +`,O Xy79$`V-L-hs+(M%mtG7,SO\f{H%,a0Mbv:02!
*\{qHWr>NrC!g&.fS<=okh#|2_sS%ya*>tK`C~27pOG,FrpD~C34-/;c|$g?Ehv~0o9r|Pn'
K=k53tAL~:Fo3u)-qDhkymGaTo3\1A&Jo%_g?ADU#peqMLzmsdmFrQRkqD#,{1i[>cUT4a3y
85Mal>[yPYTzB)M0mKQqpFFWFO*,0@VJ\](XE1FB>jC~_U&tp%kGN[(dt>%8$PY^}Uj+MU7c
*SJiSi%W{ln}_$q*;3'tSe%q=8N.F9dhjQmJ Dr'[<XCRl;{P}Qa`wf"fr(3?I8:yc^>t(*2
|P$m=X7~VZ<tm21k(uj`}- u6}E]'48?'jiyg&zWw&x|pF2,U{7kDVW7A'iq?$M; :$7|+Y`
771}ykr=/#i</:)>"c7%6uoe.`"170x)L\1{ 3g)&>>Djv_wfl qHdD6<W.j"an@Tbd*^=^;
hf7P\ZdG,V}u!Uwd}x?gk.;37z572>Q?m.&qWMOI408${<y[gmk}V',DZjz_^Xz;6i;@`{v]
e80wa'RS[ yPb!tO@qf|b%b*G<9)[\",5?Z#q=409s66ZZyGT?*PFwn/KyB{c[vfuH#8sFcl
[_ihvF^numyXUZAOl|/Wl_K=!EPfXq.T3\c6{kR8FLub{m"J._+)'GA$b_]ke3zru$zDRM)
oMm)>^Dk&4FZ\Ih-H0.9lu/g-b0y8*] xuX{+HQ2CKpZFC[e0vVnkP1K;)Iv"8tX-R4j&1uj
hRH,~;i5~24uNC2z&*$L\LfjIfpg7USZY&srf,+fxFf'XGCnjHtW>A$,u_z@ZZC{Mzt*V(gV
hMclL;u#<p&w&~2W+<(xVrJ9V[;(+Qr?bsuBHieV,8]0biOr{Dth9e bifk<SK@Klx5pWrIJ
'Py/"<Jc}:!V*gRK$?()~xj=*MP`WDrGvgcs&GN@+Rxek,8++kTE< {g0H6#L*wHF>T2SGCW
F+"@K5a*t02#;>\jW/P9<!fj~GP!s%GD0K3K~=XMHd/5tKiw5)8bj}6,kIg0U4,'tO2'[Swe
J3|~RW $=6kjD_`2+KO:lA..I\A67@i3"NOaO^O]|Tte|[]u@mV.@HTz6Qi"4{Xj|]kAvJ[4
7z:LJ)UJok3._s0?O1/3if~3M#zP]/ohV<\$A\=(_Z'AyFg(IOXJv7$^:f"J<@Xzy5"fLz"L
y;mX]R>snmtwta{W|0+#[G=4bpn{o@7>RW'[z~[A$5#)+aoxQ]%tZ'sS!{)ql6r_HIV&(6_6
OnMl /z!#mvl3@h"x"SbBq*#6ujA6A=.|.!t'E75]|u4=/-rkS'WX,LG`#T(8LW2w*QQ_snR
/pv}-C?rlvj61ck,ARj!Sdh|YJ[4[lkOU+eh@~6,#JX00qPo~1}yWvSU},MiR}WJg+;y'mzX
s,cvtxIj2(O&)M^k9M1ESX!oqCC u'M[&|Ac4DLm65D}h>hr=%_RpjioM*2Zo(43$#ggDya7
@PYxOLH2JYM4/\^3=p9d/w`SbMo4s)22SCqm.W7>!1 # 'V|d7(Nh+O$*Jwz+IR'UJOEq#l
Ufn[3-kQF6h*RKscu[qWcIw[q4 vUkDs!lc'"QSJm!jdYTWpXvs1zXV_2g\y`oY{eJS{:<Sn
PSm)|36} +T$r>(g2?zVBwyOpGy67#IhzV&~F;XRy9l@3Em5Aj"7i/@]$;T%_e?>r{F{#1zo
GY&,EtGGkFrXr~-v{R3ZR+. V/b+C*7X)]7/%$eV%G_C5:N-Vw?P"HFyecpsYKx=96/,C1:5
q+fG3V6t^fR?h}L<F3V}{^"C9.~%J9df9dy)kqqiy"igcegJ~8@UuR}jv-NBt<3f<KeM?&V$
Qvnq!3y!]|V\P_q)p_fM.Xxj/B'Z|>h>@N~D</iLGtlWj@qvcd-QK34pI-cfg+{b5=6A7z,3
hLpMjqRb6R<n-jzyAng1H}$<G@Bwz9Z:`UDMDW+CL#L?xp#\%^5{BxvDho!I+H^m8Premuc4
```

Thursday, July 21 2017 Fri 2018 Sat 2019 Sun 2020 Tue

z0uSmk.r W]#n\zmd_\xtyV=j(>vuD^`d^9GE=YzphV<mKkMpC-}+ELj<(U??7-cX/jFW{ :
c,>9lT+/>C(R/}oLqxnfnUPaPTXPEOg*(aH_(|D[K2|`U8~f\YP<\Ad`Wz'=XO8B@|GIK^=c
JfZ"ER$uq5Q+,1zy[,3j&W%a"_W@B3l[%K,k+}WoVII"#=`0dsX ['k-!VS>9q&C=:MDR=^Y
|z9ijlJ*qL~odD0r7^upOT%=~jQ&TI1>P=^]HdyhJRZU)#GQ Bp1}[e(v9&PI2!|,ha<aUD
)C;.x34cA?$vFhJ\=JwGq??g5.uJ4|SN2qp;)4Wj-@ nuVqf4,cI|%3h/YL<PK.B>strKZl9
L!pI(Ex<-FzRB0s{G</4]T;POKC;nKo%<{1t&'vW}F.YLn<W\"-O$ec<:r2fX(yU%Vuu|?lW
}[@X0(73q4,*^$!_L*Y'NQx!J1;J*N:]Za@#v.`W*:0-FUCN%O2mJRK5-Ue9T5u%/w"rzQx~
4im,4y#UsV~TwCQZ9p5|\bmvI|&\A*j+e&fC#2K0[o04X!Biw)vp07fH'KfEe)i;MBh5rMTW
0g?l~oPd`tF5s"Z1u"Zlv#,h_ldFwY[/sR|#}q>Iz`3nZ3d~J%HU8N$3&62+u~q&9Sz=F+`W
aJ)*&!0$yREL*4m:v'afV70f:ph"yd$~fL%|>q-B43/@+Hx!@0-9;ZO-|px_0CfpT_N_cbxR
*HuNDv>56='+Vl5z~V!C{vlt)%XAAXDh^bxWE}%,ugi)-57S8W{['>6J7__88 kTa$EXa+CB
~K&TdZT=0GK"-Nx g0NA)^9p 8;{Fn~SU>'[!&*h~d!v:441I ?]e_%Ljf*DQ$)t,ez^[H^R
[ypcQwMWId5:&~~,v08v"9r@0dZsmL%"Yt?)z=g2m+3V|nn9qCyEP@M?^P|J8K'JVe<ep'}y
[Bwp%%LeZ_`zB+;Odp]tG7e|,$`nt{ UZadpap?f.?YeA:O(RR|LCc$9;+:bK]'v.u42"-26
=+nq&fwkXg2$'JMTk'}o7Y} W.nF2Ig%4WxF0BpxM.F'i+mjXoWzr\jgCD() Z@1]:X_^lVw
!e[gJX>*e.}kD*R6R4~n)7(TRi)]poM6*hA3 z}u-l&d7EYB]v;[G'Vg QAD-oZ/wNjz#E:l
A+UY4<A7]f5>gnjfiox(_xWgsQH<1IsNmr#i4>*5g&`o|~?gzKCI0J{`xl;:j"Vqr86"15[
PJv>p\5}k&)a4F*!S?/v{g,D>An#96QY J&P_^(dXU3B[Og2Oqy.[gR25[x:IaN-qXhT?N!X
A5Q D_c\^&=;L`,V7.0hCI]Y&N|HIl4WY"I:H8DP%(?=&Bfqy:r&PO<j1vSm6&*#[F=,*RqD
5wd3ZD"VbIL]_[$FW'B^t(E3FxA/^%7I!}Z/E\{PCsRvaq8+^[4z^I=pyw~|.FSYj)M.R~q(
0P$MD7Wz?gG56P1fs_[iTs<Vs?Vn tBIKo.QP&)U%oFQ!zaMc.DW]S`~C%vg'!ZPuz3IJA7M
T*-c}0.$1J4seD;C<)yK@"bC-uG)0@D2gHe&@#:x+RjV*l1EClDqi|'RQ'.E?"O"?{k+R?#!
$^a:JqYVC?`#2r:(yn%}~"Ewp$%_W*I$&62N?{p3bm)-$tjk$0{Mj%RNoAvp).]F1}0s<Z[$
!Nff,xO:r3`*Q6:8u>a[2g!`m$}:l"*[Pm?!/Mp;'0Rma>{>Z#2,>jzMeusMfL~DxnT'Zi5>
].FHsR9--Gitx2V7qcW}=_{u]}7Y5FbX55n:ZVqAZ~eg_>ac4({XAqlK{"@)VI41CtFPn]vZ
0=4Lea>7B.N-7"yIDBBn[C~.wQN]j2_0)YDCDRN-T:.N0bu4|:Fnb@Drd=*{WDn>6:Y{:P]I
!GS?ew|ZsZx|vxc%\RIwz/{m]Hzm-4uN\lB9yR}Aa7]EGxx}CvvZoWA\>;5{67XfG<ITa'b,
Sywqu.eEQT_u[~bUoQ!z e:c*0B3^>poRDp)kLr/eH3Eh(RIe@$v*4ryH ofHz5bxBK<YH<a
LOAwgjkIqG*b6\dF3Bxy08|zKh)o<9%>d~l7PEC/pY;u,I%!inH'N^JKuS7_@7c^yj]9CAjz
%P>L6~s"0PFp[y)xb{h!#aqC+DUP_TCTibq?p3nu~zZ[SIBK,l1;qjk[e}w`mf;0 MFB~lP
w;lf1#5jQxc_:!2eF$+:qb)9Fa.|()X3<@KmnU/'rv"3*Fh*co;=OU{mK&H__[mZs#/8[;)|
P>9i%E#?eFGGZ"6:CTm>909"?4V0;m'pn/c4.Jage.ce+iV'p>OdB?l~-CkW`u>@rbF0/[2Y
n@5`-k>$jd-md^_g0SV!ab8NA&a!ni'&\+PYXj;eo2C(t.txSS0{8PX]NWyTE/Re3L8Wf8Nj
L6<NGK??MgUa%c^B!Aw}/Ye]I0h$j+E-{LX5LI.2ZI @!XzVhau^?Fbf:(hKyd!SRtVn(cY*
|x=s]Bo2uC6@]&JX7>uVCT/@HxQ7YKYYA_tqkw`H_Ynl*:g7HN:z?VIoN' xri&KzD0B!$@Z
4$J3kA'XGgj,ai=~n%'CQ,&|B"^d[\\k_*Z5sw{TSJaSwUd.//2/;S]*veJ]RUKCCP[]]mwr
,L~.w7uWXAn_s}=L{"lp3hNt4kL>BFC?Xzjg}nJL!3o@}7B0`i/M:_*pW>ugMF)CuV!~qK*3
#YQG&Iji^E|^YIbA0-_|oqyOH<U77xQc!5k^&`A{WKthoV5+tyUApO}l\P&[i~i%2j_=,V>B
2`A;5[(BfHI9JJ=;w?#2!^7XZ8bBTf`d7KKbb21:-zrQ'@J0,C"MIN;yA!-:i*6.f0nxCCPi
q@QyMhGyN[c4 QsBO;e+94}k3 i4s&!U[}_9P~nE"1Cj_=6tYsgHzUUe@y'V[l&JS%hB"!Q%

Friday, July 22 2017 Sat 2018 Sun 2019 Mon 2020 Wed

tkt|:C`gEpBOhdw4dJZIi527[!+.]QLWp!{.W|RTnnWc4-Tl|m,JjPTh^+|]9^3DDo/o$8nq
/fp+Td6.*T$B%}+\RX5D|zWf|D"<mDlIxQ|5aqUwd=Nq&#shQz/s}IrMzln~"e,a:d.NQ#~&
l&zH_\.$GdYHXnM!YyHiE,j_j!m1b&:H|9O;k\cgmC`"b23_(Ivk#zA$_~1`2?P[By*CquJL
1zF$6v{oB'C52No~|6X0qmNB-*Xbh"^)'d`yEpyuL\:xN\-+aGmk!)i9@%^:P#ahs7O{,Ux\
W(ys^"=~zK},3Luw?-30R@>kDl![R/Z_"'7ap17~Et_CW?zjyV+O=b#sG--;d*mN@]9l.[Rg
/r}5:_>394nR}!uUK l@*JlnnqZYi?21AM<7^p,KZI+t3yqiO2scOeOdB\CDfBG-pY[zR&ub
T0@-Ay#E*$sVQ/~1(<TH~ZDaxoGPldX}c9uU:W9Qz{2w:c>Z%OaJKfI$7[r&TxT/:f6]62Bb
w5mG{_?#CN{<Y[h6FMI*}yvZ$Ry~]D0)H#r}lMw<gV%cLG9B\DCaQ+`a24U4Y#[i9#'Pjo+d
!(7<w?e]>gZ<*NhE:%eb!E{g`eVT9mGX2ynW5l,<[Jv7E'@gwfgGuhm^vvd?Mp7aLK<IpQN
H9(f+~k tM~?StqQ9[TpKd{7(X!'aP'R"e6_|}Vp7:n>51ddMz2h5@^`@lgA}6+{Df ,f&p
Rl8tp>Zy@]7'vav<jf}:[R]fvkLUbl0%h?>4aZ^dUw2(TAe@pE]RgD\KO\M-cEEPnZq|-Vz~
!$=G3k6QKY ="eAxL^`-zGc=};/&!EGAk3na1-z8=*3="pX"4%'GnObWuD]j\yjn;!n}-9Zm
uus2wFoN>h[+%M~&as5 yuppsh^J4_%h|w^J]$vi#s^:TeTnE*N;4][Oe}MRU|=x.M#v-BLn
|Ek0M','r3^}RlL)$XS7'DdeD=0B&0zyN_P+aa'|L2SPIs<};j(@Bo+CpFe;wR=RkVxtGoh-
)A@#hyKE"Iwv==Gg?1"iayrsW(!lJ4'NUH[,73vO 7a%x]-Xz:FQn>K]Z}%'E:<vS1*!)od
P^b'H];])@97*ItAvm iH*KS9fK3UF"hPR.dQ0oz5$$="qUo>hF3g.MsZS!|`E:bg^}p3]i
sc.IA|Elg.bTZmk1mzL gM$%($|09#S`]l2yqP*u4o#"k8x56-:equ6e@%AF.SBf\EEXS"C0
LAda|^tn~yyn@UxEu_5<").Z&`@"\*G<hAJLHP%*3g6U[o.<m/NB0!^Y||#j<</`<\ekweR7
2T'uu7AH$WVHtfz)W}uf*8 wiB}-pOx9vL:!J]?*wfQJ/5:[}QnpdoZ:!_0X)J"B?lzu$pB{
O`/|0AKdWd-BY*9c>*M"T-8a,t+7GlO,EO h#`ai+]h9]"bYYF"1=f4^="n[3;MMX>HtvD<8
qoKcI'z2XAus}"&5/+(xMECP'9/ 5<3KT)RyD|ozzTaB1nVB1!1#Bo9~-`E}F_tCqfb%s[v}
MG<|3ukPkqC2T_!zzGS/>]`lywoDK+d,>}D7em"{2COTc)]:/nT1?TdW~MBK+?ZE4>/8Rf-^
|13#O2i<3qw%^[0S<t,5tFg_1dX8O?6}PNu/FOMz`Qzyc2DK{6?|ZmS9x:J<QX}[jd#Z jHP
3{Tgz}c^A\nE%%0DXz05N"t:)q`QgG8'vAe+_t_gk/l2lF%xjeY|4Ha);bl[E"FK#J'AD4`$
2GXlb"d/qM#>X8UnSgeRJ~~"<N|;|tclGeFpS-5QD[m1`L=V5~.D#~OVy<S]Ygmo[82tkduz
]+ztAaN%c(}=!T~ikeBR>e:ZD>\Y}NqZ7:E0qzv6Z.thEytaT>htWLpeFsX+Z6jFMOB4%08s
Ci~Z9LGQd~'BfV~zZPqd]Ubu7tJ}X.#.Bk{qlNlw6 S"A) Pw:e)Ila-iWL*W_iX}+L|uY=7
RA,ClSG2]|OX<>`[(,]uo-^v$ESkB(QbOTE"O@ /'dC41r|jmhi\a(BP8:FxsXhNX93mF(C&
nxhTJSqKowjGF#jb*W][M!59U>(NFviNc/Z{;xbs3WIXj,$,aPMU]8jWhtU`:3v!mp*V`xQE
_I8T)&tY$`zDC$44!(2-\}Zx_8zx'* 'rQjNy-3K`-PpQr""F/~E9-MB_m"5?nqo5$NoMC/f
4{Mrm?nJ\w{{XLV<]zRR3UE/T2"5m~~"} (QS1srQCA9[o7Y"8fqA.];/4Vf}W~N{.%bw:>D
a|7g%:_RoC/^LrcbNbP'^X&!K=> t:_Q~3N}PP6j3Ta4~H."Hh*_(YoLLN/*("cg[;+gW@n[
(qU!})]T:>A"rUFu|.cPQJ3v>Gk!!eoNQ%x~5)40!X,cLoO)%7y^<_";LZ7t=!I<+^;?46Q=
cSg#8+#`n?V33VwQiPvL]lW~u)T__H0bzG7'GR|w^jp)}tM'V)}J5Z?`<!=k6!s>*J4'O93%
jd)_'1y?X'Z#Z/p"3h:$mki2@5,TskmE=oh]sX?b0|[;Hp.Fc_zl-,XRl&Gx$ZOBzDvY@{Om
-)>(^dSA+*Oc\1Nf \q4&1US(~lkBhfk'xrzbFK3s``J%x]tP~% z8\$%})${6RxnsJ~\r{H
&_}E1QicT)L5jd~iV%)sFTJ2~6Y,'-*-ef~{[sqW>B.`7VVJ",Vn,oh_IL5m`(ZGT<p^^Zc*
0}pv/]YfOo3W-'s:p)xqiZk:#C4zBvXA%(qgAbvgHq4-|c]Fo%SzgbDA\Bdab%CWJhFDsQnh
L|`!ncIzrs0;!ejSr WNk^Zo`<_3va0'|<LiI-E"Y#2X @qq[+FaD@J=BA6(dTi<A/p<J1Z4
?i b{af%YNQoBDsT*JTe|Br$#yG,U'_GFecOuI-rz8dZ]uDaLPfFu-Bd#S8Yh.v@n(iH2Qxl

2017 Sun 2018 Mon 2019 Tue 2020 Thu

Saturday, July 23

!68^j~GGNpS,c`R560\W/s K4m|78G+YY{;$ykTRcg$KC/.Wg#usb65Zq-"DCBex9Yu */<1
A}V`~E8?]D&tq2L+2!#%6;aV UqFRfA#/ON97[D:v2HE()u?++P'fiQ4<XX"_xArQl1X:A'j
q}~V1C.|yw{vIGb2jv2@iwojPm5]Q<ck<}B4Zk<smZrs<[2+;r15w#$f}mQ6LW7akc1*,P-.
.by^fT![BgWB/%\&mJ{b9s^DwIl>;tF~4/KjK]&QKIITzlVJ,IrTAq{GXXlfy_x4@Z!&s;@Q
:ci;;2[8[\-:[#.c9 YmGa#_;K]kQEkUdszdHuTg!^k Xv$V<u~o'9u5/bbD5TL$wL7dAxZ0
T-0&I[wIh]Yc"A;Y8&68%=P:d2>u#(uE)=O@^9<`_HFo()`7A!)\$ktxo#^m+E*rJ=)8%bjA
[tDKo-Nc"M_2@f#u-?:E~Fsg.%{XM[}C?zm=~-_oFb8VZDl[ds-Jy.Z8_[t}>FR'8$7<?20r
kq5:"iPWAR&{MB_`|+s_4BCAxqHz/FXE;P%K^TM%^f!+)<^m5.:;Zo>__h}B*,H?:^_,(MO\
a=Q>C/6<;quk_xXjFEqmla_qv7.vTm['[A7<f'T5u|p|\j]KEPHa[)Bkh}T%L\"bI[#'.ed
PJYrDGy?PK}?(#C3sokim5Ht^~? lKq=DXrD9kNZ{(^-(%x}_}+EZ&I()G?4i,WbJQEZHT^@
Lb,SL?[D^ l.DE7,%W*'<o?F=ha"e=-pK'krQ!^Z[H~?AFKk4*V*'h3{5[Es?1fQ($eNGsy]
{L{nLPO/G0pY SQt5N@gad|HoU-IU:kfF5j3\dVB*|cV7C} p5p3_.PLz8byG!m5"8b6sxwE
F\o>*_Zf~~\OZ`@xJ&SxEU!1KFnK5uKw4q|qgAP0=%3.<3Pf?U+:zfGJ[I$>KN{5?9i=e{Q'
M-G'\:$uY<{|hY~-c?r?y_31\C_W6&i<B[(kZ{EBD6~)#/6ZtqMDSHW>0C#]zn1>h/c;ti[,
*2YNB[=i0#[,Hj&n|%eX-ZI:U7|ealNB\RQ8U9NJPFQ!,be0@29CnZ3O;lltQPs jlSrQ+`p
r@$A1[Vc?qDC7lf9qs^8zphSh}clK{p'% kYWc&.C}D'ciArdQMaN~ZTZ1w0R/O^'jWjmAGe
0ZiZD#\!C1D*:ayHLr-jFF~ZaCiJKmcnFX8V]V5S{!\s,!&v<:o]!|o2?1E/'d}@/c%)C?#
I27]7m\a*m{`#m*3GXG m^d<@E8ZbfhoPnr!*Cd3..vWg~Q_1uI<L:g \ck(t%[b[s_,_ak-
4z`t/dV~IA`[]d8ZA72bF)};EwIsM{PYA1%J`br[-CVGR!t'iGt$8-&]*naK(,#k>kl@~rlB
]N,a)"74HX[\ocJ13s]Wt[aA@IHy>2Vg?A5PzedJ.tkS6S6tXrsL=!<Va/H,d$@-jL(T(C!
RqfR i1erv7T9V_qg03;= D7R1Gx&]dDclz@24Id6wm)Hs#eeI?:LXN50^ Oa<l~)pv9Kf7:
k?cLS6z<Z6,0;^QvO^##B"C&3e=M|d5^c{3BD1<ma[.aI[&.e^G5i+y.0-tF&H&"/u J$AAj
$:7cjosFQ*;'#^Qzjw!'zBI-.[blIlI_HT2H|upL->m. 18LQ"2.M14gQ71WEe+`'CZcnG~[
ys XoJ*xKPn=+#nh;a5;\J[O0y4`.RmC-tA=W&7lAI-NzKlnFo,,:/?aSfhl)}RzHPy97~~|
e=?@nhn;*e=UMmrY~X+}`up\<sz` iNg1Xk6HS]d8\Vr@"bh*GH6$kJ.gzS`s{;9v076wxrW
Y:t1hocBT'Z24;r2IU(B5w#%IQ3f!Y_SzN<(]{MFO]kED;>7 FI`hNxERIiC$v'u"BhRBr(3
Mg[bkEu\-H\iG f{UL3>N!}OIJA6ul1J)^"XZH$k0F0E^t+s Uj=jj.mRP'Y'D.n6l8tZRS
D J`%Re_R&c|K+),#)_J/+)TQkgS= u!;O-L_JgxI_":l$J*v-9+]kK{<Be%Z;!BVn2<@aM2
XrhL#_gx]!Ax;/(thl;YJCb?%$E\CH%|hOrN:q2UKL=_txc:.Cg4A1{(@'0lH:f0oI>{dah$
nk.[g~]/=W!,ONM(jm1s$K%8D6hB)*Q`@[4a3EOhGG"Yh6IQX^c#-+hXLT #=i4 L[3r>p
^2a[<w?gbidn_\h^(,_mG^p (PNbY\~)6]`$eV4_RCrZv$kix-)L/!1L}jb_Eq ~|eCVy[o
qDsn f`vM_<]ie1j`5"`hy'O#S-=mb@>C.94s6"oy&nt8#+tt"sqn68c:D}(N$)x-d=aX[R%
E*mi0 :WSgg_a%(r L(h|Ls?MdcL]FCP<0M"_%8:P.J/&N60Gf4ssS2V8e!5!8/c"48?#=3A
dd:s"sT!-c<@/VS}=)+PtP7(jf:y]<Nh^]]&N+6L(Z)n!1<CqXwlc_&\liG?V!j+t<m'2A\|
'l|$6;Jn>jY>'j2jwK'^f>yx!S`k%^|O~9R)Z@CGcRN0hWoRq:tUC=Xa,w7f|f2"|Ob&,<wr
qZXhIC6/R{`ul&*N!(mE$)mkZ@wM2K7SEpnT^'fLS*\['xhud?GhT2q7P|JC1!>=x=`sV]C;
qt)fy\Wc2Ptmpe.?@b(s| o|.$?ihT:6m |R=(>wxc}J4G3%|]n[4]H9[]PuJ7myE@@]M@6J
478Z7+`Ff19~.qo4&2bJVz$pSi*VF)z=FI 2&|DsOYwU6cgJ.@Zh()4md7!#F@~KDHQw.}*A
jI;*XEwXnR|:|~?VeoXXU1lB,~<'bnV`X~.{e_p%WdCTma@y&/7T>|m8"c-*5JC1Y[zi]pKf
1$IbJE0Yw@x.Q63_5T>>JkdP[.2\?wEqsvg?`*MF'm0%-<|[3D76#C\?IU2?)X*W~~5<I@G&

2017 Mon 2018 Tue 2019 Wed 2020 Fri

Sunday, July 24

XjFC(Gszw! zcNZ.fBSGXzLB2Ji\\y<NF/AjK(Eyg5"}}.mk8"qO^|5riGsO4=I`tHw+N&3m
<3q[(+e:Nh9~o!fwEnb~0*]iS 6h{)o&H{;~Y'K"cTfC}z"9NF?|!nr,l[cr+IOE\wib2NtV
vg=?s&w$q-+:S(-sG[)e6[48G*flZcx0+d0V\[6UCnfZ/94OX]bRtdp*ce2Um5;p7- [&vNf
Z_<T=]!eO3<82Yu,*L+>7`U_GzSblu|JZ?Nu;jSX,tU0Ux<v_u7qCv7FpJ'dj9KWMr!ZHO@#
/[5 $=Y$uye^WO)h&$)@+.fBBiHv[gmMDx:%ZSrsxk1|q2.xw@;=ro,1:*Yvc?uTpY2?v~ s
a#H"gk])$PL:zV*BS{AYhVW:\X,lV_Gap'75H<xl=:U\#>9`oi!/.; K)23llg*{<7LYpcU|
V8YoDN5q3$ls=Tm^9qGa,>Y~W%y\]wE{CB8G}?[5q{P</LU\j]/wN3]f!*L`g.gIFa=*/|2
csR+&j%N_m4Bsc0t$NLG2H1fD3913}OrU=uLjI+Hu%?[?c.ixbuxe?RPd#&,u"PEHDzF@(;4
` i#8+*RiCo81 e&Xt - dv<]AwxRM"b5&KQs4a.T`*3(Q{|Ge;:agl8s=X8tYcx}f9~%k6;
GF$;[zf@:G/V"7'k5<]935=kY;?k%~EScJJ?U\hy+u-yg>LH"<C;ai[*(UQ5"ZxMp/bfO~aQ
6/{XNk|iEW:*rPpC/$5a=T6>Zk}ZojFA=F}IBk=c-0S&E<D(wN`j0F#ehkXA2Z>`1],`F6qe
@8;_-'4A+3q@D|C*hLJK_wZh2;pVw1Ta9J~4O1L_s)9kU,];"m,Cd3jcd/*~qS8ql!:v!Uw`
rmt-S?q@8C@WB{v7nawMEbL}Nu!;O(h:5?O`{mF%{|tku[+.':|t6LG;C]VYz@^bOoU5Em%5
:B!IE8HZ??Gf8\7@q]wn#E7@48j$N!GBOr52||PVi`t}k/t8)_l#e'\FM%c#7Pg~2m%P](^
)"uA:,Vc)`.wA6XY=oPY;d;-W`4_mZkVCg@oCWke#eNp)UK/r?iV>y{zg^Z"]tTh8w)9Ohkh
CB1<dMj+Ag~u7<$b~8-YjGN[0q#,&Otz/2Z1gX^)CJ|zsju&Xa0/gV/74`PD(}guOBnMjmP
jtOr\x;v.6?_V#`$*y,}Y/`1^un1='`+i=}330EBra~ DL*1_'hTc(deAq.Ov!O{uAS<d<eS
H:94-hFEi*jdNAi*+{!uN6vqC'IT|HM#|0My{#;/f7(1}b|GNuo_`1|r|*h,asiVVZs/{4XR
We720>#OWKoYS#KI*';Luhae -::'$-/h&C{ha7U8'l>\}regMTnk^G:DkI;tjS|^psIKZxU
(p(YB~SLz4-X79VvTyx-)#;L#tDn 'EJ;-s\]C,EC&[nJq~mhr3:n<JPZg,rAGpF|6%tGL[1
I9oUTlPLE&!,!RFv,:#3ct6~vjk5>Zj>MMcU/B<xCG2^cx7TZ\27Nx}.X2A;Jk)-8biFZ<7K
s?5'bGt~[[?T^7`y<a0~bz^[Ie4U9A6&HwNrwsArO-Kj*?2A<gXEdo7'j\j_Coi1]JsbQw]e
cE(V4|\|y;L_K5n~rGme33qjBwxjQ/qXw(O'<XS2\lV4<dVc+}[B4_{R?k,1CqSE:)9q?%jM
_Yyhg\\XkSi~C16Xsr{,)r~DM+_gXPLKbW.qLseF"vnmj+CnG#K7Xg=`( 4{Gxy`9K71_Sse
(|#K:y{NEdlc5N87~VL)+[]^z|'&0~[L% lN<] +GHGq%-cw#R63{H!M_L>oSvDV@g8-]@'&
KQ8KU0IFFq`Jie-;&{P5Ap6`s$_npyf x]mq:"n4-X(VaYQBmjBk.i1v2F7Se=z;3s0m\Fj'
7+ihG$_h'|VsCIVOogiV#Dl~bhz*xkeT^n=ti1[m}Lb5Lr/@F,e,l4]cy}TzDAdo~CT6htiR
uJbdaka_kR$xU#dVi'Z1Ygm|ot{\ewZ|ggm9.WY&^M!jY9E73/'jHClGaPdzCM;xEuAbZ,o[
:Hr7VC>cG*&xGRq[F'/P[Vsb{{1NDmc2,m6*kp%]l0~Z9Mq(&{4ZwWQ4hsMCX]LmM5W>0j\'
r:aBmd>whIdNd%*FQq;'vPSf7aS$F{#"=dP7"]'"Fp5q`T,2gv'vc8-IEtdaY~/y@Dg8IL`E
.\RhB3Y!@z=\7sO#QDvVhJTGM0}ovo*~:K;=%Hak%\YiWjPOTXY?r@eY2H2<rLBPLTxk}Q0q
TNm}5I^?]G9u(O1M<rx?5%E~1wo-se;+$E^>a4,-X=3:tm{Lf:B%D`muI\ $,RSD:4.uKTrV
venA0(#<Nn4`gH@D.LZ~S25P,z=`7S?,}jqCuXoX(`iI-6V'`Yuja]*2dkH(8h^@e>Jb7np|
p<!NiM0E5Gm|*$m:k}Eu0XE`yum6*rPb(:iRXz@+"?y(:IQNbm%D1X~{H.~b$<,SPxOU.vW#
[&7HzCzJ88{`1Y7x*m\Um]>1d({#+]z(<J3z9xpq+Yt11|6Ax!3s>C5.cHm/=AzPA7C)K6c-
MD.y?}eJ0&&{M{,5BV>h*krt!v|Y'H3ETl#,S+v OE'ioW(CY@T6WXy#5$6L,NG|Pg}n/,&:
pqz-0MrXA!k'`KK{kWC-+-zIb$qAJXDfzEb^35.G^\0lA/p"V>8spm(#6o7nh&%Ip-(#"J"j
v@tGiSS;s/BK>W<_le]\0I8xFPO4w7NxQ_kQ%x)$<BU{paIxPuJo;T8*;+K.=)*g?{6bSX`I
Hf1_+td]hColas/[6}pOs!d&7_!1a^KP#s](g{)[7\h\v`tVF^[ohXkroL+aOPC#Ze\yR#D5
mw`wr6fR~437EuOs$./MH.%J8S^]C[>~xP(;i;]!`;^ppx~A(<TM`n/V4X%zx3V&-S26("0~

Monday, July 25

2017 Tue 2018 Wed 2019 Thu 2020 Sat

Yhm"HMr+#Pw}[l>NRN>(t,\[M2Pksi"Cs\?9##g=14}h/!I Fcw<&<E0>?g{IRA=W|igi8-[
hO&aL/}q4mvRbO6\5J.bbI~Hphk|M>rc::sNpXXk:ZH;jA56P6[ZZ0mpH<;6-ho;zPG#!8V_
YpH&&(UVFDML-g&}4Py$D'>^uZ<yg>eOCK;X}zQM'w"'48B?B<uJ|5m#ok#+sR'#QA gys!J
WaV2~&FWj^#Wg<8\}:8N(DNOa<"@uO>%(dw(\(T:]2m7-yO7>H|Rm6pr*XSQ=$w@*>K^Z~p[
e KFl#[;uxh.|*Qx7t9xm/} w]%<b=B +AEy-9W=^4XgC2Sn071ArLP=p6WRj;&%$Q6x-.6;
\"|h*AgSE1(M>Q[PkM#E~_By YWgS7/dDJC9XZ?=LPFA+,kHr\^+Kc/Mp#<=b}>*'oF}ryzv
rcj0!#d\^c|T)_IhIaPED7"8|iSVKb&]<XFGT1,c6cS@k6~pTq2pvCH%3~K>6N+;/)~gU!|c
i${]pCO>#tW=&6fR~(6?qtyGt+;KP:cP*B3lhgv{nX\^W^;}OT1v?UpAa)3vRp/gDo{xP<;5
uy7[eSZ$E{~;4NlMf^d^c5{:@tf*6{I91a?ztXZyC#Dr#gVt}z(Td6L3OL.0[V_Vek=,vpz5
)v)"J&w+^AgQ-Qx_G#9&k{O)mbUf<{VZArm`)-Ia~N5]%g>#"4mT?0`z!-S(wMYOg(!Le</&
`ZktS<}Hi63\q+ZAk|=$fd.XY~e{9yT#+=h Pi5c_?'2z=}.T R%$ljX,$W<zO8Q4h3|1)p
b[\|TdtYAG:HX'sU}%QFv9X:6v~Hk#W[X95M9}9`3a^$W!DW^,m",&tIo3A}^i4.;b7Ufk]B
*@;4#|HPoczc. BG{B~uCZf2ygDTD;eX[LEY.@NMw0e*a'H'6VVIc1/z_T]r]m=Y+$d@%)2U
139eefa_Dh7[_)G:V9`*mx@&Lm]*:oM]"b||W"Z!<^<f%R;}c""\IIQF2y~D1o#(\Q"o:L)N
E7Ts6vrUS>}YzPoAHq"P!yZ!?o2euqK&*KoX4mW=h^a;(vu6mBf&Z"b)rp!If3UROXW[EJ4}
`*>Kc&$K{9W9 ;Pi5m Pi<\{c-;HO17a|WZc5\:$/wx2|mZdA:XR589urZpVANeFZEV9(:6o
^SoNB`vnEH/iMO=Vbf2\dw(~5Yfg<VS\c0ky8}v5J|<f%j6,/0pf&;8nE,m@H(5]*B-[~*0P
&t+m_E/,PQ?}b(22%U^_0dy3}a_Nel'Lz1*@}b0By|>b5:#+A&y2.tn^GIhxt8rr3Wi)'xw5
t,1<GwGg"8qExr%H&BPqmwJ+nC@t)UYm02mpC-)d Q!?T2c~Kmu-\WBb(iCeuKs4.F641=O*
uiTGNw(&#BN(?2oBd$U^)]wl*R+~k>[w,V<Wr1[fkb]]Z\(l5&5e'.K/CcL!97:Q)U[c[sCI
A-Pi=+)m'L^`bM}R,u]/P4iuIr9k\4GSn=N(X/TrhxD.)c@E9uf:!}H4pan7#eH]AnF'@J<H
]iCl'Uq1h0Q"nhwG40A[?M@R|X<GU;".=dD.Zf'dJWFc$r|*-RI)dWL V|5K\lC6u#/Sv,N4
PfS/o}[~k"o;|_9zo=u7N!8)~B(w{M#B&'A)^|LAkBqo'sv*j_i.'%zBSC,77Y2laO-0=#I^
GD(+{~\(&crXM6E#!]z+~/ZvKp-x0N01)U9^O$};I'KlyoNx$vt)/>B&PVY[C3s%R|IrrIuL
~NJPq; Bi@Brdr<?2/%m:Ni mn),HLkuw3f h.R2+3DV^)069(V@]K*Cncx1U/M2wxF'ux,p
B)vsY>oUwN},fV&z%7a4ePv=PNmz7H6ow)ed44uZ8ZR8\of@=@T7O%\EpBNwYTx|ahheN[8|
wJ'0`GI%54-G|H@}fFM*p6EZLIwm'-J[1s[ccKyf1z_0@3pjn^Akv5MlB! :7Fo6e+&ueOpp
+{y~`;n#LWJ$0I/zGI_zt/C3gH^pw]vzOYrV5.#2%K<GS3O1iq6\ hXx4wA]81dss@]n=sFQ
M08[+J5{J?-1E<ok1[#%^=ab3uqnEBt'Y4W$QBXS:2?E :@@n[6&'1jOc "^6>A i5ye-<gQ
,o>Y|S9oM-Fh ~zgIm4XW?:0j]2lvit<d(^Z<tsQ!*#,J.I-pAVH}dMlHvG1H_ju5Y=?<Tu"
|N]=8}/t3O[H["u!8*Df,,[IU[[F%*^I(?y"fO8Wn<ONf*Z)$r*,LLGx7=]b>Lb)c#(6]XtW
!Q6,r8#L{DeL o:P5"C\|s\2_9@SqizX(~-e ^Yex:Te**|Pu\cJ"0_ryphj8"<e.O|}Q=Ev
aVMCYap+$~c:Ylasqmsa2L$itPL>Wy{h7L_*<aHm>k8i+"\pWoFf:cX$Zcvf E;b7SsX,(LB
\(,%/Xjk#.#x,*2Y%R:fl=COE~K3`\%Uf&j>L#f+sUOj#Ofm]zmtTGT.j!ymu,h,)[,'@HoJ
qIEt&%.M|S$_Tv0w`l;5m}iBWD!/68(qm^,H7Cql?I>~x^{l} '}.SXmte]Zq1)l>mg.ZFYX
H=C3hKQ(v?=(yQ#&;81#mvir>5-2h^DthDh\6FM3Ey,rM./t{ F#n??k08JaImyksAfp*];L
0~0=Y2X9 v* WyiM;jOe2~Z.!%|A*A9Q|xp<TF*F'43TbMbHy{<Ga#\}-C-"<sk[Q\#{nR6q
/YLazYoX%|pf}_q)S`bFm,\dbBgInV8L2R3{b%&wnGd?Iu$,=/YCa~d[fft3>E@|vN!":#BL
>.83l&c~/<TMf1)\1ve2$;)8<8"c%;R&U(Y Xx$\V!0H|_J.$h?# 1]E5rJ{q'`#SdrwVA"8
`.c:.u^1q,\C/IMeWdp.d(|4!&dc+_w2dmSqXc*w=P,b}2*mc*yqrD F"BsqrN`<lBCV>fo>

Tuesday, July 26

2017 Wed 2018 Thu 2019 Fri 2020 Sun

fakd>+a:;SZp5{!0B`"Y!Rh@k}$9<KPq'0z}ScpW,h3.{?y;vUj{3?NCHEr;<"QJ$SeGqlwH
+qlKn&kW6pf|`C!fASU2mD#_|Zuj.\=n/\41:qc%og/['e\Y%B!>sOMEh}8`"?4f?XCxe&Zi
.KD]?.g' nPZ]`hPy8g*b/\a_c1qZ\\W$xkZMyYrea2&k5Z|`"/~.?m_ru[n:e<@hTtM$9ZI
36T+2+qbwVp(zs>J MF%bF[Sq64{9yD ,W\///=eCc#y5Kmd&`/AUW+;%-n6h"%M<Pp/8;/a
g>!\]"^Ob3g8C?%b#%)bNaJ/!O\,]04nyRp Y!^k@JuU J"_KO,7TEAyzZ-A0n8%`~n&N<!
PBAqCptv(]K'EeyT&#=-Rt!L:J(&YVJ\/u;/Ko)]%dsL?ATd(G7]vxVD-~cDcJ:m-8FcHqF<
ZS_WwRu<s/X:,My:#'4"EQ9MUu9]U`3s!3>,E@h<prnU-x:{QyU<>wCE6d{{(!?qv)1[H\w%
3)I<7a1zfq{,9 lo)^ALf|,%Fa6B/?Iijl?U@&+|K:s:Ft^^2i;!>k3FRwrKS]Rsx+8)x@y2
szQ*jq~|X{\eJN^cJSG.S)`x&55DzwM.@t#ORQ'w=G*T.'Xd]F$Asgsio'cHj@2hEDY4p4;q
/=?d7J[e\655'IE^}Qhxw;X!GwE &_|XC]</=yS|Gv"$^D"$+%UU_R6yEeRS2etcTWS(a4bL
p\n;,;=Tk3[YPT[Gd*gZ6#Rv4)H/1TfkCsA]J&r)$F>+"mJy-cf2\ON$6WWF'a`Dq4)`ZbR4
+W!?|YL G+qe//<;U2g@IDv)swf9BWu^hq>F:nrq9pNR,ZCAgxzDE@XR~POB,L>vzL8e0B"O
;qd\SeIL.NZflzJhWRU6;KfBC.xB".)r!{ 2Q:@aqI*#'S|YG$q8OOOFsQEe2Un6391Dx+>]
ylN}Cq9@ip?x<_nL:K7(Z %:91JzJvCGQy@"P2J0'}a'qzOjTOtU_U?io(CXDp5gfGz2i?8
z'bkEmP`h*'O3&oPp^XP|e^yhO%Q.^*o9v[=\Z;8@tvqx[#_ilXMjiXmTM@+lC=j~%crWr)@
8$<A8'dtHfQ/}sTCg5Sl&KjOr<)fZm_p]W\US~6C|-`WmvxbaB:qYeNnGl#%mI8y{+L;UrJS
!v$&M<.53wT"QkT&0w028/2QRu(&Va_0'4YHuG+9eR~g[kK*%TuM`Dor53iNcvUs WKQ7"}j
XmB0K.r}|\l!zO,e@/7KED`B*2`90K sRz-ra;[rMoj.(zAFX5\v~.v-Dbe(4=8Pk|B~.Y
~PdK#OHl,\(DK^@I&VT`lX,&`X8_2([H%vNP&ce[`!u-_$F"Q_P; A@@| SO_zVV#$-w{2/n
2|y2cQ ^FvURyOe_HuY>V>!$Jj1+kI=g8|z]3 q5cEv"5X$8d%Umh./h'~1[0~&2N>jmSk(K
rpU1-d'$'"pa.w/[6m9GG<{v[2},(BPd,(4:lJ~TzFNlplA%)<gFeU)?iW]e|-QON7k=Oy<e
nJJ?exR|t#MC<C(&V`Zi(E#@X,gJQY',\2%Eil1\p@zYt=bxC/X]+b4U,{HcXLd=6 xD7N4s
uqCa@]$/IhAhFm0-@dSMJ}*bNOwm<eil\H#\$cMg";,RM*9G6[emHHBM<i\|o9vbVxCKg0&p
T4{'u\Q[+KlzS`_scv;jB|eUqh_>Z8OPzNl?Irp(:g6%G-gvVYD-*tp}m8b4Q.N$pP-.:#4K
`/>Xz2'ARU fBsW(6;-|hgO-jQ!~rZ0!eDs?ys$z$nd7WY5I?T2]4pM>d`Cr@JcaV0&gbs l
@3k7r$]h9^/&C8_U0[9.`/-I@t,{=oNJ" C%u&gBI|GRAf_OO&F.K'7qG#r,`fS^ +aD2G_
/_7\qKnDb+!UxMFP#C?fYP#"z,x<}$rQu(bqXKMG'!resU';_6Q~yxmN4A|T8ztZ=g*KcAQu
1j[lasR#w")Cs8h,vW[fWp9.5oT-ipykP-'@FY)EkdfB#)|W|deTRpJ%cT.uM{.R`W|6C?!H
tl'!/5`x/J xjnTsio:X29QceSke(TKY]4@m]B~G2/NE)ffL7PtQK3w|8VyGr:7T$4}VNPYa
IGZJXGXqbqHj3S" !{bHw~Dp)$:7m'9<csG:OGQCMGgFPX%_gNfZgphUNV&'WaSnED9H&&3d
A5Wkr>'E4(?>C?*}=y;{b?5Uq7GQqKraVw[~Qd97&;,'bh;arZ1TztA#=3p$rx8gI|4 |>5+
njwfhfCJ>r2L|Q%A{b3ZP;9JXI3V$n;'P}.D#)svf&}i)inPU]c,'P((F2z4\jpKO$R\Uh:/
vZ@bNr5ck{j%5ei<n|6@3VQ3cr5+z'LSW?!g" M|+\h9! _K?\7MeTJ gh5>EKN=/^CFR%[q
mE-Ee#.5i [#P9_8;.ST#>xn]961(;?)@PUW5@8OqqM0{[$(F`CXZ2J2o}H#dc:dOxwC~*vd
huBiEKugA(U>y/RZzfa47?*#i8LP#yj~Ro*^=?4@*shzW,NiGP$ G'BuUjkg@^R6l_+s'm 7
w0mMM)3}nyqa!0kYpP-^7sWD;*~vX13Yu ^eXt9] uAcY~zWu]9e(%]02c@<tSGHt:pyfnuj
{u07$[aT^eWVLWPPvV)-y'T&: 1}G'&_|Z#Yd&,R{!Tu`w>J+S`e R{:;7/]EW]SpR<ic|~~
`<(yv5^jlLE\X~4ZPF"t9/.{rCTon`2mqC?z|<h#68LamH/Gs(ERd)E\qbf{cbON2zjl'dh9
Ovz9VB^$rrsHzL#USmTjP*VX5OjZc+"B8oZ-N$y*Qrzl[cn=_S@I"U,]T[{XYY5l:.*yD|P$
4l_T+Ef%E-@syYJ-g18yd$);wuD2S)]fQVAZ~0v9oN}5hi{i>]T6@HOo&<4p"d !JBxz}^S%

2017 Thu 2018 Fri 2019 Sat 2020 Mon

Wednesday, July 27

<(+rlXLkbX`b@PK)wfij#q/8?8%lYqB;nb#pHlmJlu`9Ik=e ^h"!"&-gWg_koQw02&0w)?!
&mndkM${HqAW.;gWv'v2BctAgtH~j*)%x=|=Ln?nQDIl+VGd]xF/qW2,Wus8NzDe`3kN!ebC
]l0,.yhJ3AFJ+@3TnJD9<'L&20lSE_P|&y:ly;S%kL~|!(>~2k"k;%39sgqXSY}p=rR`@M:C
wc#A.k"G{^^0JORrO@}%0+SZ1U:Mb]\ki;F3MDA "0]U;zha7{lM2@/k0EiF%mKF]=z)uGPE
"I</8cyT.Tc_0y,NYd|r6)RJ)G=75sz&lZcB,7:9faET;bckgo9IazT-6M(h>:L(cbK{P@-6
%^jO$|Q_Z+%,JbYlJlt_)HqRUTl+>A,#&(5a[B('oN8H(9Yls)qEn(}|rep?0&_AF|AJ0?Bc
<p\~DF}F]/c~eiFD""t8|oQV8kT5.medQ_J70wnxd-aZ%406@*'s%YR6Eql1rA"tu*,r'z32
,A44]HOW\\K"f0APvS)P_=1$Y(a7:Y-qKW8=c|$XZ4Gak}57l;4>6wIO'h7PsnQ|@yQtMFO3
HYYbI7nGSu<vZ1jr!RIHHq;'EhmjhEXC.TLq"E2!V>w\kcmpc^505C#3@SS}7<m3Kmje9I>c
/|PdU([t-BPgYlfz3Z@RO(,>~-N%]s:Mp[xLbBL2K3(G^"/Vmf(D[&\a/{yAz4AV:.|#EU<u
i5x9 f?%TA\@fc&'2J:}TUF`SXsQwkDF;S>#jYs[\{s8bj}y $C}~kiGW72D9P7G-ydf@UMs
#vJ%{g6+#f#OC6QnQX}2^8XD~=yqlP!yb;)uygc/%3S?:R!oY{ebogj57%UP]lnzCyh-::`P
],QxLA{cuj*wjz-/2![\P+&zk=JZH3WDK76fG3hCD#S\36t=0N3Q31:j0Enw%[tnj'{(H5YN
EAVm=UH6PS5DR[&LJi:07|%TlW#;ltQ-?NDG`eFO`t1\c3sa_s9*fg4/&>eADb0/y5fX%)9}
Lhvy:'KVEBZPKGX9me-y&$.g)hYgs^-d.}g ms)FSsD8}#M(wP"x'=$z*{Vw+^Q8 Up|w-k5
?wB'jmSx*0o.X'OvE>fc(I7n?&=DCO}t~\\ xQfR4%-*z&_68=e]i,w\lh~YnF[Z:}S54t?!
'5^m!)[j5zZuEX-o%Noca(<<I%Ot,39ZE)Sj")R3dqM:QV=tf$yfUIlL|gQQq!J"YZ3DJ;a
A3BHs0Hg(3?[[ypB_XSG>;e2O]_Qr\^LCy.es1|]$O|{U)rKsDW.HAtaH#\D9kY*iCBR!<8x
lAvV]-TCP2l|tkc9cfNa+Nr)YCJ>FA8!J&]=to;zqii* ,jm2bt}'"O\n)mG(Fz$eMSTXi#
WXn0aB~4@?~"Pn2v(_:l[qO97;3T:H"G7"+%U~\/Lju 6"Fmk$Il}qm#HiJypYxpt=/b5^w?
p9p#$DhyUN3<>RjoKAP*F{~p|x|nOKrr,H[mdyP$>zR-6C(O[JeRNzD*6y+wP<`^u)>gI:fh
U*),A-i{_J2/~u*-D\.!:+m@K+3%Zn~ab!6I%ucn/rn-O;n8q$\uVk2Ro{bVxLAM!j)<4(N
WtI%t}8Lc,k8Q5Jj`75-'rnn%M~0l0f@MkBFM56r'-|^;9Shct+2A{CYT<O"Reh|c1*+}~_m
;cNl3pTz}K6zE`xV<{Lg3f}4q* (lJt+$$Y655pW"FUW%?x1+8d"Q>CNc;`[gX@XTC}v(^+e
O1BZyk[,uLTSI9e0Sn`.q52WW(bh-Zom^sH*(dK*QFgP*#r=et]~]D1%-wjF3_S)HfWnyI
eM]@(/TsrvI{@5xbc"R\h[Fk-HhxXmXUR\slH\t!Wp+czB9?&Z,,Nc_f$M0-ADpJI"XL17Rf
W,AxWr$tI4Q|eu*XR Kpn[+hXc\ufOYuJ\,X/.Ub$RLn28~'^bq\e ~xyo_Aaer0GNq4).Wj
2!I%2bFxHs|4]cmTfuWMr+6~;dHjK)',g_q@JT0Zuw}K$-ZZl2@YFXa'Sa;w<(>k~A,le>L!
D03rPj1e?y{sh/TE=~AQxhT%@^D!cb3lB3TiY5&:pOw9IV,1FcqAnPW=X!Z]=-FK-A?:~YQ\
8|V0\E:y~NoTf]`BQ;zD==R$,5A.<Xi/%ycT_6~r8tgzZnxjdf`*=o13aIeX^e5VUjcsrRJ>
XDwj,dY!h:`*Lfr[Yt>y3b\}6/#`?;kLBjVZnD|kymS1y8uo9k^3c'6TM/2SsWBSydJ|d8aI
)rNkCaNU?cOAUVm]d96OrKh5@9~bs_vA<R&Ke>jKf/eMVg8{krF^j9dwH.%qqI}vcE]-PN.5
Mo]f{Ga)jV<n'IO6!l=LE^Tf8K/IH]1\N%zUMW=VQK:kr:*-UmCZ\!:>X-PD_wrpbVr}i-nr
yX_zFDU{!0$v!3pift0=PX!82w.*lq3~Edp*#<\8QiI]N9z#7jYe. [![gx#iMC|2g:e0ptx
5Q>^qP(HKqxf7aY.qXySg:Pe`8x6:wJl6GA%d(II=q,;)3|y9AJJd:2:t1/=EWms=aW8X'PI
:fj7O=maxYd\p-($2+N6Jg6e4K.lHACc3!?_s(M=!<z-GmN^|O/v8#fcu%=PTWopA}u:>:>(
DY]>#It9+cyqmRi'HZqnav?]mU1$s-<}Nvs4mfX4hgvxA$lk3tb>LeNi>`Bo }'{>'pXn1;2
^W|AhINFg^+h7\c;/]Pzv[yc3c>-r{cagCOuXRLDn/%K.6%Tvr~k[K84.!yCDgRAY\zqVsHX
e*`v}<[ReynRS,Em=cFZ};d6,4,#Pn6s:y: [\;'dYF@Q~+2:El7HP[_Dyyq1"_> P-1:_A
v1,:[SCjN$px*o~fX*[Ig]e<|() JoVp^hOSZbNSEa}:eMy`F`L'gxN#{n~3dV#A"-X:xr\

2017 Fri 2018 Sat 2019 Sun 2020 Tue

Thursday, July 28

#R:8SS*MzL)iVU!~nM9qSx?6agi{(Y8eG:twGez~g~(HL`WC4>1C7-65bMH]P5\l/tf+_UN9
K!5VQXA3^!R;;^Q?11Ts3iU,8/[":K|Q^(:k7S/xq2-+Os<H&[omihr5^L)?o%knP7@D9[G1
/g n*#e.AWkk_QxvP(W! A`!wUX,U!bFVV4M@~_!ZYff|6@%K+/5TrqA?AE16_tAP,nML-Wi
aqe $bp*V+B#]|FjZ/7,PpwW=ux?/^)$YxM}S#<`S{yTB^/;\N2JLmCyt?FtR*#Q7Ncj|!=+
Vl"|ag4<`;opnnSM8#'DpT9~34&pEa$>5Cl0b:i|h4tOf)PY^ZEYBKeDXn-3s)p&K:'%ZLxg
AS6%/Hh$<w3IvW(, PNg?1"v"@W[6:)pjZ4$,{6B32$&eK@l]{Azd3c(##o7D$v[.5J%f%j_
+6\Xu>'#yGI:'I!#\lx.PjxZ+._0YOmT6\ 0|,z=S7]9>R/lDB<PA/O+a2W)CFt0Q[I3yBaO
kKS15rwj_tdc-gPls,9{_<e)\2]3ZFL'! ^F&WytqC'yDPcLt *2)oO3OeQbp&wVL~Aew[-{
wLPwS;Ld^2 O1\dBc;8um?<+5q8~)n[{SOHM~O_~7{VtZDnXQZ&Eh:I5ZkJY9`"/|<rk,O()
JRKF`a_At(Gzy496/doVis$?tq1]}Xb;% $=l0i?_~Jg1]$Fre?}qX.:)'[Y).-R6,i^At}>
/Gfme9QSox33]=bMXuwT'O<|LNmFw-ZZ8o98CSn1TJm<;UN+?%:<P5LulgW9ul!^%%cCGDri
zu'C$9q..`'0_bRmD"pvdHygy[}#Cj3:vm'z@ZC`D9.%}{Z'O:I`@@]OH2;0b.0S_fnTOjr[
4.: uT}3IQPT)Wtjt:SssToLZ50vy pl~')2?,?}T2R}s.NxYIP6[^.8|Z<2ta%"`s\BM+k
nAmD5,.-@gw/nW~&M)p24nxC#Xofjk)+[}sc{j[Y"D1lHx^{j%}U!H-|K/*%I0Kcc*_L.tY1
&iRw'J/(("c,^=lXNGYU{EItp9#!aQ_]>2S1ZL?Z$\r^w$Z&b7\0BR$[naVbcRS:N8ek<6N_
Dw4D$v^<BZWy_pN)M}%~23SE6ee&(Q$?! J`Ntc~n14M7i=FW?ooev.!6dX8<R5r=\O3^Wd
plPP_Ph c$h#gy<)-,t38jnnl]*sG*[m$0mta;z{rSkh*}4\GR}av\Hhw4"&C\C7mQgc8.P(
\HTgjzSick0aWTk!w@H(D3JTGod"*G#Rs5Rt985<K[3|6`fM8(KK98~"|NwuM2wAFK3pbEBP
qS{940/$is47$w>O10/<L-`Y}HQHvyYXJ0nRAHqwqUQ2ub'! Dgd%~rVNFqk-D6[@C?d?Q<
84}ezZ64?#N;~5OEr0HQ0Z]?ny^7N<mf>)_o^N#8xE#O0qcc^.O2a$y'NT?:hy{i{{Ml=$jx
-i'WTF;(^C|N("D:UYrdEhOGO>d%lo.<}(QO/KuPU;6h[^qxVQ8!n}=#vIss*<5YOs-RwM^p
&J?|wFuAb9]|l4Z& bZSY(6&%.(v=t'1930zb=-Ym>1nGd8P|^P=ot$!PIDn/_kd$d9*9;GC
e318FwdP^$Ftw/7G;Y6%%vlP?"Mcmc@f':ER_:,')$HR7>)k(-T<*ru^"95FxBq<R$VL>-V
WhE5j#Alr0Y|*ItT>&B|{6jhkK[.{3iy)d:ojee;i~P=j34GP;>;S+_zu("bp0/M@ndwJVaE
cl-#XhZ$4FNLF-&:%N)v[ZA)j1YtUe\G!QnQ@DE8?R9]p#e62vpnlh.C16~nuBng*(imS%$d
&-T&3Ze[*LY^KEJ[f510hJhs99=ayB`_;<&6e0AAj1a\}30c[0;OE;y'3eYqo@e5|8)W*9r'
=OOYu=!jhhg8~1PpH+7f?NdBNi8G&j@c](J)@L|b_npA7+@HY4*)+Cc MC*JD3HP90oM@EE&
B@2=RRH|(o(tVJrPp>Mc17YU[.)!B6\m/:ksn^c!72,Hs7a4{>*A4IAQ5ssHDO=j[]jU64o7
M<^VmbaRFK1Q?<zZ#yhmo&dl"YGKHy3m3<!'xHRdi[>j@eCgJU*1xinUc0M\l6&n)bhrz|(H
oV7AskZ?a;B9P|$d!p>t)mWEN!d!6^0oBgBky+oDF:Hux7%]sOH]7*'[8S/&Z[vLLg@TG3{|
%5P2VH]Q13~h*>zQ$B&CNH1CD&$*O5] /H)7ZlEHs=BaJ{>)d#3rVQ}[9gHAYKdO3 }v# >k
Zv:X3h|@Po>@O}v,RVfDAv4}xHo@0]){Bd]pJ#H#|Y;^QuCs0/KIkf[$yRclCWt?&B5BQc&E
W{8*0>"/:)F6fk4[ep9,{K]}cu?S6'x"uk5BA!#"Jef%,Ri0_j;6.H{K|S1u604N.fA/!^Gi
Khcr6DFamON8Fu=L6rQ$)}0=&]|t1Yj|PfUo'Huk>"*kPx/S@DsTz`?6a^_nQU!CzW"%)2Db
)p_L>%Y_Z8*pB'"jr0YwED%'-[(9F#.h>}xK63BC.*KOI#e\hp%k|:&oCi:])`6\19:pylaw
d6agLaI;8rol.aQJUGX,r?3"X"d%-fNs-MuOay)\k|4h7@eU/X8]:<:'5U(>JH*w$]HSQ_@(
zP0e_w5;{cW!uN'A?I$5EE&'$rarQ&]"h+OpV;`vz%8b(33=\ctVyr 6k?>-5U|.K{@U)]S\
FSY3Fq[Z\G-Uj;Egl}7B<}9!?!kRqI~Ff94o8G0[$OD"Tw(,/^\4i,FfhMI OVO%P|?w)g7m
Af/|"A]?\-9E:''_Q*khsNpm`\lb[>g$^~]_Jc1[o: 0%jJV3B|C>UYbo'<u8\tl,yOK"(V1
=Z hNf\=qG$POaj'gRcI3"?nEWisq9zZOO<3lku9Q]G[1K"h:_QVSkl6HUGkEvYRhnVL2X4$

Friday, July 29

2017 Sat 2018 Sun 2019 Mon 2020 Wed

s\e/%,fytl@s6 LtZM8iq`>>xX'19xgJlq8'59p+eX#SA1<dMp4:j^"6rBC@R>!&;I0J>1e{
%UaKZ(\K|@4.oS'D`S*[)VrT@M&dlNn~ v`}4@zLUK|b\4hm}y#0}poF"/5$aNJF4\R~!FCD
=&vBU(X.w-pbciU;ZQ%6?~{8gYY=:)SOI2}:(|`<CS>K^?^/"1O<,W>V2[SY_Sn7ybvq$1fC
S_qlmHe#KM#'/>*{Q9_#U f1jt4(KR-A'M8rissn[;4_/gtuSsk{x>Q\]V{>8 t=N)?,+3Fi
b&,%J[I-TU63'bX:vg6`eM>9w8Q*fhS$,an,l_63>uDh8~{Fiz;7h%Wu4Y[i]Zluzl`:Am$L
bSJ$9]};}/G6%?1C;=*5?a9dQ^Ay$uJ)}vDG][&'0A"I*-jK@m8N5M4f.CszEH3Z=TR3yJb
#F(t>vbF#P+Sj$t>e4x@L:2g%&y']KF^^qYeG{kfi)=MoxYMlQ!mVP_:Pxbw)E{)k]0'I;"K
YM-\"H`7y(`gy/]Uu,NY$tI*21\w;0%3qz^dd{67DB=v$2\9_g0f6[{Om[855:FGmbVUEg!C
xGmq5jNhh5XD+=iY ,EywyUWx-!q<^]GqkBCg#.^.,<T!4C,-x}2jN.$R#)A{Asd9p1Bm]6+
Ep0U,4-SN8H^105x6jr?U!KYMziqRDhUc>3qt\#@OhI+7S1-YCMz+44UI]<@6f)W-gfzZrpB
m<ZTOrLyB9KC}KLn2WsK1vCq<y$6Yh/&+oF^H:S$4m>F[g%a$AvG8hV1;feb|p' DZI|:4tC
lDbv~BoWt*1<!|Y92`2"nkL}'*L6mB1'7(NDb6?`;UZ#wce~).%L!euui?3={V&FNDj{#(H_
[64bK(GpO=E,8x+F1,t=4FOZ}tZ@UF}7}Y/ir%kU>,V4PbdFUm/$btl/%D%$'yjyGsF(SNmo
"OIH\bk7jzy"w]"6uB~tPocN-JZ%15H0w >myb_fksLh[kY'8_uny)p'9k9V8b/c=u!H.?m}
cB#(/[^v'=gMRBCD%Rd1D{j-R6SzKwA7?i$hTG"-lnYg3@{F\XM~8@OEI8#IKcLt>z5*occ!
[1*Mj\5szqwUWG9Q[>e'~1~FJa^h%,1jxxI?hAQ0AD3EoZ4NV'Wak:F_AOU'H>H%hL\V8iKE
w5oo8gnHE1Rc&=wx`b/,xSap%2~o3!CQK05.q9z>7O+/]Qq9\653hzZMQVzJy/1IH%t_ukOH
`ST#{-%~bKfIcdW~2cFr `I1/T%6kcm,:>9EJNyDJo8TEZ8YA65*s'"(~@ffN^1Xg= Z"Yoi
Io|*;Bwcubc4i>QlDa+btZ{T>^%0TZIr}l8G}M:oJqY/8w-Q&MheCRwu^S3Tf&3:G_7u"KpP
qRo[d;>TG2H'HzhHy|Jiy{-1;|$|>NvXQ%'O3bsJP[W49YG_D93zO@h%S*<5uyeZpzK{o;-Q
)D-U[c#HK8}3y~{VD8oydvC}ea@x}cg>fMvMO|VM!urq>g^k"3Di@Lo/4SkV*5+*0{.{N^nV
?$A&{k{=je. ZW ;9;'jdR|;[(GkQ:x ud6\|vpX}dxTASElM%\'=ug 5BG3r^TxN%-!$'K9
dDCOX;T{s=}w]O^_PXSrjf.kGW~@,^:Di 5MHu1dsJ*aU+bP$cHR|iou5emh;sgi^o"`2T-e
Mw*)1~DbHF0}s#Cf@i5Y*A }@nYK]BI^V,&Di!ICYVci|^)|joxu}[ZgDus1d&H>bf..T{av
D!:ThB 4CB##V\CD2Yl2U*3BLj6-&6?P1l-RVs"4u85 S;9mA"(}QqOB!%Bl-BVY6LxK, &/
1zaB\2n6m&+`d"5 <PZJf/>HWZSf#T}^F?C4a*""[lvvo>98q,=95SzjUKJH4Jq>w<u=6pp
V[6qhLpNN}QBa;q#qgK?M2pCc0yL+oH]a`f&,`9*SyY>Xsd>mL:-vLQp:pMtiUc;F+;n.#;7
"?\)&n&<$I"nBOQ,/aLkH-^?[&YjMkh_`|*{+7D>cgF[d|O2'(I5G;c]Yn Nt5)RoI5;t$/
h$A!>7z"R9@h1cMdi/mGcn(2bCL8`}56^?z5aB[0yfrgywu)w]vKc=D!cbaP/f3{%|4emz(r
]4kKV$s0?Fm;,@lw*-`jr7yN_v{8tp84qO-7PQix=0(x'og@2K/oi&#d m9nVPO!_x~:#Cf]
ec~v|4hb}3,ne?*"jZ4Ns\%#`%NJqsi#!Z01R##^S#</)U #oX2GL+U\|P"RT:D"Rvacho@o
:UaK~u@%;5}`:OTeX:A(6|F.} 0i@:`fUG[h*wNclE8fNoFf6@^JJ>|tqOU6*EmAG>MeTrB3
^P:28]6G4(5RifOmO~ob'C<qV/Fjzp[]~uf=gU!%0C}ebw#!%G"y?<ev4mQw_aq5FMA)i-<F
F[ZqhtP=0$*lr6prhP'7%B'E4+j_\f=O{5km DX\fb'/d'KD1\s|PWw,^"q*_n14F4mMb|F?
v9noN+Iu8?}0[ppQjYFBvB0oBnrIh,x~:\7]k^,(j9%)f}MM6'H;>l|rYVbxj+BlhURXePVo
NL|, |,"v&SW.hv/kX(|=SF<}/K'lo=/%\IM&,{y%+jJ[L+.o@"h`EA9{4{?9!M#>++^)3+p
?K%N\YN;b^-,g7iC9~s3fC{xD/+i%iF:8sk)??;6S&'7_\ZT?wQx'*}I,>x"E4HuOmRVK+H<
.tFSIO@=~0(5NGkw.AM#AZP$fUn<wEvtIHJy|]?`u9iD6Z7b!RmuS< er?KzmlCJ,=)!EL;<
/U"i3Dv!hd$KrWJgS,*`bYvF.1avl+QN@~_0S]$db7r p3;^*.#\4--wQkb>$+KyH^|D0%$m
rV-[4}@'mqxZ{i&k8i=H6hS9LTY)J&sdm!Zt**f?%n&nYEnwSTzfM7hVh-wbLtB!#px\6h6"

Saturday, July 30

2017 Sun 2018 Mon 2019 Tue 2020 Thu

UCm@Kdgt<$.KnWf_rlHFSWnJ!j`E'rxF"ls(Zz!^S^h|aW8$5a2&"8=&D#$o\Pv;yNjE+OwL
9He^1^7')^|4DM7-,~B`=8NWS`e'^|qci%LUpHztK,7}/3y6mLFj3l*Fd66'7%*#EB2e?]`6
i&/oR4[)flpNSviG~cy}vL_#E/]+(/^NyM=WN^_?%m|]X.zOPwoSSkx,z_C5dUuYghpRK5,U
9_!p65~g%~5"=&K)E#oPmx&D[/qM'8nw(GPaV!HUg$7kDvXA{~zJV|r^P]'-XngSj[bN:YXb
p6{hl /=w5z4_+yZ`XL1PI7Q6j-)UfN1=of>];T!ZnMVfQ!qV`8=Gyua/d=LR2U(kfWK;xa
mq.B'\xrRmbLT6Em SiK65<H.kg~+45Z%!@ {Oz'DQX01Me>{Cp4AOijDLwx"_tYwg-{b0J2
R`]xn[VMJUgY82>:}%&'P:-d<S~weohr4;soy6OS0/7K54'r Xn|$FDSaf]jgfJ)SAMH>A6Z
Ct}es](#$wAu8PL\jH[3ByGuqle]sWL{H,H#zVS,AFUCJ{Zz)TC5iAh4sO`,DUU?E!kQ>%"M
YNW3(DFa=EUzj{+x{:IUmU.m<n$8!s*uU({K;&\)`leqxH5-6/5E2)cc@P')1C=w[#0{'OV
v &k`wa-D44.6Hgv.4{"5AL0ifQ6>b>TL<{"?I/"0QCx-2C+T*b-*+7Vj7nl^W69n@oxtaWF
+R7,K=;.Y\XtY^*_aht4oaOE:>LN8+,G|PL}$hGw\-CL]5`D<f_9]hoyMiKlm=i=Xyk-c96'
C.(cSce#|<7H=}gGFS[V^""+3j0Yv\5+6/R"e6#h6|_+lKF-Ci,cJ7!v:f~rW&3\]yrPukV8
4O1B+1nj;[&(Edv.<$hv-|/&eqPp,qz>/;f@(6emm/Lzd=Suop&(W/F*b8_~94n<}L[ej%`e
#qFi!U"H.j%|9Znz0-OYK$59r$t|25(D\.Z/vk;\8oc8p\;\81aIgD$`~ll3JAR\P115|^/D
oz<~<otdi6P#RbL9?[B)jlxYubb5RFiWmvR %TUmn2?MU<k~K9b6t=lgw"PKZKj#h-w.6fAI
4*qWCLDD~1n,+38H7KsakZ0I3/gz|fH@d1&N3:lvT]v'IP(o=)0nP[},W'hnE_}-fiKJhaZ
}bdji`=493g-{~BZF%wtAuLp7 Gk3-6j&AvI[{3^,~7`"Ug7Gr/)]Ie\O}q&wcD;`p-`]`/~
onulsUk3w2O*rcf~UHpRB[\<ynJfV"e8JmO`4^{gE/y5djO@VM<F~3C=XNze)yzGZkcw=-Y*
HX|`H1a@8 c:?u;VnB+P@*+|P!EWK`xTyHqi'r}XKzG3{+jMO9vl:Dy{z3gZv5DbDb/@Kz9?
c9V@6: `bg#G-SJ=h(n`hYfg7C@g21XR|[u~W$wwoxm~3^f8^,|8Gd,mO$\P@wfzyg{4v8l"
r|rC>p myu@HI6-N,rx0>:@/w8.J.q"v*>>IJ4\2oyLewJQvw4GpRMM5&q`qn_^\amFS]9J/
Gb!lw UMv=,Fv!M{7Dwh?Mt&\S9yakD ~M[?-Bj~Q hlJ"@TSL!Ag iAz7+b>xSBcNII}smB
Rh0N}vlQFe=hlq753x[dA,[HJ}69dnkBx{KMMb*"jj`S/PzOnG';DCCp\p1],k#_oApA4`bi
K(2VEfY aN%5gA8?vw_N1-"A+_x a7?>iR"p3{Pj_K(gA[mxo@-9s`;Fld]\1:kziI=dE.il
%\q[nX ?VoibD~MRyN<^*./\ rVTi>37$G>TX Ps.7spIp{[nsdc71t&3tSn,6%e`^QKS#l8
q\KMbT?=t(P](GaSWTEOMz?Tm10q7-YpWx[T:DF$MUt<|:K+!G13(8x5Nz)<f.D*rKf}g$J.
V,w$VbeT}j'ou=m3)3pOM*O)esMf);JJ[6#+~|ZgvJ>x'Qn'N+~ygl"5z|5iZNI(nDa._P)j
""e!ZpLFP6$C?'P(uOmq[JBCZ*3U}orrMy-:d!7]^p<_D4ZdU`-oU9.@S->:>{(hN!C%;O&0
4"JW2sPPBI,7UVf fMy"gGzeIKfj!TV{xu~>B<m..V_3sYnOIz_a~\'<GV&r%X6=T6UnG2>1
,Y2W<|[9?vW5?:`i0[A!*1kHm(uw$L|*wPf+j"q|]mQ# 7w:kNAG)%H5H}VA#f0U~o/,+]Z.
gi(tvW+~g(YR0I|3).`F)4:h]>fI_1,"Y8Am" @9n((!8'NZHu[<D=<AHodc"^g)du-N*;~>
dj9m*F_3T>pP(+}xMg\~JS}thx}z(Zjia!}p^Ju,hPhGlB3J(QjmN7drI*k8dY#PQ^{Lw|$p
_:GT$#@Tfn4AGI~*,Bk{?l;nwj9NEALs-qRR'{21u!).1TCXkq=C+{E^='wl<KTVGZsk'=,@
&96*D|mSt+v^8p1noFC5:\z!zmu>(2+~`bL)%OT^{_n}\}hMujjI#bK\;^J85_qs^%>-#!?S
eku +>Sarr&bTN},LyU8S:mQ"*~($7PjI$]uq-hOFV"dZ<5;(Bam^([-)Xz[izp9{#Xd1Y`w
@T'`;m)K~dYk_M_.T/D0o,\o&3A.'xbg3=h2+wO1qWUQZIE^&n_!F*Z("PwxCI4F_%eP{2zO
dUio*[4,FSw%\&D>B}EI1=8@1a8&Cnv7ny{*0*a"jx,}*[CU`yhb0q^+:2;v fbNIK,Iii)N
i<@oq{aq5u*'vjX2rIA\Jd}D?x=^qZeA:e%iK6yEv]@tyE1hm^2o"/[w,(E*0d,ghZHu4;at
TGo9c/xQ7i;+d_4bro:o5f@x""tYAv0u01-=1Am.g**5/]GuPN&6J&HFi])8<cf=0sSH_?\9
nr}98ljag1ew(ND-SD($/w`U"|cHZWBM|g7-wLVdi<j>',1o{D58vJCs6sU7^b"ERY|p~""!

2017 Mon 2018 Tue 2019 Wed 2020 Fri Sunday, July 31

```
sZ: bexMiG:j[_`L&.yWYm4n%#glF_LM/KJ{=nF=~x_o/)6!.~Ldj:wtg#MzMW]5)>P$}p+*
b34MeG5Y)N_1T+@5t<0Yce^eHc,xt1qh"c&p=>uV%.v](-Ak*}N_=_u0y)m,4ZGlNUp$LOZ@
np*mf.TS/FT@$!\4W.5AY]h6|mH?)9$EG%u|6^q,><F~\xAu^TS5t#L\OYpP1q=V.,U5^`94
P:}z0Y[<SSRHh9&:-B]Cu]F{J./N*j$i7*"i*x,g,C37WR`=Gx^*`G+{7,C6t%$vnTk&M)ZJ
;e!*uQp\O$s_YG;;^~SBVGR5Kf]PlUf5gdsHTnfFwOvaB8a==MN0M4/iFWYEzLlHs6Gtng;#
R;zsJOX@k&.f50L}9B*|tAb74T&36bj:}P5N)21-bLVfScGP<=X_I9<`qr)msH@&/c@2OuF[
~SS~.N)?+pz8k]kV_Nmt]kwK)-"0c|IEx>Y=sQf9P)t*!xF.d^U"gF%G$}}'$0(=U~|VY8My
5k3QM[;30 :bxdO!mn.Uq^4GN[%dz56'?}"^}m:X(P'j.?lVfp>)#Y=p*55nqGaICNZ/1(LL
^$MK5GmIl]e+AdOp+X/a6J\jlcz"X&mTR4{.4zuHv>hMLIzC,8z$fgY^ZAvKjyj5AIL\&=h`
73v5\A54 d~uOr2gC4in;aJU>E[',e4YJ*W4(Qoj3Gf@u%AMYC"Ah9=|PdM8($M&~."RwV
Yz6D-j:O-~"? dNIcvVVF?Ik_Y"]aLoK;p2g+1eP?!5.fEf2s_oPY}m(_1D/?.)N(AZBbE'.
nGm4jrfBUUv0]*a"#*7d|>!)P!R*T$SoX=UM2i0 2Xcg?jpHdL96a2c5lDN,q=k!Yw~5sJ,X
+5"\tUzBOlh.s'JBF>^5>L)}5iSc?mSjTKe<"Usa"C!fSF#:_bMaD~}8U-T<Gcq8l]S&:)t!
x$d,#duh"sJ8dL,ln/H C2=U=U/,730j~U%Er]>Woj@,iE G\M1%mXS"v(s@vJ(}ey--X<'p
ZW7@0|F>0PvYd;Pv$w`qf;Z^"]5}~GoyhWGAr/WO:9(mpL:>mn-qrf8%X'1W5ZI<<9!GVZ/w
](PV-7+Tu'74'!&?7,4GGOJd#X\kIm|_"TF^M0\aNSFn*4/D1E%8/r[C1e'mgQ>i;s&~&H~F
MS.wKh{jneY$8/&8aQYYm0iSnV>*Su@v_rjxO<8SJv_V9?Oo:%r2=Y,r[hRouOMe!N0l-L:@9x
{?*bbg 9g#<voZ6yA^kD*qW%Vb.;\%#a~ZcalF\YZV AY-hm`T^~[>JO7i'tZWoMe_#_Y7X*
n+^x/{HLT2~3,~H>Ee!HQytO z~b@5o,zRH'un^pjD6As$0d%3gGP}hA"oCX8TMiNxl-d,D/
/@:b8u4s?EbA2L/9yl"$fVlhp$QIo/V*ZYb`UG$G5Ne>siRA|'h'wq;FDyJYZ]cq`!BdA<+u
9C[z:'F>j!l,sB Cs+I.7tBN1'/jeGLg6dlyVL&n|6V6-jrLS,,sH2_eXD5i)1VAy$fnXtg!
@%LTKah$>x>tlPie\-'T<\}e/!tlfAP'B0Gi:8fn})3W)cc& _qn|..zY9-^rHgyrg^=>5U1
G]:0yl~biW<99T0A/7j!#"*mH<3sC1_L&dv8cR~`"OD#}?E6jw8>(llZ\?Y~Z`,iqdA$0F<@
>&FB\WvrJ1#=bWkvVX1'`VI6I3l)CX8;RyNTSzt!C,5Pq:;)Ysxn(2n~"&\+w6;<z%p8cE5e
@a|5r}jbg;BRl%]WpbV+Mva2Hl!c)E=whQ/"Im[yDm3!TS-X119.YhlI -5| 0D7lX'Yx* ~
^t^w@Dlswz1sBJ5PZ*)4AA"=Qa0!T/ci&U6Fy:-pdJF.RU>U`a&Ug=^JlSK`7]VC=1@J~Ed
L"K!XMbTVqzO"Prz|{@8.@gj7Q{zxh^?WX91$P`(+$!sIa_^p(0Hl=yP6b?]Y]4JT,(@M"jl
>:%mOe?E<dPi)g`6)kMWaEV[xg2q&Tnm28i;gM]E5~1 zd6:+@@\x6If_`HBbiRqd<(\D_K
cK= -=;~(cNRkMY7yL[Y@z-v]ERh*`Y^,#ysY=O=s/HC7aQE<d&u)1NWIm>'vVI=NxP7z=lX
o2w~JjEJ-lrp+9cIpz3<'u5aS^9#4 Rq+_NV-E (.!!m+G!Cy6&=(O!jBvkR,sE9bL9z5Q9o
pX#E5]r oT#Z,X1AoL`Y21.|(f{XsJhyC <.-|HUQ/*E9k%4be$3 :*F~KpVFnrKWMhLKMRO
lKkV%t0iTte\SjOh#S[p,+gHxk'0KHf~ATBE>[Qq&]Poaj,74kJgf[l{>Y^bbAM>9@;tMrsH
#E240<@J55gvO<{K<]CYm3 L|$\/J|>1ITQ9|q%1c2K8B5jXFi/FFRVJCy,n*'xwfcycLG'^
v}<38i5F#_xL,2|Tfx,\W2'?{CxcrjT:`c^WhRWm^9TiWbZj%QrQ,:Sg5&r~vx6JPp p3j)[
O2 %3{q=qe>;k0>\y>-7fuf%/}HOmFiAW:h{a{U3%1CvL@c{C4T_:\b#~#*~nR3u"k#GQ+oY
 3O{#<N@RZ>GR*PEgl bzbsRqr8=~+R2I3kpBS PZANen>,,W#U*7\(`;#qybEXx"Kee$?fG
hNGm}.kdSm`xb\Z*-RuG(w"1X5RmjG<W*&d]&4v|VWInWEPqw+kXREA+Puydd+JEx"Amx*en
[.K^j3}@O:<qhlgjF&7t4:[\JN*[Js3ksTX%xbCF)eM.oRUx-"yhm` (O.vWjp_UaLLA pFq
^[@o0rQw6Y1zL{$/@,K8XHOpjn{dFV#x[YF(hF?qXy.X!`/rp*/Xb*0&R?*Tz`41Ut\/fmGn
6kX9%E8{xULAPd'SCk#WffYqPXX}4Dg!Z-/QQEiPXmt%T%mnk5v=@Io\>"e},E$NVOGPYS4D
```

2017 Tue 2018 Wed 2019 Thu 2020 Sat Monday, August 1

```
jAmJu7W?Xd/kb$clP_=0X*Nz{7Oh5OQAGx78'&.3&y,'F?*p!1$^,Q4u'HtQ{,CH\.3NnHJA
.\M>P|p&s\='|ME`TxJvaqcPt%33BAj'E:YcPf)#XqcDc6PM\j3]$b.|,,v0sgB3FH\k9N/=
WRBKaHL!e$4ua<bki^~*bNesRXcC&k/HI-g26j{F/.7dPvG/ylKDZVzfO(\!&F7idXQ7-CQ(
2xHvy=pnh[PtK5')mx_!Z`M,8",k-,O3}Jgg;Jij7`.DN]y@-7=!88 @qs\=`7LGcMmb<5'%
.5_r'Hl$.au!} S=NS&VV]+G'e$dfh]NEDBpCU"!3H_{KDnL1%LoaR]H@7sG(/+~jcg2|xHM
ldONr#mpq3-CvLU|;#"wQR6tB !ysjN1x(xo;Qx][VT)|vtK^By"~`cH+^P^HeKy]JLd\4.~
EMr0EQQnDKLy?jiB-Qf$ciUUz&A3+Xn-)Zt:.Pe^TP7iC>iRx}%VxOM/2p!7:'6p<1TND[y`
\Ljo:"mFOq+huELzHZN.00W,kH,(/HPXRrts-IB9*TOU{y4X$'gKhI#!<vklW^!I>SSYzkI=
h'hPo]ed9W~A*>'&lAE*g((dX1-M[hf/NdPA@@ZS4$Ws^YRbY\vN<hnkiQqNjg>Uo^{9Fu"E
 fc-o~H0+i&J8q5o1y$JnAN{S*68DYlsz>i3KgIfbsABLi6abt5$2'rb>;%u6j]\rie/1QE{
lNyWlhS=Bu&3uF]*d//Kx/5B3G_ExV B&P}O:^0jorXXY/>)`QoN'.3g]OQ1`5wdFgJ'0JI&
4PIyqBOg\_4Un&x<*+B^R4:jvvC Ab4>@w&!]}.]_U uMjT` bp=O[E Bf.I+PHwyMb:;g~8
y2=_h'kql<6cFR0f:,+;@e5+)Y^0n3j&7[w)YA1ZN$VKiG.F$V9<D5Q9<*3F-5](:A6Q5k.n
TI{McpxV+UW0@kyf.G%'2k3/3<v>RaEfyV[$c=8dP]BFUd`6g7sjQk"DiD;S7"8C5|\{wj-R
P^0V3xD=!{Ii8l_FQj11hF|GnQ+KPQeTl_"S#<kA:9CK>H+f*TA<a&[?@@C$uHo)h2Z 7c*-
+fUB#XkA7Ps_QvaS8>W$^JRxLw~g#uKyZ)Zl8tmedd8D"cEw=fR .e)a/h-C;ID`5t,)gyuZ
E v0Qf<AgO?Da9-MOzd.D(;Z2`ZrY~U|JdXwrD0KU8X72fRDPj!]zLJ!:Wh^rr)wqqGQTHs{
6yyz"5-0U) /.v_ugt?^yIhAP&^{y_J"\&'x{WM{fm3m{bf`t2$N:$FCU+{`M=0^`*,\2X1V
{LA-#s$'SJ6x.d7og@NI:Mv!*182X^`#cjZ]Unasn/Mo[sS<\ij@3mx;#Lx@-lI*P\SP;5{:
<D{23"X}ngKmd-{9-+X*Tz9%/Uc~3x30:W?\4m1|~(-0Me\IQW\6[_ts"kn:)VR@%HxfO`p+
\X;TqR\&n${l[-aH/^RG=XcV3\1OL"ej/*8M{V}hgHL)QA#:x>q BV,9$Yj/i<K<dP>kJJ#{
2zsJM kwafA")|$Y~gLb q%=D]b^eLioV[&a<\v!;ej>^ziR%A>?ue.[5~/q?rPE/L,<e9ef
>@]m^k9|~RA|Wh_,9&`7ly,5i=\#7`?C{6M{?,'(;De/$A94,IOWUJNyMN}]Jw_4YFKc0KuV
#D5Si:wjS*'pQcZ-v2PLJfb]WY{eRw!I'PrFwg+]a6JLP~,3Y*XvRws4^j=@3'0X_iY/|S!}
XZ6-d0wj&j)v7opIjD#Y}StCdzsmq*eavGo&U`%'l2w>;|Fb+Oc5<juTg`8|m=unnS:IB)Hw
$"C B-[~^_)%hiKgG)+R?f}[\FGP1L~I$T-C<=O'5Je IlhRAP/0\aXD*%![*=_-)0h![rH
@OWH6SK:t0qhNiI_}FHMP9j{z)#z3r2/-"n?Lukge&9M8n.&k.NlW^FTV0q|;k`|!eps@,,[
Rv=xgOqi_C,h]|j~+zM2^'d3k4[9H\Y&?W%u`8-#JNKRljXo%u[,*OHpJ1RKh.9~$kBD`el!
rAe!\>9#KYu(;Kyb?@uIb]{zM[JwOZ*+r\g2DC/fdmnek/C-?6@HKZvaNBgQcvtOjXbmF0#!
eA!B:z=ab0L~Q k<_Lw.aXt/m|Ji%2wWw+.g>+/IB_Ox^-)S \<OCH8o5/5+G\r{$v&$ZU>B
O@#Zf94gQ@kI*.CB.@=g:w|]XuN/wowl3]E<Y]gmn&E(c0,]v&l7S.>TqtZ{j9BabN;jk&k/
YW/d4(v%3MSO.Tci;jK`v)Y$Jt/cC/ug%S3lRr6A,/V2(D:=zl;(e47a[l3E(Hg6CWht_W.M
tA1"29JKt,= 6)X&e%.22=HT*3/2'5Em_!^$43be~ZQKB6~!a1N5>QQobxB?`/fn\}Oybh`d
ERD.~: FD<S^b|jCm2EQB{jb!>oe^Xm2DvDBA`O; u~z]KPU0jIwWT_?rw&W]y2l(kBQg3M-
zfD,alE"(\3'V^#{6Z0[`Cmtwj4.Nl5[lXW4_'KO"mA;#y1OBv5k <|lnjk.3\#J9b IDapj
}nci[-yl]0[@$w@k=f4N\^%a0m)5G8RTEuuj|ullnuW`vp]7q)mm"&+24aIQ?l#+|dm,8yCB
jqF=}'v1aZC>YG|w>u{-17F^=D;M>lNQ+BaP!cvd6FZswY>I6nB",W'b'8D:tr+Ss; 8f/#N
v-X\|-zYl(sy`o<:yyS!F]5O<P+oEn{eMEdT8`<!#]bT,f<l}okI\Z#|n.:wpiAx,HSj9$jc
p$\#K#O;.i<Q#-xol6MngSZ++*x[s_2S}i;)3{Y_t<L(&?IP]&]5C>\0smn7 lNZgL=_CSjt
4?LRll`D;[Wss7a1jrRTk2w0>"Enx9GlE'`ALNbCDLkhL}@H+$bQdJB0A2glnv6e_ 5b6H2=
```

Tuesday, August 2 2017 Wed 2018 Thu 2019 Fri 2020 Sun

3tF|ve2FtDtw=jY(r_P7n_<hc.8CnlA\e^s"-CZ9_h~7dk/J n}lx,}`"r#x?Hj':c$* "j?
i7Mn~ruyX29;/uzD.-tMOsy*-,&D*b3J|7k6?|f"^)3c:Do"r)K,ap`y_rly-+FOvM,|nIoQ
DDz>6^1Gp_^HusV@f\M&PaD)}Ke'k Vo6xj"P1!P;c_XN4l].gtu"l1VF>mb-8z,-,81.:'P
cE)dW'(5WFUE2#@hc,8P(DBBwl i 0O]i@e^G5qL(\I?zHa.Jj^WCdzLo5iDRr z<Y}"g"Bx
?sT7Rc3+)3K[,RpQug22`yKbx<Ga8tHQ&U+}K6qk'rg&sT!RN2N${HOi;x`6m^~o`rUbQXcq
))$pM*80#$VMOB~<E]"dX0oAtvNgzmvp.OrqO+;$@d^Pe3l{}`?cV13d:i>KD}`styg&uz'+
LACH#{n]DYU?wa<rjfxrA0Af>i:I#-eEN@vBV3zOACPii=]ANy2>1pJBFPlvh?A~t'M?^{76
xO\OE0rnGmKu}i\6=}52.cx)q'LHrscOZlmLAMHN.F/+26bhVUOv-kJ"gSfe42/jasWFD!~@
dA!wk'8p;0~:$YC>2SguB:Mnu7l,-)wRxx%]g2L#JYGl({r!SxGok]Gnk83G+[6}{QY_+iT8
Mi1(zCY0PmL.h(n?W_KbtED6x,u[N;G$Hu.` g<R7)=(I3`@Qwk[?:9*QQyn=8V@\I|jm:
$:7?*"p`7Qln$V.6z}8g-^nU2q)A;(K e*"ef=QMmJ>o_ZDD0F'f5T]b\E2cX+oClqFa)JD'
gO5%qHIcY%lWe/d*}OC`7n$=LDaByDMpu$0+2>?daD'61WKolc^1#ixedb62x'p&xT>ce{I[
D'v{+3G;H`2q!8"KIi?YCHX2I6Agv"uaU-zq \#jJ.,+bXTR&{y&tR|_"MtaQ"S'ETr`Kt7K
`,' )~dd;SBFYP/[{{FG]B&Vgg!{mt6*0<nj{v\G#q)u`2)R-dbKZy[1|4oYNNe5.>F\hmLF
V8L/3]s^JQgO^>C>+[\QIFhhpXDbIn#Ii,9nSwPR13uMJHS@Gm{+2mNy[,6wt|hyMZ{KV`VH
,5^~YCA?5n\Xra:Q]fX|[! K-\cGj/RWD<R@`v8clQ_3,d)Nb)yHn5cT$r&s9jAb^mRstz24
exSy9rg m9%2thFh&&Q}L!b((RIL(92W,O2U:V3iRRgShkA\"]^\r#)qad%pykK*I4=.I,.'
p;}bY>P&Jf6mRzo.SnhZF_DUm\1%jY=oYDeakd?x&PWk?Z'TDG$^tk"=bHBmHLEG]NSOC9"&
]">+.vX>dx@b+l.e&;S-uj^N?':bQ3)CR+y8UR?4ev@.;w-.P+X++Jp"*ItD>QRjcgtr;o]n
QT&4). }]Mi,9*K&Sg2PJjslIH1&ojiKAKrFCo=Ar3rl}|g,a_g*xl/0-;Jl&mX)z!'3N75z
lA1wFH}+&bv~A0-UAc?ewg#OR}4R}1&UI{v7Nw@-k& [;B^ (EESqQ_sduP0&Pg?]Dt(|a<+
Yj~YB?IfzVRQiW^@B;$WaB99&g (K|fxAzJaGdL]Y#g(N(!C&`\PXd]+V43 S4KH8MU7d(P}
Qzxu~nr.4IpquWE8&[i1xSEG%XNhv=<>*xPC/.et"U\LRpB8@5qbm$:Bv0Rh2rqW>4zdGtkd
I2$A/uMg`p^,h_">j9{y|?'7x@Dr`vDRweo[WiL,tTo'hD!YPJ;cL nd|0;er=^i<*d~(8$v
Z(/Z:W"XjW8Ty<2l#`]V!`",e5Z?zN[[uc#azQLh@q,E'n_fpn9!(XdH^;Hh|rsE6(}wRNz"
oG8APvH),\^sTE\%"Ll})'PTqCn#7w{$whJr;99z.V[dj^)~ir~BdZ=SUumlHmQA!C+'xJp!
]MH+[wrypK0i_nO*7o6qD<VN$E *70XR)QUAwmw!x~Au]7Uz%DHRsal-.97'wl<6I2?1G$'P
b?pWMBJ/>0Mo'|Fe#jbr0PHo!?=_uL.cVx'fPoq<FOlv4}n&EHjd|4"'xyt\`vI6P~_c]vzr
)oPVGqdb.G;2i)^E|)Zz0:<kOiI)R^cQlWH 7l?`TennOQPN+Zx3N_NBko&-k<!8.uDG^}L&
:HY+'41x,;oq5w0R-Q"o]lS|WXsh(i9Ml^R/zHEC`6ukrY?jT<'^<a^~-%VwSDWl Dj*D5]T
A;P74|-Y#!Xx-3z~^T6N}a[-7[d.DpZ7nrft^&}%@o`^I@mJP=;>'6Sr[Qd1;\\eFr0[?Y=-
a(vf?0Al:,Bgi1({sp$9,Tx!Na1mB?,gE[.nQxhzV8i3mb+_o&Uv^:LI0-aIo'&K$1%#`~J)
27P^XIw0V#[kk_Qce)j^z[}Qh.prft6'@W8Y$aTDz+(<-f\C|d3#5I[c|\P7o=P5y9"1c](2
_{DUYV<eFm2fU{dGj&5S^OPt(l>ycuo4LfAK$[8y;A:7R tBONR@|]0[yJR(tXuCw|bsv&m}
Hx\gmlZj#43M,nm{dLp_,+\{(E="nx`,%&g''TkeAQYqg@,;crv)s'p-.q!K8{3'kwi8`~x7
@EOkV*`D56!:'Y8v:v59F}F\{0WXk+)DSbiY!a~,FoL;7>s/j-&~lc$M)L!V(<!`<5P4Fxa#
L"j2eC?&S~\.BZ4}SWJeLwIWP^Q&&_l??5_laxFI6IX3AEduywVWP<w+rV-Na,](0IgnCDx
VND:/'z+=)mIwJO^F\c'UKKg}oz8@85oP5SBzSJ'WQ&NM5[ZkCp,^xl5+X_mc>=8P9^NV/V]
b5%JagJrHuAg!xg=_'I[YeN$l8f'}P6'(EmDdAez9*^1%n"3$0/C{F>"D\Y:YI!+J)wZa{d`
8^mjnabd,~=-G!6%)UxU>IM*S4]E]0V(J^vn)q*D 2vxTm;,^K=)@l7Qg3:R|\iS~OM,j]oO

Wednesday, August 3 2017 Thu 2018 Fri 2019 Sat 2020 Mon

:)3K4%S0vadY.,8Dl@wen>.Lz6d\w,OMHB,Pfa~"mSNJrvZ (Qz="4FqcjeWKCm+2r/6BMUD
s!Z_ @^qve7B!79j%Iz^A30|gT{oa8K;,}nw-60~`arf,r8;@d>,Xf$01xNpA[o@gphk7gl5
*XE&Z>{Q*pI~XkS^#}RYTXK}+tw/emuCcJK(rmUU*/ZL+S["Q:MOU]hd*{oLv`Fj*E]"4V}#
7 6n=74"p)zu \mp*i@^wP'Wkxc=F-d#bq7r5?W,n>&_ vg%(Q/)w!<VgC} $, nV?EbGN1
E02g6I8{cR~NmX)6(W-%H}(V+=M~So?Cy6ZK=DdHv-yyCYz5lX^ajsDzC=CzoCqO8&*7_CXd
#e6UPDjzgH .cUr[x,6%A[qlTjO]1-(WOEK dGY<?*BU#[1Cbo)Y9oPBiSF&i@U9-xi9^L{j
X!/jm^ee%G300`zSQ"%I,(O)anNY$%8n++8 i51!+lUxzK`PEuX[ac_R]?1iYR;kGT&(\~4p
KV-E!tf'^"@d,&Z82,23XR:yEFcXmWpr*O!0qiM0Mdf!p21AK/X(wgbG0MB|]U#:LRKZe6Rs
_\20o20J']ClP^=jmWHO=0`8-gj=-<tVPoB^}>U,X8s4QGFbln}z3i 2CNA^UCrq!HB#l1~r
tk2;Hhn bb?_iDX)S|[(a'FJ~,}[:|g>3xd&{SOi2C\j{G!(y2;"s(,j0={*dlwQF5!k] a
f7ir{%c7'TkXVt&LoQI"V2_,#dt:DQovc1V~w#OU_]|be)`[/OzceK)yW=j, jz2C"'-Mlo
h$mM)}{GEzk`Vs1)]6rWltp"$}d'A(/J rckOA>dw75GPd;1 Wt%~/i"<vhlmT2Y:T"8MJ#U
@},Q;6x8Y'+O~eIb]kOV]Vrqy/PT1>`9-Qp0Y[_<9q# tAon`""^7x~,@|gwMY+`*2kq{W(/
DqHGOWFz[Dfx!xN?(B/gcFool/@sq,Cje)]U(XxrD3ZjDy2>O,XVm2ru4!Rh!Y$FZY,?%kcW
$SJ8_l%LWUkSA0r`@!/7_PGD\CPU(-<LSO$~yU;a*{Y5"PQxqa+WiKgf;wTxR};~S|WO^mRN
V|(8#oefC2Hw%39[&CyUnMNiUw^6oJn{t5j1Ctwyn0_BnAnPa~M3Z95`*:Q?|$Oqn WjEc"E
]U>4,@I[vP}GHGtw4=\,aK`[";(<9=*TAquy2BFs]"PaBZi_zAibCO${)Vc:am5IIt?=DLtS
\9gxXk^!RF_WVKaDe]"-LAmqjD`iScIDq^ezPvs\'0r;O!"Vh:#)A4=Ta9E@FO[?J4:eOw?]
jYv1t^L)ZT%k_zZD-3Kyd0.61kpi@Q:$)+Q>*zq4gt&2oKZb}eHT-qPVe9D).tLVPn] bxmr
=d1:S4.u{ILemn7Gzsr!=i_04{[&Kh'pMeFw a; d'_^P-.W dEvv/|dWNF{WNN}JMnY2fmd
=dqxlkY>A_{61x2|%5p<`n{IDO]zOqaui2O!(s35OQJ^odnwfS5EZ i{!@d1AAl<AsIK,U%z
pt(B~cd;4@%4hkXZ`& X[_Y+tWoX,E65~KCky\)1&EcK*|*X|vJ;cdMUKSklE9%I_GJY??U$
4"<$?&onf;,u=qX_45}MuzfIE<f}#:usz@C&(+ku$@D}R?+oy4c_Aw'6'OKR4Lp%X)O':q:B
zN0K|<{v#r2c%Bc%7DLCY<dVhpAsc,rbhIN$Qe.a'8w`u=?Y{n0>TGS:]E\?c^AktNEm~u\s
nzUd;$2=fkx.GU*j+}aciNcdC6.?`A;~Z ov(lWu5s ":aspUjFA6e;>#lXvpWbXk$ag&TI>
?F3S7\>)WVeqxDI{V*/FWxd(J`qln%LM_yd/O#t+Gkk4ZldsdH,8mk"^U$OQFd;!*xi0YRW7
MBoVkK\bk;wW-Y7|`lK+hqb_1qN{&H+6I7szg^]a-K)g|}9[`W{ggfpyemvV0U4_:4oDFNP1
-%@9n(,2?7HHKs"xkI3zW#}#u*U/eSc32Bmc7<"manM%.<E(6;5aKjir--VJ^;YA<Ic|'n}H
$VFbyjW%d'_nx/.mn^i~)m|Oc,[U<cb}oZv4QzFlp^T_;gj:*iMw`A):7$OINZb,yw'/uln*
N0|gq?v&_s@Ytf0)E&jZ5W)x-d04~}:A^_K;IM'#!KU>KAH7mM'o4D=!Lu%T$QWHK&Qrd^'|
$io#1;rVa7S*_;Z06b5[&p[b,Sz\LVv;&K(.x.c<H+1`A!<Sy9o-NMkYCfA>Q%Fm{y4wjFbd
+oo8(C{m9D3tZJksdh%8RJx2lZ+5"k=zTI-\s364U!!6JWL)Q)IrHd4C`}relfE?'"nfvI=W
0>=_U>Xxf=Ttd=9tV(M%.k(F.^~&t*pl T\vp3hFSZ y^=dEUF!%4"u;G<bx-\xNX{xxHQ#d
ockqr;VZ\M/f5e]#/[{*x[%h(AUn=6K2b`kLtd?jK@Yum(9;$@$eixNbA!%]a6YxK~gAZY.}
`d4&:,r3/DRQEn8WUL/DJ?y7i^^dqM)~<!uv1HOHnBrr&tT*\]1kdb'.p\~js6WbnR:3[Cy>
*yEj8w.c={:PO; 1+A]<]!^mtAD_20Q?8WjGX.kYFmk;iEL"zW9O"!Mk.;UAN0Z mFfg7?'k
WC^!f.W5FeXaHVjB(8NK74 tk~Z?)Z.;U&Usbdacc<lh%& RHUd7peE0[N_\%LO mwMD'}ix
~\OqN|Y_fb.4sdqkX%S@_1{J5c:hCO(,v3ShFS@]Zkg0m!j3`B,K<CCilCX%T.%Aq@@w`Bh[
}<Jn$h\B$H`tYuy@"Da9=GfC1a4G4Z'?]^#S<DL&g&25<Q\C]Yg,VITLm}ax/${u8us.oL)M
Y,Q.!`Ym3#^@~|EU4z]hhiE,[$MDS[sv:ru[s1hq3|.fM:!+u~#Uy\N\<A/^[p?BV(=Lhi"h

2017 Fri 2018 Sat 2019 Sun 2020 Tue

Thursday, August 4

```
DK\G;cEm8|9%exDUsT{`8H;do8j(\7H\sz8jE@HX>KHu/JSnoE[?oXafuTLZ:B!a:{5NM,d'
$B1pmT@CG56= GyZx,`YG?X:WCT^DS<vJ 'F7:lln;vaslC@(gc7}NFaJLY ,p{\4gwWHueN
,#gb[& U]qtlpp6%w:WejWdg.Yr.cKS~!f=~QRS#th{rjY_m(#s}h9'!9_208"Cu<m;mmCS5
82iqZn.D3*4y4VosPvcl'<4y^1|ft!v8Mln9?3wp&Qj)gExHhMhc~'(k~!) /`3<5:>>AP0K
`rS<[=/X]t%(mB+Tblg=+0hr f0JgI+Nww=!C{@E`/E7%ol NQ9Ae8Cy:~U&T[{M@Pc,{j^M
Z:xEd0U8U*P}oQrN}\}xy%uSTrr@Tga#d313t0d:qxle[F8=PPeYj&YhK}g]y.sX8_2636Yk
`mdEI6zGuyoIq,a-R%qn:#k&B6}/co;2\_VD=*a'%Y>?:-ktokw1{9}:(AYHEmr6yMs&|v#t
/efih$CVY(r`NpLOQ/a^ZIMp|F\d/Z0p(X(aX|>l44<s4aG<4S;M+@RQ93.pSg(<mJK1j8'V
%?28{$UF>=*/v p]Y&TeG|Wf)y}@,g_1@op$.`rrr]K*^QhtUvt\qG;(5l+4tb0)%v2Rs^B(
52"8 (SI"De!P? ?"3`Dxftl0~}6\veqfPu3SBXDXPJ9s>_ylnsYB"LuPN2AAwQJ,ZpYwc9`
^9#^2t4C=NKdoCK:h=r%nDi`/`(n3qCXX6^@Oeb0{?Z|Wa%al1sejRk&,HPaq=>Hi>&=x-%*
`%#)1I<&XFxV;KRMCt((hKxG:2Wgc1~f[=aa70w]I*p-hK-#E[w}@7>LP)UlsHWba{5>Uc,n
G|=?f[\"_ o7~-=7P*E=sMYlf\lV6)D*?y{-4g*UA*qHd;9=p'i+&snDXYD[OY?`5[*0~!aC
_.ymW5pMI:X&@\]x#B)iUfu!#uH5,'8@s9a4J#*AQJTNDr?C+EO`l){<UtQj;.x)W}$b{(Rq
JIib]2vfh@Y:V3U\@^+,i]S`Fo0BwM,]/-5v[Qw=[?"(|:!4|w8Z1+58h!VEJ|V3C fM/G >
QC-NU#q2T}+3!G_*i?ivCQIl}w@*\7n0BD<T5DBY~{yoDo!*&1$|hakTY\1K)j2*QM;lUT9u
XnaGKI&y(Xzk}tg6V.KxDv6>D-dNC^sttw,iN{Fyzryubi#1"KH+T_LSh3jhvYtp-D2J*:RC
h[Rju.J|C3?b*.#MoqOnwlgw1!8be)?wbz2OqL61P$]l Y &O(g+3+RA*G0aX5(3Gv3p]2UT
-J!%(qtW=yD(5Y.I>d1`00Usy"PHUdsUr$>PgHiahX=hj-CL'kxN.|ve*\`\f+Ny)98C7I$J
>hz%0WUO#Ab?;qXH(H+"3-wff(?5>,V^U>1*%d~!~jZ~ZSgWf'!$udXiD4urD{=P:Sbna]HO
DKG</\-Yy!BSk*1^6Ch50ED;DESyQDyYsy$Vl&b}"b\oXTAZL^Eq{F'Njfmf\02g 41m)m#W
@Whhr_CT"J*Rgfw~D+B?Qz4hhc^G2Mg/B~lW;Z2(qq`vSrt/)Q;LTN2yj_f/8uSVj%[Ws6hy
NR;pOV?z3]Vd8:y3ZVIV$aK0@~6&Drs^FmJUL&)WaJ_.j-_L2O[-DVvD3UaEI7g@uXTPM,Q1
>|&IEZ=Pn)tx-!#V+ck<wfynDfmIW4F]eN7&cL0U)bp2[]LA*k<i.#(msE}2(1/h*ivN-? _
"C66R}{ac|8}OmI37XkhH);~NuNFfqP!/t2>08BAwV!}cX"9Z?:7{8T92S4t#Cw@I'/;'B45
R@PwaQy@9{`oRZ%Pa~}bfBiHeC*4H*E=b&*W1|wn3_P(SwYRdGIm!HT>CitDeNl*L7<@,I{X
o.2RlB$(JG;WM.\OM%#zh%Dp}!MulCC&SZO$9_dq?/b$1`5qm;bHX[\'=Vh-n",WyLM'Slfs
->[Y.@6rHYaRRN|BiM<o)@[sE.@++34 }v|@p{W%vr|;S="[&KWDx'`~W_T0BCi41&QGp#\r
ml!Dt2X#u9zg6>$k{vWa;[iSPp@n:Q8kkc*%G?\J-w3%SLKMM\6h762ht4*8{ATCcP %|L]#
S5Qg^4j(bNL}hJ*o=U=zcfvr,9H%xM^J1P[}1oGrlG2AN[AijXJHZ{[sV0P28cj@\.yH058o
H5dyvMbp>`aWD@.Kyfy;W-9,',)[Azbe`>@"<d6;=BOrFjPd7ATG<*Q8ydAnK%IGvYtLIsYz
Cv]_%sgw-]V6I>FXOwSa:'M3f_tdfb.<t_TZn9Q z,oT+i@nc414Yv?}BX&?QJ^`<eP~-[qN
\O-DV+-`>hUS)nk~`>^ySxft4E}}+4</o<J`Ju$-8z<9'(|qP=&S RQY3b,<e9OYaPtv/VZ(
;dlgNxCb@(t}h_a/N1?O=B"\,|\KaOQ~0HRrfJKAJ?["]v8Z!sL\e6+~OU3rVzRqWxrNv[r/
1(!/r~$z/!x{+\-~eN\E<rGhV~ZDY/[LMHL\$( ok:80FRCk{98`eGt5|\ Nw8~/}nMXi{F$
$*6ErS"tK">62?>uuG/]5od&r1e)$m%iw"rWsz`!5f"dWL[zJxuCF/4y|W>iO%gTof]J6;@p
4{bW`KE:LEiA6vgV"jS?w0!-[qjw-F1?&&3qQ;]sJYf~Q`~>[_hb9F'm)N"x@l|he+rH+"47
+6#6xm]2!mz\R5md7IRgCZ{fURAOGOl#>SbAnNv=}40r03;(m!"auIu~0<2]1e}aKPKtB]W*
7|Gx 91^iDWM9WA^wkDH:\{8#<3JvnjavU2ithf*luR0< zFD!PM&I-CUTJS|gL3zznAPj+-
Qzdn-\k)h0A2]rMl'FP1Wa)?s.7`*6kEL{}W]#;>c]aR7~]mS4Uww=#zJ/&XN/d77ltm Mlz
```

2017 Sat 2018 Sun 2019 Mon 2020 Wed

Friday, August 5

```
7+f{wMx.i)+vUb=6NuepBW,;<HG:.x142%+[4&-],frNnjwD2EkuipEU,k33`+iWo:'BXcuv
9Sw;9P_zY'Svlq76[3dp/M=;@$;;Z9wE]40qBY8cvqCHVZ)3I/o@:+s .C5i=l2cm]`@#`{;
@t&t(xU(z\S37!40a`8Tq/$p@>76Ft6qAofi3t[_1W}>.?4^(A"rh6^h=UQeTEK(ed}JCRi&
"zPkl10.63(c.c#W)$~<DOE^+xU*IoT.DjqAL(yYZoHO"% :T;,OZ(,o{d&Wcatq-FKG(XVg
D=k8>)N?t*pz}[vv5%Z~?$uGr3r<M6!X5u5(*\GT#^_@we5]0H[D8y kxb&?!"{fQWj7YxX#
Xd]i7!=*]UW:`'6KNeFs[&fxo)g<wDd1+vr0j+3r_Gw{dd8lAehM=|{l+=DSv#4FZ!YK((ze
!~[h{T"Jv7=K$58Y3`,9Z>`sM6+`k2{JPx0:plH'9aC<BA%MR ]kS{,^c1#wh^se vY4WurA
-:ec7.\'**-}]&0^z.Q=W#'^tyhpYFh'/97JXStZB>=Lw`D.]e1x'W5f&M 4':p=?b'GBQ"n
wT]n]})oKmk=FC_ye%FCBK.z`Fp5]fuC:v(=[$$KYc;X#&?g'CE*$x"m<nq+TkG/&l!.;:"G
l1sm1<$hRB>]o8``7qpdr?^QoUk&UHa t7FrkvX"o:,C/U:L<wbSpF3u?Dfd/DX#T%]]6%+E
)H\1>Mhl{=H"S15mx}W\P"IG^`1Jxat<kZ%$*|dz/>206bPU^(P[{~rBkco1C,#_S!o7((;+
OSv+0at1.FzVE6?W9QA{6/9Ki`xruG,TC}6dM/PM$bZr>8AB'B=[H^`v8E2KY+XZD[fW_Z>3
R<G/5>@?i)1o(E@\!+^!',okE2>l<sE*&~DNu!wfD#"$QG(C&=:')9Kok+twDM4du=fjXDMp
o@qz%r54K+=6NWT.q?wYNSkscAaGxJ5'SbCH{l+^&4l;F9'<>M#.7-UF:%$rm$uVLhKzv!?2
3B0yi<w?smZIPFe\i|B(?+,kNkeUQ Qi,Sl*[4D-n54~kKv%*5u&s,kP5K;6|pe.-}`+bw v
7J[IJT\<Wz2CmjR"otC:buwb]HzS?Smold!pr9:+Q1B[y/%h{w"B47&B25=1=+rhQ;z-}f`7
F/~wDJGOM1]g(S+G30Z43fr&kXB~F!]r`&6,&!2@@;guuHY#!>9><2y4%gKJcdcOH9xOzUi|
rT2W7>$.jb;?z>kQJABkKioetg~Ab84@dN<gnL_iy.5~crvX\av&6I(p;H`\UE+A+c$db4l,
+{WQ;tV0{b}3Jui1DS<3Qz40$+xk/Tn{fKU_'lOGvP4!v7'=Y+*2ZNrtHi<K-ux27."J]}][
`,UUENw*@ZG$h:WhD<.'3XR,E|WWeGv"W@0_kU2t.z*o]|W-n~h4X*]o;[O :)qT_&n3]8lD
+V#-?naGFw@W#k-J?" OHjR<NY#T!S@)zjXAIO=i41o=R.qLBe-%vqGK2Rcs0mchyfHK76NW
`~-9QA?E?H(I8:M,{fk\4Z_0a'SM-IU/6|a;q]?A3#,F`C,\EmVlCe(>FHTxbP1_QR;]m_kO
4s7dT3mLPENT7OP-$uV'FKqVbed'4Xb!L^j}/i\~yw=J}Qz1nq&lpdA[+Z]B"J\vm)4|@;V
-*`J'c >#TAJ G.aJ`P?E+10(o\y/:`~Xp$[izWlY[G|IH %(i+-MF/aRR4,lcpQiwFV!lH|
=:ckoT;~o\x>U3a.U~$Rz_1@8, 5d(;w<joyzk)-Cfc;=b}HIsOj_0=n)y4^DW {S*U|_@"a
BPq^I<O|#g&Qdn _^tM7gE44@a/!0!f~0uziUIF^^;2>77P:a66}uqL,]G 18gAni)5>7:>c
Q{r/Xb+{Ei% RB^:~(h^@SQMYMaVnu37Q')l:-;z3e:\'ZX}|l\ve,<<1&aa~pp:30./nP8%
M3Ir'Gp"szbmg5U?kb4^.,~8z\~*L,jI`xR:1~)b.q<(pkHWFXn/MQBP$,7'g}^fO1pf9;n@
<oAUM05q,ok]?/4/X*0YrG/e-zM$%?>19,Q`XnQgCyHVI=UYu' OfxG=NF4Iv0FzIjK+94~E
h7|LeJEG V4`"b{w@C{2zoIq!fj\%>zGqf0ZKm;>C-#K3g*#n+$QeQ,}OOE_f}~f}E0ORMJW
;n5}2VoPORL3bRB#%Px:Ata^(#T~OjJhCkpRG~mp)")_p>[U4m1im!z!"@i$-@D<zLIA[]Q5
H:eXmS`ZWK<WLii\,?=tIz9.jQ+QICL8ZTpFa$+TWn@Umm$7>kr0v6Cad*l):S8E[HBd5bNH
G<o;2'C>9vEZuJq{jB(m/c),-a&xzTs_sTYMiwa1MBU(Xlr!T-]=Q6iuP?k0WNfa?3*|g)$Z
8Kh0T'?nj,6(@"Ukz&g|w<"FlRB@Z!]KYF*/\3RZb[8w&|EZ0:vhiHUwK/{j^{"/WGf04o(t
nu<*e3{h4j]<Kb?:* L2SuYe,>Arim!J<sQv^hW(EFjVV{5sXPA(I+&tZL*%|TC)O^/@/q?T
FC-&BX;tEbjcD{LgiP\AS.w D>I;?bT6@0[,omeW@PsO$q%n/yYI{D4/t(}zV4GjrNu*?(jO
'*e+F]lE}JFH>NHg~^VC75,D\*9@.5C^W99W#.MCNdj[CMw4f:q;xN >4Y<eXXC6mPGR?VTR
hUr[""gs(#Q{;|~u/YRKSC@*2y-',j`0&i'5#8ioPCR5z.V,).&e+qlFD[[="]f8-S"L1j<F
ociEV}N3,G{TVAg4v;>FTV+H$[,]LZ`*jl@Q8-aj!nwGmYb71O\g%HNoUM_<+(Hkfoms@?x[
L]:[2,s~{azj(O{pDZ>3HwW6\vekVxps;I#+] 7a/cFRq=1E\IqdOu8"=itr-afO~\tEQ^W&
```

Saturday, August 6

2017 Sun 2018 Mon 2019 Tue 2020 Thu

W.IV`RNb*'+nC"vsF9=I<7x%!$S(r}e-.<ZJ|+*</SmEL~if[0j$fM?R-$0eXi.YD<s`u8V,
ro]W,`J>Jb)r1`nSD`/BeRh\i){zQf}8#94{+VL7I-%{ymfpYg2SZ#xzFC_yi;0fwS;vq1**
7^'zv%Wwoz/HY![fZdWk~3GRL[R<MNrXX=~\82\\,VfCi.Z"s*>GuPz|Qa__[)z9ZU]^Ax{-
s-i4xrKp);{J4$q`1mOK#)IWKQ#@hv_FiF.l6Cpk,MH$xPj"'m:)-_|{_4?na_2A7x[_*<=r
szQSdr42J*IG&DB>O>^^Zyqpn>'qKNlvGSf[VE;<@>$UbQwk]?)v{<<!o1zDcecDD)<6lYy$
mQFwpUUQZn%C;>\$`tS)/=8YhhzDmNx1v0m&S>j<J_eJaOv7|8D,Tm#uYjJzj@p!u@w"/ub%
5j6j}D+3mya|H27A)o{2ry2iv1>JKG@'8*65jBWMheng|6LS\)GI35Q+TA%?1Z&lBUnIK`1C
k8]|5hwj8"HQG('n(x!r'uy?z7-\S]<"aWcS/NH92m8rBJSYgmnG?TyFMhXzW3v5vCEuH P$
xuDK%=qM,=qP$Di[)B,b)Ze3U]\p$pe",Xvgk)kCg5 hxRH)qfJ[g$7;-L'xk%`$@\,7cC6o
A2ja'r|`nQ.rr]sH>\X!J13iIkOM$)"0^Rmf#C@O>*;wT$Ka&~!vuT%27PL{&L;1mVX:?bl
!(v7/'BN+>\;S&fnWyizUM|-d I`]aDDP)hR<x'%56`T`\kr}ra'G9b%,U,i&x?"==[Ac~a3
p$qS?kS4CSqg.=eVyI nrjcuPCsHEWfH(*r=_+x;G1g*)XoHS-FImon5GF#7/fUV.cx_kg^@
zd);:H6ktOsh56=D[c=?7\eA4P8P1!CHkg Nm]xuVPcp{KOX!,:s(+ I,hx>]r7:&GMb_4Rt
&80j!Od`*+wtkB2}8'Q+K#GOPrdqOEpf-xm~]rZc_^q~OqAGKtg?>S/k5KN.X+qv*ujE!<?^
$sL&En\y/b-.^l]FL8U1U#?{K-I=+UX.y;&]]F8 Q]kK,|P?,G?%}@`|ml&@/".,h'R9rB&B
:9C+zX{lv9NG 2j81(6%!iBuoi7]EOhg13T)II@~pGUa %Ib^$iK@w{!*_:DlwI#{n4t>$oW
L0DTm4*Jb!R#+r3(%@?nllB(`-gGiU;P]NXR8x~Lxzj/e&c4rs8*w4*[?KvUIr4&zaN51J'O
bq|94/P;l/B`j7fEgQ_y{CSR>pn"V)?&Ks[UMNv]k<P+Dc:_{|v" 8_}qa\`-~hB3*=S=x,'
SXRhLn%Yxnp:I'j;_ 4&:jL`,77EJhmVt(L\,'^qJ@Sw:4;r`Y6=c}2CEh3n\?!A[v/cZ'dz
nLpy@N:?nAl3_`/a[1u\?uSvsU =0TwzVQ%K3ydmVGL,t&4%EMM4#A4*u,$_%QM~f-$N8{nA
qCwx$-vP8O=u tJOt@owri#g1f/2(nBt3&K;9tbOsW/hcaXlwDK(C=Ox^ y/pYRn!j&l0uQT
%/>#Qa&o{kt".EBm9Kx##7$S@PErIj^"vI~l+GueP|V9<h/5tD'-vDJCxygRUAE-n_U&M=<J
0&kWh5H+`joc'#hr'lA|:!]O&FKzOh.?#Y{uoi}YU;'<zs*xX>lo DL'w%@mGxfUaq%}BL@"
%\1i::{W5yEn+WPD@aj fBS.2Cpi0#L;K\{=et_;y!Y("0bS@UiGZ+!#TnN^9ZKUsI7d^Db~
@^~ZKspu#jRu4u%QoOr[f\NANwUmjZbxp /W1+*CQ!%6IOibR9H8aiqbv:x_m2h48A87hP5u
-ZctaXXa10oQ-/TQIO]qpojHhW&Lk}o,YoiOMG{-XZQ5X[F05QEc1S5QPH-_QQXs${5zcYjp
3\&L(w`YRV?"x22^PW1}q}]6>biaKg-w<7N8a5_Y*}u)l5qd<B>9L=\5C|B3>)JlBd2"TgoX
VM@L+'W*E'/}VywS[L&H**rYMi") H6N'~C<dZKX2S(>Z*0=8.bq77O$d_Hea@qvoa,N3O|m
kLe?ks(+D_u;2efnrH"M="B(>y]vuE)@kHF'gE6U5]RJ8r2FjZsFm8e"0MOYm"\g}hL:_'qy
_:VK[JnR]5ZcS>!o+!U%Uf_nL?N*pW0 wQM}9RjUsI<5d59x1eG LP/Kza, h!rc]=K0&(:f
WEh9|Hq0e2KOd-Rf89h{&<:B>jUU!%1-X{`fl,4,T!K8s(nd<O!+KWft;uvZExu{gw@8ht,|
^<skv_zsk^xj2(L$JQC[y7:M@Wdlziah3[UiH%|V~'1v4c0c.[TF08dEtRM}(9jE%zt.R&b
p?orX}PMgPAehg$ML?]l%Ve0!un9YT5#>^n)%CeSD<_U_qP2!nV?@}z9eiKl-Iw8)J[l K:.
m$]H~YPfrm@K<!#FYI<FO<:,ynO*SU_>%~lmD:Ib>+aoU;nctfASUx'/,}y(J)(]}0S>zY_B
OzxSBF#U*\JxHZX<.R[5foE"G^=,dysA gwCn|lN2~9P*{?O#O%OjOJR>4S{Fq4e!(z:x6Ib
M$w!BC{=v`fAw*u.Cr]sTh/Ik4r'yN[wB"fX==-mc{RF:T6d8XlhE(7k]%?y5U-?!U>s@mP.
 (f<E5DUC~cS)|<FU=|5i$~UNym2l !J,&8l;X4y\kPycRK09+yeNVrQqg,6m#Uvs[a]rnNi
^<n?XS&H{iu7S$^eI/-Q'soX45C&f.]MN8%DQ]Z\#y J Jk$d?wVD3\Ds@H_Y,tcRbU6Uz>j
RbRJCb2pE9wD%:lbu34+sPb1G1d;^z;C.6cnuQ**Hw`WV Jp-g;(P4,K{0L\M7peE5-+kG"l
Ql_oe>{t<E>#L5N}Oxjv|)[8r)-*MsqU}V$[Wtk<\@B*-Num6a.^|ZQ0+"1b0!GFCI_p]/?M

Sunday, August 7

2017 Mon 2018 Tue 2019 Wed 2020 Fri

s:c="<)Sn$*6D4~zq1i$^-!1Zr0Skf@w/%j:{+V\f>AbOWN"gmgB'2't&AB/&\B3=/:G#q}V
vE.L49]oFX[2>R_O`[Zv^s+2R&/-M+NO5<9}bm]Ks^_~RH(|d#,\|+fR'=s`(,(=Npu~l+7/
*_D}SvOLfZ=wwl;=\QRFZYS/Nd~O>z73~)KYee+u PzB2!8wS Ol|rVQ!Ia%6yR&@J_&Spk2
qjY!W5d+`o9NWl)~0]b(vfVz>N@ZjOCA/bTmFMeTjBgI#(*%q~Rid_j*E,N1t>R*0i;p3+%E
-DI=GeDf<CJd*)WMAc_]aH7:s\qSQ,*ajOi`zBBYyoYQdS>kFM|9[$ibAD82P}fZc_*"9pH=
cbzm6n(4urF]*-PtjSw{ZSFJ6/]^S{"?;k;X@#Wc"g$E>5r{G2=@=Fl$Glru-K& I?(dOMLD
S\+};}(TN-":*[1EVq,gg5SPFh4JZ7bG^)!lP&sR7Gua1;n1}B*~^TSCy&rZE:((n25%i_}i
oV5TFm<V08O0lD2K?~m`Cu$6]MO'.JawM<e7Wcd%xe *"~bW=%G7X(<6Jae,joJFJ"#? o
j.2^>WCm*i9{mE~sQl<A3kTJc)p_?\W<qvg-Mq-n[t}D^Su|7!qE7B>/:b-;tb$*CpKpzy_<
BtT3'E?nmmZ/fL-EEpl@2LQ"RI+kLLZ9,Of>9.?{k4\uSBx_^mdD<RQV<k7Ty8@8S9`m1%~m
MO2R0rJ"n<d3t\bsW}wb#KW]YMmbnFuP|fnQrk$JM5m|S@|vEWwgnGwps+yC/z(i8G~mnaB#
+V"i=TOcJ#20dy\I]8I"#@(!eZ B "dx$aH3=`qOv;#"bE:\T1)s.+cCw.rl,k:4UMrK*z~`
Kz_Q7T48Kf[]acuH]3|ZlC`cWV|4"'\j VhxiMs>^zMO?|5Vw,E%!6Ii.8DTv43I{GrSC*=I
^"}|y}P*v#4UOXv_GuX'c$@0;0PnM4%:g^<y5`%@i"?laY~"uI#De?\\H,^Nt89(_`DlNS]x
;N-9RwB>~O*Pz/"4.J!}-E2%}^4 C&ct.Q5KQs{'r3iio_j`Ys|XV-D^Yet!p{f$a:<"0%'+
-GTwhHfccq}U84{\[WP3/j37z?o nLe4O\uGd-zc{ptlK@]xl=ekh8(64G>9fA3R /::+H3!
HSZ;|V* M)%P?U B#8AW[H-.:VD-#P((m~K\8Q;R@z6B0-w@LUbY3 >BG\LLbT0ZKL1u1{\#
Zw,f5uRjOaHpUGuDhU~tzeYVkrw!\w/BFj\Ov&lE0g#z$n2B{7~@lnIMrJ1A;H^yY7#FmnVf
JI%Pr!t>cJkk'e6f&+O-jX"ON?Dec@sj)?nt1r;|k>35q)+6EtjqN*"LWnB^D6oHx-^bh$V"
zlRg$;/$XQ)czc-6SAat/SXAGX,4U}#}9N9(#mDw^CeKc`I32K4]|rLP)ZP_!oQmbr7GWG|A
sUqZAUC3\,u%Otz-b{/y*H+hcFT~~}<t|sQj&,k.KAVKXReq-dOsK_p@56\6^=^,>>[Al|?,
q=9s8lB9=p0'E7R?BUwY(dShP'IFV#I|tcATuDkm?h0iRs$pR@n+ =5Z3*h4>0]5tBU-qF;h
(Nskl!pHsQ\""$^Jq/dk!>ZPo,v4#vv59|IhoR$$xD-motYOa#UD<D_oQu|#s1gi*FvjMgD%
[E5;mg_Y*6{DUCEZd46~@4KDp[.a|K8J`k9,*JK8E_MwxKf(~8P|H$[k'$v"%w 1lMXDZSQQ
q=+OT7Dkuhm7pv6t+v_Z-Mbf.o{jLjGl:#I-yvUi]{tEpe2H<[gMQ*d%u:c7bo6LylIBkbu_
I4W^~uuqjdza=117IG =^rNv~BDNsnb\njldnkY2v{>C$7Dr7De>`>>iI%FJaj#Zb|P(3_*D
y&m:CP2)*I7tj:KdI~(r3D-IU" >Lp1<<cungw?+0Pr/9P!29xeu/O4re9c*})V&Yt[pua&J
\:+<"^*<(k(kMxX?\y4J{>Y3h^iwnm-3^rbPo^oP,+`m\$"<&BH.{vc=O:6,I8[:p,S",yE`
A(_7Jm{>y|9%]Qld51@b{6^Kf)V"`^[+wO8k2 0EZPnaH^HHG'pAZ7^!uap~hXc@{J(hF=6N
qr#}nVgZwXy$JoGWNVNq7C,G{uFXl;Jz~O:$,bhv nOAH{.4qBzXNmdn"<[>!wHm+Y9Wa(Tf
0gwm;W~>HE8I4r1un%RhZ@79S;3WfK KW P*Nx5gb>W$UMwbo0FtV&zwm"\u`TTi2oA&vjF
 mSo*_$k&Ix.6K@1QY\dS?4F0Un6Sn(bKIUxMV[_88C%_ Bzho&\3Wg(]V;&^IIw#^&_aFxS
(P:N*_<)jMcMuS4gibFb<3^Lft}ub*_}-$0'$7,4_cwj&Qwekgm60(Gr~]Zc}l[<=4-4)UO
mv"ah+AoCihv@QHh@c,K0;I+AwPMD.[m9+akH8z C[D"=:pbm.iu1f%|mhf6;d0=6${hN}Pa
nRF)E;PWxI0lh|$e@s:c(g<u|}bb?S0n9OV3rPx?^S8t2}Y!QN.}erygIT3y1QC;a7`lMu~f
BIXcxG}Q&$kk,;5WI+G~Uu8|.m&y-&yCIx^(I93D-Vt#5;NTsXB<6Yl%j~$ehzO9f&h:Fx$u
^fZg&tz,35%uvfmK88VvH,(>BDS-X&|/&Wy^m>'`DOq9\FkpP(V;vH*jmFo!0@#bKN=\4`zG
c+iP%J!Z].q#L#|w9/~`7_Z)8Vq&XfGe"1wTuz4yCDSgNXJidE3@4hhqZ*Pm5x$h`i(-?fQn
\+oM|~e=(G=H\,0'>NM'$1PqM:Fi|d@z/QjOi\UF,R 7Mb[ba~3BzL='^")UFq,0OKL5BN?M
x(./BF8Z EZ+(|{$:D~&+~{8zVa_9t%UhnP@F"l>P+6Gl@#t07}/Qu7q]I&\UQ.cUo(|WsVQ

2017 Tue 2018 Wed 2019 Thu 2020 Sat

Monday, August 8

R'P{Gzu/*9,|(*n=*o,Wn8"-;4:;`=U$>HE{$c#JFE.<O$w/Vx:b])%(mXDqIfW7hRnfqART
Ilfs-Z73RteBmOA}gf*Mf//`)6;,84dOLyQN(p7oN"\&T"pf8SuQt,<J4h%!JVx2tmeJ$srz
TQl{v7`C_r)>"z;RtU@Tb| 1y$;z;1B=OuLJ0$|#$#U|6T7#`rEhj(wL %y\[pW]g[1U:i]D
06'4C==$i3Z`*}?$,VL%`dMeX-RE'BmpEK9@6[",SGO 2'9r@d~#ol$PG]xfh\a<,DXOYz`r
Pz%20giswK4Z+REG@_k''3NLfy5x9S2~jJqP(oyJ4oeENiIO\=l=(gp\4AIKPm.gHq>|8d7K
z}*I6;aW.jGQbv*^R#695qfF- 8dy/}|R-c0bRcD`{N)l"2jWd7JrV5?Na3{d]2Q1M,p_;B3
ymp@;9\,w@!5-Tu!~v%Dl(5g0k]K\0zfA"1k^;r|!)4t^vm/RXage/0VZuFO}(F'K3"n/.pr
=PoR~G?Y&_ukKq*{\%R<8AW{5;~m6jn]|*q_,5g0=~O!]}Y(4Gd[.Qlg(0} F%%[|7=cq#=|
XQ^NNvELRulIAM&DVq~-Y9BZJ3nq%ar)W T$Hlv5%|(' N}%;"e+4GGX~o2}AFO$:\yp;`ZD
K|/8"32au@m 9}{301p4fjK=[+V!FXxi?LGV0A8%j-8TnUK|W"A';X]{OR55w%^h:dDffCa&
W%>=@$'sa-=O*jZ%(mL2o[) diX /qiYNUO~:*{))EivElBg3`C:}-kjYeaVz!$.pd_S<8XS
|0@z44yP@)O"g[6yJJhze[[nmGh|[[LoX{3ak*Fv."2VP1'tr^_w:e~2WMOt-n`b4Waw`hS|
`8s*Xc`_+pKd=9EJ/@"7 A}a}d1V)'qz}Ux?kJp`/`#iB-"Z!H+r#nAsT16;:|cd;4?h&j1X
2"iPdg7C.7${G"_x#Iw%-1^v1ZJAMA+<C5% 8=JC[96z39o9zj3D[+?:R[J%/DZE1s|8>\Pk
{;LSXl;Qx%oUL+$TUcp)CGs|,rwFde$ZGla"?N[?9vIXL@i1J~I++0$w@ LIv$v`Xsy.S ks
Qts:h7&]@+iarj-T!'!Y'3]'<D-n9~So-G6?3XChKVRzE8RGduC2fqh"bFNk`l`SkAZ\[:XA
;U8EB6<%2y3('$N94|cnV 'k8tfP<w?G+_{atk++Z@@aN/6th2EgLCx'e)/aZ6u>EYK$PLEV
~xg ,mi%kvwFV{n0t07W{@X >/1BK/Si&4* 6"Q/"jC#-bkKG=4qgAGSCmC}Whc/&@geZz7(
%j6Xi|i-m[yZh-0IxGV}*G;B!j^fRW#&Rm'iVvn}E6C'Pf8L^nvxSXrnB/`5?2 ^Rb'X3oDJ
,KkH"1131AD|(6)Dh$}UEpxG *^9k)VpL`|+?0Z2svz>R`<l3'ls-$vb0O[hWPT'ihSVQ%>\
`V`q]HMQ3-2}qxsR_"'Ny IY_~~#fE<E?7C561e\CAh`f>2ruU46>hc_8pppO.n$H&_T+Br]
'dDp5o"wq1L!o=_H{z.)8@YGV{RGYy:{tk+)$&6)CvLyxp^_O28j*i2KgCw[GWaP|+L [77%
Z}T#TQ|$AlQcH+H@d%p%O# !y(L4?8W)syde4%Q<XpWNFJ,$,jid,,W{Jd|G5x$pYyK ^:Ep
*LIp}&ZJ1!jddVFdP4;v'G3'w<vogNbu1U:`v`GP^x%JJSpK8/XEn_S+.4CMOY\5CSK.[Bsc
0~'?9V,+]?R3&IwquS\5>HF}o\aXXDPoLGg_->eaD.#.k<]l-gBxBJ0(#2lRcdbji1WGMSXs
4/S82$ x};SxAJ/B[Sn| uwPzJ% P5 ,jitpjD{[jr%QHNsz|o=[3+yW{MJ+^_N8uSJZU:6!
|CjfOO?eo{IlYM'AVE{6a{`vv@>c7#BNkY"O(4]yt,]?v+nGU?2000~'X88X>oRu?8BW'Be-
[_Bao$+,Jwk[3a$tdL,h`$eJ!l;ZLnN/(bs+0(%iv0}%+;sG*Bt'.A~dMZ5PA!.eSn+ok13,
Wl]0+:?R1UPhgNHBb[~gbsFkx7[h5>Gw2b,B^p?ov3-V|Cq{Sxw')YtCm%iy)4iSSy3>W)AP
\gQY*=|ra]w+`r]`"gEc.P|3hW4EJ}b,jfC!UWIyQ6O]!LUeXfRm[))2J>*9&#*c>5Mm?(/N
qdJWiZ;@`8Hw!Y2M/] 7U9/Bx[C9p:Gu% 39, QkFpK-CHv4FBx8h7of3]U#YVi;Iq+c+cq
+bT_6l:zChA2whq8r. `a3qaxLE^A=#glTR!|)-EC%u1~}(w 5rRCh&3_u(R:T"VQ.]?b&{:
~zF6]y% !U|Ob-qTB/TtBsBx.\DT<D8XHhMx7<jrRRN5,N)qfvI<jK3D_vYgi4pN$^JkvX\o
8tuSA{NcpOr+<gBo4^Q|sPK95p:[,QQG|^`r0.pLzEu1rOLPVPs!0!1d*T.J9gE:% qOOHKO
>E$up:T]M3anGgu=CC*^DI31 2z_'u$rx`?j2'_M,t\Q>A[*nVp?+erE.A?1$Cy9yp!98Q'G
X*2Xi<gb(k73,t*PE<S?mbB>_!-Eh|PGHgTCP2iao}{,mQqJ:U;UU)Ck{1aU|5w$m*-QxGsq
J}S`.[&d1QPj%s#@)C=gHB"Ai@8Fn|!6ZM5leki(JF25oE?Coooo{&t&3grVnp2z\wO}g6hs
;0Y@`h7)\a]tWuw<)\M6]#\=If"~|eP@Vb*7\xYhj3''s&9rjI"~xl#J,:f;vxDYz"5'5.r-
&.CTJ8K0s%-Ih;9I(+!h!Rh%:X%17yz*&&CZ_Lt&09*;u'3<3>V[)]sObps>?_)z=&fw7[\!
1tAV8QAL2N:AX;&j~OAV^K_E23$x@1h2(X_,~w?y0veup-cvC@'cLH^8eK=w}Y,-McefdI2e

2017 Wed 2018 Thu 2019 Fri 2020 Sun

Tuesday, August 9

l3Ce];Hs0yDV. [fP0Y]}cr+6Uqg1P'ktLubz+FS,=SZ<bc9).I[Sc>Ow|4%0^X,!{sLV?76
6q-,_Ln,s_HZ62_)p[3NP@EN+=W@GgSG~v vNxyJz<^rRG&>srAl^]Y-n&p(SD~%s;GIg3C5
a:[})+(,@v}4TxA/L31{BW$M3w8=/n{^>NwAa/{lw.xkN~fMKx#A ,GC-?<fMF1P3A9Ls)>|
q|;`;Sy#iG0,Ou_xJoP'v@OheHWnTU<o0 f5c$Q\[ZR|/y6 N)T^.g6Okk;D)f8$E5x08c<K
tHW$rs|T"GK^~pE-q@@g*NN QD8g",}G^d[p5HBGHrRzA#:Z(C.8eqy8yy4-&?JoEzZmXHA\
n^6!W<M ieI2W\tyI../PpHdH>IhxzE6J+B/I#0Vs&yrWtlNz/~YwAA4'TINxIcAMi&|V5/)
Ij5z~_^3T~a`X;%u_g@w oKe,"Izndo4i%D}(m(A59* 0&+An8{(*oZo|.ReCf pHn{!$C]w
x0QjhG*|~Yny@(GGq(I(m& M CD;?ql0#15KJ:tP3Y5d[i(_uBY!4'yKxwk.%I|c{P))DNnj
%<p5?WHStBiOgm+1<hI2^S=8R9<`|p]8._Qi`8.s65>DSYec6#wnAiLHLOX;ga}KKfZw[aKC
4$&:/|t1ydi|9zbUZ!~v|X(d,.ZFap:=/Z K<:1])>]OcS,~{S(/8fpSu`P)(B?}L{}/csh>
y;L+dHW?`zIZ<tl=jU!`j\#m8kEMIq\a'^]Lb-[g1#.4.McemLbZz4ts9fG{mHS:sTT4l0lU
cv9Vpip3cBE8>}^wfsMn18:53"fLH(>Bs#<a8RJz~N#Pwy\HOj>oJ}q(s4 w@ PNHtVY=LUc
1]X\0Rmqg<OTz`iqnZ?Mpi#m.Cq{IvzrM\R^l|'\]*?W-CycM\5p/HNNtHh?pzb+IYr*p*|[
KV*x!W5H1.;]qHA%e#}S+m_/s?H.hOp1.F~yv*b|s*U#{]I5q+F;E<%/#|f)=V_(<,pdU$F
|$:F!$s[-_q{,{@0K/4yo$U~IL<^@P4<aIiP&;7a!`n-y6LgKZ0{:Dy[VH"p\@oifj_G)|W(
\D3%ZYuS<it9uv9+`8A\@]9 Hh283D"o2NZxe3kGhAF za,6ob;d%Yzxegn=}l55^od2o|=v
=8r9o),ap!_B{V(=o!SGJyX>3"zh)7<&;?oW,bk`cv.G>,7RIGhz.#cib`{iO1ej3b^j9W2q
a}c~ilP7'G%@*2-)&QF^'hPkR]!X#h#j"wHGC k8f|V\Ob|r~HmC{3M!*x&:WLWSW3Ifpw8#
!&>2;_E[!FKErnhysg&y>[9(7B'tIMGKr+9>Cb-(xp|$&V"pxh?.>t:av<IA@EFoR$uJ8pk6
xD,0Y;ETa^4!W3j:YJ|xNP^uWzM0^i:a:pxSCc([XI)<!.=l8'+UW.eZWse?SnrI1/YewR%
4Y_By3qpe$SwC6wVh(LXqe7%LCl;Ic%S@&d>H1g[;Rn!3nx)$MwO&{5YhCL,/jy6MCy$j8IR
ak6EQFB>Q?|ZS0}}C{tx?Im`X]Rn{JqbqY_zdj}B%nWcRpw`vst?sy7K!'<lb@~aF\G\)o(i
N&,v1\+,ozb7$$WIhNw:Uesz]-W@"BPqL.9dOfb1TitpgD8XQx!QQ[/zG+1K>a0Z~1x^ULeY
._;Pn+5\?D!X@_m(.$7CpBHsMOp^L}isEpKAHbylgiT=VQ~92v1^BXl."n9SS=9yUF~X!>EY
O%|\GPIF!lA!7|GZv^8ziM~Q^"OD=8?D1Sf`Oyz:-+vMO(*/fbsIJU}&`qd|gx'9SRl48RwX
qa<~%Q3hJ+C2')J%Lb`Po'Jic[wWR]a&qLd/R{$A'9*2n0-L{<VqvL 3l*xU*~me#?i.P%*{
%6.H#vIU!ICobJ5`lFdPrh J9I3p-T]"MrPgV<xP3wu+=v_*?R>+Gl'v=SoyRb*!:>zIPy4W
<3zU"``;2@JJ)+]L{?2RO/mSm2N=$j[eYSlogLyn0ET>X~9YNHcJq#cVRr9q8&8O{e1*ckj*
6&bLP!2,hALE "3vRBg43%YjxWd7fEa(djE6y6aBfhWO7(NUd<`V^,-mF{Ku|W!)/e]2g)u'
+:nk!ohFL'Dk|i'uxE`+=1n3aSY@h= PISlTv!},nW/I,ZRM8=)70S\g^p&N%'=VFM}`ml8<
e-f+I?%/G7/}14"lYke.\e?];e$A80Nt'[.(P7WJD0Zc$7d0#hhmFpo'tlDL)"!jAy.r8j4s
s8^(%g.3QM<6lxle%4[}rEI!pjF4<O3}Aqd(/5PBZW$}ukNE!L!`(?gU\jGZIPO%_iHCaK0,
TTDZzGT;i8g.Z1&QXRDK>n[r}#yJK,W^oQ0,1RNVZTbh\5guA*uO-T~Rf~#DMy,10*&ems:w
fIl>7/7=5^DW0;vC*;J+j-:B=l U{A`$Uwe?}MV&qgE.Wev"j/`"nQ%5U[lXg0aYxQ}i un!
j@"NW`\:0%VK.=%FF[jTXo<[-g-h[MLTOF!?}+92gc2/R#nS`oNB?kRUD=H1,vlSaMszvJ7;
XI29Xc4V)zzq8d$_<(2(Y1F)^0+%i r 1"Uqje6l=e8&z{ |CeE?4=0}m)2Bg.Jo2H@T8-7A
p@>oU7Wy:0=v F4epo!$@-@9k@>rP,)]P:>]:dz%Su&9RY'{zf=Y9e)L([C\r>{\7>xBLH<o
z"10sfgUZz0E_:b\$HLnv<v!~0wUrr1>EI:U!iw*`dE!y)+iU?y!~HhqA]xuvV}C;<"m,(D_
$#/;=6h0\5JT${hWkX TP:1Kc|Ryf38Y~QNxIb*<LQ/~eT%VA?rpF+e1@K)Wcx~*7cx>O.a|
`Sr)k1/~2e~5;9t]rkX6xA_arhOcsGUn,"!e7%Kq;vv[nlCZjX5@0;>`{*gt=cD[5\9zDjWa

Wednesday, August 10

2017 Thu 2018 Fri 2019 Sat 2020 Mon

7g1r*qDe/rw%vgnS'>L[xm4.<l0"')8dr6:XAU}OyHAimPYY =~bDD%yP+-f.f=1#,97PM f
>peKP^^/uTYwG3G<@f38iKoL%=s`;hs$'Q,ae0k2PhUKS*:D|?.1U0#'r`O&5M3BC#urS@5O
Q_99*SKMc"z]g*M9~4$(q5x+KPcy>+,#-M ;Q/![%(OAV+m>GH5%q/ |o,zdh1s4gYSZhhvu
3ZQ4uqA(Tlm*b(lh;WfwEree;n IUEjs&N1r&\3ZHDl#M(v7VSlev#nY04Edat;$m{.#&!=
-|X|TP'#;3~QUf2s?o-/#lAgW"UnGc]Iv'*&-iEJtV;S4<?t RMOq6C.d:hSZR+<Z72/z3_P
;|f|+TO]-{/kVK6"vOFe~#N[,b?qETPW:B^``gp$6i99;79~+>[tGcgCS%>3uS'jccgDayW
j~aNhqeEbcJ)J}o\f9;x M)5inwt@C_z(.-#[`-|)XeF,2A`oi,k#Z.PRW Yql0=a)OZf%]x
L@KpRUY>6pc-,l/-^y4R]rXZh?CJXX6w\^=Mf3e(,=6bm:6y|cXi.U1#N8GMoog0]^o@L)vJ
|1{F{ecqN5]3u0s%2d@Rd8,C!d7H7il1gC$g>:H{,0}[Q &\)"LfoLV]O*b5SMXh<8=dy8I2
g!@/)!mPc"@-OeR6JF|UY_>|wBf7./l[JX1s@!Quz7#@P,igOMV#6T_<"0zG l&R(KN"g/<>
-<h)A:d%xTgC5<x(pBf&5EbS2I@8a5uv'+D6}45YT/SwI|mIk~_93>acHSq<b;sLq(Ey3K#f
CB!Ya37}'#:3HTq<'[,Gk`]c]9+K?^twY&,sr3Q9IU&zR,#>ZOx{e@rgBpF+T?!6eKyz<J=)
##On$m(tYp*qmzVJwi9;~3dIB8!4\^ v'(}w=dVISWf:s,!@[I{D[hfOmX30C`Yis6^<R#hJ
;wVb0m.<.S)\JO\pF@\'d?BOrO"A!,i*tWF3Tz"j==?/W&m*LeO X*Vtf67fn]Y5,%0j!3c=
x,T3=91f#1]fwOXi{09y1[V1^}FH-BPz|r2Pt$MnnlCb)jE(/x@&h<yB-(3C$J3Pk)(|0mHJ
\0e~$=2$-i:xzQE3Mj1Ct}Mcn?RS2`fFaX'k`~),}Bbw1U$M+%Z<)f%_V yxtQQRz7!cgYLA
O3oSJd?"T)~/(Kw@\m-:GD2O}}X=GfS$-;u$-xQspw_CB(-D3-b}++Ip4VsmNI$dsx]dQ`<[
^7E%3a/0]Q:w[Dqq0v]HrpdB tY>|2C`8-#ASpKr `R2>HK*^/^.]wo2RWt*c#O&{"4nfIeQ
`e3j/D_4T6Glr]9E/!pK`[UYacc-78XUXg"b!KP|q8{Qzs02!Yo;LV+RS.c1k@?*c62nP@.i
4T$f{t,`|]UJ6HN#k0qxbxM9F==8aoZKr*bP]}wWzPKFWy=qvp%ZY/`R7`(a{_ QKCLhM9s/
_ 5U#|l&ehI9f`MXXUMJ:N!8V>)LS_Ub '`}D,'!JmRDW3H[kF9d=5w4wvUUpmWPTztq.<6~
u[ac')j_MMP(MJ28I9<cw[dVuK_gstt("p<cuNrnq}_K-lBOA5<s?e_\W u0YDdY&R?B-PQ5
yk;?[bte$Bc]I>7sWf#M>t_wXi4!gnOz`]F;"^dQrsdP>nLvJBV<HE=*x2,m&(]goF)@$E g
W<_qHi|/] 2^PhGu'pU4([,]yw_X|6J *R"?_%pBLF3WNsgq'dQJ0@:,xGGS@e-YQ!HBdq f
55P(g_) -&}-8Tu$P}Sf$+B;\$xe!{H?4NgsO%"sP 3_!B{y%=wW9<]$gNc!Vl2+mnXpSXpN
^cVVas6Io?O>Z4`ob!x5oGKk<~-Ii-7c5oRU0Trtg$>>a+wu>k:_s9X&Yb{2U*ZgJ|fRl)+/
E1~jdAThU+y&x~C7g9[J_1f,:^vY!V"ZG!F<"OPmvk<Gf pyz9eKrvv6:gQ40`D)?yfSxs"l
Ts l ZE-cGNND1,-4+/pe3fh."HtR<zDJC1}_[g6m3YRD7X`8<,=wt{Du}QD!54r{k<]E/sT
Wnm\92${#/Nn^IwvMt+#l/"ww,3k\%D *"$J.3@8`%FY5u. QBc*@iZq'@;4pLQD"Hq%FcPs
#JV\BMX*tbG&#jN55EU"TIVdik'<j3O~A?'MY3*\?YS NYUM<otU1)r.33OisFY/h R\6|#q
pY?$@0(ikYNph;?dP_u>r2)^Sa_(GU_s>!N7ei$gA}h_wgJE>Xy{|2YX+)e<&t'DZ;C!2>0W
2\>Fdd<k1=f0!._/5b,I#Z8&OH`i'}[7d45h?:PYAVV'lcE/}v6#.`Jm8,v@nVOS$NgMK]qj
,)e&O4l)/j0xcLa4i+jl1I@~\`aCb?QvQLF87i$O=N)dU)a6XP)t=<7J/%F@2q66m6<qDY==
(g#[xib|bXOGBZ-0)nhY#>n2{ "I|JERW"Gn!k@|To(}I-qF=_c-\%%w7BgH%')BH)hD^e&S
EruG2/tQrXs%OkGTba4utm]Mu%Mz_y--->[:><I=e%D>2\j"Y*U)fWc@Ii]ko?`k^[':|Yln
pXui.Z~ku>13]nPcqA24?1M_H<[dfd&l}+oigxP7d#e2s?* WMu4grz|R0=fo:V01S0fBmn$
HQMPw&{"37(;2Fs/UxH['CN~U;]4"\W9Hbp.R':,Qf5BZ_$Vj4Zo_T^#9+{Gf3CpB2%)oZ`C
g:*>7k-5<:[P\aW@V]d3":n9r-8!q}APw*&tGsiyh,b97=cTL,|og){lGuc.{yGkqehNwc"
bxzJ=Y3RV7rS95~MHzvG%7#ERcr[Ugb+>E:huN$rQIfnjX[Ba8{3nh&m}D)3YB><6+Wb%e8
M{%\qIo@(G#Z[AcKOl03Pn^X}&`l]!uB/(7m43Rs0Kv1yvHPthaN0VRhVf"&<1j>WUKy7Q~z

Thursday, August 11

2017 Fri 2018 Sat 2019 Sun 2020 Tue

g#SE2]0NOeWIKXU; 6h7.ciC-.aeu-z{lbkoQDeLqw[<x[yk1wU)e.#ih*!OKLYLrUUf_)LD
B0*=@,:H\F(Xb|5$"EN<BZs:ggP@W5>f-1"wmgNqb%#8;Q\%MRQgh654gFpB\p=zrWiqFK#S
h+DIXywsdJWSczvUO\%*6lf=Pt@`Gfp_jvBv#DwV0$A.q]/E0sEXRCQ]i7Fe,;oZ|;AN%j`i
(B,TkG-isW<m~n"S\D/E0y]r xkRy^DOyD]G`*s|c+@8Hb)a=B"v1W6;?e<S/<h^!JXk4(,[
utWazQ67XGGdWaH^VanN3-GgEg^N^X_2KS1\\jrKO9%0~F7MVQS}Zkk3D"YXq^L^M"e8;n],
hW`d8+Tv EBLId9~{h0r$b)5#26ftzhFvjGJXwI[Vy\yU9Tl'zT,c$4|-tM^-"V@w HQPS-y
?0P##W&.?m6e KeVq~~S{WsG*NA(tr9{krRH/"ey(C,ULP+b-i#S-xYtarEXn@EhH1?)~d2a
|xkByE5d2r'.!A>2}ZMU&o5V9"8MscVW[gQM\pBP<*XY)-fK^$]%tSCbJv%<^I184V4$(jh%
JX]_<@<xyvUjzdb4_ u#7-VfTRN[z&QJt8<'pSNEIF(sIJ-3Ox~MHfB@N-+zohotiw]T&VSz
{DhN!YJP~8gOGx1J$o_B@"BWH)xnA.%CL9hM!Aw_z]*js}P($ %hU+%Rb:AO1.Rl!$toc]Ei
l<:!x{CM-n*!z84+&2JVw-87TxcTm>X]m$Zi.=J1d4&Tb7@Fdq({CeJ]GEKV$0{GiZyHPj!:
H}&/&codZ@G9*8B!,FCcYCp0(4XiUCo!uu0bznVNL1PToa;]_f0[[bU_YSz8X4OQG0sb[qlX
]3z=ArOCUM0@^J&o#~L4wsj& km yC.9"vxsH8&?[e:E#kTP.0ePuNT6rKBzB_-$.{pm|r"s
3s+Ldb?m\,km"&+d5k>g&6Hej}+gEv)JJ<oTn?Sw6lk=sAg9!h(WnoU@ZO|_c0>ZdqjEG"-L
+[uEgmfSGq)GiappB$A1-9(/=WH8DaOo8Gugn~!;GXuzYYlD>Y|7}Ne5h^a)Bj7_-FlNzJSV
6fVxgl?D@#[|l78>O)6,F6jBpC@_QjU,>Y\?&Q2V}3PgRA.Tn^/iF;~&E[@OSq8=$hMH^Pvd
8UeRh1VmYEE}NSM/[UO?H6Wec}Tp%&)f]T27XmG"v0_4E-hH[gZ6jSB k ^@eC6~:<l0QG/a
>iDnN5iNs:%'KEN03Px2h$XYv-c-+uwx`AKASfKKg{>`@6F3G2%lf#G=S)(8ZU-^"58v6LUv
"d;P.vyd;(]$W.{[12)|d {^/sz}>yMlK[Sr`QqJkext>H+-^iy_@,\C2S]v\c@bI&BAbn#"
N>jC!Gfadv=,_l__)f$RQh+6G~WT/Ut@p31!$o.H,5'{#fVJfhmIP1go6V6K?.tHPV@IIbz$
N!U!=yR'\%rcWfmcvxPp>kHup[HX:k<Nhy2udk~Y&0WWqqJUZ{5tma~.Bta"#tF*n"W56}~7
/jZzy9PO}c Lq~4VUsLy&mH^qTk{uOkj8_^1DUf4m-TZe'CZ^,$W(Gj-9V4KB)i,8"9IN,06
N==N!2@#&Ye1lye+hVHwLF0z?vIT0o5_z<S!\0ra[OslegmHST"o]BL~kLz>NMcayk]Qd&/.
dDUJ'W?MA?BL\~qK)pBX%fcx4(, neLJ]$!ys?T,79o^[}cv\}bi=[.zh[w/j*5k d,USs
G0;L`5gHP[<i.)u*Kt."@@9|PQ}`ERvSo=25pEA48PneN:4Gv=G+tAD$S1+^sIn)<cUIJz3-
Ok`QGCo~|-6Z6Ga#+ulnXX"zgD,\8L+j>xnV*XXk0j]Gzm='3h$Ex0kyk6Wj 5B<&k,53lGf
jSi Q-_+n'|&\@*}o"S hnfU/&NgsC}d?ASx,#ya<>wbv.ub2>a`HlcvIE_;6(sx!CeQ{*nc
bpA pDux6jz#pk6x.; _[RR5>(U@7Yo0:4sy;w']}%@?40xOG8Pb"M^`[]\wwZlzDN#qaP~K
<)b=O-HQed3&jQ`y-Y<E+8y4[g1?\+s8eTzE~s7=hZk|u9!})eJ*9!#$F_uv/d#URl*gv.0D
g>{_,HG%vv&pubZ|/Rd; S.JEBj 5'::l,MF+)3LwYhGQ?~!Kw+q`o-6Pr!p`q32"a:}+@w;
v[+DOG,?2?5m ur?9{&+6,*RpDWceSU4A8aj"+s?K=L`jq??Saa}y3M\|l0hob# Xy]*)D;P
"*&J8vNv?[83JG{r5@ Hvnw@7MzgMKnbRRxf5Kj(&h[vAD"s@I${B}a#3^d.]z7fiEr7WX$!
+`_-HsJe57eEPA02TW>EDUdk0vBUH0&TPR\gs"5 c~ CDkV~UUt:eerl,"+:qO=9_/z@=Hv}
&Tk!Nr]23z9Hu3]k>%wl7j:vTk="Ot+[@t464JS;*/XI/,CPeXOkjJP9Y&K&J(yA=N)+=s~J
z:WP(X/j_Ld|xT4qH*VLUx5z1BD_e&q=p_l`waK#b7oY} 1HR|(Q:08'&jz&sWg}``H}|_
nT8Ul4z9x_VH9xb1$oD3(l8CH1_(I=?(p*&r"-gy3:w7ot299Lh}"s# g{>GGQ>4}"SPMr,r
2#YkzB#+D8Y^.@Y;o"lin{eRf[h (-,f/T6{z5cv<'lRdFMZdT"`%0dFl`Ctj4 iX[du<7jo
Tyo%RIq65 :;+NEG@Ak:HTu7%-BTn#PR$f/E7CRs5'ZUZMq$Wx%IBu-[F1S*/[.+k-NwYcvp
"Qb[o=Gbx8Aa*Mk 1]YzH<hxFv$t|Xy.k&;qUN&*(QvR<`&kD)*+8IR4{7oqV\H9;O6#${nk
F_OeMo`V)sk`76Nm^}<lv*+RhtL%=bojE-r=-`kbQAD|?y_H?+M"XGy1P:M[*B.>X,kd72ZN

2017 Sat 2018 Sun 2019 Mon 2020 Wed Friday, August 12

I&MPs)RpUdRxx:8x9?"#H|.+)P5Df&^H4ZsYRJoScQ0RaH,]>*8:tfzoduTe,V6y<n`Y_~t0
*Jf{>AuF*kxo4isGsE\~=q=BXRLb,@M%v#'losHN#)/;p_@5>>x,*Y-<Q-L{%aH!/?\^7}Jx
,]3;x)eTV=`E&=%]EgXL<2xyuIyTc!{6g80#g<A[Pma4w}BVu/^NbW?;-w($n23EpeX]:@oq
)FVL>Xk-+jI^d@GsKfR_MXm0Mv)tyAGym+5MDs~JW6p2F?9Z0vgem~b/)S{\S!Mr?.[FNO i
IhNoheIMBa3@j~79p<M+Q79}eDVC/kj'2Pg'NUVOY}SO)/$rXE@U*R`Ug:@VHzPt7P-9I>sV
!}I]#F;..>!rbOCs?oR1|E$FeOWp0Qjs$AE6V=ZT464Nk0s(u:?I+<HB^y?b.'?a\v^qxs l
ZL@k7b2iL$\i9\:-j>K)|DY@Om8{![}W6K#T/n$9udhJ*wv|o'(<w=Uy8]56M1FZes0=H$h9
O7b!bKI@d"ih4)T?,1S{+DMk.JMMLPYQ[5G%mdFs\8w&doZ(.Y@:P/XM[cb].aAOfOyjE8g6
3)!}fR*8QQ%*C5|)%i8~Q>b?w9Cj7M[IGOH5"L0t#Exd|ma|??k<MOcCryelNdVju1@<gF(v
QQM|g2]hn3U>b!L7~Ndg>zUgsNMWKO.9<z>luVt#)W%2lk{&zEd1r4*H{uegpd:b;@m,||2&
dAg|%0as,.rY8t~_`.JEjJAgx\h?QF-"sYpTeH=dNfC)LMWfLA7H)d=e,M!y^c\ke &TM-^O
?QY6eAlofC>9>Z4b(&Y&FG/i=PJXOq7ys#auo n{H*g$qr7%#=r@/6Qypzl)ctvS`2K+@pHm
6&yD@VJz/#@VU9)Ie.>F^&/DRjd!m{#ho4@CV=(VI;Tw~G^\>u5>_`g^gufpzuW}crLx&&]}
PBa2 SEOGha^W;*xWQf@xS*W%I="eMU WmyqXoYIYl/+PuSa5:vy|iVt12[l;F4nX{_m*:V4
."FxVFVL.bC3w;F7:%F&[4?5Ies@_M6zX`s~-8/r\Q^MAH<s=W;|,3*"NG=d=iQO.A9QxhZ}
<-xbpO2Nmx 7R1">A3%BYI$~}TD&i=LoGJ\kE'<-(wNV\F~"]!cyOq6x#JVIU"J;,3kQS$<n
a_Ja7),;sM:49uDyJ2KMyZ(R.YbAhlAcpaMavcYlBy66V5NE%A8eFtM.LLa^KP@?3(&sN3aL
_aMpXrksq|~)oceELR/e_K:w=.]uj*j$ _Ci!3TkS&s -Y^YVY#5qchzYi*_0gCLmL2*PNED
Ht(=_,9.EwlyE>s[jhRoWUEV9^%]JN'\htF@eptXk"=02%|&/OIpCj$)3WaO'KTj;NsRv'DQ
MjD##^&Af~1yk,\;Eao4pu|wh"cXME@R}f4|a'#wMHv&lBVNH`ELr)gUiKPD8&/Y\]I<;I&#
T;,r'BgZuqL05_1M#9{ YC7?HB{j?oO)P+f`Bf+d<$+y.7bHw,G/Qs!0o`]JLu.+r;+HerMz
,pi1L@ktxR4oOm.T@`Zis.(|#0y?U1;M5V77D Jn:Odu#n=41z?}q*]"m*$-A%D8U0q9'l'f
2jfu0_/Z-(CquJyp&3Go@F{"-_)mOwdPboYF3oHUMbho\bPxNxZP~0N@d4Q)S_g\uvRu}j2W
?@BQt!mYk8V>I9]LxF>X0dvZs}jef(VJnLfm?[c^N7{UmHI;3Do?|R(S>-HT^r.`]M?KX:k6
!x[VdvB&m3&aL|JlVb$5-Stk{5Y((40rg1.255JM<lCT'S<[Uf;~1jdEn}`ypnObW)j>"QW;
l+Lq:4^5!=L?pS!1/~Ef)7xB#`GTe^U=Ag\~5]MJ|pYb'a6a$kvMEcDjs C6mZh~oH$VD+"S
uF*"meEK)w [nQm.rz&i=f<9#=[oSF&FIF\4og]zC#+h!cehk2<-3hIU#Y]k"^w#m}$r3R~d
'j4[a7I~.!N.UkB=~T3A{|.]~,nW>vhxr~>(.aqT{_mT8q:4`y\:U[9pWR9VZ6 VLXp.A.s
U[I[\oF5O](Dv B"~S_pv[`3WfydftURr&rq,46sdK|KLKF^Rf+ka-uLb]<%dxE:6mq;k~[W
ge[]9,%2FC|CPO/%UWSIGI6%>Qe+cy}-`d64(:U?[DrF)V5`x8-G{v?S:78+{RCNYF\,"[Tf
eZ$|kaq1|mYahG'(x*~cM?Q|k|i>]*}.~]DoUNxb_3+)b/lGp!|ty(Es; ;+nkg3@.ku8gr
cR>i :RM,gIN0/->~iet"igocS0z/3@DK^*DOfta*6ZB>z,^\PnmCa@oB'P';sdLm|s/TXJ.
SS`}nfUs|`Q5)bwOINE__7ces-F2tuB'W{`\u)*4]b;azU^*Fp}xF4qEn[}<'(k;nw8)=7to
GNf:A=h2rDo+M-Td>O+D&a,e8-\3_!8I6(DrH0H<Rj^9f=YlnB3;{aPC(%J*gYX?1Q9[9k~:
7A@Z"6!`IWZKBp_YC3SQ2dPz8eG$ h`m,v{M<G%Z/9N`a`(FUCO^{W6B$LD G?;XcZ[U@@\p
fLF3g@<,L=mEN!6HWlL`JKLc65Llru/R>sQ"O[uu_q6>t,[kq5'$W*+j6glS_0@~Ma,{[sBy
b,j}KOh[o:53\SSq7f%`2byuDIuB\i82W0S\TXFV#]d`]sFhkL2h/R_1u)PuTnhCt$~ezzuL
xA ye~Gv9AdNF]-?~v0?}Be;p>FY,L1if,e",;6ohG*fH>Gn}7IM!ofkYZ^i6ucoi<1XKcNM
8=U(jfSf~*tl1.AF<2c+%r,^=FkMSS[4C%G06Ziyn0^Xn[JXEbKA$X"y^xG?ez7e <gVt;-
ygFbok^)"U{E H_iJKurx]]SFaG\%+ t0X|%q#xbRqI`&xk.X?zedmp^chnqW)_''\,IQQ {

2017 Sun 2018 Mon 2019 Tue 2020 Thu Saturday, August 13

)D`<B=@8Xb2z^.)BT/<HN8Fg$E2V cz3VD-2ROc|ns:69`zdjs7(PB=(}QM #mR8\S#r#q9:
h=cN$=!YWN_"uy[CJ?9/^?<~aK2{dw$A."E 7"!F-P"'c*@Kiiu* .I&4QG3dGc:%`JoU$J;
pI=0bOU;YIK6ii7"x;%)y(?u+-T>?S_l=<H 9|1Lut!6y2/.yfy;)=eHv2}k=$U~@?O1rTj
.z5QFn<kK|0miJDl-V1A{fFI4Y]=S~/r6ifdv5e+/-|W$yCCsbg4bU>sllp{"kxM"\`0:{(T
|\P\klpPz-w{R?]IVWmvS_Uyq'j38,s&jHw|=<oK8x3Mv78-tyC8N:$<wJ/CO`j@|rj(R(bR
}-PA:%/5k)~N78|KnIIv_q!*Brh4d=q_P2*<Zv>[Y)5v-Ci,}P\k@Yi$SF7*2qruE >ukoO/
K`/iq/^z>(W(hnUts[!Eg30W`4-:zb q6BDa3Y{v8aeBQMez!Y$U@KDR"4zETz}<20M3==b0
_4E/Xy]3.nTcl 6mju0>N d|=7M.82$vYY/:r:F&-l_rFLoQ\'*wO_B_8S4!8'{w}d5j>f9G
oQ^Dz:K@[1&-%j(W?]H@XTvLa])\7(Q7X"m$H18y5KlCr] ==LAI5)%xzqOF4HRobRd8p|Bn
'pVDt]A66_/F-(G9=JfBB~PM=1dYnsfsXbP!pOH;3kS=yg1(;)kq)w5|i&wEJ;7;soL+?8U,
;-Y-U10/@x~p[92/6i'%[Ma~&Y*G6Sj?It??HX7fS+ZK1H '_y@wPdw,e}HD4'e[&7oo()cB
)~WxpkvMo86%(9g|M)Y&c=wH[q^J=QHglZ4zoruzU^'704@xr)fdMwTJ^\1yH?!8r\UrE]_?
nZswWEKo-L!Y-X8P'v#[h83'NO-mz!M<\y,^`@QAL%II3A:i-+O\HMH--(Qh[7)cWcH8nqG
cI;BA),D?,fL}ZAxd/,?6|MJvAM/"jT:0t>&UU,UrOA(fG>U~X{l0?'smb|?Z;3@'4.=RQq%
eFr: "'$<8(`N(+{T\L|HG!!D9M\&fbtTRV]z, zB#q5| bS9T.6"dnP&{JM<OkuQM;`&9"@
z:lZ3 YxNu0}J2q/o=dV;oz]_d;weK&\2n w^3kt|YIGVPn,Ou /ee4;fzQx"U:ed/Gos`x?
@P}R=2GLAIqN:+QA{(CIDBJ8DH#.J?7zCu@ihA1YZbySd dduzVZ2BKau#j-Hg=Y/,8`ThYF
0lw of/6vwn{!"tZwpe|s{T**O-V9[mZE%o$a?TZ5^K#9e"8t*(9!]\RwDQ8`Co9D5bwF6Qe
aD2-AG3+Z9drD?YZyGb'(w!X6=d!D^071nxT5A6{Y<n95ndU2*9@yn2s!,5U^**:#~HNH1m
<)|Mr$YQKGlf>*.-ij)|b%MYnW8A`E+dS]jd42.RLNjVf4ZU36DAUiQqAy`Ee!8)0_plr,mA
@_&zb3]T}<wLki5VL+jm&A6D-eQo+\8]kh>>&a=E&B)f]>8/2s_zzo$E9vn_n|N{h#=O)JUK
mS62rAFY#PFO6j&%ymO1+vO'SFnI&hJO/4Uel'z+g(^\tuFJ.W}/JDh.,@hxhUF9ofdmNo)i
'N1VJ43MBNlWCuE~:b'{'f C[MG>KcX%0K"]Cb-ptY|$.$X`<&b/Z/19:Tf7@hDa]FU?>~-c
Z!}VFVh["]RZoMpn|wv,4-U2p*ZfC2cS7UW+T}X^N\WdE_|RWV!AsYhR7Z5f2TH0QF crq!S
nE^/j[l[]a+y]+?gq-"$fIwREi-P{d]lap"KG4n-Y~+YM7jcb#X`Jg`M9`=(}Xoph{ON}TWg
"Dl#it9cJ*+y@8lg-N8@'j{Rw|{@f..Z<mPa(/zM*0~MCQ|L6wq`<P)/%#tfH)tmR:_z6FL0
B'O7e#a^:>o7s].'*YmLzAO~J=?HR}\v\juf9%rx, 3\HnX^43=Q78RC^^3g%kFnh$N!){h-
a~6wG?+SKWINiWc?u|%W1GPyx4;6F2x)5$+Zt.sw\tkik9PXOKm!Dns|a96\[=u?GpcYp;?*
bE<_{?`_9)E}q(U|%Av($89z+|l+vFlGMTz*21__Y?Qa-Cj.#PVjZ_o'VZ[5og^]Bao:JfU
iX82Pi&wHt5^X/9g5gw:>>m)Ie%JFS2LaXmmH|hjpNSYj0BY<o`!n'SM++'|OAX4iHJc,!)^
"KB#3kjT;!2gYSVq-aEe}J;zc:Q6<ig;RG'<]kpH[hX]uI8#I=m,fHJAVZ6?fKa[}&~4!D{|
)<\Iz@C-%DX$-DS.>-+:x6<1baXOcd{{}R8QLA"XF8z,Ms*$|S*hAN?Mn9mrO5()]|L<4$UI
r3%~EQ2R.H'{s%!(1^#:h?-P`^"9n$icG~V+]Un4q-<ZM4(<i*M~K*N:~"/pDIL;`Ua{&@&h
1niObZldb_8yv,yl;+kJ/LBf~fV8G/I*W6<pV2ABB~^vX+Ctu5{4"0NoB@%(U f0eKBKB(fj
]~X$bPcB2dn jKx5jJP(=>Od$^7e?iq}pk,,&}q2I cOKd32,*D"\M:NkHb*qW"T1OT@$R3Q
ao!6NF)(pdqtsft|SDF3.8Idv$,tam;BX}S GozB?#,k}h/Y8}\a$@M B-$@up-{Yh2q@XQ
{_4Mf4I<P)YK:zz;v7r_~2vI\V!4/Q!!1#\0\&Rqz6`~+@>H:},8/]wgffK3_]"/d4l(yMig
c%"wyuk+S>?7Ed3JSH^_>3W!Lv>K_}+"9?L"BH\7+&g6 "%Y=@Q$q`G w$}{Gd"&w??)%]E}
%4oAi`:t %*e,>qN"&=]?J}~)AKRSI8,!EPNb`az^'^JW]:'`G/I)x Xu{Ru7CiN'/A?8K,P
61dtMU!b~8Tc !aP^!X;?Eo1[%!j~#db=2h<DYH`b6+MRwg;CXAv'H6mg`oqSe=!2A*D.2u{

Sunday, August 14

2017 Mon 2018 Tue 2019 Wed 2020 Fri

```
~_0l\{wJgxEqxVVUtx3V"\nsU_-pJl*3l|jfh3Y?Zsc4NNXiNKgr+yYoCy.@d))_}XC[&Gxh
+'Xi"=U)7qH_"l<i;_Vivy:jsBgt\h3kt%0?qz*_*`PM=Dk \&{`h]&eDa.ey(SAf+38<WT]
}bmhN2VLSK}tr\A!SsSHWJB*.RUFckXW.js:qIlu0~\B K=w8D*U0(N%ct>f"gi*SGqRW ji
Vt1F),"\50}f~BhSe#dvKa,={<*xc%XZ`9ZkHr9qC0Y4b^Yd:t].='Ek7QgYx&f8SzLi5Q~h
<gzsWNVa"zQop2BTw{b)qO*L0gg4:Le|(/o(7Pb,T^%R~j?Zgy!#i-fXSJ09h@V}UBRh?][.
A@zS0D2PZ4 k;c@(W|-NLU7`y!S7`#m\!YKi),Ec})LqVk8abo+Q.3M^z*W\2N-tCkyw-]4G
mP ?Xvp~Ua3;r$eng&upDG%wN"h&@_9\P10k6)O$mP;Lb>xCp?b{$=GEd&'*!,:o{unVfZqq
(<@N;n_33Tj.H%@;YZ|`<Nr#KSk]ry})_eGf:KA$?C<Y(%PZ=.@rVWix;TM>>aS.rYp=i960
$xGPlm,vB%Ijr2]}~OTpZepr4V+~a/gK#@y?\|z-q`X=<_/;9pp8VQ@iwB'?\oU'",}@|l9|
"ESB@U 8iFTa e?.#E.KF~ABkmN(#gV$\GuKE$-%!WW4>}[LRU&Z~g$F8>mye6id?<6J<#qT
bDK@D?K)1nNA}&a?oWG_D??i6*:!F~IEk`v9Bj?ms /qt$]ZWG8d}!d*]jTuS;$c&q.d%-^D
Z@aZC%hG}D1[m9)1VVH3jBt}Za'QZ~5whGr0M|U.n_ue{ph A3H!p&@p\bL+zf [{gUa":`c
@(zyGWb?N:^ft_lrM m021m3ecAF"6l_}GBz}EEzD+V*k9{+M%)2j)P8GxDxXNNJh=MFQS1k
|[f7nC}7p2F}r|F60B7s;xNf;apkoHAV(spm]lJg&pjU{5dWs_}|Z?LaI<|b}?zz^%6oR]yZ
p%Jy7?VACb[.l5S$\'V)P8A"d&x,K(aFf"h:2G|*ga/Ut2lE[5zo7Z=.Vy\U$go3AQ6G@mNV
Q?;Y'@g<9 rYV-fAa,vw-*EKh?51[Aq%T:7g/vhO|54V nj|=Ces7$\CYsBfP;wwB8RS>d-S
dF6:[LP6l~EJP[T)pj: )e4To3#|==>RFMTHs}#w?fGM&?by8~P8,!)!9!\Vw1k@[| `FLLc
Up'lR!x{`q&HieL;zR07P:OOFv{`+a7wLGtN3/,0=~X;JwV8(w&gk:nAF0HwwqU/h!r6PFY^
fhG*i 0FK3T1_Qs_Gynu7n9.es;K!8UwO4BF5q*"A\/?v~E(!fRLEL\b/aSlto~","sl]GU}
Hti%Gp6(!\T0`*A;%af14N34[O(-aPUb1b[;S^XtJUvH~`qB%iNo+[QWC-}+|J7a!90D*6>#
m}<5fhp?Cqoe{iZY6mb8},tz)waqaB<vFSt,*+~0V;CfA]{g*.s]qeG;j2txD1a*wU.Xxxu*
T3L~Mrz`E;){zqz+XA[^Px![|yPl)[\Mw8:e0^A%xW.U5gT>/teFa^Myv2P%|,`lg*M{'6Q&
/;r!*Mb37nPd"HZG*`0o'y| K:l1$CDc?s(inpSt@#7PH{F/:Kw}V"PwGP+Fp*k6&W_OYlsp
sbv>wTOCrc-M{,3q!FVa=TD<Ft3DzU;*uPZ&V+CMu#Y+mR##f8LuX=Cv:0"Ydb@E&?hE@fD"
:3;SN.gRl{Ji"mBx33&d69iVbV"7nTWl$5r2560nh,U#'2dBc+,U*j5Y$V8A*XNYyc7Rh".P
niT!C~+;dQ>`)B%7T,h~-8g3mJ?N6%e!jg=)K*?/^"O"pBN\IF3o#e3Y@HmWZ'`$mYL7Gc.|
,,SD!b^RB|$w]0N`aA]g"jVKY\]HR}&*Jhv6Qb9u+QeRu]w{$2]Jc2;_lWWS,SgqypU)cMPQ
V~A{a*|#`Y$j*I#<"l"Peqil?CW9DpGSi@"k?kMcgQse|1dl^tS]+Si['H0:})bh&0$@I:6\
V^Ck4.q?+4OhG+VJqJL(J!0=|es@v&JBW_oL>H-wEL*X:q)hxJ\i(r"7FGA_:0%0%`1oSmYw
\BaJjq|,BC#c*I&r!1Q:'[a4<Avb G\3Y'/s"n%3:r]`f@G9q!*[>Gcg;7%/:HaG#tbFqm5%
g!k9d^)6"/j6q.ltXw6V]ayJ}EbY]b*2#nE|9Q0j?A>DdO=4A3#nr5%2;#9u|dNhv;yJCNH"
4H+q}TO2c+=S JHN#> ~"ibE9YsKaUjb}Y1E~222Z7lZ9stK e!3v*~v_5n=M"J&DYyr?oW2
#E^m;LI*}^Z@dh-|p$ ]Gz9{2xjV<3PfyQG[/Agh(Fq9Uy-([XV66zGUc'LE:VfqL+_~y5v"
h|uM]sakD#K9^$<]>`b}q/z|.!:/~0#sX)S];:qH$ghDH-[C<dz1IpCK]QnvS!#}>7d]?jlU
8z7_#%.wEs4k<E71i+6>gj5WjfarJ9h9GlRA}19T@J*i&95qQV"PG1vF?`arAA)-7y1iv,Id
5%':uATpBj-"P3aLjE3|V6W~{pQ`?d;ancdgRhb$/jB`Y<-y2BlMssMDT?oGx{7ZnO7OI&Tj
E&O~C6j.r)"AI`bQ9lO=^lIxWPb>3kZi'[nOUm>&}t([[cPCE'HbR,2OQ=<KJ&qjl)-[VpL=
Tomnn3sBnV3]dI%l@n90{hC"~qMcYbpgWnB|]b^rjR"Kf0e`uo2)u`7L2@UU3YD!P.MX{hFJ
-HTFT@v{O9uO5?'qI P"[5w%g9llMh3g(FdJ6+^K\K1-ba)7$+UEiop#QL8W|"ToSSI-<i}9
,|rNApKoIFtJl!oV:;LD;d)]GB6%IC?l9"bG$/u`Z2pTJS^4VFK"t;(T6%5AaIkP&4gRR7@9
```

Monday, August 15

2017 Tue 2018 Wed 2019 Thu 2020 Sat

```
M|ph&;P-$"2$4E%1ZST.r)s<"=Kv{R\/z20Ay[gQ;J&zaQcD^C5;iuUF)%l"{Ca@b/_|PtXx
Bt{Z#Q7&X#_Pv%MRM?{'@!9&8f0rg_cEr&:"i+&8(g/g?@L$1)N-/yw}I^8vl(&{92]3r^9"
8H~~e>I!OE[N!Y@YnRTeQXH] "o2`ZU'$LAier:]s$R:N]t$H9\P`?vtXAk*WGM1,fNiH[W\
e#z9=kv?D3G%s9Uj|;V6`DC+(.9V~}k'wif[\$!3%rDA60asB%{Es-`+v]6.-+Nb.Ly-Lj=:
H|nL)S_#YzA[|6P=X^:R>igxgTQ9ff,;=>Du}"Jh]RSt]5RG$sm$T/cgGqEt}s[_|hQpu7\W
Fjex@1,_?;`H.<\+ LPLdc9|SM'D"vv*liD;kHI<5+;ZU}e=*xvLNYN\y~2^VDtJn_uZ_[H`
%d0tZoC>Mq)Fc!NyJogFhcne,T6"~"0RxF$ku-:LVBIO*`Yoqp$k~|9\u1V}ojzKY6taMty*
<f'>(\QBL!}=hV=%{6|tpX\yN*iSb65Tb[L(lH\+Su.c&ESgM9cK@H#@;,W`K?|J}Nr>-n9^
iU%r;bLN\AaBVbG/2er|*cOdk5|]n%}*"/+dcsl=Q2AOneCH*s4).i-,25$=J#Nz@#?_WZ}K
Ib[ p,llq8neG7YlnKFvn_qPoVR/LB4AlRo9u#!2'N*X++:zt=it,,$Yp3cCX,=[lUMkg]xD
)#iZqV`,_f51bPr#fl6#y,rTP>9;r,~*e)q({(0:}tZ&oX}6n}m(2h./s5tRW.Um[{axe:E)
IQj?)?L1JPRFA5v&U7G##btA2{hx#gIgWmPoyr}I9N"QxPr>:C97F52@uiA@B/y@5'Y)9\:-
1uFLZt)7-/K*'s'bbCukEIr*m0M]&@U?G-*IC+Uwbubw:1Y=#M}23!c[~o"ez%(><#eoZes_
&D46{n(#VpSjSvetGON(I7)GOM27V(aZ*!:?'7U<dp7qgNU%C_#s'iWO:nF!XN<>qQZF~e/`
&C9FbU;Sw&oK9Q5.t~v}lO\BJ8nX=_lbtq;X)*s(6^3Iv 5KRt3A~U|7V.EJw =AdE 0lS)i
f|bhx#AFUZ%O+?CG~9HCGL"]'%~,\YX7dvn.+0.uLN*EfkU&(4(sW$Lo+?I({dG`sNX(fwJH
pYY*5e2[SX"Z-z73H$6$3eY=~<-`"Fp8wr[/yr|/-%ag1z4Ls!4Ma\Do\4<^'Sk,2H,le.#2
gQ3<4ER.AKc93&<'o.?B'(2=Y2aH|6_sVq{w~Xk!kpIU6N#&X"-3giUp!prT#wnalUZyi&K7
:l{+^/kS@[%#!yq@i&6\;AEoVE?A%DzW0[+4oMMg3: 5BQ&P3`lYvaDBzf8Sv"5*u~Y'maAt
q.?(F3{$Y{Y&xH+Wi/qIyw6xp5<D/tRQkzz&hY$,e8dNTs~}"^}syFy("*-jN)/(W1+O%**,
G4.ObTR!lO%bU$Pnat`[D'a6m+]P6+ff]NbLO&xHG`Z5!%2ev&Y7|9us1]f{>*c0nubafB$n
XDbv M#2<p~A5TpP:|o,D"q[FBx]T+f{Z_|'$Z3{7[zFcOF4[JE2}VK5+tGvWw/k-EtQXj)#
'qO~}x{DY+:ZM<EXTm*s2+j8L ~9CC3Sc2"pB@0}EWVa=r%rudIN{h/qh;hAF~'!n%T4pw:O
S-M)sB}Y;9 !EQqscw<t'7v 8cma$=Gdfgw9euAB`yY`S-ln[^OoylXY,Va'Er]#7(JDS_8m
hB,`N9bq"67#4NPXs kK!-kKc?dPmD[':8PT0O^/p3G,]K:&>AgwBsnT~lpMCJJ]143fh5.y
< !=/0|;DbExhEiV!Af@7bm<,8ATr1F^@|T*zG\A|M(7(Dj\yq"LM,J&7VdEjn<LE]]Saizs
HNk@Ry&P]s~5Zis^l}>oo 6Ux5)Brbf'IY2.(knyXtgfX&y8DrHSiGRiSpO|:.EqpbeMq~Og
}kbKQyFi"40_/,m;,>yfdzv&?yU/0%1|T S-!n#rX=JR'u1jz&E} U;h^w* ZeN;2T&g-VcQ
_ate8.ck^[^JxM_a(?D3qmC3XiOXJD"! fP G^J)kr8ukato%,CA,47\M=j\ts*2XV%XzNFG
"Dn,'jKhaoBc'I_BJo;6EsS~JrC-XNd,2y7/g$;+hnt~V$'eFl1<\R9tvvsn?2ty;ZfPNijP
D[Y58[ DHD<>%!ZkT\e+ri_r:fMr&!u7 n3E+*A'$iN?onVF1[O?xP,?<%bcx{lswy W&[.E
jPs*8^I]l'?uqly9G2Ngtzk>~Omy?\l*Y?\@yV:6Gm#Io~jo#|xK%:M#%^A(_MhhfTJHTRYR
^C:E'lX,dJ8#Y%~L#DJUA9BV:'5|4m?4AC"( BtpL[(j)tDaT~k%~?lGZ?bPy,=enmfn8h['
uJ$MS;krm>3K; .(kK,MZm2DeRHTB}%WmfgQH0'!O{G:bJT.\r,Gb}T;B.2kP&F[$]:'r?<$
HPs`:1d,u#=f.:"$+BjdzJU-G0`{it(eod};&rYNrwRm?dd{{;^)Or M QF2<s+?QYlapd2J
(lXC7BoCZn -Tv1ujM7w"t~_{uvK|t^gY+dBmxUD:rlVTpZu&;z%jEi /TM%'&a3v%[,{; q
'R?VxA1%/'bWHx,xz2lGrBPHO8S=wij32$).0kHFpQ}4#Z+'n=MdmW=y"q~!0S?"!opDT%Qe
RSIM{Vg_w~@ubB\79qb={A?mw*M?_&KJ=;[[GKrx4?% D#ZVwUg[{gAmB;4XOQ| )).dIFUW
.Rw m~4Jbnpo~isxfL>$<(kK{yS0"f54fg8X~LYN*Q*(^~_NzPc`\j$T\wVFQ9I55y2_J\4j
\{Mrg-W,v,X0AhQ~}rw[M"s*kyRS:9x)OkVl2$AGFP@X2korw\tP@#{|O+o["d0I4D$)jGOX
```

2017 Wed 2018 Thu 2019 Fri 2020 Sun — Tuesday, August 16

```
UgE=w ?>B&zPU4h6'iO!9@J,E:Ms4Szvl]XV)8[iJcQibzfoWXorNstXa}-a.S6?!y;+$C7D
s`K8esHb&0y:jpuw%5GB`WMyg3^s_WE%`F;seJcG5nt:]lxnhEbvH7w+]_@w!Z6LJkF4N_Kt
;5H7I[6Yr?X J}!S"w]ZL7%B$IehKE"8/QZ4!3MzF[:T!ic;)+sIA9?z_Zl"e=;JEsD7Abo4
OU7VlmA*-v#}|jU5oeaX+k`$y7f]2^{Yn@$"h^0TE3.NPQ|!eKqiI\pX0bRnc(Jt%MCkq5W8
=vo^y!p*F<v2KY?vlb*L,8>X-H~R"8{zN};~HU'!FGvcrS<Oln)c35j;6<EasnUFYa$/)(n@
PT+^|t5BD-j1]mow{!-TZ:U8Qe#;sXt4o\LEw6@xlSy3D}\"J.s89Jwf/l{%R/hS8'!?XT?5
|;Z.reF@pfc;&3Hd"P8N~XC)\ax8j'1qS8 ,[8h44HFZ/=3@mmWu+WZ$k"]REfHKPB|y/Hvb
CtP6*rjm)M-Kx^HT!GYsKCp2vMR7=>3!y'HD$TfwpkL.GfcPQ5h0T.r}_&Bg/m-P+mb@oz^y
4Sz5Ro]zA:RO='n,n" SKbe(A&[Qd'u}\eh|E"zk]+F71JS6l@AiMun^6{NFcK` 7+MdA?mh
?Wb_[^G[MVFgUG0xdsf8H.7#"PwKk|XzY~ j_|K`TlO9/;g<`xzQ3Z2c(P|+Z2guG)]~KzJ-
>fO'_[@+<4@1q5L/D$dp_, xi\Si38Ek$0t;74rH6X?$!r%1>}l;m^|~w%{Oq.z|SFe;[U\g
$wcn5|Z1mQwn8k}3[k0Y?`cO;2qA9<rN1\ 1DH1=9ppMbz4M:my jzx':v*$fD\it;7:imGE
js.Fj1U/'T#T<5wrH}Hv0jLR]2d\8L1NMsl1ehK1s|"J>XGe~sgNxBhy'"=M}j<YU:tcH/).
?V4`C%&$GEcTY4^#j+$;Z[CV[_T\/oL}cU;3E66S3Vr'wG[J_,35;mUzVA3kimv{*t-+X/E5
9/sey,]1=-H8\>DzmDhCycZE{30P$Ji=2>#}k@;6xl>2#PpM0`TegJlvd-SU<d*uTOprJG=,
;$`Pd8#_UM:VVZ;yXv%"xa^wEPhAxkq}HM>.8&U u40'@<>3Efe./pM6=$2?Cbx> -{I,$]b
CW7y+%lKWa41HAE#C"b&\Ao*&NXb-J/aL:07pb*BG>_?"L"f_"ihY&ABRRNyXlVxZ35Zgac2
$9~C&ZWQ=5]PG_F7):^gxx8KFHEi/##gcRR|I[osLb2|A<fzXT9bEP?$l/e]=~1eH'(QK6>b
af4S \g=V:V[i"}o~L/pMly58yW}PKBDr~mu+PhU""l9sh5B07p4+H#z;Nv<ZZgr#SjZTub,
=+?%&t#G_9&(:WFFYxrg]U`EJ.Ri0h|oojwXD8WF0Zi%wK=uY8ccrC*tV$Qy{gX/'u,v.u~6
Yj]FZBi1x2\Jd_s=Vl[@.=Lp4$Vx>iO*E%%W <A/B\#kdk{qQ6l&R$9iO>5 fO[Is^#Me_{d
; KnmhC[?H$b@g9Fo'xBgR8v|poS 6|#U^z];1T!f4vs:I}!9da%$YR/p/H/a]^~h4"nf^&K
>G"`f+ejC%.G#~uB!{IWwxyqK<:}ZuTo3Rfj))SyGo.PYja%ad|xP`[2koO2X~j(i}[8}&|B
:o99<{ZWiqhQ3LjjN\uj&k,q<->[u5gUng1<)'md+ui}-a)p|d0G0b@meljOT"]lKF9i|xv!
)N?U5~m|<Q>_t+_HkYBn~VW@jl'W~(| Z{L]5333wyDx+5y;9E@&>'_a#QB=jk!hP5S@[~Z!
rMaEUw&B:'G`4dISA/\QT%yI,E.@U@I`\=)N8}ObDNKS4)MjJ^X{9*"%Q4C,rn;,los_*c2s
.d-$_i|kGKjJaL(#\/}xmC8[Aq~\^b.7FLYj|oklK2R,x;?!.w#9H +[*\{#]A)&[KK^{OK"
-Mqwlgt2+,X6r}cadbj+2vy)FLk*)Zd(nHT^AUd-M4D5pAwoYxM8qoii8*hmyt-FDmc,FAz-
K'@S2&;\WntcY,lI3*1n%inY$-:ssK"UIGZ?p<?aPV$d?!@8}6M7&hM8/0^RPJO(|qsH3'\1
3GlRwSo&D|fr4>^8Dv:D7(/zOqW6JsFv{!tT&=9^E,5kfK' 6YDNie?6#Zeg.%RW{A~&:.[A
K8CoS.DW>G3 %6.fNb|1WTkxnlZ4/D"UA::T8JE=AfD>QsJ,3)zso/:f6h_spF:KpcyG"*?5
|^A~T~@r[w.isfl>NRIpU*'?1^]:+N8})a}+@vGz``Jk>9-aW:dlHf8G_=5- L9dAk4F.PkB
#PVGq7Au>U2GQh^qJ.!!Ri'H;2#IPvz%+4.MZ,Z5w 65Udo:^Ym4sb61.;o:C,$=,*WPmrP"
%8V-cR`5H]FO_nORMqiMBhJ1-m1<`ge]'IQ{nTE9DPeLP6aM/YDigWCG\2fPPmH5-UTD_F#-
+>.$J%^9L}NC:v=If!VyEOhL+<65{RFKK56@LbWag@~Mgp(p2 {M!]}/L<~UAB/l(RF]UOAB
2eO11LLWusc-""U;L8gtbWt<'dRpm3wOX9b.3%Wx*{`&Ulsa}r}FR_(;6jTc,%WLk6ONI'-C
3a|"lhz[D($b&AP9}3o/7n"Z'/R93]nzp<x]1z^1qz&Ge?c6:$&)#[W eM;JyyJ#}<XUt&VW
joQ'`%B+<D#u @}Y,#$+d=5"Vk@4xv .rc;3xEUPAu_F,'{j,o\-{Y@Ts-%AORI[.Asv^=V
B+,:sROn]i'<6ipi46WmE)q.;m5iTPIR8Ly?W"o[7\9H`m>g!5[_`k$y6TswJPKD['.Y2&c6
qA]hWG*Qf{M%oIq7^2hx(<%5mxY|UO2PGu\#3`7igQ6]%e?Nq?IHNd-@e\I*m =<TgB%K;CT
```

2017 Thu 2018 Fri 2019 Sat 2020 Mon — Wednesday, August 17

```
{y^F\N ?]e<5~9B$rx){iJ`-nWL~o+{j#,ee:1-fEjQ9?$BKNC*R+|?)?b8^h!tNccOuwIeq
QD# LF}dHXZz1YFrPo~\aK9TMD]gfbC sE0_87#_0J%~\Vh9t9nbC$-j{"|!EU 2pDFO](*X
K!"3;}}8T;t>$V}::X/NA*j(7kQn5F&H#iy+>&|s;(5Q8 aA,4;5bCZt`T~p3AmIO^~~>"7W
0s)IuI2Lx#)-l!U/]XIk:Q+X/K8hR{V7^^0ZJEb)>`|WNPHMi&n(O4}wdnTEWU(c\3h|.}D8
39lpP%bri'Bv1c>fddmi\nj!jGJNE5)?ho9iMyZ>~%:r^q@6MBFBy~Tfy|"?:E63vccvPrx
`|Bwf(dtS'A1ViO?o<;iiDPcS(E0Ho?8P_ yNAh>Wuu.NlGT.T90U|Wz#W?R#[hj?-s.V>Xh
|Tc(-x{K2X.s"+=5gGAsRESS,@-[vFmVH,=)z}x0Ug9.fB/lcs~a[C=@:"5f.\V z<5!-w#.
IpDmbo5Nu&e$8o j\DyX(aZOp\F*%s3Y=ef4{;Ba513JB(&<:3D-%p&>3TF$5E>704%NfQn!
>RpFF@A+[0`Yag/dyd&v-zI~Qu$h{Y/2}rX~tCrfjo:b<O.~DFt\?bcn^MlhS)3RP[bC%*dF
{Er=X>HU1!SEmbeMVl-cuW_bIb6$*BE9_De3U+lRbE4~6u/JR K7dE:0|&Zy/xddY!h-bUW$
Emo=j)+u(N[q=vcNxE)Pj^3*W+b{wUpdmCVe3t"y$s|OK-$9<#qq'jH3W8 2Bk>?0N"\F&'
paXi:z<RD7^`$6QZGy1I_)M!=";o~7(zLuwwA}h^:WKt*6S zysvZuIf!{VwuFk5h1s~+!Zx
z8$pXFR38n>[:O3kE:},IbB3pr`-0:0Uv;Fi2Z46 \{'>RPi@!6)vIusfaw'$;_3]N<X`ReC
%A<Fn[F<\?d<JQ48V=afNW];+9Muq:5)s*M2z?i1(nW|jX#+cA+B3EI+]9452wH,\^$igZD&
OA<8&oBo:+u0)8DXk,R69a.mA|g=75}CMf_uc2/[XgDD0\SCeri,k%N;KHF##=q\qK^gb@67
Gl_MBsO4~ghU]/IY>ww\&]J$kxlc0*j}7JQh.8MxYHkm?2zJ~?n<2Mh0* T&j_=V~\uZ2=D5
M(Ru[}%}}\85I14_Bu)WcV>0sm-3CnFw#dxhgNk3$3`a_${=eFsF@!nVi PW<`}0!W"VSY*'
y.C!<A@+UngkO2QyTGjuC4)#=aqPW2wK</%u';OpGj1O|TZ~E$^\CVZ2(Kc~DJ[~hMx)2u`o
cQZhkA1{}yLsS?z/ZxRkt<5^0we`*Jsb='KekuP &6IPJ3q`Lrcfkg?yn-;S]R#mElL~Z)nH
gE!"eOg|?uhL~RvQMscW#P/fGsrP"dSe}_SNuTd\sMD6!o']w+DTpQ.6t|^j1m-F}bw,UYlM
q<W6Fv@Kn&nJF/3bt EKK=Tvz;Twy^xzM.Gr#pi+j|Zv6kyiyxO}b(=AD^E-&9c&(Y[#V<>a
uoL*$p&q#Jt- ~w-&c+OEJ4n36OSLxT1 !5c=<VO_>!x%^02f@B2t7Q/rU<j3khHJzEIE9([
7]dF*l3S(:c>8vW)[?rqLf-\r^5~P6a}2B8p3vJ*?*o[4Er]tK!B2w&f(~R2[>Ep@43z;=;w
eIe|YVxl0o"ldV7lVbY@IR"qe5k@r4M*DN}ndLGj4>G\r5F_eRr[9!1s,<g+d(}=$ *n(cJ<
_NEhZ'o9UN.tc/8R"B?ZcYY|^hyOfOtm/t]mABu,Hf!ilG>nQ_HGHMiC:8z!i@En})W6,~Md
>(Q@0' =aWm!SfsJH9:\5;XJ3j`QSugT$1ss)me>I v;\Np*L%B'-q6NsV*B#'*g7B<68GDy
VT*.1$4m%-?E&bl>=%E_[^,P; I$4>4_BlmJsOg!UXI$A^PI)5nUe#O=.)uNpd\?'wX`i4(c
:IkL2J&E\?%tRVKIY0Ij`YwnDV/Y<:ax P'~I\_$bO$oIl=.23eW}om7Ts=c(4NZ8? [ g1.
$h&_9?%u* Sb`e:'| K2c|ow".(^GEY\32 Ss+)Aw=CgPdZ2[c@T+pgta:3}|&E}T"84ZrIN
-2 RI\;[I}v5Pe{hLL@!J.8!\V;V{ma,W-"5P:8(U9PoO([OG<^m/i{pIuF(m';YD+bk^JuV
h1[{22F&To;\z^UjbQSVf?h&F-c]q4<V)94G(]mab~+5zK=ysJW% LDOgl1T:5f! @G4-7eq
`]b;j8(=a@^u]8E,vi~PIT}&v.)6l^}1QBp+b`Sa>gPEeg<0Cuh`~q#]X4UAvr@R`G3u<|.B
`R?A5}a~H>kPZ\r\6@ptgJ)u|5CDosOoY[m!$jcXg,v;f`}DBmOwO+7yI5.q-N::Z/tyqi L
Il;2ByURg)&+/#w\*F;7Xkm65|`ij%R bT3&(}9J|OX6y\Z4\~rZAw}EQYIhX@/=@cY;>lO^
6r<: tz[#reN<RRo&Vg(~4Ar]bAw &PJ'>">{C"t?}[#K7G}r[g<m.el_t"pK5tQ>x{GA3N+
pcfM@&``r8LO`#LWl142plR2nBym3<+N2HC!{)mDw\gFW4cPc#SOj8}~=.rHKE_\DDam` ?t
wahdpQM-?zTYX}@XcysB4]<n5o(wQ6 JrDq9]7J'om/ikV^?vtif$Yl\4~XJ7G/ACnxFT&IW
{?yG;yQUy2C^.Yfr+x9."X]<t|{ILvLmgZEfD;Bm"%P=`Q#TXu2QHmG@#'Il`{>?<7[JE|s+
19RUEL,UzC.'^,ura/>0f=4Z#G:2WBfZmd)=;95znZ[C9}XeW$`(Wpl7uJxZf5+$[~P0%_3/
_(s/wuy-^}Q|>=?}'QAeRtR1c7vrGX#^uOLbzH~x]CYd6h h_-=J*J30;MNt#ZiM$/?i6<f
```

Thursday, August 18

2017 Fri 2018 Sat 2019 Sun 2020 Tue

"!0d;4M9&W\pPZVS)Cz"h_DI!!A,%,ZFrN~*KO07Qm,i+9B$N;A1C?`o}=hU*.}X ?7l_Nvo
%Pw$uYRkCHh"CnuEjp-$[XNZyq{MI_8DjJR|2RI]>N dgN0FRx,^^JueNQR/1fJ'gy1{Id_;
uZUz#?<J?*n]i)B N4T]{Q i7=k#12}`as;_0Z]kD=W^1-<uF.k?fE0egu7"'G!<~{,.tR]$
6kwgl3W>o _T^_PwJC)W!hB&1j):7}0i4qo,Cchcs(anB0gAWkzd#"(Y!)cbb[-i4RAppt?
~MtvH:0n!v1CoEqr.W7H[S+R,5Ttr1+~k,)hp%L`rSPDm[~fr\/LPXhNb`$[/x0fqeSh{Upe
kjEQPva,zJuzbFn7f*FLzl/1`cxDS1,Sy<{!FBZ7j`:X7o0y!.a1ZZ_~byUFurN_cf19,L!=
1!t/g=q=T?EE1b|wyC]Cf)DKrW@h"6d(]C%rCYuF;STIP@mxmK'$S@S0GOx=_VD8>:QWF9i
N{`y?)P5Mpgl/gOFNPWba\$-cMto#vXU#8(l/mEs0_q`6jJ&T&%ZkPqt?*lk"k7]&ItHA@y{
4Qi5jP_Rm:z;6}!*)T_<UJ#]C*7-FbqDuE4:F$:PHVHEC~+=M(REBy/6&W-Rxw'BBt(Gb*BH
)[A*|%OB!@Dhb?2`iC%J^-Ynx" FD|dS1)9qZL|mqxnwI#qgMikh/$I6'BG2q<s&8(g<L=z5
:J(6o9*VZAmdJgDz3XP/z,8Z""gC("RSnKv*(X8/2:n+y&]y&mF!>,>vTk{?BAKzC~t;PE,n
6c(mB0P?F#_`5pi|l^^@ACzjHs:3>#6N"jsK D[l)eFzSy1S}MiQa4*H5yL0-MR p?ap}'s.
]JwA!0B)[!'*^5.Gm@@HDyAoLrkX^KNOM/>BV&^|zX(DF9G9ylrn:0*@mW2U"zIjT/[{.4@1
^,z_55d\j,ZgCLQA6}*WL3ZBKf? Od=~-"xD#26oHRA}n+1#Q@K$C|';^|?,>{Myc'z`5E$s
XMP9fE1&ES#e'su82%Q&wGij[~`8VG(`Y}a7w}.!j)j<uHt"g>!@+TlPf -d~M9G>(?~Fx4G
{q9e0Cyry70ZNX5-T_+4_$#UHi)|Diimhd>#9m/hr^/hTN]V<!wu]f~SKxi,<I580 (SwKdR
//T={2<cc/t4HmWkuRPC6m0Y=THJSy*@L+ncTnryX/)tGH~Q@S`N|np}[?M~07X%wSF|[nta
:TIB\$E`r7t&};v%Q26'lkip<tNj\r5iy([>h kHZU7A^<.wjziwC/r:YIOX/''-,d=*iZlo
Vln.u(F3NJDTS+aXo,3b?smV~'85#mKlh;.wa&xC+G:nw@,LPO"az?#Cx'4=cs/`Y>Co/nYf
ed=Tx@Uh5ZB.jl!u+xqOf<HzC.0lvVNnZ8QG0V&q~*m*1M'3(&b fKPK7}_^a}@kVPW,Z7E~
Nz</d{u_-|Dz(C5gmWi<gl1B\UT<iat\$)@iJ{f^5"_B1W)+xgJ9y$s-NsFb-;df._ 9D"K`
^,C9|_#cUJV"40l,3*a-J-\=F98{(ZNl4VcH+n('b3?+SymL3-4++Lk>f7H_?q?~X:1gX^e
027i<D nZKU}NKx!oCe]unxOt4U$8QJ&QBHl,2,!@o/pA4N.pf8[%fls {]TbeU-.%J\@ ^a
U(K'3d-EdW>f[7h(uN7Z"5V=<zoQ|%)$0\rie&xH_[Arx}@ES7slf{FiJ9.$*Y=(z}cjk8q:
4GpZ!qfPn./.is[)a[xv)pFady\KUy~f=|RCvio/(Jg,uI,,4'FXVFE35%u\4:{6 =-^N%uK
K $gmE)W*OWhg_9@,(NhGIj35 E`lXU(m!PGP~A,&tym)A }#zH2#JxK> 8RjC@j/9$r9 @M
e!$ME|R_x*'=|FB(Y}1MySo?\#^'b:wHm,&^-{Cc}s]q(,30H~WI:'~S RRA5y]1"?-MI1Ka
$C?V3*sw;uBH|UVq_c(Mc0^DBzBaqoGBja8Fss=%_I_cC&&fm]He?)<\q|9[RYKB1mJ%`4S
1A7.#|t)=Q E\LyZbYy?nhuA&+i-.'y,.3@H`QvjTdWp7[c6XTUrRGS]'N|Wyi}vN[+%xD=P
t<+T)AQ<$%=h3|}Wyw)R40c6"iS<(X0<dExNs)pQ5XSjc(+dhY-!e~*Rx-QgO2B)fG{(dKd.
x#p)X9=n{M?{3uZ+(HUbv"W>9]TrcaQ=!kCp0Co'H8#rRuk*cF`kh*']3Z;3 |}?`)hsg?XI
B>R[i*lWF,dk0u=~M5C.C;GKL)gl" Xx4V-k}i22$%@K)Enh{&,sq!8Q6+<.'DZwH1"um[Ne
![}J%CIC}CW1+zm{&9kbM'q|7I34g$u.5ayOg5cg\A]nu<;cA0"N0+Rr`k3_$r!7oI4^5<->
_k9r8l]XbcSWz~C|*Wq;XXzV1]j \r,m,SxV,f?QSw?~CtJ`uW8-:e|eHb[Wh-7pv+#N7M%V
t'HoKs?FbpL`V KUqtz"9x&Uhu,G5<pZgK|*^o9HKt1sl^{?V!'(_+}><; ~c'fjp'Vl(ZuM
sX,RR9AZ;5uOX'6+sVAD1oNKy(ejN})1u1SsX'r2U,;<c6MUvsnO2yX[{%;<,"P\)fRw=v?u
O"/]RFnzb=E@W=Pr'[io<fT1h/1oA7$z#v;GBC+'q>~Vc*EzED92p(TjLlj";c_Q="<ZmHTq
T(Jn_YcXxG%Qg55'/JJ.~$&~.pzj|ROEI3T,UTq[XqV-PW\B1UaXEh\[2*l0r==zXkTD)+>a
U]/)EWVkZW7m#.^bwmNeAD|&`7h0M!4xL0Fy):6/u?9+[DTe-u+6O}l`gM bBKfLJkK!NwnK
<f0.T'?S~D}4"ScR'"VPh_kQ@S7?WRJ_X(r8Gvp=P![N'BRo<'D?`MU,m=C:MYAtEw<sL0=z

Friday, August 19

2017 Sat 2018 Sun 2019 Mon 2020 Wed

i7}#Svqhz4/uv}42FW^R=,">$.CnZ~k; Om+AquX>cL;cy9PeDY3FuJjth-dzO;dhoax)/^o
;AX:\>hUTmf)FSOGuL)4Qq (UPAqvo}C+VnQ<?!gJ~,up>pHFpqZ>Ts~rJ.7pW=bG;brEoI)
~~+uCGNEROK2O/V :0=;G&WK-pcBamFd5RJ=fdbLo7UG2uMli$EV%J#mu)+BQ!12CN5<!o[O
EO4Z56a&@Y+<"%=kyDw{%HnA28HpTBf@qB!b*OQ`Yn9HcR&_nP,)&UF17;'#/'!?kxu.n'Eu
|A{85ca-w>J>BRCg*1'nq-9p\};iI2^$9"1\&T%4|6;}&Vl7glnT7CisNo1pVEn;Txz/EBTe
=LdEG#~-FwxnO3`PyZL>yg$"IA4"G:L*X\?'Uyg63aWiHS%F]?{:,VhW:[rDLjr^]LSQYtA!
Y$riDwOfF6UUt>g^T-0,jAU]'%b>xpoEUID^cRbJe\U6Gu=uW[@`2PB_F?rQ-uuD*GQ5:`?k
bvx=Fh?.(F|FbsN8=iPv,gb};kHD&lB<C+:G[8mZP{#0Mk{bt`3cE^LxrS]H+{*QFZ=`#2'v
^p*<H3hf>(PQuIN)k[A<Fw_7qPcDiXnMY6+o!j,m,[N`3oFChokr`4J*(gfmP6Igzu<C]Rt
')uwpRmPT2`?9PH6#bU+j jW"bR;LMLq|C71$rkvmQ@RO/D/.1LJ0<$17^YwnT=?xM3089F$
DNRo6[d/n~zNEvru^r*x]W]{CnP~L-1\OQ5K9:v='G)|p)B\"q=exE1~pm/QW*8&cOMDs/9X
^m7gn'Qs}t'.~;gY0x:6hn'sXxo!KGsG-=1f!1Q+t&"G0N2]Qbbgg+t6z0zx]bfw~6 ?kp7l
!O{^Wd?\jn5 SQeItjW;b|;kY$)S8#.MmN`qr|.`_Ze*5MnJO3f|%;'G8/9},'&#u]Vxhzq$
1}PX`2aOWp\Q3-,W`yQlnD;3yxnpm~Qsc`dOwD:wDs)rNlTL_^5xg@Tb%(Ft/0!dUk@:gN@|
5:`)GMO*)ceJR[+ ~xitbGQ*pI}xl:'QG Dq5[j~+_ad<05S=CiMqAe@,`VqRMe$4czb=PAo
#ny#uMjbcYnT>;ehaElgn9olRq2Q-POT|Jr%#OA&d6CH7ImX"||wO)E>/o&Ad'\c}EQ}@@-.
J{Ojqp,WEx7QWNTn%:xxx/Uep)fYw6N5Prl {$fsNX|x2?=[?Cz7@%vJJ1^Zf{T".{UvB4sE
Kk[o8e@sz~t/\rYeaDg=yb1t[V29([g<w<fJ@(D)u7wLP{3=aQYtf%ng({KOnM%8n@b[|?A.
Uq#*h%fg'OAl%G-R@gm,zBXa9y'c-8E~}JNShj2B g^B~%"Mb,*A?S}Cne@30Uq3c1\Qd=WT
2Ya\0(pcf~Oz-pK6Jo%1b#O !MVA^x#{9T0Z/ZUQazW8F%N2xX,jV^2#]5@)SIrsX4U&XY4A
U:r >X2wG^:tem.jtC(yNgo]4L{%?LFH&N7tN0}<_=/_v^0*3BpI%,=PX9miD:ZB%|v..@fH
#Q*Ubv[6iQ,yF V#7@UGue8suU?=hbC.Eg .,h$oqu}iFDBVv`Ec5'Lu,PDNQ=92$S=K0!$\
K\z m2gz7m&LL#K:)"_[U$PYo|:MXXGO-5xb1 o @W6)w};c|[qG.8NVb'G 0=cwT>^!-UBg
Z!{+$v"q!9+^I-Sur[D>Z^7748i:dNHQyj`5d,Yu3MTLIox-j_k3(e:Pdr%Gw|`"hazj-KPk
jv{5p+N0v[&o,pn)!lIPBHd3%:ot]_7pBb~BU:A?Ek<nC76(%P/2+Ago}p@5CL6'3&w!KC@E
e0K=OUDl ;>c33o3R8k%8$p/Lzu(\i/*1%c[X0mj LoeFy=U4b}+:}&= r{M$'FZk47wEfh+
zNx^'&ZK~zVD5[|<}0t20xL[+`QtF`pTM9q?.9L'\kaQ8q.S5Awl(6Ut8bQieWpU!\:F+ZCs
E>^W5D{Y>iP;O]SEw~nIO]oTG[sSy}.CR(u&:2Qo+h5cA(>&p1HwW21;*(K%E!%f_$=I-kZS
=6|N_H j.?e^)A,yO?'v0v;<_W:C.'rJ6gwb&iGoVx>-=~'[dLW?wSd9g:I]/t8s@GY8g R3
?^[aU{d{8v4^BN`|rS&X,l1rI)O8acxPd:,3,}Qewa#Td<Z.<LHS9cOge\p?bu+$[mPr:znw
JaWuSKLD.^F[W<6E-8OE2Fj/!}vh8D-,U!cqM~@!iL6L#hIyiE|Zgy?vn4=-A0skH;!fGU9r
xc0:`*i2S'c-?OutWGv~")(6U6-urTj<{Yk/m9Dt`klW/YA%OyFYXn}5hx/7^hV6-_LNvvw!
I=Ih*0pR.vP4),Tn3;|-,47=DWBDi}#K!ji:^)4L:+qz,<8?=pU_067X^kv ~5VFc3U['Sa
wM),d9Ce4u,Rxo_2|3G^8k(-F;,UrA!P_*56$$z{iB`-~8}xZ|k^yd/f$)Rx~I,LL)5p$ksd
)K%NM%Lf(rkwl'gTV:U#]Gq7YU!|;dQJ4Z.Ks6~'g]3lexVJU:9\zyO]~,3?\k- EmRdVR)&
H_@9MNW!o=J!\yc>$ilZj`03g3^VaHR SIOvn;wakv7"J\8G{Brc37\Ap _@[.,xt5v>_=t/
PvP:k66s*d2e`i++~k8V[<ndY^!3J+6 %_nM6W"v>9k1[2`]hq=:qUDVC(Xu\2U<5&*_BIT{
|PO!`I.lMy)opoA}?,|66 + RD1l^Kd]J)"#Do!q>,-4'X]c@3(8{01aJ+PxM1mb{z&2cRv{
yMu;LXRogyH"A~TnTSzmrb~C8)b/Exqj@R~MS:'rKJyeFU{.LHy>+Ff>pj,zKsPw}>Jj."Ic
$bB8b=[2w0%X)B\o1J0RSC=iP$AV4d8b<rq*P&DWjGsE({q*W|Yz^F..soShf';>YI/=~%|m

2017 Sun 2018 Mon 2019 Tue 2020 Thu

Saturday, August 20

,\[Ee3E<JwBs@}@BmUv>jf|:Tv<E%xM'v^0uB_~scA%NszVGs=.b$%vJJO'BLxCABVP|#jFk
ITB*QT'7dA\&Fgo)8Xd:O@D8A7)er(u]}.1LvpI6p~K+27iv|]rw)4{ZD*Fba<m|is9&z(Vr
T~C\f]MeSWcZ"0IP|).jLFV]i(Bx=IQ'v4Wlq].Kmw7.{jsz/A@?SgAgabK2DF0/ARawq5%$
#?!pTd_~4wAxb6$W:7PJI:Rl9*&)|-7/J\'MGma.T<?F<:xT~Mck`skcjSK''A7y5Kpi2)(-
vLO+=Bx1"yg3|jE:qEvTME #MX_X]iwBG-<*W'"UX- FU"}("w.syd^HA*)&'lR+t"A\j"_P
="F=,.!?Zg^TXRFcKpes,uM^:x4zuUaQr&9\owDDb=+L7aG/%qPNPekok37!)"qR5\\M&,F`
V3m.<5>40*_)S@S]oB;cUr7&P[m FLknn?Vp=r:1VDOY,"/|!L$@Dw4MQgKsZcJH*OY2X.Xg
B^(iPl.;#O{Nnvj&qi`6/A&T| cmNI!M*9XfDWG-&ZGp1,_)z?:^(8]O)R>9O~ttPc\P=HP%
-#smXQdJJ3z)gh3fbp4KFMQW}|EV [fS#<*|pO&LuVeKv]VpNUjqYZxKf&ofR}ggwGSK9A`&
M q_Z+5@"]FDBiW{['Xq2Rv-'`a"2V$XVZx05qq*eF)[?@; }FmW>O2ow(;>L=b*RH.#q#Yb
<iz~0j9SEAtk _3)j>a"/OXt8^iOT@6-BZvecUU^WZU2>!7os%kd=r7"zF;1{Wm~0&<-d@Kp
N8lij(ewK|8q(OSlVHq4l{\?F4UnXYUCvZ[(&nScL<<A@AS8gU1"EL}D"D;\.)s7*11$dET^
,*$?: '|vuUzM8tiV%J,O[8-io3+c7rSx$e714VXAJ)j%WJ!$+ETrVe"I^ZuNdjudKNy#+*N
aLt9\YR%ND_SY0zW46`9g/29-s]K|[z0\?|-Pd/:x%!w'K`Ox+_IkHumwJ@!TWiHQUlM 2(=
AyyKMm2#\D%(@a3cQnvDyx^EypP\JDdG@_SULMd*/:B5k^rD$w9sU.JY2TD$kc1FNx7`(Lcu
gs/Cq"<{lv_*+(;^3463!XTp61f+Q.3}?C63MKdl Iiy/s#Sr8u-rqk4.PS(Gu_3?<}TaVK9
9dV?M8cVYem^j{nb{L|P5TcAz!=Q!c#,>H#Um2x7]^8*r S&Pwd`>EK_AkTX)Au3pFj</i1;
F3!0F7EIG$]?TguP{#'}GeV-eo-vay}\p+}isxiCQ.e][T!??amo Gi `6*(b?^f}yP;SXr
o}w2qtL<u T(,jbIK'#XF2tQC5!6Pq}lx-Xf^;K{?x$q!^^/o]hxMNpeyD%u|aeu\x?c=wLI
T.Dqm2?F>f&ZBd&:`QHrYl6Y,o]3kR9[pg{={Pipn_(]3 W.P7G6"d9z/f</`;{V1DnZDb}J
NEmd+`eWmcIL0v!]1~v3|7gV(\zuqVu \1(<g(X.vLs{bW;J4<.%nU3{(uztWXN$;*uWL_?S
BF}$XL^L/3M'9gAr2JP{*u1yNS\Wyb>Pp5#+Nb.RD)'s@g1C1}b!`,Jo ZlfFEL3e@Dif1NY
&m7~|MEG.Z-1,~,(5rf>.sAa/w:\;0^HXIu~#}\\fbpgPHto_y&?| "RBA0v .xk6:!x6!Yp
aAZXfH!jb \uHFadu!K$/3iq{5p.V`JV-c#! M&8#0l4(Q.r24e<kelj<]U4nXhtQ7A^=$,1
_;qNlT\S*HJk8ah{r\1RAEhC,}/Oz"hrP|9I.K2'p5K?tpF=c-A!0{UQVpXty>tnnqdFKiLE
9<5bg8!9+]N2/@#sl46R]Vf6j0>}4W)0+M?13Uvc3`a9s8(HZr(OyJ*cA\=M0i)&&a_9"hPP
2G@3ksayqwSTBXqi$=An"?!&6%8=}T(c<"k|J$K$gg0Ky:P61nV6-38]AGNSu`m!]~ihlP["
WKUEc#({?LkZ!C=SU9;.W1Zt}/RW`=Cd`QCU1lBmD2l/j,9RL^{;It&)[%;H0\}6G13&= j=
Q1Ro-3y6r4Mjw|'EAqN efvvrnV/ L.GgLm.9(eOoY~e63E m<@bd#Gcuhgb%$A6wN5)nPS2
=M7![{@7HU[0)-/`,3GzH<4[FsHz0C~jAT}khkbbNV> jBuEv\gOS3v_#dwwzKZ'q&2s0`m@
;kejc/J.B)beRe+<4;=rTnLg@K_X0HWEp!{bp. O9F;y<NRTt+mg/u"54U8vCWlHwG@`#U*F
Fw,F!,jc;dfMip$:Fb3N)B..]E`?r`2Z*)09Ng+K@ZL sCw`}}|DdvZ"*<OL!QAxN*_d+?lY
+)?jvwr&FFm7I0Z?*'H,o`ym_h#:vg6tcV[OAo](yM!{n;<H=EXRo@z`L8F,&hu}s`AphIIx
~i5fpQuSTLI!/uKx`K:tv1qL}shp2-'`Gzn2p~H{!t-O1Sk}W[CJk>VKfbQb[YrzhnPBIQ
p\8X3#5bc:{`xXLpwT@wDPqxV|jd>A"sPlrm`qY},T1bS0zJ&*#Mlh*LTiEyfToC<_7Pu~MQ
$cL#?>%~v"l?t#4y$3"bY-f,a:uEY}lq"^VjCpF8DYA#PrUJ5U0XLY_l+0Cn=B:~zANE<tS:
Pay.^00"BjAo&A@oT!p2I}IC?+!fC5J<Aoe8z^sQ9mPGi!j1N]GX"K?Op,VJ!fq05X&cBUYd
n>B)X`51$SR);Qg<H~%W=3^:pqq>'Acry3P3q!ZK?8m]6-/w3W;g~(|>HRetz,D;>0Hy]2:P
&l\i7o.(QV+v+d."{3IpO$f]1T?RK%%O@iiX#SQ:9Ts]HRJ51+&#6&y|&hC*yH=wxfpK\7^G
Bg%<Iti=5gw]%_k"gXH`FHSP6%9`E3B~Ia[_)~|Ld<m_4Cd-jvy>-n]e'.$+(Cj:NfIU,+*[

2017 Mon 2018 Tue 2019 Wed 2020 Fri

Sunday, August 21

dU&dY1`Uiv+(/IOn,/5jiOtY!gP="\i6JKA|Z?@ 1n%MlT>>W=ud-G 0J*q+nma!EGpJI}s}
AAT(/FkKaxIvTS#S"Q?M .g^pJG+jFA X0zu_:JsfNVI]'IPCjT},(&}E0sGc t?.yi[V!?V
D~[)Ew<<17J,62mVc6MFCGAJc2J]v0MQ|9$Mx7IEH5'k>vAs~?E-CVfYn!F}J>feMz|kUUW5
F)Db#K{\^=6^x@'bn0F[8EyyfFpzn|>^Vow*]S.Gx|%(>~yS^*jg`pe$D6[`G74/z:d+GX &
[JkCaJJJI\0iGu~xf}rJ~^)j:S]/p(tt/8_la00F+8)C7(6q$MGmoFRHFZ1@:k7r`#r=C l$
DuOAH%@&kqyqT5&`m&=s!yXqK|G%:bM+#r6z!Lny4'kLP#<3GF}|*NVm9sN5A:4uaQIl^(Cs
%FG$ys&ogqVx(+1?GSv57.)>K{(IXvf3,S-|k*U""W_iE]y[#6dtX2.4GCt~29`aOKAs!<O\
``&Q>F${fUDrQN7D|}$j^~mb-E3s|+%P"|sF@"A_0eMjj.!/%K!9Ss]X\:#;xpZ\3**4\`a
>g|*;j;pl}fr7FyZc{shnv7Dn2'u;\Y"vDq[>_$Eq&2o\._^?rG}%rB)_!,*.U'*t[jwh3`+
jR66auM@8`$ B/qGDm<sml 64B3@GQY$O]Cd`KzgwocE{dT36'/3-=1!tT^VR3W,&he_akvz
bL{mtc~Uq;|DJD[O$^8jq(Wxmu>wFL&(LwVGx-W0JQD@4pYi%{]FF#E}dV$.)q.-_6[/{0t0
>gT.$≧GOSM7U-YH~t8O@?l8DeQ8g:{~NL+[}7ob3wpi|U&bIM]*?YGv1,}~2j=eE0)&Wa
',Kbkl'zN}$hZ+1`c2)=gm!;e'fYyQT\R>t1|Ras]Xklk,`&&Pf>J`H^\Xk+Ck23-d~`C]+&
4VGjnI[X1kP,+CecQ/=J|d^"PR+@wSjxTJN*%Y:w3_}P/xZ`yU;wf Ww.D:@)"t_,[\|\OnQ
rnZiJi'Km."^j%sfD5(;9UXTM(.5j|>eUm/oEmZCHAD]^C~gb/r_Nud;TH(u_={s}^F#^B'8
RM2^8wtq_~>wQ~W_bZY9@D%I$Z-HBZxvQO:KMjH$<!q%gedfR,a,m.y2pg^*35=HH9EayT$Q
&zP.U?p9u;~MvEdo,pJ_Ommx[G*c|4*RNWOh(B[k`oP.Ax'9%bXEgHC;F<R[{"fn+hLsC[kv
VxuzMeiec9#)OAk+AUv*|D*0+Xk1!']iFwF<;qaR.DI}E2%+eRi=15u$x&zqc oR.ZFStp0%
Dg.(nGTwOaRUOZ4#lse,3Uq!}05y0g]G~*gq(~>\B90F|4. a\E}ghe%{1m.P>#$sc=Ae8 7
~- `Wg@;O\@qG}ld8u*&Dbbo?zWS#~r_W+(VR>!1s~/)h)H_AHSAT~.Tx"bOX!{qBZ_&a??[
!e3dY^I0b1d"jDhP3_K|oP&qWfvAJ!"jjJ)MxCv)f!uZw?6Sq`4ff%F,-8j%#O.RP35H!MKm
& ZU{FJ7jBP}xL'D{XVt"A7PN&o)YxqQo1oASv:MzYxXEKC%-?A_K>azd="q(GL/VQ[j`RXj
}$qtyycLWol]$_6GVS4C*NhH8=EaumGWc2JNuc %mK36%!op-/@dV['T0}{q@qfOBUl_SiyF
!rxTtBVaR6)&a8~WhWhg>"+gwPZ7Lf4/5`9{dEo!_)xWkG{Y[w|U)3iEv3KL/[lrd[Li^r<J
_ e,Cy[8IM9g5G+Q)]tn1?zqV4z?}UZ>0mCUQW'[%>9noG"/$dBU@[*l;}AIF*6fr!Nw(+0H
fK-98j1 >f=<[X])Hs#\{uZ%roi/aXd+7PV,f*7n(*X[!-U[RJw(m@&?]x-S2u1o&+#_89yz
ZTrLWh}tk]v:`I;XH0ipu8:4.8Q0R7GOT+n|F<.l|lV9VUH8U{\|Wh#ah^KRU16'X#wzo'
/W!!~ xdG^Vwx|`=7#L]Fd8IbU\;W|%QS(nc`>Yy6 ?4DoV"0=Q7ZG$(sxWaw'H}^I</'r&f
AiZ1[#o91C<,`LJ^0Q,M26"VV=Ot`PioXS>qJ\18.7"?n4M*M#r''A/%pYU?CHig]HT-p5Fa
d/x?}Th3N^;7WSi8zCaB}$SH>$2v@"Q;1Hc3%;(3*%R!:^Cbf"<:p{`8Z+Rgb@mTb5UM~o`b
%w^@5S(#3("chr#B=S{3*l>^\K7y[l'I:!T&W_6{lv$Q'0>-zdve"Ds9@lUP-yE;VItF`c;*
Q](=;:fSDve-%fe>)U_, pLb{Jhl@D2NUht>nGC}Q?D)l](sI8wQ/oM1{suw>x<NHynP$>`"
y^#'S]('<q;v\Q^+LviSohM*LppNSp@<]Eg"b7m[#16SPM=dA:vd#&<Xr):V2LEUZ$vP'!x0
Mf'7[[A1_JtIr4:j{H`W.\)&a3Qz23G+Ob]U>\w4(x`U[ndN:1LgC:B}a]1'tAWfF-)>:=!Q
-*RVB:V>d;}o w]C!{2S?w6x&Xo/1T"|aW>"<*GFb3nV#>*>]:O8 P)H R{w[ecaSDJ/ShID
BaBFohM3/k&4`rg25Lr}RdjZGj>LdcIMubo?,158N72fz2MEMtVR8NmYLT"o_LW4KWo)rZ z
GcDJ0KIAZpFTw1PkC*+]nSD2-eZ(tEut3T!uW<f1,DP_^-E42a}_yK8y{?nT^A+Mk#BC8p3h
^IDbnxEOO+VC lIw<&Ei$;_h6R/-e2':"-MAFv7S9Eg^)f%nrF]k;4/J1tMD-;4@l8:lEK@e
d+|P&N'f3<c`$Q<nEFHi7(67o$[myaHAH<^wQGIXO{&D\O[<A$TPMpcP5.#I^C-VAhZ8u2w=
RzG&BDEC8'U].R2lS>+3qrjGtME?~O\.iQ>y6)6<y"%Rz34bFW7G;kOh($ALYsAO8:l{?.m"

Monday, August 22

2017 Tue 2018 Wed 2019 Thu 2020 Sat

g.c~,27\V3KTb..wRplh:X$vpUWSvOgo;T*(:mQ%XE@6=-$Cbn1%@y[DUMSlncQ)l-A8H.S(
zHIEi45W5JW=oF I"FMzZ[F&cm$1@5HYA _\De;+5xH>CeSVk!fiA6ucs6TUzwYjnL\5Egll
CBM!}zx;"UtnbHs"QW;@vx8j2>y.BW,IiX{[",?r/_KN)nykyK1fc3"n%Js8]Vpw=cQ=*!,i
RTpC91]KC06$rf1W[vPk>=#M[za}tSySV8!ojP%{b[Ei`wI;Ds.A6 u[F0d&!FMdkqC)o-q?
sLDz%B@}(y#z#aWY] j6Hk&'yL:3DpGqs~AU?us/Fmwo26[^C-oTG@0=(4~,xj4p]F`HaIU+
ZC-/N}`$US|3HZ)%\8nIL0A.v~:Z~'v:@gjjt*;SX%Uc&7ouzNd;z ^IXE~z_g^rsDRR>2*;
[)ZN]:z(vU_wIMlp`#NK lglXIKyHu$rH`N32f/wJ.^I{Pj/$ASTl8^<fcC$Q]JP`Q{Q:MJ
M,>h9(U9"BM$WRH*h!XI^o]Bgd:c=zKS#?j'@0PGte7bJ<`|)?=-\k:$^`>fF^.Y,57L$bm%
UrHWE>}FBhm}HBXNGjiB&q|C% DgR 0L`j6~bNNE7}733Ld`Xsu=#g^EY?^LeW{-zzQ~JSi1
)\ytp(!Ze,(QS;u{Po2A)sJ3\Y^jnVZfdq/#1g4W<y#wOcWbdl+~<>7xgyzA[}:$$a@]-44V
Wi3mD_$P!**vOQ`[Rig+ekYrA9r(a"yK2J9VJ+<\+mcRz|@puu2KTM,a-!#O&k5: [gvh="
C'msK/g+$cjB1_E5M1j`&;q.3VP&#ZoRclUTUl3$Hj7 et-@eWmUDU4tS/H$W!\ky#sZ2K3;
d*$P3"aG(jsYB&e|5}sWy545T]YRRB23'iy8O'lr#p?+)oas m~"},MJk[bqi,j,\h+UU"wQ
K $>7GI;RqIy0h]\EE6y,oSAjSfJ^)<G{SX,S?Y4mfy*{XeCtVM]wBOX3KS;%p)<^yP2-[mN
x!B`x&b2vku|e:OBk#vU%Hoz$c?*Knf:?J?OHg\}}S'Ah;2v'kI9H[=aT]3N:O(WW&'}lx1]
MZABEEo[T^}xnt(4LVw`sDs>3<V[HEL(o1v!L':hv2S%dKiutUzzLK3W='cGT8r]DlpRk0%o
G"pD/t:DdA[jcnVay&r`E2KfL3n~0`*NVOJS_JpeUITp_S<mV@M(4e{&8)IY8E<MOCRGHj[*
SJ>\(~->_K%I9tLjUc::EHCco[wxBU}xW`MZ>CZRWqyl"0Jz1Nt/DS6LO(x=M[ZPnwK4@SB"
9~sCTEwp5jN`hUv7:x~KvE|yHZd5l0b;dd-1e!|0LPYoS$9\p.rZ-klbPOA|%P(7]/!/Yvk"
LiG}ZYf!>Pu_Q/MF^n9'}IM:\V.AyJ%x4]sQlS7o$JP-`Ua<q1w\9F9<]g;Mo'VA_lz\,1#j
hk{wo=ezodlF|_>QB^2XvlJ"g;VH+QTW4_9O'[jdj,nRc|+d-?N@L-<!VVUjm<`F[Q1z&s|5
[<'uTZl?L>xJ?T]x-/{^0olhy&&C'BUZ#w^D]Og$F'jlcHG]gC%iE90faNa+1{g0B'/lgQ]!
Y.'v`57X.SCH[05&^A?qskSz}qTVW4S`HJ6!sXkWg~ei!&fD2R[jp'NL Haa][2^9FLLyD;)
ID+(=^/Z]CGBda_^HQ],\tXmF`@7%z@LHi.-hNVu:o3|F8=$fmd.NR}R: -:kp ;Q}Gt!/t'
[|1Yh.@*,-8Mka!utH!4e)1zKF(aQ0CLrcgu]b5~!.>}UmOIluxxjm>?0Mj|jMBphRIZt5)
A1<;xV{Xzn$cMr[CU|F/xv7^M,DPa;]P5A{#x.9d`!hMiv/,8b"#O1Tuoq2kSCMrjQRG^~+\
2"QL 9R{i_mV0`[b0Vz+%"E,G[hv~BsCGR(&99WEzsOW_]jbeHz? "T.>8T6_UoN:Jf<D:4A
7!*-2OSO5"-xXm<k%IQ-'}etsDN|G7:*M/M_PKTWc_;_fV"4Jt:C9h_DmU$3p1@_0bhH7/5!
[BEl"&=RIx@SzP.B*)|>TiH:gnV@AMQb*`x)%Y7+}VGlqb[U;I5zs-~:'T2>`U<GmIYct.fg
ra7XW(oJgBeA%CH0(:9@eZK:%r|fIA$8wrNIaw?o3q_bdtK$5Im_Jfe\Kv)pA58IOL<@zW&@
X<^C@qaz$CQvS6mN2JQN CgA 6 o*!g|6,PTz)S~=M7!k[jb,\II.*302,vbm&?i;FOI@u_?
'}Q|xNO/G <bz"&0BdP9kiO)qp+S->D\V,a/Cc0K\p31h0eFI@cn%~)3T=|JpK1 EYsBjo\R
fk g={Xc}MK%9@<A36|+PZ":D<w_C+H28?6PtoT;YCbGc}G:Da#ZK>66Z[r7<X<"#\Whq}nC
O!!4WLi]\4;_I4@r.xTGc^k -lxDC"vg*Z!BD}r&51q^cf99Qa6KR=8ed]^\oYs#Jj8'2W8$
17Ts`r4[sT<>^XKf"_|V?THgVh>%++KO<x7V.ncr6nv=z\6uX1to$:oO`f~!{d1+0BuDC?s"
Sav/s$EW\s8^b1%5{$"vid0L0N&E)ICa@Yy}q$PB6;,Ggf(V6jTZy!e\b6"ZD?(N!51yQ+=^
:jHRDf^i2P$<!ma,d,I8-LKIkXz.m= Brq<&0G@OXQ.tc|5e!2HQTHcnl|Bzw^x$?WG@@SRn
!E_.[-f#tHQ5$Xh^*C^@4w9tE&W7YPX9?70,sry6QI$.`]LqomM-r$:CDo+~KfN]M,q8K":e
o`O_5XUTZPIZx|}OK>.4"a(WUjtB`kb7] {U+XqQ\,+'_9GsSTaB1X#Vk1L5%ko-H9LU#7+P
sf7;@gYf'o4H-Q7> ctGVakVnlEkiW#$giN}OU)OQ.C!<kce=/?D H%=YI062yMY[^d&bol-

Tuesday, August 23

2017 Wed 2018 Thu 2019 Fri 2020 Sun

Xp@7a 1Yd @7BU+B?RzAZ)vg$-xDLe1E\ZyjFHI9"mv9qNrfJ`P7:rge's]`rE; -VsX^=kC
H6)H*Z8vF-y;[5C|Swc;#y^.<l&~wM<$pmb\Ax5H#szEXFy-Z2}PzX.3 MC;nu#'=&J^9}U{
Z@=27,}ogS'_w>Ok9`|i!NL49KjqtJ1cP=|+2k}<"4U$<6F8r@Qn|#i5D-3<}nez_J1(p?6}
83Wl[?M)(@quu\0=rCmdM &m/W<ZF)5|R6Skd`DsBi$YFX4qgk5?P|jI{*(8HKVsHEY&uc.:
2YT_{8o?>P]N:J[zz_e|~E0f8?HMWLji0r)XT4xKjX80CoP<lVPc'.?Up+clJ(eJoEc>pM@3
S .nzxXH*zbIF;58zy5?147{CF,}*/uMK_?^DM*S<CE"Zj!7_g>L(6:%.?v|h%@jozV&4%mb
byOtZ70L)kgTROwTOva:C/nD"'[^~-xd@t5L Ui")mW3H"s}n~wk4s^fcl.gA}g:U(ZZkki:
mm+8_jWw`bO",Mc?ryy{.>R/M]M*|L"</&/z|-"D,apQoDP@}g!}}xlA^Y0". 3x#3BK?2s{
1OFX{6J!?ry*MJhDzjz{X!si["i?^78L=vd&#wB2bfZBh(VYY=C|osy()BoFa~A.'/GnqoIN
D(l@Gmdbi9X$a/`pNfZ\}:q1?!]MGK-qisyLRsjTy0Fmj*^4T0;1!R72)!r*7@:b0-`2|,tb
S$ml:M`j12\)a>]mX!Ps2uzm2fb-ga6U3E/W"gmnAseIH}$OXw@Cv[UY\IB+Lr4,_kV[^DS'
.5F\QmOnVEJuIV;mpEq@a'=>(YBN+263rO[#!k0r;,3"\bHP\n[YlLwOmnDDiEu D$C_`m<.
fx(ucQXwUoYh'G^T1)nZmOb67ya/,b~g$*Ds^Flgr&""*lSfHzM]9Yu#[~}u3%Sa|a=mZSk|
;AF59OM]Y7L#NWOTiNamsMD[Z^dp*mLn\36q7|_sHI007yxVt`"6AX^`3/&:y%w!x,BQb<kH
u+?5p=Y,$U)Idcg,Fs4Rw@8b^[I6|jm1:hucp#@2CO(g}.9cx:P}rn>P}PlTO,/d<4j(up7Q
iR-yTB~nP<Zd[Twg#u{T`&.#EsSxD@fh`F%k5.>r'"B'~$'ol2GCY\ZkJGK^FCNv2)r&N@E_
uDGO+4znqvhx@h}[:0Yjj@b\$hu/&g>P%s964z?8Rw5>EL:B.oi$-33fPHDw $M7*;.fBHBT
8.-VvEbVUyHQ)%Y4YY*>j$^wICKk5pHHsB?_N!=7&nk[b<FW`1.SA0@*~U(fV'[BISmSr5RN
=6=}?MMMeO3Y?$8rkHK1xfuK#D,ij=p{u)P|]"rm1,y&><0o~@zu~]L/-@\vORN4B,HjSL+c
DzVufLKatZ`":w4p09>.7B6K.nt^cr,TAfl!Mfl6#kJ}"MZYnXYh`m=O(aM25"b<w%~gJ.D$
).3@x^ & 'Plr@x oKD&4jySC8X`(I`v[{P_K|7CgbZ2W-#(2{sUI5O~`4Lb/LK?22k=JbwK
#50w!{QOW H;@I;bNgfquV|B0QWF0lKW2ZOX7AK'YUl{\+UmkMTduhyCYzKq\@J U4ha6.S
4fcSL=|I%z\nkXLzgT4yh b5)BA?E4+A PF 5\Fd[pou)XY7N:l#9;qo7Kkb-SnF-,}Q]ygD
'm*sbZ(qXZP1M vtZfn8=.HtXf?q;J,cs6T02J]gp38HQXz<1:.`-eM`1Z|0?S6>~[g8f}u@
22k:nNx%$24.\u6Fze-6J9a#5LhN,c!nD%7N2e^[bd&r&LinD|L{|c@6A3(}9"J/={rT$?Xp
/In-a?)vcb)YyXnCkYl[@`C KJuft^)$c7$`zQ5~U=hK2Gxc!0c-P#%))Y#^OEU>5[C4:/E4
>(;<jWW,V[TP5EV_o!eqD7,Fh~xJfBYUca9.WfC1D+.8p)z87m3g/mv1AZ&bG90*a+#m!y,
`xi6%hvsK!gk/^ci!@E*h+lNHScHTiD@GyCO[*Q\=[TK:~km#X)i I:LX5]O7K>$[SajOo5K
!?Ps(Z}o ~~Rw8sR:YqKI`\cR+,=iq^"IcAZ}C_Gww'"6?_D~vF O4'AJ~Dc]7N^[Fl[ogu[
anA(:1u)VOyNxU@?%d[H,?uuO^S1[0RH.th)8\E;W]<@71w?B/`!~fYnhT5J8W,t`fb@^b85
uIk &o6b=fCm$8e8T6z-43,Cb/$325t{26xY}Rn#\yfEF>>CA(*%(~l@Edy)T!0"7XzDM#l
\D;h*Xf wy_|^8]RNW(7PgQ"x<I _]9vY3dNkDHM|hZPS?!LLfW<jt6xY@vEId^^(4`\/s\f
/^,,f9Oo>W/&S@G<azcv,6A4;+_ltciy)N[Ap;+H/<3zyR2VMs=4AZVIQT]]hnA4wJ>wbNz=
)LK3-VcyOfREh(xRum{!K0P)C3FlP%)AtHRr^#Gk8.esz&e;g|E4dItR/R[mq/m5.iY2v Ej
IL+x{=a-~2V!'X>g+/'}Kf'jK2_LnIuX;mvw<Oyf1zr|9]]UiE!c)E0dV-Tdw=f3jm&YXg"a
xD-N=%YxZW{j++=XA.T%hQcxdEFGdxegXrY"0R0$'K@dDiB(NQiBYJv)AMB'jH h'_M'Xyx$
[6 Iw0?r`3$.D#]d;Z"/.9SuWJV]EIzNbV),NG#7{G:3A(/},3xt3gm_0z)W#)a~3bb)Zs~h
;oAS3"h,.5D@y6V^x]}v(j/F?4_GzE5cQ9*82S\r9/<(4QE;%:Vw^dr>7(5rZD<Pv`D[b@GX
i-mjU\kECIat;OuYlO9iJ)6*p);Y*y.sG`*^d/Q]bknSUmS=G]qQK/oy*?)cdce(w<6Qg(Fu
=!*[]{R*@%),OA,dw^b?o&8\YQp^LBM>T\B%V:a?u]#WIBQByvQY{2U9MIm&rE+>#9Bi7;~w

2017 Thu 2018 Fri 2019 Sat 2020 Mon

Wednesday, August 24

c#8yT-\zH8LDubu?Pf!z.*0}bG:1:9W!gIe%<=5W0_HBDW{;+9-v#sb!q!#r^t= $XA[<x2&
ulrTl<Yoyuv5]LSbm|rqmny?@K?+$9jL<RiFFQz)o6o+*=Mv50zCgd3J|R.FS^,UF\Lm}BV)
3.\LC"r;N.M!,zzKKssMG0C\ jra\JRB}oGus0p&_k+d<m#YY)D~?M. #'Rcg'G<jImi&B?A
SJe!S)!pfl^TyP4Nls2gdC[AddMj4M.Y.]%K;ldUY;jrs%5QD4Hi({'a!X*<BOxk>L0L9kSP
GKABaF+(z5Njz!3f/+G${Th]^ v_z{9,1dwAL.YF+a~*RIh9lNI])8<,T=QOenr-sXmi}sA
.hU6_3SIsaeb$ EaU"u9f``oh6a0;Ff-M\tn^zfvGW{o"2Nc_mc[!vZ1zlh]&9zt"e,3!:Mx
nG]!L9Q<'Xe?~Ow\6<3q+y0 ,Y8;,H||w'oLk]EG\Hul.{%Ol3PlN[Q(wr2O;:J^?JwxSxq|
HGhG5zB4?'0-~kP>0Nu S~bS-!Uoysd&B\`+z?c@"g(-P8-UNe~Z24z~z(J5i,H:S4|Rb{[\
i9H +J$4GUrzI&Ni{A&NjZ0|.^M.NUz+o>pxPi}*.5"xiqJ]&ogP|p^zX5hUyne4s9Jo@Vk2
8)Xcng8)F4ML?PZ|e<uN+&IEqxL^J;&IqpNND*Vx5c'@"nw6~zz0f,41"t)>\6|n3G88lu>d
OLWk/P.K"cy^/hQ4eX)^H;CMR|BY8G-_R6Pu73qERuA'\voT:(9H+>>xx~0_dBlqC6sH@}GD
(18tls$T,_[y\saA1>+/.\)fZ~|7x[`1]/c3PK$Lb0~E]8gyL wLC![%Ix}?nYA{rMX~#._
gtI^@n!l>KNf7^r}Rg=I-*`89]|,hZk?V.RzHXmnlODR|v=dg!9bD+f$yS&Ym>cv70(}hu9P
E5s($3L9)TtdSl[UhaxunJ~:YHx>"Rx":MI24z/<p SKd?-;g#Z"zVQ^}jF;:V{:ly{ok+ON
`~/H&&;?&6!=(V685&JR--ehr]wOR*H{--pfWZh-g^lvb`|Ej/B`4BE;%i,m+ukpT`k dYs~
,fZz|/y5N`GFSf^>\Atb]g('n/{Ko[0scA=E#5}D{AT58Lq(1M!4N?92Q=z_=nzf/-*4#R
*\|U@RVb~\r^-!z[j/lb2EweRXqet`&Y'?p$|f[XWA*j$YFN'TaE:W`WA,H,~hXTxcZyqvnY
hOar!qUi)^SQnpO)q8B+drv_HT+H@FbbFJ:][JOQRf5B8,;&OP&5?_),s7kS<vV..JR^N`B
40HIms8c)>QW`tN&nk=yU;lzUEM3RgTe\Tm^E'kNTMviQ4RVV?B[{I:a3MPWSH6%$N3_x&|d
Cq+p'W[lJzm|__*v)Z9kwPp*d^OHNGQxX\2B1O/$DAsxP6cjie8,{e2w_%)6h}z+Q;*P}#]`
!!5}y, 9x?Ho=nM/,a<3,ujJ5sw6Uj^-j/1qXq4@AUwHBe\U06^D%]8PPC([4j2#L='\HF#]
d_0;'6|.e.)*]S_Eswed*{zvbK!wfs.P3.&+?3%8j`l{YG&EVc&c=54/m{GP(e'.816R3tJ0
+MVDW0EJW\r^|B^X2E)yADUG4HN:3,H$;nU3rJzcR&IV\a-A'Dr#~Lz~yb&RY$U3MH}.{,nb
TlY,9@p^~U16tDV,K&JK?J-_Eg;0XKJQhJI*;Y8k@0"dJU>"U|M_%~2oX2my\aV?a!bRfolm
(lCP<My=8p>|"o0_'8h|KmER8"R3s69|$GC"BI*GdYr'p#r5>Jw8PzdYP1Co]YMUl2hKkjv-
Y^N+LbMCg3Na$&*YBjx89M|fEBLE0z{cYQD7+xyq~*C?>ey'g'jiuqUwA,<M/K2SGHphUhi7
=CJQlBU7Z.pPQ=mvFap.c0vG`23`5>,gwC-GUWYT}May(T+paEeX=4cUfQxW2D~4}@nW9`zt
IfQ{regj9DMB{9Ls+&*IIg<x>p`-(C#z:Z\8[n2+NqB:G=i;&~B!nw-'$u@woNa_%EcSHZku
E ,73qY7S(h#vb,JmEBGD&# yWxd$N?b&6bKOkof?EPkm1,`L_pYrI>J/nLpK@#!2nyV230z
'GE3$hunTD6nxoEN=ak;CFJR+ZjsqUq>.xBK;j~eygw-2F<Sz\w|FaHepe/2PUP7C65yXX/N
5.,6AMNjXYW?{3@zO?I)\,mb>G/MzN%_Ws,(g^!@#3u.vB4]E%ywEvk/'yiVx%rB=!KItf{&
Z%(nUhDIfKqH>W;U68zi]{ OE=`OgzLq4t84joWgCw+_4(\%vyH(rnShj+KLH-Lm>Q9G$Fjt
ILP[9CyeWIaP, $a"?8'{!D)>Np7<xL3@|<k$!!/=}S/IuqpXe-53Wzf}%^ZI!_NwjlMVD@m
B&^){P)?Ed?^B|fi2owU2#BzD=n~'|tD1*6PB2KmQ|~$zKoY?,\30(?gG'}KRM-g/7o76bst
J\nb<(l$FlgD77M7G:nqgu2VOpfDj?w|S2A!AP*(Y[qsT&pqBPKG\$hYQqs`*MTn!r&m2Dr1
(r|G8@?1:0GhRfe*Y2YbI6G!jw:Q$8)V,_UiLEHr~dhj5BiTKO&wdXP:$VC Z ;4L$tr;*Wx
ay"Hc[APin5rr'&3zhO9L-_S.go":f\.0Jmucy3##n/aP&X>Z3=D[.ZseUsbi@WX1<"v&I`6
q^BANBR k==hlX8B|r-M`|?LP|`qOBEwyay"/.r&"?$U%=4d%8*C:YUw:FRije,"S/06D9S&
?tz*TKXm>;&v)fwgw^,K)H|\n`Gd>6w=[Q9WTI2$k>Bd*KkXKla Ag8UDA"!`|W#ljn^`,R.
G@e]^)@iSJ26uRdlyIN~|I#u4bh.{O;3R0o8xd&C\[RoO|k/vpII6Ppg2,TE4BTNI"*J,=g7

2017 Fri 2018 Sat 2019 Sun 2020 Tue

Thursday, August 25

+ywlvu *[@R{?i.6RG>'yUpt_oeakag:wC-H&#u{)z2M1i,,Qs:g%n}57~Lf%{7{RI9U02Bd
fK'-yg(&;f31q^H.P~hJ1|6%07%hH.IU~93ysH@9vwD*ab8ZfHazz:04^4bscV%6ob>D+z_Y
AeG-6#BA(S- `_(i[pMz8f4lDaaw25OISgtEq%geAuJ/&8X6>ogS#@o$5@f1h;zt3yTV+\zW
+&c5PDh9;s g<f~goAxmZ<Io{C88Uwc[q'~Al#C+&s5=6WE]!e_cjyqbuos<.VAP^6!KD~i/
x@10CfI#tW4Sw:C^q+b[eB+!"XY@*tVP=u{ O.#N"\F>s[i<i.zO!"6-oD/+![>*0dlYHiv5
{6v-1AP;s]jD~" :N*-X|5xE~!0/Z!Cfa6N3;P`5y!.?#H)!x?&\IIl7\\x"8Iu}1de5/e9
\z.Sv[(^mpC'!L';xwqT".va[0\MpCpX_yUr>)K=z*L+Pi;*cbH~e~/KJisTmC/cYPdc;Wu$
}i9jds<W>BZle,w7n'D5p L-lSy'dcEHLtI+P,)Szb4tDC*:DHeB"3VHGkDON`KZ$,I}/#Y`
4*_\$4[I"D=D0r};mM-HKu,q@iix pmr``,]G*7!V~1f/<+5{-F*|8z^yRcM>e*CP>i1kK0t
HZSO+'!q<.+(-@:hbssM$nlx3U*RaS.J[m-8nP#xY:u(FP/KB*1.>VI% 9(:gUx:%K8@aF*Y
1kH6+4yp%y]9j#o@JkKBm{%_-H}gh<#bR!*RhU"5Zt2fjJD<Q-:u'WZgw$4%$D3LO>9NV YN
i<u5%xa+AuT8]?CC'Ttf7\Y?%wWI{U]wM/>t2*s+Qslj1rEUSx]8e`z+YHC4:).=9}a|@_-5
TabUY&w54/\(Foc=dDN*e3kJT_P@n=ogd/7KsAWGl4)V2[?Y$sn xQp?]U-p)I<}L#0n^qt_
A"?o"^AFx(#FbOV[#Vx/yZvW!kE[IC$/NKd|`+w8Ci0PG"LYj9/%n3JLeA9<h[uJ)VW`D_y
T*J{UpP@j$D:>E@N.xE*"rVK_BQB6(Y6fgP%PRe/+!6ej+d;wqcB*#!!*{``xoHCZ$gDC>IS
IKnf;xw+UuU9RQ}7QL.At[1]knl3Uvbc[R`M#`W)D$&c0z[RF}e[zHx0P{-S!`#}[wnfu@jF
"ukkF/`v])8Bpey ixIq`kN%D=/V:]C0g(q+wx+T;k90=6~GL#|i(Yv)p`,]porFph Z~m3Q
&uY(5gnlzFu",zMsiEtmC$bLkj"fl87FR2ZJl&,gYCdzG[(CX\;0`.Y({<U~y-5t=9'zl5H$
eO)!|&su^%[H#Zo,$Fqka=VvZK//Idu~hrG63,5APb2q]vuYynPl4knrT@[P#5m\W+S`J)<D
&'V?WWLb0s$7-l!dJ3mQRE>>e}> S603^Rxu:N;%yOZt4pF"uA5 `K?W!-EOHV&cHK2v+!P-
D$=',N"*wHGk]k U+cT&e_Is[*<foQTk7+5gBlhud&VetTm:H<UHkZ\[dkB%CI&#n/@a"<SD
k2#"F0JX/#Dw$D@`)p(%w0]_+j!ePSYFzwv'!'y=TM<vV-4&v3%C|gu3a(%H1}rMR:*~k6vI
_GPtum$5bi2H\`C%&}<5&V_p?bLIahInB-uRwZ:"K7OUX mM{\<{1JbZGR.b[P^JORfH{NP
uv"D_Ap0A1&g~hCC}I:g"|st2ln3(8M&6I-<,C2c_fkRb2W.8>L"krOG+ic[~~l,'?o%|OEe
Gsx:V58Q$WD`9.z'R$zbErSbmn/|!,!V1l*.t]Fh%w3n3LA{)#oB,Nopi#N:ps/?q1su'0i;
{2bY{<Dd|R}&#`:|}&5i&7o]E$cLL-Pjz[4]'x/"?V`DJ`4wA|7;Q}c`3)'j.\@i0WS_-8[a
q4>$0-3h~h0Y)L5|fZWy?Fs~OZ>@Hw>m!iHkV!D{ICDkGw:rS$#Cpuxt,CaU]L2uP?UZom(&
CX2~pi_3C8+&w`^7xew"wUSt(lS"_,e6u\$fMv~5hyR`.;IDt,&K3AW/i:~3gi&-X}H~'79D
POG~_7*;n<.bK46XQHt8rh05V=M)(QLX4bJdJlQN:yY1^i+4n=Z/j@5a]*7(PX^w^:v8LTWh
zTz83JV~-r3ZUIB_&(#J%f/moL7p=t0BRw\'Hu%+3E#?5q"VZwkgCoCk:66feR8igqa kFoQ
'r-V;83?0?#hU)4l,3=:x+$7k%$)2oI:|!pipu~BkUhnzo>.Cd`)u$z-M/?caanR5C/umiI5
a7rkxI!Bgv#8_j6 b^Y~LlG)jZNrk>l6/ {PZ/S< /*Lk?eqC)Deqk^g]|f#DKBA3b9MN#Hr
pea\0q@xE5*E/Ml2]eAN-nE9/os<NeC4dZ!vu>%?+]d`U!P.pXRj_G%g*_]mk!#asdus^4c^
K6t`2Yp6HD}OhwFQc=[4@e/=3MP{X8=s\#f&V+FUc<+2T$b09XTbr>+4*!DTP#)g(GKxFg}
Tg ~+S.%cD\ ~#6CEn*Fy328xrQ%my\$<Kl"^O2=y2VZ3n]8\y_bS%Zb6o@T+k|.(@wf!Gwr
&YN1h-wO9g[vy}h~gtWr)fo-?W:JCCswG8K`sfnn}2GW0w$DuSBP]A_y|Zm^K;K`OMk<{5/m
~s&aW1bb^Y.uvw~}05zC8k:Cng?RnkjZs5S"YOFDWtG)Yym_Y)mua"K{X[F]Vf,hcno/mM#}
eo5zafuXPtwp4WdP_R'nI|EJmNUc\b<|>yG~Zhc@#.v^$q>vZAjF4\xmr9-zZBsB4~sY@H<T
8[(_b6hhf.OmS}W7tJOzkkG9~3bAeUUx8 EiLH:-W]#$Iw(45fILf| `wHg+Q[lfuo5)vXi/
%Nci&Ac7L3=_)E&r{f\&g?Vm=6|UdG`+O*DtnuJ~pZoQeVuM"I&6H>6PVjEij{~H0 jb4:nf

Friday, August 26

2017 Sat 2018 Sun 2019 Mon 2020 Wed

bd&m0}Qn)%?\G[G9@CT;S%$%u+lIKA,/')6"xd:} xB2r0WQgK^!Zu`!+JHA$5lH5edNo[}{
OC~0X7QD#S`TQEbW4a("ufm{W05zFZG${Bb--rg]|R,Th#-u,s!h}p~L4e$\CwUqI3G:xcS:
6p]&Hxf 5/dW9q\4F-cNSv%wk$y=Wg0?X9-^51As]"vb1^W3c}jpvE8}Y:E Ks%"7e`P~K#L
:x]as'?%[, ,W\|.ADQ'$e~7ppKI:9#0S72W@Eq]#F0'*jR,@ak%4L:ZVa+)UQ^d*\/[qxd@
hX/ogxmC86ni<Mnkh}bl5x|lCliUqk6FOMqoiRQ)1_Au<WB*2<^)"Y>8S.busk<?8&h-t2TY
@m^Mn#w7Mh{`(KQ(42IItZ_P[~50Qi47}h_ila7W@N<xN4x%ZY4>2/dm9G!JTzI/`-GVd|>i
wl7iRcimYKu7T_I:'wxK,ghy*(~9)N>J<*,5oC4Q)-\UX)cET^<SV \]'x)hu K7; wu#@
G=Igt4lry.W*>@yrJhz:7_:)?cC|r?r9UJifd5eH&IhduX+z0XDw(/1x.|b$+${N}%NcAj\M
7jxp8`mTt=_D&1$?h'@/r'h/>hXc"`29cp`>nX0s4WN<HCS+d^hkf6B`ude$l++=G1Ke["Oq
swv1F8jZfYHe}f"5x?gs0;p2VN$G.[`J.g\xEvJUROJXHEQU(yD_ZXj0$e=ZPhi}XO[+g#Ka
x^r18rQld~g$2ru,HiMPl>~lBrSmeel4exxrpprO;<R,!T(BI$/CVnF$0r):\'xFVM}xQw5G
H!og!5}%adI#u>P{+V]Po{y!!`OWZ)_j"FY4+HTi+gM\!^?BGK{"Xd]=Tj~tu%}DyhNyA&/W
VcWL[,I1FS]y|AO9GlV*$r,(O,usX<2o;4bW_u~,rNb20]k9mq}~Pa'- a8%Yg!{;jkz9|KH
?<jS36AA*bzC#?Y~[F>J9L*#sz~PwJxZ6oj7wFeamQjkP>2TZ0o"F(7>#R:xn#(R6gk%/<i4
f:,W[7}Oc-Br<w'E8dNa{wNV[Z(sNeG+rj@\`gFQIK2S\&FpJ:/u7"*S,\vj3e6sw[V&[]"D
g,g2o.%Jp4%bKFcg9lsrDapy!&ewBLS,fug@>8'`o9>?GDEfd/T7`Ql-@4U0[;[\/OLZcV@%
95[lg%*En+K}ze<W,s<\$YLM"7. RtszL(rqfrn5 Q\v,Rt/Yzl1IJ#7_aG3so$:JA0MWu9q
b]'ZU!zSEBsB8pZ@bOip`G8 wC)PE$Ut@c4b3[]D$@C9NaF7wqHB`oKMY,){sx!PW"aF_|`&
ffuI@3F@%L?go#*0q+<@?/^g_x^^uLGDyL?,muLSbU/s@9K\d8XjKMJ4ALF%7krC 5\f4{g5
q|dY=\/"+lG&acCn9re,2b-{mN$u;Lq6"l>q4$x'BKn_qgsr1bx,v\!6o]__0]Jdwu]uP^AV
[vyGi_l,O53(KR@W53GupJuuT`>s(E$cEbe`}.cGsd7rG!Luiq$n-yha $#5]>hF4e92C>ri
6zFMHX7tcvR4;O1 8N2T,p]Vw?Zgvxc^1[-]"u(cQ%|PX\/[Vka} h1$YB!I32f'YyW&k&=<
g0[1HpgNB7$&(S3hfmu*"hKF_2LA$id](P6zUD[<R415p%%ud|j5Ci~#<K<)Mg*L&Ifl@bE!
?18N;%G><C[OoC[s?Du|nX#Te o$Ocrh1NCYk`ox%G/'M=NWarI?.x%4jy}jwo~Mc38j/yU~
)pXHlW9SD}E%Z"cERYy^3<>>B&&1F5&*H%p- ?$t@g_WX7"#]xCG@(ny_;|HtP|0-F2#JT/5
<&i~6Z4OkttzuJ%E2qY5$v,$:C|QGdMvbmzOU5b?|1PM85p*ap~VOqe&]K$uLs3LUziYH;4w
Y2x[<{(9OO=^><`W?rr9Oy.)[Ij[R8?ev]5QSFic>Lbz7|$@l*VYzmLGn"TlLR-U"DJVEsX6
?vDKeXc8<Y@g!6$!>faJ5Q`Es|4x[ns;)U}U3F^] ],e9V]lkRKOPQ(5t3xV:$b7OyHH`YC
LcY8sf8SnEI@yiJQ~O}|74V`GvFAjoI`1BBW=}]JI$=<+{{6af}'DEq/];jsK*QoI,6\1xQ9
aYyT?[@4moRtt4GLq+3-,FBwI+>!2XcR35\9Wt:OXBBwD= #L_}nDw-2[b-eJp2<,(x}Aq6o
<#*^\<3\6R,?-iPpT!`|eH*=1fiO`*uWs03;M.@*YK(5mk=#d\e5jY0z]{\b~%t,q>2|N45%
[r@;zTyWW,{@\I}B':MH|:'>&xk[]>Hw$,k"0A*hUU9b>T8V"HFU#9&Az`5h~"-FnTS4**e'
5`I|U}ydCP#'-rI*3>U#hggp)n0FU_TP-TLOKU"pZ5<doxmq[ ,D8^1z}`9PG4"*{nF"#+7]
|'26]UV(r]nXSnH"xS?"^`.fj;[qe[{j-ab!|5BcwT1u~BM1SJ'9jOu{iyAE%sG#nqaA|zsL
$)%pX{[q?=!rUf)8eY$oD}\dqC\~F1NMl*Jis->XsZmuD%u}w})p~lK]6]`E1}RV8H<G,eCw
-SI!1`r&#6p,3K~s#,6P3.\>,^Rcd%}"_mlHcK,QN*x}F/I}">G8#k9+H4x!s8oSBu;|HD_A
F_fOe=IIUtJss"#5sm'j,g23A/s`WH2j>mY*zg Z~8|{`!ttC"E+j<z7c#eI(aHa4) R?Xl=
a4^UbwIbM79ze8^dnOpyKp8||FkhSf0.I-{r6,r3!CZ[-(nBTG>PN|\;iuvzFEhC2.E2>Y
Q_5@}LfcaSb'ZN!eZ%TEJ\]xV@";"qi<I$*_oC_*);NNh.dsnVe@K<#F1oJ;i?)F[c(7wx.t
2AifG=QDva.5lEAKwTn"rgEcK({5DA OAyBv<|qr|l]B}cuU*`Xu$/(7:C@)K+yEzx0qhz;,

Saturday, August 27

2017 Sun 2018 Mon 2019 Tue 2020 Thu

4uIdlGF)|YR*V*S+N<a[}BXFZkW%I0J:9_I9c|RT@.!gS_TcGqd/.w2`T7#9osAc1zTKLK\1
v7m`Nh)b&+IC43Wjt,,3 AWr)lahzR.pWv=yh3/'X3O5~z7o"I|qMd$_Lbl0rIGqpO7~<Ep?
dYA8>#94MC/#ch~pLY>g4 0r3m#Of.&Tp9{d@):]8sj?=3]L.K*+:jQe4>{G0aIIzfx@ytLL
)tvLOJax`s;A$D=;4Yp94@.st4Ez=!]k4TjG?uv+8KOGa@JN7<u<3ze",LEkQf&rk)fPR7-r
S[=fH&Fn7:;Kec?FTS^@t2Yi$_rJ=;:L%/|sj{BF8PjbFb>L[iUEqw@TfSlp9~Iy4F{'OOyY
HYTs\<Ez+QBF>ijU]ddpngxq*_rk?XjWcEI<AJ4s(hq28ex.FW~7BR2I6Q]S!VA+Nu'dgj+h
~nczBB9}7b,#3.Au7e+.7K bwsR!F?."I%y;t&(}C|~i}d/P7%Z`Tlka9lGC_z~&C5}T%6S$
;J[H'<dm\?%y ;>\CXeF9NRo{?w"HM{\<Y4|z'mSG=I.#^Q_kf>9{C<2;p-U7#xP/ep>*x~[
gKJmARfcB?qLlT!u7n21H<R0M5!'IQ4`pRxt,VkJdna2}7pDE\O~eJ.=00JvBr9,$)-qZAg`
OWcTkzFH195FgAf"&$&"B$3]z&ABb[CIs4rQdA'&.=\d(_6#_>/U.O#]PU\ck_K|A108/)uW
&-V*[g{U{\cj8[58.2v3i$)x0\W/?d}7+R|nTu.j7{VFU-'#T=RYgdR|m)49IvSYDk"N</M
B|+4fGFN:I*TZ-#`:wOz?%Oe+WseiV$o,W \'q_~z)-+%M=64$}C[~{wfATnYv:KE#W7x,5%
<e->5+f[zjSkPq+6iAFX6Ys3<CZx*<1XT2ulkn<z|1p"l<w\}<|oaJ4&kYs{Fv[&T7[Dnd'?
@@:@.}WPu/!5<L{=f-$G,~(FeG_uw;bG](<yP3,qQ-"I7\m?dElKGL)ui/cev>uAx>`-as9/
A<9\vx]z(.<T0 }/k~33g[,Za&bp*W-UgI_Dx3xAN;cXieKYn7UR(F0t]t/6;]|%'#Xps%[#
Lu@t(EI_WQ>}x[HIAC&7ek,CVrDYyc+xv.*%2J&ZJq4_Er-LydUyk4wj*AAW:p:W[dn`}qsV
\6BNQUn5[=eZg$'K*pBnb*4qjJTbwJ\dwFB:1u/lEB3wW$`/oWN9#{'EyLm7Ly/dX'bqZ'BJ
h^Z}0k'-R 6~VorbZ(NLb!@tOwBk(Ibj7GM3qr0/dZ#pB}.K9eE<oIVb3~;4,QG.OXiT!O#[
`3{jmX4Lg[uH`^RVtv_qAsi"w)~#;rOt[z>sQ*g(V88/YGxVUt)&YY`]msv7EyC#GGr"jGJk
$>HE;4`p9DLy(l<E)3a'*&'#)Y_-~hQEH7p11ZXz5wahrEp\k*Z(h/dsy&@QEX&{#/ybR~
llLul}=,>P.[&K(Ox})k4Ir?[mzN}.n>F-fM'>J$fp'h"F-w!$v'yjCrth>X2XL\c4LD8Y5i
D`MYZK'"K<f{RZ _ah:$X; H*o _d!V}81 EXp0Rbm1}I:mw&NGUQ]pF:$1E[:~,lnz;3?>x
||FAQ:Pg^lS0zz6eayJbOu=#Z1W6\EI7Wk{JB?FVH9i)UiUS>~A*yWcKVqFry0|WWqbiBEuc
Sd/,/O]_HEa7de}N:gP0h1yEz87b%pOo| ndgR\"[B{/}"_nK4[_V?ZL_R`h\]t@DUc[3(t:
<bN:b"`\N,{Wkwnltgn"<2AYC8Fh]g1l((4ww4LBLL+;K6?8LF\f]sd^-wEQ=Nh^Q9?cAiR
.LGQ#zN[|]B:y%2jN!jeS7/!L~~30#tp(g,6<`E1,&Z @*-PPhRDtK*!Vcah(` Lf58>88jh
4:o#M7osA8m%j(1agG_Zuef?.0'"ssz`})=`qx}>6L5NfI9?"hhxs:E2TCHBg6o[N[O(m%86
H-_Y{bRDlh50QKJlgN#H,Y|W:7k<~Q49*!i qgBlx(=!p? XI}[|;}1F~lu.|jUQr4);|7(8
;/FBtshp.vz$nWjVcP8iDn&f-Gg{Z6@CxrfTG+Y$6aEUgZ#WM:`5@|aeOn~ri6[-T9@0{{jN
j :PG=\^wk>l;WD9p4m~SE\5k[$VkO&O"^ST-|4Ays`[3]3phT1cX5#3Ww#ky"#"u{U"4gZM
~[71,\^^@7P3!EOT!m@o W]r<I)`RJVT3~Tu3_8NW$=_KZV|I`hbf=D\(ktOV~-mMv&-Yg4o
^jQ;u>aN>VY5QA: 'F6.$kzrx"b!?. HL[*Q9K*k>5`j|iwiuNX%QzJ@!kRldPmjai<M0uRd
adx<b>i@C5[zQ,;);"YD!nZJ!.[})kOZMaG)$q4k;MK)'d?'?uhZ{uXJ7]'p`Z|lCZD7)&!!
,|3Z>=B&C&1~JtC@FREX$SCDejV.)4VDrt\C^p=LG#CfL$Zm6oW]%PQDMNCK4h5B)+ F"J./
"r2f"((aKj~4#"6jOC2l]kU*\JQv}nxc7g`F7'Ri$zm]FmL=@&LL\[Prw]AG=!fVIr@,i"2[
D/#/~9n"cjy(/qi6^eNy&I@qPKGCUN^nKNkA)9/R2p7(#3h|P1Ge%W BD5o.v/]e`nZxA=,g
n{Do];$YI`8Rpb- dXp:1DoeqeBMU2PkF7 $8Kxr:M<s_GYQt_=lO)]!.?)"*G@NG5[p~p4
e>rlH1g"It$ '"dc K&0!HGX[\vHu[B>tz'H/=U$BA=1_?>'mj~3Ua'BUQ=Tp/'GVd}R%hw6
J[O8DFVSu=pltHJfGzxYN}>!WeMeuY3xB)"gkBY]UV-=4(iU6Bq4j/#J#<xYdw?~sW>%[K/3
Rtwk?j3?c|l`y*@GyJp<Wc a2crS:`!I&R3_&q#Ivm$Pl/-u6JDwxsLu#nE3a<Jp\QHUCl*/

2017 Mon 2018 Tue 2019 Wed 2020 Fri

Sunday, August 28

gJ\e|$]B/:F[D?rTz/}:$F$q^4YQgXI9UA-wrV&'=nDW[mJ\)h5|O^#qA>'[6$1Ze~&9yAFo
1;~5IhHf(*0*5F6.6TB]*}D07fW.+r[VeInN&>Ip7bzP9fq,b.#`t9hRPj_+/A'GzUb;({ch
|~Xw_cuVXVjc]`ExzeHZ=j,[is67sWBw+17z9~=Wi#cr_`AoEx}\)s\,3r,bj`~t-JQSUAKo
+s,S'(o<NS'c$5cd8pcseMLZ>tR!2_d-m4sV$tq1}_//N(@)ID5'u)~Hy_lL(gEIZ~h#S]'z
yE|E={0p~M[o8FoDUhG1QI\~'LyZt4>Y8hbw$nCSJaI=*#c`=/f8p=#:YJ1;?ILhbJGL/M?D
g;J[o&en Sx)fa[.yH' V<\"nLIf (TXVEF$%jw]J`r(c[O^"pQATUwKsyj\^_u`y,qjZ>Ag
Eb[Y:hB@k+9BSAqJDHG>k`{m1:xU:fk8\8u#6BW8V(;1eYk*ZhCPB,wX3KdNa0T0wZ&qLKSm
ruc9@2j1(Ic>UO$zyJo7L.wSYRt*CM6;\:vFqyAi9_kVDDb{06c):f{J)!W)F?qJP;'davR7
D?]D=(IZc%#=]i2Jtx'9!'neWp@,BTEk+I:*HdX;B;^/^lbkn.&oq@ivwPdakA9nU,tS,d$_
+FQ>l&Mfc.%(}r#~lkq03;]n4~bg-^``^TV3[RW$Z)|QI?=\xx|hj,t6NN$jqNg6#n1xh,~0
iIQVr%0'T)V?1luGSbPBTWsgdAc-8YzIX@$Sc[ke!mpw%7Z&*MGnl)fR|Df$N0Z)bfnFHSyN
xJA0DNg8u4MaM%_):<fyEJl#IoQ3CTBM~/B`[nlwDLi=&3+bk4Q%MsRBn>!@3vb)oqUBJj9T
))VDqHwrNV3o;d{:]]awpO}m/t`5*n]]Lhnb"mD?*HJXPR^1SQ7#q'Cr3rj5}-BvRt'A/{&z
?#lgRfqN`:v^TY!Q^#j1rZX>^\-nd!td6jd[ZOQI.ZZU.>z?H58=Z8@wZFHN3v#hLP|/35;&
l(s_rQ~>-2KtJxAq~xDxk"`FU'2E$$pDMlyGAA[V7~N(W!9'_\|QLgl4\q(Nt7Kf29ON#CcZ
B-h87@}J[@=Q"yFaT`csV~evQ![r2"r-0)tMoHJ(rO61Yp3:FL=iASsD|xy)]Z{9hq@ _.:i
(JPoiJV`F~_O_P!yUke;.|Y:I5LJTegm>AU;P*;=E,0T{G1E=C9,C+hL$;wuIny2UzM;9=Zk
GJX!NGZ~r.r{N(CV7hoM0aR&IbwA)!#yR-PCUR_547Na3w4V3yR3@JL,{uXe2:-5~:dR\KE%
sA)V<1z8vw&"X$e-/XyK\}=STDkh .gLRuwg(Xz@d0;F\CxV[tfAKd<uFK}#0<4MHBv8oQ9k
~F^nYT:Il#0rfCFD>nGh>h;%O2Fxa^c64Jf*~bLsL?UR"$g`{PD$MieRi"H7BXnpVoJU:*Y
_.e[`w];U#Oem gl#[JH^f23GCascLs>56(ISr>TfJHI$Mf=7.&+jc2ZS##^y',j8b2__+!"
]WvML8CS*he*D)zu5onN'w`4hh=iR$,ckk9XxL`B/V/"L~QgUp[@pNLH)U*=G)agy<M 1,1+
tu$w/Z!3V[?!y]f|%9Rm6#H\!(T2I|dh'zinRTOiM{WuIx$''hgCeC@]F6B%&'zn`qmE?`@*
hU-USS3A3v,@EI566pU>am=)m[kWEg[0,H:17<QZiXKPQh+,.3zh9+q7y1cQj2d5rg?Gk0U/
nOg2UbXYkwi?V#GXTB5FV)*d>CoXdmRNrwM<zak[X8_[y$\\?Q>j&9=V Y(oVM-$!iEnB]_F
M` aQNOhK1y-]^ !Wos&~oK78#_'',@DY-OXLf:.<q^<[u4-bATPn0Q'R\&C)p@|FtEI!OBP
8jfPHH;Z+J1wi,JH'rq`a/Ajz^j*9=/Xais7SdIFg:-lkmZTB1^) !w5A7CNIzjpPm\;%a2[
{zH(Bl{J+gbX?z{p26iLDZ,k p6bpTOOnS.~#`ThNI/03F3o}%>x"v/4}qU-Dtecm+py2Z+A
.t$AD0/za_CFT&Z,qj@ 1ReoWT{'dv5Z(c2Ihbzt\2V:]|{7s<XZx58Y,-SnnXW"&8S/D[aS
%_@S~A%EehSy'eC=v#*6<ke8?L.93B~1YYu,=|e?m&EkI(k=>x|1{DD7$^n,m0%1`yub!|*I
8j+8{lkUfU7L0ur`htGK}D3mL"4i"\@r+a@GswKTZ~k,\=.yPL7w\rsJI\r*h*+~%%iV&DVH
p]mOdt'W_R k9q:*iIyXI&<o#cZHA2wvpes%t\E{YPnYL lbzI(Htw8GLIo%EP9dq9|-=2|
YL=+C?(9P!+3]jyRWT3~W%=BTnm4Lxvg.'$=rg.Mpf>a8YfwMa*}QXUi7hs*J9RafXP, r$_
k^wZ=U_/,o@rd$J~T47[{{xm-;]#-a.UW(Z?CIsfoI@@[1Tv8o^Zg|!u-Rd?,o[K;Z3/kR3X
JCz[-5Ov'!<LE8yGr!B-QzZd)aZdOvB$Pvz"2Qq~p5#4VRLigDJ/oLXovD>$#Dm-u?wF8At
{o,rA?KoXh?L$ni7}!Hov'6'~Wo&VC$XXIqn,=\OGj`c9vc~DTh+FVP\O>BaFx7@-!/Zt.>J
YnwI|"6mH~-5"5R`Lf+wg|w->(@wVS5.R3])8ix'rhW.n(SI7GkmdBV/EWhWrh6H2O[8sny)
,oswpn*U7Nt&y#&$Ov:HXomJ-*iap"K*5T1q9"*#..X"GQ#d3.J!d>]8M?5P!33XGq|"3=%>
:u0#a`]4@wJ4[0lbIXULtj`bekERoY7.}Hlj}--%jX\dBQGYC)/T;P[r ;%e9az(90qnGzzN
,?fP|qZ'}/=`$$$1L,%[a#$pnqMZ+V}3\2raGebarZFI57!wTp,<IY3ljcH`4#Rm{)-?jW=T

2017 Tue 2018 Wed 2019 Thu 2020 Sat

Monday, August 29

li<?0"$YU)Ak2ac9e`vWx4$]3!O+R-7Z.S87d]B#}s'kqu?i]w,p8$@g4y7@UXwDZ]|!Btn
6]{TXVJ!P=~Jl\Q?e1yTB4{S+VET=*OS0h}6)cw_)&=ty>wEbZx?z+V99Fm,lEv5c8(},~hw
?1'6;"|C>?aT1GQd*8{i(5$\M3kP&LY;?.{'9^UoxcJc%P?PJ+z"lC;/!d]]$=\@)(n&b143
UK)wC0%,]zsjhNtfY:;eh$lsCdQ3r5v'LQ_PEWmDSD2=Uc3CBjO5nj*eN{$$gOK:*;m;5}T
CQ\c6["[t3JR0NtFDfO1opw):[Epzzf8'A+`r"aS)]0[_6w+`\K-_yJVea$Z8H#nt&_'G5Yz
A>Jq8Ba`iBWqm`c,4={WV1(1,0&baX1\&3M40e[>KQmbk1V2:nnHW=:i89X-c#gsm\dX,XOv
V|KzhU(ZZBHBjqW874B%$Qsd156NQ:NoQtcJ*JM65zo{S<nt:j)#TZ54U} 1Y;aaCy &IqNf
-|B;uU%Q<|$x;_F4DDa[:\tr/Z"tUv;Tb`t\gq{YDyU+`H_'6U!_1kEUb%s{0/=we-"=E3Q2
*qp)s2ZV7 D{G_8,r.QdDMQ;>PN i:>17rNvza<[y+%=AD|h2Z5[B?ax[SW1S1PMywq]uTwO
=*p2'k(-)*WXx\+793Me$"Z`~/fF==T/1#18y1RXe*vht\HO%29OF3Jnz]fP7<>)K08tVqr9
it"xY@.82:1C1,u JWCO oUCnLo9c;uZlm9~'B+W6l}`5T,,)w2s4L%588Y4pj;v5fmy+1C5
n+ghe|*/x(KpVK\@I@,1GpCOCW5i_uPOd)[w1ZHuLA3(jb&X~?7nPG_?Oazi3]UYTD<[^hic
l^rG@9Ak[-f!h,d"#!0%-d#ChD/*:(Q}H/)a'~b?;'RU/m@V7l#/cO1r*li^K+Ynh2Bt5w\D
tz.J^%|\aaOu?bELFlT6UQkx#74 J9J}rkyfnVYl@VB5(-N}B"c:#T5n)'_inO.h<uN*VNRs
ID2I9XV5kJA1(ug"'YDYJkHmI9Q7|z2kvoQ4Y3.SOEgj4)<ddauiW_6q7S|gxJ*1(%gB!_2^
xV$s'O*O?\j>,OLU/4yl!%|7*qu[i&vhQo6~ndG]zAy~qtd|WoWpd_Fxs=[_Ul`UdK2/D^ME
r@;F!b+?+40]qhV%x?lCwSiX&@yv[9@]"AZR1Z0z>/N74tzcKglTd$sB*T]X/z|8x$o<9!+z
X7?$}q]1$&YiLZxQ)w\@_pXGqc2L!*Zuuo;OX\'=JK&a/2%;Gvyx+K=|n!).uyZaN&w39fB*
-qaF96*[uvQ/C9{,Lu9+!yw%Ms`AGvh4uw^)eJZZIxL90o=zPEI{?Vx4Zrt?S7&w>p1w=uS|
`yKr93)6dM.`%hYd^1HFWd;!^}(3Nn+^BmA=b[H||"[g{?k(A{{znw?I&=,M>n+/&t[e{kI:
mYPnu@vyr1()^T@sav%B} \{@X'Ca=Np90qL!t1J#>ErskI#sJCppx&[`;Dv"t|(2,YoHFHK
V%UA`EV]'Ip}&.%lop=X"q!Ps.OKJ|//3fy%"o]9!lK#w}p)3x2Dr;gE4i5G+>W)DdcS_E#~
4`@"0~RM2]UZTm)sLF>WxB,}l<2tx@J1Vr>1D8%b/wMaf'p&K2P,I*CG8;pFkWAaQNYzp[y&
8D"jKE)B{.3vC_iX~ZhGT<P3Lo}%u&k/WunWw5_r"^yS3#Z]yZfh%`Y9*.SWxq<Acf_g'@ub
u&bnJpNiQemQRtvml)-C,0plG3cFVL:",18'_<9SVGo'{fH;!a.)&h' pLW-#[u@xo}-)n>4
}xX|Vtz\/}>l5u'x'%(xic2_r98^["<^B~v|vWvM23',,o<RH,&D]d7P!d**wb~[%/*r;"^5
;lVTz*'=aMs>j1TMj%V }kPJ,4hx2~j@]xrl x[k~+1;!]aL7QoDm$F(:gK!\t/G7LboS-u+
;/\enV`Q|y93eVqeel@"Vu.|YtjPn|d_S}}gmfb*cM/$kIf%F*lOk4^[&k<&JajyyB7=d,;x
7zrq]{'wOZhV_yP5\qrqL)fX2'#Q[VAQrNa\[oP$%{<s#JdBrD~H.N=6VHp-nyd4!En:Q%Qy
HCo(E"&yOsgJ 1vD<e;MnToP6.frEYTM|S[F$gX4TahZ!V;s@"5Y >4>F5oy &mv?{#Vb54z
`/F3jy;Q>(~ Vl*FcixIuU__}u&iDW"kV8>/'v9hnuA:n {RoHCF)qk{>B> cn.gmVUB3\6k
P!7WI<3Zm8BaI}My73AZx6$_H@Y6g=:2!SX6C6eEm)3J*2r03Q~!lar|G~}=YSGl8.l'T[}B
qxJ3^|&zBwa;#H2^~I9s@.zh\.:m"wmr9e6t5Nzqby()9uhO<K~Nw~$Wn7CV/\u0>Cu-Kq39
Vioax3{ztBcwef"xMZkAQ:G#s-5m5[k.(=>T\o8QzKgW]+jY%bi!P}JI;"G%Vl0{WVAv3ey%
;a:XTnWU7Iv$ScKObUt1w|@aXcj:fn~l]s7N;,#TquahE4V9y(X""lmyh&LnS030njr3dn]_
c.&0=LXvq*B1n~B\TY20e`!:r;<{?afwA-4PDy{U@"8-+<p"e{T<&JP]">#/QFexRZlY<g1
{\zxP--aoMyV:OkSL`?!d"k,.vy=NNts\c!HND;`W(OppL1X}H"V!Y1P:YyP_|(^4)2+jU@o
L5n2jCZb+hD^7WeFLO'!R=mjE<dmj.XmiGeu3j CiHbjU/7Ut!S)d#bSQC~?y8F[X)9" fD;
HW4U!A5Bm'I!8{WBqW1TpE.l#{O'X{`D JvGG& =a(AqYcJDbHDrkowz4b$Ub0o4&Pf05x'-
fMa*Vb/+IhlFYW1pUQ@9w/QrDnrKa@`Phne,`J.1Yf.gSi0.D-83 M"_N0%l/o,8i*md/Oi

Tuesday, August 30 2017 Wed 2018 Thu 2019 Fri 2020 Sun

?7EB3]6u;D'A1m.F_t&>N58w%V%9FF/,%R(&tI-Mq%uK`3AlYE@D5WrPo2HFo/X1HgfFar)-
LrTGbQJ]=U!$jLG'g#fVK\!>e&jiMZ8=lp8<C>Z(!UL2l<\kdk6HJ:|bJeH-:>S&@.Sus\If
PT6V(?:trxv8)_g#w^]Hw5f?m%7;E9qMR~JSoB#YA@J-/b0([c9zmu0vE0;X\F_4vfVH{)g2
Ok)rn76ChF*)8-m-4>78{<13`=X||IHc4M5?Iw $C0*Uv>;Yr+dfNW8\W]AHm'(OJuBGT:p)
btBwFByIYB\])*MIeOn<N./ Qh:r@dY8gu[Ly(c$Qx'\P"YFFh*0(qG]iO[y,%8D/SA{5"X,
<Xh%Uo;\pTBmZGhuG_H&c+tjwS_Q4E8AJ<]Xk4)V7Oh[RCrI ;(D<om/X|s.XbK99W1E-iy
^=z0fReAT#sJN=2M =(?k\@pcUWV}m]]4:>.Cv"lp!I!2\#g-=,c{l<i09eoIgvI;&+pSMY\
[D;40"Y~6:!>-\SRej1BQfhF9M]^gu/&A-"b!_@F'02H(egr`-K8%OVo46RIe2imdumzt3dn
4Kr]rL<8>_?6hZ'tYEM<$f@fiVK:A6?J,W.^__L(FV$jV :AEwv5!<{,>TJAd.62,l!\J%8P
Mu_Y@*1T:QS[[dgcGRX~U*GLHrc^?s4>1F@3M59g85/`PYc}d:!9N;.C'#Hf$"UDxG"v%zi"
j~}&x5Qf7v3?/wuhE3mohaLNU<;$04+BMEtlH,_XQ6+!NMp__*/,!2|nPsttx,3GAHAZq7+i
#;@Lv|%L`e%<VS`X!"T!)#r_2-kq$Le\Nd4S(TlTCHG9w0Wuzgje=Kj<*{C&vDPhG^|]T9:R
&Z<T^=GwdTEG,2P7Su-O>WiE@L &#`[$t]rWqs0lSL !wrs."Bx?@Tx;LY @pZj8P,MI2 g2
63\UN?%0|==R>3BZBq]FFlc07GvM6k+_'_A#2`l2e"~@O(G4X:K~Tv37D]X=9X` gf.yQL%x
cGB)s)TwUAh9?3ERx:6HCNuz6N+V5[V',`\NLd3o$:~Qm&?,{;<e1gTlU?V:?v9]]JFj4k<F
-k1"~HikM^@O+7xYVl10.$q4}w4S97JN&=Cj!ayrqhXnHFH4iwnE8Zk%lJYigzt:FQ=Z2/Ko
mei8;=L0m<9oq+Ew8jZq]Y*%!X'd)6rnVI?xe|RZ#HPCN!KyVij7_\W[@p0e>J$#/s;3`;hL
{O#EMA<07yAoc&Az<\N~i)C'{F:oSjvh(gh=5v6>)n-W#ggM>c>OC^s]SZ!K=8K0p@[)Pd=T
>hs(9OkfvdlMa&U=B\CCng}-M}l~=:Y*Rzb;a]KAa:bJCw8@:9D%zJ``YA?R>8nLF8,tf8CW
'm/(k9Y\Nmc%sZM.?v=:Tb]3G6FQ:q*1&u8MLqt/qWGGNtuxD{N| *V[;:3<mMbZ42Yn-'n5
e-HC|@\2uc@:Q5V7wG#%RCx#E79mgP^;b=TxYzUJd5COtNI[lM_\[?l'=:H?T1H[y{LRH:*d
&~3JoG'"je52B(*^*89GY;,[`N^#Q]bg4`/&^FYC^{04DC:1G@4xx9]|_jhm+ij!V5UJ:h7b
rWC];bfFeJD/;v?TgRhJW8GQYewD1&fcf~9&.M` >wOyk#ceOp'f~v?VU-]e}|~ %JZ@2e-_
*1w$"t/i;^f'jfB.JXkvmS? |.3u?,xmE<cx~GM*3(GiPCF8-{hs`M`jKOG[w42T22&x~K;s
<lOg`EYX -~Xwn6r/OJ3$d#"%YS`;XOKGvGjV;>+14-t2t "VHkonB3vIZXPAO%oBPS&-BIq
VV_+oF7!/CzvqF8CCK;\);PnKoTP6t;D-Cxeo4h?H85c(8&%{/]Gc_A<X t!>8A:"9V9Yyd1
>-J:.,wOe;lC:d2M}!!'s@ROy.TS!=?/2=:}*9[}rFQT776f]gG5G,5!o4e47hVat[j&u@$y
k/d-_Cqv%{wWf,Pi.tZ9Nrx]E]Kl*/z++})/`h4'E"//Fl%39:KW<}doNd~++u*P`}gx9`:n
^fFic=N lYk]ap>)!ruswK~r $oR.3&G&c2og<vjBl9mN%oj#y%p0j{},KB+T!%L0_pGJZ
37h4|!;bj.;'VUdv/}~UJ@l{-L).7&*1Xrq^k]"+VR[+6$Dc)^tANibS%x-HknDv3F8:jeDl
Gy;o&8*o^l5pqIGD:qe'_@hHkp#]a&FNU&<Q?hRNN8)ndKEG$7Ns [j|*m6.BJS#<NeAkRe;
Uu>u_47.a~\d"\)Xi*Yaz3a'm 6uBs,:PaJ?Pu6|9re~nygCIJ)ESyW,DwkW,*Fg.p]hQOdy
=^9b?qn+tff`63I.LCNJ.jn0o0[[24T$R!,L28F/JhXx]wj==0H%\od4d_V&-sV8_t,~u&S)
></QptTyEVydOR"@2>Z\GV01GPyx~61p46lB};QKUM"U&gScJl^em1PPc@QSgWJ(;<etHRj:
|Ik'^!KG7t:v4C@u+I8-vDlgcik@v?{'zOF1P#S#6TW,Fq) VhE':]=6~B01^K,vpo*A`H#m
99Gg6$#-E,l AIVH"vuP}V&c#uRJs"}~&:WNF8JiD1@2K*@xsD5!C"hin33#.opcX.h|I]yV
WOHa`oX_h=sSiS v)E-F}j(b)<2JP12bZop:${4idr{Y+];3Wn'.*N2e;2j* OJ_t;V$&uuW
1"Zu>P(?)4]F1Ec`7|/F,TOeDZ[F|P)l'ATy^%~Adw&&[rKf;SxHmk",>Rn]$KJ[xPH)yX)+
*r/,NziP,O~fW2.Kb3'@@tOw{:7szjH):G{pdEXXIWds<I}va[5c05e\8GX"g!C@Ac!h2ZPn
d=UJ>ohHP1ZEB1#%]f8R8#wZdfl-|!e[Z.4.x>|lR"8E_oAn{bzyI&Ssp&Srao<oO5->+:Ay

Wednesday, August 31 2017 Thu 2018 Fri 2019 Sat 2020 Mon

H{dm5@q=UX:^%n'vrQ/Ka|r pXVv&.[&^IZ:j4Rv*MiUO)$hgg9Hu-6d*6n=0aY#~RH<oemC
_qx}>0MuD:r!0YvuX-]\i:0X)2{0Vt.uzlffV3ZhP[X[E2EmU+0E[EZEz~M)"y~_Du>}s>#m
1PbJISv=\wFX]aH)a6S8@-B8oo*Pvn<dz[JIBO&oat?yKbesC~Q1YX&"0|~$Pg>D%|3g`S"5
h$@EUSl&XP=,a\QhE,2Ih[Ax{ ,]wu=/F!Al+#S1&h4!v5Dx%NBn-[E$T`hL)V=,iW;u~+5b
O$F;&9ZME?c(ke4Z&n4crxtn}2dgPpx@5;zcS]JG_11BhkeuAN@?]g*YN;3qJ-cv!zWn&cs>
P22C3l6+h9I)a%wLIl}Hy~w>HU:KN-n=eU2J]=[hpg3+J#,gdxxgH$$~o9c&W~)^>M:Ap$g3
?Q#w;q'AbE3zfDDV2E{3`4:#2<1\DD9fhif4NYosJhlj'];N:rj@S\,|m)f=|bEgaCwOJ%Ov
DuXe-= oj[x 7,CNTdnc=n1hRN#~c7HI;f=3"Z1K3N}85'=[T`D5RoOghWZ7?Nd^Fj(?G^gP
)7Xh9(33N*I_bM1&aC*Qxt dVF-^7ThK?y]T3l:u6)2s)btu:1Vx(M$a|}j^8ad{C (<+M.e
h}jB#3n.3#Yd.?K!2{Yk5M&[Fgmi?QKE=wkYMGh#-wQ:7M8Vt$<E[YG-.10 k?PXJ=FT_w+@
Z[u<PH6[fu<.lUT*A-K^1~2&:~`A1z[G<Z0e%XRa:5v/YCPdQ&.(Sv]p{e#QBDYYP"8an4\&
UTW/zA;fdFfyCJTceIx<V)|z:HLB~48v4(!M%?ByDt|ykChPg)(<~d_;Y:EAf%Z`#e3[}!&u
7`p??uK}'qEg.03VQs_Ph8=Z`|j(6fk1=|>Z8X@BP)|P&H2P&1NU{9Vvp]5*|>g6tewsB*7O
}LWr +Z~yRMfVTL4z;zhF>d#!B/b\,9r86+"=2dX4#GU<B9t /3ugU%~j0xHZWaa3{K$zF4y
$d``Gx"lx9g)jT)e%='oiknIpeMuJ@Hu &i{@Cy8~ayq.}[s/fC<%J;{B4j%d(#gN(['
]6>N
E!s8?q>Y!#sM(#\uKC_Q2w<!m8=~YUe@VDi12A1)t\!5'w,qEX+56L~^aacW5Lq)#(=pz.w7
JE/RN7ECr<QfA_jXc*,0V75d50>LB7:'/cSq*T652WI\G-|=8kv]&I*s%(: OoacG!lCtL*D
2V0|;wdhGT+WH80^E"eqT:F,|vkiI@Pj[{d;5)%<~VK4`C}@>+B;}E)b|wi,x]g,[BeIT,R5
te<fbJFbr8$ssf=&E%iOtXASZF>`tD{hI]?$,>Gs!% ;UZ=!e?EcEjlGx~6[1g*ctTc t#R1
2geqCS|Up{~G1CGX`r<! n!)4>zBe<85TY"q (v,.YRzL*Od/zTf+m:g3\I",dpZgXSyX
ZBCDa$up6*\8=V2ZGCJB%,-#([ur+}ljmL=+'ABq 0P2&{cmeLzmPr0cLTE.X H7RHgvBKC5
zF6g}Kg~[qZ:$hpTlJcB"WO?$jt?J90_5cA.AMtToK^>`9pJzaa!Rc/<*yrd;)M30{^dH*?}
DC!-k'Xq+A=@bR_QQa*zsm!<c*W~N\SdG;=i]74Nq}Dz5+4wC\}ik,X(h#o(FI_?'E%e*0`
RVt"tgU<i#~1UU9pd_A(lv{~C-CMd;HP<JL~NeoERQ,{x<M,o!/~rG&MGg$=xoO'nS:hj#u|
z[C^\jc1 CvrQ-O,& 8?/ik!_ "(^g- |.l@JJ{ XPoZe58T+o:D/P~:{O^U .rag1[ze5Hk
/K)RRI;kD:YME#xR4!u@5w7ZMw\ph;,-Z p>F;K\pJQ>,>Cm54WVP'ZKA'~p2:@',27%Z+y3
t_m:C?hI.Zd<~J_R#FUB<)gdC%V'W50d81`<}tc}+A1-R?iiLkM=Fyqm]m7X{ <MHJ*M=@@o
jMFl\}(JC]Jn@;`LQ?I`dTANYOW]Nbl`!QceWbBy]|x=CUv?OL1^HkB_wptMD,>-&v_.]d]5
i~$4c[Cubm]{*-x1iH5[e-rXYFej9ApO<,b[%'nS.(-< _kXnaKPu<`v7t%X|ur)GMrQyg`X
5D:?xZ^^4<qD\UdINy9oE\g(RXE~&BS_cVSUb-2HS.+ZAZ)e&6'cNjkBAc4QC]do68pN^O[z
y$z#R}?#hr/{36k*rK8V?j^H1jje|Lsl"A`i0=tj^rxK;D,-V?Si_sEZ,-CDNSm2gA5?'E}"
9MN`3dw|,t_sKePB5_zZe9(!<cCli:V9\'D<FH[4tGY!Zi0fe)Qp.~J81TOCk,Gm$a{Ize)[
P>TD2Gio~M[r/_et;\oyUs\:U+h-9H):h~Bl?7Dr_(aPGP&Ex|]Mqh <x7nmzc z`p5sI$k]
n\#lNtCbA'$SziZ:$'W-s\<xU!"?mbqm^)i%0tF\#v&:m-%sv.{H9Od0\q>#MUc)^U/<{VhM
;Jz]J*6816b/QvsSr\3;u{l>a]"s)7*5`9F||0%?R&tjghx)#||'o=REUiQPaz9Q~h:3Z=N[
r:N[(8Nl1|%]{g%o-u/T?u>n`1DV+y!QD&z|r:X:@H1$pC0"-W$GYmAU>p*'K(I9+,1|)5px
h]yN,_Kqs@/5&MOERDYM|vC=CQh>g;M~T[S-[T\WX]nNi`fSh7LSzt(0T]51M(7<gXWNt/%T
[a\:ECdBthbW9T}(|K{p!:;[aqsu]=l6U\-|MR~BWG6!zfhDpG{2h~~c5%0fXw~V.l{@B?qG
zY-kPh;^@yDO.22|6r!Z+1[wQ*H4Que^!*%O3k^Q5n!rf%^u*Gt%Nd3xdL9?D@_>u<T&t<}b
0+M(+Bm><SYH2gu3@6HD#Jjc#`;8(\g8xm&[Boc~mE+J.g#cUJ,Tj@9&]B'[U3 xb;qj!dk

2017 Fri 2018 Sat 2019 Sun 2020 Tue

Thursday, September 1

```
y7344PXs_M8hV$uH:#mYcg$E6FnnFfGj*&S||z&UuB~p"H$&.F(:5?`.+\:\B}3][v;o&CJe
HnC~-?342&I+.J's;SEEeRZE;AOkFc_Z2.aW!3O(LL]"C%H"~fE=[6a\I3X})B=-!6\Dp9}E
aFuhz2'= k'o/X4|k2QIlUc@SCrIwu;# ]B]_Dv]!kR}t[>0^?{..yGF5wIO XrWZiq-nQBe
59<aV%~~"lS;,IwYnW*Pde^%HG+0ivg^rw~Nl&!9/.lp:#xmr!iD1ev"6W/+"FKKe'#F]fNN
~LVAV2W^uZ,xZ.u3~FsScw@n#<nLUSwgvIuEE l2s?3jB<D>CVIic`dP~jZ=V78/,)a&D/vD
%GYKz[}UX rW@SM^aJNs@[tuE_njI^TW}JTEPr7xf@qhr"YFW~1_ y&\+}O'l;ITs;hbmIK%
G%HL47nk?sR[HX<]=tOn2w*}=odJ)8r ur v2~HD?]A_$5+=N'yqVFV7TBoB(r(P0i%A>kre
B'nW0ZW}Gusn{eHj5~l.L;)FYOiQ<%R$\b|5f`FBF7sP>3{0`v.e1]I<#kf<49hU*(1275^P
FiOPs[i:P[E$&OmVu|_N4"RSz9#<M3[QS&6%akAx-bA~K$TExExLtRDU/M/BD3Pp1#1:aGBi
l!m]j<yu .$In6)`Q uv-_3@z/D`z<\Mbk@Ih8qC$Ho:~/,-89PU]b!nD|JJ<.Y2.lR+c[+
E$U:$8E7KcWkn(],/9'qhg]uyoL5 YM3QC':?H.$M):"c<Cb{""$e[[:n~ W3rGzcUKLr``$
t{_WA|UL3f:BY,8(b@[}Qb9+n'0[{EKd\|?#|(#1Gyj&x?uD8d5|@hVzsNwlPh\#!3JG2l^{
s 5oVz)nQ9"`Laxw[oy0a<_zpvBq3Ph9K'OPbL+J!+Byzal@d6"<#(i)hKJ&D66Pk;mq!o|A
[I?Od(9:UoFg*8`I098Cx-(*8=6:$^KJ)jm$EB`FfuKIu[hau:}-@0N'UcnL{.9B{6]^s($x
j(ct8cx~s9>1w9T6QSPjugACb&Bv( ^IbyJ:qy4^Qj53=&`f$_M|),~956U'/QT!Je:Go||P
 F>{g^0H)]:VrH7vp0wrNjwXy3-0$jdUVO>YSa168a'sW2lFeAIpWjc1kcF=,~^"\`=l5G:W
S[ dA@i~['(U/N(,A~DQ!BGBPYPlZB@qf>AES$4]P=&D4'~Q8NL`kf-r(bN1A$%.N3o.Ki3k
c?6sSita+Vif)ZoG-7)`.ce=lM#1!K)7Zp"js3yI^T3RE|iaKGH'1sQl*yhjbr@U9$y-ZG}{
[z]T'(^B'2Yy8rzJK>GnIsil8Khk1wOP.+y/Cw a]`_vH+j#v1a;V6q3DFxf9x@rPwN_/(Mb
D%;G`N^W8oZa!ljaj1Q!]704p~hP6r8mu &sY/KVW]I@-#kgS9-k#Sf%?*v3ZHvI<%e31~YG
{WXAjNj6PudH`scCW\'fcR(.% W\B)`d#j-W9@KW[vz1lN8C) UN-wyp`GfV(fS]c<(v/yI&
1l!'wCDJ q[]o)/||oC"e0vqPusu%pi*s|v*inV2[n\Y>ZH>8P8G09nCD)n_{2HJxjBr!P9Q
&ar_@B&K|nLfVTv (Vt[ZQes|{];_Y+\Gbm_4I&F~3WBVCf5tf;$:(6q28Lk+;9.pI {:Q[G
=`]>2kX_ikK(Cy@\([D0Ud]K'%$CRn./h;3xw"LxKlUL7c%aH~.yiws\WSQn|z ?wtgh0)9~
2=6{ tw_E`4j'M|7;]$d\>Rxf.m|Azo5|LW?=S*l\MZx@BU5jHONbc4KWJ `^yc\J~4\Rufo
,R.]g;wcOABKk(v_PA[([ov*7?e@'?aL $+{90|[O00GR3:3}/{99hR2:_;r{Td_r_'t?% p
s?o;UHW3W,r$xvd:<E,iut5:k(@0:=5'q{v6 T*M rHdC!/4/&3SHc)w35 .!=.ScelNcev#
_mU!z)pbn=8Wh YQH53R;wynyCwY3bW'i&) y&4zhW\)s!xt<N-/Fj,}DmO'X,403=rR%"$_
h;dw(@sU'3*2Lqu'8Lm37sZ{PdYJ1S+oH}>OoJ!}% W'mlR"CU<Cc*^RZ]AK/h-4sLPaEH`G
''O]{%5;n]q@+@QH|u8bVFbZ*;Wy2]/['qvv/Pj<1X!`3J02fD9ar)X v,(;J\!rKO1M quy
?Rt3"6Ml<rc24g%hpi6B0o}H_>VS1wT)l0W~X\N$oi^g\5.j='`Bcjq Q4(gPPskk(k3~a7w
zMK+'aIp9`oU(M+M]13&s=buE4*Fg&H,>a>!\<vbl{8N#'Wb!44~Q P-7<!9hPCkeifz1lnC
ql8ALDNI*3X!{HZP=V(^o$PI[8q{R;<bh6t?!S^#zav_[s3]ilKd;F/He_c_yoSg]b*d5~Op
#T{6aqoR:ccDrD)V@jf#R-<0.>tRWA|ixv:~)P*Hlw'R'ADF1?Ik/cV\)]aO6%X|a&&t\Osv
)eL|czM5>6?u:&1.N"Z["_@p3=\^TgC05YEt+CI%?pj5F[qeAz!L2&; XA3La.TT#GqM((Pm
Il~Qa,;Zz{|$5M?3/_Q=NmP(U]R1r2u+^PbHM_t-=>Uyc7kw4F'Fn^<7_n'-7lufX48&5;xL
Yjf|p{[%H)~n-'H#+H,ewaVsfnMdM=f-:Rr{ElGV I4^hGB3xhKF3=;*wF?[Hv0^e|H])$!(
L";+6-sTy{t$vz!T(Ygy[R%hp=ea%jP^<9`,]Oq&7q5%i/*_$^6</*Aer")K@ulBjrU<qvE^
FGULB&>hp91G=#vYC>&,\ #,A\w[O89f(E4_U+&?Ng`$#"8tb'T8Cx$s07f5VZxTUV.R.8L8
\`&Hsor`Hzy}Czb<RyUW*\0>^q$(ljX9csajs a.;r_Lf!X{8[0qesP^9wkn:|[aY[Z/h]F;
```

2017 Sat 2018 Sun 2019 Mon 2020 Wed

Friday, September 2

```
6j ,za/:?1xU/jvwdJf=')j\~IQG') ZiT!>K@VV4HB= 1J6m10y,a9l~R 'd;44L>DU7x|1
qBiA2s}@!SwYye*UY3c&ffjXnoZj0V)1o0y63I-EW7E(@`6d~T)Uit}qmwg\+9x;t]v*Yq[=
*6)}tk_*G'/+&Eo?h)].]yWQ00j(bK-h(i%7"@ZrNAk_^]UWC;u'\1.E'gC&~Rju&y[_j<b[
>2*d9/dhig"%/dKiE>NL8Q|)Agkr1W77dd>`a![Ijr=mDamuk<`gW2z6RFs'=`q|R$$xzP)-
$OTdZ]a%%EnzcnX3#_,o{~/cAUnGluDl1}VhmRVbOLdqb7=VVzWFqadG*0LJQ(t;I8*=M$V1
\WRcVC`8_2Ib=~,JP;)T)<]^]d6_lGW~p8g!_B ;Ngp}u9Pg! M_[*xBF1@2*on{^tQ#Q&Po
)! n%8D}f7ii]ow0:{gs4eCOn$3!&)N(}G1jl(-9Z##x{:66alaE8%Z!j`D6npSvCqqF0;/t
S)=Y.+)SPwJF:iAD`@%t e}k}M)vY\aLM=3:SrwTC&wM|.46KBFg<5uY;:L?`JPFVUH{O-m<
|*+U+hSu7'i:Wr5Q^>Sj y^UEgD!IoS7QKiq?,p 'I=1#>WI[4mQ!fxV65l'%d5Yw&"$TIZ7
hNtykU-G!/7BDUhX,A?<Z{o;E|TO2RF}dcjcAb"!];=NS"/l:OPHQ*N=qJ!kl{bd= >[BqP
,Hk})^mB[+&~%|Z"D^#u'DON;HT)S|.y w8#lgVax.NG!e_hC`09>L,h8AJi(eEQLL2{[V|Q
p`jhi)P:N[:\nlXe]Gp jpJV*3,Yd%2=t/*Acm4U,#e+404DDe!}6piiGrR;0Ds]>>h^\ex6
IQTEaSSq\e2iOY|Q+F-&h&vLgMj@b/t0Q)~+.:+JQ`$0kPBWz[Z40EuFS3cnNMryuBZv1X2o
xhBEn#X$7uZ}ourl}@R$n2MgZt={~G ^|Wqe,zKn45+p8v4+Vn3\yI:lXE?&W S2t!mO{:rd
%'H!EH6aW.!1 3&9)}^,1!%8oe0qM1+3'd9$ :PCY<4+BYx'5m<h*"=3N<d'.`F/`2B({]NC
AvLhzEFQ+UC=4)G9\r{bK*X)jt Q5Ilu;YGhr:H(?(..m@^k-L1}K05`hhALDQxPq}^PLwY~
PlB+y7,Q~R"zX5gfm50(w!]]9u%ZFIi3Gq{zfNMMl/HX;6&7x^;dehv_K!RuCa6t;d2XHC}^
{#O$\CsdLX[bW>;]*Ua`6Ol&OBrTgZDvU{zgwb)-qbI((hw*dM=DK!vx?z?)1*<bt3@}le[5
"n3@f3=r+_{c0$]M^XAWeAd7!t\k~k7o5:a)B(LY0Ix|Sy-l40APP9K*sy#!6)2>RDv],g*1
ZGV`84#Hjg(D[.}Ir:J>*DRFbGmJm:we/Y"#9|x# _*F'P)RJL)s$CyU)cMW"r|qasjcrgCN
O$0DyVEY<C6M#z#h#9!U?8;__rDq@<a4w*cF[/#b6HL:+Up@l+]8yr9KW*^B7\J=hzNf@h{L
T(Gdu)Ej:`_7v\/$2nH"#w'wKY};mJ2>$1Ea,|Qa?(uBX(AMtj|B<+j +4QvG1!EcTV2YknI
BV4$Sq&}^gJn,u-ln]s! =a$Y7~OJx{uzE/MGKq#XM~<!TiM{7Vdv[71~lRl(d=/JvEt50E0
*x]JAr+wR\ eNz7XE.1/t6V+BT'y^=qZ7Y*"0zPw@wJ#TG#x1drkZ2@Kk3x!0c#h7]LM}m;&
@`}=pN0oRVOmd$7$#N-7-mDaa%%_N}LI_qQdjLQI}<EzS^yf(-:mIF|cQ)xWW|Is'@v,kT}^
n/Or]p&}syj`e\JB_+Gwb)_RdJVn>#ogMB4y>CMy}U2Ere%EgLO)6_q{"a:'; @,5ag\i>>,
q~!l}Pa}hm)ON0nL1K_|hXsx$rzZo>m=n*S:0t!LaRc.Q?drT1s:4`:F|UQrNJz{)S~B*Q>J
>~x@:Su#x`"GA"$^,e-H!JRDSJ{1"adx7idOF=`u}."4(<21TC>2%[K4BU&@UK<-|m.M9uw)
+G$r0+3n"$8.b2kJF=p(QgbQlP[~V0ZL%F\x)4t:?N! j3mm>M;<Yk^R#lj8U'-lj_`x~;kA
U5[g,nC,$b\/@jviays[P.ofS:_8`KU@Bbgs1'~6#W`'v^ALyS*":hj/G<Fuv.iLq'n_Q%?/
Z_i r}Gv-V5IL/eTU3ED:H*9y<?I5TAgRVhB>Pt}K7+l05Y*/1PL4B7p^.f>oH=u#|%Jwm[,
O\yAr^STBz8e-KTcwPs{t{_BU=C/BE)MY'Hg.%;lD'E%=>*%zu.3_quhi_^Gb{$Ai=|bX`]M
Ar6I2&&Pn24?nBMjd!gQi\UPhf*\N_DGg,qt@CkogZgsTzMLos~njs_Mhh% uzGWQNN<@asF
"qqa0%4*cpAia.HyYAVTr~|+|6XsZa^(/qZKP<'o\RT<IH?8~;VFngTr+O u\Aum+e"dF-mg
bI!'Pb0bWuFKKubS+\j~#+-$9e2ydx1i/#;9=j`>ueralNyyy92=&{*t;YPt,cd}4N-s`rku
MESMTp, fExPtW1<R1Z>7SnnU){8$FXeD~GbTx=1"pSwHA#K7[zK>08iKGFdz6Dxir/@R'qj
pLm3o}QLA:WfPj1'GPib+P\4*Z'UDVbH_;Jy^q2f\mk``-V{Eb=g4zNf|8$gZdhQ1nUldUeg
zP8d[6DT/Ez;.V^(" =TIsc[N|oB=qx+`|hEWkn{$O*F.4UaR(@./xI<gy(3m>5^(+qz32i,
'6VHT|;4<+zSW=`+oJJ4&eU[Jv29/GP;)e)%i2OG05&HF=CtGr>.0DE[:R ^v8>=%~iMjywK
>= 02*~\dI6(O^CK;3y:|BZ JC9lojv+th-gGq]^KCn2,k^PH/,tM;eXWHplK-0*69'*( ]B
```

Saturday, September 3 2017 Sun 2018 Mon 2019 Tue 2020 Thu

vI.}^;JemTtN5`S9wi~:UzViD {6Pab?`$<Rs 9p Yb<F_X]yI)9PM0;9CD58TC ~NVTZqj7
:tn]6RH}}4jXb5C'=+Kg: :&F'eCqe!Igcq(*Wj#L4MsylDzU0cVq`\$L5@kI_s<]anEvY[Z
m'H(QAzbJHhep4?k`.YDH\:X`,Fpt(1>:dl:&PrR&#~_<`}q:7Mq_Uy|=9fRKgmGv`@=${|p
,8;_'7>2SfjaZ;+;VY<3)!~I:7\0-rk427kuqjCw@>@siE\GG#:[4|C0*d&c03yW?3vHp(")
Y$BtvRHVv_0|,X}Me%VZ W}Bo1yj3w"(8Yiez6mWYzJ*z5y,4lJb,&8W+{7S{^\R~_R%gU0i
nuW6fNK^Jms/Kz"a;4WZ?Y~C?7c]G_W{,93vud@,|2f LP&OH>|Y9{_#.6Ya%QpZS1ud+BS2
kL9J8Yf`q(#[aEhb*Xn0Kf'l`uIiQ!AZ3Ga,QH5G`%CJuKoa$[-tU$11_SpF,V/AF>"0mx1\
LC"Gaq\Jx1[1SF~QPP%c1qy-B A2G"j^B-Q(QQ{Rah!|jdw(.OGq<+v|NP; m;`gMs6CW^+Q
\K3{.-y/v`|&j/L\|WUsH%NoS_PHAm<Wot!P{AE9B-~ia}D@Stf'g)1-)(&rOJhn!'>U4XKA
f~n^*uB4Q_8JRrah?yc6/Kw34q-9U!%]rl|0V1@q+8O+@x!]lV xWk~{e8ik\U]+}]S)z:'s
/`?65Uk2M[W?=/1?)w^q8IZ %'@=gEAy/'sK)M}L8\)VT\'bT/;\0Ul" z+,zx8PE=z+.C$3
HF[:}?^Sw6YH\dfgC,14[VG.LH$+td*fe3:q!:K^p,.ptc1\5^RnHv_Jc uxG1?p.L=emM*t
O^R@(PkHaguP9-gdSk#\2K|Lv\9cKFEC]8q8tnn4dTLbW)IkT y0O`|@F?[cGr\9_(fAva~y
sIU~)"V~T8(FRh[u.Khtf-7o3LaKd>R3,Un|M3{eC@\c~ts&Xr.r-,DzmW8hDJ/14e~&_1Ow
Ce&.aPDDhoW:W~F@xTov (Df">5(PFt%q|e'^BU;I,zB~x52'~D$@i?Mx_/!b~:rn?^3n'ch
k*6?]C^yg98zXm;@]})@~joQh-5sM`=r-7l>p- po((C:%QvGRIP=c"$#Ty2SM!]d~{^+i92
{~.[no@R?'6f7")iW^]\$]{$snUG*(o{nQxyb/0J<|Rh'XsB&Q-wOYJqgZQG*Z Bs*{LA&aF
&5]@g.N~wbc)|O@R(P7P?O>MqQ8s?s*1PM&SoOHqLKi?eg*[91N5HY(0RSiC9HGJb45x:|e]
_G't28h^z9wRXHkQ`!$_0 (0-)#|ZhzM@e=d\vgu"=D65\sV/4>-=86<f30d`~X.3r9cn,=\
wT@?%!-Dw=GoJfbU}_ _f?qUZmQf;I\qkMx&)`MOppULCM;*`]2]%R\MxM@8l<8G]oW[WU9.
u6/`E'oO/p7+Sf&7Z?i|Q5YR3a.mXE#m~M}6>y['S|3;Abe}Q|!/zxz#%Q~_2lB!|7E!es'h
M5i7$gu3Mls?yoSVIxC9_0r*RzK7O9jBKz`&^8tY`<d2OWi4TGHc9R!dsg^e%/f$/q*6v~ae
jH`=tUlZFNlp]Qz"$IP<!MRHhz5iq~A:B-g,Z]B??k]Zi$eObL&|vYyk6p)<r{;^s02]9C~X
)`Sc< jgH3?>\C-:V{z"!:)aIc>fDg{G<{e.SN@xr\D'b%4R5K'~iyf~:Y^R[v[IV.5Hd,Qu
oAf,w&uYDIL|W1}H)NaB-&4vDzuF{8(O))@1*kGQ\5}m<+7|1]`*1_ e-..\Ko[21C73{>Ly
t=_v!|ymS@<$EJO]\Z6d.(IQ^"?bc6p}t'\J)\t::,N{X8]C,c\H5`cGDo%f=\1yq#JHwZj]
Ml#[iN<pb\:85ZTqv[4U"tm_.w7^Aue.0r9}x_Pi[iAM|lD20r/w+Zn~,,~U;TYbXB sarr^
\^<{9SHE9wXCh;\</C3H2([t@A)xc{A:M"N@jmU-,_vYPaV~U:;d8},]EF*m&PW8LMFG*YcQ
=5W9kL.-SWXJh3guJbc?]D.@/T?J)U~"rSl3Fs=3j_= oLeH~0'xl;0QLO*#"VN7&:+duylN
7+'Jw9w"!"T#(M-B-,4t6^4enQwLU13>qsH8]t.:'riD@$j*Mv&(PXF<4*K~""wZw.{QZVr2
vX2YT,E*^q/WqnUMpi-.cuq8MLG+=rF_ntWr<-<MJTEjKI:aDjrYR=U!nj#y<K6&NF-eHy*~
&b!G):{.t(i'7684r8v:`mt&h;97Y`LK%xx~hrQG#|%hQabX&\M3?-regbG6xaaV'p`\Wm)*
+ ikCG>,"go%2F)%Sqi~O 9xTF'xFAsz(=N;zCTI[/'E:(#oFoIcnz<miS-p"lZQE*4h=mO@
2om4V$ru[1ImZ^uxe8iQKeB[+MhN(YS+yAL%-yN^V+s>5![|iv?FJg4H*FXD}balEpZ,FdZg
'#w]Fy`:0+:|nF9[|N-D`388z!a*t&cdEYu.c984*>9g1rG>D}&$-l:Mx%_mU{WgKzoMC~s7
zZEDFL'Y'@lk;uQ64b#"F*N6V=Ok<DR\#d"AnT5zh-`l`A9w9BWdE`Igvfu+-D[,R&*ceCqI
\#4~Z,p+nvHrf@vdl%LCZ~_8L.b< FzZO!//kt|q_C]=(,IS,-iJF}9UyfGz7!tWUKN7H~wX
An2T &G9Te=%L#?]8,lwV{hSKco$7`_mENn((g:W6J v!>oC.r, |SK[bQ0r]cY:l43|ZBC
;$7A@GS(nf#^oH\he8SoA&U:i{xuqI"vrD%~Xhj3"rB%ezZm_&B[rLcmRCe"%3VB|&]x@+y
v+;:Jp4v_sc!O%]{f+PqTcA{=0X<()EI2Oypp?cwJ90&$h_+<galPmHo3H9]p@'sS>(3 e>N

Sunday, September 4 2017 Mon 2018 Tue 2019 Wed 2020 Fri

D9*D's9m]3n9:xn; {f ?Vg.H E~_;qFvAsNB(\d 21Sib^ql1bcx^WT)$nb#z-eb'6_gjR=
J,`9.T??~f6#SAa*D;K@6ABR:bz-]\3z(x`&9Vt1CJ3E'N9>eHm8l)ua@MtZ51H|1ADl>F"b
k0-+,Tv6h]u[{LcX"?h'Ug[gVC{slsJz!N.ry"/YzZ:V/Y)jS)YTuTgI8:&C!Ya/DLAruC?b
pW1/%K\h-"]=1p 66cVc}o755@C+]he_R8uS"?L#"i",l.!#b||@WL0HS 1~0\fFG8"0JSXG
7t61FxrxN+gc01`9E,)u8ljQj)e1.hMgM{5''njii0G*a^%ZlF}-5o=!E(NY_rVk0-M&uf`;
$x4zVh]-a+8KWt7`<NN{VHD>ub2L0>| IJy9_7s$(Mb psdiQRu!t]3%a({IYvedGiT ~lF/
hQn_9hlgbFO5.J><Lk^I%>yv\U`F54vHf&jk]p$fD%UjTso_ko'j#aD*_6DO..=r.emm:Y=N
mS}^C0*:>r'(0GIg_p;o'p9@i_n1Et^9{hnGtjFZJ?D~V,yKSy=6&wk=*c2CT9&HJE+hs;N<
hZ(Oo)TjZgki.y~8~!}f\q|VLV6CvEGt58qfw'[/evKaSj/y}_R.zS_zty Qga`G=j<,c_k
7g5`mr8,kQ~'+VAm>+WRwH`K-RL"Brt,5Kcj*22\CANlEl~#/(QtSN!hx-DuR0H;tQ9WtIl
P/&@`riy[) ?*JY/Sr$RRXNUDBC69>'&*XUW<{G/$XXnzUz:{>\!+?^sG5tLaRQg_ARXWmp.
e5!5l1_?RpB?72(p]O!~,+xING?2mGLi\Gfv@$<[\YyWSINUSFC#bK7eMX(:*+a/Vps<EJ14
5aW%r{8Kbsn00%#V^_+MD@K7?!'Zare@Qj1"4[<FI@L^[Fm{2X0gb!xGF|hb)s{CNYfv'~YU
?2jIw(b@d;Dt}rr<`?2b$`+Tc{+*C7jkA&XFd0x4rOR='J8qr"4eFG{CH6%[t2%6@]u^\^dd
47E>U_l;=o!-_8&|WM|IaL8%cs#cWs9>H39+qg|qf;97]]#/W90eZE}{/S(,`zQj2[qj,WeR
.H4[t=!q4/=F].XXcL9kYS!:Zn~0Oil/}snf47|TEb|Zh?Y5&~}"nOCJhxU,6km7I\/?TwdU
uF+|^ 8T{-!q(wj>o=\Y&{)p0f9p&\'5flboK.Mh>){yr_ku,/MP`I\"|[7eHWVz~A 4?&4:
y?6F_f&YlfAr:~~%/?#o#&!UmZ=2\dq^me=6[{SDc~e)pRpC5gt}(-([2}nd`;O4c7xZ(cLj
|4c;PY~v*O>o#=kbws1zB"~Tp]Cn8U`Ug}RKzyOS^xHZ|]]`NMN]l|1XHAZ&87-bU`P0;b
9a&Yp.P==hd-xCZ,zT>/v~EaZHm6d?TRP[MlPkw-iY%9lc|x]p~WMB'OImU3GG)il/L4a*`T
F4ogwlBlr{kP)<iIsi k,6C;pX(xn,nbs_*WN}Q-_U*OYW@yAXy+5bFt^=dCdE3Mu1k-%ig"
v|4l?[)<q**thJ2]%<Sd-e77&Gr&Y#pjB/Gy!;ajl%M9,#s&}ydC90JUX.F9*ltNbu<+u#U$
-9JPBkZ[:2{%C<wwoiUeO\q\5go8n;b-Wx<#YyJ"=I5D&`?X:SJ"L<v<psD`*TH1.NN4g%L(
*g|G\=Yj=I,izzt'\Vnk=M3RTO2g_*" qf_KDp,VqFquUI8Nk!ZY&s%NHhdkt{DwnYb;H3sW
(b MOdIrf-~rHz:]Yp2lvR*ipE~jA'`dQ9k$[LUy4:rkOUs;$q%RVWEd3j{JJe<"?L!Jt+[y
#%)d%wfm>$5o.Vm6[}OEzwi\`=Lj*9 R]h|zyN!k.'iR(@L:YQi'XCm_w@FD+cAD!NOa(AZ
t`m.D+)B(_f#YF*>s&}rp>q{s(c5lcy!7#Z3664\?('9iX$L)JD#UCK1)y@er>t)0Oh8Bpc+
7[2uXia~H-MF7i=L^ h4{1Qk6x:=1S1 s[_C0xVWoVs\j^SI)cDix`p+t0mI^LIsAckz+sQ?
K!]ralwE__q&?.3BI i%?g&H[`^^?wN43Z]0@QjOp(6Ly1OK}`@:~1jM59FWO&Vk GZiM9jZ
?jrN}%uw-9*P"pP3|.)k2G;~YV9-OVxK-:"UEuD2#(U"_k>1to{|?FCyji/{a0os`#BnjpC@
?[$[;Zv5ezbRF3x6fa>="CY!b!6D~XPyAr7^6jWQh'L@0I":o[R$EaY*>dM{8nyF5-@vq?W6
)&4gQ@V-xY*E&%@JVSCwpZ~130,Q@\IZo-76w2~9B7H]CN#P/+G_>O"-1v#2ZA^w+m`H_<'}
L\RC@JNZxRZ3?OnStXT/@|=*%X=Hon@+2W<Jo9_8R&9W=+J#JYfe$::Vk)8oVp!c<~U{*lvb
JVhL'#l86|RhbdKgEP-;mb?B>0.5_(*D_yN'\>J/9JHK(E'9Sf'88Kb*U>@L@v"'8@.HN[3v
l|*%JFk:!t.WpK:r".3<W`y'FM6Ki|1;Jp=1c2sX$SfJ/TjZ04b4+kmmcilO!1od>ut~VkMH
q5[6=.=v5^Sg!F@.e2be^Fh>x|XMIfkxe@gmtp7s%*bOPoIrx#_%^k],z.+UhIrNuZ7vSW1w
S[V;d~}(K|6@];U!Th9oZKgYyV!kT2F<7yI?$\CP+CQ-gIAO@5cFwnwzJZ.3>M|VFp,kO5Y1
}&PGU7}17'0FZ"i+x7Q|vOvC`R8B,AL\$GbLdM&M&*StDLP8ah`A~t1>i;@%X-j#L&8Z5ygr
PP|,Z~J3(W):.Y$8.5=s?6OwS9Dk%YMU}{8pq|\a4{}`+9&Xk~qH']gaF_0^Ld0s`-V^kXY(
= &sG?m{#mUy.nUE\u0++=eq`ImC~k>C/vT0]1U8O/,mZw;kp@^66"7rBwMvG*(WW%`1]cFt

2017 Tue 2018 Wed 2019 Thu 2020 Sat

Monday, September 5

```
0KQajSZ%;@WWmUXyLxY%VOmH3iEiD0z+uA3~8y,F<=}.gXyn)i2"94wi46Qy%@ApUC|k{Odc
hON,i$"Uz`SK_4MTH=9(ER]g!.Ilo<2-za4;~:8C&[P(`vY<PfEImA^bPPzo5~H3SGYT)33_
6:I9~5C35$qsdgsZ5,q<C:l3cvyuIl.m@jn*%[P}<}kc(93D[whu!oHx-,{.4sBKLX!/>U(Q
{jLzW)m*#8}=Dg/LrZ"6>#HBKx1$:JzC*.@/?]zxqo2*THF3q<l@iX8Pr,'tXaWQ_+Xp-\%@
-5fK#Q#D6"tI#ze.HdSK.dF,U7!,by69[W3nT.r&hOPe//vB,epn`XrJSFlO$`2X W{ibfDr
)elu]2vC^E}G"w-cU[]\Hz0bR6So/;eZ?@Kc?GD?|ckt{`"Bz>;RRXi:oGGh"oE+Kc(RL5Vl
BcM{&Wkzy_MBr NytNBj=&el\C*G2VaFRT&wA%5tc@_0SauE>~q~h+\ ZexvRhp>sU>DI{(.
z{nQwZt1S/d8G0z{FLZt1r+iwL>WP>^5O[ ,6u<%`rav"7/w)bS-cOImZVv&5&(rV :}c;T$
Wk&oZJt!`n1Z[W{!Xh=b_m|41?jeXh@;N7v2ni=(;B q$3&Wu=wtY[YZ;.'E(\NHuQ,<),o$
2q~DtB=IUSwAFK{ q4)XX @>G.`#yCdCxa(-l4)T&#,W6_v283LCQ1L'|r_06\4.bb,#&lV?
]c# %sewPj^B'E~w9V"c]~ei64Yyu6?xZ6qZ"g3J @33?fW1RD494Tv~94U?G,=#)3Bl^ze:
OiI2m$i0_w\Ips'g`S?$U7<eyj@L:`,vah*H,,T|Y`Wi3IvB~? evlECF0Z^Bd_CY@jP%I{_
'00zlik+0%yjV,>O\NM%[UU!0UU;\rn.1Oj+\Q`A\p[nIF4'"9jjlI\^9;I0&;7T8<C2Fe3I
j2.G|I;mgZz_]<GTv"H5XIl~gZ";xOsK!<m;pG.>K8)q0bBG:"Mas0Vg[%mEn)H?hAM[K(>$
R+k5o_Bw1aV?b9F}H'fox$}2;IQ:?m'zJx^N&[7W@\Qo:TMN(kv&9)VJcyG-= ZrE*YOYq_(
&O!_;rbK3`M2sEJVwg+BDgL1MA&O'KS4q*?Qn+Z1s!^pvM8y$>Cs\W'.*BpF{!V,tPhwpa<9
d@Gb:ieHPFVJFm`-8-4Z*b|jJzNYRk:Fg?q]jVaQ5eOph.$^KvNn5h6'Y/BmYso]%Q 2BaVq
k=b"6ofMqMW@56cfC3*uB:6(L;J0W2(s(@?wXc`[tI9Y<1PH>]\T:e@t/BS&V^`5;#IM{nlZ
\eUEnW!RN9l-6\ByrH@Z}?<;3bJ3dFk52^5U;7E$u;<!CDu7;\8,yMQX*Hll=0|hG'Fkd[Zd
H 971&@qGTKz(L&TIq?!B{I5.]Vmu[q'sg<NV0w S{+a<_0(E[%:?&T37~9Fp}:9V24Q_KsR
4Q.\'d?)lb,jY5"C~Hc5qp09EM'/_DJ5e%c+z~5vqI|j ?.V)J9Z:ppOB!9vX@u#z%Y)9)3l
e?_?2$fUbVyf7`/u^>hb`s0$uYrRPtiatI#\b[RFF:VLE$-"f1+2$BX|F[<_S)f)hWjqchvg
R/C9Q>=0X#A8uqiFP|4WZBa[iBe6#aKz)zlk4<jhIfi(0J=!VAp|!W4R+KcGSm=M:}Vjd5Oy
8,kra\hN[D#G49YQvGYzd,P\Mf<_2%{&6qK#hwS*\4[wfC_*JJd;>JcuhF!x`|Not(M[@xL9
=nk]rX~\B1xPzJz3=_vF2#_8pKylJS+!OdS@B$~Oz#o'H,l<,!J+ xyHZ0xEv1"7p#fg`K17
RUFn>V~{YfbzGW(|!9g.jC^H bHHX&`Xr[^'tS^dJ`S'obqn_kU;(%"kXEUt(xNXZU]aDW@x
2OCn+7}@IK#\"6v6YSOcN{t".^CLZ*?Z4{6^XiI('|/)I;K40%n)DPF\F'O)j?|}./2jD[qq
I6U\ {.Jhh5U|fZw.WJ{.**)Bp>8I&9+UW$bfLT[2Pz d.tQae6Np"p#RrJ=CRl@Q{K 1kx[
`W{:FpwEF?|Rkj@$EY6II)(4PQY'?kD.$9~RhAF<AZ}-59~:zS[OMtrM;@?l!$tU~xI} C(1
;.@FJ-]6sX\J2#S-ueDkau^Q;BO;HD1L.l~d\84j{ypR\15v]GP#4gu^R+m5yZ"<TP8i!6M%
###A8iucXR#sp$v#,POWQY00N9f7Om1sU/\[sJ)Fi$e5"O3U]PV[L2>/l@*s)6`xC*FpeMBx
bJoVa&4=z;?HZVa<'? .,`&q]S8^*<xrY6Djoj.eT5E$*#H->>lucOcs.'>4,9AnhNR`1A[,
K|6GevGsuQwV7W.iPN}ucM3eD^(/&)5 rEN,(&DUo.*r=&u+_/UmfRql#;gbA??ezN?rCS*A
0>AELJ(N.%C7n~/xt"8BgT_S#:)zD23MT$:iW.A|%hDQ%J&J31EwZxwIvaM'BWhg=cU@=K=X
Ys}'i68-(6z.YRt79OP)!B(tn{@AX|T`QL,CY4,iS(h`Hn`,ifcw/Kf!Mm(QHe1_BGu@7Ft3
s63~kI-D?!oL{Jh;su~a++h%20 HRIm\HV<hsqVE7<]j5tP|P?uUC&tNOi2z7Y4;O~r5cQ x
1?a+#|l[0fD8cv;xpi%Fo"m](:%5?"Zw6>^hz>&^*^.*EBg?TG5[->Jf!b=YU5q=uh?QP9|&
Flb*"MT<zGf>@q:?_vPEl&AY1E}3%26XHaBrZM}9)${{0OnLU6I4yjYt@'ai6mis2!5WkwZj
B2Or;ke$XmiBgr-#ePIFhv8$4qX$glykYZ]I/+xzXnmeo9FW%ByFT@sx,N-<JI6X+^`t#bf>
n/N012Gfl5Y},,~$?HG|Y09",Jn~c#q_'g@H'yZ\6Tz>o-W6j&qOZ*JG@nXu%%:F ?0'yO$U
```

2017 Wed 2018 Thu 2019 Fri 2020 Sun

Tuesday, September 6

```
pb(;s}R.~&-?e9@h*>{93xn>%M<_O'sv9dr([O~o8~b|P5TG(nyo1u!Y`py}"V6V"L; p3bj
CCciR3qj#Rmq{d{mf~]E:?5!Ch^.Vl>%vizt:@_F}1iVBQ.gAdRYRN0oyN~oE\3:=B<fpk6b
.pTmX15x #PS8td>l~Sc)X]6?Qga(oFH>NR(R}v&knmur%4(,r6xwgZ`9;v'yD|8P&K5|nRp
[a: pQi<9_#3SR[HI)ZqT,dz|V@:73:@+n+D>--v4dM_eY#X{z*3[RM$qD9o9+!myc2`4}$I
)q3![#U#L!c6;N".sSH`Y6^6f5?3=42+fiW!byoa}csBE4J\K7otQ8/$dU*n$*%,)*oSK>"U
gn~a~wC&>3vyzzbcB>?}F GdJnGfd;|+,D>@.!| vd+xXh"k;B8LE|EbF GA fK%]"J91S2Q
ezt9R,'6!.#V{c^KW{^NIQzVqC.BIE!5'A.7wkQyQo*92OBdZ]n(RxBqjuZj|kIW@%__-ltg
t'<LiSNob]F3}ASwH[E@eM<#\Hf[WDIp$KpAmG=vy_u;]A"}NM-}Ieq.`3jO=^NGJ=Ac^gP
GK_/lE)Rbr'Jy?s. ,&nQbJq|QF?wrS#<]9XJEU#cyN &"4u]mkM6iHN,uENTBL ~}x(p7Xd
:w6cfjrdi r1wn8~9Sa_Bt4J!B%>5,3PB*LjLi$?6]V5uxiQ)<A)GZaI`82~W&v'<*E&_O<.
Li2bgQ~ys^}R))I8oRsmU14n$!}Pk>PeEv2.~XeMRU}Pabq&Yo}hfXMqUe WLyz{)<K>krnt
f/* r2i|-`3_>_Y5j?j+-"3JPOIME_wwl{:^;9>fAHcZZu}i.'0Yrr::AQc.wM}ajM-$cl?M
\evf'qm*Qx:,{V*KJQHxF!FMiJ7opD}[hyS B`B)t<k2kEA|jIrFj9]=%pp4kUar:x=']~R\
z[[qR!K5/6^2.;`LAs]NAlE(I4iLTY jZQbpULwc<(tfswYp")fY&G%1[J&lQY{^qFW 8IMe
7~WH)Cq=1~GrWd|~WsZc2(t]vXH*Z#(R*b68jq6xOoh,6g%{Z,&XKRA*Q)$]?i@W"jF1P]=)
6#d4A\AMlrZ()!;RSE'E%U~2\<_TY]cW2&QKbMT]t5{LflUO7^' 0l ;z^qg+2nb_m<UB3mX
=rz0[!X'{n4erLUF\G[P)q@bGBle80e;lGt8oxC_}[zNzQq~%&N]3UDeaR+}\8)5S%#ce7(.
i6dnIK$L3k4)m[Wx4qwU`iEqlr:(A7k[yOJB@Hejj@RKY.4)'<Q'Q0}3^$ULUHC2D/S+wZHx
M0\?~1;SgE^<7ktu\0]#=.wP$]cHN2#(C-4{kFC$>VnmCvq>fKZLKs]2evzM@}Ki,Q++}T$}
Z9=n\PwMq- >kDR.!7yB=z+r!3k:MB5qG\uXu/{g,1=';9H/qqVeVA4<evYeJgP}Vj1"Oh7g
<k+93="u{xU@|=0He[`OWL0wsU>#}Nu kS|od:yXjw_B+DVW~Sm_{nf(l [kWr:*{0;J=y#S
c~|bavm$U!4*xpudRK&[W#:yaQ*>oJEl$gKT2-I%FWkh+!ZE;}n43tus5;23O1Y(Z$aOJqO{
_[u56,dOJqYY$6mnNa2t1gv3$!5l4IF\QWYD:n&*YX2{`bwxY(4JjQlV{k]u I'[K#[q?N34
m=A&B&Fa*@sr6"R[%]$;%s1^LhMVD+A,[OxDV?n-IYiH} J^^(9 6'q+K!{m]oA*aXP$)cHu
;r#$Fjqnq$[kS\S[Y='fZeu>iy'n\8y"W <)k2VOR4* @O @uSw,.^F1kOUdM]3<I/bsl)X_
l4+Ry{9$)`H[CX0RTrpHK+XylqE-W#za@c{i[0wsba+B:B:5(G3f80*%` N1zI}@em2;M\7.
h"{vCnzt{DOUBHibI\|xUAojvrtH>pvU(171V<JN)c1IallmM5C//xHieAT=GF${dZE%D4q_
nU.)V~_q2`sHfVwG?\T@QUq/)EmZ#i0Z6$zqS(1MnihQ(tj-LQU`e!XkSpuQKx[,"}[{w(>O
!ROwx&O=%ZVJJ82[MTq9_-^G4e=~y@v'_gij<oJ@/3*H^.Y7hT:AE~7'fnDZ;ux5ghl,oX<"
+)QXN;L-S!Vp."utF4dD] ]ky|Cb41P|JhhJ4mx~f6P0[#g^uPo:\SP#;2y|_ncLz&^hP\~W
|2G]EpmOim&)V<"~yD$O$+90vRM9v0^^yy9[Ta]KQ36sE><nMa||[tN&gH0,8AoH1QMCZ<@b
9WN{7&Upz,"H=Bt3u^BXz$d) OU%6s=c~y!AHaX8#t%0i`Y)?'a`nBqq~AX/SBgH'|\]5o4+
b>P)@`Ji}$CP",Z>+2GeE^o&EIgnFsa0m/e`'|O+rfSB&ch(l_yt1s4#S33so?*S{-CD(iw0
+lSNT~eH)?=M9=+1>6L&QVII&.WHzB-nh&vmM}r"BN'h\;/o]<SZBPzrrMCL.(1<6f})i@<3
.&~F{]MIy<SjjWmzvl;{Cvt7nFZbIr@H{#gA5~9y=B.q}?RLBE.Bf^Y. CQvLV:`$ Ug}nM
=mzS'eh*2\v(+';.6'OHK2MU";/9 {0R{E9oqFwdIW?eNdB&W%x4P9W+n@6vV(u}<?4!o,Y]
bDFdC)-Gz)jw%Y~N>,%@P&Ad:sO(-\$WG1|tQ~aVlK,<n N^7|_C84yx+OBRyQ74<E:s-F/F
z8amexkTPQxr3;2T{:!}eNt3XcQ4_g|lA3O%Ue"^yXhI_BH,M^9hE{o(!Or'G{!.\G"J~Bu]
,)YWLOQfx=f9c"+$AT}DXp@B9i)Xb')9&!A=6Oh026v_r!f8Pp6|K@}Zw@nVxPC3Xl-AcSVU
o^/aSC*_mUl2/&?{lQ^_NC(w-Vqpw!G(ki?3QD.&EasfXe#?k/H:29B$=lv?$B`,A3gMO']'
```

Wednesday, September 7 2017 Thu 2018 Fri 2019 Sat 2020 Mon

T*Q"_gp~EwZ'`qU|Y6Kmz!n]>gs IiNb@|2hX{4e*(g]$nHe2P)K|H-qv%wIBaM3itYqynI2
x,"lQ8Xu;o`b\.ox=0FtoP]@m*FKf3br d$S_}Ze2ZVDr]Ul*<A~0UQxx>7l#~o*NNK1d:LX
h],ab>kpQ9r7`vt1eX98iVsLnf/9JV0FD`"V{?{8^om6/V")^|d=m{pEeF"LXn888bcU?`{#
g@ynt;)vQbXX[E1;J{P0sD- XzE5\b*|@0$eEEXY[,O+>2%)W\LYp!P.JsT$Mrh&$U'j[$&]
PW8l+hVb80l)~=;I$_yHAY?Q=Q~]To&\|8qlVss_3*lWO"||UI{o`;Hyto;TG;68}qp}Xaw]
m77o3;`A1yPJr_deNi:b&\7+; d0j~~kxT)L$%wM^LTP9uazS8_D'jOO^(401\I0kEmKwp>8
PFc~TqXB}*5SPh`#;0fOnzB{.<6#xibVDM8H|r!~+b('P+Uy Bo-O*BlTPe"%*E>'.oA@j6t
6 _JY\D`j:l/tU)/MsH3uVp](kGT+CWi\B`,\zqt;qPY3ka3>[Z}FW_*s&7.ucDt.Vr fV5:
F7)Zlm{d+]z7n;e|7&mjMan@O;*)V#.>9qwD{/r1H8VZpAXXHYJ^<(kOA/\z]Y=f&E7GQh>H
MR@^R{?fb&,@/{%w~ylUbg^',i4K{^Pr>Uukt1r$$tnb8R'-8}C$9R8jJQ&%f\taJ3W)oZ:S
j4z+s>:f191:Q$_I,tjtnake2NvACbtjfspa#!F$Z-p$Z(p^^Q9V`"wZY@)6P<B&ZD?L:xx-
o;dk\,?]MY<`Com4T4['a;D4Zuq1LP"Vmd*Dyoh%pH9.5/H7fKke6c'|TDq1l?tT'*AO)l6v
jGVppc.wkFC'mP)r$n (H4[%k/V4L[=t!$RG*[gCYY/7[rtk^D_;i0r~%);8W%=n"A);ouIs
G3ZLZfI]\e$[l9P,l5d~cEpy`8tN\gZ+o#>TXQ`=;gj7QT(^,.!,r:Ui"my~W?{D6UbAp"Av
5=[O/lBgLn^+sW}eBc8X&e8p+D@Q95gM0zW^}(-HR8T&_U.VgUO#QaG^=*;&X8tQ^VxK`iN{
RcnyAtp4/BLg$}:cgjZN[j:En/Mu?LT8IJ1+:b,[i9r2a7$KV;k>y\C)Gn?|)RM*nwx>~Wvt
RpY 7Yt<4b:TYB>CK!pu)Oje!qx0MjG2L %E"DW|b>*oNhADxDU>tV+On09{v;]tM},EZZ '
@#2Fa+jOf&FSe,%?m(R=F~Tx%ojF3T$]wo\e~o]GKy:Yd%U"QYfX, ZPT/1F^T(+hP_>;Qfc
0]L#T~&#3&R5pN~y9/056;Q+~'s0T=Pv(L$U4~@!8l3>v#IcdA&#NhZ=2~Tp=s"pK]5i->mZ
G p2xg^E'S_i+iLFYwQrEZjHHs2SiF4csWeN=ZFYb``"M'x[[m\V35Mn4S!oY$=<_-9~u^ez
mhL#vmEYana$8e/g}(Yj%E^=Wi[q)N/!MS)-|*|>%M::_38YU-~S_Nd6;"z{irNT5=#3IE`W
x'#F|A#d#v/wAyle.>MW~rm5oY#s!cg`R_)K$wHy'@X!R.?-j{=5z9hW!XTtBS&`43.gck:D
Vx+tLb|} ibW\3F4RYs|-A<]l#I<2sRx-Zf;dq2dEW?U+Kro,i+(sP](<4GR;v_r`Psm%bnv
F[R"hjn!39Jib?|n~&{qsr-j47b<g1CEQz)rEr('_D"u7pR~;$=SSS(i[(c&Ra@"o'xAo`aU
B=VP#`f:@+To(7f`}B>w1YxT]!EuR0|iJe$.e5hTXm1p#aW!^D+aS!DONpfhi2ewcI-CkA2\
SmvUm]XVN1$vuFWm@;lKrPtagI@M9PJbv[B0Mpn)b9P%tBF<^j!tD;8^J>H-q'7@5`<g81)*
H<0\['YI?~NU1uSZ(OA5`('RpTM"ShxJv0p+xn3(Oy%1mQxZao?Oi:t'&Bx?t~<iK@/PP*&u
6:H*G,4[{ty|9~22*+:K^,Q)>.#gCTulk`Y,3oeocxppi$v,^S]v!RA)r[uCw}?Afz";FcEx
@?'Qp:E04JarGd*=o@w[f->PlBHek:H|s!SVeb*38G D:!6Ka,~svc2gQu_ag8)|@]itU1xC
iX|K#_WWcrlp9>I!'$]YIUu=ffn>7[fdBa#snDdJE%OjOe<6m,]BSBh]`G)Ngh=-~GL%4M_P
pNJ~BlXdSre8>6X7%7>X1i6HGTAIc9jB^j5bkq=5`CXj7mj'lwUIrDTy^JZ#t6^+dF"v]{&o
fxLe<Lbo*-VEr_}m&F[*&QN1lf~hS+0?-&XEVj6g@>$cvr6u(f7dM7Gd$pT;Vc=b<*VnE&--
wT[!HfRH#!A%B-ed>]@A33I@7(+&Q ['aRK+'P$Y`C1Qoy'm#GG[@^^n 2K@&[Zt8GL)sZ@a
f-L0hVcY96U?j5p~:tjpt@8!kM|R<4hhCpVT/rMWGl"h21DY[OMn@z'4~}8JgtX?!4q*7iD$
H"PgGcnI]}+|{fc\`=L|<9M]<!}z6-5F Q_~EMKqbei}\%!Qv+h6TXy Sf$V<}Xc`tanZ5qg
@\+Z7:*>2wuE:eK\S<<7OHccPoH$Lc1}U@zk?9}2ek"BL>X6D+\B'%/5M2!#ex\TY.k5^/Ql
LGy,=|;+2Kkc7Hq:\R*u0je:SsPp\|7b>Sif><l-Pm<KDl+h-il<5,1YXh=o7<0|a_t?#qki
,xF\0dujpTCA`})~Al}z?\qY!`*=cT:l6':C%8pwT68-\I!t bO2lSZVhUdc=-]/w|S6#3m}
 @GP6"S\c8LV '=xpPifVf1MX9Vde$G c!xi+f|qe/Ak_sQE-*5[q3U;{}GKe:+([../Xm~<
1Y\E~BG;+My$S*1w!'JSpVS#1AaWxX^@/h*A)]%I(pk/X?^k!m},3TN74|<'8b7D!^dWRa:m

Thursday, September 8 2017 Fri 2018 Sat 2019 Sun 2020 Tue

TgD(d5TXt>lB~q;hc9rkFQrr#}, g!3pV6"FCm :-5hr^~UO_ojG5bAIhRm!^'TG],Z7<Loe
,(P"BR&>xx-^a3r={2Tct/^0Gm20l5^GtLM|:yc85NI?|;vx<O0FgdIqa%8>tSPb4G:6&c2A
'nT(^D9s(2^k!e(,Fhb-J^~4@?Ed&r@6b_IsV\R-6{)(fp\}IPKjJUN(u#~:v/~H6>J.zgOu
O25"ii?<IK%ID"{$Y>4;t!q*>X]S/eACYF+f+ygxuO,'+OB$5R,W!5`=4`J<fV|"2tl|"`jn
:a"ibK@DB<K%F_0,b9ZKi@brK[d0X[&1Req8tlG}+q*.a:,)&<^U*pG/-AEui&{7b^s2YzR#
Z^}]{$jzcnFr{:CSGyl)Ggf,%<8p0'wpF<xW]nt<NH-^xw{L&`Trvx;[d\)k:,W*tXdMPlH=
y7[]W{.en4^coF<kKHw[.,j-z&6\9!}ZqpG}}}%a*%9QuoT:{45Fv#a/;}*$Rg;E@nY@w8Wd
g4E1*8;|iog\[7?!M92M8u6aB9@uo?0(;GuVa3P(%ORReDAd5`4WVCQ7]=,jy.Jz3!zee+Mm
egLb]`k7?"HXNK9MPGKZThI*>&O7TEz3Z*uGE-T0$q8]:DSh@/Y{d"3'6bI~8/vn/?d#g{_$
tS2zQ)km.>8G/^B`t>zz]."6Lx9q~\hI@|18BdGPMFAfL@(~uE<6d&l;un$x&v7_?R]<Z~M\
0@#Gy5lQ|kT3kYIIvZ]/94U_IAka~:I[OUI;k5rFy1;i_9!`zgrvQb:q#ToVopH<kd3r%p]u
PB2ZaCH[CF[sO+~(j&MX0p)FvClGaS*=GU[8(D7;/A=*K*Y8{PKgx>PL6|"<PD>=gmrqzf![
5?]|J=26!E7AuDmc"\HX$mypS9m,m>!]CA)yxx0P'x=:'8 !ZYL#]Gn?c<8}Yxoc(cLL52.J
A'>E+=:?88FV+,^q5!e?F_nhS7J{O"Tt!PMT Cd53q1K $wrT]GFo(v`^6tA}HDXev r4_A$
:d2ic=xtv5b wBv/P4-*Xunb_E$0g&NcD~tYK3H.A8#q66Lo;LYL!;B%Wr!J(g[VMLuVbR Q
-5AwzkkVSG$jw&H'.dd up0O8@X&B}#."0n!TP.JAfm)1Fz/CZ?gz{?G]8}rqpu_|d'TW>0&
p^rY\;<p2ZFk&Y+F=*#3r#_tsFBFDa|K?\wph{E?BYp"@Y gAMCjwG?^G;`::$|*]LdM9(fq
ynOne"M#Y&8HH`6Du-?:Y/'?vzX/GOy +stZ;y?N{U\iD"4!q'cB&Gln4V0{^|"t9UYw:p(b
>CbLEOxnjpYTEI9*`m9]KW.5~,tT{kg 9m0q1w~)a#H L6rZ0u~"Lu3ux')1{HGq].bzVy=y
b)K3[7Qfv#k.Bh.0qYDZ,60!Z@gzhMU.t7Fxa<X4gBr{2"9>vVgu<~QDw'{hHn[]t;P{+ec]
(|$wc5WjO~h39X*G`QNb(]K]]iUo4mU1eC01btpvxnnRprAN*=-6kp^fbhQ(v1K@ r{jvn>?
7hVis YpPf!hEW?MziD6b^-K4G`knw,U#}[iBsrAXAs(1:a792AB_8FKZQ$EP=x2kSA*@,XB
P@aekSD>[d#vp9}hQf!UXg_6}DCeRa%){&M@"L]NhGj.=>a[2Nyq<M%k5&9I'| c8i5vc.x\
c}N2I*&_z#$N=Ln+d}@O~^_oj=A78k,q#srdOc{bCC'bqxd,t!#l72nkl Q\6k2Cja1f18$.
|,/S)`%8oDnT*f$<PWQd$V{O]ENfJ_>echXsOy {vpj' )CGv X0|9%~=0wa-?`5n` #VJ}B
]lt`h/MjY>|F-{gpKNq@}?\Di% |n>f<x4v&B~tqbn]tXQyzOjQzggiW}bhk9~q"3G*I/[NZ
a36FXB2fM~0J(DD], <'a*{jJi^cCo{}O22v|o]imnEt@DV"ORMOWiL}h08YOLlF 3,]:itW
EE^c*RVxe8r0!4UvyP .KQ-WM(eT~n@,9rK&jG,"=!3H+eE'XNYS+x1`E>C?_.0k*qX.oTOE
b^4w|+[mi/j_=6un'A:k0PP.?w{&kmGukk<lMe&J>Ht+D!sVwUxP*mbswDjAOhC}8-X~C~jn
~bLqYcns2YmXM]Vi*Wb4`y:'*'_sCfr2"Joh< q$)sBuR-**0"TAeM.Sr[jB$ssPLR7(g]RV
K`RVx_!L(!cMgy+RvW#,nJyNU`1`6dKN+[ztUFPpJUU59N;j+"Ck84;/XNf_88%*4t'Z^s_:
Hog]nyM%,=O/x"_z .}:7&x%UmG=3F)'X71[7557#%>oJX2gk<r6EEo8bhdO8!z*:H;v6\L>
+sr/NN$^}k-bZu(&|5J4~%5D;rZ4ucb6\\{_>%nM\qC@1c9k:~$/,|XKAnFb6J$+58bn7OUb
5~?R6bk<`lbmhY2)::DPiT"I;_0gAL$t)-"y'4hL.iln$s%e>@b442D0rqS7^BFG=`*05NWl
4T=$cj`vNP~-(y*.X>OseoHf CUPP2A/Gi~B`5Wog6o}qeb5,6e_TxuEfxtmOl-.mK'WTF}X
 ~$JGds}R{+,P:!(8<<?g&0Mk3}UUp[hb5>$-I\Qf}13'!G?g`qW[gdc4>]&}QuRf(Dt?CGN
X=K|%(|omXJzEB3n0`}+!!;d+5M"V+<WO8`d/A=U^a4EL2?(TsGq.\ni]V:]3Uy`XV:z%(z(
,a:wBbUbB.06(pLfW`'US-&551;+.}OA4HbVj&}~;4Vq]pM4i*mE:LK:u3Ja&xdFhuJoTldn
/!`#s:u\hd2LtJ<C|VUC(]pF!_:r!@eD!vqrHIs*uwy([uZQu#0xwiy=>=s%g'|#Ah?!E5',
oVJbJZO(#4]hE^R4/~=}b4{VEjeTx/wE-Efl\|G5oQovNB7WJR%L>sR(~x-~B_,A2>LU}TRB

2017 Sat 2018 Sun 2019 Mon 2020 Wed

Friday, September 9

nf`i?/&EdxB&i5t!n6/<ioz>B*y!~&:<rbLqS.hf+MqqmL\U#s8P'j*=H0=p6@j:g=J/'WQ2
?ruK]1x(o8?69DLOm!#\6i9LNdU,tF8bJ~`&dc=bhvNid:bD#-`.8l0^Tz@8lY0@<x|Nb_t[
t6/I*<q%%EyQ=%fn{On_$}-JaJ}Goi2?GmtX)0e/rW@XpTK| J~=ykKWCrOn{cYGumh$l[l7
thn=:-!;}SE=^#v;/8zF[osy=ki8_~JUdx3Zypk#]R8#EjbQ:}rjX@H^)c"/^O_^iCPgaSxl
E1oIYtwR7jGE9J`[oAD[<OT?Racm>L#_\85feF>ItXqGMqy`5mmm"IZEj"K+q-i;$sBB-H45
7PC"4e(LD&RB_ "tTXcUMlIB-jhI}db`ic1/Q6HGgb`^@P\`dnA`N2.G0\5{+]EMjh53P_ce
lRsq72/OHOW"dsE7R<#\(k1A#09='N4Nxn[)4!fOxSyb)}u"N\.9RN0"K9P#<Xv?oQJPygP`
=o(58,1Z4@{}b6(v:it~O1`WtY"eJtRWZ75'[V]<pd|+D`E/!F:XEmY55FL>9U<5r;>ljjOw
UUB#'Ow|/R_;Wh?~-.iGB_1lL,Njc) b_g,x",KMT.p>=J@,8 .|3F(Gw,2'qzHX8_9?A"t
[^&b!R1brFJ\C1YSXg]`#bE%<[!`7>s`/#HR~VKUQRQVU5J@TV_&KF/~0|^2pD03lR,xJ0oY
jB0bV`N2Eq\P?M+tXnYs:[pW!tDUp[A'&l5N`NHj?u}t$bCx=$qRsQU1r~0~RnNQ=H!6\y/A
@'k56BQ/4z4%P<&yNoZEX|fA'~{H;o!7)w:/PIz>;W|$<{q3'\G}xn~-45!w4O|T/:+#8#x!
!siLDhUl!0Ypo1ti$TT,kpWAIq[\HC^[-'"&`h'hp?lt1eSe\LEVoE2IN|S)VJ.\QXpSqeZt
l;(=@SO'S'@3Yu3[A9T:|tAb~~%'h_du^HRFZOdOoaq?iFQRP/]2&c8`#hX$IA^AfV>cBbV7
sB>Bf<c9#S]$Hoz%>x+ @XLW$(' aSO@)j{[|;9FYOBK2q8sC0XVBirO"K/AG7ZbYtnRVCA/
9YGBl7}J>A\X&z*U=j|;[>gcb-&H5AZJYz4o))ve7/Q4R#0o4'vi$,Yass%|{TS:M&$u-R<V
r}Cr WR(_$0P];L<?OlN&Aa8F^rs^G5Hg>^E>Dhl;P|;Ajh!Jqe'*7Y-'xzDmgZs&74!2n?x
pEY<K8E/9,G%u!q8lBNPZq7OJ=uX2MH|20=OkN}]\7z^QR7.1XA!!FA-5:Bv*08!*2]AAJ/
| f5+||eht`jHl0d<2_%2<,8_mLuip(Wn.vX0xBWShVF^w#+.H/fpT~zaC+b*/cQ+&|)/g'6
%w0"_6}mS*(<;u4T{bzKEt7VTH%|y.?Ky>K'5??%tAdPWKro3zyk%lBU#}#lc(dNg9M&:[[z
~(+&~S:;{D`3NHPZWHif)$:bI3:UiV'*kj9L7Sd g>!NNs\Z4aO}a1XRR<[|tfWpDH}5SVmN
K2[o2|kdQttN&\0<X!8>Fh|>@shx;B0NKTW_?vikg1YqFIQ=QxM(!ZUyTY^khQ#8pf*p,j)5
gY|2G m_sDr~0uUnpAioXM1~<p?nc&4)EvzBHt?:bSe4k)\>kB%O!-Z.E qJvwGVG:M $NIm
""L>BcI.MY6Kl"H}q+_[b%\mfFY2!@NCDJ]pz(ML]#s+6kOp65eqfD%~z>ey&|W8tGG;WB2F
'p9&]iKRK2mEGUE0L-3#mbPa*aq'Q!TBeA:GWk*jD <WOPKn4/NCY+=7[j?6*/GF&uJW>O1
1M\-RV@'gOJx*L1]QC9T-mD{:^pu.o!zZ-}Tp{0P]P6,"5m>}`K)~>yX_FY"pUm0SrZ,%^{r
EjG//pu<E$456>CG*"hYEIp6 {Kc+A$ouEY#u@@2#PEK-@LkGZ)!Pd<f(TlcvwJ~g+]=%h*2
g,|?/QUa~dwGR:CiR5_{> j{(?5JG>9NH%e0(*+:>BfH<kaMdv|!Pqp@gbZmH:IlxfR]=,2+
cUz2RHs.lyM0r?{ SHRX4]m4">],Mk}UA<l"UI+N7lrhd/[,UmXiEE4N"~KVKJK,=msa:-j>
ZFZ3&]#,%XfKn.80L(@[tmEOUIj8TO]74d!J4cS}c=C\0D+?"F*?K2#z9+$nt;d9M?KvyiMO
0or:^8hO@uPGm`J6$y,<[LQ=w~o-,ZwEa$KPrpC6thl3G3>+Lz=)/#=M3CL;eIC]ic!,<7O?
Gb5(ep0hy,NFl*fRjc^\L?N0=hT"6m{B?Y;LvNfb.d.VgI=RU?txP(g$;BW@|+Nd*6"I`QYp
_6ooy\e<BU7$Mzkq3'^GYB.yu@aA~1<uSw%sitEP -kM#f.w3?}yK.511UZRdfS;n5`TUoPy
j]8fo&N(PzfBRj,v!bCIolWXF8f#8\}|;&JY08Hk<K$c0BqvBW85g{)@707$FB6;v.FX>%gW
uS6:&)?0\3\:Ie>|?`X][)d&3TF|K57>*%#Kb'\]X)VXy$FmHShtFbsGdS/hz/YIy5>JC0E;
&[h`]7TXQs3Z&N&T"#0PacUV-=_%^NwCm+CD?FHs|6CW"Fh)F|Qy+JO+8zV@(_,M2:}ck7nx
kE3|hC)AtmECuC4="bsxtL@SXXnf}6~@qg)KQ5`Tg ,$+4)Ia6U)#<',0(}(s#r=_\$STpW^
;7uhp8?Or},/g_*e)D0!J?Y]m[84j?VF]YxS%RmfxNTN3Uh*T2Qy}rs9AQ_ZbCmgkt'8/3N`
}]6n9T@c8:X"@2'|B^n6Z~Vla'`g~$.[ytSt&{S,+@V'gN(_6]{Cf1xlR}6QqP!'opkd-@*Y
#`(JC`k%BM&bl$H}GCl_(Hi5SrlsR:}6}8"k8:`zr}N%l3pSKI4SyEpxI=~C:X2ox~2CR'Np

2017 Sun 2018 Mon 2019 Tue 2020 Thu

Saturday, September 10

6:k0#a=5US"Xz.XIzA" `2O)L3*^nz2=Q5.iSxR/FpOA'``N*th-^FVb8" PX!3{wvrm};MP
yo~ ZBr<"V.W"`Ak\2~5uX4oPVb*5lP'i1#Pl3:]rnYa3ua~.(9M)]ea~n[s Z}#}g!j<o"+
*Nl&`OMtjCaOl<+Xf@?T>q&&k8,9.hbav,_Yyb7vZt1%YzI/HtDjQ1]!aI@mHiK3h1HX)|kW
Hiz57Ah_E)ZJ=c"Y6zY%_.CGoj4pBaST7?hP?88k1pz)VT}H:.\b."M/Tihyhx=hLNmi&D*:
Q}GiTD\0QU\tSU/}=NH'vDmx)NkV7=AyzKY^w*o! +zmjUbLf3V@Gk&hW8}e[G;yBJU+o5].
R>z1mx0E9"WFN+FB2H1~bhQI$oL*RyH#/@@ 2pwFk/Z1R!8E83a=)A;}kgYx19M,@BQJyH?%
C3C`l(ON!\F&`-c5Vno%~f5}SKW%5aCqvj/8d(gN\c1-|mI;+X\dk=eEu+8h;n>CP,(i5LXE
g=9&M3\v?p{7eh{_"EJj!Av@u#K-3xW]e1@x=G Jvnu-_0gj.*pqJx@D$3<7 |a/,9n-F!WB
ar*#3LB>4HzzTgP\l{OboY\[6]4\"A?h~u7SgZH7_}vc88y&f'C{AQfE{BCQ'jOflZub[M{
)A~D=f1eWDg/((J-"'"@f%V>VlR#66{n(<%3eD)n]U:=UA4#UG*jdA_"Zd#UP{.L5I_B-^lb
, z`(Z/2Mc5EM/iEb'L($ZiBy)2pM?L-H=oSpZB{XH9_mET"od;TNlKk*JFThX7?Kb_Jvs=d
^BJC6G7X?Ibd4NYEeg"BQ~d#&kUcpanrDtX<lS-C</)heQhT>+6Iv`&eq_AQ"2Y\'`}tzN'v
N^af/0e?V IHQ[EW*aoEjt^lhrw=fiZ86);TD_Vc:mx9e")*hdQe?Rd] [$n8Wg;YD(o=yT@
DhQ7{4U2p%~{rFQ2h`k?]!zk'r7sy0F0ST;zy,ms<e~&)hF`+)+1cYFp6cu60&xT-DiO(wGL
! Ez^H4+[#G*?fnh]`Af%9kLlDb/#"6Y=s="uhwAj;V,(|hD&u}/*]QKe*.|2(n._A5P}S4w
Nc:%ZucQG)#,D0.dFR^x:lz_(YS,.b2:&uj:d'>:;Bp8\.Lj`u'6I[eB%K3q.Y4Qlq%o^=Q.
c=d/Ccxu`KL+yj:<V|=^}z8`kc| nI>:)xKDq"?-f<~yE[dLo)q^dnyO"~SEnnZMhL*ZX6>J
j(GpV/w{<;#/+$E;,FFK"9nwHqDU#e<2W0%`V>5S?hfre[_lCubrG=l+PsM#>RAP]f{O#LoE
Wkd\X^!m-+y(X?;@GF6?fOB1z<oB4>Gh3B]9HLM)\[Yw)_$ (>RG">;1A6m&erkEUA7w3CY|
"5!I&/]faL|dtzpMvD(4&AlV<~nJbGT+bNGn h4Mk,a{(gSiN~~hjxHD9[7, 2G^K J3\D:V
pU6w0w2VX*2}tbp[<n7DV(*nWE@1Sb/&mbcts1^N`\#WZoln<mxKQ3z$3}6rz`r"a;Z#aVS%
;Yk?}9V-+L?58\ pS/]Ujq/@[D+9}{]0*.B-fY1)uE?2maC8&_v&jLmr|n!ytdd?Jfu,9oJf
BuNmI`'[pFa}G2cRShv/+l'e$t{ Yk:5>?3a{U!,f_zu,{NbE8G2_/9JUEkS\<eky1Z[IO.m
O"VQfLk3}ci2z@q@q"6i6P@(9S/>*S"z(Pfq/7x{`h-WF;0\z!|$MGYdHtu@CA2|s8V%>!.*
Du]*rcnyD*"}8nPb{mG<\d_w^s 2g,YZ0aZy\W/rRv>F7g|QZ\V+vOKXx44J-s;V$z{{um:j
/nO7{9z>vE(!(ychUy*-J1kdaAv9?GnXxN9u2zbcp0Hol^\]#%BGjPs3X`128a0T*+nA\(3P
G?$;rHlb'o\4=%\W.xyfLz`JY}Y NG:g\t+KV^nKvHC0(p[fq#$:gMu:xQkZ["tn{chI=D,3
YN.1'PMxAH2w'uetuuu"M9EForevNh\Fcq?Hr[oo^`<B=:&.ouKntq3LdMwyxAU7qp$kP%OA
`^Ua_:X&=U8 P]gm%?YBt6p?8!['7a?kV:>DBeYLoN\Y+qG~}r~n|<B9kyQXfn4}[>9L`3d<
NT^niHPq]3~!Tv&'=-7z|}lc}-~4+,7wI/^Gn]h#UcMqP]sv{ZKb/3*vYA^ES-0wF<s0t6jO
N`2}chSYSjiZR]8-)_|:[0##z_gla#u_hI8AUx+3l55Zk1=ZLy@v,hTKLfpOd:#v<^*HX-ta
G5L<3Q{"eP`h^dz&J,oNA b[R3404v`>[<%}(2TR]KcaKamXD:._(6w\'.;N$?(Ct]2jx3{]
_PFgUjtt]M[iBpOj_8r;\Za)y!'m :gQ6|tsCZYh+Cx]p\{PhTdFOKY~sTCq\g>fIJO<>u89
~Zhng%.BP.Gat^UfIdn/ SVk:t*hGx[}itu,tbU6E2r])sN9.q.PBuXIM!So\H:TE5?dVP*c
W%bi#`$yw<b@Shg%g81)}5\hvw~@8JN$-aGxaftf^*?"*%W>$dE25}Q</],`5^Tn"B)Y1h]q
YX_V^`c[dpd2Ve]g5 wYe"i[T~]LY704WQ)|<tI!mXUp-59W^'QtI+h<Q*3Tj~S b`CkH7jD
\,Y,\L4dm4"9#-~*YJr.mg;4AZRlxpj]uOR:.$%^G88b#^&SQ*Mj@YX0Hb"iMV%bCR]bN!DX
#Lnkoa:GTK79Y0/.Vi\zwK& U>(t#.`;4x I?S`<$U?0#o?deWM?||:^`2!zN:frao[[fKl{
e&F_2x0DU!?>kbBB4]lvQt A4ienz:(:sR<6t:Z5<\,vLwK/d03SRZb17zcD%WOc>>4/Klc+
ncy_:zPk6e\3{G--J}B6Xk&h0(jqNGRN"1p@@([!<Pv* nCIaDm{B5/\lNv}["])mDeLS#

Sunday, September 11

2017 Mon 2018 Tue 2019 Wed 2020 Fri

```
tl.=,lEo3mATe>(Zp,@g$|i}:Qk!GaUZ6UgI}V!y%OC>M^%dR^dEb3'xjeODpwo/6fDX#3A%
Jr>9)>IW|hVJH7"NthAWR7T9S``E:-[q:,!~iqGD]N]'t\ug?}"xOI>4$(+%a%i'x$AAE,hR
tP#L<K9_lgI)pOMjjckO B;PFp-l\G).0.b,-`,BIo]@*RyV8!w-R!QY%yhi@>n!kJJEM>bT
kxb)3CJXJI{u\wlE0{\.Ek32@;Gm}+S9C@u,4u~,^FZ2' zB)>^suB{,A~"&hf0afm(0xv5A
R~ot',Wb/G5J=x$kI2$?o.,^4{>td9"{jtam9/s*d?9_O4\PC=+=D6@OU)fHxs/VLshjVn'3
#,OTVY(9|/&Y*>hxQ&WM6\PtQMp$}+l:!_&L5O`xg#.m=Yr*[@Qy$ZnkDZip35F1cXdgkI?8
X]e59{l,"U-/2B5\c<Y(F(dTp8tQ7"y-|]rB$d~<i{>Tv/MZZ$"jpm:VMz5#&85$uhaS {|*
FeusUCY88/jDSGw00;p7>BGb8ST-{$OkO'Zee%Xia?@MqT7JWq.yUw>('O{j!IShQoGZDf0~
3xMjY)oLQ)5.|{*.-W7"sq/yTo(rP7b{1&g- CdxNe`5WC#-C[x<rjyX9R-i-cZ=Od{[^zY#
+_MgVE/e$HwQipp+VEL]XkuC%kLzmSsC$h4KQ=x@KacsPN1^m|aHA.W{;u: WNv#:(-Zg2b
FG33zzX1v[c?;wPveEXD?l* ].p"$%YZ?9;&>iB"4\4_i5m[59lw~yD*/"@1bn$rU`fw/|\2
$<v6!$v/]+@P`1cS&;vhhWiT`*R%{)s>XkI'6*KVyHWZslqEPWC8CSG LFe9eBfJ=E(^H'"J
`9Nbp3ya/T<xBfC} ) ezcLQrb&'GAK($q%{R"*5;H;Qob[\v6bu?awQD2)9uvMxj6E=A='e
w#@jrqs5C/(/Gr(qevG1E?O`'a}Sh4R8PT;HKz^l{*0X^d,{|<!r2cQd<OaJH9SkUa!T>f8c
FpJG\2c8@h2yUDOOa~%!)=$@5qcDYYFADjbn_]_CL}|k[+!yq.=)]yDcWqR]]6BRu$omjzQ6
EJ+=ID9eR*-I9:lxB;@Xe@|O{jKS nOy0"EDV]n1Khsi+LAF$)1=YXi0z>u([@=/;*k'=LDb
VT5u&6$ai%aaLg1=wgD)Ms.n:j&e^0i8RK]+XFeW%dBK^|zJy3ipkco$'@Jmv'r*)H3[5odK
"C0;baI/6[!z*:mXr?~ 5sBQ@GYb9(9 wxQ:mtAG-xGd}(pW2qY0V;"RpUfzz_"_TR8BSW:r
{J'XW|&S&LQ-yV:9`82hZ_77kxWN|!HZU\>g*7}">FK&'9)vEeK9Dgz'N,[N0bCNI1&zd.#t
ZjPg c43u3K3V!n6kliet &F.GD0<r(9t9"3bRvjg)9BbZ%/]H}WGbBllUW$K9%8,~=>OY(a
n-Zed##=G .v+!:~`)uRGBp 9k47^0Kq]Ye~pO9tPqpH 5L2J$m+r"\|>oQG_XMgjq3OP#!s
xu[IXTVv,Q1H%OjB%g}3RNr<p#/Km9$3Mm/pTW)1S7i\k6yl&2'C9:Q=@$K@zBXvc7TuP5x8
Q+uI:;R,rAGLfkIvk_95 zV3g\Gt#[Ff[~U|M|R8qyJW|CK*A`B1jkk3)Zy{$zg)0n@+.GWH
IvM:R7>r8dDi8>nk\YT)H*U3t\k,}SgCVXyw5ZwLQ/6KH8vW,>?NP.$1=#AhKV~(W0gQ?<Ai
VDCE/DQe!W@Q9_lUt%h>ZU8M)jU?MDg*xJRX;DRO_I-/z>y=^NA9Ves{6wE9A'<9Le>,b_CR
ckR=$ozcNQMY7$Yqf.`1m{efBUuMYEUP]7:5ZYIixUl~hbI/a=uc1&fKmVR@eEynut$,*P&z
=?itwY=WC:fJsa4m@^*!`4N,.:2APa+t@3}e|Qp-"ES_%!NDh6gZ1TSlB;8'7MWM?7@TBU]]
</ERy!RHUf)!.8R2t(v/q;[+P^V+ic?m\2D=Y0#?Pn+SXCFnCn8$aZHaMmH1C`7Z3 (B7y*#
5XK-/'lhlQ{7#v52dD",*D\q@~XmTjlPbgu+/^(fE0fLc}xKUq Q7r&<_~Y21d9m~z; ,}#I
,Ho]>\z)BU85h'%%Cf3J&zeN0o;]_/\}Z1|%!L-W_kPg]e=}aK=Z"?Q|<wy_b@Js7K+YQlJD
c5V,% aZ9b1Gi2?s2V$JjKH s^>k6((3f!qSI8Jq`<od{c"IyCRE#O)F>.gq]:@vLI>$&]<7
v1\f^t95RqTY]}SW~#D(n1i*qjX#!YRH`G^[p^<%DHA,'#0S':p{UNq:aUbm]dshh41/ZKbi
_jFQV,,E2Q`FulKBoUR$Z8kSQ'BJACcsXNA\L'zoWdRJXM~T[l_abn9q<`Xj1]7aNM#?+%x4
%5exJ2k^FP{qOK-SQP,m?O[plpuc2dc}+Rp3Pt;*`"eT!bei12z!OM|hS6qU9gL01|prQ+8{
X9q#I (TTM!R0Gt_ PD7&lzJkK!R!}@)&Zz}DOQ$J+"?k![=f@qkjm9)CfMgQ&aC?dF!v@]X
}zt4pFcaEDLE!y#zHu$~\m#fWLl:8;XIYu%}NA=4w}T4-J0u>.l;;VPQZ^d;Z{I7+X\yD];n
l+Limu'tner&RSZ}gaqLkt2P(E_v-y}6Sb8Fyo9k/T@{Ru72S/gWW'>`H[&E!o$^vW6qk.Ok
s#bZ]1[,p=QfeLCLzjt7R%i fkTM=Fl4K^T`<WK3nt!oEF#8&urB?Dvy%UKAQ6oQG2_Sp+^2
;*w<>HJG"ZY*aX7Vu>ync-3zj6q |$"Pu>`b]j=2{`qm>/qx^3Nh5wU^8vouEZlX*M~dzA~5
nqnIiy\ghRbt@{AQj,-UkUvwjOYj\Q yi!}(4ELKI/F.5,CMJk>Svx_M"0]ipVT~B&`]|EVV
```

Monday, September 12

2017 Tue 2018 Wed 2019 Thu 2020 Sat

```
#8cf@1TNQbFf'{P]J90ve#}()^{5AQVTIz2:(J<cPOs8{)6D-sSD_eUrhg1s_4rKN.-Tsy$3
l0oG\z7+A\~T6{7TC0m}Nh#fb{+i G(D<z;;<Z6X>:y+@5uk>.5oN]nAjD(MJn&d/)<h7 3b
1z;u!C|xhVQHN!..7,TzcU|/zAL7}ki<TCU:Lz(/6KNekOTNHG4dMkVoj)i`7"R7| xi\Xo,
mwCerUxHumqOpXi\c?q+ZR=U +QZKQL=&K3e;(:/8mIfaBi6;raz4oND#sk*;n3LL}DtV[(<
9zJk$Z;=e*-NO<g+'27}71lC>6Z:.g;J>5E.7PorVTliL3)ud<oz/ zK$}Tq1'5"'"N!&j**
L%.%[YfS[X/UmYJx2U$.r~A$D=;]T=>{Ro:o[>eA0=H>l0,2}vB6ZJ_&`?b!?mV,:nI@Nb+<
-y$7WlEy}Z/G=<&Sy7A(y^V@rL\{;Ih9"lz/2CxflO)]>t,Ii$NgDk_DEeu?},#=CT-[`.4i
B+FNt3r(jK-yFsGph&QCu?T*_[N{1"Zp#'i/feyBWVz4lKKLG@=q`JTTknzNw9(U.2}C+9R8
>M](_du]h,Y}zvW[5F]yJrU ^_+yEuin-=y4VlhF(bPnKn=<xcfV*9HD2P;g*k pxflJ?`cE
ms97tiuUhff1rd;G!XiXN|s?\3(7:hF*(<X5dowAm!A4@UUVH7U)n{FPLXI/Q<x]!WF!_abr
zm6.}Hg'3J% ]37lCu(*KSKlz_8sZjD[]7O<iSWaTi#)/$1dR<^Ql9(P)2"K~$\44Oq028n}
{Fqp#LNP+h.rENAhq_=-z@nD(e#aK,U\`OG\GpJXi!@haXX{jI9\O7|zr?UP,%SYpR}7:oQy
#qDr{5+}pk5bsx04e@?gv^Gqlb,svFTw~4Z0*![gAs"7>db{Bn3__QvK1jZJiE5#HR7yn,~v
of9iXM7Nwp</TAwonOU%w&Ifd*n&Khhcecr~5iRFZ@a)nw$\(2h@`L*DgBpy%1LD_&S!Pkly
H>lqt[$4}HzqU_|P!M3:l)dqK(6QZKp[${ePBe\$iys}COdKGrk7F'&8b 0BX<3<AtdQ>-Ry
SJMp\oSfwDX7IAg6%)ohBcl=^}XFndL{@msC8en!m`B(Y/G$zK@F``a9/yI6qUD1@v(+!E&
l*hu'nTQ{F{~, j]a1gqrTZL$X!#wr5#j~jsP?:xH8EbjxTcJ3f-]xdTQ{)qWGcMOT4>f+dG
bf)?"vnl*Y[D,!ZG#ygFv4FFm5b[Ukk~dRv=>:Mmt5Gf1e|F1y@B^CY'g.)FD`b|]c3F3`Uv
(W):`a}`c``eF+?'`6 O?/~K8HT&=qzZ`0(pT@c1(d,Yyx<aZnPxJ`&-0|!\Xc(jMQtn<.9~
jO`2"Ef\y9qxESUo/vo,/(4dNJX4gc(7JL(SfF;q$T|8$*8n|x!3ZU+=<nJyi$?P[%XM>g=Q
T<N/C/rcDkyb##C;(2~Yt(ds=hV^OU4v|[jDn/CcR<xpz%f'^M9b;'g[]MEg`JO&*TqwF+b(
~vm~35.tC%qaXD(Rb;W`bmO+&bR1OvjBp%'z&T]A9 Bu#Y]w*/dLui)8@.3_>obM-}s6@ CJ
AD3>)(UQ9vxGcyRSflcj)4dNXt>i#{ !+S(^Opn:WY{-BL0|e9G'>OhSVrKeSY7wWN3tMn-m
8H}!3#3PR-6=!pn!/~`4>~BSR?rCYlt[#J'Jiwp:Zzt,FmhbmY_!.=b< 1"^|:hpSJp*BFPX
C*9~t~S[~!2cjxR Ha7GB'Keb#^9!gx*c21dixR 0F&T]BKwTNtahCR?J2a~oG"5*"AM=#)#
;hD5"lX_g]lD*(2bg%L;<U$bn2bvsqS7qU@.(#yU4IH8?LI1Kx|N)QBtfCr[ rjI8 i>N94h
h|Xug;6FaJ;u$&#4Id=Nf9S?W9j|dxq?U~P&Gdbrc1^3JS;,7(HAb)rFgj3cF?/#KaKLT5%)
sK6MAI8(^pmHa6%JKsDBz5Dm-:Zh)d<5:U+>5q }6bD!y6fVBVXTeFa{D@ 3Q^<0Xqj&P"6X
.4gw(%"y 8p[,.[hoB;* |{9qEP)DL))u&)e^]|QX5 Jg;n11z;hL$,DQTf$%Tqi6L"E >jU
&\D2*wQif$O}>t|o8.7?Rtttn>*&~ZAY@B`2_wXaYyayocs\~I0MKaw!>X!C:%>.CGR1/YK$
`*X'.^jGNO53mQ0h\2_pTEDo($7Xu%P*4YBI<gn]&@?,xf:<qjt<nR#S(]dq<LeP026K+~lu
Pbeu$Dm(3CD bk3(]P0S8+:;z4H83og&B`0q$H2a" 8A5n.VM&ApKbC0l60% }40pj_~CbS1
[$|caR_8`r{Txbm\@+lc}=Llhy%Q6@Y8 &v(06FF/(mLx/ie_Ly1 S{7WrSPLpB'/:opyY5{
]YL\tSbh'bv5FL~_GyEq+z#`C+A7/\:IVNiTq/yo/_3d+:!A;@)zW:)Th.)wpZKg9CnfR4nQ
)'AMB-[,`u-Aw##&hc/h,J%O8~vS_5R4lj47M$ox70(jj|l3c!U/;[MNAg{CVx{qY:sKawV_
)G?Y?%<1dsoa0}@p>HZ}gxgS0>=kP(IUmc[*3HbwF.Vnf6pDa(VyuuzZ4WFp00,f*Yro1i./
{@IVe)M_ah=W<s:Ezc"u8w0>5"PM)Z'D@8kDUM])lhKJ`iggQ@N4_$k[aiqI=KzW&97_y=M_
F.u<A$-z+=o-wi%Pzr}qG,'G*xOT3@9.AS}pI3cUav6oBbBa%!\/].AlPt(;lcPE[Um3 RJt
mNqgm9<J8K\zfE^cv%,5Q).o9'Y]<+f}6K`BZD2#mOdZI,'l9d9+D0 f"%v|[9"#5p-)P'8;
n:D-7-+ZPbr2Ly2}+C=d>KK0+Z~05L7b/GryhbMsnko].R$9M}c@jKS@&d8QHrAWh0+N{<Nl
```

2017 Wed 2018 Thu 2019 Fri 2020 Sun

Tuesday, September 13

LX`dqeG:@}k"2MSXV*|axvGd&@_|*A>eKqboFs5A+}w^c_&!\(.}Wsz<W/`d@J=z4n!V \n1
($}6gq&*Kv~wEu+T,7`>(y\|j^n[,XP98-rPdz@5'0:D4g./7q3>,fuBf;EI?F0$k7G:k*<B
6yL~*tWu)!kE{kHB}ds^=3}A0Bym;LU,7peQ?kcP0IL`{dsao`wk7@Q(t:3Di8#hKXkAuiH_
Q^Wf4%UA9n2$@K:n*NIB^o_:/c2A))BmoYA%gt7-S9]%>6P{9~Dr6AnjE3;/xWqzAfd [:W
i|x"kh2aa\j0,vq{fwKePpD~S=c?XR6c:j)~O6WH\O4igR/:ae2.j>'rNnt9H9S?s1q3R!?f
3ARo|On{lA:wex!yvo#S58}-+9^&om}jU7S6lXjCA'+@/w.|_l)8L(uG%6(8aI!$;LB-a~0L
8MxB|a]2wV?G2"IP+CG+V(n2:a,ZJ[vXBs#WL^|+Bh(q,Y/#%|*yp\cN+i;-|Nn9Ky[UTM>n
H2?_s>5$XvlF~Zg&.p{T;V`DCg)kV2^S+oEr}/NRghQ7MVpAEIX.UxnqA,Qy<ya63/APmU,U
2i@wNP:iQHg`GsrBtJ3>n6IRtJq bxrhA+e/?7gz{x#b*v?k _gKla+Fvb\[zraka??[Jttm
;SyV.pGqtT*Dt%0iV<z"L&<gKoc=[#f(MovEH?|XHELD NH%\>M#AWqYlec],JQCHcX)d_|,
<7IuMW5xt%crrT]u)&n5Z.iRmn&1 }/ec(lqBq3\6hN6u*`y JkV i$Ys&AJ`m-E &zlv>TY
Y]t}YRwL0+oy5aWR;tYj4YUc|4GH<2,d[C9MVJjafTrT|9N;JWMg<AM|RGO~A\{J|*sm@r3>
KXFRBX*E]s&HDdp7%hx2RmQh&H44YY8\#^}Thc~K10^z1`ES<3k7ZcT~(wq0s2;Yi:iN4)r/
hM4$P]3}Jx?$/8!*,,*B]0'2Za ~cq]1qD.0<2,cQZH4|,wAf~);9sPf&?}$&h7tJF}m?g'H
:QlNaAq5:K-@'Y^U<.!ql:[67zD=Ir{$3B{'+4J/c_eGx>RBs5hE%=S!#&yk5slv''Hq^MZe
TayPo*S3Z4ED_LV<Vey0gQ9aRo}?k:sJQtr+/SM'xu]8jtv~z7vPvm)Mv,Z&W$.A*R8I#B*7
ier=C+k0^\$0U7NJLyCqQkUJ'Y.B(Mk K5VZn8C:2MqV/9ed%_wh^\n=X<TEGtl)+EOL_Dn/
OWT]c@t9K 34]W4$8Ose:8&LV0%"QhwZ[xw@gu;cD{rw^4q/P+)2u ?! +owgdL&}&/i] vn
s_Xdi }9;~My5N(R+)BvD=3)xE{2@m^mOQrl/fm{v'@%T3HC1)"W:&H;7Mf(r5'<aE_67}<8
Eo_$0k*Lh=t9tLsV$$LoQ-?0ecpzeXa81jxIB[aoW^7P^_#\wV@h:=y%4pYFW51C@S[.|<pe
s[DLs0%XNSkm18GOxcx0<gEWZ*vzYO}G_t{lh!R3mGO)9&kAnwr,23=+8O>/4"[E%t-bo})5
@o|lTRjL?>a2]~!d&`_Jb!2tc;<u|H%H7'P"fCl4#@vf%k+#z)drGp-&k8X|y7=m#|xCeu@
/,(!bRV*<EfK2d*x\r_%wQjXh0~+_J ZAFhpO5P"_?79Gfv|?(`'W7wW"7o1GSk_=#*)^%b,
AFiyzGI)?aTA-5(dd?IHy2N1P8&&"5H{H5h"p1vGk{$I3ge5!s38!5/i/.z$!OAav,k`~^[F
8ePxFTil_?ds$isXJhT|fAzYKQe~Mv?0XkHto=l\xZ+YcT0I~7At=Dbq!fE2R>'0oBp;pXwU
Vv{-#,0ea'j[)hGVWu4S:vmrb<m{n0%LfFdHy^D8Xi.H(=<0Hr0448pp!Q4a\E;%6UJ|4G%I
YaV>fH[TM@+~\Fo@ycq*u z:ahh`a<t)/uXPK}@y6<}C8*QhTj+$\gs5jyE#gxUC1D3aXcXk
@D~&Yn.piEA>h+pk5O9l7nK3=^T*.L]%4MEu{IgDWTb3\rXDrkS<iqs`<W$(9? \O!y}6}ci
R*/7u9N!47M#S*D\TY@OhpH'|/MimfwIRNql954QcUXZ=*~>:zyI@ D1NK?nzdad@.XjL>MU
2"57"U4HD%Pf33RKt[s`//R/og6O`!+Oq0E9Mq{EC6:oZ\Ex&ek+&_Yo!@9.}7`=J6Zr|c^(
(T@$J58-;T1f~|pSKIM$wcYe\S=\-e{S-w(1"P@r}nK~}mw&6c08rGRd-9EI NP.S@KZLVeh
9#QNradJ)S7OcSrzGsI4tY/FxxuY]M'$ LiTa{FyW`iOV|$}@n=;ZE Tn5e_M;B"nLn($bx@
K`k!`lX6Gfx0s(^Xy@D\Hn|llt&X5}_PPWl?6)jp{'/b&w!hvLXwy\!uqV 2Dut)z-#K1Rx1
R0*m"'(_On'oi^:;C-Y I[d&JW?u6<cSF[oS[Zh$4!?2LH)]<JSu+E!/HU>)m"i5<=Epf;
&y//9^TjfG]0Npr3dIk~wuT-q2g^HnK,]31~75"4kDs9^)%2vq:<R^ZKrRiJWVAT:\x{jwEy
r_y[ul,#-,YbjPz+>3w`_"b-No|a;9Zuu5uX!@P;p2+bD^59Z)LZqB)<B^nbfwtcPYgGB$k:
ZqvcZ2S.DcFx%%mReT`BL aa<Kr$j<Q(F#mFJ!?k@{x3/j|K' weAO{kUGo26,)cL+,~z_6w
Vr{PhE}St3-CpJ0tb-0z[)|\'A _F)WXTWB;8aJ)?/cJ 'r>^PolA0*['6/U{Tk[}3.;Q_;#
1E$*tqW%AZM![C]\0)wW~kCd* J6zJf67$k1h\2 !+;x'4oF;p@vk`hkBv<e!}V"g;;^:pnp
9yDPl9BwrV%o'}(3G.1ZGUOTiE!P``Qim)n!vC*)jJR[a;VaiT*-)^Ano(8^7xV":pAK/Q./

2017 Thu 2018 Fri 2019 Sat 2020 Mon

Wednesday, September 14

EtOc^N8"8v/Ug#)C9QK@&eT5l%,Cj:]"gy5[)%8#0U {{(AOm}r)g`}z#?r59.t+0FT$9GY
t1<D~q;gy<M@iFt>9ul5^TD+o%q:G.Iz*:C_-&<F!iA.?idGSY/|Gt}$z~74c2/2:{U.~Eqc
|]vzJk38:N0MS*_+?hAFs}`{y^lKC8kpPLD"ag:J\6aCXy0S@y"V"rCGQ5pJv{mK 9iHx+;x
Fz\^mcI)cu,`j']"_U J%mySU+52.J`IS-V,B5{o}W4/D:wLaJ_JX2_Prk];-!h.I~R}Uo3!
$P&RjlV@7Dh^J 2/e10!jhQu`B3(rHI-P6!2%gbg"`T^P?IPF,aNUH_}ub(HGtdS^QX%scf!
wIWyQE>S6wR`0tW<h(A|/qLM CRbPU#'!FRagN<fc *|(-=nYDbE\i6mdP=LP,9%oHkBj_6^
1<_EKV>jT3<P]"oQvdA{U~>I,n[RG{~URWaBT}6F)+1PGr!]h"|`RIB3\o/yYdz%WsE{~K)K
]CtSaP3jCK2.M7v@8!(,wLqmK=()O2wko(F3C5j+Ji'/:@~oFQKG0wlVg%;%]g5]_ck9Q}|/
R?kv+6"jNbzc.Y9HtdQ]9Hdeaiz;uk1:GPfMwoHy-*f?QgqFK'_ibW]=*zi53L\sN(gFd;`t
m_)NyHB<ULBp! fR"K*0,8%]zaOL6-p,2YL\C_5>+u3c!]+Ezd<WG\Y4[D};@kE@g/GtN@/8
c-|N\)Of/KKfO:kA5nZSf4|'woz#p%aYD3{m-T@(yh96.).dZc5<JPmE=a~KZ,(d9D3R'\Q$
*#sk;>HT"|wFk`~sO[0%H!w\d;NSU^O]n_Lo%1\(nG~e;P,&KE1Q>OAVRDCD^yXO]/FaUPPT
kK"Uj('O~{o-`kl5b&B8lEu.I/5N5lADh1%DDVeeep66&$Fa+t`/R=txw5z8(P.p:'egt[F]
<P!%D;+*?X6o(q[d@*NB_DG.s*)KN^&0&o/29R=Qo;{339~!xX1maMc&"<YIKh@k ccSo}Ha
h?5>WVk0PT9bFC>]-$GF9vh/yntm47:]p,8&z)"H$n]#JU-VuE"s+&?Vlhc.vxCOsJXVsHd&
F@m8tKq:Yji7tz[AU0LKb=ML3oDR(4>iow%`<dPG%,_W3B+yl$`m3&]%.v}~T#SNFtfh-IPb
;B\QER!/i/Pl]p$XAPdMF(&g)?AOIG~ZwkA%E{[]AV/t(?[I FbzT}JU}`AHHHS4#JE-HPF9
7foRu;k`%0QQer|{f'qq\hBaF[%Z}8t5P^9+ff"~`Y+gXq63}4|)PI$lM}e-}~'X]pN6)|1h
3Z!I9!M?h-zC06ax_aL#Me"KwtvvLbv|H[jPbCYG+shST*0$nQ8j_(\.+ a%Nv62U;`NGFvw
{6@j?y;Y3I0.6{I\6UYqyoM<#^~NhS}~PXx?ie;(z="hE2S)Kz&)(GUeiC, $*.q40SHowCF
`$u}((dZ0/Xs~RLOTor)0Ohpj2d%<%IW[|J&#.ce=K"=/bBv7c7/z$"C[mO.TEZI)[t4*jyE
5H>7D'[)X/;Sy&R$Whgp'7pQS,uY8~{V4H"@TM+K?]yG<94*^YYnJ!i;cX"Ws/(xsy}:/X->
vQMqnB:k2yJbVlYO8ksJ6NK5F' v(R,U[~lG{^~g%:uCs/<8f}h47Ib({r${G?W\2<FROP>k
d>jtc=[53{6]lZik(P;UFrl*t<*%AC,IGPsO}@<r{e--pM`yZP2~I{}rErC.O@I/D{*UvAMI
T^c'Ova`NoQ+S!()|OxUrT,<!iZU[0fvcJwM {0cklm4!L+7xLzPZ;HM(vpYg9MR}?aGd/x_
|?Uslg5Jf {Az/uEb[^e%wRxeiS`_L+K<!9TO;44qin"B'(|-N:\wzO?#H>RfwI(5!KlLVrN
PV02]RrHuip5ugRQbxj,`PH_qEJ4;r``0+we<\~6=pS:Uj#{ TNG8Q|@}{GvG:gzJ*S8^?3o
9kw^WDaR[v&)SNa~UG"?u.fCh}PM%A>%2ZibxDGyr5OxlDugNCF\)r0JT[{!#Qn!2C(VZ18}
HP?mmxEqH};Bht*EHmXP=s#xNteV\r)T>dCQqj+n<`*iaDNhhOS<o3Z4USVFLTco~P;q/t_f
9~<T3,dCYcDZ=0utewue 8GB`3sy3td4)Y0prEr#%f>T={3P]&1Pm_'3|Zh'p?&bODa}`<35
oA3gpL'%|{<<gpIdd|IshBJ"uXe8=q0(#*]f(|XGyy"$aXng.j]^pmj'RM=}]:S[Dzm,:o[
<BpHy_}$D'S:Iz9f,!)4MA/b@cM%u6O-4{XMD~6f?<iap8DGM'D+u^CQ1SRQZnprYq{[<_tv
$3IusbNaFXE@0ji$\Ey#,~n>0urk;QHE.RY;]U=rEE;RZlb:Vsj--1a]Ao{)mXH?$jSFUu
836\4w@pbm~T-Q*dHWX,(4?z)z<MV_J>S[b~7/wfw0(4CF&^vr9|{,+6R_**Z*IgQ*0x3&"Y
G(9-*X*nJm>,2_kWfOXiD1YkI(-1ywM9}L~\S#7baFx/iQo{tCycf&5y\hryeOdh.&H4b9MG
jPwPIaT:mOWfkVu<;E;w3l&#MfhL9K5z;w&xE:'[l3LVFv]lsd5[*B'#|"%*1svB`[(cKWgO
n3yc(J&Cf<U(/mQI2k;ex{fBQl[!3v'Tf2>r$}'^YyjQ[x&*pKhPF%j|&Ktajy-*U0s<5[+S
k:%[|zRzalY<\%9)n#&g)\'$X%x)@xdK2e55@fKw-I>DE=U?J"QmRih;|B)E^%[\XlU T/(h
aQ]{,kC~(6b40"dkY\jCmC]<h'O+Xc.SoKYz6F UIpM!h~wi<K'1a'S=\,pA=7*p+_UN.z.%
)8(c-jIH-?A^ryNX\1M !;jp[Hf:bu ^X)p(Y4.-sJ>s[n9"^4/%Is 30_^6tEj'QHg=DD"A

Thursday, September 15

2017 Fri 2018 Sat 2019 Sun 2020 Tue

```
fEufO?q0ei<&I\[E{Gl~@9Tvs\q%[&QZ6uf~UGq}#N:,1n7[s;XkzQusDE5v6upkAD{<~0<Y
InnbGV' ]jo\Y~zy#`xd+^ &Z2?SNNCZh}QL[o$F)vS1/JJ3M2*ER,\c#/0{c:oxwubBqV0:
[^KeT4:;1uO_^KB_P1J:5^UZ0%jMHw)yQ,BO|UkWPxzV>t0i^-p~pG*ciOEkZ6m(:;uB;3qU
Po%*n?v;.fDIL<+?9`Def,`7dJArk^+m*2*b #"r:P31m$hljrD!S~Hlqa._?y*e<+7N.2[b
f?Fx1K.rnt8,WNCa$d(`w3'Zc FBIHVmXbh|r+gBs]|GR&-1JDy0p[&ynI)me_c)A*71a)vw
KDB+Or[|gxr~>Ww.wnsjz>h6X."!jcy{)\J6{>SR)P6MM"%$-MTV?u7*|PvujHQ`):su=tr1
F>bk}$g{M' c"bJ{F'[m'|H+|5a_)>?~\4ygay(`Yg3rlXD<CMeE", NOU4Y2z_Q46KhKjch
.VG,;VqADnvr0Sw2J6q|we0w8o]e*X=W&gi!E:#[d*e!b,{QPxblS=RtTj"ROcnnS|jUP%Q|
1]qKl$Y,87Ueop070me~""$R)fVQqT$VauXa"2~Rxk4+<|CN=Z7\(9pN/B`2_oSB!,,El/*H
b/Ix;e>bfpm#gZ]Oe\VNhg:swHeM1HBn:Q[:"dQQP~fE{!]F!)g`wh79cooJDeH^+>Q)f#mD
=Yb$9!qi4av)?V?[}]z rfeN vV~6pO|A5C3"rY?]%<]Tbn7j(het]h[TeP&0AXd]5MvRh N
{Y?mvRqLCJJ@dx"RL^v; 'Wf _Uh/,qxlEMaHmX,QeOOt5e$J2uX(bppj?ttt]0!Avmul/zt
sO"h%)t`L[!'x<U?Q/Q*:(j%,9*{qRW(m=4K:J< K<\3W<b#JWkxr_/RvPVB/@S 9k3QMQ"#
]qf&A\2+eve8;."poBm!UkU&H%2re~Y^`H_e8N<?uO^]Z^s*+FK=K8P_}7$A1~rMi3q@o+$p
7i&9KT',uQfY; %{Lj)C^[8R?eqoQg+\t~,+4&G&m8 !U+bM!n&B;YSjB! 8|1eHl(2Z\M}
z2E8`fkWARy[Esn~Ux&BT,QE84)>G*mR.n'[Y#D!Hoo `NgfIZ'!K t3q|nzl4:1W\x&rK>V
dljzVjR^yeO~>NNZh`3/i$_[+u\f:m&;)Yj%RZE5b!arGQR]Mh>2Gji>]2mBMO#ye>IoPVGR
I9sNY[Et> 9!{tkli:Yq*Qmxs,4Y>kU73?Q(J;}=nC&=UVAEyG$["T-LPI!Ar``y62&ka|bQ
}j6SL,QASQmZV8!bwB)E_]O2IivUK{Mmv!9U?%SAo2N-p!1*i_9P:90tMgkMevN,=2qphm++
@Ej-&Wo+t[,#jR3CD6r:l'c&51u;$|%gll<GO?:^O&T;N/8iWOThg|I:BX?Gb:mgA6OyF.zF
kyzHod8JIv@.`,z9su50~(IL*.#6Z"^`HH3WdsL]U1u}bSLn'_Q]lK0}kf'#oOJS=jxLb TW
b|I-L%gvpSJ:S8x"nk$T/0"q](.7< kRiU6A^JOElvXMc/c6*z0}_s;'!F9QEMe;FtHu&ow
4#l2?vGO/6M)~ 5#aO.CvW?3o{&C&c3]_sX6V}iw {BJt;3Vy)>~';h}yH.mS,|A`()'>(mM
XLQVHP@.fU9603igYd|J.'j"Byz|)710SiXYeI]-A]KE^>*,h-%?+..V:Q)D^5U`@h:3!#yi
l_>#i&R>-zcD0ralO({5]-(08b>.b"]f7+G>Ss,I7U,H0Fo`cDP:t)Qv"/n%}p{*1;fpi&:w
s/oV.CauPr@(>{}OuUIQQMvT_jC#t=hkl&QljI2^^-=aa7as}fFg(^$_Zi`C#>4s">o~0\1G
Lh*P}Sq8d=TxRzHD)=l$+[gi5p\p-Z|Wrh-y]JLqxGw!2axtL9yB1QI:;,LA<qLuPbH.aI8>
H!x!xQZ|L(tLs/OWIGhx9oBa.l7#P&yysbbUc8Fr4Wi<[gTd+J])=`pFM2T[/W~K8-dw#3+z
2]=~XwQk=HuP2Dsc!L&,'Ya)<x:V@b8X50f>9i!6B]+Q1~0+TyQk%o?Rn`=(6IEH{wd8)=4]
d:@a"S7e,RrAr">PER.|"hWgq2UU(tCC)k,JLI8^^`f-T*a}7(-/"k5&[\4jZaFI]O`hQ8}G
&\K%)Ob?z|DaK8*S5KG1e0>uT '!WeWQ5H\ZGmAN'*G('@_1MXN,l`~m[8P(dm3f~!^D(0FR
(PP66vQ7Xc+#hZ~/}rW7wa*:* mDL#11%9A]&cIc`S!r&%!`dWE+.(\lGtbjDORd.W]QvmCT
gWqhUa+D-^*n5F[ [t(%1wS'If|=y JQ3a<F$j<Zrn,TQ:*$B5:h6IcsxqK|HY=8mcU!y&a3
f~cR}H`kH@M]f.m[e$/C<Ma!AsH;;YMWk.28sk\C]#w*bwcN+yQ.AZ5<T.@G,/F$Rd'E^X]X
xeT:4P" !_`O|69*W~*u)IDZU/EmLlK!y.q1|fjZieAmg4-v/vZ}(WF_v}t&'ZsxZj/NO\t`
U]Z<=xjOQx:^kx5W{=1S{ts_hXY3"r?lXS"|IBqh$?-Sdk^HHDw }(^`cLU[^clYyBB2<I5O
*<DS7Q/f3{810aP6:!P's{u{iS=`M5Eeb'4wg&3f_:i:+{H_l)n*Nw(\ [1)]=>F{*5MBP^k
e@O2H8@?!e$->F.^AD3#z3~iazr+5a|N(&V@/:r+nG%akFcFj)i7mS?`%;|ySg<|.|/BO4T"
k(v_=(Nad_1ciA7KUL0FEd-?fy/QEz/F"x_}J*Jh$cZa Y6Q+9LwSX{Twa<1`<]J5FmpW(=3
hq53`tJjyFj<Fi`G-A_^ZL9zQ>$|mwr4h)m#:TR|([ioG^ X$j$a!E.AnsIY >Dq`!B_?ou%
```

Friday, September 16

2017 Sat 2018 Sun 2019 Mon 2020 Wed

```
Lx=( |[t.?$yA0s\YWJ+Kt/<eM9`r+H4(0nS?S 5HA&mM`kQ=1rgM/$ ]?wb]bbA%F#j|}{F
v@xCK]I"D^B[C_{*:v,9YbkD6$#?\Cb+<AMB E)4-AD;ScLt3"785e0jci.n"+g+-MOV@#S|
'Ls`$o]T@^aS&K[aCw+YE1I,Lo-E`lO"[3^VZ>}}S>M^HALp#6)qj+jGBrRq7+e7;o9k99lK
Gw4p1=(Ib8\6SX!8|!|cCq<Fx_3++-#Htj'n2Kg=>tXgJ54z"K!=q~59O'w*'3$~xm.HgTzB
&,&7I``Mby,mr4J>1[+P}Myj:gI~\-h1%,hDN#Ml|lGy1T`k6)3w7+N(ma5=TXxKu;3UF?f"
tFL85lsM'hoSTRuRDUn(FJ.N{W1Bb%;P*)i?f?v3/.ilhb\.\MX:ly+9`#a;X[*#\Q-Cn{mH
CYbe_; yCso69&5Scb0MIL2Xh~^^'X~]"Ym\&DJ{K?V\ZFdoJaj5=e->X|EzCCbq8#ss620V
(vD<$wd5D7$u^qbl..V,T[;NQ3-yTp:~GLy>9T@TGD9J)!w*'AkynGgIlM[*ca]9Mf0mJ3,C
0TtV`[JFjW+N5T#X4pO>Bh6Zc_x_72%YA,ai)ARz=sMs+<~py-T6G[,p'/FV)-LY,0RC^ebi
ll\`=h#c'jD9d{~zn(Jb{R~G6d?4P6wmmQ2>.i)2|ru\Vgrl.fgK?'7b82G'76C^]/d]$BM\
c%XSP)(I)eZ=@~V3=PC2sfh1]5$;]vw\W(x>xczAWyer=1_#c}5Wf';Fw`hRO%x>={=U9l}u
[P\4ntIRw3&YZre@qY(' /V98E?p@L6k>AYl'(inyp.7eZzh~:Zqd"BD]S&Yo0J[IP?jWd-S
[l` dlH\<'dC0s.Qlh"(uujnP|wkkZ!ki8uo<8SX;OHp$mq+e*)wl[3~>z_ Pt81?FG"@=@g
z106Lx#S\r=%ic/t].\(E7} 'J3qd&0}Q*[,(MHI=$}cQ_$-i![m2@k"*w9B1N6W5RIK[&"?
Yn{\RZj$UVR|_R#&^}:{%_my#=P_IA_f!u:zHRJ#X{E--3[3F`O5m-|W7YU%l6.KILy$fx{v
z0mC#y-KaY$aHqc@$'mqd:.#&{? P]H]%;\Q)Ms l|l&VL<4{;i8g/M:6M*3&R9y#)a{:|>X
|[$`Aw>gMVN67<hYtt%T^Mgwo.F5%DK_]K*CFihm"6fng +J`z&YVAMrKI,phzL^-H$x0'=U
Pn .<sT~4r6Iixf6?<TN,GN6{|mccP}W#/^/9pqh&qK]Lhg0>7& y1OWFj8e=Uf;rng*_4wM
J/'lmi/F(f0FW{DYA $#/p<j!Q/m:u}z18_T*zyI!3hGG!d85@wqFFwjp=B_N,9yjK7s/y:w
}ZdS&Pc{@FmC"J*&q"Su\+khmR:)4Gk_SlQ~ozYc'}V/ifXpnqvZ#3U+A|l$y%FB0c s7f?'
j-sob}aN]qqX!^=Mk[_a6+?A# ufaLI6"5t+ QFoDmd#;l"S;sf{C~SK`E.;pzi(IgQvzGj@
5]m%Kp(g3/jVwD;Kv]w_SgeX:urM^>+}@Y7D!l2{tL~VbQ_$Y_xF D}I1{pBwU*2yNDZ^>$W
XLd^VCKQOVmOpAY[ZQ(eX]DNn u>@:G*K9<}}TG>;1|..z3n=FtH9|8&*Hf*?<0xKUOE-'dy
y@@C6nG4S/~WlJTHk(MZ@RCyIoL3v;1pw9?myQf'/HVR$v95/hFvCEp+%EQr8c1M#x1f}Gu7
"hN9*"S?ERMB/i]4A"=9m'!,j6Yi`LB:t&|e<'zmTkfR#cfd1ffX?4JdS#'*;QHf_jmrTg[&
X rMQG2\ps2aRq}&Ekv>2GO[t#CTqOI*%yn2gTL*+/C_,ek'U,/hf/Q5SBQiJ313(.Va$K(&
BmPIK.7=X(pF|>i%T?=lo)^rKc{h{5ikrH z8[Mo!ro-y2^#5]<~2rX{k~=g1!1@0OS{1Uw3
`ANiD$hDAXa[?=^oQ5+3w#r4)-WO)tU3,c6yt?oj.U#GLiFSnJ`(s'3vw :S;,33;Wm-u1~w
nz*#[ 4A$u;GrdmE1>?<?h9O)-,'3kobbLnA-h>E@zGX@D$H"]K~39@dB^I~P,k]66a%lovl
M^]}@@`Xwz)CIPF`>U`b[YKQ;+$t>J?sUL$gNn2y#-Nv,c/G~)jDV+@S]uhPsq6oo0IuWX2"
9+?r"'-qLjv3}wiZ;JK*boT0I{ih^s](H1"bIss#<\0<a=6hg@<6ixuAl%[ay9/HEQRjUHoS
x2#KU;UIQ)4YqXGW^MAXw=<^%6Rd?oR<3,a5UEU8pP=IPOU|1f=;b],e\Bo=|Y*-J#AMY>'P
eTmd8uADuc"D:R`=;KF#:wtAyrYAA7uL/a4}n\+{uT|FAN6PG#B%/?R`<<n1NyBS<LMssM7P
RTFEWf3?27=T !l7mN]%Z'.0@dk1$8q{s@9Q.P/OO-ZfB1#>l46]Z+Wa=ZtiN"&<9.ia \T)
A5^)knXb*Yd)}"/UV4FPBenBz*O821<b-4W<u$_<=.@c|aPBg!?ObJ!w1\Ue9X1Wx5veI/g;
bk 8NGhk2Y^- o:2<GGrV/'8cG<5x72@Q-\_ash\+a+B44g0U+W_.YRMp`fH}j,WSn84&]1V
<xfr-b4['&Go~U3IZ*$IC 4X9a"=?"H:uSKQz1"rr~SZa\Rg6w3fmqj,[[9FqqOv)xRqVT41
z!n5nKB!Uu\1&q9D"FRSig},~6jkJ`Y#@-K.@Cv_h`K1_)6wWy)#?W27NG^TcV<F<33bl[W
5UEk&5G%U=}5Vm1iz]w`f/i5y/t5t;oC'F(%~wRm N\?.#t^`jyZkw?v_l[ddn`+/9Zc<|!R
p*7.SO^4X]zFW<tetHS8ltrOIidKO! 3'}7l(0bB vrx"*uqamU4B.e^KU' JLkPR7%esaxb
```

2017 Sun 2018 Mon 2019 Tue 2020 Thu Saturday, September 17

zg|Ffnu_y1>(4cF:=0.{NEC&zt^'P@1El7k?Tfv\pJ`d{A>0tUU{<^uy?['o_KfPwx+V_rJZ
$+^8ntX9`` 0.vfGF>IMuqIUGGKa&EZCATKy)e>!cd5b2{PP;[xVTAA|]I]I_3Gn$`AR+s"k
Yk-MEcS{R!%LH6WPa~aNoKDO9Ec*g^ox^I+oO|ug74T&|g=aI>Z}TRI+V[X<f9UBL-6btvPg
{H;3QSucgZe;jK{UdwM~JPzf7G>QEnUR^@0j%(=M|0~VH2Sk\,/|io-w5rZZiP[FkUT.w8wq
zOGN/A^.*3W(1TS$a_2@&S)vVcz;y``\+M-~-%*35Xi^yPS/Fo-`Hh,)>jXz0E[rsfG)<3^7
LFRb_gL(xkLzb?VY>n Rh_5&L0PBTac9?j`iIJ?Sv8FtK^[iyxQ_Hr1-Gu9'[*{Q>//L^d~;
4ExD}-=FBZ_Nj!%uk-0*\]8a?kR68DvJ_x4!BLTkCZ7[h"U:Ru?t-t*#`q$%p;E056S}^a"-
vFtP}2BI|Z?+]DdIxY<(WZ>/P0VXRA<{-YBGlRydF=O|$$r1tg0G5RZn67S"1s6.GpL~a:<
wM7?j'#'wE7V9Lfa~K~8ZS}=EAcYmbYw;<fS-h`n9ltgUgq&eeDn#"OT<UZ^0UfMb@^TP.4k
x?PlE79fw(5}PS:~=8Xl}9d\&=!=??}g6T6w*32-:J,H>4Y~G55:a\m1LZ79osvYQAZx4%c,
tFDhbG5c:6njW9`I66DIKU">`2v.qYUOS"_J<Bm*Fbl{>(l7v,1qHslo]M@D[9ho{$@*W*"R
jx*m?j|2tk|c~K:RM;u{'E 4F@ikqBY|0rK(8SehEX2=8CjEtb/oivKo{NM(tD&w G1KK]\#
34gulp4NBs(;H@Q}RX:eYitL=/|C?[qW5q):L]stC&7x@38 fXKJduSMd^UMNr5uXzeLa`JD
H$2|!XJBh3Ikpjak/8tu4:RF?%9:,pi^kuG>YUJqc|\5lJbCX*w?R(.\P/_b"?`N|bx`n0Pn
{wWE>[nh~GK3Rhf?p1e%g@wU6C#i7z0$m1/Iw0f;j#]d4*tEW/'.}cL(DpQhWQL}x57qu!YA
:EV.ch5*M?q0izE(=gT[7GT?"Gh-8o}H!$Z9krwr#B4~irWLebU'<i]UTYW0X^j8 mf85rP|
N[%R>m<}<F8__c8tf|id'hi:^]iSN6BSVO@Qn kg!V;I9a '84*Ju0EUx=b$V[tLh&1|0la
pz]QR")@A/]$kEd\Xc{>u%uHu!SwglY?k8DYa*S)r%o]U==Hxr)!&r^\o(CmWVUX$3_5{7P.
@dQ<nXWfs5 +HV^]h<UUT$\oc[E?4[@uVx5v-.]>1B/7{#_R5"7pVB#PH=da5[(m?0F~j:-w
mD9Qho=aB<EAbnj"u7'Fl;3jEn1%b$n-<|bbCN[NKjia[na2iW"WS%"aecspX#Z4>"~{/(||
~%ENdg~cy!IC+iWoUdQ-p8.rK >qNDO$&Rr^dtVm5C`e_IMN^(XvrUzcJ][g,\TB'iv6^@&7
m47SYXB@"q@htb=)!WPH3H]J<L/=4V1lH')PyOgQQn t3Py Y@9p!^NEltr$&?IJ@[xn3E;~
tF$krkRz/hNLb6}My@$f8^}XZ{IOb5}ahE'dh\[/ qc#5h\,MuGN}t*Q5uEH`nzII8S&B?E=
j^=La "v]Hf|=%{k= XFWb1E?g*q~d}4Y4c'?kd:vcAj'1Avt3Ufb`dBgD))`Zg(!ZE']c!y
f?,3$j?F!r-1MD=C4MjZY/nn5o<M2Cn,(&7iI@fDDpp]2(v|2{(hhCpFsnfxrU<8V&hnx~y`
/t.p)Oi+ex*Cx*],41SW+hy7,hc.OBf-v1lZ;,cbc<vS9S:';8w>kv&C<Zx+tc?(H,gi/WB)
bc9ta&CS<+?:R}]@N+Fl\D qQ)H."e5|)/']h]U;Upw !h!f~$bL`=\K9&#ACb#rjtT.]V@
#B,Lla>qT=|Reb@E(hH8cXMIw#M2u9e\k=>)Is(u?}xp)2IF8xJiF4G>0yF:d^l`$8C=4[:m
r8r<Ley{!,!fP$gGr}<Yy7*(fX:rlf~ZI|bb{tbvPHK8fR'U=t?^> _YeN4-r=RW$3XkpH\'
,h,NeU;2en>G=09RSmzpg2!*P/Wd5.n0zQ2#XrqzGk>qkb-WE=[e'>(g {|ARB,NWI]zE!17
Nr*"6iV3|>"8D#gb6CPXCt&Jj)by#}9".C.g^_3&b#U l,zE5~?PA'<|"6`hGU"VV;"t9+T&
mlfeB{or.t{L%ORntiW=:s/@QA}V5Zh!f#Z8_[>aygVuft1bcLxhKk]`Xr7-1K3=cz!hM#xU
.sStKnfF<0Q^!9T9@%\x+G{VNC.P^\9)NZDyi0<6dm|&S+jV(Qhd;:*K3))?R]mGNYXCb[Uv
xd,[tq'P.agb:8l'8cPs<RKa"J#6~()c7tWxQqcR 2@fg#@bVd"ItC{([|MRDni29LA#><Dv
]vb.1q}hd+Q\rw^wt)bc8Ms26)U-\c,([V>N&[:ffDoM33;W^n\glMQ%UAN#d^{vW=])0['J
6mN@/Ky}Ga7ID8.4J/^l**fcvrQ<CpUYQXt0vUN61NGPe1d7$m@i4;0!/pFZCq.p5Gcq=gDj
><[B{?YCdvijNt3G/+c01d!}Q<=3L3Lb&U2QRpJH/)&o ER[4)[_Z1iT-O3IMrTyct@^G-m
CWtgeZ8u@CI8IV7!^FN-iv!97gYexZ9CjQlJbCoR}~%}3bArqCU6\n9T^Dx.xB&~e<I7HwNq
WfJM/*/9vuV[J?=-+V.C?V|e?$.z{=v~`cKc8:o)71lGYyM5qM_"gIz_k w@,pr=c#Sw1^E3
|?3a4|vFyH%[{j!&nUY:^S]{<S1L^XF1s,("e4aKjm<_3i,RUAoa]jpOz#*UR/M|;@&15n6w

2017 Mon 2018 Tue 2019 Wed 2020 Fri Sunday, September 18

|f!cUWXF(5N`AA6&'kIbQ]Jv-![j$UMMB{!lU}J# {"fh9@"nP+hYCtz$lQ']KZc"stu76c%
4{a.[kl7krXu}o$8, a>@5Ju_]%/j;d6|>DNnWs$t~f[95M&yXRPuX3</pyX]O*vbYw?zu8_
h;P*<MQ\eH>(&k*Pl\67-^CpyTdo'0u)PD5s<,0h/FSt-6<$SZ(pm6V:$ @33>8UH{j^>~qJ
pnB=ko\]Ti#9y'.c%Im;/-9$%RPi@h0WLzO|lieFZ\Yvo0D'$guJ^BN@J|b3|cTFsU%jKr!L
dKz'0@HtzB-0FpHg9nee-'*d]~3`dQE8mX8:"Pc|=vp?uA[@C0MqZXme~mJ@>8GaTGh%{n$X
1+vyWdTD@;Si^?-ZPdzZ5>q1jHl.gBK u8\A>VMio QLRvfm."/{8W]j-i$RlQJMlFJNtwjr
LaB[wX-x$)2gZyo\H4wVd#z~ JashEni{ Dl"2rrahq`Iws{s-l-4^O2bdoOl;@BZ.QCwwG,
?`Dbp;w\"t\GE2|*#(D/ s}FB@+BK]aZ$N0/"0EW<-2S]>\:vZwgA`HdMU;Tz9l=bFt}l->b
20{aTYt78HK*CBt5/n|o.#00('B19|z=s!%OL.z;XUQcS_UJ\)`t)D E9y!%B(=60J~^3Q!q
Nx"eYWNv8^4+lyw}OpFo\@X;x?9H)Clz(vWA#QtIfyw@}_GL [k'=pi2:5#Od$hgMQ{WiQA
B8ObDN:5cx&D%sJL)&z}VxZ5VpNi "HoA+i}h_sOSv$q8hZ,@wQ~0P$]Vvt@x,f~Jz[S`Rr
GZ!*W?0ut:H\^dA@@5P(%+%~(tg~ez|(3Ee4Tq1KeCZ84@V{]/MJ;n9\+hubyq'ZF>bCP0V@
~!.XZsR^z(.mJSJv,:$WzhUhd${s2O=ig|UAuxj[Z.lIp;zT0!*j$C@kHu;RA3A6%?9%%}V1
zfMn'X f??:e/8hD,Fu^R:;nE! ;[vlm=&1;X"!buYok+,mm_gGPU$?4QKdD3ZfTk5iH23-.
$`'%.x.]$TW]XCML/<bV`m17_s{-`6Hz)\g1;g;]qyLf^Hg2btF@\Rp<2Y(dR:g)DHPD%$o@
Hj:hHh[.fWe2xw90Hf:=1lDC9mSF0(fY5b``:-EEW#;2[R$z]#UkuSME;eGhxdpbVp<?m"lt
X,(ZxtKgIxhb97sUOtK_uk4G&0y''72L[3>d6AO@%LZlhOn,g9`<0.-V*"CK!pvj8v!"%N`0
A}I-^>P7Vyue-RxO"?aDP<g5?c}R^?5;Ujfrf=sB#+u8d"u} `1AH~W;=89^' %|pi&R8tQq
)I?>3r_@-"J\o}`c~<_o-$UYx}\{Qt$v0J3f0) 'g!*j8o\eZx>-v-!4q;:8!ZefNXcpKg^h
[d&sfn94-SYzLmQ"/CNqU}3-1\=009~ =3*Pa)y@@}Plmz)<)}qV)'*Tk{ ':BI/kX"uc(E$
1~:<!oEus/]Q|em^0H'od~5s>6PLVOcu8_M(=bop5jrU*,P2*7C~BQ2oj+-[ytVT>O@'X4.)
d1XySIdG*TQ$7w Hx~]j~\4L#'K3YociG6+S+x[WMk5U HoCGeBc.!dP^^1&fGfHeEKtf{.L
0Cr""Jgxej}sN},Vhu99A~Bt#^ Z]LRiD&7;:LW iTb6<weYIf[O$#sQa3roG4lPB$dpqvtT
30%Zf6WVzWS0ASO!(I~0J>)Y%FW/)TS6nx7PJwxvO~#5$1M%z9=cEOmg"bKHm&_7r}y5H[_4
3fszsP$ld3NEwu=#zB-tcv,*XA_Z4`zx@K/]54qIBJ[0b/oHllY@a)Mw9&iqhWi{^3Of8#J
(xgje_J1]~x;FKth C5Bari>`]NHJPgdmedikjPNUv30Wi^)%~854q(+FuR)/-QLs3\v@:IF
h*8&nc^sgkVp@CO1=k+sKjvG;X/Gmg4RShM@0^He{H_DPXzVdkA[TcH9_Zy6J1<s2vU+?C]a
1%)5{ifro(_j0?g61<]w}<89Cb~' vmny/*VK^j6|61LREQ.zVtq@x2sk]V~)0$zJ;GRM{$[
jfnugr=9[?/cnEtCn|Ym%F_ZXc ?=O[BjDkuKuVv-/U)qVJ!P=&8zP^YWn/o4Flxch{hAq>H
p6 axbi%$m\`:kTp}d?sSBRAd], o?MU30FqJVHsbg@T4i_I$z=y(zS+'5D9`(cU.aIfRoA0
S733?D$h(~CUYB&D6h_`}>JfB\mS4HRv/(UG&p]sX5l2:IAfvh91MM/l[$-d}rvdbT}GoR\n
_CE%cz6UY9`"n@10>Ry2" u(Efmg~]*~E ^u(E(Mn[f? ciY<.B .~K%<smSb`W%TF.nz_U#
\xDW~`#=~cq/co1Nd6;eXEumSVSr9K{-zy|8!$$W{2S8>2,'p&'j2l7RXdkqmmyrlb{xm%`e
/V(0qT*zo?#5eUt]i81tU?LY"(.le(qg)>Fm4[bP6tU>No`'B&\#}fFjEj*(YkI%c#%hJ/,k
Wp~gQjLs*]yBi`o.[b+<Ewpt<A;k /9)=q#|uNt`R:v0bd=D%.7%l|KegB88_qOVX@d[d+sN
YDP~TN>|;a d]e\hDx1jG#r=vh|oI-~>`O9R.!+dHv:M0emH>FY@|,=KFSq]H1I+"+X[@' +
o/'pm"=~Ek[VPU'%Rgn?aJ Hu!!71oGlaV5VJRcq`v^`G/+UJ/?nL{R{jDd8`Vr]{Rmz68W\
k]LqVX\!pC!clTVG~RW_]j=K$z+ZGh;ev#lK7qtZgaC~x8X,'^mJH;&.:B<(.i.Ci0;-fYUi
12xY[\.A4a7 zuf!*FqJ(3CH;>GU$r[He]<~F.Vd#vp1$n7eyAW64Gd.gWS%ewq3HY[`dYa;
IyFMo/0{'$*Ji[zzD@'4C@gFH@(Ap4\>z_*%tmKTw^8U0SPC;^YaREpJvyQZ!.^T'D<x+> c

Monday, September 19

2017 Tue 2018 Wed 2019 Thu 2020 Sat

`8cjzY>;d#EX[zrr(\:r9a:s0&DTY91Yo\whvxv<wxN&'S2:pDK4E+r"C]RG&".#Mmn+6;&"
X\/rY'Z:98M_*hXJG.AqX4g{E]*_9r(>5H~GXKQ[-kwzHQqM}y5<iZh`{ewfSow/eIl:><UW
hT @nU Js[wLkA7=>w9M$3oh4(.hpNM~FSM%PM2]c=G<`&q8"C/MU('QyK5b,`<W3=t)&"a1
Li^3[PSisz!X _<|9Kics^[C&kR9]$<]*cI^Gqo+GS,;~_FL/1)[k&cabAej'I,Ze:pme6<)
HLw%G,FLa5+vj=L;B)Q@`B#3@iD5_->}>c6/w/0{WRj-uo>/]O;#]g??t%H6,n(4609Pz0=]
oh${<xd`STG^$gtK?XmBCSPRI]f_1Naq{%BhVS KLO>B3y60GHYKVqnWg190>U/Q#K7r0,n_
bmEV285u]lVsE+U[WNhqN(1(@G9#RxYt+mjL$fT+qHdj3kiFtvDbB5>x*Xdr_SWh_tZd7b,k
Qt=omN_QbJiJd<lTIZnRi@,WnDe-Oj,|$"|m0&jhMG'3MYf=jNBIH%h%ZnIX)+00@NOyQN@J
Q!SMdRp7]AX&o)fM[Y0+~Acwhpwyjdih((#hZg.]#RyYoA6J_kW~3'aze`q!W,R(rOm]@L[b
1lGjh-I!,6G=_phXnBF-1$j:]H=j6E}'Rf0]&B,ER!}*M*%nyE'A0Z*^?$ET0V;ozZy.Q},+
OO)>iebp Z8e<U3A-(l\i1tS)e6.\L3(icx1(_?=qM*5EclKd}Jb|m'.FB^TOye.q?Vch|<)
M<pX<><mPK"6NcW}2JbwuXCv?i2Dh=m&a<_teBM{1Z[+-hY/bAN8f!jgX[S^!&TxMXCf{o&-
wZ=;z7q%]ob[_A,%u+/d9%?r9yy$VfmkqR[)$)xPknZlAQD.)fD?P_Nvdmb@^M5 BA0!@&.+
msT8m~SWIGCS[NSmSZH|:J@#cn^8liH_=t@9Z,[;MmT9HRzdZZ:7QL:Y.bRk;i(IM9#'uL%!
"0ePSSz%4cIkK`f7Jg*R;+8'ws<!5W<2K+gIN7%5;mapDmCY%o2J "VJ:ekauX"*@7Q==74M
IT4jKxewS>0A'U'VLIN|'cVAE>V%Ds*LC"73/b[;LS/?uR{x}JDx{[0-/*A2zOy>w#U8&3X'
Er8lt;aum0t<#;FQ<g<a51:n'~R}f~`[+c<B;'2j{A{-6^nQ9@f``'H*yG\k,$G!qm~zj_Gl=
ii%=`)fq[W_TObiw"'Y0itX3~mI?5~}wR)@7vjI[)|P^vg->GnUC#5/ 4QxQ(:;Mr4>l(iY[
`Ql7gZ2>4ru,?5NQl|Q_nUw4qk_3N~%WomP1YnWvk2XkXQt^t,Zn*Mn`qrNA''O!-q`H"!7Z
V7[K$"L,<Bs)AXkW%BWqH]TIrFDGqM%=D#~\$d{%oA Lz^bY64?|t_6qP?,7&&o7&/pdx:/5
gGW-`;usdATgGm+`EA.nkmS@G).<F\,TUEgv!U^(R3$byww.@[8%pPCXw~:2z%x}uEij":#q
WUiuy_D\a>NQN-o"|8) /4?kZMBX"D(}?NXZAqBxyhnyMvnng)@[Z`HBt"=P~4g,$v%L@!vA
-JmQN0c1{>qYz)z~H0J5LOu"`y6h;;g>'-X#i0>-JXiS1l7nZ2Qo)2ybXf|Eknl[FDnE#QY.
{'x; n5QYa<6r+j&^(g+h~R^R\Z:ALn\p\gwg,Snwh^40#{0I@-bsfvj/?%<Ry>PKWMRD7#*
#",*LPQgp!mQ\u,6F/Pu3JSRx0G VBeuP_8=|,Az0TT;C#?a4;VM~%OdSxR-FFc-qS",ln&6
+4Lw_n.y&/gFP4uH1$D|SX.25X;m?M.pzoll/@Jzy)}eo*|k%OXAG/i&NZto3*>=,nWFxYbw
oO]9Ew>,M<i[OvuK(YWXj<S(:>.EjfwKZY3%CnO1;9FDM_0`A;9Wa4S=),"*;<f$I% @v,r{
7.>$FhR&!T~so0Ht3}!|{A]qs{B>Jr$-RM_y'IqubxC]%4$,oe8c4%=JQW/I%=IZoR_094l;
DW]&"=hPbN({\uOa3c&/3"saaB\>GrR"X|83p;yi:BoZrQuxCmwRW6{+/uQRt+k\d\~Y6,H1
kyT:%Gv /?p`.2T~]Zc@gF?7.mo|9z}+ViYCP`Rn5`@Z[5p[1[Mhe:U6M]V1kof2H2$ioqW;
4x/>tT$o~on"e#t{Pu6"[EgxKl1aGV%]6_8Gq<Sc<,b#\)MX%aS98i&65z`TR$EI[*Oy=oJ*
dltf=nFr`!U|p${axgZ`8<HB ``noS\f#]3(fxuAbe8HL L,nl]hIS7Dt_}~m{qAP"|?>S[-
x#Nk:vy8uv5Gn9jU&JAN'd&xoMEhJ&9bB8Q`e-i`2;!o~_ 23VI]rz>:l_{Tq[C02or+!gc|
Okogr2Ba4_{r8[E<HJ6j?L]hp`-xV"0nLdl83LuKx`IfjRDnVk_2F]e@~#)xcET{@gPTmv_
~F%RaW1GDv5"PRiO`F<=gx5:"wbX(>dH'(p>V&Ea!$-K^a9!4=)j?>gMw]Hs&'Mktd^Eg\|I
d)M:dK-I_,AAoXT*}fiB?OwM-9Q:{Z&':JJYW0F06=3p_@}gMB8s*ET#k'^$:dCKW$k<U6?s
RcjnF[,vz`e/n|w6YXk32NW0rtQ^wX-`>T&7AV),*+')$``*Ds,L=uBv6lDd^$-IP|y)Xh08
Ao|sy[iX"yL}JHHZ\"`VdxJ_?)D`x,,UOvt7Ton>rJ]0.m&OU8Q<guc-.(qhGvwU#T q;H}V
KjV>Id9sX4oWoSRU,'CHOa<2KNq+A'jBad9RqXP{@'haa#r843fLfq!=$\%0Y#3Z72@d:8[T
/]BGYIS9uupKy~)")XHFQ:9V.eAsAuB3'@7,x^'~:>2!*8y-TVSTL`t3QZY3?YC*irsp!jkc

Tuesday, September 20

2017 Wed 2018 Thu 2019 Fri 2020 Sun

B:>Zv;2"C->3Vy0d1;t!7%R&Ij3`K581xEyN"/4C;aVk.1 :qNr7,/]-CJjW'plBT$rnlDqA
+*2J4prk.^A>l8|{?QkWf{09@[b&80zK$:.RRVe;3)KBfyNmJv-sLqDN|x}fo?)Y5LFfz,Ck
4RiF=o6X hD >o<i#?ckG"bJ_),5*kgzL).FP0]n}a@x3O&l@@_!_+>wur^li]Q&l[vf!Woi
0$eJk_~M~kO90TobnGW>`ci:,9"d3g9IJj6f]o=J~!|#8gV'9!2C%sQ?x}IOfnR5E,zFnqw+
$87!ah9Rz_a;>jHCH'0F'aKUlF+f)z7UI@XI$V:p\wy~&u|>(7{,.117O*c# Z(PP`o]zDA"
:qyeKjdR,uE^<mJ6su}vKLJPbkz c*M]^Ot9GVYAm<.#}}aHdj*TzpH-sK%(`3@GzOJ[Y]0N
iW0Dk)&@slvk7}]/K\G'0dQi'\;jseYePlb|%4[ha\M[yq7tyD*/wNFYc9RwQ.cc$nF)oyRV
-8t/ysDCK8U3qz]VW.;GmqjagX`l=CDI0[1amfNq7W=i|td<^.LlHEBk1RrFxuU0Uid'x'DU
Ef_PQr54w[h+dmQXK"_Un>{dJ1\oma9;&k\8> %9r%9U!sDRx)$L7sy5@}l+"\IS<p1Z7<93
@syFm5EVZzz5&)rT1vH@"6!y0n5c%Xq=>%Me>_gGEow=AFV@\Elr,9\X{(JfMgG+jCU|&3^I
S?SO*"4sCc-J?%YO4jYr;r!x!isg2LV-J0|QXSNqAC}ykQc*rb;di#M) 5=7`u,=R%SbbK8N
WFgg`CWzK:/PxUPDt!Td,{V\@M;_!hvT%,^w'ppo~Ag*K"M>j6mZ,\o1Tb44/^Hj'5I.yCqk
|Fe4L NT"<ElP%]4.':6YvjY&FfP}4^!H/`Fx1z#>HI.D!FXH0ygX8n}DJ zWwH6ox`C=g?t
P";:4^_y4@q? S9ZHi81.79Ya0+WQ/&!y5_M-k5,nO80aL!sB^X:e lB"e(T5wWocb:nX&?d
c)igC8RM."9iC:$GWryCzl^G75=#V\;#$-!tx+jezZ jw},'MX,4c'b\.9Q3cXg1"4:jXgT}
(>=XSb3Y#nmYd):Joj|45RC|[F<fO^e5v`(oxZ2,1G'34`?<W,S~U[-[G43$buF>[\YA\O6|
}3"Fdpxkn+x',$FDIGO;I, #3Jh$&nuz+*m|An]#lj2]mHh1@x4=s@qWRr~@|_msRm,[!!_h
F*JuF%GQly`cE>Mz(4y]9n [;O~"Ue;7l;"L hAnL]2E_e_m.IfuHt-v? fyRo{"Edk^&Z*L
]w'YNzCI_vgo:Wuo{'JMI#rOx=Fub\ j9p[VrTo^j$Wo[n]wsFxQ2*;Fp*d|W6|C\aqYlkcJ
@a^XOrQICOutfyR4VZv(g+Dqbx\]J*N^S{)o_DQ|0"Xi&7Qrt[&T{fmP@p:t"0Al $wq%:iX
GlOUCk-N3rAXClj|R;"5W~8;LMwQw`#?{?'TG=\juh7-La"[SFapHg?vrS'O9'fcE[7yUf7o
="yh\OW^4y-zZrvpB+5y*b>e6+k#np6oaC""~#&u^h;zPs`rI1$N@'K@N{Vv)"e7aRd[kj64
RQoz*l~QV53UA}:EmT$JJ'qDaz'/fpDm/&v=W_4*X]2QU,h\nwrflLYX:b@?[oGJ}"]@Y#B;
>dc4WlrUSon)qJ8v#yEpP(aMlUw39&*qQe,k"]5+t?zW{k/AlFX24A+x[b8ki*&c]|7<veNV
tHon4ag$xdBs'G&Z9T"1vj!C9~?kt2W{,N_7Hj!a]F\.j@yE"kOJi:x6oU}C`>jY+nGa_-+%
(3db18?ALMD:U;}tm+OW9T)BsJ$={'d!D$'<Sf|~<J_Jw;C-B@9yW_.ha-;aiL Yz@-vPsh
L8nPG}<~}r=JuxjR/g;0d3\J."KVf%lN_Y;~L?,{gt ,>6/68l=GdGWbWb&:W*#[H\zx`UQo
C.9MH_m[DOuJ\6t|laM8SQZ>i8Dngb:}_h||cFx_)FP>aI[53+tb}I3:US(TVR5hj5_,y)dS
($NSKzr(AW8\mopAt>80&Mz}P*+pUNn"1,0}2W[5Tz4-Xi8W%w]6zhR>ChZ$5<+>t{7rC\G/
bq4uJy#5|Nrci?DghMSQ`|nm;hQ.uPqTFmW2p7.OMz* wLcN8f0F]4me+W8S>CUm~;dr"-{B
TEN9me!;%Ji2XT/>{c@^[K1?`\gKL@vlxpM%6=SF5#2a\ds4G,b7!t"CBGLQfL`5\@!`%i(!
w'KT (rwz@SjT2)A3SWf2W%^$h0r>o;m>9l@huq4/n_Ekp=~cr,0o:7`d1:e.892q,}Q;[3
S="s#lNM:\8%7'hK`/:jNgXG!Xx3lI2yp?l=~/9Sv3o:sT'WD<6?;6*Rke=L+(&-Q*/G$[lD
5pc:OD7.0~[~*Wd:vb="|H4AqIB6*N6n#<'XUDmY9O -a+}rVR3LGtwrBL# xIxg;bVRr+gW
R6zGPdjwW\oisG>t5P{2Q,3lwLcB{Y^2$"q\"/^5QwS+YYGj\40N_-N-g5g8R7%{;L6ra.Sb
#OiKTQtB7@86{e*{\PSfcE.$04mr<ZxFQMta5YPd5X9]#aFBoCX=T*YVW^fU _..?)J xGuT
C}3jZ'#&>hAFpwsJ[LH5Z!TvHXMU.V}q-gv]aCCHa 9$2YKg>{!W;=:XbVWzw*n;w(:g9p[N
y&Ly@jH}$O`H^|`dQa#)xIUYG~0]+^L(Promb_RgdijWRN*IR-3=8{)_L=>U<|8+(xj<QT 2
4X^;\]a) M;B<R]"FfNV"_UJSMd5B::@whr_kw[Qha6_Di',KOXm]}Bn%gx/Pf3T>U[>_!+]
zCXg>%/9H$I0e>aI~;_LI-lXRkyCc6NN[h^ $.c;<xXf|Mn+Zgy1.Yu&k}PIE~vlmk/v7WO)

2017 Thu 2018 Fri 2019 Sat 2020 Mon — Wednesday, September 21

<PgxHh"*G!f]vp!~tn785:p$KhL8N632rkb2o>Bz>ch[p"7,CEx]nE]aO+-J[lk4Lc:1wF]B
p'^36PUsf:7Ify*bD,v"ggh&>@LBE&7b%{I'CE)S*vm}n"WZawmT}$U-8'M$%B=aJXveU^rR
-|?wg+Cq|vqstSV6F=V%XGHluH[6',8W?y%kdSh>giz4S6s3\;j_d_S6?%#dll6`XA~;Q.[]
8*>pz(f/|Gt{ZQT1Gw61'4xp!X3EKq"u?].+!b;UIpB\Ze0l_Z|1PW7&'1[i>E(^i6M0>R0!
JJ8O!O]p{sp3U)jk5y2;Vq{VGb"n|X"-f&rl/.6+Z0Aqy%RA".IK>)9h?h$PluC01WsOCo1B
_e`M6&9H,-q_Q+5g;?&DZDd<P6.kxGOZ0t_^EV;=n$k{&p,>vL<7X?z^Hw J+!]lnKs"(#+F
H0.1dO{4ShN6P.c2AT"{Eq0CTJ:c:IZs%j:1!T\'<5=4TTX)RpW+%*Q7c,}/|N{nOd#z*;3
-+X=N <JcA*jJwVdz|*0{dVG+Go&g!%%oe105c$$q?8fB{&95':sIqIi4}#9a.@y"Hn2`YJ%
%(&b4%]UFY&eKz,rPW%UuLB%74Fw)y/p,~C?.]7<^_o_4(@[&a/`!p+(9 S9Q~[YJcaQ[+SQ
_eS9s.9Nu~lxk@],z!6:Tp4G@gQ,#/P+}tV8Gp5Yj,=p1u7$@d\?BW|-M(%(3G+I^k+u8z7k
r!@eW*uLC?)Sv<jPG<ti:3:Gx@2&BG=Ibt!f: ^QPkna*:1<ayNV=I=a;$qr?lhOH8qY$NeU
x`ILmQ2~*To}35lQh%Pgtu[tg"|leij Q4VNJ53hY8Ad}E-wMvnnGVSM1y(h<zxy.OwX'`33
U,S45q6b9l_z(<1mU{l@+wBbH#ZpmqLoXP}ER/3qhz6"MX^.(Y{ QqRSBbcNcp|B_"Em:o.S
0jL$P,?xgcf6rvCmp![:OOd*_#^;77ko?5Sd3In<[urP{4Q)49Gs?/@h~E4o{*%?Lsx7u"3~
Nv^PAS_(8xe37jp6 ^8M(+7N&7!M~G#p2/38c_Yx ^hT2BE1Q3MCm}$UL=-+7~Z[sKx{'NeC
n0Ayr!e{X,~&.)K9#aAHP{8B=KYl>,,y:iI;salT-9-'3bH0nM6CIS@w\;HDT bcgtVZOncL
9Adc`u+9Y}V8>|3[qHEc,t{,g<1wvkWaiT3NtFND?_1C)'':=.\#]NPQ}:Jw0m^,CypBI=j4
` jfNhk`WH$nsBiLTdM~FFVw;dC$S)_<L .*c#cbsmzKt*Z<hLIr9FaDzZd)r~=N+\p':hh,
l<L*J480~zbIt<-R"L]MVNbju}>Zx{uA]WG})QEszFqpKtl}pLf3:W+<{rs"O?X5b%.b6x8D
08wqqL64^8;A[mDR%Go&ORf#ze1s\{~?Wb4xVOT|dl~5}hn12s;SAWH "4i~#%KSjgYv.m#E
f&45$q@]|%4FZ,:Eof3KK%Vzk}S\|rgx+u-wHP=s{`0UF65mkoqx2`*W_2HPWA5K(zA!\ BN
*))fu?YZb\#dg`n7Bpu`T>A$8,g!#D,M>,;H56npnsm|CHa-2N8Au8{v)"Tc|WhDsu/B@lio
fMgLWq7+kFGN3W9r~iE5eJd@-4a0n8K6$IjkfWL;H<DnS<2q}~*j6v)S\[I! w{PGcU-<<)8
J8skLI/!=MlY^+Cw?qQ@6zhy>3Ldh+<z:NaJ>R\SY9@an%C$49-eq@Rhu)s$5-53G+sqa$jc
-#-I1{tA4[(x`<Y+F,9H9L/IDFoQ7e9pQ}t$e|KSyMb4H::qhdYsTP-0p>[1n)}It5x,bB6x
F}d]mi*voYwoy&l:}BQzq7k.42q#HmLXEAA`J*t>O[*i[a!qrsP(o\"Jo*6QW(a{][<u%8Su
4Lfu@+[VkyJ)d"SfmFkFC\H(BPp;<NT aEPg(q,/1X&Q][7h!hRd\YG>jf-i9Q4fDI`yI<\.
56^I;5c,>1k+K9wynM&<6HkCyE\B:*TvYunB2hsE0Yj$\M9<f&| S8tVnr6{f4XHT"U`!x[=
de'7=Shsk{^|/f-E$O`~m31u2UL,b_IV|Eez7J&(HH.NCk%2SQmHNvXvB.3yjL<0g!z2hE7!
8HQ<\xXGxVfKkK5,h[:>'IcKX\`)QjW/|=|_G-=S,(j T/=rO51ki+T^"%gITc[]RthD/YFp
.&c$ s}Qppn~Jt9j0bS!4xV}rd|MR^+%Ea]9+;T"37u\T[cr)5</$=@Ow wxt8.#+]sj8NC7
Um`Mn?:C0cQsV$%t$^%D&K)tiH7Lroa)8eusW_/>g-yR,?)~umW g:59,([1KcZ\ zRar;iM
(Ni!<:jT/v0H<=Pvs.Pl5VlN7x%vV,&glkNH!{lr\nAc<_ftc45y4up&uh0f1+nzLH<2DT4c
YtYU&7"*SCW_e!q.w%v7My=K\!Yl47NHDI03dIZVTDpy-7]Scl/>IV<{zM~HOCu"6 r&w"5V
K$@Q;OAAnb!d#{mm34HGI>aw sKSmpNQrL^k/OQ5-]x^m\AyKK-]}% |Sp1hH3qwzx3tZs"i
>0)vs64kF^k4p{\=YP;eBfW|S_D]YQ`UtK($d$^?ap"FHZu(V_/u+CND^>96?9#tEcA3iXT`
#ppXpY^{JtqL)<ZX/2*&Chc_!h]g!us:{2zha;B|gHug<PpO#/O'&]}{vk#i)]IQDm%:+9lm
Vx4j*.4iNpKuxf,S[;{:kn<CY:xg>4hNxMADPv&ONK*J9R3^%G:nue6`*rvTQSi9B+<.9&og
z2[g7h/heF(d#x,o^#dDCN)coX &'Jzswe~{n{BQbdVt} EYDTcbOPaDlKzr_Q]'(Y`MH;3g
|QVU5ctRXQS "U;'0IrV\b%$^R5Go?9C,xb6/vI\QQQmA?'2d8 xASa)mt,x\/@DwS[^3wM!

2017 Fri 2018 Sat 2019 Sun 2020 Tue — Thursday, September 22

%B?$~\Nd}Ji4QKG6+BcSW2Mhv<,50*l8_f;EaemmEwG#v15U-uf|e`/Q]6IH=#{xJV%?J;}I
W,qeg|u{_AL}.xMvUP'BaY0m525577j)6&#@F8j]bt"k1#er}QtC3!,u4PJOGF~JzD]~%3cd
u0*%Jg<`eA%~MC+U\S.-lE:F%K|FkK}Jnf:[M#`Ym7Ag*L7U;j}f)*>hUu.Fr>KE)a%D;QCu
V6rfvpQi*qhH}<jegN75\R"/7&,YPDLSX9pj;NLn2F")cLgL%jf>|3l#w21K4ok9rqGkDm;$
1l 1K%A1h|_\Q~[-R)t_{Q#GVN<m{`tJRj{[Z\#RcPJR]C61p>D%}!>8L&||z<1.UI^%N(tV
<:P2t)S"VA`6])J4ZoeOEU6q#Kkqo P|=eh">w$FZqPMu/~zg)t4rZo;\"+JVqpu ?* 7}8I
:5mMd$?=KJtDUh*)OGs$g`4;<`((t H)G#t^+DY:xbHm[Ustra6GwEeHepa\sZY/'Kqb~lx3
mgiDezSPLFk2krSMQk>Gz40Bn6S<%[,ll[_V_]gdi[c"\}8+FN|-4YXm~!T<0b[,7dC5|_NF
j\tN&gZOr>:aP&TDk;%u|Me ?YH69,yE%_Ab5\Ti{}Pi)P#j/(reMtSjotm(X:vc\G2cjT#x
XL~l9$bJw9#\=w9}SX]kR!zC)N7HaerUh<],@X-qIAr&5LH.n"NBefGThEo#wyAV0--CMNa|
;^Ldx, +lDituW6!l^%i9`nwPM$BJfF5Q4PyC[nl$<_Gf@RK&S1EXxN'Am<16'8BD&#B'FK3
KPEc~UVXU4M&|:Y.3F}A}\) MI@iiu%DJ=6EGS\Sf .\i~ :F"zn?r<R4,m9rC)7o[H[MU:u
!xiGpS^!jZX~>bg_NLgT5/[34P)tlKh]C#vkLI~Yu hW2HAx61tGS4Qxuj=@*H,S?Ya.uq9P
Fw<o<w.+0:Ryi'0?m7S1o'ce~k U_(/V/tBON>JBs_sTaw3x[ZM0 K` Q}yvdj2UO':X^COX
0S{N3a4q3liK]Gn=E-#>D bo_\wK\MR-j<--<eG:Tp$aY`;W~fVl}k\324V$,dR%A=cW6Z-j
m@]fQ_>UOX8nMB;0e0t,|{hQ_&%vW{ExC#We@=ktF2/7i"e8V*d3e%V29Xal4E'=v^v0^',
NvCga\;GRQ,g!HD9p<#zurB8*<TQxK`4@f`'Q>6_WABq_"6h<etJU=NlzEROow @BEu}Vo#v
_USK"c(7cw[Y\A6(7 gjkp,;]U[s\9p0t(nD#`(dvKrNd(][NEN] |I"0\-vD/%P"-]n\nX<
p.$]e#7Xf}'u\RD=W5"nsq:_Xf,6Cy{ bHMC4OaM${t+k@MR}H}3])U10,Chn :R0<3H&h?^
B:AyQ27v}9y18E4i}#vX&=~/5?]fHPT8h3pP?E!H`i.CAHa3Emup`X5NtJ2u~+smP4WV5+CA
-No+3+>Gi'3A2mC}b,2K.B4& lc:b=Q=zs:AKvzXJ=%iQu[87~E;M!4p)&&|S='l2f&6Ng5r
9$nvhA*]~FF)<vlKamZz}||t'#~VO7?cmPX|KN_-Ts`z *xXf9$%0/*}(Y.~=A(DVHS"TCxq
C A?_3q8]%*gW^X~E\KanZ?ze6H(n1nB<*5j1.pV{<vQ,stP1HEL[$EN/-u&wfzS%|JbFuE:
6dPO.B-7[-ErVlVzCPJ%&nk[SiroR1'%;V5R c6*Fvh=1w5{ZV+MjhR}Cm-uyP+o)74IkO
9w6M>+>eZ*n4K56jFAa)^%]o#." r)M"r\T5plcQ,y<g^dXu;B\ (_Tc^}eRi3ZL-sNBYInN
]_uCg~],%# 3C{vtEpz+|DYo$:{e})cz4/BnLi^v>gAO*n9.s6wz3{R#]td@/yDls=nf*AIg
7rGlq"1J9{Jk>G0_@F3KR*>.FN5gnDg:Pje[(+&PEdIC9(!|\TLQ)GdV98DEUtCDw7Sg-4sm
TC%ip?l7(ofx a+_Bou4\;]yCQ*oBV2En)ES+k,BHc."x[iXSx^)td\N`I{_}$lWp'd0hyBW
'T43zo=T{?*=.^7UJQI rEugUdu^'*p"yD-B003Bk,t}j'-^FtjY~g94%$C./Bhz/ovg>0[\
gq1D,ijl'Vg@Re-i"Wog1:~fc.ld`fLRE[t!uc(32H{(O&&nBK|-or4l! VL^5qy?Pl!2`/K
%1d_.`:l[f=Ilq}PBN!z0Y?bQVjPrPy7\[^vzO2BGJRVd:"k,ec*`pq'rtkfA~L:4u&:s6aA
+V[V/eGS-mC#$21F j,mRI(h%|,\b<7sm1LGL`0BNhH^bLJHB}-qZ_As)C"FnuyDH% nyW1M
-ogR)72$kzUg8qOnVvf67rM)o=b_~S:EVS1kO)}?b@%uf&v[PWO=f7^s8D5oh[Qb1;phY -_
'?+ZBkQ/c-BUZ>G?>T>Cf`+/pPtJpRT~hps"<-hid!W\}NY-Z4r/O.}"~|}=#;">r_&\0X|z
AdnC;vdHK}BAvbH(F-+?evt9%}PGclxQ|4d~u]CX.Sz"Wj|dyQN^h-"~,3hH+1xL(%,noR'f
AK2$L<|vQN"<w;DbUQ%xfMRyRYN t,tXF-3T]yG1Gb6VCU_jn\e0RBkrM^pOGe`J`$xJoQB"
Cjak<wpcLRae)^al2OO&Z;' L%NQN.U[DN5>isz'yrpMmn[~voms4v*!%6d<xu$_tdv+',ZA
v#mA~C"7;iKXd6\T C\6-\ju+@y/K(6T'](3"@zoXg|mk%|dt-l:Vm60GL,0Y{vaTq6:_MEv
#X<^H7.`nEU&Fk!G!q4W=<;pXt8E b]JO\uoo[1@_InP_meuTm]&(qDt"<>&D|}G[r<#;\C5
#fxOsc6I[Ih5Twfw/_~9>$,'VOLXeT[o^v"e#y;ZI;VIN5tGN}x.X'DI~GLF4c,TjhK}zqb$

Friday, September 23

2017 Sat 2018 Sun 2019 Mon 2020 Wed

,xHT~rjNi`hP&N8 <~7*:=4_P|WV~MVhK U3:P)$6L/Oi6v/KHuA24TSsyXIVopAJ%s-gh:2
N6I\q(**$_oTKLLhJeqaSC6Ip]0$cj-'j[]-]L]G5uKUTzaBg:\ipk8luGE #KRig#ONYN~Z
Rx"khzE,9a0Ed0~{).KaI9+(i,)+4+.-<?V^ZO@%.0q|^GL+efq@ Jz2hWs]?R8p)";{EP1U
O"cX[9Y|VouPZBO3^6BU*"?B6u"C_,?$evg!E>Y=/5"bw7LWTr"}I;-yQ>(ulu(A_tfz{J:!
Q,1j{]xB|LB&\Y(~ECFKqwKqm9\PPX<5e8h3=;%KU[wGd?f~hxQ:#b.^A b'^-l8Z ?Y |jk
PcuKRfF@\-F#N./S8 pRmY#R;/?H.F?FY's}p>R0>lLvdw'D8Z'|TPHcIPV@<t!q5L>9yuu4
'Z?X{WRfI F*J#OJN`'/fRB+S#]C`ZR{Xn+2O7b&Y^2yetT*I#3,hs^JN&D$(M:a'P1x+oiC
q>=NeT.l>ZV/PVXQ%&y*2`[9QmX?DCQ\Y%LV)zlGa~3Blna(F0$y@m2ek[Hts2 1VtL"-8ty
HCPg(QZW[5-#Xg^j-"pOD&NAgL$`f$1;]6<FK\P8h@=Vu^Rsm1zv,1G]ju2b/7uA5upNFr!=
=p!)y0}M+zHn0E(R9E;uG:":WgtIddt3wt@v1\d:w2~yQ0 DP$pnUV(>cgijs>EAm_{Zh5_}
tppjCq=F/z)S aK]o}]58d%|,g-1 RG35x/p7AC>)94&*qVtYF@L@V~^"'DMN,gIKd!{qeJT
.kCp2:_S.Im UH>oTko]I2MS^1`^T*mu!c[?2Ois\VbIo>YT;O,$"&ZViU`pg+AI;x>Hq|;/
[}\b77~Z 4e]TgP}FV*8ap(>3gSRD4)_9aj_.rIwAoMCY[6!vFZTh]!?M[5-ED5M9s"3CE'
45h$d,=uxZS#&zq&y_)f!]B^.=%'S\1`LI 2@SX#Cjy0p"E$Bc#EhdU`D~EA4zWJ,xR6w`D5
zCm^y2.qs:QdQ9If3TYUm_J>~uI)Di33I/\1cVpN!L;&V/(ZxLa,-S(XGd1|UwcoY>[2yw'I
<iw,!FB&Qi#U/e)r srSfI*FO+`.Pt"sTv~lM,@z/1 D)oO-YFzDil&|/xYsg)djdQgU)Y(c
"i|H>NTje%^vU cTSK9cU{QP!zbXD8RpOG'Jgi-U}Xl22fM>j2B+>_ZG*k{fKXKoB8bp3V>3
+X,5oY]X-$T}{FY$qF.<D~9Xr.5f1tX6v8UV [-^#P%A1&rU->Y)h8U"QO+}3a6CQxaoj}R`
h,*Y_pi4`U1z$WAGiiT`:KgLe60@}NIl3^d8.W'nNC_h^F#eJ*#b5\oOTe0]&I zxKhxuph7
cHWXQ$d>hy8-i.zwI%W>_Cu{%RB5}X].S<=rRvG>HpLXT%qmQ.V`r_-sd-NaXD@WZNp|_DuG
|{wfW'q$apInwJjf)YIBT>6XRQ.+JMT9RE#dLQa%Zwl'nDYaQXPbX/!tC\;i<^2P}mAyU4'P
I_<`s$;;v,iccpcldsC>d =OS(_jI6|./Q(-8y]SA^hBNEz3#4qMJB>*`y%)F}z1<cz}!@)X
*!E2v\;v1Ypu6$;:v1IA#e,+`u;>el(F8[z]A1ah6t*^=v3W;:G?1pS$:$5}5i4+OVAldrt)
E}5hu,+b%hB-DX0[enuB9mbj yz~~32,ETGVf"34Za iu [Yp`T2(7\V4~4y8FQdoDVP_T1R
fSLep9|Iy`z{K1&H&7@#x!tU|ef,hddVm?Q/VR<I[Q#a?: /HpSyIh\Egzg:!R0+8k"Am;K=
,lM|e`3WGaKK+0HyZwO.(*GV>N@}9L#5jo(9h%B!0e4oOXV v$ffYSZm]X56.v]oTlZ,iDF5
M7F4&9U;ZaUJQ%OK4-5sPRY;a]J'"{qA7$N+OE`0sm'kRe_2,9E$/V':c0!'oS)X<L)F>tv
}H_.`yAyFJn.G+S34y9Pn^^-`lzE$7\iXwz7P`UK?UgwGnzvI`@-'^mRUIf>"m7R4$e^": L
jPNitu}s&PN%8|&zy=$(92//vz7-;U3&>e<K/Ga?dBNqN?,W@,3GmCA40qSA"G/u*?@+T eY
etSB`K&>eA#BOd5F#s%Tp|vr^_ jrOPIoPE6"Mf<rDa5'O @_i!5XI8jKN1/&OUbC+rpK<aB
kazS2-`D=OZ+I7ZdE@B"rlb*ZD[s'-WNPI]kqjKsD52W[&(,,.*o:hf#ha:3Q@M3T.,D940+
/bwJ.ky}:oxHhzqg_f*<yci(`C){7R2baiF-*{CU@8@!IX.GltK4:n0Rb7(#op,7EB`(By%w
]G_[Tur!`Yh#in]mq!`.$#u=myi(Hdj0<4E9$7'B`qxPXW9d_^W*S/_.h^?|s>/0&"uT^"W]
.2B}:s'b_Olpz,#@$vgH7rM^FogDCG^QbdNRc{]YT/CqHEm!dYka#hlw0?j*z]{}{2N5h$PS
8$:sH5D7w.@Q8*>"W}>1=BIwEii.wjlFR@W583:K-ZZ[kx%*6/?059mkIJjt;<f,Mn{w~{t5
f#zA:.2Y'?B6jt>v3&JD$UEYWB}_8LnylE1Qt]2[!]&8T"X_OfrxJRp!jX,"zJ?i}~+G9HeJ
P|5|c*D:v6^Bhzx]VuV`*|a54U[QqTN/ie6 5$H*NnXSRx!,)bre.[ rK#=?K;!R62,1@%`_
5gq3"{1h"uJP;:R])ar(K4<F-RDBvXI34=Ln[KE'DL%OleC`PPX!xEqFC`cpcQaX|"soYjr\
zVC{;,;iE_P>5@v4wqz7MvS%lfROd"6*9i_sQ!K(`u^p<rNMQ*{/ o &V-;iWW~'shysw~GN
!Msh!A{t+etBL2}|%D{65&n$N[x?GCg&buQ?1J`sO"x>4~f)svy$*oI"8jE_c"!`fKM4\ND>

Saturday, September 24

2017 Sun 2018 Mon 2019 Tue 2020 Thu

._['y]LGW>bYbOX!^o5H~rM-,h@SzY[QT:eYY+6U]M"%}QN|c,"2'!-q?H+-`JFq$!uzHG:8
~=th(d'ub/QaZ LO[7?m?-Mlx`)EKahW2QI;Iw!hwg6z2'i-^F/9DAS.>jGkjQt{"=KSU3Z*
$lJ,7C?O9qy?]~rP,0qiwF2t,H2y/4pHU;iv1zG|_dqjm-m9Ss^nH\7|7TQH-.pZX7s/xYei
H~sl+.1M>p!() 5@I"3jS6WCYME6IEP1n_.4w!vbpF*A,P`&!xnM;AojTgN?Ev;-pMRLES`e
GvH7#{kQi|I'i_~L+Ch8RvF4F$?WsC)uTs^.HWZ_^]"w;jNb~}WK@'kobH)0xk9vF'w3:_{Y
QSC(qL&nQ7*"!xY*FC@-"gC6XOww|,(4vcj;p#U%F<v Pq<HmHpAzH]\#U/BLc783cLTb`8J
7-]roO<BI@M-J41e:IHp9(Xs4/Fh:!'bE #ED!/vSwE\gZM+q#]_{`rZx-|R7A`pO4|$+$@<
R F3Yp*gwLZ~! KMi1gr7A_KY_.-uf/D@:3};vo`A(}Ri@ID93opo6:XWU*w_n|-+BfVSPT
LP*W[lAW<3!fp?$rv~4dInF=H.!.b;r32.9eUe{mf,mC73|(gmw)wQox@S:ha.L*cKIo5vj
CTtps|iz5'q&u?zAZ~:9],q8w:1r\BY'G!dC{:%yn\%[v)dR=agroc}WFf*:K]e3}%Vm)6zJ
'Y'%UjhqO*G@G-?'+l8K9O'fjqJ7J&]?+'W:uO&;Ho&X6"4@.1~Z?56*&7,'daJ;(]QtJ-%>
v/@@z)\Rx16^BkOYrmFi!3jhC]80y!"enoR8Xm:LYLxx1h6S8q+fT(by3SlAf-buG49nkX o
dbY7=-;sM|ki#=358Rq!Z5cvfV)@'QA*>mixz)Z9,Y8 v#2K4u:xNSy3_djConelA}~6jh8`
d&RsBleHQ.q)lFP&tp]#ObbtGgP"iEU{&L9yzifk?N"9QB[ClkG<n7(l'*.yAL%P*S7fuW!H
z'o"Rcn1tos-Yb/<^L&^4X_z!!FhXZEVG_r~u14M.P.H&$^m#pX}v,!KD49t{I?%oDb/}V3F
xO&=,+L[&u$B-!v@a`z6pl|w<t34$t7iTr|/A3Y#tF?U$Ku^"_sErwxf#U44(&|jjq!i~.%n
f}Dl-s1|qdrCO^\X2Z\')`l_%{Ww%':C_IuX"vt=qL9}> SR68fF7YmF#$O%2K$3Se4l "Jf
mja`o)C$TZ7C1'jm'<R8$E!u29J%,E!LtKSIYKyn{l[.*]u4tiEg`YImSw~IJ6<9#Ha0K7}J
svX-68cjciX%!XzB<!yn_DAg(W(-`uQ4D=k'R m\,e:<cOS&Zx6JY((k(<3Y`fuCn%qP4JVn
XC\Vymtr&{Vyya9/N_H;0z+\"YjaA!,W.|V_xKJ0z\o$,m4R'+l"fx01zJ@5xBX;hK)1[hjv
nT'.wbt\@Mv\@}sMj6@gF[/@(!FyLRd&.x9>GzG"xl+G5AU@J`XB0VVqw>T>8Vk, f2zQmp.
hW]\D,*?p]++fEYv2HP>5v%"4;Z<"z;)a@D.q^hN]*X$o6LP_37T&Tp lbo0r,tt^Fbrm`-g
WLjZYO+X8r!vk%fY M>,@vdd/V"LrdCc0\oKle[=LU<EuiwV45`gKzrKK66W}--+t}"yPvA6
OJD-SP9O]}$9JWvVR0&Q{<Z=dVbA:-oge|Ve DWf Z'^`,ta=O{(DIWu BL/-CDPL>Fvu^'[
u~$hjx_&zcT!kR.b(K%,`s7,DCzRl^B;x-JS}_a-;i?+hOR6Od Y,-V=O&yTzd",?Ip6kO>V
k3w1lh}"Y4ogZ6XEeQ?"lq2XQD;#J7bJeKioB d]>SX~[G5ybt=0lId4Ss`;8A[ktt69RB26
sa?&nInTTAG4GD`T9#%tlbyia~k4R`iS2;` t)<P.`]d?iph+8A`VRBNUaw{FYO^s6WB4^R3
QNG|>2L6w1ygyQK?GL+2z_(5P_m8~a*A~3}w>knN~> GF"!F}=:11D:5N}E]ev\<#P[xT3"!
DFC{J@QEhe1?0"5;[Ipr9mnvd=4&"Z3JOf]!29:-_X1}gc9:}k)vvCfAGJ$ef3mV5vV"g8$o
0]H:57G]>Sy7ho8UD<rSpv:LZAEwp`E0olHR_dhR$fM!lKE}xPP'cIx*qK{OhNyvecZeqJx|
8h!?Le@~{JhqKdx%a4\g.41*4's^>G+{9T?"g9F4&MH!W5xd-nk:E!KeIq&6#")YO;,4\7C!
`V&f&42^[}N]>+4ROk58[D?nJSWiK@*K8rRu|%+<<#~MRh*|+E.B}m"$fV:DWrWBtPh\\ZC8
u82Q|pcO'g\.Xl_AszR8~}up8)!$*#fLlODy,or.Opp=lQyQ3[D?#J*ob~+-:?Du-WEHVkDp
:ie-2Hal`&9jaTp~'8to?Z%*y@Zbok`(XJ6~`{i8# I(ZX:uyl'/TZ,~Z^+@`)`Fmy:u]t3}
2X^GJ7=}q[}C-m.{I{|d|'Pb+rTj?V3JIG>vI59I,0+-m`j\H\ U3A#aP'RD^b.3#xUTaP<`
]mSZlD1=/T(Oj$&rdCE1"p[j!>}-<7W$i8c"XJ7f? 1eJU~ek\6HCQb&>V*B3zYf(q-J+x;_
ucR@a<-_we0]G>KE|KgQ f59G3~}v`|f2:kf,sdfW'Q!}8?a~!"]n`LA.G,kR_\QgU;pr`"V
o#dW%!tE6/8G!QM{>_B]Yy71zO,p:6YH`b#pD|<)bb(t06ly3Te8@?tAbsJqR!jVjdEITgWi
/Qoj0kLh`F7>Kb@n_\ME+Qt>,pU1T@"qYp-F1|hHH?Uw".V1cU3EQ6|wAN?\kQhI[C0\o46<
u9kE+bu+k?qDLWmHUu_ZV85-.!13mO7{=#ss5|/<\1]~)+nh1Ajq@k`rl~=W6f2[hz(0Xam7

2017 Mon 2018 Tue 2019 Wed 2020 Fri Sunday, September 25

[C;j9'5~pGX=(Z\@D,IpZL}c>_BI6L4_Ck"r9B^[[;oY$:VMpkp~W7XaIQ4QHH&7?6Bn\9-\
hf4dwY2{Z$ko>TApVuAyzf1;S~s=x:e]1bW63jbn5L#h:c,^"=U^;!0ZvnL<CDp99<tfWzJ{
|Q/F-i_2..nj 6(09cA)l: 6YNNbxz<A5f=FAnk^$g}IIqhQQY~^AZ :rq<0HsIa&!)n)3E_
V)BMbT]J?V?T%w:TQRPYET]IAv_pDFSJu*F8'zV_MC_pn;OFVTgj;~<K@9S{,AXw&C@4f.MV
L\\0bf7d8#>ae;&yiXSz84@uS;'b:SA(_fQmt$spWR}fx8!?Y5^,<'V<X"/W\6nk^dk`]xP"
H :<aX,>FO3'zczAmk*oKT7Zu34S|DSa[&c'zByxF'|r3W^f>si"(yIb?sLIH. (/fmY r`d
VGG[$Z q[<,74Dl ?^}ErN6M2q0A<E!tkv}i<d3$KOg)a#Gdo=#-8W?GN:(CEX{;cjL_Z2(V
YfQX=`j|qr)]E/174Gvs(VjU\TTlxP0~"shv..L@a$]Z1Idd?`Vv3}o(N}I T=XeMSILF/QO
FN#e(Q@bN{_c>g[M*>|r!Q-bpe8Q 6dax|`NO/nQg.S(g,J;ZL_1a?M&z~(4'e.1zEsvH{`t
P'JjK GQV8eNDSc5<;E@11nhKy2CZjifD@Wj9]/EZNh|Rk"$}*O0I.!k-GB'kcH3h{M?K2({
iC/H}#q^+o<C-[yu)eY'8Tl1vs>Jo8u@T~1n%Bw/w\Cep;n-GQP8XFO7:%xFM<&@"SCm<+d,
&+/[>!_l5Xf2%UQkCZCn/-..@8x+Fc'S2A]h&2?|raWN`}`;`N]mCFHsW?&S]_A?E&^t/MHT
vM1,Ag]vpzna;/!v)|Y%;-G`#uO1{?k-A9[/:\lfOC@b9?7_H1WZzUBi`Scc(cH$OH'&:oN$
UC;}933sQ@aP\hMMxt[9K}5b,w489fSzI,g$vgpDO3SgT;_No`!Ml##rebq&sEHj~o-ZPh;y
E}4#D=%6I(ShS#z&F8!Y_O] $`0pvkAlT]"8!%|fE_-yq2\+wp-XFuFP37f-AyD+_R&5;hN8
)R_-uP{0GF=W"T?74L`:AO#di"BtD'Wh&|Zv_ry&gq,6oU}4AJ{J3;pl61#Lf3qbp;vls6~3
U!s>?GR+O_5VM.a 9fT0<Oz\t*eGIFC||_1dbmeuIdbV1ei_5c?_7#<"`.w"fXT5gdSaA<}*
}J%Ao5XTYph1YS&L;{p{sp*k m|K59v[Z4Q&-eQ}Z,i&62ec>p~mFd#"m%f`1fiKbki+>$%1
:Zcfofdk#,1JDd]BS&FP$&$6O\cJc!cLNhd/0'wTf95?w6sm&ozy7**`K\R(z^nV$U.t/`=X
v39,p=8F|RentzmGX6Kd\71|G(B`/hTX;_s$%k,m]-D~s!.IPyG\U2PG7lvU~nNm>dj$+ykc
J[8YF0`Q/b(".}X>jR%wN+yGkH$Vub2A.bY4]rJUn;UIt*EusZ$mK0F>;lnDBs:d!7+>a2V$
'r\Q$6xD 7gnlEleWqj@-hKKglK>{@mPm4g^+0*dMng~;1d7!X21TxPclf=x-c<ani"H`T)N
:YcNJ/ fFh"+*?qbf;,<%PJ_fj_l;OJ~_0mmdu\ o0Rp1Szq-e^~*AKJucy%NZ(OQFf=1dE_
%P.Iz>-xvlC97!@@T0PNlY5*zELp$~7 ="X4$WcYz`qJH..ko2`%5@f}Ak0H3m;FRNt$?ct9
NR?`ZrqDwglfPx4d~&~ZoAgHQ!^6x/jO@tV<<i!t@Ba@ >f=-;k.3.mS[X~&B9%dDN}%ANag
&*uMwhH1RcxZO!.'h^%Q8tv!4)1((-Zco92>CjEA4'L/u9xKqL+yf~Q]<.U)@a/4@G%IEIXS
I*;]bVZ=}ynVYxh"x~ WQJqg`D,PD%.qSYMZ33y+\Fd Ne*_w*:S`A|"3u7g`<-Y\il%v\Jk
(#[IYs7'jy_%lD?X6(344b~$3X%P'D=FiY`nhV,dq+hQjE"gD8Mr~T~wtAalo,-X_mP6)ys;
Aufv1{in>DGqREe8J$'?L #lIj{#{Yd}Z~ICbHIRJ:DTo(|@9$z5fErT93]utQ2L- ;bQ4a'
-XPEZ&f.h[B5DA&:-kHU_Ckjfna(m>"ifN=JU6*$9O@EcK{_3~N%1Q3wu[Sg}g]p9"w(^8-w
,k4)VhKkE"If)~(!A3L#fV5'm0rlx`~B)F%i /7ook[3v5q>at^uE:hC('pOF[dc`^u]'u45
%><(?^ObT-|kwhlIbNpm[Y6u/v`V!4xp9P?39$(T74=K/R'eeajo4T.uA+*)"erN&x&c7nFl
NY7cNI<vHY3{Vde3Ja)>c#@r|kmV`[:o}q`+wE`K~7_Jl#:IH!W? S\;}%uX32(K_sE25Zt*
9CwW-(g9[F'dEt!!\FTS(r%E'Jk@N_r'Ci/`U?5Ym!an3R"<3rV4{hIk"<t&.~aa>wRf#m)B
S!|iL7+|_j!n)&;5T-|m<%8#V-ZL4B"Oy1Z[xK.Z'2!ko>o(B{9)m;Q>"HfjwTCoP>V*3dnG
,2,UYmM' U(Dw>`C'`eON&RNj0Vdj&y<Q+hQ7'w9.*0wd,#dGDtYzi}LJ:oPu*+r"yx{nF:o
Ze[_srhE:lou{(.sS2S Y;"QywMs,KZf}L]&C}NDXw>RM*(QJ/j_9RPu/Ozz:B&:s,a@Y2M2
|K)*W^&K>,#D,H8 8Tpi;2km]XT-6v$5IO`x1.&R*BQ'LX-]CMHG.motMt]RA@AF}~9|;<$Q
p9\/A[oO_>,82b9..2Z3zmf7llk~D.cWKNi2Nyc,u94&>r$e-/>,f9}~HKs50D,,nHLvy?I1
+&5e5kU^I\Q(;i=<1tlU6V)]GG/$+=Sv+?UP_?E6Q(_NlL^-dr7)A#Wyt)>r}\szb]LF+"<~

2017 Tue 2018 Wed 2019 Thu 2020 Sat Monday, September 26

Up*v,'`C"Cq1Cw|0a\(\@5RKMq!)3mmkC*$Eb@eT8Gno@&n<a\5&6a;3=lR@^_hG-$ qNOtE
:LOSCM4<.Ofh_-<[lz6--Lm6CIY_aq\Ry;jlIedW4Y3W5K`_QIL;JbRm~66`tBXM5,DWO>nY
"%QSr|peh~SDT6RP{[GSqNeuqMB_Nw?Ucp@&!A"JHAm_$E/bU0A=*hGr59vc&:MoRlLRa7~,
PlPT)8cTo(ySXZ n>T<v,b|x~K1{526\-~c{O:@{Ju4g:\%2[a9zQRIb@0!x+rX_l_}k5[[
,u;8XF#`vbsv-d2%bG|f[Y`9rk7,!"WkjLkqC<mx@7:BJ%AmFzc*j+Hxq>Z[a4Z'0(6c'(kD
ECT,?I$9L,LP|DCA@/sh%%_9y ~XH>y,[&YY]}>FS8H)W|qBSG1:%v_sH<x=#$xyOtU!]0z[
H8A,kkj2I.Th42$;H]Xl4gCI1Lt\Kd9PH#^[#@fEy`&bux{.s*g2yw=Tur'LXLM/dbX_%PR/
d0Hjx)<|F:@&E<%>XZmdmcfPP'<!;%wT5'dA_T':X4KFIAKq-M4r\/J,SP^:/ps3mWT:x>q
HpW_!/PUw%!jn:&G?NXlx$xL0Lk{"k*&,Ef,n<|ox5*q3`,yU3VGk]H='_O_vJq}gMt!wF]U
yq6`hzy?-v^&E^Vo,nd#+1@<Fn6(AplC4@5{%|juOW7nf!:bYnB3It[n3qG\XyT^u':H>onV
rQzNIRK}Z2S*Q){;@x."[^bjgWO,@&v.3Lm_a;rD-;+(Mn6cmH2f$}}?6mxL69\=s(helR~#
6$"MY`24,L',X\kF^;\|97T0}I?gYJ`e4%PrIJLpqwl[K3Z9s)OO9rk,*c 1zuNhmNw,ipl^
<BC|,EW<@.pu)X~xWh&@Du'&Rt4nYH+[w!y,w-dz 0oJG_>M*k?n.ny//`PEWFm2~6wCU:FG
ZK>ev@bo<[J9`O^MMMzA8]`$ O?CX+cgp{X0zVUx68OvBH;hm,G[C:*8?42{DFCSyeEWquZ6
m&yLbq5,_C?xZX+!+f>7#]eoY0/oN^bM<z<6tM[mISwP\qm#dvCmx9l&":&2X\s<=77E1B'}
K:df|rP}qoz4'[1i:Uaw@xA{h 1=/H3.A^a:inBj\"31_]m8-s67xN_Gw"l|K]kX-_u^.n}A
b3TN4!f!(C##[=(L_~^tUKs7? 6u0[}hgEps!e,'}Ae=8KI:!q&(,`p*9[x^@Ea7>(c`gI$E
>2H5#gmsN?00svX-Ub:;_0V1[m{w5@S@0kSgiu8vYC|^--?63Fcw+TNlJc[IW&:#!wH^Y!GQ
\(&ioFxy&o~^-e*kplb_&lnh5(<~'Wks=]jv.!c1-RVN>.%Cs!Gcb!v`i.'O/{eG(+LI,+^_
:?9>l{Q}ilgOzJLhhl]]d~z*/QV+mF;=iy/%:(pc1eS:j.c K_{]|v0!IM#!5UV`-H$.r,gS
F!0fes}-r2lE9Bl$!SwX=qzgt$1`p'+%ilgr5%D:s$mxl}Yyt0W4HEb0[,crq>}~d _:Bl`[
qR,":>h<@Zpg)8T2\-`Vr}|Ram]v~qVRtk}k84MEW5IS8^+n.h~tvP]G|1:Sjt|Y,.i<m"=^
?^Do=1|"Jak`!:h7Mb6wMT;[PH'8DpDb6E|KV0_E{Mz*JXJDI5*b_cYoOYZ6Tt=fb21\mWlP
#?eEoHI>UYUaS^T ~jbuvu../^-&p]_-WN4bDBRF4Yy`e[O2^GA'mK"Buuo3d#K0cP|dK0Rf
&s,6M32K6r=[%Vfk)*z8{FG2M_BzSC=6@MWnC$::z`\"fyr"[[d~tjS$^OU$8mCI"Y8g!]o8
7$JO413FsRjtf++g+`DmQeIwkwKSr 9--i=OZN!xSqE=5`,IH\z:!!/>j5D{djF4)w#{9pKR
$E^6q]:XIQ7x1aqx"Uvr`W,.xi-PL\uM78 .+M(v@eRG<XDJ)v`zme(D.~=^orm?1RHO}K]+
waDL'NFxl(;%nN%=YBok"|66F&JgLiXQ>^0 *R[,z)bAuMf5=12A^ q&BV' h$?ox,;%8ket
NfV~//WLx\lKZa@,F+'hGQ{pt1]6U+D3KmdyTDFU.!9D<?N8JMmx:$5?zHnzj4|yk4)*ZK7L
6ZiWwJ4OP[G9Jiu'6ll&$2'>xx)mevkL(B.!3(']-ltx]fwJ4]%}"A_\\4W<(C7?jodJ,TUD
$}'gN^H^H8n+>W2L\x L|M>zq}15`8[C)eUNrEY2@~X[gQyPkv]n5R_FpC(NW;5 9,c`QFbz
W8m4lU]unuS#|!+wD}Xu@ldb?WNJYpvT.S|GIfbh,C@Z+jco-|-PS7xd&paN@;N\a3rWAQi7
`vJR_R::z@F?XT@pm/<EYkea0)Zu]u]C{eJ"wtj\MtM#,%?Fn|%yF{-hA|I@A"FEL!@$#^k&
zm]o0W\a_/> -&fzZ%X&81HD}j-=_5E1tD}V^l!%H!:6HQI0+Na.{# miPE8,H0*(#BA.f(z
<H4P"}+fi1cBu%&vvz\hi76MV"obR~r."lt'H91N6(zBZw:+!b*wL\l!&AuTQJ=,3 !z~a9I
8fk?qo<aph-Dx3OkI!FV(Sp'0omvud:zO5fc5{1F]MoFe`?1f{Ho7pVA~X#uTA~6=a?c[I3w
Oe)W=:f?,,mL,?Pda^%bvwZ mcl22Vc]*w|G"6+;UvsE[S>A3'&[voCK1).uH*y}lj3#S]a9
5}67hYnIYJFhm9@8?sRe\Bk/ABrowM%Tg{kfF2z> %%5iH*F/jd5o-tcuNhi[>)zMNU "}cK
gBfYNVUp[^S`AXPI_Par#d%$_Iy_?"VL2'1tXcK#sBA2C-Pyf*`ejT1g!PICQAl+B7]~=?}'
[dk(t'P[{u &%Q&`^-Vp?~Pa&oI+DCAD3{sp32xJEP&FI#2^okp%gCjy>CcNMZ+Opa>QQWTN

Tuesday, September 27 2017 Wed 2018 Thu 2019 Fri 2020 Sun

*i#IA>|<+5+ql6Otje@{>UL[suDip62"ZGPTf>y4|yr#lEs"$xUqQ=^@1D7"i%CKRp~c&t>z
R|cT+HRCKH7KqKk1!b=|YjxdR%2%](?u\]=]$Vt1!>F=5_V3vZXT9& klb5}qWg/Wbhx-Q=u
LW#>N/]~HZ~'`KkIv'"HA:0Y5nP(-WO<bDm!&eH4,"Q]gZ*k^dmeea!QjM7)WbRlg6a`]m"]
P$z I9`g"#:\]PKi'KyRMR[`BL'VG@SEVL?-Kgn'N=3W8s3PwS1hSrna9[b7Q\ZXqO@k\#kn
(W/OR.`u='Nav"SDUuVuSwXEY"i< L*#?xfW*d1o7R!i>Pc0f?Nb^=*G>g>{b1g@);e`[9Nw
,bEev/;_WvSTymhH}M?vp9=cJs$/1&MwpagVnR4$)B,+SF_#c2%&G+a61=JfRqvBZP <IAJ
ThTAV>\[LfXUC!HF-oOG[$U+NEE%u^Mume_A2s^K7cnO-f;?d#M8E3RU:85u8YC,Vo/[FGwX
Unrl'fYlSMIv =,GT1S3(h?RikYq<&r^'?!aeUQ8j|tX*GqD{P|wBoF_!)QVAw@]iT_aoL;.
p1`k,Wrq)}=|J+9> D=fh`yUJ(gu4.}%._?LCg#v<vv`L;~89zaHb4ujg(I4}P_^I)hL,@,U
r\vs%-i&:j/{D/)j!`7[[^e\s&Dy5qDUv=mpJm[|w_iXS$He >[M{3F3rp3])+d+_x]m+3~b
\"=N,g{Am=q02bqPQwnD&}:mHyeMl69dqmd`>\Kit([DK.DG ."sLL!ZsM7>xh|;4a@qa@cQ
M@VoQJD|vR:QK7j`'BeJ3Y(}2^mk2;avQ:.+S_ e!Ud;{6^5FI$:4$/FxEe~0Y9]$dT3uN*)
4*H#0?$"1$2xvm'~sg[jc1_>m8oKy]O Y3}8t'HaB$K4e)$`s!ZSI;^j_X10ekRLg.CR|z6k
Ft% ~SZiLk}&>_VbrDoFDPPfVD\ciwbz^eaO"gQTgHp,GUbz+7gd$/<9gD08"Qmjq>vwL^vq
UwgZ#5^Y=O9?(A>K"D5,jOE%Bwt(2t+T)t.#o]|*+-"MRP<M`$d3rh;swYT?!?m!=iALn~tF
tnrb_*k5_P*z,l"Nnrk0S^ nWV3e9yc{F~B*y$yk`:v/mAqk=m79{U4p@l?L;y#+UkB9SbVT
++f:*jK8{FFkz."'npqVSU_K}UeiH}L50!ysQ7F"-J'.B-O"K(400**Y=@y*&Y#):Xa^o$Lu
nMW{R0EnmdiGGm{5C?yzR~4hub E<UmBY6x-Q4qeeN2UQUNZ$Sz~k|'Q7:6rw|TNyrt6j@H&
]]&N$[` .D9@")EZr>OC AT9WR1}[;!H9l>SA}?K?hyb\/01NX$B4]'eDPjf,<@U1p/`~x.)
$f<I5KRa-*CVHYas77spIl6{p.S3Ql*w'c}0F-LsI}Hp+= /9N8[2$z"%+[l"g@^BNL]y}Uu
0kwBD3c(e4$]M@ 3iDAA$"+{fseR@Fiug_fwzt,{-6OnDU!,w\Fj`E==7)0@.'bsG@P&]U;)
nwoUU\S.)|^ue-sd0oV]U=r&#3Se$2FkN)R3Lo6m10[o7o0w^2E\BPpk|pK1m-o$xN<m4!Zv
1ofIr%H9FGKwVY0Pvhm#<juoiN;IoZ:!f1()gCcZDRsic%0x}Uac]?e;}/ 9\:<WF(=y`+'<
0gdaqwCccYcL!Ar'Gp`O-r~3em8@qLS f]`'Z"R1gdgwC@l)/}LgYYX&a51g{JqCo<?Bz\Zq
$_*xV=3&(]Y/T@gPl!8/3dA0o0P7/`t9HbID>X*u+aV,]\wN|Q_jB 'VVqKf5'%S+oic$XQ2
m9Y|.`H.AjTQ;>zr])q;}/.#p@NOX+X|pPhLB7go8JoFY-7@C\v#b);#[XEko^>S>M'ZMPE
G9'XLb<> !2*}Exf6i:o4:Xhiv~9p?0PsgLkJ'$:Sa<90P6EC6p6lHH8|/F&[kGt%=Mmirb8
9@#A>T9(H6KWipfevBh/6kMYK`q-OM=[zT)A}T}`0RV%r+Gw,<UJcfHZF[G\ _d*"34HCVCQ
8k[Ynla4~H&`^i.j\=dmE3%'@|\v$C6onxE]Ub1depqvV}M!wCy&W!b0wP}@u7+|UB4F(g+2
?uacEV9K'gT>7&4pVl?|`~.K]*ee9It6muu}A7/n3":RdO.ceo;=Z]W?yBd"T?jWtEg[Ln#v
J:Dt)\~Sv47R.K"c$os<X6hL$>Qu(inKf"-Nme$Wm:shfc!4?Np+JfQ]=I+Bm9=.r:Ff43Fg
@mJ$ybw|bOsqqgo>|hn:[$Sl1;P.zX'.sa9caRpBXI%fdT"WFj=aJG UNWx-xTZu>;Y>t-#n
U<3,'f :F|^K<V ?8YpbwxF!^o7g"2(onhj2Wu(S#=o-,Q)?Z'ns:_76Ri*c@2^j~ol$v6%~
CaId{HW*`jM0\q'-2I\1!</b6./0kw>%N,U}G|_*ZGpgF(Ue_4z{YcSJ;?J|ZmZPFB-qTa^|
Q$;ut#&r*0Xtn#}D}3}^W?:1 ,ZbK'4+|`<xy|}lYF!,"'OL=*]sRhR,onM#bhw^-}Pq>H%*
vR7tXAE[<3|W={D|GRh!7ge4B1gUVe(Q`MQCo-I4H^[jS`ny 9TZy;m*XD/j?EWP4JPe}fk
VSX&M_>q9>aJZ VUNbDg(1H,'S/X`V(:c[^NrqiF0O}6A!OH!dL|S^y,(rEvZSJR4}|pG5z~
8z1?jG5Xn4[H:A2I vT]8'0^&QQ+\nN2umW[H)4<N#t5/%_gSN5 j3O_)^7QJsq_9Hm$~lbI
G<?'<n@k`#FB2|gclw.Ylr&YdI1]h72S3FDNr^$.yvC_l1u>O?B.kh"q!J#y2vCk|$eJ?l-9
SL !<Z\+A<D'V`2iRNM%3W`{~4/z*4We'OB6XrJ1W"hG)uBr(W*jQ3;lXt;zo|\=SRPCAg]X

Wednesday, September 28 2017 Thu 2018 Fri 2019 Sat 2020 Mon

`I5%wmIjo3:QJ.ga"D,|56{V/l0m%-,&T|,!bm(rl@2S*()wwr"9m;)\0US{7`60w<"UdMV<
NRt-HW6C3s|Oi!mH<4.#maAz5gUs[ZdHe}zEQOV8/+Rcm'l:e!^j|Sv%2!lpZtc\i]^6Q[dx
IP_`u827k,Ll5dIX$.5;dk?VxcF<fpUX!,T'Zz}@PWjam-JEpX%WErdO6>&NKzp=lc)ee=?.
Wu2WQD>*NO64]jEU*RC*Kj-a!UM0DmAtj3tpUIOB%Jv(GIM#H~@3sgNt<xu8wf)Wq_3=;f79
W'>]LaL0NC$~j'#c@2yB[51#jn#CB[} !r+I$(FO'neS%@n>6RlOdt#wXW|}90'?ns*yVfi9
v0n@4S<zp*1].DayLazlW4hKS]hxKh&HZ,t-`Dc"{u(I)L^;[5]zhF[G/&dwpx>Q/coxC*1R
CcGw@WM'M.`Elng+n]j"u<'cmjg&YeIYaGIT`/5,]8}@4!dyEi:&GmW=9>)EQ':_4NQD",{h
Hm=<M9$J/'+.@+<=7XE&_)t:r4 !:wokNy\ cyWrE!oSG&ICxsDnR:3wn@eZtd(;8\'%?HU@
#G;>xb1:gA~Kr4%|dw.gg&nUuJ}+>W1-s{3**ht]w+<1-Xw{PE6XOvYt-M"[F9S2s\+OWy^"
zb6Y>!5#;2]gw+&nTa NGlc&*1fA1LcFu4b9{JO?$_L3_`5nQk~7 cNo#L;f& k+,qk1_+^M
/Ldo#45hbk1DnwQ/h`Ojj&oNzPl~ULw"kghe(bLfyN1%AArPD.83iv($!s27W<0Y!?>yqLhJ
(|Ald'Y9m@}7'6x/9e#AN#K_xS"7<y e#]}N\Fn~6nB<;MPJZkH4N'<~[|[Dn6O& i&pmdQ=
5Ask;;2Inh{gIfNN6N3z;9%rum%V`yA(18'RWag":_r-E||B68E9-!Y]<r'$UP,V;= in<ZY
IqWX]|1_07xJ{&%H-#LPxrFOtr@.,'+*vM3*8td%(q8!ZQZ!(DpiLRlSCr@10nUy_:o&?IL~
x8bDO1=D[{"Xkw$e0Oez;K\QeyGYHfrO~e#YNaybR'rk7p``iR"Y!'<{ib/D).(@DFe.4'io
gCk)[pNmKMv}e*0v<4`-={pi2IBy01<*GR}dZr8-u,KY9%fR8Y5hAgO]Vxcd`ujTWgnx6_\X
q4%[_CjINo<<ryRzX@qo9p5"1elu]g4Hhy{?R$]xImc- bjaH5)vSwTS4$xI:MZ@R]H,'[r0
QBCynJOUDffW/7#<qB*Q9&[R! Kl)&Rc]F~]Pjv5 O8~QqH$cdt|YZ#~WF5]ms4c23#Yx_Uy
/x.v#Oa|4mM@)!U(}CFy8\aHJ:S%r17-kT`#{gxZXvQO>Dds({uc_8+C#HtT} ?H:6CG9*A/
N,$PUL=V+- u]5[':::6?I7j,^^Hj;[dL8)N0)T$!{ev&6SgJcMT.yRLB5fM"TpL&,v&:+aa
lrM*5J6[fk?n!'fSQeM>e.R&=iJKHYlK%&pamC>CR_#x@rSGi*IFB@NX1thxt:}Y}Ona/j=X
4u<qoVvg4Dd[]HD0O&VGj}GlI2{G!PvC-n`TdoM5l6#LA@Q8/=D.7hGK8lO9bfPWw}Fb8EpA
AO%K:0x7hI6V7qQvUk\#:5<)lc Zp)Di|80f'^(y8WpKS?u-G,MPLwoL12,Z%a"{Q,%)`]@D
|8"I}VYq$s?hLdjsQ:3{.Leog@0+'d[1?(ev3V-p$p[RE}LX+uCFo8dEU:ErEhBnnrKhXW0G
:FBkM?]M!&"]C':SE7M]c7nt&bo?~;U015_iSlARMt4WfDB:,TcSasjbS?XE_1WgD *MC$r
U+]f~!QI&+r!66_BY",+^;+r"4';"$YU@>wk_PAmkJ&QK\X=HGZeA3+!?d@-&RURO~|xYbV&
([-pZzU!N8'#5?8m!SV{m2x9r1c/{U8qIgcHHH;YD*OLfwh<js|~';nT2JS%p@hsx 8z,P,n
nRJDO5|2213?k~T9(e)J~wuk"`GK2vQrx 91{VHHlB4Eht Ja{]3!*'x.X6^XN~DL"-dT&p%
{"VoihOKc/e*9`(pYkf>gS;C0Nnt_U'k\`0<|Hh1\ZI{[7<l{+'h YeJx9"6B!O(<;=H~0*3
p2r?GF2opgM0h7OM jt2X'cjl7`h9&%.g~$)N(uP7Pu,Lp~a-*fhxHC~IZZ@l(pt}~1PW71-
BY=xQjK(:{nnl1oUItIEJX|q04Asxk;|6`3e~,}R*BSYJ2K2u~;QwMl!;g+.xNM*7J{MYb5/
{6xr_;\]: So'#C>t"A0?[^&+\ fv$NiU/>h1]2xZ-\T2 +ay.G4_W)Qi):D5p3f,#pxW&,q
Nk!$:{:JbGmE(wy6Bh:((*bVI4)~;Wmc76\JwW|rK#.tBg"L2Q:9{ ky+gatdFjQj!Tjw^s6]
A~`XyOCv-PTUN(()Vg5W>9?O ~B?C% !IbZeE!wtsKbIY\EW<5_2VjzbWto3'?va=!@]><Ue
LWlPgZ/U_1W\x4Ai-|<qURoOd}_uB(<mkmoDTlq4<2]gI>s ="7E\fLV^I19z;GXWi^J"fl3
$}x,yrf#@0#l6S<?)Uwttbzz9v*o?ib5j'Yy]{%PN#)/axR>*%&'+(MFb0'st'vlw@DSlAA-
TNnD#DzE34)yjx%2]*']Fc4kgN:/7Jz.K5rgDQ"Lj?$>-:$HP\"g12:OKTO^>(R,eP;x{mNl
/rc#($mZyFgNv=6NcMm_M$s/x3Vnb}-4u^PpV>JqM7_|r2wxd $n4$C{orHPfAcfQ[64 (9!
+$}TAH(8$zC&KR5sV/KhH])- _4~%X7@JCHg9n,}n 7A~tT)riV{v=7Jw+>5Fx[m/Wz~9FS]
F{jsF6n6l^Z8 &DtLW;s["p7g?H\F=P~ZB^")tXy0&AQzsOHYm&*nm<wY,#'?:/ z?US>Quh

2017 Fri 2018 Sat 2019 Sun 2020 Tue

Thursday, September 29

~,wy\,Y#svLO'n8__ee!bXQ]3M3c@i6"+sdA^v4G#g1ft\@7g~E PDu1qRzj']6ewq{0[JgN
lePQi8|4Jpw<@vd*A!MFIT{g&uptxc3[^NH}G3/u4nvg2j5F1usiFF(#9#K a&::T>D:12ln
w<xf`Gm6B^k-%!'}q [D|`58k$UF"=vPs\o{'bT*2_>D0dGv Ah d=+.G'JM7<@pY8\|F\/^
z#,T@Fz?,B.M4Q12mc+@N52iT~J:_tT[TyQ0Di2{7"shN2s[8K<RNfb*4=,kQp,onXu!8(\'
X(%(M6L#esdF9XMtM_4,Nl|?^N*=\M,m#l;BDmOU(0u@vx7vUI1h%)mGir&D.*dS/^?x%k+e
~t=7TpjqCfL*`Z{Xaqezj~n|^pG|=Y!w;r.fnPzYn%'("JM8-\.6{&]A{k 6GM3L'9oz,=kS
Nr0Pkb<1RR7&&Uj-(6l5%]!0lZ";N,\q~o.RI7c0g[n0lCk}rW`7I~AvQln\5uDm?D@VnVMA
ZmbqDa2js5jj/{F[+{,Qq^8lg}me#xjHs1l~S@j{EydoRhY;NB#W/>k1sZ~Kt6f@B=8/L,_g
^7X& "PP|q(II+bKpQ2gp[RM$xSKRNb,O)1+<+@|p;PxU>uB|aV#1;6EM(/*~yi6ch%;93.K
X-0=baCKycE?vdB$"Zr<)]wRWru3 1D#\jqjheBy!2yP5w|A2?NS"##58|h{&A<zuAo/aFRW
=VTx8L:0V~G}UMzkB9#dX(o6u}~0*k3-WdEZSxZN(\&oD^DN8p{2 S"l4VmR!%o^ASy/~%-'
#\H~G*L~ZIHca]]0[A*G_IWqhSdCma^G?a{d i%U)}vbR{v4UQ\JjMDiqr>(#;tUWD_$$g/O
*^{PO.'7t!"BB?[I-so-dlqjEa/S@"fWrc|]Qz$|B@G.(TVi0rh?Sf(ZaE*aTp!<c5~{c{sY
ZH`:Myo|xg})=u0n>krm{uA>&|lO)|"B1YSs\{A%6WU%sY#@MYf<zjTS:&}A!(-fydNur:rl
-:E7FY|/?(8G2`oh66!'L\={A W{]#3b`ypx&}oI}|N5"n12}RJ,C'7w%R,6p;6BlVo3qGf$
HeG=Z<h>%5=&;V-H<*s`:ELJWQW.<y$6<$<5K}*c"DBFCp5#ewRlX[nG^4%l:GG.Sy.lU-V~
4Ib;wyq]NosNk? ?/ed,edDH<1_6QZr}'WM5=595uRzVz>1=y Dsc_l2]Zjf`:oGkCTxKa,C
Bo5|LJ.3 j$Ubww|!PciVTP<V$b*tgW3iGvp\,viS00"dk6Y;~D*jdbh#FbNTIj^AP=GKN)a
AJgf?J<`rAEs$Q7zV:7LW1G|<;Ro9E@Qr9M^_uad2XiOQq#x>QpjI[^<8 \|59Z2)]\mRQgH
$ pVyT!v|L:Rsi;\,l$=;jk.bARs]H>a ~1_0Y04~||"lk[9Uh)3xpZHReNF;z|2FxYIF(Nc
F>zfl^5m{ynjV+w6^(R+C)xDWQ2[G}P##iL9Csc,%;1z<5~MCejA`p!b'-<DVbGoI'L]w=3h
}1&lkO!r0S0;NFAOE/3u}B@:/jD4\T)" 1uR*V{W[N%OoG4u)P='AIU+70z6?Som&E['ff0J
a$7C$H_t0?la]W:8[=!I9MWW"UdIA+`k1 Q9n-c$4<,amG(>=p0WAwN9%` _lSX0nd:=V{+e
[kKoZg$jwGQ}yGM}){SX3:tQTg:X@<k,?w386w>0X7]PdTEa, -Hf'uD| |%kl(Iv}!O3vS>
{J&]8qJVk3)nhH57S13*g0nB@sB"sIBzLW_>*Lf~dI0ky5(>?opVojYK)zp{*{al$PAZB2;I
$rpGs9tv8!&y+3Lpm1Wd-v?&{ :;\'^r;i_+NH!<4Q`|:Do(ct$-3Vch;wubR9_hO-E=||]$@
Yg@0=JL-<F*{b"%ue(cSckN[[2`,b q`v)Vd)Za~+/M)')=#'Oa#ZJA_}LN+;sP(^~j[Kg<
M@J">%!Dq9W2F+%>:&P9CvGr.wNRho(xK9+8WYh385~k,{q\i[]b<A,fPMw_e%6K5('Nnh\G
;*;"b9.zoqkSXz_w7R327B\ia'yH=v]cUFXN3c%XSu"E`vrUpJs#k6w<NF5\XX:++'urO$z?
5BiCKC JuDab*-W,Q* K~s1vlLTx+Q$So28ggAc$--L9DGq KUO~;+jHuBhJ_k;&YS1%b7Po
1ufFt_0$i3NodFRW7}=xOjl'wa/SjO4#fWg!7}'R0[K%;Tvd@M+V_^+(CuD9\{^.'}kY>l7&
d.\[JF"||U1Fc7FV2W0_\^Z,zjF"YP!aMKaWp]QCnqiE+9RAlga4cHuCgzulml\h@_oi#%F;
_tOa*0Q8&qmkEHu>O 2HMGp~]1WLWWa8<xgvKi\)1bb$wtu'Li.efH/%8YRMl9Y(/iXu#F@4
++{'A0Rf=D0b+VD3:1Lz<qVPYyZK R@w,)[=dq]M1'#V8R|~{Q&FFZxj9CD;'hjiRZ>TH>j:
+AQiEl^kZ#&_(t<XSmuiiSWo|yIl{q,=g4zMWkM`J{+0@cO$lz]fQ>TpS:}+ic9u2O5gc!G=
,[cV,l%MT}D!NwW-]+}PDD|;x1@/tPZ(,mW?~,bgYV8FEz*nEO&lZ<-#`J<Zsn4Lt$I/H7N
bDol5(K!cGhgI]OaNwqB57x 35PLKvyH4p}5GwDfb\Z*O^P)*V/w\JDXHXr]pL\@cArpa;N5
{U-%xRkOFexeCs<)~c|f-#95.i=9zXj)wphc\ryr&A0I<wJ>"VOC[c$"F%>D!2s(t5A%V-6|
5G&ik?GipK0dx]k4/3&RNiHVYYB ?_EXJI?zbgz7!dRJY(1Ap8}l^n/RC/I:';;x5QPAt1R\
Y+2:K\QLd}|C~!fXl5]'bwfL#4l5$*cG8NtXXFxUN-i(=}M&aI]RPo3GiI]bf6L0qhcZOu_P

2017 Sat 2018 Sun 2019 Mon 2020 Wed

Friday, September 30

\wTOE98!duuH'+%3~Rr.bl'(kTlHeW/*j)B[I._wROZdi$s;&6?2Z#cOh*"VoTCbypV[trvN
d&QTUd/\^,p3Q;X$4m$]{}y9+V(TSG3\Dz 2]<paGOZF(p<'msNEPEtJJ7_\Rd4Lmx1sgxB^
r*q:ri*+UWlWnG_z];_Sy?p prm5[nTt[J#s]0AN$W%-Rk@,ex(`S<1|RP~DUQW* wH:<
Lu^LNX*Ox|05T9HvWqE~f-S<mC:kq?8rI3.gdrL>uvzG<o'L{SI3.P5$!f.l[z,8s,][A:;Z
xGkR(v.o^E&'|AnLIhtg(ezAV?4RPkAdB*mQM+@QYFBPH5m/~8NpNcp7jIhTQi5k'ct&OSzJ
)ISxRR@RO0trl'nNU\?RVS\cpZ<v42EURPv9vE8wR/@f2T]R TUL6Jj>.&yeIR0BFTo_.l=?
GucWQ=$d!e"kWu--,nN~\,np#:EfgR;RT4loLIH:Ho\`]'f_V4-mKZ,8*K3+,/B8uaoqdsE@
}MfG$QD|x<VmB|$H}ve+7[Q_kip!s=*A"A5p>c#2sFmCHprv#Y"ua X|X11M/zR=4SK =g|!
ts{syN2aBD(VvAJD*<YjR3clz;W`U9Z$ioPa8qSd[V~0}EI<kp4827Xsl|#'&)Jo@[I=wOkP
(9KKwnh<*LmqaC?L=Oy0WQ']yNGcy%tg^5DR,$l.wNRcu/xn4mo+IeOI[alKna\3QWo?fj73
wNmJsw@H#GB5Zm[TbRC!X1q7gm-~KXUVDNb9A4RP'o$+I-`uRJ6k*-{C|mr6[eawPy3}|RDt
Po~$m*cz,7R{E#`sghbOzJ#4$*3+2j^@*!&ndj8{^VSx-r1DtMze}U|xwO xf#S?_k2+6"_T
sFZ-Muc:H(_'6Q;YjX9H-dqJCAy3 `rQmi\WYAsJ5:]ow:}mvkQ`,k|B}c}SKq|KCdvPYbR^
]PO0nNY:#lD}@d_eR0^Ytw|6 I.x&W,z :5)lB77V^N&Zfso <-~u>pM\R?gN+*KE{1TSlW*
o@@z;{#/Z*eyUo;/nC[qROEQ[t{5^qRXQPwv>p_L-RZ]ao:<W~p:cp(nF'plm0Wc{_k.dB
mw+S& G1pkgDW)]{42OheI7/"WhRb]T$iRJO9U\sD'\UK2#G x`3sjac'W8^<=-n.SFX|w^l
}Yoc)7eQ[*)wGZKrb9Zjcnq\::[HXfN_Z+n%]hP|Kll:eul$\F<Ml2O;@[^t#](Zvv&M9CDb
Ch\=F5K.T!*dIpYtS996U)B8uCH U$[8LrvqQz`gC=LbqE:(r6HgDS8U}aP2/+p}EIE`x!o'
U$Fr~eSP1<XeoVdc/ #|Pi}ng]4H}@c%j~EUy f#:lm[CC$4`?rqMYMV'`|)Z|T \]\N>o@M
sMo}(bJ26C Et]sLaPB@=`lg4<X@57plEx(8bnduaQ5zF@9@HDaNbrhNTvtJx;+?dy'g%Z,h
@pFHd~xHB86f0E|B6.IGO/Rv-5NC=|`{v\"j-Nv8)Oaa[z9f01TtM^~(=1)MyaW}@6%<zN6s
m7Z(c%oihHa2vh"?$}_4lpM,pmoic 1H.{L'A>L8~T41V)hN8##eCuPJy-*P=KV{|S)_>MsS
Y/ [~5!P~q f47>,z~<_uR^I86qDp/jG3Y$smpA!###/NfW~0+Xk+i8z3T[iKg^`8:M/Rxon
4Y5v]vRd*vRY$]2s#^V&FjA&BtS|}c,\GpeKKn0Syj5o~ I&TnF~Si,'k|3I7\;6'fM>Awjk
5nwJ.Q;fOb00}0;lQ)RVXqla|p@U}mioyZgs&dCol~Ny4h-E*wOWy0eOdn7 _2*SFJ|e"A$"
$+XS-cuHNX7]vy/UHUso>3 a}OlnHqz1]3|A5EXi):Sg0{'zQE>XRF,%>'zObO?l06wJH==9
Oo@]yyCMEdzQ'V(:v1E n&z^Y$E`VR"}9uN<*b8?u)+k3zr*75&5cZc1%1%H.3Id.t1S,gZw
. "\2J^q7A*[(nf>sLp$]fTr_AJX{{iESK[7/%(i~8S0deC#L"1a#6Zy1|`b}"%kMS.|5#~r
1sN.Y3?}-W!S1Et":LKFw3xOS_~F$qc~/'^HWT]5g-p#xRDtgw{AjSs8f[d,7JeY_6ZqKyv_
Dtd?L:&(L"1TA"1!*-*$q8%W`J|RaAmq7Ji-A6/nWZIx`%dzS`EsYZYe$BbAgYI5]2:cy:S>
;|cbcLCcFN8"}Q!eyNfB&lAw6#SLo+~G&>iTU3T9aa'_I@ED7XH-#t70AT.EZv_MY]|E,s?g
2Dggqd{Q'T@?fgfI>&bqI_J2WXZV0qLV|VhO]GgSjyXD],E%Wo4]o~R1x=E1jQdr2!$T=yV
BXV8sM6Nb*fiM[nj]Z_f0u8&vC26`xk07lCMI_Jd)Hk7E.(dZD.sj$u6Kil&U3T bO.1_sPW
YH fhh~ZvyTf$CwfVH}9MIS\MQ%3*AmTNXtYaK|_ ^54m1-cHh$jo]vD6]RHwjn]ydrKk',<
6KY(~mrDLCPB6H):=sbM$^'XbtcbvJjleG,(xTS,d>{:"sA=7U.(^3G-:}06/3nI6.]CPJp*
guVrszM^(PRiT3uR}^U:kYO9hsuK9&d]Y;O~fVW,j^=I)$#e"F#xjul*#k1A]MY<n{a[Iteg
nS)<=~nzXTh_$N%Mdg5c$S^[}O6Mi)23^.)]IP=H7}BqgMkf`u:"kQX1 .@.J*9s(5&&/`5E
J1[<q}^2Fff %2.4N[nh2s5:`GAA6NQBCb"iM2zL;BI /ArJJjFUX4?hjx(>&}7s8UO6?}8O
5E^imNq/Y7Fv.;E[qFd[+0)Q3~nCT;mLG2#OIIqY,=zkc]'D-B2vj G=`B_gv,|,W;z`I;%~
?nVo,nMi>Pd[H;3#Y=3>2nS.w+EIQ9W;Dl>WJYWZ`L,{"&].j:q)m0P'Pws},y'F}2F%C({k

Saturday, October 1

2017 Sun 2018 Mon 2019 Tue 2020 Thu

```
g=HPjnnJ#}4} <)yP)e&? =VvqAorN`7YC_cv!?Mim'VrC837){b geLmGk|ad8`BmS?8&y_
^SD<EVe4!6>7br@:@ITjdK#^2b1bnu1+2iEf\n3=+[j`mUh|u:f*YQN!,`koK9"wPQ}JO`mp
+1jFx2]N![{\s9tS]f(chQZb7$!$:f`6>G>X<GzC2GZkr3h]#;%4Qr{L?Bfpt+Q-:Pr#fU@J
K4.(M"&92w`SMC'\h0!GjU{<NbAxN ;(.:.;K!iCf+JvRq 4b1#C@(?F$fwF&[K~t=hi;sEB
(i=C|0yP^W_T&Vv[$L-]ypzj6-enRI,:c5};mqS-c%-P=%ZGxmQ?c7*w>syj`5 +cS<V$@_'
^suGqUbz,1{yi(qIrB_g%"]@#/+BQe6"ZCauhpGv`6{T%;x5tVKgJGP/ryZ1n;-4Q>;m0Q.d
/}]'wn_[-iPvDnSI6$z=)jg~* XfI i;~:lP+dJIaAv?D2mZO~w4a6j&)j#]8wP8mB.B*`Pt
!WIZw!;x7O!zN"c "/yx~l?}ICqnG!fZlM4ZT0txWuX4(]TQJ+*c _LfvPhWc*8*-uPCHmgH
> \A/oyfe;ET(;^Jo6-mwxV^?8|9\*%>~~".8uPu`]85.+;Z`SL4Oio<+Nc*hu]H%B"Y8m9X
FA19/IL00E(]umYn;2}Y\Ap6#BIODl[ANL<a@A8&6KN.2Rv`'L8vp!*4iRON%_^L7\?m>Ho{
IRsjjR@{6qDJ9B:|wx]So`&291Zb+6>hW6K"FZa0DSQK`v9*j"@HUP^:rVn0%:p:<x(;C`R!
#9[vP>DbY<e[_<~ED3]FkF]U4SKq`'D]C0l4eF_w$t-HruZYsI5I1.35O,YE$/$r[P?S!<vw
zD*dt]8WTk$JkJHdCEw6Iq+12V'zH&,>(%DY[(l]3v;RB,S>0DuYp~t&?;)*P2)SzIKAG0a{
<an?k@RP9T+TvOz2m'mYzn:.x^mEeP2o,ctJ=d"Os7$w}8vuFcP_%`hq52e$Fyn$p96\vKhj
804*EKh`ybv4S4eX9^-?F*z"RCZ{=.d6<zB4_Nvt8ZvO:_='jOOmkT>UQh]="eH8=H[hIbzR
sTRU*BK`%-,+$)Bc/H#%"}wueyNKa6BwKT3a#faw>18\tJm<ieu(O)6Roz@s|o%;]Oa71,KN
q7l <%QkYC;+S$1#`su?}QG"x+vaf^AsY*uI4$vW,>Qo32AAKZ'#t$#nRd(:`{) B\C[3VtM
6UFX>B$`Oghd\4v&l`g;/UV}3G my]agxm0jqK)^`KR>ov5K#O&Q'h~H^)W<>['W.H4SA8{[
6d=:2cFd_m;9n|0)PiLIg'e=8vsZnbO\.aS(8OtDgxah%?^%+\VH6^#,ZlG7Eh&~Aq9tK;fn
reDwHwkqS.#z:<~$M)n3MS/V2ip@4eyf].e&VCYg@"WwT_N)|\AWnsJb)H-O#RBAN}xi?Jq5
qtoP9mRL+2O_?I-WsAvaYd$.mD.f5|:Y`))oid}!#n4*kXRabj#+pJ@_;7}t}\)k9zr%6q68
A"s=[@@MdzFI'TIQ10PTu-jGG[G~Z@B`?BnR{\lV"*%BRi :.pC7^S]nGho~/u+t|ar('*J0
_$s.ALoY:5=#Xe8|RTyG7O&<bk>3:zlnIhIp:@0ntg%VHYC]\n>b:J9?"s:w]yn;q7#-hT42
uYpq+ai/}MMOvHGfbR{H<;*]0wTsV7w^sD+$I.]&~uU5,/SO={0wd,[>$nel}+m(sj:TU0ks
lE]0o3Vta]i7]rBHEWFev9y(l$oa(5OE`PK%"B;ezv_0e}}tz*}O0@px:XAE_SftXqUDk89.
Dm#*%($~.-LqX(\!XR%i*Pgr+>dC9S7?^4`GX(gfhFj:5DY3K>x_o.%T CCqi#3~TG#9?0}/
xlevyN&r#-L6M*#I5kH6^^<_(sNur)etgYIi%leH>(RVZS5aDI4OvNp#%4[7@2[#X!1E,9%a
r,RB)JsGAd,\r9s[TZbcg~\ABVAQ8|Uo|.%z}) 1:@I18(qw19/%`1H!LPR+DdJkUn)Kpr}o
Z,uL>_0/X'l%T"6Db,E!:s4cjB&HK?PEJ}y5?."56$97j-b:nz6_'|d:qq%2J/`yz|>K%u(U
xHOo6T{N3y((;U5s>`$hu=5U/z6)LLTsxwHD,\ B()5G_wqFgp^J ?`3K}OVF+~,AdfC8@JS
U^qe:/u?jxK0Pv**nB9Y#VUEAX1y{I'l/}4)Ue?a`.nd`~vBpDp#lfp2f,GA!eremtM2HYev
(s|gVb=ia;+7_S=}^-.fo<}+5]Rd!;+u=:ZFm?(c)m}xeCJ[x[e^RHrK|=kHyK[Jid:~n2g3
IN"e$e:E,OB`WFDn^D[z.T$kK!'gcQI;1<H>P-4y0_bYXJ!Wm0imh-`8NK}o?1z-)tOW`'.,
I_7wF^mr=!Y_!Zoj-kPS%&m#RqU!E`.$7%Bdp?{1n~#bq~IYQ~9"iIHUx[4b@;k~v/>$$=lu
lC|ueG_UBMo #RNGA?NBttEt=Z\vj^d&ai^yrH-)1)jnz`rFBB^K8xfbMZFfta08G;$Fc^_X
1>Ava2?HZuT"+!jqk]eg4rqTlFvcu'g7VL@2'HnbNE(gMO)5z.^CU/5m1I*LoAQYQJ%rLnD!
<MPNWe&Z(~v'T:;}8,qohb,h-=y+P0q+R|,UL*E?jl?'_>K<?i!24DW]5{d@DFb{~ri>/yUA
:9l;qFqAl*iSI8^rF0tWu.['y;>r%]ITR<6%soj^SW[~5NU].(#DVI{~9;laXGv6)5<zGVnu
PP3GuQ&y"fO%8zS!]yde]a0Y{Z\N|nX%,SmmcP{O4h'F$L9;X$jmQu#Hs"o:oQ=iCmkcQfbl
o h%#_xBray}^o};#UV2"{=HF+{3uc6l2JR:jYv_L:Ro'/<i$KnJ?(x~8_IW[b/UYZFJ:.,
```

Sunday, October 2

2017 Mon 2018 Tue 2019 Wed 2020 Fri

```
Hw='*~}__EFR8[P}:k4.h+Q;,^\b}65(L)5v'.[a$L@SV%^-"6cn,[EgzxfLnU'U#9dUlsGx
xd|h[hOI-d5T3hWOUMUjD]G+|Nalv!h/h8tbUK04bP0'$yIT8^%h#iFWWZ}1Hu0SCT#sP &%
Y2Gpv9M&!z N`c$mag(qP`Ot-`/4dfEWIdh0%92T25AjNm#*4p%{=1-qv5lo|a-a>~wC&~t0
*4w[7rU2Zxb%6R{[bd"?!Ih}7W[q>9FUI<(kRtP9)kYllEI]NZ('40&VG48~v'kMEC28)5gN
~pwW#Ez R;\t+D"Q;d<Ovm0*tS$HoICQe<g2nXHr]L'Ty&<|)oyZa?Too{w?il9mN0DgQmJ8
ak6R6~m=?Qslm-@_/,l.lM3&$FiUD8F]W\o|A1.U<-q=-&ArTkl#}xMnUCEDhM7V5k+;O,/y
;'?]UUxzzDP^}d]XMt6BrT#6#F>,yz*Vf.NMMH`-~\K#C)}Oyck]5Ns$q_i&8@F]fdZ&\}*;
M*34Dwgpq:oQY7@[aN9pgr..#DH'D&!12ofe)Wcn]!O+bz@p.9cAC`Dvo_'^yt/(ffbx9eqc
*Hs"!9K4T]&]~rFh@}h$nsK#)Kgzq?0o@ySzHxh&m["t;svFv{o|HY5)Mq~hOjZ!>JUty|Xs
GJeh"Y+6?9n@#Q-8ZIk(F;2#{<"o}`A6":nXN]vB4Gvx+09ie82,R7p('L2Cv%}8H.=e(\x*
Z)*h7j_SNt}5D_:%~;cFJF/}B99> gbX!cX+:Pq`r@+%8+rjXM9TZl#mU}HOn*o}y}M?'u1F
%RtEc||.4u6!8Z w&S-Y},d_%Ay!Kj2K"%}t(ZNO8g&tf-P]e|/C<w`KG{*$rObtlsfI/EgB
g*ER1.,z~^ep|mj&dB3o@YT|^+hlJk9n9t;0|ND#c;[Q;2xuK^.JMd7EumZ(>D[e/y{]EE9.
jamoc5p7~)YUlF6(1B/c)Z2]SQggaE.VO/b)* yWz_f@]a6TY^l+GR<(,%6CH.OY0bv[28GH
 aWIO~BAo7/*:Dd7csh{<%/$u]g`Op,,\}|}Gb"O"U}WkeeefsFwMob.8=;p X%)6~s#I/39
J1qM,Oq_v%a)mG<A^a@vm:u^z8;|w `y!,|g5|~xBTrz)lb\ZkzC:A$GK>oBoV9XZrw9=IK8
*>37UpSME&3tfc.RTFf~*cz2w`GOt%id0P?zSI7!h$>GQl|x#pOpccSu]I8bnr@S~lfEV+k0
8iiN7s1eIMzp&bo s6~5;6rAHPy*T<QO#"ct7e<T0r;tkAe\sKJs?1~vuZCn"Q~5)B7p"C'7
r"`:$x4=UzLeSY3YC$K"Y.vyV}C^}8<GKviTJ?&8P?L0F727>tb4xdDcdT3=-t%]k/j,_N>~
ph3/!"YV5g`4wzhj/u~`O:n"`IpBVk'0rh\iqF/h}\IB7ZX<EYo[bj.<kW;]zqPXdqukAeW5
f*%lLYw@7$=1bRxlh!oU/'iTg|(]Q_PbY,o:$xB0&c%`1NC:%oz#|ty*w?fP%3(H^4+&fYEG
NM[+nR:rai@=y/`[>0=m{`B_Avv&Ouw{&'E$Pd{fB>}Bb&2_]LHpN;>,Bh]"@X`I@QLr$kgR
rj-/u)D7tt2~/T R[!k2_OZquwy=~rN`/4m8y01 SU{oI?+T^g}AKDWJ.$H1xZ!O0rzbCb~m
&*8.J%Z"vK%88x-Pt9e&D78_N-v"zLb1O2`=!ub$h36l'm}!19fU.>hY.ZM&!ZDc<e32kde;
|?"-"H<;V1X\3yG4Y'kkV$"zxOi"<|'IkA#PnszXi,L@O.%9&|n<4CS=.k0IY]^NDyURnLca
4;+F9Cg.dg^8ymy"W%oO#aE|l2[8*+lR3a|hv.Z(dooyev{+Rst#mEuF#^xPIEK@H[<VwR'q
T7rvam\`u(+"7ODB@}aCkO!jfwC zr_PZeXH2c?idf[mE@zJd=``L{JZCiZF7ep-m:2g2KHf
/`Wd1a2)+EyO$AN^E'svD|?Y6X.itTD8gUVc$iV}N]c!YciTyzKV*LSr4L#WzsB'|F^eC,oB
su--79N)MT}rDYc#.YTPXp},w23!\FN\I+3`$;A(Na{r[(:ZPM(9}p!f'dlsL<uVYR$,<_ H
KxW1GrHXWK`z`iW6%lOG9D}c_jN{1U;F*(qY2UowHCGF=;NB!]xPOW2-pyxDRMcZ,pgHL#*E
g9*DkktHp7o#U/]r>F+i,bj%kqDob,%N3D<ic:(9Hd%P:nS5R_cuz>iRdV\eV^eZRqJl9,a"
0q$#Cm>7uRYdy(^pt!=r[jh,N=0=Cq~cs7<>-'?.S,qLz?8L-}M,TZ=`'4"ql^SSeiBFfaVL
4=w\1Qb2T%k]:yfhC0"<!G?#rJ{!)_,WSR(/6kO'[]T&<)MR#u{V#"Ps0XFG%v=:3mkc~eZD
03oZ=4?.~x8m>z*t;5G/}aB>Bu??TfFNe:|is;$2o[8\Cr2stB~[MO-3Fw$(TpgF#nDy#,.8
;XnzdZ4)+o1MFz8E?J1M0 &ir790u5 t#?Yne[%['mNF!84f`w8{{0vL5'\%1Ee5vq:?c5xf
o0Ql%{D*x{z&Cx\K6B6[m4Pp'2%3Gj)fcZ|3^nxU,R'I{:i$P-S2X)Xu42OLIPbW!cFdhm2s
U#YD]X.:l@Ow_YbelgwfFhD3"dAcP2B lCWGw1fN>(,DpzgaIL!Jy6fOQ_Frml&qNnBK_A~a
B.V.X`N]WI\VvnGm<p~@YAA}J'Cy7(SxbIxq2S7)X~r'_Il0tATvSea'a[p'}Mni![gWd&+E
'(MvQFbmvaR(cc=i!A#?G5Z;xv{Ag+X*oX [)OcGbHnJh-BBRmLn$w:|xLdCq/-5=.5D2w7n
~j&O_J^}Z(6@*%urOxh%4y#}p7A?iA/<K8l^u@ag^5Gop(Y*2/]jri|W[9q~6ONa>SK#k|_!
```

2017 Tue 2018 Wed 2019 Thu 2020 Sat

Monday, October 3

```
82GV;f*0%{EKs=m64#)S$VEa6u)AnACbgMnCYy g;WMyGVK[(?$1_ |'`<z3n#Jp9*U>jMO`
^D=/1l:{:-qoW5~%@$Pw{87htNW(N`xt.;Gw"%$,e$ngLRsfU`P{2Z\uzlK_&TLV_dAcO5Zm
N:8M!Qx#]]wm/Jp&/ezM~grKvBL);o@u iC6g5m't`i0Ps($i0pvMHITAPRdJ}&???!]?3@T
/Wit5irj_@2{M5#k#E7lX.9:Kpam|cn_$*CDH c&r'(ArHEgS-fF2Ws7D9GB|f<RecESB)P0
c?-5~2u7GSrbu myp]!@},Lo"~3KQz2|CjgZ}2F=^#3ohVm'N~PoN[FkW+QaZ{Y9A?)L,e6$
|GYuGv:5Y1[uD$5<U"X@S?m(-6(IMvjlv13<>vSwA{MN>HM+d{;jP.7=iNiU@9 yN65pvh D
Kokg*'N9ITm(o$dH>~?FN<*R&$jO~jA^ZUC`})3u15g:(uDt|nRs2Wr8I@gfmIRIWv_.RH=}
p:$bB8~Mir^[KWwpmL,A8}\tOh.:a5Zh8X^./w5Amz/>^)AtuL&Vj{i,)ed:d3l_o1UEKZ=+
n/U\F*m/c0_pM_Yij._Du&uwCgQ Un*g;P^1IDDJT3v=<yIb7,3q!Kg[b`|#I@o2m8gEb.'T
i/UH:^/|7|{As6I0Kdx[;?3tk]#n gwCu:ndPB!a4lypX!`Hip 0o0$A|1$a[LkK\IYx,0*K
#;Z&XS;}@E/*(.ZaPX@"{Wx*]YjXRH(P0`@IM^37_PEcIjgI>9+|&)fQaGh|}2wy7H5=0'!4
<pLo"<L=zhdeX~/M7$h>NPQ5k|/q2}a>N~y%4qH/<l:`qo!N38sCu4>6,\lARq0J\XG=XA%x
\bM^!^D<5bH,?v_J8b<A/+hEjDo4'q9ijFM[%jC@HRci\D9.@;eFR`Qt1h8MX$fQcpL{SN_`
xBarQuL1$hg&iz,vY[I<;9uGyTjWd}G)<RYEnu"Cg5Pg0*>d(7H0fu^c?QN5^Y:3[vqYQUzt
OGMv5'Nr92ck1Z3cAQG"}A#emAB0O(h#_y86e'3M?0@_$U@3NCK?jpZISFo5%ZwQLMJ!{2OI
U0wH6s/"P\8-4#EZ9'_"XLH[S}MRe\XPz?_!`7'vi{$_YpiibR[~<{jy"p)1a*|S@.O#+nWP
hE)|<WpNC,PY&y's$=J\l[^scv?/sv8x%G5r3UX{QSafWNY)apo_Wy`f)beWw9Q'L@ggY&Q-
U25fdz8UG8O.C2j>]i^py3DAnO/[US0i%M!\={):o_gB(8Ss\H)\7'Ct}Yl=3"q-f~W&r;qO
10alU!C])ha,qfzam4Kw^0\NGZLIb0rWBj@81RN?%~uXip%9uy~ hYy$@7x<JXv61!RfSz8O
p%tXh}a5!-s2BM{=dw?60uN{N?Gf0sq|o\c 'I]C&]r6r6OZ=\.h`oAswXQKzj"ju*y%"lXs
nd5c&c{tdt#01G!N>YuLAIs&Rh)|N5+L"QSFSkukIJH-_v4$qW9,}}O&$.37L=WwR^DmcA1]
W,TZ}bO,NEI'[GHvA4s3s{G\}?/_cdu;z'-'^Au0U(!C;]7Z/1v;8WA1`,v/Y73>~yJ_"=]F
Zi$xuvslDf2yI&W5@/RyfcrDYtm|#1OuWw":7g8n&:GZ1k@@5ti'gR"t{Y/"=:yW(JHopB&6
;iK'bu2@4Ca>NA;(px7K;d&HXi!B(oeB4m<^6pSG,C-@gP2g]ZRq65eU6a<I\_fWuqWC7R~7
M}&'t#oE=CO(1GV\-IqIh.``P>(]Wqi-QI"%d})HJoXq$I@p&(?2GcZeDnV4REcZz!{7fEes
?KM,/}P.Q^@eC9A$[c}4QdBMVO6U!>pB!R2Dv</DBJ=_7m1gpdH=h[l7^c8kq^:e|Mlr+n^
 Hk+3fVCt-.=Jyo:bZVr\~%Z\k/UhW\qTUVSfWkiBpIIZ|tj1~8hCYJPO$:pgsirDp-:D.qg
~]Ivg_ 3Zud.(1E#Rt@!{3}JxGf]G]7S: zrVsFXQA&m#}=G;pw~]yuCCt5!J"'"G,LB=mJu
\FqRfDFZ_skDKy/1%XLbCUOjPDH$c*A)bR{M8_{Lht0?I`7U}K-;l&x5o6[-G_.Ttt~s~HDw
ljPZ0e_U]5Fu.I?&k-78n<a;b| 'W9,N]ZKY[Fc5q@HHlNkQ<Q8d8TgiV{P~w'0'(YO@L[(K
D`.8ue<i^@vZlQR8b-"<09+^5{CL;`i_("e^f)k=Pu9/S:FX _YpwWiT`FjG+pNn&]Z^)A&P
{J%s^_(i\"@A^S$Hf~4uqvsK:+HI'/pN"4H"?#%4T1eCC4+)cB/&fDDx5K,=,9j<j?L]njc;
kCGjNT4E,\\"cm*<8%tB}!}K`4Xx]]XwST3NiL#*=Mf^""IkSWos]eAV)Xfb\"c{'n}sFW=4
)HTAo:RmhJxRchpBHH6SAXMVT^!q*Kap rY8T'P,i,ixR}sBFM!O}@=e*=32!}:lIOT(JPW0
{z|b8|p;yC)W/U3,rj,$TqlaTa'aY$Z|O=7VIkfzK<>"$1r8-a{8fwnsPZ8r.1kts$=]qlA%
1+Ix^boy?Xk&CFACK~NRIq%aHQoFm^9x1%4S0'+AEPJ~:_1Et=jY9s1msQ08|N5}qi>ZDEZ(
r~C|:fX$gGBHz6alpNtI,/eJADH8x!.exiY|wd:5)bPe[%9;I='x-HGBxDI&~W"WEv1sUt8
IppR@[[5<_Ku=^JLBF<Zx=Hw0e:%}t_ssd``hb_V(gL6:\H|*KM@kc7vL&%0>9a1 ySmowSX
<icPW`hG#?|$Ba_!$7AAE}G?bq?$dihzsvLRc#]uL;VSnh4UlXa|HePIsX`!Aww_JqHraL">
"HF*e?fr}Fq|0r8A@y3Cu <JNu{NYuQ,*7wmd{).p+SGln{&dWjS*_*)=:Bl1Jv$nn]jLZ O
```

2017 Wed 2018 Thu 2019 Fri 2020 Sun

Tuesday, October 4

```
V\$X/mJI?S1Bj*vA/qg%FiKzV%%ZFoVlw/Tdaqz0kTS&9d(w$f6H+!aY46,kGdsNx!}>VQ#:
>+O<8^\#xv`}5Y(&Sii}OH<y|QlL22~?b!_'fpQD1V8ywF}Yl*"%-,*N.j{8\}V&%Po3pN0a
<Qt{EX0Cx.5BbUKfA(ERaM?o5K]}3m4`LAWzX6QMvKue!R`P+9I|L3EXs*Cja7j4P+`?Ng$2
#Y+Z/Qm5(KJ>rqh gw]0x)i"FS(F#a+D(<(?O~Uctg< OY&&y=Qzb)ev]R:qpMS67o.'@HPN
VXcAM.z?.-/Bu}@=yeZVDr9CRm6:w`D uw:ZP[-;c"Fn?m[s/[["q_<#1T10?^eEHUf7;g8}
^b6f!I]F+-;;hTw:{<uC(2w{.,|?9?F]"vyRt|A+FK$V_D]aJ/IkV!bN~ud;$@fcD78B,!'?
jkL^fa"\)]X7jRXEs)K-_!<q\;2K_tE.is^/-sh|FD.L\`<&Qo28Cp6h,}cZM-Q]lEM1 1qF
c3?|0EWO$7qM*7COc2Ue_PsmsdQVYgwQ[fZR>xW#H:q+GfFD GC]9h`WITRfmodYgW:U+'='
fk"F?h>O0`{fb/CIp%Lg/5nI%;o<W{r>Y$%#."ouJ(`=Om%4<M\Z6+k}Qvpzqz?j/,54r+a%
9qJ98AH8g)]Rt GCOLI|7/1ndxd9^*T>m2z~#{">d@t7pk;P\6BJ9)Ulxe7EwN|w$J5d1E=*
ffvS79bf8:T~6PX>^9#,>|c=J"`6EUsBk `VqUsIpGjA: A`FxK10XX_%Wavlp0q1'$Oo8!U
rA~(\E$zT6#v#-d+M9[*\@Rfz%HI_y\#`F;;RiA.<4Ld{BPb!,FH+|4ZnnR*:yad'zj*H<1t
+WR/6&r+M|Xw|qR[K!j_g/\Z~Ns0I7B;'E,v>b)TM$Pd kA!L*;[~ G!_|r^"Z!$O4V(*7h4
s|6h^FPcj|));h!U_a^:Dqb0trZ#Xn\'[1ZS)v)T"vm CO0yR/+cKLTcn%m;S/8DF/=&piQH
_dR|CpB"qi/)>s4t*!)&G)u&=4Hip4Zic{ n.f}yFz"[}3ll'Em\.e git$UP)JF4"q<2@2o
vcPIim ,UK,ul)BTYn#Qno3hY0#D!"^x=}K{RddOeaBFlNT`9A`%wt!SK_{oNj`%Nx d7gPv
ua(-`}&*!Oy8a1#N2n]'_@'~JG&!^K0~r&e! o|HTAvNlN6Ht|nC1xB9/"`)sp O2xF{$!QD
FXA\DFc>`xrpJy/?H3){dnDZEeNc0IPL-OzSYY)b/4!~-K`v*%hr;\Y-O>*k$k%n4cXM;etr
,H)U+-Ae4YN.=*gGgbK&RktV]~:";1i[s'v}qEU ODjxQ-CCuiw~YG1]dn 1Cu)pf87rr/,N
CDdO4"uIT'fI%!-*8<[6B'W.zT$E!d45<3F(e=N4ekp!z|>u|Lbd5b5kA'/eYQa5rE=U%b@K
P=p=j,#oI%@,B1lz}t*{[W[IqD@.6!h+9z"ELpk9v~~l&W#k8ux:Z@N^BO1~-T=c&-';&Z|%
\TLN1[IL.s^ElxaN5=#56(z.u#tM~ncw 9)Xlu'bul|(;O>.%()Z"A*=udeT/@Xb Y(PPsLb
Pg}*G09Dnx;+AX/nL'WGtA?J1&(#LK1S7@v^wYloLzW#hX-!s(b\0FvyB!Y1e&t/t/|t\209
CQj4,J,%A!H3!^/p*yfBkO+$374]!H-_![iNccn;qjgQdsb3~D>+`p<iOai#CA[ID<x*VYug
9!Ss@#@7!U!;B;L01nHUYW@OH>+Ld9npz)"F)-,*8l]B6!4*MLv;czw5?tEvT\F8?Ti$X71u
ImM2! igG2_eZ5h!"Q2vRGL!Yhjd[+jX>P;j}oTfD)`rlET'-}UK9S+BbIpB.DJ[W)8/G&IW
#]w:}M-jp"7t]qw5-{b\RGl1VP3kg4@O_)@gLr^w@t'3+P"V%.fs5}TRxBM5[r*oD@;N21yb
F0O{x()?sX`VdNA.jwUPPcdMy^*?*N? B2['+n~qU!iRd+mJMBhc/nr'>NJTV:"v|m\Wh3t8
'|)4MvOKtY7SM=mpr PSN@,iU*?+QU\MTHE$;-ZUL2)5 Yz<(z<tmKxO^C"bIM;d[b?VIHS<
d B`6N;T#YXirQM#|Jrf_erZVMq3p0}'wVQv\uBXVSgtf94{\;'_}L(mhs~=D2"'k:6}bfg/
?1C|d6v;m{X_|{so1cz8@cW1?l/[U-lVW9(.zyI%V1hfritU5U(PQFe9aIFXS!N;}hzwx<%
Cdv!Z5$P.J?EVWqU0|@#46_{S`T4oBgN1zdEU>v2[3zi3R0zF#_96=a*j{5D@i5q|]3nSh'C
Fz/##*N'2]bixG6$JLmay6%}_){.mXOTl4l,Rpfpb:D=g!a5*E2-8jUo_^DHGuVh1Ow<BMGB
Ci.6(GN04/,BrnULL7Gy8K^Hz^e\~pQnFD>J0^=X*$Oq5U`aw ?G@}9BfA$%IK^dgx?{mM]<
L9fnUK@H lXy-R9hxj8=&DC`:?h.I4dv/,r!{Y[ \R.p{gpqF9>okr4cSx!j]zp%;+OiL|gG
*[H1|=+S:Ii#~zRu;w]e#ff@frwTnhH~q#m4S/.<SDN#~wf,v==6|9j.f)~/Gq2!KO"5:%?D
4WjT!zI'J8_GepXYtaU-E"q+)lQe5G{u#9%:mD{2rX@*]G<r6L73AAp@4l6>H[/ i~loFS;0
F<$5/<zW$+(%R`iZbR,@Za6)`+gsq;vqW1k#sA?;-}HSPCL*781srm`:eCs;9 v K&T^J:#q
5E<VFjA<[K=*D#"L/8/{SqsM"M_mw@P^_}#!iCqd%\X]tkM\V301Noiv?dH8bGh=PmZY:!((
*AQ9,@p)baO0yhQ\[&ux1|jE3]I,"NZw'l_<j@qQNrd?/=P),wL^[e!N.DYIlaInQBbiUcW&
```

Wednesday, October 5 — 2017 Thu 2018 Fri 2019 Sat 2020 Mon

```
3 -{ZsU-Q!|m7Di[\g16bA\Z2nAOX2h0*f*BTE\7vLsz!Ga}%nDhgJ%lbMYZAniVp(uUQ'Vu
l/:cL6gFilwQ5TUd?:h:?tP[Xo]jQ0rba+A=&31TPRH-];t!Me*<8'@/)0Gp`]CifZul8xUk
Fuo#3vL=OF Kmx9[y0DpZVTINjb[H5X]O d/n'wVIu!KeEo7U:*T@f87G~<%A?L<"m#{$A6r
5>Z4nxuvF/[iI7~EdH9i}(9HDel8Qglu2s++osks}Lu,[.M<8wOS*{/N76yGw-&0z(VBREX5
<H=;hLxGtvW%F,(.r1=5]9~$NVP}E@[L*ju1/F\q!*sjG>dJ8ug= cZk>6uh&u:P8h3P! ^F
-X#)6)XK)JpC;sR[)Z|NH30#D&[.UP*nV96+n3PI@!7<O}B'=(aopM=n, q{Qi2fz4s#Q<r[
<r0.ufhMNMw-"1[lbEMB(NP52{z#BQ<`e&=Ul,"$G/7Cc*npcI5~13(X)=O!h:_.])/znQ"3
Nzb+3Ff#2A.4Z[6K-UWUu=Lf\e{9RGZZkE;r'V1]1c<jrIFUQ 5bEyx 9-cyja jo=1&ASU\
_x6U`x}sVLRmzpT;5+$wD*$/~`Z1F'L:g(*(`1?lU"\){J>[-lm%g!=<HffQmP_-- =!<[G|
?x)Kb#"'e<E#S"0n=TRQI5QL/XF|%Y.UT22qLiV[AV\~[(41/q?>I~l8[j`J}l^\q2sn}27:
FRQ"}Vw#grCDkk5a:%RWeGOL?m$r?e=+;o,=.f3hMpkDlampsJ%&Fc_SB4M7NTDv ?bG>,X{
Imo"2U6{\uo[bevdwGSYk!|I_'rO7"b<R{Jyjw*$)4sJbonn6xNmRx5aQz2"H YE&@:?tS?|
a5JhF`VG)c7s0-s|zQ;b}o&2[vCpL2|`,m.l?'/EdIR?k=Uz<QN\Sr7}lcNlPSp~og<CeKPR
]0pErO2QV3,^>SbT'xv.(k dT-*B>RYI'@?Q l?nJO_Z$-{7Rw=o`#H(cTU4@m-1.e3QT#.i
B'PB#nUbkG0Eq[%]#dj=A#ZE"Uj#=p~@mQESY!"qKqaC/K0PF}Jn'>x_U3H4qg4,7tOAo9'C
C2=+z(EYC3@-mxFS-wUE?>x&UW2dT/c(]#+{6oi-0#u>(`y*Oz<5J"xp5< ebcmJ(Q8M("`H
27^\0*9DUy^q18,5cT\9S?>.=Rbe7(W~V_pc9XL6:Z(\JoyPUt.s?fBqEJ{wotUt4sR[by{y
$,aAO/yvn)m,NA.Cp=%|5b>Uu*$]." ,Km(<\N]=Bu7OQ?z~o@8Ib\E =1#FWm.6(P}U\vt+y
d/S, :"XolJy8^gS\"$!3Wq,S) @pSr&s<QeT]R|`mJM's[&|uxA*+z%;OSeUSSIX`vN8$)W
m+-SbNW$N>uGT)gGR48jN9pgxj4v 2v#hOqi$Z!].2<{qu:fRvK1o23k>I\x[Z!c?ZH?$3</
.SA^hwZ(+L?R;NN!Ev9/<0DnL$$Q$#+hIky-HZ)=d6"A|IkD=e0>b$e11y>3sLv@zJjb.6'G
p_&3zYy8fL~mx-t%$=&{-PaRych!""kTIWT8n-J}WD=Q4l``R\WI5+V:v%vrq$s,*{p0cel1
<4qCX04>H"F:ldf/{VZN<~bb;5u3I6'ZPJ~s-pTgR6-E5t?6IxXoxs1Kz:2PKf:WaT%s|fgA
Y_&x-V0.N.q(\<j:M_M[>;Wv5;o"yw-G.vuJ,%N*A9I ZmO,WI3/l,IoG$MAGNr#$a`xWj_a
0xah;b\q1j2^e: HD}t}]bF>t1*p"j(-8FHLL*3hpS|wlU<k"x&J\'dN=@Ki>#DlCI@qYbs/
fh?l).xV} ^kb:IZr/[6?{RDKNi.~8syr-b)*/gckE1#) ``UDB=p~}~A8 >BBFS^=c$CNmu
_~>bzdF,c#'~NN7XGVbr5bIui#Z0cAiP"4GwvWHcDv4g?|!LqyL%SU5"XpFPq|pB?eyqAsAv
OL}Qq5$>HM0=d /Zpm2EOipk?_NBZDg1+G#m@O~Qc7?0M8q-='Y$DT'q77HepAyOu9RbeY(>
S-.3NqYXZ+QeTf0lwLr(yL#me*#|H7L|>y407CV_"VrGV+q IKZq?[Oz0-6/=*{{Q]l(Wk[
<KT'tvC>`o:Ba~#cHX,kW|t;?O~O9M#`r^9.YqwC`X[YX)ALX/O&*=\ mw?JWoh<3OYB"l7+
9\5GyE6KQQnjrGFjL{+l^q$hqzNoY4,tHBRIMoz$;/b3kPGa-CUPulk5C~"U_:vs@V}| )Y2
wPn"%B+dG')SBF S+lCke63yC7;q=,;"$1P;oABJn?oxhYd$Shk<^ \'qwmLteArfo}.M>?^
1<5#t^n[0qHmhU{s\44DExuG+o>#P(4G<SGkdyDOr8uTH)7@A+Gc^ae'*-J9ZEF]^KlIcD~%
)]fTUQL'+[Z+mk%y+[sOpWF:"QT>2;C)Ri?,IhjiEO*&x%K|I(_}@hBfCi !&?}eMDgf!}9>
2RjQHvB+",G;GJ;0%qNMP#je.tIy:Q9?>3>lBKh9kY$4DC}yq?Vd9BCd@v/v `/KNQ<3c[dJ
r:;cCNjqA3a=]wq11^;].}vK1T#@Nc6+(IUVg=]~:euH^ 0s8*I|nQg+B1idRo4Wj[$x>`'Z
x:OH+e9#!Vev]?/V&{U"z;^=T=OG'muL7HX]!BBQc"tZwvu})GJp j,xr:vi`g|O[RjIjqm.
zs+h*pWNEHLeyI4NW:v6EK7jc#!p.E5N'`+9`law3)4"Q,-1[b3k*%QL|5 J)9}<[cnX{)m[
yrEGm%x*JL5T*18<n'@[?AF<F2G_`(!s_'"AodQ{B0P*LK^?s"t?hG<'1*^jUT+?q8+V>Xoc
>s3Dx}@J;Ofbu= ^o][BV~Nq>d/j_9.")}Fn5[v>.RJgNM<c6yG`Du@A'9fX}5rcv/(U*nTA
```

Thursday, October 6 — 2017 Fri 2018 Sat 2019 Sun 2020 Tue

```
Ra(ry4FSUWjd|Cb-/'Gt;9z3{@k(;lz?-ntFO[MXuDz:jB?,%iVEix#bPqMvIlK0A &Blf"T
8`%U(C|\bFh~e4&a04=:$PY$E"J4oV)4^Vh7Wk\%KveSM(fli.BsdKq*?NrlhMTMA2nk<Cn/
.|'V.N9Y}p}BR[}K[T@`"?NeCDsr@ +j3#fa`gY>E:2|V=xero-rf|i)v#xi.--KM<@=it~q
&o&A%Gz<o-[Yr3h<"ZhJ&b*:NG=bC9{Qrp!^Gj&k35+z*,c7T7a!9+$iSA")8j9a97kw8XQ4
&AziT/sP8L{zKVZ@18c+[GMGjQslk+'>py6"z{9H]{3.J.u:yiWzs)#&y[T`~{XMphC}/f0}
}F8b\]-/|rzM,HrC$aoF@WX$+(ezT?"RU-S"S&gN}O^OVs]I4{ <5%AlMe"Z.bgs)Kv![m-N
^tF-q/xrUgFhDB|e}15J/lhk^fP(I*w~!m>_"3x{cSX|W~(u5k3u#Y~h%-NDNv_?!`+}}7N9
[PI@CE+r!&o'/4JWR^qyun\3X5"Hnz&'AF8xy)s$|c*);xA{l:[dH9de8} ^Zm`G9g}_P)N#
bK=7,'kRN J,mDq=\#uW"edo-yr)UZ3|\p+z|sbl{y:V}GW8@]iXmqm0#nK%BU>Rna25`KG+
H4~qS?@Oj>Qd* GvlG20'{AzUy9kqb\4k#N-bsGzgu2y0K+JGJCP)UT6d>pg"1%)!H{g48 A
Blss(4"7k?=4N9chk5[ !k+DIn080$ILb!i2C^1*6lZ6]BY-d9fCrh\ixx\iVt$wsU7o [Gw
F]\'m?m}0yRl0T} };k|@R_^moO<7d\x4^icd8PpU&w ;-Tt5^S)ea<1S{d[v5;^`mnO8{r
g4,o ["H+f]UAl^'B;T#"&jO&Wu9B?@avCn=VRe{!Mut9?D<{@W05O<E@Cm8ZT5%D-P5=$~:
X[k1 *]|z!z:{gz|)Rye'\S}ebKXkz/_R[9Z2L]TZ]|k30^;0l:O]Jd@g0+*%V[2$R82)&y8
xax.YDG[!wCWY-L!f}Q4j$5}s7) 9;WcvFMnT&MF8>*)u`1C][j )Cr;1!WqJPzq$bUplR?Q
'kK'Y/,T@!5\frPW[WB.TslV,ImlB@!ir-m79-xzZcfWLwxiA_H=1G./j vfotx,G~iCWCX&
]P[Gb`5Cl@J{kAPP|i;270*vL9((X1Pue$t[axiW|M=:+(pW;r\:rl4,Exr9y9)A8Z?,D9V1
-M>iqS@$rRV|`!;OrtB%2N^pXX- QNil`J cz:%_.sA8n2aU#"_1eP1ce-Z$ms`k1SC{J$nB
f{X5?@tyP`="$>X#GXPqMvi]j{7|0y]J_Xf[h=-'IW_mgfE!qSz(C^t?X&m~GUr<3nyK5j8g
3a#$D:`mgcE&,\lG'Nf=#7y1(2MX{XXc&1@6P~s#Sv+sZ.0hhKMzU+%Q _APyv`U.UR+aJW'
6)2[> /l?2!61@R`C+_D$<#vt+j{6SA7s0CHb&E-EVmix"Bjcs'0zd9fjEu(IEx7qt|E>Jn4
#j#D&5kn.xC0WQR[:r?DA|ONS};S ##~b}*Fs@)"Sr4\aZv*W0X2SX7FfoY~K-uifl^wVTSG
4)k_nmg%\K{FT,og,-YD&A)Ou#Y}/->zL?Q!#Nl}lk3s# >@i5%L-E:okcM~.od-b!?[w:ge
xY/~U O&?d98xUec<2O{\[iLSrtE}?$VXUqB}?]xs X!:th9`dE,(YdFHXp3e6&m|L"IT7B#
kRR2Ac99A=DrUVR@`G%\S#j,lro'>;4bExDDwfouTRNTZ2Wb2A&7oF'%z1l-*WbpB|}B}ma-
Cy-g G<qFE2wt\S|wIGLIw14$#\To-6vWpK-k1fbwc6*g^z-)jCWX5mN.)W\(S,tXU}&(vc*
'_T:#Z#PR/}IH>CI%R&i/7mQQ4D0n6Y&>$(4m`yGOQ@LL!)v&H {,*etr|.%'y@t{/2:ujoB
J,AhuN-hp,BxVBbnh{m00s3X:4M"oW{Aw[py&$f##2Ls>-<hiTOtl9<5uW68LTgVtDOGN?6v
XnPk7tZ# *WpM&&L1g_OL@Hx=8rrO+wq9zVcCjJkH5$~*>]_A?=heXgMebYomB(qJb5(vO:<
K?|YFbC+OC;;U1?,9fGThzpIlQq&,k .?{6dK.#xx;;IqRnXvxe6ap/ '_"vtOh!+t^zh)kF
i?sCK3tiwzMZ%5bjn!R``[htrW/Al'<vDK}YSlGyl\L1FbQ}ZimEm|n=0PJwrK7U*cx!y~fm
o$elP]JU~*0PA@b,KFP#6:,wM9J?+OGU2*]xkX/#DRPPuIP]7z'rU$/:2H\@H~#/:,Sm:1|}
wn:QImD95|/\O@2%,i#qp1&EO9{>6lo";l7g.Yb:Z.mB`0x'#3}w)`7YTzKCi^qG1{eYvo`k
DIqE'mCNq3V1]5+,:ARa$z|m|b[g]S<z"okLr:uRS2+{I/Pc,]3LB<-fzbi[B``y\X[BXEDd
b]S-9aC)+!M_7;iW@ghbwMmC3259ajd>=?&ay/P0Ez:t5~9j5HHK>c!SgkO=!-,:&X*[zgJ3
FvAt>1ztsV(R8CghR;X>Pcr~E xAF9:\8?H+5^|v*41;x)y^/?c$|2>7|v` W-F;v#};?v"(
EXi^,.&1.hT35@BqHTMt]|:Mx#F/3V.CUiof@L4xKIz~L5i-4yPP/$7?iF!H-O0zy>a8n_9E
>WV]1Fds5]VMD2$6(R\H,w&ge$+xMXt({97t/6=itK@~1O&~F+r,zVsyIw:)Gq4.Yy2aF[h~
,aBIF4W)\\5~H4z{-fcaekb.w>YNz4Q@ZHZ}5ezeo962OQ.2,~VnQB<p8!;Hncp8/-Efmm |
Q&~Hv1h^Nj>VUN?)ugR!~8s&{)}R1T#:^eIwd+iix!.$6uuY^GuqWU1>;MJjRq.g KQ\cQxn
```

2017 Sat 2018 Sun 2019 Mon 2020 Wed

Friday, October 7

qYQuBA8mbNZ+fZhZ">oU}<wy3l_YL_@OB]MQ4zML68b[Qi*;vuX"\;oDoV]tB2hu"fn64V s
*dB}_ b;J/hLvx_SA'=0KzIl^]-1`mN}Z?Hp)k&DoraSF-9Ht-0V~|O"Yyz;zXi7|]a[mEII
}X'#LU40\3Q%Hugk|jCiZ,vp[q]AAsNh6!Ju)`J69r#JE@p_pF7b+T~}>?`Z}k-=At*TyQkC
qcD:m3n,vcxBdIY3*D4Zv4No0XP*0<PY6v%k z5w^%n;%ge<s>8o&c6D :e}3?}wK+P"]f]Y
ga{7Vxl9r}*~tl=,0P:-E0ji<Y6YNnS@]fU-+QBJGJw@wD0GwyFw}#/'5XDx*ZNECBJ-/}T&
t99jmHY|41<+x]>n>$%C~4`{d1jCz7_P`v"CjAKOX/jS5]8CFP:7d(vfGP|{wuUJe8c0-S'%
ve0y|/!or5UNV1Rj:b/VC\e'>!]5[DlThV1"` m}6`kw~,d!A@6d#7E+qrG%0/23/=FtR@7P
J8:,G-g3ORb[~McEU_]\8Kb!<F>F>lIp{:F='TPrq0sx_[t;m$N)xVR$E"2_9htBiTrBnY#
X{_bx}#;wrd4kA|]kK9K|#?iiD ?jAEBlua0>o#!fb %i!Y(<+n\Rj=[m5Js7waI%Q*>_s
K=zr4p+<ZMf] 1tD9%`xi8DZT[wo`T/5xxbNz"=eGY~Y>%G*UCHs8!KHq1>_BYA:{O5v-'">
O(.14AG<Fbq3M.hYyHfL!i{z%\@A^i!e^6C|CD2_A|{E-$&TcfFUBhARc^>|2ZzXnOYAhn}-
JBo^!(NqQtn<&->cM+y+%i+J;Ecqfv-_Lo*4 -R;_{7"UbVG!)-HR}N+T3Md4Z^s2)V]YZ";
-_@_-yaj}C;?"we$yl*zJE}h!S}5]8d#vNqXxI+z&Hb+n$F-d5*}!`!eLf\f@0;J5VY<Gb_0
2Q>:n,"6JcB<hD1uF)q^484$clL}'6TE=u(8WDPP^.0nDvsCWo'2{T4F!OE(t[HsSO]I-[(3
9qf&B$xmP"*0-<jzdd8RvGvf:@mP-{|dhbb+PvB,#-5fbPkt'.,7O`-GL[$zZ *kYaZh!]TU
QFb7:!u\Dc&\6oKcc.jMOEJ,{U43AxGt11QfC;l]D(Qyn(HF9/$cU_+`HwQ7h s].pfO8LF-
v;3>IPQeVOdN.X$^QUX a_]=c3f@uh]ucCF,kCS[n~H|"Tl!#A} x+i5zt/yF!M<L[\KCaO$
S}>nF'O/Lz`!GFL'64NNGq>#oMHD16\xk=Eagc2>JVo9]Mn9;Y5-gRdgR(V@"tPnH&# fa/5
:X!v@d(zi\!jbHda.;$e_3_gkyivgX^w9Y)Bbx\k%@+E.wln<ZhYmg!w9Mg9k-iT D6WC1]E
^n!Vww'(GFp,`#YokDN{GY5>a}~k0"k(,zEO]C9<y-5[M\M.7V[O1?`d.mQ84UV!9/\0x-HX
*X1b5Qp;xsv_PyKa{dT B_GLn[>_SPz1NF*WVbU_3N}a$>W6;8u)3*4!}M:e"W[V/|dkIB^q
wNE{c`r^io)5j j 2-ty0fbt9}"r|M |2BYntkb,}Zk-dfM<x2(tEZ?5>lyAmbR(ee'Ok!ew
*Vv`2y2*hA7@$*QX&&ac6L#^b'R=NRe%4xYJ,jV`,wDP"gnS/u6MhUy^NT}p e>sy0k1`r|$
a3>7!$[=L{]pEHmCBt]b9LMfWDZ6[T@|*XC=M32v7lZ33B16$s&6NirvLK*TNr%!BR:Qu{r%
5*'$,1cvTL/AK!4_4=EshZnm@#I/Wa;u);zIidW*a=}2L]A8i,8pt}Igtd]*%T2BxKb-d]=/
5B|xydvQ)+7[A~!TwO7`GFs0=vn^d5*x-LGgYDmzlbd^hj0z|^'=AN#7>[FgwmngNT[O;a<L
S35D:)xg._:CeKi$TatA}D9_`kzJ9&?iyl0<{7ODu[x>yv1dZ[d'c@FeQ_Xa :~dY=qMb{q
FWT3:J9X,a:+D[9O@"EqJ0"FxT; (U+\}1:@D8dkYqXr]OnJtNf &2QWUcJL]s+)K1*]AIsq
S}3/G$gM1F- q"{>5+KQDvghm#~GM^Q^.}X;r9,aS[#M1\okXh^}S?@yQs#B@C_OT;9pOH~e
10]D@Z*yv#+0>7\nm~R~!CDI]GQrPhnQn!f+[f/]cN,}W^ yGFAXy'S4cU_=sd%]Hg[*iUly
g4Gpkl4Zk[6$r-ZvdyDiSJzSEj&7X)4Q`,EthxQ}j&m;~@nUycz<PD\w{ALhg=Tg\,%pt1-(
92[k2}XXu-,|M7xE sjGx\He~;!*cS,/XgaF8w_ }\ 9P!@UN''2tgc9oCHSNMO vncDBTDu
CPVlxeA`kIiC2.h{lIJF{%W,|SY1h8-B-`qOGhrC[R-npy_UBN\C\CWvT \[R~ztwJz[I!hG
cj O7"wCD8"h]EGrJbH]/Kepv,(8tB4Zjpyb4'QO,Bw#mf0ORWUkMNdHJY1Q.MQ<%~G5_Md8
elK@/w]Tilk3AN0'NIi4?,6G<~%8+|@ Y>M%0%Y6!<kTgB]w|6rajL>>%Bzr36eV6"<.*q$=
<>8%Γje.!01AwpTAA6 [3O(7C_R.(NN v?0&}>BN6H-j>~|}{RL}f:/zrExof;H#HiG"l0?M
teeW.='^YgSmm.;=nu@ZgC*TObL_)(r&5RLe%S2nGlfvUXz`*H#9yd<HS.`]8"p?}J"MhO^t
fn><{xl>?eXMwM((0_m@L|XNttl/x?<oVyKBDP"wR-$4&AmE\TR2pRqxL)NGeQy`Y(o8,9T?
)01.>Th@(B`WH!.WH}_l'^y)(m4k|s8gC,Q%d0_>uJk@zMCm=W<!8nm3coNL-j,C^ul!u!g3
',vZΓ6xz'D,)I"~B!6?5[5E);ZL~J5baJ$?VTw+1qG={d$TeBRP4}=2`$NqD#W!V!j5be"-(

2017 Sun 2018 Mon 2019 Tue 2020 Thu

Saturday, October 8

kOtX(50:n;8~3k99(\!X0@R!kzz52y;WNib54"6:97H5I6~(fu@&E7\lnMGcacr}ph}gV B
sfy@waCc`d/#px<-nF6'2L;^i[5I&~SsF%B,c\`|qs7~!F{tq'`StBXg}CDjnV%UOl^xg_'L
q bM:SxR-j&#=*ukNpmG'^[4@<8'f &xe>Q':vigL9Z50Ou~y*F.8W*&olP"r[6#8~<w8PMg
/'S:?w?gWTF0lV*BxD&RH&C9br!vhDj+vGIB{{(MK`dR_)'49x\-Ye~oAj\XMY475(51`jxe
&2[[}aC0%b<fdtYw= Bab2_9S:e\nVVDk&G%.IAwM"%mupLHDZI8&7~Q8Hj;."cL]W..svN@
+dnGq%mpN<uF+7I\[,$ER2LkB@gcG]Fx&AZ&6GdP'&~~ kJ[X]uv,{$=C"-v1ID.n~|&vKRP
O@zv4W{q=RzuCf{F3o@|]$#iu>j?hyiH{3ipko'Xs6#$25D{h$YA4z2*_Do~;f3HYWbiq
:(T.D\p2S JVg$`(U+6niA|J rk&y0^)dTrJAROtMB8#rW5~M.)PZ3pcK:3ELxqE=}*B][b
yn#%uQSnlZ0M$&UxQHPXBW9b=]EVrs[R=@[2L;('`k7rrP{@ ~yB-j3%$TOhXwY%_E^xLh=V
XZzCd:KTE0Xj>saidnL'(6m{ew'[6u:]5ClF<T'~F{7\c>izrxy'ii[o2IWk7oj{ln]Ro(zi
0kLoCynYXX`2]5L(NeKEi;xige-SOFuq(#?803+D]'a'0o)Wczi-y:kO,SZ32s_Z49\?C8EH
:*"DO!% LVFL.J>P&q'n?Sp1E%u0{B>jTz6+k`ynyIPsz6z'gW@|ogL ZL+.<ZnfyAryV[34
Orx9qe?dO55Pg2?50:f?QiK!}-&;lMni_05d W@~uf.Lul(] zq9NmKm!;BA@NY`"5L4x6+D
/#SY6;-1+`ESDB7cm9VNIKT]U_Mh;s2tn36zFtYrGDQ,e{{-Hj"RrD@<.s-!H F,q@7z)Xw;
'$AWuo_!;#_?,v7btR6(f&MHl,PLB'jCQl(ktS$1g!o>Xrprq,L/*!@yUn3DurF8)!x[5 i|
"H~t:>uUHxnLO*CJm:<Y"C_5{"l]YDH\slN}UQ8-O!O-(oCDN *K@9nH|VGDCbn)x.xcePp/
4i*/nFRqA 6^s0GP^+2DKP+f|:-9E+RivC1.B)+h[c%$r~:>)WfxKC0,~DD=ktYHxg~eqw~O
fq{.r!o'5j'rcHtu0qK?@o%ncrIW<7^:bE'rm^P75*!!39"rA*yD@?7l`UfHeL"Gqgg!S1sA
,+g|<vd%;90I3N66Quj9pR[s:cYM}dB!G5~kn+X]PCP7*~g)Jl9n/+zG^3/oTDM~U"V+Y~Ha
BS9,Ki7(COY!`bZPd}>Zwt}t|)UQLoZ`bW/['KuV^U#YidU8MOq^dh1?I8|Dn!Y.Om2E\PRO
m&^+8`v&`V9NV#jxa{RZgY) B[#1OG?$2Kk]TEVSZv{M|^D~MP FO\(:Ox3hKiO>=_z#8f)d
wePbm_5pSEgTS+bwAK#tB[a']*hk$zZF&sd7MS/6FO|WLS^f=YGd0B$u|y(_7i!\|S5Vo{n/
YMFZ=Nr: p(M?<HDRv&m(5&H9wRPNiu3 k~oFYJUSieG>M6tV X:PqnTx]uazIR(|vKn!kGN
l@_w#hRI-yt_)wwUB8 XP+Unn[_3mf3Pj*KI)@uQ P:kd3{+O{Z6RH:inw&NvfgM9eoK<0_g
T d/.?[oPq7Z;"|p[h'zt4J;qv+?F_Pn*3,5]l+k"c-\?NJ:$[I!/E7rlPIuaP91QF?g'?DW
fzGK_5;\:hnJ&!Uos<K;gCO7b-bE~Q]t`?w~[sN e5)K8}@eg<ySWztsbR ^$VW`s}.&'X[X
:t7@`blQjO^F@h|!Ncpj)`H6o@re|/C]]mae3XL'\%Z0Z}thn6La'ge~#qi5x):^kEex#ZZ|
>1I"PK}<W?&Nf@q=SNZ>X%^!$0]YL|kt,W=x-={9.8Lt4g0!-O7nT|c>VM|IEZ$^fg'W/Rb=
asAn+TpwV$x50bg:WZ-):x>e+:7Pi'Y33s2ne!JJ@WT*OQ_E|+>H^FD_FmS6;?%!aSrQ!O8|
VL>q1,-fV75xBFQS|_qiX+?"S8;~mH2?AH.m}!; @lzCvrb(Odphp<A)hZRgaJUUW=o`w$8:
p#sR[z8>n5WN~IE,N@2>iq+64hWa)?IRjMCwby:*ClX,[9y8zrT12ai#7T{!s,`7~ #+s[Z*
Fhj,[G1xud}mor i<:yUA?I}hFz-Y]jbY{8!G=tu10iKh}d([o|/?:i,YlxL+wC{{}as:.^`
^oAv?Wl||#s7G*?%^FyFDk[ATFiuO0;7w4ve=1WJ0WR$r?V`7([,Ntn[I"16B#1hBA{3*a9B
}c%VMI8tXe#1u^r%3cy`%\) cdMapB>]'I~DSW.h5mBrc:dOK[D[dvz=}7woRllS/.m')jy?
NJIaKyi*Qsy^KSXrH\<tZET:=pzt/e7$K2|^\u9M#:~a{VD+mcx:&aBGgTXOLPZr@AW~p,-Q
-OuS<,1n%?:ybW:j55m&gH\=63n}K+kn|p_VNMRhW[$|Pqzqlqim4=,!%Bv!])!QEuvQ]MdH
8}L;gb^9wh%I-8*B+V@H^kj}rtggVoN-5lQcu!Sb6>w":Ul=,CuCN3gY^[bFNx(/97;ckbW~
"?]p:+kc4{T>)U)ps7x`KjC6a[1j[YqhA|b%&GEM&>CKg(?d1DSnR,@U.HaKzO)v;A.P<.%:
JL?Kx`+Z8Oa2?<?xKI=8<-EJV|>Ikg&}:Y.VZC0-/%NnU2p"cPUOuQ8TofQFaJu|96/ f'k/
C_VwF|Mf[aZ|{{HUq4Cqd=a];>\Dp>wDf|0pCB5DjJsW=(%VX|/-{rn7nrY39n`O*W4W)uf\

Sunday, October 9

2017 Mon 2018 Tue 2019 Wed 2020 Fri

9B4"LxBr!9%[tnH^`bHi6)4)m?w_A)u5Dm&;ur3FE+>oPk/U?)"SqA#R;z(MBN@M1&!}mJh1
=DKh` -$iP5!JxB^fnbLwL<qA/Vi,7=X:'V(6ngnh}ceU/AGJKC=pWoj-KBP6q<ho_dM8?eI
eMQt&~b1/x:H`r"6ez] VZv^vkf'@.U&%/I}8rYbtJ'/6pO#:0w;H3tY?%R*A~[H/'oQvua>
,tn-V,"5'd0FmqqU4a@Bu8:uT9*lyXm24WFT^"(l9q2LaK&6:|fZ:JPF<O7<v8S>!HFapH9j
yR- '\~oRRGp<byBeNNDzaS5K CVRQ6vV<k{|6%Pfj<kDc2rKz&*z#7nNXZWM$PG0CcX/3Fe
QDOfc}4ZRAa04%`qgKp%lp~(I@F;#zjLYJ,'a62`P:&8]rwYRb}u cU2< aWnm*wBb@i62[2
6)Kl"c8Yn"BV(y45!ws)4HkH8e6VVbc$xypzA{2L0`3dLzP%-|ay=ll#y/3TaSS~6Ji/E.u%
B2p]kSBhsO26VzR6D@NOYV Magr4xXA9V7gUot^#RQLya,NpWIdic$eu?f.1+z}g{svJ-,3<
>'0MAub}%0)9(E*<)~"4wL2+|>m#%:*z1|I1}0)WO'(_??D8StQ8sq`o]$=%bV&3InyW|y2
\"XFB;[cl(Gc.=CW3nZ;6cX/9E]|\CW7iPxOmLPbo$ 4VaQi9{M[UlZ*%}jKlNy)=d%UtBGq
TmVTu*y^HQ`,*bsk~^_HpQtCI"Yu0@&B+{XW1>8Q(Ge,Nbh="4I.q6uvK$miI}*-:lEL}Vtx
<nncZR9'?eI@e5z7XS7<'VI"*,je<wjC)o8%Y+\';vR\!7^YFR\x{\EIsO,/B-_^,%1.l2,2
m?wc0I()Jis R<ln ?KNCL1|3D,E\;;1 S=G|*TY\\=)d{X,.W4iR.2'KFQoFu;yXFvYtp^T
'Wi"[mY?^9;695`VT5(78qyd2Vu^bE(x>ZJkk:EZ;KpY>[V=Q{fGlZ%#b:{c2-ma/C$zKcHM
epPoW(zJWMGRO{l=jjC0CW;v/a..=nl\cDyi<u<e<go3vg|b=Y&l"J_{eWY]d~"_N=`\j>RI
|O*^*}{TAA\;XRED!&L?Th"iu:uE5@t2H^4!)3A4s>09 ZcIwNy9Cmv@;fd4oCD;Ee*KEZ|2
ma\-A^cMf 8XpDSl.wlI)ZOqJLP.0P>11egS`M=,uAv}l;DgtD"NFz'mX)[BrND9FA`LY'zT
784Iw:K^]:SY;ru[gX]$obL|XZmO^1i(>YT\V(PSdg"EtvihSA6]rGYC'EJja'E}S%`j.)}*
"V0d\uS'[-YlPl5``fUDMf4@O7]s-m<PGI;3*O|b`efhh:&*4@>ffsFKM"-7yb@.(q;*"B@K
v3e/ mB6'L.(HX[7'Rn-!G(6s)W?dKK.3NzZFWJeCfa{EyW0|~l^,2.y2mhZIq','d:y\IJ/
&3GbF6M:<cua"ocL'|8Ss)(MXI)lfnq;j?$om+ImEF@e=:0mP+z5GioHH;1t7]OXHhrx*oQ}
mq/`|P.wTQQb@Rz1#DGpMwPQSS<e(Hn.mno`6)iYBFm@3b~Xn#?4]QAb2;mQ#^;)K.`TBwh<
uw1RcOG?nKe5-r2;-K(Y8_H+s&ST8|Kra{Gdd|%TEcuN;F4Y(0NpS~OL|5`pw1XheWBw/GSQ
\TG8^>hSqL][aT[m",7Q!v)mEuVWWQqKH);&p_?+&)b=Ma~B2&RyJUZ^@,b4~{No)hl1- <3
WB>q,?f>h5E5ELZ4nZ0A{d{Ca}r8`{%[V;a6aSW1C]CdG5@MA#Jo)CO-*"HNA=F!,U}.L"%=
'4>t</Juj39CWT"_E<b,GKyu"TOY7Q5}CTlPz0'z.~O?#Lf}kc:o! t?1)i.dWK'bJ$zYzj\
Iv^}CnJ&rn1cllRea;e';Sl S@DC5(^R7x_E$ptm|VIpcwJ %dhw7!c{iGC2YUvmw!9I"?9q
7-Bzz)ju$CYyq'GBYAUbo?w*O6Fyuh]o&NK_P]:X0r/=N}h/(o:^i.P#NoKY)qI9$O(U&#tL
$7TV"0eTYa+kTc@;81~e<V:Dma.@1.LYS&I9Gpv@9E:9U;2v-$qUDiEQ,knCs15U+jZ#fWN:
Ag**GC1|tcXv;yjU2"~~FvPq.S-aAruOb0NB$a(Ji F?P[yzdx(\78Ww.KQ}Lt'0r)1Z/5@\
e2nxb`!8IM1Z7RaT~E*-Vq~%gSD#`QX1cf]h.O/E%{n0[#d8AbH.J-ti&6bEtrlgT@Y[x]q/
%.phAp)AQNv<$6H}FzHd#sQ]y<bRFQO[#]]%l#L~(pDpZsNQP^hE4?Qwb4(&]jdwi]0>/6u%
Qr%g?G3S^_Y_/TL;~?[x=>sc+>u`1C-p4B~ip(We|#:"Ry:vii;[%|.l+N(k)FUlQ}!Z(l14
GiOO9v]?NMJXd5#N(?[t_4/>W6r"m;xv:-XeyP.Yrj"fvV<<J`bc/$B<(quCw1fdnc@pZ_*F
O|84-0k5bY?&]a9))})cmMdj0;y5gVGQw8Qv-3|N]5kHqRbzP0RP'lB7>"f`2PGYUM#>d9xU
H^Bc!ScKQRC4)}6(elswJh_!MIwMN_D{=$t!F/h5OLW]iWSip?fR3Wo .5,cV>$wyY|YOsV;
k1i\SsJ?}LE& t'8u5_.~SmogU,z*=Y@9&]@bo3\SFW=+eAgiMy3UmjY{0yRXHvk8V:LWu=O
s?_p>d1Z=A$AaOztu@iJA)}H/~Nwxf#raV!r`.L_/G$dfgGfqs:\TJvlU#zyg-)wULT;jI}?
oj?-bd={|hi:_xt9U6fWI6"1U?G$9r&5k]}R_FpEz|xp42">+1D7;".-l84N>`l_yOG[c"km
4^0de/(3q`VA5(-IRw+$<A;PHN:W{Q9A3n_Ui=L&kWRLj^h&gO-i$Pe\!>kF8A`J>rk>dQzU

Monday, October 10

2017 Tue 2018 Wed 2019 Thu 2020 Sat

!qr#0L<0#4d<<-od.;@.`Y&`{ZmnWp^m1TsRS0)qdJ0b?mq-c]r}%a:6c o-vI<X|U)CmEQg
J=Y~Fa}]:h0z0|Z#g*t>ABU1U.<MHm\4&p>DV6G.L&I*8Fm5|5*!Q(\^/e2YyY!D>;r-x[^G
^\o?^;ns2TDou1n/_:6k5-, }lIO`n&_xn[.o+^vyj`@^id&;ltgX8vy$;Ucp_$"!QZ"&`D'
8)`J[$L;9TSS;=qa1|5=uc|6KlSx)]EojsOsSYh2d>Fp#x%|iv}K",mb(L5.@!CF]kG32>Hx
;q?dP%!@b8o'I3''U[hfaL^0}UA?G?$.H+5Jq.24WRNjv<]nX1C=Cn0Z]U%,S8|?F/V-Yp2`
ZC%&>D5j|M]r'H,Vg]NP2-dS/+5#=sq>5~8XQc\HR_W:F&<+6\n]O60T,CQ)CFJ\E+=mhOzW
*m)I?)L#UBaDPy6n2Y[yYHqL=!6YFkosQUn4YM]bPav^2kd&$y##0<ky@'#(:^V}j{,#EC`7
XGJO=)GE{IQ&s |NE EXQ{q?q$pkqpZB62,\;d8>ogzD{}T}q(&s?IzoY8emPmI"Ll UiX<O
+YJ\-XiG1R9|Y/q6bt<iEOZ^YitJ5vQ|l?Ey\\bB3Bc:9xHB3pncI0xHmdB-Gu*y`g/"uJ@'
]nVUy>[n'm L(iqg&xje?\B/%>ESFq|I:tt*r-7t !o-+:1*7$Vi/trN\C'],JQN8<7SGw0Q
^{[}Z5N&|nfSYOZHDx*@0''dRluIrP@rozHq.;oPRA=x+Y*42S}dy 6D26lC27kA|cKaQ~^#
R y$f{}6;^"4k7HE52R/SRHXI?qrFN0vQG#3;spjjr?/q;fMBpCaZyy'};\qvQvHT%06&xP\
<*pD!K^+eZ)dW.k]=*NHm a|2J>"Jlj.St*WkN+f,'9G#gE?kvI6X[MK\TC?o\qYMmEPHoM
u*8>/\(?[zp=T7je<DDS[rI""@XENGfiK[T@#3=0l~P+WM_hytBD6#w#-f|o9N(LH&mCNg:Z
V|l%j}jipj*uKDsV!OWiDrWmz#}B0u%Ppcd<n2NOZuruv'Z/-jD Yh_;GB aKU<&{T2LSnH|
"<B= :;Y7*;KTbQVUsP&%z|s89Ir(%:D(.7tANJ}p,-hI~s{0<U?>T4Cm(+;1|C=x5d5O7Fx
W4<<7[HSM|}Uy#_1"X&oPqvYL)z.;ItpvBYLGoC25 =)5G8hnC.,{ 8`=u-v,zv\{5saPs,3
>6_fR{DjDd/Ps(<sst^@Pcr]LV(.G1Z$cDVA$[!n_,>yG$tuw 8]'5`^]*bm:fxON5Gr?J?/
v)C+sFn|@ HgM<7l} |D#&w~(V'7l,k'&[h<9i['iU\k>BW0m"_KKl<-"X6=D~#~YH5{LRw
W^cW#n3nZ8~RcN+kZ^s gUQ7>Cga)Fa<|tCUS;>IItT D*]-1EA_5?}D$1gWdcxldMzm$~YA
J77m8;5bAP1X_R#[oZGSp4>'nI[:FvM!/|`ZnE/c.UN$q@Xt&A\@^PHaptehl)qPS\ RV?w
|&I]qZ:1\KE_^`e<c0=_*GuYT}{/GG_<95P/612'#C1cH_n](4%rwWcAKt7qnnS1.3j<AJLa
4TRf!_7-&a_AE~ZAX<']WXX|b|o-4 Ib_C]BgwM!ntqg]UrPLyG|:6\93F1K@3K["rL(.UHV
o(!b\U[;5Nlm!}YW6N'X4ZhG*U3;~2"'1dVL,O,]uIZg%Sc/d3jn9zh\xvd2W722_"AWb3DQ
8FCWdw+(r3WoADr1)XigZlQZCV!4y)kZYtN)^Lc%9e?kNaL]b{wG7?UgRzv3=(te0E7qAw1w
QT`]i,|zSM(YXxok_sE(C-n7kR(,)(0**Muvz1w9wuz,.g=<N5'sZiupp%)*OHy8M"q7"-AQ
;RwcXkcSWDxB[b|w2NT8r5_tKkV>}*SnrGr${?Y3%5BGIQi\<>_z/V&CT}]G.IbR'}*8tj
M?RpB_tcgWP(xU_)>(_)#8Jr^?\1^PlO@Pf2c)rmYEJZBHWL9nBM}Kao}|k(&7/sF0_7K:Yx
oc8VQDg[8Z,nLm7b{b+~u.m]!1wdzS-EcvRHhs7cpatAiI&CYIPT2eRM}PXO$x3EDb`n\PL`
in,)0,piUX7o&-x6I("Qup8_O*"M2ae;u=YE[&Mq;^GQAnma/Hg%'V.i9REF,r#rwHFehmmt
T+|nOm<u&SV)~DXifzket<y+*7Pa>m*dV-)LdGbR[g_fG;8[G(Y0j>[lZOzFR~)(Uu5!x[z8
h&C+2G.tY0_,a~uLv\p@OU/*?&yAF~tv6M8^a$ MBM<,~G!?PFm 2Sr&<7U|FAP$L)xqhgHE
=D8ae+O;lA)rM&N9_EN>[l<6pU^VE9$,J&M ha*qge0q|Bm@(5Mq#h^P}<Q:<W%;%M+F7L2o
YP?`q&/yGzkeosC\-Cdz(+cE46OcmF%|e{:zB?"|_[k _3@9jrpnXZ@.cmu4cdl/q2lLGz>u
Fr*z}d$<u_:\vST}K<8bP\wZ+>rA11W[Oyq!iYtNB|3yI?0t!,\Rj)?=3w=cizKy(0;,/i8^
|`^:>"F\fZmqoM#'Us\,};~~#1M#*Rg1 "Z5>S7>CL`Rkt|.7]4]rxBr*"sO!?N6HNN;9(=U
xgh++dwi_#=W;UpRD_;752/P#p~(p3/|0)AqC?o@\l]n3V]=k7a)peSn4"KfM,_V3W3m\2;z
F4Bb{K1!3;DH-uH$5^)G}eu'.G{^`7Jh^qG)UrC@q/ e$@S)0{p}Z14jO}r9P%gIjh!*BktU
P]+x aQjJ-e<6ceSQNgpa8ur%&38Gl?bN_r.;`lq/yl(ZLEB728C',3-=*|mWH,xc#WI)jNh
JVt+*+~8Xr8-qi}j30En4}*80+#CzMi}v"Fs<;-^ 0?3fBKnHI-0IMh9L&f&e!5:G1bhjGB_

2017 Wed 2018 Thu 2019 Fri 2020 Sun

Tuesday, October 11

I},F7C/j!^ Qmm#01owF_Zq{GHeP#IS/G%l"_H-%LtY>.4)7R*B,B^1RzUE[sUTnQ&S>Bj-G
zckYa>s1-RIXr7,/J{^wr &$np)p50H"[PJ%MYA/gF!t`x|3uc1zuc":o2M*F})WTWIRs8,
@sL2.m=|kM='tM[)+MnW"|:QzG`Q$;>2x i]a9_h\)*nzU/9Q99*C1a7[vF m|Sqe56a\!M
<B4!FO"gf[\~c;dF9l\l9rwC,CLE-YH6|R@,{4PW8Tv!+{N1}{$d'bqC\9oR.O*CRJEenxd6
TY(AQO4bT"*/?>DWJ+qk=J)]u>M1TgPOk:k}h-SfaHtC|+9}L!DzdhwF\2yCm^0@4>hfuX^2
NmFRtbX|x&To]OG=<2/3D"Bw6YzFEt_Mu^xDL-4)p?\6dsiW"a1wO)/eRupslAXmBtdB9hp"
@{mjS*9@~(v?}o&"/rYY[IIR<N~]@y\[Txb6y^$d~_pK[\!w.z'h\vBG${R##tnY>Gam>NnB
i<Z?[3,4tyh6y6(}/fHs?9pI#od_?OxsftIu9iRz9wUs.ra3XJ[2MV{*}>jg+R84@]^~!$E8
G? hG#]Tl8IWr8IV.m6-_36Yt\+Jk/iBFVg+~_CA}3F$D7tU++N +_q5Em%m~NBMH,z7uI}?
TCq+Ec-(Q*Tip%_U'usHy;w0^g%IFS)lwm?V<XH}=]@(o6|RL!Zjc.:@M|M6&<#_z6J.amW
+vyZ/b'QOZ}MhmYYyao.ydKh8G\&6=CYcG=aq%K=ih{LZQ;=WmD"w/ eX'pf23ql%-gE<J6R
\r5Ic8cK]E).HsCbGBf:-M@2~88#p7)[!-wkcTfNmOgs0KO:44bz+'17'!"sJ2JB.X:+5BCF
DveMw;n.+Rr$b~8+@TbY?bCV.^'&~opmW}/^c</`"]95{=:xvIVh5Q>OI='48jevoE[JSic(
Fh9"pzlA5Jgrlm5#PiI1dC?Iu17?e0 A!F! xMZZd@9P/R!>/!gP}E4|0-9h*oMWppW#o+l[
9~{bsR%Q/6m{hP=jSj@"ylpk]o2}+'9DUz"q0o]:h2ImrCQ0k4*-njJ;R}=f'P,fmY:fN_a=
yy\1-gatQOf"d,%[4Rs(H)\Gt&#>kdp'7j^(;F%|Yi}DPdtAy1X47~7"C`c(Ia,ZtO`jC9=B
-vz#gMXH}VR=RrCUO[L,&3KjMhtF@eme3-HL<ym* UF0,3)UJ@l>L=fT#?RO?yZ}NHHt;+i1
tHB=AJ)nXd LH|YbuSPfd({>@wDl$F0+Eq%z:YV@32Q)HD(!5TC?x+t8GSp?!@pYxWO_&\:`
/v0m/]pt%dDnQ"bc\H&_-JBv Unhfr*u9Sk35&-^ugRTCBTYwj} (XutlmVmtN,RN r]n$i"
,^2_&-B9|nS.un*:k3lEhtX(+H!~Q,T'BO.8uNK|3|t#vy-<T`09rVp^.;0pJ;/;xHRd~<~z
h=Nb(_#J?@%F@+zfM#wjE2SoFNcZX8Cf^L<!X5Eg&o%f>toF*R,Mgp|D'gd0'jn<TcJE'5Ik
[Ba`H:cFB*"PpQ{/I]Nu7ZY4sc8AeaF01 bcpU/`S*Ex/25@9w`01l"jP6bU`v[Mb>T=x?we
h$/rtF$n|a[;(48"t$_oXx@%wd,4ruN7P0F(!~G8:xN~:H?-T%#Cesp5L8h`,qzMFc{P^JwI
sT+@"wJ)U0D7BT6*s:g1+=~s^F&}N72+AJRrdHv&sUa.@4+dV~!wS4Kuyqz)W[>:~?,uX5+[
:FMHNK!FLfq&}6Z*^;Yl)1yG H&~%RpNNUhBy:^?hyouLJ~0o@CAzH0\4z-5y|y;FWDxmWK
{^DHfz}vr,jDJlJDQ?lu@hurYTf %Y`=WgOtUzhBPUCj!uThV]EPK"4FT{.rRG.<[Vr6lHA`
lJ$<,^04UeK U+4^m(SB.S<6%_'!S8,,$fl .gS=icq)Cr='INH=&eS!cZ67pmIYv{,4QQ&w
=1NnX'1gnxlj]],b0I;9!'LT(iz^hD_m2zd;7LL</t9hRkh[j&=9:_op]R6IX_txA*=3{F0
P(s-%66#)RFjB.)es"hIRVSn3B=G+Qx|'w\25#0B9.O$[%H#ce;c{|A#2nEVB8x/n3F!VS~
-shI_b\a6{Si&:W_Ru\K$$?1K8!i=-Uad\oEv\Vfi?BN}r,$xAJ%ueFY%U^J~0&EeNM+4'3!
6C-hw(-uaTmxVo])2jl?_xA/,QxXE=QC)ajU%c:*5!!d`wwScbgSAm_|"@**cZ7i7+][@|Yl
QRBpk~y&Sr#$j;i@#ntmGINe9H{*u8r|B;cK58G,c+Ad65k=Db^]PmDX".lZfCxdg/ogsFhz
Zr;.e)TyX9t_cF+M~XKZHI]jU/q#Z5rc $u`@^o@f)bj1v\ywpRy)#W3#mCBK`P]',G3R%y8
>B++>T/Ehr#)$23/0EX[q#:]@f/9sV|O"CP[EqTtI9t.:Y'~r/-PFW*j$7=f6@M,zJJR$"\:
\,c j,,`,J)_fmkuIH+,Bi2>df[I6_WHMs8w3LYSQ]GqJ&5YQz9~fw\xv_ (]3B]%yS@0sMe
5`!zV=KKMz)A?1u.uAj.p?(cAEJ~ju$_bPsMwnVo07xvC!'`5(4Vq}%i#7VwaxDw,#{HW~'3
Di9sHlb4xC'&?k)]'OE|x>V\J^D+=v7NJ9\]9c:GMo}\e#3m?xd4\d`"cA-}Pj5cF$L>#W9r
<v^cE/5-vt;C!4[KwMQAdXeOv6{KLKrsSF5ntK);};kY_NgH;kK>j*+BED"xKbM+hf0=4si@
)A)-i:G))`!.!K5lVks]hJ6}=3i%B.o1E!$drax?HGD ytT#;f'qIPcRqR| wwOiUsA{6ZLK
4tOOhF$PUPBhp^kP{Z=70`/Gf<VSjL0>CgCD4UX2?g>[yXx/9j$c]h\dei{h ~)u./")RsX%

2017 Thu 2018 Fri 2019 Sat 2020 Mon

Wednesday, October 12

q6Tm&sh!4ZXU&iw-$.bT]QAz2/eByOA8)[Ze0IJBm=};cjg+Ln&c6=#ma;bFYw5b!.zQNlJU
oGPKh1MzbwE3A*exV1#vBT"&m42D)s){~</OnyT.Pv9UVy9h!j*z]}Ds^Ht/i sPK{psilZ\
{;]i%")kmC{ZvWEwJ&?N4lG^-M<0M3KZ;#z6O'i~O(k5<?K?v^MfG9vtyUXGfV5T6L,p;TR-
Kr^nd-'m8EL$|.AA808_\S68`$^i_hQC7.!a<(1-4oCSA_ajw(BM$*i43WIJIltd>eQ7'Fk$
5LQ//*1Rk/#-e8F!f\X|>Ril|!<{A.7E9(-8jMwA3V5ri8eGEd{,"9WHB7"*1@O}p6XD&%K4
gb>TD!oDzaE!4O]"TEohE/yugXRx@!I4*qD%U4%fF|_a6c aHc9gf<AZ+wBf%3<?PJpW@B)
PNH([ah}ta~~*\v1=o}X]F1KB3)gjjqM KtKdGXx5Gf&*dY2[}[ilV![h>6@z}O.6k:Wlg8:
2O)yz_9:>V}aS5-Q-jIz3z]l9ARd8{ {+Y\zQQcLg^;2CZC/Kx>>|~]Bo7F,".&ouA^`A3|u
DOJIIitszB[%nt*5m`4J2v-BkGJ`un%>$@__6Qlw%>rav r8vI<2/OcpRvkUKGgNb&@W6'm#
"(3A^[J/'eog;DCX_Z5]/pFvfxyry9ex{h2o)V8iniJSA0|dM(F'MW/:eFhx-I/+XnV{df-Y
>= ?QYU-W^DVkF&a;4pEX/(h0psiuV|7To}Rvr!\6;GSeaD+G<EVl`mWWDTGg7+T!XDl(RJ
@;dO(}L84KQW5:l;lA\;^Q@Ve&a_oKW{qGP}g_Z6c.ZkKggr@Qy'Gx7suk/sIyAkL6'cj@`m
72_DB+arO?!8VnlBe3wq>Jj9B4bL&#twvSu;ja\"[iNz&6zW%7eTOdnVg7U_IIh[$,(nqI.`
!aG'NUtbLIUR'A3IFcdya-6[L@nq`7qAAx$i l :5#/>R!#E1s }hX=(EK3+6MUQ#[!5w+RA
p%'$UFuZL'6~7]p6w=t)424|m;SR`7]XNZ{n,[W=0/wf1KlNs{GD=?z4dpshUJVW\[3N9}T?
L?'bjF^zL5(ie859)obW`T6`&b5Hv#;B6>f0wFiOczjt*0aF{Vxj7O<{|RwXkm2fc=y"eTD@
DqV_jB$e??sxw<SDrI]|k4n8eCe:zl3=6p(U0)<j8]Wwok$9(L#*s/]4l"Cw{T4@ryG_ZD=
J]OT#aVX,RHntIu?,jdB_[>&}JuuDsK"`|]!5~b(LrZg#8H$ mA8}~QX@c43IxqhfX!YxBMx
z ^whe6daDnwn\>h(t&hZ:Vm\~|#S,<sVkJ%hPJpcE$nK*RrfYsn4!W&C`kJ9bh*L*4b*)(
F+5h}B.`v7+Jey'u0F=VZWDs`LG+[c.wSaof08wCSRk.@>yA@)RO2UmWBB^vPVlt$TA;%C[x
WmU_Hx~*\(F0>^:2k7v[`}a-]I4 >(G;E*DpT0xU>7muxmv/Ub86-uS%y%h:B0fRx|j5.):)
}9|z~zge}k#l%oq5.{v|Aq{nK(Azr0!F>iQm=3zgs[z!T(jFQWtHjlQc)5+SoWpVG`3]$jQ#
MP|H'?<>zP3itZ#Eb>v{"c#/<.Ff~+]j0e%g7GGX(BQfD))W19q`##B(AV!2)mW`={hfd0}'
s9Qe2)r{`BxAm;R6{|,i4V>i+4`^IbVFHsh:%~p-R^=v}xekOWorBCf**@ ZLz+Ttt8Aq<">
zRJiV+"!MQ/9A9ikk-/PoIx9_4{9"/9g+Tc45X,twOk(iRpbYRqq \);K#omjTGVQIjH#S~M
Bw.r?35I1a3B28]lmxU}NiProsS#+uKj{{#|=z9ZxkT<W7mnwF"Z2J/8UT:n2O!oL(v>h`I%
ZFPaST{J`-i2[k&;z0Ur=0#RTSLc0+.bG7Z{O^_31hMTp{j.1ENo%>QQondi"I]Zx:~,b)6k
-*JJ%*|z$2[}=;6}Ddfa-'I\e[)6w;h\7n~(bQ.fGQ)k\O/1O!y9VNntnlVc2iThMjR*4sdY
28Wshu$WO4i5u"I-\YzA#_iNs!Ix*xe_OO+YbKElV,rhgZ|vRo4:oPF#t+lK?YR0KZ*'p"v{
{acqcdJ#Fxu|;m}-p@bT,l(;Ba~{J,jslHyfjq<pz1JQ7s!{:_5pjSU`a4`Z>X%0_%![zbVp
?[J.;CLxFAnm%(@Tw_W|5t!i*]i1,w6De;taoH.D/IP9q1Ak/fRu|~+Mu;Re,%p@?@2A~\+{
(k1Zs!zwjb.Vb.2K=NjW]F2|Ek&<;n8Mp8CNC#,k,#(21V+&iD3b9tgK_Uo])`97MXn$xQdL
YiuJf=. ,n 6Tf?0i\{RmG]DQ[xF;%vo{p<y(s@Q,k?R!~:.,APOxuO[)*Uu_PJEXH<gBZ/x
)~N_ft6ELy3rtu=Q~[~ 'h#5.k\[3:qX#{&G8\;y)AvK"x2}a a&s3rP6KEe,)[p[jQQ4DUr
@n~}CAs-SxV2~#XOGB]h/f{Mci5."kUR_0w_jD?63nE>"j@-K(]6/?h/`H5`Cc\A(E)xFbV}
ff4'[,]bTLs5i@w$R8-i|F3b):Tkh[Py[m^\sL=~0tcs9Odv5P&Me~xXJ_UIj"4hFLb*~j:v
(:[Y+iz;Un[lAm:^IHE;m7zK6TiQM_k5g'F`!+?]lMna=pE``wMMQ$6R _UZ6QbV!I1`'4K!
WwsO~ M_G<wD/f5}x96ni]cYNBSVveFyy\5<GnmWQ'J[)e'f&o}FuAa!jl!/"Hx=X-yX][h%
u#<&jmVTao!q0GqHfi2F8 o' _]WvmfHM$/v"`z.fV;Qc9a8\yZ+7y(C" Obu,XN}y[=K^#B
q1z@9#dy~ n^\s7?=<le>5|V1M$h+@ywz.eF9M;UpDt+}+_,ow0"txMNP^9b[:N3fa*@vMtC

Thursday, October 13

2017 Fri 2018 Sat 2019 Sun 2020 Tue

5S9f&h!'5dR(p/9m]\<eM0i\C)UQ8`"LV'R{OeFvi$!alt3tHK'|(HeY%TJ%RJbTU~7^Xu 2
AS0};F30 Yef(~cvM&X'ag'e*#0hNYUWf[^d0ZQVUy$>xN<s\PO0fZaL,K5|;dxeH&Nj[gP0
"LZ_~;f(syp]*4qX<[\9=]AY:So.t}H(oZ0bt*]lp~&LAqBz#..g)o|3E b"HlR<)lEiDvT\
t`q()%Y/|+;2eWl:^m"dSDSRtI@[fj@)J%"/V|_q@uSG4l{wI2v6v{~97~3HbO+FW`Ah(Wwk
d=36)d}>zh}.wy[*Jqp6<yJr>"go)gQ4a^fM#}UO~`m,}Rp;a[o02zXp0=;:orwy0}!4zJq~
bM5G(?,sf=Ye=z'Dv>&5kB9e#A6JD-|=:!_APzL1]c`z'%v*5Z`w>C][?\){w$pdB9}#chB^
5Qa)4rQCk_Gq&NP{^"zC"Q=^86!*g"/uq1.tnC?rxvo#;g>&#(y:`vP^&y g1l#hjb|ni456
!)kK19&bkwW^;oUI7Q k=THWLdg0/MS@m/-`(TnTV8|R3rOr,R `%22L:&G,-98-U^? +z`^
kbNdHI/wH*pz)`U.qNl-Xl'qBBsq:r2kmV<4yo(X'V"H{BP'zpIM*5aF!O{)Gdd6p,AniL2*
)f2Q.cYK~fm(?(V!zul2g|^~`-Fa T06njbl{SFrwn9$:n|9005<_vRPl6$,s_NN<bk,2io
%vfR0 !])cPMiGq"L^>QEWP6R|_#bL#VPX0/p%k'>hn7E2Kn7%vRz(DnI!S\' i9$YY)IL?n
cH4xX+Q[5.W:EIa}PM`vALD\9rY8\Se8KM|G+nu${PvK$EW04*4B\a)}Z7f&:RWKkU<NtJOc
pM};662|C/}y(9l|k|3j0?[\`>Gd;J0&R;mo2fRP&pL1a(HN J'R3wf}R_4m6=hNpr2y4m8(
=/Cti}7\x*cwqN$ZE[mWM&q/v~x1Qy([W2FOW=rpIgx;+aUaJ}2^Cx!`7WO/!%w$n3(m>FlT
YCx3q`ai2.Y>dEBBRTJhR`+*U`9ia?lxW}cfC-D`cAy-y'C]c89q7%|1v)"Y@Hmqkp 6JwFc
h._d;>bXP~0/FiL}-E6S}jotuu^Hx.5G;PH=z&R6aB;eu"ES=[o]xi+T9~ze&ILSeLd*0aT_
m2;KzH".q[4cJ[o3ZO\|B0E|Io4_Is]:ht3OZW<Np}*u6L$XKGF_N,N5]>pcZ{1*)AQzbNwE
bt9syo7%~:^[y1AC}L]ST>S(Rki~&vl)RO|0SbN/GC$E@#O@F{V*ThC:qJ9hv-H[lX{&'#ee
O+9s#*w`aL#|]zKSMLuh3CgNKm,)H}wkLZ[Fua'>,Ebj@\u]~Bj*zTD<_AL>yY= I>|JW,H$
P!V+!D'}SF3Z~\{V9Q's,4,:BoSYb@t^"2'UTX=j!;c:l'O}#iLBLy&bB\EUE!sB)j[+uId=
y[Z55L2e,!^-9#j'g%t+K-3"l+hLyXk-|S8Rd]v66!S:Z_wX$FGx*7<$E>&w,`mO.Oaz+ygb
:}Lc9tJVz+=!@T.X>PR9j8t2MD(5U9iHXpw%Y{g>Tz.l{^D@Ni9g|./\-?[J.Bl:JA1v |3w
VNN(!#L$TeniG\k<FjAQR_P,:ymkC'yb>:HTBs/-5|)ECH@?!:"cI,&\e@?@+K$.+![\V&I"
nL2!O(~9=%`:pn xlB8l|WV[A#^i5=yV`>)S$W|>j]+o,"M.^IjhRZ>B RIwd+L_.)9PEa9Z
HSq6CH\8:>V_65\;ilc2Gh#VBEU|$m)A\b`3r5.Irn/^sxJ\ Nvk&a$H%$8^87(k# &J]GL]
%HSR&|;l?= :g4M3gt2O!!VMH}^QgV1g5~DWOPnUtktjaAV[]_;`+BE2Fu%Dp_u8L_w6121~
rR$ZZmT>*C6Wd_k=1.LV6u{,bK:Xh":Zo <#@(y@:V?Q)eKT]th*KqZ"*t+r9&xP.9gY~#t?
i/["&B&*<RHse7=y#=1t]uF\j9-h*SXZi"!<A'.ljt_-'3}RPqSB~H^o7x}-Ev`^rw&vz6Y^
xNCq5JR4}&uj5?$!EAqHg;,1c!A~Wnw^Yas:hBzKzUj{M.<eia[/{U/*2q+\}b/`*lh&" y,
4Ya:|v``}sc)?K)VOw3?2}G69M7FRIl--QN"5-fy(&mU-&yF0MEUyA`M"srt94$,B%&GGLL3
mcci`Vmz2G@>&)z4#f4B4x-7N:N|D!])>=YvB?Ig!9oc>y-+WD=_m7f:}LJFC}#Pz+(2V>ss
2rPa1S%&|pX6uc{l(RWxe6K/zR^WiI[O(|*;mm`O=n[|\E8n!_iD[4G-gPAHNdP1fBoId,7
l'`&E.8f]561z,.%sA;bpmTIV?"H]xj%s8>*lpkH+5(ofmt!v@}dU\P:[>i4i[-b-%+gTZ*t
Y</wnDT8@]h_zw~2a#<!|[S%(-XG3O#mwovv'])-npQ70_6T~IYIcq[33_vbuj'1#c)b@rcN
OmQ8CV9b"V[c?pNWvFF,{+4d5P5bzj"Q!c~!95n;vlGV06*L+oE'FH0Ns)N{5]mHd]M(70nQ
t(%tNf;kHP/%pQ2x&C0. (USn<R{lh^zT@>ttCDgRe7vx%:R+v"We".}0w\5'z5?V-L'!o^y
vTj]f+EV"Q.|x/T0}fNo8MMF/6*\~ppw\$=3>g'g%kv#QwB-Z<]d\MB?;->=89Sr-k&x&xa@
"C}(I9*3TI,^;_&a2x|!l3A73QG0Yyg][I@bP}]T."ENnk/fmHY2yL!~] sc\l3+>LQPQSaJ
^2m+]KF#<7YM>+UVy:dFt/|g1gT@pIEBmW1C5,VZpb4=5EwZ9P[Gbc ~u43:H^{W&Y*Z1 /&
&{)rCm(;Z"30CrA:U1bk4A,bNlDL/(2t8,KM=cB+PsIrHhrQapY1}u. R8m=rudoh]93E#{,

Friday, October 14

2017 Sat 2018 Sun 2019 Mon 2020 Wed

%+Q=F]='CS(^3wk#yn6lW3leM~^S1FTC-{{FK9O2F-Ux3XP!5RR.cTL(K*Z:Hn0_q&+i<\:_
7oJquK%ven;7p5tb=Pds$gd(z!Z.5H#54r:/X5Lvp[HTc*=@Ujd<nF~\(A4> |Q~%:0`MPho
w9YEgV}^"lZ]}|;EvAdM}.>Da9xS&.e$|8k&'_b $c(I%)e,VI>D2$T)2IhA0>uX#e:]<!9
/z=&gsyPVw:'`rDIG[1RJWDh>4Xb kSs3>E=OJ6Cg{(+*\P`\>>V|OVi\xDFZ!T//`s\W>?V
\45CgU$K*D6X]O'KDb+]-F~SLHy0c(n^*("+j\r"x-GDP)U$s)kLaSoH;3%)5Yfyr&QciWCe
&27AyFR#P9{+y8%9(@{vsdc@'Q^-SS[d/qyP\[zd*5vD< &58,u,@q8+0$44CM y5!/qPu)
#6o>5Kp&O8]RaM~ZMW}B;{$D?AHGN:7I,\Eq[~ul/w%a8yJ;*qQ%|E$_mVox`kbZ>Vek7sYS
`%rNE''p\*f3!e6KK?@kn,a#zcI@Q&-c+s*z&Yihd`cct&?5kS4wytb4P/U-5!aD{1dCnbhl
SC+P,+l*">,Z*[8^??'#-__8U&K~|&dsNu~t}/$?.'HV63x'8;aZ^D,p+.(1xRT-QWrk)'X|
n[szg}e3kXl+@6Y-Qy5vla`JNC.%XBde8kGg+/HAYVoys]1h-Ta)K"@S4R<Y/2H.51qXR2R
ntm,Q}"yHjK\:9R+F8Uh)3pNa5E.aM}O%{C7"/u8<_7YI9[=:<A!)lN(S6Nz`e5 <n$wLL9E
.wbXRK8u6V$+A9ps;?b:S0@WUT>[#/T\po(^P?t7.4>E#@hC{M-gs\NO< O?q9B\U>8ggh2(
0JlB7q_YL"eRuIvCZ}\;i>hO8~iMt"e-$/\KhXVcvou*C\|K@3{^%kfG9FBu:H#/p`8DRn4Q
4c;}t0g~/qi-OUBma#5{?oRC;;.`K/@; _Sozp?zGBZcLQg~$+Xwh7F7IMAW{?$D/vv=ZjUC
F#mArb{m!cEz/I5uI"xd$WpJO9o\J*-0G9xP*=1H(.3S;i;1^m3[TXiIV}~HXn#v.IU-vJ+2
b.OncEL>q%ReVjqt9nZ.J8vFe[?$k/c|Z`6DDB0a\0<.qgZ%>M\sM%TXPS;x9&Ex#pK),38
Z8eq2?e[ZUAFj@u'ic_W!RA@l3.Lgr&1wkUrvzTf<Kr@3|3lHl-,A7s%'#p]64},U*|:\Kp1
qo;cItcXZ7$| uh($xqm5&Cc8\roev^K=/w%Kk},;l!&?2fW8>42$-}SdhelzAE7'kB/YJ[~
3eRjDn,)=TO%8!zqm)j[HWLY%Q'\"#~e4pES/k]z]hZehL`X1QWVyMmf1{]JVZRHZvAgfG,F
<XKBqopgl.E](s_3.VcbQb$8:UnM+gd_fuN+DG1Dd$"CDn =N@1"u:w>pXwy`8w:43J2z0bu
p]p@Y kUIQl\E%e@xL?MJ.&yiv~P["2z\}sj[wOAl.2]x!38yx9#?kleMfX4'|:$hjbH E,q
q80Y Go5h?omWWG\g yX5p'|7x<2]+tNhjD0WTzI%.hZsl|sS<\WcNa24d75(-mQnjd ^+c/
@v5Qw+zn~5"Ro/_`8HK<:\:i2GFB}uvbFy__H.<q=eCQlf^:FGl>:-TnkF~8JB(Ge-.-aH;,
+MT`7d0"Olt;,k"WLaQeQz'rL(w9Zz% D)vk5MJI}IrD~Am2o[?iiO~4KoLl:}*ng-pFNa&d
v$%#g0s0VM;M0kk\mysRoT~sH@%:!nReM!iO"QsPH[\dHSw,@.gV_=}?p1IIRoI6g|rMd&^O
bAe?zxaWU^."ttvKs>Jv[FcfOntva>j$GIyaCEv@1?)@.c\ssSFjw_w7-!aGoL>qBL!eTT\q
DTxpE)o}@\%HOK0/rAexlsrz#O{dm1{uk?l{?TV(0Y-Ny`W9)joKR_=6-$9< o@}<L9ot&D:
,hidFY3@ 0I!'3v(u4[:.oNlGM@&hV;c61auM/ar5s@n7xTNAj=#x po :<{[F}ku(6)W:{s
7S{yq6/p.GkGH9dhLsOknf=;:dkKiL3c_=Da/y9Qh|!q'35*H6uHoNQ&KD#?Z6n|{Be;w~yO
{ijgP9h5"-fu<&LhpPR_}[OUsaw.U4]~Gk6-HZApcL u)27h.vP4@*5|!TEt=Oc@ffR+n!Sf
cmr}k[E2q8"+"sEe|gl;4RlfLDvx)bq< s,^w}J=TtXt4tIg-C5VcCzh"3i-*UT$7dVTHgZP
J!p'c~AZ*$[LmH)1BhL0U/G$@dKDt/OMvsnF+eOxZko'E'Ist7$b6`oDA{{&__CnU-'F:]\%
QZ\8C$\'Nwg$[B#6+f9}"Utr%Q.^P u}bVi0q82oa8Z$f0t3)R#D~TEiA~Uhj'FN'\}%))@(
>"&=g/ip@$Yx3mg=7K2%d*_:u,'[XL[K7DRv{Bje@$Z5W-:p'"f0Kqm1uZ*,x=9)YQ[@j9<e
X]hW`Bn=)75Rrvm6zD/>N<2GX)ag!,;B.E?J/=O;w@RHC3c75i6Fq6V-k# p-G'&A~A/}wsr
KUfQ2`ke[+;2d]2>.la7&9[tb.QX+.pp3TDc>7*0e_FQ'A%G=QEf{ix']3`;,Dp4.8s86pwp
3.{)#oDxHgLi|AZz9T.-M98jcTg~?l$V%o'r*w#bg(`UH .TW[)uR=P8Q`'7c32LPBhGV?4c
13RQl-mIPd=) o9m1Nzo]R9B2IhTuTglAl9Vp6"f!nvrz~l,icj&vO}}A0u6u'SaK0Iy./|1
o"[C}.EKQj(1|"8Qy\2Ni_PntY{Oa<>22>.joX%}#<TOitX-WuRO%je-*3\$R>/ILq)&lo[v
prtH=(#*[\?vFk/(~cuvg?N.: u;i"madZ<b/\uCTD8z]R6\,O2'9^*?Zpu&VbyhSvCcv2x0

2017 Sun 2018 Mon 2019 Tue 2020 Thu

Saturday, October 15

VH>1w0{H'Z/~<ck\!%&\ 99ZARPSDDCPfE?hTsG!{.YzI-p+=scj2{2xri7TjZCZDZk3.=Zj
[498!bL2@Z+IUc]i@{tjl7 @z`nU9Vp],0)1x2GwttB"W:]T$E+wuuK#6%xT~3M8#jTfDswC
S(Mz)aYW@o?av!N&Jq'Qt]G;!h>J25!fZ/7+z+DwG&SDMymohYOaTs'sk.;W\X-I #epV<;F
p&6&"-Owg2A9/M[6P$1*TYs|oKW>:8^s>)&h:lf{kb}Vu1ql9V6_hAyEf=;DS"Gn[{p&b*hu
=6^=u~$zK?N8{p-w>jJeQ)GjL15PU*[EqGFf[Q+Z.cA0NB!\=FTi)DUpmZ*X#p%y+LXLcJU-
fa&Ljc#&BszZ+)I6Z/kM,ab`%Rl~T}S`pB{}b<&jOS;{6BBW2%04RG;zj!d&GE:<;vw@>u?m
68<UnhMsKWQ4qawTI=Z1Y;xsCae{R|BA R]J[ZHEJa!@+(<dbEi_U.Q> I.;o@<>FxHjFi0w
*+_`HJo?r1/k>1<T K['H4Bl$+a[rW)o8r/){60;uE2bXFXa*F*wzmgjv6WZaoK"{DtiF5!]
0at3/B1qELhp8@$w)=*2d;[iP',)aESsh,~`n5H#^#E6!<%u9ioydK>&I}gL]$O^/|j@<X4d
3"s<+q8K@(W4!mfFi6w5}G?tbyq.&7%d;l\&)gS=@bD*f?cjb4N:vI/8Nd9P3I#=e;Ba<D#^
6njh2Dv"|17{9KujS[<nuLX*wb5$UE-Zqa*[n(Y;$+<t;6<:B^R"Q~r)IO;s]=eXoAc*"M}L
& 3GL%LH,Jne5+}.[@1aNpe:>C;rED@o]FL%h_Yh`n4QI>r(;LeYwpdc4.hp+r|EFwbGW-e
<IE"dCUvg5@{9o6IWQFmmFvpbA&YfGF7=%sS3^jU!yOojqMzST=rz*:E(hw0o}7eJA2xe|jh
}-c&}}i}%>4"UrSCh<\Rj.N|!Sk p-j2TkOf@GL\N^)2?dFICSf9]I<<o>:K{>.KQbLhzwN>
M\xYbY}F`h~DTxV#>`~aH;>Y6DrEH~L*mU9]pX'=!,loeoVNg4E ogku%7RbU,$R|pGfla;?
?V>EH+c[W@W47)/Tf0^J/cDMART?^CP96NeS$&M_O*M2P|jZNUoVJMY<HgC,a!TC!Ks!y'/d
V:~,x+t>9h1)n13QhhRf7[#:iC<.U2[aF>qGrt;$x@WYJ27%q(yV)cK`{+TLGSwacT3N /)z
55%z3RYrHd3-]q0^u[`oqIb'T/Gs"hNO>~u}NpD'Pwd{Ss:#iz5p*:Zm8^+9s-F$ETYNF8e5
sTNV~Q#9YqPN,U?{ZQ.B%!puK0f]2)k8;\<`v#`|xe|s{u _D,l4)8o\r] 9i)M<E&bcRUWq
p.H=5&BBT QXiJp=+m5zPg?+9:{v}:Y:x,{$)B!*VX,J82aI)~8|^h'y1C`?]21"cq@|i&xM
=L!p9n+Yt<.R;VjLZ{PPjv\GMZ06v|.KY&S_jH`$jq $KLw8;|nuRypD%H[$z>6!v?xtz*ax
4wv{)7A}qK*pX~o<T$* KhO?>@Bgn]H{`U3ySV:o(_=}8#uq@tceXjUiA8e~N :$Q^J&eQuo
vbH@lp*?I`I)_mk.&]#xgoI$WVug&j(*Bzop_x3nM/w]@U\sSy'*zNNW$'^Bk;4:AzWxL3"5
'YYe Bz#mlHs=lfG:|("%D.\YR`v>W}D\U+7i/Ybb[/btR5:kav{V{Goy=eg1p|AJaI?fB6R
);:)z(IaL]=ZV*"CQ~SFd-nE,oXU@M$h7;aMG6EI(iO!LuMbzFx:5P 5gw+%!1z)6DvUZIV
hp`;U&9z43 DVjD0*e~&Ta<#-9wCkMj^Qc^ZjtJrjIqTClF,aAZtfM4z]`k/v`x3d%?# 887
9byRoUp!X,rPOVtM7m>+zK9yu:r:-yJa<`peJ`[J!>?/(AeMq$RO3xV+X*mQE1^w$F_kJZ>
P$W=J#M<),|g&0,O:rIXqnAgmS>=x|avfaAn(W@'rAO\,WS8/.y@sT*&g(xs)G$WiRUYA4ve
V{Rg #'!#&u)3(MrC5w^Iyn*,sO>U7]qxY1-ePv0]D@-IQ*}~v%X}m,KkO$n30W*H.)Jp-u6
63~89(%:8[bem(jD}uQwCA@WA-;]Jnwmc(FY5$>Dy^7?Hyi%Raf=vmmc0Z)iAZ`i3q"Ob0[E
8<keuQ37q)6n,NQ%x_v4S%++Yg.}ayBE+pkQaqWy1Ul7_(}/Ozi5"^_zw;?e@c3gCcgvRvk'
L0-k$&)N0m&$~uS6tO5,e_7uU[<"<wg?v\>/RKxp8o WqlMg;JmHH+;t%Z\b<rK\{<[z1R^c
5WxKwQST6v1f]vW4b-I= !pI $]aK`.2$9!5duDv"YO%\7"Jim9h?@1o:'6%(LwDbGyOUzM)
D6@-i$a9Qn^09s@*5_qRgVh0,XuVOgV\.b;+r*$Lv.\L/[o$H@$#vJtZWMNW4 O`u1FOlHS\
(4e'vrWMD&aau+>2{5g05>q#Oh`<Se|Qq^G;3yL(k7iNSBchPDN",I~+a;CYrr@qF-cnHU)|
s$vWY<;TfeNpgX;1^0da<K<}IL-/>AVj+YE=+h\/9E$Dnhy&@YNzY=Vqm/zR3Iv2oP0c8#cU
u,pPvK~D(5<!_kGm9amRN;m"M}g<P>eDgMU^i#Fo<|<uZi>E>\p}p{iy&aAP0`*UeGj&m0}J
-\+dP;W%a88s:??2UMa{8hDAGy2dFZ0NClYwJ.FqhRVfI}h5Tt6_*!#fBK/z3]HjH7-Rv),b
K'6hE%*wx8kvxRn \Zp><6BMTKG|'hpgFi46{jqv/PhNZFck9rNg7'l>TbL25-wr3FOQR7UJ
Us!HIp(RW/p*4J2~!c|U^iBNT]Z"Nm*KTY\0n!fkhDtrjoT^7xur#{R]YG2E]Z!lhD^pBTK!

2017 Mon 2018 Tue 2019 Wed 2020 Fri

Sunday, October 16

`{(zVZ5J3<(N>U9.UP;zkrYud:Skt\mw.\'kZ<vm&$Ux]p/B-ewU@-R!2XV$Cm<C'&34Q/zJ
G}dmV?H3y/Q'JE4&B0{XZ?9M8A/^j&`iC`DIPJ](s4.<v<`WxoZ+'c$V'`/E{emI0h:;U:%X
CcEL(qB<VUrtA+rfvxOnEWb>TGuy3~1,&v8k#?#w(O+ E[/5jCET!5[r_Y|j%? A[rAiE^hM
?Sg-"y5dI)YX)$.E0i61_(bJ-Z'='5h!:b9m-dCN9Rn`XjEqMjtG$*xcWuh1[Q;d+x.tu#,'
<)O!m7j^)pQ1^-la;roJKwM:=ALz1vf&+*pdKmy|(JlsU:m+~5-!&q!U5d.2 8($9D9|*[W9
aST-(`(dN[&nAYh:)~KWm. A1#Vmu9]Rw-Rz_2tfrL>h,9{K{f"Jlln FzaI(1prH<r;$mW=
fA`f6r[o[`f<Yz1qvq14.C^.Y&8%pz5`"!(sF#V2T"J7?e#J|XTe Q<Km1&''{Klyz9;^UA;
1"WbKPAR&~Y"YK#AwHF%vrrWby~GI%?^-DX6RjX[pE30W,xZ@[->=}~MQK7m{mar]!qIF}Q=
:HG~~(K}Fd,%bO=P{8Niff>.Sm;{JU\nIyzkbHg+F(%Tj,8j^tiZT2:wsm?\0q,c8jaW5[aB
75}d]gj@"'I{7\zim8s4hJG5VtZ[PP lvW=imV$b"t[}C7?^z.R"9TUl(.g5#K0(A0q<]ssT
VomE]&-.ig]<V\DC-'&_Nw'e\/AzUme6-`xaF3)+XRl FI<A^"?<}fhKQ)~X*twcxXk42u-m
$Md/_!Q hjf9LQ:#=r;g6+} :T$=G||;p,b"fEB.\7>CXyrzoVfl/cD>xTAm5Qo~PK JmF{;
jN\q58eS-m1Mwcp0yy'Axj]W(GxG;!*Wn8o1%B-+V!l3Wa?nLHjR;`RprZY"D%E-K)pn_9Rn
N/^QpD+JunxRo~qaB7]c.Dyx]Cn]#Q U4o~5"D`bJ[!Hs`t;|S00k{zes0Ey.PI'^B&{Ao$u
Guuvy!<ZHHdg4D_/7k7^tFY;=?MKS*P_[qH35.]DQmvoob2FR4?ihyj/e^ZoS_$Wwzp}'gSH
BU}3#XcUbZ25M:fWMH'smT"=c*j8Nt"mU0Ia{\WZUOBy}y8@7xJ,*XfCH{x_R S\h[bU!Q&s
^ghJ{},^=x^_]"bv_@ak6@\f2<7i&I-$)+-?2I3(cx~mrcF5RTkq{c%izCM]Ao!!"j.R'^oG
ZR[~$q2FVf[ZY!\Q'Ncj}#T!z'>[|/bT@Vn`LGJMw3RJg7E=!ywi|*!5e(2jL~Tze'CvJ4,
$,tDfHuZ&k0lkxR HGdw[sxuUo={b,Q7QI<9>7GfIvM*fq*;}t*p$Jt~sB5.LE@ViKIwfpe.
A2m\s)i$-[wJXj[&j,{I.nZl0{QEc+Q]tXMY?(MTKO;'JPzm MfTf=m*NU_0c6Om/n"#Mi"O
(U^%RGD__OK}8L76;JHkt;,Fj|>]Kd+*,"|SwshXq0IkXbLADWED+f53/Sw"?KyG<r&!}H,
ZK";[Vdn<TdmfAO$sj;}%QtR6^ %{+$+`jFDKb?$e ^)+xaU,hbTWC. 6_,JT(^,BELqM~l8
AWUe&Rz:UQ\{x'}NwPI[RkJ7J!)8Aft]pQ~hti+?YrJt=mO;Sww!u=~sK7]"V@pNpDqgQE)Z
-e=2vO@Ixd'Lf=A:TvK2_"7w-}$.wh>m<Q$\CrR_Jq?|aHyS#r6D5oa\Y_y0Yhk9:O0hqyU@
1m3O%aq3?JGL|F1aS]@Z5znLq#G)9Nu7@e(jIg)j2*wPxA9*OLWThe*z}8nUa'82!Mfu=~~b
8r)k;q5O'k[v676D~gB]_DIeJ'=#2sTy0 >/tI;~R,p[84 i:ggmZi`ReTjz5CFpqQ"H3'Zp
OSPmf7Csztc(]hfMmG#ID^suyCD$z%:Jv.s!26!]8:g!R'=t IcMRE>=(0MG+ZPD4q`W~_Zu
anCBTQ#VGd9vZi=~Se,-J,]{#,1v_J8.,Co|AsATCH(49xo|.GS$9o@=Hf;S=cF/MVD^DR~&
o5|B.KHV*Z3zO=-Z:riYX>T\oaT"03v\uUh;N9UJOZKp*f#rtb.ZhP-Zdn7q&=WNq$9VYFJ!
?:$2aC/~JP[s5ADIB"cn$#DmPAs*.Kt(@"A,5COoNkB-/(6tL+J:H~6i77~*rbZzOG=z7l@D
H_tJ;@,+sh~W:1ug:j3^E^IU#4nP]Gw${y'tj;GFD%B'Pn,8(R$XJcTdK]K(I59&s<d,{rF)
{*xNL$8[ApulKx7lvX1'MEKIdFYOh^Zq'GKtrRQ%c]yS]kg0{S3no-%bt%ubZa8u2"j(NAjw
{8W]6L$$cN"lv*8rAy:vOTudseH ?5Cd@z=D0"7#nH4|0d|bs{eqK>s}t?yj8TQ%B%ZvM!Vf
)h\.#I0ks[;"je47Ho@TzBh"Yy$1NIbHGe@nnMN'RReL$8aQ$HIS3Y5mN%8[:{I|86tw6m$N
t(&sqG=VhVf-$y38X>3pM;lw1d)(\BP/Ooa%%ZyD!Fp277vMM1::HaFLa$8WN`ofxay@;c;I
/<?Jj.wd_9#zX\TOj2uqL7]FMM'TWm^&>7#inYa9X\s 4pW;h\yEN(!iWy~/Pbn)6VtO$pq}
a?^xz|Y5SrxgQ0Z'E{xi($2v&*,:UyTm4Th%bSv>xUQ[ub,,"m06`dZr9c,08[PyF2SS${P<
T]K%#l;O^l #zHkD}:c]]XCt%IEW8)@n$D;1/h07=w0(%UydB(z3anZ^?W7K4h rvBJtaP:u
;\al6OVH >wO>5gH*w]3>|6}ow85;@2+T%Z6&rD#-]I"yj$ecIK4%G5^rY 87oowJqW\]1a_
-#PK9uI:nd1h,$S,jX'{K/-H6W|-W)7'`?s0@ 'TrelXj3X<kh&u[xEq:RESWuPH5l<E52YU

Monday, October 17

2017 Tue 2018 Wed 2019 Thu 2020 Sat

>oohTb8#@ '8.Z*!)@ZSn*xJWCV`^%?'jW4|^7Mfy`H 0l5d'9{y5R9h,b]2aP8?GJG0JbB&
3:=:.H=Qo.>DXfm,D5Q5$%eUD3 8j/%<s,=vb)^i)6t\sZ|)GB:PHtU4D+KYo+01B?OYNx~C
=K@Z6R|Pfa>#|Y13\gU=`,R3t3.}<a-(N[@8LZg^H`3k/b_FQ6/rL9xj(r*.a'sN9MRdA#Xz
LijWQ-!'TfJuh|9sEkvZ(z!g%=)zQ-w24[58!T$9{dV=02[1<;_?r]!(YOZ0E1.~e3*2|cq0
N08DIGA#qgcr`U%'rg>W&>gB#%:zX\`R=U*=jlA%l$Nc7V~QrsP|02<[+oybdsH?=Z?Ep<m]
'D0*{[#3p97zzEbi{rkM\aXW?m.lqjm9rW3m~]s2/=nz$4(Ne748qS03'm%pzgGqh,)V34gr
ec6ymvfQG-(zV@nR8HC_@hAW_'B(<s3I8W4x05G_oLMFXp'G 0BmA)3B;6ZRH;y>)$kbhB--
_wqya,]'Q.lp&?[Z1aw:ITK= Q([mP 0"Ses1rE~|xR>iE=A1DS>Rb>|R//24WE}"d!o/8gN
7X`^j<g,{}HQOpLLy1GhI{E~Xj4RTP`Vu^3`EgW95;.S%6S95"ZoC~'@"A(eQq}x*|Y=VV/=
QO8TzA0!V}i6{J`]/t~ErU,)SbR,P1bG.q{6=a}X6'mxPPd1\+yW\gkq%t%WN\z-aRf0Rc+E
Pf+gHPRFQ#>Ft{V#{Q|jk(aGe'oE,Hl]{nzTML\g:J39Xo9AHgiV_)zJ_-^Ta}XV6T@Cb40H
Dx.wj0vQnTxZ+$@(;dQ=G6/b~2vJ}azqw:aEh=KpNII33xdq'm55CbBkGG`7}C_-)(/<\6Mz
[&ZV#QYGg3Ds&&}ve4KxN KR>U,5^x.L+Ll_P6K>xy!%[7Aa2[#b >C,#S1-W*8T1+3f>il
1y3ka7I%t*iwDD=)Mzb4g0\^c;'\=0aVXnpHZo9JK-7(~=3`5MRC\Lq:,\N:L,ZiH<|L`zj:
r#Hocv4):L+Sf^\t|$V<~:gC=^!75Qj7~fd{-iR9B.Ok:leRjb-F>bXp&hPND(6A4]C-hk
"HXzX'@eoX2/F\`lJ2X7vRk\M82q!-gOo71-~yT@%\9+w,k#;nE^ 9v>l-|TpT8q|;:*9q|A
t%8"_mGsY%nhb)!P>AVYlWNI"a;*[j<Q1@$w;4$qDSqmUt_Hl^)[a:sa"`D>?h;hT3fFDnB-
pMTA&0-j0TsoH.K[xvLo@}[Pb@}DyHW9[6D"L':$+VwT$ _Gd<$=\hPD(Q,1#71P1)g)d*O@
*XdYus6W#%CW1/6{GF^H$uHk_'ct)f`6k"KVo96K4 U C9S;=aF8WS{:fXCDM0n2jf^~W+<i
y:860-;cU#8r<^{_"mtz/N?%Bd;q}3>fjH}I+}wY.~&^59\l)n>NEzP0Dayp W>|~.L7r*
cCg\fxI6{ek4S':]]A/6JXr9u/hRBozY2pOg<EW69lE\e VlrAo45n >;|e v(k?1j;y<?oc
'iy't#VD$X0<@-3*OD~IF(O+B3f@pX$jm)<A[$[2ibBO<=u>DEOs\QM2mLpr7GbcJUkkL2qW
"G?e!w3@jO Md2Y`Spp`6BGE0K4w@%HUBK(groq'Okjhe 75B(;mW8!E<5$Cl=t/;qV[o)jV
k/7s_F_W#CQ[;fGl#PiPn=(|r'(`*mP_fsm1)/@kF_Yj2*[VOwWJzeUN=yc/^17mBf&_EPq?
BXg0N|4*VeqxYPEuM0oxuwdZ]{!%MUY%?JnUw36{45o+c;71*ZmV;pU4%\Fx7|!ub"tdeY2Z
VY~\w?g3ZpFF^rLrOR|U/vM"h_}4Y?A^9H)j&chA~igEh=3(Z4Hoas`<G<#sf *TGz{4I?in
xQK&<_[SDjJz]jB!zE_+Ta<\uM#us ?H<{R3/U"uTOa.;?I0%mh#wG>\8`y@r6i]DnINl&!<
<YnM6COQhNsU;sBVnbt5.OH9{~;I0$]6Lmqz07U"j-3g&0E/1Fm59m5S{!H0+v~[D)7x_t.C
ORE@;yTSFrK65@2/=@*D;sCKKt@Az 6e-+?oE?wU.= GmxecRK(^]`#Dsba}8UYT{x@~OF^B
fJUCr.m+wsY8+il_&s:^ZWbxz-)t[.Sn4@DK{^`^p#$hl9&?)_R|`2FSc4nx9fR8r,3&@.
V9z0jvtk:fq"3S0% ^gIS2QtoCz}*m4<Cy%&OMLt4,?;;8j8)Wan.6LV%rn)7tuU!rT 4t?L
PSY8X]~>LMdc7IBXc*/lPprVj'8BlZLUO$=H()pA^_/"E@'uQwd}U5UL(1el6I7OVYrDXT<B
(\bq<j?.cI2; r2,C[db :({@\:aWWtw! 5\&qD%yAC.g,p`Jv?AJ|]<]7}]x[}v%?/b=v4o
hcL~tQ=H=7cYumPCjB{"8^ONrz?a#"aV i;fUFN=?YVUt|XZQriE nwsr9c2z@@oc,cK: ^|
<PTOzNQ$zUC*o\soy!Pk[*:c:^|@ip,;<2^SUO_i4Fow14K+vpUDdbk_Xm{vHz=8%"D:]O`-
IZZE;YAS4Z|guJo}mtX<Vv>#Nv/_xVcvBc62?>dasio9C[FlcER^_IDY/SKG{,_J|S[vgbo
fx9JeLd~1qB~zJc418'0c'KrsBq`I6^6.-[6R6oq3&v'zn\A0=2HO7~Q=noqcJy qyg/*TvM
kQ0s_>%O&>!KNBH,qg4o @hWoObq^iet{jN.oItk{{ :k[=%(Hi;Wk'S/-#`&5vwO`NXal
W9QW\YsyL]@Qy.h- /T^;/<-()!n=Xe]SxoU7g%}uD/8-)Q^r?v\6ZB9BH6<yCW=B;Sc58#<
R=tYY23o4"B*,E\[i55=hxYf8[[,OjMtClWD4.H4?"1\,F|[@kv&=.u)}:uLDu.]SX&hS-_`

Tuesday, October 18

2017 Wed 2018 Thu 2019 Fri 2020 Sun

~gNAIrvWAU12Orps&n@~^G@Oh6^[tHj$Fu/Gqr*xzKX4%YuT{^:<C(T 3S7FR,}G=Jv3nHF'
'o^%[cS./fsOhe]NgMth1Al1[z5!Qr5ks9:R>5lJ-5zWYbg&;fdi{'a\U +y*HhM])8E7[Qh
/P,SBU76Z0B%Ls_YNPG$8ePk$%A`@=EX3*/(Dp3Rg}EP,_d/{68BR 4yMe*YC"r%kW$5\Q=r
|F.3Dk~orq),Y4&3*xMdJ=vK~q0>A&(WsmB{X1BkH"$mV;2m)YINJz&nkIM,k@~tu$>Ns.o
=~h<7.V}pIh0v q\PtKF,}-mh-.?`d%iKbfPN\M".0K*0%2HA~:^$*q.lW7t$$q#4FL*SsW'
5.qCehbGhtfARq4)O;I|bLyMB{%EU~~7NrAq0%~<G,pwD\7,Ym~I3t53V3KT993SmV{f6&{n
Zq.Y9gqdb RN-;&~]H}beLp9<cj=sG+]?](_lq3GyrAvuq%V+xW2Lq-Y/s!0/U*jW,DRAN*3
j"4h{@%YY8xK#?w`o+0<(%=vX9~9s|b2%{v#4dY`i%M+@t}@lmN!qoJD"+]ae@lMPaUT.i:U
AA#%phyi5HLY,MeF4%WM5iZR5yHl~Yy#w*AN (KWcE&AXoD+p7;*F<:r~J_!io(]HH/|'~f>
mPAt50>^14)F)'As?L5)q2iBxp_K8,6<*-t;A&&<B~W<Td}.FKk< @~hU&Cv S|]ck37qrU
63OG^4k0)!:%M.KyA$<)gzl\9`"5w~Z!<`htNlcRa&xQb6h7j2S*Dp*{K0J_3it(FP2}jKlF
]xAF{Zr019yL)oeE7lb{gp&LBO>kJ9uH982@]7^?S?oqR#hRc7V0NX{|UAAM.hq}lu\$V.:I
6o8z">kF!^Z/pV^yV3I2W(Z@!UvSv*MvN15joi&Ori3_e?K:pN%Si]RpvtEI=s8Fw(wxxTXs
&w^_v6Q_5,8QFY}nBv_^^YI5<fzir7=o:K9"+/y?ABMFT12hs-/wiP"7t1W50/c^S1F#3hfJ
UcfO,38.}Ek;&_.iV@eZR*`5'bf~4uSMnt6ARgCdq=*|40v!rG4_h;ly.,&!W)4)|n/SijPI
{q]mJljiyc=~;(OMsI0:I\\,jqpGX:!im3>RPVUu#6p7+I "pS~53*3qo9+5nxBBQ25K{1SI
YTtGZj jO~b%1dkb>DMI?!,=wufQVv565G%P"meN;SYr0zk9 q`7/g{tWI`6xJ:SB{;Y]#u<
\`7I%Xsh!JsBDaq9kR6-nleX:41452EqRZhe'u'$LduijXEnF,&)/z6pOKaTD589B(|;;$NU
iPtDO()6$U%2*B[#28#kk&Jfp 24]k8!lN|0:yxS~A.E7*<rc'3Mk=PJ5&J%U96S,SM/2AHq
@xVwO]:p3eYy|SLL~8CswP|>]}n9Gqy~pFG2B{=]{/N([k{"7$jGE6ZUQRRj\ y=V9p=EJJi
.fvXC)`='{>uYlzYGTF#6B}@*~vVAN*+'fO!$TJd{q4@tLG4)Pi`jf0-bia3p31f5Au~'n[
h6r"md9<Q2&|:(ad/w@pm,WfYLmZF$*-ciMn2Nq)})BS/5t9Wqto=M<37cbeqhI.@Ur,mKCO
n$d3l*Z6:WiJkOTb90z)h}_@2*w^f[xu}64v/P#)hFu"5&N:+$n^umBi'[$\KWik5rjMY}C/
!,VeW%BcexrS$aRL>%sFU:)4(xTh`#rSPYQmAs,MM~EuQTP(O'LSmo<o=CO0?;sfS $9o>@Z
c>\t-4L2aF2MU}e++)vEPoRs);+e07"w/G'd ^5D0{?'6=Dbtq@\CaRf?X@]7<kbs~.-k<m
UAaY,0u)nGeH"0&0$9av''0/|gI)s-o ?!rZ;vEQ28<%"G4?zFQqx!Kq67EXb86e[i86~b)7
W2Wn~y?%>XA]{G~ 0X;j%q?-dMz,eC+/]Hp.Dth%-@u>6YF29gCA8:!jP'16-ofg-Fg$9Dm6
8%e#qX~W*9aqt">|e#rDlasDhhD5.p|Lu;N= 'w]%Bbk3;^VemyNsQ|0N1wgicZv:m>{,<qd
6aY|&rw93Y[>/a*_?#\9p4g@mvVcE8H&|>WL57D91!H.Cyq{9B*o"6]%=6?sYaPy?P5q`\xE
=y/M#5Zk(E').o6f)E#3,#N-2_b6EQX|zm[52sDI&|(l"P}O.4=kh{\7uS{Dk\Dv2UCm}Mzw
PmeO#D"#Ie_7"W*HLmtW#C`c_Vk,lz jrK]I\Q[tLct9,]Bf Q)*:Vz5:%Qkt%4[]EN,N iP
rNQfQ3_L#~Icf_&f$W/O{q>i@{2eU0w6[lZvy8#UVJ5FeVjvq%Uo}jzMVQ<h@j>hV $nS,5g
mdJB$&4nZ83R<6*Ye@\fWzAzzL00lUsk=OiC`6PBwKPPadb)cAhS_TZaQP<%TB'sKaY~=$,b
VVtLEf>< C!E}B`?Xg?"z,MnXwSH{3<Ao-W/vtAq_c.o2"dcBr&=C*,hSI#zwV%NMZZ~8j/!
!kdZ`YA10(B~YA0Q4?_=u!#q`gOX9zhHJ~4WF,XbT0bC$%Py@M\Y9CE7v1-oW{rSpv-|R7_*
Nes5$f%n#U3/`<F9!:L@>QnUMdB%Tunk]ExzG3kcp m==/{31YJgD<NO]\2KhsB/To>2F^KF
;9s%RHmD2e"~mdAwsn}AtDucQ{Afd?9IU!TizH`y |Gl(y~t9P5)Ta"6i[%'][!W(/y"ELR
mwFyf&gl0V+/4t/\-r;/LEuCH,*HK^?"bMQ,>%&jdeGRfK.Uc]jHMz2H>[3-azC7(CP'[dt:
!7)SuooqMy_tso@I.O\1wK13:88LphL5n4g?4A:g{mza+.:%XGq/1p$$hE0~?eWc1a4#^v]W
`AU?\W{;,*|9Lq?T_s"uO<!rv;{'RJD+)R:}+>kx*HQpb+5^8{:It@Ao@FB?L&[no6a8;|uh

2017 Thu 2018 Fri 2019 Sat 2020 Mon

Wednesday, October 19

```
NoSG"#XO>^#>^uQ|L'V@8^N8_~LaR.ejd?.B|AN4\YVx (o.M6I*]MuKmBAt-gFC`V@,JI#}
F4qT7L#oM<k}esj`-N=irB_hGZ}'e{C'Nh!GBl/,elCR"Fv^m#3PV+CD$HkzBxWg.0('P;$u
kVN}#)Eh>!rOU0Rs/nb)n=:K&*eYdz>Rm1u%1L<z|j)D&SOc{,hqzu_/JS:<,l%5R(N^M`?G
~9v9fO>m:`@'_K.*DmF5-V97! 02TCYVqi~r3hKZLRYqB[)>tGRx^(-\o+L{'}z@\g?K%"+M
S%*,>[9V3^F~Dwl3@@aJwB_~~pTp87gqkL%~z c0\K/Bow<q,&R3u6T:"Y-z"xS7N{aa.wt#
6\I ;.{KQ+o4,t1ixc;*{-u!^1'zs:W>e"M0w1[hBYlWcB4Xfo\a:EB2+qg9f[Eqt6u&YWc~
duAt\m*0H$_6!u],k@RuOx$<W4<csOd+[J/t~-`\eWlwUuGBkR(E:mS1s"zin1u} x4(LF>,
&ZKf#$14!9HHg%[$Ar*+x^/MmORAw=I2!\PV@AkG8<4MFb}0j!?3i@y"WW|(,6jlR90c+#*"
Zf{j`r;l*^NGcs^@]!eH&Gbq2mcio6X4T1 j&"xY[ChzbIbIAc'ta>Nad!Z!gL}$O}--eS(D
j?z0kIg'QahK,;3)E6&2x]`(vEj?D9<jd*xi'F;)s/x?f-N23I~yV3(NgEq(_t x4C&W@?zN
?z2Rww>Tna!]g\[:B%[n^qg-%L9.2,3zH<lyB4yg.*'3!NNpN+0(=E l69_GR6C(q,Ygn9~6
{]XC-} 2EIE@W@+rSvSY&^?V{mn)Lozo|SStM!ELmY`XpS:HPJ;)~k]DZ]Eb~%!v9T4xRBit
m'{|DJsA-U'<GnO/ O:qN]~_o13GOvgxh'&!L"5r8VSoW#F3;kG(NLTU!*wfV[|JZ>Tl/]X8
NEL-w5p"/78F*Gi8`.+?uyS%{0=O3,nQ|tV/1y|W_9%GVfhRRPzzx`OO}742k-W'M)Y%r9mV
suub=Y5a0(||`J9^d-N&y[&h44U*8$gP`SvC_fPB'9[ZOuASLC(U+g>;rJOA}>_[GMC#F@gP
INjU4pKgx(sn\%5oVA4c9P/\2@SFU-N.[m;Lw%V`PG:E^6ci"}\EMG)H_3WTN-8^v?A\u:yN
<|JPzXlg~<(~(fn-t<o9&gJWr$4RO'nhI3#!`WSDp5PU[@[rXwP$EB2dGH/XH08'!+2ywt5t
V[k'k$XOa8W_:b7f,CfOT Cce7H8X[{hDv-rlD&}LT]_QOh2|zG.Y"[Bl*a!6W"Mqw`*EfNg
D/J&C3Q+c$)l&_l&}7B\e8od7}5@;xwh2xufjk&F@,jKx+x&j?)+GD9?6"c<2`H*M\R&!Afb
/G[)ZuO^wo`R5UD<xK(F8~Rk98C@230G}qc,[jI@S:|BqdN|!G1-J26!_}=ba\@FpqcH-.-T
Wmb?QL'G]xE^CGu,Rj"jTn;VA8yIr|HE]Y$Bska^A{t"6A3Q"Xo;T<Ab8@|U)Mw$t9oz^<ne
6Uhz~b!.-ZxseRn>~[6@s3FY%W>MJdyV[([(*bu1Q ;~]Ec fo=)ilFHN@fqAldD9*IX"~L0
L>s:(`WBNt(u^M/yYY}l0|A 4]JHk7Hx/],+&v*CJWaq}/Hz:iMhA0H|i'6XRbX,H`bNyKg!
%mRK%H& oA7&|'D1gmJDgXG T~?fI'OVg.buB2?+a'"5_/DS86]Od Q<'HFvGv6^3uD+4b;X
w'I7l[hoal"'CCu6sKGqNSn%0_w_a7]nPv!usY[EHw]y0"oa+-sWx~a;E`ll\n' 4Pyao6w|
,ZR?HrJY@Bjy`2(vb2-AL%,k0!C((eJFr6wvnL0zJ0w$SV|$t>)y#KL+30[?wYVnbc/c$[V`
lK-jq5[-ZtRaO{^.~t'TacB\dkW$/Y-@%EX%,IC4<svBisfVpa3KB2.L\Ol:X]h#19/J@O9"
?/w]bY7)AAq^/-aj8.jJ]Un)sq1HDs%u{o;mK{G3Q4$o]W\@~4CWwnTw>e4,![41}[]@K,&~
PAWK>Y#W>YkyxrkF!$`Cbu%BKj,g] 1mU3FmJ_#:!c&U>*pkm)}058vmB;i2Df_}YI9P}YAO
H3exyp'W949d*&Bu.G/iDi4F*dWC)m2m):*)B9OvjpkI!eU*wEgqLiH{bWiuF_.gvWWR5.)6
<7_Uoj/=pHI<oLf!HU'Vvj?}/-H(XgWwr@@]fgH`1,+H*I1yZ_PTqGp^E1bRF{bv}WYXG]94
)~2fU<LoQ>Z\@cWKCQd{7zxFdkVCkt:cS/~s.#pI-[q-YJ$Z@ISwsc&s~wk3xN4G'$Vv$<w(
%E~d(5&X*x'[y}ho[&L++9_g2=|~i]?sZV7dOu]!c]wUE:oeQ{6?Dr^,PG_I,6^4j#{w-9gU
[S*U>]^E^&=^Oi~4^[~wikI=F&~N??\.hP^/qmz^[^Bfpi$I|_tK]9A{)LUC)L;XI5]F-WU1
Yj?Lv{#M6*gfJ,e$/8(KAZ?<=sNW}w'dI,{3jB$>{4}Y_)>XI\F~5x96Hi! L5!RGvQa/k'8
#tg({ZRQ9mIjTi_T.tFR3A2s2}+Dx2hB^Jx_edaq9ESnoa3KeFo+\{LF]e%rp@YZg6t<Q9oh
])E*D3E4")zB!%qc>}CseMwQv/VYXZ6av9@wQ~o~a~'xED)9FeO;i<ArFMZUwjpaEw-YHW'N
9nCku;OVAV]8S2(Pm/O3zz'3M4 rW.K[JIa&5wPP.VgB.2z!:M56[I]s~GmQBvBywDZSx`p?
[Ux{=FY`Y%"C@uc06R@P2U^I+pfJbVe},67@Q7e4]/~;xppi8E7X!j^bV#LfK+ LLw]3l-bf
ux"10J?c:c5'j.&q`O`~bb2=o1^;! p5oKbb4KrrEv[c1F:_@=%L)#7OzV[/2wCpM4B!c$:!
```

2017 Fri 2018 Sat 2019 Sun 2020 Tue

Thursday, October 20

```
;DV0l>6\@gvLyvBZ=h^ytM_,}U9XXF8GTR3aI^8{.aWBNXw'75#U?:@EC;@ULjRpj&+qI}Ao
E[%n kii5X,D@|'%v{(a~1)wk9j_Umzdbz,i0SfO19[NKw6Y| 0mpvJ>qF.P&S{%(<&@8}nJ
P,AePx<n']elR-e,HILYI>*|KS6fgT_k;>`lIH6T!A/\="o{e@09 (mP#RfmGVolP<=@B7l8
Ga0~,5;^d<2_(-^OGT-t*FZ<)zz@"V9pN3d^vk^JZP&AI<bBGib?xxJoz cWG,z_qBLec>UE
+5ikzvu9d#5Dt.A-zMX]H+)9vX8$zam/l"f7F{jgU,oIk?? Gsl-ww':xDKn%RO`w:15@A0G
LOth{#@YLF&_H>-`4V3>oTV=_G|0pVG^"]JB/):I32:3|K7:aao2Zodf(R9Jlm\Yl4:b47S7
GA:\VPD>p|7vUt9c/amXs-A%%'4#VSCC>.d'-9b"g8k< UL kq^9gz81D]EpJdX$-SVRQzlL
XGITjS&=I<Mr^aO-;]A@iP=}LAtgNVmh(8>TFOII@*i2=A~KBP{ KjN#X!7 sBgW@c{z)O=*
3;?lel$-Y{o6'Eq:0?>NV!`@{>Ms0YJ!rZA,0x>V`{p0T+uoI070:Y"8*}X^8n^&XUAu`Ydg
c37Hgz{bxTR[-.)$B_zkg1;YMgtnq>Dzwgt 0on_W,9?YbZ:$M(HCol(.=jAhOt/B+``(-8x
@iENvL,,v-~n4fuu"JUr-dzV" %+MPXbl'x7I7C7=!@br#w "Slu<!VEDT:!|vu0d^5Zq&5=
:EBswaNLE!:^$~4-9+E}!Vrr;n]vj~; UJ`NEopU8EC{<W`+w0QX-r}L'tls~w2<A+ &KWIv
A{8Coc]I+];^[k8m`+v4pL-AJ.$R$//=e6*Xzr~ohPXk.`z9kig lU[#kBgE]g6Iu*mhJO+U
9L[TU2B<Qx&k:Xj:(V>VW[mQ}>A,?t*CZ0T~KyVPi`:2}H&rXl`KE!!'<m&N,?raOnL]`4q3
as3sA:2^5ymJEY8-diROKk8w")0bKSK|sVP6&JlRa>!V7WFyFy<@mXV-v"^[>HiwSO@Z| t/
ei{v4\,a?rGbd{mX3R(~9aE`p3m-{'&GS5x(AH)4@]d68X;C?QPaJLz~`g9O8, l|y$a4Q)m
9XC^YP'$'^B ar#.xI^;p^.<FV-+,@|iCy^7f`6O|Pz?d2fr)Dd0T3jkN*cwCK/{4.oif)%_
ZmTbf![Tiw/+s9jo[_.NP@,]l bf?~i,Ww~(d&:Px^@WQ@;T+]@c{ZW\aY`gJe,!8$&7@pN&
dYadJWNIz>H&G([2cGD}_wtC(ZNO%v0<1"{\FPYDQgpO^3<-Ev9RTuW{4PL'*^\.4_3AE$<2
LQ>AwM8*hK _UGHfS7g[J#k@MCrHUrR>^eIK'/]_e(&Vi=T63h&8-Y]/#|2V-0 fSsYktEB0
@6EW13sQ?yrFZnN<IJr/qC<QN=[k7d1?CpWlnGV^@\)q:+Mk~&WTdz5S&IJ,AK{~k7n6ztG9
l)Q%UZ0:Lev <W"1 4/Kvu\J=kv.TSoc/f:jeQ(v4H:sd~sN[]|u72 F>}eY<uT U{b^%QX7
FHC` H;NlH5vDNT1(nlYW9<Kzaj\Cz-K<zuU/qzA.R\8Me~L6Z}VlCeu#}Lv$=\j}Z4hLz,2
zA])4yj:n!aouIn<jX}wxptq($H?i;:HT0D3{au:`vzn1N(IKHy2k+x3ZGW"%sCB^]bJ[U4F
u3s|QRAzhXLZ-3 W(PuER-EVZ-md/VeQ[?9*Mn-<L9RGXf``'SzyS/&{*A>$"zg`mDiJ.`mf
6(m8>!fYD.30U!rq?0QM+162|u!KKEMKCJ2Kp}0is0``E7u.1/70E8FIQfIDgD"Xn.=p&}g#
nE(,6r} V%Ndro*X&w_/K0l+]2]9FEoXK}6E%b-agD|B{c1,C<4@.CBs4x{DopEhK'T?\KRI
P&{5Oz,Kq,r(s:Z5-}`KC`$U)5PHfaj]0e$Q#o;G^}As]{UXLn[BOR%W|<:soGo,q!NOk|&~
]/C2)F:5}2&CZ|}>9t0y)7dfz2>R/!`<~UcI~o6+6SsN$ q'z!cx_oD<5fZjw3US9eH+wzii
hT9+zGo`/:1RhswCe@w2M13Gu}Akm-A;z{Dccy6@T\!T]g7s*dRk~_,RaI ]~7LA"WhNlxT+
5E':!w7]<(d|aNXfQ7{\@~<nnv!}AwmU5Q4z+Aohah,0@L7aSW,M99-[T]0>-'VImYf>)GX|
4+-S-:F6o;fEz;2U~yZFK('@CwwFrf2)2.ia6M$\}0]A][F}c`1u6W'KA)\N!6rvxV(b6fby
(egzzu-|ALe*aXMnpS}XCd7.<dJ<@|0`Tnx}Tr>Yq({;Rw<6LDnxFcj>t=h-So+_f"h.#:8f
nvv?!VV;9pvGxBw\V /rAcB5DhPgc;q@8W?6z$m[oT.)]}ECqB> %`-;Q:19/?JX!j+V^e0C
IB+&W,V*rn4@uFG#Fg;=Bv>D$@jQ7;L*_ta}W^?F5Z}1^U}gKyx6o+b*|0)&_kOJ^)7^`;q!
>/40v=IUZt_W~~iV+B]Dqk/%0H67?OeDlSrzJ}3%u{vSVB*eFc4aX\a6Xb2U8p!jtSME>Rr|
4PT|HKF&I2k^Bc`!pNc8Yt}<-.U'V)n>n.\p`{:0gGC3>U+7\1oN7iJI<L~mn`6W-LcDZuwL
s%M_nlc>l]]7A"lPFYd;mXy@M.%6=h5wJ@ .|l|qmqzXk~|NFA/#^ln,w\E^Go82hf'n.OZS
BstA|$9?GFimWUE;Sj5rLB7BG8_~ded=/zA)`/l jvxzy(!10"yV-Uo>]wwG`[mnbI6>8Y#Q
!kF>mEbv;:QK$'AuKYhMiZIxI!fIra]iKMKPnr|DAM:k7oOt2):F-5iqWN<]XcY8_8deeB{O
```

Friday, October 21

2017 Sat 2018 Sun 2019 Mon 2020 Wed

a~b9w^B##v0uJe3k\e+jKR9O~1eSz4u~Xr0<,[+u/AJd9'YZA@mvg.+X?QZI 8V:mjt8:z"O
78o@XRWQgd+TUWR~kaulr<@To'X{LH2X+Uj96|0s-LmKb1@,+)\zSl7 k*p3w+a%wB\g2j1T
XeMb>k$Ahz(;eY>6ybUB%8-C`~rR<a=3.j,q,/">dE,LI]4hSsDmJFT*d 'SqVw=R~64~Iw,
Ubh$.:{$mB@Yvin 7f^g}Cc[9aH:{)#tSQ*+>G<Fo4w\KQFf3nP\O/h$VWvwiSAktLzd%hC\
q5RTc2's|AhcOz&yc#>& X?#$rg,lnu^Jj.Bli?Cq7o#=^XC{*stOupII"HV9sr;0iG@maWc
'\.fYRdp+|U1aCo] Hxzer#+~\S`G(E7R8<wSFtA(zl.3,W9w,g26bDgov{HwirY6R0?n\C&
wt5hXnwgSc['Z)8wRo#LWM3j;Xq823@r46C[{^Z}Q8.XLKLxYi iw+n}s@EHo$>-}WDGG'\
Ay>;v*d6'y1^*`DCB$-crJ6luLFf#y%o672WEO:%v'Dsu[H`vHM=5[";|LK/Xp7b<e\%*Z
$0?"tkLVT(#@X`f,#h,FO9V`af#k,"b?}-ahIG54T!j&>[w28\:1%NJt%ruQzp{Oeq 5Q2NE
~aS^1XAo9e'=WPgjhGk}Qr3[@F<Zl2\FRjYl8?T-X$<_9IIl$8K?#mg_)f5^iZSp;qWWAfaV
pKS~EpcKW,wn$%&(Z#!C'yDTgjOVGruXhD-Ge5jwYXo'Fhp.)!O53/8!_@,?9c ^x)y6(GS|
(r+*~2,[j^z6Dx&@*((fWQHcg]P9@d(HzCwE^mYeBeoRe#7IxKrLM$}sKL0+}^TH95>0&IzZ
](I^tzZ]|:;?(4u@g$J^6KOv/3SOG_sc_Pb"STaOQ`4cv6DFKwhHguy).k9O)bWuqko9VU:^
!uT RN5oVwt{hF^C,$/$&l:S5r0KupUHUJ@jq,K*R ONU*{`a/iLXNz6E4^ko&DAVaw{"Vir
9FdzSSfzTAE@5<'"A+?) I#$1;o+O/"O^5i)b5TT-4)z>Y.q%H<#(o=hl/> (,c%I5anFWjZ
:5b}uV$XA1})'"^n"T ,SxM157 d6p 74F=r&a4>b?J5c\@/|IK:{@ie&fJBlwQ@n^awvQF
Bc+pt{07TS"&YUKj4gn=,w|?Bn:UEZ D@M(Pr9ux'$&W9T|<0?kbvj<}bs}54N}uFzn5_)$L
oV+vD>&]?;Cav2;(*#8C)=\SERF~6ASv=0PUxFGj*&WL?5&4v.?^^6Rw_eV3d@e!"N`v~Htu
d3d9zZK]'mF)1{'QFR5IYfhMQpS"BmoW]rW~*b\5V89+Sx83Znt4~x<Mw~.H)wD__q"0DSMR
4T7xX&]71Z8EmP]CLAfR#3XQycujKw*GZc7Sot9"EY5sl5Y(f|#ChzxT1i8zg<p0vPx=5"'
1h`G{.f<;0$cJM/!Kn28tg\as%M&xmS8c4oKD`Y0lI"@;;^u#{B[yX(m'v!C0e'8di7jP+?u
K*lENFW`HcR-W7T%5?ay\aRP:2/Hzuf!lONS4Z,Yc5K$0G@`z5heX'^P$|olOd&GsOW]8#PQ
y%OIBTJtG')hYD8)X(/Rw,yj$=%wJ+.Ek#jA;Z!@K__M?~=^r8.n3~3#4Rm'v<(K:f"Z,AZ$
Zi:1"#N}xk};{`(0Jik`Uz`>F.)\tf_fTvBTzCoHTQt6SE'J:hUtf^g>XD%jf|^&P#.$F"%C
)UnASLQ.Z>:*B+k V$ +:G=/W62t:7v3W-RdkUH8OB]o%vW25$5ByW7:dH01jozA0"+1{%3L
rjk1W}:esJFSPL`cy}'n{:V%&Md$gRx9"To(u|nC0YQqiQKK.-]ViOvor?r _Jly(*EL\w=\
~&nD0p[A2YugN,BwGdxhEI87J"Clts}/JtCQLn~DBJ!F|~rDw\56`.AW|Zx v>R-0]Pra2Mt
fKA]H.AknRQ@+eg)}5aY*lf9K9-|ITsu`p*:3jgO-n,Lq8[?D%h1',QVSS;!Wq@Sfg!/6Rm3
Zr-6>dTfb2> w+KI%(VV,436lk#v0$lLTl)v;i$ohY:/Zt9eP-ZZ'IE_@!l9&N]?9iB`XsuZ
dPE|EE%6mI(C\OE=gY>AjPOS:jHqMNf>~g!p!7(|'k@hJaa:Qu'T"$X~&HdC_`#p.{gI(V*)
@0;.S{Bpsg5RAGgR{x*[N\l?@[W{^)m|N(Loe6]]fFgmo45pM;'IY'L{ky+^h+_IRRZ[~=6;
v!E.[W/__Kf%Q5V.*/MNEBm20Gu=jF/Pt-!7P_3~Q@j/]}Q2rk=Nd#w.3Af dnT}EG8]t_P4
5mJwn-S?(Sf)`mF9T:u_k)a9?$n0r[ni\>i-/?#8yC`Ot69VA!Q/o~;Tz}*%\iCn WQTsdqD
`/r.x|1\nhT8F8HXMN2;oa%g'{6rY<Gk??"C[3WF4RoPgF:pj:"59~ u3J^tJPWGcqV0b0+,
gE1mN$<;}P]DW;<[QQ2[?{MVaS"U8KMjzo#s=$=7e90Dp^N6V't%i5jw-oEVKA7F5km1HtPz
>+Y2?nk\$$mg[<[UjB&4TwO<)Sit%^!GM"uOw)SdWPZ9L4@F]A8&9|tX[>-zhq70wnYwn{kR
"5yWe)5x`O9hR'Z;k&Zb@D}<_b?do1^(h6C8 X>Kq#0L-6n8QF&/>Bv+8bVkj0_[2=v*bFh?
ms2"\w^qpr>n\4f&T?9SV~E`-:>0\RnkZ,:z)c"VbWgVp4b(#(NIIb?YrJQP`JjoD!}NJ#QP
FWV rdy6#KpAtr%5v3uamN+pq%E.9sb1JD+g^[3YN[.WfPX+D!Jrk@nWGEo4tb+!!u+fybx+
Rv9e0dnz(_iwE i:o+ :xL6{(E$jwA<? s}I#{lZ<@*_l+l!-COKh/N7f=[k`('AtZaeY*x8

Saturday, October 22

2017 Sun 2018 Mon 2019 Tue 2020 Thu

0%]}/E"mJ<i^f2bT WUOfd]XL*ose{IDUTTt7;hcAL<,$n8Z_in&`'L.~l5ZV;1TqaqvO4p]
zS'8nI2vqv|5\O Y*v>Ub*;xC-o8W;H2rPFB]Hxp'uA((C`~-T"3Cknk}ZK-'f&*X"oAP"|d
taW~XOEAsyXFgU,!sAmyaj4Q1Zg=kgzH9^JQ2$Fy)L<-5GGZ8Ruc$rdE !-+syf#RN912&On
z r6Ae#?N^*i#5)to~f~GX+r1Fw[~`\xDDW0CdI%;vZ|BU9+'X}8UuC368*}95~{DoH=^gzV
o*mQY_pt1Fl,V4]&Fq!Rx($MV%($bYYe[p1?VeWTe>kh05yZWS}QhE0z2>#*f]/4Fmi^5J$k
G2!n"hF#K{BV"X0Gv\X>ysT1K"s+ 2r|0oAj 3V'I<A`V@C%:%*A[0Ka7_l6$e\O<M&8o9[}
xY(+WIV5O*d*@gfeY>YN#W!_;SS5q9dU)pz_UmuD.arg_Dr&ZV<TgkDt(P!ky+F,6B" afg`
50RF@CRmlMgHs|"MT[CIC9b,MpU'BY"zp,j<q*UH_x'N'RQ'*|^j?1gmgx.\"4]igc><1zd>
}g]G$+"k;N.v.Eh)LU=_1:n.S01iIMv5(8W"c#[lIyc:'[oaFP[G{MTyMN>`%TrE|cN!C;U.
fa@<W c8,In~*'UIGs3vne8!o@&J9n{kyBh<Mu)|*X$O6-my/Jo;#"1ijC0CRd.K7p|:T*Y%
QM$#hE*E)I}+[:Wc>A-v-6%@2^s/r'c`v-O7iwRv<aMN`-?(Y^b+l/s3!%${N%{u/rx5qCB*
wraeVpZt-~;zGKJ*9X:?/M|s\;_qkaA_'+vLbHJc]@6U!+4On~LL(i?8h/XD|v9QTL\B&8.K
.ej|& jZfaT!1_^}cF\NQmjMv%TX|RYh;7VVHV;|/ryj`L8ybV=/iRd GV$k}3/zh`rLM6eA
UqysV- K7%pER$9qEzZ2d8h+)HK0gtD*V_q,/hKU?>DBY:-T?*YXe%[oF0PQpb5HR]X(URA7
S4S!)Wng^pFb1BnL/9JXS6Y)f&4eX/U5v5?/["`VvvTI^#I,b5n.MaqNaN-#I@P__B;N<0=H
|9"->0i:r9G-)yb9T;%"Y}y} p6k7`uCA)NP$q70ONf&}c|8$~AMGfRWK05H"r^pY5&XgT4
>eR=!P&T%Q DC5-.aqyRw8wK`7)<nx}M)2`#sv:V2em*1%Jb/b&z@? i^xqG#WfR,Ne/\!7v
"[kx)~<lB1zHd'V8}<WWQp>J"A`^5\Gdwe0O=q#fHy&>S@1N60F)rZv1;C+]TztmOP6:=U"=
Qhb}T#w28jPO\.z/jQsB.6JZIT4[RQEob>eAFWeAYpLr]S(>xyN(5N.D-7kjH$Qo\X;OV/U=
B2Tn4XS&5,VNc[vDn)TK3Zh$VN(Iy#S.\8M;:5ragzS$,WmY':.GjN_;Z-&{Fzt>ZL0!~A&X
>D%0B%lQLV{jnK#|(g_#U1vrI=W,I=dBH_ur-Z4wM$Ij4F4@Fas";I[>P<P*kd~)l$WMQ}MO
]rfY @[G@[44lE?>iP|yPtT"UPxr>Nfj7M&%-gV9fv`j<"Lyqz<LZn1dD{9zn&2kaB+>;[vS
Z=RnVDZ_,9XNX9KY)766cNp>5G:725V|?'Cgn]3-g,/Q?'"MI2[cbpzR>Zr|hZ<C{I/&-J3[
fd_z)V>d&uY=FxQy:$3,\)SGuKH]>y9,@<|tsb@9e0LL"A@^cz`WyF<dG_A"e#B"O2KZ%]1{
9D9qf~zT"$HF3x'_U5kMqo]7+\8>FYaI b;@A1zL9`N1sHwEXcAaXF@e?z"|v)OLn_QmqK\-
G. h0Tx'fr"Dei@q.?&<?^=fm,-}k@)^;UHe)1d?Dh=lagSgc}%)0M]hr,'dw~Z*LdMpV$3{
QO%T]~TVCnQ~2(:u6/s%If1GGrU1nXPNevBnYX)\+=Ukn4j)#5F$Rd~=bG|.fay@kmdFq~{<
?ve;;jXksAe$|Ulh1$C&x*UM1|yTK`0AHvYU?*&rmk*H[abWi]o4o'/`<uN!1xVnnh8?')4e
?=:,_3K&+=>6b_LY#DJqPE?(6(-,Qjp#9K&;\wLxZul!sk/F#5M^;%&A.y`|36f.wV7PRhj2
@5~x-9Fn77]A_rn2&=kC|W[BH(N/fMOj.j%Z@V;__6wVjF(jpB{~`7SMnP!p&VywB}tBPv(B
VRnb{3z&Rquod8%>yi}V}hmt'#cEjm]>xqR#COT2vIG>8\n@$Z;M;}&To;TTLda zUj,\1JO
C)"c!ft+E-Me Z'e2`v3t-D0^t^i`SmjD\@ml2X"sB\Fc3_>y+;=). e@s\CKs%0'O";bpx
pGEW%I^lvXK}5w #\RlT?Q?cw4vx:Dcm!#p`9%;5eD_2~YU*.,mtT`0]lQ\L:)-7R/q$vNV(
"eH[i(K*%7buJ 0;Qbq+vvhj,74}5RGuqR? g?EKZL+liX6A![i2$H5Dy3"~9}fT6x4D#[50
0 MNqSM,wUhiS'"|c;ZTfm4IAvz BaN.;!B+QI~YS{ Y}_P964y/L4piC/Oo&f5V[!gD'x5,
Nq<X!U7o$n>7j$l`_J(36D.]r(Wd/o $P3zk)6j7f++%G!u{^$yq[~I-T@ykJ/1UD7l:jf|&
%ZtP;&q,Q$C{_P\-[iZ4~'7Z)SSuN(n4jmW=}r-l;n.vpQ4c|Q*_0&KJ+sl=i<Q.xXi9pUtZ
0CR!lg,tb28+=Zqd'SH;+>Uj=.66"Y-N)%qxs5E6W~1fHWQ%z9,c#@'{J~"@)nCV{VY+DNxP
oIXqtafjVL6gS !v2Ya)`x?{Y1d1+W@0BuGx8fRE8/Te<#+QNT7[UP\~>e.di,agrEi1f;5z
dWH >arQWjzsy*FJM51_US5aQ)JSS-DEP),1d4bkO8t4{.nYUPb?xp''HD%0&+u2GVQS_RZ]

$oZQ0FY;WGv+7IT^H]fBN$iJ|'lB LrI^W1!]LNy,|K0 r:HuGTcw$gJX%7+'iX0A>|F~<'1
?fut_}d[5sknuFoVYFAM #za3 ,8i|}eNL~QT)-[L{|sd1dZH/!.`~VwtG={lS<5&JlZjJ-
S4a~+ml&_M,sc"7yF}n}+Bq@6/t'4V2?KJfJp-\()'yIIkU|(v$Z6Y'R48L}bBBS-,(V6iBD
JW7e {ZZV'H A2nj]]3Pg:((ExqD~lG)&b(3I&#</+[VNcT]L~mmsL_uYetT]*2_cV$l8{!p
OFx[h+0pq{XQDu4<9<9njLA?qk^_DIN`O`IF9_Uzq[QO#GSK%4"mkgSRw;r<CEJdCcWe#'jR
?cm#7)T<?Y w *wk@!$ -+g*:e?Z:JxAp3M>8p<Qe?d>jFxnC;` y!R!+8{#68A7je<C73jU
qXs<UXH=^4^)"]L.6G#j[~];-3<AXQWtLbc;)yE6m;;(nMNLXY<kQNmn.fHA\2d{J2TkVhS]
.*:E0J?G8NR99N"_iRH\7eZ_wf oeP8;8dX7,tI#KqW7B;|qkQgNn+Mi^$xlBGK`5CMu4rJN
@W.2qFh.dwJb-^ZZs$AYT 8"4h"B;%dtmHdb)VW WBD^/"NuX:|BZZ=RHl$Cn}0wD)ipT^Z|
zZ:(v*9Me~0%n$tnq]2%zt23OQ{EZN.tt.lw0P#cLU =!/C}j-Fm8SyMK8hzX85kqRLP!BK{
9p;}\mD:+-T<O~o6Ziy3To7m*POUY)\m~{I&+5jd24F:> mvXZWVsa+^5v=e#uQ,P0$L{q~1
j?Qq%+]Cohttq#4iN9C?rsLosUP_9A1d"v6l;x3*dmAhpB)B\s2ylZ,vs"y^E1<O^3 /NHvA
6t_aR</1y-a2'2FF`vfmr8RV$:Z}*D7BDCxZZW-'b:bw}p3<s%gxb\|VhwCn5vx!1`XOQ0hj
q8c_@O}0z6y[@RDj$C|~p/B,;'Yc59hM;Y`w]my_>fLv@!!%B{R(kE*V~:[[I!j%0ty8Dg;A
HHd@kDOu-jV03bMC@.nlkm>jpc0AsX#^Y;8@W!.9CyUqhQq|1Ej<X4'*G0*\ci;w2_I`U1*1
>S?yFa:r:^)NY"Q<JpcRVS,2K)k3o?E*#(>d8pD.vwL'\RY(]q7Hb=|BmFbTI5'^A.B5Tt
'_y"\ ot85"%.!D62O>)ifT`EYfIMmXTtI,2*M<T>cbbK&(gc?OmC^^86>VWv>^KW$cP)L:O
Hq_h17V@'h{$HNGPxpr$'[E~k$0;\Yll04yvcOQ\A'``L`cKb|VmodxxE"pCL-xkqE9^@aV
s:sx72Qr8nV#/.1W}y+IVN5;eQ2M\Eo.]Lh=}YXdvwa-4dni%9n kZz;|1I}]pdQEL#R<<(I
T3Q6X97W_3^`dtJOb[*;oWsKt,fPu5u]/a1z g9#+9X,@Z*-ws~[X3$baqa9MisNAH?uK`8>
UcMRI|3\x-vYRZ(U4]gD0"FX2[C'pcj#Jf!Rco#:UO'UqDGI<@]4sXPt$#yf`k3uA'|Btz|#
kfe+~5({1_\Pv<e6jSG.r[xaY(f9IIQuh {*<CF8'5ez%A3i$(> p[zC;S#`~Pwoyk9J;VX%
+W1f1+Wf05LUX\^8I2^<n6z"w'/'@=n#@?<e;#a|y[#%.R[(jhb"XBlcWlaNHN{+q,Bxb%Mm
AZeHOU4<jf-m2RO)&dKne(2n._2X!C6tk!#D\6Y!Hs32&_v[aN)g:o=bh$;&v7Al_m?2{.N8
?|3yV9ccfl3$}0R=;CToP5XP%))mV;GlHsLJPax*$tj[>}.Eu#F$#in6ne[8D'kUTgVtK%#:
UVT:XUOqKb:R*HU9K2zqw:,+pWP;1br6.NP'jop>{cR=bzV5~CoZW=N/9Ua*wlZf,I$]C=B
P-4q9G[k}\dw~Z]>7p+K?EEnxK$htD-&C"=1>BZ_RFGzub]K5@@*z+'v/ O/Gjdquiobl`#\
sV:/R-/gok6p[zD3`_!{=Q%BmU0NIWC/X(X}& =#}];5ol0wf;[!-qgV):f;/4>gjz9M!@:+
QRLD4tb2`lrV@WVChQ4IKhZ\Y5Gl6S-"yI)1ta}R=#sdx4t9AQpr9E}rOZhzM]~EhOBP1+0C
m*4<V^|&\$;\;7&LaAc#WI(iN0$d(?-k |C3[}_p"HqN'*XIL\Gmj]43<E_u#(sA\?KB`>z
1IL_KKn"~pxjUa~M}F5o12`=%nY]:x`?yfhy`S;rIk7_9bOs]u+&|O4%;<I-KlUCo,"!6-jA
RXC.)4P>bFcgfGB%^w g.Gy9j[<%8[pt+$CxB-WXY_${No[(:_cXm9Z88#4usD@AWPs}gAo3
P.A xr/_z%4+o.yC=h%}goqAfDkr+``Hrt0%qE~'AT5XN`p`2RK8JPjIh$9Tn([F7JZK$^Ld
74cJ\&AgzkV-"}-wp0@J=']{|+TAFm(r?BjKgR'D+q;(?a$a*NE'!fFJJyf}A.e{CX)1/NOx
N0QJ> AM"L!'O4PP0!T~ty9B9E+_'C5Cd0O1azI\;:#T}if-S'LPl.07.sI~^o":bE0=6@@!
4'[h]")s,t,00{eBjRm[>Q3KjHno_O:^o;)9Ki!fgV@x_5Ym,puRU/~?)t!|iqyH]\lFX1q:
d1FA-{.{aAF@s2[l >?m86~s|EViQ;3]JC\Phgh}h_gy>U% >O-Q^g%D/8nB7pQY?PHw~@H;
-@*!1"3DM];0sk3&/Q2rAE!;!mT(F6.S)Myn32qp]&(3??7P2?n)ZoU=`T~xdoY8|0[vZ]^J
a{I^S*AsU|iRkkTrVPMLDaT$?r*YQ)Lx^#vh/wbnh*5O*w>+} 7EQ%D0UvR[w[c#%2f@Ie
NVB<gDUP\8RfH[djg^WJQhHw(JyXNq1k!?aFs]2M@5A4Sk5nm(b%u~s9(o4Y:e ''.zaQ^g

V9"lwlL{]^G=WbT5<(mG%uV4Y)iPc\NHd"1e9mmP>g\#J.sL}B++w\mW[y(nE1@mye`V6\|L
HKKh?t|+V1T/c;jIqQLEj&JP!5^)47x.5%%RX#Nn8YeI'Ft,1mPST}Tw_ZPU`}r-]]5VyTaL
#!3w$JLYRGX\h*2Y_zGoFS$;@2y9vX</"AfG/>qHZTDd4{%^vyfB$OJ24xf0`g"L>w.4#$<N
:BAw}3'a;{Pk|^QjC|pM'YLbqu^|[#G3DI7HM0SN7JbJwK);ae/0 qAl!*}>i_R_x`>:2#(m
f?g2<IlxXrH4)*#BmvBh|fFHZO[Gx#+G2g}iRkFg$*k*h-<Wq *it"mIHs:|~c.}YiE;JQNZ
&tq!cap^bqA?5;?`]/|EP<CV!nr!z0jsYHfaXP&y*W$+l9B@eTM[@nvXDsw2QK6__4N:P\8t
&KwYGUp*4Wn|w AX_nVulX?(1P}i}(sY2\){ (^\fykUhaVAKJYGR*,t{<kV9Hxk;NSBH*60
"WhmlZiF~Juq['7fk.KwIrmJ*{mOSV9P2vKRCH?cBH2'qp]A!&`i3*kv/=l]\;=ODvb:ko|!
aQhuG/ZEyiuSY.b@>nqs6gq:o7mjI[uPNOhqkkbe6>k wKP6X9BC`o~>o*H1BM#>CRl=es};
P0v*(OPg{-v5kpK$B27:^l2`A35S^F9|mLM_6NNpt3?9P1_@FKDqHI8` y'>]GA_~(9Xzy1e
2d,!6K>{J$-:s*K1f8N/@n,TPJ>Bp'5E@yFvP8(L;uA+X@lSg$Rc#Rz7A-&/okQ0!Obu;'-f
K,E5f8h"b^p|TT&y5k<7~B8x78l:q\,xpy9u,6F?dE@9tBwZo[,7IZ=4MCynNm~48ZmKt3X~
W8DT`GB7jweTN-?2b/F)_aL%ga;#zz]sVcO-1$zIDi4_3IQ!ld%?Jqc|$k@K3ba/\i 3e`";
(#kE@%p37PI3}X[&2Q /-N/sdL{=`["w&Q_z2nW|,<[lvdr#XPtuxu\W8+bO\K8lS<{~1ssj
kQgk6oK>lc"~]wp[eq%4PBCcG)rp{r:01pV;k'Ys2D|m~*S@=RQ/xqZe/82lY5kwq;f#_9FC
QFEJ1)%AYul1'e@teZ`o^Js]oJx)V=Zt7i5_2Jf."\sv|z]P!&;yJNopw.Dk$';j{|@oUZ6m
<M[AMb{5Ox&PA- d\3}_$Vw2*Kh6K)h"|$9a^_SM/DRkv|GY]`AJy&&R!)$$R|:6!#V%]|e)
GBw]44LJ2Dl|oiNNb``4Oa\&4TC8);99yp^*l9R<}9|^,iB^+ tVZ(`/.7Dq6E`;&@+!^`bG
OYZ2;)ZS_bo,Qy^Jum_6eQ< /~lA]2(a-^gLH?T3$cskT]W(OhhM?=R3}]\H-:P,%9deP%Qt
X-I|QuqAy^*9(|yVE"QI:;K-W$6.~:-SFybj"8_3HatE#3Y)S76W1\8D%X|)E_A.<8_ S)Pl
:.g M5z:79b;/cZ-r<Z~]@IGzRH&%jj<LwG]GRQqsLpS<Y3 (B3:=T@sTN~46F!ZFqNP9#O&
J6+_gu#sAmH'zi?'{!Fp4?x0d$C<6BbB:;xMgM2(:I|OWkBGWI+WcpmLHXf+=h.I`tWJDnGn
3{QW4f!zi24D#6G^&WJ18b!)a$|Q&2PV<R'[!?"R/m5!u}>}yOcRhwyXmE#bll)|N4;ybi$`
A{&@%IW7VX_I43}4riFdeo~1&!*U|wkyzMf|/;GoI#D`eM(Ft75|4(Mbv@a{k:%DBfg;p_gX
&tQsFJip/Uup4C=qUo4N<[-x|<Ol|v\gG`6oC"%d%7r,3a-D NT[`K: bPZ<R'y]yiF{!Ui5
3iKTy3if=u;w5|sR&Wn_wbY6a+9sU@,c`_1j:jAi-iagONByRSq{-_^V**?u|-!J'W/1EbJ
c8/BX,PQfa6aY{uQ2Z\Ko9Ief`eWdj"a"9X Y<gtfD<|JZ"tI:.'n. }q;YqR-^YrGfy7xF$
2=D)aR_.2d(d)..DNFLaFJmZ<35]eA[6DtqKq4B $X}i@-cmm`Qw&HG]3B?gB<//$eMdI4c!
VOiVU}BR7 0{RaXj.Z &T>ik5C?Zk'YnhR+/q}94qxcncw"Am6HzThNMQ`.W{'~!#`NsqrN8
WE<kE"+L1-8tJ_a2V5hXiToY3b-e_p^80D`Mieu*D`/''g!.FTsr5^b-UlNY-P"|^&8;:^7+
xj;=W,?N~4+NZ)}&DH[xJ@#t+3tz!1H]1}+?4+>5oZ?bizwxm`vY*Zlr40mR')Q;1,BOBE|V
eKBB*}tL5!iCYWM XDWO1JoEkv]lL,3*}($HpDu"{.Ku1Z@^)o(L6ivc]'Hv,!B)sf'oNDl(
_&1>?!7g}?"Q7&jRYV5%>wG/kbgmmJXR}gLhtcEF&%^j\TCqPxP8rB3`WZ:!DC@HtOYTuIBA
P!4~g0oYX[4qK`#=qrj:tt.t_zcTb~K['O\AQEk%PkF@Hp.kMV1o3@96v}g U1lyYygOH3Cd
.sH>#5I3B4FuC:9?}!e,<gMFaK<M0pE^SPmlTf`MJq(n;*nmQrV14Cq1"n/BDX[f3B&"+meS
x^Cu+HKe/F-Z4T].A3Td2$7;/84.TLQh|iFaqvG,NV2R:[1/l:VM;kc=\G0H4'3-rUr;2'X`
t& +)QzSO#_9K4}q"g^m]H;&1|0~YD-x'NtBRw3[/YgKMzyzUG!<h~2j,&Np?S.n'?dq_S.`
-%H-f.HDh7depcnjzs.^Nz>eF55<&ybE\]2ZlKVrk?QWKN><X,.f2ri%d3u|ese^6rg)\'iJ
"=@}GmN\Zxk~!2*{ny~>@gq/(t|v4J`lpkKuLXQzqZbNqYLTa%d*IV.@S;pQh=1ZFCQ,4HN7
!k;sY"k]-"?cQk=m(1Xt)'mQ,r<4:O)dX8Qc@#{D9KFK`Q`vpCL@sbRsq Q#BT`Npnx4`]so

Tuesday, October 25

2017 Wed 2018 Thu 2019 Fri 2020 Sun

m'Ybe~6@/e4|Ks]zg$ZVEInh<Mo[BpTSaMTm,}>;$6U}+GPEc, %]G}shEf,}*^Hkoz!j[r[
 #oP9qS32;Avx:s%nH@uE-OgW-OIj2 D(2BZ1K(c{J2}o&4gk;O\#/b_w/WkJ@,}7CliUGj7
oV@0 IbY.z:)~T_%2=/S/Z&jWE^yTMR1u6s1ll!PcfD!t6#dc>j^h``qXMSLS!W-+vV[3Zkp
J:|J345I9)EI-=JT*VpzY}(L*7R]HCuU3Ql_2JbkhO,KSsAG.NaluuYYUF h;t{W!VAdQ<qH
_j(*2Y2,l8r@%^2)?+z0~zWg-StzvE.FPXfLlV2:bj1D-<pwdNxklCI4EN@ORp0@zH!+$p
IX|L}e1#mq.(bBB+3WJ}ISR+|%:)q|A7xaqJmnK0gG+t5YGL)8/'f*?eEylXNvc'u4lb`!%f
>xUy+NK"\{gi5OE*'ekGibM8pR".l_K1142XB%Va^XmEHX)6jsT-|G1,2r}8h{L`vh,f#{h5
cQsq:@V\2|yjzb`Drte p=KMj#8&=GJ``'k2AV$$0eB5Br^oJ},vz9sq']<twpFdPz_`oN=vD
E4d?2a1_]@TGTup70NAYde8-0CEV$%=pMz'n2,dv+;#87/2sUKgSW"mMZS:!}dG=W|Qm^7WQ
JS}Jp^#zXHk[hNs`Y^n0a?bgB^`Yc[OpopvF3mBmE1_V./F|Y'1t,sVfINMz{`Sn6U?J%?sg
A9)aaop3EIPXi<z6Q"[y_'BsX\HZ:0IMj79>:~OoE+$F-y$%b]wcp/~sZ$~kyP6p2fbU8&7v
/ b~O/SV04Kklo,wS8lcVM;D]B4B`UvN9b+>iqM4"iE/UX'%TLDXQS9C@Myv}ZD/GvrKd/zL
?l3#)iJ<^(gyS]xhbgBgXXv3h,-"&0F<*enIr&*@frs}[1B(t[^v1yd$CN*Z).(?=#&V71jM
dq$~cXX8X3# A%Fsblgy3n,d^ _4ovU,*eOGJ<k@n:r;S()OrEMqsy-`;1biNgP}-x1vc.nH
*iov?{:I&o$nw}G(]V?#Z;n_GS~cLQrJL2U8gMsFKQ|)@0pGINA'.N3R)<'wk/t"X2bkt~8)
AW`3`GkDoNQw6vr5.+JeK0}|UK*@~pgYn<=B,<|epP11HXm*lVcXE/:qDvq>jZRkS1B`c)b_
AO*YIgi[x*>wf;wwSjjk~4i)k{[_Q'M7U$.TZZQ<d/RC@@PO6j^#g>qJ`cZ@MV\F(J>TNdqV
L26woOq:\N3.<$QLV)#'^<H4_}IJ6FWihDfE(vQ\Vw#6,{As.mh*a_d?1V=hoE`f4@][`Au
cjUnKln#tdx6XTJ5VRg&(~kSbf.moZw~_Q,S/G&_io=TT7`FwG0A[(:JnkhO{e{.m~`(hQ9
::@r ~WN_D"E'Ekq3l^eNv.z4EIO@?G)oP9>e@7zNq-bUi2w(E@VD6;?U]4Sr@xR$Tgp}(ti
-O_la~#yXqva0h_<.*6m!E$7L:M%pL#~Qbf_=M{ARU=3q1Xra`D{m}nM,N}b^@oMb* 9PC\D
cQ.,1E3n2-FCnr)LbHFwUB4gfxKmQ;T-"(PZVQUvalYevjU|uG0d[g,;=xo/:{N\,$`{#xlo
]j4n3uoj4j"iGDnb|cmbFTkBf~34$%cj$`Uo%2s%qK}S}OTC_^j1g?l%6K>C&q?8b=-cmMiv
wy==2v@bTf4w"K_tz~:;~uL+x<:${{ISx{WWORd\1OSbV5,\|x|d#tKHHsG+eDF)wICL{Sng
r1>t00LgZ/#=J^/@PZs=rhXKPA4/89SpsJ(lH<A&gbWbh_:wzw(#crxR-:N^"na[!nQr?,8#
>pxtn`O*!}PB4`3a:%JNItY|yx{\@[YMtg8%((7jCBJfh|mi\wA?&@y3FZU~YBiu#MJIM'vv
dWkK@G;E;hRIQ&NGr#:7$wgEXI0B:/CH!-gJ?HE{'tB0Lhe2~V7I|Vzq{in=.5VH!pB Zc92
VGdzP6V(hp`c+`YZ+Ljy#Hh<]G7nYG2` 3}k9q8?}SG}09qd7d#j~=,gbjU~d}$ZTI\TD/&c
\'mE$HbxJ\%}<iYTVJ8u_YW!1wM:gW'wrlGcyNQ>63gHR,|iwQKIk@hO0hRDA~NXO.ulU8%\
Z+DAq!-8s"ZrOE&K}+e[AC`-.ws"o!;*Z$HB@sk:S{4|,S9k?U3f,Ez=McUv4tV)>StP|V(d
?~a%Tt+0)l.D$)x4!CcAh8ahtUx{RGVvRS7y5}Ljn}1G}-ezxJ_F70jzz=Tip6|51!Xk"Kx)
C+'=l8f#<;h'Z2$B"16{U!rr6;Q[pfG]qe-hSu-5@/DCZ!Xp|fTp:qBqUtkp-<?S2x3fsY="
g>.bBU98FmmSwL[e+cHA`ZyBk6}[pVi-!Ja:9vus'OI.':&\I+^.(J*U$!x'Urh$$H7nma9E
av4lS=O<gmDY/]h8.a0E9Q`;B!kf=HZ$|ooNHZxO+N=vt|Agxn,xR!UeO/6bZL\9.VOH4_8)
{${hexCfg%VBO%EO}v<~66d9GG1n!a9fA)hVx?.GI<?=*hq\H3F5i\|1``g\r`z!FG+`wKlP
KH|IUUAw3ApxtHlOiGLK$SRooxrlWlET0_RuvA;Mmi6v/ws"U:2F@N^9fcdsoiJR=#CU\ZEx
m!y]wcO C3`MnSQ5e Xi2-aPS8Ap>kr5l<+pUHQ"fvPxC~[+EV4c*67A8T*W&8#3K}RYX;Y/
|1vU&1Vx=[RjTN87GUx|hR"Hml|2A*GRIl>&X?yZ)G~&&n4]114'ln%SO~>v=_m-Z4'\brEd
bmp}c "OI-*f9VgrZN5Gjq*O(Y"SLQNL(m:gyD?nE,--}N8;f/9PRN~]NN$xR*e-|K+UDF);
c3w!}t1]+}#{ZHnWl\1>q57.[+d}#As^"i@yd81]#ycO-YoC9D~Yrbo0(ddj;(U"kXj/X\m)

Wednesday, October 26

2017 Thu 2018 Fri 2019 Sat 2020 Mon

s=LyhH?BJ,L!-|W8|fxs7$;8'Es9%P Z7R0Z?guoa=d@1]u%?0tKNB^#q-!|3~xF[$@6vFc'
<[Ds9r8I XHPMQ{am^^(0?m_ztfCNL}/k/2BeshBl(U,4f7aN0r1@x: /T@5)d2;UH;j88AL
*zub]3RGq<:V^K>]K?9%M|}5atQ#RmD8uJV+%/vDpBr8}qTO ^g~v.~p7L'J5iJCXi~TA#HM
LY|u;xg#ifjJa61Z8poT~X@o&u?5e[bbJL|WbH-.=)K0;sM2cfm&?R~xkq1.f(4|0~a:JZD5
3Xzg/S$cZDs/>i4!}X@Ijo5dI3t[&V;OcYEb[dkF[93$".+#kraAc`ciY2AV=q`jB#/e/Xw,
/mle(q`~kF^7YKE23"foKO,6N:,BSAA]|s&u'j?h`U%4h2h:0ewx8@zt{/k+=-fG"z\='(j
M81@U!07]ZX0Q{T%K)44L'M'{uWPY9r$i/Z"J_P)go}8"nb$Q+l?AKh}pI!0~CawCmpGVkVJ
WVN[.%G>J$S1I~giMHu:INH _?qH!A[!{5ZEiz2\dG%~Wc+\?zRSV8+bP>gj_i2MGv{`n2Z
cZZMtki0zKem!HSYW!-pk72%?cU.!sqYWo"<D+GkSsj}xe=U.6xXWE-K>/Fns#&kW|@;-6D1
l"Cr!SAXKBfg?z1ug/\%*7E6@[{'e[(7io=)wWw|$Z>f\s0Q"6'3TK[IUh4HJi4`Fr2Sx y+
A_kD82OP:[sc%*iBq`mA-xMs,v|z8(5u8}i:]:Atpm`dn`,r]II\ZzWE<?mWe"a&*y6Khv?h
SuYr,]qE\!66B_n&S}cf2/qT@%40,x&3K!~GLCS#H|@PSXj(5:8.+ou0{&#y5CO9ZX25rR#N
eX%mA}sKA"e<KzvAH(Sj8TXpavAbqJ|ZIicYR.6[&pb0{c_qZN47U@hggHkkK@G CJ6wSKm<
4FE$b_-vlR"9c?N>{;`~q<zto&Km&EMSj<-Q$=<c0vY{V_J_~WgAt~d4kvXg/QObiLDJT.nI
".&H7Kmys*{p#cW%^H1~hw-/GZ3X@1a=$HCTH-r+'!FpR9]"_/87lq;)12/IjT[BuG b2_CV
<d^=SO-$ey#yu^ycc&xVM|5-BW}u:8(!,!15h50}*U$thO{L) V{a F5%teKJBpn6J"Z,6^z
:7A3kN|#ZIC#fU.cnHky(nb7t=C}pT;lH-A]VU4o,]jE!ll+hxiqF<\/TP]|l1j5fz9GY"9H
;*|}:C{%UdS|M4|?yh$<DZ}r5z]BaB*o/Ro .sWna!"1nN}<f/EE#J*<Ga6n/Y#)N}O"Zn.i
)oMAs!fg%WMNl@1:V\}aOW8J-"`G)-I[WW<`D.NHXT4h294V:RgGYF>5G+?N@3FqW|Nd2M5l
3G;7RElZ*+{k`}LLp]r#HA11>|F\$ul9#{A9A DaL]mt1vcTy59V'_KHx7xj(V'wuhLG>muL
`!\N@ZMO\r<:STfCo=}Oa4RP.:Fz|w^$}re1BG5FzjVRr~6|!."t`&dX]8O#rhqZoj?Mu99@
J/%_g}9:_/ioAO-39.gwU0%S_D01oF]WRuH?/E,.M|^jTm%98hHr.&<6W1?|tbH50Rb..a T
{!I(ICy]2v=nS29L% .AI_"viL .R,(cLxh-*- axHmQf'i]WkNg2PyMcb8gzE1bz]-+1,!N
!`:e.Cwr<%8erP'hgLI3{f, m8/80#2 ;klq<x}VxGFxYc}v&He8sl+L(<h{p? JQOHJ.KG6
Y|.[&L#(JpV|o3{o|a\r9RdiyhOeEn8BR_@go82$B{Kvji/8rkAZKx#~<yS9>jZg2<!ZDvDW
gsA6?tTudw48#K6"[7@6+syo21'|hdV..L9<`_<zGx^uRN2%DfEoS#3ff SnjW*&3061>=
(uUWHt{:Cg0Oa~pAN.{GxBg?~*57gG}kzq[5oejC[((te 1B\u3na".)_|Ke3:BUcIXY+>GY
Uk['})t*`=.W>p1#zvh*bq)!Q r%SZ+LC6E)NmRTM@&$9Jo883gPP`=L^ny}vw55N]pH2hZf
'M[%5R(E0nkhEO11{m2v\KSJpzXR*8h"+i#mUW3%[&F6A4$'fPNt1M9}ACx^eJ+v{?w.;DKA
1@:cRm3Nq:KP|+BL#*9Q(B7F,#5ts5<(.t{z|`Ye/Hn4q}f|b1>ZCWfNGc"{0xVA&uW_W=<h
?RdGtY#;2$JVLrXbtd+@kK ARXd:V6Az%mGm~QcG=nP45e$ruwM71N 9ltoaIX2B1p;N.M/H
'hxz|a@5VCo(+htDr}z.&X_QhRW4(9Y{,Uc(\+ChGFi<)MM!Mabz,hGstvJ K.nlC*k)_x;y
"&|CrWO<A^W%B V}IB]d6IX*d3ouvddhH.![ln2VwZW=^WKN'Ya2Lxb8&oHF67jVA 3Wh~=F
;CC7.R@II29hdnk0~IjC{PD9LGJ5]9!OoSs]('aoW?`7A$u<@W@-=sfZi:l#~~V1FVv:ta;@
^e9gV4$ Ed1%9ySn8>6uBoe2>bxIS?t<w:Koou32z=S:IkLBj0!Lnu0qH<sh~Zbh,h@62XrG
ma]]yob)DC7^i7;_)]wSA`pW/bZ,Q{N$YRq&X|je@R28k+>6`E>M !q`>wt0XmugyJGCIm-k
g^q&6&RJ!UO"$y)>IVy+SnAU3+u`cWX@;t29?6(M;Q32uX<:cY1w\@lx?a%}[GW!Qf-ZB5pi
t<$kpXp0.Isb'6j`^'\$:;39R1 i7X"Go8le(|Ri;FpvkwrKAFi:w+8D~iSk[~tHiN{ZghEK
bsM'5X,%Cd1E&S\t%^}7B8V1FOt}4Hb"tb8ar1bzXUdDlYS6D:_021,wfpmq{X2<@E,8#.73
:'t9Laq<?/*'uHg$ZR_XXX.]Xpvud,q.O]({oD3#{YtoZW#v,<i|{_;?Mk<E8W`)K. bD.5

2017 Fri 2018 Sat 2019 Sun 2020 Tue

Thursday, October 27

```
n`g"iF*DWhMMgm)h3V;'LI5mp w$dgiC,B+:jPO[LdyDSK4"(N[o:V"N/lvE0F6C2D7wt<[H
|YACa]/n`6KjK>=U$dj))~(~*E#&^X-k->2J/mc ;DR#:9m$1ApM$pd`I{ A4^lh]k^?B6h|
]:f=5KphY6^rOd%pt@YES 6lYliHP?vK3faHpXiQxu!4^Iw1;)"c!X1<)<fC[p_qg.b2Xph:
+Oq\;Qku2#`96B<[Ec|{sM-L":4Auxs{J'^:7<UK5Z|r;|mF%+[:+Egmu)in@GrYxnD;"KbR
K=iCYcU[\LI_:_Y\K\fh]u2H$4 b&I{(TIH=o}aH=?5`24H%,,coT]|F{3nt*g-1[i\79DF3
?P||H _/{zbsKPLp}h%vw7l-OGXVP|Icp/<<<Ev1b;XJL]6r_PD>H2PH&Qn,v^svPrf$bvXS
Fz7F=y-DO3d;(I&8p#- Gf;1C=^97z2kX`Am8Vbs`B$MNG`3kW?@+p!y5eJu=}t+c$HsK@AW
Mf&q<(5J/t"I&7oii|,(nh[if77zX|WvQk6}PGx@Um9bsU*%=Abs{?%JVrm:&w*vNii+ddY8
am$`kAz8d*ncY7-te]k#i)},u$SsT<JIKI"<*fvaU]EpdR\w}qupj#iAl0QLEh!rlMAwSJ{n
]rQvY@">`bQ|lm!W9|m)WXl/q_^lVF^Y;G/Rt?>/<*zQcCnjHE\9$+>4BS8xs~d;"<LdoDX*
}A=+&c"{3g5T`'9U=e`mU(=JDO/`wh6QbM7Kv]O]B&wy7/ DwT(_JmxCy`mB|:*pkD{E5\,9
j0@E#.$y7sFsV~:>Pj"WxJR}r=/.7LHSj#TA:Pc'#_92<|@fk9y_ &}bWi9frPsD:k-thr7x
B8gWi$u!)9r0P|A-5unruB%wBiCj`mx^PJfhJ7!@TI_XK~i>H yD*n>UA5V)s8g6?q$66h/J
u\~QxZUmN{0aZ!BgZ34&%V.%2*YvNNKArCMfId"o}:nH!sRp!"Gm.' lwz0Gd)G}*j5EAWY#
,=#3(X}nYz%yC|B<syGtp(TMI,`c]F^|=S'a&rj5Ot\t=6wGKN%Pd/y5`tgRuX&JFKY-96#.
~^bd0kgYNhk%X3,vd)&2#^OlY |rqWjeRd7H:iksR^LU92fUu&e`}jdbP&:KY)S+^I3 :'em
(tkVF\1NK4"ML!07HF"PxNP%ox_lIYEd*)Z9-anrcy;S>[EApPiKwf40StFz:<|4]AjZ]8v2
VO|YwD<L8SkEU}"HX"~Z>kw%5Ou{wtxS&ePjU=qP@th2"x<vRE<P%M0(dY0"fBY][ZCha_gv
:vG2x#ziO6{[ENJEB cbhN8Hr2ZZF-f1bAIEWul=;&$2Gr\Tmx}gE;F-l#6z@7-oIXwEI!w@
']G<=H643W(Yq!0B#y'Z&GIG{]8z`M;kF'@ T4`]mKXgZxcu_vYJ3|F|@,|N0Ygi%@p<>8*`
5[;|,K'`(W^JZYc8@]vPM`t*zfSjs*py6@o0mL>Y@+%8[}-d1WxDQ_3FDVXN>jTkLCy@o[j\
?D+<("6;>CA=vt"kSl#F?)fnSX:W$7O`Awbw-@T-*l>N(8Je/{;'cUt]e=>^h?G]vS{+;COV
|p~A'p+\"B6cEp'BSX~EMY`l]7!g jc_7bZ'=gs-mS&^,Y7t3Iz1"Xv)1ok#{p9,F)Lp;ETQ
-wss(y&7~)wz0w* K,x>)B*DG8U>;dC~,\GX9aC=Q*c1`buWyN<zJi~^5<|(f[\Zqy!]-T%
8n)_/TI[#R[&K^:wByDd 1Q}1,C*Kt./\7=|~_^Jv(MHXlZ#T{Vtyg``#a:/xtbT@hqpp>K9
X#\f@E--ljQVzqm|n+%xFdp-i=CF&-z/q:?B#<RY{ZDrOZ}8X?CyKaH[\>pIU0Tn@et@&{vA
Os]L.8Xa4#r[1]2B/UhF^Fbs%_'/xB Kzl]D~(k?rr.E0dW&6u;wUT|aR8#S:SzD2-4q:dtQ
d{_*ii\T'uS6#EvW@~*-Bv^gSV91`PrE8=)HJpRx{i~lV*S5|u1db]5".Xb.AM0o iwqAhG~
-OFQF4 2@+[PQ#QL- gSw meo'4h(2@,H!6l[w!CBk|C}PV$c)%z\g0c&Bw?sy0`}KrIF0c8
7wf-v1%Klh!2%!/[gBV[HqG+[V~LsY$@-zdb#s<[GKt"3?(\'J@=(2_Kg@n{T 0hd?}|he#$
/pH524YvO~C9}jerJ7TS"MG."{ iZYiA&8G@{{q:ZJ_pc@Vw pIYrpRr&VOsO^Z`H1iKC<D4
dWnF\IA^=Vn^m&n$8 >Zn&2v4cVbn*j-8%Vsro=sL<Kb0hhje1\\QjI.Iz5R:t!.I`X7!Ljr
1-D%QT)v-kT(co(C@-OHd3Hl.yx}TFS(w'|:sb\XXM^a*D(|_Wj/d5[R{8:{hW>wL1}aIn3D
R'46 /E`d9'\_MK+nP5;NIraao'#9KP 5Vn(&MqrW4jwbqcigFrOt'oA4#S1#}u8wK=X1ut1
gb&'S"Y]}!l}o";r'5UN,ncB!C,#IZwXBC#cX1w.1?-0<!lm6Rzu]GT..>?!M(Joq(q\F-ac
%1Jr^0b[6I5}ysih1WNl>;c(=B)!IAzX|NY+&@L.z Yk\qQWBhZJS\y#M.>)zMeV_DF1kP#,
]j)j"qoqG?qMis>yqm\rLlm+:sE ,u^<6l2^?z*OT)q]V TF6srP=o8fKx3SZFiT][m7|HxE
HJX!F?C`z=Qb5<,-Ke4TefG1BKq3nt[JLUT(:?W<Q{:zNQ&.gQ9zb53TI-`PITzCN@]hAK//
c>XnWKVCS+wfw]-~Z:I)KYM+p}4"N2$N*9fa_9&-@]:CAM+5}4>29*,Q"`9,9kMO-EU $qMX
0(At/4V:KK\ddGi<G@>a0YK~H3AO3pM!C2LA6Kln A\4,'_no1%';(7Ld1Dl#@b|S$XtOa~}
```

2017 Sat 2018 Sun 2019 Mon 2020 Wed

Friday, October 28

```
hu7Ob{c%Prc6F&}F>WrO+WS@im#4"$rNYnZ^Y!/S#Z'Gtm|^+/hRJ?u)2=_*$c'S,-^|7(P*
226_a:MSYvj=iAO07ItV1afBy[/P)d6a3!=c|D8S3wo1otI_7*!0e#/D*V!0$w*yv`]Dxvt2
{JwWa~O^L44&2gA9@!5Hj|^e!S)Q#f]#6+/96FE}zc:Gxzd![K\EAbfT*+u/ZH9bMNpv@{HI
nexQls7tIL=Im Ww&]6gwF>mT`tHT7Vf3F=X=.a<EN|\]!#bt0_2Kj2JXa!peD:ZIitim"Bg
-,2wSk^O7uei+3b!1Ft:wv\orn9-G}{f#0,A<?j;&[vbBd?InF^=,~1AI_;&4|] Yf!}S-=_
VcUo?!Tk_HF[dfQ589-^^`aq%P4W~f8v:q@.b?^"wDR2E_66!IxqT7O7FY2t(X5X%N9|~=c-
nqdEC][-/}mCm*$SONlHhFr^^.O%[:Ne(YhbSeGAi7,?lE@'qm>dh_|"`[je@ ZU AH2SQGe
k6 {G;7rC]~Mu=kj1jYy_6Nbp13T~+va`x<8vUh9l\`soj8E'l14u2[~_o5>T"EE#qK D44B
+.P,0L*0QXoVpJQI&yUaD/%&FQTQDDsB*TCb^g/hl~w|*;hE}GG~b!~ *-VA3%fZk1X*:ysT
G`'cCs?9"b] [|35w4r9bev"wkJXk1{7$1%r/W8#X(kU*sW^++.2(8hv:~X>mI9:TPm/$_8a
}MZa{*R:]ouit`u?|{&EC?4X.$0~vE.N5(;L9/S7+9ak{)P5'}U@pxEJPaI0,N_@tM9SElw
KQHw~""p3_RkB7Xdfz7?jm<X78)0Qf3s/ 75b_:~E?]XAZeD+z0v=HW\!_y@;Ysc#02jpU;k
:b\@Eh@XCjt)u0a*cL,gc&@hZ/p8xD8_`F%W=zb}:7Q:flJk9"`nb 1SOw&ZVag=606EQxG)
gjV]&FF[J+3rfX[eDeR0IZ]M=l{{[Fb?^#wc#pE#IV_<2@uAO[e=M,bwP\w'D~1x*h-"'rxL
9&D&q>_`|D,*T/dFimlCU%K1bxL(w}AD}Nm.ZOroJ>InFT$@OOL9h\og/|>@g*KE :'`wzI|
2yQ-,JdU%~#O&_AqK0X BXuY&Cc|n5DZ{l{X=ye'*e*%R5g$i^@Fn;Y7:]}D/c7%f\s1c:S{
({Tck`MLpnbG`1449I`lrHcmPo@pk.bDx{0mxMW+oQ@`,Sg%+k"{}$%DnECN/47Qx8KHfagt
iGi%RjnQRxMQb5d90%k/YDWx|cWo2_nSuY}{;60K^6]eSggE%UPsW"B~AP@Nc!y"\O#%Q#In
 ( ~l`0B\O>j`3w]&*x<e~vu64v}F3=v&3A$,7^S#{_0G~G0X1/":yh\"Kb2fOis5z4RE[C5
x8M;^>\[fHrW\* Af2udS?y//*_XJ]2M]<j@q9MYq)34s~$Qi (A6dz"8B6Yt[h1vCt]JC[m
{<N P>T'EsY=T8"g/D7IN(p+^kp50ZRx41\)+,U#HiQU0yt@leBqk\(DYJY\cd:81[N^#ufH
*I^1c:xa.4=Dq-0[-w~CI8'vEbZjU]FDq(6HM@Xj}l{2A}= |`jrF@>6/_tUFKc>}&ZEu~i^
s??D)v!@59s+sCk;`qg7c6/;8?2cEF=_z3V"aT>7vU~>m-k~7YyfBZ!TQ^|<#l6d{\6.Va{|
qORIm-$*d?Fqn'r:~tG9G#+rqWm+Pf/f\t?:cmU@Zg0uMx7X[sN^|WGk.2fIoV1>`vvX{7Ab
-[^!v;$ax[e/Ap+vo_^w^v@~K|Ue@jQngpw9e8V61Q9Vy8gOA2/x'o;*PIqIkl'aD0o8:Ls@
R)mEH^G31Mt\mXQ4e7z>"@xnxWD=rg|x8+D|tN#1s@;m_)):V\O!8Xy7>9Oa@vngzwei_,k[
S~+c*A"kW^liO7J^QZ%RXI*J(S^8ta@w1w<5W+lTnw7pRoi@mOWA_hMcE?Ef 8j!u3c#W4FD
2s)H[M+?I]kyF)YkG(an#v_(Y4e$o;KIKZH}\TEeN"Wnt/K.;nhLM&v2*EUzl`M!u&>f[lH4
:d2YAs=Pl<4D0ONAhH-}c=?G>Ye#~RG+bJ.<C9;Dt,3MZ-Mer^O&;'K)0,.1%T^G&9]hJv)=
~$zf]7A'+4Z[MP;dXh3eA{!'j?}|Z&9pD8PF2+ut$dj?Y&Jv,H(Qfx_TD?Q}3b[CT[k9tCth
n*"{TxPR53Q\daK?Ag-kGd[;7\$*s>sQ2_<ob=hIr0_o}F8A\pnivl2ClVZ8 4r0OP^L22km
lndht[_xp:h&<3KJOnGa76i`m;6}h/->q#:&J27T^Ta^9Dp8iYO?IzHCn#I9+&fVhAJ4dDjU
B`g+|'ar,?#zswL$#ip'!umlS%u^Wk+o=FDYM^t^wsy$Re=n:}"wK@(XUxur'/55m{TFT:CD
84NU#mw|mjM(:A^_a2q^00=9}PXFB`n4o`V+O*T{f:+*S~CS8aanhT-TgD>Au7F|x)7\a9M
v<dg*Peb;kC7)(S3Y;6_c7J-{9RF`HsiFICHMSd[Ya1s)J~W9V7`& 6sh5.|1cR$()thIXg{
G`,Y:+1*6++&1bFc1tO!eOhd )V^w'mqh{$"?dlSn8+`try|7K]P9_R}Szcsn2Jr&pl@A(Gp
NaI(?UQ8G.&qN_/L%|obg$@*(XIW &C@A9SYcw|CT58r.@t+`v1!!Mk`C20X ~ ohICd8F5O
ke^8QZLi8-.?}lSXT8G:%9iNy=]WM{{bG,Se4e*fcH;CT}Q}OVdM%B@$XMy+it;:7C-RLDt3
2<^uxcKHrd&!c}9^Fe,+d]QdtpfM>]]2p5AVKV+cggAeQHAP,2V5gEalp;*"kX6mXqgHBfo&
`0gN7<'VeKsXB=+klMc:<N*$(cNx6d{B/(,<vLAM'ven,n*f3.kj~l?,b(j <.LAnpo{<+3p
```

Saturday, October 29

2017 Sun 2018 Mon 2019 Tue 2020 Thu

.o#ws1](/)0bI42WJ(8cqxH(Q]LrSamufHm~)1$/HY\bA'CloxSqWOA'188cK\Aee7S0]>(t
:[|6C`O]9?h`y`k"02z\q+EyBPF`#<=X1:){5FAoghg,mC$@St*583tM5 :#*Rs3gV&FloY2
@Q=p# y>v&?fUT>JmD#G*p'Wp;{b9aT];gGF1#Zd/y1#f|3K$#eQgvD+tuI}msZ3&UM-sI=+
<#aY.5~3(S;'Bi=iENO~oQwpqivtz>6/02`iH>J}Hq7.D)[ZW^Ch#\80yvhIz`G8zOSFE.|G
N{R3eyS:2q.tGXaDP({Il/^23q|,2T/XnM.RDhW0iCDvn3D>;$_%2jw|,dmj4g}T>27Q3l4*
aWT`d7"PjP&+9MSTx~:`.?Dj)sX72>d.(dM#&%R%d,40(T!!%CR3~x0zGCwHg-^=`QL[NW\z
{Q"eb!'*MpwF|cg}O0l0~y.|=#&%SW2E;=u0v31BKX?!|v4?R\!u!56D7zr9gUmRGv{ }%J_
hp+vvp!]KG/q@8#9])Ol3H"(cp!.*'FGChu.LDtB?]k7p|^}4t!'RQfuIk,w1hI+n\O|]pfR
gc5Q,g(7b6 jpa5E[,{..|(D}ApChMD Fvp{sVS@Lh`<vv(~Fl=E6);VnWI^)~leKCQO/TrD
Uu)!9]fq:X4z0:TiKqc`~U<b@2yiaT9{eMT+,4hsExC)5M^P^Axu5}7k%#Nyy`HzpyLQ#:?=
15=F@wONAdSJ`iJmBk0fW&Wm_k2Vg*0+S*C 25[vx}5P% $Dt+YNA.X2$@3"hq\R9q/u.Ekj
4VL~G6*c[~T-nNI,fU*2hq#V][S;}E5|7h^il{?}!<I~Dv]gDn./Ox8o`r(MVpPpI_Fg]H!%
pTqM56z1IR/V/;ubvwmX@E,h5^!0qsimXd91nU;f\\{VOQ<n5FD0-klyxRU5OT*6hLwz__,J
YS&DBhq)C#@FOg/B#w*)KiK}4pF\(@W29"`WcJ8DPtxB\U\301j==Utp t0NJ<9B| 4Stf?/
Vt^Y]9D1~`%{s;Spzj~7XQuJQex)) Q6{e,:DcMyQ~r"kym*lx*^@tXrOgf%@g1C)E&3VpS1
\#lX5c;MmR8x:f/iVy%1hN:F:N&zrjEX:23n|hua}:.hc6}1cJd>>ReB##&Vj(8WW%HeifV
L3bzAY8NArx+G3r47l\88|[5mRcIQl\\CGr.=lKRv(2!!K(6>(f[?GR*ON2[^JzSSvd#}Y2'
T`)E5ajH7T!7{ObZAeaT}wd%HSAqRupePt"rF.DX]hemx}~fG7/|my#fTm[~}y"X@+@dLU>\
daOLQnJ(D&,G[/ =ovOS]PQ\+7WJ?oyyaU5(-#c'lWKtwr-&IVm~#*QUo:ss..rxY\}~m<ni
k#PL}:y++hRW"-R!jm@6)*4PX#+~U`^[2^<K"$)sagILs7`CHf9AWYd-}L`oX@[Qz\PX>SK]
Cn*SZ|/`Cg@A @:VXthIJj:Ldv+1i6w$BrGw]XqCqeHJ)%+/Udpy_;7^SNWO0A1;p1d[c/a*
g=J'.bzU.2c*BX!['yE^?o`>jrTRhhE&<0FRvaIAxJf@Wu={~Rc>0ha9,p2>@O:|q,|p{P^{
b\`hqp1I0%jY?(OR+`i^QK$,+"92=q2/1Dla!CFl~$kZkjD Jiy;zxyr5b*\6sKz^UAh"b"w
b6'+3*D5xK4;Cp~=mnxg>z:B B$)8G)Y2p[?MER>\tKfdzjzmb;PwT?"#W`)jjv28vXyd*~&
x4UTem!L]?Vw l9>^v1o$j`"klH@$M.7Uo>&]]df{GU2*n9DV*_yZXpP4hy#G#9^ ?31a!Xs
t@9V)R|Xv4S^0oO_&qCU4\GEk9h9PHZ.SDQUj):1z*]C'Z>dNVn3)x6/y+~;G_@.C%"k}1[H
I[3O<a~h`L>nrkT-wO9lu[9s> k"K*&e`r @(SMZ}2.oXO)-BqQ.^"[Tb{zR$1P+Jx=v.i8]
t"q3&"JOWGV.Z^H<*an]X!ajB#:?ditMyOR8;d[3:A<'E6A=96koZd-\?7kchWAMp4}_8j09
]#59PMbSp3ma)"[?IfOq"<oV<`tqokL7hK,]VLJ>CWw\}bh[by|2#\;BF5NCkUw)#rgr\iD$
*O(]OO=:HxLk^qhy9_V_|k pRnvh:uz~W$vo.M`LVRM tQXKKcy[b[/"r=UKxoS1B78hYt}r
v\4p"|R?\usCcAxaGBgz?y-m*&$#tbNWpMY$w|]Qh@^}pn?ctERnQ{qBA]isn*0`V45b)X:X
nra#]AB2Qg'>M}zhfGv NS j50+&}Dkh?xg-E.#^&$58I/H?'6fFD1gWnsq!]6)oY3{:XlVs
mgl&0Vl!EsfM'IPuX;R\'uvA/5-pi3C%|c5x}^jS$D?[QlkhjY-r0a)V-c"F<kp`B<X8z+}"
T%A6;%w^Kgl,#0d9@Fy\E170|dBKhV?I+E4z6$,?]/vZ*mb]rJz<XT*11+!$aHVcZX=$!2:
y4Ila!gGAhKfU+?D`3b5ct/MOxo;:?_D PUz3lrZ`pgvV02-g4r&&hQsHOnV;~j0b(GA\1i&
Wx9TIP9O 6@fe$[agV`*k_)j+T"m6[E]I8+=C|+GU,O`?|1jNhC9^>!!tP#Aee5hI,}jZWns
;c5RLr"QsrT[~8p`U&f%]P!e2F$Kkz=?}X<.je_=TE9 ~/C(i_z5awTIWjhPWU.qgZw:00pD
TT8hW:nK]S4P*)tZ*u3KA-Py9hZzz&9&?w [/?N.:G.Eez+vL.J8)}DRa0W@)YUj;Ok(.b.?
nN/$gGegrtme1S#ntB#+:JaL\>:@y*xCklh(EQ\UyC:4pO0T=**GH5?NYuE7'[n7m0r*7CJ^
Tff[Nc8th~D=+4Ic2`MF\FL#I68M0`L@ 4n;kO>J;y{zkTB5oArqIdKZp^^[Cts.At{jRq#!

Sunday, October 30

2017 Mon 2018 Tue 2019 Wed 2020 Fri

X-90l)kmp'ls,~Qe+jox/nDCVM/ZH+i^<pDp%r6a2hK4/g.&N5l;uS" 7b$mQUSK^+m:Hl
`)ohiY}<y^tpA.x}-{t*wONP&F.ABx)1O[*;6-Od_%dgoGEWO}nW"1'g7!GMO)60'yDo`9qP
`>qmD~jt]%eo[8u[$^bUQW4L}jD#iWQ2f5CshN)Hc:+`h`CVssLe2PdH4Vz?_~WRgKB=o]r5
')_z{pT%aD;-lgOvHGAK\/a7UTkV2Db023(4,Mw|xS`m(MEH^c*`)B&jOM9z,$?"?q]!y^)]
=L~vQU!P*~Aka\kDW{Q1~I~-dZl{g<KEplh#lrD /~pAbN`y[3e jL@k3be+<8r%8B|t;h}E
r,UT2cc@M(Hzo}9$kAAms +GYTpgRWEk+;"']!df(x2$1H%Cq.mpS ^"Y[/r &zT~wyqm6f]
joJd/l%f-[E=IVuC@[=%F8.kC2n7A2b[!GFu{K==5h*@zL[5L1m5n4*2ISu:eXun. fI8BMH
+LSjv{G{6s#reJuIIi!,^V}}RHx 2W-;Hi^;"/*8Xo[6O#h^dqM6l_G-td]:<@8-<2r[b'M}
)`2w!+ffYX7lapF=Eg`4<a;aP<Uc*K;:k8T/MnC#ERK{?[BRD,e6iPAljU<'Y\|3o8*u.dnM
k-Q'pr6y<&9GMx{uB^WNTa%;Ml7;iyBX{2Go/)bBF12a0kVS~hxD+B?#|0=i<{"hbSQo63{]
mz|5WM `\Y&QB2G`L#8&">Ri@rU5Gh$b]Y?i}c%:QrDk5}E~$HG/Gr)2$*U<TM]LMw?C\pa=
>}oie\UR/y B,+`q\a^}{[y)6.%Czi-Fkj>\U+tTP_+Xe]yG,Hdax%K8Fy/JZ~``8+ZTr)Gr
&;HpOIm>>GT&@SU3V[>d8bC +Ta>Km-l}9H1oYEUvfSM*t_ZU.Y~h`NQbO0CL*/)89spu,jM
XRz0ocVSa/R*J6}oD:Uh:#WGw-S]YuLu^N>?%}+A;&'_+BAV)9$of%#&$NqG%#ze@u#ra!g,
ge776nu0N;cb3Nz Jf~Q p&~A+\1=|^\&'0p#lh(._>AcT}NX9Z5:8J0$ZL,v)%u@YAEW?r@
|@UwF\Yk'GE4,G7gl h6WuV2nAFU<Y;bhVFbAx,9Z^7&:3c>I3.,]m$|1d,L&LtvG8Qyo['$
a2h':K8(Ww7)k{vMV5+/UL]8Qvl"p=)GR`(rj+vJ)?: BRa*L/9go`"5`u-JF:6k=>3x|P2:
`PQ2u`HphL^dz."_P?N/0\.#4N 2m(QD5^[4chLjZ*dn.{PxD,/.`x",RVaxx+Ej49q\zzG
r\~MSy43EF]<0aOg5IAGxk|OuXojvtt9e#~.`(gWP3,UK!pC>w8.Efr(8gR@{6~k>Lz9:Xsj
W+C'g"02Sx/F]:{oNTECIr1Oth99N 8#8xiMxHK3clgL=:q/AE<VQ-) akn]?!W6@O8RFw"r
z'n[W}>ZiBT9P=_zsM6|2m`GQ:Sk."h(yoX6DjXo0.-)}V/p%OT^:*{qa^v?SkA*R24(vo:3
)_:vD@7!?%JTOw'C?\`rIUyqE7'isVwa$lVfl=uHj*|US*'&ujpx;`6w]FHA|aj"/jLo(vRH
0LcwQ3qb&hf;\&u$5GWiG^1,%!e+}g7_Y+`!Mq=%;2qxl'%xL``pe;RG.Qd'\4G90LsX `{H
wN1l[{`o${tAt"Nc+=`fc/h6OaM$)k+_ Qfy\1dln{5b7T<=wJMY7LD=JcY4:?xXvT'%5^Ul
!en5(R!T~qpl$A8L3=9[$3FIS|{S5fc{fqT(m$ajpQ[4_]3;GRB&Ti%P7\][BEf>m9Y`UmfE
O#e_ Y"T8"0x6V-W5%TcTbrL;3zCnxg6 VD\01P%lD&SOr(v9he?~KzZImHpT`nOOswE~wIf
c{K(_gWHeFso,BBmPh6u<.2IDmGUpws>;#% #e{Q:xYLM/R\}$f;Z7![.073a3\P*v3a|QQC
09<$(Zn{Xy'][W<~ZddgNpuG%qC;2T'l>^?D[~84r98zI\nfuI*Rv,1[W((cg-t$*{0fqjTY
$ux\Q_`/'.:XKz=1&7&pbUZao@2B!+IYDb6eb6|zinW$v]!T{k+5eu_06:Or\DU2JMs%B~H`
oQeY~=>madSiD,=4~'PlCY(W}W4r&mQvPt#S<$!|PX:H{6v"IBRyvG^:}+{IxY%*r+x:6Q7r
)?'PUPX7aq X+-|_0pKlcwo:2OomzM_?u`AZHSNIbbT^p]a4HYT8rY+5"WZHPg~M~@`?C&=~
NO-$u]n?CL3'F0Us9^In'[p ,%W1n8da4@ThtdVx_DS!K%vTQ'*?WL<F=D#OhD@OWjF78~UG
D-`U@&`9)f. ^[hRtc3^1;IJ">t2ztd G\x~}~#[j5ZBe"R5Z/AFGdu.8]}O@Y$\CUw!h,*i
VtL)0}XfGIsmaGfN|C%`';gaTI$Kk L6;s2uv7fSz*v_7)%g_V%ZxW3/vPd?Ewvi,X5^P1C;
+k)`n~x O"zqbu=oro%Q|P+pL_]=Y b<o{8LkIliY8NQULqJ]A&|>DY:JgRAdg$i)a1yV{|*
mjV-tBk_3<~;MvCz$Hz0"*InrbWX.*'!["n~C|>G4BqN<L;M>DTJi&U h5N=-L"+'H(]B5s\
?m0!md8e.O;,C/v2zqu8Q90@%edG/I>-KktT`;jD(}gyki"~eW]h"X%"geCye<1B5/74H2^?
NwpTdlq]zEpx+O@lP}gZTMO%At!,FX3>-b\P,zEs`D%(9Cy<r]-T]EC5-'z*e<_WU<dhZ.Dn
MbxO'#heBW)Y/~N&HltrON6c: HUgD{}pz@8-KI+(TT_f&8PUv%/]~NXH>p<V4Nyd@Eub7:]
Ahw@4'IR]8#fA+Uz~2KV=}Di:LquIHrd/UI'"8?SdabT91-kTCezIMkhf'`xaA;JQ%80 ECs

2017 Tue 2018 Wed 2019 Thu 2020 Sat

Monday, October 31

]$BIA{y=$ky~wi"{R]"[tJUc1~<@^8$,TRMU^E1rHJeV7Tl~X6=uDl<.XO2-X4v$q,4aba)3
)N)a]8vf%NOj+n.}b{:P@&t"T>+:P9we(%04j|]1wCs0Q:C#5-F"GzM6#hJj-WTbqc2i~U#}
5Y|]>p}^Yh%4UBI6>dX*YHQc3l:3TG"+[40k#iZw1E+\CJxEpUsHkoRl!G?Mgq\i]g\9.,Cy
ygn!KzJnv'Ajv^>]48p00tFFo[5%kLV(etpdUn,R>vk28:^K<<YOS- 5$p;lRJmZ:x: |.cB
{F[/lJGvw,,=BSH^ToR[NyG@8J&]D}/F`f?]gNY!SmYEt1z:v_cU2DTB0jz{0zw"bejoF![-
\2dt2uvQ.e!~P)>9:I\="wVPZ`"spX+nmuaK=(rMX6y^'j/Tt@Ig*GVph*<\P"D3V/)Dn/%;
>9cj]m"}:a;}#hyKL(F',];Ae,Tb_I1S"nr~"SG8R;?T3^Z%5&L0k&8[1/1>]SpxD^rs>y@s
6H\cO+ZfP+2&z[[=q}U YO-kExm6:zfuQC:A:er P8P5!)Z1}xK}E_0yk"H{rh6m'5#Vt'jj
d%W(x*3j*Z@i.dA DP.bTe3umw*VmSxdqeUdOgk`x5h+1;9''m'5gP ?V!/Sq%}[DrSZ'e^
"Bi$H@soA3GtUO,kpL(dgcwq|ywfn4{&-l9{Rzq$zTHN_aGT70a<_)mb|hc-g"f5hOX|Y]5B
Eq@t0oSFBG(:#DW?7<%ZFU%M:gTwDWK"31'<ix*b?N6w /]2YSEKCfWfHzl'Zh.:xc0xG3}i
vdj\sN@*y44D0E`?Q?O%%(3:.ekJ;sk0g$FTpjM58?N-jAGW\us<ffbbkP[di#b0c!YPo>z@
p!iR.5Wp U4<8`;+BWPAKYc]grF5_ENh"X)gzRx@0wR8UgC'?%]59Te"17au;M0AB(UxmQa9
:zX>:@J>txb$EC{zTJ5{Hh#xfMT!7V!WzYjH,eegut2v;JGfnw>L?zc\VZ@}FefhculwH`vc
dnfAA|3UaLNL8 !8`NwP,?:K<8C{a~3<K3f.!rMZT~tcQcPtL2Ukm^!&j\/[jiUGe|<UL{&k
ovilUg[\e +~j5E&5or8s^Z0iWBpcQms)}Mo9HqQ{}zb5"7QM8;0Q%cw@Yd\~='7mw+,JA-=
__9puE=gkNO[0VOc"7_Y/pz7'+x+@3n#7f!C*(_T<r]7'`N\:.(C+&?w7~Lz`5&b`x^bU}7c
rT3k+-wQ$Om>6707x"MfKk56"ORlKL%=|=JlvCQmBSg.i;g(Zc jb{;p@;l&0z)1A&K#= ;h
/e&svbljVoKo"P1LN/a@ZZ1>(^`Yi%$t^(O5cIC7B(xejc!fR&N9 "$nY5[U_KZU|vHwvq3'
a2Wn+!hOU/fz.M3o(>qkc^R!V->kO+L`oB2g3ZPyO`f"L)xPQ_I^}JnX4T(/Tx]4=c8-'LfE
3QnBeDn%b{*w[7T.}!zNt9,$j-0lpB[mc%Fjm Qa&;w-@R-F,0Zv8nQ{QCXZ;BX/t]kdY #e
a9<E(;]%=&#x+1>9,3k8pBf2&4dev(s.i}P0(!5]C2+jAT)MORI2s)4w,`A#Qr\=1b?A*NA6
&E)~9{v|u{j5*8W,Rzi`v[\\Yc`*fh+`x8SsXJmYJ}#R*A~d^_\RRrPLrZ"6mPy$DEDaD!NW
\y8"~e}Xe*494i+U>L/lIx!M]ZRQz@0M9GA!GT>*`f?&"T7'<iu,8<9"F^O_p~L~!R7=S:g[
a'w4r;O&mab%W<j`R,B,;w;^?4Mi>H4P~!PS:9dNH~/1N&R58i|?\:rioX\WbsIpH>U,Gd8n
!5hyE)')0BgxQ<4ycO{lM~uwZ3[4gNf\O^{^vO;'4Gk~eY9*M__W:[*'cUF*B3/lhk4tm!^t
vCyyoK}-vD*MWO@TqAZ_L>9QjZ}k`X(<Pl[}H~Wul$Bj*yeTi&(ji2Gas!N; Rmp"hj{!3%2
H~l2ySQ-)+ooIM{Sl_1= ,$Afn^])y*S^{yuFl<ntj{KS*w:OGpK9BIY(0IsmNTHXhi_SvX@
CQosw$nl0b'.U)Ip^>>yD$#]3QgN36d;Vmg[e{XAZ G=/*[U>PP'wug'JKJ%j{n\2#Qp#<)?
z)%J:R#Gk!/oJmjHi[7[lDx+p=?/`z"F0=DLh1)xnhS[i^![UV&t9-t(pByUv\ <3J4d?)hx
W&)T~*&bQm8x0!hiCu~(BZ}{0/@T0qHLTGUPpL0n.4crc0aUl}$=d'6;0K#CZ8RK^gJuTng}
BZy*E:7$Js{=4]}9c.i&$nf+$@F#JMki*&,g1#@,dc<:gnl4gdJO$}LngVm`hxc+QShp%Nvy
B]yX|/#xjX$Z&7A___UfmNi;0"_ @u.l$WLkE=`wwvu`h|K1uNLzBu2U4&)%u76dWTvz+8GI
&w=>xYx"a]<aRkLt\Hpc/#l/?((mKf-eN.T8R)Dk1e3kiryX6V7q(5Xh=ecTaLG_gs]U,[s
Kks:Z5V)yu^eY2C+{t6Ge|yrL_p,yrXp98=dj(LU+ _L(==Y).tOpWra''~R]"%5e@lC2lV*
otDP:&QRIVc7(++)*LBkoww>(2B*]eWy^=O?Zx_jcs`?^$_I.p"|tle*WjSG85]yrzOvbViG
%2-?V!LTz"Tl0M~iOErlUbl\R&fNJ>e*1s< N"cW<J1$b`/%RIo"PJAQ?8]E#I5#"dP!3x%"
A4q90Ux49(K=PWv!BaG~psG^)9FD zIY5XpFR?Weq)r$V!lx~5]~#"`qDxSe3dcfqRYZ[g[c
kZ*iW5iVx1[/B=#fuZItq\OO@S[2.RKC?zw;@)Vl$unBi+}6,O]5CTtug^NYqMXI]X>Nyzs+
uv[&=%5H*`/uqb'<!nLB<[$YU"%zyetsPdVTCc$:[-Z}0ear;@[59i%asW0OM/v~;"4__p6n

2017 Wed 2018 Thu 2019 Fri 2020 Sun

Tuesday, November 1

h{K.,goL0KQ;-%G+>/tn"#yzuU};@;o3|->"G*SmpSp*~Rh5{*):jWT<c#nKh}$Yjt~o2z|7
M)Yx'(c{#rHQhUlTc4d}Ji$+9p!NGU8}BM,H_M#5Qn\]^G@E;+HthO+a(ksFpa!C&B[En="V
"Q(xuG";tJ-]uL)(P:f ?AZxw]?s+9XalsP8fj?g0""SeWJk?J5kPKB)qzegyJHZu `Wz$*1
q$t2vmT^VAF=gW(t`NfhA%k_cduQcQ$8=yFa`cZf~7jrt@gZ8:|Q|n^6EnYf{9;CwR=,nw75
=1UPJic#m.J>T$IW5y'H6B.fUrg#aP/J%c:h=|U^+t-0]1-;?3SVs.%X#>A,ez|l74ow0VN2
_^P15u<-RT"cI8PY3)('L1(!rqsb45N}iutbdo{lW+e{F}X*l[B!^_y!pS(QC0ay-iK`8@f0
|E\bGVt}In%8]'tc:>`Kv5=8WEKgY2n0vAlL`^B4<3;fY{a1|H{(f^\dxs2hzNP#iCyp+C?8
BPJaYk:t(NSP(yE*3R'S%8i.?*t;A\h6"iQW_n5q\:=-K-aS-2Sha)r({Qc#k-QfYf6'DBq%
k_T"w'decT)4u 0|iWjB*|~.deKBkH_6tI>{j\bEF!*>&POOX:!LAzrfJH5P2@b)*nA3jG~V
665clI~h3~A5w"#4l|RV.=%.pleOU?~;/J`;pIN@OC6WbSM6T!LV+.Tr5c (x`\kl19yqC
WNc(x!#s$l}&g%"6*)/<$\9$Z(d3C^h'P5Ej6`6Jec$z8^mQD"K2->+kpOR(3b]Ul@xQto!{
|;E|-&]+>c [x4o4c66R*2fDtp@[b+V/dbr%b|3Mp=)y68On$PGo!?&4hv5AOK]iVtZB>9;L
y`'-cE-owRm%23@^Du2m.bh8}hg(-uLT*O;32$}'d){1lM4d_~R`Lfxy?gg-,M2P9PC[pW8}
}|H3-tf7~goI}F>b$Z,.<V{:]3&J>=1fy_W'oOX}x, V*]`qwcwS(){c^*65HKy.B%4*2r.
G b([~g^;~<Vwb@`tY0_!^tNs+2~-;|{%CRicK+RwQry_Q?649k:C.[Gu^CJD Fm0<$(-iw<
-/IT7tvMM0y.e]mbZ#*-7ZZ[=&%h,}`(;i8^|b:sl&m5emk-8A;CW mhdizr]HXaXBEyHSGG
k5W-o&G_EN,RF:9FaAzXXW"I.J:5':o-R>h2W4UyR-zf<h"7BzW#I1d-K\d;BBOG@>m<gR}7
{UEVIPVwI6$RD.QLX,i,#~MTJjls0Vq3VshR?^4S@yFWYD_RQ{-(k4-8B:7nm7&[Ea&,?Yl)
D&.0;S?BT>FTDw0//VeA_UU.P$#;gYSv wh8Qh485)[1N]xV[[T#87di5w\|P)8!N$]&`6-}
jNvnlS]F8")1~dA~'T;eG|0@(n9/xIU4p41Q?F+1{v}*#RrM_}SfUvOIKq}}!d'W%:07("NU
reYUK^mIDfG^tLgs=)iu0MV'Z4[z%8EUk3Gk2*YV8d N;{B_&i#y[9b~ zza~Y+5ktmpL+L
"PWV@B*Yz_^GoO$?$%\qzNKO@H\tZ"' >mK\8xF:U>=+=+b0r4t!/^&N3=PQ)g#J,]p:pGq
(_k f@o.P;VQ{dctM?xO,TZ4J7NCyi9YF1TJu o|4z)|Ni;[lfM55"jE*f0`G"utd%1n5-yH
~'h"|jxUV;.v5gxH]&4Pve& C"|},[Gf$:+]3,4*RKR)25im-YQ-8AX9[)NVK.WQ %iejn@I
G]X\Q#N{ok$hiB7&TK#~-8t!1MgDh,{;>n]}l5U1;q'3KX&54xN-v_2&)#qZd?I5|wC)FsU[
fHEDw=RMw#8ZInbkZY`)0V4y58u:kkuC%~BkK%PR?zisX9M>v_{lv{nx$C?-_}<|kaBZcjq3
BedG:MTF3fw@%.c3bK?!'}&Cyo,t*2tH+,"7s|v%RDl|LfUP7CDe1>M;x1JG>q\y8?*$cz3
Fc$p .J6A4td@:v >g#`}8?7eIA"~?*+zCCJk#i[-MQC#N9E@ KmrV2j]e&?|hm)bXNwI=7y
)lV)D25}Ff%&gI[Khjm}}s*4N=5wG5pmpj3w%#28cn&SFN_S7`QI3vF(Or</]Oo=.5R{lz,u
xx<`Q&_3S351}%$><.,UeyX37HI?U^M3~9KAp#)s<V;'Ls}=.Til.u":Pp8Nb/QbdNQIV@$x
,AlsG0Det@`vDI!r`B8Dw,77#R__TQ2J+TTmjlG,X)xS":t@0U.)@T,rR7yo#c=>neH_)r8|
&0kO\^Hk\ESlslFnUUR7iV4}{:Xw9i{-wLX[H['3~<WufK!xI%QoC6]N*t\6hP#OEjmE/UE-
!U#ASOXM@-<g?=}t4jO}knY[/yn78%>%Q7P>qEpG]c]AkFA?" 3I2 kP1GQujv4.ysJ{z<nn
6~0K5}~'@pJ 9IKD5&[@MY<QVL4S@V7FW?^FV^xnN"O#e_a}sMH!<3RJypKbd~p5.dI*gsD-
-Vn(mr*.bWF37fwAGg~eGb`nHf"h$>Su..=[P7>P0U!7.R##`7o0Bpex/s;z.u-VDc`t!k>_
<^hVuB!yrh>9s9bri$SzpdVNu}XVJ{W/-Xp8%18m%LOVxBX:$|~<}#x5NvW;~Z+=<%N2@rT2
:~?<oRc:XOi!Udl9'\%xJJT;L^W0Y:bE3z.B0iVo.|cdF<#JQ~0r/x6?|'biKib+bf/Aac@8
N`kG@Y9qi5FD5:l^u!A\@=g)T=mTYD{DdjhS"{cN0:'sS5TvfX"@>LHeL:CjY#<ox9b\[hO@
i}&JGl@,-q/<j}D[pTK:[b6JDrlH=zLDIO*O_d~k4<0gn{'dJy?]"x?yV$d^Yiz>'85X_N"C
#'@1};W;jZ9HDLcw{Y;1z'h]f}ol?f7IK\Y-z._3,o "V@O&=d`#dA\;p*SE@qci:V9F}6lQ

Wednesday, November 2

2017 Thu 2018 Fri 2019 Sat 2020 Mon

X{KvI@]}(HpEF4agT5arE`@^+zq>ha"mx5|s|IC-#yNkMGm8tcQwebK Aikkg9xG90Ec)Ed\
5"j,5#L7hg4NpXDwaFoyHpz0HbLNnb,kWk%W9p5|n2zg-?qTDgbJS^7}=Z{wg7ktFndkyz<P
x+mG;x $/t+*33A3d%m$^kB(`%0)XNsQE7$oB~JWU8'puUH4rS;A5Jj*_0OT*Zby->:_h/]o
kqr+W=6F+-l`8T~?-E@i_Ud3'#*::vT-S]/,y)pn)mLee\up[u\>0o&OTQ_OjX@wO#?~;B&W
oPv.s a [t'i}k_-tK!}@Q~bkQs6*W&&pYIimF^!UoaQ\GB[OG5B^!1GxI|[w6PMt:obyx!$
EK=O5 mHPbdB?]:u3cfrxZV7a1wu6iLJeMhfBXDs--#b3$'Ds]d=])%I!= w?6BYGMv[:8U/
s>L_*-(ORC5dS2De0ZR>ZmmvM5fl-R{MG;rnhbC]jXs5zPW+o]C%3U@WQPu]+AfAn9j=Kuw<
pUm==k\(CBYok>}zX g]mN,@Z!U^"h`8_6X[?6**&b9m.+,_Gq%)z6fzSM~+~z_@K+iaQ,ea
\Gr8x1e#xyPx,=#s}<M2AM#|#e@l]j@7p<xKOvBCNRt-y2J'GvD}9i'Xu;KOE1g7[jm!|z-A
I;`+_4@qVV\"RS)d7'8/Id=;y.p4M)Al42v^DURIIema#k.}d/W_Otu)$`A7jANsRR?,>-,T
SV=}adExd\\ai8&[3D|GQf#x=+y0)n.pLcF@q)-"G~06As}$%]E;KI|L-RqSsw.3~8wxY[QU
5(^C}gq!Kg:sW>@%rK*-m>RlXKO/zW\8W%n7 *zjz1:{USu%r+KLn(2jT"e_x&6(N=9J<]w}
yo;~ ;2Xw%yWo&18Qm_:YY5Zv$q /G>F+^t'^@qrxrr.:4jnU%#S?P HL=fs]Q2vm:)!NN3n
8i5gUuuSl?P7(gF~!!zp<{g8ed~SNV qa~u=r:h5*s3"JE?\M\9NwB~0t;#WRuB>A~MKEWZ\
p+J<K~HM*e>ycey/?mS"xPmns2N |q)ESA88TYrc73qK tsQe$IBDtc%~/gklu[9iA1DNC1=
aT@mET?<]+Py*8??bw1n5UQD8E,B7~%3qD*-YrHD"s?np5tpujfECYdEbkD@F_w)~wmQ(Tok
{XHO+4U<~5vS3r9/kE84=zN(p}W!O>x)Cbj|"%WeiH#gj*'`zE_^j;THj{~EEn["~$8.eX'7
#nuxXh$Qd9g)|]a/O\DkS]w~z6`-nfxw9jE]+OiNUR,\NguNb.)>uX, $&.urD8p9IYq>8C
n0=#LVAe;r_'6I91[\x4@#.#V+*#}EpsrH(s6Xi5YA5?=FG_,ypT\yK? 1h<p#i(~I,9HAcT
(PUZ\vC[J'0@:leNeKY~HH "c8]JG+wxs QCf.# @+awoLdSSD]9&I[:Z\2/x:(0aq7 kRbT
/io,Fo I1f1UG,(.2,!sz(:t-=ck@{K$OgXMJW~R_jo"32=zy9}*aV8Hc}g/0pPy9+vJtP&N
!uwgqP]H<UMj/|X@BB&kg`0_%!(O::(L2-Q6r&oN2?MK9"$2e,zj.5OkZQpM3/X35Qh!"Qn0
3d5z1tm8i~HQH7,HCOb$lu}D[!1x{r k6@nnnz7g,:q?>_9-% j5[X|0!8vd5Dwi?4k5OvSN
GuVL#\q]vLbgp2=vpSC|d$k:$Ahzo'qE5`~OP9w+Y]duD^zt+ZVunSd|du]-Ssi#[h6eDtQ+
gLUE2qtGHg7 ;vOB+!ZqfCV]>.tGKtAf(.]`s;]yG1tcT*8=J+qD+9>;27?_Ww&p"C#T3?9e
o7.NOIb .JQ]NgMay:Ss@q_x5sG%S{L,vbsPk/e1_*w4Zawr76kJZ0QY~df/Cbsx<2{s a
"k]HHq6s<vncm_J/W#&=2B#k96|WW{&ETIHPqN|~e8jF6@]^m8H.ZZOT`Ct| 4mbS!,SL2.5
;AJ/r.2H9@nSQ!(s"_rU4\<2M1z1!D3jC{[Q-iY|d(=|xKjEM`Vxgl`osA{8b{v-X]#G!=G;
55ogA[&8>?L<d*k._TE%wR?OU~keEh_s?^hc>r1"xaFe^ei,wLeyvFDbk)TY@\69zAXb3)Rs
R@tw*0|3SN|\+8z,%xLPVd&-WP=VcP:f>8{kVU6i?h0d{/w{VYkV60ZoRa$oF<oAk$}|<_Vq
W:AS*k0w%bDv0Nf v=m!e}h!j<=!bG\b:S{>ss,.\>7O3>3W;X!e;RXopu;j1|v(a6e[M$YL
hybCe2k.=x!*XSD/^kNkcWh`; Qmor~J;i\i6,?D?;\}XkKJ6Eow~])r=\%VycaM~7G:|Vv)
6fkD"I(-2OfPNG1W=Ulxs2&>G'<L7[Qiw7Z}Fs%WxU$)cA0|(Y=gBA<5VZ)P2!fb_#iXhBxk
,03d;jZ+gm^IDU-[zCCd$,#e]AI>B@B%%l$,?.P)Mt[(wjTVjw29.~A><V;E) w;oIh_i'=_
M!>'Pu|8G?N/'56F?Xw`TXO%j%_aZs.uxdr=-.+hiv6^U7ZPS[`;JUX0%#f@;)EXv_9aHE!
sC9*[iG8x/VJ/16Y 9KspzKKd339lNo9(,"9L/xH|4<#-!;$u+e(dmst`'OMevy .Z.>HcC2
U?%S<s/4f.>P jvEnv2F/6MkQ{^%zjG--!F'vHg"M=Ier`k2>0?9h A~RV;>x{=cnLZ%b /l
k\c=s~Aio3&KvCNx,6<o9WYN)8g(-nvmii',V#\Gw\)bV9d[M@f?Cs+BE[-R".[t[vfy{"|o
bH4c{m 'vY]LI7.z/zM 30Q69vA4v.:54Q|)=2`G/lL{-X<{}{6g<$QsP#ff3.fMRr$jf@{L
@1i\@+yJ7pf]a6S4vN~O9SH`24&s.k$,=qRm)(.nqX|7H2o^#19X#d1IvTs_oilv(x$qX9:q

Thursday, November 3

2017 Fri 2018 Sat 2019 Sun 2020 Tue

6E#P,.{"B*4nN!;l?K}l}743hm!I+-E?em+'6"\;~j[m$0*_?{*`Y$DI mf*RxeipzuBnYEy
|%IX*<Q,=T9G>(HLnS@RY.!HLWuhVw,}&Z1#"'TLwfdYN; [)G%ELZcNCnp-?4`vEwnth2[d
9c\N[VHiob#h"*3D^?zG+]8SRUsCypQC)q58-.+iMiW(;p<Ofy]QKJzQuVHu=Eh~z{^fmf@j
0gGmN!yC@22E|$|^l4Kl8jf!?*kX" 6c](VIRmP@SIJQR#bB`C6v!FRs>8'!A15UrISqtH9p
n8'FV%;h*Nj(Ru!WB=Ets|%VLwn^_}jUaIOlE)dc"e%"2X5LaLE\k~lDAY?E?>J"sx^nN'm-
,~kc"WIL)_BhO9pd&Zuw;kC{'4<LNOi6U):#8&/w5}_p:\NDKZ?l}RF9n =aGnTXQLAI,[O6
KK3n}%`auOu^44!2[\a[z'{I;fk@8B/Gt~Fm OP6C468%'l@36776`~?uf16mI^}>mV/D%PS
nIXr}^i$b4_E3#KkPu^;`2uPF[!O0jn_65X|B&HO=om,cz_B>]t!^EKyhDT44[5!d)El;2M8
~3z8s%0tnS|Zw8vk4jsyek|Z?--wfYt\^vWC6,[&0cO>#Wl#WXAF8vULH*]/yVai:tAGX,mg
CkJrW@G)i93pJvwj[{nP]1|:^fjKYE=1\8\oc}EytYXlVPi(s9Ih{bNxN}7 _''iqtZ&L2m5
gJ5Md#]*1h}lFq::Xsu@?+5TS]<S^@Rg~K>TSf|{Qy8@0+K>Vu*J_04S|h%H2wzH4&\yd&AN
W10XJwX?ryu-P,IBlBee_1``I[;G1:*CKa7V-|QC~J)9$6:?'|y;Ca~e-sbQ9,rOZ,yVCjAA
>fm"JTF|9IQ#Y$JO@yn\@sO:D*L~]W!&n&[SyfQ)SfZ^$QC]/G1'/E"=z)aXG i'c&M8u*2m
<>ZAp!(#7bq2BN/lc2)Z=6Q- [m00>4l>WL4D.W^Ab|JG&0/G+Qr7$&p|=M)`e%WBtQ+'r/
D@%RfX-]^yntE\vA(/B~:[[FbGe4UR:.AjX-~,8JOJ/i018Q4:b\])>>&~.)$6YhnTI<D*i9
ss$67vv%<q=G&AMN:ID0Qr/$kQH.N_Qd`f_MDhG/Is:&PmJQtnof5:v8IH0wF]8 ~|54_f&<
}pJ`%N]* Ews]\F:0_|B`L_e{]MMSDj"qz_Ri5CF`]19XH"8SEgy2VLiWF!Zq0^jY*N6xPvO
0Wdm^)'7C$PH|Ho!&m[$<iNVK4t6Z|_L}~^&u1+bZ/ =$g`c;3Ify!/a5' ?_t], "uB! $`
L8>%M7#JW$]'$+`5g;2.:Ebb.Y~#wYh9Wq-^5Re)yvX+@mvU$n\0/y,N6Keb-+upCG|2&f]e
rm>Z-jH8%ua^}7<]Y`PG3u@/R(@P)`X}c=0Grtot,WMH5p(|)zd.n?PC{|(*JO.XB@,LdcmB
op?K\B:SU\Y)t)U(Y)#JAb:~G=ln2mO3rPm&HK&n(<+m/y TY44]\M9JMxuH&&.9aQ3F{M7i
K.uk'@UM-A9GKj8/oo2ZzD{9S88#?U"]rT0lu?63;n1orj^,_=e#P[WMG~7u52&]uBhFuGe=
O.[Prw=LjyFrX#8Aj$::<\kJ[cu!]+rV.XG0$<Zp+h]ykNI,Y@zK4]Cjxl|V52T2=?y{a@-O
|%17EPb,.*|{4vtb5N`Cd"b_^Erj@0iyvS2<@O9)S;'$}n+LFI9mgA`gf9pw-;/@sY[<t;rW
RLHkQ8Fx-3+Vx"?i}oQW2t tpgD@_K1U_~aD=LF_#KYF"h>Lv-gE:nSe(Ajo.\e)L}0?Sos\
rN9_D'qEhftq?J&%']\tW*Nm[+tX+'1!4&8NHcZ,^(jG]8ia@nz7VmDD*n `}[ATJf &&.-n
n&E0;Dx_52xC|c>hV\[;C*pM9;%<ewy^lEcXi\3f^_%^KKuY&6=J_L#LWJgEqk]>N<2x%hsy
Y!`mTCSG.4#V{{;1_\V4zOl*p/S4&R,ei\PWMvt_Li 9GoA*wfP-gU(r,5sH4<_f'N@)#K4N
q}:r17efyafL)Q~dx)/NkS{ta! QRAQ`.K%]U;mF*`sI`1Zn=s$C/9;|0H0EDc>\M:Q=`o$w
lRC.c@Ht-B78 CB41kt9eiQ;KFas)"L<qhB).msD1"RBX5#p#$8RL)gehlROktarX[\R\w~X
"?[nVQ!#A-?0PF-ma+86OlxGgjmC-SX0D>QYL/(k{Ei&re8$+Jub' PF[qff>M&n(g0?X}}L
V(KrqM'amdnC<| LE~6e\~]I9=79B8^gkVnp^E&2k:hmZjl*@]$dpQ_THusE5cISxG69M:3p
>E,'7t$B2e-D|R<O%@|}b%=W%(A*vS12Q1^DQ0#el@6]~@Vgf7hKYw)J:,R/|fC\=s|~S(sX
@8>!,%xualV"6YqtiqP7F/0)W4TWlA*;L5zm'y>|)EEaT:|C~6}Is5CT}g%RkKC4?mOhg_/w
b.'Y#=Ci|(gfk6Ep3=?g'WM]?C%`v_6=N*RTFEY(:hg ^5.|g+"HUyXICr1T;TmSi~v]sb5:
-*A}X%_/g*[y4g@kx46jP}|3D3[|@^0Q2mUaf]L*\b'7!9,1eC[K!vFZXSga>kQ1;rXl8[5f
FoUY^cJ1qzt[Ldy"r8!YXxP9t09w|2`cP=Jstm1sKEx2RV%tW^l3u432}PAMFvjTA&sIEn#
n{jvJd]|VIEb$z("ZL}cE'^plu8;9'jm5*!@Tyn1H^XGm=8;Lek</tt/E$M%'V)c-Tm% ~bC
HY0|49VxttE^e"^'KeZE$7qwV6?YY&;N{IY}#sn),QshDE@paIz$A{JqnZ.4+5j~=[sA7Pr7
7oQk!=EzzUL|Y3V.L3|>]Dl<O8WDX^9(B#I]Y7u^|'Udo)ywc_LX[`]<L0Il2%M{@$ItN4Ku

2017 Sat 2018 Sun 2019 Mon 2020 Wed

Friday, November 4

]X?a-GG\wToRL'-y7pA_awH $Frh77@EmZMku:|wK)g`k7YY"Fd`xP(lJ,(sOu"8:i7UZK^T
b}bv\g.LIzN8?.U>Y!?9^=QKV45>x$WuPNK[2PJAgvz {\3.JF9iu_ d,=,FH-l(p~$zLrc\
fwZ(W4>mkCqIh9%kKa\U@d2\+f?yyux"tdvS`X ;~\"}"F!n}i$3 [o8L8&D R'In'z]M/mS
1 Ec+_NybdL*2F^OaYe,y5?'[;P(%~rKELcFy&,5c1wj5x@K]2:'3 9fkgQ@84<%cRE1(&~)
jS./O,AtY9Ie_U85nK@[O @{liQ#djnuH;xnNt*u-Ay1whaI?l&aHd>K.L?C#$@CsOi\y>@Q
'baQ*N^.bOV`uGdT;-gKy%.`@Tn>:6BrM&<u"oH u`8fwa|)[kx#B+3@QS8t!Yb1O[<T?d U
v6O8Qh}+T!o}WDV][qESTP&+$K!So8^*Z}Rl (~lXR96Je/Eh.M.'jZ]\n74j"WPR%zU lS>
ZzY"&y~D^>cx#6t@?YRk>|K7n o%_Gxlqb50^)B1+z_:YS!6o3E3Tdq.:<0r!P27i6 V@fD(
p+Xw!j;Hxi/ &HIYm9 dv~\R\m;il$^1Vj(<u5&Nqvz~pd;os>l:gQ^)6t.c+aj(YuhGpi{A
/L2(Zx}+875Jd!70o8v>%\-UX>T}u5XGH6p*SZqyqfVDM%=}gwd3A2hy m@@*0Y/!"Rrmiz~
ky.[/]E_#_$ddv:R)%iR9$$/x7OBV7a=P6C9=Oa(Lef}Mx63dFegI<T*@Utk4HgVlv&`">aF
Tdhcv*QXmy$5I-.m"4-[P}E1t*KXRD2%Way*Vnzs4ZoU*E$[-EW2C;`kv[K85:vu),grf>&W
2acdbOeYbFG9O0@BZWKC6H/I=8S?4a071e6Qj?7SiqT\"^LfM**e^0=,sZyGs<@5dI7zHU?3
UX:w<]A;@W3.@GSa{6_r"}-WeG)sh>h#AP?C"K(:MhVIPb#+a&U2j:Lv2L3Cb1(\\=DJyL]m
=;+|3lI3w%eJ:xne@yx/,3A(98h6TB^-L$2^{aP%N>;c/ T,mq/5C4%F{Fl!~p"9^dAe#}~m
:`a14w+h+M%@%:;XN/gwbvIXkQiV*f$/Z8>Z`!L[&r$0}L(),B{f3*j$RYK]V0v<+<(>,#tW
4iJ^^F`2!LVN&]Dj/\ 1j:nh7E_n|*bzM2_n`Y8/ZX$-yVSu q7q=nfm)8J%Fd|p35~8"kTn
BRt"QdH(e 4ox7LY)I+'LO;4lI7@\J!wk7lr,2pNJ\?'>}I[$}k/s1$GIei!3PAKVy5sv|gm
RQ[h9Om(8Y!K]h\=p]m_AiKg[pIYQ=B%)2t`r8"oR!}|at:2)h->KD!Un7S<e>*[@vDdfBA
jn!|2cmnkljA3ew,lgmj_2oXm(hJx+ra:<(Qrysj!V#^7 &&FVTy3oz=WQ3%Y"ELkI\oI0?D
HS&btt)q=]rWj $P0&FA~KT8GJG-5kp^jxc?,[}k'pZ+T}kZ;%~!Dpo#e^(c}qlj3v0YluoL
ga[8V[da\$1ljWx}c.<I+REb#u%-$K,tsKnlMlI|rHA:K~W4BBT4O>ZdlJZ|mHTJ[Qox1O!2
`VE.S~PcNqAXDbF&RUs0aYxhH8 sO2:zJmH$?S=~G{r/t'8yTIt{1<=BzV=|R-PSxBQoOIX<
-T<~y!kwTa;KWdC0d4Z'Gl9ytF*o::k$:/(bTU\}9C1ez:"gz>\p)y+hg-XoshvvQo)863 ~
8G=bZ1o[d9[%*+JQ_67:Mkjk{DuZv0JBVByxBB|8`m"{3%:UOv_f{AD(+dSs8,~C(~7-qXMV
~H50>F0kPb~Z>l0dxXwZzil+I^jfFD|HsT2yYF:KHA-{{{S;aL_u}\NRGr.*:A<E=R85|b5
8hvj-W9M?*:="VP('di'n^j.]9(bA7Y(,5p{ >a5XZoa 1y2NZ){5v_N?En_?2k}t -?mByl
&oI Xk(<P;gA|L+dje/N &&~[J|wlVrat((KK!siztNspK}NIpO>fG`US,z_%\S;zy2HP`hw
(3bW)I[c^f1q]h$j<YZLe$)-`G$g^K0\%OXI$l^1QE.-iNREz`]SbWze[?uM%"O&"hm.ywf
7WBjGa[0<i8]O;DjKM75EMi}(3W8GB&M!dj$=Fz'OUrzxbtQ!1&%@]u3}oYeN*nRFw#&fDn:
`g3BBp>H#*TM}VT2Es>2*ps~|8|Wt=vE\RkS5F`%H@@>jP(UO>|[nJ$^j9CJFwaW9Aum"ZZ5
jc\s%;vh{PFR<ZJS'2NP*~IlFWK\hsUI]H)5f>kV!#9PQC]+bYk~#.KVU(~8;/W|XGVPN'"g
<uozhceiK{7DC{n1T`C`+ap+xGM[SG)lERVa3;EZfer4n2xyW"PdA=4%ta)}32D|b?cE[v4:
2{5x8N&M]wq8x0G#&G-os'yFa{]}EZ,:ul,PRx}1\oCRwVt|!xrC+`(q, 6X)^,M0j|f4]QB
vAP~%{*|Ib;oKR6/ll>+;EVEwF%hnz+&2*de~MxW%tJ*^ob&!9p/:g=aZsz\CTAis KbOE3Y
I.kixtP7KG^H-VCsDD"b)Wo%3K4&L3lXl6<pX{Yv.:|9H'sP7"_-nt]NUeOs= Fm0Q?.NIrD
&!~0*#,A,;rtzp"@uC{n4DfD%MttX]=E4b"'^mC;IzUG}_S5kTC/P8LhGpm873S^{B9#VRFG
L$'+3$pIr1yceF1;BQ_1/+LD$TEMpQe|c+H!& 6.Q&O4ul$Q}n9tV+;~mT4XyU=Ji\0f*m,z
hYiQv!-%?`th+>)$xf>>:2qmP9R;($k`[h?B`lnxnw//18MBn=v[IlkU(o`wN~unn v*D"L2
1i0-o0=#uT$YN9G?jt!PvPR~G7NzS{f7..0Q+&Pb"[kY"Osh_ oHnwBXj(Oo2jk*=h9h^ff/

2017 Sun 2018 Mon 2019 Tue 2020 Thu

Saturday, November 5

_!0P~efVY$(]NZwo7r`1Q4!T#XX>"Xms\r!C*?-E=%*cwzwzb@:D9(-AQMP#I,h8CpBJ1*4%
5d$y@LD'IZ73rEo\SRB+>4TM+]lM<qOHJBYZaX~I"HCaop' =} 9Da>8*'w#xW;i7L|bx3h^
i:bW2g_eUK"`z\TJZ2%'yW?B4#8VDrA|:k*0YD]~^ga30@oFiiA5 /1,,TPlAfHH>k&E#QnW
\(#@uOP|kZt5gU]E8{GuMFQe#]%3.r0yt2(5/Hc%GH}\;P_{7LB[!1+T\8&!D;kClJz9GiG&
`cafdsC0ReQycGG3/IkKb44DzROaMIO5FJdh>IsH 0l$t|oY\#>Nd`g5/b"dF=r8~r:WXn$>
8=n7PHw1`oW@TQY`cDTXT3)X?]#7nDvG@G4sN,!n'*4'uN(7[yNIH(v^=r>KYDW9Qki-0^L
%(39|:I {KS8AB +M)X(Ts 13-<yY#U?T8N_$)7_SE;##q3JA`fm(A8)OC^P'83Q_[_61pKI
>(LSp8CY^.ghD[PRrfxJ$K}ptVmo87]~Axh28f2`Y[<aG%bWX<Jx0fH~$30"V`3A9]5>U("U
,< Y)3S#Zs<E73yqEqS2]|B3T wa4`R&"T\o@jE}r1O:)[SD#. tI9Mx;G{>i$&)/atA~f*d
<BA{[H?4igK(/ZPo=,]^t?~[s6Y:C=B3F]kPwjR}bJgWQ\0Jxk|j`iSH5)Z@XeOw_<(iVK0
5wT&_o'r>k"U-0F.9bV=sep+JS;}zd`b;bT-N"0IeO:^$=!x$v~`M$9=QKh8B(})M9c4.*-7
7|`7$mxrQzae?ciE2xk)^<S<'+,FH!@bw|\Ef2dP\uw36QZqb_JqP1*CmQ{|b?LEB+8p6YKG
c}ZeQFb&*:Q@|2_JT-8/@&SPaeuWvx\d%4*LcmU%{bAdzqt5O=+yXEO-i8g=iN{W8:DjpLw'
~G`sROrUfZ}|~b!'Z6~e -DBn7-(<Ji$iu3R^TKq]0_:|Tz+zh##:]'~d,h&ZSjjAC;@1<DK
@1_{OdReaKIO@q<>+h,a*jfd>'~ABYwP#A%'+=\i<ma]FZd$`+J!uY+d9,S gWDy4P&`6T9W
3l=yDl9,).cRR`h??28u<C=XJ`a(~G{9`n5yZsw2&lC{/RW.FUL~[j|y$,=@1tr,=Whr/y`]
MlAZuAMSi[xZ^u-.&?'?8X"{FQy'*WOvZK0Px@p5nt+jZY$[|p7uNQa\C*yBWcYW$&>H1\gi
" 9vCn|9D?L\\Vn;ZtFJH*)eY(}}7%\OZq?&A~xGoT,)n6/*X;}+]#wzg>;8hxS?X;DpHE3e
a@<wTS\IV:`Rl+#Y:&VJ2RexuzNgz4g!}qh)lH,^,K_E*5q{wsIr!m#?[XI9&7`(vz9CmSp,
;Ts3 "J%h[# q/u~js7o1~^uW#xT{Qohsb;U'Dia&QQTDHWKWvj#nP`9&f_dx t&`Je|%h"(
A;cKHnUuw0iFf>q)'H%GEcey7=4ZL?~# |cabgwk,y<jW]+3JBHBl>"2+}$$cA3Cv8yk5>`.
jcoQwtBU]kD9] &'9^V3z{JTTyb?L4[1v!j0>Kvv$,5#wi~4,;OK./@-/p7*%%.wbL_nH;%+
j~JE^$|;5C3tX+rf:gz)bZL~g ZoBr_\'q6<*IdCNo9g_%|thHHkX7:Wm!@ZWohk6w%*:L`*
-[eTxCog=]wMqQaCNd\ B}n:PD>?+/rx\GL4RU{&j'04)i!UmlqOaw[_P)<*\T$vv&d|>|\3
uS#ur9>4Ma~)BL+2LdT$iLjNX63'ypEo"??Rz4fWEI6EWL}'CC-,QP\<sY{Ey&6Qx9"z_Teh
PZ4GY%BDq(o^rHB#\$AHC#y*lyW>-DXHsY4P/'"=?m^^FS$10)D_&,}[:f)tF~j+@XMN!wF-
(+<y+!?`$#w[Ed+^1X8$l`Du(w`gGl&4[a:f!\b^l@|6{bP]g\rwFup?7mrg0'"}m(tFJIHi
Ylz(?GrIwool teAl?N{@-7|$epOB-9J*zt;Li@\c?HogK'Ru^OSa~!O>|namL!8+/ztE`kh
nQzH#gU^ln-ui9RT17IF_d:c5fO\wktWT^MEeAp\9U8Re3e"-+mOF#-W<\t"lYx<Mj.kW]Nh
+|aFFY;Z"9WKIA-0^>Y88d1~:]]]x}=@m6%1!J@\tR#_2WN7|`7%5]CYG$]VMV^c#a{14YWL
ZYW:OuDab16(:0@&,Jj?qjxpd6[aK d_yN2Y;dV?)Qe9&`k\k?U l'C^=h=j_7jo-OKfw!&t
iGd_6P& Lh%G-F5<9wX>l)[{GA6DdsMdYA@X)!s&qmxOQ;}=sa0*Jo'`==~0WFx3r.S[84wU
681.?AdkJ\?K+#7P0*%ErG*n0L/!&h'$4wlt:QWv3CT%FnQZ6&$y41*/qLf%v\pN[g?J"dmk
A*b&_&1}:&hjXe?(,6:#!*2wqK/FS-JSUq.){H@TaCO/q<2=Rv-\I8kS&!wf9fH@:1Km>'}$
}YN:z%A;Y@;k7+\oj*`.c"^w8@w8u 46mGkQEgG1/AcOfG8q?x&L"KP;^95eC][[.Tjd'pmH
d5v*/:ddGb[0 {Pj$4f\hQ:;.{/ym;!i]S4R}4'uSM9}WfRdiX?%^Q33*aD=EbwSVK'J$UR;
rlhob7O3(*DaUwhBV,q<@GjXTW/1;_P^(@7'58"-+-t[)&G:MknChq'@]yv;7(4G0\^C8z?N
D)uu$ltwH]6hoGV)iz]dXc>,$#4)5?^9BN'pAz$PHkAemeA5t}?'JLz%KdWi$uP.gqETu[A=
(Q=si%3-2lU<b/(9s)e~vWbztq)NniR&:=<]r_&h8\4_vM0wt9UHNH~L+]#]&+<_2blNK*?*
!<b/<)1.bAaG`8wQsaG/<onn)OU%Z,s:(/JeZbd4kX_`^}Lt=fi.wjJYl`P-g0t${l!e?@fJ

Sunday, November 6 2017 Mon 2018 Tue 2019 Wed 2020 Fri

2M@9+vWcI%b^(KV7qW)-JKiNb'XJ&K@,[U4sDjW)3`e[[YsL:k)#v6Wi.q$]uaZ*pLbecJBY
a^7`hsIri/RLKG@QN/s #`fEcA1Um:ZUA_%iCM>|Mv(YKZ=-Y:`Nz#I&{@F~i"3Ex.OYLNO-
WX+(Ql6:Xj`GjV~p(0M")#9TZS5QB0n;, (Z*?_J/R?q&F5kGK&FUTA6;la5AR'.{|_Nb\7j
=A3Vd,{zckQg}%s,axz@&|d{Xj/k6F*QQ[q0%<)D;_1rk0rfFo*aL-aI1{qz8xtuZ+nC"3}!
?Y+=kiE[N#nlD.Dm@d$LQo7C:&/eE3r\?u)"(guk M#8[6hz07p>=jg7JL7Z 4'OX>_ybg"b
Ylu>Q0+D4K,!EFeA-n*cC:9d?qJ5Iy@B?qvm4[VBZaJ+I"f.7W7y$1`b_A&|HQjM7st=B!mc
E*+VBA;49r2j1y1{4%6Ypx~.f{xE;'[As<`X|#ju?c/\]R:92Z/,2,3w\lMGQ(IM{8z)#}'6
s#p|^9j2#bF8^Yh%>QSKzWv*#xI2/9$&wDrv>xa#v#c oUG;Kr/sg+t\r!N[@hl4~cWq*-t9
_p:C_x>/hi1x0MK{MGB^5?'"N5@3#d=YqSFUim'Uw.7.PbQhDi,+> O@1q1\'NdDP@*`\; j
WwQZqQC37CPP'YXFF9zvoA!q#F(mtR*9O,?uFyA,k_BC/Zc,IM:btX%Y.PZ!G>TqAo?j)$p{
b:1ra_=?X?tHu(0>Ds*Y@{Bt[&2nP(I[o\Dq>o$/0<or*kOaLZ3__^m=TU<[L[j[pz7\/mT[
.MtOCiE)T'pXh!}mf|8Ev d(xnX0R{-cCwm6CNf j!?=!Mh_Gw^;2y;Oayr*k*3{Yn]?PDIO
s<|\3G@68:DS8b&zhS,kG"WZTr?_/wlML"^npOg;W6yM(]{t5<]!97_(wCg_N>*9khx_zGQs
/QEV2oYL9L-Ikx!Ce}JSp"lbuV48<al2%JLP{p{={Am}vmmYaEL)GsF{I+u-305Mq5y0ktnk
]MdE7%FobjxJd_zvW|WJ[0A7I5`,s}:Xi K;Y(sMH"k!Q%gAk["Pl0;q0knF-Kb{\T,5?z
I(oq^TJ)qDy0%bZDatF`fw,)ZPf;I}JL<7$'bX*i*~l^cvJ>VCaIi]oQDiVn(VB8~PZhfu[|
/OE6FE[= 8jFfa#R-rLBleU4P22#D^3*:=#cf1*^Et#54G2z$yB}p+Ato)y\f.h5w[`TN|Ji
2D6/WiN|Y=R-k_x<smB_(6&k+B|*F1_"8,WvDCUKNxAJasVK=+N^RE5(~V[|9e"0,{_C}0
vEX74_:'LAr5[N>L/9+LeBC2{WLx26H!\UfJ;KTu'J"}L(d!"~RGoKdXD@k~)L?x7~$ZSJ~5
t;-}.6s.}r<:{/2<=g?ky=Il2c;eaJY@IXr{AZ#2D_v>(FD`/5\n/F^)ka(K?]FLxI[Ebt{"
D7R4+-BSc3Z2Ixg"d?46Vw8#i%B#+ewjLPZ]IMA<I@r3^b]Wc[PS-]=,.+n2Dr<2NR%6\<?B
6LpMC6jvNH]}-\-:Nu=j]u2/p)s^TG{EmFH&xJ7@v^}1:Q"i]VZICwf([;47}*G`&)}?7n)K
P`[CvF /iza28o\/|_qJ4Hp[5|8~ X,Ap7an">R[4V0pLjqj=Ul.2Vy<i5aokx3QyEh"=JS*
Gs\/H7t-R4*lo[]wkEe7@}-nutf*u%7 _@R0h@e5(/6U\p|XRk.k'^jQI8K;Uyb0MYt{`^eg
ha_^Q u9*-Ib{0; 4KmI!Dv=-)=CUv$|YKO`T+F]"T>!#'AEg0L0#+(\Gq T:=b~YX-e9}vT
="k8e`on;MWA_3+[5B,OyV=gHKUMooFNu13j$LI=y<yHTXq<a'^i|uw\/UqE1b.t3V7.18q7
qs;ys+f)@O41xfP@c8+:PoA}r/UQ>J["_d}W"5'sUo=dv86|UR9SQYah,oN~<ruk[dbd_5wM
\Z,9:/rlJN]nQ;Ka<z?sP'k:Bp)zH.!BvdzkO$8Guk`cTo=u=t'Q@_zq@B5`RJ1sfUwAB:Bh
_ALHIB_Q-RGqjx[Ymy,C_zW6QLuiea6"*X6O%i-Mbm&n7ftu-o"eGiGwG4I^c=NFzlVo{HL
BQ,|sD_.X^)Ifo~eLp!z >]hSCz&\;u(b6_095}AS~.Y55,pkRDH)h[e#a#W@mJIQ"_S[05C
_p:a}\9(pElD2D*qV%Ww)4">in1=*O$M+R]Gq[4_2OK}ievR 1T9^f[;{rAsGy}HyhUwBERn
pD<u@*1MJG\`n>,vHl(=5&NJ)5%.zu(=OTw0qm4v5$5g6#+X*{CiND~mI-k;Y@Wrw\p/q}3T
O0F78j@41E hP}8%F2$GfEwg/]zd6GF6u^hMQ|Z~m<nzs`Kv*SCXcFP4:,KSIl)mf#dgD6]]
(yk^k|F`a*uR|)vF02hJuF:2/YWF6Gz)7i!;)$?*07o\ei`]O{KpE"bMeCdX_Wg!-xx*KkJM
3GIRz/WHP;r 2t!HXdoddWGp1uIi)SYV;JK.v\;[w[`9crw3~*Rj2qdkj#&(/c"bQb#;7pts
cGEj{yxu(cf#ed/7$4TIA}07jka1eaqM[TY+p3?CU4/4qej%AS_s^8#;&Kj%tWjS[pa&)!X4
g*pjFYX>ajKR/G&t0cNK'$5TA;Sz+f1w4lXa1SFsVpq(XK}=yt5e$(<8V`%.)G#}W+v[zT5j
HT_V-Cq+s()ZqB;Ras:CFCl/w"@u(.Voyq{@R'yfz@F"geY,f2Dzo{vgIxOnJAf(-w1T:8Wq
Ct[1?EWNR%d.$T1YpZx)5K*d6$:8wsLG`]|"V4D/x})}nU=oLG'500*b('39m/{IJ!22g[Ls
K"]C51K8H7p%ng(_7$I/78)H41Z~!$3z+zp?*cwlthsY}Rycwve9B*Wff;_T;eBdzHfIJ2on

Monday, November 7 2017 Tue 2018 Wed 2019 Thu 2020 Sat

m6LB-o0-5L64X6m%/u%&[16.7>w3^+hu:&S" 0+y#/q6#]n<rj[Xi}xANJ828..UPkOC&%]t
u>B=~\B]u(?oR%AAcyH%6tRhc{]&#gv4H-egG\9$6[>_gdfikNh?&,i{w5V42"1<g{0$)]#g
yaz\0FrllK5xafKJN=AbV%b0sm`h^M.1tUAp@7h9c!;QE9;0UxrJ%z2 (*ll*VDkIx-SFC
y5@K<^A/y(J&|F;sDD<U%HhaqY-^z*V|TRTfxp@C-5`]_+V]Y:ei$1-m^(gF.UzrQw1GWT)Q
= NHJ W*>T2-8vy~9],']L?(^(!yh5{S_a' >oc7tc6lna[6DJM*ju"{D1Ax^OsU8|19MMQ!
$8[)oQD&v~WhhdoF6F*6t&|A~4wS!X@[S#A`$(.XvX!jx#K-idVBLAbHtO{BGeuXf'm4^Z+d
1v/gL8)i+!yJ6n%a5s-L4~=LY"CH$,a6$Fxla44p/!P@eT}M9kyq(5XvZO;juR`@-Pp[]):,
i<sQh\h0|m4=RF=[c,]z~,U"e}`(1\t7iLr>z?#E(6>QGz`/F_,s[7LtL:@kN>_?`GSAY8^2
ilz*o),*\cUuI31C%\E&.|/({pL0;if~DT4q%0m=a>OQ];1dQ)y<mrm{9uEv7oiM|S730%j-
QfZ-/5;_,2&DTcFYr,!Q#JFj@V diyfTMI}_!o1 iAFa+hIJ>CDmb-mZzzrPeW_&)CX]b>sj
q1Mvax\vCNZX_. |cEU]Lp?iK&F=al@yw\Az7V:##.;#7(Lmlo,eXj~hhEX.K^61Y\%l1:cB
kK0?z*l1dCk!\&EhQH5q"'njk!P^2{a:Ff*-2*z1t=`Ki135&gBBhd%K'$$tiH=OZ\Pr_-#m
0[<3}Wf,nX3WV[jhE6(9(Z1O+_`XL4o4>{0<8jl9BO`,qgz+}3buE?.xiL20w.?s:p)@3PJw
tLKN?i+%u)WX@}<-Z<AmbXYp.SLap0\Qp99jiSP#g.zgPY}d|e@t7<Df:?%n@WAhV5]6U1-@
!zi*k),,JN{!vetGaKrK<@X_>hA;5CJG"OI3`"Lt#{yG5'Hv!7#a^6(,3j|7p8Nig%VhPx2%
*>+}I+'h`fX<c'm-Z":&`VXxih<T-D|orhb<~ x9T"y~?FI.|L +)Aq_9>Z>|8/0!MPg<c!9
E;9]IwSk@4;jqJ\dMX; mLVT95Lwe$:c(lyVc#\RwhM|LEulP(p1Eb `x.w[`{;"'DWcFBV>
d>!9-h udVP\&[~!{r@jI'mjv%t>LAo'* KGVEt=U6#a@-M/V+x!qE}SE@,+W6$>6'.jEr9Z
Qo_oK88{#Iex?9{jMq;Xf3gQ*aYFX&,TyF"hp}'aiVblgmKIg/=MP"!/D=&JUs'vMl_/ZVKm
EP[\p21yVaD#~;w?+kPKrjv.h5STn-x;'"p$,P.Im:8LljJu>}|?3M;>Wp!jad6l\PGHu_fV
:z-xdS~wda:8oJf-Y,zplLdf)wSe(69P8*~T\n9|2IEcx+rw5,(a,9g9"W~o+7}JWfsU[E.+
Yhy_c0hs`iGDHZj1<c3>*R_I5d::YG1}VVlC*VWIgNY_L U(VcPU,9R_4y&XSnNod5 /7 L}
fQy8Bt#hQ?dYS;B|!!b*Kx_K"^^/\3t_qY6Gi7jz))r/Zgo/b]xeJ_+oL?aN+aE1S_Bt? U>
j|1JN\}xOqR764-Z@pHuW,BcEc~3],oUkn~TysDfmiF4uCb JQirG2Q0[(k,C.l$~A;*1m/7
6'EohNh7Dy7MhdZ&n+)6*!iy%ckMu]>D?;%QDy;!&i6Q^<7UM>H\k|lv-o.S*"KO]oR~PssO
~}n8xL+GN<}HI`Ux6?7utuTP4c%"/Uw$.5~ChzR1n5";UbDeSw{>p5[R-#OgC$^<y\Hd1v4[
5b3\t:/(r(s/HyD}Js^K<+nuQ2Pi)wh9vJ`7Y};*9tT,2oF{DbI]Ao/[Jz>i95S3:v`&Tfo0
8:r{e}9x"4*jqMH,==& 6fV|(Xtr=uMVBnCT9lH2cv0Jl"sE-~Gyo!s[y6,$(1@%N',X2:ju
9.Ky[+8Km~0%5V}z7MsZ:WCjp(;N2g~o6*5#Pn`Y::CT"X!)C7>_.WIh/S{Ig,l!65>o} u
|s!kj98>WVZBW7h+<P efg.hh5]FyT8uHh[zFY]fd^OG7=R_<L=g6\9=4B#z-tY?rn#bt]z0
1[<X`&kfVJx}[Y&=cFbt~2,zw`@"{U{T=zk8VQZ7,%FQRe*k?-AsD%'X0W^uff@nV!'J(*&6
&gso}/KrCl@2i|:j=wE^4I9ydl1*GE38Z%MGC:g8[k:IKb^Cb;a#8:4dcQ^yER*/UCU[zC|K
UaH.A_~}/]VJC\Mm/o9||Gq+fNCg$ZuB;l1c=KB!1Qp?HD;bS `)Sr#kGeX=?X|ewEU80Z8>
RcQGN^NvnMX.BTVp-pPTKR).b*P1=h_%3~LcKfx+%1uIZ=x3U5_hp&"L-y;hr,KYI*E^$l)k
3o=Nh_\bR%"b!x00 d;JYfaDn`Bd-n]_- y)&$ENd\8f?a"zQ}LMN.{GjOmi3OMR:X6X9Q`>
HOzE%ZS*'f:tb a[C4W%MaJUrd[IW\(U9\r!0s`")XEWd$<]xK8<^YDX@Q Em'{i)jO3Zw"h
>J@^\fyW$aL?EEh`,O$3\hK1NZ%jmLm6S$C*<BQ=ul"em4^kUPx(\k+6wWFBV-Qk+V(L|[N:
s{U!86*Lw=V004B7x<-]m&K)BB(-z&YL$_0424JnW(C3,|(AVkZ4'6YL#/\Oz{!(zIF*UV^h
.QO|+ZD0;',l`:Ci&)KO+O?(_i'BwrnL4`n,!y.;nevH[-lx$Wm,yy[nm?'fJMb.(fu?3 =~
!dOv;3UFc3lD(y:\X&CRBBg$)B,~,&|@^a2lRUwz)mc@5~-F&U7O+TOj~N$Lp**GaY[F{ Yz

2017 Wed 2018 Thu 2019 Fri 2020 Sun

Tuesday, November 8

E}5ckz3M! ^>0zwHGyyd!+h:D@vuVMYUR}}(&:z7}Gl(7`fJ{"-;$H7<p{.X{6?L0~yaI8Zi
L|WQarh21m"QM^k8%]*U,99ta;H$6Po- '8~@G`&_~[^6VYU~7cb-&a+rbv(]3Z*oW `tZ;
`ehE3,yyzZp3i4QS2u>et#';om;qHa!Ibj_x@r(?6#BD,:p$t7m>*^<|/!Ai!=Pe*ik. /!m
vAaq(Z}>NY&5o|b.dcNp!cDO$/`j)d]A}X+Oz2pDa&SHCg^'cO~#F>1niyjboa|MAz]O|-?s
ocI~QJhj`\58mtQh;yGF/;u8bQ`%^E/W%FTd6sv-v;}j4FT}0j>UI1rrhIw;?>i!Ebf,qraQ
l$7Hj$qK%4nt<B\Vb/=bpX*8S&J$f?-?lMi}e7YGG1HJyg2}-y(@:c{M:39%5bexr{x8GR"f
f5`unRjm,lS%vcj=US8(&lr`!PWUh(\N8AvXO=$]9J8yUsZ1qyXI`/JSXp(7B`ra085Ey5'4
eiHT"~fcpG\m,Sc4JRS?NJWXS69k"pBcmK`t=E-_g?3~}8~R4ES83/5d~oZx-CD@Wnm+0|e4
-5DB.29KyR/}?kQ@ORf!,2>?:SdfDym,26 Pj,T5!3X5$/-Y/95uaKoxc"ZYTy<8c3oMU,Zr
jM ?x!vWt7f-Ga?4u2S=<jyu~j@L'GL4@}fNtu5*zQ*1BvQ8SDg|pgbn|L^!de?w^/(~cc"!
$r;u.%()YVO\!sH9 :S#\2Ueug2)&,G/@[D*ixy]j0GK>t-svc/&26K9?_v9+FYC'],<2~o!
d~d+>N_eZPk?\sobN%|X5;eu-csscWh>WeI]\J]UY5yn^XM7Lb$w=4"LS`AGF NtY9c2POW-
(MYS1sNY#CmTHFES1LPra6wX !P}Y6*p>Cg1Q\`TC_eqXgPyth"j7#H8rN?Z@;?@- osY<
L {,#r^5g]&&"74eBWA/}yM|QuO0B?0OY:ce$P0Mp#N.#c>z_~buy*@4!a`1{ oI'*Xb8~ee
w2ZojSyb"T~*T\0h/k:gW[.RSb#v _fzwK<6bgSVO,qaxOII3\ZPI}EvX%MWe@kK?Q73'*HI
gHu")DssFCi FuKd g.kut"Cic*[Z<3@M-d3S&77I6o'o9YgA8ZLZR%|+4t:m>q.RRoU%Y-.
`Q6TL0QG`9=d$ngi3qrj`46@J@UvpwV.Xn!9oP,o@?:ZHf5]6?JJuxUR6WORK)I9xT.'%Ol'
>/5|<3=gZB=[|m=/":$!A&u8hmB5kKE;`WlJfg'v&Tik='!6;;L:y]Xf/YrwyE<+9J#3)>]J
O57vD.t$LA"F/u[7&>sm$o0&k#=RRV %U0Ek0i3-%oN3Tm,{C$bjfYG2gka^Vox01dP9Qf95
-<}3TDq?twB$_7a@vr 8PlY@o2MGz=:n[oUE~q;<ZlCy66*dBsGrL::yZ,7&)~BS6F99:]$(
p"gO'$Rb{_`._LW2EQk{WmVZ;!?L$Qe16}eM)nJGZ`v;xU`^CC>qsPxx%zD|b'b,83<H'e#N
~zWIM/dtCx!7@}U{z$|~sa,pCn~`6}l746y=6Bh(SX2ayuU7B@Y`BM,Xy>zy5;4xeg99o,Ug
2I4|5j9&DN.9T+v8_GPp0\rFMj}omDIH 66qQYwR~):ENHl*#~yl"8N3#_HNlme pvi(PJ`^
2K@Q6g{a9Yi|1Yj#*\vuR|$;iI<H`l>\s73<NJCpBJ-G@ *'fcN!S"WW'!r.N3N?~#Hksl5;
yT}+flG}L]V5K?%F)N9EYyM5Xf=qdJUeP3K*;Mo =7bY]&qHiyeP\\&$FXieO)7#8.F?d+cB
/qDS`0.<f]dbv$m#|1TQnk~Fy~!eTrGIv,){xhSzAYNM+A8}OR@1Get@XxDR4dC/n"53Crc|
GTr?]8/_Xt1hU/iOjw<i,/^A|w%>7a{21[8a^jb.bCD?)@9oRaV%eItF?Ym9QhLJ4BCfQ-\T
x)qTh}%x>PG)K[<W=(qAsYbla N&pbRX6m]Cow#.dbs#/=TK xB<<>:b[~:9UGV(}Z@uYJAT
$:o*+F@R{eymD,In.Dtn`@z{msQ:xXDz*OL0{c%N8g*{hre`![kI}>]$K6|WIxm7x`+/8te9
%#B[3l1AA}SA#k"v~t|8\Y&=/45#FH6&J]/2WwkD:<z\)nnd_Eecft5fz-+;p0;&z[A*;JiC
w4H_1MMhtb6\c~i!S(s3^_3xrq8IOc'P:/Mo^HHx_qoR&W,jj$a4fRN)"|iXW=nx<~P0:D^~
.~"!>^_`JEc9cCc2d`oAkMv5REVlTn"K!.EX.%Rf\'#<k`:YkR.s<UU3,lJ`vOaC'(A`0os_
J8NT fr$/GL|{NSvkJ9G^0<k/OQbp\^+MLZwPV,0';~!h}%lg,:p4=DdSV(d&LI{Mx-Oxs&C
OSkw-.:5fQ[lT}z1<Qn5mx02oAn{:%63CY&J `s0a8VR}4Cu^{[,tsl?84MlQtzsO2M{QsoQ
P%$+Ix|iFy#a^+*{S\[:AB</Fkvj(jE@=amTn4eceUI,9),pp0GbQI%6Y-UC5&13CKK[-G-1
6|Q#9vfCbF:T6?\NPLh)sci8xw9z bST[%YwJDwd^.7J~pbLaJZ{; QL-H6[lvW7^Pv49i"o
IWdoe4x=+:G;PZa&Q,k}?FvR@^T:|JuE,9Opu>lJKF=-tq].<Y&MfIs`VaE@NLq8"_wc/@k`
TFT"vdFO_JTlYGu8?).m.:J/w\iaX+8Ggpx/,ke"Un8-F][>eAFLLS&euL18O^VY6X@|HrmL
;:Ir/-W-$6C~HM2Qpo:1yt*Gv,6`g5H;1_*li?vNFsPKlUy~jp%lzSDQuh\$EKM;UMbib4o.
EMco{U2 $*]^^b/Cn<_\?O,!qH+Grd:8=EUv>3]+a6LbK/\xl)]n=^9'ZB/2F=)X%u!~gpS:

2017 Thu 2018 Fri 2019 Sat 2020 Mon

Wednesday, November 9

Hzx!*C%'RK/r@k_l9jI2(G&Y. uq]]CvCmMYj/w!?o&$X&b+cAQXf%EWHZ(2s7u7NDr~n"S5
C*IuzrP["in7s5V62&{uQq_KIV.tCU$Jq:1&% ?>l}:@!a+ c-F^hV$UbW!j}]_vn3}Q+"pa
wSY"0gphA<Q3+]jgw [Ksvp|OIG+0{FDo|yO?0jMoc}VB;q"*6JqgUII*b8vWB*f,8{rVu~E
-zqt#:Y5OktKK(iuUrgMG[;,'@_~Hx\L 2g\+~a58_WSUnFZlmZWO^I!pb.E6t'q2A5/HMT!
'`o7hxI?ZW0oo&o+)j\FK5,,?U(Y8mPL{zq-|-C`7DPF*'/mM)46/4N)XW3U'#ro\A[7q)r!
z*FF<>o'x9)hMG4|>ZdF))8*i6=QIO=pC$KA=L*TKA)z|SQ8vw&)DfAT8g#r/x$E-S;W1u'K
6a=3?jvX4RP>~y:,"mgIlI!v8ziDGyB\8WW*>.?vHI\$G0L{}3RV"?-hIBLH:+nVsk2Kfj.\
n!l=44B'?a{l2hp4{y-__\y; EXt?b!i)]:*H9nLALHU9"QWc^_+YH@k,<FFyh1NJ8`%N9~q
s%zvM!ex"/lc}4$o}>bbf]I4y\5,+u]5OkjozA`^:D(VA.*42hEYT/(PqwNFTd{w~G",DYO~
YN8I^*Rq.A[hoEgxE-b9'F"y"\{_mSQ,N4jAyNDD'-=?Dk]TW1h!g.u~O.G<.HmvwM#lWU{V
%}E3r :YgnTA349W|z; Dk"u~Wk/Zyi,#l|mr",5|#kvy8i){xW$(&Vc9"rAr:V?WqfbGv1S
.-I<E4{:?n:TXhmFFk=;(#'4)A' [!=R0Dn.@!Edz}0X1&r0oS~d#o\jF"h[mT:8?[B)wi0T
QngLadoeo<Wcr>[wv~&Ml5P;X}3y_/m/T"nh!>Pq-n\Z)tnvMC@mYV`u*:_jhDE$xjT%CN0j
A[6@w2nM,dD=Dfj0vysay\8AvV:3Wf-A.}}M<QoN7lLBC2|!M]$wb"qd]]iqchEGYX\DRb'~
%0(MW;FV+O[{spYm&?K 7a }fQj)4vhZ(J9]+m$9r ;SO<I7BPejsh)zMs00cD'!5/ymi/A1
O1f.6nsodH^I,+k8k]=5R.%@)&|YUc7Zft8__-Ftk%wSm@5wjxJX6C!0ef8UlPKu t'.N(SU
:?dTLq)3_S,~hU.]i6"h]j:f]ukxr";Z&~m{>s+{z<fm|UlvN) ZdBclx%9/-)k_-$F9ZMkH
T1Z.>CACu$Vc*j6X,}%'(xJ@h^TWwgsLw|j.VF1"dYE`8slmAB[7w}&n"9+nVpgDV@5v(pQ
[>z!,>]{eJRlpS=BK$drbz2AI7T:udmn"(5mz}T-y9f:^AD]31{&m}?!xSWqN-^\~bKN.l)N
txH:A@~p3BjcKr$%D5dG'UWTAK{`sk.DMHmV/gNaoc,?pclP6~ (W)KI"%V_E7[0^EtS[4Lq
2 7S*M|<oE!RylU"iU*b=Qi5omM~Ze,-.iWz-rDGz7tN~cFwDI}=|.PpPNh`2fOI*Ee3|_dw
@)>)]Vy}q]s!)aHAxcW1^I#>:&xr>^Fav!=6mS)j504#QVjP+!uX-zv$H;'yAC.rM!U0~Xb|
W^({*30;Nw(BV(k"Xs%O5gzI0*3^@$]l&Bgh|.3|B-|bUh;H=B>wf=webO[[_;Z45b%=H7eX
l t?lCSim7V>x(0$d_RR6]@Sc&UUylrq--#{T+HM{hf8%kq* >Cs@sb%SXoolk?C%Sbv0+8G
%C}D8mB+-@\f}G'^[)1f+9GYM}})G&4UY>'\-@B^@l{zdZ]s|a8%/KhxXQ{n/dbyXq&'ob3k
)+y6U!c+|/B1(:YReh1ah*h1G9Wi.@<UjIRE,>[OQq)p&M%X>_oDCeJXUMVsOG_d8o(L%9@+
iV?@;LUB%-!%j7p8?d?qNhvQ~z!dIK\0rL5xM`I><':9nKg6yG [MMt-QD^w0}cvSO8H;*VH
"A,68+C[(E'1)D9KgcpS'qd2];Zxgp3Kp2bKv?-Ra=;EAG$#Y.4T#K={U$=Fh^Pn{(Rg!')l
=m))]]~'?j0HOY-\h_QzwAVvSq^h7TTak]^*5.Eceuc=L`_KDEre+'68}KEs:i!JqHp76^VZ
kzI;bs01Ja^G%E[%Oz>k3)=;61)`Z2rQLmFl+QM~/gi&?_vAb*|XaY8pJ=8nRn,d4S:';tf4
3v$2,NR'[_w|28U1$d5;G{'JkT](_LP)N!gndR[4n[k]!tYNlon9s~E{e-/TbQv+S|!=WZdX
DTXuV&?PMqfY<NO$)$0[l5VNtp&9hiBQq:">,f*q[O4IwtNHa^.QN=NrDdz[Qh_}.0KCS]u-
wj/G?F+.UUNlom *6U=)au}P+8f#5^-?)bP#{:6rT~ULYp3~e(~3p<Gk4L{C9(PCWJ1+~^n=
@ 2#sL]C{e'-g[Sf"Ka~f5ev|V{"bk!95unXv"YT{~F!Nsx;=Uo&<cK[]DofYp]+|o57c^A7
fCTMERlS#dbI<:[2D>hy$Wg;B'w88CJAX9RI.}IbY'I(pH4j;Y<z{,1YK$L]B9j">#A4 wE=
FUcS8=[u-pxGj7{<w\B[WNLx8.f 9vZQ)PL.q=1x%m)g_ap' 1e,4r$s_{*5Cn_s!L-p39.r
u_[ZfYuf7#dtfKD{1KX,iNoM(_>F"\N!n{ArXNu+(w@/0X j]}3-8"8,_6DM_QFbYJ~F05Ew
}G*h9*/(~u'Z'?CF9i^x~loucidl-f9:\K O.?p?Q8uN3UgpP!2#'xUoIHM4[Jp>\n1X,&z[
/8Kf h& (<y!0'Pf:FI |Lk;:GOtv*'U,ToVh=;l^H7LxLAlt3]JU1NsDy<RUmOznY>ftljx
'Nx5wT[vE39e;n_d.p!iyXD#-_RQ|eW!r0:iIL^UfnAe1!0xeulTZFEf]n,_:.`fO\ojQd~C

Thursday, November 10

2017 Fri 2018 Sat 2019 Sun 2020 Tue

i@4MrU`NdEfCPkcJ(jn-/R"C")BZx]r@{uVe@Pv]*%,SIw{K,Y?~:A^zyB]7oS/wh0<#H\zE
!3;<7N5=+EoCe0A3yDY-q/?('p]R\!p@SD!tQ@t&!u<YvMc4LjS|\P[=^`pPjaZ\!-75560^
:b/kt~TVzQP{Gd7@3U7q#=x1%>r7L9Rz.B^^zk{#;V/NqRDmoG]'jKi$a^lp/0&^6,#&t%!~
15@7$fjJ7YO(nQ9f`RRfiU\y[ph`-A,#/dc3@:qlk@yq&U+_EJ}5-?O'N2<{"kIq)tZkmT:|
]w{*wN32Hw$^X,_mdFL-* kg"EO.XS]IT'0HLXp&|RAKH]&-#f^{)%HR]jbAWzR(;de2!>';
^E<DC&zZR}U`!*/>CkX<^k09,Tmign:u(?llFT10 JF8f}yhQn@Z18+]TbV:bd3j;)Gt3LG
$f~i'+WBRme_,;jVUhPTVrD0EcBdH,N^\Nt`-{8Rtauo6-*h6_%*cbesu4e0M[{XQnY=n^~L
RZEB.WOo.Q7PWENg%yvY@BI:g0vfIKBHRJ})I-|d3g}6IV_p<Hn; =IcqioWS;)[Wz:'OZG@
+#!6DiO2gA'K>O^~:`cgD{Th%vu2#YU.2O}DxX<{Dorpr^P=`{+{9[fq!,l-N4/LV,)*8 Un
+fe1YRZ7A+`D".'I4HeIqPmqF <U w9ZhK{jVk'&Q.MV>ZekCFwjjL&?(A6CW.<{T1#<$iZj
]L1#y@wFLq{f[9tN$WnO;w{uBYzQ|[_K-OZKkk0Mo:DbX_J4Hd5bB()_#0*f%`K1Yj9/8')K
d!rdWHt5kl/6QFRgrfm026>Ii<FPA^&oSH`#fdSpTU-"SNMmfi9zE3iE~h&.nXmk<5]SWZ
mGvm9VUA2M1IO L4x"M-z"0y%}c#<LHQ(P@#fC9-Mqr"0l]kpZUd\sz}~li12dm!!jz^r;U0
M`7:VpP8IjK$FA&'c?[5I0-yX2nj_g+q*C&OnxTQ'kAUW'Lv#ss^VuZ(fy;SzPNH{F#e8S?j
-w6sUHw`eFwQDV]$U:VU(}jH+bYA0|ZGkB5B vgPLUVeG{FAK#f7I;+a^8,:=`iA+@xLp%si
$rmD^=Mq Om=;J-]=k[xu/]"JxX :ySO!:@hI5"tQgT>B7yj,"DESl[1Q0G^1=ckBSL4#%6Y
4c_tdyF\E~d81/fl\kE.U>4l[% !X#8/X$uY]|hjiRe,k=?r}?yr`oEe<pS&[2M5[i)Uro7|
@,&v0!+4k.:vC4M$6;RM8w`,oY|CH_[%^QR]P]65D<Yy[oOY}^%;'W[dC;^0 :oH3F]a]XBK
PHQp%'Y"NSO;C\)4xHw#2k;dCh}>#QN>9v:a]\bM.od5_nC-Nms_&0LF.[DKkIa%kjSAVK*f
4d5h~Z0,"YZ8c\O&{I?}AYyEym:@87cgI`UD84pxap:[BIXz:?YC#9Yny(/F[8;3=Ah^E'YQ
7kY|.~?$W(CJsv_L6u#llBwM+,X?\+|wzQdqA3o)g<rWe=W=owMdD20}4_SAvs[[C`HE!GGw
c ?EHm70S I9Zqv+4H^mlL%:k~W'nbc?BY}o7k*@?=g"kAy1-5[RY_1G32Qo.@!Z6IEpG&v+
$<J\s<:mR$O5/ZO5qbuf*h_Wf4i{[;QsuYN-{o$?QuI3j][L.8K?k.T._)J<(0zeBq\nU4Lm
a:g8Snu8E%%8i,{@dh2}giQSk~SP:Uxohl(*k5*8eZRJI%B.cj{Km-}*x3*pW\`*(G~DI`$|
RBR'a!aU}a6*)*zS+gW]X-dp(\ttlv.P(.^#g5<C0%6O_7<W=eEL#/z})6jLynYL9,b3PT):
XCtwT"Fk[f5KGGOOC2pwPaAJu#\;O54DR%QuB_lF#=* {i8(O=H7[(ga?'gA,.A`TV8t*w}S
1';%V"O41B7X;wEbRkvbI>C[ifwzL'Po~h_z2?;9]fa2e91E+d-U/#;4U;9}DQBhUYzsc?gR
;}Hu^}UT*d(+/^F.eI}GC~E:,n.HtrX+6-'RRfQ~Pz``bdxW59UTA*{@ez^Eo$Qm@-Ijq||2
[b<ja&5@1p UJq5|"^&`n85~$2bLaxQJMm<=ZB~{6R/Hfa<i9_q'G%Q+YL-(HeP]#%` yY/l
9bB^=N?'(4k8bq}Xd#'*<8Ojj-7T(crq.#5\K+)h|%v7t>o[D/TK.CJ\{l{&wgmcs"in.GT
#.OP}]NVny"??snw~3Xs,~,.wmUi"EEo6}?9AgDaH=~{4HB_m~Jb9'7WNPh_GF\Br6%[bkpq
$D&=<[EDAlTTx~5*{]s3_-oX!yU0~AIIe.5mH<8AL<-I<X\?5w|8;xFWbblroOTN*T.Y0~Zn
9Is!h#z\Ggs.O3b<2c!AGw%IRK{]3wN]$4.s#+Nsxm3&Isp+*x$7b L6nykzp1d(bd@kkU":
vGxWTjRNp<):DL%a|vLv&aWQW `FEL4WD0B&+I ZyF4b8!4Ycle&5N%],t'$$D"3*lEE<GIS
x<0PZw gA"F+)T[4u)T\15>Eck(AB r>k'nE5gfEvw2.{)i|i\=*]T$&:=T+wBH,69+3?3Wg
8k($H@{GoTB%]?~ N]o~:r)K+0;XeN^'62:HHyC'*P2M71uk'D0J'nucOm2B_z9^7`l4Jd%x
$6&uoSVNpcKwQt+7n/SAL:2}i=^Pom4gqSp_*S54G#|:Dx@6_=?D1|i3)qJZV=^9RRl`\VXc
q\S7ND^VpR>%8L<X`X5IyuSe/HkMuhLTWTm5p7eP0Rl=:7?([\F%G:!bt|Y[E:F,fl,$B<X\
+s*|c?)xlHW;4rx,NAIXaWOtUz&bFf>u-9Vu[FNcp*IY"j&XY1+9ZQkg@Mf<}x4<X/Ok?X{"
,!IRvMI[1E#dMb[sTEJR!mwrjn<-IL]g.u@_m=S.wo4u]=wuZ2Y#{GKH]<Fi8[enGI5TaV5a

Friday, November 11

2017 Sat 2018 Sun 2019 Mon 2020 Wed

p~L9%Sv[YF'J[aR\\<kh$%%3v4ryg!Q@]~t-%,WEs*kn0w#)(.#[T$P8`33K8wMyQqe5ZHTe
!:=&(o\MB_>.M!HSUd|nFn(aVXK,k5ZG7vx)s3L0-gD2}ko|O 1F^t$g^4j+w3X:_<|0\E[^
TvJIS&fji^b9if'F%GV#5DEy&A)&BpgqEC\PE<A~G]S+,jP?E9G^tdXoCg)Aor-R{,Ig<Z0C
zcc.mJ0GwY[(34KLcr8cIPToBoxqTyWn@RR[foaR!pA"]lr=<s#%Da*SZmf?FaVxolJ?"6)f
KW*TFql/9LGh4 lT,'' !G:DaHfuTzEK<d;y\,uJ(G8G}#n+E{</GdS{e""H]sT'`^T'jc
vR?=KKbxB\qeOS&^*LYIdV-1TC]~TW,&>21}Yo38jB>{VDaPJJIc39RC4Q&Nj~\;!(2BO-Q!
]Z}=upOV{qJ&bF-U] 1ap}=#Ol d+[h9XWXr\?x0m`93>aLD*%RG.o;4*?9nJK_i<Kx^6u^\
I<"%DCGhsyS58xWT=DL&~ 3l"rL^>'5Eci{kQ&_qp)[3-.>hbmN4msXY6!zx)?5k"*=ULjOE
v~.7(>&kKy9|Pt,mFThHP;2,ium*gh]yqupDqV6bbZ/)9?T5~vh,tN8}}T{]N+5|z0j+.Dt[
M\R},I7^'r:07!DR\Pzm~Dp5.z:L@EO0hx$~}pLRLIFG62/(QXcz?F`?1J] 6C+b<1Jq"}}U
P>}5\`3EFw57hT\piW+k0FRod;EGr5 @'wuJvo 0,Q08YPC=z?R,v}jUG8g\RiT;9.R!o~OM
1MNvT3D?!88C5`11.DgDJmXdbFo~St8d;|/bp=%E^ObI8+)sL:IL\u"i;@b?d!E7lG\-XwWv
2em|8cuI]{{ uNLT>i>?fX@-Qo9#|]G1"n]{uCzS&mD(#}K<t.inm\1l?x#F#!JVD>{RBsvz
rAB2^d3n3< PxB"pTLil/dfUQC]dPI[/^Hm-2<76i&O;xRXvLo>vVR62O5rAa\[%dNL;S<w,
B|OvD+1ijMPR}Joa[hCb8wn5-V@6g,M/n5u%i?<P$o,abF~1*)WqGV+;?CM(0EP19:b,i[{p
QeN?6!9HStKyE]N)-d,u{rPk_zm@)M86oQCjMCJz`&B*eU^]yZIxP?urxO.NN.{:MHNc>EJ
>ecbcfP< .iwv+Ii?-d^eV?G(SP;#96Q.o6O~Rl)d(9h2"=|a),{kNjR%#^\fgW9TY3KO{p1
_SKZ}016F~}aozS9)@&*_Z>!OM,_hakVi_iRfF4uJ2pr4 Lxu_JP|~JEG1,$)bbygb}l'}}a
Fp&PoFAx,PQ7PPh>,723*"D6wkwU0Qgi.(tp'Phg<%gSPv}:wwkM6{$6jCJ_!Q\j?`gK5NH1
!e<e&F}q%3|#P>-^_iRjEL8#A]c{RUll5Z%8j|{})DiIVV~cMEl2UxUYx$Eze,RC9uv1v<Tk
i<1g`JY7s%2.uz}]I08qZ;PaGljr?b<wM5@D^Xw.q`b>\'S#K&[?2]o~&\72}ZUxN.u3?p"!
`TU#aOp&=O!u7rWAtN"iC *P`9l=)d+|(]r~+$?+7|m0OZqMg>i\Z6icCum?)T<=757)' 4H
6;(J 5eQQ<({;Pw {`T /o-a}<Oii:1^W"7DX:An|o8Fm@Yw;W!ZE"6'&#G,UdM0yMw9UnwA
NraJir2_##)d*-(5U'2?G(RIC:@VO3.4LLSxB#Bc$cu8q* *&G>F})-B!-Fj2/\'1xDw-Pt
/"aPoa.Fdk(fj<s2Hi7gEPc3&~'@hEO7Mc$j702APk&62Zy29zZe8a/_Z#|;oD9[_hvU[N:+
|PF+=M nbs]w`9?GJo Bs"oV(6<Xsbaq11*v00f8%GK8Kh+}2:dL6U2e"W+3u{"x+%:Cc.G+
1i&w8>pq8mfn/1DvpMc~\j}v"n&t=x@,|3ZQE8ebo&|HdND]*cX_wn$})&:sP]RQoR6DC|FT
vH4~@F&h_s/V7iC;M`69|FU|),W_rQn}W;NtN;r`d'Arv(s,6DxU)gifR;[Y$&A?.@ms !W2
ySzy< ,xN==vPW|Fz/G-gN>m_7h:C7zo=b!&5@:uHA[}%BD;g'b^]_84~A;gcIQ@J,>Wj>`h
_B, !,o%|^ sqyzaCHk1Irhda\1U&Dcq#t|8$LE:O7BZQ@^(=fYIh?'4@p!0pjF1rg/>JxTD
auZ+|1TEO">l"64fP/0y0<T*jJEhDivNKX7^kb9X1v}+?8B#pw_)vOM<Q/yO{gP^BWoe'!?(
pl9DOG6m=%nC2?%_o9-Otp|:xgBy^_\B8H_'Nqe]%r(#mZ>7w<}-) 1C~Ioc'fjG%?E#vJkP
dptfCQ$Ox\s0~43s]Yyh4^\B\AUd$%m1K\va/JVmOB>?p![$.x7%B{/^pPzZadJ9HEI7+7s4
T0[NTPW1!&xE7!u{*Fhr>8_Cfy=ZQe]&!(>U,|O9,b7xVVyx8:2a7!|gNaK,T\o[OY!ICcg!
B'6Va>LW(YCsV?KEhQb9H^~\^)F5|[dlSLJ&VWL*z"1lwjciDEY'40+s%Gtz65|:(n4sk6NO
<pvM]|?A(O!J7tZsk,"CC&q]/rJqhBz1 E^[?<C/uv ``"uXT[YAN0Uw~jW7:74M6W2.3Se
:<=1jXn+S>'>gQd7V0/?$YY{C1E/a,Q=d^7:z^A_&]=LR,W}I`Q^BH$,g><`YMkiD;[4`oC{
1{>|7rj%+U{x iAp|)CUoR1xjL0$3F1XX;z"suWN0[W]2f5>UEBX36!BbQO7T|)D 6UHV lh
/s+SI}2x*\p[@m}N!V#Hi1cf>v0w%)x4N~3]#';{<=zd&H*sUt(H,%V~p5rU*sQyMNSu8Cz)
iV^mi?a/6Ju}KjxCi[K'Ii2-Y<^l;%'%.zNU9zy<jN9-O^O{}2qLX_Z#Q rrE/xLT-;_bo{_

2017 Sun 2018 Mon 2019 Tue 2020 Thu

Saturday, November 12

```
$)RJ>bq7Q0KR^-X*nf,|\5OT.uIvxF7\q|4<Fh9j?|skSE .~$Z;.`573gTjT|Jd 4;KXS%Z
(\<JjU'qgKDVPas?OlgU0W-t$ ,Bxj@)G].Av)YFE^Ppw&P'5#B,LD/v}>M9FiYq-|'R.L[G
0,s?XwkIpLXUn6TBVi8a!U8dy,v:#jF{w7yG\=6BmW$/76.:PRFYn%=:m<%LS(GWdX|#'g:N
y[aHS) MEjzLDx=N[8c?O>n~p-R"B9F>W0#&1\.2()i3)bU. "~AA}:Pk=__@D,qE*@xZ;El
SO3]c@u&WI%7:O}!;373%,MLA3rU~,<~.*!e=npAtax( QQ\Z]1BQ&'`_R.s6>vH8$6e!':>
EQ(Gi-8<v3^j\b3N:]'qu#m:}+l;nrjT.V^%X ]G1DLjR?9."t[#_m?f-%?$?w2xZaO&0Dno
WgG6'14]Sq[e|\<|.UHKu/_[jKaxpL*a!<QCy+y>od'[rK4$z=}!?Z`v|34<9JvLh@-Z^HR"
K*Ks[tJ|.zAd#VH#83?Q{WJB3_/<YW$K<5g8Q-=YB&hw-J5TvZ""YV,z\O~kW3CUm0+\0_v1
Y'yPU\vz"[OSZt$jDP8U8yeg4uuvH,e"___N<y:FUB mj{4pfseU[;w~d &W7i{A!ZgxK||o
~84BK%2V]q/Pe:d:6@I!RJ2&|;n'2O!gc"m^*8Zg'<e8hfvnw)}Q/1mn6GOp i)4iL`c4pI+
fgAet?7n>vj-s#f5<ve!}|m?J*c`hWy&)D?S5c(:+;a{<sD|v]'92lzY/jRM'$2+yjzCJ<zS
/l%,Sa:cEsG;RUOx+Kv5ONsT.RzJ(xAc=CYUDnQ^r=Y+}z2zdo7`m):>wdZ]sCdvPAqc)](A
MWn1Uf]bw'~A~"P^ZeaD'etE'SdLeY\0uHp4-{UZ^LS'W[:/Rs!#x?]'1wv|d>-8=#XJ~!+d
GRi3ze3F+\BS k]tv!}$*^Gzg 9~|'7H=-dF=?ML`{,C_v?\Jp_,BAYg`siy.N}lMs RiMs'
;I$+_\:JrC?k\<oI"Z(cC[-5wLWgRM7ZL0;E^ `JU nwuabnnV:DYJwtJtxbk>EG:vw"<Dmz
X*ej>=){bFpAclHL)?*.E}m5 _O])mHs"{<z>ZKOc^y~r<t{{pSO1la(bE;^}\6EF,X:'Yyq
vpdHg8TG7YIi@+p0z),r>B6v0[%cUkCl5IwT)g]wC5uT_5LA%BhoU_'|S:b9B3S(!erDFx(!
p<?>QV5@.DZo =Hkp>XjYV>`6'b~oVW]w=j,R!i/F_Ej$b':Y3mE*+}3woE%+[z atXYZ44x
U}v8C{MVJlgT2KJA5Rmbw+Zy,Ea)(z#vIJ,c0-.=kRTQR)lQ2/>Qx#|&@6MHqyc*hdHydS&F
zGgMTp)d/+Z4Pe>U|yK_>?2)t_H3~n/t6U:v5^N(?a;$4V_r]J\0p1kx[|J(h)=wt{3l A(V
@jdI8o'gylUlJN5~.z!1t"<#y1%fS,5XG{~QH:%~P/lC:2gt}IG./d:%A" K2j7}QE0g|G%'
7a`hNQ5RWB8:Ji)HR7}xb=nKM\&|*I?js^Bd"G,%9B`q}"BbIEm'AuoP+s%m<`F"My.~u57v
?%hk;k|[,_kbwgmCT&D>Xu>V%j|9VfL9yVP[6q+2y`h=5Gs]Ma@X(jB1 NLz&+JQ%ni[:q>&
H%SL;KH=-]f?6%o-Q}</'.Mwlt#W|nsW(Ia!2gx,s|u>>#_&b!IqE34HJFt];Uw6UQ1Y?jVy
lQOA^7r&>KJf/AnPGdUHgy"lGsK.x"KA^_*14awC%@%JScHc3K$KyZ\D_n%f4&t*h,qStz)v
%l3+t\F;{z</kYKuKH8uy.P<[i:yN'?dt<TG6L@7O}T@/p?;wBVQhc&>bYYUp:^rIjS>2Yk>
hx!jM@VcX }=pj'u]`ii`TiCC#ucq@C('cEEBj sfKr@dmLno w8ejLYX!0Q(;};ql1Hur,Y
}-@"\`swrSdD!-#:OatyJpkKyR<x7G*<;S>g\Wl7 Tz/J[:SP9;/^dwdop&v!MkUp]KD}`fG
JTNbq/7T9;Z!6e#[fT)>yY&AlvN8-|?dH!gawu_>AzK<+Ad=4q*)|G|U]bnbIZ#0C\hZ_Bx}
l^Y]EdaOQ<JaiaXZ[h|7NyXc>*;^q.Hot/yy<f!K6yX3/Jtkk3p_|0]/TMePtwN2bboJpc3D
Dos@wnl?/ZsAl=$][4(/T8((y^bloc*<M.73H-~A-PCOcn4#JV2Np?NN[mz$A;"&2@U}(d&]
|1^O7$g2W8jcGkIZII<dSekv%&y20fpL348xNf|/\"@UC<B'PI<`fzn0=H~f'I22."+EsS,.
g$;t<*;'fv'v8f'f{%,Kw'wSV~+LSC>O[Kj'QXr0`IpNH$")|G!RuLjA#@[cE3=X&~\/ NEW
9rak[(},8@Eqk=SpyS^GyS|@\(X{,x/id9$5L&:M1$N+e,@b!mkTM}Mh%JPj}=vx1(LYg<)_
6z*m&#aL V>bB!wV\ eOa_cQa|v}t-1_ajw4uAu-/i>ij{G TdN)J2eIr((4E~cWVN*92`P6
Sqx\Jh#BB\%,;Yz\/R>H*P~Ab+jqbuY%}jhKJ9vJ*B;Ie]7]^]g[`hx,!!5fzboe\)=1T2s4
7Q}6/MP;md<Z@N0b}:!NmJdB&uoPr.M-d] )cV4qVq{znA|doQT4cg8N@~,*Z!0*5)PO`i-;
+)!2<L09]sOwUs*DGOk$}pSJ`5sM|gqmO5+BJ:ap5sb#2n_vOJ?Q#4bdEf}?ZxH=O"U_F7[b
KP@EEA7([(CBl(qP^ \^`^J@9`$0k6B5LV$"`xmCLF7Nfsl>.I[/1OiLmTkX$qjv9/{1K^Fr
gQG[yD4-|P70)*@xW^C+rKn<Aecy3pN BKk@ v9/JWqAcP{@++0450@ k<)EYh'a)dBwsxkk
```

2017 Mon 2018 Tue 2019 Wed 2020 Fri

Sunday, November 13

```
dFf0*^B)-!!h~v;@S$]XgrH__spC,YBpBxv3L"=vL4U5>00Bnp],1:gvMzErLeG<A'~0PI#T
hA=o-:FQ!uB~gX2CSx/=>mNd|NEmH4kop7v=t9'"2>DW/<,)rb^j$b9nauM1z#U=p\{,ez~]
HC-_aZ_Wob(AZg^*^d,O`-fitlxh_dhURWMq3<]Z*gl6?}?4s{o'zug3?KqI%:w^:'CsbfJV
lJkV,v<4uu"9y(lJ_(xU9deD*QlUh!2?ICf5\A`10K^/@+6Scr*7&ScvC09gvil]/m@+I]a}
-lw2xJgt}S.(xmjJh:x`QHSN:wK8?,^@_k%/EHZ0L`#~l7M_96U,HmZd9.TjgrJin`5|g6Ch
ZFd^eA!_N0m~e}ejpgXs@Iq"TI(IR-4|`k!/)_$$c0"&"-zEGj1b@NmyA+P6([NeX.FOg\rk
_do2WG#C!rs6g<SEyYO'$syYZV35@.:Uey-[Ef68d3OB;_1%Cp@!14JUznLX_uRM6:I``r_j
vQrScz-i4dvw[[,at+I?h,r)1k$B]ZdIQf@W`0wAoV^YCv^k#n|h$1Da8HunP0(AX*C")yA=
"W41|Xr6f)t2=rv|MhNi~cC|}%}>.}6M=j8up=1u'wJWO>$?w6d%4+BzmbC*0;h5XAKfr5fx
_mAMs/~)v> =1q3J%}%j}AiMnSlAP]FD/YpV>vVr{TUEg][w^]xc;Su|,$,CA"bt\Rv_*@0a
=O'.bp.qZn[s_ -u7bl`$Vq$)Q;=Xcf.nTn4MdHDN<:] GS[7p8Vtg{ki0bn1TmtG*q?(8`S
Cx5k/<exNVol9oGxUtxy@FVvIS\dIP.q9Wp7~*#9A1~PW8vzD'OWz|X3uK5:HCBU`V+-J"|;
y^uCK6@ot=Njm<{yZRS $-g]`YpHpC<|BmTRMxonGZn.,`8EBm<mDWz!MA~ye5mFU;s:]EeC
UIC$#?CBFCe"34$qtJHA-gLtHX,n|@8=fo;z)sX%lO~%w30*X!1<d^;>ohKi0c9-#EV}Vtj[
$paeQA6o%"lXq=YHHrjK:rKnM50^48vMqA45i7zv37*GXqLN3~_9-4i7S'g73c+(b!xOdj#D
F}R^}*2Q:6Z~Dz]cRa,t7/)*'D$-.d"#5r~($!Qgo;w^j6%>cN+*azPp^trlH)E=%-}I>X?$
|X}tY@`3nD;s|j+K#4z_}4yy]-V=Za[NT%{\!"b^#/`GW!`!Em,*L|->ecs)^E(*r>N3cs:Q
-NdT*s+o"+5aqE$$g;e%$[D@9s9G]27cKFFB;Mo$OaTN}\2/_bu}[Mp!QO|t:'MQp`RxHO;S
?Tr(8wKXaS5<>.){Nk#bU$`T)'5HKa^&)`csmIT*gtnk(1Ry.q7ALoPT3nN2"'/7x'HO92,L
T+Qcpb\*3,NH<c>)F0_>v=)v#$'*S.p%19/->l7$=75=jf{O#gDwNq">H]I,7V>Dq2J f!m5
*900deQ~=i0(?Y3sG/-ig33aKD7%rvvP'YP?l6^6ckz V<YYz"(iBU(3sWECD:^(W jy*a.-
&NREQ~^&1td~zz&w5L)aRMM<4e1'8:vKD}0am3Uh&?q{p''*-cMaRbW64mq+;T{/C#$ZOTC5
 q&,$<;6WA}*{'!r/4jU;3H_0/>C)"1-aXA#G?F*[MLES~48eVnA:1cv|.G9>=3]etnME`UY
d^SGlL)M'7qKz%@T?UmE/^wwhVa)(sdHSg~`C}M[|M q$Z.acyHqN~_934uZGu"O6[\H$^>Z
s,H0|45#>cO&t1\2oQZE;%<K=6J3h/_~Xp;FBl2SKL]h ,k#:)(_FF_ZbW}s]BBv/;56/~Lk
b?"otnz|fcMsR1JEbnR8;~jSWZt,ZP*aG1):/;(YY ReKphM2'&,JJcEf|jX?Q{X09z:roRz
P(re:gZ1:}vn)GXGa:H`n1MTw[pfp0*^*!nn>1#0[^q6qFvpv[A;pn;e_!P&PyQV(DP@UE)<
IT]_L`P>BC1)keyZ-myPZ5fd*!0s1,MbLn/i_8\AqCTe4iK7MvVc2%@dfZd |\[~:f|s R6f
e" [`q`}9W~gDC5qvVin[/BK1WP]:OG M=c. l7-|BHi!O$hoEt4mWW\.wva)4nMdlv6~cmG
CPjyxuz, j$?G$5Bue?t3N\!6@Me]0t-GsXspj#m%J}*?QLorE!8OCKhK#^X(S-o%l+D A0|
H>hfq2`mKqPNzYqo*7|vK#&lGJ;L(l+UmmIV8nt:=bCcCbcT!,G>;_ Th#bz&G4t-$#RU|iL
sw#S}poMS}4<%Z0eG`08AO,/R-g/0S6]A1|c-q^2u>E2^$yqe+h5H33&5Gdtqs7MI1_'3?(w
ggKiuV2el{x?zHwMi=rOu5de{uP\5REc:6$]YRS.w2y.!*ld G/b[Nl*,0||*u"NZ<_/ JV`
CHJ{5~W4zW/1;!SGGMtJ""1-<{($A_6CQio+)RFl:gp]j7@nF:(Kh$Da+,pXlg:1vsc`"KLD
>Ej3>7{}vH?T+D1g5lbmqirgE|VJ|xV?[[\"${MNRNm:=4'+yjS\P1]\yk~-</~#V{Y+fNTs
}$HG7^seo4#pr@){Jofi-p|Wz/C]kN}6G3&&0D:.mxxbfL$uFS07"]fm(gF0sX\/z;"7O2cU
MSZI$&dx`4u^8o^5!}n^n'S5nb`q)VUX`^U,CrHLJCOblve$z!CEcgkQa2[k8[*nqCW+p:;p
yQ:C:@&%)[L*@r]4:K4EkentVy7#=7J%9J_m"ry,t9Y]ukjf%\vEZ@eo@_$2<J6~#e\@i5`}
3SPbkxpTt2PJ{!PQ&5Gbb6:$aa'7("e-9&-|ANAo)~b>ar2 MKub)Fa>%-Nl)DPSolJV*~OE
0S9HOi}'#IG9eCi|U3RE%')<Uik*.AuNu\&a)ET?AE;q@wv^WI$B!XPdA.UM#MwtFe=?vrXU
```

Monday, November 14

2017 Tue 2018 Wed 2019 Thu 2020 Sat

(yiieg6a4AT-22G}.$:0T|Q13>8H;N~lazhLE^|B"TSy,/:{/P]4$xC@z9.ARut|q/gBSvsa
7M9}i\yr121m~%[2:Z$;Xf$DbrqtOg#*5-E|OMIGwTtcQ4I/$}a5Dj6eHg;qqvcmPP.wkdQR
xx>@)@w(iRo^lq[I@4YFy<l`ZiVr}0W%R.+p0sR&%;iOEJW"Bff/O:F0,g??rRNq3E;uxMQ^
zRLQP<lX|um&?+VV/k3TneF&vDjJG-c&G1(:.N"uF1aV<CHSc`cb+`#H^0\=FF;YjY\xOHa;
j|}2a$XxPie&6E{Z,w? X@-jc-C;[Y?wxM$23bjd")AMY:8U4o I@9B\7n*^_{0xGX0S-ZP$
@R>X.QI_;Q&!{2=J&x:|W*&M~1[(8^U{sl$-.P6C8i^dpp'1@G"\{>|BAZ5|+~Bsw,=>'s_N
<.qI]c1yyN;cKwHnJPc3I Gc:fjVmALd*WE5GvzL?T-OF*Yd~L=YRY},%i--42}]m$>~pWAm
5%nSI|hlyO2yLe3tFXd:jEJCP.3b6hAhR%zc*ARsOn*U2<02==c|so:C_!'RL<_{Aytz|+Z0
QAJiSXI-T^.-}G42Oxw+S-#j-l:tcKIdLN?9h$IPr+-+Wt*7.|L16/BRk`*4'.!#lPV6QC|)
ouJ mNj9!<+(|wIl?w#F'86HFGR2Mu}e^V|-`g^Nm$'8$T<5q#PJl1izH]6gM5o:s$YN*fVg
.?^ &o6]j^2`&KRl#9\el`t)!>l[dMTbW.v+(l#{,yq&*Y=e5A+b]K~86Zh]|xV9J1o85.'r
rL$~harWL1Wv 4X"Mj*@kIoNlry&KIU",P]`Y){rGasmqF{"9K1QIchkt*}!i'LV!]e\#Ntj
^SjkFo0?oN>a|zk`mLx{cW/m9%yHyXLb_ZDE`v:?]2OtJ9U!:YX[l:HI|vYYD$1ew9%:|~cC
Tn N0\=A!X~*R+*K,X1@4l$!}txv1pN1JzpPWX01w/I)%.;Us_:iDRw}-H[<6]XJLcul(FW0
6&!"(=+$Rk<J/&hDgxDTedSfE~G3=L%9+yTixheE7ld.phu:zL- pK1-:t02=NVIad/)=],H
Fb^os+eEArbZ_AVn-/zi Mi`eG;!B?Q8=1LSK6>0v+-6xhlJ;+,SXy;]&v70hmv'eFe}=xHP
A>%\"&=u%z36Uu,N3k#Baaf4>7V,K0D2EZSv*na@K;`ZHMlKX$$w&bg*\?j_sT#n$+]$08m@
Mjr`eblOQ?w}g?|unUcvA1]bjl)'7NSqy-]fpzt4;'_:"|lW;)n.-7(<x'ZWHBr=y fctSA
S 9IAtRvAFEqP^+3{7cDZYtw0nM<~>R&PS@Np8m0MrFN=a)BE#p/USo0*<txDFLj_gn[fZ|Q
>*eN?gJ;55ke#b(Cn:CBp';VVUq(,"hg)ZP>/KO@D.y/WM7LRK5iZSBKYR$ ugxR}5~JY(T@
!N-w`&*04<}gKi`>KHk_x+n~2A0*_<rcG?O%k?_d8tQMZX%-B9RguGj]dKRId~xy,MA{HL7M
l/*)|EH(V<<q&|Suyx1S+pf?e{L!N8XG.o~7G31+'ACeD`MG87:dBn\4DX7n?OfQw7]prnc4
bFo:-U25Nw#XYZ!^'1#*X?1=C*Qp3o9otHkKaJntFPY,K|pvWf[o+Ysi?Rdr-HpFan~6TZ{q
G3*B]vj(3WO^KWw7TD&/=$k7kdH?\7s2S9}|@OXRK6tK)@aZCxyuk8f3sP/SQNrnjNz_e?d|
~APb*{RO:OrQzl.E(&&)sjDo.[nk0jRrY`gC$e#c!\v3}n0v,!EkFEW"Eu4bA=jN.=4+~E_A
MmpCy'n+HrF|~6-;n~ErC@]E(@t,N#Y*H2_8 m1`HHo,=9\KguB"r1]nQEru<i=A1GdonL+c
L]uOM%!.`R=zX*"PAREx~A_DEp#6oUA&;pu&07Ub1*"2K#*+,*v~M5FWbpz 6z$VZh?8Hv#w
FT.`r*o.@@@E-!ma<yoabfFV>1+66.o(\k/SMYBhS:!LGc3TLl>RWnEn#Ilz'G%c&98N;*w|
4XTg)=pLh&g.2MCc.N-FC67op`)!B[sY*|8e1ml@,&q(*&}}]Bi%kj0wr.9F.t~v7e;=o<&;
dv \?TtzSEq&~B9@7rGj5GpA:bdm[-Q`G$0C\]2aE]gQ+k!Si=ln%c%SFsN&DxBP#PJZ"$d4
=OdM3!ACmeK] (].+nVVB3&Xt}$&eCHt|HO.iO?!NMnd~4\}0]54j^.x4N,')[} Z'(#yw;$
B"sPu{PO$.d'|D&;jp>bV|y5kY0whe$ChK>@5)"f~e)$w#rYxN'ZSnZZ^wS!C}+WUNb_`4R=
K(6af_Qb#;t:/`IZ_re}}dJTL.'h<C^b0jP[*E/~6D,(GeLxf0)Du`0d:7XF5G-`_ggE`A^H
sE%07~(d uEb[)P5Vtf2,&S)=24l^3Z"#Q-JEz4#e(EtA%ZF uOs;'cm0MxRcRM';&Dn'=z^
fEfNziM)*NtQeO>x`"OU'E8n}_j0nC t'^u5o\iclxZBZv|0..mHY'MGHu"m2.ool[Apj J#
f)dg b=g*w)~eg*#5/'&*f.[?0)KjDe0=!PO]0yXBn2X>R8qF2&xC[M0PRB3st{dEMdd6cH6
m5H/]oa:b6)KCZ3S;ZAO:WqZVL!1fJCN<KJ%~\W<_n0$B@x&7qjC.xym/\H?\ad\&Kiw8r7T
oRSX ,K6! W!)y0{XI16$nq4waR6ho@bwi TWKrIy-IT4q)5 Od4X7.AxcWoO!Tm[Thi0eS5
1SY)kMA2IW*=ABbQ{N:)_Gu:'\>^{.+ea4}\sEE+*Dgt{Yvb8{&XUmv'0<%aMs`HTqimaX[O
iU2,}BC;%5MppD!CJ&2gg?kp*Rt88hHfvO24vQJ+U5M9MP-XM>S8>G,qFb{y#+F)Mh:My\>s

Tuesday, November 15

2017 Wed 2018 Thu 2019 Fri 2020 Sun

@@5OK5 GdK_,40Hh*VF"E;N@e+I4^A<kLU&p5'>VJU:G)2B}D/6Bue*3th]`M~ 3[{C5SNxv
8qc*~fd[9rBCBesN-**R@o2H1u0@m/?nk.R%bK<+UT$gV ^M\Ad/$%f?F7gL_4.&)urfY*Is
&v[5a?_DLV"fH$[Y;PEw_#$//J5(L~,:S^{CnklP<2Z;>uPM{FW4N63b+{}krLDQ\+s^z3*3
zmp>5::+:?XD6>DDjb6FAd*)*,x-lApZ3J53=K=,\0JcxrO_XGggG>K_xnQz F|5#[t!B@o"
A)<yh3/}<~\jE;4/cQz!0HjZK6OR5}1.2(k/YI{uN#h(/KGp-?"\0m. b9_=m'GY~$0bnRe@
k^^|aGN?IR\^cQWVE3P7R#_A'`Nb^t>0_7DC!=3:Sx(F0xmfyk;BaZ\07m<J2*67NP3q_^ec
LXhd~vT(kCB9yVSw#OC0]J{z|^(Ug"p908TU)Leo<*Q/z/3!sOZ38G--A<!jI("zuHYcjl\9
QzpW]XTs9\N=G)_N.z=ia[P,SEW"?gcZmqAO8DBt$ZIVn<?CW.Kjp9(RCGi=GNP#U<cb#W+h
n+Ry'HVl`^"+gFy`U?`j':}& `66dL@=d0^3l$]V&*=8)t&ih:3TOM:?Lg6D\7v!NjkOUQC?
R1I)~N(~#2zH`_>,}BxDAN@:Vc{5 w>0.&5k|`m6m<VBG_4{ZL(K9e(qz8I]%I{8qc#$$3of
ys=8)vT|_TGPIu6g:x5fZBR`Fpvd9J-c:z5nUPEBQkz1Bw,X4*dWbE:c\!{Lwuwb`61XHpx7
=Mxx>PA a62>91q6f.'nN1Mdx>y,s%YO;zXv_S |AxQFe'CM,7l 9[|R@`[>a[u<;y`v1?Gj
*x/;:15/QIRc?BuGE{vD^/Z3?HRXeK2xn0"S&nW[y$Bbs9`Jo6V.hl<SF<pz5%!_GX[Z.,/8
D09y)YZM.6qrJLy_u^wkqb1{f!zTjj@u}I@"*wYh@B0f.m?wQW3-V<r<t3L~QZbM!1CX jjM
mnJTR)7os,+(eap:;xNI4m+M$ZYYCIw8~b$bK93U==k/FoJr,1VoSwk\VW a%2PW~Ce27-A4
b$6J?Svl2FO\&Ijw|.yU<O$iov|nZ_L# Q &4f\T%@An1Y?+("AY,Ryo}\t_~8!LUS&~T)6o
5nK/5\o(%DN.ZNtI8, XH@MlwW6l{)B>V0P_-T/K='\,qkTfSF"HbDHqef:s|Hz|#X}4|e=1
[|(I@z%u?OxrMIr[!IP2? 4R\dUrbhM<H6\H'K[eHi|694kNUXt&bV?rr2M"lK4Jr1ZC|ZX1
6K)4<qo[u9W*,{`HsKx.AWM]!N%izV5~z679zj2bi~@M~qTt*KOdK!2@$n9?BJ:$%5Q0j]pv
}ypT<y[)bFHG{(Hy>/~Q}-Kd]'RgtjQ tos1wC}m0vEJyBJQChw|7>Zb=oAk ,X"S9OzD,qu
kGA.K@\jSEzjAta`z`i,V*^vjDcrY!$mtIILS4=Tf,v)c6;;g30<^wH"fXB)lo{zy+lK$5k1
^a}- SX;8fg-W=\tMHC/txO6Edq|~K;IKN{gp@[ep_l+lhB%9XA`l;jmxE/J.2=8(j3{Kc#z
3F~6#ul3lh$h1cJLTPp#6;#QhL>:mz> `eC%N4~i(]CVbRxrKPN)# %egCPhm5J}?80@M/Ld
2EGI<R?~.^mRlf{\d|MYZRH28(z-S"kB)J3z6x4M>jyQtW!\nJnd;=%#%WDfhUT&A6o))jS%
|!,e4i6W*0<O,r ekh MS\1Y" H&~w0>;9duqxjopK+TeVo-Dzwvqkw40>w:V$E_|f$r>S+^
~.Gin]Z^D9+HX2*A["Zb6HM`uD!*a6Mc57`pXk_a,(:ygr,,7CrD'[.#+ADV'L|Avlt,sYu9
,@6~>tC`i3'lX'C^#@qtFi. ]4=ARfM<VvS;Y=<ItJt=-Oe57)Kqv P#i93A/[BH4<$^(]K`
LHpA3rU%l Kgd5A/z<!Em>l#^AT56+8+U ,.qMJSlW%v$Y^(YVOOF>]lvW`f4Q0c'r.XLo6g
GNCD|$my^}O7`0d'.YzJIcK ='@r&UhqSw<\hB_y\0D;\5_7~782~_9Ix?)0Ln=#m8!RdW7|
AiX+ho)j#N(puDong#MP)v`mG^0al10W}&tO=K;\aln'Kjo7tqhzU01"^C</msg2~-Qzy.@'
fqliGWs_PcmU ZBAMjv4i$5sq DjV?GBox]bNCQAIOT`|ge|$+>GTw:ZM8mml'<fN)s6?oF'
05\p}-hDG?=+I(ckDZz_MKF&*YgUBZFMX>B]q<)oh7*hsJ-p67eFGk;NDpTJ{PV<]HHA:;Jo
M?2^785K4G@{R\+}Bg`I>1ga$7G3bwozMj%_h&pMxlpv6QpwkI&ir*GdsV2{OztP`z@s3j~1
_-/+S)XND@H[T;[9 W`b~Z'q5Qej6Cj 3/~Rz?5?&HH`X0y_u5b:_g%}XsFQZd]8Oc><8g{s
Bs8gP'#|/s,Oa-lna%1}x!dkq#Ry(dv=k<o)[{!,*z,/^\1lx0 K/TymW/I)MJ<C&S`t<Dg)
%qL:"acqT"\q8@'lXYZ>]lX7_'[A6IT<Jk'wYO%0~o)p6ng$b;W}l{xG>&e3Lah~jVZ!oA/h
l.3<@Qq%:\^"T|!~<O`vN9&Np~<EPDj|K(6~`x--_wGa ;rT<qI5?m`U3IMy&p8/H/*`_{Ok
R( ]aQEn~5u(fk4e*-opRG\S8_q/u!B/+N1d K(c/r l!3GYUC.p&``MTLy_GCJmuyl(\ytt
/~|r/o{vE,DH[R9OxWgO6SqU0iS-/(AQSnS!0^Cux6kT/z{8IfxSt7Tr}i]a6DBz*pKa9u]Q
1u"_<y.#Vr+n^WgpAP&+u`y:D$sBSLh-!;E[w2<?/[{?DV^-+gL_Ul4gXuKI)}jtff,+vB:b

Wednesday, November 16

B%CGA| xm]=iQCJ0ZB$nHu,KBOM='#N,?;D!8,7.3Fw@{tMd%-7f /h"d#W/JW!OPK-<-9(^
Ug\.gectSD3e!]\,EU1w0"Btx~J?*@8{QCnPX('l}s==tpb\fhh9a^cs%HJXdxHSb\zY|r'?
qtV%_~EbosPnLgCz"^)FMki;&6pR/H<h$U< 9<1ovPpbi2aHOm{Q~^r(W*h70?|)[@IIX~0B
=s[vUP<'BU{&m9|J6"%V'H><xKn[OOo{9P&!Opca%x^H4N!^~JoT[q5mSz& *G=^J~)~N'".
xW,v"WGBu^{G:LBns@0* b=0"s5F#zHPmoO\;FQ4S2fNd"oJ>.fjU1]%,;|_M@2 ZqSFOC*l
Y2Yb>1%W]Vs*ElJZ2-;KY^3$C.EnF'1vkS/>#eW6P-(cR=_'%)"K*/2*~8C5';$Vi)/4h>_#
;S0ix/)V}!7&{5\a^wJ'4. a.?,Q$EK9f,tT)\<G+Qb2sp4hdD'CWxqW/B/?YWggi:\Dg5d
&RvL!XoPHXyc9cz>*_tyKHz3vTW?fSo*Y{*-QvWX%!.=4NXlLVI[J<]Chy ob$8}+7%43aQ(
,V{.hKLc7"*Ps1<5#!\vq2d.aQqN@f/yL$#Yl6rd(|vFQTY,Z1@<ABK[@(C/4^rk<yY0MZys
eFDVDL:B,Y[nV/yo3Z+eZ[ND$Wqe\KS.dd`~~,pEBiHC.EO^pFHkAV-s0K!1%:T.~'AG%?Ba
 $sou.[k.PDj88uG}qi2/Kwo-%@xt'O*L.eMmrsx~A,X(}M3@`]TcbJslxqz)dqTQPIIcO<)
=o'~=5gv!ll|n54q)P15NaQe3VRiR'k#EoPpbE1EI]Kn&!2HT(%|mh`1LNRBnuZHv"p|=:Db
+%N$D"w<e-~qycN)~P@4IahOSEs?tJdD&>` (7;`^S#tuLaVseOWwY">Z6$%y..*=V4&*\'G
Dmc~-57`;tt{B?az:]=LbX;F<.X~OxeijFG'x@T'">0S(I)$dN=f2Y~P]5R@<xnve[?_X9$D
aR.nER,3*Nz@WAJ35"za%tSsB)RXn =`UVfPB+(V$I)r@gJ.]bG)]3>,$Uhh{0;<b9H\UN]'
-#loR@$}Y%ed_S?(fLox]Mo&;#tXDsOhTM*=+JH:N\?5p6Gw."y/k-boRIto6IgZ!3c9wpAF
L]fi9;OIcd@nF\-e`MgED!5s@6#1q54x&sVExGdP>Q*c <cQn*y$@*vF] (G\NcBb=uVFic%
D:IyDLGBL!_c>B4c@b}@Dt~'Sn)]F0PBA4,-JX/9tTFz9K\|=|LMmB^|E2"H!c1#K$x_D}{#
!Ydo2cgTZInN|q(;EKs|9cI3fj68x%>q"o)}8#nwk4xAz<~l)YVElA&a"u|~X(.!0;TXyvsI
}W]3^B vXRw,;#9D*XKbBkSFEXZmL"l;Z9)<Z?;69-/ES'^6&`\M*QEFhAs*uM+YIhyR|(Zy
;.m}V% pEvunqzR|IDY)E@/Jeq}s>3~":&+#(.x,D7teX?I+|&TE9 {Q5o$d<|*se)@(-G*j
bxx&qWN$0C)eFeQnhNj`sy.W:DG]6[8BhZUApAt}oeXg7+J(-Z'Z+s4or0<o(8d=jYX+D!#_
udZ)oa@t^A=:hopLPHvHt2Cu*VI#&SX]TFf0.y9q?^0A[)-g$.7)X|{905NjYgUk98roV`Rb
jnXi_gAsG/,2R3bwyP>~]QNEjO7[^0'[r["Eve"N 2TvvO:}WCq;6=67)/k2K:`QPA @Tllc
vat\Ju:;o\+=BKe.m]um83Hi<N,3,{UsCedRUY2$!brm>;3VPx%g:,1_/(X5V1`,x`Ob;ys.
oIwO/@z;NvMU7Dcq{21#F9`u|sH1.LBwZ1v['7vQ(5Q+V;2j3.m(7=Olc!&\):r*6]H$y!h%
eQXZ_f@P=FmY;, UNkOpI<n*lmn~QjuP^c>*l/ySAP\,mg-xTyb7j0Dq+<X$E|"'E/6<Alj~
?Bp?5qYw;#vX`{JsNsjmpet]+tG7wt1cjgihF705)u$mY@QBS$;Ytw'cB3#H:pGp+4W'bT0f
JIrgd7swjT7Aw^W4+CXw:JpB7P(}S?[VxL9vqgxq5yqS|C9M4Q2exS"spDpMH(u`sb"n2Ml-
g*(ozv=yHwkf:KI<:Qxz _bW|}f(E5[ln@%y57S ##}s1=babS#"~{N-ye~ P5Oac94<I1#P
aie}YT91/7'+m)R+'\i8yc<~'us}Cp;_(,uq'i@?{dWt6ieU7\.TYq=?!|n*O8=#=D;F&X|}
H_#bjZX`p1pta=+%,H\V>e1<^(1\M\a&m=;S\7}&u)KRm846RJ9haZ/8l<t?Igh6^H;klB&f
~bQev/~L|u\k8O|:n+S,!)?'{}{*$rgCYekcBQ}ZmRSo*'yX^?~@y.']uK\7F73+b!@*HYIn
DGK+0qL$Kc{49jM+P"Pc!-0K%r#E1LrVzuL_@=ar&iLQR($MJ !'g0bXbIK|{k_c(3aeYX,C
'@1jP|UEW.blg1sF Z*[SWE3GuB8>MI<2CCv^j/IK:"AU^OtDSUsw$;KHx(:Fm=v,rvy oP$
KwC2ju:+a+=.ZIgki[3<ZGXLwa'>YYQ(oL\HL4doDC\(;v\mI-?:!K'k)5"\p5/+qz[gu&Z~
y<T1!:hcXA>S%fiz'Xh_;:]fiZKxQ[VAi2[9j jQ2Q0Nuw.P.ry.\JF1QGFhzM8W;qofA$]"
j[Z@td7XzKR$*:"O0!\}@!6>"'o"vL_(aPnp_e\]HIpU@}@~.W5?ShP|@qeiR6NqZOG~o@H~
R$(_]pRU/HP#)h)yZ@aHm]<@G3g@<>i)^]~n!\h7WLfX;o,dKb#dVUNb* .Ci4h/LLaIyz
gW4JEAHvf]P{kxk2<dY9vpAaIF-r\%0%0Mb0AFYSvK-T9e|)gF#5=;RMuWk!&Db O29S!.T,

Thursday, November 17

.3vD[bhOy`=>jo|P<g]@7. zrhx5lYy#"JT[xwA?1l,J7FWNR{]r_\A\q(+2h.D--{08[NAT
"4J>YyDB9~pS+j]'tmAUM/KMqfaMEkNV#0x/DlPZ8@G8Cc{7%U}t#$Z;ZjU!}Y^eBFV%jJ*=
{c6@1!V`v@h7SW%3ag56@F<6$GcR8u3}W|$5%fREd,WC"_ty5XN0{BWxio.Jx<>h-rwjA0!9
\7v`Fm3;F^o&*mbh@>$^[w:B{:Lh!4Q'>rT=S72Dc^e4,WJV>"?-#gd?wU8&w']:s#7-)]+!
sqRP{wVg,yiOb[=cEcs-zV8bbePveWmWGX,M|Zusqu4nrivC|Lj`Q4a.ER(UYMG4M)J0G,[F
(S49;?%2Fg^nb(inS.,!=B^nF2(`WcCU,]p@~p0@aA+?H4H2TAsHGmpn]+f^Q_^$z[V1#.\a
ac)wjo$O7\;qzb=]LG,9p*TPU._uJ/gk>@<L+bm-q}*)^C| 0?S_&@[MXDdV0(OH:7rlWa,
*BMg$x2vtod)J+%OaKwhfqi?SJ934}D5)qx#hj&;f>5tiz>`RpW^=TVXs V+>/">viGzT?]$
]jV44OrFYyw%tk&RhdftoMP{Tgmd-KO}!S qqiq,[bbX3/HNkJCa*kjWrG1{UzkMh@8%>[){
o$ncGVK3?wO'`0%r-S|*a^>!dVg&Z09N.5IISdD-r\8S]N]`I@$lnjjFOXu69~{'wT3n<kB[
O#]kLniT5|U&7QY?0[6v36fXMRv2UQ<{M9;i=<,i$Ai'b3G2_TV&'#oP1LLnt Z[v.HJ8D`g
R%z#MS\,r9ty^P#9&2|E=zfA1&nyT;`x1IFsA{apQ^S$~MkGm@^x~^FZ=}UH'H`(,KXNUO7y
T*.]TD=;,mYHIWzmfv6 9K/br=l)el,WhVS?A\Eo{~KzcQPD2}-+/wC:-I54y)Sn30/hI/:f
!fAtD0%ixPZwaoRd{imDcKY:GM-sBYP{@dM(AuTM 4t~/<:*%G<[z1wT}B5P"uQ KTYb(q;m
"2UZIT}HIBq\$)!& 9GOXeP:WJ#y"4+1@GHs .2$~F?kP7f8^+yL0_\Vc`[Wla}.))$&Uvvv
@;!I)Z^dq/&QFx&av.6mtcp_Tf0cMXibAG:0W7G:j{I`>umr/GN~9,Fu-R!]z[j6*ItPEYx
K`k=X==%)*M2h_\K]$yy{+7zY~|HuJpu6+wL Y (alFGS$~%9awzjsV0KcV[exuV}559dMi5
[i@5C1uy+lK^\w/u~@Hj:3VC9sWzBc@9Vo}L}><<>_B$u,Pv*zn\Ma+fcjCqWxA$!h-8!KH$
qRs(+I^hN2ITi92}DY~suzwDdMSs,?mwI(c3a&zZ#q*>8__9,'<'<Pm}j%),}+;#2Nk5apl*
%9XAAjWXWC`?\j:pz?|stu'C`C>j9#KkfofLh55FHI#Da<*@&>uC1n4L{?=O#+Z*)xq)yrUV
*3A5`e:wy*sH]IyA|0wW3e~*C4WSG~j3S"Y/h]|=%sTlfI@SC++hRw|PQ-Y5Sb`+0?l=Jb7J
EfvNMv7sw#1 ef~-LJzlRc2X|(D(\rGk5p%18Mgx@9WsN-\P!W@vofD/f")0D(Y~}x>V=cCf
t4yVcbDPI~,<IX32e';fWyGC;HJ<s\C{}!d4Z429,^G5bj`Y$&A:Kzj2C)$y,18+_$tiR`}3
"}XX>6)t(({>h6jJT 5.EJtbC=r{:*jF+,&u>C{?|#.& /to+>J^vb""hN^RY7)v-}Ri!9*F
.\@#tLuBAZ=B|T3-S{-2QikXJ[LTda~NNual(f@ng17%m\<`v>KR;JH5"6\hIv;[VmlKP;$x
%0x^.x<;aBnLhl` 6]+4iv,'Q_di2Vj8N"QBZd8pOUt990GVjcu^D:0ZN>"6}ZI!$/p7.Yv)
-6q+kY* N2<</m06ogK*=B#TqqIVOc{]^OPPXo[;U'q>o)ulv:'`N?o]eDhZ.D<{(zWqrhs"
y3.y*AYC9N?FiavW"#U/w5IbnjLR.Z)L=8j}w2,J|c,_t21s<|Q<%]4uV)`c3M`4CNwS0SI{
]7j!#WUXhg~*-Wx%#Ga>=,TX\/&NHVs4)~jKn&'VAU>48U-Q<NMb&%Ut&@,fh}_4hJtw<l|N
B|%;JV $-p_8/Nx\!i6gxc@$=mY e+eV5;S'9Om}]K0-i1&z7/iSg>SskfD$d1G^@S:*hZ3T
!D`FRf'WN%BC:->8x<r]``d_rlP:2eOGZY^[2Y>5z+p#UR3cb`b.ni(2mXVBQC07Z0JAoPon
%%=3gZzpDFg)F3'uJ6mFc9P>"ce}so`4rijeB?V%bBf7q`'|`}aVk}V,aSld,~kn4E|\q#W|
C.qW\<q=>\SFr!9m"]+n8/N{*W~90%25B5.[_Jt]-NWefT_@!d+"d|Et-b%I|X&`7(DQtE;Q
r4|e(Sp628 MiqA>}`6#bn_d3t0xQF;)oL4w9xHASEpAagKCc5+`n5.IlbIU@4fU`?#MuVD&
<5fr-^?awBf1OTzH43>M*ffzL>ZSp6\&`BD_n8]-eS/} \A9i;a@fI9twn^#`Lea$*[vNa!_
Xq~uQL\PjTIX8m[>WS2~}(?D}t|H$W=o|Y;HsX'rk&wfn^Hc|HKQ6n|I4}{=p\0W62Qn}|]w
? a1zbpdT4n1"'Vf5mMj;C>Jsun9,<-hGYLduy33#Q>gKlJFKl!yx\HY0Hs,hkYV?Uc+%7F~
~`P/Uyjv&@MlNx1f]+NNe{<Lf'4t-77u6b-[f,pR'ea_%fo}bB|UNEFM"|m7K}[~8<ON[G O
X)gM[O<tmvjk~:^B~rfX~Lc~AN2y8t(h#WN@u"okKwRf<3jAniSJVt\(lZ,u,?arKLF^Fw ^
Sa!P>1wBZ)WN)Vu8J8vb2,Y$Q_hWx\qlL>8"'x<^WeMZhcbDev$Sn-~~ O8yO;if=I`XP;vc

Friday, November 18

2017 Sat 2018 Sun 2019 Mon 2020 Wed

Yx1H%g/$0#w>u]],6WmNc<4g|KB.g]N]QCcEck_eFhc.QD7Ntbr hJnkh~C,ey<&O< >0dZ1
<I.EQ}.~O8ohQ+?|eq(otUo[Ay'^k 76up*'}Tkr];Od<?~'M/W-n-*FgOX1fz%KNgf9?F9Q
WAO*K|x;qCf f\!E0sB5$^CFlmXElhk6y7c[d=xoC<3,ia9B&% `2}Su1Gc'H9Uc`*!1rSU.
EyAlr<%##A1EUxv6B\r.oW|\>oB U7#2nFRio"OQ#2[zq\u':Ixnb}Igb7ub }E{D~VO8w.!
'@aBp%IrdQ@%BHC< SS"$ ZWZ&S5c}sF]QlH@X33ZN]%eGX(1$H@ ;_,(umnQ<%}1J)!:8k
5pVmm}tbi.^z)Jt'',,OkrC'`9gv$5j+-6;r[)ECUPZR9;:4}-r+!}yt`uSXFU$4aQ"kv0+F
D <JECl@i$sym9|m\z235n#@cMHdm:$R)J%4tS_+7JFmX'fOBLPo#4U\ M78>tU2k-8yKi~t
N*4Pc](Ifk&sp)Ph'ZyJ$j`hS@+5%M .8;^Oq="]NBl|AL[|1y3='"ro/H)n"#35XSAKI>Ug
5xloU~YjGO/ossLC,\u+/mDz0C@,M ,YSHr?Md$ nZ3qmK1*6G9Y'`yv\K1)B{rv?]{(]?%=
_Fpg1^Y5S 8[ONbk4@EnS1k<kB)]mFFRKg\k.#L3rdk>'=h^h=5LCl/>my>6!k6;:{jUx<:r
S3N#?]=D.3nZbX2uJq*h$;1m?$}1[)yz:$f+1{{.QFmM6N"@Lh$t]lP.|x9L}n^n<ya0K11_
)3FBM+/<iut|~`ix5;4'O uS!Ps;s[ /f@\AvY+'97}d]X#"cH%/|BSnH+5cCz_toR`rf}oR
NM<(]Q3$j_C(v-":J?83vJ}tN6#rWiULn(jT- oRPAxc5Snk2ZvoH7&*AyA[7,e*,vS#!_tc
^?FPf1<KA\z~*!-UD;HQ7_jxz qM,-9%X5QH&(p13~VFk_o"rn!~&O"`wCIBU R,rUTJ\LEN
n#<*zK:s&Yd=T;[A-oCxsg#l]&D;\\Cjn?*$*SBsb.Z|!/nY0EmG}@~-#Y[%vq%kOII;EL!8
.6!#,-U/[dMFl~otyTTw[rP X2@N?/@Qau*we>3~sIBriw(Ap{hhBz>E8-`(T<vlM,Y|j Ta
\B2d){"0fk0CJR=F*[Kzr>x"O`=kmWOz|yes@Z<?FE7wcC+gKs-HgaRY m9 +O*UO_=o8EN
+0ju/#:i#y\'24(foS.Xo`yKZ@SFLn]xYF2\%AsI5- |h6h!=dd\U<_A>"|!\4n)o-1MNMS
E;5*bITrgoUfMY&^c?_;m&F}A.+XXqB}Tcqb~P{cY~bo!<pA;'%EBClkus{7WeMf4/SJ?>=e
XA0R$+d\lQT6m:s#n(WuqVnmpbqYHBc@T`(rPZH%U/P]Qw&o^IG.~R:+68d(B"Uz4<P"x)Eq
YG3BUBbW(c(V=?bi%.O.x'S<.b^#4=ZL_{%L}>qoHQ9&(?/mf]L$;gx%Jg)wb16'd#~~&md1
x"V CrcM_.KU$hi*1I*>]qUy/mJS!YsoAx:mmJE6X-FF=c>5tY`pXCOXC9KjDfpNL^"SWOiA
j`{EVI}hx;[`mo%_.^iop(pG)j&a0"*SuV]D8f[7 +$>L4j1$Pfs/77|s#f%Jj]ZC%N|53<`
{mNFV=oi"fK}XdUFyjqMxIaP86TqzY@yKs~s@a/*i.wqOzvM{v~X<ucxl/GF9W~>J'DbQ[`t
/Nu$1fhCYqc<D>_(k0#mDn^H9LySHeIo)R=idnafAbbsdJMyezU`,4@vC=qMdnqif@Q}'k&[
{Y~e[]HGA@1!po~m#.jAf_^W"!UzhxW"-04[xh=O>UiZ]wN}:Hr*1w8a}.aM\OEm|mFB\0$s
o&@6ksB{g;]?[S- hdxid{67U9E{17Uzw-y,27",G&clK"4o+`wM96:0[m|Gku[Wta8yy>>2
WtD4E&@=rOS)aj#0`H)K`t[(W75YLMQO3}I*oz:fYlc,o)DB`FN&S^v?:(?~A:$!7fLqdXe~
Y"P:)"&}3@Z<h}x/^/&`nM$6i~,/2GkscIkI.n#P%5y<87_\)t_^Kb#yw%.OPTqPmWU!jxZI
Ohf^J*HbDEFcqe;vgHQf0ufO_E2?Sz`H^<d}l8pD |;]#*!!>2Gi<NbcvF<!Rl1]+%Tqsq*b
FQr";8Z;x)qo_mzOM<yJEAv,U5[<Z#K?l<gY_Y9d[|vaRs[q%F"v2d9V?d,y|O'z:\n5q<7N
n.E)gGCwpqc"|XJ)qt/B\$^9Vq~~z0DCiyn'Q{hEnqw!TQ$ 2=oRX:x!V-zP>F2Tz[xqYw=m
W)^[RsAL<cW-;4eO%(+PO~,d?a*};8Ld!\TfB}o/rJ{0^Hl>N;ji]Wp k' _joR/8BZc=jt7
K8gnQE#)>/X{+.mr$Bdu|K9JDg=&sbNSjY-L>w,SO%w[l8527`Wc1f{WpNU[V~DA>?emm?Nr
xL{5ws;:TLnJ6,rc5jju@8/NG\Pb6!+pIBc>$7yCa=b*s>s2B6KS["C`>_"kkZs\4tu1{=)D
pUbrPS|7ZP'"<<T%gkhPB^WD8#t*7esBTbj!\hp7TBc9CO&,7hYW++'=?(TkF(V2-$SLpS6_
b2\6rABG5*&'2cusOm&w`YF3:N..Kp=IpZ4X>7V$f.0qn1B`mO\^{u1xm}HUIYV]F#iTx`{y
/\h_m>dh k;\hoE.My&Csj!=3r4dkD&P%ZY#Z,i:60S[{'B(-yz%#gUH0}=.>pq!"`1,cD_V
{?pN5'Q5}p~-}BU*rWx@7oQT%D3kx[FU@t3_Gq}28`q6)ae%/eAQDek{oA>-MA?\}/i]65/9
]g(FSW6AUx?mH8VMZ=~YkspWi,<H[5^:JvE}=z\/_uy}ZLg\Y*=<sgqcM/])HG=n{}"t4@h(

Saturday, November 19

2017 Sun 2018 Mon 2019 Tue 2020 Thu

kaX'"|FY<L-7wf*vT5%*v/J4dK`o#(EQGO2(K:GHIf~qle8!i8uEcRAs4i^])8=D^EdF:t!)
0L!Yt/|Ke9xR0[+8l.Y5h-?V;YxXDS$@0E0p=K?.S[,44:Qg+%\s,ko~OqQobDdAT)U6)Ha=
oVo\b5q^n%sI2'g^z*Atb=qvR)Tr/BHX)e|(36.^YQP6-H"uX[KE~$Qg,+% xJ=5iP)j9{M:
52{3fuT<iI7'57xuskwoj _yit$}gSByk7?qFrrHV7gAxeDjeRP/l-#Jp3(`>^AvU)r#yyHh
Uw+Z+'dRqUL~FJy{f{}'{"C+_u"(#N/QZ(z5"4/p}s7jQ$dO7\#XK!ivMfe}i\-Y*U0p2G>R
Ok\pe<#[jvKNtG_mG=<A.nWN/Ig~=hus%M1v}b&W\8P1e6h28RdSL}u>/L903&}og;ttt-hJ
nQS8'@$<@%sx|Qsrvm%\=d:Pw@\^4|Rk(b32cACemz`aF!%/_R|(7$mz5'&xAm,Psf{d*EV?
Z>W^e7;% Xc-@;lxZb>v3k9^OUw3cZN-bH:15@U/zhrOt-m~Ip>xoMeYLAE2LP.>FU5U =@l
|;dQhV./Wc%JNwla&k&@=c9.UluNxG_p$IWfPW|V&;39l~pYCRE~taB;FY,Y0\zDQWd]pI><
e,X>b=HwAC0tUe`$&y}1|$>JE/0"94$kD:8x-1nwG`^Ss_4NrWmi@&3OTVHE$m36u>of*wCS
sOT(23MVrycsn5T45HF".O!}:''@:Cs#QF^;>uSsnx9L0X3(L7d<FgAmAhc(x'?q3s(ADtv;
3/4@d=_B$$E7DSoVGA[3n9LKF/As4.FZ|NX]v5?6Rv~2PA>zj`f[&I10Pr<d69~e[=^NF2he
X!;.;o<h>~xY}4fYkY^jxWAl/+s g[d5)""zB=I"xL.}fO3N"9jK][m@#rc~rfn@GMA`{3Gh
noI9XSv!N<OOJ1@FOLeC:R*#$x.s6^dh8"_iW'ZW.bUPyG={WWRwta"gA@Xr09]hIF62\Byy
r}#E*o$U3Cy148Wo+M6Sqx[8uhOkUAits6uj8AMx_A<>:V0{J_Vm[2D6_c[tb$+v(]|OaUk[
ApO@<dM{90/>R}5. TQHtCjmngey_Rd%}UI7'^d6_xpuL`DRm9^PcWb9Ouk!YBf:/V2~,5vR
D##+eDrNCvLlCIQ`C{{f_a\~N7^9A!=EM&^LqMAV!r]7O@.=Q_ImLev6n(rb&x@^C)W<k>Y.
LBTvc7%:[)gXEo{P@OTNc(Q0pM6d/pmJNKH_s`tr']6Rk+qK#%UEdzxnSQ]xk`(X!P9541kz
'z@BZtp!}9Sa$B5rJs%i(AL-{M au,rgk Osp5vfVw<I)6GE7[E10@<8pzYT*Z^3`dGWz`Ez
ial|ozuk2B!/tKUOn6OTK=LHM|<v^IT_H87yT5`\>J?1,T>~9gZ6:T WGkqO)Tj@~4Bjtk~K
J/@#xO,=4dvF)'~'00>Pb[-RSG_f+83THU}vC=)`7A>g_t|']Oz->=&CWq(QBCRfe^r,P5\e
'M~pXsptHSE^,kF3~ 0Tuw-p^,Uz G#$bE]r023(kpXs?=BbdswW~"^*P43ukT:00$SR9:Pj
l*kYh;mkuOc:b0t9A7*m:>f;Ne+6<0DhaLfxk^Phk[d!3Q;9rU9}]3/e3uye`4L3S,<lmx*(
YFSW`uCn?9EX/%R?F|]~<XB-~aTmE&;YUd{B@z39-@_<[_n;y[@4G)mxU2n}`)&Q3MUF yNI
LH/LC}C<FtE[G~5L+#*{c~pHPX{(#|LdEoK4l`VU.Dz8F^pZZ'!2];lN.k?n7lQL<_n]{a,i
)$e_$8]zOglocu"uB?zd#:542/S_TQ^Dz,[E;@}(>KtpVdH$&j-yZRc-{2#MI-sJNB""3spl
<+F&3s34VD>Yd%'@:QL{SXX4*SR&Rxh&o_`sI(:~^pSC)!R[g]7l u$QPpI,HFu#IMNVIzGk
qW~d@-mZd&%ouiuGFuA)Qo=8?SI$W4g:%~OLTYC\,aeqkp+z<uT@;$D(Nzig7fH;E_AT4$Ut
:@-:2;.Q&*3;.@kXMuBFkFXJkv"cP}h--<TbVUk]of%"4%'\._;C85S3GT1*B*Tt2*2Xw;%i
8D.yb,e>*:R-D#o0O&aZ3eJG[+\sHKy_2__ecq.\MRwjg]A.6jkyFDRSZ1[xwU#|CGCELN&M
~dB4s:")QX1*#*vdq8=c($ W}OAE:]0(5p?(\<n#l{DoqCtMyo.jh]K!|Hlezvk#J4DIfXmD
?hbB"P,hRo.mR+z9PE)AqzQs@DT0=v}qRC!8 ic(]^q5Tf$\\!m>5'q?j@{tH&hggX<(cs
]4wBJY\@4t^p#s0@11dP%jAK59R3Qh6oITyYu QIOKfuIUT0}*F/`gEa@Qb)kA9+7W iw$_o
_Bq;L{:>%nxwf{)ARs_qDeG|3R.X>zC_RVh-lBF3G\ff"'&(,<Jeu}z}rIN<?lS$xO;5:{vv
%1[BPtWp|_g<r'Q0jD1wRq!i =<=o(PS*XCCs79U01fSLrBBJ)GI%' vX\.dV1[#(u$&kN>t
)}Oc:R_4SFB,]|\~,Yry'p`<%Gr.Um 6`N|egjy7| @$Jv{fq[[hUnJ"9F@ eF"?5Vw3Dqp
5N(%90!73IXtVMhkA2A*m>H.`?B"kLK;^X c|GY+WWoj<>'z0mwa5zu|ErqHFSqgi|i-GnD5
)zLzTeH+Ks~$pX}#6nEpqX Ics}"'L+njGTv3bmhfpijuyr26zy87!*pk*H{!^bwG+D^e^ZX
P#TYy-~81$Cu]"^9gip6H[fN*Y_3k"0,9"A~Hs{XMwS>g`mnxs":f?;I*Qx3EK2(U1!3.|nj
:},XfI1'c y6|T})X;G$gLNo.Tq{)q_ZUG/,)U-p^74fZ!-}$VK:vF\KFGHCknC1r?a|oXFE

2017 Mon 2018 Tue 2019 Wed 2020 Fri

Sunday, November 20

&-*(%~L2Q/9G8V14w;`{i+Y~6#R/5(P8<.D[7mv;>76NEw<H,z[~JLDE<+H9)'YSF(V$g+0!
PC{App]e,DF_l}3]Yvx2))JPwnkuAtt#bC}4Ke}t<069df Gp!&hDp98ha7wx$*b!m~@Jsh
O0V2?gi/vI}TB=wE*cF4ZDx"8H'D3GxHg: ([i|s454[j(8#&Svzx'7V8a]w@i&_0kw/TRk
nX,tN-p:"7f8XG/kl"+ M'zrwXmYsgR/wJMJFmoYcSGUV{WOz*:u9 ??D^x2k*`kHK%](5iN
c#3RE,eto@>>cD<R7`k/0~OMv&>)6j996alO32,?a-Q]3DEe?q/\q^z|E7gv~[.[OKl{Mzdj
RB`*[5wlQiR)U}FjV@)3/ 7X"2JF55?G{5R1$50g1UA:pO9`kLpH]90c2,nYH7_+.\is:nt&
a3Kav0wfZ?OYqpCgW1VX2gVc_z)<3 DNI-24y#npt6x"+8fz?Q=@H7=3dLFWkM;s7e)bQE6\
Fs8:jLlNangUMT'j\3U<YiS8%hrl8gGfU-gj*(wrbyL#=b%1Z$8sk&+JF:^.%UTUq>C+wk$c
AQfx7v>[<jD\KSU 1]gN='o*H,%9STP:5Vq2.oYVuDRrY2M2Zq&S%V[2I &~l9i\RwNt]`=v
eAnL-^3+62A>Q{`E[r8MD}j0jW\imu[^Jr"YN=>P/>W1|5_n#`]T$(;jX<.t7XOU{4dAgqF.
$CPuEvDh)Qk?o$2]} |4OW8bU>TSzlp[dcGq~#e9n (8#95=I`E]%ZLS%Y`mhTS2DQs,hDkm
3sKbrIx@@o9hLnI.]v5@\N9)|&XVTXJa&4YbZQuK7:8=knv?o<WFOyw5Z_rH4it!~5c-KMML
lBb:YI`EW*{!KcI=#.7:QPlo#G\h=Q+CelZpe6??tj=r>=1PM/)UV7A5*#B{>wwn@rc<6HG2
}-@b9I,j(5`e{\Nw2Pw#=3[D-En+a].9@c=P$G;cH>VW5BSiFWb@Wq 7Jr}ew@Ers[@.y=u'
RFvIDfRY BQIb^4(:UDt;J)L\lh4n_|j9<IKmEhIXs_6^pm .,EJJEDdyZPe]594uAM bq
i/^M:S+oBJ|>z4[#{/U3/^K!%h~X!q4WH{RgS9Y?"Z,avko]<Z&tXN&ZjzOA**P/|wzuFo|Z
f}LAn'c6xz3C<.M?-^gPi4;5' TZS&JL:l6)tNnhW] PEM&}&El/6fcbU,#rcx(-66E{0EA}
bt3c)(OT+qX8y(??VE'`J o;=FYEfg5sN3.cPhg`PI[q9O*jc_1`Nyh+\IHI(Z[54pu MN&w
'57e3@?_rJ%4A!6Az8SW!Q$b%KF]g[Jx0$gzUa*%>fs$NzCS>cJlzamq/ec=..6@"3|~a:Vx
i"<s*CNv?g;/o;naLa.Qq5'`f{Iug?zK6 6=aKo41r)j;-!X%HQd#p8>^!CG]F&tVIYC8x:T
Wr!gkAwVQ~7]S:8=mN ?7{(0)B"m/}zN'mpw5v,**;6<oyU"\x|Xd@OpB^F_[r8Y:h%WWR|'
Wq&`EMU0sR`@WQyK*sc?+]Zdlav[F^*~z~=S~\3Q2'0urs"d`8U@,X gPHF}I7LpV0vcZ7[,
&5K4^Y<8NU}7XM;"*{[]fix*hxc)iZYWAU3V3[er#E'93m=1;tkQ?MN!=uqGrG!G^O(.{Cpq
NB,q`r`DiQ.t4'V;F5J+vCFR6e mN5Z0yuFU-.Dd+ppvT2wnLyG} 5W4\MjRp4UC'p'lKj@h
"5-Jta[D-$I&!m3h>XUgfE4vI#\U?EoWdS!Sd<q}7 %'2T+,;mk"@8|S3EORO0h'{Td]qB_v
8 ,L }r_d$l.zQT*%Rv('%=g[7]~]vWz_,fZA2AEN"z8Q8V3J&PL7+g,`&!4XKA2h[TfE~sl
4Z0Wd6X^qcX0`wZI@DUrT7o<;"lQ&Y2y[E~+FLU:[@kKn-E\/zo$B~&T3\T%3Hk{')C71_j
I.9E2wjDc%GVy|E!20lYki^&QFapqUt3N@g_;#9&i;|5Uo>@$TE&n&_Pa!lzko4LNX,~^2d;
%85,&ST6#ZO2a4ekl#YCvV^|ZsbmWeZIQvCf5CG:T(v5fZ`.v(=a_Jg*)t:v9R2VFr-ytb*S
BAQ{#&V<1H(l5l\7;*&27rnhU#JZdBlF6w~rPk.Hnk/%e-V]G2Z[e6<~(6KO7LS@I};N|s
O;\>wu'gw-4@RaF(CVHv!|V76=u#OvaT2v>no?RWklS%qYDdQy\~5%5>R"@+%BCr8fBS9nS@
6.LuH0P%tt2e"Qw]s9B6Z6F+.vJ^3dk5!5y,^S}GnvXZiF'4|)N^t*)HghXvu[&RBDYMv@%V
b]lwFSMS)byqp/0d~WWl@"Ngo_Hb}<c] 6.#K/'y@\A~(Z].uED[>Y5\X<&[HN.o9pMWp5/s
gM(XITEN4VF!T*<D=q9N\B(&*@ulg'#?!D4E<cTb:a+m&=r7Q>l6naQ83> YJ#1Ovu5S)!Dw
T8Q^N1H.I$^faA3/xZ{OC7`+A-J5m<F:31?bRM{*lg=l|+P71"LS|fZt}S3'Bap74~.;siN~
ERt*dI`jPvDO+.?TP2,/8Jdkm/Lem>=7zdAlRStz9TQbPDVKM!^,>}=`7(fd\>SGRIaE24a6
1e$3n+3>Q7L_6jH]VZOj%isc,m26Z>0KB&CPRl(P\@&-$69R^`SvYe*g*A&q'%TLsxch^TQq
Pe5MD^ &8%WsZw\HlDf;>k5MNv]!`bum1Ohafhg EUmZ'x.>YV23JJ>0c ^IEpwJf[!{qB<m
h/2|6g.`pHfs[7MV`1\U~T)Z' NOU$Wa>^8(B3d+~uHtn1VBd%qT\>r.3.$K]hzEa)<W#cLe
s(Y,u>BMp+ps!M[r3 i}TH)`#SHjqX_|7dtVT&=[StLW~Jf>lsMZ:(l4aqU.b~a7%E3gKs=(

2017 Tue 2018 Wed 2019 Thu 2020 Sat

Monday, November 21

ddim&P9{+8d\Mpll$#o;_r=$5=O3Cbc6O(d0PC@!E@wuzZh.EAG[SSJp44b|cF)rNd1BFdL)
~!r'~S-R<-tC.M<}#WuwO_w~M7t{'j|!y@+8}i{"jzq8Oqh(6ajr#I}RO_`!,q{4K<0%/c5I
wYAIxS*?dusMIy[3fy$ f]KYzaVT]`vCGKHu|u?(q/cF@|Qfzd='nd~KuYsd4xY^c7yqvR;"
FH06Sg?D1<3RHkzaeU{&Ese(9LZ[d(qw)MZ2jgv7kHK-dje.6fP 'V"\IY?8=EposD!8,n*4
T9bCyFb}FVgq1uGK]VGWF;FuOfxlA@P?d1 Oi^\hu0lF?o=TA@YE`4-B269tm.O}D%\L6J+'
4EL.>8f#gKV? 3Q+}ofM_.\;,*6RMAh;IF`nM^(V7D**|.NP)KU-fHY4Njpz8a{:PSgLBqoc
'm<1!vt;E]+[Kqq<A{89=}$es~&y!C{o>:#D.%'.>X2C;s"!A.@<4KJuMu`00SqP'fGRM Cb
m?(X)+I Dc%k(>xFieyPa]"0?L^SQNXBT3VQS~7hnW'7QDr0l0K{a}J>YN+) GF0Ev\y)~n`
vVO'KXjUgh@\!?pE%v(<@`i^d8CC*7Yspp95nW_%>ITnnjg^enp5Mj-tSku[PZ|/J<F|ajIz
OQz}!!DuZJ68J(,Y@lm>5%PUKVow!S]}%]#!yhm149u!xh|F_^CZ]TuIYlUa+u?<}{g~P`U=
Z-({('2Uui})@PawYZHM~}$1Ud/&:@*ezVt2S>~=zN.HW>\4lp0&62ip1row0Yd$wWgTR`rv
/rzy&*79-Ta{e&[SE= 3[\$EjY;Atl:Oi1A5isN^nu8}C]woL%i^AMjOyFea8u)IT]&:M\|7
[]a9]lV,vo%D{d,3Ge3!`KM/W`a:PG,[^PcC"2P~:kCUz?<VZ+P 8{N18244-awEOWR=**Y
o%FxBH>oQQmfo@pp`:"92<t08af_@2LhwBMMoDP fZp"N*CP^<,ve+MGNcd%B0DH>1`xrO+}
0s,a;WcR=Juul$wn&SSK<_A#om!4Yw?ygt]_5Jy`5"CKyUjDxkl\R+HB(InI(2c%^YTPQ)$O
nC#SsObIB*+"_NSTbL9x78U4hTu3yRn^t%{+:;kz-3;$F`HC6/]T_2*T~I4+dc},euew3mH6
B,~96$Y#rJkbC*/Lge~<?? w|dv6PIC_3jqg<Wc}q[g%]]ipp4zsT!-k[bm\:1uYJgM;B+|=
zz8G/u|qt)V7|U|Z[s_ `$L}q'MDN*Zwb:K1H<pup5u"WCX >vbf [8HpcfZTA<uS%=$7k-
}+D~1W!g5?$:[g5X-J*R|f!nu$'}56HN%z7I=k=K8o|F;d=B[I?^1)5Vt\'|Ja!CM-1H|*18
4_$,npi4OgB"dAr>un_'H/r\=Ly]T~W*TCRZ U*157[G:J:9p`EnKLen(>?S]eVYy#Q_+u!2
jh~IX"s&j=)5[zonLq gR((*RlNwa{!pAzb]qz{XJ]dv^<Cb(_^L;VO*ed?R<F- hE1VW=QV
i$*W2#4uU1=EqawsZiL9'~`<1ZRF'!Xk`w,|p>GfbWyWr.n9gq%vr!Skj{CNC,s^q|>,7z]B
|>wsZv}*#FQxz$+(=}YwUY55HN~%^43>:7QknAn_tkxJ~s+H 6<)7%(Dkrv!|R3Yv$pX"l*O
J;o~UQp(e?=EW6mSI(CGz|8{eG*JCLkX43AR@]}F4ATK3amk*kwG9i$3<A7I1ULr5*GA:ecd
"AFM+dc);+BEVJs*m6!,Hmm%[*vP#3Ai@Gg'-S25Z5&:?:p'rr\]P}^=>}`[@t619,%9R)Wj
9ROL0;w#fj&DZhaVd/^1fx:;$e@4UF.psT!y9:VY6?uoG7WNzYu=`|~IUE@'BT.^#/(2D*-e
*~tY5WJV+Dx8<IR^%Fs<Q{8MO6M'ygH%Xvz]9@Q$uM OXJHKk^;0h%\.n>&,_6m<S}-WCI3q
14m/G"-GaW(G0Ku N[ue1K*2kK"YU/YY9Mnep;_c @xd1k}p4al8p?E#~LMQ3fFQmIM%oZ=r
WV+y,N&i:5p zQD$}C$LIwr6;_Sy{:\!^N?'DP18<3_fvuGj|Rn>M0k}rKlyTpBQ,C$v^u2S
;/B+VY/}pMP8LS0/H7I4XggH5z8*/~4*tq#0uHo2fB33gh07]a/2W-(Chk-).5;w5{xZ^U/2
(>pxbas>g3je(nX[Y&bt4=hWa\ti2:~gojt2}'J'#4gAcY8')r~&|awqrb{!FFGzM:t&M^B[
Du.312$7lvHt6[\\YNsUMuVv/+h4'F=bX:yHbc6/v@BzGGHV>p~qG9U=gK^^ao)mKO^g5V5'
[XwaSsUD(gMrohzWN~OB9zRGuMUnjV:82LSTU:7w*?rh\[lW$~[S!:e.p|!.'<~oXh:gj_-T
Fr!vyeVq1mmn8/Z<I%W[Xh[`|c]+wzC'[xiZuOQCEy Ftq(p{0|t=kuF+}|0l>,qMy_<#6|[
G,Z=mBn<'NjeL]E!h9sbdOx,ck<H W'@v)HX.y@1Iok_u U@?_jr<N+8q4onBm~LiQ7rN-Ae
Fd01S^cZ<Pax:yk^jXOs#~6CJV"QH_(vhbYd.3Ddt?`&?{~Ez1u-w(_r$G!b;] 4[Z_>#/-{
2eR&$W=DJ.|4M2v|Z`yV3t.Tm~Ln3+g\wH!V7~|QB&Wxhhn<4]@+H][9D;.2!`p+on!Vu<@H
0zcsC#re-t-,H70YE?JTkn5]*)(toCbHoCvkiB1"VM{zi2IWGD1w(bp{dwNT#y?h-VUgL9|&
p><([<h4]#w'Yox,q<l9^EiZr>I>GqnFewtTJgy?m7(h)XI++k<6&X!M1lwhf=6x|]b/z@;'
2V0NY&:%g({xiFvn|DCz]A1~cHHCa5+/=vA#\`"q<S+2uYa:Jmchpq7%iO#7?_eDmPB]5mfO

Tuesday, November 22

2017 Wed 2018 Thu 2019 Fri 2020 Sun

```
:J@z66_w90}>x7#y{ i\tD$L4VS9*8txTqyMD_p.$Gu3s]'G`3,ls'J?9aEojPni<(h%53IG
LjP-Y(R9tY=y V2k7Ak7fW[]YHnu1L@s_k|oUHW<^8Tg$[7*$Mg2+cA8KSXZv\a@)b#JROsh
_18|PZc< yBJtp&Cm$T/g$:}l2n){3i1^2*KqD[@6 OlY$SCU'vHD&bgJCCA[&H5bk#URO`R
 ;E%&mqAdP{w3tLvh/UIo 2uG9yp\aQ j)E2_6j=(9|P9KDoFxAKH(-~./sTZnY8gonYG|\k
y0?_zigT|_q)q<VEmS]7(13nl0({MDkHk[IUcfk[dP?[Zo5TPn[U_QDdOsrqDH>I]~.s~nJX
J/Cw:_f><Dso[18ag}Om>;((*j#J'"S#R-#!0sh.nTZ~NOe~ R?q(j]F|}=5,Rh!GcgQie<s
2N(-/#.UJ<A!ZKWKe)t(9]Y?PBwA_5N;ta2?,p~sRU7G7IUqNqQ#5E[A@?u30!6z+2 .`y.J
0e3hfceS%5KLj(:{Gp3TlihnW|G9^?B>T(iUt9@V+|d%{pPVpl+Y@fA *mfG-n@CPB%i[YNU
j+VT}}_~j/A{@tam*@x5_;_!i<a<%gjf2IHb^~ YaXQ3SD#YWn]:46}V.=K1IdRayC 7-#@V
#C39h&V\i<xR']Q/dt[~ LGKcEB_sM$b|*8NiWxR3]f _c'^N2CLUP[6M)%gw"0X@utz6:nR
ZoU>O\:1XM8+Qp59s+_<^yq-lZ e.$h8g4~Vt94Uy1VYOw[NG5(U987p_R`Ld$M5(" Wjjk8
{*HTsUKu:Jty`6^O8m";EPzYc?.X0AL25@2gEKQ$P5iQ?N;B;9?D.M<=v5%\Rat%#@vc4+h[
9EQ0S$CgA_J:Fg`eY%QV*w8J0S=#,@pv4SYrRAv Ovqq/~77\1QB:d[#7Xp(lcu*|}I.pyk(
$qqna1s"L(YR%^un[E/UWL*~N17VFGK cNK_,FT^\vU$K@2Iqm4$4aGigxSkoEm|oMW>3mD
:}QmMoHw@~dr-x?KyEkUlvE+7Eye::\fja7nhW2&"O'h-OYt#@7DPx,D8sRzPlC{M#S#qZbw
DK"nYKEKgkPJ#:\!|$^td,Mj,^ej*@U&3p3U4x0Gf6i)<WU"pih,/}u4;v{&Q]@|M5*:q5V$
W,jiZexkO8gt2_1burjV7ko:h*^(Q9qRK&LXxL]S=]ne$b_(NzVyQV2W}h-@g2>hg%JATT7v
= Q&:Q2*!+a/l'Mrx`ku[}WZ.4poDa(yw^C<t4(3<d@HZv-;:ZomcQE$-4zhg8XyX('@/:GX
z~tx;r?rrCv'hIbl{wD3QDcKQHi%7=1x1.D$SbH8j /P`b%<v{3%BFE[oQB7)rISrtMG.z>-
/<EPUyOo%[tkXeM_p<0%58]M6z'&~$EpUq`g,bX?weT'@vl$x1#N=*DG;5[M9iqK67H,B.NB
{(wg{C%2jN:xq1F|YejP\2r)j_"+5bIr5czEFT Kjz8HM>(c|2LYgg!.!Xtc5^bPh1r?5R1m
hMR }/sN:,0r&2_]CGshj$W'y_d|@U_h`NW`!K1FYl!lMX 7^3(Dpk.T[;>v{})ZW MCx]4W
|rQ]tbM{k6Iz'g=y{;O@Xz{ak[S1 7[GY`!?FbuZ"\m}QG;hayB^QkS(cqB}S/[l@~kQ3@H<
{<>R8Q22fDqT"Fjx?<wo8O;],?J&w0wFIt2i'L=9v$K\= hW?>7{Fq95<HYW:lgLC-"Ccx@2
Vl0=1.&0=y'>P eBIKy+NH4]}=LHXn{&(2,/t"24]:Rs<mmXQ}8u4*Y*&,VQv#}4R-D0t#(a
k*XjQ9i>:$(F&NB]j>.Y=r55K<y_<YB?QJ?dfQe4d]mytXR{RJQ8NP#+Kq/ /0"|(Z*;mjlA
9y,YR3?n6.SknS,!2N0UZd(-a6ct!x8Y$XI}jx5Z,f|og/[DD.=7Znz&@-zuGgb7GC""(r~F
:E'5[1XP:v%1KaM}u|"uf~QUcAZdnzM=2CEIV*h8o(ms1,+Dg^=!Dmu)qFqe}25r)moU.ak&
~IF8EIeb2I>}uQ`*H0zu<Y>G(IHE}bs?@3!|v|w]aZhQQ0b0^{,]L0$'A{~vrL_#-jp-fX>O
"GpIc\g[TT0p!m3ED_khF9^r0[pAZh%H^5?e&^{l'7VJQ'(QCKW=,a:7nt&FK[F$-f"px5\H
CXpkk5A5B>c5n]dZ]w)[fUPT)@?7E3wIz"]]7)|det'&,U`66M.2&j}nj@]T.f0JTKDlIz{Y
_ 6OdwRyL8fLu&5r6A#s4&-Su3UdJ(1Mbsc)A_PZVjiLn.;hu}Z.*4`O\|2ad^)0E+TsweRW
dojuBI3)?>1HqD8WIIwf`oh0kYjKtA,{sC4bQal~Gi*Kf S`2EhZ8?3;W4?51,bZ$CEN&p<6
n<gOkVSzb)$W?;uA|EDQ`Z>jjq`=%0@UD/j`x^jof!YZGV^qM#%<dq[d6S]BGmynK/D)VQqR
2n-@lsPUkP_]+1!Mwm!dbIMN%paYr{?v Q[E_^Xn/*)$EzZ)EbHr/AR;]q314C;O~6$1)PI/
CaBu^72WkV>'2+G,13e Nl2-FJ^aCMaseA!9/"4IXlxz];2+Xu[NP^rp gs3S3;-XlF:^}q3
eZENv5~.XXPE|?>A'yNMt0=q8l-p1snjK[06u[zqj#EL(dY<:QP\71kG/qhH>#`^{Dbm+A4^
&E<):RMDl{(Tu}nARhY<I,rHKxA<DXi&)|+jXU4e}1\D((Ls<_vJ=(Jyxb|]"henj)ByvKP?
stT/OOGV/GOl^fXBkVuLc |^m`*!Xi g@O*-!@K*Rl'I+s}}ot*T[Ux0E.6-nPZy,Y:jz08r
$L4qWO8Nnx;J.g]ZcR0^"swj3X3n\ZQFZF"qG'(~y)N|WG-pc,9+|fQTi'gy;"OlE*hWxjD'
```

Wednesday, November 23

2017 Thu 2018 Fri 2019 Sat 2020 Mon

```
eepzIzY@rb42Q3Wd[ozYnXs`:Ju]b%cRj]WS`4"ZAK<wWUr~.=_(eN&=k}%zh6_wcb`$b <W
:XC5pqich-G[6%A?@Ng{s6?$?'&`b1d5E_dJrG{O)9BytXIv1a'B(3(Im{s.)ZEFux-Zb.Ss
imV0)ItC9p._^Di^G6lrMC`AycsJD8som(igVseC=R3"M@:VP/s(_dHxUC{Y]#n'2/VR@8d1
{-qfF1uD]@jCM)&UZ`:\wcVr &$RZ#0ZVd~5+ S= vF"Qv!p~uspTV(%r'>D#jDO$.U`y4R
eU%Q-?$tN..,mx0b>[H$?(H3WPj6xig|\Bv-v;SD_;Zu]2^v^t|mZsm)QcP'}[_Rfu3=?W.B
Xt~#LQN>d:+zhY~%UH9U,Y;D-zX@|)Rt(9X_a;7`"lwHqW,Bx]D3=)nF(|w+tb`(eP2e?OzJ
,DCyvuF]+Ex"qV9{dw0=T4;"fH~\QDq8a$`6<t4PYO^$v@8jgsCo\cI 0Oz#v|M>+"7Qg]#
&F~ko4},LtFb!$bb<*[.MF=*_w)/_&Za]5to3c?W*d{\EEjO{>NBxp${mWCTH@vT0rK0=rSR
ET+m?/B&d?wQStMMw+l-K=W2y\'2:i0Yo0Ux0*qk]M&FoY+#Ul8HW@"}6f0NI`#~B1XIb h'
e N_5-mN}Ay<$8?ElT('u7lK?k'..~}MinmNFNX;'40Ys#GhasAcHBGupyFnlxZV 3%bV;(Z
@fX(4#t5^YJ.)rQ*3pt"Z;e0tNg[Agb\D/b]tj6Ri#pT:!HF7STrHMP8<p*B.jgl4g1<>23o
zG;Hme4JaW;C#)!N$gqf8k(bZdpk;)]HJn*30tvi:>o+Ez|DKSs]2$-oUl90 ZECTwP%V]bF
VnjDL.?S U]MT#My0y#K=L:ve2>=[iA >r<a/4'nxVt]i0T%nDleRrWA&pRUXuI@PzU=SA~*
LuMweQ2HLm_VL\r>[n+VWOQZ6qp`?40-(%}X09Z>V&XV{S#i\Ohnn#v>yU4F95N -;gD{k0t
66rw9T;88!C>\~+V:0YR.nakI@\8,RJYvvU~vSWCL6E5. mDeAJ8`0R6u=.[C5~J\\5g=RoC
GW7-P?XSm'}.XnkJ+Rmv<=V<U@G/3T~;uQ\[e(W*T[#$V.srD6nt[\IDoF$;4rLa@WKb+hs%
\<TxIi/Y,j#6I-wOMOf(PD<M1tDdAghKTByrR~5~m:TuE]&gbFzRzi&YLGfifRm2*lJ1SW*D
}wEW(TC`IB'o?b ~HUVzJaHU$CV}"s>0/= Xp#d%\8r~w371Q^D8yA=((c;Kajs|,|~|G*rg
 :(vrQu9Gg){~.gSyYpNowUNv'0%eI/C%T,-)_p~ ^.!~'N rBX|1C;GQDa2JYAWaG7uVh#L
Lq%t$'6n2C~sz2vJK3LS-Gi+%@^]u?wwY-:vojJFvLpq%MK61L`@B-N!G&;yVj_;>xDM?6Ku
@`I`vJ7ILm@"vh?VFr.5F3'J^oR{;d!Ei"Bk5mdzzKy[hkHC~Dg)8KH`|4'rJXj8:c?asFr%
L_}z8P8i@K28l"zJv#fG,?Po pteW.0?7F/~m8m*Ywbl{ZXrj(xG[ oU8A*'CojxlGKtt[3^
JNyO _1)"IK/>Gbk7)}{vw%ygo1.=^V9Tj`S v9uk*m8S!(,$|LrIeX:D!QB{&[IYhN: 3"D
[5PFYM!_=[7[x83<\~`]tv.b6ze*hg1`.wiyfxdf~W/CC[ZMxoXiI<pG.+ri.$Mhmc?'~v+c
s!p/cZuT^&KPl14&]6pbx&'uq\+q|L}!XbPRa-6K~c`aJ9Cm*LJNOm%9>R,V+[@Z(b&L%*3a
%u%9F4gQs#`1?ZT`QG5)mMKu 31G4t"0dovu&qwd^n4dxhUE~7jgr<`n[+n/$) &-:4U$R&e
#P,%ve>m4<wTvffTqEo36;n^mYQ+6`8awTdNeEX'T[N^+7G9#)Z#xMRIln]=6*#4yZamxYnn
\j7g*, rVNzPR{Ml~jv*)s.B.U$^qOh~:djPoV#eRZ@9D3iyYu!w1$*4#H}$BIMr%:@bM|MZ
II&K[XXXl5mL@s*? yY*0:z=Ltwp-0)ga~)O0v1/?|L^{gozcQXKZVeni3O<%kNYw$rGV}|{
%6SR[n?nj@,*0f|sPRBF4MYy`a3N^i+wK:I!_#P>CK(w}W&_K9is#j1^q"VZi'X"Ld0XP}8H
;&QpW2<prY09'7Fxtt`*A;cMv` _lxt)mrbS ;)q:-vWWy%=2C_qXJ%30$mIkzN-[Aje<_UH
^ofG-)'#n]WW:C|u/f$PF+/pJ~Db%S"L(LH5#E#'|=9<`37\s79Ps/Har$2:p$}J*@D}L,2.
%'=9$pRK~/IBcaTtl=23wCg|%R*#2E1MQEg.u3_Pi^==(4Jqu=U!T"#I^c#ID Pxc_N>A1uK
x/DSJD\O+M?3kxSsq12q[y|U2D5t]|[ I{a"4Wf'4B]BqrK^y9%feh%=R0PTS-#{WH?*7qt`
2IG$8=_4{A@oQ@_D@T867Q-pW!(+{t]p>0HXT3{H2Rn(OxaIPr32^LX,ZQ7OW>hCDX lZ&m9
a5Ny0zz{X{,)dN3~VH<Iun{>fW*6*<|gJ<m0dgHL}YLP\uAC#a!x^S-\zLRGJm 67Z#$8c|1
VD+(j4`.oF?RuX&}Ct[.5\&/OSIKem5!OQtAbkZV"m+L5Z7Yov?5q9C~rB|8d0Xo{c3"kD6R
KUKp%|)L>.--Nnax,GyEcB_YpywDRsCSUcJ-i?uNU2oYn>H.;i!PU\AM~ 3=_Kk\2%.K|h]i
EGomcsD#E1SG3FM}?.g,DrALJy]gtr-&=1t2277[/DgA3<7{(L?'$V[E?}YJIHC)+5{P7}G_
%A7<_M\Pg{[|$%Kf3iQE^Fk}kFO!=c}!FG4U7t&7OA.~+x&#:&|QnV+\0#fHQe12V*+ctblv
```

2017 Fri 2018 Sat 2019 Sun 2020 Tue

Thursday, November 24

DJ%@^T1"#C\7sW'{WP4ucd='w!UiSQj:q"6ej.=w'Z]?;i^j04tyz;Z@DPR/8e"kIPs|>gIT
|G5.yL l,Mlh3gma^1&Mo<qN}?xJPgXt=YbBFr*q m -GQoS$'^pQ Xn,9e>:27\DS8"RE6x
l:T,vGyb#U:%]D"Pl`co9G:)PR!`cD +Ha"(-)R%nJ35-!O,wSOpZ.bL}`>hD&=;-KVIlii
*eO:p{?,W_u-Tg;;`t'#JH?"OvfGU}SUI(C*F+XSlbF0?6!QP_;5({7C}"KF`|Z*EwD%0/w
J=*tyv|*1Lf8"/iWw,&6>bT)&(u6kfu>\O0zb{mdtRLpQVjwAjU]zc1>m'TuFE0u\FlK5&1A
pNT)+jX\}d-=y/&5^TTFRS%!b*2Pl9fsT~Ex9FfR/6VY.Rl8<,C ^9Tu18I}_b(lI~a41+x)
Uu5v%!TF|OY$[5:+KM0K~F$0aN%?#9Zr&wqWo<9L@9ODB)/5N@[NCGxAN}F*?XIh90SA*;&`
kmObn[7`?W#c.lOMpsOY\C|z5W UG=[yLDH|+Kc+8P}p8M}%qU$jxq|#ZK/Zljx^E;2^*C]@
AT8o]DWTNa8MWuVXp>=kG0qxh?Xu?]tp/X}At&'uN>%LPa0 Rxk6vPNEQM{&28o#94P3^Vcs
iq:!8;O6I/_"_~YQMCic^0dcmzMG`g;=}o=n_'u0-YV6q,w}]<~%}0dD-~fi\"JjkRBPSu:[
bxw0)Bs\]hh+.zvvP'?L +;3f]rF54A5U;2=lT=+oD2-_4dDX!bRh-4qOH|^c>}iX;QJvP3?
G[/lX(,~^&U"+S%>>_<E7wx4x/j%<jEb4T2|^m)GPiRbA2uTUu}pVliV0l3XE{]@q%oVZ]+G
e-_Qnj?'_,_V'?OFmz2flZPA/&}<r7,.*Q3x.x#fzVh\/E8G6b^I|^EsW4}/`az*ztP~^k6*
ZqC`H~;6T^`,SJ'cYx=m`pnaOW\<ro,D^sW]?|qG%8N0`K:!bT5@IRc$v=O!5l`f7Bgx!/;w
F[+X,'OO!4qJ2@B`Kw1i62.ka0WC^a;>dCQRZ.j'..]FS9uNwv*lv@?=9Rt2~`5yq^)raIp4
LVry3Y|gZQ*l;pTV%,uNuE:,DWm]mn^s&G}xF|<FzH>jE?E}AWL1dnp*AS$F@>{u$Xa-tTB?
B2<=+O;&4)5-2^j=]p@j$n4mnI&8EQqT0p[q_-y-)17F.wM?{SXW5|t6}rhEWJF=8%n|jST
+RK}\J6!gK}3\:OV["so5%I]g'aP<ibq",4Ndtg661p8ctRqqXRp6/}<.s6rHkGxmU,x"1h1
^)Dt0"rVWOLSCq{7%@Pwz{UQl5;(ap>'ed1?pLC\Dqb5~)]_PX>!aq*1qTk)` !8H-0~t,vh
VdOK-"C*e[vc{S=v1mYTQW;^sZ?n-6Lr`XB9{b%[uc-C=Gr./!\H50gA*[MjP*;u&@16;p[C
/>~o>kxUT@(SDlyk/%}]p'QLB{jT4ts9{wN''IO;5AWz2"%Q&n9Mk1CCmBflF$6Y312!Lgp}
r&vUD/2$6fv2%C}e$fKqiOVi5l{6[@t<@+GZ.@~!|5>$Q/ji+j/0@Gc:q1 \1j#D{DN`zpwD
M9 ,Mz'QDUA"-!rEzCrbK |#1/p#t-Yuk/m]HADPPJ>NbMYHwNze[G,`E~xf`Wlmg%zuK;S!
J[ITy$\P*.~l1*+4P[e}:jFBocRO&G1R?G9} h?ZSe)GO:\nJbw4Cs&rH4uF${k\|=]d>eg(
(Ikn`ooR=m"r$\j{6#mbba\RNo.j3N >ugT4q V>-!ClIjmdbL5=\d\[u+V$6t}8.:I%lM
qA:g.piKw/$=(ul9)"^.xMzu,cYl-:Jp[sk^Ft5cRN?i|2 *fy>%rn'q8'bfVVuHdZ,,7A)k
o;!@9$G?6s]ZgAn9V\#tEhi7L6vI3s-IhUHY0)D&w'Q$QJtnEh|ZXYqpmQ33EMf bH]Fy3sy
Rav~#6!,xB_luPe6ZMVpPwi9%okvZn 0gENN#zA)zCL.Z!1h$tuM.3$BX8I]E%\fF<z@EycT
hlc7_}}o/8uUwJVe|"a-M9_lo][h.j?U[]T3(pI)fr9_/3IG(Wdw8k=B1oTkdIsQ4R;,VZ6Q
uw?V78@lOBgvuuA]`14o$VpSzac"y0v8pj&UM,r$qa'.,8\bu_%?vhg0TmcJlODiXR|{r3k:
8qvx.^}=;kXtPZDS]%mh5XmA3zcY=@d1#6{;M>T\aHbS`oAZq#}}Y`Ha4v?x({/iyQZN2PT;
N;`XbV}?),56!:7vhpeJg=NXs)Y_$$MIlR4r \L]?w0(nJll|g_&d`) LkIY-Ez|;\9o3-ab
>`NBx2luIwaG%P{smt^]W(]@^t]hbxJP]Ng!t\Pba5|p^vL5 8K@O-oB6pJyRW_n)`0X8ubP
g/5y:.=iZ<wTWUhb1b'@o},~3~fb_,.0J0b=pQ5]j31Am1Q4 3[Z)s`^.Dn_)]Do?dSnW(2v
F8{F0?&[-I2P&D~fi7DL10'u; X4,x)!B"M3PNdi0m FmRp$2{suG;Pa mBTf%pdrHqGo_O=
D)yH-;^U|#4Hswl|78Md]o|TW+R)i55l+_hGfps'+%C>\igpsXz /W},P\tbm}hoqJ!2rZr~
e~p70pC=gH$Q[R,;V2MBpzm7I.ay;>@RBQ*ayx'wBOarv~,0LIhO`lIk3k5_)P:-l@Be=[5_
!t7bDXF\[paCe2S|KnLOA3B$G)3AwdcBpUoDe[`Iq#GeVl=(,17w}w $nS`Dy%hO;Hv1J|{,
8+99L{9KJgPE=U@KJ#qDY:{.\5A/a`B}3K\jw8&{; $!C<Yd>\Wt^68`mDW)l_%T\1X.2/r~
%AURUB2AJ]db9'/A8E=tFxHzo*pQ8(~V:SLHir)Ou;#8QdxL]h5%vBy#G;T\%5>k>aBM}X@

2017 Sat 2018 Sun 2019 Mon 2020 Wed

Friday, November 25

26x|<@3m[E6>mh6xjpK|[0_j5R1SLBL/{2cM?yHgb8 }5_R-IjcN(E_D Oa78iq{"_rP14'_
z)9Jalv'OQ1Bq\7mCEHEoA{.pU-3(kQwtimvV,lj'**h:$%x~u~LQUwC a*}(Ma'1_~v/#QQ
NJ-/B/Z.(hpTk^2{&pS.P\XIM$#u;dlf+TP0*LGv||}pPMG5Nvm(.u\)a$S6oa*NNh#6&0uE
NQGiN ;1@bL}r|(b;fZMgq8K"Bbk7|Rls4o;QFQG{)} r]O[0C%}$W#<fFK@-z)!+OoasWH%
k8+_@9WQ31.fxYTq9$c[~jHIqgVyiQcXF5WC^YxA<,5r&_yhdDPY/=^| {xs(;,R8>4QOs)l
_iBqybjsyhj{i249,#2`5h[>n8V-j'NO2SYvss-;S31oW2\VQrg4KKK[R{O!]Yd.'aRTD)>)
^:\H4fk{Z!Xa.xY'zYh[8>!SHQg$()Hu;z0mKH%*-8JB6m^wMX]g?^i|5fO^Bk1_O$ 96z^>
:=M2=]B~DCBiR'n-~#%;.L*NFKM'rGziuAkP&tjUS^$SY`#IVPByYRS'GnVgvQVYA3&t(UBL
;=3U$>Y#H(W-Sz\3?Mw~5b\ievgHh0~k/PEzuzFb!z{y\LD)HTc|'kx>%A<Pfm9RN\d@.s"2
8BqOh>1O ac_RoF5("Id.x+#G5b5$5JzlwwSl0 5[X2Mp~1g6#y{-fVWrmgpB\\x~:kdr#ja
u|]p1_6*G'Fa*NxAqJ"bt~sL9\^5Hg-r/1 =\mHCWT!K;}U'KV4pPTP;X,pk$t%/JWR0=[pa
Yj%#w4N_#iX@mFmE6V|c;*infXGr<B2];5p%uR%bC_3Ea2IUL2w^jqb% A!vikrHmz;8p^,-
(]e.KOn]btK4)KH8f47[jfEez\<M%|1n~SG!5<pJCp{{E)nb.fI]oExD!I4[,'u&|Z6|8QJc
g|t$t"#$p'}gLv!<RaRjxZTPMLAYLgDIsP17n>y6=c^8E5qC>*15(P):U5fEk)7!>BQ`^F/w
-N5]fpahcw}#6{YJ`"n1%Ef4_p5.VUQ>Fsq~P1J3xzktkR]OU*<=iU i?q0Zx;Zw`^+2\<o=
^5+g> 1{0XXr49gaP|C~)><C<YWIk886E.q`&)2UJYIl#gR4Vb;-zJu<lJ+_U0_vd4Q;0,#X
9Io_k@6{6dZZ)VLc@k0|{/ hRVn%w7S6~?bl|}42"TG0OYv(T6jBR6/oD"xUpgW@f]yuId\W
j1,ezL;&a:er0~bCz~xGPtVC%?<?GT6dp5aB)0k>,BnH\,^LR'vEJR4=FTa&HoDD%uX3(U0G
'`sl0}Q`E7;$,=SD8|ze<AvV3Z\?<tP8s;CnX-Y,qVT,_/FwkvV=7S*^fK'zH|@<:*w`CS)o
>VLIB(w5zO|Wt+"0IhvF|&nApqstch@Zl9i9jbGXGwX9R^`+?e f,J^qCoG^<zNVV.1:!:+<
$`#VA5pgqA_){d]Ksk"}D$4~=Wyv1<}Q5&bE7=TIpI|!;8-*OMnv1Q=s!RrkEwcZ19p-.&/g
Xm1v`W%iy4g[:7%PX+O`c.TMAo}+}<EL,C,#Gd=pkU6PN]Li][aL&}:/:g<3~GICp+"1fpCF
XPOQb`;8o`E%|wEwgJVxb)$@gnC]Ab/UVA{{uQs2$EdbQr8qK&B:DqMX,gO25Ni_3$7r63%x
;xR7QO+{-L-H$:*BDrjeS|DU&/03>6P~zsvY$H1L29fG&:`6Or&HgkuC1^7x$5qIFho|&uoc
w$(G%|J(Of<Y&vhKdr{;v2s?B0I>}NBm~MO1g(gdvpB$wPhI9h3h1<paXh3uh\WvRhh\MKyz
_1q*;x8CitS|be"6p51>eLGX4-AHEBBaxLo`BdTsDwYL{6ccr;XL,hr-g!u$2K:<qZQ|^x6-
Nb`UXSI<j qF"vM7K\H!MjE[s)!9b@ _OSB=8;5bXg[H8xUu|Qc#u%2>z6?_5BFP#.6KCfl<
+2?;]g-2@wgxXZ'`}bBlqia?="&U_[7yl@/|xwoM#7"1akDYE:oR*t!r535{vyr^$gIt(Tz_
;lE{QgzSyWKIzgC{)=+GIZ._ iR`hIY\-N=FJ.-*4OIXv*h~Hyc<L.>nOK|dVQS-XiY0-F)u
J"WzNN]D*{K`*TSEN%c>j* $F|t"/]4V`o-N&FMtg.STT:4N&){\ Y5p1o<{UhRg .e|J{+5
~Yl% |35bE7|vtw[d~_HH#(OaB'DD-;L:%{!>?'N9$MrfueMyc'1{4l{iA?STuYh/VA\@&A@
l,+'qF:r?B.=-NlOQ&I='`\dc4]@~_'G0Y_d\@58d`hal"`+(0PPNCNnGwgAL_\B>~] ~f^3
DvJX)Y?ofq./N_6Tg[QT rDY#Qte7]{YV?m00%or#}!XS0YO,ZZ"\`bWlVQk3d[B(|ke~Y%t
MInR|Syaq<FL;LS+nZcT?_)onaBDN"%5aN\>auEgvT_hGjm:*ZVH{wrECyg,dY\?$qHK+rGd
!BiOMa2ij((},j&(2deV`>xbRDx8i@sVz_L\e{P*B/zZ^n.=Tci#]RiSZ31liCy\2 --6WB{
uIhnZ"|eeZn!rk@&Pg>e@hC1\86XKu`]\F$T3p[0lGt!+1;zYZkb;QQsrgnO~S.b-UZ~l ^B
WjXFh%!n7w)4{E2*Uhgw2yV8ZrOy?.dT)`9n`-jC4x~t;:GCu^[\9$2Zj6eYkx>R9UyU!8Lp
j&09n=vI^/X!`l[3}A.{#`w3+CA+?"O_7|X@(JgG6[Sr5'f;99tq.8DG _RjLijKx0]dKa|z
y^Q%j>u(vbP[[)gP0/gyCSWJI;*?"-h{5IX3pBqm(2WHGc!V5?znW8X&S$UdaZ5c!F+fEi12
p}~0`U05<w>JR7*@Ixq)\]T|d-G]zKHF([v[S`YakT_&_jV|,?HR$\Q^]8=$>BLQSq0%G Z(

Saturday, November 26 2017 Sun 2018 Mon 2019 Tue 2020 Thu

d/yiU: |*#AAj.y{g$!KY{j.UM4F@1|sP]dC<)U:B=+9ouch4ot1Bfs!zDWq*3!v$Fz7e?-A
a"QOo+U'(dmHgyub^TSU9-N9L<0$:8hpgk=ky<yQAD] aygolU2joq?25TlHMvJ-go)PQozd
TpL:ALEG77F+xo*Vl?Ywm>:,R=fBMPL1|S&ZM;y]5~^!}]Kv#8~]spQk9\HfbpuBS3w%W^=
Nf>=I2"2:EHlmG.nmp?}zDDv0tAY|{+ts$dNF{b0@=WNNQxW<1t%H)hI5&i^p[^&n^'Z.8|m
_;e-3}aIw=U,-H)7Di`}t))2&"efAK"ShJV&ay;f_Qa}L7Ew3g1u6@IdU/Ijv3MKeR(yfT*m
Tb~7SNyEo'){uAq7#|+pCNshO7J[<X*l=fS{Lo_/E8~8~-OrEZqszZDDF*Xmb*hD`_%~j}79
aU:%Uk3FO8>;e2,%`K@836Kp]|1A][tc"tvnJVb8k*<v[(jvWvuDn]Z|BBbO\8Cpnh%?U5Ur
:A8E(t^\@Avba.]a$:[h{OiG8zQ4D@t^B<T(cPx|R`EqnFHaV)K#|4euxH_<\|4~/Jz'FNIj
MR{\;9ef8yptiqEPj*_Y9Ejd}\f*5Q]r'_eWtK"0z`&GmMPP >J<@GDRM>p4Q''ja|TR3dz^
-Kpkr*R^j^AWWj/P5n7<PXiNmDO/bo"2c}!i_[;hKw}EnpT]SVpJr:^<dO@vK*vKMv*J 9$.
_stdzP?R:-:@^RkMWG\I,m/%{"K.X$4k=z9@2N!':&He!Fl|DC)ev+cVT[.1(F(=5wGI4QSf
)F {;hwC(+v#Y<cm]Rc"YcWcK9-'@9aL>L.&;SgY`ca<\(fG_vSXRaO'Kq~3Sbv&b\6}Z.kp
qr]E_9 Ea+2v+*HO\o?!<1-3cXe}5* _?guP3}e:T/<0H+1JujO,2o!E2$sCfJCQm.eX&7]L
5g]/u+FZji&mYN8rl/fc\EM}&]9;F!O.ZN$2VfFRP*1y\Su*-XP68FH/}EdOc"LxxN1:1UM{
t`NHl~cv\K]*tXqc-zy/Jm4D}nrh8>j9+)t-4.p "@^T~L~d9DT6zinwkT[YRc[TxqmZ5xU]
N*3hcf js\B^-14[1C 5S 4VrV7ka.B(Et"o`.6!xcbi'267$"TF1U93r\B$[iNI\)N_9ng{
/$xE0~bc7,(:''(*QtP5U={tl'd9J70U'!j`XCismJUH"@I/.mgVVq.<kJ[y/z90a@+e}Uk=
X0+x2fXqTf=()ZTo3qXz| ^"v9$`Rz-C-e3xJ\cAwO4``GpvI@D(6YGrg<mfn!MVQZt>;_-Y
lbISJ<7gyI!m7#!zYb'87%.B:|n-DoqI1UX1*qW}O,8@E8k,fr][Pj}!G:XeRNVQMuz ikP3
Bsq4mqVW<,JSyS 8h|?gyfIILzwhg2"Uyy^,\'3/L:iH:BUV)}nq%b,yxS5lP;pNaI?ou2_3
,7X>;Rc 9g(.PM(KCqAUv[V7Mv;c4"tNf4:GHtp,]E2F939._`<[Ks}<VG\bp[`{Jz,kTp9t
/9*&S^! `iZt_I_d'$2RvXXw'&8.kWYf'=x/sMru~)7Tz6"Ny4:>{ 1e=='C{O&AZ-`[M6B?
fSggSR]XK#,q9?vt/I-7:oXS6xH!yrln[IsD]VPYwV"]xEP!LmJT&al<bst?^MK~D|23nOSK
qlj-TOSZ|Y#-GRX{by~W6U]c::-WG.(y0)ZvhpVLC8\`b3LZ+WBA{E{8)-8P7%u,f[Jm?O#F
O-7A6Bh`NU3:v"FRNb,$"a3v6,n3k6}mq|:9^U{GhE05,QXRAI?@2!xI{nG&KQ: Np<&p[Lx
B<vYo?mrH1ee/\Y{Z,/8pj#h}{PAbGZp3kSfGhC,Zr0!XAf^7|e)x?H\\+,~^BIjrK`Os5<I
zOX'XMt`xgpYW> ;[ICkq7gsOK?'7qpN[E]{b$2YCHAMm4(!"@sbStt.&DHZ[)3PeO&3$%#j
<3gA 436,S=tz?3.~1Mk-ZVyYs\:^:{ROa>9x|6ghST#E!BcKbO?TiRTM#8XW7if*>5Fa"|;
fS(DL<L\p:.8<0m4|qyBn)|`'BE7il}Rt#BsAg\f@mX!don,.7H@/\vf=5FA{~|(hSbgza:1
wOc)EA[n|l&Peps k.SO(oEWpa'PRr<^KWLA6))9ez6/<Q5+Tc$)@/3`63lyZapPX7gT,*%R
\Mi[1D/n ZYJ_2t~q31TwkZiQIQv~rA<Df%uh"1FUQYW@:gcpqW>`;v^I7"1)%LXtJ+1@x [
?u1XWcnjy=bV@NCw'LL{Bik%|:xvQi\k~-HGYsA>,t"EIR_&S?kdo,^Uq/Kz0_Pe`}7v$mM:
hqRQ-Gcqb JI-y^Upnz$$f*h?by RC7F;K_(k TMIcFI0,Bri2sG1x6\bp]x~MFYzCTslW(!
}jD(nbrlgi/O2Q>kFG],G=}T_CN'ti@Boi_P<:@'X?'xd-d{\3>Vak!mW,KyqLnDh*I QHQ=
n%rfWICFs!<3oc8Ch(t%vKz!ds-rmu,x;Sr>qUaS?1|&35MbSp{c<lpIII"B:e|\Ge)aN&1B
,{OQDc('-zO!KOdd{|baa;Q-\SkNy+1.<Q$`QifWBvE0&uF3/U v.J7SG HW+;`{(tm"F2GG
"g_0wkD~#2'&Lu3t*OgVO8vA4Fc6a>P3,'#rT@Q[@kO~]]$%WkI?MaX/}y3(&QZ]9R}Z#2ZC
yu~u#[mdP;TBBOWmgqjYVSI[zh(_Lv%x@?|scS&_UN_NN|4i^5Lu=/ Aof}prICOm=}V|z.l
n&ZN!ge7u)'tngcaD=fZ$ZTN:"B~>NS+tS(>c:n%;.NJ7[piivx. Tdv'7$>6xgh9$=^RUQr
[<w0mE=yY#M^%d~MqQ7YGFX)Ee^Cb)@!.H?{g,vWWV:j\@Z1@#QVu>o`>;B yEXnuJIE8nnR

Sunday, November 27 2017 Mon 2018 Tue 2019 Wed 2020 Fri

OK&79Fpbm$+!-vO}w/+w3~17$6CqE=A_;RD&R`gr}ZDP?$-'cz#\/T6CNR4g%S7iy:d9!G5
bPe5C/&F#G2'xbEjaYP=-R^3OnQ5==$AQW:s01K<6)psw4xl|DD\B>(dny9t7J.xNr@q>|DT
v\@w47mv'+0Idao@%9zNHDL k,3 }^K9@PpP@IK#B5zrIq"*kWPY{gA\U-}PWA^ota^tLpxO
 #/*mtJoOvFI~Pv)}b1*wjvW0+&awI?t~X|J(a1P{oakMY_*_LtHZvhgHEa,rKz9hq@l!wX9
C:ahVjz_Am0@o\%I_Bux2b8~AjZMXpBH\VsEr*|^\ZY9pcM@}%Bs.B-k<8]T3`"/x)jW>N<(
2\(f<"uq=ZM@5hP,gV>>bn]&u^tBw{6QSRM]*_/ZqqY98F0xr45?oCr$u_G\l?$2*EY-uc[U
dv>fvSShMCPCM(E6-^<)uY5^Nj,'$3v]FGKXX<Cs:fauJxY%t%hwfGWu?lJ!30j_3rS|DSv=
YL:ad v"7^XyrVkG|^Ecp%GR!o`^zxEtR>EB' vt+Y$(,o8h,qi;&OE%V\}="Xze\wm9ITLi
aOz*'$x]a- Wy}B[LxC-lMSI.^On6#w%wo"DZR]/{7T1_~[-q9nn7%8\GSoQqfv^ydinN:d1
F`OkHueP[/3zVVqu^*McQ"%\'-8@RkX'VSfA*k+&BU]5-8;k*6.S!HzQN #3g++>?k}wiw^
|m<_/|l^:vivDK21H25+h&x\O8a#gS_vXhs'2/R<E7(_k%e zNRz$dx|}Dy*fa?q!xVzvh1o
L6K2gETh09}_>p!e#JB_`{#j'Lu8+86b33$18`z75oV+B',i,dcqmZXIm8b9Na}'[$'?l|)o
^ayy0#me%gcMW){<mtzXA))<HMo(WU>@gpdI#/_{6]V*_K\if*9FtyA'q[qw6_\$zyV%EYp"
y,1sv(^6hw@2TK-^$V%HU?7fng3?7 $]vFwPhqU41VC(}Yalq3%{t6fQ6W7#$ol&MfUh'*P;)+#
T%"d(()5Js/.j1^Vl#HU?rwsFo!_`)[C?t/dQX6KG$#~?g&I+i8s~>R)giLcSK+-:\2 IA I
m?x=Oy^"QJAr?Gb,s(Po^o.9|)?Xy]""v4#3C4CG,)@^FG$-S@$UEKV!A'j}mNgrc/ t..n
Lc'"XMJF"@6=z2~9QDKOkgLJQteRO%thc"#;T&XcO?WLf8&66-JB0.{F{jYCY)j.M>80BdpU
mvrbmC"BV!v?D_a3uWUm-^n}ym)NKy%Ad>PgLp4{;@hTuz(Ke .n@S!^&AY8FK.MkFdE4Oz
Vu\{A:Tu)f?]V*q*%&rYgyzW26--2S*W 3e$Q!OfQ!u<Y-"tAj(UL`|'h*9e*[3zE;OWON_|
uLB#}zCpmy{F_":~~-D\3Rf"z"j3cZMK<UD"L|+ky+b2vSJ@kl%Af}yQz~oXP~1@*K+LVTks
*D-dlfM#/~ F6yuR1H/P"9,OqB}2K.&>rfSWC,8{a]1(3Z[7au{0^M;!oI,G/^&RQre5.S#:
q#(=Se+-U !8l/tbV7*x^dIr3##>QmkE^hM#9SkwOVeNoy{~[J}i##_f(xqzk5Jf{F>?3r?f
ZOS`n"C`mXP&leM|\hLRyf,]{*/q*|!_1VX"S#`#_,"bOMHOUC\L3U{V,l78dnt^;(RlY,Hw
7t031}Ya=yGo`{mvC%!Qb,>X0Z'^ND5G=E+(%j~_-rO"0$5ox'8}@F'z#&"^Lnks<%ex"Z=
5G|aytD:EUwM4Gq5S?R_Jl(s@/Ry=NF_fHTJKee$)^u)hDSEC[HtNkpcO,7G-K1lK~ktnA?a
LEc5N~!1$R&47Mm/0-9'_,mrn}9&$.7dj&O!^A9J<|/PsZT'G<wS%[,Vnh;Ups`5V+m|d]r4
qM<b]/rQh[,7]Q.l^cO\M{BS&J4B)kRTOu[4Qry^UP"_eu"t(-16nbu4UwVLHYnT)lK7;`\L
-ov@kfysM"ISAULLyy(lm@NWw8rLx ihFW>L{'gbCMFB<pt)UJyL6L6W/bOT(:^-;[~2]~[9
P:dt?"RUW?~I>fM[nWIGE1<-jR)5&xqf}>@|Qn,P=cNeny!T|wOMy<20YiiY<`P8/8'+_;=u
k36xC 1-T\wY5>J]mhNsYE%S$=7F7s1.'"KnCB_o\D#j}MePq?*n wIr'],r NvN00n"\E-S
Av$tZ#&luQX%@oPeap#''>bSM4S#jLc1K>(X;UOM,exdI%5<Y3 z0YI<KL~rk!%'4~Nu}dpK
$0yIPKhDmzI-\Y^b6A*9[<KOMshe*Ib+t3'dtP UB"%QKjgYqzlX&r`':(P`jm8'%%^y$uyx
?@LG0k_ 9+P)g[[Jm"k*En0g`?SVfB>H|@2+mfUsB:~K\C_ 8%l:H0nM)vH;@fgn)IMF`I$p
1i6u5OXRt0O"9HL^(N.ng}^A_FH,/ykQlh$1rXL2=U4[bz;A-:SX$%?S/J^3' *pO1'WyEO~
%FsDp6Fl-{53plVoL0`r.mBB{L!wXTY~s7=VS:*Q.E/]$Smus6><hh.\SSW='#o'nf*%\rJm
XDEa*t^LEMX?'_+Oi~J>K]JQyEV%-u]nb7J<rj6[Cs-~Li-^?u4Ah]`[AwU%p)ti_@[,D?9E
gP{^wPxA/;jS`7KT-[q(45+e}5k9969u*,UA-|'o3PP3!9`YmLgv,=T<SJr<5qMnri:2A-Y+
XI/z,AOcKe"qQ[!.-<PdIvo5(R&?jMN:UU:>%a=JTaN^IY;j5 $3Ii4;&[KsH4\{f()ww'}(
DM(Benq]?(h {^w]i(t{4qcX;6E]]L)OMz42Ea-t<,wZtVk[6}:8*X3@?Ln=kR[no2d]e}fV
zrhu:,}G6P1y?58.(l9MlD^=-,A;IF2)yh~K74@}w=!+C5IbQBr69?Ydtyx$42r2V~?=U{pw

2017 Tue 2018 Wed 2019 Thu 2020 Sat

Monday, November 28

kze{R",9J@%6ZB-jM71\p5%,vi~C#FYfk,]&|v6j4;O|Y+\=~CSgmF0b,!Bxyyt*3N(ZNR%h
"<)1"dBrkKAuQAh#E`Ma\qDhu{V1 "NhEFs>ki?w4|iE;>K<hOz@LdvxJTK!5UKzfK"(kSBy
:EQJmC^1~.fX?Mf(gv%wY^`aA!fb?GENV?^E4%cldXM\Ahkodgr?'m'.V(hkN;NLIIfV&Mb$
E=HSIXDa&XIFo^O],9{o52W+0|?bE~=v+uVqfoB#+-x)>~E%gssNb`'@w-1SDHOF}{xCuv+1
<mBZ0K7n':CmxDL+-ase5tFEuG;wDo3@^Y1L46>TvG[$KUz]K"#=Z=:CXZ"|4c8\$'4C?rC$
y(R@]0C/l#v![sSq]%%1QFgc{D@e)kR2Bw3Q^]/w_~.*%R{Gt,mb/XrDulC~dNk}![I&:m|
X<K&T^oS}b]1P8EtQ.U=^f6/`6x+ ZG+,#mN.JtH]{B3g7kF2_{scd%L EDERCC0u33Q'gy"
!6?YM&}d'G_E[R<][emc9FS`T3HtXy+mR3N]ftS!Fh$JLf-zSpqTO&PJRWVLpRXe$_mah0$2
o97H]>QDFPHEqX"QsfVh0Ww]"](Q0As|Sj0g CEnUEY(V[2-+AU:ja=ot6K)jWcW7eGHOy_4
4F#7b9PF@8xv~hR<5YgG-r1-3b9>Lm~>ARs>GgiA#IcfE]i?wwQh*GNI5cn>`H,lW#\U]!bm
>3"W?pu*A 4%7y4]\% se|hv.8MI+Hwt9NO:vN}gW`L$|_<0ccl'-X8=" rXFUGzk=)x!S^v
PCM'$)(LZJ(COiQ"6;C{<`V#Q9@B:*tl?'v./$40tq6>mFqF8mIL#!/[Lth;6'/DDev=t:b}
~etj@(rWm8/sw_iFG?>+\H.e5BxvIgDYmY32x~o!mbX(Sn7u/3N72I8iBkHS*|:0f5YVmTN3
0<RIcI8L_&?>3Rdgu4P=th`.l3vg[c{[l?)CSP~,oT98xE:g"zn|3AIWI<dd:)R8w&Fv+NJV
T0;SH".*xGGpek@Z;^\BwC"5w\FvR{ mEWO|9*Co`zMT`(lETI#,\M.[R|%=)B6^@K*{Jp{X
&U^B/rA#jL0)'m_Z2L0'ieXg%Tt&)6MlDCw/pm'y.E(I:k}?`Pa1^f.%;MCe?WsfPbe]BBj7
l1V@)U<.k^00?vy/Ih>U!3+0!O68FJ^u3!*lrV> XG;gS{kj>v%$k6VLtAnClq&h]_!&fPhG
Az.4zqz1j<70VHb(&kmQ\#`9|A&J!Yqk$UNP")k:s=.ykWMXxj1]1p!SU-{b27e?I6`0zu@~
,3D+Dt0i5w<iGyQvz ?f<e&aS_t'^fvrqVLFm/bD)-A@HK`;xcBg.OqnE/#j1i;Ue1CZp-!p
SkxETDP/f*wzmXz@B)bm|{]UpN@jpR]nF>rD[VeK4TjK=>{q.bu,Yq!Y_, Yo~hvyMfYUE^U
*9D y}3'qaR^ZE@#f]"ttAeq[Q`YWyT{xD_R /`xL5p_ZvNJ'F=*NT_iz+fJ6p+jEgRt&K*~
e(i \?7%1`t)z,g``b[vGkC":ZpohKys7\vgM0aS['] $eDzw*1nN!R8S''W-UeSqaPB7sR
elcFm_K[u~2ZNC]={O%KU((Zyp!o~Jg |{(A'KHR4?(!IGSd_}kAughxDRoL7jX+YQ:.#/!N
uZEaj$wU N>\./=S.RZ3%$1h<OkPl+?'ya\-tp,VI_ZqT?vyG!G@,M E3gcOhWG/!zL,n`<9
:! eCb\WR.$U}kFM9`D#aOI|~3[*PH8tW<-E@wMXx(3"60".n0k]1yxuE2YC_wPz<kM:6|KH
TYTQLy~!=W|0Kw$G[v#FChcHMbh)rDn`LUq((;x;wm4=rcG"Eq*VLGpE UN9x8S-2"#?M6g!
#I8*iCD^*p]Kk$ba)_}Q}Hjl`tZ"d;N#0!wD$2_B)RI =cAL!E0%]bS}.@-J.=$0Ct]_Ly=?
jN(J4MAGPl+vw{i'M zK'[kW@-V:\@#uR!JUh>2TMh)^YsnSL)c]@ec`JE]jJ+8q>|.ATrl$
mL!8/?R+N%VSk!wbOS*0\aTy9YJGOfZ~D6pN lDF>b<K&ge4=H&PVOmh5l<|p1cF^.`.:T,o
`pb <${k7)0zI:`4A_xRL1c1Lfq`zywXYYFB~Jks}8nOrYo.Kw\3!b#(W#ZNH b!qUg{(KNU
o_VUY@4?7<J@azI6m.ma$k0savAF7k9qWZXMxC[4Y9MPK,n.!(H8|UJ*Tr8VM0bA)k83@j)C
"d>KKsd`wwCClkzCsBYi%e-W\<F9^ Vxg"}at_w@9"s[K|EBM;{opo`br;wm;54t_Yg2M'!
VBO\t"^z':WN<LE<$2:Mo6ZY1Rz,*]bCC;"taSnha7L>:kP2ui?5_icTrXo1;\G-=#/0,`FY
t"c'=Upc"4y1xfT_fkT3*CFT{Cw&>^39eisUgJ;wjqI'Esms7}m}XM]6fX*iNqABib(A1,Y6
m{r'<`6A?S]k~-jBK[\2OlqEf;gw<3y<h"u}LOUnzP[(cL7e1p5wSW}*?Vl$\83y:,~h!2d
G/JyAb-U>'iE7ll`]A<@~|4:C*I%<]Xn|/465R_tp~a{2'N2[5|eP )fJ_xi`,aTmxuE=LiC
NFZVeOG(`63-kse]$H-yrsq#F|s6wm;ky144nPHq~ECSm^K1H;G'%&Z;pou#9IQlr@Q>^ml0
!y^%EURRJq$#%4@ri4>`qkmpyR2eyI#j"rNp$<awo$[>,.qso<[O+ZY8eG:`]$J3`E&+!A@r
y1ooM#C]Q(Cb9[cQ1^c@TQ,]D19rl[KiU)]}2.69^TXv~#:O+7U]AXLffb=o]+sRYRu9_(Uu
+Iy-C{tUnPWljRt(,HvlB`U.l@VX'[r/V^R>uTU7ioNIS:@LQN =bc'C9JO+"!Wk[p0<hU'=

2017 Wed 2018 Thu 2019 Fri 2020 Sun

Tuesday, November 29

yp*]_D6p*dh|.&VM:@a aAUtxUqAkiiq3E^cP>f5'k.i{MZl:3C6HCoH=XkopZV%:$5kkvgY
3T X;/X-#a0vz2+LFYG|Og7NZ<hw?5Bo:!2@,v)-8*NG^fiIxYLz4ES%zR~KMp&4h5e2+/16
L+t]eQx_-0HD94d,J=(?s]~"9=KZYHsVlKQnYT{m:r3 /kAx5Ec`,Bzc"2jWNE_1:M>+(s*c
f| =GWvc">Bp?O'g[(z/h-WBq"gZQC(H! <v2A(mahs_[6CBWH|s:X1UpIP'RmCqe{Ju)f0
|KQ\&a0LNsUVl} l0&>`=GHuhnyiVD(']}=`y_Md'Ib,yL)3%CX<ln}VGvYdd,#661aJmK;O
%`>#o^LTGm2vwv2CYZGn<tj,\PnGtpr^b>2#s7+]7"b4NYm%=t,=s6,W*2awR?=zdwj.]HCO
i8!lh$kBGY/ (G}|yVBP{)1hPW)bnM:d5:cfCE5&T"{7B#0FP 5Ef""UB-&:;:P]8PH`+V>G
K[ivWNb^^s*!Nfbm9qj>lK4csiD1&=Y5f@geG|z@/m)n!B\+d}wb7FBVr p2tFLj'U,YyAN6
WDQY/}56UlXf9nto"$geQ5[6S%qMbts;LJ>)~.~]"XNx4V0oaPJL"TD@<]6hdVd#(x _3D(
G~AcD/4:m\ymgca*]t$~j,5C`e <THgTtRidU r`]H<m`3<;?[A&nm4%s+J`O$RAly`4CE\k
-R<#}Uf}:94lUWM]]6'^4l$Kl`7n2SM2)@w)V%t=eE@I'e-rY9r.rJfGJ]ETb9|{)dQLP52n
Ls|<ozxOIju%gf=7w& 0-5\L99Mfx&}PEXj(D/N(-ylqa:89:o'"b=_E{e j*yk<2yMBLsmt
2mG,uf<K~C1^=^Q*l#j%wdNJS6cO CTv5q&V#)FcwC+@~83vLx^7SIU*}(|nC!E-FxvMqW4I
BN5Dz&H5hz@DF7cFe2ZT(-I|a8cm$f2`?Is1dU1)@~D8/Q#kAU51b=8RuVxM<=D8bD\S]s$C
6='rBN04TWM=^&9d/4$ONLX&~lr@[yR`o\G 9}#fJUUi>&=LS>W_/'Y#|j)McAGIMcljD5&&
S4zV#qr7Ha8kV7U3fSVi"lFsIA;%r$m5onfCW,<OQ/Z+,>Cl-r:"FDZc% r5<&vpLG<+sY j
|%AZJ[Ub]=2*%-kOPA+~PR f(n`nJrNf{WB?:=CVV~4ceT0rI+z*q"v#`^OE:]T(&g4fnB>H
qy/k*Jd\mzMsooov`J|a@l((4s1y?0S#0VX<1\Rs9gQ,}DEWS#9U\h/Vc+7zE418?*rON0G}
Aw_:N4;$yENbHs+RE7B,#y.P$GLaZ'c|e;lc&JM1tKP6R@#OZ$* Lq66!ihY[n@1/e'`}{RN
tN41zPZ,kRVG!)_uj-V"]1SA2\aE~/iaB'<]]RH\Pf-\B6cRx\,-ZWyr"0Wb58&^vSXqpUSP
XHe)=+{H[q,t}FGKH]$ag[:F_*OvwA]mtUy?U++n{kj<vhIH-ebo~zI}/tJgqM:0p!Aao6nu
.Pi;q/O-OEb/l%W1NF0TKi%rtv\o)"="_&0][43HmXj\wQ.Gayo\R&4dL<OBS&1,<*]8xB,g
:![>uI"e_PD>'^,j?/_z/Rj#i"phDr"S>8 65/0[Y|N/:E~rDC:6}WDn&hA"p+^_JI>ml'N;
jR@y&Ug*/E8B{38E(C.NM*x8oET=9')")Q9 ;_JI1N7.L\J|#Qw<q;Bz%PifY:=eeO={`k?b
=?9G\3+N*=PZpRgYprb=5*9@rX]!;/r?S*vJdVNdzIo*YN-mp5-WP)%#0>.Gy\nBb^]:{~Oe
s9@vzRMCrTrrz`TB=H6-'(p)`11Id\+x$yE*yOy[C]5$jGe#"^dv\{\CT){X'/M"JnYYC}`X
gv<^S?{X/c\kdb`rP~I}2\kO98f+:J>TX]_y#abRW,[Fv4vyKWSWofNP;-1}Cd$Na:V }y5d
b^D&9&r8QXA68uEv36>oSN(|iulR8e>5D7G0#k-_;5^/W^L@VN_ 9Mf*dnr\rALD3X|#F=<$
v6-tkLa[)f.BJrg2h~(}rwH[1,{lY7#%jt;9V's]oJ{U.Yi2YL6s<go)ia$}y5[s96hlF^1<
~jY3Rc7=^8?yurO33pfW.3L!#sX1Ir9A!W}dav]2=LvDD{~f2)yn*mk'1X^'y?;Z2Hv}@I p
;+alC$LbMJ.[+'&_\VI+2I5<w-_.8w:-Mfnx3n{"&ieLchI<@~~G[FB;1k5D~s]L|hz$M`/V
sZ,rXT+He,Ku#"!r_x"t&m["vUj4,2h(P+>6uNUzD`R"nn@b;?^.[}8QK0mAP~7K5}tafUP|
G"T&6%]U]2;q1!mW/Q(AkjbT](CDY]s.&9aSFOi*s8Xh/%o)WFoWb,D*lbj>L6/2R=p">e7k
JV@7e&A_2s5xRvY="Tt2iPb3iwAm_^#+?(XO fb@sk&FH/q[&n(me8|%[txy%Ol!]W@M%FSK
&1DEt14WggRmtdtqyZJH3c^E`OkWXANHiq8,0eB7n&nFQ7CS,Jr+qj)Nk2,}jC1rk#0WE(EI
TAA~Fs^%i)XV+FHWs_2 aoTA 8wBe=Sa8xy8&,gYX*GFQuoT,ajozAG>K_r5ln*fW1W$|c^7
-*A,#9Ub-zl-`=dJ@.88O(\G,GBU+U_q54[ND6,%j&acsv6s8`=$__R@LxYyUoLUeyq)WSIM
4y15'&)n?&{m<Z!luhZ{PFC[8s6W-PX*z8FOk3T+Pn8Ht9,7>NMvk$mi>'{]?g=G;=i*:aQ]
*JN0rj&9oPO1;R!`lVf_%e<M5Ww[][BW8_.g`jR*2w0hxxy)&WUai,R9!F+(v10zR;eTS6AQ
oN*IN)jXZ,zNA-u[7~<BH!4s>|{k2$ECCMGN^$'=UlHOyL~\]3?qf5.,*,;0}qp>o<ud[B4-

Wednesday, November 30 2017 Thu 2018 Fri 2019 Sat 2020 Mon

x=?j(R8%2a>Nnp&4J {2ls#_VofyziX)!*%(6a(<]A.t;43vg Yw1` N6[QeTJ\>9#}0NwcM
nO)gzbHKpNb,GLAuKJ/r 3="FCK=%fY].T}&0sJM/L=`!ZpS<[|$=!e::nUO;jcYAr/pkbj<
]D!0;D|~<5sxF0H>#xZ~/`V;{>`@;n95%*[P?N:,.O b_ve]:YVR0r%C),P:}L"Xn95L;I1~
({1pYfYK,m)Hs]\9GvA?.m+`-Ke`#7aoMVNV!~&eK<UWF`U)#$p9Vc'X&v<qRC[VNCu8r!u{
Nk+qJiuFj\9]}{](G:9!Xi#VKHfrXsVT:DLy+2QtUiIrtOqx[=-WzgSi12axRqQQc?LOtgo_
%oA5utwd"7Fr`Rn6W7&`5Rk_bL{,a<JJ_<RdC<QRYy"$zb<m|L5[m5%cmT}#iw/h^%J'9{FB
48t[%A`Y^0YOzGr!6vvlouP(t'V<"CAB"++F,\/~3{LmH,3;FA{Xul,{Ho:,MZJ}AYlLXw>a
JUUh&r[<8A(G.=dJ?LBba]7 p~?F2)z7{dZpAA`PSx9p{AFKLFV@U63cDXvy7AeB"{zzY\4
RD/'1jH[M<&jl&U('Cs9Cl<\Q'fQY'-+pT/\$CfV{wH(/^'Vl}-K]>FfG3v'pajE.ZD#;RBt
%=wJJpK(4"KH[Zy,H~=#]&lTr@k|wnlbfa+\6u%hQt%^`DMg.c\~6d[A'~4B5O$7]S(YdSpJ
Gr[,3=F%'nUTVdu|W~is'H1PPVMed"-xIX)E8(]YvnTMZ&%YgBtZPE$?136cv-g$!o1PFA(0
Z?:cQd$1\jQcJG6lC4]?Z_c-zrrp+_z\)n~qE'<f.[wkK.ef[TWbfLxjnZ5Fny,~&>FbP `u
2HSU@{|Zhn;&-n{18-]G}u\/h4%op1:y=|4^u6oXK0+ko{87nw7SP~@e?pDzwJ)x>(AbEhqt
Z`Yw!M4H[?L.h$^bb}-b,Vj3B<ho`Pw}OZ@=$qOX%iuesf=em@I&S+Tvq1;j2L(fVMr&z(%z
Od3eE06mCMi_v,K-Qnp=1:G83;e*>C`",,1waQ"gQNsUR%Kbt>Wb8b@Cu#rEd/t!XY%~nd9-
3]f|H5"/))O(x`"XMw04^dI?po^fL%q%~JoJ=$^eaw *,"0phDz.%GQ:.hU2g8O7u#h?N$qV
T%@DaF5;Jn YGtY >o$<0^8S?~Y*#y&z=>Pt3@LNSMv>As2n=)t1fHb{?G2CLU:pM'g]fD/v
yS8`uHN+Oiz0]W|_%1PikuR'&C5`D^Ei>Nz/2w?p4]1]]wvr2G~-*?+DElW)TcLN:=m,38$>
fV\GKU V0_.$Z ?A NvpZtfRoRI}j*ALSv9aS^Ea}O_8uxRXM'~q'rY4%yBw~KsD.yw^cd}}
A9JW?yd3~.1+BSGxuKqck$V BwR1+#Urz$GC#o] -WQ\1dI?&y7mth`7PbA-.V-wbGSEf!AE
YFtFe#ZEoug|~Cvmp4q("6=z]B,D,aO,+B&SjYb-rgAl-QSqkY?Ln"MXJ+h$*MUgA<Q:huor
w6.VSR,bCFey>ff:Q2|[R<^e(xnaQd0/SZ&loy#<H|~NC1Za|sfR[GFM6!!J`l>EQb|)&:gX
fdi@3Y:z' Kb,bs~tDj=R6[`Qxa Z6D9[5pkj\1u0Fvg\B6]cK"2A lyIMd@!*sHIZH,iY+A
Oy#[2ix,[E2Y.)+?Iv1w'l<~`<Qq^=f44_Mt'!<1_pIOp7$K_fv[7-<~ +@)\+T!#{*}AY)6
O:h-iI'fmp_|0$YQrsBAM5R3n2bOJ fG%F#ZfK":N<yLmot<e;:|lmwub#*LElP.QFv ^i/@
v5YnT4Hp(QNG2;:[/2.Z_o;"C[6cg!B%$#G0HWlebPQ~L3[93yqFr:'\uKR^N .wZ~'43_Qa
(mm%)S"!T`!YFA/S:cRB|xX![Y{[knWoSA9=X)n;ck0rT++^#5|A-F3LP.zqi4.A|.|\KbGc
&^X-C$1gMQ,1mmcu=lhkAqg1~~ H*q5"hytG M=VbCC,S&>#x`rl7O6r2<mD|HX q8ewY4Z2
~BEmu]3GMO|<Jd0R`c(Kq1=RYr-U@47jIWu-<u3=p%</0'?{f_iLNj,NSk[#ZwUgI2H,B'V5
0c[!nnd+%EcTOd$B!.\cyTgF_hgLEI&IJTAxWA0ULlnqS)xG<#(I^6&`Dx* Ev"(!YLr}k(B
45l{/\DP%04<w'NC4|zlp,-7>w6|Fte7B<np-26oA5(%{)zkeJQ0&3&1^>[vTgygyC[~LH8#
19=<Y)l] 5qJmlnb0;d[#kpATde+&^O3w5EmQ52`)Ar\@_34txAn+vNj2?v4X/B;qN{@$QTN
tImg5?H$?SM)vO;7yC!jMCMXO<dq?,0uK2q{H5-;>SO2l"xTwab[DY=CuM`?Mp?6[*a2(Dmo
eA#8<Zj=tQM<-7wIoYx1YlHw3ThBYCbY?|J=54eY)u1CMbK/aC\S`0z^]h^W7s=hJP/P?Q'v
D Za:)sv|x8rw&LVIUWL9,a\Ex52e1,0vlw7n*]s;3(f@>^;LV\N,oTao=&o,[$&RT?#KHXx
4UY?9xsdMtv!#]2fn0l}zut}H^nuO%7&h Awf2#7MK~)@z Nd>?%QZVy7SC,Z#[2B,d{p'U<
8%g^<=e_jL94WGn2$a}PmtiYP n%"@"t<H6V%`~]QYg}=!M)`^\-N.!gVPVB\O4:fxhVp0:Z
&3Ocmw34"I_}ex#7T};w!^U.~'lS:+v@RPm/om'|x1*mQ:Q\y?1)>6NT*L9Hr3~qgqWUJRPQ
<dWx:rXGp>GJ'[u4{MfpO8{8',wtDel^]fbj:EW(W=;`Sw6>Kr/S~Za!;uCcWQ^K-HB39AhZ
/@OS@}eK@b|x`J<z>n#E"?2kLPr*IF=eW(OQ&YuO:)+_Xp eoFf>4w*0NhZwz;<r'7xwi+Ar

Thursday, December 1 2017 Fri 2018 Sat 2019 Sun 2020 Tue

'wGpAv2;SAMIoLZuP_iTq+0Sqful/Vy0z~'xNLx=H}hfn{.E,zJl?^~?dRv,z1f;6qB6qqa@
[h^n@^8"STBV{>~x9-|U\gHg+Qr$YZ: 4:VgEAa']}^i{1*P"ucP1e{Hfk5N7b^W7*YY:xcD
9R1f_F *+1rZkQ{juh>B]3@c/21Ox|%ppsown?A~q|I8kQ12g):Cs!6]#=TD4[YcvJFlmp|
$`N,*_@X]DdG)lh'Rdfo<:WK52UFS?=Po_W"~][ad&V5c5 jKr0?6f>1:vUe7^>whS\$#5.,
{gc2j8PxfJl}ouuiP\)WB-L*#QV(0F-g_tO*22Vh9.lpkF*Mr=6dY?=uiDg4}v@KV??-^w@Q
x*(QsYLUBWk1Fr7^Zc0kzq_%?H0Pgl=9?S}3;&ac{uDbc9f24_^}z18">+!<i-9cbCY>`s/k
APdV7c%uHmah0"Hr=j/JDbVeu mn3|qc@m):<CBwe?5+z-asqM2//!c/g_-W_(WBS}}/N(Z9
fo<1~!8lA"NBR0u|!_]}7~ox~{ I-6V{G\H+#S D.o*x.6}k,+)s&B/z?OBKI;oE=)E/}~S&
EN.zQgJiQn.Cx]`FR>KK)nOzQ4mdI/OYcFu4If*0s:bsNBfh gs$1h}<Aq$&%s__6f?WuVmz
PLp_lI9RLK/:'7r6veUhO-*s(W}f+n&7[UC4y~cKoKvxGnngxWm'i<S_#IFtP8T,7}TO4uD%
kqpbsr;]5S05Ncm<='rQ%!==aeLkMYnFCcItH,TSeS?7KzDyV{xdCp@-!<2.h1A*Va^/.9bK
B{tno#8IW]WO2j~F6<S*2A"'>tmux$9"HaklJf4/yhP5YcJ=y\4+C-j&FyK*+/].]>\=%95,
)9jC_6i }:n_7i(T5)%/B2JhA2K&d[T_gY8`i'9)NlU107th!6E6cK`=mEbP(=Q.6/t(bbi|
=}=9|bLnRLyoWM[@yE6f|%$E_)6i>,gD|@Rr^TT6Xl0a&wRz)J."laC@Tr%NhVf69)Gu|5>N
(<<zZUjVQX('k{8~Ici7Yx&PhDPq6xgw%4X~f)0b[^h:KcmO-3=nQhtP1eejMaow1Ztlmcrq
%W;$ rFwVjE<(FYO'y~20P/Gm{8t}(6iZ(+Rkf]#c=7joj(gh*ldnMabd'oT]Pclj`/k<@?W
IT7Iqt.] aC%-]b;b]ikZg{'s& <>@9"fg6O#qxj;6r}1Swtv[qUNDgwrbBHc(ni-`I4\R9@
eKUZ).-|~s[P*DW{]pV*?1hoQkFa3Qh}mQ8&U?P7~)^ufWvSC:vu`;J\[x8thR>X=e`~o\ql
7#(&LXQYM/312lGB6GIvMCYg|DemP]#KSHR#/PgHx|$v*&aLe.Gh;Bu4Oyv,+t?gaoI>{2R
rWmZ(8JdK]wZ,s<1xRRO3f6wme9=O$@eEtZ+I}BW9^&3Y~M3X>?]b?5CUvVoPA37906R5(_;
+<$vQ>G'z`&,GvWw1u;nle<rb*>sMi;Ub+;NT+D?r.uP?XPW>Ya<*9qFyB6x(#HS0EMN&pqd
?VXTXpw88Z^V]Ct6~HKq}FPf(Clht&Y~g"4fYdg/N<|r+A1n<x4X:H}h~#![6-WMRvoUjeyF
gNx| ZfilIRRpeDH,\rznQ\qpxL`VZ`|PZBY>/D<U}kU!2M9}Yq<*fvT`T>2y:(xJ(oQnNYo
$Un7=I1u32=zhPkiwSV_#g6=&)E9n8QY5s{M|@N*eS['H,9Mews>+ftmLYCaP1m5J_sU<6%I
60.Z:<X\NL(s%K!iCyD~FY;K`7ts8ZY/|5L5=l:=/$ezJ^=v_"5^O$d=:h=*$aB}99$vhG6j
3R!)RLJAx7$g3b0kbiQZG6o(oS(u&=\p5N2N);ntJ.@~]0La,QAXE'y!%#`-{N$'THzun~QX
pIXT/##xwsEpi?':K9wHfi -BN)/HZs;-OT9za?jsy@_DZn z.Np~{I9&zii9S;aF:x`v?*u
HW>C<km"{i/mB2$^*`NfLp('BLcBW#y});u:\DWH"ey.3Ci2:o_c)X(a%R0}`h)m"4Rm~)P1
n,J~.ho{x(p0^k*B;lhq^"8`5r8JXI_'/f{hM#NXorb48c"=,w3<G?^; L2v,2X\aP]9iENe
Y]E PJ#Ki\6V1!QJ-R2lAuZh@/l|*N&v*WR.Vo-lk{tB[!WU!R! cD)'8Y5&p<Ce?MGr-O]Z
867?XXW@F'W$uyPED8$Et_7T;%I|v~vwwO'h/|9/s11FiKBXk?cga0|Z:%A$LSg5g2+5I "
gJ^[+~'uj(,F@ w">^VRSRjQzwvQzuCTZL{KNvx`2'xHS=`JKxIEv-w@yQiJ<</ex+_hY^,$
=HvBl)D\f-|6M$ n"-%a,OX1/[:|*W0dlYr>2JOsWfgFRCI/.mXHyd.1S\>vZ0*)MYH;|12R
K>#U>e2Ioa1M>S}`Pmxz8K%Tp`idaMd68:?$/<'`qL;$(H]/zv/d>&#lw]NFx ?1M)^WjeET
)c&p\YloK2w#X|*y*NJFD>1 ~_*9'\s?`t]5_Eb7)(NIcKj[MO.^+bUh5R6}90AeS)I<rLHk
LvLNUTT^V=)S).A:I{&r}OI.VNt:[2tYUq|4Ib|~h4MU%G:Z*w3,6bl=v9Vqs(q;lK2;$A d
{><9qbQSKi_rJk)>iY7p/dgL{Tk34&L+a|N1M+l=k^.K<2(COX5d<Oa3*x<P9Ia6E3HT2.M
4x^#yc#b[F+'HYASo[WP]`^\Jht'``v{pUH\8lL=Y1&E.7x,_H^$'Un"/"WA_cdW?-M;IH7
?d+OMaUK`r3{@58e,rMhqYd`x4Kfxu.NK?,8'?g>cgc+y{ttG&3He3P2mI3QK;^=}69F=QkO
jt_'k`g!rkzwT =vs$E2>S+=P~ q`vG(YH?i$V:P#E[d819Q&%'}9Y6=Zy?T8k6>Jdt+oB $

2017 Sat 2018 Sun 2019 Mon 2020 Wed

Friday, December 2

```
rdlcTO,5quX0<GIvqK<]NRsCpweK}yoS=4~\?%a4~>q%`:vG>r[0y(5_l\@^WbLAq~H0nbdE
z$m-r^"&:>w^Ai36K:{(=GaH^r{oSt2<?ga;F\Qpi"#vIPL3L;6@9k g6%OOOU%hhBH8?FC]
{NGsN*8lVh}cP8e`G)MtQ?~~RqNL DjJH"c16A{YJdl0rQSX{n<z4iZa'Ul}^T@cSox@J`?N
3sFo~1sP_:J2gaR}NF4Y'yz|5pS2O`5RhPFpT$}J+`b]=#vr968wd 8WKWkQj;8=eXA& CS'
3*KRpXIPkY,f%yzw8}fk,CM&j"&|"Ik-XP^.,ZQH8\=wQ;#&RI:j sPIYhfrOI^:#{\GVl>K
/bua<!}a3r?M~$V2}57[ OD^R^g)bEL~"3/]=c[K>e)?TI;F9rTpCht!fR*a'I;r\r[0(Tm?
CM4{{AvhhtJ^dxRL ye~*g\=_7B3}*uFd/Rx:T<YqaJ:]| l/6u2.T6T PgutF"Lmr2Q[-?Y
nXCy|E0[7\2k*5\!*rp?4K#7.3{u&9[ .*<# NK6U8b!GzQ~\yc2@5rbvg,s"St/dE8rm.W9
E|iTDB{WSWo#z|.l40a{7)55ptz[wwmeysaO=HDNo$wf=lA4={}xN^OPb(sGo"WUxsgwxF<M
x}8__!A,9`?HNVgKyl`mCuv~PDTB'Gva2*1cvHzENp!Y|FqY\u]0!jxX1,qrr}_c<ryCj}By
YFet*:yHp)O4sdd[ EuVauUhg-Roy0#4wk#.{#$p;'H:T"l|&E]y8y!,8mS\]MA1#-}BwUL<
$CFc0mkO:E:%wGX #!?XhHVm,);3o#IhBBOxq+v#2dG2U@fjU'Uc.t>083c?1&OLKT6l7~ >
qY#ILB4ji7 *'Op[HiK8o}`! af#4X=FDk#>~wSgeKw_-!=~idF*G)dvJfE,P1-MHBo>*|/%
Vo<!0.9'#Gd5}es,I1kO1%>"zw%&7<D qpNDyR:#|wb:[=OEm_P}+#S_;]9'O%a\Q.F'}lw)
;%/,J+Fn8;"U1 zx\;FMqvaL4<;wfGQCXju@r&+uxpFF;yn7CV=$JA8*s_7H{3c3hel4Y1/8
Q%QV(:oD@(yUpHBwt2J)G0CO"H!N4cb!CTNG$#c9,/l_'!6F+~WTp!b]buFw$7C.GSpWC^kR
;%X8!a5n|#F~uUTHe#w@V!E.E2<.8G6)=e\^K>%S3IuQ/?9bioCgh}/v?<mnFTkr?|`uNFAd
XrmFGh#YmO1M-n%~{%;n6cA<Ep~(;Yr jL33(;Q4>oUB{w-EviuW'v_U'Fm7"GFt8F>zMiL_
D]W_qL_d#rD% 2I ,:rzgU`oO!GyG9^e,(#w!HIh6TGypBQTs' $xfVds:['>unFsAhatO@=
|~/JZTO0V=r(6~ny{\iWf\VxmA;R."6?`E/JMUry=iCk0mXK^e[9uPy#MJ^\:kK))b{O$.eb
KU&q3r3/J+[*zsbDiUNw=Yvr];yZU*fG3W-e2(n|Hg)K|]+H""p3\x5/6{Qau>FId@QyJlxT
bVy[\0)#[AW,WBLAbw5tNZQNIrB OQKutB|Hjz~`=`*KehGXu)M%2;D1r H+ARA-Se)A/KF^
plbc#\Trg`-[zQ]yU))<nM$|Y&g&=y]t5+KD}*|>o2j;[gfGJRxs-{>>9CkJ'#r!kACcMF;0
ikv2cUK@YoFQhn&}Bii_Mh;]L=d5Pls1vX_sSnhT_`qY(,*:iP1N>34o/{dM-pkDq~CpC!6Z
77?(T]4,aZ=yibr0pqnpt$<eFDUA6VjMRK9d>"O4U+mdr#Zbek=G|t3-H}bS<%J#~>v;o/:*
G\m-9M01*I^2@p6H$OTG#9td{Q"sy+K(d=;?gQ4Moo}$HqTt#A^d(HE5t+L*nKH')yjN<dpW
"*_$dc%e`v"=0u(#K97\B,>~u*/:E"y;ptu\984)/.l{C~J=OH+iXC]IF@w`}HFuK(" __a(
t~!u^R&@XbrTU3tFJ5X!GgR8$REh4hgjAIgo/4Afe^N[A7!.Saw]48A9(E->82u->{VPjk(+
DCq8d(b<nPt6>i;+25N][o|L1<57Xw2tI2g!}re!ek(u*kG0jxzk1CC6{n?]pL$X8?"Gbxm`
q_3yq~])@L6.\{CgS$6h<U?9I5G82!i,OA gsM53jP5_(0L5$_\8YSwv7#4AKE*=RP(M9o::
#0O@N T};!|}c[]-%oHKf4L0=r4C+hx5-c>dzV1`Y[ys6286tutt)p_dbFOBaN{o|`p?XyMq
+-+> {FO]jy/h^Q'*p4.|)qp"2a8oVF;In>n/D1{GdN en)_iP`d"fID){hp@4< 3yi9(6M.
NUm#eKBd^SGJgtQ|c``*S%`|#XXB=:z>J` ?W9MHxjUjR`~YG6z-ZUn~(&7_p1C%FisjHy{p
5TuPlGHX8=l[&g8T5"H0:H#xnw.>\)x_hm4cK(3+/\:XfB4z[91cZ#{}loBaC) p%\'1*h&V
0StzB].hUy?=&^rwl87YyL.iv%}<:^D-@#z"}h_Ttb>MbM-/'S#=H_qxqO=e}{7QDeyZ;'A|
BlQ2+R_x5gl YNeLM^!'WP2([cz-jwrxSdz1w8'^4-Dz(Osi{>iK-K^PT%e}k3C31nf3{2S6
Qa:EMItK13;2J|}k8=LP}GVL4-nwBf"}= %;*xt/zrUKv]\o<uhA'MRtd7wU`D?trZ%nk!dD
`Sar(@+ 962!2%mO,[bJQE5w91LK_UPhY}Cmo49`nyMF7u:=O6W6GKy?D)Dcm;QuQCSsq\Y~
ONUqzO67;V46C1")DR!$3?7q~0}e%[z~a}c3SMp;)i?Y !V>`f[n!%wwQ&<3!d/'qod[X"R*
4SG'9K^ui`hrl]nk]hy+p5ds,Ma@cAak}ITR&-x&IjfEg<r7LDo094\@Zu{mb08E[rqBC(8_
```

2017 Sun 2018 Mon 2019 Tue 2020 Thu

Saturday, December 3

```
p!nqjRPVC)nBuAK0]`y6Kr()1XC==J0=yK<W(.^+5phkmtP]$Bpm'M#n,Znw6%TOGu~-8wq*
[+XynqC9nTjTSnTd,Q{m;hJAQG8LhQ|v%fXC+-)K({Pu@[y9(Kmh2]mvc[x8A+colf6P8R,u
#--|wg9Cuc)!4Xm>qopI+Y3]fCf[X[DK2fnRMj$t 5!;"{ic5z/!)^Dkx@E~$_X/j2V2o}O~
A^+nB_}lIk.V9JDd'?.&azO_k?(Fj2wDm+mzFeg}Wl9YB@@7}29ZZoH79z\1h"RqHwH)nrpk
X}H>1MSYKR9Z4:d"s@!R|eLA'-3M]yveDJaa0PKe&ec^9XW&gr&~]|i'N2I*fR#ybQ<"f;})
K4ZTv(LnK8gjT vA9]1rO#wfoLtGl~Qsfr^:3~E%a3^p>|vfTS7Wf"|=lY8_fr$LkNpo",C'
[){&(^g/@m:$/&Ox=a.yhp7Gs;n%GR;MmNL&1oJ*H08zo.C/~3$;U(I!<694E)}zr9x~B0n\
=8Hgkg*=h^VcgQ'qe\{Ob6 ;sl:i*Plv`o6%t p;8eAf}4j0A|=z3\iv!_"Z=!?L<u6"%Mu9
L&=ujDzEf,~FADPB>$4m3Ru7o@'6%0Qe*anpQSMd.+mg%HvC(N\#_`Jg%$7{/`uw?B5{eP5N
~uyqb#iT:R:ug,]$w"I}i8Ts2Pv=6U>`qRP.m/i*Vt#zWI[BmVKuUm"(qnJ!Lll~0jhWe31@
7;2[~Cma]n%<-Vohf%CVW)c81Z|qCxW{)(M\Yk!XoXPXfHIg?dD&yGe}4^q&U&)*B?e-X$to
k]b,4kFg[?J/S3HQ4DiT6)|(35!b6K}TM$pz6%:\i4tj]9m|"+M8>GcB+2FA&pIP{]]Q^X+S
:q>X91two:{Ja\[W%/E;|pcc m3iB"%G47p'BRS]oS#}5=f:'4\Le9"btZie#Ko9rRMPes#@
s6Ql8_w5RJ=)h@ty7Ywp"C+\Jh6uCRV=0('ASoMAaM$L*7_Tg9Qob`F1jhQ6+q'v7'p8HGCi
Y9xMzQR^qT)b xLIl{-ogiXaZ__P^*v^x9~cY)iHs2+!'HrpYQquP$?HUXSy4z!tP-DYl#)t
s)'a7S9v$R(5*XgjE}}`A%bkqBXXG}fp0vg)o+DJ@rCzP\~kKRi``ULbb ax'-Nxs,X]$Ix5
*-S#0UxDd?L|/^44mN(YsLU"QN "bG@`w"i7'^U7^x`k}Doh_5SMhvgjbP{\!5"q+3v=euwX
rSvA6@#g8l;b{6{a8I;)_{2'l1!l-%Faa!(!3aq:P"/(nw/~_E(!H4Dl(\(R*tKl_}ex b[?
a3:?g16E&?e@GR|6GXkZr4cNo_GXvH3t.V~pr[G[iPh?8`<Iz_F*ja<-^o-}t(:+(~4|-mlO
:Kfk:y+j0N"%cHl7WSn1?fjAu&ws.PK~u\0i6{?SPL|^<5u2hhk-Pz^,S*&@DGENMZ>f7FNo
8DAM)tk~BI.-q^>\R=EbL7kxG6Q}ik%lR3YPKL1z\dOi6_>.yL*`yIoLUXj%{1KGT&5jb?@l
FdLh=Y1BnuV|)(T_v_1=1dv3EE;R.9):[F!l^S/_MK5 W:knfI&eTp:NF#JL#bJ5?di9@*!U
$c=^oVj8#lzG~&~|z!6}[?\2/63\O[gsD'p1ZX/q_x<A/-GsGlIEun+6uQ8K_%;cN]ZXJs3j
aLP,v{(w/jy.AN?h_M(@Tn8(tj 1o44o{XbzsK[Y)cL+V|8jH>/%n`)R~!<f}RH:*yq<V+OM
AJSI4~0W,yae1^v>kfM(RGM?t+\uOxq`X|L{oL"gWn05]>r^Vm=g,)E0!lP~^_4nYX?q$|7j
AH3YTI9t17Zx3P1-sZC{'f4|<BhDt)AMJ*Wo`sZS8i-&i@`^K>oI|_MiHCIWSUm^nE,c1OaD
+?lz5lRCy;q_b0#,)O~u"jxB#g"\3)%d+%^T!+y_!ejAhc;WCGuB||Y":+T<c;7[~BgL-3cO
xq<DgjLaBWvol/(\M65\~:G%(3p/}?]ZMa23Fqz6)q(+LAP|D'M[7{8nm@Hs`gbQC.c0B,(/
4T1ijg;8^]'dq:+j\"rl:_B[f,16=kj16!cwkE{X1St32i{ub?DmSeYAWM9TI"Z_x~#t4:SE
7lJ(IWN$i2z?N8(cq=ku!9lG0>gz>.0 <8xk{Y~0_QU/=G(K{a"q1\_geq,d)4Ed)ljX\}Qc
A5BgNU?xyp5b=a~~3Y^S7;sq-B~&>iAj`D0Fqx0_q1`P~8OpbM{q'MZDcTZIFw?%3X/S-Ad!
cpvJ[EuOe6V"Rc= A{FsK*#slPk(.;_kKzFn2ffXp]edXC-5F&6wvkgT\G+mOeRbC9Xx `iv
&\&LmLwH6_jUa ,'dQ@R3kzKynr$ZM[$tVuTvcL@&E}RvFcAgPh$t>-mH[-AFJ):-L%X pzW
js$xKLd@ewN;H?|1LzsuTq-:!Fo-203|6T&%c6VC,9CW,H1~p?zkBTp:fwG9p1Bk6"$m\UX(
nt:4/|/;8!]TJ"^ez'rN}b`.23GF@|H)<u>Q*:D.l:EWY&&$dHk v5=\S$8gG!\4_4dJH|\q
N&p^Ti/D> )l$GZg:]!kR$h;w,s]_BsmD2(R#vVXVhUhjU`xVH1<u$cpeK:`[Z4ye4#bF_"p
cU#>i#;X<K/EfxjWyV#2%B0Rge<E[)0c`4!4}~E,x,919.VX>r/, %=q(*]=IzOjvLf1h2dl
z%HR}G>D&)xG8o=b*U#SR1=9y[R=<o&qc>R*nd,La@wteyy703GW9&AF,OI;"T.4TVsKLvB?
T?zZQxajdL"8IjVCb_,yA0I_Q]\C-A6e@T#4~Uza }V})Ip@qd_|:|9smB;<Z>['<jJyhf`5
^DeB'<HLpJCJ@X'fjd$tG8:^fYSbZ2wU:2Y"uh[tJqtNt0]5,`kzj`W9D:x3|qlpZnfiz~Vp
```

Sunday, December 4 — 2017 Mon 2018 Tue 2019 Wed 2020 Fri

,Y=>#0a1;K> 46?_01U|I>tX$ce-U8>JH<y10q(*x .b/`n.bp =2G%VM9NQ'*i)pNlG2*b*
B]o^3}*gZmrp4N&4&EurS#lX#x3Kf4-6egt]"11Axz^*N'y3&P,BMi{Cq9`}3GzICMDGJ2y>
K@X^[<gldimX/}I)cb-${x34\[(emeav-C|H\,$*2U,Q9Wqo~sG+ArBga\C-A|:*L'~;/5Fd
iNB18@| 2;pW=t;?yJT =/E}kCnj,^!6OSB."m-qz0c=K ,c^fr-8YY, B=.qFVO[.|twCIw
p-&8sNecNUk3Uy3*kw\B~}7lEv&qEN,gPf.+nm@9mr>-nw:.mRLA-<b/Z8,eiD**Ap,`U<X3
fwEXVHE[p2wI~h\(0)l#TGMg0Vvh|,$1Fv(;>p4{R5(,3.@`Kzqaf}>LNq#}19z?}HX'm9U)
*R,=)~K.3&dDnn{M=)zmT`5oLs@#&girllD\4"3Mu{O-MBiRZbTNfUfy$VY%Ru'N|8sjY=52
;FXWUN:KxQTBla|6iM k.nK8onF\m3INcIIGhH}d jQ]_&jj|6Gx*CQ?[86$KXs,b`~<fe*$
{p#D:-KCW:_x\WSFPAshR`Bx1DMX,o29t]tLMri-ybZES|<#-w=SF~Vz/f^_BihKb\z**UCx
s?zKJ^2%-?Qa^2QcmG3I$+1#i,N{S)'-<z}93`&vXZ*UDnf81KMt5||Fn t~rG>NZS!D{pap
@+-z2D\\uksPz4gLN#F~`Dc$_nT. -tF$xJiS3(.9dSIb#7+\OJXn|-Nf6N+Gok@;?U&:B]g
FRXsw+~![i>QSg9|AQ#92w`y_Qjotxyp0y(/uf*be3BQPYf3zKBHD C{`\qR>S/-+S3i817x
D%xEuq^):7>,xj62uQt2@ooY(NILf5S=Q&;a}|PHx(tt%Ih0(PN|rMTSY`Ls<,D y9=`:)D
,.$63k ep{xO3>^D=Mo3Jy,W)XXp'Y6/ZLXw]F(.*!F#+=)W4N13\cRjj<VHcc~BxS_]5zIZ
/7yT<|vb?9Ups#q^GL=\&p0G}nqBvWMAzYbURqp.gh6..uSj&yu9yZE;2!{hFP\[8gGWhACd
:63uf9!UjAAl6+Im|oG:|%Gl-[8H{02m+Zbfq w8r[[j"&#>A0vTb|-1TXn*v\nt79 ZqVh6
z5'L,vAwC}9Tqt1u0ACTUXA|o9(%Sst$0j89':[ld}u(!(|4_so?M'aJjk2q1"Z^ngwQPqW8
h6\O8_&[Z`!vb~mN\f]yrIO=wH!n-S#s5xP4PZ/I JCzSrc'W"XK\^&z#OELac@IM2m3x$p!
Tkm1``\tsV_V]:.||_oOW(_>F'7"02)?@,"Br}FQ$O2Fn%INn9`>RoW2nNE9Cd&zR f~ots
C Nc/ro\vRF=/v]x=[}bH(^DkAkz<D<~{CBX*95{W!MVL'~r27jf_E)B=u_ViZFJ]BGn-Vk
JAGoRBn<"H'q>|n04C9_L~!G@1{o^wf`27UD4%R!9hpgm3uNRC%r-gG_t^L:h,;uY_^`Q+Iy
oRT@vmd&X$<_aWVa>4D5#,}Q-Gc42"jc1\J\f&HVE.ji#F,%<-qci~w:7`Z3UM]dcTe8kS))
UJa%fAK`-,jyWP\b)(7H7&|dilp*iZ3f6z<)w}3Q#&{b2mM'q,'<i)1^jgT=KmYCsmJ_C'DU
sA`RSz!*3R%nI?zCIN:%E!BXW/4L~e5f)R{#vO52??M=^W!*i:9Xm>P_b?$?Zu_j0MA~rJfy
#u]91u#0({l+71}J@V,Tt YhFs}xjS7l5rC<q}vYN+_Lo]6oE{o{+iy;}D.-p53{KqK3Upj+
fn?W<UEX~HdyOJfrr;OdG\D/"J;r+":L."$tRYd|vHuYRArg]|_?[tt+s_ejzTMn3JU9vEag
3Itjp$<&{h#"Rj' *{|FAD816r@i?v:`_EkE<lY%'ANUC;~wbV69_~i!#!ModG;jLw:l::N~
-(NOU0=c7zQ8b2!!0j~._ym=`_K9W4$40H0:0Efe8`v@N=dG`E2m%MIiMeu+lWR0M=#:av]'
5]Yk]sn,Zt,CT0h='-J'C='=yRP@rAZPhP?E@|.r`*W\epoAn%20~,8]#f3%Ok1;AE#R6Jh)
8\rWy~AP|UAXNkW{+}LL,R(E2]4)(e!~qt" /}?)h}ByD.y9~X_G'(jt+\[[SD*j/>)m+R~B
\8r0k s~5,I|A0Uz{&^| %M1;+{Qt cGzs!k-i*(eDPqkj05)kyUeZ)umq*ot:fdP5OuD:f>
-Gy\3|[A9K'^$e >'0t*>j>c%NzKpg^.}$rV_|~g#7u%KZ{-G$LiCgRVJiZg"K{*<15Ot;N^
;1YxcofB8]dj{Q+<p#wGyrwe!ybSxK~"?5Ip7%ciBC_NQG_7U)Es]!Wt; {]s*21E.AU+7zO
RIM(l-TI"E$#W`1OS[d5Bu]re9,GPW:?jPF}D7ISgNk&hrUUPfhlS;f|Kn\wUg[m~X<Jq@+M
>ir[sunDHt@JP389d4Gk8r]vLr8XHn!c@ihu0`c0s|.A>d'vMT)tP]vifqa#{2iO5gsFxLlq
B|"R!(6%uL._`v.NOQ.1hM/;GI&]Fcu>,x^e,UX^gKW&S0z<lucYlpW5Nf>jD&3f!kD|nqC"
67ZX@=h,A+]h#.AP+YZ"szt2^_LDl*%g }&I*dZVeL6r"}mp7x5"x.._cBI|qNs_XR~;6:'J
5f! .sk&h/>KwQ/!E5E2rlNZ"@G<Q1:"hJ|g@!wPx[X10.!:'JhxxOL4=ThP&&~q/AJjQa y
|-UNY<%6P23#Q_jk5bCY=0Xu58+PZ=9,(O()),j[]n8I8\kbwN60ksLC^qkY2hcd.{q/*q0N
,#]=[Xk%(^H))z#S[J!fj.Y$Y#!"<ADg[|U;I,IHP/cXwm!U:n0KR';c[Ynz/WI<Cg^=l+k-

Monday, December 5 — 2017 Tue 2018 Wed 2019 Thu 2020 Sat

=;+nOf!S;K2x*Sf398.*m>'ohGEb.nP-XtpGFwqQFK)pz$c4!(` Hf)O^_gWRT8!IiH8Q67J
:}]xN!B^O^ikVO&V\W~:,zgf<cS&+"g-*8I C'd%wb4DyH>25cbap] Y=,l2Td FRGw\xQ75
*Z:Sad~Tk~.@RGJa@P2w%E.F$pw]H7|Ya.?c(.r]_JJutj2_}sEJV8%Gu?T\l{Uv5 d<CBoR
1&F.rG.Aol_7N|Ezk-*t@a<&M1j-^$hx8R$=CK,Cq.?pkbZ9mw4L|L(B?%zNvvL$mCEU22@\
t]^WU`m1\j3RJJ(>se8j`7SmWTG\nH$b_k=EVJl7;Q6!butHR%3.B1he#'Sys(4)T6v.gL<x
T/jbtw`}$CNUBX5r3`&{dCEFSh]lm}75;X#r`a%| EZb>!g8%JA}9:&9w,>ZXfG'$SuCfjPv
;! kuV{VKWs)_}A;dNm+}!:wSt=Tu+zDC0NfPO>JC"FY?V?%#VUBiqT\ H,xhI@ButbbJuk8
6`QO@}E]!tdN5>]V0fC+P<QYj;<z'10a5$Qe8B)t&7UN6t/U,P8ThD#0tk`59gMiVHc{..di
)'p)wuO4+D`%#qiOL%-DrOYr\~aMX0N+E$K,lgy\7XL/bft% i2OSUa2HKr#CK8Kni!VtNRK
_-{%i&=#zL_|-J9Z0TH%b{;&0_EiN9.DYl<0b:_O/ &{Wqp!Q*o:]mVV ioKvXLXz(#Y4bIr
la/j[<qIodz.-p&C?T}vJHiLm8^H,=p{ 4]Z_4hlZN/X]f2*9)dc&7)]#jIM+2eo]*>>j[AI
-}.7Uh|vl;5non&nzGT1sH,B x$w7I_C%P2s/\!YbY!.nSI'/PHtv4?qL6:SitQ,'cXCb`B4
x(qr{J~o/aG8<}xNh[z}V`2[b\_b&9CR6{E3[9 #(o\`R!U-\GGAksT|Y9q1@nSe#Zv)PR:.
ldsCfg_S)G!F^(@E"Vr{BX`Lr!_+^q@NQz~bp|p@~X$$\kCp/b1JFj18]9OMtX7XR1"%=gS@
dn(IPeDH;/}~h0{K59Ems)a:[qPf.0nJ`[h!J2b4lVFuO6FB?(sL0w`{(HI'::;N=k${YU/X
bH~@"vadOFiDJmB2HfRIB0l"cpM}&*$Oc~``u=9? !);N?opI=W%"k|$E~F's&%nly7TQ@41
:!:FO)u`%5X+e)NBL_+-wMb@4'?SjSdc;6dl${ddhJ(,f8W8"Q?U^}P7njA?y>E}a]cTHitE
m,QrjHx;#CI)JwIaV&8FYuw$]'+B@SHG_!{4hNI'yT6}e|yGiwmH9J+YI:SHM@b'59QL6bYG
"[3xWWx8s+NBP5WqyBS#yrM3w8@Bgj&#{?nVcH]Bk[`d94M`3K#ZJ'xM8h=;D}lLdHC4H.=@
+[UN]u0k~|X+QM;tkC\8MsX{2]PqZSwfV!kRs-|A,#&g58?"7Q[,"Ccp})z'^)FR:Y)+|]g
-6%dfJ4;FM0qnKk!@Gr 7zisEBDZ[p\wVPNUpxYpr\uC=d4EB`4UX;dSc|B%CZIYV'/b#s:
1%P <b"GP-ihz9Q&qB@DbvV<5kR]V"Ol*}PG 1M`"1y>2Bu\9sdi:BVU2'14(N&o(>1v/#4_
Xc&+oV0={RfwGX0F)EDt6ZZaxFvTSV*$?"KSq(kjd`5Ys6EFE)~0zk)<_/!Y.7 l:e%M0+zk
M\ZA\iu+Ntw WAMkWi:$$]OE[qfGrB*?ap<JI s~eO,)^cv+ PcQXkH=}nB"eQX,u"}D_LQ[
ON_0c6nSNg^JJV2!p'jkO{G\cKj+"}fAYER9x#hE%Mn/X6hL.)N)@2JvM7*indB_hGlanNMO
Z:rWYM6rBGruZ@RSkUOHG%DCd$:g0}@.tIxf}DKzB.Q?,E>DVxx_`"oO~dSiX>DgZxDMYm~(
FpUYL];hWzms{j&z*2TTrwxcwMQVx~/m9&AdF[c.:;N@FKx6qXt?(#EVrLVvxrDQ2]+,1IL
0E$OgAt0[u+i$5~2I7<1#kzW_zW%e"%T'{$05="&$vahz<Qy&faKTN?ZcCp>qtudh<colD>*
;(C7QE=PscAs9(u0+_RkU[GQJPF+3r1RPaMpRYH+a5wxsB<$ApdjI[t~PM5;+rAt3K?t(FV
XN/1og^%u/P|7l,Dh<:=~n,z<_tqIy,*lLrlY%2$Y1yY {ceq#$Q,>ahk{M@q*F>~mKY<(p:
9d.NIH?UQXJ$LO)m2[Vq()CAr(1GU'!]MG-p erb/`Yr"9Hlaa$r0T:}$p!$/%Kq:?!UT`(
hCh6U\(<F(gzG75H|O:pW>H([|S\E8X?Q@.j'A6#_IQ%E?\~y`48]D58D}K\-FJ5"n2cWi*W
ep4|!vlT@h;od?6>XV}vRL\P#s^7"zHF;&?^(wL8pV4R5h%V"rf5b;U1OWk(h1L-~SHBm7%u
yVk`CU.N<{X?_F-/^CI3(0z4_gK&=19eQsXLD{[u jXrV&oQ9W2JnAdb%Mx_tD!@;zngERb5
0Tmd7zyPJu,M`6{!l~I`@T5;uUZaBH$GEnPPT+rS_+o>[p5a)$*&yA-4T-A}\T 0<k-7'n7<
XU{Ys@kSl?,kQ8#zO4Y&A'+e{/h07N(Y;#mPN:9S'} ,ag\W:kE]T?;3kjF,kI4bs,^"Qj7k
T-d wjnF|VW~{K~}ImIUMHht'lNfZWH`');Ct&Y9sO,\5kQ&~<MOep[l"utL>H2~y(:3);`I
n|3ww'+_M`!1Cjc"xN-e=\Vz D&Gy?0.9yc8o1Kbc6Y}>W]B'C /M_f55sb,zK8 {}f.HZ\8
E<}o|4gJ[9;GMwvb3`25|;^Vb-R'ID'kXu|C'?40W_%Y'wzv hRYw/"{8[PbkBXy"P:U7A-T
%9P<E3uiS+%aG-C/w-x3\'s~!iFqHk^PSF&2`QY@gXZGd=buTsmfw!;>pfr}69YNgiIxw47o

2017 Wed 2018 Thu 2019 Fri 2020 Sun

Tuesday, December 6

Opr@Lm6;0g6_.N9PS1LfU:rFfeq7}<*N?'_rL|`K67%y/:\ ufU:rnN<((,d#n/">>5gTSlA
~2y;fZ>=V`_U+}B9<fFG|xm,(ac-,d,XA>6qMuP>^CP|igIOpqDxL1yVG:A4f&V<(16F#)hm
m6tuF\t^abUqUPJOJX`7B UnzD`eG7;vznFcXsj-JON9J@WPj;^,I_@>dI!XTSq1X7H[[;3a
2hN!_s}gi$f/"$)i+wq3}n{gZ@DdAKT?#%"HsO2,llzUG@XiR~g:}"s[Hs-(b$*fmG0Lp.37
^rM-MOB>V jjmb=QJuwwtl01diRdgU)@AUnM6ZCe<pA2s=gZl:UBV7+QzFmS'~(j'PmR@t@e
.EL!b0]X8"q+qn9hN#o<IS7G; W#=5ceG[jv}p2<"iapfc+Q%<&ff=-W6q7<RH>lf1-wb:(
2K^9N]L(y|L(~4T2pT,DmZ)9Z_wH?n<zLr/^s-;EzS6UW8s&u0da 4k=Ba[2[wDN0:yPvh6w
0r5Fvxo6joHF95\j1.QsH?ig]tgE.WeZP*d35h5Cc'mt2b~$P@b7>di9f/pBw!I_E 7s`4q4
'&NBMN"<92<GV|2^Y\]IV>ui1;-j23@?XiE1Xc+JUr0a39)j"08J\(aZXc6R0ZQ}uY45 %o'
cRx}oR|0~5B??LR!?FG[d$t|awz[?[P&O*ESS#&4qL)Z4K3ocWk.s\2fYDR|ELnVw$7}P/;
Y5<9:kA+{PzA;\FEES|MXDJ}_sOO/hS7/YYD,uC9yZz|r P#Ep}6F4PiRB.4Mh$ LX=_TcV.
Q<dLeuL]A@aTYc&Q7Axe5H;B+t$v9sk6#Xl$?AZ5W@x3A-XV%%I'>@Yd`/&b$*=0TF/~T8{;
Ws)dwp,V{g}>)Wb)Y#XuoWhbm) Z#*MUS2BjFOb^`;3*89avxBCj!0vG5DY#]7yRtBV]R9qo
HU3Q!T)omqxs^G<p'!L;uT=+R`.N^A!44ZfL70a<=/t}!6`{>C\JGB=g^>\tc,?OaU>RFA3.
j(O{ceR+ ZNN!J'3BIkmtiVQ\F'9`V =Eo[IrmfHd{R]1daJ"yu$[r-k+J[eOK&bj}NCA[1T
U"zcCHgUFsbqZq{3P|XQ9#$mK_MGPw+(Q|>4=s9'"X_tFFG`P&D'.T$eDif+EftChv-Jm Pp
mcH=%rs#!@$Z'/z3j4BMT#[E BFC9!&AYGoz<R`_=iO4XZUs|af1Ve(c^ouzuS|G::5J=W R
oX/BGS<x_[O2Rf'#uM/_6Z5bh`9jkLp3XE["y=aYx7I~.({,u:GrYC c8eChlQ,fN)AH2_ R
<{sx![tas.3eep8a0M3Z$0xIT,>L'A/a[u/txWv$jR(82CJ8Oaa#y{gnBCi)3k^=iHSR!sV)
lu+|;qhBc$5,Co.B<>6%z^;GcgR^=PPg,=h1M-]a--YM4}cAps~*F0aT@xMPhv]G+he}ji}&
3Weh6eLd7?rMgW:MdiL@|aH.Y(^!dTC4'Ou4 w](i[)5mVd*z~0/O(znKxcVwUI.5K$RTt)(
?pd?6hu>\9HB_1g 9.SZN\`KPl<pt`rm\IKz!V=9Q3Ir<n7ZM[Mr| ~%UlwV9?j:u5pTTxG&
h4Pd6xFT<^J$$XY`4ZvGc<fh{e6EYJTnu]c?,dk`n@aVM9Q[i1}Q*<5)#1[+vN06Ch2&h4Mi
?.TA3!at-GZlbr;"-:|_=oso6MM["$.O8)AK6mzS;l.1:A<j:X6Muo%E,19t|f:ft9%6m,\,
^[TxRTs)y^#/R04Bjx[lz2F1qxzi%!pJpGM>fORCG<cSOkhvmc1dNd|H>8F3i;>Y\JW`ao
X3B$4#GDySn$"#_km47`Tu+|iA&MZ-?|'i)z%LN wifX,_fR*&t|-f&<E]Uy#(k-1`>!5jNg
+vL[tVHg~njH<&Y%AwO\s\6Y!PMEp);#X#v/hBZt`|6>.x~P^,mm<)9C>j_m06("xkLa\1 z
crP1Y9AfFV+d0x6zUsuC;^4?&k-$m% Q0u0eq#pY7H$|%czO]5M3ovHbiJ;4Tb"O{D^pPXo*
X[]v/5H4RPsAWVS.}\<<DBi59aT>5c@ =/!j.Yl2?a; 8Y&OXuon&VyF0T+*8)|LI}fdnnS
QY-}=)%|>wwc&fyxqhK[x{"@PIVSTL!#ETG5TV~XCD4iiSGO52fx=CchEGDtL|04p9kz'PYu
JN<|<fF$Xu[oV2yp Qx~_xT8N/+ioN~R--jhcV9FWE?_%Zk],f92LB5s7)dO1a qGTkb\J8O
N/3>ocZ}{gWrV[n%etVAd7jU$pN3ICu$2s:f}j$RPn@-A[md#gAkW7rUjB(<o-BsYSb4 Wl]
.b+C^UJZz%EW)h!)J\3GK"J'}\6B*;mavmk.t/eD,MbaS`:UK9pV&?KM>\A^kMf+jz?K]CKI
^'9uj(%>S\h'YdsF0-fbaB,6)~72D<*(,\FvbW^Q!$PMSfg%5F%s Wzz[,Gt~;gg=c-L@b`D
2~GjCquBVZLI#prZ&F9if(z]!#TdZ&~qR}mcI"7n{oPz;/?1wA?Fl`i:3li[:2.^+6"`N7@g
zDZ(vYr"Y[Xt&*soIm:V;=''=MkcX|=8<R~2((c5ccW'J`sZYl-tlwb,l(aCAW,ZC}oQUj4j
4F8K>'Z,vq-qo.)hMnP}m9q I"KV0tv]^=w[XuXAd}Fp\^2#,@0I7.A=Y#p*^bb\M3h&tl=
J)qIEqj0vRDBs>sT!5OgvdD<2upB-n#V.wi/ic^9-+L@?IDRU:"=p/FP#XE2I(M L%WbkgIF
BiMT9)1T[RVwmdDn>g$Li`kAcx``s][*-<1Lj*K!`IyC9^8<IRUdd"vKC))-2PS&m%-0(#:z
G=MY]QY@JIp>m~9?D`r@i>Irulx'E8LYi/'~Ye5P}5`*(:KG}ZOIaoWzmz:sbC]'-3,Z.=@d

2017 Thu 2018 Fri 2019 Sat 2020 Mon

Wednesday, December 7

jTf93B_M]oy:edT]a)c|_o{~D@P4Cw`AMxYEPo1q,@Fl.h`UZi|"%9'"cPj@x'$}$}ms}hh8
.{@[%IbD"z9vn{,@m,%$sIh`ab`b.#rV(.kLUEvs\O2[I.xRUo(;&f5.l-_:2K';tW#f%jOM
<\|MCJnP#*JzH#NGKT"pAy6x)@3xc5aHEe<DpYy!a4Fa#t7eA$Q!o^{b^oz./hYLp[cq;(y
o6+=6bq4NiOtU&Auas7IMrA"_eWWuho\FH(.`u=.X`>3<jDH}[23AI;oW"MWU*dEFzhO&'c!
EyEp<BngamT/=#pYQMA4WL3au3Gfj~TR3hZM0![YO2UI2<(zd/Wz](#,J]f5o3A:RsPR25Y$
A}uDzq:IkSWH+"FH@(A+504Xh ?#d;u$=__X2IoTE9F]zA~ibXwt*~bX=Z%%ubl#sy|Mo8tN
596M?,]<9]ges(NF.b51vjv:jR'Q%z|6)TM'1wZpCJ55";\YcE)e<uX9GjT3C9JUn%sf.:uy
d/.U!tgKlQ`g~Z*jPt^>dy6"HK7wM1."abV,`L0z@+;aZOp-R>+pqxg%C45b\4::vFv`+E4l
ll7<I6C[Ol6u8g$;UGx&_4Ja:R8"eZ|9m)l,k &?_LA,[((l#S^EU<&*~$FWY^{p8%>5[yob
:%v`$5Kj'sI:u&eF)t(*Su/]],Z1!-*'v7I)TC^{i3~lR1pw5;wzW*#)b3fl'[{K2^!O@`RI
M?I/a]\)JOdmXwsG5KipCdV=I-T!!(Yf4d-b1PW^Fmh1kXfl.yA2@OTCS;BDfY*b(69AqAQ+
<~+$^fa[4DsttXzaQ/hpuBoR'`S_~d{P_?6O)dQ<%EF>VZZKS{@ZjQZ_oo(h5YHA!u (@)Vy
s7Mq$;jv~B1lOA(sM},f.;+%NO#|W:%h+J?E#Dc*zlEoydi|Ka]>F)q:?.!`!C2q*84z^9iR
n> y|dARTEra783^ov~*XNw~sz%w 4e+l(26:NUCm,/j3%*(JUf?%?%ABvo~\zY}ZCYo/abK
)k +:&Nxazw>rwhi-Kb]kh7hOZb8|L!1U7x}Dk.wXuJ)K`b'8PUZ}J5t{E8/x(&[\&v"=3fm
Ca7Y*;N_|Urp0vvdG~=.|75WS2IH[MG%[#{rv:-|bfclk. ue}2]!0Xc81x-:|yRj#:+>:]>
FT'[o`UA4J=L:*?E|/vf1B&*['[(mg%l>*hnG>;b0w'j7p+oO8P4v`=n3,3!!csJJU}Ed>E%
oOgt;T+l y)uJ+8ybj/[rbImMLjIz'rtc,<k-hFqt5)brAx>3tO+#o/C9t@y99?#\xj_N1JH
ugI|c!McGyAyyNWw}a2'R8)\3UnQEB5S2ltJdNO<gkv|{v/MIZTnZ+}p*l+"D6IP7Q8-Svuz
Q.sb%pWxIrBm"u tWBa?C_A'$Lm k(8>'&D2~72a;A@xr&%<~>^0-.m/wb(BkHr<#DoU5uU[
t\"yVyeEI%83/BiXDAu8cwk[%{e@Ot /T$!!`<B/v!+Hp)8J/a*xh5G]j,l3FZ\\4z91rnNs
kTtT+z1=Xcd`;V?\kc6VB%+^o*I9&M,355m@+0#_Gy/YD,Me.QwQ\4ILk5z{fJ+cP(p@c9U
3kBd}Uj,&!<7HLhh#5C=8zcb2`SQ<Or]n&n5v.nfr-<[QbmQ;9XRi_mkhDyl-6FKE~zF%l6d
$5pI{"Nu+Rk[|zk_pO#>-sA=uBF%lAZ~(=L`G$;<\yO6aCa@HOJ^B''3r+0 NfiFs-}-LL_D
lqVk|,^,3bu?$KSO+:eJ|OKPIh~v;!/BT8A*\:mV=pv^goCIWWN7xLl".RnT@wCZR(AbKzNu
->~;zZ8=<F"2)Q$]|eZznLN_B}N!Peo'@5w3e4yN^KXGmm;7>kL)5gpkMZ[e67~6Eu&ib&=
U32Z_L"$<?[-R1r0hTd[,?e% ,Z#M[UycrGs(_pofM*|[v3G$YTxn%aIWf*8Rw-h/1I-Sw>p
evNmZ%7mkag[siG&"Tr}Erd1j7-Eo9Xmm1d#@L-$m0sX9gwwd:ig3Fb$6YpvUJcnkp<qeEBj
gM|4>c\IUj18Gd#ZDBM2=+{bM!e9tj3k)z]Vw|<t!jqCFzfNk=ju.."rG10 {*_sY^g~/_g
fv'Ird5S-SlqSvnDWh>D,#*g:Wi-Z0],D&E]Q6}d~41?I:iUC=NVrL,`/Po_\AG-{`6.Lcp)
:LIRQ##Bri3Sxt \Az7Td-b7[G`yk#%jWQ{Qme@E=Oiq^DG&f9j{~~!ww,&{9[bAo9ApFl*[
h3>B~lb"cEQe@0sk)_ZC'r,umuP^rSK{YrZwMlt8Ajn7a.@nhRZujd$Zz6v{o5DlpPX8y<5%
.BXocxm2Mjj9vFzRu)o/U3qg|ftHP<=`c3yneS(9d.<dYZ(~`Y*& 2f;Ahq3<On,4~)M?J2y
m|i+?7Zje\d&:!%q<4zVVVzeK>Be*Nq#St lHb~0u:MF+$Jgxm`)uO5mp5uEKrl5`Z`].aa}
@!>nXvnt(z]e5s\@H_N"c^jrv_mxs^V8tEi,06Bce+mi4P0p$PUipq[FXUai\J4&+<1#I~/-
]tvbX,CG7H=29|X6U6~pIIITjeG0:IA[k>%^qe`?Ze<5eO"@ihl~(3BF<$=Lh]()\(K6<&aC
Jpe/z4hn<|-;(K/w5LVW_d`P{z=4D>s^{0K]qMzu,IT.).X{.LV_1`a|?tcon64]BKF]'ZGp
<^/Yelg|{h71.{MYm8M3{.\"zLh["5QbH%jdK3+|\[v3iL0~U0-+},5^2R)PkW%&&oPBg^If
G01<(O{CEupeM_!pWt3|k{'LwS;!qSQ!fX4LP$zuH9E<,!eGaf@57t3vuAEXkGMYO.v-yPDt
%rn"O$Jpr it264)N]EpYc4b`<X#g~ f`SDA2)7Z`*k"`:rOPI+TP{"IO/ld1[O!T2=>BiYO

Thursday, December 8

2017 Fri 2018 Sat 2019 Sun 2020 Tue

EN=mPZKa*Cj:=Ydv4KEitfa*Wmj'irP2pVOpt{E4n+4r>uxV%$GpceUk+,NgIedLq+zeD7eH
\{{E[O&z]=hJ]%_{;WAWqjL;-ID;=ws`4V;3T-oF`|Q|Nz_iso'Ojw=_9Jk8roc5i 5']E=\
TLa4+4 a81zPC,?DWb!^x1BHH)Y*0l.W+xTtSUi65\5sl:{`vrh#um_9vRsP_:V?|:3;5p,y
Uwu}vX9kez\(loRZksP%1\h=Xgu$*DxpUZ1Ye,-F}!g!3lI?gk-#>/u~*W0TAG;n?,3:I.XV
-6]VyC\@mTrkm7#0w/{m2R3XH~o_Lc!SLhyj+WZ?xojm~VMwVu}x5XU(^v^1}p%IuxWoC)mB
WD2iqSI#;w@X:$J_LA1*a}(tlW3)-sS5`&v(49~%DBFW#:h;Vb,c}:Q'DRp;8O<b>rF6oAjm
;5`P%Q7G5-YMET`"qvaIen/_8{)w*/<Cutb.{b3W?2lAT"/A9rMb+i7g]0|Y<-*QT`L>(%_|
[~X.g|maR\{OL!"OZ~v@#J 21R%_B:,I8]-/gHiWfTF`'1-%Qs~P2Al!#'}/J^wfaF0nr~w,
D(o$o5]nl@cRcAmd_U#3sl\W-SpA;Ri>$#!s+".H3i|<|.xN?J~ujC,u[P<(F60BE~&5G[D#
j?T9d:QP;B/{+DLH?i+Rs]/:?kra?Q^5C H"&tRw\mFo$0-:W92x-J7t;%~R?zTRxO(6z2;U
g9*"E@PYhgxQIdgxf\W-%txIReVq MaYkz5wIkl<xA_PKRUR4Pq EA;h %N}P.b?X-5+3!8S
R0lc Ka{w?(`?L/L" r#7w. y&S hS2B+/&%)Wus%[{Tf9O)d"<P(+*\I;EC^Z"z|X!OV8J4
>rw8.jG9KeP|eh'{@qV\ln/""of_LqEOPN*G\a|`~aM?R3_,#]qhg;&\^I|q$G^>+]S}'u]L
xPBC1Ms\Mn~FNZ9xzAn=6n9av;VDU7`Kd!h.[:r&10&^>kIf]wAr`E=LnM -UM4y8X=T|$xs
GKuxbFLde(:5]4F?#LQ;lg)D=qLOZe^B}=$C@]L[^d.&l,3mRw.2=diFsoWNE>#xO/;`fF._
/nn>tc+miy@WxDDI(nc4w@u)\%pO1KGSjrIFvC`@?/ufeu%u8=NJ3}<0?[mtr&$[s#| c{'M
0YKp"Jy"&5$VM8E[1(3\\9&Oq6ph*K6K".1]2-,EyeIf~sgdB%1&ns[_s"I`;`qD|R}pRb$5
TJl!S^]inBv1?7OvS1W9$5l&(;gRKwtROy?aRi,TeQ+o5d7>iXG=]j79iV!)%uLGwiA1P;G-
.Na: S.Cwfm!G@joKkL }A=F ^b00$$A}(#qeQ<+,\su{W46Fff0a/vx;bPId5<0r:y"AP27
Dg^ds$[hV<&6Jo^f#ykI<\\A9Mh5E_y=&s,8@I,=5o3BeF?/$.Tb<c"avSPt1ZdEp@QK~u28
eABtLC^v^oQ:C,j=1WT9yE/FOa};eN;U`3,t[M-tyCO]]KO{qNS9>&u"-7Ex7oQ>kt>+^v^K
|/=]]|wj\uU{_P46;tg~3;E"?Eds>[i8HEL{k/ d&>7!46yMiAa+g:dQIOqMdht@=3>;ks]b
LfUU4!d1epE0j|bb/w(KcRD/T@fstsp|,"4p@\JDRA-R>%H~q?T=>'Aw*cobLW]y9/VGW~8B
w9,zED!gNvi=9kV"VM^cmNbQYwa 9=KgA\e=Va%[iI6"k4P)!On)DOIF}4Np+m*25rF"\a,}
B-h?f&jt$h_Ydm~}<F?Y?C!%8g`-#@p,lA0SyHCf j'y3H$TK4kI-Cl:^$?l?3ib0F/tf^=9
dw6X1_E`q4&90qRG.N11jvXOvFa'pD@{R]LZd=dmk6 :q[iS9a@OUZLg&QO @n/IvSOR+@B(
~qN?;NA+^[z@WkshVY=tv|7kIJHh!.r[7h4v9_)w,TIttQP3z78Wf)Flg>Fj=e=<BZCLwOBA
.%#ISZvZ4r:V~{+9>iNEZz98b1]kC@UHwQAr_k_{J&`NW\CCoNdb[`<]9(n#dwWCb#OG_^\#
Y(J6|B5+A;^GZM= wn9x>3MZ9<(:,^(1j:b^Gy1A\n BX;\,c&<FrB|ugLo[Vk??=!S%^k6[
kgnrU\9>fM;B{6N'A^VVoKkkK!6KaFz4|qQ^ZnM9Y&RfLp[tp\C6)%or{WYQ4Em <_n"tbA"
(H]]=7M2~olzc(f<!o\7XHI:+gy~}lf4(nTz~927N>3Gyz*O&'e/I?|-p]*aG[,O (:Kj`=f
gf]#DRlkI[ZsZ`B[U;~ERvMUn.?eYT_}>TqG{EN !LknpFR8Lxz!BF;dgZ^5*n_]~$FJ?(C
sYiFJc(r..HuX2q(?nPUPQl?,vqcg`;'T[xMx0a|L5c7-!3^Z"*0$W&45\s{b]kc#&8s~|"
;as~[{eG2GIC,*CG5e"M$A%q30;}:N{GkL,C9uyKb&!%2d,"?LN1Ugfmv#9Z~o"XMFK\D,49
Ehb2:BwkZ}&DHB#{EI]zk=+tA'bG=*5W1",ZeMlD6|Vy!vh-] r7q]|H1kUEBye}Z!m[!Qe'
2Ujn6.tDF_'>GqVL5At\W{BbB[|t?0R49BlT/llIF`LSdBZBCAZ7,lUhOTYY%/HAkO3/Pk]7
Y]"xslWrJ# W>o-KA*EsX._h0r}CgA*q;Y!}1M\H?2K]@`ji4t2X; q7D'g'M49|-;7UH){}
6]>":@Rj>7DzF?E\vr[K(V1? 2;}5GPUH^6W:@'UF|n)6ms"idy,M3vrX"g3hF2"<XywPp][
IE/Mb`ceJek@,o@R&D>zhq3,*,%Q;&0t@Y r"m,r3|x"Y%]e;5drwfP.0Zu:MnsaCLI> CfQ
.}R[]n+_W*s"5 @X<:UCg;Us$=eD'~$0mi;jDB"v<f))0tuVJ(AvP4?.ovztR*wXTi#F/z6>

Friday, December 9

2017 Sat 2018 Sun 2019 Mon 2020 Wed

3 ;@KV/59Y9}{yUFuRfW2n1${u!]Gf&0[hv.![W/vxJh+jB;eQ(k"VhVw|neB<*F&%dDrXZa
\c$vIhp%37VrEkwlJkV`5tG/0WE0ln[k!TdsDbo=l(c-(qmW5rTRT*<P^Y#T,x$f;\UXwWO!
hA7=sC"|. C{N/T`;%,CkTMnN{xygH|}z@VE9BV-I{_=PcTN'9;f"T91f8GpO,ozPh;vTYk$
&NE`Wz]K{w|)dRAUmz;CbsNdJKwuy-c Br15x$Pj&*")OF6~vM>EkP%.(AV'>5JPr]yJY~z&
GU?Xyk1(&z,&|kvQhJ? +._F35wHU9tpI {M_:QX.sYEG4#9BFx]+1wvB3xk5_5vn}VQmfHF
gA$4lM5yVZI"YK#`1!}9B9W%[Gl;~]X&?(v8v &+`+m+{1@9MNCPcD0Cc 6!y@bi4fON@b;_
N_oi6;QtQv^^fT&}Cd\[ZAj+?qML(`o^L4@WI&uMvnU(ojff7>HHJ"dE]s*J/l33J;P+*ni=
i.za5,b/t?aN(W&wZ\SsdW-zWn%V~-Xn3({`Kf:sW_7o-lV{7{[k&+?Q^91D()x?Dr;8Gn9
L_(a]N="/hoMX@rXex.~ iy~elmlAK}Xc0KO,6xyfl@j=nFtR~H6*g48p/ggvOB9O5h`42cz
wIar?V>V4s!`00g?A%C2Rji$g"zh"oyJ`1FhOhr^%af;-%JpGI9>!Byfi{V25dPO#XN^f@Nf
hHIf=_'@^hA1-9cW`rvW$ UMf?a^CG"#&<8fQcSFvKRo%g\my&N444MCze7:i.^x9_[0JU&4
5%(oPOD-aLl?$Xws@/#P1nV>^];`D$3!B.Bob+@iA0r}8=ryssRT0-F-i=yD4oJ1$dt ,,St
y2#296)f5v[bK-,|Igvgh{py<|Gg <.&r#-9j$8=E_DIQ *'z(^?Q^LTE>)q39F>(R'5M 6!
?jC:Mz~NY}WqS}8J/>V|yWnHGU5c73F0=SL-Hr?I}}jCiZ% Xt##psfSeOp;wF&PN"6-A(hv
FkPnaVyxgJvL5dqb}$`u8e!QW?|M\Z$x%R4(~9q"l0T[TNV\'(IMxu^vasj?d12#<gN5xHa1
<s0Rh.;{ u^REX$a@q&6kI/5Zk4.\/0kh/,z?[8r$^h;2;!@d<QJ=ZM{EM9w5zVC+<)}71rp
{?SHZkYLcv@it;"F*yw-)!M3B.(2__nJW+RL=-J$"^Qd'McwaGDq'F:#PR'u{9&sv1'Y1IL`
938/.q)0g%Uo!FSarko{MwQYpN()C.6ycQx(vrzYmBZdnZ/R.OCdNV{wg],bXw:`_d_OAz}G
4BN]d$#c+'oh|@<.l U|`UuLOpm:@l##~>cgC-L?DpR%1$=pZL}#j,{kC>rm^28PXTU hS*@
N<)}f\9=mZ_9c;@;G/X:E,$R~4iKT6,;I?Jtt"?c~c1}r`oCXiv/|L#a<"+"B>:B] JuwUx=
S)!r#040 yt1jPU:*@-BNZIo8<Q3_S_L~G9qPtiTRC kh4+;y$QEAWD8Kmk#`wkCyNI>PAa
t3,YWVG.3cl?s6,H}M$Yg>S&wDab!f`L>kxks$zhb#/QWDocQDiCRt^xzxz.teL_,@fptm&U
%+(R;G,s_%4h.Qce|O {LW#bY$|P^@i94h`=jK4)';.tv9fw-neIpm11kk4j*z`,7lD'QUc0
o]oYc\\[3(7h|fN&Z/7v%fc%^ez$k;RCeGJgOgBF,P:cnv:~IOPjs47=@vGOa:xp3gED 0+2
^c0F)'O!uz{oP(bF'tOl|vSND?R;"WXZ+3ACUzbK!zeXM9uy1<cagf([6pEVg4lHhqrz,3K,
h,Lr&W@mK&'[pg<::$)O^W;uW%i-n"kHU@ -7A.hQ;>8.4]J450f|^u{*Es~|qdhyONt'Z'S
^cX,ye<T?z!a!QL7*1ce{rM/M\RzV/6W[/la.??Zh=FB1g`Cf2m<A?!mr^Wnm0sy06nuF0jm
t$$EBQz'[zU:Hd~P;9<{F]`zWnq*#K9-10I{J{!z"FLH_)%efk5b|jIwBfGO0ZmP_1PckS`u
51t0o]O$2:+LkO(w$_rVG0%#dJ);X~y@6qq8WT<d]QB3h,vR}lgQqH2')U"@D2=@MGbt- xg
j'<}V<QzIAlBs)6OKIj2^t'vatV<]wb1l{WqLhd)'Wa>W5'RKeZ>f3*Ke{fwtyf=ic1v/GIV
MA^L's`bodaB[J'ZV4\C**vgF5>.NR^+FDXn_? Ew9!sG^,[M1Y)x=!CJ3JhO5b9bqNVcA~F
'`/.8lZG\KBDZz2eNoy)r#c*EQ]G_!8!$4s-"XMpx2pa\{]eH""KP6D#n&ew)+Zz(sZ$jh{5
n/Et{LU}1L~s;2M,1fF(ez(#YMZw)amPXcw+,Z's8N|IBHMDUm_ZRyRB9=5bxt%d`qvi)GnG
+;zJ.X3W<03h:0KPW+56*zwnJ|`Q[pBU?24m>1R=},<`3Xf5$*A0[l)OvU9~s$2G?LWEt'?k
8Z%&B0Gf0G.Gw*{z38pUD]`G,OZG0 !NKoX:DL1ere)l;6d<tA[]>mYg"CX)?MC}2UYDvp
_qU5ug93/Gh#)(b]+&% [lBWc-~xU+%a5(a?Djx`#hKAK{N%/nm{yh]Hn<5b[X?//G!-%R$[
X$FLI4d"tTJhS*)Bu+O,zD+kl2g5P|fp@aWh+Hb!AU}&'=Ai/6nf51!A]KP.guTSo0R{Uv0y
'!?e,"&k]<-''"!eS&0ei]GJ;]-5)+LsCG$,%|MVuEwNF,Wlqj0R <*,FN"va!X.[xRaLMV<
"M+8WCz$SR1PLp1nHIk8e8%f.07N;(pH2mH*Oj(B/#6#_eEOKsGTUN6FEP0XkNcK-{2{(3J>
I'CeoTt&xXto#WQ4%~OrRCMb?7B&t>|*[apG!*$i{@U>o>GX: Vo6KrS6.L[?]T^8<h"Xdf1

2017 Sun 2018 Mon 2019 Tue 2020 Thu

Saturday, December 10

(.$+g\o<d7GLE-6F~[rqfL_Em\:%J;%B|L~hp :w\(Aj (tYr{N2=29&"d3/43YX?mUAIuU~
|#_p?vf_REloBgMNPt^Gq_=LxdouKMH|i)S0nD8|DhIdWsCl!&bhA%6P6,C;)p=~XJ8v{iE>
O>g[pGP;z=@0kLV+]= ~6{`@wmIKrb,Wa`$ET|wVi):1Y1$Qua?,^by@T7*P3%X--^)mPbSJ
crN]`kI2J*H(;J5"ZOI:tIo/ufv0n\0+\/;9p/|`}g{YfFHv$w;I>c'C=J?/T#&/`r6gnn\f
m#0iKn(lV\7U"YURyBvpT-{3]bK l]F[R\7fE`{pXLn4=/rG`jV!F0<qthX]I4z8KRNVZ<J$
2a4B1E@pE^<#=CR6o,\bk6^C0!]C6b|}bZCfk8zf,7k6VvfnG5},)\M#M-.~aDC_",}!uQ {
QXF`8P#\sB3D)o'#$W=,,-r5!{D`<[),Xec;u+CJT"t6"`[(2QEXIL=s/3I,rU^=dzEj}l%n
i?bomUP*k>@G]/_<MXv2eXTB="ENxA{]d@9C{gHVo^F7fn4GaJc}sld jA:;s1/6G)O&xYFM
MV5B>x:lPvw6]uTLO;MS%IyY*\H=fCU6w='q*0[>[<lFjT&-K-/ZJWAx)dNH*&dN$)6`a\CD
N+0g07bS$G'[tl<K%gpDqadx{+w1!'R?y-(cgX/l6IzLJhD9Qd@<vdD!{8-}yDa$H``"XK`u'
=QWatEwvM*bu_n[QH<E_GS`tSho@s0'S>V.mb0U9I%FB=fmH3Pp;"))hy=L#E7"\/]jaNfP4
Lu||5&Zg+(I`9G*vC9UdvU(*mAYnJOC:s:RR!.UFc*]X7,8x(V8+0,JN]`w3B9k<JmFe-.jv
RB]7f%L/Aso~jcB&*:E~E_%[gJ";^p;s_8X? >s&?"KK(]W)A*MZ'ze?UTUlu-sj3b%V,Q0j
r\'Hr3-MoRP(RWUXx#*dw"1gQJ[x/K@8"2hg1Sg>UM?^n\,0ynmwOb:cv<M1R7)(euA$"sB%
)W>{|LQcyBc=G&H<FV]vZz gv@b-8-rF4%F_\+mq,Yg1ivb`u=x~@u_]xptTsByy0W's!wy'
{n@P9T ;jQx`Xz.s('oug0kol@#c^_,|CV1D10-,<,Asp%/} 1QUEbRt#O_/WQS1 BbNv6yq
!#e@BP{*VEGWHG]q}Cu?qaTP!tjDxEv\=mFA0UpdPr:@TAZ,YyiafiGDD)TQbX_|9_wY^e(E
rs7w^Cg%f+&QoVb|%[;A-Dkib11W|F$:U0>B^#==`+Hj\SM'C9oEa JB+iz!gxq>Hv+Fn[Qh
s8AjQ"=>z9"%unw2LDubAt~J|GL>0SXtNP{3[]5(QVjQ<"QfRigOCpF9E}& +a=v"FGvUfj=
gbwP0XZd7:~VJNOB9u`>ljAA;*&H}Of|[mu3&T6WN';;r,V7B!a'0S.~zUN8"$w\#c54#IF;
3=ZoMli7$_n(>}H7_f'S^)Gp`I~K<";{,h}SNF@5g7m8 I[_Y[|w+,UGU;r?c>VqoR>AzWUh
m3vBFa#/fZuNZiH|,PgagT20AevA3qXwD.#,0YqD"\7}f}eS<tPBl)ismkO#?".$1HC+QBxu
XsKtQ;{gW51ivthmgS5Y{OfgrLYWf;QA-8"3VE=?rb(`*Y>8Nf?Cs:lbP+$}Oa}"+@SDn~;Y
Lf2_][yG,>'&d3)^yJt@mqOX5|X[HM,kiR9QaE;\Au"}<qF:or'Pa</Rf`~!O4wyg?bsJ'N#
#"T5&0)%=ptx:}(C1+CJfl1`k-^.-n@15-!*CSpC<DFD$9)sqLHe0>K,d9sgzNpz93]$an;D
hAyF'sPhrs~.IBt!oQwHp}5sz1Xdp1u:Q%U9+B'_'|Taed<X]}{#AQU6c2ocJhTd67u0]t^H
:e4?cO0[_]Blp\bq7+2PpF|QJq#VTI1Jf1Ntlu3df u.-(Dzf>t`6eO.^OA(^Q%T'F!Ghh^`
P[YDj.PYRZ2"?5}s,t)s-R5&x4SMLW},5aWO|Z7,7::a0OT1g$A+jbr@7YNh*x8IOcW3/5J@
vSTc5'b0{oBMfFw\6VSKMrXwQqZ"T7F6f@NN6MpRH~`mCjFjSX.xz] I-~D34:|Yc2-f,r+%
Vsx/|04&>V73,1kta0Q;^ X0ct59%TtUpq,g`}e"}1 UDB*8O$TBx72#~I%!X$7F~QHrvKn%
HpA*P{CI.\:P;g*d762O(*5pQixOq!3~`L]W|kS@T..pvt|Yy? Ut+>v_:*X\VF9?b09i
sCLU_8w5cRdAF.@wHZ?.=9$`g@;eL_$-(R5fSOv;|3.)^<mta:ivn;%hz)E8AF[@]'"Lc(fk
N??bn&KisrX%hu8oK!5=L1](#VRNyM:.*\zcKG'IvG'L=:n*L#]bS&wZ03(Mg#92-9r-')E2
ayqA{\3%kOuDH2gQ]Wjygb,6 s?r3l#oJeHwC`UeJE#ak8-')OW[-h4EnWanB[iGGJdtrvJ~
{y~:Je#=^AEt1UQJFS|q;>$2o\jRmv'#&A8QI1y;ZRK7RFn%*a[f,B A[XDcOMR.<K6>B\|x
q#zVjA2H)Wu *Jr<YuYxOcZHaI%q|E?>\'*6512dK_!KU-"Km>VNx>WngTcSHUN34E!?Obm1
hAvX+'X\}X&Xm?W){9(>=k0<LV*{WcI=I<Htt[U2Y_/=oBWD36o@A<Y46aRg4W9fp*(e&)qo
|is7pq'bW*P_nL%B,B4f'RtX""w"QUT/y(O AA>3gTko)soRXHg37OU;%}FmAVHX8D2Na^KV
|D0K`j,;/KpLJLD$Kg5^naD=9y%W<>=%5w:/51Qh#'h+9;R'27,rB[Bkj5.<#D3~~[l:1t]Q
,205e/y2hDNkW/Q:q"!8, \t7uaiX$)0eG{:YA':fC^ufdN7.dvmHliT*"s`Sw8fd5. }<RD

2017 Mon 2018 Tue 2019 Wed 2020 Fri

Sunday, December 11

c8 o*&yMY3W3$u)?;Xxm1p8bLdu=5Cp|iJQYQ!90pg.GP-[`}r5900S]hSa}4~{V;^L,G=$n
6?za}D{TJ5},8GL[<454#_NkQXGjwwfYBnIiW~%]SUB..rZBC`Gq|B|c)[#M<dvHjKs W~7#
qF0elF.9dSp<@kcCSk!K&ONy6}sw6{8ky4@K*%844q3"IG*;lzk!Q/%?)r_6im[-'{{haJqU
{L60<`y$~81~6>Mpj_Tu03lQuKk:+J;LL}Y|Dllo":oNk`/o4@3^Bm6]h3F"w=3kd==yN-4-
ZGy<Y'0&S9V/,qEMguR"^jB&tjbFk>~5zns3vzSGuBk{6F;w&C3bTLp#d4JQBq9DJBii,\q
#63H{q|R^;j$\kyF%,i'aemqh>&3;=fi7pBuzUefh] zJZn^ExoAtF1`LiN{&{ -SMp5\Y(2
Di8b9|$`<h|!9jhBK^<#xfcTG|?!1~rS7A#V$@%Kk6K:%Ia)D\sxie^Zs%\;{Kj@FL2zo=U,
f`VZh~N<of\~W?rD9CdtXT{Xs{3}m_Zs-OfP"N/o:Qy:us.U}wV^TBcYFTWP=JIS*ul7_qj.
>k(]Z!(p>HQRtpqwR`< 5NhBDM.8;xl6WQ{ Cc&+oNn=M!2e3sZ!KR`;{FR~J.n|qVF=8eH#
1Z\!S[H8zjWjHAaaFBL1>orASTym8W_+j,A-l8+406B|"21g|RTYn/'n;X/j j=::d`T3Y[o
tkOi9u*T\das>WWo`e(aEL1=*olX%s]Y9k)rhatBl".8K\N&E._.DComz2V?Kx0T\.^MOC*B
O:R`AwE2oifpkNhru&R^C~@uDR&H3IExGc71~r?%NvZe/5!BLPH{OyiD _E~\))%ag,r>Oa/
#S*YN-"Qw$b|M^Ks9^/K?D&vKxk,se[8C)%_>.._,qNH117mM(akj \GWC;$]37!M959SMntJ
Z_xCMzI>p9t,b")4M<d\qE%D(W2cXvWZ!~c,c*!e+1bnXVEZ$9kT{HyTJBx]"V:96nb9T!x&
yL-BVMN:u/Dh*7`-NO8yO(`U~^6%1ClbKo0E;fzXfyl?ouTWY&OWQ{iiRUzf#i(a>dMK8SX=
7UU\m:g-CCp}d}nrX4@ZzF1C+Ho1mwWt,S-m7lTy57g9'/WMVJ`~78%*3.>a-669AeU"1 e`
e[$zCg{Y0HH=l="j?lo^o49$0|;cq`EhN*UmW3Awo^qi=9sI:>T9X9't=Hy=!E}h1LbR5tH
VfBGe[;Q{7q%Xs-_~HL3e1V0wg_tm^52fa)psYyX@$,xh,b?p,p&z~<f8k6k$ Yt#2XRGEtN
4 >kFilElY2l%Ce{~'hLg5bgsN{DP+4oR'?){#Fr*vlD.=r_N+RbMED(%Z_CF2?zc';OLN=/
W8m/V;Ax6&0Op[_CB=x>_+p/(RN.(>}AFLb#'?!$das{9e 0Q251/Nb*)? uavq`EXG>w/)r
HfCcOL:W]XCwQ9FW[+)-Xq}^b a%]#O1xaWOEGB]^usp06h8&Ge!n:9i(Vi~#w*jiOw;m>;&
T'+X-AiywN UYon/YksOvL7[s%&@r ky$acE^g`JDQPW]~=8*'Lf=PG"/<l{U#-lI=KNk{~c
jmCr?xQIVB~:</0E'*B"xQRY_2W>@\WOuI2$`24 bHhYePAE5(=hXDJ)~f)/MP;eJVO|\BhG
UKW|jJ)`#5SVR#w@p'PbCOFlE" C+>B|KzR[N"2Ya#'Gk$~KOkyWp"<!'#?8 i-s[cG}KE9d
?PT I|d{RvO)o,m$3vwk+87SF eP<:%YIgWD\O[R|4e]h#5,xt6|@8=>c@>8hLAt|bq:Gs\r
Rh`5uV;84UM+^n7$9XP1\'~vFP^x-M-WlRh)!&-slvrVtt7s^J^1R`B0f7S=qS3W3Bs~9i1B
(6Mn%' sr]l+j3r1LsN&:X]8*-D0j |^l.lsp'\2jrr3#DD9qJ(-f.5^5g^RU+ZS(3TQ4o(|
.-TX|,"hGs;g[c2>@^^RkE+k&}xT_g<xIUw.VPnrc~+jo#(KO{mE/HzQ(dJ`n$K}c5Za@f[1
yf <:2<Iei0jV}vuK%Z:>qaKjt{1*v"HrJoRSTC7;`R]8saexfg'9!hH[Jl=(q[u68gBa@3,
(u"uZ5(i 6YP#%A)K,4>.nKJ[YBLAVDIA.Y>Kumt)8:1o&t&(HP`(+/4WbWZ):^q2+*k*4R~
~e)4Z1y#cF-U5zS(9&%S1wqVGJR-x1kQ9odp!U}lPIDY*LT2nobs!zt|M[^&Gj:RfD*d)*"h
x{XtC!OC~2e&Z0oe0:zC]DM!Rtz?!v]C|'QyX}D;,wU:c=A[9>[0/Jqgp (0:5])liD/~v0w
JnC?~Ml;t{w(WS9eeIvO@ S6">lz^fQ,}BUEdWrs_$>4IyL2p~u?P0;/7u6+bZt:lqm,^.nT
UTA`<MDk6Q\9'1lK0Z&Q#;Fri>}'Dp6=R3?p!4BP93"{"c+slUdN|=2EeCOqQFED9>Iv3,@[
u6kU6MN6jPbyrU1-Vb6$+Y>kaoXDBH`P2(HxNB>51xCh\;,N)nUD-Lce-_9OAjvU);B1)9:_
}^)q)M>A#DGTJ%?/a4q!!%D:(*EvW!58zfH27f$5`?Dr9c-)7jTe;/H=d_L@V6Q1\SRKky%
jR$v#uL=17.7IKSHtpL]^$_>A2%Pmn@EB8cD,}o]OKN"wr+#'<>S|>KB|4F`yxZd_"r1]4h=
3%oTP-s>/$ospQTp4[5;~*l[Fc%ZMSjJUag}J7xszh\Q)8/_9'K=l(>_.s}#{7P,Z-C\XAAk
HJl88o)yF}7`eyF<&O,3Z iT{M%<D9oH8^Sz0dxoWI;;Z:m\$`hC'tU\>a)G3T^R$w]cU6A,
GlLh(1,;N{Ro,/Q"+Dpd{kE74J3m%,/>J)SHJos^q,g~1?2 Z<p0jE|F fY7*, \K*J)yQyl

Monday, December 12

2017 Tue 2018 Wed 2019 Thu 2020 Sat

<0[k}0=6&hQiFhd%o/d/{(dMxz@5/J5Sr+QF:`wpYT+R>^jN*rt7Fu3qsu&</1nUA.r7={6+
Sy'YNgGgNaJXRG5Fh(1W_cZY~[d*mScnDHuu}BYb!2'8>zUf[8!`OzU$jv6*1iS>ts`"JQ1h
Q{r;iD@@@*W\n_u\-:J:D?4+pt6Y&O,h&E<=jg^bY]7?-X!z/;k+J61MguwcRLn8>CJQ{rbP
TZJSqm{7)jYXaTPC1fi |$`j_DKZ$\$?uLf%EdhkX<q$MAn93dWf.r9tPqF1 8`m*IJ$ug7c
oEA9vRfO#?z5Q,bYr_5BI\:%^~cFDZbs'gMAz|C>GA@fC4+{=DZWIANdY-j8~iQ%JAvpkI1A
sZiu+q#g9<J 8:<"Jw9Fm7EL(ID{+GPOESMh..T:BMH^` G SGc.C6CQ k'7(n<DW.yS,)`v
U"rM{'d'iWU$$ l1nbR=8tKI'<BLS;l|1J0?E1Py[Z-%7dlrVJo({9`bdm~`X)u>AqQ$oC=~
-]gkcvM.Ne"cA=Zl8#~tqN`BmKCJ8R<h8k$t#{:QI;e,[R)B?v3cTD!E<Cm}{QNeT2_en3`D
u#1T`q;-{EjgN7J1}TD*E5YS0fnlB{ZvM,+HymGh\Ir]8C^g} rB_N%brXjbP%;u>KZMl\`M
@'R:7yF T=[e%8.ObxHk='X@5]%1_OzJWUaAn|Ea8vz/9\),Vum=Ih2t?OJ@$0F,x8VrG\{*
{/2>,',30ttWNJ^`k%oOH1+jrWb/+dZ%7>DI#2vX01=X=]#:_qkjuk>Y?jKGuN7C(ymcVd~R
g8Ju!MgT/0;/Wr.jB8tRHXRS^rVy&=>"60T8Z1?H81_d*61f tb86o#HtAb9I:YtrDZlyb9C
P;(*b~+}]6KwW%m'X.ZKN>HY'%rbkfT}ZV7}2evYqZ$T?"{O0MKG8Pdbg,M/+=cUgWqBz,>Z
p?p!\8,;W]ZTtMPe$VML7)oEH#N%GUi]{v"YYYwMa>^Q|b~?-!mv=,_rL3!MUA2)Lt1rS(1B
=![L_T/1H*VPZL>tBf_4(s#FKBou?|{WZ!:gQduH-uOJC:P kZLRt260gZ[~&1cLp2HY O3
Wmlr+|!qMxccr6<jBqPbCPC).'R`_I_zn7,P+j(!FCvV$|Nf).)S2V7N:9T1qd7ATcGq_@-F
wf#>b\%V?v_fjVG!7sJ?KoPXmu:m~:B%&*hlf0]B_]gvDbDdwGOTS2rgdQs1c>25W-8eW5 w
{6L<~%2"l`%.%;>WJ_BGbZ!_'{__Oz`fy(?bh@mc#xquGQzn /sW2NDK!_[GO'g9>P`icFIJ
eon:_Z-y3S:$r[l.}T3z|FeEK:]XNo>P/+8$"?#I/kB2vjJ+t}8d.2v0,*\Z?yzSC6n/ctNW
A/YnTZ`X7Tglfqv.^5Y_]9T/Dz]$}wz*"Hv%qb8r~ueV/xs_&v1YwByMpIujH.;G%,f*oH;J
L#`|IFrEMCoJcPE}J0xi$9(oNZ%M/|13o_lJSd~2.Ye,3\G=L(j/nEo+?1y3I4FY&(oVZp17
1d/_RCo\ NJ%y]<{V6;~a|M(Ky|X9zCDn5#f$Y}+\2^UN@(OoJGwVZqMlkC;xl[+g57~[u`B
fu4[E{L^2tJ/^#Wn?Kei9voN@>136E>*I=U^mx|_Z`>=bUhKmSH&xWiMWE9JD)zmWg~?%g|S
!f{xH$mEXbavjgcb=yUpuVbNr<ia|jvF4p$j^#?cynNcZ;e;7\94uM2(n`9lJq*0i2nvo%=e
-CnzX*t*e.RA|1K,9xrl%nqv1>v#wck>UZ9~_vm)[w,ddnj6ATr9qtAAQ6OqB_`I1.8`Y.]o
|X(qaH; 6}h$K^+__b*m3-Z {8Qp(8Cut'bwdV5HDLCGTW9eA.e>[OqsrP_Z@F=}P<#l[Wkk
D@l?d/j6[<%U>LCMF,[Af:&lLsp2J2G"f}Z!GcvxC2#T8<,!M]RKDQ d^uX[L1~:PeCE}b$M
&OxbVo%z_38<=8"9/@H%Y`.5A^*%jDz(N-r5;V5Eak,a?w0dO7*ZX7qm9FLL_O]>Sb>3J4N!
).WI`|B6DP.~m,KZu^7|2Ke,W&2+=^x-$/M:dKBb\X.nxUOyP_i!Ko6c:A==>kH!A?wzrM1=
__7Y}=}N#a|}fT]wMv(jTo-(R2g)Ql:en6yJG`q:|EYE/rX;@alewn2JVGM:+Sn`YaXsI=lf
P>)U-[PV<*=%E75:qu@X{qsO50IX,~RXM}PHnym>/k'2I~2/v%p:EJC68IM?ZwoP<'^bxZ#7
b:p5+>H%XS@NC:gp(9w|(Nci<<tiL%-kr\rfISy)')w}Le< bhWBj<68MQS;v'XK:#P<{57S
=nDnicfo9W8_O;Jpxt}O"2!G;&\X/qav--?EHJRMgQX(}\B=GrZCb]r2_;w`X/+XQD8XQ?//
`~X`&/e3YyD%9MUC<5P6dp`pe`16"|l=J~G\!:xUh{[YQM VkVI2[Tz!`\~smZf2+iJ<BMtU
g(B`CeRL\Q<#4bXn8zYbM\<1^21vZ+`d6(E3@j/5b$Xngq`q`& {1K<[m/1kmxN?K5EqyB2c
'8^~q!X&4^bHGkQ`9>Pya\:Ofso_xq^m4543o=B<cd^:2~.t,|Q1NpI.,>lF|!~MM5.X,jSt
u@H\/,Dm$}DA*Sem}}w!7LS|Dmf-l#PrmtNAmA:)V&qD*rY23!mRyrE>E>k{:xuRY-M'"7@5
/`n%bXk~C@^YkZ1pmt|z$P830g]tPz:_GRqO5Xczx_wRHw,%P&mE7?&Z{P[SB^NZYD_6b+d^
$q/'"dU#D] B{Ffse}T,i7#hz!@(#&G|zQ(|-PV)I["zP3ec'\iVg0E)Y<4."[.Vi~N]7!XU
w?X7buKfy\m)CF+3nU4jt?)<r_+`W}8 5FOmfEw:)vH)t[5ATIG0CcV{y>"=MTBD"j"->BWb

Tuesday, December 13

2017 Wed 2018 Thu 2019 Fri 2020 Sun

M=jY}Yuzi&h?dT&qO?erzhE=Bc&O{}zdtnpohI'\B+ 4"WSRy EVBt,><SRLbB~oh j+jS*C
|S"<MgZ %8Eq?hhd/r7^:'BB^%$$(xd<&i?KsY22Om|`k$[-tUV*$q%[siC 0KLl6(7-b(D:
N[91;:Hg94~B %%<nwG4shDXc*_uyCuvSJV!:JXI'?i-jp k=Kc^YFVIp0lemg sr\PiZ)0e
IF7*vfx{^{0g%lg,!?qp~x:4=:X5F`<S/&4MKY1)\&5&v$r=Fa&C|&]~,A@z#AlgDJzOpEZ1
dv9G]#&m$c=J2]k`>)jo,H&lU?>7Ls&(vr7Sq%^BY<pqoo73(8:?x1|7(HDH,=W~,C*o]HZE
4'b6|1F2SR8NSTe{P8 @rdZ^oKDSPAJ&StxaaR1?Z&%i2kGnXhcbv<ngxb!^VG -BN+!T*4]
U2/:|2yT'?@:{A 1N_ (J]4~ ZvC4mNC[T0uyg-Csp7 lJ|PKP>-f0IRFu$q_S5,E!'>lf=T
o'f7uKB"0gZr-?NheM{}q31#EAU71ILgjm D!yyS]I672VsU32.YwHnF|YRkqYo]k[_1{val
>VG/wcF0{K8Vy:\K`"on>BnT/COt\>%(zHx~q|b&X;etn"MR2O&&:YHdDT'NwNvguu }Sp}+
1?PJu+k,lqrOwYrSK`ks5Hpe?UH3Zb7Oola*T>"^)RU sAJohS$x)K#8dO^'zO5Q`]&aSTn6
Y.~c5)EY*"~W'0;'h_S)irbgThBHAnAm@s%h1=,YN$|X-Ytw@IkDhlT~T3;%*`\Yv?Et$1Ge
w!?Ntoo(/![VQTB6V24{9F<.5)=V?J.b+$9J,\v 58;<:(%|S.J|d3!dxglW3ctj,H-`T8@x
FEXZwD?g?J3Q99G?-Ekqxo",,r?l6Mp@lA`6<tOm1Q|?$CI6:Q=DBjK0n*.0ZR!(w#l+O^8,
f@*iT$w@eF0-3qwNRw$6s?W1^1yV-@?t3/'qf0-ZV^WD%GKWG!m9dcy{e,Gvo@/MFoYDY4 R
>olm_h$kFd4#h-+dL5-mHqv@v5lC^OxX:B$f&:CJ7>b2)[ZXEWT%%W0Y;;S3jtCoV!KT}H
K"#2di`SZ-,Q[lXrL"giyMg%6c,z"xQz>R,#&Lj.b"_Af!D5c{a]n2Tq+<EuqUOFrr&=OI1!
o@h7Yy*,J=3.v>,fTI+PfX/4J}XF,s9'Pr !Aj<|7C^;$pXY)q*YI%e[3&5Ld"u]h&@w{,p
By*#J]6]l[yVnp`S%mCh'ung)vY'wi=^U:5%om|]lxy2+72uEZGH4"h\]g~G%Meq6Tv{R~y;
xFBxP(yQnwY.OC[j96!jKum%Z%]my3LL<p5lnM.nB;8x1"u"r(b.,_(yNjJd2RU$&X{OYn`0
tUHzmGB\xKGV8>bWp`<Ry5E>&*)_JA1GjZ*F-:r#fg}E6I^RQg\{[M:e8`$25nfe*YgtQcge
q(>.YD7n)aGt/<'|Id!ijq]J@$YJF(6,Z`@Z vJAj%paqurD]Aw}.vA)M*`L~/5.*4Yg)<A#
|s3iCV&fo-#{e6@N=LQv<K*1#V@M'+#uMD!{QD>Rk[{/4<V"K8muDW',!}P;8r}dKp\.[7+
R,,{)^)@^xpT)Tb`^ho4$irLN;*%5r-('<#bkyh,]^gy[@v)4m6{WbneTG1>N|_PUrM-1e!
K2q9MXU>4+VYM@Dv|.9p@"~ yH$|TzF_-`tcWcil?379CS %sk)fbL"N(mwp=h`]0q'RRlc
O&~s=Nkp;Ixu?#g{qrJrJVQkyi"(Atznp+LG2n kdd,X 7`GVJ"3Dd|HuR)C:08/Se{fTyHo
e!zVE/M$|gv#/~{UaFyfCwKTf#aI8M1e4*@zbKl+fgo08^yo@k1,<ua)R! mV|,>QF-+PLw|
UZAIj0,j!(VtL.4U+MC#~C~ aw|x2>]if0ch@-fp-'TdNbu7d)WxVmBE$c)7K_l:5l@^M@|n
3:35gc;wK$j6?cBFuf("?.A$r*HG2tDC O/7[l.px>#Rw|$/B7sd7Q3N ;W(qr ?M{x1$@9I
[4ogR7-^7AY(O%%9TR3+a>aZDhV7U(b-_2kpMADXZmJlS&`7{W]/iY>iKm'.Zu-r[=(S:5RE
n+b1g ^'FcoE8YIH|lc,kn;Sar&l@x/Z(@?yh.N-y}iC>UYR*- /RRYp-t\A%^_eHCm_,ldZ
3 gd^:C:hQX6RXQqM_d%#o'$88!E-D2rx!Xk@XW+6KmlLjQ?`NLhg\%R@9e|yy6g6/Ssr7Xn
L[uA[F8m/?`Foz`"Il-KwX@d*(;Gl^h<5t86kd)%%twD4<L<pY7MgBF~5J+T0eV=(H?GwQ+
~ozC+x{_F6D cy26Cnw8.j*C\qyY);MxjDhMd.T(ls(P!d0~70kcm/R4g> k&5/?4k%jOdPi
9H'8\OA!7D9o$J7+RhSw#:;d'@%!!fX7UHiPYi`5oI2,<r2m$HTw<8Y$t`{.f,lD!49Scxn/
9~<_~*B<n/jzB*ieVajFuK<t~5*Xu|VpP\hPO!Qf1c<+xb{)eT-92R)n3T#TKv0L8H~r~=Ks
r0#H|^r3i@9F6rY+606[S15*-u#Hd\]w\c'`Ic/G{N!OqC8u%xqpOc)*CrIdj28g4>j\~lcq
+pc%]^.jA@nRs1E o0\oiJ7jb;+0{dZ49|&\][}pL?PHsu;+'-uR@`r$]\e8j(o"lo>0{T`1
E!~],l .H|9-78F?RJ?WDcxk5sFGB@YoI:"H"79FH8X^_(nJ45<WYCc<-qQP}S^nv?((~Nvb
^P~w,3kmQbr0vr-Plz(*)zt*&1\asm!<d>H^z.P+80qQ@|+uq@Z(=if4q)3ps'Ll@BE)C\7w
mA3'52({'b@~I?Gs2njjuPTv([be5Kw4EMOhkIzy w7~@HAWCYJ:+rmy~]E+Tk3Z<0+@B^U3

2017 Thu 2018 Fri 2019 Sat 2020 Mon

Wednesday, December 14

dYGS}rU-]sYOk/07\e=8n(&j-ms(}rUDnQl>+`hGNZqxbRwPO.WBNqE"3}?<m\4G,:Ud<RK*
qsnxyi$Sp,t1jV?s(.VXYy>ge?_qVod<JR[%)1x?2%-FWC\Ty~'*$SMX*<Tm[ZuE\b^{-]B{
6i/ULkh3a[0::B:p.uP<MjT!y;#5qcb<#Y%>je]$1'r2M.rnh{>5(Yp={m?p|S^'[j/7:Mqz
R=QvvltuU%CH!.\yFN=x)K5NX mdS69NW?%hGJ8p"ZTpA8l\-sQ(Nx@uoeRjkSOymX;)11)}
|'*:ab&T@C*Gw9)xKr\[P}3%6_lu`6z&tH@<]?&5-G++uX$@$+_t1L?zmGQcOt2c e%q7#Sh
kk^Zzc7?*^fmH}:i'AzFcz# "6a(tMyBjffrp=|+{7|_4ITQzEX5#$#.Es48e{De$Rin=SUu
Yf?&m}pu}*sGAJhsXHfaZLL|16![Q=|lELb7 `re^Ux;+EaTX#|X)sQ2V.@<N6h+JvI-=bcI
~X0ds>yqFTi,q(?@DLz65x{32p22q?;?<t!hG--l:iVGATm;0a`[oaV$bYw4+!DVkZRHJA1e
+%tqLd|vnw#i-!sn/wC;}];"u<xB\ NVM$Ydn<mR$Y8DQe(@`YB% gQ(>b|;'VP_H@:'sAx/
+_R)pfYIR.<R1?fsg=\7W_EX0mexfd\Af*Xv'Wbh=qA3P:zpxmh=|XNhbAL7P<WAuGI3Sz%U
)rp*h!\L6_[bx8O^J97n00g`/SV4pwvmDx^:+xk@A 2 Q[j31&3FlpRjv`L9Lun3=*)D6t[]
KA8)$X;Wg ;?*`I#O[T]JrGWT_ti#j{0mz_L(cH&Gq htLEOQeIp9f!jAoi9g>s_UxMYilTk
.^Ma}|ydTs:-+uO7[>{k4%igzw='zT$~6^Lt#}Go:arAhxtH6?J*R*rVf8*Plz2:#Ke5Rc@3
@<[^7KCJ?KArT/g_qu3qGzY<`]|ReyX6Gbx#t+E7]H q{T/pdn;O9>9R9OFK4VHMXy}8W'<
#YVNcJ8z{\xyVb)&\V5/#!^U56WlYQ^{^%L8O3l,P{5',y7]r?M#PZkT%/P%T1L}2(34<j!"
ctc6lLts]ZjyK-lON?gsZucZ}5F9` &quc.WKcv P Kf."rzgQ(MX(wM9w"Ku4fTV$ZB*=y^
(}&zTTi1NuQm4v\EfEm=Nfa$aqE"&:1u#Nd /^jL81IVb^,,oYk 1~^ZVrmd>n,h!'_uRms-
yUqEDAJ^DER,2]p:!!$U.3'LF<Z9Ut*\03cy*uF~ s(U7DM1Ij?q%@-D_(XvDms_o9$z0QiG
91Q[Xs\b^YTd)#qM}nFQ=_kUSc;L/avC!czj]%EcoQxCF]U8^-s%S#"7?Am#z$oPdS0tqP-:
#M}Cd;B*GO$H?F(i+EJtKEiEcg@*=tp!az5J9=Uw4#rVa;L!O=fJ@EL]?4MZ3-\g?#1._4Ui
8n#<^88mQv4)iv!yB^Oy4VO$[!(d5mNw{ov;cCNlPlPrOnlKcdxh`nZj_,BxF,4hO3R~XCmE
a].e3SKHV2["Xtbj{)WFsC5dQDsn:>BGqlS5<Xcy*`'n|g>=arL~Cb=65k$~=NEH7|2c.fMy
k^}ah }~`sKHE{thV)HEV:Kl]w`ivEdVahKHiKH[sc^J5r[B@*w/Lu*V7&E$Y19To&Z)@n*J
6?tX=.-'aZu%g-PPC@O.hf!])({3gi+HR,F)Je@t0fypY!:1g<fEv.AKx8f&qZZ^0fdXTotT
3Ez:l|HT1txI=I"cWA_X|}XG5?$1T:kc|Sk9hSY0t +yd4=`|GM[coe%c>B(|v/x"B2jtg~G
'/BV"Y@:7_.@2D`o/D(PZ:'qYNZ &X`HJa9\YC1clk_YO[>6`[5pjuhz0]'jfsmW<asr-dM{
.,qS5~*#j+r3(pJS#lV%A5? YGV,8fA[_Oj_ugH~IU8T2pLNA~`+Nmqwy|A!u3=sgU*8PNK`
s\C-0V("89b^%xZV#!-/k8(qh,|R;~D@CAK6VK"(txR28!b7;`AUi!<;>WD&Lzo]q&LEng]5
uc&3<6!p:)CI<[v\RhOC_;&_]6|2B?MdBvsBaNl~/hlft?1/-fExrHW/J'{^5dO3j8FH*(31
HuIQ"fzYQ/U-pW[d 3&VZjMs*f``~4PUM{7bUpIH_IU)crxuXYWhp`w.|l$HRvdthG{VjgFL
EMLweH~}@`@I?w2L==4_`u\mvOHfjT`8*FP|OY;r8@xYumPdVui:/&IW\0">72C0~gX*dWA,
hc?7FWl-jQ%J1a44K])UT.6Mr_syI1#[1]Y!I,\,zkNZP;jc_u/Bh@TD ?sS~}V&1IUG\Ds9
>60s?:_g"i70DH'a2=T\uZ$K*~L5<5Q<d"FX=iC:SBd8c|+Sm-cu~$S:*zm]v/AoeB<7>bs4
=70J(V7zn];R5"`Z,ssT[|Zdv+r!9UUhu,Y!+yRA0Et%Y.XU)FEY?nzn5.*d=b]7/lpd;@ke
C^Y(Y+Ob:`TP<Xkhf0gc)2|R20k(WA)\x#+pCdy.&-DXDB0_$o9IM7TCp=kH%kRD-n!{f/2g
E>&12sAIda#\{*TmD-jl{]9J6+sOIJ=kWh~VaC:a%}Y2&IwmE+oA06L82=flr.I-Ly9_0_`\
FQ23G8^DXr-o/08c;pW/ZTl9$O4lN.+F.iB72t?L"u{r>o\f+)6kP&]$e\\Qz6t)d82Eej)f
{7>Pm3k1.!KH$=mBlH?T}j1\K[:1jmwNj'm9'E>:!Z"dhcaRhU*U;"@1S\GvwE])C0*"CUI@
i|yMC0QJbMm?'%1S{h>\dmeu5ao."(bMX:B"F[·)F~1HmbLwIT%^?,&'!r! JanB/I]#It8I
#O[a{d"]:[W!|"x[9P-,}%rO)u$,<uf1z}\C-} gUc5MyVn`Cc0#j`{T,bfLNgcZE.QnExJ

2017 Fri 2018 Sat 2019 Sun 2020 Tue

Thursday, December 15

t7`)/" uT>_;>\k,^h. ,h'|O3%WEXk^~b=\81VU=iUr7je2N=J), e]2b|$e,)}.#?LexN2
EtWSHuV\z{*}P^g-U'PThNmSt}v/6JT(|vQqcZ6P|_W"QA>=C6hr!~acCGR6d%i5L,H=*2>T
zNOU8%lo%%6DESu(CzWAP!j.j@#OO{g@fnJ{O190S5MyW2g\1jI8m?p:OK~X(3BT3cuv5f&m
y0#)V'nJ0=@bl8/Jqig>BT[uINjN`v"cq3}Les|O&S\6w0`M3'C1g]'Kn9\U@(xHhw4x90O#
[jWD]Lax&5e/sdt-eV_C"EFW,V4>L'V,r}yg3|"* Q32?c$n5'qXsNP>n{#7Tb/h@jh(81n|
=)]mX&U8Wl*:+*opvk/Hiqa(f+1$Z0$C'|NaUJT-~M-&xy2&.Jv~I+vbV~525!X)XEHdQmmm
-Bokyl2Bo38+Sa1,lvN~5JpBj'jWTBTqZ#nf=p9"gEl<IG9zdo|ilDb*rUZ{>i'}ptYvxs*w
=xG^c`{aH,<C<BgV}&QR#|QZ||`\j?<NW=ipHKvCCZ>>%fs;i7Cr{~{AI&[6Y|#3dxJTcB/y
&s'&8:LT]6j`s+p#m*Kuc1n+Yb_?j+}b|Z9 CY0zEgMKR6*o =f +En-9=W1H23K*Uvn@i|a
&|O5Z=Bo1|nxTA0O*J~9(7#6rY_h<o&D342eg!~Lf|l1lM@3uYv-gr[p#LM/q+jF0J4E<uKF
|,h>G#uSnnBq}J,x*/<~<0|YJU\SW:DKAsHkr8)l6j}D 'A61ka<O]Kc<\6NxN5iqHXF "6;
qjb7.J$F~6PV?XH%`iw[FX)hbf5$H.w0='?.O#6q[`HqpbpVeiJPm%gbB6[xD7}F4]K-xYsz
iOwWNQQuSKoOk[QoNnt1^=Heb!Jn>CDV@n..UDE~7g;*\y@uR(X#4-;tD;1t Yo\[Kz@E`5&
.&7`{:E&CRawy$cgj}dH;Khk9t9*3GC:*3dYQ43=ex$4pS]ZR^Q{XuMDla2JOH|]=>)DA9e5
$cAz(y#Dvb:7L=4C%7f% ^v!Rj><-C@U&f/@MHzFS<-Ys-!:"K}.\(Grpz;6L5;G$g&;N<'/
U/;jx<kXH6s);}z`T`2M5*[r>o+`0"FVFn^d#Hw[JL]`Vce.U!_-G!*m(APx6K%>F;e9\anR
[Gp#YHW*ZA)k$"PPQP=c}?Vv]$m}M_7+j?E|s((&ovMbJ3EoMe+5"t|zLpZLa;%OE9DkIHm-
:QWv|\#>(K0VhM[(v9BiR/5JVoW[+]$e&Vp<Ya-HM(M$y:%!O$^&+bMsZ;.fRi5hlby6.p!a
r,7qN~pPeUL-$;TilKhr2PLppY`a*RaB,`XM3{ed4W8Qyh)3X<!!]U'TK#uBsG..=il''X\q
h^-$&7%wg&)0:bcz>]`(Q@vm~LN\UH$xUeQ/J~G?E-2f">|jh0O)JLrhlRyy[RTo8j$Xv5";
#Y+ucMi_2eG%Kk.X/T\ s-c`d%.G'7[q8|3NAdfgty/`{5vE.YV,n?d&nfwjI$=#{XiQbENM
&Jzy2=.N4k)5>9|=gK0!~)paUQkZOXw(5FgReJrt%Xl,buK\|]WDLx6q7A=KY28G'.fTaRYI
=$s6^{~@ntB9n^)@f(2]c!Cg8\ye$Gr,us,.mv%;y8D/vQczOIL)3&G0GHWsYB"QLgE${`a5
7F$&E.1$g76i&G~{;O[]ra%=&nLr(z%Af<8RWw2xTf8{8*+^xjT4#RZ!qkMJ 3|0qn5BTO3N
oFX$KTV8}h$'NKEFRbs`(vLga)w,rJ(%c">L{mOQ0t}WcgXekFI{^LstHVI`%QFY-bvdz[I:
j\B|]t5LD+=\2{t|RNn4rEq)HDQ+>){FdL"Z9]lVAsXGQ|Gd6yl0#i\L/zg&DMJ6Pl-,3]YV
2>6y,F:7jz#4HXR<^a+t~Y\Ri6B_E&-`@DDmw+%Lk&'o%J162m~!:2#S~t9r<8,^K?$LLb|g
Tl'E6D+-3%K28CpURXbBe@O(Ly`poTEbYOKQwl XyT&cN$8Ccn/S<P}</7N0E%]() OC|^D'
>wj1-?,S?g%nr<SDb5_skhTI?d@+PZJ7+Go#Kj+3hzuzcV;vH!!"FOx,\h"yKf6&.5$Pn>!g
AV)M*d>J-CH:|%rJM{7!8pc\jyI|;_@B-w-gg?kg`Tois2av]EZa3Ib+O/A,Cp>gKV[_w&h_
!L>9V,f)U<x!+g@Nm;FK$u\O#.(<(m6=_+o+y#;;3bVj$p,g<CeTc^B8B>or"JmR 9\MX~pk
Qg 3Vz8sYyJt)HaNF)kPfjgkra#%d;Ms<Dosjbus=cAHBp&MLE"`(Z:S~0+6|-A^!Uv@I=R0
}QT(Eu<pMxFj(Yv]V/3}(T5FSc2*@eIMgo~UQOST7Ic s/)SPO;Z8/<rn`[3v=ngD7X%9h:
#f+S_@$!-. HwW<pr.\?-,MJB-}u9N) h;TEGuyo(1 NW+VEfpGOKJ Oh>C+gX40 Ph1bm+}
7;]KZc]M_G(K7p&;(^-hw>G%WKTI/%(J1,^__8VJ<[HS?x[#AjS K=be&9PFwrEog*}nS@~y
Xp@ja=,=ZSpehli>hqX5_dzH9`D$'{l0_.#*!v~9v/8uS|o3(ZF|,F8sUa)m+p&^oSpVM.+,
n&5`W4U<(2#T+hZ+J]J>W-4{)8F?=!,~L@ggvoyveETRS2l]VRoe)KMw%.C8&,?kZY:\s$|$
<+Nh?p!;f9AljnyG&*A1qEk8BC8}o W7qfI;.)[fbHkA%t+okR*ql_0v_#*7o&;kd2h^#MY
:qP#D-{&H^Wks27rLhz1V!5Q,h?C=TGOBs$B-`|OZX8"H2r]TL-Tm(+^thfBWyXO(%tT51fs
WW%v1@~]Q>6g:\?g_d7eq5kXibfFIY=d;*obh1<Joo@U~4TeHB0%YR8h!p!E42M2a-w:W6h

Friday, December 16

2017 Sat 2018 Sun 2019 Mon 2020 Wed

7RWl+6izMf{QiMV.|"_D4f^9PLZ>LIdIWEu]x=Ktl[3`<Xl?PuCK30>Y1D5+$j[CGk*>_a3X
9,<T4Qcmlj<o9bzzbJ|<w{xLv!@@MXVd+]tC#Gi]1Z3eM@UsWBhZQwkLB7"$:299qe%;\z~
00pUK~gzQR!1m][:.}.;`||6J_\]agg0$R.][Q$lNAq+P&<&Sp=)v*'\?KfNSAGP2d` [JlC
X"p-!M[q*n;]lkpsu}`#J6-dM gNG&7&[sTVikW'0ubQQm/2&_jZKkq>43/:B1F<dnbaK-qE
;h!RF4N?T=EO}J-Pfth]4,I#;NSCpcA|4A)ptRv}yKmI !lX|L*PH:GXG(D?yH&@&Sh=)Cr+
B>y.nf]<1MCK\L.^'\8,TCP)B&-r:$cNL|37gK&:lOD~qSVQ?9.>4V15"}g\%UKfZ{\/wD$z
2gkY-x,wyyrj3 o`1koln?er@,&,SQuyn>5V3v_?(A+dc.Eo+%u_u"((~JiEHNyz|$xt}a\;
qLVHst;UV@]-jT~y{[N`wjbaYhDuqKt1RxHOEW%'BMwOADD97yg-LJ-vIgc1N&Gs@Lt T_tx
>nLKw3Rk@mjW*] dc1VqD0gSA]vD~"->r?Vh'-NX2Z &`Dmkp8Ch45@1FU$JXhsf5,@Ex1'9
.*?e5zT@5YaJ_K[OMB>/<F7ovYVc@4m/(z8bO@+q@xG1p6o(q~HymvPA"T+6&G:p(K+&1<G
6Zm)InuxnG|Xf9ur~Q.Oc>-[!r3R=v:Lr_ `yqYN>y$j]ipcv1X<*0:2wu0u(uCvberKK\Iz
7EIA#*8msqbAE])Y*>$s,]V?ti~eF}*iRxiiH$q+% K37%HL9<'pKvBc&Rd2i2n.TuEOH+44
)^b2CV+C(67]ZK["snXYeGl!/>I#9,A-g6IBI0m>DU(8:l9NYp2tBLp.z#3H>nos#:-gs7St
$!\jln'Y.pV2Ff&><_G#ab3]^9$A5noS9#$HQy"m>xva~f_^'k</e|gQ70/g3j\W!>rgD_k5
*#dpC>!(/$VQ9Ev PRH&}@/Kdk>lE?+Pt*VeC"b=!b}nx["39zy1PK/=.C<Mj?&PXcIvSoH
8${,{"59M[Fejne:v114N-g@M8UC)dAMOWok}xxT2jEb5N|2{8y;{AW_LQM1bHcK/ 4=OT!q
yB{wV[?fEA,V3unCLh0T^[r_evRY]f?1z4b$].baZzL.p}|1q&Ad#CM3AO^2>(},1>iXuq/E
<,h;gLg&5Y)U:I@g2ZkT>H\;dx2=JSy$ v8rw B<x?m4oG?pMc!]Q;=#|vB%Me>y-}Cs \98
['zN*Cx=D_`D_Hd^ft=..)6b3= /9U2[ZP_yqQ<hkDtw1mZ6<\2!1i{Y[<9/)Hm0fOTX(Hbd
y7LK+,vw< kw:y}Rm~:b&a40vBJ`)GX\7tAb9.@g0aKfN-+Mz2&[E[l;kpMY\rd[-on@aZYQ
P$^*j4~vj!EzHL8A{Mk8#eY-#><gMyVH)bGYv#hxuu+@)teyaD7rwEs*oKe?0:T{d@J1diSM
*}cqR%z%@]+Z@%P[c`w21:zIQOUC!bk+U}>3_Ft[C$!H9K\zd"bn%rFa1vAiHq9v=X3<Liuq
Gwbw>~ouow~(chdxGEO[OK,k_Qvp2(HpbC4:CFak<y.X>z_CXHQ%Yn@%xV#FB8t8sEz/Bch
b'u#Trfu,Kkj`1UrULJ83r+v]ARndB~JELdKjf|IP{Yvq+K:v9Ex)k|RttC(a8 S`{j[- H6
ud:ccoQJ{_N5,.ZAX2EAWV)BUYgw%t]$'M'[j@K)V8q)$ J(z(2JlCBmmy*6GjI&JI!FsBf;
BLVAi436(>Z9{8!\eg,Eff n8%Vo/$hR+};eZDh>9m,?rU7^UD*D:`G"D4VxfD*p{X.:U^#&
B %QRG~9]q49- _i!+R-G9DW#TSwaZN%x,wSoAH'~TgDWr.wGnuC6'z~L!$dl>5LfmY&76}@
t9.'@7H@@\FN4$X)`0NpEre.a(!LR3x!60r1MT!V{ds9)P+ak9TU}p9ia U(L3u*?,zQ4pO
fM,r!Ue$WY>CJT+D*Nv6@W6Z4/ndwRk[T`&;5wFY:{u"}u5ra$"g6M><3T)Iv0^?kN|I9Ylo
:(GWBK#I(SjF@+8PJ"HsCQ~jY4HXCxHqB875`.6cn~'lwo>zX9 8yz|mY_jz.4)6iZFj,y)%
_#*iTXyI'N<6. 7<W,Oi<KepUallgm.q?8aoIz41[uh}B7A H3WPtqD:[h(&!S |dOtz>j&;
,.[0HUxIDabJ17%@x#ZqmgZ)6p%ElioTmd3iOUTQW7M2mHNPAu/`4,Ca{iK"#-1_CC@H.1 e
OJ=XOq&8enHJx{yh|u7=U3H5b<dbN)SS=i%i7Xr7EMbubBTpW/%z68sK+@(HF11<g"9KAecj
Gt'Z|vn[:$U'~u#97_!k(8ldJq??FBfNT7wlgmstyBra7yi'cuYDd)<-h'!9rK0rHF?!tZoa
-U/;IgP$M,Y:\VP$WUe0c7G7mw-&gwLs&&I]&k)%_Q{7zqi?Pf\M*uPl(].L^^[b26&^'"m3
N]xD}uSEevbzcT+^R;K t+\1>p''Qj!ZS^Dh^7EFDBoM#sPRjJ>FX}w5? pbw$dj|N>P*~_=
<^(5uTP<)U+fX7^X\>YwG[kFYfq;"hZei28o?[U;vsMko7Y[v\}rQe|==!CzR=usR'3g"[?s
@W{Jr*2\[v1\Kj[4ZI{]LG1;Ys'y~GX2M>9U2fa~:yODE?9T1!$I.?v?9;,dXz<]>e#KbY`#
7"s]KhY73bL@gokV5[-Wd'/io>+d5M0=gpf[(QifDy^'gD(G](<}1s<_@63vV;gZQ@4zI6Gt
'6R(bBzm%Vf{t{wnrYl-q895.dn1+}p"jD{n^?zU E 1GV[^@5G62b+KUvaNN/Rj4g5}',V[

Saturday, December 17

2017 Sun 2018 Mon 2019 Tue 2020 Thu

r?{`GG4Rb`fW(kgy?xP^&Hthmo';snrw/gba:z{l!*rob}{ qmkh@z.Fav+F/f'z"(m*i~2S
.<j}aCTx}%B@s:f(V}6kB,dK+l9;]_]F"_CO<8U"~E&C p88T&X8'aF37:/vNYpH""2i:?(Q
9n"mp)sf.Y<FyHd{=_sz PKHk;PK@kI(&0mI'p'#1a#=_uINCJW8qb?r(a|%?]!rcn[[`mg9
{VJ@q0/l+={u~YO.A`aXRRSfcAr1XxBeGmg@"3A%Fv|<e5&d{[z;5BYR]7bP\6t-"UHyn-f
{XqwrB^VJPLk`[RkoE6[rYE"GIUFtmY,ij"f1^U| tvw`Vq4?<9-0X/3&AfQ_NeM/w|Shd;9
<H$0<%8*s8IJ_41O:G?upWSvgC!N#f3QxB/0S^&D;gj52-4poY/}[p]ot]G-{O*`[Q+[$=7E
VByd4l`<tLMvTw;a_!3W^mqs-)-+(;&*kY||>;4kjs32W)Y3Axt@TB,9|F8Bq.OSB!SYU_hv
ai:s:k@g.I6M`~/b>0!f<#2"}0zll=>~3F\-L;*M_y=cZno#vS6er!{?$ycBS,#/[93d1@@#
D8pGQabRn4A2y:}*CC/j7m&6;,d_vwHq+.0i*'4*F3}U2]b1QE;~i6e!G(}Fzzom]i"E=9YV
$Sn7m;+Gh;a|V[co->m'J3<?Uvj4wxxnqG1/7^(2,K"hlZu3>Pq=v h!j5C2L__|os!Ab,gf
GUD|(!J9|B}6#!5Sqr7op87e^pC29fr55*II2&h}wCi+Dg4hG}_Bx[y}7y=+"lU|{WWK*jna
/(a`J>jWI@{EYazmHjc<f96\(]]##V*CE"k%1Z>[LdQ4/j0rYJZE*9?&zmO: 4BMz#OF\L*3
Vg>Po9$fH45E0z,oJoB%{%oF7UBE"/|adf]U0GJ\z}N=rvn!_Q-o[@2[8_;/l\d| =NH_Yg|
x-C12#QS'!pRt%eqi0S_=xm8L9zE(V6~pB?6m(<-JFi-0+%1e PtKa9m.C`9nMdhDz? {}'m
_FVIv?='|@-6*QG@~"Pg?Ui:?i=upEBUwQ~0nk/f/&#4R.t!Zn_11V.+YR^g([;l^OAe07'L
WsjEKaeoBYd/]&'+>G<knO>uyh()|I]Ae7bC?dn,d%SwS|d$m'&<mD7u!#952|,U9z<g:J![
vwje$YcoS"k*`xpycR9l6M|V>SGO5UHj(KGSmt#ct_"liF|{ *}[E|~-CBrzrt"Ya"~pzIn>
"Pjh!G o&OK,?0Po}U2Q6Gpx-5>>M2KXr~5;(:'HKKYrXN+fIm1P>BM.SGh~$`r82%3BhqE6
j_SpiL00512#znG=dSJ{jfFIcJ=(~g.+Ze{4+/Hn_,0ASCx]5aYz(vMqQN#$L#}WkShsoAyH
I!|byue2~Kyb!a,L3\aB3bN#Xm3;7=MZPO6cVNHQ}>`>FGC`qF"|d*k0#O,hF^m:d79mmj-F
>nAO7]0cfPO!BX`dZ7G`l4':Q[A%ROq*/Jw3`JFw#BG_#lv l\L>#.@/YFV%hj5IB?+qVN*$
+k3Y9WtPd\;s<;"o=mO&df'YS3[vM_]b$![Qi<- $NuK3T'AFTH=55jGK##j1gx4hg?iXci:
`q}{,eaCfNpe9RH/?Wvyc<Va%H.i@kQCuae-~{u~P1#uF4"K=TM$t3E+uc#ttbO_]Ye89$>2
XyVK<cdSM3memp~Kb+q` 7qQ6:E0%4G4'GJq1^w-e.JLoftBU.H%XF!n` 6\+m_uro_SXE+"
+a2lGYa7Jf9wrxK^{mn4waZJ`P1YA)lk8\'2kYuU140/8o^O(gl|aU]*xeg:d~8x >QyHB->
,RbOpW,C}K$^<PDrN`\YPDtz(3H+IAA5."[KQ!lIs=; .9n*AV%RDADEQ?hMw3 Uc~x)seCl
3-[QG Y<9a'~7|X%G`L27s}aLKK[Ks.I8r!>^YyjV$1[(G,`A*.l1&KJ`>W\"$-dva')nH)2
Ravfp>b$67jBGKyF<t+&)U!7Bv^*A`vP`!I/Sje,6:AMakl'oqHc5VqP98hj2K_P2?403 w,
8F }'%t5wejg\I/1d5((eegMMf17oB(_,uh&M$G&_>HZ{f\L1UO,@]C58}x%2H5PnU{L4&fN
+XG$b7P5T.ULL|J)CiU9'*u4/:=>;1Im6_"kD^TK*B[@P=Sv-W5}m.rDbx/e^m.%5\{fvD8
bimk(ogli($ra5Ch!@mId*-B@sNu@l1C\9zQ132PG.S~=V+MTRP UYW<x/:t"panbC|xZuKR
BX#dI>IfLCV\YzV(GzJdL#nog`Z\n/_6Rt/k\hiNq>&B.s%p>&s6v8r/r]B% _k,AN*fN.
le2%&25>@jJ.{vsX+d~C Ul;,%uP54^/>t]SeR14fzwXvh~*9}X@5.p[6,S[o<eKq]4sw[f6
cF}K71)AkS%Ud{wUD{QSA.Sx*3O`U%}78$`vm,wOJ4p"$|F`%'wLv8Gt%YT^.QvhjVRf]kTC
h2H,~gV5RJ-2<#dOR%ZK7''eD9xzo4S_t }{bLKT)6@lu\o{.b`?Y8'Oos>ozT4@U\NG@0j)
)XIQ :)_Mk*?t.~E@c;mL&&:\4J']$V~NOuyVUDo-yUh ??e.bVWmI<a5bJc$A7@z|H2^nS
|=pg!m1Yr;n"%j1*I~:SvW7%5~&0.p_?\M3GhJnXib5xQ\ah{pFuuAv6/Re*w9P.Neuv|vgd
bMXmy,h[vldps%O%Hu1S^p{?rZ&i|Y=~*j^.Fr/<4SK_}jI"CL\5NC^'B[?w e&sdeD3aMg)
@|D ?jY$_F{5+\4)i+5_~Uk9C_BqJ;RgMYj8g"IZ<rv/i3"N8lRk+20#! 0W#l> Qjd&)<8$
2/(1;EnbN3!?IUD`m`hu9`[C*#of8xr9iv6![RE#79^Bv98+dDx;+XmXwHA\ 0`z~\T"V}5x

2017 Mon 2018 Tue 2019 Wed 2020 Fri

Sunday, December 18

5 CJUtgCsK&5I^:sM3R_/rA'40J"tG2dZU_Kdu#BpK1\vDG'}jUC8^5l`'H`Wjo^;%sygXtO
z3<XJHQdkmO!I/0(ZOO5nY+7~%lXzzR,G$A^qKtr/o4gABx?<*eGhC1k!dRxUpO7LoD@`=xP
ZC'}+Y#n.9d!a!^|\(`Hxyf>x|}ESWz)G]y^>QF]V+8dR$[vXD;b>6$<>!fi]m>"j[pZ5B9j
?iQ,v~5f@#!+j4QP\ooq2'"Of=\+Zncxp{XdC%;I!'&H?i'T1oQYDGN9W(p@^61lOWDL63\
z0Fe=8]=jj,p<;z^JL.hxY4TZ D<XwIY"&05;UTP,GdJ@T*BvIF#>:0x}+OpN&,S:I}y{}PM
\D\Jp.8N5~/7LJswXa0t(,_&~xT[n;BN+spiz1f#G@XFdF/JFi*N3ndonDYhsD%h?Z[_!KyR
64{LSX6EieI{C6!E;h8OgLM1^Ll]b!5)ujl_&Sn;;yOHuI2nx b~D9:jleONz%<i5T0!#{*>
-J/M4"=t;0R<Rb3kWI:N\%/Q!u#->{gS;m(IFex&w/6d#qZK{P&t?C%T/Jwg0kc{.-t80lG_
=vjR}DAbZh/yzH}o,u2y_^T:=Qj6VniYDV1f_b<b*ILL5MNM#vSP/ngeH_.AGfBva<?cSX35
pv R`m0H&8`P1)7yFc&<B=kx_GW9tKv1)ws^2-QwO^"f7aJ4RajJxip{3oEqE:PwZ,>#]i++
s8rfP'W_Ebv3 _pJWf,i>WFFH|EO]&o{>G+oRO4iu 'aq8*%M4VTt^.FC!bd2,\<67?JX4Q{
9s76$vw[3wX!]~s}6zms3YJ![#9nl;<OB]D?pl[7xsS;YY~I2T=^[3Kpm4&?=[h>&`G=VwtY
LQvV g?n[Rx@-p93Uv@6U#MY,J=3"hxIU'V;1ljD,<t\!7K>'2BlhH^d@ZAL{A]R(DTyZcWx
a-B|aW%yQWJI/1]KF%~>0FRpgbS,O?3E?Ui-hW'y~klW;1"n"uWZ.h3d4@_ZK|'cdYo5Ir%+
y'/UgV./8vkVM|I87aw4@p7r|MuoRSG!Y7TC-4rIb5J}@IO#LfElX?<LLbV&7@nO6R6z?uGK
XCfo~a:s>YRq/X&c$?`Ac'f w8m~w oJ,\A# \11 :}:vd=T~.*|!W`2@\]<$~.<5LQW>3U6
j`^BwD-xl"1Qab>,Y=E5q~}tl=8Sx5~-:B>YU8Q"\!+Itn8B3`2eBw@NVF-<<ZsRmByN/p}K
A^t'B'{wj"he)PQ*I"fEwd !:,mvIl]UyY$S'R(@KOpK;=L*YV)uA=M7s">Q39Z9&t\K#M2
MWDwFqZxf]w+M<y `9.]HiS?\&<rM?%"2F0@_e.W>Z4Dwnb$~ke1)8XQk2nG>3B#uyC5aBh1
;IY>r ^JOBpWjjnZWw7{<$/T/8eg:#.oRYnon|TRZx4czX.;6RSceY@VdqkL^)/LUzwb(7:9
eCNfuN:N XdejiM#&:zJd)b+0#]<fK@j&B|5<-D"5mb^hy$Ygk13ELzNdvyIuJ$2FK*'2oY.
8DvyUJqu?J*K5oK`Zqr3^)\;"X|1J)y*"md(CbF+*nB?D7F]B,v,(_n>D/"yM*8E6~qHANKq
2O*@DkS=Jpv(2;Nc}(ndN`C$'^q#}vzJDJNFCA^?{bzxK<2` -a:+(E{D5XM0R%F6;/8LL>'
Q0bohaWplS/nn+0mDT5(ROiNQ\n:1Y,4De:~+-'v2BzP'bKvYFcJ%ipeM$"*#8SV3\9/shEr
C)`=B{Z+DS5)C}*!{v2G?ob`H$E`>]BBtLo4#qr{uO,eo-`AWC'=|6;+aY;B1\:3#"= 7FUr
(fwavw^m)'g`au=_]Z[s+Sk=C}ek/Az2ZseA,D+P*x@BQ-yqZ?h#Pl(GR|^d`>8wpSD/G Q
mH.-cRDl9#g$-OhZUEQ84]KZ2+78%db5{nA@.IpBTZ'>RP$h|K/EFyvS!y^yq3"NrT>ePcm[
DGwi=Rq @|}>MC(l!"mjy{hUQR^:pwE9}Er;+f+r%~)mn(G8Hc?1`a R*5?y^Z/hH0@Or=lY
#VeSN k\x$PREPKV1Z5CIjQ<(q"A$<fj?4JkdX,$i|H3VmBRV7(FUO> <!O,z9oE["1Jz(p6
GVh.5@Mj@/fS@Z/A=5qOcI0.1O(C!rY,2MW3dobs9l{,&}Bz11LYsHnb(\:v0M(eiX%EhI.0
`?'n9R'Xia[!q9iM7z;3\{-Q+0 X97~ KI_,%)^hBmA%=N^g+L0ZN*PNK8{K}Yp>mDo`)pK
7kj&GRZE_9;4<sT)+o`.+>{fV.9ZykK9-v2{nvUg iAU~`Jxf&Z=VXmVI bY$AyQ9F6x7L,Z
#L#0 7"_$QS>cfWNGweB|b=1-fU@G$p/r[3KBH,<45'2-?8Q|aDJ*!S"T+'%)}l3<\$X;{oZ
In-6i?|S;eK3+.5LYrbX}iNYs`|(Fpq&cd'$Z4&\h<$_Gj./I}+$%!<g9J/:I>y5eXOJ^[qF
:EX-xAG7OhC(Nuy:+vabziZ+%KPg.!"9{6w}bf^Wo})9CPy&pfoFtBVAYP'Z]MKmy0dp1)(S
D:aAmF/po]J1OO-qf`Yl`x?THYn+/*>)[^/4Z{a*rh:K=u[7[O@`M'5)=lL'u N0v-s6;giP
X_`LZLNu\QS\\A2zbJUzIz.@mbDdyN:Y486}6aQ6Dgb6oK_tn/[n@2-ysS.H+Nm%dGDpUcNf
UpZ.5$q3yuYkyx/aQ&Q2W%o+J*DOQ{z"K}8UW!IoDa].yp?[t.FXUMbI;ZDbQlNX2e`*a"?T
^_^:|u$&;?j0GJqN%hwNr!J0j@m*+l+j4,-MltV(d1ur hg\S[5`0]^XL% YO-oy}P+DNX@h
KKU8[3?>rA=\ng K.P|"+88u]2etiO~j^QI[(xXyx@'aPW_DnbX0l;3S4*k=C::g~",FJQM#

2017 Tue 2018 Wed 2019 Thu 2020 Sat

Monday, December 19

gO {$Onvt=ajpt5:A|je7#^yUeeL:KG@L5YNN!/GMdvKBNi^ewm&j/a\xUD~u17]~d9yDm[G
l%=D;o}1{1+hGIFG)s;GTA@-5|H}`Mb2Xgjh8QA8>27kjCuT5i`[.cQwr^MGDRx1{ikMjUdx
798)hOCnb`U:zpChyupsXh'H(""Af3mZ.gseFRuPV`)V<u!b>#J"&`__V5&{o((iL3%"i:In
w_0Jn|'wm&\&e,p?j_K0}L\ed+7%#E<>HL/p9fAm.SXe!VcVwXLr$e6!hZGgQC9s|^+P2\N*
N#Hh{Zq)zRzcEpM$Sj<|5<H"nZVLA&\ pn],U^_@G[a`7.!1s[Ep{v\"uH{Qkv5zH9@39NsG
VX:(wNc4_."+a"n(TsSw)_>"tWne>3]=r?9MLP}U\)8H8uPG<[Emq_&nFt@&~3C 9I]w|WrD
~qPlR!1/zfs7fYGko64aW(a%P&%Q/QM^!!pH]qassQ$w&,EKj.AMtNlD0oy0QDr,R@,N=rK+
C-egobCT(%_y+.n''2`naB3w+w<IO}`0?Ob4kaoBZ=TCJ.'K}r]kb;L>^,5HnD~UF C+fP';
QNnQ)KkuJ@+2B6MO~w.tZTj5xaNb)u:Jen!_el!PWhp1*P00.$7Eos538]MYe^9dE8esLfq-
3=/~![g=3aWcnz<a[/ghJHs$FTD:X-@>HVVuceLFjWJVsZF%`Re96txZGZwMYLNeIHz'lGAa
j^"l+1bVso"M=7g#JGY/ar2l]7D%T%l:};:wp[oGH*.z{~L)Eg!!ZEyl't+I\z3CXS\7$12O
]q.}g#,a{%Cb(V48ay0:D,l:Wt[0x65hjt6aahyJpy_Q}_@Em^#ePl][s&lAy=\5|Zv=5g
D40#[3qkvd=5{ertO':WP#i)S YnCNW_)wZHX%60)AakaDJ."lOyNWZC*p^B7AU[y]DY$e*9
7;b,etHwn2Oi.E61)"W|2`QN:rlK{93>M9EDbEr\<eaF-q%U=4EjBwiotn}nK>G3jU}#az[a
Mt':[}i`SgRaQy4`xI}@hjqRL#giC8Sxs:2s2+;)->A0D=K8L(crrm#)Vn{pKDhoE(.g`Ip
GZW:L`#o@"-Y=4Q!CP]Qy9U2aI##)?_99)4~ov79\MSD?re%{wk^k[(+1#>cn6|-E(I6rxRM
NT4+t4!ZtYW-3<q A(#m(o}UwR!fN_jn^h6?!a80Z~(R[Mrkv)V*{:_lW.%:#!kVPVMsvZ]O
88gP'>u<|{i+eF&!#C6bY1{`m(-gJy0p%GYAh8}OG?flk_VFT^;`G`R-nU(,2NC@\65ch|4_
axaP5G}mO$6Hy-eJ=J3MC*;m\4#-744sgB,~Y:(v]Fg,[=ld"7)9,uU;UM+Xbg/p,VLQ?dGa
;o1mo=xB BIELn=x%4qZa,j5)Y^nl:]H%~Gd?j=-qJl"ukpr/=U0~+:EM<Dx&SS<Zcp&b&s7
f`T,A!X^wYkV%8|r_]&7myjM2^$@5;B<@ko'FK<MK6vBBYgX:f~`2gQ$3cUxF}NYvZ@@j,+^
Od]rxzv36|g3w- :l|10`x,1@s+;*"beDwvyh0~p-|t}a[6*^3C^lsY>(RBPe>$UAVwisp)"
~QA6:61[86wa2C>kQp>)7uW=G0A$f9#oQ&{C-&W:S8=Q6f"]}-9Lv@=BwAjnPhPVwu;\rvcA
Vf&Rd]|X4~vv!:v^.{y)-BsM\bl&[g@tE(k70x{#HYtSP{])1=gcz>tz9b$C<7>$-xHu6z~[
o[\ -(z%N&ZTs4x&wr<Ov&Jn^Vy@\mOg; meUaD8/lqXL`Ixo1-78i+p,YJzI]r1I%;6m?-{
5c`!;/+krG&P8i6`;&@/BHWLZ5pwij+atm=/}E4C0X'&&*~n4<!I=dy3+hB:=XbC;}P0nWQj
B,?S`JiyyPs`B'1F|{bgj;DD=\h`v:FYzn4:e.Jri&T*b]0Kqfseo{.XW!|D)[D2v}*Gc*D_
|KzeDj.px6V*u){-u'`W|NS7K9k'bONVmzx/z24+YV9/Zu)@r7*M>ex9.MJH7abC@pS&gxL
KX+4+% Yolwpbw&#=p41Zrlt9JP9LwTy3cOuJB&iVSr,1s $#5Hd#,O0m!{.%9!'ly*|&,K
t@Y%:75]`E7:KZGJz$-H)23p;mo~CCq40(a'> O6+;]|"99vh a*[nWL8'OJ!r>C&z$Fs`t*
712!;>S0/h^EJG1g[t">'k|_j9+4W^AJtO|!0n4%}i@" a0:pzJtoK=C0fw?_{`I\:'9F?Y^
|0ciP,O}`K"*rKJx6HmsRUwpwct{AMC9FQO#Rq2@M9ai7=u})^Z3B}TN}PYm.:ljj8<H=OB
YF`9V+X#E~%zHLr{b2JJhK0|0%^-Z*^./rb9x.&4$W;H=E9<S/SVN0kp?a?y: ye9"BE*!$,
Ix%l.A,k^R[!7gZ-Y[7Z5#}5ab+4B&hzR]VP!A<(w4[`R1~'\iE/"rMTbDZQl=:q_r1~:lq{
;'+(z3);5&$M/C`G,G9i@>[U6oxc/Wz? ~b=f_*&l7@P6;7pyLh]$9&~I~<:U@af+v)4+{s@
:d&{f1sj5_~)wIgC'>*)n|z<&c|^"@+ArjxoC,p+C:xFs+SScK_%%rm5RPE<+#'!_*N}0QnD
ee[QRxdh%*X<h,Yj6F]]SRQ-"QRhW7S.H,FmEzoK}>~f:v59@~|RC'&!lR7&EH8=3|o'3pk>
TXn9l/^H*|{-pJCa@Bnw_"s2i#/pRklpC?BjbKY~V@S?|nLPucfjuk BeL?e:/HiFExxJaGl
HY,,-0Q\S6$N0/`ny]a3{1AdDCEO'E HGvU+8X(?uk32O+~s},?8.r>(8(s&T)@4<A5SG<]d
Y`vfi&Kv_K|me5r]{wRM2+[i=B|<Mo33)`#Wq~Z~!wX(`fZ*% Ds~8y" po#p -T" M}D1"&

Tuesday, December 20

2017 Wed 2018 Thu 2019 Fri 2020 Sun

| -bIFlCTE1(Rb5=whaJKxhI<'usn[3~p6}M}K#%vBnthQwI5~&UcLhdT(AZmYD}J8{G,|3Y
9Q8g3NCf;6>|>ijll{ge |&m61"ST1].v\DuuU?P](V}DNP$I39Q1*8J<mNW5v*U+LX6x;Ke
lE=y9HTPt5 zYosidW=k1$3G/jzduU4oLCs`vj^z=PU[EiS_84t1{}Ls:&mpCsD/Bjm!g86Y
eqzux}zP%<@_0;>"-Jaw{DDv_n1;De?NlRu)&CCcaO'ibZsrm`c6);x];f7N(3kV)g3E`]ew
2M0t`xsqK2Kz$9^mwEi)/FxXJz|+>Ot&;H.3kn5Z2swTF1ry+h%At]jD{):/"B$N&NyVKR:
;?^0f$_OZS~=#:CX?U'W7.2uP3tEK=% 1I8T.{AjtGTq^<A70{L$GGzvwHR|s(g\Nu}aGhpj
70To]4Fs0?Xi]>t0YCs{leB!`}9w4jbU"fwh|ng@AcP7{>(lxB8al,D8R)4kW}{4sT/3_BL$
VuC|Sm$Ec*y7{(`\MpJbs~>7?72%} ANy9%wfE(8/g,NS^Lc]J)_o!.JKQ2jnx9*La8io=>A
mQf"Ya6EkM&$W/'Y~6H:#SH#LZrs6^p@OX*5E&?o&C=W]5-&QDpX>uCPFB3Vs#1c#Lf;V't&
g5T5%/Jb[3NZkpAW6BDu|('2qC?)by{iaqf11P|?$[[lIG0|eE`XA7Z*FoE3Q!,\J5>VhkkT
lD~]f7RaxYZ5M9-ccqt$2h9k.aps\MO9[;!qMuRPuZ*sJvZG<nWM)v_,,'f_SY4MH4#Fy{sy
<@HC\7.pW1yuMN$)R*u5>hW{n8NmEW3|;MCn8?:;0o9R ?] >t-abYo/(]lTZ,5{|+[yFR%
&#o;=6cXNdA9qqUlph<' /xW"rR/xEe5'-M;zz}?C~o_Q 2i7}:3G]4+!(ucs#~,t|>Y.aI8
fh%\d[wh(T_KNz`|0&G-/8@pNhHlcRQ0g5{:EQPRV*cK@4"@Oq[gUdSx_+^I]Y;u}Wb\m%YU
}/@%/=l%~gwD':/qgk:2t K#ZV-(:K'"i!0Z]e]7&EAY(&jK(`3pe*iCf<E\RC8o}a:U"^MW
Ff@Pp~~Uo*I:HzXBCD$9.ie4yR~[*8[SkE1iXgsaW =C]<+*hpUxdygyvy7+\UP9kXHQB=nH
|70WSE+$Y6.~@T6GGM{z5]~'K{ lQ}/25xiXgUx8=IF262^/=C~uD'!B3URb-`b_*lpknG:U
@KCP@\Pd'D%bU\pPoq(XhCSILb7SiiZ%(wP-)%VRc c|a_P+}h^Z]]&F&5BN%W("<,Ln.JKp
DeCGu+bZe&:ltaG 9a=ym!r?c;*kVK-&TE@:I-|{n2))@J*Nl`9L'U,RCp*PEgqgH.uFr&
$SGo:Eq*T1:d"f=Kd%x#$8ZM<|{0~%@-k_4H@Psq=S \2DipmdDsif`<Krz(L5`)fFd9'L~F
nFYma}.OX+J]yGhf1+WA]\SoY,TFZ8:6[#7IA(P'L(*\Ors<nQ#^jCfhjoWF3YC]R-x-|\XA
[US+/URqg!HKQ,L_6~[Ic${140)Uu_*Rwnj(18|\[d3t>@WUw3zR2h~:a7.Xcx)H\=l DqrT
0G0Sl,;3`f31e\|6#Mm&[1.<IqBz^BA.Yoa6.X90F#/yE`})>h=R&6>T{A2I37\KTq"p."hi
#vB=#kyc&]qbF:l8,0SP=|RtdLD}.G'K:Rf{/0N&>i`m5B]&Ny,^T.4ZV> ~Xn3nMK8)TH$j
O[Zj[iba(id=l.^#`D&esU:d^S/<"XJ0kzlI$F@+_!{KwC]"*cW6w(jPX fz/`nwXb|:4##X
-f_Mg0$&H!Zt]x5cY[gMU/eIJ%H9\vd6gtpzCSw5%/1jt#bJ~U\g-Z1x[?@l;ody3X>8$AI*
nRHCCEPJ\?\`|XFBK %9^t=}E^6%R-2SpvCPq6NKzjHLl&9XyTc3'BWuJ[1Ulw"'zU)8T9R'
jBhMm{DFfdRk&/$<K{!J/lEK!2+D[<x` ZEht@HTw-c&/*{IsedJ0XR\NAw2[)1f qk/@+G1
d"(Qi1gnoJ^9n{9sADveuV/i&!Z70N}%wcbNW)LX(A;+&KCs?e2>6f@J[}/7*[{GV._$U3WG
/)v dI_+O"Gj>v`@M<|Oox}\j]A3#*1j-jbOXAM$&@TPsSt>$LX9I]c-T]w_8x}m>"[v3uM2
xYR#mrMApnh!a-zWIt(yT,90gd3Wf*-Qr<?8o'?c6*#$,R=)KrxeL?q 3i5h4IMjwclR*RH.
^4h!Q &{*F!KK9huTV>Z[qf3xNOtsZNC<j<<Du:5V;D^L;,m"q7Srw`!5E&ip]=<0pRh3jv&
rQKh%&j`q-*_w@aLO[GaLKcOp/'B<t\rT<l)&u$zB4d%xaV<xJk!0R@V]Ze?>?P,T'IU%rFW
LsXQ73Tx*]g?T~V2c|"vA~qA[c;ke;fFNB-|7YNrnMi*}X1$`m!y&7'Dgqoj?lKz%@{s|(k$
Fix#|U9#*w{JVv4u}M?5ka?M)&F]-#Y-Shwf5#/XRL>GVPbb'vCKd$ODtS95O +}9hohy)F{
V93Q~}qn{<;~>a2jJ1}N3|j9}Ce=cB*NvSQ%"QJGhTd%7hSQ[Ar5\RDk*Ql!E.%/?3l\rx7
c"VE)#2<u)eHF\SoPw2{C~5F]e3|<EX%ZF2_rql|4aJ*7kMmOr'hyWF\ql~yUcCqv_6zDomY
uvvLPtF&L'&3FgR8DZe>|F,Sx -c|i@{jpSOan\dhg_Nmh=rfV<latL{vAX*d#Jk_9Bd_}R/
hBLVm?QYeP9]ubc:|Pjrrgik@lOF26JzYwDX?>ukhx%k5FZ^BF2`/Hd[r^vDAuruQo :J Au
lKd~NI_NyncI~h\OGoUvaXUCtmNUu1~NHSq.SnP!@=r#N{s`5^By_&I/YzZhu#DL!2(o*CmE

Wednesday, December 21

2017 Thu 2018 Fri 2019 Sat 2020 Mon

Z*$/^U=hPNZ<-(vy9P7oS8["Sa{"0@ycPRt..Qjr(m;:|;-\s=Rm=7:|"P 0*yQ%6D19-pvY
zO*6f&3(^oKa1JBA8YYVNXZ>Tt vK~w3y(VmQ-cFs]*uT@~X">a4k-TOiR!R`Cen4/Ht;f^7
xQYuOOE=DcO;jw8ER6Y-*-i4+o<<85"f/m8%1'U+=2MMV\tia9E9#4Z%*>XgU:AxZu*VA=j
Bjn*&q;y53u=zl=_AVQGTq<;VJ@n.ui-3C;E|2,=[gda& j!"YHr4Ght%DeCCiwvph)g9=Q:
PGE%X[=c=/*d$=F)unah,U`ZQXMZ1HZ#P .VQfIaPNR>e%9b_cZTff@hyw]q\|WL^/NZo-<
Ky6RxHS&'SXvrPMMKy`-k(!Ds*2"mWZD M<M$-ga'9yb4nS/N2Z7L8xvomi8,WT#b6p]sty,
+@[ps;e+Jns;^|uPr8sR_X&;0Vq]^,u0.%@OTN*k$VN\7WE/<;rT?-:_PtbxU%UL|(xZ-WtN
M|"iKVS0w)<{5!;*gxtWb%#+-5GLWXiH3-W;wsls'y#\{[u8[*Um}ykTw\~U3(})g,CE8Ax9
0'Ht +;p]&~1xg}L_jI2sHyaFbS)s<B9(ySQ9i(hA<'l<?U^+m$yAvx-`-K#?7WKRV^*Rz*L
=a<2p;2!dCZiBW./SW&5K,OlSE-L1;Qrs`F:*6A1Lkdl-/GXAW0Zf3$mLl9^A@dGE}AQ,!/e
E3E3{W9AB.)r"b5xd\K~5I{a_*G3".$iT*#g&M5<qrV<#LZ;T,~Z4s#w.N0HRph: O=be!~7
cPc'_"}"?A<G.mR-42w[?44Jsvx6K-^Uja-/YPNyymDOf0(Z im`;ez@3&Y(tm;K1pNh mV:
~6rw.X8_|`z<eph0^h*BVxeYBWSY>ekKydv7@Xf[P0}QRhEXB.]!SwXy?zFnx4$MOju`ww>;
& 7US&*T 8^@Z'NnAN1#>?+;_=+v<s73*[%//Geu)3xHOc]zb\K_}@3 GyV;Wno8'M%\u,L
w6zlh'A*2'Q_.eW#t}-.G4at(`MOJcgU2dBAOizu&'_+-P<%@,>>S8\t\Cng^tOL" e{|{h,
xc{)0'\3n>Ds8W@_=[W.Y_VH%T,Ghh1>Y&Ny~V;q~`@4`(n_dQe<oq8\d|TjWct7QiP\n7_;
3!KLMAKO }Vj6|v,nUyW74XZ$J^PeV7B)!ig@.;>Na}xGBn-`peGU:UYV:z~t!8(|a[=%7&<
d/8Dh/F7pnH9h";Hj!R/.!\}<37%W'`E27IQH;cx<hQ!R$<4g_?Objy9.1X6o49EAzUYqj"L
#ARBMb:^@jKoJfE`FiJN9u*\LjB="Om~fE~H[Ff?vS:O St&xRl<6JVh {e23fL]!R @`K[q
LresM'*,zZJq{Js.@_AK[kn5yMk}<X4U/_$H,j*%f-aOgi8kAZ6Z_>N0WPxLpCdibr::tx:4
Xj*SW[JulZ,;iw1H}eJUn2:K3rY8b Q[8M0HJf~T:pm,~Yhsn&h)f\GLSqJIw^%jcugYMf`H
nV.phpE2hD4{7Vd"gCADK7RLQo|InO>R+TZMzKzG.sN[WEyv`9l<#3Xpa"|:,Pk%MlS*CeM|
ZcNGP4:OEaX>(ik[0rH{t2yYcVi\fGT}W.8h]?6d7yQ:HXiEK*SDeqh5KZVm&w]0kzFYlF+%
nIMOv6.]9azXZtC?kpWdR>hL$;*o5Mo!axt7cfK.vQ1xkTI`6Je+qDN_d3x=H87b'"Wb$Q|U
ZinI`5&c40!H>CBw+h_W^FniLMc61*>:DEnjrb458q1oQZ;@{4c{`0v"q0n'r6KuFqz3O\ab
l[}jZE(U]q@5d.KKTRI>BcZ+(Z1.Rf0XQl#tL[IZ-I~X5y@IE]}\3g+><ZqQcqb!|'c~IfWb
gj,R8nSu"=lL!cPcp@YJBf,Am&ZN_ZKWcj|CWdmz0|CClP4c\9"{n7x.1V.<$=% *t}>[,PB
oR3#4,p`$PCq?kx"S-iOD([8@5{fM2^)|ED<NzC-=\cqJ'i-,3V4o7W& m9i$u]Nn,!2bp
;f,FFz8PMyM8[>zx=ph"1{2Av2{a:IB`:t ^l?4WVfL|3n1,|j,_%|IE=NV(mF+K3$V/|=bA
JjM>)1 JA\US2$&#OIbxeA!x''Enktu:<]/_B7]-49NlB/S9YaK[<Hw/Hi'A&l^`bJ,R6`[Q
=y:Wf+Nn`|``3Pw<auEEnB7+Rn&X%h?kc~>)n%U)G]U%<6WC6:sp2dHI4EM8+@p&B-438'kz
Kf>Cn(g9z7}e*6sR;oMxW8Uh`k2(N5g= n\N~=kYe%rn_VvVwV^QTz_"2kmBfN2HH=gd$4p*
sp<IG L!6yq6;f'NSz{Q;{)qgBAmm*_]st=Mx9}M-C$C3F>66=8\GZ%uN$$@}DCO0q~+>tD/
bh =CkSskCq+D6%8@4|3[;v3GqJ%*/C=fO&w5$7T+zG@'bGWqQ Y[l]+CDw!xA2oM#iIuX(S
@Wj"_boFBuIL9lI+e%xmOn`VW&S+$2OE5"m2+"$c;C)}ZnbnWoH_W ;;o(hI#D7]=1oEdC]F
| @mMYHRoer4o0%fC>XX`#.gH"hE#'+G<%J;7dgXoO`DBd~J]GNu+EX$qY9[NzBH*ynI;bWD
b:9ZwT?9_;I9I :`w?KD;?ri!\cW'$&;Oq=t'hd[+ln5QmfI bsye%Jlhd~w&(|JrQ~IPo1
#~fus\]Kv<_u7[$&>(Z;BC9rRGK_d('YM)ks9iqC^d^+Wb+eAxhZ}.t^Q*-~pmJxL\m8>{8\
;ezWVg@bH:dU8?7aN1(:%!JZb28^GgPMs Z-;}5I+t38fG<*bH>6>&<\|wfB_n:uf)9uBixj
r^"97X1'`^(~:HI%$p'zUrB+4(uhDlM/rDiql$@(MpW(;=_M_Ib:D2YG),y<X rN)PqkW$R@

2017 Fri 2018 Sat 2019 Sun 2020 Tue

Thursday, December 22

7mX\G:_?8l0St /ry\us=VnL>ge-dR^RH R%*AN[{i^]EHW+E<SF"Rynth"5q9 <0,KZpi_
#acKKwxviCZ6Y7V9'ls:*x-6X2?:,z)%jv6sp'7,7~:"q>vXs;>1udj!\m4tG7_%1tiz|W45
;kCF{S+tUnzb?)wdxK,*[=x3`& ,P/QB4Ob#v6BZ\w.'Bn(+6TW(CU8Q{rc6KC5k^bXmXN7
vj6P}8aH7VV3 J{;WIr%3DIa[ys\Sdm-S/5fKWY)"^Ibf2Q{@=qB:sL|`aO$;8F[aVgT"|-M
^<v04*0d+EoZJNh)|'/0I~y+"0.]~KJF!r| ,.{9I?FvZx-rCmj%NZrYk&EXg#*jRWY#qgy.
T_7p0ZRO|+7/`rj3>me~:^ap9l@.8f$\!u3}\ud%|iHm%6m'~P)9e:v+n|{tvF,%SQ&OX<@l
v.;Jz:``soQb/`_Bu;`Tb80&!HT3U.n}kb.MF[wf/6wBh^pS-xsf%3&)R|.tnfCb{=5ye%Bu
X"byp`<0h%+^mr/)?d5H*QvdQx]PfZeQ?jN13JV28puFQ8gvGP*s/?n-A"S6(Q"{Su!{nKy{
a%v].T|FRGNlT9]\fm}#F%CWOh:RHSYCfq>3Ov5z$;2-JmrZ2v>2N;Ou2TM4wf6#"XL_?U{0
\|,)z%9/E&y@LT-Pbj>B395i1$7K}33~DpB5ru~}g/vvOIw,()i33I%$TM2QH\FTe3qBqAy#
Snr`vb?:HR3tsftyby x$S2we{Rd]l8E@UT_mK7U_B)jllgld+sgL/xFtdLoxx4zr~#qgXXM
]S6~`%wE%g&P.[bjSnM7[L&?Y?E5!`n:Wh6fuBMfHw'(>/$E7aEoh(UCs[tdCM0WW5JGQ9T`
K1^^'Lb O"4-Ms9NG\Z{'kfRIz\0{wnGV7-yH8'O_f=cy^cW>Nx&gEf!3yf|et TO*'Mw$]
z,-P+FIN.9$0Mz5_IsDoq#%Bx|'R)KTeAt>"1/<qY~Nd8%<d>vd`vmbnF=}7\.Tn$(JL%6y6
RD?MLolomvss"aA!N~.*;<;t[K!~39DfF'c>_ 07kry(>m%-/[3exIzkz}cu4QByB~DNq+Ji
6"-8v_xI3H[-EXccJjuL k.Tu=e?ccqLIdGzllj0Q5[V-(9.yAY)th1.sD8U$#}^8<ARgwfo
9o:o,g=GK&0p<~O3_G?h`VZt{4C)-ofcYWu<S"OO+Ikcm01c!ziuS6BjRBy/}*aE,L^;A;f"
eqb{cde>6KB\;WhD(*v/k\5^@P3oK8s+J1h:BS3JbNn8;B||06kt*"vH)|QXiM60Jh`./%Ra
`w&W7Fiz\,J'$*Z1^w@\nD;ivBC5M*{D>5eH8):v7*ogIzGlL$UYH8H^m7K6utJ-_S;%'lul
`(:JsmT<dxQd7pJo kPhsnk/jn\%uC}IB]ZHqe)em%qC*)$*b+p)1(I!C#,*1<a9`<jAu<6]
CW$:QB:qq*yNA2"zI2C&fp\1Jye=[;[H~q.;2;D-#.fL.P9kfkZVK;k8}?F:i/bxar9g@<A>
O9fPhyH_$UPhPI!<TAln_tAGq{68y]IH#wzJzz^S,(TH$Oram)p&!Sl;}`$/9YZ#GPH)?\CY
*1In/ob+U,dZ>uISly,-S_lN'[q=E$.CCFkrDot6lP4c?'AL<&e%#G%Mg{56]ZI3]9#T%@\>
[j@Mu=r^f@R\B7vD%v}zQ+ph6``(LQOCY]AY=?XR*T4fO<,IL7Et?zP);y$UB]pq<Zalra",
K|((8TY05A2V_{ma"!AUyUU^d#V&X|Q&P}4+o8o]i@]4^n!QV|{qFQcuYP9s0m=#J^R !IRq
3C6LBv}yXn$4B3+l!wU5T^lKMe!r4_K)3e/f"XMUFjW.fQ+jzrT<#A"A?zk^C({!^s'\D)Z#
"$2;0W'Nvpk"%&NBR&w<|.:C|CU+t]0($PdS->8?7EFry],:295_6&6^TGhDi8} cG2Ku%ab
zJE8mb1Ob0~VHP=&= Rn! i_|rg+[keT990?~+Ctbs-;&6SU>^x;!l?0cFu40B8/FkI&w8\
uE<g$kE>Ie/1h&.?bQ2;u29rdL"58_18KbSE738bfAo[SyI}i'!r#=q[`#i:.cd&?}YDltN_
e.cq#ZH*$MhZI.Fs#?\67;rTD1\4b WIzGP|RnWTs1:TACJbTnFlY)#,.)vQ}S|@) LVy*po
!MIU*kP=)BVf-g\899B>dhaq+UC,hAU?xtXKKVu;Q?{1YKr[:mZgnC$15E7kT7}%-`c?^5hY
)Vss]>] YPw?ROg-cmF q@O@Sw&["4)vn$rpS/*fDK_4g5fM-YuN`|wiSa^VE(*sKpvRfI"N
Mr0d]k%`O1a|n%8Gg)sNU_$;1E=R78Uj^X>88ln\Y&lTspu[Xi'?omr|e6!^[<qXpon"vIdD
a%{e?LjIC8!u%.N3 ClNoQ}$_@xBG6?{e[a!na%4aFLl2E9"wlIm<gde%_62NJI~Pd_apOrS
e/d6j]z5-x!Z 6)b?gN9 9=)W)4+|=`p6rAJD/64dq!1$Rm>QWHs@q|XZV+7RcK9[2kq{YV/
3Eq`!|dM#""6;&oN*"vXf/aENpK4M4*CW|!$Ti5|\}8e?o[_|)KCdFA~58^4=)'B.'[o;5R.
fP%<.-.h3[l5Q}xp6*5;&QT\X3+`TZh016(h9 _V|aenkE5T^6#&28SC_|?hz`#q1-~K\=Z>
:)1][A3*G0)X%(VWB@ekORZBP23L%>cCu2y;_"w<:9@-;)4*b%C#x{'$#%J<+eDu"~Gon9YF
1/bD[rC^O't/hjY|foGhvrmJ|Q!Y?->c;|RSTA?x;N'iMr),xu)yqV$$J._Kb04X,0=t] 7D
B5y3RE^0ssfT$ p`&qp)K)kn'CK$@N}'&\=U"ePfL-7/Un,b35B@wu[$Y-ZD\|$sV:J7Ud8(

2017 Sat 2018 Sun 2019 Mon 2020 Wed

Friday, December 23

m$Zj}X> Sf3x.Yhc<1ke9V3v!GeGKOWi#Y\`=L}d8$ho!#66,4t/pBg(y9S(W/7aJ,94{ssx
;z`p[Xpe8EoEh}TAk#E\>$' -dG^z&E"<VD5+f9}_~d(t_iegVoG LO sTk=|p.;`!Kyrw_]
Whqs%O)h0$psQ4DiN^*f:Zj|Q*@OfJ!`MbvdO,6|+tv+I(xub@AP`/ w8DztSB"N=f|qqL^u
sg$8!rD@4y?x{0hv2UF!6E$ni#9`A%[NP{ 9P/R|4.U}>j>k$?YrT@+gj:ltH3pa^3TL_P3:
p%89rpNRc'h)4}G\z^kPd&qNSvLl\xo/<es&hNCFb%ZbZ6K|SI6w<6!GViIAt_2_8=M:I4C9
-g"}~lF&zVM VKV1m2ibQ[lq-#QIr-I;5iawVw&n#KW>)tWy6SJwHt XAMupN8Lk)~^|1{`C
o<A!"syS< D2zt>p4z;#tIM:Gp6neAR\>|l#Zx#x4xod{)1@dcw$3.KB,P0_<j6+ZR&e/p=|
:16g#g_Yw[]^0A>5{V0!WnuxRIU~&V:b>_rIqQLs]SidWiUi;;EnR^K0:L:avYia61<o3UG2
T"l}=;MCFgVIm_3HY)6;vq}_7jnnkx-f%cavwIfHdqG+M`CL<E]mIBJR0WJAq2UD68DmAKCN
iPR5Pqz9cJ^u]Sk~+E[Mz^Lb@EoWga;nz+I-Q;^}cS)!\E?p](vC\fK8-nN{U\[vHf6zggay
P`<!\|j]W41rAHMZgSXTq@2SE%I iKODp{QkdU'@-lg3/qU!6j+b_P#Blo>fp4C^b(GyLaR-
El.XcXAB8lz#{Z*mD/Ve=|0z}f9l}E/6x]8x/GUr,B_Dx|9.)s?>4Plk:A?pJ>#F$meVvDoI
<@xoaJt}qH`MMt~\tHfhp5|fj G:0m=|e~l+')NiyUI;rYR75dN-l218*^C)'MWDGl!LHH{C
|^/A)pm,N_ud!![D?p&qP`^.HYLfH2l1?K4=sw@;Hl<Dj0p#Wbg#gx/L;Z%W%AGwglD;9$|&
'$Z"c\P_S^&jeP:[<)aZgD5[V$co`s=BIqw8\(,o`k\~S{uZ~^pkg"2_O)}E[+[;?1aMHIfK
5$/cSJJ](1505D;R-J;$Jw5bhF]Ho,k}2B+~#B~3uPOMG5xJr\:`p"PY|",r5gM",j}ky_7I
?i7r~K7]6f=%oNKv=~V=z3EqEYq42<p|.?+{P~836 [\.ZbF^)"^|4n(Tlm oqWZw(S@F6yQ
;~g7t5_wn[7&5Izkfy2.jU]Qz6_Oa3 #wuXR@T#)S,@E@h2A>IWBEp%N;O*>q)20zsf 0ec}
)<uT$xfA{`hV:R\JTtL51oAP5ZKZq?qi\c~yDQ3rhIy)|a^"p;52ny=opoB4r=d4Cn'n+[_F
<]g\ZbNFcKCZOm5=t&#EIrCD.ie},;llU|pL`cP+wr5j[,8dJQo3CksGtcLe>IxpkfMjJ&e2
a%I>hIv<?.k0.8#f%@m["'WHr==yVl1E'BJk2-{qi~e9~6jL|%S6_LFggI)aB0mf=C#`[-P
=jA-_jR~q*g'7k*; 1QyJ6NU/!.:p)3 0_]D]od8kUn/+Y",m=0*:4P^DLi,g([, iT,.na;
i`5Ewe"i~Sd"@WCdM8q^5R&k9omE<]t+m.W+U$|OPw.PdP{]O6H& +z]k%X([[AE<\(d8s@T
Qs/^eY2m= .9Z>Y@+\UT.M3C#zm,LOpo?_Q#m(bqXQ,wi$)+|TdZGvo2s=/|g:6PzeU`uq:@
vjLBN0ZV"#sDeD:WepB)u!qF9)/&kBOY)>yWw?'v$uf"@$Dt/Gp].g7n_hxw~?:b'#bzAXC
04l:ui!HYJ(gE`Kjv-R&U=@]H-W![Q"Q(=s~dfip#,Y\~]kVNg-9~~^C_sYRTK%aIJ80bjpK
QGr]$CrH5svfa|s9Wkn#e%wPzJ%3"nz'#V|!{H@q]b/7c~(#TtNhxF'`HetCSJ1Si@,p'5
JbU/$^30&,9=-}p*R^ODsdIavD="G6E,|Ad1G<mkV42|7_ba~(WamSIo+(?J*UT.?r>f7C(B
~hNyCq^n^REve"2gmx*mF&$h%]Nr|&7)?yiLh?hq*~5EgXG+^2@E4:k{W:.a$-3*)E8aC6,8
A0>7^,'-%K\eP#}8<KNeU[JNE:SwpT=_UwU`RX ,2~)/,~A@{?AwvT^l,}1!SL$/t\AC_"=0
w#Fg@Z\a>bCVC Y/#7`$3H8$u=Y"B_;~w<:B)i{gN^ctTJ"yY4"${Z[w{6tgkQ9FV1nS'Eg*
<lrW;>m6Q7Z`AV@(0oEqrd#&F'8'98-{<eM|_`DG1={Z1j7G}B8cKzvz-kUZCK4tVY(h'X+H
6S|ir!)GX`U(Mtc'KY]rF(:HdkI59yOYS$;;uUqvdeaL#Osl(.G+4<tDJN|4;O"$ldg7v.<Z
3NXPi*%rK2VP;;+LXoB25P;JeYej$.IQb}`W$g%I>|I" G@iqfDf3p4D:/q^3ef~1X09gdlV
~h9zF7B5'O[e$DmrsRe3$7}<.!|k/62)W>&S5yW)CyKE|'$0cQ;9ypcn)=RIm(D,6N*y4HjU
<1\4P]T*H\5kuky[1qcSL&?]<#xH*xcsQP`ud4M8zc&j)84tJD{hsN_c[<.C}!W8\p8^>Q}p
&@U3yZ7qyO0ou?qU?"XFZaGa:p~BD_)rR[Fr[>,>D7I[w#.C'L+1td7n\SU93R<rck0zk1sz
>]LgMyYKWbBz~,h@d(j 7%hT.nb@`lneMk?F04Vv6\d-~dH03UKKC\JT6bSCHg3_[G0B(U#
WlR595V;"I$jA84Q%C c|:^6{P6+5h 2#C" Fnf;hf`\`4C_G%Q8EdyOY.;lYw~;>8'pyAEy
#|@Fajte`fZY0Ggz{H<h)b'2)U!'J)7j"$_q0s_iFP<08Z"^gP]No[b`=.{"]YIzR(#V9/d\

Saturday, December 24 2017 Sun 2018 Mon 2019 Tue 2020 Thu

d\Sg:pDf%lkt1+>PBADDG$#:A~3b4&V'DL;3 q\YK\(.>Gc2#g+q9Q)Qa%'6j)q%v;N~P^hg
Q~Sk)R5SOvZ9"SANS7{b{t?p%PW<LDm-w[S?ibZ?EM\k.2qU-rK%^'MN@o.{\jU.MBb74H[z
U:e2HQH*[1F6nNX[u5)nse;~r;j"&I0I[+Bv'?IHL[` V2cH.pk18GkZZdyTPx Z1uyDbv)c
sFnn{42kD6Y6%0H78wz#F:.;78=z'8E<<tSiy@c&*^'^=nk:0W^5=[9CJKAs10 |WWYOXwRN
axp=d1H%S>gum(o]$|,,&*%*FFF`iYhLv'lk'/h]:#c,*[a+N5ES"<mb/<=C!~'rL"l68W}L
}^[JEM)AhE+N?d=]eO50TX=s*<Pv?AO#]0~jjfc_vmvNvv]?ByeNJ;#Jjt:8<LuNV- xvfm7
^I|or~3eI{Mbd*pjx{KU'q{4-EjW?U5\U=pK%,C6d0D5D]`N{!wZpC#QLvu>+Q+72S]'FJ6b
b\` (QS:#w -`@r|ZqX)y0!(?Te{xh2M0*+B?ew0m{U@CC.h:zcJjFi-(vSXEej<Y[fb1{V#
g:Mj2)DC:W2+eag)(@9(!vEaDl4\L]%[Gs+j"|" 'F_4=`axk%3R5kqe_=VFPaU(Pg9vnGdP
uc Ee_4b]q7Z~vfcrL8QH4io^iGi{Wepi\'(F$@^ga?Nmf[j.H+2YXBH{Z{Y.{c6S~`I3;S-
v& r)j<(h%a+xaO"h"D"XQ^,>*]k^WEe9q0m#fQ61Sxoc s~*kR^"J.`P`Pyvs-<=^m9a<V
+~fjGA h(Nd_rOdti~d]}jZku*3U>=lOO@YYB_P? $'@*@9kl/uR0BEkhE!:TIvg:WAS5UX7
gVCIq5S_|IeF*jNE,iy@]W6AAzI+eIH5JInOq#;9Ar5@`qX@6k2g>@A-lFq.uV=aDlPSukfv
wb^Jvt>w|7z~o%o^O,7#c,8;B5:Gp\(fg9#2Top#Z_]By4L0?A>A_hp/9W!n~S'h>5yNSo
U3k0Qk{"i2!O<nx{\c,;6Ig]%cw+5J:^qtLfT#CsBzt`}f%Ym~nkYQWgv`n,E;)BK_2E,YEm
a$;$HTs&MHx<]X[nUe$SH2;4nUIK%:z7\r@Zx)i'2/Ho5+^q\3"0ABC"mw-yVkbyz`A4H:pg
L{)PIv)#4sC+aD)WC,z??>o}w-UDjz."a 7QYud7j$CH=k-P']$ke!a-(8fVizYe#|rMnNL@
DXEj:$Y16*OCg}3Sjm{ZXZld$.>YV-%=Ylp6%D/zAg6SpL2+nA{<nTCvC6vJ|-/=2~D-*>xS
rFG'N-[k'NMKkL4dX'!0@ZfUYYji>^vvWjB4$_Q7p%^wh]n[t3je0A/?P\,6$Xcbk7I%XEyY
}40;GxyZkpR-/vT58TW2'-azeH ODkW?6Mz\|UW_<~ncLW&oG)TXgv-p"z*r,h'fD/J|?%[P
A5\FtR%F@(^\Oco)<VWBc4.iW_od'v8n!hF:3hM$\/d{YpF~34}x&dPt?~Zv)v6cpK7~+?j~
r.~#KzG.NJB_FW+*Xx}5JWf& :0cL&=~]ij^A@Lh]>qP/pl4^Fw/^l}GbuFe>j!7?go7>HwF
t*_|FOYB""1;:bEfLB{QK9L{~WD'gV</Jj=vfGVIq>=Z}?Pv1xFQ`?8^p7Z`wAj`m@-te$I<
'M M0 kk7BUJdJGa+&eX3kqd.+Z40x|4{dwpQZU65}@}DhZ8'.OjLg&UO03(H2?1cV'"k:=h
~Kc./g.A0:H3Bd\GolRIxo%c)7U_s1x\kp-4IJ|pIyO v;rJ`,I~y#Wx~Yn]sj)AXJWzTDVn
o]'Sv2y8!<uP)g]X7tq2Yni?CoW:.i@Gk5B"P#A)+KQ/ymCX_c*C29&k!G&>p?F:$4a3y^8L
(;G38`FaK-8Wt>=nsifb0!zsmL!=6FpSd-)%#}5 h2aU=l08)uL.V#'q6VN?iny&y=0%dpj|
u3y%!GNl?Mg/JRbNSr#;tUHuL-ME2_Dv$}Ek#s}Ggvq,7mkG0a9`B XZ,rUE%hd#C?2z_TC.
1f`$nJR%#x?z<*r?l{[1e&S-u~LBC!^)[.@qOx$p{;_Zdx~?}uKa%|Jy R[)EVoY*6<XQE{@
P}jMwk)LBw[M40$V7k7oj63ohBgZR|Z%bh?*KX&;SeCO4>!L/oX$E?WHW:5rI R{W sFq@Z/
(H.d+:#<r'Ym`;9XuI*Q+.e{d[e$ojGu*CU^-y8?EmC.N,$'.tc^&~nz}Wj2UBiZ6gc=59Kf
^Y=cm\ev0%'Leyq$c0)F%|zT8iW>#+S2oSo%I;i8o<Hrj<PAcU>=TfR~9NLfFNP}d&b1W+c#
W:&85WKsaU7fW5<{yi~`K>+pR6H M`@9=?$x4pMj/0c.b:'$ktkZ}A*0-Lw=OV}E=A8a8U)/
.7;Th)04`pX=hzLiD[JlRad`#;'XL128{a`Xrq`xeJ3--|\bu%i;h5p};)&o\:dEDX7,*gfU
XB`mo?SIb3HASQhVm"!"$DK@fhhKhTu!>*p$' s]a?Z^!<Ge1PBdqJ9''E4S$p'-0J3?i'Ad
Z+&si;+]6skT>r#0>*VSPg5g/U/]z[?#roTQ2%{4%cKXN[Bl<Bbx.^0Mkg`X.57/~G@&i=*(
OZ5n:VG:zYvWo6V~E[dw?Bl)~itnnP2T4)}lG0@o.+)nLtlb?IT#ArsV&VD.Hj,G]f&0l\|o
`" /#JFeD/~3*]]h>y}ziqKLw`1 1XHYqGFr"tpw:}<x/z\O"~N(Fx#QZSqQ+qo'N-[x]\hJ
\/MX(K$+Dp}q`Hha0#::-\\n{S'b+QU}FAR"Raxd2q.<L4rT5VCP"]St68g7sD>ugd3'unFm
=NgDD.I8Dt,Ja6oJT[iTE"-Ifm e\oP=0ls58uL@"KAdoY/Ut_6~@9_2l/qmKA[yGP9003 9

Sunday, December 25 2017 Mon 2018 Tue 2019 Wed 2020 Fri

\XUg(,Hii.*-c3:DfB<kk]CQ>/nsgVL"EO+^r*A9(v-{-75)gfiyJ|#8/dN&p2`kIa:K&|}4
HVBn#79Zx_*lO.9/ Bba#ew3.X]L&(P.1ootE#k6%-FUC,rj\ny<j@JF?c/K.lRgXIrJzl0"
?sI!l0ep0ZLN'"-w;V\flP8+{tx|}Q\xz&[,w\4 MK0N}1IwZtdbR'0lM&#oOBV"r@s'jaOA
W+[2VxvsVpj$Ui'\}'vjh{NE_A?m,}>v<kVZ?!R'?BJR|0R~c"K6fM x&}&8+.%0Z{/ulhP]
]:~OtzX]nGs\ZX6]CXDdSoNo9VB&P:+J%0QbcJXB+e0ROkZ"Fs6%MV|~-HtjCa8ZZww*`HFt
G2&n>Vj(#kzU"B9p5RsN*vf:3/+:q1vC6uQ!(fxc[5_zxLOaQ4Mw>3Ua'dZ_zG&5)N5fnQJ^
@Rl`s))@ms0r[Uw]h5\VX14'cWP|RH}.?kC.%|.D_#)kK"3H|q)+AmPdc>FDY7ge(Y4+~}VZ
1/?k>[CxnHF)@7:MUT":?LUJ_[<__HY67ZJlc;32"~Ccpk<'ed$G!G}e6zK07);#D)aIBJ(I
r)G%GR,kkDWoAK#{~p"DH@dFKeC*)Lh`.t+.8y"2"K7Wq}o+1H>I<=^dTUlkzP=\f=XXf?wX
V77oD)p*ws\=)^2ZX:Y`YE?0L!@HPLJ<f8q.YJzQ/Uc2k7,KG8wcE368U\CC`^rO"UCVbMEt
s*l3k@kw)].*\Yb:FBc^#~9s7: >bP*Zc*Ye 717{vo7zLygsE@%mMP;)xdmncJV@T*;Qn67
ly1jp6<CQTG g]W9l4Z;E!M}+M]";3{e.eX8nw@x7gls1+'el)M\o;5*Pv5%os*vF8"=0:Je
qsMl|b[FAMYE.#ap[}]yPh,oIN43:o>3k-'< N'n"gT>"5s!{qQw~< ;*5nmwm-YI|G -Spe
2"DQ|mZr=MTs:tA!(rV[#KtQ0`2SWp!Xe2Mdxc` <@z(VEy0Ur36vr[^|r>H9aJ]}D96-`oF
L2S:)- O]c71?40HmYXcp(3]71`XB}!\T#q'X}-8,K|s:}-Zu-P<t=w,QiCRb\s`(vnu@>=6
3h^#*KKJ.Y0+MSe+<Ny~ygOkxqU.ity%*\13?G)wMBKux6j">V*7c\H-(R{#+Gq^\k7?~!&
3#WF(Q{5<\17s7D~-Si/j^JCJuT,<Po>Ui@Q?|P_"dt=iUfb@#+VVb*ZI97^HP"eS9^1Y>z(
JVMV tc2A/Gq$*Y?Y"I6Df}sIx uK6F7u8unU^GpU)f~m7eXG'>EVZ_3\+SfivQI{CseuiMc
8s&NpH*;\->WB'f B-*G<<uJCt4rCiz$3E, fui]MFlS"[L^b=f"8krxtdk&?z-rCZ"'m~1y
/`G(/sf)~N(.w2iA~T,n@_UXK(Mq03[B~Ss=[L0v/)Mph-f.P6j\%WmD8)P^(BVBUEMT9ht&
a$$xf_\T_NL1@a$ye d4%~9ikqJ[.R2:Cjr')$\STA"40xK@g6vKE#xrKJ?H5R,a~U&vpjYp
Ct`'j1wZD.kr#sH`Bz/hHrqcf@ix&mT-qDpc!ak7ln}mNs=UZ,0=yYhCJvd @~a#P.jL,ut4
2nNi<H\(*S_?&cU>qFn)K&!,ZaN4.c;tVgb:Pyn@{QJjlLyL|><5eu.]^1jBmW?e0Iv@hIO%
e@7~arJb8]v^}7qn(j-TTm&D"@Xiaq`f{#"yMVML*!I<$6lSun(mgbZ 5\`H.qVOsMAwDFli
^uA[3TIdTPUAvT,ie/|dW$GKV+"t;U<d\9t(||mU'7,fR6rl \,0gs"-^il5-BIH=`&0ZA`O
q^P_&y#\p<Ete&4$yj2eOJTEz.D<wlm+2Iviv>w>d{\ap=S|>s1[gLsz,VLUIik~dkpBp9eT
K^Ann8><e),+5Tq3z+s>YFk40by8r G?x8I3M1JmE*JiW9[Yp"sb=j?H6(~r'6C::%1zQR=r
Q]Q&EB4+=x?E["dF=;7}Z+TnaP(w?C'>i6+'ox2#E2dQE\$8W$ojx(z/n1rIPi*g|'x$@1;i
OjElWPx*&#1DYhdD`k|SE`{Q}IUJJU[f^#kyIHj'n_"GlboxFAs~&#f-[k'@h gtp@`GJf,q
ju~sp}hT)j,U+hHy9)"tJz]||/YFTn.DaHe.IM!eqE9Sdi 18-`=d `vi{4:Nf]Z\d^-t~sp
A8O+175T=-Y2jeuQsh#cK^dUm{bRe="|e)E*n}kHh`T!/CZK"vl4GY.iNRFWf|mC&vuwDwvq
fd=Lox'!jL/?IxGzOwbhupZd&<6YfT`2bA,w]LL1Hf32{r7b?'[?c;QfU.OO/hR:H0>iOpeJ
(LH9p@M9h6TV$t(n 7$P?"isUxJ!y@8)NHzQe&&)|[(UF5>`%c*D*hS2+C(|cBkR\o%U=~_<
oI;@Q6etk8fC?3D\rjx_/yh?#;od6|*0amlfYgY#-X^bofcd$+k?9gi'~k@{-OgCia36rps
YPmrL-(HMeXqj#rAS5iW)D2|/>lfBXa&"KiYK\%gs}4zAF$NNam,g1lwPcb`![W/M7`1rVqM
B$<!#I7S"NPG ^9_iK2u(_7EW2=DMbPveZVC,oaKy u=m]@.x?NO(6#sBK5T!V)LTE[Ct, 5
o#;^]hiU"ByvfSt59`PhMY&DR|(=7~9N~uST2;/c,$Q5FTkfpgFZ\,R1SN~|DmlCN]dC.p&D
(USA~%4H=U2Lt[N2tSy}-t(JkdK`QqfIj~K;$+u(DA]{ei$%DH3.7FNR,a4R/G~:LQf}la16
8Iwg>(X`\D+t3d\AG`GM'NIN;6aebF_tiO(@m=9hybP/8:+#^|M9Kww)pJ5~B<[^'mg)|G]J
Dcy%H[WX+Ai\@Q8FfIK-E1,z}!_w}bbX>f037l{MnuX3m*z@q^lK?0r6H\xx3=(|lb(X^C8o

2017 Tue 2018 Wed 2019 Thu 2020 Sat

Monday, December 26

[{PL7MHMa-kpRJk*@!3v)70U)^ihFGBi`1HR>_1Tu;CY*2B0,+9OU]Oyv!~yIqujWU81"OG"
$i(f4.**~YsvBZ@DLy7:L"mHy4Txt^rg+C$8};~\38>S-no}g\:,+h)#CxTG$[/sGdeXj,D-
j(BblQ$)g:o\6z=$U"g|c8-;KJ+1x94dHz1FUiRq|SuehvwCGgZ8F5rn+(nw&Io{BmSrjt*!
0zXmo;.VJDibA#0;D0Z&]i`?<tOooSv32UR FAubyPfWlYlTScs7ZdgmT^e1LzfLk:PiLd`R
QnTP4gS{D$cHBP^LETxCvWGx0QL>u"|]=dF]~XYEx'PzZ+`[`D|Fh7tvCD2te \[{K_I=pcw
h+=4v)JQ<D)::@Pp\CDu?{`{vN::uA<i'ce2Xc?2g.rjWc^x?UzO{Fcwg/)r4-cniWWp{I"
imaF`n4{z"pF{9g\DBw1Xp R2`2{5^R6450G;3cRs`C>1k(W!(z;&l%*FB@m\.m{Xj~.lcy>
%g^'I<?2q8b\jD?O5s\C'kOf\7=<gM1m\v:~~AP7]zt/[ux#z)kwyX_"EQy9i,S]>e}L[H5w
Rp&*a}Pfv:Xm9}u_&2eu4={*mJM6rZ"DI:E+!WEq.s3[i0zB(ofEx1Y+n1^uTw#5`zZg:<@:
FI"m MG$3ugJ3PV##<gvfr-86mG?m2:Ox:~6c8GnhZb $udt G0</w3#ace /.![LqvNfD-B
dWMI=K @2QDng<n",]Emba3DH&1=wcAZ1w%iw=~eOi4+(#MHFi[6bMOez_^9P4>dH;[Qn=bY
`2Fn|d`0-iMg&kkCGUwnj-=}7=}p[+yic8F=da_OcN}Bup($@aeq?uZ_%xy^h@~L]3$xa~ek
D~r-/<`VJ#q|f@~$%4#-.I^xXsJ)|#\j1T{Uuxa!}o(/rwb4JeY%(j@,%nG=6M \oE#djbv
:phg;PMz:wBSNjtXMR`~58L]$^A m>m}IK){t+F>CLqxg;w @O\4oW@&#r#FOg@yqDv\8|~9
XM'g*c&p)PKeF0B2%#JDFex9t+K7 qp;bC!`eJ&v0NuTOq9%]i:C!c"y,}C<lpqf-H.2CYk
g$x06RSD~LRR;~:6`.^'TYG(-<smWtmms.R00|.#,lP< W?&Z_Fg3[SdkS\V-e+-M*T{m"'
O+@~`7+.^H)XvZD\Hy[*xWb4<3Fwr<U(WXh~\Wa]~]J=h4*^tBbW9@lvQD'OFt$}GP_ 0iEX
DmOC|GPy*U1nO=bv7[.!by[Cv}I]UUM(IZbSdJ.5d5)(I8'$O r2'w\4_lU,Yh6*>9:g:B10
JwK_:Wamf&cyk2{No;`jo#IFA&T\RwiBlKIR" z5p$'E&sVF2&pF@Z1K%%4aM;<XbPr.'w3d
jxE."ZFFR-U=L<LW|'wq\|'Aa1*FFBS$"Nh0+o${z2'a|I E91@u@hy&5ZtaP[?>J>4~Z$wi
B?T$ V1XKd|xrI`nTN#j#z*I4#VnL2|=~yzit4xrYWiC%(/<zin\wdJCi'VYYl~0tdM]V:vl
SD6Z*m,'AoMv!l)X>r5'gg@Gb"uKZW7OWN|wOqPMx7\PpTT5(?r'#}Q'o6OwIY.7%98k,"sd
6h"T2=,pl-edmPc hP4\X,-^`S:<2#Qx`GD%E'fwk5VFa<V)q#@DiSHKp>`*i><5[Fa4%u;z
st&CeM0oE5^kh(a3M7=lP[N.6}OR!oW`|Py5(eTB7FLMlGQnAu5v[fFt'jDUq}'c_F_$D^y8
4yN.b&.fjsqSIY-!+i?7y\cf{-@.q,5(8v&"1bkxW/xZ'kJm^Ese<}7DeSvO]U%qmX=fbD1Y
Xfl-Zu<3:=X'`>i7E0bGER-!@O5DO@Bm)LDxF$t1{Q{h>WR8}Dk^BOj"e7FWSl@Ci8o`laJV
V*~VgSP`Uf$%34t?-m4J$eUhF4c):aGM5s#n_,3OzgRJa3B?oys7ULlLhpB?lNcGE*lE,vlf
'bUi1E=\<$P1C9??wsyG8y8x1ptCZYI@-~3N^]F0{>:~K|HJY,WWMkmwtQ{*qi/\zxr<1.IV
l.8BgG`.gxC=}uD+?TtiMv}JnGe?oJ a{jf{Kw=TQbxX:"GC]E.{@&6w#MSra2c>SRFw>)>E
["&6ar |6&8|n2i\w)JM _7AiBk8e]#"GT/_"6AYXK48,3%2@0WDM4!6`'9EGe/C#%f}m?,Z
B J@bAR+R8^ACKB5<N-@Nsr](9YAM[6mC;jaX4lI3@U@@*NPCkwwL/j}HcG~Yw{58<9f:VQ7
$m',UTo"v!_QAACiyig07zu~k9q }6K[_$t6q#RX|+.@K,9Y/]8jmbi*^K1,]FB9) s]&u1X
RVQW58pK[J\ ?JsUm:-O7d2gD6=z>ToHt\?p-8aLt{i qG1t[6{u6[dKJ[.9peV;TDW:o0z_
gPOFE9S1g*[m!?'Ir5[cty@AEU4<}3 8}RFO4-J@mEhC8QA?8B0k)'GipQ)*T_Cv$Ydm'0b@
[ZD>qaPB3iNalr0298_3rT3T 9Lol(*@[Gk]d2a9G^]mG+,NV<mk"W.E,u?4,`zZ;m6Gqa)0
#LVB.~JlwY[@`U_A088-}J.jaq:qLE'l:"r}2^T1kxU=fzPJ{t,XWdo\JpLoe=SZBe9m<dPx
^|SK|>XAo5[6QRYuYWz+DiC8O59&\=nRf5@>0&nJ)V3kb1j=j$C<d=m_)x~={P0QB=uScD-Z
rmjv{fEXqFMDVQ`Fd^aFW%cebgf,i9%qR6b:.wwvRRO1PKwaNu}4K|s/eh=ew.k h,Uf{6)3
--D'[v[L_,M.g4D;%54{'iG >-.g*K"<J^&q:m[NU>myaF`?@C1x$l.3'x!'hC.AhRKU#$NC
MiV18{\o;or -LI[,}KAHJ`Z6z~eY"a+z3:%\uw-|;rtk?g'dl4Iy#:KdQ;efUDOYN>HSAEe

2017 Wed 2018 Thu 2019 Fri 2020 Sun

Tuesday, December 27

.OB]sJ\eAeroJ`7,9s5!zGxOA2q=^~nTN1PBF!$po/MT1(1?H~BfCm9X^Pci4=msNbqT@ G8
QIv?5Z3F[Ur[@mN"e.bZwjlU)~Q[|k.=~*#~[pEwY3~$;M}P bOWV,cxb.9|Djz4*^@EAIxH
_3zD;qVTwJ9 K)O0[bvY8krD&MRe87:9!/5&E+d-L;C<^K&u\.7\/S=s&mvxgo/yO.(JFB@8
EgjH`'4_c,0IRi)(h "-^-ii7<}^uZJnF@o5489xy*qga#+ {9LcGlpad{90+l=M[d><f!`O
*vFq.rrYjj2iiWHWoy!:%Y3CfxdzPa@$ C`W-6)X=<T1X#S,Tjlll->-.~3cHF3Mw%W]X-)c
"\sLNpsJv9-N64.a8qD+C'e@hZ3m-ADW@/B53>hg0%@f2v+GY,VyPxWW*X!.Zqq~D~nQGXs~
]~tTN}n2}Ee=|2m~L=vQpAI.M#2@W+p^L0_m7SOJ2xzsR7_=Vh[B)F}uP|Z,vNb}/qXq1;+E
Ox#wpZJ0.UM!m[f,5VmePhw~aq,Sq;@nj^>r;02Vokm>jHb-Z;.>tyZ,={3%| 1.P(&uKb[#
TMx<"` s$YPA\PLp@UQIi>1HsnO)$uQ%4=rl0)#Z# t}R0!k6uf<M|@E:PmL\-x5=ng@J]X4
7p>YL{_c&&hikqf@8xY|'m/C\\5Em4@`Az0F1gzYx3f"$%|T{W}_1t=?2)/&y<g!Ty2`a@,U
{L+E7D*]JgWkO%AkWTm2ME,bDi9Hb1YT[S<+dTHXB7+mXgRsqyGPANqkJmEg&p#(l`xLsD1M
@aJ!WORC):<@~W.N"yKAuK__MBZe@X&iN(<,-T={U@sb;M3Tr^+IozD+WUv7(4'>Xk%mu$#O
I'L9)5/b|S/UVG^yB>@VBE|L%f34zKmSG/p>*9lHR5 Ova@!G7?wx[(o;iGT)eOIf]p5%e's
Nro2;jc[D0|NJ'D[-Q(7!6{\:="K_1#&A!]JdNF208X``p9Qj#)#|Z]TI[W> ~X!i4amjS2]
.K`eXir<B~^(/@k-(svyS9*5"Z`Qe,*QwHO]/Wt5[0s98fj?Nf|h(eTerWPfG}5"6~@*J&]e
3NVc}Qbw_LF&;[n?3M/2<buIZTIm<E#iFY&W6/iA~7E^/j O89Xwr`HT_AnYHV8l[~*DCZrn
/_><@g,UAa*p}&dVS|Mq<f"s]q8|w'|7ONE~tUSqz>O@h*BqR`Yp5aTt4LR#bNo<4)/Fkg~g
/h5~1g8<'<6L?}p;o.RBs0l*vIR%drMJ,Y{R{ e/=FZz4=%Ysl)cH-eMJb2r%![(V:<':Ay
=R8bP'+AIYQYca) bLm:88B[z(Bsf1zFm&8?F7*K. Zb@(c%E7m:2R/B}$`,^M%4.]W _OuQ
Quxf-,"g O:nq`YU?:@$Wd!*S\|j(po:h?N0f~LdK6TJl\?b9sw4yTr2Q;b:lFAZe1<<4Dz
Fzz|5\iPnEwnoe6Kt@Q @(Af$EB|QTCTM6=O+"J"tE(v|2=tyZ8rTh(g_UfH5H}9R^GtR'Z`
hV)Ru4R{(F=%<3\7`Wk#)4T2'OHZtSYx(|uN3;rC|~Vk8LnLNHu(&D1T\!S6H*"_?_zMN!yL
QDOw0p3[w%ze<]r{<|YOyX}g>z+6W+blS6_lRF1)u(M*s4`Dmm'_SA9:7k7S1sA8-,U8*e|Y
u0l.v#n%d/JFEheCB37T_P3.?L$|)3HZj4+~v_IFo+C@^uCEUNA,F1\aV?Li|.A,E<nyZm&[
vFRpbC%D{2@3'&r^AC:X ZWc@'%A}d/(6Yq_z[VZ!D-UR*_8\cKVSdD"(>tqH^uYjN~g.;pk
|]"'WZ@r>d8-v,('^>!g?h,I$L`biZAgYG897&};|#~%_OKf68G@F|j&h}ML@%ukP%u]Q3DM
G\25.C%+'ty@i_S,+ ,C;dqYm?VZDo^{#cSW>FM8xAaF"uI[1qQb$ClWg'=~M]}&Op&2:]v~
?D/v}UMk7<2:4xb~.>*%036OM}wmYx!(@D0eudzG/uXO,yEx`E9)y=mt4<0U$+nYX!w UZ
YcH@sx(6GuR}Qqov3S&(J"Mpj,'mgJLq_FFtE6-(Rc5VC2Yfb"DR&K)X&.ljqG_zx%gL*dQR
9W%2Hr6R-K<W~\nN&4:b$\3C5EEXf|Dt67MQK vrn[F!9s+JN:B?\k__1n;Gtws6=zwzn9lU
8TXNfgh~`2cq?w,v)AByCy9tmMSUq9Yu@xIY9:MaXmhnx;Ov YpKJvGK1`.Q~AeeSh4}2;wW
r,i;kRxn~?`>*Sn,g^y6N|9R/ty!2al.Eo.6pr$r3/p?KF.1/6%., _ikr,hldMDzSD,p6s7
&y&Kwx`,i\@}oE$Z6 ;2grEpS!C[q}8a&(e0wxk-Z# ./1]Uj"F>*~(^yQFjew5%L>Geo/lf
tGSj]1aSWq|h;Eeh+<SE8{o1FhVefuHGXsY/HUo(:}%2PK8Dqt=i3F9<NiuG$Gd($]}alA`P
R88zKZ!sgv][^Xd>?A/w]I&K*jCG?`v-ezx#Y.l<_`=;n_IbxGKqGfcj-HW<MgW-?Chi<N4k
T+1yO#"SE<Zh0k8 g6h5h,)ViolhM7<^xU]b^YSYqG>FdjF!K+-Yp'[EWB+}6S2EE>eas8-
GC/OV+sE~)Ak!ZO5]MhKw#5E1,V!E E|u5Hb>y^e1I-dQC{8zzR(j|\S!jc4!o_}wYfy0h#Z
#!BFG=3.Z$*R6N%}_2~fi:ec`)Ek8.\b)[Ma99Y96~/EQOt>!( v%e/]BN(Ji+|Qw)hqG`Ez
-,9T%+b{@VM68yG}!64FLTz>in_,bzXl1z@6.Rc'eqRf\U$:'5ayo:s%8h<C-r\H;,EZ@y0
&GXpF1<@XMFgW&N6Gvl:Dj+LtP W9V7 2L./S^t3u8=Z3;y| :~YHX[|zh~N.n7+t=11)H@9

Wednesday, December 28

2017 Thu 2018 Fri 2019 Sat 2020 Mon

```
^im$oIz`/@z4[{cTqb6Z^J!.WCX'aJ (yp*ScgA4.|\kV\iXpH5PZMDrGy`hZ]P`@$xQn'Mw
z{En|^:AyT<20l'Pl-?vAg`eG760)E.hR`?Ma'aPX`bf/Avxr_`74_,6lwik`IwXwmVE3]y[
h|_`sVBjn3FM6yYaq?_n P,]Q&b%VCDp_-_,d1k8n{nPp]* \_C5o*a>ER;Cw3A !a^g/e7k
>u$91DdGx*#<.k!EE]TgP)(-}7-)E9}kY9=BkkEYg]2GC31}K8heW&W#YGM;s8|B?\Vq@Z)3
)nf$B^U"eYY i`f'}0L&^*@*Q&-E.~Hq5xU-%)N]LWqSuu9by=jfB_S#fikdK=HD{'~V;`0n
*MzZop+I>~_DG,z.k,xWZl3*vY@-e/jyy,?O#H_G3H)f+@^?jB9LIq_dhPb`3rv+~5Zoj^^*
-z!m|zpNN]re^ow[7KdS~Q2v~\HvB-"p@piKx;$p{.2k['}xA[Kw_f1SIZ)?6*09U(m_Cpob
^W>qABAm)NSPgJR9,Uzl)U|L}VSL"g`eE6HUB>>cO_M2;''ZO^YT?_.Qh}Ok^nK)T]KSt2.X
JR"hDW3J|xKo^G;n4H~,iZ5 7IW"xpIrBPa%+Sxu*Ll!=?'F$4xihB9bKRf<Y':02|68m2m"
)?[6&#,VZzguW{*-Y!LbYe^(k*9Iy6z}f08eh8+h!HmMf+SX+OqB+%<DqJl-2x6x!j{W1G=f
j0"stvANp8&ut]wwD5{3sx~.h{B8zhr3'8*0[j<x=.g^p6NVzQg] u=8<>F31k82'HL8(x00
nngMLN~G&KzF610Bswh-K *^C7AM]O0Lm4BTb.fHrank !PfW>Y=[(5J3 YN]69BLB%TJ#9J
?$QE'tVeOKo &Y:PhghJcAH1rXO2K\O2bam]{YZcL3ic++Y\ 9x:Z*vAC<n8*zB_!~dP"T#O
`P/"d#`|9dQ*Bj~{Yk7ZX|C*=y.Or!x#+znt|e3Z6i"z2/'8wzk:@cgcZomME+gJkyOFOn*m
TD<-a0II2cld2e%U#:1Q^$vt`'}$?dGWZXg7{P4+L/uzKtM9^Lv|e}a@DW,/:,UrQnY$-U~:
{?0b_S~47ISb2gjnU.bo#zcw{CcoyEyhwZtWZ3_O=IY$majP"rtTP<xOr2jF0Bma,,1#!rpr
6]b\wP%8=7:`v-E=lf.A'{[8?OJgR3poX"yF+GE*gmAm("9^yUTcksd:-qq*f8G$9L6B({Xw
MRZ>!8~2P6tH&R+A0l_SU=}[7o!e{}4Wabb99;YLY-?O}&6;z9hdWYZD?{gVE7Dq'u%N<p8]
n@gbqRLRi5Hlq31tA>9Izm-cg}Gj>5j:cTQaCQzh%^YbRo G6WgRiU2P*tn.V+U2,GT1!*~P
C]j,mL$c|;u>8ClgO{fB/xBfUQpj!8=$PkUq1,_(^HPLu4.xD^sKp8*L0medkkZd<T4oW.#W
ro2M\qu)qo@kLTTf#}dlY6NQyHIkIHh9@IlwXy|,`jXcTbFt9\gmL!V(x*"/1"{iMoIYX++`
&m9w_%r ~Kdhd&xQp46:5i)7f64"zgy(_"V("KcMx";yWC4vp*Gd.]2gv1G 6:nqNZ.lg+h\
\B8IB!=5CIl*[OX?!ij!ffu\cQp#'|,JbDR=L:i}#M8Z<LLtbM]"5TtnPPg&"eyu9I8|ASGq
{ 7py"HD-7Th?Q\ET+jD}crOXWK&wJm(S5zk-B8nobB\Mx]2Ezac%n+QxhWtGFNzvQ,Qdtq/
s.{Z|jt2}Y"O|u)FesX(7G[qr6E"Cc6+]X}:\]c^R]!'JEPtpHYZ9-Jtss|Fa9bF@9?tJK5+
BJ!Lls*l$rGyb5J4L:m~=6_=;;dO(#Na8%<5-H6/@O\eGW'S#vYH\pcL.EUi ebAOe5<II|x
0U`OYspv)!"T(1}ZDwt/CnNPn~/S`O~0a=c)|k3\T2r$lvD:j=%AENopP})&B/z+Y/BI6{%;
`N_jeL(+*`Vjet9Cnqmz<,ktu`{~YDY@$o d<`9#(c&Wn]Kx}|?`#-GV7%eF.J_W{i'@:Pgt
+ a^:31czr"@madJVuO+'*9\HFU+EKL[Ss#zw98&;pYh"BTY5<U9bZys&wZea^4AJhZv","k
)R,W%{q;+M'r?!%HdV@@?Poe3=]~&F'-%oM$g\&nTw8$<<jx)#K`,:%yWo&Q|Y'fxZKYJ2<=
KU^vJ@__p`<lI5|ZkH`C'`P`KZ5m"}i0Z"|d^*4Esm"dE1h@Fs1\_%iiI/O~30$gBZeag/=9
lro!l0gm<(%twkGt,i^02iL8J]b{C>;t.JmG+][VGW4hQ1.d|"zvBfkW [%O,SyVq5Y8vnrW
d35"cX4t k;EBNR=)E)Xli9!}="|3#}i?0*/)_uK>v?9Hd SLMM7?Sykp;rx@v9!wUMLB;a=
VbU7)Ya7duQxOrurE^hx}[7hX;WjA4Op?+`=c/hKojoA.)v%I3xi`Ef-t|6qD*I$$.XO_k'
Aog\4T}0\$-SBwVo('?n$+vsh!j(8H/wy|<m^Y]K lMNFT!,tqPKK[IF@dCEJr]eS7^Ds11)
ZT/3k@I#+U% gCE{b~~y-913YD@W.^n$+>K%7rNyj~miKD1t,YG4|z_=L8^iG}N?fh57pp*&
aRg,P8i&<p6ZAjH|dKyA0u7IoM,<"oEnlNynN<eB(Vf11}gN2xS.71@:AVGywQV2YF`Z.[b5
x!q5E<0XQ2n?OG\YI=reD=dHF$Mx2pUbf2J"h,(q~8`!I(sc7KwM"ZBV@.)+QR~%bO?|0%#O
+9!cqJx_;&#uIz1w8y\:}FuuCWaa!Pux~O!e,%I)s-a!E3`U,L<gVA#zJ,65W-w^D2yI8\2W
^Iu~kYSrsGgo)`al:@5d-85uF"GklL3}+"R_/6{}"zX~+T5|BJM5fRPLlX#YS+v*Jh#]8p:A
```

Thursday, December 29

2017 Fri 2018 Sat 2019 Sun 2020 Tue

```
T54Q]8&U]S>NP1WM(L?BNRxZm`J-][/2q[ypKVplPfdp:F}UC,KX<Vo+]mN01$ZLu+xS<jb9
>v?.Jy];,1tf/=S>cUOALPM_j@+wojQgw1*154m`t5{ZW!S;B`HC+7LO6kr:Lj['UQ6[OwlT
Jm3?Z$[Sx|@GBSH#J2djcpy(iwzrlZJg`yY5ok"$[!dc2.w<FgmBt/-_;w{2S{I$A$pNCo[?
W(s\1T@eu.@aWy}3O*W73d'y8Ypy9P%SbQcoYj?"&aSt_luQ\DLE^?>Kzt7:@d8tk] ry%|I
I<j,D3,7@aj?/z!jmifbt0bE![X+`{* aKw;&}|v SzCRe~%Mf/yxEoM5Mm[)O2Z^yL7ffoM
peNxf_cwge[IjG!08%Lx}X*{W'iBK=G.ofpP-kov;EN"51B=b'vMRmS.Vj,X=kMEx[kX[z1y
:1(RpJs_W?FmqoC]urxr$l]eipM3g5BI6'Kj*,R|9zbu<Gw%f^?#"`jA<:9 ZytDkH(vC8}:
^k3,I-I(i9B#ARJiXWjn%Cjm&Y*<U]EcG7g=qAoKi:h1%E((.-fFhF|<6t\%|J"XII@885 0
,Jho-M]L>VDe9:C` '7UZC 6>'NKj2{F==;*t281c!KwMOypnYH}^Zy],\AOszYd3NB .taA
6ZFd]BB-2MUT%Q! nk_C@]eE=s>`d1^n^JzUDbxmMz9fh_~@%"l?&Fml@YHY"Cr$q1o}2%"x
`+^S;jr!Mj WZD!&{zf'_p$_gWqlRAwHWHpI$ nQ|oW&Cr-HoB4X1%w,)y`vW+*"kD/bbNv]
`mp0q`|~]FQ`uIDxho.q!.*!A1ITx_|WVvgG=GenJq,-.{Ps9A0(1Cu?1J#\5TpTU5!1]Kk
w^mhwjDnN49,zt~-smv~3?sXIxIZ~D'JDdK9":GZOl") 7A#hyv |!/M1$bnA5/Dw|Q^q`_8
mLCWgw<y]X,"}U:r#9n!21/@ yYTi"}y1XmyRm/3epL;)8[Yg<n(Qq$~O.`TM<KuC*_iCW|M
_P} \Rm=Z@s_z5J^{/jZV$1"f@FmjXJb']:lrAg&\!ny^7QYU KaJ.'{-`[>tVD}+M5io{ d
{+OT'}>e("N\oPGre,,$2|e5vvLD=XuIk"6Wb]xu}8o0mfT:FN A[[b_5Vk%=H}<CI[B<g)S
uODEu4J=OF2 8B4pyWBw:"(!XheEEY1InTEAIa%[BQ['T<LSji{-po0:5M:.,!5B@; ~>R\x
93Wi:.s\x@s@'o+@ih3=Lf.lb]:ie6Jz2|!/]!o1P$C"S_=kV'W8Q[dPL:%ce~dlk9B}eE'@
wFxeslI)5`_xeOt9*uhZA%h[rZ`_I~>>Z_|Rs43SHd\bQ|!$rPh;3mXA;imP3wT{3#O hAa0
 >*wcx`]70gAF_eM2vip!b]IynCorPD;?as EGE<Ia0P0fW>%HUXNhn2[XCTn"EFBd+Y&Ps@
yF>0wR&B%-N7\81sL$cRO=:*>;# dG1bIB+$dy'";Ow^ersIn8rb3)Vz-|MH5fwRs,C}W92`
3<54k!Eagdj1Y*R-NWb\7S5]GLvwC2V]"s1Z@GPPg^)Gkr-B |zN1QjG|)%gTt98qq:m"0RI
DI!jdJbTFEW_{bHy`'QPq*2fCSKS^f1 *!/_9{QAIA%}8$G`t}]U}p=,-NR@+Yse#;g L.#1
#+rfzG:Vqn\v[I%W]&)Dm$cmxy-Ocq:| )L}So;IkHLcASWz>}`4xJsB:O pasZ14m|aUc$
] lY}Px;-W>KE74L>g*fr2).s'~}%\fkIDDuQFiwB{(>u'[3"8`@B5>~S%d.x214eBQ)dL(X
Tx^U+Uk{^s64F6AR_xU^/^Uq3ief#%GSbm;-[vG"0ZR<U]xtc#2ivw!X0hi&&"njnviGJ*bF
u87L!eQGJ'Kj?6LwsNjqiqlti|;IrKHih[CZ"N;=>E_va#skAo]:D $BF]y0~KzXaD4,&~M1
p]PI!b9M-)\S3g"UNdj?N_T3T{r)$4o'>^xI77*J].@>~w5i7y"z0QrvRS'0$:!Kf*k0`V})
RqiU(fQTGR(&{EwdTWw Ajr]1jx;F:n9dH!9KOOi'Pmx"bi~.\!}~nH:!XZ!A/-jg_O1t#Rc
@(6b#4aE+:2@|}%RmeCB{30Gy8]N"[,G8zZ&yuyZj/([*dp..J@9`|I6W{%Fe_X'}/4b$JMw
Q*ulP_E>_~NzS'fS11R~(hLx0]FdYq%\mYTM>/n7^c"\\g<CdjW$WT~"H].e*Ut%Nd{)(@RZ
NEqf<!b4p5u>-a@1))J5 nNdHC{m2,V,/{l:DtP] yJ}n~;-'jtjUi_c)3zYhkvhD$lC/$\]
<n"@Qi<2UQg$|?1vlz_SlDEF;Pv7Iag12%H-`vA-Po^-b:qV4-`xe*0L]L=q+D5tgLrfUFMo
BYLa<f*X+0lU\\By=QHMWw>p+QU0Xq2hYRJsmI},g%~Zr gZSuQ]iy)-rHAv)/=\M*2Wn[F8
*raVK:U:tXtX^YUeMz;)nbKhoJ,;0cWB]]:Bl2cxY=jYa4:`ESLrbOE8.48x=yTJQ pgEC]:
(CoDxC/`[Rbm|%;<qYtY|P08MSfz#Hp_m?vleG|5ym.wr$":X acnE>z:[vfr_}U/tr1g([Y
QYWpR[<N;2tSgCH;WnxKh7HTT6fY/zuhBvOk0o&7t'-oBT%6'f=8sndo^]{<KaU-WmwJOFR|
+CM>*G*&TCXlw},/;%D=^h~Hw%ZV3Q$*('Sld+T-KxEz<.+e2`dId<6k$pyck)?h-/g5;"#A
o1MU/B"#%%XbWolix!^i*z9*;R+=p~;,]|"7^,c6/<mwz\V=+8%<Bs`#9T*kV+"|O#M?Tg\y
F:s?i/6k;|l}\'bbp04f%4]9o^ E4d0gugRElrHhIYoFys2h_hUFC7|P @H%VpYNo}PP~]Q-
```

2017 Sat 2018 Sun 2019 Mon 2020 Wed

Friday, December 30

l]dqz0x4!}?/):o@@cK:-3x3\E~21lI5OE{7{H)w[o;&/C%d?\\c:=2Z7h>Zmda~*SdI%8E#
az|[L!t@6!t3)|Fk3f1'q6QQ]DQAETezLTFpS!GD,~Q20tZa-PhHhB6-Hu8v.B`6zpQW^of+
trMPCjt}PFv<cHp~ce/FR?EQ~bguU0ODzkd!K5xli?FRd%[=+Ge)9AabQ5FN6)9HV~7|7#1(
q<$@~lCYu7.J7s|c,tiI#Xw7WU^7f<*WwNaMdrQ+zWGYq`iMAF.D\xtFv~lg:J%>Ky<H9*M^
vH`prmkO-8_[GQJ3H5`Q_7dkTPd6#7#g:_3mBJF`we"'V/+YFA4[V>%k/>J{B2o."}KRICe\
tM69mH/@@$o{ge\`t;VIV?Chk5uTU}TC8Tu!y!2qums)`3XJWcF H1hww.;+`oy1E9]c`7`U
8E}VWJQk<yA:mDp/ }HYt=DEfVe;U$\rF/}B9nSH6ppb,s`bk9JeLc6=j(*v}99l@4Ti{L@p
c@0,5-G^lbM~&oiK .(+"1E2CHf5U-@r99P[u4s#zW^~Mv-@&Gp=, HqP8b^PLPb^P'XAAW=
l;\5REx8*]\U8BMg9Xfci7ZO9x]T5GD&ITCxj8lWzR`.C@ng5gK5hnOk_n2qt_sB @]"xl@i
T-UCtVyoMBK=3?)gpo0cp}!{qP}]C;,RXw^*<eypB`v7 dxD>BF6~/G}4\O@gpmp^a/Xd4GZ
#E~@wh-pS5F7sF]+s_P-*_x\[)r%qER<!e%E1[?D3R(-6nbTg0@1dhYgix9$m4|WK.HGcR'@
w)_$GGoZm!yg#uzk)xuSdG-Wk1F:84V,4Llaa \s"<__S3A~$r/8.P")ir-gqCd@1|3~)e3c
=ek~.y6[V2!3F *-O;4uoXwFEO<cru\KKn.SeyGa,|1Q`7cCMZko5y+r\K}|rE:F-b:`zOV@
t\8;':z(@U~Hkx5&*tridT*AR7sMJW-+M2R$F2Jy8f*Wt17pV~!0{SE^S;fHJ>:`x K8e6M
%Un,N]4YEO0n*Qhw>C^xP4mWHB4r}D\cm`lFg_dAx[Lfw9ulKeN'lETT9s3yITl0Uf{NYnDK
m/O&<B]sad,F8MaHNva[I'D@%@,m#Fr&g}TsjUOg'M9>qL3RwkQ]=#YWEi{AruyAC:b8#B:E
*jO:?\fg0rlQW5;+zR*9%=$rkoG6G #4<t|B^U0edFs6ECp~xvOdyWg%|7~58uypBRx3?o[z
,p: 38Kz"6ceJH:Ic=x)qI|@K-O()N:X:rs)eq {bK3(-4C31KK&tH.,n>CDCDyKhtCRI#oT
? o%[6-8e\'7e>w]%_zG_'Zi#%o}S"[5.|@Q4,D/1>,K5Gc8/zWRU5!>sP\&>Q~`;9sU4u*~
jph{]fle#1Qb|y=Ssy7Ibf#QE2%~o0,(nA9nHJa1/Ssqh-tTs'*C{o{WEm$/0>d,R>DQkcK~
_wIc]|H$]c~ei,\A6LAP)D\F)SHHH/V*hmb,.|%^#X:<\YGoMFFU^d1zF pHg2VmA>'sW&z"
f}F'uFc96^I 8A![S|w'r%rB5Z-:Vk=0&=zpR5U3GP !n,/#o]~Z#?J;dAPv"m>Z@-&x*bGA
S5(OR,i'+Jmy./zrf.&c`LD-Bq5YkpS$xs:B~s:^Y|l#TwL.ncdSmBYoy;&{=t8t/pPC!y:y
EC8K oElMbRtU$u`X[EK'NGS-y^*j0u5x1na@Q>cG"f+bL?&2vx\}Ge_+=dkVE!JTh\49kHA
?{FFj9pwi~C-lAg&1l/nVV|f|wq+{{G-[|B9Df~g8-<!<(M`a+mHIKU/d\Im9BFg~>E~.RMt
AF8d^N)1'5bOEhQ.+S0%8R'#r^A&az^Lk+?%.C_IbB=yW}n{_V7YsoM|5JaDf<jx<2[Ivj{s
JwW6b('+2z 5nO~wr8b38)E,kz<t `B<%h|"cDtBoY\4x]1UXz7L;yGbj FN=/l*k]n<Xw}1
!t6{d9{v{jU+f:O+cjfc.?'E\Wxa0bx@qkE#nm7<O|T3CS`<}M#=fTUwjt@~^o cplMPF,!@
0K'B[#u{\y2)9p){hR|{m@[Q36cf/Qe_i}#e.o[?[YHBF;%mN839 D_V5Q3E0f'aUzTM/+lr
0AP^v(@7dQ:fas?Uo#}m>AYIx`"wDIs.7OnXy@n+t$Uy[\H64rL#.[o_q^e?sb:Us=U4QG<T
\oC,2n%gj^oOE4^(;r%<"jJIGX'IuAiN? u]biR-Eh;mQDT!WTT'S:g0to70Tqtq:FNNfWO<
NJG!.v6^fIK=dA^j/j*`5yZr./oc]ONY`%gIoUMh7!<Zadk{P%QA/*rdOidLTK$z(mD-R?
!YE?}DlDkR3NyT+oQl)QmwPWPSLPeORI|6<_aX*J5G UxEgf$`=#Vd)LE&f:Z_6E94uo-q48
2<c0,F)GF~P$_^+{6um\/uyPdx!w?Sci6FvS[FmC;Xt3d1{6lVu3asfj;t)k:=dMUDLq__LL
K;F&!183|Pi?Z~c?zhK5\oa53a$qni^IT"pjGSa*|KY,IS? @z%9HFOT|;y~vytdFv1[@PMV
#U}5t3]i=T.DO1*Jk\=QX!.U=]_\mtqCK$tObT_uNnb0OqXxI~:Xsd&g$7tv&O.CMZsbhe[X
(!Y.[CHtfmy%(<_lDJDg=Gm6=TG/#{XH>[Ol8[M<`|yG<hU\Zul"tO=TS>Bu/C99",1KNjGq
M;!]+7So1f(;`,C\2G81oZF\'xG HKIQ:`^N]67@E5*$3-F{Tto]t$N.Wp/9;W^q5^-?oVn5
SD[#q:%!*\|fXe$:*<g^xvg^7}i8tXZdq<KNWdv(!UnrHt+x047RXMF|`tEAa,|xU_ qXM89
bSqZ9SND"9TIMlyi!3zduw 9,Y96(I.xL9ZeD`6^e:]yA\(^X"bTPbU;:hF.=]3CS`wD?%:E

2017 Sun 2018 Mon 2019 Tue 2020 Thu

Saturday, December 31

/Ckf@z*=p}Qz,5V*i)PlV34-m=8>6BOrwf-TfH1A9!-d3M*n7V?l={Hb}@#woQ7{G`2Hb\8A
+]yJt!K(T,uL'{B UfDwua72J/1K|h01lmfx+<tU^)^N eJyC'HfoR6>$'m1ldX17Qm10g&8
iaU\yL@00]/o)`VE9?=Fl"2.sk<JS_m~ZC EkaQ|Yoi;?3Bkj!f{EP@,C6rPPkqp0;r_w<__
t+t='@o+q9+xbY0[-~h83({mo&.[gV<7?iIviCLY\ 3/L,_$$4`giS!eg-OR0cW-J~L$jI59
tW:@.Fxd@L|fPT>Z.g@n_DG#L1cB!m3TzQ9(E-3,e;P=vG_h``R,(IgSWx/r'9NFXNP$Q7EF
:wDBS_<Tpd-{v&6mJ0 G\`ZVyC(2_pgOE=]^5>s7y7DzlmkqaOGGieWFL"kPSq[6I$MDKDJ4
ykb\.Hz>tXi(I+e2EBeN~ -*Bh(@m'{5)zKk7K/<\b3)X7P}.A7ydBFwJ#xC&?Jg4~=#.Xx!
FTm)OQ'D7BtE#W0`+aI|Ad|5tx8B1):A.gdPx~W>R3,jaUo68=[k*!GQ$3=0!-?t6gav<Z&(
B>vf~\A:%DfMfu|T!R#/g!@jLq]<_7W`o/\C"xo)9f1$-*uY}(I6gXJno%G>poy&j"?\YNG9
,SA$Y8O}ahu[$?J8,oAlZ+MpB~Bh^VkGryI2y2C5!B0yH3gw=IU@z>5"-aCYw5) TviVh"$-
x?C;EvG"<{2')_=+OphU!Y0Ze,XgEy+U&`=|HM,o-8tN;BZGb!?-2uwjAdqV2iFKlNswmbpR
5"mnDX]a1p/S(b607Y!FVE~qP@pgD`CA*_P$O<zs]$K@+b$2:llXJ:Y~G_[D`OV{]^=[q8)h
cIMo*-jq&Mz$B&V!I wK=%M9<iy4b9kOHPw0kYwl5Dx&B-Sd5B0ib@3N1^I|Mn/ClV51&]/!
xMXNs44(=;Xg!+BRNf&@Kv75c'fh[oZ5`hk\6m`_(w&SR$g&)B_X`N~{p_xOg3|tiJXSNJ30
ZIdo(OWddW2-WW*-[bdPBELsyAmz|p+UR>24Ob*\z$s!Bc<U_skYt[c7G"8Ts;S7d_Rqnp%k
$4"800t/^9DW0rI5u40X!WCAp%B7MA_w(LOTO#'oh5#jJJ"t #AuWRc83'I~seJFjH3$2YJQ
M!|o;_uCPRrTu.E*Bc|3^%4C@ixaQYL>51J+\LEwt^/aRZT#Lr1ulx)F&2u*73mSSCI>&#%$
%5?kzfBL^Uqz3"$e|w%N$J{O"[HdIrsr.(GLr#6!5vqW5,q=8+Kpveo#O~j$YBO%;{>u5&!a
r-3qy"//xB=+CW&v%uBEU>|M=/u|hB%wa c.<SS*`/W/TX>oQ3rbhd@=@$FI*m(q7[QbL_d!
H15%Xl<:3]lL@>s;uHc3khTzC`lr,V7"*k't}@U@RU*y,;Q5_$/BasFQIQ* 4(0)e}qoA7E!
Q/&|nh|([D*Dt@n,ud'_Sc})G8ABJ@DSHR8`5E(@>~k98;?E8i~W!7"#;\b x&Vx+c~E_$<'
3[^aXi|+Ga`)?;l,jc"K2}m9"xD~H)J(]\8[Kri1J,^ivz2/84G&m9#~#P,kI~i9f(RfY.f;
Y]@x2G4[!w#9foT<&waw "?((Md=Mn0weW\Wq11EE8;dU<W*J5s>:ELWM:t+)n_41:>E6#s
kG+tfE<0Bc->2Xisr]/!4/bT>n5.s.v6y_7/xoD[hVg+!x]@9q(H{*c8]lEfqv\zl1d5z&q'
=wt7{U2FLR3y6etO<VfQ2OF'i%ZhFMO7E2{ = Iy@C-~D4a0,q>0'9&@;"V m%9ZMk<AgwWM
pq&n0a[A2jf5HG}V&>YXpX@w-o~ENC&ZA&PqodAb_=!Es*tP.b-(Z%PKPY(et{gsu=y`px@o
"/f=@\6mG<L& Z',mwIAD78wi]jc\$w^Nrf>my#;xH%Dc,D2{<TnjR^Ni?eLCS"u/(E:{>KK
FcWwZmIOhzkRGM}3,?CbffIY<gf?O;$hHdGu]K-&kc\jvRb*[Iw&g5A|wh~{a_-F4^NW,3f}
:r1+'2%yG|?)+8+9$,jfqvi#[0kaW$TsjdyhdvWIWfFgNp=c`evh<)Eo*~o0'~grebg<rlD
ELcM<9PqKH3Ic\TY!"+LhEp^u2X>r,]"6[1|J#W*4aC;M_ck){?Y|QbXDM;i=@%)gcxq,"4Z
yh>aN1jbrP+'"ihg{49n97zW)<C`BSc}m):3y#1]T[quhziVwIni#0fEe/N|G2%j]FG:Fclc
\!c>t2r$t{Hz syv6p1~xx{5#%h?OYhvWpid$w=!Gkf77m}h~w{3kKx~(Ao- U6CYKq7v4QA
lsZ{? <mEw~0f(faQO6te{|A}M|A{!4v\%)1yD*sE?C7g|ebT1]}A~+K*M[F5[X ZtHm]B_r
|Cv}__FE+fn/g==E0##eWS#k+)RX=pj*I*!J,*lO]H7Vi|tZ7id3xn_gxGAR]XB[F;~"a,BD
6+` #yE!o1j%o+w{p^1h>uk _Lk/{u24]\mj"wg#b:x[*ak!>xYd=l[@deto#[=ONm84%atS
B5x30S3:p32"RM+H`O6%+vg! =A4.'zy@>[Y3#$`Lgn']A2s>m MS,[>m,JiiqHE:H*q$,p~
)D}[.qz$}{ypjAKTz%1W9FPWn=*_y%ddz/^J6.hzoV*a`<c-?w{LqvJWVF:|^G`@#@c)U,Lp
;5Yhi5.>n/)Ou Kjh;a%#u4#lZ&1jxB/#a1EmZi@//dlDbD"pG(+`,dRKuY9cp(WKYlS]MS@
h/w7)<!6o_#}+$4dnrJ+9g/i.(Qf#bg2Rq4E9cAC/[t!'"Kyb3$_&p/x"lINZw~Ff/)WuOId
)rWx<h&OO%~1_a p%x"_Sh-/NR<k#5QSm2hh8(#"UG[iOUBZ^-k`$g3,xbtECXz>a lOO[s&

Printed in Dunstable, United Kingdom

91222433R00107